经济战争论

上 册

WIRTSCHAFTSKRIEG

〔德〕乌尔利希·布鲁姆 著

吕巧平 译

商务印书馆
The Commercial Press
创于1897

Ulrich Blum

WIRTSCHAFTSKRIEG

Rivalität ökonomisch zu Ende denken

中译本序

《孙子兵法》在世界上有着广泛的影响，其德译本被译为《战争的艺术》，德国人富有浪漫色彩地将中国兵法看作一种艺术，颇有民族文化间惺惺惜惺惺之感。

和孙武一样，德国著名军事理论家卡尔·冯·克劳塞维茨（Carl von Clausewitz）在其著作《战争论》中也对战争计谋做了系统论述。但在西方古典哲学的视角下，战争理论的底层逻辑是心理学、社会学、生物进化等学科的结合，是风险管理与危机应对。

经济活动中的对抗从某种意义上来说同样是一种战争。与正常的经济竞争所不同的是，经济战争不寻求合作，而是以摧毁行业规则为手段，以消灭对手为直接目的。从结果来看，经济战争通常会对社会信心造成广泛而沉重的打击。但是人们对经济战争并非无计可施：当国家秩序对经济战争有所限制时，例如制定企业法或破产法，经济战争带来的破坏力就有可能为行业催生新的创造性因素。

企业层面上，曼内斯曼与沃达丰的并购战、上世纪50年代美国汽车业的消耗战都是本书的经典案例。在国家层面，经济战争与正常经济竞争之间的区分更加不言自明：两德统一前西德对于东德的经济压制、19世纪英德经济战争，抑或是21世纪的全球货币战争，无不说明国家同样可以作为经济战争的参与者,向既定经济秩序发动攻击。

本书作者乌尔利希·布鲁姆(Ulrich Blum)是德国马丁·路德哈勒-威腾堡大学经济学教授,同时,他在对外经济贸易大学担任客座教授超过十年。与众不同的是,布鲁姆教授还是德国现役军官,每年在德国联邦军军官学校定期服役。经济学与军事理论学的双重背景使得布鲁姆教授对经济战争这一领域有着独到的见解。"经济战争"的提法隐喻式地奠定了本书的基调:对战争意志、战争能力、战争空间、战争的参与者等元素的说明,串联了经济对抗发生的各个要素,并形成系统而新颖的理论框架。另一方面,频繁往返于中德的学术交流经历,使他得以与两国相关研究者、博士生等一起进一步凝练了这一主题——本书可谓中西智慧合璧的结晶:孙子兵法中的空城计、孔孟之道蕴含的国家哲学等格外完美地融入经济战争的制度理论框架中,与熊彼特的破坏性创造理论、博弈论等西方学说交相辉映。

本书提及中国并非只因要礼赞古老的东方智慧。中国,这一在当今全球经济中具有无法撼动地位的主体,正面临着来自西方的多层次挑战。其中,指向经济界的压力尤为引人关注,一些行动甚至让人瞠目结舌。美国伟大的政治家、中国的老朋友亨利·基辛格(Henry Kissinger)博士在2011年的《论中国》一书中警告西方,不要犯下一百年前对德国那样的错误,即,否认其大国的地位。那曾经的错误所带来的结果是欧洲灾难接踵而至,在很多情况下,这些战争是源于基本的经济冲突,或者说经济战争。

本书开头透过中美摩擦对经济战争做了详细分析,明确指出了有哪些危险需要克服。这本书揭示了经济战争的人类形象——西班牙征服者能与现代银行家相提并论吗?这里指的是博弈论中提出的制度因素。本书尤其注重强调国家学说与国家哲学，因为在不同的文化中，处理冲突的方式极其不同。本书为相关感兴趣者提供了一个关于经济战争理论和当前全球形势的德国观点，且保留了许多中国特色。

赵忠秀

对外经济贸易大学校长

北京洪堡论坛主席

目　　录

上　册

下　册

> "宜多读书，宁缺毋滥。"
>
> ——小普林尼（Plinius der Jüngere）

自 序

五年前，我跟朋友说，我要写部书，叫作《经济战争论》。我问他，能否帮我审读一下前几章。他回答说："你还是省省吧！这不是自相矛盾吗？！哪里有生意可做，哪里就不可能有战争。"他对吗？

果真如此，那日常生活中的军事用语到底从何而来？在电台、电视台、新闻报道和经济问题交流中，军事用语随处可见：价格战、占领市场、敌意收购、金融战。

果真如此，民族史、国家史和企业史的大量事件何以并非普通的竞争，而是确实旨在毁灭？

自2017年唐纳德·特朗普就任美国总统以来，经济秩序共识是否开始失控？几年来，诸多行为是否早已将世界贸易体系掏空？作为世界上关税壁垒最少的国家，美国是否拒绝担任世界贸易秩序的保障者？抑或美国就是肇事者？也许美国两者都是？难道殖民主义和帝国主义不是在搞破坏活动吗？对于殖民主义和帝国主义而言，经济利益居于主导地位，军事干预处于次要地位。

经营意味着，通过有计划的行动来战胜短缺，目标是满足需求。在这个过程中，根据教科书，有两种基本组织形式可供使用：一是分散计划的组织形式，即，通过市场来调节；二是中央计划的组织形式，即，由官僚机构来控制。另外还有第三种选择——暴力！在市场经济体制之外的许多地方，存在一定程度的对抗，这会起到破坏体制的作用。

自由经济体制在创造财富方面确实取得了巨大成就，但它因为表面上的价值空乏而一直备受左翼自由派学者的诟病。他们的质疑目前已成为社会关注的核心。涡轮资本主义和掠夺资本主义现在已成为严肃经济新闻报道也关注的关键词，这对市场经济的自由秩序框架的道德基础提出了挑战。毫无约束、毫无顾忌的经济竞争并非竞争，而是经济战争，因为它们会彻底破坏经济！许多国家的人民认为，世界金融危机、随之而来的债务危机、各国中央银行做出的金融政策反应导致的后果，这一切已经使危机持续存在，但古希腊语中的"战争"一词却指转折点，比如，医生诊断，病人或生或死。现在，这一点似乎尚未超越。

"宜多读书，宁缺毋滥。"这意味着，要多读书，读好书，要敏于求知，要有意识地了解客观事实并加以分析。本书的宗旨在于，冷静审慎地阐述经济世界的真实情况，以防止人们对于经济世界期望过高，预测有误，诚意过于天真。所总结理论和模型按照其潜力而排列，以确认"经济战争"这一认识对象的重要性，并引起大家对经济战争的关注。

乌尔利希·布鲁姆

致　谢

承蒙各位同仁的支持和帮助，《经济战争论》中文版终于付梓，值此之际，谨向大家表示衷心感谢！

首先，衷心感谢各位同事和各位教授的帮助，他们是Michael Aßländer教授、Georg Beirer博士、Diemo Dietrich博士、冯晓虎教授、Thomas Feltes教授、Werner Gleißner教授、Isabelle Jänchen教授、Markus Kartheininger博士、Hans-Peter Kasüschke博士、Elmar Keller博士、Elmar Kuhn博士、Tobias Knedlik教授、Andreas Müller教授、Nils Ole Oermann教授、Werner Patzelt教授、Ingo Pies教授、Regina Radlbeck-Ossmann教授、Josef Schmid教授、Michael Veltins教授、Ralf Wehrspohn教授和Johannes Zachhuber教授。

近年来，在马丁·路德哈勒-威腾堡大学、德累斯顿工业大学和对外经济贸易大学，"经济战争"已成为讨论课内容。马丁·路德哈勒-威腾堡大学经济系各位同仁大力支持这项研究，他们与我讨论，通读全稿，在讨论课、讲座和毕业论文中，他们与我一起研究经济战争。这里谨向他们表示感谢：Christiane Henckel女士、Laura Mahl女士、Anja Niemiczek女士、Inéz Labucay博士、Claudia Lubk博士、Wilfried Ehrenfeld博士、Klaus Schmerler先生、Marc Schmid先生和Marcel Vockrodt先生。Clemens Fuhrmeister先生曾多年参加我的讲座，给了我很多启发。我的女儿 Elisa Victoria Blum 和我的儿子 Johannes Blum 都曾与我讨论哲学和经济学问题。Magnus Neubert 和 Lilli Baumgart 提出了宝贵建议。Pavel Borovskikh 先生帮助我检索文献,制作图表。Gerhard Kieselmann 先生和我讨论了经济战争的定义。这里一并向他们表示感谢!

我在德国联邦军军官学校定期服役,这增长了我的军事知识。2009—2016 年,军校校长 Franz Pfrengle 将军、Jürgen Weigt 将军、Christian Westphal 将军和 Harald Gante 将军给了我莫大支持。作为第七视察组成员,我得到了组长 Henry Hölzner、Michael Schulz、Heiko Hoffmann 和 Michael Krobok 的支持。我特别感谢 Rüdiger Heinze 中校、Frank Neff 中校和 Manuel Roth 上尉,也感谢 Gert Bach 先生、Sebastian Nieder 先生、Oliver Schmidt 先生、Rainer Michael Winau 先生和 Christian von Mach 先生,他们都曾大力支持我的研究。在 Günther Jehmlich 中校和 Michael Meyer 中校的帮助下,我参观了军事演习系统和战术设备,这些都有助于本书的撰写。马丁·路德哈勒-威腾堡大学校长 Udo Sträter 教授、法学和经济系主任 Claudia Becker 教授和 Christian Tietje 教授批准了我的服役假期,使我能够定期在德累斯顿军官学校服役。这里对他们的支持表示感谢。

Margit Gröbke 女士协助我誊录文章,校对并修改文字。Torsten Geißler、Morten Gantner 两位先生做了最后一次校对。朱雪晴女士协助查阅资料并制作了人员和公司表,Viktoria Samp 女士制作了专业概念表,参与了本书的校对。这里一并对他们的帮助表示感谢。

应中国对外经济贸易大学校长赵忠秀的邀请,我有幸多年在对外经贸大学任名誉教授。在中德高校合作的框架下,德国洪堡基金会支持我在对外经济贸易大学和中国科学院担任外籍教授。这使我有机会深入了解中国文化，有利于本书的撰写。对于他们的支持，我深表谢意，并会一直感念于心。

本书 2019 年交于吕巧平负责翻译，关于经济战争相关概念的中文翻译，肖馨怡博士，博士生李梦璐、赵越和钟佳睿都参与了讨论。正是因为她们的不懈努力，《经济战争论》中文版方能面世，这里对她们的辛勤工作表示感谢！

最后，我想感谢我的家人。他们一直支持我的研究工作，早就期盼本书能够尽早完成。与他们的谈话给了我很多启发，使书中观点更有条理，思路更为清晰，内容更为丰富而易懂。

乌尔利希·布鲁姆

2021 年春于哈勒

> "若要和平，就必备战争。"
>
> ——马尔库斯·图利乌斯·西塞罗
>
> （Marcus Tullius Cicero）

引言　经济战争学是经济学新范式

竞争是否可以维持高水平、高强度，但以社会可接受的方式来进行，以发挥竞争的致富效应？竞争是否总是趋于沉寂？最严重时，竞争是否因垄断组织的形成而消失？或者，竞争是否会极端化？这些问题属于几乎所有秩序经济学家研究的核心问题。关于军事冲突，已经有一个答案：卡尔·冯·克劳塞维茨（Clausewitz, 1832）在《战争论》（Vom Kriege）中指出，武装冲突原则上趋于升级——只有政治这一最终目的可以摆平它。在《终结者克劳塞维茨》（Achever Clausewitz）中，勒内·基拉尔（René Girard, 2007）强调，人的行为有趋同性（在理想状态下，所有人都高效行动），但趋同性会导致冲突的彻底升级。经济中是否有类似情况？以秩序经济范畴来思考是否会有新的意义？欧洲实施福利制度与价值挂钩的经济制度，例如德国根据路德维希·艾哈德（Ludwig Erhard, 1957b）的理论实行社会市场经济体制，已取得了成就。但是，这样的成就是否会因两种非典型的资本主义形式而备受压力？其一是美国特色的市场极端主义，这就是克劳塞维茨和基拉尔所谓的竞争升级形式——因此，必须要对竞争或对抗进行终极思考；其二就是亚洲的国家资本主义。

"对抗"一词来源于拉丁语"rivalitas",本意指在共同使用水源时发生的冲突,后来指与情敌交往时发生的冲突。为了使对抗有利于社会发展,人类早就为对抗制定了规则,但这些规则却一再被废止——部分规则在社会进步中被废止,部分规则在不公平行动中被废止。这两种情况并不能明确区分,至少一开始是如此。在一开始,未来的结果尚不清楚,因为社会可以长期承受的只有竞争,如拉丁语"concurrere"(同胞)所示,竞争需要竞争对手,且竞争对手不可能被彻底毁灭。赛跑时,运动员不应触碰对方;摔跤或拳击是身体运动,比赛时,对手或自己的健康偶尔会受到危害;战争是对抗的、具有终极破坏性的因素。[①] 以前,大部分军事战争的目标以破坏为主,心理战争(如暗示、宣传)或经济战争(围攻、饥饿、抵制、禁运)为次要目标。今天,这个顺序发生了逆转,经济对抗成了对抗的主要目标,往往是对抗升级的开始。

上世纪末,经济制度的对抗是以利于自由市场经济体制的方式而结束的。亚历山大·霍内特(Alexander Honneth, 2015: 25, 51, 61)认为,早在近代,社会福利思想作为发挥市场力量的补充因素就已发展起来。这一思想有其传统,它可追溯到哲学家莱布尼茨的启蒙思想。对抗主义可能也表现为个体分裂成公民、社会团体中的公民、资产阶级、市民,在边界消失时,个体变成了无义务的"世界公民"。

上世纪末,自由市场经济制度取得了明显胜利。弗朗西斯·福山(Francis Fukuyama, 1992)认为,"历史的终结"(End of History)开始了,自由市场经济制度的光芒似乎在减弱,尤其是,自由制度显然不能

---

① 竞争和对抗的近义词很多,依对抗强度大体上依次为(毁灭性)战争、大屠杀、斗争、交战、战斗、对抗、抗争、冲突、竞争、竞赛、比赛、赛跑、比武、搏斗、反对、纠纷、角逐、游戏。其语义差异见第3章。

以神话、神秘、奇迹和权威的方式来满足情感需求。与经济理论相关的路径绑定兼有技术与文化根源。相对于自由制度而言，现代社会的科学理性模式遭遇了非理性的冲击，这里存在深刻的矛盾，而如果在政治上实现了非理性，往往就属于平民主义。一方面，人们假设，社会制度是理性的；另一方面，大部分民众却需要非理性的叙事。某些社会秩序和政治行动正是以非理性的叙事为基础，并在叙事的支持下发挥很大作用。一旦叙事涉及某些国家曾经的伟大时代，那么，这类叙事就会起到修正的作用。比如，关于中国、美国和俄罗斯的叙事往往涉及它们曾经的伟大时代，受叙事的影响，中国和俄罗斯力争跨入发达国家行列，美国力求重回全球霸权状态。若将一国或一个联盟的"大战略"定义为旨在生存的手段-目标系统，那么，与欧洲各国相比，中、美、俄三国的大战略要清晰得多。这些矛盾正是新经济战争的根源，历史可以证明这一点。历史上，经济战争总是伴随着军事战争；与军事战争一样，经济战争是身份认同冲突的一种形式。在一个对抗的世界中求生存，缺乏叙事是一个严重的弱点，因为叙事能够解决一个人集体身份认同的基本问题、保持与继续发展的辩证统一的基本问题，然后才愿意形成或实现自身的利益。在自由市场经济体制中，这尤其显示在企业中，它们自愿参与竞争，愿意将竞争过渡为经济战，因此，在相关部门，企业认真培养自身的风格，这将促进企业的内部团结。这令人想到所谓的战争文化。

根据约瑟夫·熊彼特（Joseph Schumpeter, 1912）的创新理论，经济战争作为一种无限的对抗可以与竞争明显区别开来。经济战争与竞争都将破坏作为竞争系统的本质内容，但在经济战争中，消灭竞争对手却是终极目标，而且经济战争并不具有创造性。若要阻止经济战争，就要求在竞争之上建立国家秩序，比如，制定企业法或破产法，从而使那些在生存斗争中处于劣势的生产因素能够变成下次繁荣的生产力源泉。若这种设想不能成功,就会出现经济战争,而不是创造性破坏——军事上称之为:不必分流,覆巢之下无完卵。

在许多经济领域都存在军事思想,其首要原因是,随着工业革命的发展,出现了大企业。当时,军事家就知道如何组织和管理大企业,但这一点一直遭到经济理论的排斥,直到现代工业经济学和现代制度经济学发展以来,经济学家才追溯这一传统。根据博弈论和委托-代理理论,经济学家分析竞争对手的行动的相互依存,他们认识到了交易成本的意义(交易成本就是克劳塞维茨军事语言中的摩擦),他们研究信号的本质。迄今为止,关于非对称性战争与混合战争的理论在经济学中并未得到足够研究。非对称性战争理论在机构和组织语境中分析在结构和系统上不同的力量关系或战前形势。因此,游击战争是著名的军事战争实例,而快闪族会毁灭零售业,这是经济生活中的典型活动。

在《愤怒与时间》(*Zorn und Zeit*)一书中,彼得·斯劳特戴克(Peter Sloterdijk, 2008)认为,愤怒是人类生存和行为的核心驱动力,它诞生于金融危机中,推动了现代类型的平民主义和原教旨主义的再度兴起。他认为,只有一个有血气的人有了自由,自由才有其内涵;在一个有血气的人的形象中,愤怒、骄傲、暴怒、仇恨都有其位置。他要求,把这些情绪作为生产力来利用。要想管理好情绪,就要将情绪纳入无抵触情绪的政治理论中,而不是选择社会愤怒管理的那些经典出路,即无政府主义、自我判决、自杀式谋杀,包括暴力浪漫主义,要将怒气汇集到"愤怒池",以从中产生道德计划或报复计划。

法国创立了一所军事经济学院[①],它参照军事学的战略、作战和战

---

① 这所学院培养经济战争领导。德国无类似学校。学院领导克里斯蒂安·哈布洛特(Christian Harbulot, 2013)强调,鉴于2013年夏季的斯诺登事件,重要的是,不应坚持"沉默文化",而应认识残酷现实。

术理论发展经济战理论，因为企业实际上与国家一样，企业也冒险去毁灭竞争对手或自己的公司——正如希腊德尔福神曾经给克罗伊斯（Krösus）的预言，"你若渡过哈吕斯河，就会摧毁一个伟大的帝国"，即，毁掉自己的国家。对于美国、中国、俄罗斯这些大国而言，地缘政治思维和地缘战略思维很正常，对于法国、英国、印度或以色列等有核国家而言，同样如此。德国由于历史原因而很难做到这一点，但将来必然会考虑它。

实际上，那些成熟处理世界事务的国家都会从地缘政治、地缘战略和地理经济角度思考问题。最新的实例是中国的"一带一路"倡议，西方某些大国认为中国想借此赢回自己历史上曾经的世界强国地位，他们并不喜欢看到这一情况，正如一百年前，德国的崛起也并不令人高兴，当时的德国也曾建设一条商路——巴格达铁路。如果伊朗开始崛起，作为"一带一路"的枢纽站，伊朗就会成为中东地区重要的贸易国，但伊朗的崛起会对迄今为止的中东格局构成威胁，作为回应，沙特王国在2016年春发起起石油价格战。沙特针对卡塔尔的行动也属于此类，与中东地区的恐怖主义和混合战争一样。英国脱欧也是一种尝试。英国试图以牺牲第三方利益的方式，将欧洲跳板与国家主权以最佳方式结合在一起，但几乎一切分析都证明，英国脱欧实际上是一项毁财灭富的计划，是一场从政治上爆发的反对自己国家的经济战。

此类大面积的板块推移往往由制度创新和技术创新所推动。一些国家逐步隐没，即，陷入较强地带的控制之下。在全球化条件下，尽管美国拥有全球最现代的网络工业，但缺乏网络工业的工业基础。那么，网络工业在美国到底应处于何种地位？如果英国的核心行业仅剩金融业，那么英国必须对欧盟的监管进行防御吗？

在一个按照完全竞争、对抗竞争的原则来组织的世界上，在竞争异质性越来越大的世界上,迫切需要回答这一问题:是否应为合作建立文化屋脊?是否应存在国际认可的秩序框架? ① 实际上,军事战争法是建立在数千年历史经验上的成熟体系,全球经济可从中受益。

与军事战争一样,经济战争不仅拥有技术基础,它也包含领导学和政治哲学,这里要从三个角度分析问题:

(1)经济战争如何开始,如何进行,如何结束?经济战争是一种实证现象,因此,要以大量实例来介绍它,目标是,具体论证问题的重要性,从积极理论角度看,要研究出结构上的共性。那么,在理性上,从企业政策或经济政策角度看,经济战争的导火索是什么?非理性领域的导火索还有什么?是否因此而必然疯狂?实例可以阐明经济战争的真实情况。

(2)经济战争理论会带来哪些认识?作为一门学科,经济战争学可使人更好地理解竞争,特别是过度竞争,其中,尤其要强调冲突中存在的好战强度。关于战争的概念,本书采用克劳塞维茨的定义(Clausewitz, 1832: 25),即"战争只不过是决斗的扩大",战争的目标是,"迫使敌人服从我们的意志",使敌人"不能再做任何抵抗"。在《思考战争》(Den Krieg denken)一书中,雷蒙·阿隆(Raymond Aron, 1976: 19)指出,暴力与意志的辩证性并存是战争的特点之一,也是经

---

① "对抗规则"可追溯到古希腊。希腊语"ἀγών"指矛盾、争吵、竞争、比赛、战斗和努力。公平的竞争规则需要一个被接受的秩序,但秩序在古代并不总能得到保障。基于秩序的奥林匹克运动(包括和平的义务)的宗旨是,展现一种不同于军事战争的选择。在古希腊,腐败尤其猖狂,谁被定罪,谁就必须捐赠一个比真人更大的宙斯塑像,以罪人的名字命名,于是就有了宙斯人像群。对此,亚当·斯密(Adam Smith, 1759: 124)写道:"在财富、荣誉和利益的争夺中,他要快跑,竭尽全力快跑,力争超越所有竞争者。但若他打倒了其中一个,观众的容忍就会终结。这破坏了诚实的比赛规则,这是观众所不允许的。"

济战争的决定性特征。因此,有必要阐述理论的背景与历史关联,以将之用于经济战争理论。

(3)经济战争应如何(有效地)进行?一个规范的理论和方法论很重要,它们一方面与研究范式和经济理论相关,另一方面也要结合军事知识。中国古代军事家孙子和著名军事理论家克劳塞维茨已提供了先例,兵法与军事理论往往也能够直接运用到经济战争上。但是,必要的战略能力只能通过教育和提高哲学素养来获得。克劳塞维茨(Clausewitz, 1832: 38)写道:"尽管我们的理智总感觉更趋向于明白而确定,而我们的精神却往往被不确定性所吸引。人们并不想凭借理智在哲学研究和逻辑推理的狭窄小路上艰难前行,以便使自己的思想达到某些空间,这一点他自己几乎并未意识到。在这些空间中,他自己感觉陌生,似乎一切熟悉的事物都离他而去,因为他更喜欢带着自己的想象力停留在偶然和幸运的王国里。"因此,本书每一章都以认识为基础提出行动建议。

本书旨在描绘经济战争的真实画面,从广度与深度上探究经济战争的原因,并为经济战争的前线决策者提供必要的理论武器和实践武器。克劳塞维茨的名著《战争论》可谓一语中的(Clausewitz, 1832: 11):"我期望,本书能够抚平军事家与国家领导人心中的皱纹,至少会在各处阐明,战争到底是什么,战争中到底应考虑什么。"

"经济并不比条顿堡森林战役更仁慈。"

——弗里德里希·迪伦马特

（Friedrich Dürrenmatt）

1 从对抗精神到经济战争的诞生

经济战争与竞争相伴而生,经济战争不考虑社会道德与经济效益。经济战争与竞争都是对抗的外在表现,即,追求个人优势。本书力图区分经济战争与竞争这两个概念,以确定经济战争的定义,该定义应同时兼有实证与理论内涵。经济战争与竞争的概念区分涉及伦理和宗教,而伦理与宗教则要求以社会认可的方式追求个人优势。鉴于此,制度与价值观具有重要意义。

军事战争、经济战争及所有其他方式的对抗都是为了获得主导地位,其中始终存在相互对立的战争双方或国家,比如,赫尔穆特·冯·毛奇（Helmuth von Moltke, 1800—1891）在《1870—1781年德法战争史》中写道:"只要国家追求其特殊存在,就会有冲突,这种冲突只能以武力来解决。但战争越来越恐怖,为了全人类的福祉,唯愿战争越来越少。"（Moltke, 1891: 1-2）可见,毛奇已经认识到超国家秩序存在的必要性。他认为,随着决策人数的增加,责任归属也愈加困难,这就使决策者匿名化,并破坏了责任。这一思想颇具现代性。毛奇在这本书中还写道:"显然,战或不战不再取决于君主的野心勃勃,而是取决于人民的情绪、国内形势的困难程度、政党及政党领袖的推动。

这一切对和平构成危害。战争后果如此严重，故而，无论个人高居何位，他都很难做出战争决定，相反，一个群体更易于决定是否进行战争。如此一来，任何人都不负全责。人们并不想找一群智者做代表，更想找到一位爱好和平的国君！在近代历史上，大战的爆发均违背执政者的意志。"最后，关于经济对战争的推动力，毛奇指出："今天，股票交易所影响很大，为了自身利益，它可能诱发武装战争。为使金融资本流动起来，墨西哥与埃及遭到欧洲军队的袭击。今天，一国是否拥有战争手段，已不再重要，重要的是，一国领导人是否强大得足可阻止战争。"

古往今来，历史学家、文学家与军事家都对战争做过详述，例如：欧洲的修昔底德（Thukydides）、色诺芬（Xenophon）、尤利乌斯·恺撒（Caius Julius Caesar）、弗拉维奥·约瑟夫斯（Flavius Josephus）和毛奇，中国的罗贯中[①]。他们的作品既有远见卓识，也充满实践经验。中国战略家孙子和德国军事理论家卡尔·冯·克劳塞维茨分别创立了战争理论，用以解释战争、研究战争的基本规则，两位军事理论大家将抽象的战争理论与实际的战争经验相结合，使之发展成战争艺术。

本章在经济理论框架中分析战争艺术，辅之以军事学及其他学科知识，以阐明经济战争的诸多表现形式。本章以经济理论为基础，以美国总统唐纳德·特朗普发动的贸易战为例，讨论竞争理论，对"经济战争"做出概念定义，理清位于经济战争背后的利益结构。

---

① 罗贯中著《三国演义》是中国四大名著之一，所涉及历史始自东汉末年208 年至 280 年三国归晋。小说描写了政治与经济冲突、土地剥削和军事冲突，记述了大量中国智谋和计谋。

1.1 经济战争的本质

从经济学角度看,经济战争是失衡与追求主导地位的表达。经济战争与地缘战略要求和地缘政治要求紧密相关。对此,罗伯特·布莱克威尔和詹妮弗·哈里斯(Blackwill, Harris, 2016)在《另类战争——地缘经济和治国方略》一书中以美国为例做了阐述,作者认为,即使美国投入大量市场和经济力量,仍然不足以维持美国的全球霸权地位。显然,从无边界的对抗角度看,特朗普正是通过贸易战改变了这一点。对抗是本章的主题。海上贸易战是海上强国试图在经济上扼杀对手的典型武器,军事干预往往是在抵抗力太大而无法实现目标的情况下才进行的。经济战争与军事战争不同。陆军是军事战争中典型的军事力量,军事战争的经济目标是控制并占有土地、原材料和劳动力。军事战争胜利后,战胜方会接管战败方的经济力量。陆地与海洋之间的这种对抗贯穿了人类历史(参见第 4 章),这在论及亚历山大·杜金(Alexander Dugin, 2014b)的理论时再论。

1.1.1 对抗与合作是进化的动力

世界与人类文明的进化总是发生在对抗与合作的矛盾之中。合作本身要求合作者为了自身利益而顾及合作伙伴的利益,但合作行为有其边界:未知的结果往往只能通过对抗来产生。经济行动大多要求对抗与合作的并存,这在古希腊战神玛尔斯(Mars)与商神墨丘利(Merkur)的矛盾中可以窥见一斑,墨丘利遵循"无信任不交易"的原则。道德会导致走向一条道路,即,降低个人与社会的成本。由此可知,不可能发生不道德行为单独或集体无效的情况,因为道德本身也可能受到竞争性审查。[①] 但从短期或中期来看，不道德行为甚至极其有利可图。

赫拉克利特（Heraklit）说过：“战争是万物之父、万物之王。它使一些人成为神，使一些人成为人，使一些人成为奴隶，使一些人成为自由人。”可见，战争、冲突与战斗是变化的关键动力，能够摧枯拉朽。德国诗人歌德（Goethe, 1832）曾说，战争“本属意于善，却总在创造恶”。这里的战争或战斗首先是一种人类现象。在《战争》一书中，克里斯蒂安·史塔德勒（Christian Stadler, 2009）写道：战争是人类生物性与逻辑性的结合与辩证统一，生物性即人类的先验性条件，逻辑性即理性，两者显示为冲突。战争可以采用非法或非公正的手段，以迫使变化发生，尤其要打破固有结构。在政治、社会或经济领域，战争导致裂变，这往往迫使进步，但偶尔也带来灾难，破坏规划的安全，不过也会促使新事物诞生。在《暴力教师》（*Der Gewaltsame Lehrer*）一书中，迪特·朗格威舍（Dieter Langewische, 2019: 13-16）认为，军事战争既可实施改革，也是维护旧结构的方法，以经济学语言来表达：战争可推动创新，也可维系固化的市场与竞争结构。

如克里斯蒂安·史塔德勒（Stadler, 2009）所言，这里产生了三个核心问题：战争与政治道德的界限问题、战争合法性与合理性的问题、战争正当性和文化道德的问题。罗伯特·卡根（Robert Kagan, 2003: 3, 105-108）把这些问题与权力问题联系在一起，在《论天堂与权力》（*Of Paradise and Power*）中，他写道：需要回答三个权力问题，即权力之效能、作为权力基础的道德及对权力的期望度。他认为，各国（即欧洲和

---

① 但是，墨丘利或赫尔墨斯（Hermes）也是小偷、劫匪的守护神，这说明了对经济活动的批判；也有其他文化不看重商业，中国古代就重农抑商。

美国）对这些问题的看法截然不同，因此，各国实施不同的政治体制，而政治体制就是一个国家关于世界与政治行为之合法性的看法。这一思想也适用于经济体制。经济权力问题遵循相同的规则，这体现在不同的经济制度中。马克斯·韦伯（Max Weber, 1922）认为，权力是"在一种社会关系中，即使有反抗，也能贯彻自己意志的机会……"这些看法均属于人文科学历史上的观点，本书第 4 章将从合作型哲学或对抗型哲学角度分析这些问题。希腊的对抗型哲学对于认识经济战的特征与本质颇有裨益。对抗的终极状态是濒死挣扎，即，为最终经济决策而战。关于战争的哲学思考最早开始于赫拉克利特，他从本体论和形而上学角度论述战争，在 19 世纪和 20 世纪，这种战争哲学被争取社会地位的斗争所终结，其代表包括弗里德里希·尼采（Friedrich Nietzsche）、马丁·海德格尔（Martin Heidegger）或当代的彼得·斯劳特戴克等。

对抗意味着，在个人追求卓越与社会组织和道德之间存在矛盾。关于对抗的学说则处于哲学与政治学之间，或处于哲学与经济学之间。冲突的根源是恐惧、荣誉和利益这类基本力量。它们属于西格蒙德·弗洛伊德（Sigmund Freud, 1921）所谓的"自我"，它们永远不可能完全被集体道德所容纳，总会留下一些不合理性，这又会加固人内心的矛盾。如果这样理解对抗，个体可免受社会冲突、政治冲突、经济冲突及各种暴力或非暴力冲突方式的牵制，那么，索伦·克尔凯郭尔（Søren Kierkegaard, 1844, 1849）所谓的"伦理"就会终结于个体的完善、个体的升华，或如尼采所言，个人超越他人。自柏拉图（Platon）和修昔底德以来，脱离社会性、政治性与经济性的过程与所脱离的事物之间就存在矛盾关系。修昔底德在"葬礼演说"（Die Leichenrede des Perikles）中对这种矛盾关系做了生动描述。他认为，通过雅典民主制，伯里克利成功地使个体的精神自由与群体的关联实现了平衡。雅典民主制在相对性和完全统一之间做了(错误)选择,建立起了等级制度,而个人能力的发挥受到了限制。它使一种不同的但强有力的政治统一得以产生。实际上,这正是良好治理所追求的目标。根据奥利弗·威廉森(Oliver Williamson, 2002, 2005)的理论,这目标就是要战胜协调规程的稀缺问题。如此一来,如美国宪法所言,"合众为一"就实现了。当然,这种平衡十分脆弱。所以,在修昔底德去世后,雅典民主制的这种平衡也迅速被打破。在现代社会中,以数字媒体来参政是对议会参与制的威胁,这很快也威胁到个人权利(Höffe, 2015a),因此,自由也受到了威胁。在哲学史上,关于对上帝的信仰,哲学家莱布尼茨(Gottfried Wihelrm Leibniz. 1710)以"神正论"来诠释一个问题:万能的上帝为什么容忍灾难和邪恶的发生?后来,在1755年里斯本地震之后,启蒙学者[比如,伏尔泰(Voltaire)]进一步假设:上帝死了。借用"神正论"这一概念,约慧夫·福格尔(Joseph Vogdl, 2010/11)创造了一个新词——"经济学正论",借助这个概念,福格尔提出了质疑:经济规律能正常运行吗?为什么会出现危机?尽管很多经济学家都坚信,市场具有自我调节能力,但福格尔认为,现代竞争经济体制在一定程度上已经消亡,在危机时期,市场完全失去了自我调节能力,而世界经济目前正面临这样的危机。在《全球化鸿沟——对民主与财富的攻击》(Die Globalisierungsfalle—Der Angriff auf Demokratie und Wohlstand)一书中,汉斯-彼得·马丁和哈拉德·舒曼(Martin, Schumann, 1996)写道:全球化使各国主权备受压力,其中,世界金融市场发挥着关键作用。丹尼·罗德里克(Dani Rodrik, 1997)的问题是:全球化走得太远了吗?他担心,发达社会可能会出现社会瓦解的风险。在《全球化悖论》(Globalization Paradox)一书中,丹尼·罗德里克(Rodrik, 2011)认为,边界和市场的开放、民族国家与民主这三者不可能统一。自 2008 年世界经济危机以及 2015 年欧洲难民危机以来，这三者实际上已不再兼容，不得不牺牲其中之一。显然，瑞士通过全民公决走向了移民限制，英国通过脱欧牺牲了全球化，欧洲牺牲了民族国家，而在解决金融危机时需要民族国家。这些现象需要经济理论来加以解释，而且，也应该在理论基础上进行危机预测。

关于这些最新发展，目前尚没有进行大规模的政治讨论，尤其是，经济学已经忘记，经济问题有其规范属性。关于这一点，在《善恶经济学》（ *Die Ökonomie von Gut und Böse* ）中，托马斯·塞德拉切克（Thomas Sedláček, 2012）从文化学和历史学角度做了梳理。他认为，形式上的经济分析是重要补充。根据托马斯·曼（Thomas Mann）在《一位不问政治者的看法》（ *Betrachtungen eines Unpolitischen*, 1918 ）中的看法，人类倾向于非政治性，这可以缓解一个人的内心冲突，因为内心冲突的意义下降了。但人又会把宗教性问题变成社会性问题。这样，内心的新冲突加强了，而且这一冲突永远不可能解决。人们被迫承受着内心冲突，同时自己又来寻找解决冲突的方法，人们不能再推卸冲突。人们的终极救助在于，建立坚固的合作结构，以便引导对抗。建立这种合作结构是国家哲学的核心主题，也是分析经济战争的基础。

此类合作结构本身往往也是体制竞争的对象和秩序经济学思考的核心。人类依照自然法或宗教，以宪法或国际法的方式制定规则，这是人类的基本文化成就之一。[①] 以宪法或国际法为基础，各国又发展

---

① 德国议会在《基本法》（ Das Grundgesetz, 1949 ）前言中称，议会"对上帝和人类负责"，要把人权与人的尊严所决定的基本权利与人（议会）的投机行为区分开来。这不符合新政治经济学的公共选择理论，根据该理论，宪法的基础并不是简单逻辑原则决定的理性，而是开明的理性，因此，多数人的决定被合法化。

了国家哲学，以规定个体与集体（国家）之间的规则。国家哲学的发展伴随着整个政治文化发展史，持续了两个半世纪，它也具有强烈的经济属性，比如制定《所有权法》。如此一来，政治经济秩序得到了永久性限制。

随着全球化的发展，人类已进入边界开放的时代，这种框架似乎在消失。个体正在发挥出他的对抗性或侵略性，在某些领域，个体行为不符合规则，但绝对富有理性。因此，有必要提出以下问题：哪些规则仍然有效？哪些规则需要重新制定？如果破坏规则已属于日常现象，那么，为什么不像自由经济学所预测的那样，即使民主已经进步，新规则也不会自动产生？若要进步，必然会触及体制的界限，那么，谁来平衡稳定与触及体制界限之间的辩证统一关系？哪里（道德上或经济上）根本无法承受对抗的存在？这里的标准又是什么？谁来制定这些标准？

为了回答这些问题，首先需要明确，战争到底是什么。克劳塞维茨（Clausewitz, 1832: 39）认为，战争是"一种为了达到严肃的目的而采取的严肃的手段"。他认为，战争是决斗的扩大化，目的是"迫使敌人服从我们的意志"（Clausewitz, 1832: 25），以使敌人"不能再做任何抵抗"（Clausewitz, 1832: 25）。这令人想到一个常见问题：冲突达到何种规模才能称之为战争？这个问题哈拉德·梅勒（Harald Meller, 2015）在"战争——寻找考古遗迹"（Krieg—eine archäologische Spurensuche）一文中做了分析，[1] 他确认，广义的战争可以有很多种定义。此外，在人类历史上，只有在很短的一段历史时期，现代意义上的国家才是国际法上的战争承担者，这也导致广义的战争概念有多种定义。

---

① 该文摘自同名文集（Meller, Schefzik, 2015），文集描写一次于 2015 年 11 月 6 日至 2016 年 5 月 22 日在德国哈勒史前史博物馆举办的展览，展览内容包括涉及"战争"现象的所有考古工作。

对抗的核心驱动力是人对主导地位的追求。人为什么会追求主导地位呢？关于这个问题，弗洛伊德（Freud, 1905）的《性学三论》（*Drei Abhandlungen zur Sexualtheorie*）从精神分析学角度将之归因于人的内驱力，理查德·道金斯（Richard Dawkins, 1976）的《自私的基因》（*Das egoistische Gen*）从人类学角度，伊莱诺斯·埃伯尔–埃贝斯费尔德（Irenäus Eibl-Eibesfeldt, 1984）的《人——冒险本性》（*Der Mensch—das riskierte Wesen*）从行为学角度（即人类各种文化都有的相似行为）对它的成因做了解释。凡"胜者为王"之地都极有可能清除界限，或采用不合适、不合理甚至违法的手段。在《战争——谁将从中获益？》（*War—What it is Good for？*）中，伊安·莫里斯（Ian Morris, 2013: 7-10）强调了战争的选择性，战争会带来什么益处。他写道，战争的意义在于避免战争，并指出，遇难者占国民总数的比例一直在下降。[①] 因为被占地区人民的融入是一个体制挑战，这带来内部安抚问题，最后甚至也会导致外部安抚问题。因此，战争具有革命性效应，其复杂性堪比社会现象与生态现象的复杂性。加特（Gat, 2006）对此做了明确阐述。

在经济竞争中，人们追求帕累托最优，但是，占主导地位的企业必须至少在一个领域比其他竞争对手具有优势，才能实现帕累托最优。显然，在研究经济战争时，不仅要从经济学角度分析，而且也要从民族

---

① 何为"大规模战争"？这在历史比较中是一个重要问题。史蒂文·平克（Steven Pinker, 2011）是"暴力渐少"论点的代表。在《人性中的善良天使：为什么暴力会减少？》（*The Better Angels of Our Nature: Why Violence Has Declined*）一书中，他比较了20世纪中期的遇难者数量与人口总数。据统计，史上遇难者最多的战祸是成吉思汗战争（1206—1227）。第二次世界大战排在第10位（Spiegel, 2016: 58）。美洲大陆殖民化毁灭了约90%的土著居民，甚至破坏了当地的农耕和气候（Koch et al., 2019），见第7章。

学、人类学、心理学及医学角度研究竞争对手的行为。因此,经济战争研究要求一定的广度,并有必要建立一个跨学科的理论框架。

　　未来需要过去,现在连接过去和未来,因此,处于主导地位的个体、企业和国家必然会从对立的角度问自己,他们迄今为止的领先地位将来能否保持下去。同样地,处于劣势的个体、企业和国家,则会审视其目前与未来的地位。在经济竞争中,可能值得使用其他合理或合法手段,以避免竞争对手的及时崛起。若以自己或他人在未来某一时间可望达到的主导地位为核算基础,计算当前的实际竞争地位,这就能很好地解释,为什么会爆发激烈的竞争。决策者需进行尽量合理的形势分析,以便对自身与主要对手在一定时间内的经济地位做出预测。若一方深恐自己会丧失竞争力,这包括军事竞争力、技术专利、制度与体制优势及具体行业与产品的竞争力,那么,它会更清楚地认识到,与其坐等自己的衰落,不如立即反击。按照经济学理性选择理论,预期结果与最终实现的结果有一致性(Muth, 1961; Lucas, 1975; Sargent, Wallace, 1976),这并不需要严格的理性。根据托马斯定理(Thomas, 1972),若一些结构主义意义上的主观预测表现为现实,并引发他人对其产生反应,则主观预测甚至也能转化为个体进行对抗的推动力。然后,冷战可能升级,它反作用于自我竞争形势的预测及所采取的措施。无论是何种对抗(军事对抗、政治对抗或经济对抗),对抗的复杂性足以说明,对抗无可避免的后果可能是混合战争。保卫战可视为一段时间内利益核算的后果。在体育学中,这类行为方式由所谓的位置理论来解释。比赛中争取优先位置由训练理论来解释。这两个理论都将违规考虑在内,例如限制竞赛者的准入或提供提高成绩的工具。

　　一个基本的社会性问题是,竞争意味着努力,意味着预先准备,即,要进行训练。在承受这种竞争压力方面,个体和社会表现出不同的能力。对一些人或国家而言，这意味着定期面临过度要求。只要有增长，这种压力就可获得平衡，原因很多，或者根据帕累托最优原则，一切在短时期内已经优化，或者根据卡尔多-希克斯补偿原则，在不打击贤能者的前提下，处于劣势者从盈余中获得补偿。如果没有摩擦的损失，这一切就无法再实现，那么，就会产生对体制的仇恨、阶级斗争以及嫉妒。然后，阿图尔·施尼茨勒（Arthur Schnitzler）在《绿色卡卡杜》（Der grüne Kakadu, 1898）中的名言很快就会实现："当仇恨变得懦弱时，它就会戴上面具进入社会，自称为公正。"在任何一场关于平等和公正的讨论中，都能很快发现对抗的核心。公正有两种形式，这最早可追溯到托马斯·冯·阿奎那（Thomas von Aquin, 1273），即矫正公正和分配公正。前者是一种工具，用以补偿在设计或参与时被视为无法承担的差异；后者则是公平交换，它可能是冲突的根源。关于矫正公正，比如，嫉妒既可看作是社会性原动力，也可看作是破坏性原动力；关于分配公正，品牌的权力可能导致损害品牌声誉的行为。公正要求最低限度的选择自由，因此，可能会有人为公平而竞争，甚至为了平均主义而竞争，这最后同样会成为冲突的一个根源。当然，公正不能等同于权力，正如拉丁文谚语所言，"法令愈严苛，无辜者所受伤害愈大"，因为并非一切公正事物都是廉价品。只有在正式机制中，尤其在法律法规中，公正才会规范而客观地得到实现，而在风俗习惯中，即在道德行为中，公正以激进而主观的方式来实现。

公正应该对社会秩序起积极作用——用经济学的语言来说，就是树立一个可促进个人人格尊严的经济竞争框架，这正是德国社会市场经济体制的功绩。若竞争可以转变为社会的理性，竞争中就不会存在对抗性。因此，对于德国社会市场经济体制的创立者而言，经济制度的重新价值绑定具有核心意义，这并非毫无道理。在《占有还是存在》

（*Haben oder Sein*）一书中，埃里希·弗洛姆（Erich Fromm, 1976: 20）写道："决定经济体制发展的并非这个问题：'什么对人好？'，而是这个问题：'什么对体制发展好？'"人们试图缓和尖锐的冲突，有利于体制发展的一切（或仅用于企业增长的一切）也会促进人的福祉。格奥尔戈·诺尔特（Georg Nolte, 2018）问道：世界公正吗？他的分析围绕四个主题：贫穷、安全、气候保护和全球关系。为了解决这四个方面的问题，就要首先解决经济问题，而如果解决经济问题，就有可能产生冲突，冲突又可能不断升级，最后不可避免地发生经济战争。因此，本书将着重讨论这四个问题。

1.1.2　战争目的、战争目标与信号的意义

孙子与克劳塞维茨是两位伟大的军事理论家，他们认为，冲突系统在时间维度、行为者的行动方式、对手信号的分析等方面相互依赖。孙子、老子和孔子是同时代的人，《孙子兵法》显然受到了道家哲学的影响。在它成书约150年后，孙子的后人孙膑将《孙子兵法》的思想纳入《孙膑兵法》中。人们一度认为，孙子与孙膑是同一人。1972年，考古发现了两部不同的竹简书，两人关系才得以澄清。后来，檀道济将两部兵法总结为《三十六计》，这部书后来成为中国普通教育的一部分。其他兵书还有戚继光所著《练兵实纪》（1562）。克劳塞维茨是位优秀的战争分析家，他的《战争论》（1832）至今仍是最早研究军事学理论的最重要著作之一。

孙子与克劳塞维茨的作品均浅显易懂，他们都希望避免战争，只将战争视为冲突的紧急解决方案。孙子认为，"不战而屈人之兵，善之善者也"，军事胜利的价值则次之。他认为，上兵伐谋，即，利用智谋取得军事胜利是兵法的特殊形式。此外，他重视外交。其中，信

息（间谍）和计谋起决定性作用，这些就是现代信号理论的研究内容。克劳塞维茨（Clausewitz, 1832: 39-40）写道："战争无非是国家政治通过其他手段的继续。"但战争的目标并不是代替政治，"因为，政治意图是目的，战争是手段，没有目的的手段永远是不可想象的"。在《卡尔·冯·克劳塞维茨——21世纪战略》（*Carl von Clausewitz—Strategie im 21. Jahrhundert*）一书中，莱纳特·索肯（Lennart Souchon, 2012: 23, 63-68）指出，对政治的理解与个性化国家的智慧有关，这接近奥利弗·威廉森（Oliver Williamson, 2010）的"治理"概念，他强调，缺乏良好决策的路径是缺点，要克服这一缺点。战争是政治哲学的一部分，在可能的领域中，战争尽可能地以理性为导向。克劳塞维茨（Clausewitz, 1832: 186）认为，战争可以参考两人的决斗，战争的特点是，被攻击者有自我防御的意志。如果没有努力进行自我防御，那么，或者是一场简单的领土占领，或者是企业接管，而并非战争。

在《经理人的三十六计》（*36 Strategeme für Manager*）中，哈罗·冯·森格（Harro von Senger, 2004）指出，孙子与克劳塞维茨的主要区别是，对于计谋在战争中的作用，两人有不同的见解。克劳塞维茨认为，只有自身的弱点在时间上使采用计谋成为唯一出路时，才可以利用计谋，不存在军事力量与计谋的配合；只有当智力用到极限时，才允许使用计谋。孙子的看法与此不同。孙子认为，从一开始，计谋在战争中就具有关键的战略性意义。但克劳塞维茨（Clausewitz, 1832: 174）将计谋看作转败为胜的最后机会。关于战术，他写道："战略指挥的军事力量越薄弱，越适合用计谋，当最弱小的力量再也没有防御力量、没有任何智慧足够用的时候，似乎一切战术均已失灵，此时此刻，计谋就可作为最后的帮助。当濒临绝境、被置之死地之时，形势越无助，计谋就越有用武之地。不必再考虑其他机遇,无任何报酬可计算,此时,勇敢与计谋就会共同增长,于是,置之死地而后生。无论如何,这需要去努力。"

实际上,如张恒(Zhang Heng, 2013)(音译)所言,这正是欧洲与亚洲的军事文化与军事哲学的根本区别。因为中国哲学以和谐为基础,强调每一场战争的过失,中国哲学认为,很少会有可行的解决方案,因此,"非战"和"慎战"具有国家哲学意义。尽管不愿意承认皇帝的统治,但无论如何,战争与否必须有正当理由。

儒家学说的重点是,将人与人的和谐共处作为主要目标,因此,儒家学说在处理各种真实要求和极端立场时非常谨慎,它试图从对方立场出发来思考问题,这与古罗马传统上的"兼听则明"一致;但同时,由此可知,因为考虑到各种计谋与战略行动,如果在谈判中过早地放弃而不是坚持自己的立场,这就是弱点。这是欧洲与中国谈判时很难理解的地方。因此,欧洲与中国打交道的弱点是,对中国人的行为方式缺乏理解。西方在19世纪严重破坏了中国的和谐,这在中国集体意识中留下了深刻烙印。2018—2019年,中美之间发生经济战争,这使人对西方会遵守条约的意愿缺乏信心。中国对18世纪本国辉煌时期的回顾可以理解为一种信念:强调本国的领土完整,强调一个中国。可见,中国要建立一种制度,这种制度接近自己的文化,而不是西方统治地位的象征(参见第3章),这在第7章将根据"一带一路"倡议从领土角度加以分析,第9章会举例说明。

《练兵实纪》(1562)是中国明朝军事家戚继光撰写的一部军事著作。在这部著作中,戚继光论述了军队领导中的指挥与动员。《练兵实纪》包括征兵、练兵、领兵及对士兵的必要动员,也有赏罚分明的军法。凯·韦汉-梅斯(Kai Werhahn-Mees, 1980: 15)将该书译成了德文,他评论道:"所谓实战练兵,即,人有爱生而恨死之特征。领兵之术在于,使士兵爱死而恨生。但这违背人的本性，故只有愿意舍生，才能求得生。如此，方可兵不畏死。所谓军中将士的赏罚，不必逢赏就必用金银，赞言、赏识之词更重要。同样，惩罚也不必仅为刑狱或鞭挞，言语或沉默更为有效。"翻译成经济学语言就是：只有愿意破产，才有可能创新。

克劳塞维茨认为，战争是服务于政治目的的手段。雷蒙·阿隆（Aron, 1976）在其代表作《思考战争》中将政治目的纳入当代历史，奥托·冯·俾斯麦（Otto von Bismarck）也明显持有这一观点。有人指责俾斯麦，因为在色当战役胜利后，俾斯麦对待战俘拿破仑三世（Napoleon III.）过于温柔。对此，俾斯麦提到不可能再复活的尼弥西斯（Nemesis），他说（Bismarck, 1870）："可是，公共舆论的要求太过分，……（他们）往往要求，胜利方要手持道德标准，将失败方推向法庭，使失败方受到惩罚，惩罚的理由是，在国家之间发生冲突时，失败方曾利用一切手段对抗胜利方，或对抗冲突各方。但这种要求是不合理的。假如有人认为，提出这种要求是政治的本质，这完全是误解，惩罚、奖励、复仇这些概念不属于政治事务。假如要求政治去满足这种要求，这就歪曲了政治的本质。政治使王侯和平民因违背道德而受到神圣天意的惩罚，也听凭战役的胜败受神圣天意的左右。政治没有权力，也没有义务履行法院的职责。……政治不可对已发生的一切实施报复，而是要尽其所能，使它以后不再发生。"

克劳塞维茨认为，战争的目的在于政治意图，为了实现政治意图，采用战争的手段，并由此得出战争可实现的目标，这一论点符合伊曼努尔·康德（Immanuel Kant, 1785）的哲学。康德哲学认为，目的是绝对的，不会自行贬值，在目的之上不存在其他目的。在制定目标时，需要具体的决策，但目的是确定的，目的往往作为基本状况或问题状况。

目标用于实现目的，如果目标不能服务于目的，则目标"毫无意义和目的"。只有制定了有目的、有意义的目标，领导才能发挥持续的激励作用。一旦采用一定的手段实现了目标，目标就消失了，就要制定新的目标。但是，目的仍然存在。如此一来，以现代政治经济学理论来看，克劳塞维茨（Clausewitz, 1832: 43-55）建立了目的-目标-手段之间的关系（Blum, 2004: 499-501）。

　　大部分军事战争学或经济战争学学者并没有明确区分"目的"和"目标"这两个概念。卡尔-斐迪南·冯·威尔逊（Karl-Ferdinand von Willisen, 1919: 44）认为："只有国家，即政府领导，才能决定经济战争的目标。"当时正值世纪之交，一家企业似乎不可能为了自己的利益而发动经济战争，尽管人们刚刚经历了英国和荷兰的征服者和商业公司，美国经济刚刚出现垄断化。实际上，人们认为，国家有能力控制国家的经济关系，这种想法如今已经过时。这种国家导向的目的论在格奥尔戈·布罗德尼兹（Georg Brodnitz, 1920: 1）的理论中也出现过，他认为，经济战争要政治至上，应追求三个目标：

- 战争政策目标，即，通过经济措施支持军事战争的进行。
- 和平政策目标，即，获得尽可能多的承诺，目标是，加强自己在合约谈判中的地位。
- 经济政策目标，即，尽可能长时间地消灭敌方的国民经济竞争能力。

　　这里有两点比较突出：一、经济战争中的国家行为，这一点总出现在军事行动中；二、对于持续时间可能较长的损害要估测时间。这符合哈拉德·佩歇尔（Harald Pöcher, 2005: 73）最新的经济战争定义："经济战争是以打击对方经济为目的、以非军事方法与手段为基础的战争。经济战争结束时，对方的经济应该已经失去市场份额，自己的经济应该更好。"该定义不包括个体经济与企业行为,也没有回答这个问题:哪些取舍使参加经济战争有意义?

1.1.3 兵法与战争领导的三层结构

孙子认为,兵法有五个基本要素,将帅必须掌握它:"故经之以五事,校之以计,而索其情:一曰道,二曰天,三曰地,四曰将,五曰法。道者,令民与上同意者也,故可以与之死,可以与之生,而不畏危。天者,阴阳、寒暑、时制也。地者,远近、险易、广狭、死生也。将者,智、信、仁、勇、严也。法者,曲制、官道、主用也。凡此五者,将莫不闻,知之者胜,不知者不胜。"

克劳塞维茨认为,在战争中,通过进攻实现执行权力,通过防守实现阻止权力。实际上,战争在发生防御时才真正开始,这又意味着威慑的价值。克劳塞维茨在其首本书第7章明确强调了八种摩擦,即不可测因素或现代的"交易成本",它们是成功的阻碍,这些因素会导致计划失败。这完全可用于解释人与人、企业与企业、国与国之间的对抗关系。克劳塞维茨认为,对敌人了解不够会引起怀疑或不可预测性,谣言(包括间谍的迷惑性报告)会令自己不确定自己的能力和立场。与此相关,在纸上谈兵与实际战况之间的不对称性也会导致做出错误预测及后勤问题。他特别指出,主观印象强烈,在冲突爆发前,会导致丧失理性控制。

克劳塞维茨(Clausewitz, 1832: 24, 42)认为,战争是"一只真正的变色龙"。他将战争进行归类,分类依据是战争这一抽象现象在三个层面的三种趋势,这三种趋势的混合形成活力和变换,他称之为"奇怪的三位一体"。借助这"三位一体",克劳塞维茨全面而生动地阐述了战争的暴力、偶然性和政治工具之间的交互作用。他认为,战争有三大趋势：一、战争本来的属性；二、各种摩擦，就是现代的交易成本；三、政治。这些体现在人力资产和机构组织中，如图 1.1.1。

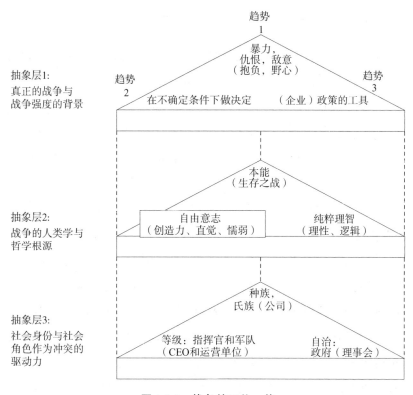

图 1.1.1　战争的三位一体

资料来源：自制。

- 最上层为**战争本身**所在层，战争以暴力、仇恨和敌对为特征——从现代经济战争角度看，就是所谓的嫉妒、"同仇敌忾"等。这里，政府或企业要在不确定的条件下决定采用何种手段。

- 从人类学和哲学角度看，第二层提供**战争的必要理由**。因做出战争决定时的不确定性，战争伴随着自然冲动、创造力、本能、道德、直觉，但也伴随着怯懦和麻木不仁，这些又与逻辑而理智地使用手段形成对比。

- 第三层（也即最底层）是社会身份认同和社会角色，它们也可能是冲突的**驱动力**。人们的热忱体现在自然冲动中，如果没有人们的热忱，上面两层所要求的动力——仇恨和敌对——就不能充分表现出来。这里，军事天才会发挥作用，他正确指挥军队，做出必要的艰难的决策。从战争的政治目的角度看，政府实施优先行动权。

乌尔里克·克利迈尔（Ulrike Kleemeier, 2002: 217）指出，战争的升级过程很清楚：人—自然冲动—暴力，政府—理性思考—军队和政策—自由的精神活动—发生摩擦。仔细思考，这三种特点可以与柏拉图的哲学思想相匹配：血气（Thymos）是情绪运动的基本动力之一，与激动状态相关，意指人类情感，即敌意、暴力倾向、仇恨；理念（Logos）包括理性原则，即利用理智；爱欲（Eros）包含兴趣、对他人之爱，是对上级负责而有的精神义务。[①] 因此，如果领导人想把这三种精神传达给自己的下级，或传达给代表上层意志的上级，那么，演讲术就是领导人的关键素质。而演讲术往往用于以下目标：对知识的缺乏进行辩护，甚至传播假信息或杜撰信息。柏拉图在批判民主时也曾论及这些问题，这在第 4 章再论。

克劳塞维茨（Clausewitz, 1832: 11-12）区分了两种战争：

一、第一种战争是绝对战争，导致主导地位和毁灭，这是一种理论上的战争类型，因为政治退后，而政治目的本应是战争的上级目的。

二、第二种战争是现实战争，它应迫使敌对各方进行合作，这符

① 希腊将"爱欲"（Eros）用于表达精英们对权力的追求，因而它成为公共精神事物。修昔底德也持这一观点，他将"爱欲"与对抗型国家哲学联系起来。

合一般现实。在现实战争中，冲突升级的风险与经济核算之间互相影响，并决定着战争到底值不值得继续，因为抵抗力量就像产品，它产生于能力和意志。因此，竭尽所能进行一场全面战争的风险是固有的。

总之，第三种交互作用与其他两种交互作用共同发挥作用，就导致了战争持续扩张的趋势（Clausewitz, 1832: 25-28）。因此，在《战争的方向》（The Direction of War）一书中，休·斯特拉坎（Hew Strachan, 2013: 59）写道，到最后，战争就会处于与政治目的相互影响的逻辑中。实际上，这种想法对今天的许多反抗组织并不陌生。阿道夫·希特勒（Adolf Hitler, 1925）在《我的奋斗》（Mein Kampf）中和自杀前都曾提及它。苏联卫国战争也是一场持续到最后的战斗。因此，在《终结者克劳塞维茨》一书中，勒内·基拉尔（Girard, 2007: 14-18; 108-109）指出了这一理论在现代的最后一种结果：在冲突全面升级后失败。低效行为不断遭淘汰，高效例行程序不断优化，战争各方的行为日益趋同，在这种背景下，各方在选择战争手段时也日趋对等。在互相怀疑的情况下，任何一方都会将自己的进攻视为防御，这完全可以从道德上来为其辩护，并使局势恶化。[1]只有通过禁令和牺牲，即将罪责推到替罪羊身上，这场恶化升级的螺旋才会实现突破。在《人类简史》（Homo Deus—a Brief History of Tomorrow）中，尤瓦尔·赫拉利（Noah Harari, 2016: 75）指出，阻止冲突升级的希望十分渺茫，因为干预者面临复杂的问题，以至于不能推测重要的交互作用问题。

此外，克劳塞维茨（Clausewitz, 1832: 11-12）还区分了大型战争与小型战争：

- 在小型战争中，军事行动有限，往往是针对较强敌人的耗损战

---

[1]　勒内·基拉尔（Girard, 2014: 116）指出毒药（Gift）与嫁妆（Mitgift）的比喻意义，嫁妆可能被投毒。

争和蚕食战争。因此，小型战争是游击战争，范围有限，它包含混合战争的一些因素。

- 相反，大型战争包括常规的军事冲突。从军事理论角度看，大型战争也是本书主要的研究对象，但本书也不排除小型战争，因为小型战争也与战争的"变色龙"特征相反。

英国参谋部军官查尔斯·卡尔韦尔（Charles Edward Callwell）在殖民地战争背景下研究"小型战争"，他将小型战争描述为针对敌人的非对称性冲突，这种冲突并非公开的战斗。在《小型战争——原则与实践》（*Small Wars—Their Principles and Practice*, 1896）中，他首先通过冲突的结构特征来定义冲突。他认为，与正规战争相比，小型战争之所以得名，并非因为战争规模的大小，而是战争的方式，即非对称性，这一点克劳塞维茨已提及。为了占领或吞并，进行宣传和报复，或打垮危险的敌人，这就是发生了小型战争。在战略上，非正规作战的敌人比较灵活，因为敌人的机动性提高了，而其他战术，如果有可能，会给正规部队带来好处。具有核心意义的是，非正规部队有信息优势，因此，冲突的成功有赖于高度重视侦察和消息沟通。对于这种冲突，一般的胜利还不足以将其消除，因为敌人并没有意识到自己的战败，因此，如迪特·朗格威舍（Langewiesche, 2019: 352-355）所言，要利用焦土政策。这些理论完全可以解释老牌企业与新兴企业间的经济冲突。[1]

很清楚，三个层面指导着军事行动（Lütsch, 2017: 18）：一、政治层面，即战争的目的层面；二、战略层面，即，将战争分解为战役，目标是消灭敌人；三、战术层面，即每一次战役中的具体战斗。海因茨·古德里安（Heinz Guderian）描述了三个层面结合在一起的情况，为了实现

---

① 布拉德利·波特（Bradley Potter, 2016）对此做了概述。

绝对效益,需要将三个层面的目标结合起来。他的两本书分别是《注意——坦克! 坦克的发展、战术与作战可能性》(*Achtung—Panzer! Die Entwicklung der Panzerwaffe, ihre Kampftaktik und ihre operativen Möglichkeiten*, 1937a)和《坦克群及其与其他武器的配合应用》(*Die Panzertruppen und ihr Zusammenwirken mit den anderen Waffen*, 1937b)。

在《克劳塞维茨——思考战略》(*Clausewitz—Strategie denken*)一书中,博尔克·冯·奥廷格等学者(Oetinger et al., 2003: 30-36)为现代管理学研究了这些关键结构,他们指出,克劳塞维茨与哲学家黑格尔(Georg Wilhelm Friedrich Hegel)一样在思维中遵循辩证法。显然,一种原则总是与另一种原则并存:存在-不存在,冲突-机会,理论-天才,原则-创造性,理智-情感,行动-思维,勇敢-胆怯。但是,也存在这样的情况:意志-反意志;敌人突然可以是朋友。每一种原则都通过另一种原则来维持。但克劳塞维茨认为,这并不会融合,而是与平衡相关,平衡是机会,可以把战争作为有效的政治手段。对此,莱纳特·索肯(Souchon, 2012: 67)认为,对比是为了更好地阐明含义的不同。对比有助于明确含义,根据中国道家哲学,"阴"和"阳"相对,所谓危机,就是风险中孕育着机会,机会中隐含着风险。

克劳塞维茨(Clausewitz, 1832)在《战争论》第 6 章和第 7 章中写道,这些原则和行动一旦结合在一起,就会体现在战略[①]、作战和战术中。因此,战争原则(即兵法)不仅对于内在的理论导向很重要,而且对外在的合法秩序,尤其对国际法同样重要。在一场战争中获胜,这意

---

① 毛奇(Moltke, 1871)在《论战略》(*Über Strategie*)中将战略定义为"随着形势的不断变化,对原来的指导思想的不断发展,在最困难条件的压力下的行动艺术",战略是政治行动(克劳塞维茨)的最终目的(Gohl, 2013: 202)。

味着,已经摧毁了一个有竞争力的制度。战争的开始可以说明,假设上级规范存在,那么,上级规范已经无法阻止对抗,这些规范可能已经在冲突框架中被摧毁。检验它的关键标准是自己的参与规则。在一场军事战争中会使用武器,后果是破坏、损伤和死亡。战争结果可能是胜利、停战或失败。克劳塞维茨(Clausewitz, 1832: 26)写道:"在战争哲学中唯独从来不可能制定节制原则,除非发生荒谬之事。"这些说法同样也适用于经济战争。经济战争主要使用经济手段作为武器(当然不仅仅使用经济手段),但是,经济战争却与运转正常的竞争相矛盾,它位于秩序规则之外,是反道德的。比如,著名的经济战争包括:断绝往来,恶意破坏竞争对手的声誉。经济战争发动者可以是个人、企业或国家。关于敌人,"整个战争行为的主要目标是毁灭敌人的军队"(Clausewitz, 1832: 583),这样他就不可能继续战斗了。这与经济战争也类似,经济战争是威胁财富的行动。尽管不像在军事战争中那样硝烟弥漫,但经济战争的后果可能是物质遭到破坏、人员融合度遭到伤害或破坏,也可能导致死亡(经济战争失败者往往会自杀)。

几乎在克劳塞维茨出版《战争论》的同时,安托万–亨利·约米尼(Antoine-Henri Jomini)出版了他的著作《领导艺术》(*Précis de L'art de Guerre*, 1836)。[①]他没有受过任何军事训练,但他热衷于分析历史战役,对历史战役进行了结构研究,能够预测战争的进程。他在瑞士、法国、俄罗斯和普鲁士军队中不断升迁,直到担任总参谋部军官。他把军事政策分为作为具体冲突的军事政策与作为国家任务的军事政策,这与克劳塞维茨的观点一致。他认为,兵法的其他部分由战略、大型战争的战术、后勤、工程和详细的战术组成,战略是有

———————————

① 克里斯托弗·阿伯格伦(Christoph Abegglen, 1995)对此做了概述。

效指挥军队参战的能力；大型战争的战术就是今天的战役，就是要全面统一地进行战役计划；后勤是在空间和时间上可以灵活指挥军队的能力；工程部门主要研究对碉堡的进攻和防守。兵法也包括具体战术。军事指挥官将大型战场与战略前线分成不同的前沿阵地和相互关联的战线，这是一个结构化进程。认识的目的很清楚，是一种抽象，就是要实现一般化，形成规则，这样就可以为了具体战斗而学以致用。这构成了约米尼所认为的成功，为经济战争中的经济思维树立了榜样。

1.1.4　对抗、暴力和经济战争的定义

本书采用鲁文·布伦纳对冲突的定义，鲁文·布伦纳（Reuven Brenner，1983，1987）认为，冲突是广泛的社会现象，尤其是人类学现象。约瑟夫·熊彼特（Schumpeter，1912，1942）在经济理论中也这样阐述冲突。由于越来越多的生活领域已沦为市场优先领域，冲突的深度与广度日益增加。马克思和恩格斯（Marx，Engels，1848）在《共产党宣言》（*Das Kommunistische Manifest*）中已经预测到这一点，在全球化过程中涌现出了大量新的竞争者，竞争强度随之提高了。竞争原则的胜利可以在创造性破坏中窥见一斑，如果已经超越了边界，这种创造性破坏决定着经济分流，也决定着整个社会分流；打破规则是一种独特的因素——打破规则也是规则，这属于克劳塞维茨《战争论》（Clausewitz，1832）中重要的成功标准。选择意味着暴力，但暴力并不都是经济战争，尤其当暴力是规则框架下竞争的一部分时，更不能叫作经济战争——在竞争之外，潜藏着经济战争。因此，在战争学中，研究暴力的道德与法律归属具有重要价值（参见第2章、第3章）。一种思想越来越重要：从弗里德里希·尼采理论的角度出发，因为担心弱者的

虚无主义而拒绝弱者的生存。[①] 在美国许多地方，一种思想很受欢迎：边界线上的人必须证明自己。社会学家马克斯·韦伯（Weber, 1895）在弗赖堡大学的就职演讲[②]中将这一点视为社会生存能力的核心。这里要区分发动战争的权力和战争中的合法行为，所谓发动战争的权力，即，允许何时开始战争。

那么，应该如何理解经济战争呢？尽管这是个常用概念，但迄今为止，经济战争并没有一个严格的、被广泛认可的定义。可以肯定，经济战争与经济暴力（类似于军事暴力）相关，受强烈的主导地位诉求所驱动。令人惊讶是，在关于经济战争或经济战役的著作中，经济学家从经济方面对经济战争的描述却不够详细。比如，在柏林墙倒塌之后，在讨论世界新秩序时，莱斯特·瑟罗（Lester Thurow, 1992）出版了《王者之争——日欧美未来的经济战争》（*Head to Head—the Coming Economic Battle among Japan, Europe and America*），但该书并未详论经济战争。在《经济战争——制裁、破坏禁运及其人力成本》（*Economic Warfare—Sanctions, Embargo Busting and Their Human Cost*）一书中，罗宾·内勒（Thomas Naylor, 1999）分析了许多历史和当代实例，但该书并没有严格定义经济战争。实际上，经济战争常被看作限制性贸易措施的近义词，即，经济战争强调国家层面。

在"论经济战争与战争中的经济"（Von Wirtschaftskriegen und der Wirtschaft im Kriege）一文中，尊克·奈策尔（Sönke Neitzel, 2010: 49-

---

① 尼采（Nietsche, 1894）在《反基督》（*Antichrist*）中说："柔弱者和失败者应该灭亡：这是我们爱人类的第一句。为此还当助他们一臂之力。"

② 马克斯·韦伯（Weber, 1895）："我们不可向乐观的态度屈服：随着经济文化的大力发展，我们已经做了这个工作，在自由和平的经济斗争中的选择会使更高的类型自行走向成功。我们的后代使我们对历史所负责的东西，首先不是我们留给后代的国民经济组织方式，而是我们在这世界上给他们争取和留下的斗争空间大小。"

50）定义了广义的经济战争：所谓经济战争，就是"主要利用经济手段来进行、以经济为目标，或经济因素决定结果的冲突。因此，经济战争是'热战'的一部分，但也可能发生在和平时期，人们不妨去想想贸易壁垒、禁运或关税战，尤其在近代早期。重要的是，经济因素导致战争，在和平时期，经济因素决定双边关系的性质"。其中，四个基本特征对冲突中的经济因素有影响，即战争原因、战争目标、战争进程、战争后果。

　　总之，可以确定，经济战争是为了实现自己的经济利益而利用经济优势的暴力对抗过程，其目标是：维持优势地位，或以武力获得优势地位，并保证其长期拥有优势地位。这类冲突通常发生在集体中，至少战争的一方应该以集体利益来伪装自己。同时，暴力的实施涉及权力、统治、非法强迫，也可能损害人身安全。[1] 在《未竟的帝国》（*Unfinished Empire*）一书中，约翰·达尔文（John Darwin, 2013）写道，这类有组织的暴力活动可算作军事殖民主义、经济殖民主义、寻求民族身份认同的主要驱动力。人们能够完全意识到现代经济的暴力行为：虽然经济暴力对繁荣的意义是无可争议的，但人们往往会把经济暴力与贪婪、毫无顾忌、剥削联系在一起（Petersen, 2013）。后来的历史证明，并非只有经济暴力服务于经济目标，军事暴力往往也服务于经济目标，或者经济暴力也服务于军事目标。在《暴力空间》（*Räume der Gewalt*）一书中，约尔格·巴贝罗夫斯基（Jörg Baberowski, 2015）证明，恐怖战争、大屠杀、种族清洗是文明的正常现象，它们不会中断文明，它们潜藏着，无

---

　　① 从经济战争的角度看，《联合国宪章》第 2 条第 4 款禁止使用武力，但不禁止使用军事暴力。第 39 条（威胁、破坏和平、进攻的确认），第 41 条（武力之外的措施，尤其经济措施）和第 42 条（军事措施）区分暴力概念。参见，联合国（未注年份）。

处不在,几乎就像是人类特殊行动的常量一样。在这里,他重新论及托马斯·霍布斯(Thomas Hobbes)、西格蒙德·弗洛伊德的理论,论及现代人类学和行为学,但是,他认为,寻找犯罪动机是一种失败,因为似乎不可能有令人满意的答案(即以因果关系和理性寻找的答案)。因此,在 2008 年以来的世界经济危机中,金融业所施加的经济暴力导致了附带的人身伤害,就不足为奇了,但那些独立负责人就像西班牙征服者一样,他们并未受到任何伤害。

在《士兵:英雄、受害者和暴徒的世界历史——讣告》(Der Soldat: eine Weltgeschichte von Helden, Opfern und Bestien—ein Nachruf)一书中,沃尔夫·施耐德(Wolf Schneider, 2014: 94)称战争是"善意的相互的大规模屠杀"。"大规模屠杀"是战争与犯罪的区别,"善意"是战争与"打群架"的区别。战争受到意识形态的影响,战争必须是正义的,才能推进肆无忌惮的使命。实际上,"善意"意味着,在国际法框架中具有国家合法性,如果遵守国际法,战争结果就不应该受到惩罚, ①但事实并非如此。如果在一个社会中,从个人角度看,生命价值位于第一位,从集体角度看,国家存亡位于首位,那么,在经济上,就需要强调或保持经济价值的持续性。每场战争的潜在目标是获得主导地位和实

---

① 历史学家史蒂凡·屈尔(Stefan Kühl, 2014)在《普通组织——大屠杀社会学》(Ganz normale Organisationen—Zur Soziologie des Holocaust)一书中分析了二战中德国所进行的大屠杀,他假设了一种残忍论点,当时,公众把日常的射杀和驱逐视为合法行为,合法化的灰色地带出现。在银行业,银行向退休人员兜售废纸一样的债券,一旦所有银行都这样做,这就是正常业务了。只有灾难才会使人重新思考合法和正当。卡罗尔·P.卡克尔三世(Carroll P. Kakel III, 2013)在《美国西部和纳粹东部:比较与解释》(The American West and the Nazi East—A Comparative and Interpretative Perspective)中将美国西部的屠杀战争与德国东部的大屠杀做了比较,他证明,灭绝可能是关键的战争目标。

施自己的命令,这必须纳入经济战争的定义中。冲突各方是否能够在经济战争后真正实现自己的优势,这并不确定;在军事战争中同样如此。在二战后的大部分军事冲突中,一些参战方并没有取得传统意义上的军事胜利,但从经济角度来看,它们却取得了经济战争的胜利,这在下文会举例说明。在极端情况下,灭绝战争和经济上的焦土政策同时存在。[①]

卡尔-斐迪南·冯·威尔逊(Willisen, 1919: 5)认为,经济战争属于国家事务,或位于国家框架中,因为它与和平秩序不同,和平秩序包含国际法和非私法的关系。在《经济战争概念与本质》(*Begriff und Wesen des Wirtschaftskrieges*)一书中,威尔逊写道:"所谓经济战争,我们理解它是一种状态,它通过使用暴力手段而形成,这些暴力手段不符合国际法和私法的和平规范,其目的是实现政治目标或其他目标,尽可能长时间地损害另外一个国家的国民经济。"

格奥尔戈·布罗德尼兹(Brodnitz, 1920: 1)把经济战争纳入第一次世界大战的矛盾冲突中,他推测,英国在参战时,从一开始就同时使用了军事手段和经济手段。在《经济战争体系》(*Das System des Wirtschaftskrieges*)一书中,这一倾向十分明显:"所谓经济战争,就是在战争法下为了摧毁敌人的经济所采取的一切措施。因此,经济战争不包括纯粹的军事行动,即使它们确实造成了经济损失,也不包括在战争期间不因战争法而为了增强本国国民经济所采取的步骤。"

沃尔夫·施耐德(Schneider, 2014)所做的经济战争定义能否直接使用,取决于军事战争是否会造成大规模的人员伤亡,以及善意的

---

①   比如,英国因经济原因,为了平衡其贸易逆差,逼迫清政府容许鸦片贸易,才有了中英第一次鸦片战争(1840—1842),这损害了当时中国的经济和社会(第9章)。企业间经济战争的效果表现为"烧钱"和"毁灭资本"。

经济战争是否会造成大规模的经济损失。值得一提的是，在军事领域，持续战争降低了人们的心理敏感度，使人们对杀人不再恐惧。在《战争文化》(*Kriegs-Kultur*)一书中，马丁·范·克里费尔德(Martin van Creveld, 2011: 10)阐述了人类历史上的战争文化：战争文化对外就是仪式、经典文化产品——雕像、纪念性建筑物、油画和音乐等；对内则是激励、牺牲意志、集体归属感、共同经历，以及在战争所带来的快乐和痛苦之间的摆动。之所以如此，是因为人们随时准备使用暴力来对抗，男人更是如此，因此，他们随时准备陷入危险，并献出自己的生命。他指出，这种牺牲精神与一种关键的文化因素相关，它为战争精神设立框架，并过分夸大它。体育会为这种战争文化做准备，比如，在盎格鲁-撒克逊世界里，在以色列，在古罗马和古希腊，体育在战争准备中起到了重要作用。除了会发生这种暴力对抗，也会发生智力竞争，比如弈棋，弈棋强调战略能力，与策略性游戏和计划性游戏有紧密的关系。许多仪式也属于文化，这些仪式化的文化在宣战时尤其明显。比如，互派外交使节，他们解释战争的原因；派遣使团，以便确保豁免权。使者往往来自人文阶层。[①]在《战争文化史》(*Kulturgeschichte des Kriegs*)一书中，伯恩德·赫普夫(Bernd Hüppauf, 2013)指出，战争不仅是暴力行为过程，而且，通过人类的想象，战争变成了促进文化身份认同与集体归属感形成的关键因素。他悲观地指出，网络战争作为隐形战争对现代安全伦理(即行为规则)带来巨大压力。在战争爆发前，往往会协定，如何集结部队，何时开始战斗。其间，文化必须被理解为(Casimir, 1994: 44)"行为模式的总和，这些行为模式通过……形成传

[①] 在这种背景下，尤其令人担忧的是，美国对中东"伊斯兰国"组织正式发动网络战争，这意味着战争法的国家属性——其他国家也会去模仿，因为有了缺口。这种宣战在历史上是首次(Kurz, 2016a)。

统的能力从一代传递给下一代"。文化的信息载体叫作模因。

　　经济战争也有这类文化仪式，它尤其出现在企业收购时，例如在公告、要约、老股东补偿程序中，这让人觉得，企业收购是一种合法行为，这是公平的博弈，从而克服心理障碍。在高收益投机胜利之后，一些投资银行会狂欢，这类似一种文化仪式，相当于常胜骑士取得了战役的胜利，这会导致很大弊端。[①] 阿尔诺·格林（Arno Grün, 2015: 31）在《反对恐怖主义》（Wider den Terrorismus）一书中写道，特别致命的是，"大男子主义文化病理学"令人想到恐怖团伙的行为，他们试图通过暴力寻找自己的身份认同。在经济领域，他们通过经济暴力寻找身份认同，对他们而言，痛苦和疼痛意味着弱点。这些团伙在破坏规则的行为上也有清醒的良知；至少，他们的内疚程度不够深，也就不能防止经济战争。

　　上述各种定义均涉及经济冲突，包括经济冲突的基本动机，它是造成经济冲突的原因。这里，本书为经济战争做如下定义：

　　经济战争是个人、企业和/或国家有意识地使用合适的攻击手段，在罔顾道德，或做好道德辩解，或在限定市场中道德滞后的情况下，破坏或降低经济对手的人力资本、物质资本、知识资本、组织资本或社会

---

　　① 凯文·罗斯（Kevin Ross, 2015）的著作《年轻的资本：华尔街金融危机后职业新人的隐秘世界》（Young Money: Inside the Hidden World of Wall Street）对此做了介绍；莫琳·雪莉（Maureen Sherry, 2016）在《开场白》（Opening Belle）中介绍了自己在贝尔斯登公司经历的大男子主义世界。马丁·斯科塞斯（Martin Scorsese, 2013）执导的电影《华尔街之狼》（Wolf of Wall Street）和查尔斯·弗格森（Charles Ferguson, 2010）的纪录片《监守自盗》（Inside Job）也表现了这些事实。这使人想到上层社会的放荡。犹太-希腊主义哲学家斐洛·尤迪厄斯（Philon von Alexandrien）在《论凝思的生活》（De Vita Contemplativa）中写道，一个领域一旦离开了有序竞争，庆功会就会放荡。

资本的价值，以获得或实现经济上的主导地位。

有意识地使用攻击手段是故意挑衅，这似乎是经济战争的重要特点，因为这显然直接与竞争对手相关，这与理想状态中的多极竞争不同，在多极竞争中，敌人是匿名的。只有不完全竞争才能准确判断对手是谁，即，这可能会升级为经济战争。只有当经济战争或经济战争威胁要迫使人们行动时，意图才不能否认，往往也会就此进行交流，但其最终目的是破坏。知识资本包括编纂的知识（例如专利、实用新型、商标、标准），即所谓的知识产权；组织资本包括企业层面的制度设置；社会资本包括国家层面的制度设置，其作用甚至也延伸到私人领域。罔顾道德指的是，要么缺乏道德参考，要么与道德参考无关，因为动机（贪婪）大于担忧（道德），这尤其适合全能的道德优越感。此外，道德问题可能会被搁置一边，因为经济战争服务于更高的目标，比如禁运。最后，经济战争定义中的第四个因素是成功，成功是决定性因素。经济战争的成功，就是已经稳定或实现了经济的主导地位。

即使行动出于善意，也要问一下，这种行动在何种程度上是正当或合法的？这个问题在第 4 章再讨论。这里只是提一下，可能存在完全相互矛盾的法律系统或法律观点。与军事干预一样，如果一些经济战争是符合国际法的正当行为，那么，它们就是合法的经济战争，比如，由联合国认定为合法。

竞争似乎越来越激烈，进而发展成经济战争，这个印象不假，因为今天的市场确实比以前变动得更迅速，因此，一切形式的资本贬值也更快、更彻底。竞争强度已经增加，即，优先盈利消失的速度加快了。尤其是，超特殊投资只有用于具体的企业流程中才能赢利。由于进步速度太快，在经济战场上，"受伤"的资本遭到的伤害如此严重，甚至没有机会进行有益的"分流"。

　　一场经济战争会发生在一个时间、空间、产品已限定的相关市场上。空间市场就是克劳塞维茨（Clausewitz, 1832）所谓的"战场"。只有在这种限定的范围内或界限内，经济战争的定义才能被赋予内容。《战争论》多次强调，在战场上，要形成产品重点、空间重点和时间重点，而其内容则应集中在要完成的关键任务上，否则，就无法确定经济战争的后果。同时，需要澄清这个问题：战争是否会对未来带来永久性的后果？即，是否意味着彻底毁灭？是否是克劳塞维茨所言的第一种战争，即大型战争？或者，战争后果仅是暂时的，即，存在经济恢复的可能性，这类战争成功得越快，它越容易发展成第二种战争，即小型战争。关于经济战争持续后果和经济恢复可能性的思考，明显体现为国际金融危机后全球企业价值的跌落。图 1.1.2 显示了国际金融危机后的一个简明和概括的指标。

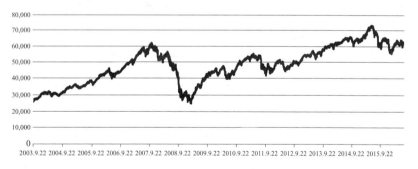

图 1.1.2　2003—2016 年全球股市市值（单位：十亿美元）

资料来源：自制，参见 Zschäpitz（2016b）和 Bloomber。

　　"经济战争"这个概念说明，它也有对立面，即"经济和平"。可以肯定，经济和平发生在理想的、典型的多头竞争和创新竞争中，而创新竞争可以（长期）改善所有市场参与者的地位。经济战争与经济和平均不包含和谐思维，或许这与社会和宗教不同。因此，赫尔默斯·基克

（Hermes Kick, 2013: 210）写道："和平并非或者和谐，或者战争。和平是中性的（非此非彼）。"而古代的和平指的是"在至少因紧张关系而发生的战斗继续进行的情况下，战争发生了中断"。因此，古代的和平概念并不适合用于描述这里的经济和平。

1.1.5　战争新形式与混合战争

在《新战争论》（*Die neuen Kriege*）一书中，赫尔弗里德·明克勒（Herfried Münkler, 2002: 7-9, 27, 134, 190）把战争承包商看作体系的重要推动者，正如三十年战争一样。战争承包商通过原材料、业务委托款或战区来融资，而国家曾经是战争垄断者，但现在不再如此。因此，往往不清楚，战争何时何地开始，不存在合同的终止，这与某些经济战争类似。非对称战争[①] 以党派（防御性）和恐怖主义（进攻性）的权力分散为特征，它将人民大众直接作为战争手段，这类似贸易战，尤其与贸易抵制的情况相似。因此，与历史发展同步进行的是战争的国家化，而国家化又与专业化和法律框架结构相关，国家化建立在运转正常的经济基础上，现代国家几乎无法支付战争费用，战争极易发展成贫困战

---

① 传统上，战争中战斗人员与非战斗人员的区分也是后英雄社会与自然主义社会的区分、领土冲突和虚拟冲突的区分。虚拟冲突提出一个问题：能否在虚拟战场周围划出地理保护区？菲利克斯·瓦瑟曼（Felix Wassermann, 2015）在《非对称战争：21世纪战争的政治理论研究》（*Asymmetrische Kriege: Eine politiktheoretische Untersuchung zur Kriegsführung im 21. Jahrhundert*）中对虚拟战争概念做了过度解释，它使战略、作战和战术优势迅速变得不对称，并使思维混乱，这混乱位于能力、决心和意志层面。根据《日内瓦公约》（Genfer Konvention, 1864）和《海牙陆战令》（Haager Landkriegsordnung, 1899），战斗人员须遵守统一领导，比如他们穿制服、戴袖标、持枪。非战斗人员指战争中应受保护的平民和军队文官或神职人员。非正规部队就是违反法律的罪犯。战斗人员的定义不涉及国内冲突。

争。有意思的是，从经济战角度看，这里存在两种战争：一、高度专业化的战争冲突，这在专利权战中可见一斑；二、通过系统地损害声誉而进行的耗损战争。紧接着，在《战争碎片》（*Kriegssplitter*）一书中，明克勒（Münkler, 2015c）断定，战争并未消失，它只是转变了形式。局面可以扭转过来，战争始终是一个复杂体系。从克劳塞维茨所谓的"现实战争"中，明克勒选择了党派之争来研究，他把民众的小型战争与游击战结合起来。与明克勒不同的是，卡尔·施密特（Carl Schmitt, 1963）在《游击战理论》（*Theorie des Partisanen*）中强调游击战与地方的关联，他认为，随着现代恐怖主义和新型战争的实践，逐渐发展出一种域外军人，它或是"军事战士"，或是"经济战士"。即使政治目的仍是上级目的，这种战争也会采用一切可用的手段，这对"混合战争"概念产生了影响。混合战争始终处于不断的蜕变中，正如克劳塞维茨将战争喻为变色龙一样（Lätsch, 2017; Lätsch, Moccand, 2010）。许多人问，混合战争是否只是旧瓶装新酒，因为在冲突爆发时，实际上一直存在不同手段的相互结合。隐蔽作战能力或许是真正的新现象，因此，具体的武力行动也很难归类（Schreiber, 2016: 13）。

德裔俄罗斯军官叶夫根尼·梅斯纳（Jewgenij Messner）常被称为混合战争思想之父，他曾是俄罗斯沙皇军官，后成为俄罗斯自由运动成员，再后来担任俄罗斯军队宣传部长。他的主要思想包括（Klus, 2016; Peck, 2016）：

- 战争与和平的二分法正在消失——法律上的和平不必在事实上得到尊重。

- 传统的前线不存在——战争与和平之间缺乏明确的分野，重大争端的界限也不确定。

- 冲突的重点已经转移为心理因素——直接的精神影响越来越

重要,因为二战的经验说明,仅仅凭借向民众扔炸弹,并不能
摧毁战斗意志。

- 战争越来越粗野——非法的非常规武器的质量堪忧,精确度有
  限,道德标准低下,这些武器的比例已增加。

- 政治策略的复杂度占主导地位——参与冲突的各方人数不断
  增加,他们不受区域限制,这使战场发生分裂。

在《以兵变或第三次世界大战之名》(*Meuterei oder der Name des Dritten Weltkriegs*)一书中,叶夫根尼·梅斯纳(Messner, 1960)提出兵变战争概念,它包括群众动乱的一切活动、秘密的破坏与恐怖行动、游击行动及毁坏敌人的道德。正规部队偶尔也会参加这些活动,以便使敌人在心理上丧失战斗力。他认为,唯一的反击武器是对称行动,即,降低被攻击者的道德水平,以牙还牙——这也是约尔格·巴贝罗夫斯基(Baberowski, 2015)提出的要求。

《超级战》(*Unrestricted Warfare*)一书的序言论及了非对称性战争和混合战争,阐述了在武器技术和利益形势发生变化的背景下出现的战争新形式。该书还区分了两种作战形式:一、非军事性作战。非军事性作战是利用经济手段、生态手段或恐怖主义进行混合战争的核心。二、军事性作战。在战争之外,在看不到战争或并没有宣战时,由正规部队实施的破坏稳定的活动。

美军《野战作战纲要FM3-0》(Field Manual 3-0 Operations, 2011)写道:"混合威胁是正规部队、非正规部队、犯罪分子的多样化动态组合,或是这些力量与因素的组合,所有这些全部统一起来,以取得多向互惠效应。混合威胁将受国际法、军事传统和习惯支配的正规部队与不限制对其目标施加暴力的非正规部队结合起来。"俄军总参谋长瓦列里·格拉西莫夫(Walerij Gerassimow) 2012 年上任。2013 年,他发表

了题为"科学价值在于可预见性"的讲话。他指出,战争规则发生了变化。他(Gerassimow, 2013: 2-3)认为:"政治目标已经不能只通过常规部队来实现,而是要通过广泛投入各种力量,比如,使用虚假信息,通过政治、经济、人道主义或其他非军事措施,再结合民众的反抗潜力,使其共同起作用。军事措施必须具有隐蔽性。"

德国联邦国防部长乌尔苏拉·冯德莱恩(Ursula von der Leyen, 2014)对混合战争的定义也证明了这一点,她认为,混合战争是"隐蔽地作战,公开使用武力,渗透特工和便衣军人,伪造虚假信息,有的放矢地做宣传,加深社会矛盾,在某些地区造成紧张局势,在边境地区大规模集结部队,同时,也进行心理威慑,所有这一切都多多少少伴随着经济上的施压"。她补充道(der Leyen, 2015):"根本的新事物是这种未宣战的战争的组合与策划,其中,只有整体观察各种零散的马赛克作品才能揭穿计划的侵略性。"

在《混合战争是自由与和平的新威胁》(*Hybrider Krieg als neue Bedrohung von Freiheit und Frieden*)一书中,乌韦·哈特曼(Uwe Hartmann, 2015: 19-23)认为,混合战争的目标并非打击敌人的军事力量,而是要破坏竞争对手国家结构的稳定。混合战争的类型因各竞争对手特殊文化的不同而不同。克劳塞维茨(Clausewitz, 1832: 25)提出的战争目标是,"迫使敌人服从我们的意志",因此,由于作战方式多种多样,混合战争更容易受到目标的指导,它在武器选择方面也占有极大优势。此外,(处于劣势的)进攻者常常利用敌人的优势,使之成为自己的优势,方法是,通过非常规行动使敌人的优势瘫痪——最严重情况下,通过恐怖主义,在前沿阵地经常通过支持犯罪结构来实现。因此,经济犯罪极易过渡成经济战争;往往只有当混合战争公开之后,才能对战争做一个准确归类。

格拉西莫夫（Gerassimow, 2013: 2-3）根据强度不同把军事活动分为六个阶段，本书将这一理论应用于经济领域。图 1.1.3 的上半部分是冲突升级的结构，下半部分是与之相应的经济战争手段，并辅之以军事行动。[①]

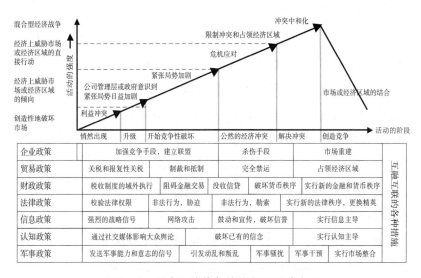

图 1.1.3　混合经济战争的阶段和活动水平

资料来源：自制，参见 Gerassimow（2013）。

在上图中，经济战争因素不断升级，最后发展成全面的经济战争。经济战争可能也伴随着军事措施的支持，随后进入经济战争限制和解冻阶段，紧跟着又是竞争局势。格拉西莫夫对两个领域做了区分：一、军事活动领域；二、综合所有其他混合战争因素的领域，即信息技术领域、经济领域、政治领域和外交领域。这个理论如果用于经济战争，就存在六种经济手段，从实施统治地位的角度看，这六种经济手段

[①]　这里包括丹尼尔·普恩切拉（Daniel Pünchera, 2017）的内容研究。

分别是：企业经营政策、国家贸易政策、货币政策、财政政策、与此相关的国家法律政策及广泛的信息与认知政策。在起支持作用的军事行动中，除了准备动用武力的清晰信号之外，预先准备的动乱和叛乱尤其重要。叛乱与革命的区别是缺乏特异性，即，目标不确定、目标应保持隐蔽、只有侵略者能够识别。

在一次题为"现代网络战争是政治的继续"（这与克劳塞维茨的思想有关）的采访中，让-路易·格戈林（Jean-Louis Gergorin, 2019: 123）阐明了格拉西莫夫的军事思想："他的核心发现是，非军事手段在实现政治和战略目标方面的作用已经增强；在许多情况下，它们的效力已经超过了使用武器的效力。关于这些非军事手段，他列举了经济制裁、对政府的政治反对和在信息领域采取的行动。格拉西莫夫认为，无论是否有军事行动，这个空间都是中心。从俄罗斯的视角看，信息空间始终将信息内容和计算机内容集成在一起。"

在混合经济战争中，所有手段原则上均可单独使用，但它们只有在整合之后才会发挥出最佳效果，[①] 如图 1.1.3 的下半部分所示。在经济战争结束时，人们志在品出胜利的滋味，即，接管一个市场或一个经济区，使其符合自己的创意。这时往往会提出这个问题：是否已经又开始进攻了？在理想的情况下，进攻者会利用各种各样的均衡而合适的手段，其目标是，通过混合使用这些手段，发挥最大的效力。这使对手面临这个问题：或者给予不均衡的回应，即，进行重点突破，来使冲突升级——它会因此而遭到道德上的回击；或者做出不合适的回应，在最严重的情况下，可能会极为被动。

---

① 正如混合动力汽车，两个驱动器分别工作，但只有协同合作才能达到最高效率。

在《服务》(*Servir*) 一书中, 法国陆军将军皮埃尔·德·维利耶 (Pierre de Villiers, 2017: 52-63) 列举了现代战争的七个特征: 1. 强硬化, 即冲突的强硬程度; 2. 期限, 即对抗的持续时间; 3. 时限, 即因行动加快而迅速做出反应的要求; 4. 分散, 因为全球性挑战发生在遥远的地方; 5. 力量的分散, 因为威胁无处不在; 6. 对战争行为进行解禁; 7. 数字化。

若将经济力量与军事力量进行比较, 两者的对应关系就会一目了然。军事力量应提供进攻、防御、拖延及稳固的能力, 它蕴含着两个关键功能: 迫使敌人采取己方所期待的行动, 或者反之, 提供必要的威慑力, 来阻止敌人采取己方所预期的行动。只有当这种相互威慑令人信任不疑时, 即, 自己拥有给敌人造成损害的可能性, 而敌人又不愿意承受这种损害时, 这种相互威慑才能成功。在混合冲突的条件下, 相互威慑可能发生在其他的产品、空间或时间领域, 比如, 军事打击可以通过攻击金融系统来回应。这在评估自己的威慑潜力方面造成了很大的混乱, 使得进攻者占据了有利形势。学术界已逐渐认识到混合战争的复杂性 (Wijk, 2018)。

1.1.6　越界与社会无边界

毫无疑问, 竞争应该能改善所有市场参与者的状况。卡尔·霍曼和米歇尔·翁格图姆 (Homann, Ungethüm, 2007) 在 "竞争伦理" (Ethik des Wettbewerbs) 一文中强调, 在西方的传统伦理中, 如果一个人的利益追求发生在秩序框架内, 秩序框架也关注其他人, 关注其他人的权利和生活机会, 那么, 追求个人利益在道德上就不会受到排斥。在欧洲, 这种传统建立在基督教信仰和康德哲学的基础上。

相反, 经济战争的目的是, 使失败者永远处于不利地位, 因此, 没有计划对破坏给予赔偿。在理想的情况下，竞争可在短时间内导致失败者的出现，之后，失败者的资源却被用于胜利者的经济增长。但这往往不能成功，因为分析发现，一旦居主导地位的企业获得了优势，在长时间内，这会导致普遍的投资不足（Gutiérrez, Philippon, 2016）。因此，约翰·梅纳德·凯恩斯（John Maynard Keynes, 1923: 80）的名言又被赋予了新含义："从长远来看，我们都死了。经济学家认为自己太容易，因为经济学家给自己定的任务太简单，太无用，如果在暴风雨季节，他们只能告诉我们，当暴风雨早已过去时，海洋又变平了。"

人类历史见证了先跨越边界，然后再受新制度影响的辩证法。这一发展的新生儿就是国际法、国际贸易法和国际战争法。在制定国际环保法时，就能看到这一过程：迄今为止，一些国家以牺牲未来的生活基础为代价几乎毫不控制地进行经济战争，2018 年美国退出《巴黎协定》就是证明。在全球化中，合作层面与对抗层面的反转越来越频繁：一切都是对抗的，在这一层面中可以发现合作之岛，但它们一直备受压力。这令人想起，第一次世界大战时，战壕中的英国人和德国人曾共同庆祝圣诞节，这是理查德·范·埃姆登（Richard van Emden, 2013）在《遇到敌人》（*Meeting the Enemy*）一书中描写的惊人画面。他写道："伟大的战争"闪耀着"人性的面孔"。但是，这场战争中的和平仅持续了几个小时。至 2018 年中期，三星和苹果的竞争十分激烈，甚至舞枪弄棒。尽管如此，三星仍然向苹果提供零件。

大部分先进文化的成就是，建立了一套规则，建立了一个文化保护框架，比如犹太-基督教遗产中的摩西十诫。科学家力争研究一种覆盖全世界的、共同的价值基础，这是世界民族学或世界伦理学研究的内容，这不无道理。一些学者确信，存在普遍的人权，但因为各民族之间确实存在巨大的差异，这些学者就首先对自己进行无情的批判。在

《西方历史：当今时代》(*Geschichte des Westens: Die Zeit der Gegen-wart*)一书中，海因里希·温克勒(Heinrich Winkler, 2015)强调，自我批判必然会导致在自己的领域内进行结构改革。在《人权是西方的吗》(*Sind die Menschenrechte westlich*)一书中，汉斯·约阿斯(Hans Joas, 2015)写道，西方通过奴隶制度与痛苦折磨定期并系统地背叛自己的价值观，从而使下列事实边缘化："大自由宪章"的概念是西方的，即自由是一种下级对统治者的权利。但这并不意味着人权思想对东方文化圈是陌生的。中国哲学家孟子对这些问题进行了深入思考，但不是作为一种普遍的法律权力。中国文化显示，竞争可以促进双方的共同发展，而战争却很少带来进步。老子写道(2013: 63)："以道佐人主者，不以兵强天下，其事好还。师之所处，荆棘生焉。大军之后，必有凶年。善有果而已，不敢以取强。果而勿矜，果而勿伐，果而勿骄，果而不得已，果而勿强。物壮则老，是谓不道，不道早已。"

　　经济学理论广泛传授竞争手段。《圣经》中，该隐的工具同样是第一种资产，有了工具，该隐才能进行经济活动，但他也把工具用作谋杀亚伯的武器。与此类似，经济手段也有两面性。从这种角度看，金钱属于首批武器，它一开始是心理武器，后来成为虚拟武器，尤其是，金钱被视为具有强大远程效果的武器，转账货币尤其如此，银行几乎可以随意制造它。随之而来的是大量的货币效应，比如贷款。贷款不仅是未来资产建设的前提条件，因而被约瑟夫·熊彼特(Schumpeter, 1912, 1927: 483)视为创新过程的核心条件，如果每个人都对未来的成功充满信心，而未来的成功是实施新联合的结果，包括产品、工艺、采购市场、销售市场和组织结构，那么，人人都愿意提前投资；贷款也是国家扩张、国家举债、个人债务奴役和反对民主战争的前提条件，也因为贷款，金融业爆发了2008年国际金融危机。

　　该隐和亚伯的故事说明，这是定居农民反对狩猎与游牧民族的胜利，代价高昂，这又与反对恩典原则、与实施竞争原则有关。直到今天，大规模资本积累比储蓄和劳动分工更有意义。此外，在这个故事中，该隐和亚伯竞争的是上帝对礼物的悦纳，这说明，争取公共产品的竞争已成为人类对抗、对抗升级逻辑中的核心因素。实际上，定居农民是一种原型，他们实施了这个要求：最好私下使用私产，而不是公开使用。

　　在"我们大家的该隐兄弟"（Unser aller Bruder Kain）一文中，莱因哈特·施普林格（Reinhard Sprenger, 2017a）提出了另一个视角：该隐并不知道，他的错误在哪里，为什么他的供品未被上帝悦纳，他的自我价值感受到极大的伤害。该隐并没有理解，为什么他被拒绝，他感到很羞耻，但他把羞耻换成了罪过。这里的罪过就是，他似乎理解了，为什么他被拒绝。在杀死亚伯之后，他从受害者变成了罪犯，因为作为有罪过的人，他可以设计，他可以借助媒体来存在，他可以表达自己的愤怒。这可以用来解释，为什么一些经济战争参与者具有侵略性，他们为什么越界，这在后文再论。

　　因此，经济战争学研究越界，在现代社会中，这似乎越来越平常。托马斯·曼（Mann, 1918）在《一位不问政治者的反思》中已描述过这一矛盾对抗关系。托马斯·曼研究了个人的精神自由（即自主）与社会关联（即服从，甚至屈服）之间的辩证统一，他将这部作品视为自我研究的"斗争文学"。马库斯·卡泰宁格（Markus Kartheininger, 2013: 256）发展了这一思想，他提出的问题是，追求幸福要求哪些形式上的条件，与此相关的意义问题如何又与宗教、精神和哲学相关。他指出了一项基本错误，用托马斯·曼的说法就是，"文学家似乎无法区分哲学和政治"，而且，从永久妥协和狂热信仰中可以产生一种辩证统一。因此，托马斯·曼的观点得到论证，国家必须首先是文化因素，然后才是技术官僚组织。依此类推，今天那些加剧对抗的因素就显得越来越不合理。

每一种越界都间接涉及界限。一般情况下，这涉及制度，它容许将公共领域共同用于社会活动、政治活动、文化活动和经济活动。从这个角度看，这涉及集体产品，集体产品的稳定性依赖于它不受剥削。索恩·布特克莱特和英格·皮斯（Buttkereit, Pies, 2006）在"社会困境的经济伦理"（The Economic Ethics of Social Dilemmas）一文中写道，有两种比较特殊的公共产品滥用情况：意图困境或道德困境，即，行动者有意识地藐视规则，以谋取福利，且对抗集体。这两种困境通常位于无意导致的困境或社会困境之前。在后两种困境中，决策结构已经提前规定，自私自利的（非恶意的）行为的总和只能达到次优结果。格雷特·哈丁（Gerret Hardin, 1968）的"公地悲剧"（Tragedy of the Commons）是博弈学范例，在这个例子中，有限的公共资源被过度使用，直到它们崩溃为止，因为每位参与者都首先可以提高自己的使用比例。对此，在公海上过度捕鱼就是一个例子。秩序经济学的研究目标是，通过改进机构和持续履行义务来解决困境，其出发点是哲学的困境概念，要在两种邪恶之间做出抉择——也要在宠物和霍乱之间做出抉择。从经济学角度看，这一状况是低效的平衡，这可通过改变刺激结构来解决。这将在第 4 章阐述。

1.2　稳定的破坏

军事战争和经济战争使秩序遭到破坏。在战争中，金钱属于最重要、往往最微妙、无论如何已有几千年历史的武器。比金钱更悠久的武器是《圣经》中记载的石斧。金钱和石斧都破坏稳定，但从混乱中常会产生一种新的秩序。哪些社会框架条件必须得到满足，才能保证合作？这个问题也是个人心态与集体心态的问题，对抗也植根于此。这是本节的主题。

1.2.1　秩序的相互依存

一旦经济上发生了去参照化，这往往与对安全保障体系的破坏相关，安全保障体系迄今为止都被认为是确定的，并得到国家机构的保障。因此，经济战争这一概念不仅要与"竞争"概念区分开，而且要把它置于倾向于加强秩序的国家哲学中。这种区分的精髓明显体现在1890年美国创立的《谢尔曼法》中，因为一个选择了分权制作为一项政治原则的国家，不能容忍在经济领域中存在权力集中。这种关于秩序之间相互制约的思想也出现在德国社会市场经济体制中，这种思想可防止经济战争，或促使经济战争向高效竞争发展。本书第4章将其作为核心理论加以探讨。

在《战争论》中，克劳塞维茨（Clausewitz, 1832: 39-40）写道："战争无非是政治通过另一种手段的继续。"普通的日常政治活动继续发展便成了军事战争活动，因此，国家在实施权力时往往与暴力活动相关，这是"为了达到严肃的目的而进行的严肃的事务"。在军事战争和经济战争中，理性原则都有效。君特·洛特（Günther Roth, 1993: 13-15）指出，战争只是一种手段，它服务于政治目标，所以，在战争中与敌人交战的想法完全可以从不同角度来观察。例如，1870/1871年战争中的德军元帅毛奇曾指出，一旦战争开始，战争贸易就不再依赖于政治；又如，希特勒使政治服务于战争。实际上，克劳塞维茨与毛奇的分析有区别，对此，莱因哈特·施图普夫（Reinhard Stumpf, 1993: 680）写道："在克劳塞维茨的理论中，建立在战争史基础上的战争理论占主导地位。相反，毛奇书写战争历史，之后才进行理论思考。"此外，君特·洛特（Roth, 1993: 17-38）证明，法国大革命之前，欧洲战争是以常备军进行的王朝战争，法国大革命之后，欧洲战争是人民战争，这两种战争之间有根本区别，因为歼灭性战役最终也意味着王朝的终结，所以，很少有人愿意去冒这个风险。与此类似的是，在经济战争中，企业所有者和企业所聘任的经理有着不同的风险意愿，如果经理被拖入经济战争，他们失去的相对较少，而企业所有者却冒着自己企业受损的风险。实际上，在德国经济史上，军事与经济的联系也有人文历史传统。比如，历史学派已经研究了这个问题：企业家在国民经济中起什么作用？维尔纳·桑巴特（Werner Sombart, 1913a）则在公民美德与帝国主义美德这对矛盾中对这一问题做了分析。在公共认识中，在历史课上，战争总是与政治、情感、心理和雄辩术相关，战争也与道德有关，因而与规章制度的制定也有关，随之也与法学有关。这令人想起在古罗马将军和政治家马尔库斯·加图（Marcus Porcius Cato）的名言，他警告敌人，罗马要破坏迦太基城。他的做法是，每次讲话，他都以这句话结束："我认为，必须捣毁迦太基。"此外，西塞罗的《论义务》（de officiis）首次论述了"正义之战"这个概念，他指出，战争的经济决定因素往往被忽视。在《城堡、战争和炸弹——经济学如何解释军事史》（Castles, Battles and Bombs—How Economics Explain Military History）一书中，尤尔根·布劳尔和胡伯特·范·图耶尔（Brauer, Tuyll, 2004）将经济学基本原则用于分析中世纪晚期以来的战争。伦纳德·杜德利（Leonard Dudley, 1991）的著作《文字与利剑》（The Word and the Sword）研究国家权力的两种核心应用和界限：一、军事权力，即进行战争的权力；二、财政权力，即征税的权力。

世界文学名著中经常阐述金钱作为战争手段的作用。前文已提及歌德《浮士德》(*Faust*)中的两个片段;在《金钱》(*L'argent*)中,爱弥尔·左拉(Émile Zola, 1891)描述了法国19世纪的自由资本主义,以小说方式展现了金融投机、欺骗和国家的无能为力。

1.2.2　从石斧击打到货币战争

该隐打死亚伯所用的石斧不仅是第一种工具,同时也是第一件武器。要创造一种战争工具,这需要有最低限度的抽象性,这一点适用于金钱,金钱是交换手段、支付手段、价值衡量标准,尤其也是保值手段,金钱的这些功能导致的结果是,以具体商品交易为特征的经济行为发生了革命。从实物货币发展到金属货币,再发展到纸币和虚拟货币,这个抽象过程很清楚。货币是第一种经济武器,它从一开始就是一种可以同时在近距离区域和远距离区域发挥作用的手段。经常项目账户可分为债权账户和债务账户,这构成了现代信贷业务的基础,但也是现代依赖关系的基础。随之导致了许多冲突:小的信贷客户依赖于他们的银行,但银行依赖于大的信贷客户。比如,尤其在2008年金融危机时期,当银行几乎破产时,银行对大客户的依赖度更深。通过金钱可以将资产价值激活,金钱作为已经脱离具体物体的抽象物,它可以替代和互换。路就在脚下,从普遍资产到私人资产,直到债务抵押和资产担保证券。

金钱具有现实这一维度,此外,它的价值通过对国民经济生产总值的许诺得到保证。金钱也具有超验这一维度,因为德语的“金钱”(Geld)这个概念的词根来源于“奉献给神的牺牲”(Götteropfer)一词,善意可以获得神性。因此,金钱与文化历史上人的替代品分不开。最初,人自己作“牺牲”,然后,动物作“牺牲”,植物作“牺牲”,

直到金钱作"牺牲"。牺牲理论涉及公平课税,这并非毫无道理,即,纳税人是否应付固定税款、按收入比例纳税,抑或纳累进税。在德语中,"Finanzamt"指税务局,其中的"Finanz"与公民纳税相关。尽管"Finanz"来源于拉丁语单词"fines","fines"本义指罚款,英语中的"罚款"也是"fine",但是,向税务局(Finanzamt)纳税与(因犯错而必须接受的)惩罚不同,"惩罚"是"penalty"(源于拉丁语单词"poena")。这种牺牲理念的具体表现是,人们信奉上帝,或顺服统治者。

但随着向上帝献祭,出现了一个理性问题:若人和动物做祭品是超验的,则植物或金钱祭品就不必出现,尤其当人和动物祭品被置于不透明容器内奉献时,植物或金钱祭品就更不必出现。那就有必要提出这个问题:人为何以自己为祭?因为人能够以他人为祭。如果所有的人都这样想,那么,这个体系就崩溃了。显然,当摩西带着上帝的十诫上山祈祷时,人们正围着金色牛跳舞(Bibel, Ex 32),这一切显得如此讽刺。从这里开始,直到现代的偷漏税,有一条红线,这条红线就是与金钱相关的"松散"。"松散"是"固化"的反义词,而"固化"(Solidus)与康斯坦丁大帝货币改革中一种特别坚固的货币有关。因为士兵战斗不是为了道德,而是为了酬劳,所以,"士兵"一词来源于"固化"一词。该词说明,现代投资银行家的行为与军事类似,他们在投资的前线利用金钱进行经济战争。

交换的可能性降低了人类既定的依赖性的意义。以信息理论为基础的交易成本经济学证明,阶层变扁平了。随之而来的是多极化,这正如克里斯蒂娜·冯·布劳恩(Christina von Braun, 2012: 163-167)在《金钱的价格》(*Preis des Geldes*)一书中所言。只有当集体能够使共同的(俱乐部)产品保持稳定,并且这一产品必须能像金钱一样流通时，陌生人或客人（拉丁语 hostis，英语 host）才能这样做——因为"上帝仁慈"，这会得到上帝的保佑。但金钱可以在本群体的金钱循环与其他群体的金钱循环之间划界。划界会导致敌意，客人会成为陌生人，有敌意（英语：hostility；法语：hostilité）使得金钱变成了武器。

接着，金钱可以理性地提出明确要求，因此出现了债务经济。戴维·格雷伯（David Graeber, 2011）在《债：第一个 5,000 年》（*Debt: The First 5,000 Years*）一书中指出，债务经济以现代化方式建立了依赖性。英国殖民政策的主要目标之一是，接管殖民地的金融系统，通过使当地人民负债而使其具有依赖性，19 世纪英国在中国就是如此。债务危机的后果是，突然发生经济停滞或经济衰退，2010 年代中期，希腊和西班牙的局势均是如此。强迫债务也是私募股权公司最喜欢的方法之一，它们使被收购企业承担收购费用，使它们备受压力。这些做法可视为常见的战争行为在经济领域的继续，即，如果战争继续所需的设备、食物、部队薪金等未能备足，通常由被占领土来给养自己（Langewiesche, 2019: 40）。

克劳塞维茨（Clausewitz, 1832: 52）确认，战争及其军事手段与贸易及其资金之间相对应："对于战争中大大小小的作战行动而言，武器就是为贸易而支付的现金；即使这种关联很远，即使很少实现，但这绝不会缺席。"中国史学家司马迁也持类似的观点。在《史记》中，司马迁借大商人白圭①之口写道："吾治生产，犹伊尹、吕尚之谋，孙吴用兵，商鞅行法是也。是故其智不足与权变，勇不足以决断，仁不能以取予，强不能有所守，虽欲学吾术，终不告之矣。经商艺术犹如兵法！"勒

----

① 　白圭是战国时期魏惠王的大臣，因不满政治腐败而弃政从商。《汉书》称白圭是生产、贸易理论的鼻祖。

内·基拉尔（Girard, 2007: 111）认为，商业并非战争的比喻，战争和贸易实际上涉及同样的现实；而查理·路易·孟德斯鸠（Charles-Louis Montesquieu, 1748）的思想则是，贸易可以避免武装战争。因此，基拉尔认为，孟德斯鸠的思想已然贬值。

金钱的历史性战争特征也说明了经济犯罪与经济战争的关系：经济犯罪可以是经济战争手段的重要组成部分——反之，则基本不成立。实际上，经济战争中的许多手段来源于经济犯罪：一般情况下，假币生产与流通都属于犯罪；但是，向敌国走私假币是一种行之有效的方法，能够破坏敌国的金融体制。在金融危机时期，许多金融机构定期操控证券交易所，这同样应受到惩罚，但是，利用网络黑客的攻击来破坏敌国的金融系统，这可能是在经济战争中取胜的有效方法。

千百年来，经济战争大多是金钱战争，金钱战争会导致长期的经济混乱，往往使大国持续衰弱下去。[①]公元前44年3月，恺撒（Caesar）被谋杀，之所以如此，是因为广大民众过于贫苦，他决定实施币制改革，这违背了统治阶层的利益，尤其是以西塞罗为代表的上层社会的利益。当时，来自被征服领土的贵金属和来自埃及的廉价谷物流入罗马，这极大地改变了罗马的经济状况，其代价是牺牲了罗马劳动力的利益，尤其牺牲了农民的利益。贵族之间的军事冲突与经济冲突以及国内战争，使国家的血已经流干了。当时的目标是，制造出新的负债纪录。愈加独裁的统治给国内经济带来巨大压力。公元前43年，在第二次罗马禁令中，2,300名议员和骑士被剥夺了公民权，他们的资产被收集起来。西塞罗也是这个禁令的牺牲品。与此类似，法国大革命也是1788年国

---

① 参见Ferrero（1908, Zweiter Band: 64, 168-169, 277-278）。

家破产与约翰·劳（John Law）改革的后果，约翰·劳的改革就是创造转账货币，利用这种方法，他把国家的武器变成了银行的武器。西班牙在殖民地发现了黄金，这在短期内导致贵金属过剩，然后导致政府增加战争支出及国家支出的浪费，接着是金属货币变质，最后引发通货膨胀（西班牙王室曾于 1557、1575、1596、1627、1647 年多次宣布国家破产）。最后，从拉丁美洲殖民地廉价进口银币摧毁了中欧的银矿开采，并摧毁了这些地区的经济，这些地区本是哈布斯堡家族的重要经济基础。

1.2.3　对抗的力量与失败的力量

竞争会打破旧的结构，经济战争与竞争的作用类似，在经济战争中，各种计划的互补所达到的平衡也会被破坏。实际上，对抗的任务正是打破旧的平衡，发现新的平衡。熊彼特认为，新的平衡促进财富的增长，而经济战争会减缓财富的增长。那些充满活力的国家和企业所规定的进展速度往往太快，导致平衡不复存在。在这种创造性破坏的过程中，危机时刻的存在同样值得思考。比如，发生了危机共振，经济过于动荡，单靠市场力量已经不能产生平衡和稳定，所以，必须从政治上迫使它们出现，这往往发生在严重自然灾害时。

实际上，经济战争这个概念只有从动态角度看才能获得实质。两个问题很重要：一是为进攻选择正确、有利的时刻，即，利用最佳天时。[①] 经济先驱们失败了，他们没有遇到最佳天时。正是天时不利导致拿破仑兵败滑铁卢，因为他进攻的时间过晚，他的格鲁希将军来得太

---

① 因此，米利都的庞塔碦斯（Pittakos）的名言是："紧抓时机。"

晚了。① 拥有先进技术的视频格式 Video 2000 实施了迟缓许可证战略，它失去了市场平台，结果，带有 VHS 制式的日本胜利公司制定了比较宽松的许可证战略，这是根德公司后来失败的原因之一。克劳塞维茨（Clausewitz, 1832: 211）写道："对胜利的一方来说，胜利来得越快，效果也就越大；对失败的一方来说，失败来得越迟，损失也就越小。"

　　第二个时间维度与对抗后果的评估有关：是否能成功地迫使敌人服从自己的意志，接管敌人，毁灭敌人，或挤走敌人，赢得敌人的市场，还是说，这是一场得不偿失的胜利，即，所有人都遭受损失，然后离开战场？② 那么，胜利者应该以多快的速度利用成功，才能使对抗的收益超过成本？如果可以，那么，从何时开始？从经济学角度看，收益是现金流；或者，在国家层面上，收益是经济成就；或者，收益是国家收入能够贴现。而经济战争往往这样描写：对于那些处于竞争劣势的企业、行业、地区或国家而言，即使它们并未被击溃、未被摧毁，它们的增长线也开始急剧下降。对此，胜利者并不会因自己的强劲增长而做出补偿：获得主导地位的期望已实现。实际上，战争的目标是胜利。孙子曰："兵贵胜，不贵久。""其用战也胜，久则钝兵挫锐。"

----

　　① 斯蒂芬·茨威格（Stefan Zweig）在《人类群星闪耀时》（*Sternstunden der Menschheit*, 1927, 1940）的"滑铁卢的一分钟"（Die Weltminute von Waterloo）里描述了"天时"，这一分钟取决于一个平庸将领格鲁希（Grouchy），在生死攸关之时，他只知道死守军令，却不明白自己的任务（Zweig, 2013: 147-172）。弗里德里希·席勒（Friedrich Schiller）在《听天由命》（*Resignation*, 1786）中写道："一分钟内打出去，却永远也收不回来。"米哈伊尔·戈尔巴乔夫（Michael Gorbatschow）在1989年10月访问德意志民主共和国时说："汤姆，谁来得晚，生活就惩罚谁。"他本不该这样说。

　　② 胜利了，但代价太大。公元前279年，伊庇鲁斯国王皮洛士（König Pyrrhus von Epirus）在阿斯库路姆战役后说："再胜一场，我们就失败了。"

霍尔格·阿夫勒巴赫（Holger Afflerbach, 2013）认为，为了创造性地利用失败，"失败的艺术"很有必要。对此，国际战争法做了规定，简单的屠杀、不系统的战争应该进行民事转向，转为系统的、有规则的冲突。此外，要将今天的对手看作将来的谈判伙伴，即，失败文化（Schivelbusch, 2003）能够带来积极效果——失败是成功之母，因为失败使人不至于竞争到死。这一切需要走很远的路，从毁灭性战役到骑士式的决斗，从对战败者的谋杀、羞辱和奴役，到把敌人看作值得尊重的对手，对此，理查德·范·埃姆登（Emden, 2013）通过分析第一次世界大战中的合作而做了阐述。对平衡的认识是社会合作制度下的重要文化成就。在以利亚撒（Eleazar）的指挥下，如敌人所愿，马萨德城堡被占领，犹太士兵及其家眷被围，他们在最后战败前才相互杀害，然后，少数幸存者再自杀。公元73—74年，利用一个人工斜坡，弗拉维乌斯·西尔瓦（Flavius Sylva）率领罗马第十军团，最终占领了马萨德城堡。被占领者免除了受监禁、受奴役、被羞辱和死亡。史学家弗拉维奥·约瑟夫斯（Flavius Josephus）记录了这个过程，写成了《犹太战争》（ de bello judaico ）。他记录了一直躲藏并幸存的两名妇女和五名儿童的叙述，并对这一历史做了评价。至今，对以色列的自信、对以色列军队和以色列士兵所保卫的一切，马萨德城堡仍然发挥着重要的作用。

1.3 对抗的社会价值

对抗是人类学常数，是自然的博弈，对抗的成因对于经济战争的分析与经济战争学的建立具有重要意义。如果"游戏令人着迷"这一俗语有意义，那么对抗的趣味性和对抗过程中的框架设置就会在对抗过程中相互依存。因此，本节分析，对抗如何被视为实施主导地位的方案之一。

1.3.1 对抗是经济变革的动力

这里的破坏性对抗可在福利理论中进行分析。对抗分三种：

- 适应性竞争。在适应性竞争中，那些迄今为止低效的企业被迫利用最新技术，或不得不衰落。

- 创新性竞争。在创新性竞争中，新的产品、工艺、组织方式或市场可以提高目前的收益，提高生产率。熊彼特认为，那些未进行创新、无所作为的企业会从市场上消失，它们的资源会被创新企业所使用，被积极的企业家使用。

- 经济战争。在经济战争中，对手的资源会遭到彻底摧毁，这最终会影响参战各方的利益，经济战争所造成的破坏会持续很长时间，经济形势甚至会长期恶化。

这种分类说明，在充满活力的市场上，不太容易确认经济战争，因为对抗可以分为竞争性对抗和经济战争，这在福利理论中会再分析。威廉·鲍莫尔（William Baumol, 1990）认为，如果企业家追求利润，那么，监管条件往往会决定，企业家会实施创新战略，还是实施破坏性战略或寻租战略。

经济战争是为了获得正常竞争所不允许的长期收益而实施暴力，因此，这与寻租和腐败有关，而这两者都与经济犯罪有关。

- 罗伯特·托利森（Robert Tollison, 1982）将"寻租"定义为一种浪费稀有资源而获得收益的活动，即，从竞争效率的角度看，这是不合理的额外收益。一方面，资源被使用，以便获得租金。比如，自 2017/2018 年冬季以来，美国试图在域外针对俄罗斯实施美国制裁法，一些企业参加了德国与俄罗斯之间第二条波罗的海输油管道的建设，美国威胁这些企业，要判定它们支付罚款，或不允许它们进入美国市场；这样，美国就为美国企业提供了出口流质天然气的机会。另一方面，还要寻求利润，即，在制度上有意创造市场缺陷，以打开利润机会，然后再由专利制度来加以保证。贾格迪什·巴格沃蒂（Jagdish Bhagwati, 1982, 1983）证明，偶尔有一种似乎非生产性的寻租，可能会增加福利，比如院外游说活动，它会阻止某些商业合同，这类商业合同只对签约各方有益，但通过贸易转移，它可能损害全球分配。

- 腐败是充分利用权力用于谋取个人私利（Johnston, 1998），它不是市场上与竞争相关的分配，是经济战争的缓和手段之一；若没有国家的参与，腐败是无法实现的。在《腐败历史——从近代早期至 20 世纪》（*Die Geschichte der Korruption: Von der Frühen Neuzeit bis ins 20. Jahrhundert*）一书中，延斯-伊沃·恩格斯（Jens Ivo Engels, 2014: 13-15）指出了腐败这个术语的锋利度：它不容许延续性，因为它与道德有关，与其他犯罪不同；由于与价值观有关，腐败也不是一个分析性概念，而更像是民间故事，其中，要把具体腐败嫌疑人的实践和对腐败行为的社会评价进行区分。实际上，这些与蒂姆·伯恩斯（Tim Burns, 1961）所谓的"微观政策"有重叠，所谓的"微观政策"，就是在冲突爆发与冲突解决的非正式约定中的行为方式。一方面，私人领域与公共领域的二元对立逐渐模糊，这对于腐败的最初定义很重要；另一方面，互惠或信任的建立对稳定机构的形成具有重要意义（Engels, 2014: 44-54）。

对抗会出现在许多领域，如政治领域、经济领域和军事领域。对抗会相互作用，也被用于相互支持，所以，可以从政治哲学角度来分析对抗,正如克劳塞维茨优先考虑政治目的一样。如果所有的生活领域都经济化,这会把冲突推向经济领域,这种情况与马克思和恩格斯在《共产党宣言》里所描写的情况很相似,那么,图1.3.1中的经济战争就会进入第一区,经典的战争占第四区,这对应的是卡尔·波兰尼(Karl Polanyi, 1944)在《大变革》(*Great Transformation*)中引入的市场社会结构。非对抗区比较有趣:通过抵制,应迫使军事解决方案不再投入士兵。持续到2016年年初的对伊朗的抵制是一个典型实例。帝国主义是一种领土剥削,它后来以"寻租"方式来进行,以便利用军事力量来保证经济空间。这里要强调,通过美英1812年战争,英国利用海军进行全球扩张,以保障来自殖民地的必要人力资源(Gerste, 2015: 184),或者说,武力打开了一些国家的大门:中英第一次鸦片战争(1840—1842)打开了中国大门;1853年,美英两国通过马休·佩里(Matthew Perry)的黑色舰队打开了日本大门。19世纪的帝国主义和殖民主义都属于此类,其经济基础是纯经济冲突的重商主义理论。

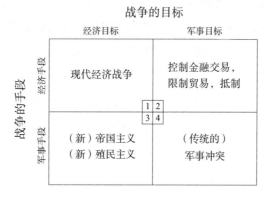

图1.3.1 军事冲突和经济冲突的秩序

资料来源:自制。

现实情况往往徘徊在不同区域中，因为冲突在某些层面是军事冲突，在某些层面是经济冲突，比如，2014 年乌克兰冲突就是如此。罗宾·内勒（Robin Naylor, 1999: 383）认为，拿破仑征服欧洲的关键动机是，打垮英国，压倒它；英国抵制中欧是德国在东部进行征服战争的导火索；美国反对日本的原油制裁可理解为美国的亚洲征服战争。无论如何，制裁和地方冲突会升级，并逐渐变成全球冲突，它们本可以通过政治手段来解决。一场边界冲突大可不必升级为军事战争，相反，一场大规模进攻性竞争却必然会扩大为经济战争，除非经济冲突并不完全符合进攻者的意图，冲突才能得到遏制。

对抗可分为两种形式：一种是经济战争，一种是置于秩序框架内的竞争。这种分类也有需要批判的地方，因为每一种秩序思想都有其文化背景，因国家、民族、宗教信仰的不同，文化背景也完全不同。实际上，采取何种秩序框架，这是不同法律框架和法律实施的对象。如果国家根本没有道德，而是只有利益（如欧元危机所示），那么，在竞争与经济战争之间进行明确的理论区分就很难，但竞争与经济战争的区分很有必要。同样有必要的是，在竞争法中有关收集库存、推定库存和干预库存的规定（Blum, 2004: 567），它们可以确定违反竞争法的行为。[①] 这体现在这个事实中：许多人在讨论，在全球地缘战略竞争中，各国是否应扮演相应的角色？在《世界秩序之争》（ *Der Kampf um die Weltordnung* ）一书中，马蒂亚斯·赫德根（Matthias Herdegen, 2018）认为，德国有强烈需求，德国要奋起直追；尤其是，德国缺乏在权力和利益的辩证关系中确定自己的战略地位的能力，从而也包括秩序的竞争。

[①]　在处理非法方式获得的证据时，这种道德或利益导向的问题就显示出来：一个人录制了敲诈勒索的电话，他会受到惩罚，法院不能使用这些内容；国家却可以使用那些作为同犯物品而搜集的税务 CD。

1.3.2 作为游戏的对抗

鲁文·布伦纳（Brenner, 1983）从历史角度将对抗置于人类赌博的背景下，他提出一个问题：为什么有人甘冒风险？另一个问题是：如果没有人愿意使自身或环境面临风险，那会发生什么呢？从游戏的角度看历史进程，当人通过思想来打赌的时候（Brenner, 1987），这就与约翰·赫伊津哈（Johan Huizinga, 1933, 1950）的研究工作有关。克努特·埃贝林（Knut Ebeling, 2014: 13）认为，约翰·赫伊津哈从哲学人类学角度出发，把游戏视为基本力量和文化的基本组成部分，游戏是人的天性，因为许多生物（尤其是灵长类生物和其他哺乳动物）在游戏方面是一致的。

约翰·赫伊津哈认为，实际上先有游戏，再有文化。游戏与种系有关，因为动物也会游戏，而且，游戏也与个体发育有关，因为游戏本身植根于人类存在及个体发育中。游戏指的是对手之间的冲突区，对手包括侵略性对手和合作性对手，两者都是关系创立者。约翰·赫伊津哈认为，"游戏令人着迷"，这显示了对抗的范围：一方面，游戏是一种冲突；另一方面，游戏也是粘联，即联结。第一种含义要以第二种含义来补充，因为游戏总是某种寓言，因此，一种活动包含祭礼、文化、仪式或礼仪等。这些观点与弗洛伊德的《死亡与禁忌》（*Totem und Tabu*, 1912/13）和《文明及其不满》（*Unbehagen der Kultur*, 1930）直接有关。游戏毕竟也是争吵，意味着竞争和对抗，不仅使用武器，而且在艺术、体育或经济中，也存在竞争和对抗。这里出现了一个基本元素，即，押注作为承诺的期待，因此，游戏中，机会和赌注同在。

由此可知，只有通过好奇、创新、游戏、热情和与众不同才能成功，才能获得活力。它建立在一种非理性上，这种非理性后来才会因为对社会有用的具体成果而变得理智起来——否则,它将作为一个不恰当的故事情节而被淘汰。因此,这种想法跨越了所有与经济学融合的学科,并试图破坏理性主义假设,认为这种假设不再合适:实际上,经济学说往往首先包含非理性,因为它可以事后再理性地重新评估,并表现为认知失调。

起初,对抗(似乎)主要是非武力对抗,它发生在体育、经济和政治中,但它们都可以迅速升级为武力对抗。美国有一部分体育种类,如橄榄球,在这里,人们进行训练以应对将来的身体冲突。卡尔·布林克曼(Carl Brinkmann, 1944)认为,通过这些体育活动,出现了盎格鲁世界。[1] 如果在这类冲突中重新安排优先顺序,重新分配对空间的支配,这就与竞争和战争的概念相对应了,特别是当它们导致竞争对手毁灭时,就更接近战争的概念了。

实际上,政治与战争(和经济)之间的关系很复杂:克劳塞维茨(Clausewitz, 1832)认为,重要的是,政治(或政治斗争)并不随军事战争的结束而结束。这也适用于经济战争,因为贸易与政治紧密相关,经济战争与军事战争紧密相关。这在抵制体系中尤为明显。"抵制"(boycott)一词以英国人查尔斯·杯葛(Charles Boycott)的姓氏来命名,他在 1880 年是土地经纪人,在与爱尔兰农民的冲突中,他无法再"寻租",即,他被抵制了。这种经济冲突往往继续寻找政治解决方案,并试图通过抵制来迫使政治来解决问题。

---

　　① 　自由竞争体制被视为盎格鲁-撒克逊式扩张主义冲动和经济帝国主义的表达,这在体育中得到演练。这令我想到,经济危机以来,再次开始讨论盎格鲁-撒克逊式的新自由主义经济意识形态,它发展为认知文化帝国主义。盎格鲁-撒克逊世界的特征也是在有组织的精英中练习极限竞争,如在私人学校、兄弟会或辩论中。特朗普年轻时是摔跤手,这种体育运动也影响了他今天的政治风格。

竞争和对抗都是进化原则的根本因素。查尔斯·达尔文（Charles Darwin）认为，"物种起源"（Das Entstehen der Arten, 1859）原则上由尝试与错误所推动，更好的物种会代替其他物种。这种适者生存的效应往往并不完美，因为存在共生结构，这保证某些物种可以在夹缝中继续生存。因此，对抗并不一定是完全的对抗，这提供了有限的、往往受保护的生存空间，并实现一种不能一目了然的目的。哈耶克（Hayek, 1945, 1960, 1968）把这种制度竞争视为进步的重要动力，因为它们能提供必要的信息，否则，可能无法找到这些信息。竞争是一种发现方法，竞争也使企业竞争与制度竞争相互关联，因此，竞争是弗赖堡学派与社会市场经济体制的建构特征（Eucken, 1952; Erhard, 1957b）。

赫尔穆特·帅克（Helmut Schoeck, 1966）认为，每个人都会经历许多种对抗性冲突，这对于个性的形成起着重要作用。对抗也是一种集体现象，那么，在哪些条件下，人们会联合为集体呢？这个问题已经引起高度重视，因为这种联合需要得到法律保证。契约理论起源于古希腊时期，它不断发展，今天，它已经经济化了（Buchanan, 1975），这说明，激励因素非常重要，有了激励因素，才能使人们联合在一起而成为社会。

为了使经济战争与竞争区别开来，需要一种"人"的形象，这种形象的人剥夺了经济人在一般意义上可能的社会联系。这种社会联系可能由于这样一个事实：从利己主义的角度来看，行善从长远来看是有用的。如果缩短了这种参考的时间范围，即，优先考虑"当前"，那么，这种相互的互惠利他主义充其量只适用于小团体。群战是对抗的最后手段，激烈的行动是正常状况，会在相应的伦理道德中反映出来，合作只存在于最紧密的领域，因此，一方是经济战士，另一方是竞争者，对于相同的问题，两者之间有着完全不同的道德标准。金融危机就提供了大量证据，比如，某些人自然地从公共基金中提取银行家奖金，这是不言而喻的，这应该能防止某些银行破产。

1.3.3   经济战争的福利理论观

如果要从经济学角度观察冲突，那么，首先必须把重要的经济思维纳入进来，即，要核算稀缺性、机会成本和边际效益（Blum, 2016: 4-6）。与杰克·赫舒莱（Jack Hirshleifer, 1993, 2001）在《力量的阴暗面》（*The Dark Side of the Force*）中的论点类似，合作与冲突的选择是基于以下变量：机会，即机会和优惠，这决定了额外的货物是更好的交换还是更好的抢劫。这当然与相对的稀缺度有关，以及与需要额外努力的问题有关：为了采购货物，要增加哪些费用，金钱还是暴力？这对自己与对方的能力有哪些要求？手段的选择也是一个偏好问题，即动机和激励——可能由生物和心理力量来控制。最后，感知很重要，感知就是对未来的预估，因为它控制着跨期的抉择——今天要战争，还是要贸易？这些根本问题将在后面几章论述。这里首先阐述福利理论。

如图 1.3.2 所示，两个竞争对手可以分享私人产品的生产权，与此类似，可以在公共产品的生产与私人产品的生产之间做出抉择，所谓的公共产品，是所有公民都不必竞争而可使用的产品，比如法律或安全，没有公民可以被排除在外。这类似一场辩论，争论的问题是，要大炮，还是要黄油？因为在最初，安全（公共产品）和食品（私人产品）是正态互补的——如果辛苦劳动的成果不会带来收入，私人生产就不会发生。如果没有最低限度的安全，任何私人生产都不会成功。因此，两者一开始并不存在竞争关系，而是互为对方的条件。这意味着：

在 R_1 处，私人产品的生产达到最高水平；这里，随着公共产品生产的扩大，最重要的是，公共产品生产部门被用于生产私人产品；从此刻起，私人产品的生产因资源竞争而下降。

U_2 点是功利主义制高点，杰里米·边沁（Jeremy Bentham）认为，这里可能会有最多的人获得最大幸福。

新古典主义福利优化点在N_3和N_4，因为对产品的偏好，这里是与生产潜力曲线的切点。由于公共产品份额的增加，N_4更倾向于"社会福利民主"，N_3更倾向于"保守-自由"。

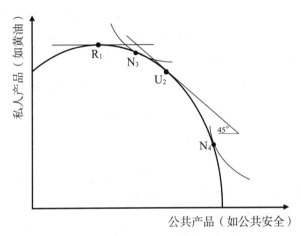

图1.3.2　公共产品生产和私人产品生产之间的互补与竞争

资料来源：自制。

经济战争通常会影响国家的稳定，也影响生活的确定性，生活的确定性也使生活变得可以预估。另一方面，竞争能够使有关各方共同发展。这在体育中是显而易见的，否则就没有对比。如果无法完胜对方，就像军备竞赛一样，那会很危险，这时，拿破仑（Napoleon, 1812）从俄罗斯撤军时所说的名言也适用："你不要与敌人频繁地缠斗，除非你想教会他你全部的战争艺术。"这正是拿破仑（Napoleon Bonaparte）1813年失败的原因。尼采的话更精确（Nietzsche, 1893: 3）："伟大的胜利是巨大的危险。失败难以承受，但大胜更难承受，人性使然。"实际上，胜利往往是将来失败的开端。因此，战略目标往往是全面摧毁敌人，尤其当竞争者数量有限，只有彻底打败竞争对手才能稳固主导地位的时候，更应如此。

下文将主要关注对抗的结果,较少评价对抗的手段,尽管这些手段或许从一开始就是经济战争手段,但它们也可能是竞争手段。在军事战争中,这种区分似乎没有必要,因为武器发声或沉默,这很容易辨别;但是在混合战争中,这种区分则很困难。

图 1.3.3 显示了两位对手之间的对抗,它们在争夺资源或市场。从点 P_{0*} 出发,此时位于生产可能性曲线下方,竞争压力迫使双方要不断改进对资源的使用,直到达到了生产可能性曲线上的点 $P_{0'}$。现在,这种适应性竞争符合更优实践,根据技术水平来利用现有资源,并减少了所谓的哈维·莱宾斯坦(Harvey Leibenstein, 1966)分配效率低下的问题。从分配点 P_0 出发有四个区域:

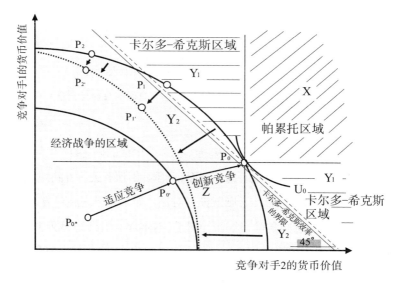

图 1.3.3　竞争与经济战争的分类

资料来源:自制。

- 通过创新竞争,两家企业的生产潜力因技术进步而向外移动,达到了点 P_0,为此, U_0 为收益线。如果创新至少能提高两位对手之一的成就,那么,所有的创新就位于帕累托效率的东北区 X,[①] 即理想的竞争世界。这里,所有的市场参与者都共同成长,与此相关的是,存在自由竞争秩序。

- 在 45° 轴线之上,在 X 区之外,优势对手的创新收益总超过弱势对手的损失;在两个三角形 Y_1 中,对手 1 比对手 2 更有优势,或者,对手 2 比其他对手更有优势。因此,胜利者总能对失败者进行补偿,这条向下方隔开的线叫作卡尔多-希克斯轴线。[②] 在跨时间时,Y_1 区可以是中间站:这里存在熊彼特所言的创造性破坏,但是,失败者的资源会被再投资,因此,长期来看,实际上,X 区可以实现。如果这种分流不成功,经济战争中的胜利者尽管取得了整个经济优势,但是,被摧毁的资本已经不再有经济利用价值。

- 在卡尔多-希克斯轴线之下,在两个三角形 Y_2 中,成功较大者不能补偿成功较小者。只有胜利者可以获益,这收益只属于个人,不属于集体。在这一焦土战略中,破坏或许是自己造成的,以便在胜利无望的情况下提高敌方胜利的代价,或者为了长期破坏敌人。最后,胜利者获得优势,但在这个迦太基世界上,胜利的代价太高了。[③]

---

① 所谓帕累托改进,就是至少有一位竞争对手情况改进,而其他竞争对手的情况并未恶化。

② 根据卡尔多-希克斯补偿标准,境况改善的人可能对境况恶化的人给予补偿,增加社会福利。经济制度往往与社会福利制度相互依存,因此,这一补偿标准明确描述了一种社会福利政策范式。

③ 罗马人和迦太基人的战略既可用作演绎性进攻手段,也可用作可疑进攻方法。西庇阿·埃米利安努斯结束了迦太基战争(前 146 年),他毁了城市和一切资源,土地盐化,居民被杀或被卖为奴隶,以确保战胜敌人。沙皇亚历山大一世在抗击拿破仑的战争中(1812—1815)采用了这一战略,以阻止法国利用被占领土进行军事补给。

● 在矩形区域 Z 中，两个竞争者甚至都失败了。比如，创新导致资源争夺，资源争夺又毁坏环境，这又使生产可能性曲线甚至可能向下变化（虚线部分）。这里是所谓的皮洛士世界。

在卡尔多-希克斯世界中，严重的破坏通常被视为经济战争，当地不会进行补贴，比如，因为被破坏地区、行业、企业在地理上或在行业组合中位于偏远地区，这更是世界经济的典型情况。第（3）和（4）是经济战争世界，在这些世界中，分流也已经无法挽救。

托马斯·谢林（Thomas Schelling, 1984: 369）在《选择和结果》（*Choice and Consequence*）中谈及第 3 种和第 4 种情况。他写道，不值得进行战争或威慑："战争带来伤害（并非所有的损失都是可以挽回的）这一事实把战争本身变成一种戏剧性的非零和活动……"威慑充其量是一种在敌人头脑中开始的战争艺术。两个三角形 Y_2 与西南方向矩形 Z，位于卡尔多-希克斯线下方，代表着经济战争领域。如上文（4）所示，对抗最后也会导致价格大幅波动，因而新的最佳生产点会使其中一个对手处于不利地位：P_1 还是创造性破坏意义上的瞬态卡尔多-希克斯点，在 P_2，损失已经无法补偿。经过经济战争，生产可能性曲线会发生变化，如虚线部分，以顺时针方向变化的曲线说明，从 P_1 和 P_2 到 $P_{1'}$ 和 $P_{2'}$ 的路径对两者都意味着损失。

图 1.3.4 总结了这些思想，将对抗分为竞争和经济战争，根据其各自不同的强度进行了分类，并说明了随之而来的福利损失。

若从整体经济发展角度看，不值得进行经济战争——那为什么还会发生经济战争呢？最重要的经济学答案是：因为替代方案更糟，下文会在主导地位预期理论中加以讨论。

这一福利理论观点可用下列公式来表示：设经济创新后果的（毛）增长率是 γ_t。经济战争情况下，这可能也是一种挑衅，

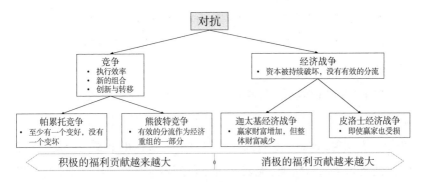

图1.3.4　基于福利特征的对抗分类

资料来源：自制。

　　最简单的情况就是视之为组织创新。分流因素 τ_t 表示已成功再使用的设备（投资）的比例。在不能再使用的无效的旧组合中，有一定的比例被毁灭，则是（$1-\tau_t$）；γ_t 和 τ_t 是偶然变量。风险事件可能会给增长带来负面效应，比如，未来的环境破坏及对抗的成本，这由偶然变量 $\eta_t \in [0, 1]$ 来表示，它描述增长的可持续性。而这一时期所期望的总增长，计算公式是：

　　（1.3.1）　　　$E(\eta_t, \gamma_t, \tau_t) = \eta_t \cdot \gamma_{t-(1-\tau_t) \geq 0}$

　　结果不能为负值，因为创新的结果要大于所破坏的总量。在"创造性破坏变得更具破坏性了吗？"（Has Creative Destruction Become More Destructive?）一文中，约翰·克姆罗斯（John Komlos, 2014）创立了熊彼特创造性破坏指数，用于说明上述事实，这个指数可以这样计算：[1]

　　（1.3.2）　　$ScD_t = \dfrac{(\eta_t \cdot \gamma_t - (1-\tau_t))}{\gamma_t}$

---

① 克莱门斯（Clemens, 2014）只关注区别，但进行跨时期计算。

如果没有出现增长乏力，没有因分流而出现例外情况，该指数达到的最高值为 1；如果整个增长因相应的损失或因缺少分流可能性而全部被抵消，那么，指数值就会为 0。

图 1.3.3 是比较-静态的效率分析，即，比较起点效率与终点效率。实际上，在竞争的条件下，完成分流的速度较快，相应地，创新也会较快发生，即，分流的持续时间对于创新也很重要。于是，系统的弹性及相关的潜伏期，尤其是失败者的系统弹性与潜伏期，变得很重要。因此，从危机中自我修复的能力与自我修复所需时间有关；图中时间以 T 来代表，而 T 的具体值可以无限多；一旦时间无限长，修复可能永远都不会发生。假设，创新或侵略理论上的增长过程为 Y_t（$t = 0, 1, 2,...$）或 T，资本利息为 i，那么，卡尔多-希克斯轴线之上的配置可用下列公式来计算：

$$(1.3.3) \quad \sum_{t=0}^{T} \frac{E(\eta_t, \gamma_t, \tau_t) \cdot Y_t}{(1+i)^t} = \sum_{t=0}^{T} \frac{(\eta_t \cdot \gamma_t - (1-\tau_t)) \cdot Y_t}{(1+i)^t} \geq \sum_{t=1}^{T} \frac{Y_t}{(1+i)^t}$$

如果不满足这种不平等，经济战争在任何情况下都可能会发生，因为收入的利息总和低于旧增长路径上所能达到的总和。

这个定义比杰弗里·克莱门斯（Jeffrey Clemens, 2013）在"经济战争分析"（An Analysis of Economic Warfare）一文中的定义更有优势，因为克莱门斯的定义仅局限于一种通过有针对性的措施降低竞争对手收入的能力。一个人的富裕水平与同盟者的富裕水平呈正相关，与对手的富裕水平呈负相关。因为没有信息说明对手收入下降的持续时间，任何一种成功的竞争打击都可以被理解为一场经济战争。

1.3.4 主导地位与控制

人们渴望获得权力，渴望占据主导地位，这类追求都属于人的内驱力（见第 2 章、第 3 章）。经济战争的三个主要目标具有特殊意义：
一、强制执行权力，目标是，迫使第三方服从自己的意志或自己的结
构；二、阻止权力，目标是阻断一些可能有害的决策及相关行动；三、交
流权力，它决定了文化背景、概念和思维战略，目标是，操控行动指挥。
因此，有必要阐述在选择行动方案时战略影响的途径。

图 1.3.5 说明，如果想最终武力获得主导地位，如果想成功地参与
激烈的对抗，那就需要有一系列的前提条件。从经济学角度看，这些
前提条件可能是生产系统的所有初始变量，从中可以引导出不同的战
争方式。政治战争（克劳塞维茨称政治是战争的上级目的）不需要解
释，军事战争也不需要太多解释。法律战争往往为经济战争做准备，试
图使经济战争合法化。因为物质资源或非物质资源的所有权要求不清
楚，往往存在争论。1683—1684 年，路易十四（Ludwig XIV）发动重
盟战争，目的是获得阿尔萨斯-洛林的统治权。据称，对这一地区的领
土要求是基于历史原因，这是第一次违反《威斯特法伦合约》的行为。
随之，法国王室再次发动普法尔茨王位继承战争（1688—1697）[①] 和西
班牙王位继承战争（1701—1717），这也是从军事上单方面落实法律
地位。2014 年克里米亚被占领，这就延续了利用战争争夺领土的传统，
例如，争夺知识产权的斗争是在专利战争中进行的。一些国家，尤其
是美国，通过域外执法，以牺牲他国主权为代价，来拓展自己的司法领
域。哈布洛特等学者认为（Harbulot et al., 2002），通过改变思想，信息
战争会演变为认知战争。

―――――――――――

① 法国梅拉克伯爵埃泽希尔·杜·马斯（Ezéchiel du Mas）指挥的这场惨
烈战争深深刻入了普法尔茨的集体记忆中；今天，当地往往称流浪狗是梅拉克。此
类集体回忆将在第 3 章论述。

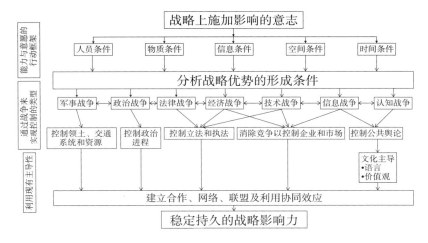

图 1.3.5　建立战略主导地位的途径

资料来源：自制，参见 HDV 100/200, Didier（2003）。

还有许多其他方法可以用来施加战略性影响，尤其是，优先采用温和的认知性方法，即，使用软实力，而不是采用强硬的军事行动方式，即，使用硬实力。此外，还有潜在的（隐秘的）、不能立竿见影的方法，如技术升级。软实力和硬实力通常在体制上是相互依存的，比如，通过有针对性、有组织的网络攻击，利用社会网络散布一些影响认知结构的内容，甚至杜撰新闻，或者一些善意的网络集团有针对性地把信息进行过滤，以便获得意见主权。[①] 这类影响变得越来越重要，比如：

● 一般的社会控制：影响社会情绪和社会决策过程；

● 有针对性地操控舆论；

----

① 政治学家约瑟夫·奈（Joseph S. Nye, 1990）在《软实力》（*Soft Power*）一书中将"软实力"定义为影响第三方（政治）意志的能力，典型的方法是文化、政治经济价值体系或一国的国际形象。为赢得主导地位，它能赢得极大魅力而极难反击。

- 通过公布半真实的事实，或通过片面解读正确的事实来歪曲信息；
- 虚假信息，即散播错误信息或歪曲信息；
- 游说、诽谤、勒索等。

目前，信息战或许已成为伴随军事冲突、政治冲突和经济冲突的最重要的战争。在古希腊和古罗马，诡辩术作为核心手段十分重要。这令人想起老加图（Marcus Porcius Cato），他总是说，"谈谈古罗马的……"；或者，这令人想到新的信息技术对于伟大转折的作用，比如，1540 年以来，约翰内斯·古腾堡（Johannes Gutenberg）的印刷术对宗教改革的作用。俄罗斯将这种"推特革命"（Walerij Gerassimow, zitiert nach Bender, Freidel, 2019）视作西方信息战争的成功。利用信息战争，西方在短时间内在本来稳定的国家中煽动起了叛乱，并将这一发现应用于俄罗斯-乌克兰克里米亚争端。

信息战争和认知战争之间的重要桥梁是反应性控制方案，即，给信息接收者发送信息，以便其实施所期望的行动。从对抗角度看，通过有针对性地操控消息，可以促使敌人采取有利于信息发出者的行动，把信息发出者假装成进攻的牺牲品（Thomas 2004; Snegovaya 2015; White 2016; Minton 2017; Giles, Sherr, Seaboyer 2018）。信息也能把自己的周围作为目标，从而改善冲突的初始局势。显然，即使图像模糊或图像错误，图像也能传达一种模糊的——如果不是错误的——现实图景，可以利用认知态度，尤其是偏见，或利用情感，比如民族创伤。这些手段可在自己的领土上用于防御敌人，也可以在敌人的领土上发起进攻。从用途上看，它们或是积极行动，或是消极行动。图 1.3.6 显示了一个力量组合，它将两种维度做了对比。

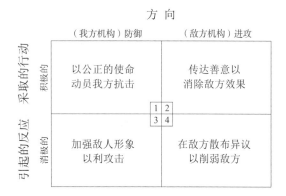

图 1.3.6　对反应的操控

资料来源：自制。

　　如果信息接收者（通常是对手）识破了操控，并采取了与期望完全相反的行动，即，敌人的行动确实只为了自己的利益，这就是所谓的假阳性反应的结果。相反的情况也可能发生：信息并没有被操控，但被对方误以为，信息已经被操控，那么，这就是一个假阴性反应的结果。

　　在"信息战"（Informationskriege）一文中，海迪·特沃雷克（Heidi Tworek，2019）阐述了第一次世界大战中的争夺战：争夺最佳平台市场-新闻机构-新闻机构分支-跨大西洋电缆。她指出，这与今天的数字网络有类似之处。有些平台（如脸书）喜欢建设高智能网址或邮箱地址，变成了意见的信息反馈空间，甚至可以操控选举——据称，俄罗斯已经安装了大量的类似系统，来影响 2016 年美国大选。

　　在经济战争中，认知优势受到高度重视，因为认知优势能够为高效战争提供合适的前沿阵地。所谓认知优势，就是有意识地赋予那些可使主体间产生认同的存在以某种意义，这样产生的意义具有客观性，因为它不依赖于人的主观认知而存在，也具有主观性，因为主体在进行观察时具有主观性。当必须要影响公共舆论及决策过程时，认知优势更有必要。比如，为了争夺未来的网络主导地位，美国的甲骨文公司与亚马逊公司进行了残酷竞争，史蒂凡·奥斯特与赫玛·布歇尔（Aust, Büchel, 2019）认为，这场竞争就像是"JEDI 武士的混战"。JEDI 是美国国防部"联合企业防御基础设施"的代名词，甲骨文和亚马逊在竞争这个项目。两位企业总裁分别在不同的政治阵营中：亚马逊的杰夫·贝佐斯（Jeff Bezos）在 2016 年支持民主党候选人希拉里·克林顿（Hillary Clinton），而甲骨文的拉里·埃里森（Larry Ellison）支持唐纳德·特朗普。这场 JEDI 竞争后来进入公众视野，支持特朗普的美国小报《国家问询报》报道了贝佐斯在肮脏旅馆的外遇，这份报纸期望，贝佐斯离婚可能会破坏他的帝国。这件事最终与贾马尔·哈苏吉（Jamal Khashoggi）被谋杀案一起闻名于世。哈苏吉于 2018 年秋被谋杀，他定期报道沙特阿拉伯的人权状况，他的报道大多发表在贝佐斯的帝国报纸《华盛顿邮报》上。沙特对于甲骨文很重要，由于沙特王子穆罕默德·本·萨勒曼（Mohammed bin Salman）似乎已卷入其中，因此，甲骨文有充分理由，通过呼吁抵制将竞争对手踢出局。随后，沙特网络攻击了亚马逊和华盛顿邮报。与此同时，甲骨文被踢出局，因为该公司无法满足相关要求。

这类操控目前已被称作"锐实力"（Nye, 2018），其假定的目标是，加速西方秩序模式的认知侵蚀。在西方与中国的冲突中，这种"锐实力"最好叫作"巧实力"，因为它强调国家的高效。中国通过"一带一路"项目把合作公之于众，这首先服务于内部交流，然后积极向国外传播。为了获得绝对的信息优势或认知优势，在对外经济战争中，会针对一些弱势国家有意识地采用一些手段，从而向霸权主义提出挑战——看一下俄罗斯如何应对西方（尤其是美国），就会一目了然。西方缺少明确的地缘战略思维，也没有意识到，什么样的制度具有创造性，什么是官僚主义自主营业，因此，必须在制度上进行重新安排。

要区分当今的主导地位与未来期望的主导地位：一旦顺序改变，即一旦图 1.3.4 所示的关键因素的顺序改变,冲突的风险就会增加,因为未来的弱势会激励今天的优势方,使它现在就去寻找冲突。如此,从地表板块构造说角度看,它可以避免陷入俯冲带。

在《战略:历史》(*Strategy: A History*)一书中,英国军事史学家劳伦斯·弗里德曼(Lawrence Freedman, 2013)分析了战略的本质,他把战略定义为"在机动而冲突的形势下,利用任意手段,以实现主导地位"。这里的手段既可以是"诡计"(俄狄浦斯的方法或孙子兵法),也可以是暴力——采用勇敢的阿喀琉斯的方法。克劳塞维茨将政治与军事结合起来(见图 1.3.4),这也可转用于政治与经济领域。当国家被卷入经济冲突时,政治与经济的结合尤为重要。因此,有必要提出这个问题:为什么现在军事战略不再奏效? 即,战败者不愿看到自己已经战败,而是陷入非对称性冲突中? 这是对经济战争主角的一个警告:经济战争的成功还取决于实施最终主导权,从而塑造环境,而不是成为其势力的受害者。

主导地位和控制是衡量经济战争成功与否的明显标准,获胜方的主导地位往往与失败方的失去控制力相对应。由于危机重重,这一点已在许多西方社会中成为讨论主题,并使传统的政治领域备受压力。它变成了一个认知问题。一方面,全球的信息成本已经下降,因此,可以通过贸易来利用大规模生产的优势,可以比以往任何时候都更充分地利用网络化——大约 5 亿人口已经摆脱饥饿,这也是证据,正如许多"门槛国家"的经济成果一样。另一方面,边界消失了(无边界化),全球居民可以在世界各地寻找自己的工作岗位;但在早期工业化国家中,许多员工成了全球化的输家,他们只能通过选举表达他们的不满。这一点表现在以下方面:民粹主义日益高涨,迄今为止的政治贵族阶层日益非合法化,而独裁体制却越来越受欢迎。在《人民对民主——为什么我们的自由面临危险和如何拯救它? 》(*The People vs. Democracy—*

Why Our Freedom is in Danger and How to Save It）一书中，亚沙·蒙克（Yasha Mounk, 2018）指出，自由民主制度建立在两个支柱之上：人民的意志和个人自由。如果这里出现了对抗，会发生什么呢？要么要民主，不要法制，比如，2017 年在土耳其就是如此；要么要法制，不要民主，正如欧盟政治制度所示。如果公民的参政无效，所选举的代表对于非全球公民的地区问题又毫无兴趣，那么，这些非全球公民是否会导致民粹主义？

这是就自由贸易理想受损所给出的政治经济学解释，最晚自巴拉克·奥巴马（Barack Obama）当政时期，自由贸易理想就已经明显遭到了腐蚀。对于世贸组织的自由贸易各轮谈判，尤其是多哈谈判，奥巴马几乎毫无兴趣，他也没有全力支持自由贸易协定。随着特朗普就任美国总统，这个倾向越来越清楚：美国明显失去了对似乎匿名又无序的全球价值创造链的控制。美国宣称，世界贸易体系已经去工业化，美国出现了大规模贸易赤字，这些都剥夺了自由贸易的合法性。民间大众对自由贸易也开始质疑，也许因为他们又看到了一些历史画面，如因破产而倒塌燃烧的纺织厂、血钻、塌方和埋葬工人的钶钽铁矿，以及因报废而拆卸的集装箱货船。

按照委托贸易的说法，价值创造链分成了越来越分散、分布在全球的生产流程（Grossman, Rossi-Hansberg, 2008），这似乎是自由贸易的理想状态，但并没有提高系统的稳定性。尤其因为价值链关键阶段能够创造财富，争夺它们的斗争越来越透明。数字化能够更好地监控价值创造链的各个阶段，如有可能，也可以把这些价值链的各阶段集中起来。当前可以观察到：企业层面上，著名的"制造还是购买"决策这个重心已经发生了转移。通过效能越来越高的信息系统，控制成本已经下降，政治、制度框架、货币方面的风险提高了，尤其是保护知识产权的风险也提高了，比如，保护专利和商标。这一切导致的后果是，企业增强了它们在关键领域的等级制度。世界市场不确定性的增加，在财富、供货能力和质量方面可能会导致损失，当纵向一体化的控制成本低于这些预期损失时，价值创造链也就结束了。这在后文论及制度经济学时再做进一步讨论。

1.3.5　认知优势的力量

在新型战争和混合战争的条件下，战争的目标已经从获得信息优势这一传统目标发展成了获得认知优势。精英们一再探测信息优势与认知优势的界限，借此，他们希望自己的世界观具有普遍约束力，至于这种做法是否民主，是否因成就或暴力而合法化，这几乎不重要。早在两千年前，波利比乌斯（Polybios）已经指出了这种狂妄。约尔格·巴贝罗夫斯基（Baberowski, 2017）论及"公民社会已经完结"这一主题时认为，伪自由主义的认同主义意识形态[1]并不关注大多数民众的社会问题，他们试图贯彻自己特定的世界观，因为受教育和职业的影响，他们并不受区位的限定。因此，出现了对精英阶层的蔑视。对此，西方国家（不仅它们）十分惊奇："公民社会限制了国家的全能要求，因为个人意志表现在合作、联盟和党派中。"但目前，正是这一点摇摇欲坠，欧盟社会的共同经验空间要解散。随之，很有可能的是，经济战争开始针对发展中国家的劳动力市场，之后针对环境，最后针对民主。社会右派和

---

[1]　社会群体的一定的基本思想和价值观叫作意识形态，社会群体有共同的世界观；意识形态与社会学的民族概念相关，民族就是具有相同身份认同的人的群体。根据马克斯·韦伯的理论，民族是政治上被建构的系统，是将理性的社会化过程重新诠释为个人关系的结果，因此，它与氏族不同。马克思主义理论认为，意识形态往往是思想体系，它建立在社会主流条件的基础上；自由主义理论认为，意识形态是价值体系，辅以一个正（可伪造）理论（Nutzinger 1972: 91-93）。

左派选民的忧虑已经相互接近，这不无道理。右派和左派选民之间发生相互转换的现象也很严重（Kaiser, 2016）。

在"从赫拉克利特到亨廷顿——经济史与人文史上的竞争与对抗"（Von Heraklit zu Huntington–Wettkampf und Rivalität in Wirtschafts- und Geistesgeschichte）一文中，约瑟夫·施密特（Josef Schmid, 2015: 18）谈及对战争的认知准备："尤其在盎格鲁-撒克逊世界，雄心壮志一直是，不独自占有令人垂涎或要控制的外国产品，而是要安静地等待时机，当出于义务或人性、为了争取或拯救西方文明不得不这样做的时候，才能这样做。这种混合的复合体，所谓的'不能'，结合了效用原则（根据杰里米·边沁的功利主义）与美国实用主义，然后就坚信，这代表着'良善'，最后被上帝所拣选，去其他大陆去传教。假如这一过程并非天意，或并不为上帝所喜爱，它就不会如此繁荣。英语成了世界语言，这是这个复合体的附带后果。"

1.3.6　主导地位期望理论

根据经典的经济核算，自由贸易应有利于和平。但果真如此吗？从经济学角度看，尤其如果把时间、风险和地理位置对比也计算在内，这一假设是否还有合理性？在"附带损害：贸易中断与战争的经济影响"（Collateral Damage: Trade Disruption and the Economic Impact of War）一文中，鲁文·格利克和艾伦·泰勒（Glick, Taylor, 2010）研究了1870年以来战争对贸易的影响，这影响很大，正如负和博弈一般，但这并不令人震惊。因此，在合理预期的条件下，潜在的竞争对手应该减少对外贸易关系。在"国际贸易的政治决定因素：主要大国，1907—1990"（The Political Determinants of International Trade: The Major Powers, 1907—1990）一文中，詹姆斯·莫罗等学者（Morrow et al., 1998）证明，促进贸易的并非联盟，而是民主和相同的利益。事前理性是不明显的。在"战争与世界经济：股市对国际冲突的反应"（War and the World Economy: Stock Market Reactions to International Conflicts）一文中，杰拉尔德·施耐德和维拉·特罗格（Schneider, Troeger, 2006）确认，冲突和经济现在有同步进行的趋势。最后，经济上相互交融的伙伴之间较少发生冲突，因为冲突极其昂贵——它们之间一旦出现了相应的冲突信号，那么，这信号是十分可信的。埃里克·加兹克等学者（Gartzke et al., 2001）在"和平投资：经济依赖性与国际冲突"（Investing in the Peace: Economic Interdependence and International Conflict）一文中也强调了这一点。那么，为什么在密切合作的贸易伙伴或在供应技术方面紧密联系的企业之间会发生冲突呢？

卡尔-斐迪南·冯·威尔逊（Willisen, 1919: 13）认为，交换行为已经可以产生敌意，因为这意味着国民经济的依赖性，当力量对比出现不对称时，它会带来单方面的更高利润，因此，他已经预见到了贸易预期理论中所谓的"二分法"。在《经济相互依赖与战争：贸易预期理论》（*Economic Interdependence and War: A Theory of Trade Expectations*）一文中，戴尔·科普兰（Dale C. Copeland, 1996）写道：贸易伙伴国家之间本不应该发生战争，但恰恰那些相互依赖的贸易伙伴往往会发生战争。科普兰（Copeland, 2015）创立了统一的理论，并在《经济相互依赖与战争》一书中对理论做了阐述：

- 自由主义立场。孟德斯鸠（Montesquieu, 1748）最早在《论法的精神》（*Lésprit des lois*）中论及"温和的商业"。艾伯特·赫希曼（Albert Hirschman, 1982）在"对市场社会的对立解读"（Rival Interpretations of Market Society）一文中从美德角度确定了它。自由主义立场认为，贸易带来了宝贵的利益，因此，依赖贸易和特别脆弱的国家无论如何都不应寻求冲突——简而言之，与战争相比，贸易带来的收益更多。理查德·科布登（Richard Cobden, 1853）说过，贸易能够统一各国。诺曼·安吉尔（Norman Angell, 1909）强调这一论点：战争花费太多。1914年一战爆发时，这一论点得到验证。理查德·罗斯克兰斯（Richard Rosecrance, 1986）认为，在核武器僵局时代，国家可以选择，或者是贸易国家，或者是领土国家；贸易国家通过国际贸易获得国家财富，领土国家通过开疆拓土获得国家财富。亚历山大·杜金（Dugin, 2014b）认为，俄罗斯这个新罗马帝国非常重视这一自由贸易立场。这在后文再论。

- 现实主义立场。这一立场认为，一切正好相反：经济贸易会提高战争风险，因为国家具有强烈的安全利益，国家拒绝依赖风险，尤其拒绝对战略性原材料的依赖。根据肯尼思·华尔兹（Kenneth Waltz, 1979）的假设和约翰·米尔斯海默（John Mearsheimer, 1990）的推测，依赖性和潜在的敲诈会使国家追求政治控制和领土控制。这一思想最早出现在弗里德里希·李斯特（Friedrich List, 1841）的论文中，他主张，为了建设国家，也为了针对竞争对手的反抗，国家应发展战略经济政策。保罗·克鲁格曼（Paul Krugman, 1990）在新贸易理论中，让·梯若尔（Jean Tirole, 1988）在现代工业经济学中，都曾对这一思想做过论述。

对未来全球力量转移的期望就是主导地位期望，它必须纳入对抗核算中。当前的国家竞争地位在不久的将来是否会被竞争对手超越呢？如果是，那么，如18与19世纪之交的德英冲突所示（Copeland, 2015），经济冲突会发展成经济战争，甚至最后会升级为真正的（军事）战争。在《注定一战：中美能避免修昔底德陷阱吗？》（*Destined for*

War: Can America and China Escape the Thucydides's Trap? ）一书中，格雷厄姆·艾利森（Graham Allison, 2017: 210）预测，在贸易导致依赖度提高的地方，贸易就不会起到稳定和平的作用，因为主导地位期望落空了。

图 1.3.7 以中美贸易战为例说明这一关系：实线表示以购买力平价为基础测算的美国经济发展状况，虚线表示以购买力平价为基础测算的中国经济发展情况。2014 年，中国的国内生产总值超过了美国；若考虑到人均国内生产总值，那么，目前的美国比现在的中国要富裕三倍多。但中国经济年增长率大约是 6%，中国超过美国也只是时间问题。如果美国能够通过一场经济战争使中国的经济增长率降低一半，那么，中国成为世界经济第一大国的机会就会受到抑制，因为中国人口的滞涨已不能给经济提供助力。粗实线代表 2019 年之后的发展。史蒂夫·班农（Steve Bannon）是美国右翼文化领袖，在接受《世界报》的西尔克·穆尔赫和克莱门斯·威尔金（Mülherr, Wergin, 2019）采访时，班农阐述了美国的这个目标："华盛顿、伦敦、柏林的精英们都有同样的想法，他们认为，中国的崛起是一个不变的物理规律，他们只是简单地接受它。甚至那些意识到危险的人显然已经做了决定，并选择不对此做出反应。他们直接接受这一点：我们正在衰落，中国正在崛起。但是，这错了，完全错了。对于衰落的国家，只要它们还能反击，它们就必须反击。但是，正相反，西方的精英阶层放弃了反击。但特朗普已决定，对此进行反击，这是他当选总统的原因。特朗普与中国的谈判的本来目的是，重新赢回美国向日本、北美和西欧的供应链。"

这种主导地位预期也可以对个人产生影响：在高度竞争性组织中，对于那些预计将来会占优势的同事们，有人会及时给他们设置障碍，甚至散布谣言诋毁他，这变得合理（Reh et al., 2018）。

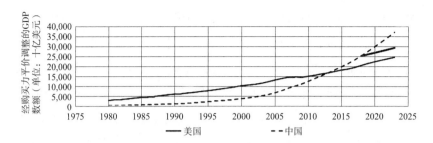

图 1.3.7　主导地位预期中的冲突——以中美冲突为例

资料来源：自制，参见 International Monetary Fund（2018）。

1.4　以贸易战代替自由贸易

随着计划经济体制的改革，几乎占世界人口三分之一的人口融入自由贸易，这个过程自 1979 年邓小平在中国实施改革开放而开始，交由市场来解决的思想被逐渐接受。世界经济一体化使中国 10 多亿人脱离了贫困。本世纪初发生了网络危机，这是对全球化缺乏强有力的监管框架的第一次警告。它们并没有引起治理部门的注意。2008 年金融危机的后果尤其给所谓的第一世界国家带来了巨大的经济压力，市场在萎缩，为了扶持金融业，公共财政提供了几十万亿美元或欧元。自由市场思想也备受压力，因此，也必须进行严格的自我审核。

美国（与德国一样）已经迅速从经济危机中恢复过来，但它也付出了某些领域去工业化的代价，相反，数字服务业得到了大幅增长，目前，美国的数字服务业在一定程度上甚至垄断了世界市场。实际上，根据自由贸易的经典范式，贸易以比较优势为基础，其必然后果是国家的专业化，这使这些国家在战略上很脆弱，这也许违背雇员的利益。世界金融危机已经使许多国家加快了专业化过程。自特朗普上任以来，中美贸易战不断迫近，这场贸易战是否是经济战争？贸易战是否会发展成经济战争？而这场贸易战的根源是世界金融危机及其连带损失，形势很混乱，如果不考虑目前的各种危机，如乌克兰-俄罗斯克里米亚争端、叙利亚冲突、伊朗-沙特阿拉伯争端，那就无法想象，也无法解决。新兴经济体的崛起，尤其是中国的崛起，以及经济与社会的数字化已经改变了世界秩序的重点。最晚自 2010 年稀土危机以来，一些关键原材料已经获得了新的意义。处理这些问题有很多困难，这已经使一些国家深受压力，因为它们实际上违背了自己所制定的规则，不得不承受存在的严重失控。在原西方发达国家和新兴经济体国家之间出现新的竞争，这是柏林墙倒塌之时没有人能想象到的后果。没有人能够预言历史的结局。下一节要描写这种冲突，并将之纳入历史以及地缘政治思维。

1.4.1　庆典的魔力及其对当前发展的映照

在 2010 年代，历史政治界为三段历史举行庆典，这三段历史也影响着当前的冲突：一、2013 年，数字化引发了冲突。在 1813 年、1913年和 2013 年之间，冲突发生了根本的变化：最初，冲突因领土而起；之后，冲突因技术而起；今天，冲突因数字化而起。二、2017 年是宗教改革 500 周年。1517 年的宗教改革是现代历史的开端，自省的个体和统治者开始为争夺人力资本而对抗。三、2018 年，人们忆起 400 年前的欧洲三十年战争（1618—1648），这场战争使欧洲秩序全面崩溃，今天，这种情况或许会再次发生。因此，人们定期讨论一个核心问题：是否可以从过去的历史中吸取教训？

（1）1813 年、1913 年、2013 年，这三个年份分别是全球地缘政治构造的重大转折：自 1789 年法国大革命之后，法国丧失了在自然科学中的学术领导地位,雅各宾派首先开始独裁统治,拿破仑的统治逐步取得了政治稳定,在占领欧洲各地时,法国不断宣传启蒙思想,因此,法国已成为强大的现代化推动力。最后,崛起的法国因普鲁士-俄罗斯-英国联盟而失败,因而也葬送了法国的经典军事战略。维也纳会议与欧洲最近的新秩序有关,其基础是和谐与平衡的理念,即昨天的敌人可能成为未来的伙伴。

1913年,第一次世界大战爆发前一年,欧洲各国以工业和贸易为基础控制着全世界,它们之间的对抗预示着未来的大型冲突。第一次和第二次工业革命推动了现代化发展,这不仅改变了欧洲大国,改变了第一次世界大战的战争形式,而且也导致了殖民地自由贸易的崩溃。因为美国与英国结盟,正在崛起的德国失败了。英国付出了高昂的代价,失去了它在欧洲的秩序霸权,取而代之的是美国,而美国在一战之前在欧洲并不扮演重要角色。随着苏联的出现和中国革命的发展,世界人口的三分之一脱离了世界贸易。在《梦游者:1914年欧洲如何走向战争》(*The Sleepwalkers: How Europe Went to War in 1914*)一书中,克里斯托弗·克拉克(Christopher Clark, 2012: 555, 560)指出,各国对自己的行动缺少风险预测,对当时的地缘政治缺乏风险意识。他写道(Clark, 2012: 562):"从这个意义上看,参战国都是梦游者,仔细地观察,但什么也看不见,受梦魇所辖制,它们对于自己将要带给世界的恐怖事实也是视而不见。"他把2013年的不稳定局势与1913年的不稳定局势进行了对比:"从这个意义上看,1914年的人们是我们的同代人。"

2013年,在数字化和知识产权的基础上,在一个安全政策不稳定的世界上,地区战乱与违反国际法的行为时有发生,以数字化和知识产权为基础的新竞争变得明显起来。在这个世界中,老牌资本主义国家以前的胜利之路在各自国家的失败者那里也发现了自己的局限性。失败者已经发声,精英们即使不被赶下台,也倍感压力。全球生产动荡不安,这使自由贸易的重心朝着控制生产链的方向移动,尤其在知识比重占优势的地方。

（2）1517—2017 年,宗教改革 500 周年。宗教改革对欧洲十分重要,因为通过宗教改革,经济竞争的两种形式得到了加强,并获得了道德基础:其一,出现了人力资本竞争,它体现在 1555 年《奥格斯堡宗教合约》中。通过这个合约,居民的宗教信仰根据其居住地统治者的信仰而定。这导致贵族学校在新教地区的建立,导致了对人力资本的竞争,因为贫穷的公国(如萨克森)只有通过发明创造才能实现繁荣。这也是后来技术大学成立的动机。其二,滨海地区通过贸易和国家劳动分工促进了繁荣。这两种发展方向导致了新机构的建立,这些机构稳定了经济活动,并使其具有道德品质,这也体现在对新教的支持上。从路德改革的角度看,这是对自我负责的个人出现的重要贡献。

（3）1618—2018 年。1618 年,欧洲三十年战争爆发。这通常与今天的情况联系在一起,因为在规则、条约和忠诚度方面的情况混乱,不断发展,特别是中东地区,秩序的解体是最有规律发生的事情。对此,格奥尔克·施密特(Georg Schmidt, 2018)在《末日的骑士——三十年战争史》(*Die Reiter der Apokalypse—Geschichte des Dreißigjährigen Krieges*)中指出了这场战争的问题,这场战争就是德国历史的神话。三十年战争最后以《威斯特伐利亚和约》而结束。这部合约是国际法中的伟大法典,秩序规则是这部合约的关键,也被维也纳会议采纳,1871 年普法战争的胜利者也很重视这一原则,因此保持了近 300 年的稳定。第一次世界大战之后的《凡尔赛和约》是被迫的有效准则,由于对战争劣势者的虐待,《凡尔赛和约》并不能真正消除国家之间的对立,直到今天,特别是在中欧,这仍然在政治上产生影响。

这里要指出,造成秩序损失的一个关键的技术催化剂是水力压裂法,即,通过压裂岩层获得石油和天然气。这种技术能使美国在能源上自给自足,降低了它作为世界秩序保障者的兴趣。关于联盟各国公平参与西方安全结构的问题,早在奥巴马执政时期就已经提了出来。[①] 伴随而来的是,美国对中东热点地区的兴趣下降和油价下跌。这改变了俄罗斯和中东的战略地位。若没有与之相关的石油价格下滑,诸如俄罗斯-乌克兰克里米亚争端、叙利亚冲突、沙特阿拉伯与伊朗之间的霸权之争,以及朝鲜的核武器威胁,这些危机都将逆势发展,这几乎无法归类,将在后文再论。最后,要分析政治行为方式及其对冲突升级和冲突解决的作用。[②]

1.4.2 特朗普针对中国的贸易战威胁

自 2017 年特朗普就任总统以来,四件事情已成为美国逐步升级的反自由贸易诡辩术的核心:一、美国与墨西哥、加拿大、欧洲和中国的外贸出口持续逆差;二、美国对失去技术领先地位的恐惧,这与"中国制造 2025"项目相关, [③] 这会对全球价值创造链产生重大影响;三、美国担心自己可能失去革新能力;四、美国担心可能会失去在太平洋对面

① 根据北约威尔士峰会决议(2014),各国的国防预算占国内生产总值的比例应为 2%,至今大部分欧洲盟友仍然远未达到这个目标。特朗普自 2017 年就职以来,他在北约中可能要面临压力。

② 德国财长沃尔夫冈·朔伊布勒(Wolfgang Schäuble)和英国外交大臣鲍里斯·约翰逊(Boris Johnson)分别在 2014 年和 2018 年把俄罗斯总统普京(Wladimir Putin)比作阿道夫·希特勒;奥巴马在 2014 年称俄罗斯为"地区大国",这深深伤害了俄罗斯的骄傲;俄罗斯在其势力范围内颇具行动力,比如在叙利亚,西方就吃尽苦头。

③ 德国首先开展了"工业 4.0"计划(Wuebbeke, 2015)。

的地缘政治地位。但是，所谓的冲突出发点早就存在，或许在中国国家主席习近平在 2013 年提出"一带一路"倡议时，或许在美国总统奥巴马在 2015 年故意将中国排除在跨太平洋自由贸易协定之外时。[①] 此外，中美两国都曾有过伟大的历史：美国组织了美式和平，中国曾经是世界上最重要的国家之一，直到中国被欧洲和美国半殖民地化，这被视为一种耻辱，这是对中美冲突的重要叙述（Rappeport, 2019），中美冲突的心理和历史背景将在第 3 章讨论。在"习近平：中国梦背后的战略家"（Xi Jinping: The Strategist Behind the Dream）一文中，戈登·巴拉斯和奈杰尔·因克斯特（Barass, Inkster, 2018）认为："现在，很清楚，即使中国以前没有这样做过，它仍在不懈地追求一项战略，旨在使中国恢复其作为地球上卓越的经济、政治和军事实体的历史和应有地位。"马丁·雅克（Martin Jacques, 2012）在《若中国统治世界》（*When China Rules the World*）一书中直击体制之争的核心（Moody, 2019）："西方曾预计，中国的政治体制无法存在，它无法持续，它会被替代，而习近平所展示的是，中国体制是合法的、有效的、非常成功的。他给了中国一系列新的目标，使中国在世界上有了新的地位。对此，民族复兴的中国梦是最好的表达。"

现在有必要分析一下 19 世纪的中国社会。当时西方侵略中国，在1840—1842 年中英第一次鸦片战争中（见第 9 章），英国侵略中国。当时驻青岛德国海军牧师汉斯·韦科尔（Hans Weicker, 1898: 18）引用了驻上海德国牧师亨里希·哈克曼（Heinrich Hackmann）的话："中国文化的独特、连续性和张力都十分伟大。早在幼发拉底河和底格里

---

① 乔治·凯南（George Kennan）在"苏联行为的根源"（The Sources of Soviet Conduct）一文中提及，从某一时刻起，苏联开始敌对美国。该文首先于 1946 年作为"长电报"匿名发表，1947 年在《外交事务》上以"X"署名发表。

斯河流域有统治者掌权的时候，中国人就塑造了当前文化的大致轮廓，而我们今天只能从废墟荒冢中挖掘出统治者的名字和行动。中国人曾经与古罗马人交换使节，今天，古罗马人对我们意味着什么？一个书本里的民族。但中国人生活着，维护着其连续流动的历史。凭借其独特的文化力量，中国征服了一个地区，使这个地区富足。此外，这使我们了解的庞大文化区可能会变小：除了中国之外，这个大文化区还包括蒙古、朝鲜、日本、缅甸、锡兰以及印度以南岛屿。这是一个不可忽视的地区，其中大部分地区被赋予同一种特性，这种特性还保留至今。谁如果不考虑这个历史现象，仍然顽固不化，那么，他就没有历史眼光。在漫长的中国历史上，中国人还从来没有碰到任何一个长期超越他们的其他民族，他们逐渐开始坚信，中华民族是世界上的领先民族，中国是中央之国，这是否很神奇？"今天要补充一句：中国或许完全有理由坚信这一点。

德国在 1960 年代进入全球市场，日本在 1970 年代和 1980 年代进入世界市场。与德国和日本情况不同的是，因为美国的经济结构，利于工业增长的长周期的结束使美国更为敏感，特别是，美国失去了在许多行业引领工业发展的能力，即，确定产品生命周期长度的能力。[1] 毕竟，贸易战发生在长期奉行贸易保护主义的背景下。因此，美国内战（1861—1865）爆发的原因也是自由贸易与关税限制的矛盾，当时，南

---

[1] 这令人想起美国 1960 年代的经常项目赤字，这变成了武器补偿贸易，德国联邦军购买了美国 F-104 战斗机，这使路德维希·艾哈德（Ludwig Erhard）卸任总理（Deutscher Bundestag, 1965）。美国财长约翰·康纳利（John Connally）在 1970 年代初威胁日本，如果不签署贸易限制协议，就会把所有抵达美国的日本汽车沉入旧金山湾，这导致日元升值（New York Times, 1971）。这部分解释了日本 1990 年代经济危机的原因。后来日本经济僵尸化（见第 11 章），因为财政刺激应通过提高国内需求来补偿外贸损失，却陷入房地产泡沫，导致银行系统崩溃。

方的美利坚联盟国因棉花出口而要求自由贸易,而北方各州则要求关税限制,目的是保护正在发展的工业。

经济战争目的:

- 美国期望长期保证其经济优势与地缘政治优势及其繁荣("美国优先"),尤其要重建美国以前的霸权地位。此外,美国要表明,他们随时准备施加经济压力,以实现美国通过政治进程难以实现的其他目标。[①]

- 中国期望国家的复兴,作为未来的超级大国,在缺席世界舞台500年之后,中国正在寻求符合其历史和实力的地位,中国要避免冲突,但不排除冲突。

经济战争参与者:

- 美国。美国认为,因为贸易不公平、知识产权被侵蚀,美国的地位受到威胁。全球化的输家也驱动了经济战争,没有这些人的支持,特朗普不会被选为美国总统。

- 中国。中国想避免危害其振兴战略的一切因素,而中国的振兴也依赖世界销售市场和技术进口。

- 欧洲。欧洲并没有自己的战略,而是作为重要的技术提供者,它可能会陷入中国和美国这两个对手的磨盘之间。

经济战争手段:

- 关税和报复性关税;禁止技术转让和非法利用工艺;严禁投资、企业参股与企业收购;货币贬值;通过补贴、免税或提供贷款等手段提供战略支持;税收减免或信贷计划,行政刁难;最后,域外法治。

---

① 阻止墨西哥非法移民是2019年的实例。

经济战争目标：

- 中美两国要保证本国的国家发展和经济发展，因此，美国致力于有针对性地再工业化和贸易战；中国竭尽全力要使人民富裕起来，为此，中国无论如何需要经济和平，即，中国要与成熟的工业国进行合作。

经济战争后果：

- 破坏了多边世界贸易秩序。

　　特朗普被激怒的背景是美国的贸易逆差。美国的贸易逆差多年以来一直保持稳定，每年都在 8,000 亿美元以上。图 1.4.1 显示了三大贸易集团美国、欧洲和中国的情况。特朗普认为，美国的贸易逆差主要是因为贸易伙伴的限制，但他忽视了其他三个因素：一、服务业出口的平衡效应；二、美国收到了就业转移；三、美国收到了财产转移。在后两个方面，美国的收益很好，因为美国往往在国外生产，把产品视为向国外供货，并将利润汇回美国，因为在那里同样确定了美国在数字经济的主导地位；图 1.4.1 显示了服务流。

　　美国服务贸易盈余总计 1,280 亿美元，再加上 2016 年因收购转移与资产转移带来的盈余，共计 1,730 亿美元。这个数字不能平衡美国的贸易逆差（近 8,000 亿美元），但可以明显减少外贸逆差。美国经常账户赤字大约是 5,000 亿美元。

　　一种观点是，必须保持收支平衡；与此相对的观点是，进行资本与资产转移，使美元继续充当参照货币，并使美国仍是资本投资和外逃资本投资的重点，而美国的低储蓄率必然导致资本大量进口，从而导致"自然的"经常账户赤字。直到奥巴马执政时期，中美之间一直实施所谓的"恐怖平衡"政策，即中国以低价向美国出售商品，这些商品在中国并不能以相应的价格来生产。这促进了中国的繁荣,也促进了美国的繁荣,美国人受益于积极的购买力效应。中国把中美贸易的盈余继续投资到美国国库券,因此,货币循环被封闭了。由此导致的现金流迄今为止并没有导致通货膨胀,因为门槛国家(包括中国)的低价恰好会抑制通货膨胀。

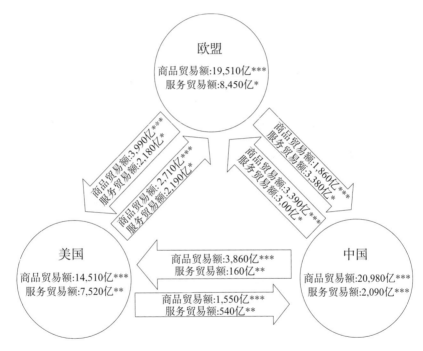

图 1.4.1　2016 年美国、欧洲和中国的商品出口总额与

服务出口总额(单位:美元)

资料来源:自制,参见 Eurostat(*), Bureau of Economic Statistics(**), WTO(***)。

这种"经济恐怖平衡"的发展正逐步走向终点,主要原因如下:

● 中国的吸收率在增加——中国必须提高吸收率,才能使更多中国人富裕起来。把本国储蓄资金投资到国内市场,本国人民的财富会不断增长。

- 自奥巴马执政以来，数字经济的增长加快了美国的去工业化（从约20%下降到约12%），这继续降低了外贸潜力，也继续降低了奥巴马政府对自由贸易的兴趣，尤其降低了美国对世贸组织和多哈谈判的兴趣，为美国民众滋生反自由贸易的思想铺平了道路。
- 在成熟的工业国中，全球化的输家非常活跃（欧洲的氯化鸡就是一例），这使自由贸易协定遭遇失败，从而也错过了机会，不能及时设计世界贸易新秩序。在美国，尤其在美国北部衰败或萧条的工业区，成千上万的雇员已经贫困化，他们往往吸毒成瘾。①

2018年，美国的平均关税率为3.48%，略高于欧洲的（5.16%）一半。中国的平均关税率是9.92%，近乎欧洲关税率的两倍。中国还有市场准入限制、资本流通限制和投资限制（FAZ*, 2018a）。双方在国家协议或自由贸易协定中商定的关税是多轮谈判后关税削减的结果。在双方商定的框架中，美国单方面提高关税或征收关税是违法的；存在遭到反对和报复的可能性，即，被征收反关税。随着2019年5月美国关税的提高，美国对中国商品的关税率接近8%（Die Welt, 2019b）。2019年春，中国的外贸顺差比2018年10月的最高值减少了一半，略高于200亿美元（Börsen-Zeitung, 2019c）。

---

① 马修·德斯蒙德（Matthew Desmond, 2016）在《扫地出门》（*Evicted*）中描写了美国中西部社会结构的彻底崩塌。米歇尔·霍赫施温德（（Michael Hoch-geschwender, 2018）在书评"资本主义不论肤色"（*Der Kapitalismus ist doch farben-blind*）中写道："归根结底，新自由主义资本主义、世俗主义和文化认同政治的邪恶联盟，无论美国穷人如何贫困，都导致了一场社会灾难。"

　* FAZ是*Frankfurter Allgemeine Zeitung*的缩写，指《法兰克福汇报》。——译者

　　美国针对中国的第二个战场在技术领域。中国力图在"中国制造2025"战略[①]的框架下开发高技术价值创造链,美国认为,中国威胁到了美国的工业霸权,尤其在关键的军事领域。美国的这一安全政策考虑基于1962年的一个规定,即,冷战时期的规定,这使美国总统有可能越过国会去征税,而不必接受世贸组织的审查。

　　德国学者龙信鑫等人(Jost Wübbeke, 2016)对上述战略对各国国民经济的影响做了分析,他们确认,这种影响与两个指标相关:工业增加值在GDP中所占份额和高技术投入在工业生产中的份额,如图1.4.2所示。两者的相关性是双刃剑:因为随着相关性的增加(相关性强的国家位于东北方向),经济的竞争能力也随之增加,因为生产技术含量和全球可贸易商品的倾销能力都在提高。工业比重和技术密集度都较低,这至少说明某行业的竞争力较弱。与"中国制造2025"相关的商品系列与本国经济的关联相对较少——中国经济甚至可以从全球竞争加剧导致的价格下降中受益。这对于其他国家就是劣势。为了弥补这一劣势,英美等国一方面提高了可贸易金融产品的比率,另一方面提高了本国驻外企业的税收比率。但这并不能解决国内的分配问题,尤其不能解决传统雇员的未来问题;但从民主选举战略角度看,这一点点政治-经济火苗十分重要。

　　特朗普的首轮进攻是2018年税制改革,这提高了美国作为生产和税收中心的吸引力,但欧洲人对此强烈反对。2018年1月,美国首次对来自中国的洗衣机和太阳能设备征收关税。2018年7月1日,关税征收对象扩大到了钢和铝这两种金属。这两种金属位居中国产能过剩产品的前列,它们也是战略原材料,被用于许多领域的生产——从军工技术到能源转向。中国是崛起中的大国,执行积极的贸易政策,把具有很高的价值创造潜力的生产阶段移到国内,或者阻止它们迁出中国,这

────────────

①　德国实施了"工业4.0"战略。

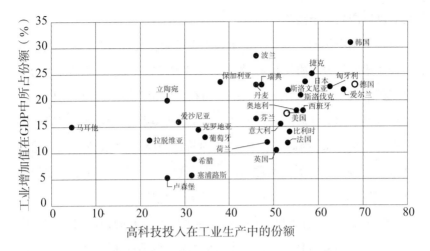

图 1.4.2　受"中国制造 2025"影响的工业国

资料来源：自制，参见 Wuebbeke et al.（2016: 8）。

推动了力量的平衡。美国要做同样的事情，对于那些具有价值创造潜力的生产阶段，美国想阻止它们或它们的技术迁出美国。在全球，这显然涉及"制造还是购买"决策。如果控制战略生产链比自由贸易收益更重要，那么，"制造还是购买"决策就更有意义了。在"特朗普的惩罚性关税具有战略意义"（Trumps Strafzölle ergeben strategisch Sinn）一文中，乌尔利希·布鲁姆和拉尔夫·韦斯珀（Blum, Wehrspohn, 2018）认为，安全政策考虑可能会支持上述交易成本核算，前提是采取合适的辅助措施：改善工业的人力资本，降低工业的技术比重。不过，只要美国工业不能生产含有钢和铝的产品，就不能指望贸易平衡有所改善：那么，这使供应商能够保持其供货价格基本不变，关税提高后的进口产品可能损害美国的外贸地位，甚至可能对美国的出口能力带来负面影响，因为包含这些提高关税产品的商品必然会更昂贵——这将使美国国内的财富进一步损失。也许这不可能发生，因为美国商务部可以对不可替代的进口产品给予豁免。

若中国声称对来自美国的进口汽车征收报复性关税,这一做法可能会使德国和美国团结起来,德国公司会继续在美国生产汽车,因为来自美国的进口汽车大多是由德国公司在美国制造的。2018年夏,进口关税率是25%,后来提高到50%。相反,对大豆的关税会直接影响特朗普的选举结果,因此,这不是在做对称性的反击,而是在敌人敏感的地方攻击敌人。最后要考虑到,中国的贸易关系与太平洋地区密切相连,一种严厉的海关政策将会大大损害价值创造链。

对中国来说,标准钢材的关税政策甚至是有利的:在美国国内,标准钢材很容易被替代,这使中国更容易实施调整政策。为了降低产能过剩及相关的环境污染问题,一些非法工厂已经关停。

"中国制造2025"战略有其福利理论理由,这一点胡伯特·艾斯卡斯和猪股慧士(Escaith, Inomata, 2013)已做过分析。他们分析了价值创造链的上行和下行供货关系,并证明,迄今为止的全球劳动分工大大有利于西方,这在很大程度上受信息与运输成本下降的驱动——运输成本等下降则以牺牲环境为代价。如图1.4.3所示,位于前端和后端能够使国家更富裕——因此,以牺牲全球工厂为代价,门槛国家和成熟工业国之间产生了分配问题。

世界知识产权组织(WIPO, 2017: 10)已经将随时间发生的变化做了定性阐述:浅凹曲线会变深——纯工业过程越来越不重要。另一个问题是,在巴黎气候条约的条件下,这个凹曲线如何继续发展?因此,有必要扩大经济中的循环因素。这显示在图的右边:据预测,现代的回收经济和垃圾处理经济将来会为价值创造做出重要贡献(变量1)——目前,这可能更是一种亏损的业务(变量2)。中国对回收公司兴趣很高,这说明,这里存在战略上重要的市场潜力。

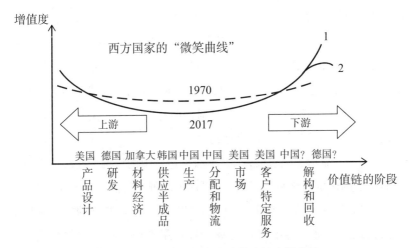

图 1.4.3　各主要国家在全球供应链中的位置

资料来源：自制，参见 Escaith, Inomata（2013）以及 World Intellectual Property Organization（2017: 10）。

　　中国是崛起中的大国，它越来越不愿意接受"世界工厂"的角色；在各国在全球的领导职能做好分配之后，中国注重价值创造链。图 1.4.4 显示了高价细分市场三款智能手机的生产过程在价值创造链上的价值。

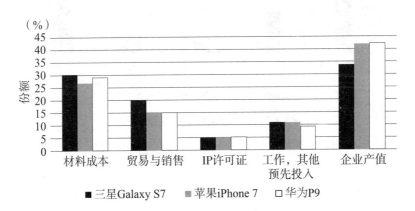

图 1.4.4　价值创造链位置的份额分配

资料来源：自制，参见 World Intellectual Property Organization（2017: 17）。

事实上，在智能手机生产所创造的价值中，只有 1% 的价值来自中国这个手机生产国，超过一半的价值留在企业总部所在地美国，美国控制着整个价值创造链，以及很大比例的贸易和销售。因此，这里爆发了竞争，因为美国已经认识到，这里存在一种重要的地缘战略潜力与经济潜力。为了可持续发展，需要对材料回收加强必要的控制。这种新的对抗可能在一定程度上回击全球化。

图 1.4.5 显示了绝对值，未显示所创造价值的比例。在价值创造链上的位置的区别越来越大，因为苹果这个品牌的价值可以保证，与两个竞争者相比，苹果在市场上的销售价格要高得多。基础的加工贸易也会人为地弥补部分美中贸易逆差，即，如果像 iPhone 这样的手机在中国制造，由全球进口原材料组装而成，那么，这些预计从中国进口的产品会计入贸易逆差中，虽然它们本来也应该属于第三国。

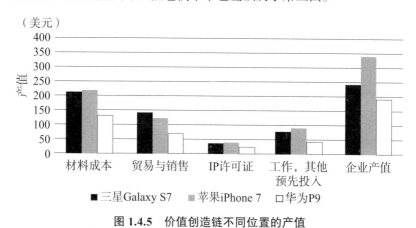

图 1.4.5　价值创造链不同位置的产值

资料来源：自制，参见 World Intellectual Property Organization（2017）和 Yuan（2017: 17）。

韦尔默等学者（Wellmer et al., 2017）在其论文中强调，可靠的框架条件对金属矿业十分重要，产品的生命周期或使用周期有时间延迟，需要采取积极的回收战略，即使如此，一个"低碳社会"的需求仍然无法得到满足。中国已表明,它已经把原材料视为改善其价值创造链位置的手段,这一点显示在世贸组织的各种程序中。[①]

在 2018 年 1 月的月度报告中,德意志银行分析了重要贸易伙伴国的进出口比例的变化(Deutsche Bundesbank, 2018a: 17), 如图 1.4.6 所示。中国从 1995 年至 2014 年降低了它对进口的相对依赖度,进口比例在这 20 年中从不足 6% 降低到了约 4%。中国经济战略的原因在哪里? 是基于宏观调控的原因吗? 中国已经提高了它在全球价值创造中的比例,也包括在高技术领域的比例,其方法是: 一、严格监管;二、收购国际领先企业,以购买知识;三、通过教育(Pei, 2018): 在世纪之交,中国进行了多项改革,包括建立了精英高等教育体制,中国有可能弥补自己之前在技术和经济上未能实现的成就,这会继续增加出口盈余。这样一来,正如布鲁姆(Blum, 2018b)在"为价值创造链而战"一文中所写,与贸易相比,竞争市场上的自由贸易更易备受压力。

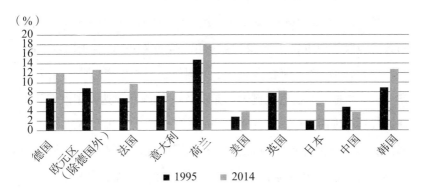

图 1.4.6　进口额在整个经济中所占的比例

资料来源:自制,参见 Deutsche Bundesbank(2018a)。

---

①　2009 年美国和欧盟因歧视性出口政策在世贸组织提出申诉,具体涉及铝土矿、氟化物、镁、碳化锰硅、硅金属、磷和锌,2012 年的稀土同属这种情况;据推测,稀土有战略用途。因为存在非法矿业,大部分资源的经营几乎不能做到保护环境。

美国劳动力有严重的技能缺陷，这是否也是美国贸易逆差的另一个原因？可以肯定，工业的情况正是如此。德国中小型工业企业拥有强大的、反向整合的价值创造链，存在所谓的"潜在竞争"。中国在一些领域也是如此，比如，中国也实施双元制职业教育体制。双元制职业教育是德国经济的核心因素，在十年前的经济危机中仍然保持活力。如果特朗普确实想要"美国优先"，他必须加强大部分人的职业教育和中小型企业发展。

美国在信息技术支持的服务业中的反向整合很成功，这里吸引了全球的高素质人才。与世界其他地区相比，美国服务业的盈余近2,500亿美元。这说明，如果只研究双边贸易结构，那研究就没有针对性：如果美国与一个国家（如德国）出现贸易逆差，它可以通过与另一个国家（如荷兰）的服务业贸易顺差来降低亏损，因为美国与德国和荷兰的贸易会在生产领域和服务业分别获得专业化收益。

最终，只有研发才能够保证一个国家长期的生产力和繁荣。因此，布鲁姆与寇蔻（Blum, Kou, 2018）提出一个问题：中国会走向世界巅峰吗？他们认为，中国有很多机会。韩国将其国内生产总值的4%用于研发；日本的研发投资比例大约是3.5%；德国几乎达到了欧盟目标，研发投资占国内生产总值的3%；美国位居其下，比例约为2.7%；法国紧跟其后。中国每年大约只投入国内生产总值的2%强用于研发，但中国的排位仍然明显高于其他发达国家，如英国、加拿大和意大利，也高于大部分门槛国家。

专利申请也证明了类似的结果。最近几年，中国专利申请数量大幅度增长。2016年，中国的专利申请数量为120万份，这远超其他国家，比如，美国的专利申请数量为29.5万份，位列第二。若将专利申请数量与居民人数做比较，如图1.4.7所示，那么，中国位列第四。专利申请数量排在第三和第四的是韩国和日本，这两国的人均专利申请数量分别是美国与中国的三倍或四倍，而中国和美国的人均专利申请数量几乎一致。但有个疑问，在统计门槛国家的专利申请数量时，居民人数是否是这类核算的正确基础？比如，中国大约有 3.62 亿农民，另外，还有约 2.87 亿农民工。如果将 3.62 亿农民排除在核算之外，并按照一个发达地区农民占就业人口总数的正常比例来计算，那么，中国发达地区的农业从业人员大约有 2,800 万。这样，中国的研发投资比例与人均专利申请数量就会翻倍，中国的情况也就越来越接近韩国和日本，正如"中国（发达地区）"所显示的那样。

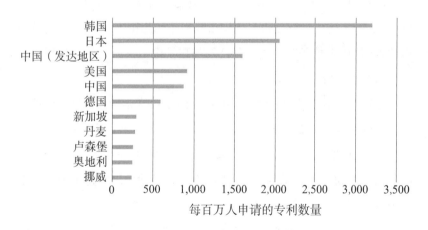

图 1.4.7　2016 年各国专利申请数量

资料来源：自制，参见 Weltbank（2017）。

专利价值的评估尤其体现在其在第三市场的保障上。亚洲在专利申请和专利授权方面占主导地位，中国已经位居前列，如图 1.4.8 所示。但中国在特殊部件和关键资源方面严重依赖外国，如果不从美国、日本、韩国、欧洲等地进口芯片，如果没有进口的原材料，比如，用于电动汽车制造的钴和锂,"世界工厂"也就不能正常运转。即便如此,美国或西方也不可能全面抵制电子元件,或切断对中国的原材料供应,因为西方无法选择性地实施这些措施,此外,由于大部分包含西方技术的中国产品会再次出口到西方,一旦西方切断了对中国的原材料供应,西方也会出现严重的技术问题。短时间内,西方严重依赖中国,因为中国向西方提供高技术零部件:2018年4月,美国政府宣布,因为中兴通讯公司向朝鲜和伊朗供货,中兴不被允许再获得来自美国或美国企业的半导体。这场纠纷以和解协议和罚款而告终,假如中兴和美国没有签署和解协议,这就意味着这家企业会破产。中国则通过阻止美国高通与荷兰恩智浦半导体公司的并购实施了报复。2018年,因为声称有安全风险,美国拒绝中国移动进入美国市场;因为使用中国技术,尤其是华为技术,德国电信子公司美国分公司与移动电话供应商斯普林特的并购计划遭受了极大压力。

在这个构造断层带的两端,中国已经宣布,在半导体领域将会长期实施替代战略,以确定与哪些国家可以合作,与哪些国家不可以合作。然而,由于联盟各国永远都不能保证其地缘战略的一致性,正如美国声明退出伊核协议所显示的那样,中国也将在其他领域变得更加独立于美国或者西方,正像美国对中国一样。价值创造链之争会更加激烈。

目前,中国可能在中美贸易战中不能取得完全胜利,原因如下:一、全要素生产率增长稳步放缓,这使《经济学家》(Economist, 2018g)想到苏联的后期。二、作为唯一全球货币——美元——的持有者,美国拥有最强大的武器——"核武器"。三、中国长期依赖技术进口,并面临着将财富转移到西部、农民工或农民的压力。因执行严格的计划生育政策,中国得以远离"马尔萨斯灾难",但中国可能会陷入一个"人工智能灾难",如果随着生产力的飞跃,某些行业推移到技能不足的就业

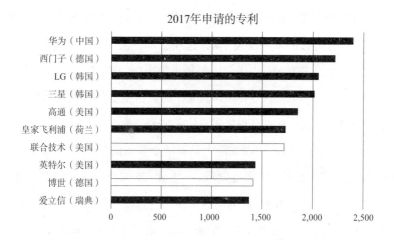

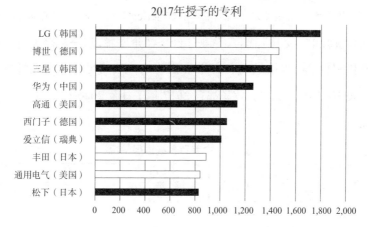

图 1.4.8　2017 年欧洲市场领先创新者的专利业绩

资料来源：自制，参见 Frankfurter Allgemeine Zeitung（2018c）以及 Europaeisches Patentamt。

人群中，那么这将会影响共同富裕的实现。四、向美国服务性产品征收关税涉及软件企业、律师事务所、会计师事务所或在美国的中国留学生，这意味着大规模自我损失。在这里，若论及可信的威胁，那么，欧洲的形势更好。五、中国可以通过出售美元储备（超过 1 万亿美元）来对付美元这个武器,这样做效果也很有限。[①] 虽然美国的利率压力可能会增加,但是美元汇率可能会下跌,这还会加强美国关税的效果。六、因为稀土资源比较稀缺,中国会限制稀土的出口,西方加大了寻找替代品和回收的力度。七、关于"中国优势"的宣传主要涉及技术战略"中国制造2025",该战略要显现效果,为时尚早。

自2018年春季起,中国实际上就释放了和解的信号。中国已经在一些领域削减了关税,在那些领域,一方面,本国产业能够胜任竞争,另一方面,在外部压力下,旧的产业不得不进行部门重组。中国在竭尽全力寻找出路,希望能避免"以牙还牙"。正如布鲁姆(Blum, 2018a)在"复兴或美国优先?"(Fuxing vs. America First?)一文中所言,对于非系统性的"交易"而言,从秩序经济学角度看,这一战略无论如何是有优势的(希望结果确实如此),因为这一战略可以稳定经济的秩序。表1.4.1统计了中美贸易战自2017年1月至2020年12月的发展情况。

表1.4.1　中美贸易战进展情况

日期	美国		中国		欧洲
	措施	价值/金额	措施	价值/金额	措施
2017.01.23	特朗普宣布退出已经谈判达成的TPP协议。				
2017.04	特朗普要求进行钢铁进口调查。				
2017.08	特朗普宣布退出NAFTA并要求进行中国"不公平贸易行为"的调查。				

---

① 实际上,俄罗斯在2018年夏偷偷抛掉了一大部分美元外汇,因此,俄罗斯可以随时"进攻"中国。

续表

日期	美国		中国		欧洲
	措施	价值／金额	措施	价值／金额	措施
2018.01.01	税制改革生效。	减免 2,800 亿美元，约为美国 GDP 的 1.3%。			欧盟把它看作一场税收战争。
2018.01.22	美国对进口太阳能电池板和洗衣机征收 30% 的关税。				
2019.02.09			世贸组织敦促中国进一步开放市场，减少强制合资企业和强制技术转让。		
2018.02.16	贸易部长罗斯提出对钢铁和铝征收关税。				
2018.03	美国对进口铝和钢铁分别征收 25% 和 10% 的关税。		中国称这是美国的蓄意攻击，并对威士忌、牛仔裤、哈雷-戴维森等产品征收关税。	30 亿美元	欧洲准备对钢铁、铝或威士忌征收报复性关税。
2018.04.03 2018.04.04	特朗普对中国的 1,300 项进口产品征收关税。	500 亿美元	中国宣布对美国的 100 项进口产品（飞机、汽车、大豆）征收关税。	500 亿美元	
2018.04.05 2018.04.06	特朗普进行新一轮关税威胁。	1,000 亿美元	中国称将会不惜一切代价斗争到底。		
2018.04.16	美国借口中兴违反了美国对朝鲜和伊朗的出口禁令，停止向中兴通讯出口关键电路零部件。		中兴面临破产。同意缴纳罚款和保证金。	13 亿美元	
2018.05.08	特朗普宣布退出伊朗核协议并恢复制裁。美国宣布将强制执行该境外效力。		中国宣布将继续尊重核协议，拒绝制裁并保护其企业业务。		欧盟宣布将保护其企业免受制裁。然而许多企业正在撤离在伊朗新开设的业务，以避免受到美国的制裁。

日期	美国		中国		欧洲
	措施	价值/金额	措施	价值/金额	措施
2018.05.23	美国调查有关汽车进口战略的损失,准备对欧洲汽车进口征收 25% 的关税。				相对应的税收开始生效。
2018.06.01	美国关税开始生效。	2,000 亿美元			专家建议欧洲应该削减所有关税,避免关税战升级。
2018.07.01			中国将汽车进口关税从 25% 下调到 15%。		欧盟宣布对多种产品征收关税,以避免恶性竞争。
2018.07.06	针对中国的关税生效。	500 亿美元	针对美国的关税生效;中国向世贸组织投诉美国。	5,000 亿美元	
2018.08.07	美国对伊朗的制裁生效。				欧盟保护其企业的防御措施生效。
2018.09.24	针对中国的关税从 2019 年 5 月 1 日的 10% 提高到 25%。				
2019.04.10	美国用关税威胁空客。	110 亿美元			欧盟委员会制定对策。
2019.05.01	提高的关税生效。	额外 2,000 亿美元	针对美国的关税 2019 年 6 月 1 日起生效。	额外 6,000 亿美元	
2019.05	美国威胁欧洲,如果不购买液化石油气就要征收关税。		中国威胁美国中断供应稀土。		
2019.06.17	由于华为对美国威讯通信的专利起诉,美国威胁将剥夺华为在美国的专利。		中国在世贸组织撤回旨在中国被认可为市场经济的诉讼,以回应美国和欧洲对中国低价商品征收反倾销税。		
2019.06.20	美国指责欧洲的货币倾销并威胁采取对策。				
2019.06.21	受美国关税的影响,苹果公司考虑减少三分之一的产量。				

资料来源:根据有关报道自制。

表 1.4.1（续）　美国–中国–欧洲贸易战的升级与缓和

日期	美国		中国		欧洲	
	措施	价值/金额	措施	价值/金额	措施	价值/金额
2019.07.01	美国暂停对华为的禁令。				欧盟向世贸组织申诉中国侵犯知识产权。	
2019.07.11	美国宣布针对汽车和法国食品加征关税。				法国独自决定征收数字税。	
2019.08	美国宣布对中国进口商品加征新一轮关税，但截至 2019 年 12 月 15 日。	另外 3,000 亿美元	中国宣布全面停止对美国的农产品进口，并就太阳能组件的关税对美国提起申诉。		欧盟提高美国牛肉的进口份额。	
	美国指责中国将麻醉剂药物芬太尼出口到美国。		华为宣布完成了自己的操作系统鸿蒙旨在创建跨电子系统的整体生态系统。			
2019.09.01	美国继续征收 15% 的关税。从 12 月 15 日起对更多进口商品征收 15% 的关税将正式起效。	1,000 亿美元；1,600 亿美元	中国对从美国进口的蔬菜、肉类、化学品和大豆征收的 10% 的关税正式生效。12 月 15 日将进一步征收 5%—10% 的关税。			
2019.10.18	美国对空客和欧洲其他进口产品征税。	75 亿美元				
2020.01.31	特朗普借口防止新冠病毒的传染，对来自中国的旅行者实施旅行限制。					
2020.03.19	特朗普称新冠病毒是"中国病毒"，并要求中国澄清原因。					

续表

日期	美国		中国		欧洲	
	措施	价值/金额	措施	价值/金额	措施	价值/金额
2020.06	美国指责中国的香港国安法，并威胁要实施制裁。		中国指责美国干涉中国内政。			
2020.07	美国派航母驶入中国南海，并关闭中国驻休斯敦领事馆。		中国指责美国侵入中国领海，并关闭美国驻成都领事馆。			
2020.09			中国宣布将开放外汇市场和外汇交易。			
2020.10	美国以进一步提高关税来回应中国。				世贸组织准许欧盟针对波音征收关税，因为波音得到了补贴。	征收波音和其他进口产品的关税40亿美元
2020.11	自2021年起，美国禁止投资于有军工业务的中国企业，该禁令既禁止收购这类企业的股票，也禁止收购这类企业的存托股票。		中国在太平洋地区建立全球最大贸易区"区域全面经济伙伴关系协定"（RCEP）；中国抵制澳大利亚的煤炭供应，对澳大利亚征收关税。	对葡萄酒征税212%。		
2020.12			中国提出"双循环"设想，一方面稳定内部的价值创造链，同时，经济继续全球化。		德国加强了对战略经济领域中"非欧盟企业"的投资控制。	

资料来源：根据有关报道自制。

同时，中国认识到，自己要面对回流。在"回流的未来与重点——德国15年实践研究结果"一文中，史特芬·金克尔（Steffen Kinkel, 2014）指出，因为考虑到质量和接近客户的重要性，发生了回流，现代生产工艺在技术上使回流比较容易。但迄今为止，回流的强度不够，还不足以使老工业区进行重新工业化。国际化将取得进展，但关键因素的灵敏度也将提高，尤其是与创新环境有关的因素（Kinkel, 2015: 36）。

政府并不看好世界经济的增长前景，这确定了经济战争的性质——更准确地说，这是一场强迫性经济战争，通过这场经济战争，美国想迫使中国服从美国的意志。根据国际货币基金组织的计算，战争成本总计为 5,000 亿美元——美国是主要受害者（Stocker, 2018）。特朗普认为，在稳定美国霸主地位的斗争中，这个成本是必要的投资，因此，美国毫不退让，而且随时准备使冲突继续升级。德意志联邦银行（Deutsche Bundesbank, 2018b: 14）认为，已产生的关税对全球国内生产总值造成了近 1% 的损失，如果进一步升级，这一损失可能会迅速翻一番。中国、美国、墨西哥和加拿大是主要的损失承担国；在欧洲，承受损失的是英国和意大利；到目前为止，德国几乎未被波及。

在一个模拟模型的基础上，德国经济研究所的加里娜·科列夫（Galina Kolev, 2019）计算了美国、中国、欧盟、日本、韩国、墨西哥、加拿大之间贸易战争的最大后果，在所有进口产品相互征收关税的情况下，关税占全球经济总产值的 3%—25%。长期来看，经济战争和不断增长的生产成本会导致贸易转向和搬迁，这将首先有利于中国的东南亚邻国，这又会导致东南亚国家通过海上丝绸之路进入经济区，这是重要的战略行动，以便将价值创造链整合起来。因此，《经济学家》（Economist, 2019e）在头版头条中称之为"大规模杀伤性武器"。《经济学家》预测，美国投入的经济战争武器会摧毁世界经济。

中国可能把其大规模外汇储备作为武器，这应引起重视，因为每一次大规模销售都会破坏其价值，这必然会导致中国对中央银行资产负债表进行纠正。此外，中国收购美元的目标是，限制人民币的升值，因为美元贬值会令中国经济面临人民币大幅度升值的压力。这可能导致国际货币的贬值。因此,只要美国在世界货币体系中占主导地位,外汇储备这种武器就会显得比较迟钝。事实上,中国近年来一直在谨慎地减少外汇储备,以限制这种风险敞口。中国持有的美国国债数量也下降了,2019年中期,这个数量已经低于日本,日本目前已经成为美国最大的债权国。相反,美国也可能通过大幅度通货膨胀来破坏货币价值。因此,人们必须期待,中国在货币领域的长期利益也将得到加强。

根据克劳塞维茨的体系,可以对冲突进行排列归类(见图1.4.9)。惩罚性关税用于迫使一个国家开放市场,或阻止不平等贸易,这极易升级为广泛抵制,或有针对性地抵制所选行业。所以,一些国家甚至利用这些手段来阻止竞争对手的崛起。

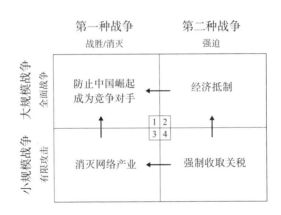

图 1.4.9　克劳塞维茨理论视角下的中美冲突分析

资料来源:自制。

1.4.3　崛起中的大国对旧秩序的破坏

在《注定一战:中美能避免修昔底德陷阱吗？》一书中,格雷厄姆·艾利森（Allison, 2017）提出了这个问题：中国是否追求主导地位并因此会具有长期的毁灭潜力？美国是否会陷入修昔底德陷阱？艾利森指出，崛起中的大国与现有大国之间的冲突几乎从未能避免，因此，他指出了冲突管理在地缘政治方面应注意的事项。艾利森的研究基础是，他分析了持续近30年的伯罗奔尼撒战争（前431—前404），这场战争发生在斯巴达和正在崛起的雅典之间，希腊历史学家修昔底德记录了这场战争。在这场战争中，虽然斯巴达与波斯结盟，战胜了雅典，但它不能再长期保持其主导地位，因为它被战争所损伤，不得不依赖盟友。最后，马其顿的菲利普二世（Phillip II）和亚历山大大帝（Alexander der Große）利用了这些弱点，而雅典则在希腊文化繁荣时期获得了文化上的胜利。原则上，斯巴达与雅典之间的冲突是文化冲突，是国家哲学方面与权力政治方面的分歧，类似于第一次世界大战前的德国与英国之间的分歧，或者今天的中国与美国、中国与西方之间的分歧。第一次世界大战之前，德国有巴格达铁路项目与海军政策，今天，中国在实施"一带一路"倡议，中德历史有相似之处，两国均有陆地战略和海洋战略（Blum, 2019; Lü, 2019）。一战前，德国认为，其竞争对手英国封锁了北海，德国受到了挑战；今天，美国也有可能切断中国从黄海到南海的太平洋入海口。当然，通往印度洋的陆路可以替代海路，但陆路交通也意味着双重的挑衅：一方面，这会影响他国的利益地区；另一方面，这是规避威胁的信号，可能会减少敲诈勒索的概率。在其他方面，中德历史也有可比性：作为后起之秀，在19世纪末，德国在本国之外几乎没有自己的原材料来源，很晚才成为殖民地国家，以确保其价值创造链。今天，中国力图通过在非洲直接投资来保证自己的价值生产链，因为一些原材料对高科技工业很重要，比如稀土或钴，它们对于保证经济扩张具有核心意义。最后,那些在中国"复兴"之前建立的国际组织也备受压力。国际组织的设计主要由二战的战胜国或由西方完成,因为中国希望对世界秩序实施自己的治理,因此,类似亚洲基础设施投资银行这样的组织就可视为世界银行和国际货币基金组织的对应组织。

在《论中国》一书中,亨利·基辛格(Henry Kissinger, 2011)提出一个问题:在对待中国时,世界是否会重复 19 世纪末在德国问题上所犯的错误? 即,世界并不接受中国这个国家作为一个平等的大国。这不无道理。中国与德国的崛起有惊人的相似之处:今天,超过 30%的世界贸易是通过中国南海进行的,而中国南海与 19 世纪末的欧洲北海一样,在军事上相对容易封锁。美国认为,中国南海是否属于中国领海,或者是否属于中国经济区,这是有待商榷的问题。美国的论据是,中国在对待美国时不尊重《联合国海洋法公约》。这论据是空谈,实际上,直到今天,美国国会仍然没有通过《联合国海洋法公约》这一基础协定。德国与英国之间的经济冲突可能给了第一次世界大战最合理的解释,当时的同盟国并不愿意立即结束冲突,这足可证明这一点。

对于破坏秩序而言,另一个历史连接点是一个海洋大国与一个陆地大国之间的冲突——这是古代的雅典与斯巴达的冲突,或罗马与迦太基的冲突。亚历山大·杜金研究了这个问题,在《亚欧传道——新欧亚主义介绍》中,杜金(Dugin, 2014b)描写了俄罗斯与环大西洋北约各国之间的冲突,这是陆地大国与海洋大国之间的冲突,就像罗马与迦太基的冲突一样。俄罗斯代表一种相对保守的价值与文化,并代表一种哲学理想主义,而北约各国则代表着开放,它们奉行以经济必要性为导向的体制,它们要迎接世界公民。美国的北方各州与南方各州在内战期间(1861—1865)的冲突也是如此:棉花意味着战争;要么实施自由贸易制度,要么借助保护性关税进行工业扩张;要么实施封建主义,要么实施资本主义。奴隶制是南方各州农业经济的基础,在南方各州并不起稳定作用,而是起了道德作用。[①]

值得一提的是,对未来权力结构变动的预期称为未来规划,即,追求主导地位。在不久的将来,一国的当前竞争地位是否会被竞争对手所超越,然后,经济对抗可能会升级为真正的战争,就像19世纪末德国和英国之间的冲突一样(Copeland, 2015)? 尼古拉斯·皮珀(Nikolaus Piper, 2018)在"先关税,再战争"(Erst der Zoll, dann der Krieg)一文中描述了这种忧虑。事实上,修昔底德陷阱、海洋大国与陆地大国的二元对立以及追求主导地位,这三种解释都向同一个方向发展。似乎冲突永远不能完全平息。

图1.3.7显示了发展动态。该图显示,在购买力平价基础上,中国自2014年就已经成为世界上最大的经济体。但是,人均收入的差距仍然很大:中国的水平大约是美国的30%。图1.4.10展示了目前美国政府所认为的必要的活动空间:美国并不伟大,从当前位置要转入一个伟大美国的位置,美国面临许多挑战,大部分挑战都来自中国。为此,要制定基本战略,从战略中得出各个具体的战术性行动方案,比如,提高关税、发起专利权诉讼、禁止企业并购或阻止技术转让。

---

① 罗伯特·福格尔(Robert Fogel)是诺贝尔奖获得者。他反对蓄奴制,将蓄奴制视为犯罪,经常对蓄奴制进行鞭挞,并要求对蓄奴经济进行经济学分析。不过,他也经常陷入自相矛盾,比如,他与斯坦利·恩格尔曼(Stanley Engermann)合著了《苦难的时代:美国奴隶制经济学》(The Time on Cross, 1974)一书,该书指出:当时,从经济效益上来看,与北方各州的种植园相比,南方蓄奴州种植园的经济效益更高,主要原因是,奴隶是一种重要资产;从物质生活条件来看,与北方各州的自由农民相比,南方各州奴隶的生活条件更好。

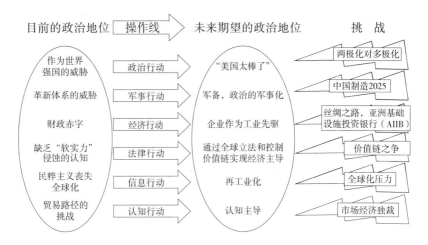

图 1.4.10　美国在贸易战中的政治活动余地

资料来源：自制。

欧洲在 19 世纪的成功可视为与一般成功不同的独特的偏离正常，是一个伟大的背道而驰（Pomeranz, 2000）。与此遥相对应的是，今天也辩证性地存在一个伟大的背道而驰（Baldwin, 2016）。中国的开放只发生在中国数千年一直所处的地方，速度不断增加，因为原材料越来越重要，信息、交流和知识也越来越重要，而吸收的界限也越来越清晰，并由此产生了冲突潜力（仍是与美国的冲突，参见后几章）。

但是，这里的根本问题是，若没有同时开放，是否可能进一步扩张？实际上——在美国贸易制裁的压力下——市场的开放早已决定了。伟大的改革家邓小平认为，这些改革是必需的，因为基础建设与债务共同驱动的增长已经达到极限—— 2020 年代下半期，中国的经济发展已经减缓。邓小平如何评价体制问题呢？他说："不管黑猫白猫，抓住老鼠就是好猫。"中国制定了现实主义建设方针，实行中国特色的社会主义市场经济体制。改革使中国逐步富强，并从危机中崛起。

亨利·保尔森（Henry Paulson）是一位中国通，十分了解中国的精英阶层，在《与中国打交道》一书的结尾，保尔森（Paulson, 2015: 395-403）提出了一系列建议。他认为，首先要对自己的目标、利益和能力有清晰的认识；建立反华组织是一种错误的对抗战略；在中国植入国际结构则更好；最后，美国应首先支持那些对美国也有利的措施，美国政策必须以一个声音说话（而美国往往有多种声音），特别是要在第三国进行经济领导，因此不能留下任何污点，因为这些空白会被中国来填充——然后要就此提出诉讼。这可能对欧洲同样有效，这会在第 7 章讨论。

1.5　结论与行动建议

对一切冲突均有效的规则是，"若要和平，就必备战争"；弱点会神奇地吸引冲突。欧洲缺少自己的安全战略，地缘战略互不协调，缺乏对经济秩序的设计，所以，欧洲才会陷入战争。在经济秩序框架之外，潜藏着经济战争的深渊，这里存在战略弱点，这对于未来繁荣的后果无法预知。互动的复杂性说明，要用一个清楚的结构来研究各个主题领域，换言之，谁要发动经济战争，那就应该能回答这五个问题：

（1）文化问题、人的问题、身份认同问题："我们从哪里来？"来自历史、哲学、心理学的哪些基础对于行动具有指导作用？谚语说："谁知道自己的根，谁才能实现伟大的目标。"文化是社会规则的主要源泉，因而也是在特定社会制度中有效或被接受的秩序框架的主要源泉。这里出现了特殊行动的转折点：跨越边界是战争的目标，也是经济战争的目标，以便自己的身份认同实现突破，以便成就伟大——从而也达到个人的伟大之处，即，从文化上或以促进身份认同的方式，确立其个体性。因此，人的形象、制度和国际哲学基础是本书分析的核心。制度框架条件对于跨越边界的可能性十分关键；各位霸权主义者及其行为值得关注，比如，在领导理论与博弈理论中加以研究。本书第 2 章、第 3 章、第 4 章将涉及这些主题。

如果将这些具体化到人，那就可以是近代之初的征服者、东西方体制战争中的生意人、2008 年以来的世界金融危机中的银行家，或积极投资基金的总裁。这里的例子包括殖民主义、2010 年年初的伦敦银行同业拆借利率（Libor）丑闻、民主德国的衰落、欧洲央行反对欧洲法律统治的系统战争、气候战争等等。

（2）资源问题："我们有什么？"没有物质资源，进行战争非常困难——但是，战争也需要意志。1940 年 5 月 13 日，作为新当选的英国首相，温斯顿·丘吉尔（Winston Churchill, 1940）说："我并没有什么可奉献的，只有鲜血、辛劳、眼泪和汗水！"参加经济战争时，不应该只有鲜血、汗水和眼泪。众所周知，能力、决心和意志可以移山填海，具有决定性意义，这将在第 5 章论述。

这可以从美国汽车工业的消耗战和原油价格战中看出来。美国汽车业的消耗战最终几乎导致了汽车业的崩溃。而原油价格战主要是由美国水力压裂技术的发展和应用引发的，在这场战争中，稀缺性、价格和地缘战略依赖性被完全忽视了。

（3）领导问题和行动区域：毛奇是 1870/1871 年普法战争中的军事家，在《军事著作》一书中，毛奇（Molkte, 1892）写道："目标是什么，我应该做什么？"又写道："战争中重要的并不是人们做什么，而是人们如何做。对一个简单思想的坚决确定和严格执行最能保证目标的实现。"简而言之：什么是要完成的主要工作？可能要向最优秀者学习：历史上几乎所有战争都以侵略者失败而告终，因此，幸存者可能更倾向于防御战略，这在第 6 章讨论。第 7 章分析战争环境或战场，第 8 章讨论企业行动的可能性，第 9 章讨论国家行动的可能性。

下列经济战争案例说明了领导问题：曼内斯曼与沃达丰的并购之战、奔驰公司的新型汽车躲避测试（这几乎开始了一场一家企业针对所有企业的战斗）以及 AMD 与英特尔之间的竞争。因为竞争对手获得了政府补贴，德国太阳谷内的光伏产业几乎崩溃；各国为争夺稀土而斗争：这两个例子说明了空间对经济战争的意义。下列案例说明了企业之间的战争行动：1980 年年底，奥迪公司在美国自动加快生产；1990 年代，一个技术上不领先的强大企业针对第一台无氟利昂的冰箱厂家进行了产品霸凌；本世纪之初，德国水泥工业之间发生了价格战。国家间经济战争的实例有 20 世纪初英国与德国之间的历史冲突，以及随后发生的关税战争和货币战争，这场战争又与 1929 年的大萧条相关；最后，在 1990 年代市场自由化之后的经济战争，最终导致了 2008 年开始的世界经济危机。

（4）交流问题："必要的信息环境是如何组织的？"这个问题涉及从侦察到危机沟通的整个领域。拿破仑说（Mönninger, 2003）："被击败，这可以原谅；但极为震惊，这可是不能原谅的。"这意味着：失败可以得到完全的评估和分析，是未来胜利之源泉。数字化的一些新方法使网络战争成为可能，第 10 章将阐述网络战争。

正如环境识别和人脸识别这些现代方法所表明的那样，恰恰是数字化使新的冲突模式成为可能。

（5）如何避免遭受全面的结构破坏？战争混合化导致了各种形式的冲突，在这些冲突中，几乎所有战线上的升级潜力都无法控制——社会和经济的僵尸化迫在眉睫。针对这些危险，找到抑制的方法是建立合作组织的一项基本任务。伴随着僵尸化，预计最大的经济事故有可能发生——破坏必要的系统理性,而必要的系统理性也只有共同富裕才能实现。

中美贸易战显示,西方尤其缺乏长期有效的战略,这与文化、科学和社会有关,最终体现在经济上,这会带来问题。明确的战略会向竞争对手发出积极信号。这同样适用于全球对抗的其他参与者,即欧洲和俄罗斯。如图 1.5.1 所示,这四个对抗者在经济结构和人口结构上很不同,这也说明,为什么俄罗斯过分强调军事潜力,中国则因其潜力而显得十分从容。

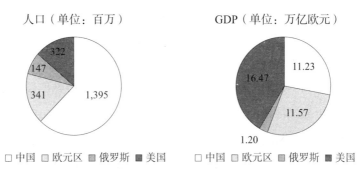

图 1.5.1   全球地缘战略竞争大国

资料来源:自制,根据 2018 年汇率计算。

克劳塞维茨(Clausewitz, 1832: 591-592)完全将兵家视为企业家,兵家必须考虑如下条件,他要总结下列预测,决定要采用何种手段,并从经济观察过渡到兵法:

"我们必须施加给对手多少压力,这要看我方与敌方提出了什么样的政治要求。双方对此相互了解到什么程度,就会做出同样程度的努力;只是这并不总是公开的,这或许是双方采用的手段千差万别的第一个原因。

各国的局势和国情各不相同，这会是第二个原因。

各国政府的恒心、个性和能力也都不尽相同，这是第三个原因。

这三点考虑导致阻力计算的不确定性，因此，也给要使用的手段和设定的目标带来不确定性。

战争中没有竭尽全力不仅意味着不成功，而且会产生积极损害，因此，双方都倾向于相互超越对方，如此一来，就产生相互作用。

这样一来，如果可以，就能确定努力要实现的最终目标。但这就会忽视政治要求的问题，无论如何，这会失去用以实现目的的手段，大部分情况下，这种极端的外部努力的意图会因为自身内部条件的平衡而失败。

以这种方式，经济战争企业家又回到了中间道路上来，在这条道路上，他必然按照第三条原则来行动，以便在战争中使用那些力量，在战争中，他还为自己设定足以达到其政治目的的目标。为了使这一原则成为可能，他必须摈弃一切成功的绝对必要性，并将遥远的可能性从考虑中去除。

这里的智力活动交给了严谨的科学、逻辑和数学，会发展成为广义的艺术，即，成为一种技能，能够通过判断的步骤，从大量杂乱无章的事物和关系中，找出最重要、最具决定意义的东西。无可辩驳的是，这种判断的步骤多多少少存在于对所有事物和关系的隐性比较中。通过这种比较，最遥远、最不重要的信息被迅速清除，最接近、最重要的信息被更快找出来，似乎它就在严格推理路上发生似的。

为了认识战争中所采用手段的具体规格，我们必须思考我们自己与敌人的政治目的；我们必须考察敌国与我国的力量和实力，我们必须了解敌国政府与民众的特征和能力、我国政府与民众的特征和能力，我们必须考虑其他国家的政治情况以及战争会为这些关联带来什么效果。很容易理解的是，对所有这些纷繁复杂事务的取舍是一项重大任务，迅速找到正确答案是天才的一个真正的亮点。相对而言，不可能仅对复杂事务进行简单的学院派式思考，就能成为这些事务的主人。"

由此可知，经济战争参与者若要成功，就需要注意：

（1）每一场经济战争必须考虑其结果与所使用的手段，必须明确界定个人、企业和/或国家的政治目的。到 2018 年年底，并不清楚，中美这两个强国如何能相互争斗但又不失脸面。

（2）以己方弱点吸引对手——做好准备！进攻者要力争提前弱化敌人。这里尤其提倡利用认知方法，即，利用软实力实施战略性影响。巧实力彰显着社会效率，它比锐实力更有效。中国支持全球自由贸易，但从弗里德里希·李斯特（List, 1841）的保护性关税角度看，中国的市场会遭到分割，而西方并未在全球组织（如世贸组织）框架内进入中国市场。显然，中国对美国的挑衅感到莫名惊诧。

（3）不可迷失全局。恰恰是混合战争打开了不可知、无法预见的活动空间——因此，也可以测试那些还可以宽容的东西。宽容战争是对弱点的直接回应。为了自己的利益，宽容战争力图沿着混合维度确定这些边界，偶尔甚至改变这些边界。

（4）经济战争是竞争强度加大的一种形式。必须有意识、思路清晰地跨越从竞争到经济战争的门槛，也必须从一开始就要考虑冲突缓和的可能性。这一点似乎正是美国在中美贸易战中没有把握好的。

（5）从道德角度看，任何战争都不是因无意或失误而挑起的。与工作、自然、相关人员的交往方式显示，这是一场故意陷入的伦理困境。尤其要考虑未来的受害者，他们不会仅仅出现在两个对手之中。

"人对人是狼。"[①]

——托马斯·霍布斯（Thomas Hobbes）

2　经济战争中人与秩序的形象

所有的经济体制都与具体的人的形象相关，在此基础上建立了特殊的秩序框架。如果一个社会实施民主制，实行自由市场经济体制，那么，这个社会中的人是这样的：人是开放的，人与人是不同的，每个人都有自己的个性，人能够服务于社会，人可能犯错，人也可能有罪过，即，人具有分辨善恶的道德品质。个人位于核心，只有自爱才能爱他人——这一认识起源于希腊哲学，在基督教、启蒙运动和宗教改革中得到发展。人的这一形象与人的其他形象非常矛盾，比如在亚洲，人的形象具有强烈的集体关联，尤其是家庭取向。两种重要的紧张关系与经济战争相关：一个人多么强才是合作型人？一个人多么强才是对抗型人？与这个问题相关的往往是：一个人的生物性有多么强？一个人的社会确定性有多么强？这也直接影响了他对社会的责任：作为一位企业家，他仅仅需要把他的企业利润最大化吗？为此，他甚至利用非法方法或在合法边缘的方法，或者，他要为社会完成哪些任务？这里，人的形象与国家哲学联系起来（见第 4 章）；两者均会影响个人形象，从

---

①　"人对人是狼"之语最早出自希腊喜剧家普劳图斯（Titus Maccius Plautus）的作品《阿西纳里亚》（*Asinaria*）。

而影响人们对行为道德品质的评价。在《坏情绪的好理由》中，兰多夫·尼斯（Randolph Nesse, 2019）认为，从进化的角度看，社会越轨行为的许多因素（如抑郁）在特殊情况下是有帮助的，它们甚至可以被视为进化过程中的有效解决方案，旨在应对适应新环境所带来的挑战。对于经济战士而言，缺乏同情心首先可以产生基本的竞争优势。

本章从多学科角度讨论与此相关的问题，将展示成功的经济战士所具备的特征。行为的驱动因素将单独列出，但这并不等同于单因果关系；特别是文化因素可能超越人类学或心理学的影响。两个实例可以证明分析的有效性：500年前的征服者和进行经济战争的现代银行家。分析证明，那些领导者具有特殊意义，而那些能够动员、招募、征集、培训和激励其追随者的领导者尤为重要。霍布斯的名言"人对人是狼"，后来变成了"国王统治狼"（Langewiesche, 2019: 80），这不无道理。

2.1　对抗与合作，生物学与社会化

在《创造个体——西方自由主义的起源》一书中，拉里·西登托普（Larry Siedentop, 2015）指出，人类自由及其潜力的发现是基于对平等和与生俱来的权利的共同信仰，因此，家庭、部落和种族作为社会组织的基础被打败了。它们是从人的道德对等的观念发展而来的，这种观念源于对上帝平等地创造所有人的信念。它们继续建立在政教分离的基础上，作为精神和世俗力量多样性的一种表现，这种多样性只会使现代国家成为可能。

如果有人假设，经济学中人的形象的基础是，"经济人"要把经济利益最大化，那他就错了——"经济人"这个概念是新古典主义的产物，新古典主义是19世纪末才发展起来的。亚当·斯密是政治经济学

最重要的创始人之一，对于他而言，政治经济学是一种学说，它的出发点是，人不仅具有经济本质，而且也具有政治本质，财富并不是最优化和利己主义的结果，而是劳动分工的结果，而反过来，劳动分工又限制了利己主义。但随着各国财富的增加，这一观点已经发生变化。

现代的成功生活强烈关注自我决定，尤其关注自我实现。在《风险社会：新的现代性之路》一书中，乌尔利希·贝克（Ulrich Beck, 1986）写道，所谓的现代生活，就是通过生活方式的非传统化和标准劳动关系这种长期工作关系的丧失，来实现自我设计的潜力。在极端情况下，生活本身变成了设计，要在它的对外效果中去实现（Hornuff, 2016）。设计的对外效果中就有成功的证明。不过，根据尼采（Nietzsche, 1882）的《快乐科学》（*Fröhliche Wissenschaft*），人们自然可以问一下：按照自己的设计而创造的个人是否只是个演员？或者是虚有其表的人？或者确实是建筑师？或者更应该说是建筑破坏师？通过这些问题，经济战争概念的范式已经变得清晰，因为这范式把经济战士（类似于熊彼特的企业家）置于理论的核心，讨论关于人的形象与政治哲学的基本假设。首先要进行历史回顾，以阐述人文历史发展对今天知识状态的贡献。克劳斯·瓦尔（Klaus Wahl, 2015）在"侵略性和武力"（Aggression und Gewalt）一文中指出，这一过程揭示了遗传特征、心理素质及社会特性之间的相互作用，进一步说明，现代资本主义的发展使经济战争脱离了军事战争。相应地，秩序框架十分重要，其后果是，秩序框架一直都在松动。因此，为了以后的分析，要建立框架，以便研究出经济战士的人格结构与社会条件，并借助实例来加以讨论。

研究证明，与男性相关的典型特征，往往有经济战争倾向，一部分归因于一个小腺体（前视内侧核）的功能（Roth, Strüber, 2014）。这样的研究证明，生物学理论与倾向社会化的理论之间的相互对立非常重要。同时也证明，自 18 世纪起，现代主义定义了典型的男性特征，这包括暴力行为、缺少社会行为、缺乏道德能力、交流缺陷或没有责任感等。在《不道德的性别》（ *Das unmoralische Geschlecht* ）中，克里斯托弗·库克里克（Christoph Kucklick, 2008）认为，如何定义典型的男性特征，这取决于接受哪一种国家理论，尤其取决于这个问题：社会的原始状态是哪种方式？是合作型，还是对抗型？因此，本节首先分析社会影响与生物决定性之间的矛盾。

2.1.1　作为世俗和神圣现象的对抗

对抗不仅是一种人类学常量，也是一种文化常量，在历史上，它发生在尘世上，也投射到众神的世界中，熟悉古代文化的人可以直接理解这一点。在荷马（Homer）的《伊利亚特》（ *Illias* ）和《奥德赛》（ *Odyssee* ）中，地球上发生的每一场战斗都与众神之间的冲突相对应。只有在众神接受的情况下，人类才能成功地建立一个合作框架。这个画面在《圣经》（ *Die Bibel* ）中得到了升华。《圣经》显示，在对抗过程中，产生了学习过程，而极端对抗过程对于最终找到合作性解决方案至关重要。参照埃尔玛·库恩（Elmar Kuhn, 2015）在"对抗是人类幸福的条件——从圣经角度看机会和界限"（ Rivalität als Bedingung für glückendes Menschsein—Chancen und Grenzen aus biblischer Sicht ）一文中的观点，本书区分三个层面的对抗：神与神之间的对抗、人与神之间的对抗、人与人之间的对抗。它们提供了关于对抗在文明发展过程中的重要性的基本认识。

- 《圣经·旧约》认真研究了这个问题：哪位神是真正的神？哪位上帝是正确的上帝？以色列人民是否能够与他们的上帝站

在一起对抗其他神？这里必须做出长期有效的抉择，因为只有正确的上帝才能保证成功。实际上，这通过伊利亚的形象实现了，伊利亚是耶和华的先知，他挑战巴尔的 450 名假牧师，在他胜利后，他派人屠杀了这些牧师。费利克斯·门德尔松-巴托尔迪（Felix Mendelssohn-Bartholdy）在其清唱剧《伊利亚》（*Elias*）中以史诗般的广度对此做了阐释。其实质是，往往必须具有强大的对抗意志才有可能创立一种思想、一种意识形态或一种品牌，即正确的上帝；接着，它们必须得到持久的维护和宣传，从而使它们成为成功的保证。

- 人类对上帝的态度清楚地表现在雅各的傲慢上。雅各是世界上第一个"我-公司"，他凭自己旺盛的自我挑战上帝（GEN,27: 1-45）。因为兄长以扫饿了，吃了弟弟雅各的一顿小扁豆菜肴，雅各就带着犯罪的能量，请求以扫把长子权让给他，最后在母亲利百加的帮助下，雅各骗取了父亲以撒给长子的祝福。上帝使这一切都顺其自然，因为上帝把雅各看作拣选者，上帝想看到，雅各能从失败中成长起来。只有在雅各为了免遭以扫的报复而逃走之后，上帝才把雅各击倒，使雅各学会谦卑，从而使雅各懂得和解与诚实。雅各因而得了新的名字"以色列"，并成为以色列民族的祖先，这显示了从"我"到"自我"的道路，即，从遗传学-人类学的对抗到合作的道路。随之产生了一种新的个人策略：形势评估、学习、处理批评、能够谅解、寻找盟友。这确立了合作框架，这对未来的以色列至关重要。同样，在古希腊，普罗米修斯与诸神搏斗，从而推动了进步并创立了文明。

- 《圣经》用大量实例表明，对抗不应发生在同一屋檐下；房屋、家庭、家族应该是和平与合作之地。如今，可以观察到，让年轻人进入投资银行，以便压榨他们，然后从他们当中选出最佳员工，长远来看，这不能带来内心的宁静，反而可能更容易导致一场对外战争，正如预期的那样。《圣经》中的这类例子包括亚伯拉罕和大卫，该隐和亚伯的例子尤其合适。该隐和亚伯的例子可以说明，过度对抗可能是致命的，但不能保证，胜利者一定能从中获益。现代心理学也表明，组织中的过度竞争不仅会限制生产率，而且还可能会毁掉人才（Reh et al., 2018）。

在"谋杀是祈祷"（Mord als Gottesdienst）一文中，弗里德里希·格拉夫（Friedrich Graf, 2014）指出，宗教暴力和解除束缚，源自对上帝全能的信仰，并且，人们希望参与其中。人们希望能够分享万能上帝的无所不能，并能为自己的一切开脱。在《以神之名：宗教与暴力》（*Im Namen Gottes: Religion und Gewalt*）一书中，凯伦·阿姆斯特朗（Karen Armstrong, 2014）指出，将暴力归因于宗教，这是范畴系统的错误，因为暴力首先是由社会秩序问题导致的。现代恐怖主义是这种集体全能的一种特殊形式，可以视为俱乐部集体资产。现代恐怖主义可能会灭亡——因为，只有它的彻底失败才能打碎这种统治世界的集体梦想。

在《谅解和暴力——圣经与剑之间的基督教》（*Toleranz und Gewalt— Das Christentum zwischen Bibel und Schwert*）一书中，阿诺德·安根内特（Arnold Angenendt, 2014: 22-29）指出，人具有与生俱来的反暴力倾向，它必须通过文化调节来克服。对于从稳定社会关系的世界政治秩序向引发创造力、秩序和冲突的个性化秩序的转变，这一过程起着决定性作用，一些宗教（并非所有的宗教）已经完成了这一转变。

弗兰茨·伍克提兹（Franz Wuketits, 2016）认为，宗教有三种功能：一、安慰剂，即美好的生活、疗愈和救赎；二、镇静剂，即安全、和平和社会交际；三、生活取向，即存在的意义。这将导致群组区分，分成自己人和局外人，并承担宗教牺牲的责任。安东·格拉布纳-海德（Anton Grabner-Haider, 2016）指出，在赋予意义与不宽容之间存在矛盾，这种矛盾普遍存在于所有宗教中，且极易引发冲突。

通过当今的宗教狂热及其引发的无限暴力，这种全能要求也可以在准艺术的美化中找到——正如恐怖组织"伊斯兰国"所显示的那样。我们可以看到，它也存在于政治家和经济界领袖的全能想象中，政治家如尼禄（Nero）、恐怖伊万（Iwan）、拿破仑、希特勒，经济界的领袖如洛克菲勒（John D. Rockefeller）、卡耐基（Andrew Carnegie）、福尔德（Richard Fuld）、劳埃德·布兰克梵（Lloyd Blankfein）等，这些人都表现出非凡的政治或经济意识形态使命感。起关键作用的是奴隶制的受益者、征服者、殖民者及其帮凶，这些人破坏了土著民和部落社会，比如乔治·卡斯特（George Custer）、弗朗西斯科·皮萨罗（Francisco Pizarro）和埃尔南·科尔特斯（Hernán Cortés）。如果说，政治上的全能要求基于阶级或种族理论，那么，这些理论在经济上的实施力则来源于加尔文主义伦理。洛克菲勒和卡耐基以他们后来的福利基金会而著名，他们试图借助这些基金会，在公众面前赎清自己的罪过——就像赦罪符交易一样。这一切在很大程度上都得到了基督教会的认可。在教会中，很少有人像法国主教弗朗索瓦·德·蒙特莫伦西-拉瓦尔（François de Montmorency-Laval）那样提出抗议。拉瓦尔主教试图阻止向印第安人出售酒，但是，除了武器，英国也把酒当作商品用于殖民地，用酒交换皮毛货；后来，这导致了英法之间的殖民地冲突。在西方的基督教教义中，几乎不存在这种暴力关联，这要归功于启蒙运动和宗教改革的力量，这也深刻影响了西方的政治体制。显然，经济学是一个仍然年轻的学科,仍然缺乏对其全能要求的这种相对化,因为其全能要求经常被其他社会科学谴责为经济帝国主义,这种主张与太阳围绕地球旋转的想法非常相似。

某些组织形式往往也提供空间,令人发挥这种全能想象。金融部门也清楚地表明了这一点,比如,高盛集团已经与全球主要的中央银行建立了联系,它聘任或聘任过部长、其他大银行董事或监事,大部分雇员都身居高位,比如,欧洲央行的马里奥·德拉吉(Mario Draghi),英格兰银行的马克·卡内(Mark Carney),意大利总理马里奥·蒙蒂(Mario Monti)或美联储的威廉·杜德利(William Dudley)。2002 年,借助这种关系,希腊政府的财政数据被美化,众所周知,结果,希腊加入了欧元区。这也被用于骗取马来西亚主权财富基金 1MDB,据说,这笔交易的收益高达 27 亿美元(Hein, 2018b),德意志银行也被卷入其中。

2.1.2　经济战争与军事战争的分离

经济战争与现代资本主义的发展密切相关,相应地,经济战士与企业家也密切相关。军事战争几乎总是以占有资源(土地、人口、自然资源)以及对海峡、桥梁、渡口或山口等战略交通要道的控制为目标。但是,只有具备高度发达的劳动分工及相关的货币积累,才有可能利用经济手段,从而通过经济战争实现经济主导地位,在可能的情况下,甚至也实现军事目标。

因此,经济战争与现代市场经济的发展密不可分。当马克思和恩格斯(Marx, Engels, 1848)指出资本主义固有的侵略性时,实际上,他们只是表达了一些不言而喻的东西而已。如果一国制订中央计划,而该计划是针对资本主义的,在理论上,各企业之间发生经济战争是不可思议的,在实践中,可能性也很有限。因此,在中央计划经济中,经济战争可能由国家发动,在战争中,也能使用国家手段,而国家能迫使企业参战,比如,声明要进行贸易限制或贸易抵制等。几乎不可能在所有级别实现战争的实际整合,这在讨论混合战争时已经提及。

这种考虑的另一个后果是,只有发达的资本主义企业才能与国家结成联盟,来发动一场经济战争,只有它们有能力,利用很高的创新能力,不断发展武器系统,比如复杂的信用保险包,这种信用保险包的设计极为巧妙,由单个组件组合而成,甚至能把爆炸性效果掩盖起来。这一过程的关键阶段是:

(1)追求利润及其在哲学和宗教上的合法性:追求利润起源于中世纪晚期的意大利。城市经济从保证向小群体提供给养这一观念中解放出来,这个小群体可以是部落、该城市本身或某一统治地区,城市经济开始扩张,并获得利润。于是,它不仅释放了现实市场上的创新动力,而且也释放了金融市场上和机构中的创新动力。特别是复式簿记的发展非常重要,这可以显示,利润从哪里产生,从而保证了系统的可核算性。

(2)货币经济从商品到虚拟系统的发展:金钱一开始只是一个提供稳定价值参考物的交换系统,通常以贵金属和铸币的形式,以确保不被伪造,并证明货币来源,于是,很快就发展出一种账户管理系统,其中债务与资产计入账簿,可以进行跨区域比较。与此相关,转账货币被创造出来,随着转账货币的继续发展,贷款银行对实体经济的扩张起到了重要的支持作用。这样一来,货币的信用能力不再取决于某物的实际价值,比如金币,而是取决于商人、机构、国家的声誉,这可以增强人们对还款的预期。

(3)海盗行为与国家特许贸易公司:直到15世纪,全球市场新空间的开发都归功于中国与阿拉伯商人,而殖民主义和欧洲国家之间的竞争把海盗行为（即国家特许的船只劫持）用于领土扩张，并且国家嘉赏贸易公司，这预示着帝国主义时代的到来。西班牙和葡萄牙征服者之所以著名，是因为他们以肆无忌惮的军事行动来掠夺经济物资。荷兰和英国贸易公司的私家军队也出于经济原因剥削其他国家。这方面的著名人物有荷兰联合东印度公司的简·皮特斯佐恩·科恩（Jan Pieterszoon Coen），他因发动马斯喀特战争而闻名，还有埃尔南·科尔特斯和弗朗西斯科·皮萨罗，他们是墨西哥和秘鲁的征服者。因此，这些公司值得关注，它们受到投机资金的强力推动，但却不一定能保证成功。它们的成功取决于经营和军事领导的才能，也取决于对抵抗所采取的无情态度，这些征服者大多需要海上力量，这些船只的沉没率巨大。随着工业化时代的洛克菲勒或现代的大卫·福尔德的出现，这一切继续发展。

（4）人口膨胀与工人阶级的出现：随着技术的进步，婴儿死亡率下降，人的寿命延长，这为欧洲国家提供了必要的人力资源，这一方面促进了母国的经济发展，另一方面通过确保海外权力保证了必要的资源和销售安全。或许有人认为，民主制度比专制制度更趋向于和平，但是，如果通过自由选举来实施人民的财富要求，并因此与其他国家的相关利益陷入冲突之中，那么，这个想法就会不攻自破。因此，对原材料和市场的争夺成为现代战争的一个重要因素，今天，这仍然具有高度的相关性。

2.1.3 战争中的战略、策略和计谋

计谋的使用在亚洲有着悠久的历史，属于平常现象，但它在欧洲却遭到反对，原因何在？因为在东方文化中，自己的获利基于东方哲学，因此，用计获利并不会受到谴责；中国古代的道家学说与儒家学说都不

把谋略行为视为罪过或罪行。但正好相反,基督教却把用计视作罪过:人不可无良心,若用计谋,人可获指责。

在经济学中,如果把他人的反应纳入自己的决策考量,那么,这种行动叫作战略行动,这也意味着,要对经济活动做长期打算。"谋略"一词最早来源于古希腊语"strategema"(将军活动),本义指计谋、阴谋、战争阴谋,但也指可发现出路的技能。因此,谋略这个概念的使用广泛而全面,它同时适用于以下术语:"战略""作战""战术"和战争"手段",这些词汇也显示了谋略。这个概念的含义从一般和全面发展到具体而详细。

上文曾提及中国著名军事家孙子、孙膑和檀道济。《圣经·旧约》中也有类似的记录:"好,我们想利用计谋打败他们,使他们不再……"(Ex, 1: 10)但是,《圣经·旧约》对于战争计谋的道德评价却因《圣经·旧约》伦理的改变而发生了变化:"……我们避免不光彩的秘密,不应利用计谋。"(2. Kor, 4: 2)

历史、神话和传说都充满计谋,尤其充满阴谋,将阴谋作为实现自己利益的手段:这令人想到狡猾的奥德修斯,他设计了特洛伊木马;这令人想到远古时期智谋过人的众神,也会想到现代的尼可洛·马基雅维利(Niccolò Machiavelli)。巴巴罗萨皇帝(Kaiser Barbarossa)与科隆大主教莱纳尔德·冯·达瑟尔(Rainald von Dassel)的计谋也很出名:1164年,他们转移了三位神圣国王的遗骸,为了迷惑敌人,他们让人为马钉上反向马掌。直到今天,阿拉伯文化中仍然流传着很多智慧传说,它们与法律问题有关。下列各例来自世界文化,可以进一步说明这些问题。[①]

---

① 参见《三十六计》,书中计谋已有2,000多年历史;其德文翻译参见Senger(2001)。

例1　空城计①

中国三国时期，街亭失守后，蜀国丞相诸葛亮欲退回汉中，他率5,000人前往蜀军屯粮地西城，以把粮草运回汉中，在西城，孔明令一半人运送粮草，余下2,500人守城。探马来报，魏国将军司马懿带领15万人马直扑西城。当时，孔明手下并无军兵可迎敌，城中只有文官和2,500兵丁。其他将士已经带领粮草离开了西城。

得此消息，西城官员皆大惊失色。孔明登城一望，果见魏兵已蜂拥而至。危急之时，孔明传令："旌旗尽皆隐匿！诸军各守城铺！如再妄行出入，及高声言语者立斩。大开四门，每一门用20军士，扮作百姓，洒扫街道，如魏兵到时，不可擅动，吾自有计。"

孔明乃披鹤氅，戴纶巾，引二小童携琴一张，于城上敌楼前，凭栏而坐，焚香操琴。

却说司马懿前军哨到城下，见了如此模样，皆不敢进，急报与司马懿，懿笑而不信。遂止住三军。自飞马远远望之。果然孔明坐于城楼之上，笑容可掬，焚香操琴！左有一童子，手捧宝剑；右有一童子，手执麈尾。城门内外有20余百姓，低头洒扫，旁若无人。

司马懿看毕大疑，便到中军，教全军望北山路而退。次子司马昭疑此景有诈，却遭父训曰："亮平生谨慎，不会弄险。今大开城门，必有埋伏，我军若进，中其计也！汝辈焉知，宜速退。"

众官无不骇然，孔明曰："此人料吾平生谨慎，必不弄险；见此模样，疑有伏兵，所以退去。吾非行险，盖因不得已而用之。……若弃城而走，必不能远遁。岂不为司马懿所擒乎？"

"空城计"成功的原因与现代信号学理论有相关性：强信号传递信

---

① 《孙子兵法·三十六计》："虚者虚之，疑中生疑，刚柔之际，奇而复奇"；檀道济《三十六计》中"败战计"。

任和可信度。这尤其适合长期建立起来的可持续性信誉，即好名声，孔明显然有声誉。

例2 借刀杀人

若想消灭敌人，但又不想让人发现自己，那么，建议采用借刀杀人之计。这是所谓的替代之计或代理之计，这个计谋在中国以外也有很多生动实例（2 Sam, 11: 1-5, 14-17, 26-27）。[①]

过了一年，到列王出战的时候，大卫又派差约押，率领臣仆与以色列众人出战，他们就打败亚扪人，围攻拉巴，大卫仍住在耶路撒冷。一日，太阳平西，大卫从床上起来，在王宫的平顶上游行，看见一个妇人沐浴，容貌甚美。大卫就差人打听那妇人是谁，有人说："她是以连的女儿，赫人乌利亚的妻拔士巴。"大卫差人去，将夫人接来；那时她的月经才得洁净。她来了，大卫与她同房，她就回家去了。于是，她怀了孕，打发人去告诉大卫说："我怀了孕。"次日早晨，大卫写信与约押，交乌利亚随手带去。信内写着说："要派乌利亚前进，到阵势极险之处，你们便退后，使他被杀。"约押围城的时候，知道敌人那里有勇士，便将乌利亚派在那里。城里的人出来和约押打仗；大卫的仆人中有几个被杀的，赫人乌利亚也死了。乌利亚的妻听见丈夫乌利亚死了，就为他哀哭。哀哭的日子过了，大卫差人将她接到宫里，她就做了大卫的妻，给大卫生了一个儿子，但大卫所行的这事，耶和华甚不喜悦。

上帝派拿单去见大卫，拿单给大卫讲穷人和富户的故事，富户为了宴请客人，把穷人唯一的羊羔给宰杀了，用这个比喻，拿单要警醒大卫（2 Sam, 12: 5-14）。

大卫就甚恼怒那人，对拿单说："我指着永生的耶和华起誓，行这事的人该死！他必偿还羊羔四倍；因为他行这事，没有怜悯的心。"拿

---

① 参见 Luther-Bibel von 1984。

单对大卫说："你就是那人！耶和华。"以色列的神如此说："我膏你作以色列的王，救你脱离扫罗地手。我将你主人的家业赐给你，将你主人的妻交在你怀里，又将以色列和犹大家赐给你；你若还以为不足，我就加倍地赐给你。你为什么藐视耶和华的命令，行他眼中看为恶的事呢？你借亚扪人的刀杀害赫人乌利亚，又娶了他的妻为妻。你既藐视我，娶了赫人乌利亚的妻为妻，所以刀剑必永不离开你的家。"耶和华如此说："我必从你家中兴起祸患攻击你；我必在你眼前把你的妃嫔赐给别人，他在日光之下就与她们同寝。你在暗中行这事，我却要在以色列众人面前，日光之下，报应你。"大卫对拿单说："我得罪耶和华了！"拿单说："耶和华已经除掉你的罪，你必不至于死。只是你行这事，叫耶和华的仇敌大得亵渎的机会，故此，你所得的孩子必定要死。"

　　《圣经·旧约》中的大卫故事很有启发性，因为它展示了一个被他的才能和弱点所困的人，他在合作和对抗之间不断地来回挣扎。大卫面临过许多冲突，比如，面对非利士人歌利亚，他凭着绝勇战胜了歌利亚，成为以色列的王，但为王国征战中，大卫与扫罗王也冲突不断，大卫历尽千辛万苦。大卫曾深陷重围，在所有人都睡着时，他从被严密保护的扫罗那里盗取了标枪，差点杀了扫罗，结果被记录下来。因为他在逃命，大卫在非利士人那里寻求避难。后来，在一次战役中，扫罗与大卫的好友一起战死。大卫最喜欢的儿子押沙龙起来攻击他，结果被杀。拔士巴的儿子因上帝不喜悦他而死，因为他亵渎神灵，他的人民遭受瘟疫之苦。直到拔士巴的次子所罗门就任以色列君王之后，以色列才终于和平。①

　　用计杀人，这不被上帝所喜悦，这一思想在中国比较陌生，即使有

---

　　①　亚瑟·霍内格尔（Arthur Honegger）把叙事诗《大卫王》（König David, 1921）改编为交响乐诗，距离第一次世界大战较近，令人印象深刻。斯蒂芬·海姆（Stefan Heym, 1913—2001）将这个故事编入《大卫王报告》（König David Bericht, 1972），论述了权力与权力滥用的矛盾。

人在利用阴谋诡计后结局很惨，比如在中国的文学作品中，"用计"仍然属于平常之事。希腊文化中有一个"复仇女神"，她要维护正义，如果用了阴谋诡计，那就应该赎罪。

"借刀杀人"这个例子说明，可以首先使竞争对手们相互蚕食，然后再集中精力针对主要的竞争对手，这样，冲突就更容易得到解决。比如，1950 年代，美国汽车业价格战几乎把各家公司的精力消耗殆尽，到了 1970 年代，美国汽车业很容易就成了德国与日本汽车业竞争的牺牲品。美国汽车业的这场价格战由通用汽车公司引发，它想灭掉美国第二大汽车公司福特。名列第四的汽车公司是美国汽车公司，这家公司被克莱斯勒接管，而克莱斯勒公司的实力大增。最后在美国政府帮助下，汽车业进行了行业整顿。随后，又发生了一起戴姆勒-克莱斯勒并购案，这起并购案没有成功，只是一场冒险而已。

例 3　抛砖引玉

此计的目的是，通过给予微不足道的礼物或恩惠，来赢得较大的利益。中国传统中，玉是一种非常珍贵的矿物，因为其中的铁含量不同，玉呈现出不同的颜色：黑、红、蓝、绿、白等。在中国民间信仰中，玉皇大帝代表最高的神灵。"抛砖引玉"这一计策在欧洲文化中的实施可在让·德·拉封丹（Jean de La Fontaine, 1668）关于《狐狸与乌鸦》的神话故事中找到：

乌鸦先生蹲巢边，

一块干酪衔口中；

狐狸先生闻到味，

开口畅谈两家情：

"问声乌鸦先生好，

> 夸句乌鸦先生美！
> 您的歌声真悦耳，
> 您就是那鸟中凤。"
> 乌鸦听罢心花放，
> 欲唱歌儿更动听，
> 刚一张口干酪掉，
> 狐狸立即衔口中。
> 朗声发表此番话：
> "朋友且听我一言！
> 切莫听信谄媚者！
> 巧言令色多哄骗。
> 与君讲清这道理，
> 应值干酪整一块。"
> 乌鸦听罢心懊恼，
> 无可奈何忙立誓，
> 不再轻信人谗言。

这里，因乌鸦的虚荣心，敌人诱其犯错，结果，乌鸦无意中放弃了自己的收获——奶酪。鼓励人的虚荣心可能是一种十分有效的武器，比如，将那些不听话、被辞退的工程师派往标准委员会，就能拖延标准委员会的工作。在标准化延迟后，一些企业就可能赢得了机会，掌握关键技术，并可能胜任更高标准。

2.2　对抗的人类学基础

经济战争是一种特殊的对抗形式。对抗的实现可视为进化和革命的推动力量。对抗不仅仅为人类所独有——对抗也存在于其他生物的世界里。进化研究者认为，不同物种的胚胎发育要经历相似的阶段，那么，正是灵魂把人类、动物世界及植物世界联系起来，并使生物与机器或其他数字系统区分开来。但是，人类能够反思和承担责任。当个体生活在群体或部落中，建立制度并减轻个人适应环境的压力时，人的进化总是很成功。在"人类起源的胜利"（Siegeszug des Homo Sapien）中，柯蒂斯·马里恩（Curtis Marean, 2016）写道，据猜测，恶劣气候会迫使人们提高合作度，但同时，这也助长了侵略性的领土观念；这大约发生在 12,000 年前（Tomasello, 2019）。显然，生物条件、心理条件与社会条件的共同发展导致了紧张关系，这种紧张关系与好战者的出现有关，因此也与经济战士的出现有关。但这要求首先产生一种道德，有了道德，才能与志同道合者一起进行必要的竞争性合作，以共同对抗第三方。这一发展可以追溯到大约 40 万年前的某一个时期，这一时期也是从个体目的性（即灵活适应新环境的行动）向群体共同目的性的过渡时期，因为狩猎尤其需要加倍努力合作（Ferguson, 2019）。最后，大约 15 万年前，随着群体的扩大，产生了集体目的性，这对于后来的制度建设至关重要。

以前的经济指标是贵金属（如黄金），到了现代，货币是关键的经济指标，对于经济发展起着重要作用。没有收入或不能定期获得收入可能会引起身体的脱瘾症状和疼痛。如果确定性被永久破坏，不仅信任会消失，心灵和身体都会深受其害。因此，从人类学的角度来分析经济战争，经济战争就是力图以侵略性行动造成这种确定性的中断。

在《偶然性和必然性——论自然哲学与现代生物学》（Le hasard et la nécessité—Essai sur la philosophie naturelle de la biologie moderne）一书中，诺贝尔奖获得者雅克·莫诺（Jacques Monod, 1970）提出了

一个问题：人类进化是否是一系列的巧合？或者，根据宗教或以人为中心的观念，人类进化是否有更高级的意义？人类进步是不是人所期望的？雅克·莫诺认为，根据现代存在主义，这些问题没有明确的答案，进化规则不仅适用于基因发展，也适用于思想和文化结构。然而，在《生命解决方案——孤独宇宙中不可避免的人类》（*Life's Solution: Inevitable Humans in a Lonely Universe*）一书中，古人类学家西蒙·莫里斯（Simon Conway Morris, 2003）却认为，偶然的作用或许被高估了。莫里斯是进化趋同论的代表。事实上，生物系统会完美地适应其文化，所以，在不同生态领域中，类似的问题会导致类似的解决方案，直到发生平行进化。换言之，类似的选择压力导致类似的解决方案，这一观点至少在短期内是可以得到确认的（Losos, 2017）。这与哈佛学派的经济竞争理论有关，该经济竞争理论假设，给定的市场结构会导致特定的市场行动和具体的市场结果，即所谓的结构—行为—绩效假设（Mason, 1939; Bain, 1968，见第 8 章）。但这一顺序迄今仍未得到确切的解释（Blum, 2004: 472-480）。

如果一种对抗也包括消灭敌人，那么，对于这种对抗的所有观点而言，十分重要的是，对抗的结果是否表达了一种稳定、必然、必要的趋势，或者对抗的结果是否是一种纯粹的巧合？智慧社会是否会导致战争或经济战争？包容、责任和担保对于集体或个人到底意味着什么？这些问题是本节的重点。

"责任"（包括"罪过"）这个概念和判断人的"能力"对于经济战争的道德评价十分重要。"责任"涉及自由意志，而自由意志在今天受到了生物学和大脑心理学的质疑，因为有意识的决定之前是无意识的控制过程，但有意识的决定却使个人有了自主的感觉。因此，同样的框架条件会导致不同的结果，严格的因果关系是无法证明的。相反，神学和哲学理论则会讨论个人的自主和个人的道德能力。其次是评估人的人格及行为的客观性,即人格特征分析。它们在一种状况下是应该被抛弃的,但在另一种状况下又是积极的。因此,语境参考与知识本身都同样重要,如上文所述,许多调查结果都具有暂时性特征。

2.2.1　社会生物学中的进化张力

现代社会生物学指出,群体最重要的优势是,容易满足食物需求,在长期养育后代时,进行劳动分工,发展个性多样化特征。这一学科及相关研究的最早学者是路德维希·龚普洛维奇(Ludwig Gumplowicz, 1875, 1878)和德国的艾瑞瑙斯·埃伯尔-埃贝斯费尔德(Irenäus Eibl-Eibesfeldt)。后者是人类行为学的主要创始人。人类行为学研究跨文化行为模式的平等性,所提出的问题是:为了将内心冲动以社会可以接受的方式来疏导,需要发展哪些社会规则?现代社会在哪些方面导致了结构性失调?亲属关系的选择和互惠利他主义的优点位于社会结构的核心。从这一角度看,正如康拉德·劳伦茨(Konrad Lorenz, 1963)在《所谓的恶》(*Das sogenannte Böse*)、埃伯尔-埃贝斯费尔德(Eibl-Eibesfeldt, 1984)在《人类——冒险物种》(*Der Mensch—das riskierte Wesen,* 1984)和《人类行为生物学》(*Die Biologie des menschlichen Verhaltens,* 1988)中所写的那样,存在一种先天的侵略本能,这对于人类在远古时代的生存是必不可少的;最重要的是,人类对陌生的一切有着根深蒂固的生物性不信任。战争是一种物种内部的侵略,埃伯尔-埃贝斯费尔德(Eibl-Eibesfeldt, 1994: 190-192)将战争定义为行为方式:"借助战争,可以不顾他人的反对,实现个体或群体或他们的利益。"如果无法释放这种侵略本能,那可能会导致它的爆发;它可能输出暴力,比如,通过在地理上对第三国的军事入侵,从而缓解国内压力，或者通过物质方式，进行经济战争。第1章曾描述具体的经济战争，现在可以从另一角度来看待它，或者构建一个"替罪羊"，所有的罪责都可以落到替罪羊的身上，从而以牺牲第三方的利益为代价，创造社会凝聚力。埃伯尔-埃贝斯费尔德（Eibl-Eibesfeldt，1994: 200-203）指出，这背后是一种对等级的追求，与其他本能不同，这种追求没有自我限制，原因是，如果一个人手无寸铁，他与生俱来的条件阻碍了他去杀戮，他并没有意识到，他有追求等级的冲动，但也并不指望，一场战斗以死亡而告终——除非，他有武器（石斧或步枪），这可以掩饰他的冲动。在群体性攻击行为中，进攻与防守的区别已变得模糊。因为战争以毁灭为目标，杀死敌人必然被视为一种英雄行为，甚至是一种风格。所谓杀灭抑制，就是不能杀死本物种的心理抑制，杀灭抑制的生物性过滤被文化因素所覆盖，而已经被宣称是敌人的人是可以毁灭的。因此，敌人永远是发动侵略的出发点和被攻击的人。

社会生物学的重要创始人还包括威廉·汉密尔顿（William Hamilton）。在《社会行为的遗传性进化》（*The Genetical Evolution of Social Behaviour*）一书中，汉密尔顿（Hamilton, 1964）强调亲属选择的重要性；他假设，合作强度是遗传接近度的函数，以便成功地传播一个群体的基因库。此外，他将生物的遗传适应度定义为传递的基因数量——这种遗传适应度也有可能受环境条件的限制，比如亲属关系结构。汉密尔顿以"祖母假设"而闻名，根据祖母假设理论，母亲和女儿的孩子的平行繁殖是被阻止的，因为人类这种哺乳动物如果要想长寿，就需要女性有相对较长的绝经期。如此，祖母才能照顾孙子孙女，否则，如果祖母同时有自己的孩子，这就不可能了。总之，这对于遗传适应度有积极作用。由此可知，在真正的合作收益的条件下（博弈论的正和博弈），利他主义是克服困境的一种有意义、占主导地位的策略。[1]
然而，这使人类有别于其他群体。在《美德的起源：人类本能与协作的
进化》（ *The Origins of Virtue: Human Instincts and The Evolution of Co-
operation* ）一书中，马特·里德利（Matt Ridley, 1997）指出，实际上，随
着合作的增加，暴力也在增加，这反过来解释了常见的双标道德，因为
只有一个群体才能允许反映一个本我，所以这里也是寻求认可的根源，
也是赞扬[2]的重要性、嫉妒的破坏性影响的根源。[3]

　　群体成员是具有个人利益的个体，因此，个体目标与其他群体成
员的目标可能发生冲突。一旦个体的行动是自私自利的，或者个体的
行动以机会主义方式进行，在必要的时候，他就会以牺牲他人的利益
为代价，来实现自己的利益。假如不存在一个制度性的监管系统作为
行动的框架，就不能结束这种损人利己的行为，也不能对这种行为加
以平衡，使大家以相互容忍的方式共同生活，那么，环境系统（广义的
生态环境）就会备受压力。人类行为学家伍尔夫·希芬赫维尔（Wulf
Schiefenhövel）认为，实际上，文明的灾难事件在人类历史上经常被记
录下来，因为人类本身是无拘无束的最大化者。人类是天生的地位寻

---

　　[1]　彼得·辛格（Peter Singer）认为，利他主义甚至是一种绝对的道德义务。
参见 *The Most Good You Can Do. How Effective Altruism Is Changing Ideas About Living
Ethically*（2015）。Yale University Press, New Haven/London. Effektiver Altruismus.
Eine Anleitung zum ethischen Leben（2016）。

　　[2]　赞扬和谴责在教育中相辅相成。在训练士兵时，同样如此。士兵训练中
有一条规则："只有赞扬他人的人，才能使谴责充分发挥作用。"

　　[3]　因此，以种族为基础的民主国家在第一次世界大战中长期斗争，在大规
模屠杀和1914年秋的阵地战后，却不想停火，正因为依赖人民的政府不可能停火，
这些政府与亚里士多德的体制不同；这也可以解释维也纳会议和巴黎和会。参见
das Interview mit Henry Kissinger（2014）：*Die Diplomatie hatte abgedankt*。

求者,试图以牺牲自然、其他个体或其他族群的利益为代价,来扩大自己的势力范围。尤其是,与其他的本能不同,这里并不存在有限的调节范围——成功的扩张会引发更大的成功欲望,这叫作"贪婪"。因此,秩序框架的力量是一种决定性的限制因素,但这种限制因素在全球化社会中变得越来越弱,因此面临崩溃的危险。[①]

　　爱德华·威尔逊(Edward Wilson)是社会生物学的主要创始人,他以研究昆虫(尤其是蚂蚁)的社会行为而著名(Wilson, 1990)。他分析了社会行为方式的生物学基础,并提出了两个基本问题:在遗传进化与社会进化之间存在哪些相互作用? 在伦理和道德方面,这些进化过程的目标是什么? 威尔逊(Wilson, 1978)认为,为了回答第二个问题,人类需要一个关于自身发展的叙事诗,宗教的责任对于人类的意义寻找尤其关键。社会生物学的另一位重要创始人是理查德·道金斯(Richard Dawkins),他的研究在后文的模因论中会被再度讨论。

　　人类伦理学和社会生物学并非毫无争议;与经济学一样,作为与生物学相关的社会学,这两门学科也受困于这个事实:某些社会现象是一次性的,大部分情况下,按照实验规则进行复制会很困难,即使这并不是不可能,所搜集的数据往往也在有错误率的前提下存在(受到错误的限制)。此外,假设遗传因素起着主导作用,这个结果通常被认为在政治上并不正确。但批评他们的学者往往通过其他研究方法得出了类似的结果。神学家弗里德里希·肖莱默(Friedrich Schorlemmer, 2014: 13-16, 49, 60, 71)将这种激烈的观点相对化,方法是,他把"贪婪"描述为一种极富表现力的基本的生命表达。他的研究涉及贪婪的

---

　　① 参见 Wulf Schiefen u. a. (1994), *Der Mensch in seiner Welt*; Eibl-Eibesfeldt (1994: 200)。

量度与标准，以便当"贪婪"给"灵魂"带来伤害时，使"贪婪"不至于成为一种吞噬性力量（Schiefenhövel et al., 1994; Eibl-Eibesfeldt, 1994: 200）。在这个过程中，他清楚地看到了理智的局限性。为此，他引用了歌德《浮士德（第一部）》（*Faust I*, 1808）中的话："他称之为理智，只需要理智，就可以比任何动物更具动物性。"因此，路德维希·艾哈德（Erhard, 1957a）认为，自我设定的限制对于一个符合人类尊严的经济秩序十分重要："社会市场经济体制的深层意义在于，将市场上的自由原则、社会平衡原则以及每个人对整体的道德责任都结合起来。"

2.2.2 记忆、身份、创伤、仪式与凝聚力

身份认同原则上需要第三者的承认，否则，现代的个体就缺乏支撑和方向。在《我们是记忆——我们的记忆如何决定我们是谁》（*Wir sind Gedächtnis—Wie unsere Erinnerungen bestimmen, wer wir sind*）一书中，马丁·科尔特（Martin Korte, 2017）认为，人类对自己身份的确定大多依赖记忆，所谓的身份认同，就是内在感知与外在感知的一致性。身份认同是由第三者承认的限额——在极端的数字系统中，身份认同就是鉴定。如果没有身份认同，几乎不可能在这个复杂世界上生活，身份认同必然也是个性的一个条件。身份认同由记忆所滋养，过去往往引起怀旧（Economist, 2018h），这在后文涉及神话形成时会再论及。关于痴呆的研究力争保持记忆，同时，可以通过有针对性地提供信息而操控记忆，从而操控回忆，这里有例可证：一些部落仪式与创伤事件紧密相关，如果这些事件具有集体属性，就会深深地铭刻在群体记忆中。如果这些记忆被抹掉，如果它们突然中断，它们就会成为一个不可预测的负担。这一点适用于欧洲，因此，欧洲很难处理其历史负担，在此基础上，可以将其历史的多样性中潜藏的异质性视

为创造身份认同的潜力。英国人类学家哈维·怀特豪斯认为,在欧洲,这正是把社会团结在一起的凝聚力(也叫作社会黏合剂)(Jones,2013),在这个过程中,仪式有两个变种:一、在和平的社会中,教义仪式有利于框架规则的确定,比如,通过一部规则性著作,如《犹太法典》(Talmud)、《圣经》(Die Bibel)和《古兰经》(Koran)。在仪式中,被接纳为成员这一事实确定下来,比如割礼和洗礼。二、与教义仪式相反,想象型仪式用于解决不安。利用创伤性仪式(比如,发誓报仇)应产生威慑和群体归属认同。马丁·范·克里费尔德(Martin van Creveld, 2011)认为,这两种仪式对于军事战争和经济战争都具有重要作用。在此基础上,弗洛伊德(Freud, 1930)创立了他的心理学,这并非毫无争议。但是,对主导地位的消极预期也可能引发冲突,所谓对主导地位的消极预期,就是对未来丧失自己身份的预期,这在今天往往与迁徙和全球化联系在一起。

功能主义学派在分析"忠诚"概念的语境中研究社会约束力。所提出的问题是:一个社会群体必须履行哪些职能,才能使社会过程正常发生,并得到高效管理? 在《退出、呼吁和忠诚》(Exit, Voice, and Loyalty)一书中,艾伯特·赫希曼(Hirschman, 1970)质疑完全竞争这一范式,并提供了两种视角:为什么所有安排都有漏洞,而竞争机制却不能排除它? 他认为,移民是经济控制和政治控制循环中的一个关键因素,因为这释放了"不满"的信号,指出了"低效",它表现为销售量下降或抗议。但是,只有存在可选方案时,移民才能有效,即,在不完全竞争的情况下。如果国家限制移民,这个选择就不存在了。矛盾的出现意味着,客户或选民已成功发声,目的是,引发变革。移民的可能性越大,矛盾的重要性就越小,因此,在民主制国家中缺乏选举参与,一些国家接受了非民主制国家的移民。相反,如果个人推测,矛盾能够带来变化,个人能够从变化中获利,那么,这就会产生忠诚,忠诚会阻止退出。

　　真正的机构会因为面临可信的威胁而更加团结。这宣告了一项行动,针对这项行动,竞争对手不能进行任何活动以实施反威胁,正因为不可能给予合适的反应,这才使威胁显得可信。在人与人之间、群体与群体之间发展出一种社会凝聚力,因为一方的作为(或者不作为)会得到另一方一定的反应,这反应显示,这一方的情况很糟糕。可信的威胁之所以可信,是因为对方不能减轻它们自己的糟糕状态,即,对方不能保证,这种糟糕情况是否会击中各方或整个群体。可信威胁的典型实例是潜在竞争,因为第三方可能进入市场,比如,来自其他地区的供应商的可能潜入市场,这会严重限制垄断者的权力。在政治上,威慑的平衡起着类似的作用。

　　最后,祭品和牺牲精神对于群体凝聚力十分重要;特别是当决策面临时间压力时,团队建设往往是一种选择优势。团队创造了制度的社会黏合剂,因为从祭祀角度看,牺牲是社会文化成就与制度建设的前提条件,随之产生了模因类别和经济类别。弗洛伊德(Freud, 1930)认为,牺牲由放弃行为组成,放弃行为与核心本能有关,核心本能的行为包括性、领地、地位等。[①] 这种牺牲可以产生区别于其他群体的身份,并限

---

　　① 弗洛伊德(Freud, 1921, 1930)认为,人生是为了追求快乐,但因自己的身体和外部世界而不能实现,因此,要通过理性来战胜不快乐,但这种可能性也有限,因为文化要求人放弃本能冲动,以便社会能共享。禁忌旨在不影响个人生活,通过那些使群体或社会团结一致的事实来增强社会凝聚力。现代行为研究证明,这与宗教、道德有关,如生殖宗教理论。大部门宗教都信奉保守的性道德。经典禁忌包括禁止乱伦或同类相食。现代禁忌常包括政治正确,避免讨论统治者不能自辩的问题。金钱和金钱关系也属于禁忌,否则就无法解释金钱与金钱关系为什么如此不透明,这极易导致危机——从个人领域到国家层面。

制进化经济学意义上的选择。通过牺牲，往往可以处理无法解决的社会冲突，这些社会冲突在仪式中以象征的方式表达出来，从现代工业经济学和心理学角度看，牺牲会带来成本下降（Schaub, 1997）。在个体层面上，它创造了自我承诺；对于组织而言，它创造了凝聚效应。个人一旦离开组织，那么，他在本组织中做出的成就越特别，他就越是徒劳无功。特别是，受害者提出的索赔也可能失效，比如，即使人们已经多年缴纳社会保险金，一旦移民出国，也就放弃了自己的社会保险。这种不可逆转性在组织内部创造了稳定性，减少了竞争性组织带来的争议性。

牺牲创造了具有强大的积极外部特征的公共产品，这有利于共同体，即使并不是所有人都为此做出了相同的贡献。个人一直都有这种刺激，即要求自己的牺牲少一点，不过，如果所有人都想逃避集体，那么，系统就会崩溃，它会陷入理性的陷阱。因此，相对于包罗万象的问题，产生了一个对应方（Hardin, 1968）。所有产品都出现了质量下降的趋势，而产品性能只有通过使用或消费才能得知，必须相信产品性能（Akerlof, 1970）。个人的困境是，是否采取跳板的方法？是通过劣质牺牲品来欺骗，还是完全合作更有意义？这只能通过发送信号来解决。

在任何时代，人们都曾去寻找牺牲的替代品，这里的关键问题是：应该如何做，才能减少牺牲而不至于惹怒上帝（今天的说法是：减少牺牲而不至于威胁社会凝聚力）？这样做的成功可能性有多大？这种做法又能持续多长时间？如若不然，后果是否会很严重？是否就要付出完全的牺牲呢？因此，这个系统本身不能自保稳定，而是爆炸性的——谁又愿意是最后一个奉献牺牲品的人呢？仅仅这种祭祀意义上的奉献给上帝的祭品或牺牲就有潜力来创造社会意义，这与法律、与受害者的本质不同。① 为了遵守义务伦理而提供无私帮助，这可以通过所涉及的牺牲程度来衡量，并表明道德行为。然而，应当始终认识到，此类善意行为的可能性是有限的，往往会导致很高的交易成本，因此市场应被用于道德商品（Clark, Lee, 2011）。这之所以有意义，是因为道德行为（尤其是博爱）不能成为普遍要求，是因为不是每个人都是自己的邻人，邻人以不同的形式发生在每个人身上，尤其在基督教传统中，这是一种魅力，即上帝的礼物。

常有人提起三类牺牲品：殖民主义的牺牲品、转型的牺牲品和全球化的牺牲品。这三类牺牲品之间存在一个共同点：这些人都做了法律上规定的奉献，这种奉献在道德上被过度夸大为"牺牲"，如此一来，就可以为所做的"牺牲"争取到补偿，于是，力争成为最大牺牲品的竞争出现了，如尼采所言，这是一种奴隶道德，参见第 3 章关于殉道者的讨论。

2.2.3　作为大规模毁灭性武器的思想

历史上，往往只有军事战争被认为是暴力行为。但是，其他行为也会产生暴力，比如，在已经商品化的第一世界中，经济滞胀或经济发展放缓，在这种背景下，世界经济危机对于发展中国家具有相当大的威胁，因为这会在发展中国家建设进程中引发大规模的动荡，其后果是饥饿与死亡。对抗可能是使命和成瘾，在意识形态上，对抗可能会被夸大为全能想象。这明显表现在"圣战"这个概念上。"圣战"在今

---

① 士兵集两种品格于一身。士兵可能因战死而成为可能的牺牲品，从受害者角度看，这是身体和灵魂的伤害，但士兵常相信，从牺牲品角度看，他为自己的国家、家庭和思想而斗争。关于两种状态的质量评估，这常是辩论和历史解释的对象。经济战士往往试图通过邪教行动来证明自己是牺牲的一部分，方法是，人们觉得自己是部队的一部分，这要求，满足上帝的意志，或者在企业并购胜利之后组织庆典，见下文。

天经常是诠释讨论的主题：历史上，"圣战"最初包括最高的精神与身体追求及信仰中的纪律，"圣战"意味着，"战斗是祈祷"。后来，随着游牧民族的定居，"帝国的建设"具有了核心意义，目标是，扩张神圣的疆土，或者从经济角度看，建立神圣的经济（Adrom, 2009; Morenz, 1969）。在《圣经·旧约》的《摩西五经》（*Mose des Alten Testaments*）中，这种战略被证明是有效的：扩张作为公共产品，会成为共同的核心项目。本哈德·李维斯（Bernhard Lewis, 2013）认为，伊斯兰世界与西方的冲突是系统预制的。疆土扩张过程在第一阶段一直蔓延到欧洲。第二阶段的方向是向东通往巴尔干、匈牙利，远至亚洲和俄罗斯，并通过穆斯林商人一直通往东亚；在帝国主义时代，这种地理扩张有一部分被击退。对于本·拉登（Osama Bin Laden）而言，在阿富汗战胜苏联就是圣战的胜利。李维斯认为，第三阶段是移民和在居住地实现自己的价值，这比较容易，因为西方世界容许自由主义文化多样性。在西方世界，这个矛盾一方面发生在知识与自由之间，另一方面发生在宗教忠诚与文化忠诚之间。这个矛盾也发生在其他地方，比如，下列措施促进身份认同：社会失败者发生妙趣横生的暴力行为，比如足球比赛中的流氓行径；因支持"伊斯兰国"而成为圣战组织成员；在金融业中，为使雇员准备战斗，或为了庆祝成功，举行庆祝仪式。在《年轻的金钱》（*Young Money*）中，凯文·罗斯（Kevin Ross, 2015）记述了这种过度行为。在《圣战与麦当劳世界的对抗》（*Jihad vs. McWorld*）一书中，本杰明·巴伯（Benjamin Barber, 1995）指出，美国的新自由主义经济政策要求大幅度减少政府干预，这实际上是种族取向（部落主义）与全球资本主义市场体系取向之间的对抗，也是一种意识形态之间的对抗。

由此可知，思想的威力巨大：思想是大规模杀伤性武器，比如在十字军东征中，在拿破仑的战役中，在希特勒发动的战争中，思想却像大规模杀伤性武器一样，威力巨大。在《黑色地球》(*Black Earth*, 2015a)一书中和在一次采访中(Snyder, 2015b)，蒂莫西·斯奈德(Timothy Snyder)指出，要使大规模的毁灭取得成功，需要三件事：一是意识形态；二是以造成环境影响的方式出现的生态触发因素；三是破坏国家的秩序。后两种更值得关注，在这里，一种不人道的观念被另一种不人道的观念所禁止或打压，应该废除。从中得出的教训是，曾经的盟友往往会成为将来最厉害的对手。这种辩证关系明显体现在与宗教激进主义的矛盾中。此外，斯奈德指出，宗教激进主义者能够把恐怖主义当作品牌。如果把它们的神圣地理空间比喻成一个要征服或统治的产品空间，必须果断消灭一切敌人，那么，创立商标就有了意义，即品牌意识，即产品的意识形态化；这里，苹果公司可以作为参考。因此，在意识层面，创新竞争变得很重要，如果除了意识形态化，还能够满足其他两种条件，创新竞争就会退化为经济战争：一、提前破坏制度秩序；二、威胁经济生态。换言之：只存在信仰至上。在"你不应杀人，也不可被杀"(Du sollst nicht töten – und nicht töten lassen)一文中，沃尔夫冈·胡伯(Wolfgang Huber, 2014)称之为禁止信仰陌生的神，对于这一思想，《摩西五经》早已做过阐释：作为以色列 12 支脉之一，利未一族有权实施暴力，惩罚那些不信上帝、祭祀其他神的行为(Ex, 32: 15-32)。因而，杀戮不再用于保障部落的生存，而是为了执行一项原则——在经济上是显示竞争力和执行力的原则。

2.2.4　认知结构的遗传学和生物学基础

人类是由基因决定的吗？人类只是社会化的结果吗？关于这两个问题，在《蓝图——DNA 如何塑造我们》一书中，以双胞胎研究为基础，罗伯特·普洛闵(Robert Plomin, 2018)得出结论，基因的潜力主要是遗传的——但到底能否充分发挥作用，这要看环境因素。理查德·利奈尔（Linnér et al., 2018）领导的研究小组分析了 100 多万个样本，他们证明，共有 124 种基因变体与人的冒险行为尤其相关。在《思维如何运作》（*How the Mind Works*）一书中，史蒂芬·平克（Pinker, 1997）认为，与社会组织相关的网络结构是具有遗传基础的基本认知结构的结果，因为人类大脑并不是白板，而是在自然选择过程中形成的大量特殊结构。尼尔斯·比尔保默和约尔克·齐特劳（Birbaumer, Zittlau, 2015）在《你的大脑知道的比你想的多》（*Dein Hirn weiß mehr, als du denkst*）一书中持不同观点，他们认为，人在出生时，大脑是无思想的白板，只有很少部分已经固定，许多部分是后来才形成的。这种差异严重影响了下述问题的回答：社会应该或能够如何对待那些社会异常行为——假如经理们具有类似罪犯的精神变态倾向，他们会因此而成为经济战士，那么，他们是否可以重新融入社会？比尔保默（Birbaumer, 2015）研究的出发点是斯坦利·米尔格拉姆的实验（Stanley Milgram, 1963, 1974），这个实验测试个人服从威权指令的极限。该研究的基本假设是，一方面，由于二战中的罪行，德国人特别服从当局，但这个假设没有得到证实，另一方面，暴力行为通常有一副男人的面孔。结果发现，个人对权威指令的服从与否与性别、种族、出生地等并无关系，[①] 这使心理学面临全新的挑战。比尔保默证明，如果人的大脑存在某一种生理缺陷，人会产生缺乏同情心、缺乏罪孽感、有报复心等负面情绪，不过这种生理缺陷导致暴力行为的概率并不高。但是，如果一个人在社会化过程中出现了某种关键的缺陷，则更容易产

---

① 对领导行为的最新研究显示，数字化减少了人与人之间的联系，这要求进攻型领导（Landmann, Strahl, 2016）——数字化可能有利于这种领导类型，符合米尔格拉姆的论点。

生暴力行为。生物表现包括杏仁核和内侧前额皮质的功能差异、可能因疾病或外部原因所导致的大脑损伤。因此,冷血的罪犯、鲁莽的公司领导人或大胆的指挥官可能都有类似的大脑结构。此外,自我决定或他人决定也起着重要作用。在"强迫改变了人类大脑的能动性"(Coercion Changes the Sense of Agency in the Human Brain)一文中,艾米利·卡斯帕等学者(Caspar et al., 2016)证明,那些在胁迫下行事的人比根据自己的决定行事的人更被动,因此更不受控制,似乎在行动的背后是自己的决定。

不过,不能由此推断出这两者之间存在必然的因果关系。在"论经济犯罪与异常工作行为的犯罪学与心理学研究的意义"一文中,玛德琳·门施和马丁·莱滕贝格(Mensch, Rettenberger, 2015)证明,心理疾病或大脑机体的异常只能用于解释一小组(经济)罪犯。这项分析分类进行,即在工作领域中、在损害行为或经济犯罪行为的背景下,分析领导力、生产力、工作效率和培训,并在经济学框架中研究神经科学基础。他们区分以下三点:

- 传统上,精神病(Pinel, 1809; Rush, 1812; Cleckley, 1941)的特点是情感受损、冲动、道德无感、攻击性、缺乏关注自己与第三者行为的不利后果的能力;今天,精神病特征有所补充(Mensch, Rettenberger, 2015; Hare, 2003; Smith, Lilienfeld, 2013),即表面魅力、不诚实、自我中心主义、对第三者的操控和喜欢冒险。

- 社会人格障碍或反社会人格障碍,它表现为犯罪行为,但相关人员似乎并没有精神病的症状;人格障碍一般按照美国精神病学协会的规定标准(2003)进行分类。

- 暗黑人格三联征是精神病态、自恋和马基雅维利主义的组合(Jonason, Webster, 2010)。自恋的特征是,自高自大,目无他人，缺少共情能力（Mathieu, St-Jean, 2013）。马基雅维利主义的主要特征是不诚实和蔑视道德，目的是扩大个人权力（Jonason et al., 2012）。

成功的经理人或企业家可能属于这类人，尤其因为他们的社会地位可以解释自我选择。在心理学方面，对大部分犯罪人员的调查结果并不清楚；可以肯定的是，经济学家很接近这类人。无论如何，有一点很清楚：通过几千年的选择过程，作为有效实践，植根于基因的行为方式不会在条件发生变化时突然消失——旧的进化程序继续运行（Harari, 2016: 110-116），只会寻找新的领域。

像弓形虫病这样的疾病会减少对风险的恐惧，因为寄生虫是一种寄主，它需要其他动物作为最终宿主，比如一只猫。因此，一些受感染的中间宿主——哺乳动物，也包括人——必须足够轻率和冲动，才能成为最终宿主的食物。同时，弓形虫病也提高了睾酮水平。史蒂芬妮·约翰逊（Stefanie Johnson）的研究小组认为（Johnson et al., 2018: 1），不同国家和不同群体的感染率差异很大，这里以大学生为例：与其他专业平均22%的感染率相比，企业经济管理专业学生的感染率是31%，创业专业学生的感染率甚至是42%。他们的结论是：防止病原体感染可以长期预测创业活动。新的研究"佛兰盲肠菌群项目"（Zittlau, 2019）表明，微生物（即在身体中生活的菌群）对人的情绪有很大的影响。其中的作用是相互的，即著名的"五大"人格特征，包括开放性、责任心、外倾性、宜人性（关注力与共情力的组成部分）以及神经质（情感脆弱和易受伤害），这些情感可能与具体的肠道菌群组合有关。

2.2.5　出于激情的贪婪

一方面是植根于人类进化过程的行为，另一方面是该行为在道德和伦理背景下的反应，在两者交叉之处，需要检验：意识与人类的反应能力起哪些作用？经济范式（尤其理性）与激励机制发挥了多大的作用？意识或偶尔的邪恶位于大脑的什么地方？谁知道这些，大脑研究学者、心理学者还是哲学家？苏珊·布莱克莫尔（Susan Blackmore, 2019）命人向澳大利亚哲学家大卫·查尔莫斯（David Chalmers）提出一个问题："主观经验是如何从客观的大脑活动中产生的？"在"论人所未见的甲壳虫"（Vom Käfer in der Schachtel, den noch keiner gesehen hat schreibt）一文中，安德利亚斯·恩格尔（Andreas Engel, 2015）写道，今天，认知研究将意识分成各种分功能，[①]并在此基础上寻找心理过程的生物学基础。研究显示，人类的精神是进化的结果，意识的过程是多个大脑区域整合的成果。但是，如果这些大脑区域完全地，但非特异性地同时起作用，这显然会导致全面堵塞，这也正是麻醉剂的效用。此外，生物客体嵌入所经历的主体也起着重要作用，从而对所经历事件的质量进行分类，并将这种经历归入第三者经历。意识可能也有不可还原的主观特征，自然科学不能复制这些主观特征，却使关于意识的概念变得毫无意义。

关于"恶"的理论研究很多。从古至今，艺术一直在利用"恶"。在灰色地带，一个直白的艺术性要求往往会变成暴力，偶尔会越界，这不无道理。文学往往美化杀人犯和犯罪：陀思妥耶夫斯基（Fjodor Dostojewski）在《罪与罚》（Schuld und Sühne, 1869）中描述了"恶"；恩斯特·荣格尔（Ernst Jünger）在《钢铁暴雨》（In Stahlgewittern, 1920）中描述了暴力幻想；亨利希·伯尔（Heinrich Böll）在《出差结束》（Ende einer Dienstfahrt, 1966）中问：拒绝服兵役是否可以理解为

---

① 这里指路德维希·冯·维特根斯坦（Ludwig von Wittgenstein）的论点：如果所有人都带着一只盒子，盒子里有甲虫，但永远都不让别人看盒子里的甲虫，那么，甲虫真的存在与否，就无关紧要。

艺术事件？重要的是，一些超现实主义者往往从道德自由的立场出发，他们将暴力描写为自我实现的灵丹妙药，并使恐怖作为艺术形式登上了大雅之堂。安德烈·布勒东（André Breton）在《超现实主义者的第二次宣言》（*Second manifeste du surréalisme,* 1930）一书中写道："最简单的超现实行为就是拿着枪，走上街头，尽可能在人群中，随机射击。"

　　恶行只有在神经元回应的背景下才能变成自我体验的"恶"，这表现为跨越道德边界——这是精神病患者很容易经历的过程。大脑的目标区域是前额叶皮质和植根于杏仁核的应急处理能力，这在后文再论。

　　越轨行为方式是否能清楚确认并因此受到嘲讽呢？到什么时候这种行为还能够为社会所接受？持续越轨行为理论（Quinney, 1964, 1965）假设，从供应角度看，在个人层面，存在着预先确定的越轨行为的意愿，从需求角度看，社会规范决定了，其中哪些越轨行为是犯罪行为，哪些是战争行为等。越轨行为是攻击性的释放或自我实现的经历，并因此区分为个性化和个体化这两种发展模式，保拉-卢多维卡·科里安多（Paola-Ludovika Coriando, 2003）在《个性化与个体化：尼采-莱布尼茨-亚里士多德》（Individuation und Einzelsein: Nietzsche – Leibniz – Aristoteles）中也论及这一点，即，除了心理学，哲学也研究这个问题。然后，为了不同的倾向，人类学研究的定位转移到了其他有利的领域，以便自己作为个体来体验自己。由此得出值得考虑的人类学结果：现代银行家是新的征服者吗？他们是否相当于以前的将军？马克思与恩格斯（1848）在《共产党宣言》中描写了生活领域的经济化，这不正有利于人类学的这种转变吗？卡尔·波兰尼（Polanyi, 1944）的《大变革》不是已经把社会描述为市场的附属品，并因此影响了"市场社会"这个概念吗？难道这不就是克劳塞维茨与勒内·基拉尔所假设的能使冲突升级的压力吗？如果按照海曼·明斯基（Hyman Minsky）在《它会再次发生吗？——论不稳定和金融》（*Can "It" Happen Again?—Essays on Instability and Finance*, 1982）中的理论，这些征服者是否也在战略上充分利用社会均衡的安全？对于明斯基而言，新危机发生的风险会随着与上次危机发生时间的距离的增加而增加。发现灾难（如操纵股市或出售有毒证券）后，不断宣布自己会变得更好，这不过是口头上说说而已，因为组织结构阻碍了社会公认伦理的指导。年轻的高校毕业生这些社会化精英在银行的投资部门工作，这里流行的规则是，"两年后退出"，即，在银行工作两年后，等他们每周工作 100 小时筋疲力尽之后，他们中的大部分就会被辞退，难道这些人与上述情况不匹配吗？因为银行职员的"朝九朝五"的工作时间意味着，银行家从早上 9 点工作到第二天早上 5 点，这与条件反射甚至与洗脑相关。这令人想到经济战争，至少凯文·罗斯（Ross, 2015）已经指出这一点。因此，这将作为经济战争实例，与西班牙征服者一样加以分析；对于这群人而言，或者不存在客观的回馈，让他们为自己行为的后果负责任，或者他们能够避免这些风险。

同时，努力做一件事，为公众做了或正在做有益的事情，这可以诱发越轨行为，并在自我反省中，使越轨行为合法化。在"道德自我许可：若好人允许做坏事"（Moral Self-Licensing: When Being Good Frees Us to Be Bad）一文中，安娜·莫瑞特等学者（Merritt et al., 2010）认为，当我们变得善良时，我们就会变得糟糕，因为个人建立了一个内在的道德账户，或做了道德平衡，因而对不当行为有一种内在的释放系统。这令人想起彼得·斯劳特戴克的"愤怒"概念。迄今为止银行家获得的奖金似乎可以给这一想法很高的客观度。

这类经济战争行为可以用风险平衡理论（Wilde, 1982, 1994）来解释：个人想保持自己的风险水平，会使一些领域更加安全，费用由第三者承担或抹掉，之后，个人或团体会愿意尝试更大的危险行动。如果个人为了其舒适感需要一定的风险水平，那么，他们会在其他领域获得这种风险水平——风险也就蔓延到其他领域，比如，业余时间体育运动中的赛车。这似乎可以解释，史蒂芬·平克（Pinker, 2011）所认为的，这个世界比以前更趋向于和平——上文曾提及，把受害者人数与居民总数进行比较。军事冲突难道不可能蔓延到其他领域（如经济领域）吗？难道不可以这样理解：日本和芬兰等低犯罪率国家因自杀率增加和精神疾病发病率增加而得到补偿吗？实际上，在西方世界中，可以断定，犯罪数量正在下降（Economist, 2013b），但很少有证据表明经济犯罪行为或经济战争行为所起到的替代效果，这一切很难论述清楚，更难将肇事者绳之以法，这说明，黑暗数据数量极高。

　　风险平衡似乎也发生在个人层面。在《意志力》（*Willpower*）一书中，罗伊·鲍迈斯特和约翰·蒂尔尼（Baumeister, Tierney, 2012）指出，自我控制是一种有限的资源。如果受到人为的强迫，爆发就会以其他方式进行——一旦被迫人为地提高风险水平，那就会产生侵蚀效应。自我控制在经济学中是在自我约束的语境中研究的。自我控制是领导力的关键成功因素之一，也是人类共同生活的普遍因素之一。轻轻推动是行为经济学家的小动作，轻推可以降低人们的风险意识，因为人会持续相信安全系统——这会给生活带来致命后果，特别是在那些不存在安全系统或安全系统不能正常运转的地方。①

　　风险替代机制是一种风险转移的行为现象。布鲁姆等学者（Blum

---

① 理查德·塞勒和卡斯·桑斯坦（Thaler, Sunstein, 2009）认为，轻推有很多作用，这说明，行为方式也影响行为本身，实际上，苏格拉底的启发式问答教学法早已经证明，行为方式会影响行为。

et al., 1988）的研究表明, 在交通领域, 虽然强制使用安全带可以提高汽车司机的安全感, 但这意味着他们驾驶的风险更大, 并导致更多的交通事故。特殊的损害（特别是脸部受伤）下降了, 但损害数量增加了, 这导致了损害成本的预期值低于预期。风险意识使人变得谨慎, 因此降低了损害事件的成本。一个人的风险水平随文化和性格类型的不同而不同, 正如自我高估现象（在极端情况下, 会将亵渎神灵作为极端的认知偏误）所表明的那样。因为高估实际上应该会带来损害, 它会引发对这种行为的纠正, 通过个人洞察力或选择, 也就是采用社会生物学的方法来纠正这种行为。但是, 事实上, 以一种自我意识为形式的高估确实带来了选择优势（Anderson et al., 2012）, 主要是因为它提高了社会地位, 使个人更有公共能力。迪特里希·多纳（Dietrich Dörner）在其未发表的论文提纲"伟大之人"（Großer Mann）中认为, 那些高估自己的人会强势地坚持自己的观点, 为了获得主导地位, 他们甚至会掩盖自己的错误。然而, 一个人有时也会过于高估自己的能力, 在具有社会保险制度、失败具有弹性的现代社会中, 这往往并不会引人注意, 因为社会市场经济体制中的社会福利正是建立在以下事实基础之上：创新者承担了风险, 他们不应遭受到生存威胁。社会福利网要承担风险, 但有人却滥用福利网, 使福利网成了福利吊床, 于是, 在福利网和滥用福利网之间存在冲突。毫无疑问, 从原始秩序观念的扭曲角度看, 社会福利网被充分利用; 除了社会包容甚至社会接受以外, 直到金融危机开始之后, 人们仍然会对这种大胆和冒险的行为表示敬佩。这些人不仅表现得傲慢无礼, 而且在新闻报刊中的反应也是如此。

2.2.6 邪恶、替罪羊机制与现代人的缺陷

现在要分析一般人眼中的邪恶。在《人性本恶》（*Über das radikale*

Böse in der menschlichen Natur）和《纯粹理性界限中的宗教》（*Die Religion innerhalb der Grenzen der bloßen Vernunft*）中，康 德（Kant, 1792, 1793）假设，因为人有自由的本性，邪恶乃人之本性，邪恶基于自爱超越理性，自爱占主导地位。基督教以魔鬼来象征邪恶。现代社会中很难做到这一点，并试图将其降低为疾病，比如脑损伤。安尼特·雷梅尔斯伯格（Annette Ramelsberger, 2018）在《我们中间的恶》（*Das Böse unter uns*）中写道，与其攻击某人是地狱和火，不如说，某人的大脑有病，尽管这种病并不属于某一科学范畴，无法衡量或归类。与战争和经济战争的定义类似，在"人类——在恶面前无所适从"（Der Mensch—ratlos vor dem Bösen）一文中，格奥尔格·白厄尔（Georg Beirer, 2006: 65-66）将邪恶描述为带来伤害和毁灭的东西，是一种事实上的身体邪恶，但也成为了一种道德邪恶，因为"作为一种自由的行为……它否定了善"。为了毁灭自己或其他人，人愿意作恶——这在基督教人文主义传统中被理解为对自己的疏远，但也可能有一种生物学原因，这与下文有关同情的看法一样。乔治·白厄尔参考了卡尔·古斯塔夫·荣格（Carl Gustav Jung, 1964）在《人及其象征物》（*Der Mensch und seine Symbole*）中建立的人格模型，该模型假设，人人都有阴暗面，这可看作在"自我建设"中被忽视、被丢弃或不被接受的自我的一部分，或没有意识到的一部分，或集体元素的一部分。这是人格的低劣部分，包括邪恶，现在可以把邪恶投射到第三者身上。作为一种应对形式，其后果是，自己的攻击行为感觉似乎是另一个人的侵略行为，然后自己的攻击只是一种防御形式。因此，目标是必须要认识到邪恶是反伦理的源头，邪恶的对立面是善，而善则可以被积极纳入人性中进行整合。

回到该隐与亚伯的故事。在《世界消逝后的隐匿万物》（*Des choses cachées depuis la fondation du monde*）中，宗教哲学家勒内·基拉尔等学者（Girard et al., 1981）提出了这个问题：如果暴力和恶性竞争同时处于文化之初，会发生什么？存在一种基础暴力，这种暴力被转化为有利于所有人的一种牺牲，并因此净化了社会。这种替罪羊机制与《圣经·旧约》有关。[①] 但替罪羊机制的实例却从旧约时代一直持续到现代。因此，现在的问题是：必须要有多少激烈的对抗经验，才能最终稳定经济秩序？似乎毫无意义的牺牲到底有没有意义？如果这些意义变成了社会经验，会发生什么？后来，基拉尔（Girard, 1987）称替罪羊机制是一种社会过程，通过这一过程，具体的威胁和所选择的替罪羊之间建立了联系，这往往不符合任何逻辑，只能利用心理学解释模型才能理解。然后，团体中的邪恶就转变为文化行动，获得和解与稳定。值得关注的是，可以观察到，政客们认为，金融危机无疑是全球经济危机的开端，从而迫使银行承担这一角色，以转移人们对自身监管失败的注意力。伊安·罗伯逊（Ian Robertson, 2013: 299）以纳粹和大屠杀为例指出，在民族处于创伤状态时，替罪羊机制威力巨大。

在此背景下，鲁文·布伦纳（Brenner, 1983）认为，历史过程中要冒险，所以，历史过程可以视为赌注或投机，当自己的经济地位受到威胁时，历史过程也可用来进行种族歧视，以迫害其他种族。根据这里的概念定义，反犹太主义是经济战争的经济后果，这来源于这一思想：将犹太人的权力解释为社会成功，特别是经济成功。于是，反犹太主义在世界经济危机中十分坚定。

在"贫穷——在基督里自由地活成爱"（Armut—befreit in Christus die Liebe leben）一文中，格奥尔格·白厄尔（Beirer, 2015）从神学角度

---

① 在犹太赎罪日，大祭司要宣告犹太人的罪，把双手放到公山羊头上，把罪归给山羊，然后，戴罪的山羊被放到旷野，可能在旷野中死去（Vgl. LEV, 16: 1-16）。

研究了人缺乏经验的问题,其出发点是,人只会去反对那些被自己意识到的东西。人必须认可他本身的深渊,因为只有这样,他才能认识到自己的缺点,他才能找到对立面,这对立面是自己选择的禁欲,即"贫穷"。这样,他就能脱离外部的评判,获得自由,而不是否定自己的错误,徒劳地与错误做斗争。贪婪只不过是对需求未获满足的反对;如果人们认识到了贪婪,那么,只要有意识地收回物质要求,就可以治愈贪婪,然后,贪婪会以社会能承受的合成方式成为社会变革的重要推动力。在这一辩证关系中,心理贫困指的是情感缺陷、自卑感和自我贬值;精神贫困指缺乏自主和认识意愿;道德贫困表现为寻找价值和用途;精神贫困中也包括全能想象,想要设立账户,往账户上存款,以评估生活。要求自由和自我解放的贫困并不是要求放弃,而是对外来约束的内在释放。因此,任何基于效用和效率权衡的经济体系都是一种威胁。

事实上,所有人或多或少都是不稳定的。唯一的问题是你如何处理它。不稳定并不属于自己的认知范畴。鉴于上述人性深渊及由此而来的能力,通过处理负面因素,可以使自己不断成长,心理更加坚强,从而使自己稳定。经济战士很难以社会接受的方式做到这一点。他们可能会沉迷于媒体报道的所谓成功中,这一点是许多不稳定的人物所熟知的。这可以使人上瘾,但无论如何可以产生确定的反馈效应。

2.2.7　嫉妒作为合作与破坏的催化剂

"嫉妒"这一现象可以说明个人合规行为和社会认可之间的辩证关系。嫉妒是人际关系的重要协调器;对嫉妒的恐惧抑制并调节了无数行动。在《嫉妒与社会》(*Der Neid und die Gesellschaft*)一书中,赫尔穆特·帅克(Schoeck, 1966/1992: 14)写道:"所以我认为,可以展示两个事实:一、嫉妒很普遍,比迄今为止大多数情况下所承认或所看到的更普遍,是的,正是有了嫉妒,所有的社会共存才有了可能。二、但是,我认为,一些领域已经从嫉妒中发展了自己的社会哲学和经济哲学,相比于这些领域,作为社会政策中并未言明但已承认的关键,嫉妒更具有破坏性。"

嫉妒是社会关系较近的一种现象,如有疑问,嫉妒就发生在邻里之间,这与对抗产生了联系。嫉妒并不涉及绝对的不同,而是涉及对这种不同的主观感觉——嫉妒的人寻求确认他的嫉妒。与这一发现相匹配的是实证研究的结果:与犯罪率相关的并不是收入高低,而是人们所感觉到的差距。[①] 这可能也可以解释,通过欧盟和欧元,希腊与德国建立了密切关系,德国帮助了希腊,而希腊却对德国显示出攻击性。

赫尔穆特·帅克(Schoeck, 1966)认为,嫉妒是人类早期的一种不可磨灭、永不满足的本能因素,因此,嫉妒始终懂得如何组织它与环境的关系,嫉妒永远无法停止。主导地位期望是经济战争的核心概念,它在嫉妒中找到了它的心理滋养。如果一个人或群体要对第三者做出预测,他要预测自己的客观可测量的地位,如果他臆测的地位低于自己的要求,同时,他还一直相信,他的地位甚至可能会被侵蚀,而且很难通过自己的努力得到稳定,那么,嫉妒之心就会油然而生。两种情况会随之而来:一、社会改革不会减少这种嫉妒。你越想通过礼物和恩惠来消除嫉妒者产生嫉妒的可能原因,你就越能向嫉妒者显示你的优越性。在最严重的情况下,嫉妒者会嫉妒行善人的性格,这限制了做善事的可能性。嫉妒者可能随时会伤害自己,如果他们也能伤

---

① 霍斯特·恩托夫和汉内斯·施宾格勒(Entorf, Spengler, 2002)为德国做了证明;汉斯-约尔格·阿尔布莱希特和霍斯特·恩托夫(Albrecht, Entorf, 2003)为欧洲做了证明。见托马斯·费尔特斯(Thomas Feltes, 2005)的概述及平等信托关于不平等和异常行为的分析(http://www.equalitytrust.org.uk/)。

害被嫉妒者的话——嫉妒极有可能自我毁灭。二、消极的嫉妒者会上升为具有攻击性的犯罪人，如果他以为，自己经历了不公正，要求补偿。这为主导地位期望的理性模型提供了心理上的理由（见第一章），根据这一模型，那些看到自己的地位受到威胁的经济人士，会变得极具攻击性。

最后，嫉妒是阴谋式消费的关键推动力，阴谋式消费是一种很明显的共谋消费行为和有效消费，对此，托斯丹·凡勃伦（Thorstein Veblen）在《有闲阶级论》（*The Theory of the Leisure Class*, 1899）中已做论述，后来又对此进行了深入研究。但嫉妒也是暴力的源泉，对此，亚明·法尔克（Armin Falk, 2017b）在"不平等地位、道德疏离和暴力"（Status Inequality, Moral Disengagement and Violence）一文中指出：立场的差异导致道德脱节，使自己处于另一个位置的能力在下降，这会使嫉妒和蔑视滋生。随之，内心对实施暴力的抑制力也就降低了。

2.2.8　社会背景下的经济战争行为

如果个人或集体的主张不能在当时当地实现，那么，人们会把这些主张转移到超验的地方，因此，马克思（Marx, 1844）写道："宗教是被压迫生灵的叹息，是无情世界的心灵，就像它是无意识状态的精神一样。宗教是人民的鸦片。废除作为人民虚幻幸福的宗教，也就是实现其现实幸福的要求。"因为宗教帮助人们即使在恶劣的生活条件下也能获得满足和希望，因为它提供了使嫉妒者不再嫉妒，使被嫉妒者摆脱对嫉妒者的内疚和恐惧的观念。

对此，在"杀戮是人性"（Töten ist menschlich）一文中，精神病专家汉斯-路德维希·克雷伯（Hans-Ludwig Kröber, 2012）写道，如果对抗被视为纯粹的快乐经历、自我实现或自身力量的自我肯定，那么，对抗可能会使暴力的使用成为可能,而且似乎是合法的。因此,使用暴力不仅与缺乏共情力有关,而且与这些问题相关:哪些破坏性和侵略性潜藏在每个人身上?存在哪些群体结构来促进或抑制人的侵略性行为?这里需要有国家来领导,国家可以首先通过教育系统,之后再用惩罚和威慑来遏制这种行为。同样,只有通过领导并实施对暴力的垄断,才能使大量潜在的、有暴力倾向的人在社会上得到限制,无论是在经济界、在军队,或在政界。

国家拥有实际有效的暴力垄断,相应地,经济上也需要有效的秩序垄断,它应该保障开放市场,防止经济暴力。马克·恩格尔哈特(Marc Engelhard, 2014)在"神圣战争神圣利润"(Heiliger Krieg heiliger Profit)一文中写道,国家的任务是保护其公民不受战争和恐怖主义的危害,尤其在混合冲突和经济原因导致的恐怖主义的背景下,与国家任务一样,有必要提出一个经济保护的问题。为了实现目标,管理人员可以同时动用物理暴力手段和经济暴力手段。实施经济保护是国家领导人的任务,国家领导人则是公民社会的形象。如果经济保护变质为"沆瀣一气",变成了社会反规则行动的稳定核心,经济保护就会反过来抵消反应原则,因为这里出现了这样的危险:尤其当新影响长期起作用时,潜力就开始稳定化,并促使人发生变化(Neyer, Lehnart, 2008; Roth, Pauen, 2008; Roth, 2012)。对于违法者,可以区分三种典型情况:

- 工具性犯罪者,他们通过周围环境学会了把暴力当作战略解决方案来使用,因为暴力给了他们地位。

- 没有压力处理能力的犯罪者,他们对自身反应式攻击性行为的冲动抑制不足,他们拥有一种减弱的共情能力,这与一种自我镇静系统相关。他们大多是失败的精神病患者。实际上,在双胞胎研究中, 研究人员发现, 在财产犯罪中有 80% 的一致性, 在暴力犯罪中有 50% 的一致性, 这支持"天生的罪犯"这一论点, 该论点最早由切萨雷·隆布罗索 (Cesare Lombroso) 在《犯罪人论》(*L'uomo delinquente*, 1876) 一书中提出, 在该书中, 他把罪犯按照人格特征进行了分类。今天, 基因排列可以指出犯罪倾向, 并强调, MAOA 暴力基因也就叫作"斗士基因" (Guo et al., 2008; Beaver et al., 2009)。[①] 已经确认, CDH13 基因也有类似潜力。不过, 这里并不存在简单的生物决定论, 因为环境影响也可起到积极或消极作用。

- 第三类罪犯是高智商精神病患者, 他们的智商足可进行操控行为, 共情力较低, 习惯于撒谎, 外部形象往往很有魅力; 他们往往很成功。在《个体心理学》(*Individualpsychologie*) 一书中, 埃尔温·韦克斯贝格 (Erwin Wexberg, 1930) 将正常人与罪犯的区别简化为一点: 前者有用, 后者不为社会所认可。凯文·达顿 (Kevin Dutton, 2012: 230) 指出, 显然, 一些政治、经济或军事领域的领导者与病态的精神病患者之间的差距很小。如果他们有犯罪行为, 大家往往很惊奇, 因为之前他们很少被注意到。达顿提出了七种原则, 它可以使一个人从受害者变成胜利者: 肆无忌惮、魅力无敌、专注、意志坚定、无畏、正念、行动迅速。他们具有高度的冒险精神、对惩罚的精神免疫、冷酷无情和低同理心, 这些都注定了他们可以成功越界, 而其他

---

① 人类学家讨论的问题是: 人生来就是战士还是后天发展成了战士? 道格拉斯·弗莱和帕特里克·索德伯格 (Fry, Soderberg, 2013) 认为, 为了增加人口密度而以定居来定义财产权, 这是集体暴力冲突的关键导火索, 但并不质疑个人暴力立场。

人却会越界失败。因此，他们具有改变世界的巨大潜力。史蒂凡·罗普克（Roepke et al., 2013）的研究团队证明，此类精神病患者的大脑活动显然已经发生变化，因为负责同情力的细胞层没有发育。[①] 社会生物学研究发现，这样发展的必然结果是他们的双重道德，因为针对第三者的内部联系过于强大。这类罪犯中，男性居多，这可以这样来解释：女性被视为缺少基因的物种，而男性在选择系统中忍受了更高的竞争压力。

在《自恋者社会》（*Die narzisstische Gesellschaft*）一书中，汉斯-约阿希姆·马茨（Hans-Joachim Maaz, 2012: 23, 60-64）研究了人格障碍，他认为，患有人格障碍的人有着固有的自卑感，即使成功也无法消除，尤其是当聚光灯熄灭之后。他认为，有人格障碍的人可能会造成严重的政治后果，就像狂妄自大的企业家在他们的机构内处理他们的精神问题，最终导致机构崩溃，留下一片狼藉，或者在现代国家，债台高筑——他称之为"自恋幻想"。在"财务总监：自恋和金融报告质量"（Narcissism and Financial Reporting Quality）一文中，查尔斯·汉姆等学者（Ham et al., 2015）写道，如果有人格障碍的人负责金融，报告制度就会缺乏质量和控制。但这只是部分事实。大卫·赫舒莱夫等学者（Hirshleifer et al., 2015）的论文"超自信财务总监是更好的创新者吗？"（Are Overconfident CEOs Better Innovators？）证明，那些特

---

① 这种现象归因于大脑中的杏仁核，它应负责情感和恐惧。这部分有损伤的人有行为障碍；罪犯的杏仁核数量减少了。在乌尔里克·梅茵霍夫（Ulrike Meinhof）死后，她右颞叶基底节区被发现有大面积损伤，1962 年，她因怀疑患了肿瘤做了大脑手术（ARTE, 2002）。卡特琳·霍尔默（Kathrin Hollmer, 2016: 39）在《南德意志报》发表文章"毒贩也是商贩"（Drogenhändler sind auch Händler），她报道了一次成功的实验，高智商罪犯在监狱里被教育成了具有主观能动性和执行力的企业创始人。

别自信的领导人显得极富成效，当然仅限于在高度创新型工业中。在"自恋和艺术市场表现"（Narcissism and the Art Market Performance）一文中，周怡（Zhou Yi, 2016）报道了艺术行业中的自强机制，他认为，自恋的艺术家获得了更多的成功和认可，这对他们的表现产生了积极的反馈。在一定程度上，自恋确实有助于心理健康。

这一冲突倾向和风险倾向已被纳西尔·盖米（Nassir Ghaemi, 2012）所证实，在《一级疯狂》（A First-Rate Madness）一书中，他假设，和平年代会促进健康的领导者，而一个巨大变革的世界对精神病患者更有利。他描述了健康心智的逆向规律：精神病患者应在好的时代得到治疗，在世界状态不佳时，精神病患者会对社会有益。如果因为抑郁而能够更清楚地看清世界，那么，抑郁症会支持人的领导特征，比如，希特勒和丘吉尔都患有抑郁症，他们也懂得，如何充分利用自己的抑郁症；相反，患者的认知偏差一旦达到一定的水平，患者甚至不能再进行理性思考与反思，那么，这一说法就不成立了。对于这些人而言，缺乏清晰的认知和不断变化的环境条件都意味着衰落和无关紧要，他们通常很难应付。例如，在2013年3月至2014年12月期间，全球共51名银行家多多少少神秘死亡——自杀、谋杀、车祸、飞机失事等（Kielinger, 2014）。

美国精神病研究协会（American Psychiatric Association, 2013）根据《精神病患诊断与统计数据》（Diagnostic and Statistical Manual of Mental Disorders）对精神病进行分类，这个标准也用来评估患精神病的刑事犯。数据显示，患精神病的刑事犯与领导者的性格相互兼容，比如，他们都自恋，因为患有所谓的B组人格障碍的人极端自我，几乎没有能力站在第三者角度理解其思想世界，因为他们的自我价值感很低，一直期待第三者的认可，并通过自己的表现而过度补偿，但同时往往无视基本的社会规范。显然，他们的表现使他们在社会上极具竞争力，但自恋水平并不决定竞争能力（Luchner et al., 2011）。这里的重要问题是，自恋是否以傲慢、自负或侵略性的形式存在，从而不仅促进了正常的竞争，也促进了过度的竞争？或者自恋是否是隐藏的？自卑的人会显得脆弱和敏感，很少表现出正常的行为，但在某些情况下会有过度的竞争行为。在公共媒体中，这种行为也表现为算老账，自恋者因而会被排挤，因为周围环境认为他充满敌意、过于剥削。与此对立的是脱离社会的人，他们以缺乏同理心、忽视规则与价值观为特征，因此，也有人称之为分离障碍。现代大脑研究显示，一个人的共情力与其大脑中的"慷慨感"区域有关联。对于有同情心的人，行善会导致大脑皮层活动模式的增加，即预制社会行为，他们会因为做善事而受到奖励（Lockwood et al., 2016）。

原则上，这里提出一个问题：到底什么可以判定为心理健康？可以肯定，内心可以感受到下列状态的能力属于心理健康：自己的心理问题、对第三者实施暴力、对自己实施暴力、否认过程、自恋式全能妄想。因此，出现一个怀疑空间，心理上要承认自己的脆弱性，承认人与人之间和自己的依赖性。在《心理学——无意识理论》（*Psychologie—die Lehre vom Unbewussten*）一书中，玛丽安·莱辛格-波尔贝格和海因茨·韦斯（Leuzinger-Bohlberger, Weiss, 2014）认为，这种内心态度被称作抑郁位置，它可以预防早期的人格分裂。实际上，这种反思能力被认为是心理成熟的标志之一。

人类（以及其他灵长目动物）大脑中的镜像神经元模型可以表明创造文化认同与身份认同的特性，以镜像方式显示其他人的状态，从而触发一个陌生和自我识别的过程，打哈欠传染就是经典实例。一些过程被模拟，以便能理解世界，并适应这个世界。当一个人看到其他人痛苦的时候，他也会感到痛苦。人的同理心可以训练，这说明，为了中断消极的对应关系,建立积极的相关群体至关重要。大脑研究学者克里斯蒂安·凯瑟斯(Christian Keysers, 2011)的实验证明,精神病患者有能力关闭镜像,不再具有同理心。但目前,镜像神经元的真实存在受到了质疑(Hickok, 2015)。同时,在"从杀死疼痛到杀死同情力"(From Painkiller to Empathy Killer)一文中,多米尼克·米施科夫斯基等学者(Mischkowski et al., 2016)指出,止疼药物可以使人降低自己的感觉,也会降低感知第三者的能力,这一点尤其值得关注。

2.2.9 主导地位经验及其对人类的影响

在儿童的社会化过程中,主导地位经验发挥了重要作用。曼努埃尔·斯托伊伯和梅奇希尔德·舍佛(Stoiber, Schäfer, 2013)认为,大约三分之一的儿童都有强烈的意愿去追求自己的目标,即,愿意将其他人团结在一起,共同追求自己的目标,并利用这些目标来控制资源,这似乎对实现主导地位期望至关重要。其中明显有两种战略:一、合作战略,在同情和接受的帮助下进行合作以达到目标。二、强迫战略,具有攻击性,以不再受欢迎为代价,但这种战略很流行。对于社会受歧视儿童和年轻人而言,这种流行性往往是获得某种认可(即使是消极形式)的唯一途径。他们期望被感知!这验证了古老的智慧:"糟糕的评价比没有评价要好。"但总有一天,这些恃强凌弱者不得不以善意的合作来代替他们的恃强凌弱策略,以实现可持续的领导。正是因为有一致性压力,这类网络架构才稳定下来,这已经被顺应潮流主义研究所证明,该研究的创始人是所罗门·阿什(Solomon Asch)。如果没有这种压力,可能发展出极其异质性的群体,这些群体的架构是跨越身份认同的。约翰逊等学者(Johnson et al., 2009)的研究已经证明这一点,他们将一些被视为公共威胁的活动和网络论坛做了比较,参与这两类活动的人员在年龄、性别、社会背景等方面极为不同。这两种集体活动的内部都建立了分工团队，即，他们并不是整体的。这一研究结果与关于国际犯罪集团的研究结果相吻合。马丁·奥伯绍卡领导的研究团队（Obschonka et al., 2013）发现，许多高管年轻时在社会上很突出，因为他们经常违反规则。最后，弗拉达斯·格里斯克维西斯（Griskevicius et al., 2013）的研究团队发现，一个人的风险素质也深受他童年时期经历的影响。因此，如果一个人是在贫穷状态下长大的，那么，他就愿意在短期内承担风险，相反，童年时期的富裕环境使人有更低的风险意愿和更谨慎的行为。一个人不可抑制的上升欲望往往归因于他的关键经历，比如，意识到自己会遭遇错误惯例的影响，这些惯例在社会上是约定俗成的，但从个人角度来看，这是个孤独的历程，感觉自己似乎是个局外人，这与参照群体的成功行为方式形成鲜明对比。

其他的研究结果也证明了儿童早期生活经历的影响。在"抑郁婴儿：宏观经济经历影响冒险吗？"（Depression Babies: Do Macroeconomic Experiences Affect Risk-Taking？）一文中，乌尔里克·马尔门迪尔和史蒂凡·纳格尔（Malmendier, Nagel, 2011）的研究问题是，宏观经济经验是否影响风险承担？比如，在1920年代经济危机时期，一些人遭受了宏观经济的不利影响，他们的冒险意愿较低；实际上，一旦受到股票市场成功的影响，人们更愿意冒险去投资。显然，基本规则是，经济动荡的经历会限制人的风险偏好，萨姆里·克努普弗等学者（Knüpfer et al., 2014）的论文"劳动力市场经验和投资组合机会：芬兰1990年代初大规模抑郁的证明"（Labor Market Experiences and Portfolio Choice: Evidence from the Finnish Great Depression）也证明了这一点。在"时间改变冒险意愿"（Time Varying Risk Aversion）一文中，吉索等学者（Guiso et al., 2014）得出了类似结论，他们研究了 1990 年代末股市动荡之后意大利银行客户的冒险行为，这些冒险行为可谓混乱不堪。然而，除了这些社会影响之外，还存在一种基因遗传风险倾向，在"先天还是后天：什么决定投资者行为？"（Nature or Nurture: What Determines Investor Behavior？）一文中，阿米尔·巴尔尼亚等学者（Barnea et al., 2010）通过双胞胎研究验证了这一点。荷兰学者认为，甲基化（即 DNA 的读取）可通过饥饿经验而改变——就像 1944/1945 年荷兰饥饿的冬天所发生的那样：当年出生的妇女曾是"饥饿婴儿"，她们会再次生下弱小的孩子，而且这些孩子患有心血管疾病的频率高于平均水平。实际上，表观遗传学（即研究影响基因活动的因素的科学）表明，有害化学物质、匮乏、压力或创伤经历等可以改变基因的活动模式（Czaja, 2008），而不会干扰 DNA 的顺序结构。这一效应可能还会在后代中起作用（Skinner, 2015）。

　　原生家庭对儿童成长发挥着重要作用。在"富裕成长使领导人更自恋"（Growing Up Wealthy Makes Leaders More Narcissistic）一文中，肖恩·马丁等学者（Martin et al., 2016）写道，富裕家庭的孩子往往自我意识强，儿童自恋行为的倾向性随父母财富的增加而增强，但这些孩子的领导能力却随之下降。首次就业经验同样影响人的性格。在"被繁荣和梦碎所塑造：经济如何影响 CEO 的职业成功与管理模式"（Shaped by Booms and Busts: How the Economy Impacts CEO Careers and Management Style）一文中，安托瓦妮特·朔尔和左罗（音译）（Schoar, Zuo, 2011）则认为，与那些在经济繁荣期就业的人相比，在经济低迷期就业的人会长期保持对风险的保守预测。

　　总之，负面冲击似乎会增加风险厌恶感，但不利的生活条件会减少风险厌恶感，也许是因为只有通过冒险才能摆脱这种希望渺茫而不利的境况，而且与成功者的情况不同，从害怕失去的角度看，并不成功的人如果回到较贫穷或影响力较小的地位，这并不会使他们感到多么痛苦。

关于企业的社会义务和责任、企业经理是否对环境负责的问题，克劳德·阿奎韦克和凯瑟琳·恩西纳（Aqueveque, Encina, 2010）论及了"社会中的玩世不恭"。在《投资银行家之死——金融业的风俗》（*Tod eines Investment-Bankers—Eine Sittengeschichte der Finanzbranche*）一书中，尼尔斯·奥尔曼（Nils Oermann, 2013a）写道，许多银行家恰好很典型，他们横行霸道，带领大群人马为非作歹。不仅行业如此，一些地区也如此：硅谷似乎也吸引这类人，与美国传统成功人士的慈善行为相反，这群人并不会为了慈善而贡献自己的财富。因此，换个角度看，关系结构的变化对于改变越轨行为至关重要（Neyer et al., 2010）。另一方面，阶层的消失意味着一种威胁，因为在自发的关系结构网络中，在成群结队的暴力中，来自外部的控制失败了。最后，在"压力如何影响不同性别的绩效和竞争力"（How Stress Affects Performance and Competitiveness across Gender）一文中，雅娜·卡尔什科娃等学者证明（Cahlíková et al., 2016），女性在压力下的竞争力较小，男女在工作中具有不同的工作效率。另外，莫琳·雪莉（Maureen Sherry, 2016）的书说明，男性占主导地位的工作世界可能会有意识地建立这种压力因素，以减少女性竞争。

2.3　个人的金钱、贪婪、妄自尊大

三个心理学关键理论可用来解释以超越规范的方式发生过度对抗的现象，即持续越轨行为、风险平衡和对应原则。

- 社会行为方式比较分散，因此，也存在异常行为，其违反规则的程度是通过社会一致性来定义的——这也可用于犯罪行为，即，极端的反规则行为；

- 人们试图保持自己的风险水平，因此，那些降低风险的措施反而会提高人们的风险偏好，比如，佣金制度几乎毫无亏损；

- 人们根据自己的性格、按照其反应规则寻找自己的环境和周围世界，这反过来又会强化自己的性格特征。

在这一切之上，是权力意志与服从权力的意志，服从权力就是接受权力的决定。如果没有人实施权力，如果长期存在权力真空，秩序往往会崩溃。现代的将军和大企业时代的领导者不得不去征服市场，从而面临持续的扩张危机，因此，他们大多是自恋性格，尤其在IT行业和金融业。投资银行家可以与部落首领、十字军将军和征服者相提并论。另外，他们使用了类似的词汇，他们也自我招募"部队"，实际上这也要求队员有类似的性格。1095年11月27日，教皇乌尔班二世（Urban II.）向十字军发布命令时，骑士们回应："奉上帝旨意！" 2009年11月8日，高盛集团总裁劳埃德·布兰克梵面对震惊的公众说："我只是个银行家，要奉行上帝的旨意。"2012年，为了"神的旨意"，他获得1,330万欧元收入（Süddeutsche Zeitung, 2013d）。[①] 甲骨文总裁拉里·埃里森说："我们是掠食者！"他鼓励员工说：竞争对手是敌人，甲骨文是一家勇士公司，甲骨文的员工都是战士。他们的战斗口号是："我们杀死

---

① 这种君权神授和社会达尔文主义的统治合法化思想在英美领袖人物中由来已久，是基于对约翰·加尔文教义的亵渎性解释，在美国工商业首代创始人那里很典型，如乔治·贝尔（George Bear）、约翰·摩根（John Morgan）、约翰·洛克菲勒和安德鲁·卡耐基（Engdahl, 2009: 30-31, 62）。《天命论》（Manifest Destiny, 1845）主张的地理扩张主义也与此相关（见第四章）。

他们！我们杀死他们！"（Ziegler, 2003）。

经济战士往往从小就开始练习他们的作战步骤，所以，他们是专业人士，作为崛起者，他们几乎不害怕失去。很多历史名人都如此，比如弗朗西斯科·皮萨罗、埃尔南·科尔特斯、洛克菲勒、埃德森·米切尔（Edson Mitchel）和安舒·贾恩（Anshu Jain）。据说，摧毁印加帝国的弗朗西斯科·皮萨罗曾是个养猪仔。埃尔南·科尔特斯来自贫穷的西班牙贵族家庭，他主要从家乡招募军队，这种同质性——放弃第三者的意见和话语——促进了该集团内的激进化。两人都具有绝对的技术优势，他们冷酷地对中美洲阿兹特克人和南美洲印加人进行了大屠杀。尼尔斯·奥尔曼（Oermann, 2013）在《风俗史》（Sittengeschichte）一书中写道，这些特征也完全适合投资银行家，比如，埃德森·米切尔喜欢自称上帝。安舒·贾恩是米切尔的继任，因为担心安舒部队的长驱直入，安舒·贾恩的朋友比尔·布罗克斯密特（Bill Broeksmit）不能出任董事。从社会生物学角度看，这里出现了内部高度认同的现象，它使侵略性能够向外扩张。这里也有自恋行为。然而，这种想要赢利的冒险意志（或任务）会迅速转化为贪婪，这也受到了一些看似无关的人的推动，比如股东，股东在低利率前提下满心狐疑地寻找高收益投资项目。《德国商报》（Das Handelsblatt, 2014b）称前高盛集团德国区总裁亚历山大·第伯里斯（Alexander Dibelius）为一条"鲨鱼"，因为他的禁欲主义生活方式、执行能力与冷酷无情，《德国商报》称他是"德国最强硬的银行家"。

真正的军人往往有侠义之举。比如，隆美尔将军（Erwin Rommel）赢得了敌人的高度认可，被冠以"沙漠之狐"的称号；麦克阿瑟将军（Douglas MacArthur）在1945年高瞻远瞩，使昭和天皇（Kaiser Hirohito）留任天皇，这为日本从传统社会过渡到现代社会做出了贡献。那么，经济战士是否像真正的军人那样也有侠义之举？这一点尚不清楚。

这类事件还包括下述事实：2008 年，为了拯救盎格鲁-爱尔兰银行，该行总裁戴维·德拉姆（David Drum）和约翰·鲍维（John Bowe）获得了"德国蠢钱"，在该银行破产后，他们再也不用还钱了（FAZ，2013c），他们欣喜若狂，高唱德国国歌。[①] 这家银行因进行金融投机和非法贷款而陷入困境，爱尔兰政府不得不耗资约 340 亿欧元来拯救它，为此，爱尔兰政府几乎破产。该行负责董事威利·麦卡蒂尔（Willie McAteer）和帕特·惠兰（Pat Whelan）后来被判刑。迄今为止，银行家们时常表现得无所不能，而现在，所谓的激进投资人正在接替这个角色，并试图通过大量金融杠杆的心理恐怖，迫使企业接受他们的意志。

经济战士喜欢以全能想象来展示自己，在某一时刻，他们感觉自己是超级明星，实际上，他们更倾向于剥削企业，而不是服务于企业：[②] 他们比同事们挣钱更多，做公关工作，他们也写书。乌尔里克·马尔门迪尔和杰夫·泰特（Malmendier, Tate, 2009）在"超级明星CEO们"（Superstar CEOs）一文中写道，这些经济战士被公开表扬后，他们可能会崩溃，因为他们认为，他们自己就像媒体所展示的那样，起着重要作用。威望迪环球集团总裁让-玛丽·梅谢（Jean-Marie Messier）就

---

① 《法兰克福汇报》（FAZ, 2019b）指出，德国投资真的太蠢。德国对外投资利润率远远低于国际平均水平。美国这方面的收益几乎是德国的三倍，因此，德国外贸出超就这样消失殆尽。

② 实际上，成绩压力和错觉有利于全能想象，错觉会使人误以为，成绩是个人的成绩，是个人设计的一部分。这样就产生了一个效果链，最终产生统治意志和主导地位期望，这又导致对抗。文中多次提及，即使魅力无穷的经济战士也需要环境。因此，成绩必须置于个人与集体的矛盾关系中（Verheyen, 2018）。

是一个失控的经理,他在自传中自称"J6M"(Messier 2000)。在"银行家高估自己"(Banker überschätzen sich)一文中,本恩·诺伊巴赫(Bernd Neubacher, 2015)阐述了他对IBM公司的研究结果,结果显示,银行家的自我感知与他人对他们的感知有很大的差距,而这种差距在资本管理行业尤其大。激进投资人及其参股公司的情况也是如此。例如,美国基金埃利奥特及其总裁保罗·辛格(Paul Singer)已臭名昭著,该基金所持德国蒂森−克虏伯集团的股权仅有3%,却在很短时间内就迫使该公司董事会主席海因里希·赫辛根(Heinrich Hiesinger)与监事会主席乌尔利希·莱纳(Ulrich Lehner)辞职,以便有机会拆分这家集团。斯文·阿斯特海默(Sven Astheimer, 2018)在"德国之无价之宝"(Deutschlands kostbarster Schatz)一文中报道过,这件事情涉及心理恐惧与心理压力,与私人环境有关。

　　这类人物从事破坏、欺骗和操纵行为,毫无负罪感。他们能读懂他人的思想,即,他们有高情商,这使他们成为强大的操控者。缺少同理心使他们忽视道德和法律问题。如果把领导者所期望的特征与精神疾病特征相对比(见下文括号内文字)(Dutton, 2012: 159),就会发现,领导者的特征与精神异常之间的差距往往很小,而且,这一点往往并不能立即显现。

- 魅力(表面魅力)
- 自信(妄自尊大)
- 影响能力(操纵倾向)
- 说服能力(哄骗能力)
- 想象力丰富的思维(幻想、编造复杂的故事)
- 承担风险的能力(冲动)
- 行动力(渴望去冒险)

● 做困难决策的能力（感情贫乏）

本章的两个实例证明，伦敦同业拆借利率（LIBOR）丑闻及同类银行丑闻的始作俑者和历史上的征服者都是经济战士，这也说明，一定的个性特征对于持续的对抗行为至关重要。

2.3.1　征服者与历史上的经济战士

西班牙语单词"conquista"（征服者）本意指一种用以开发新地区的工具（Mondfeld, 1981; Bartolomé, 2002; Siegert, 2006）。征服者由冒险家、雇佣兵、商人和神职人员组成，神职人员将基督教传播到被征服的土地上。一般情况下，这个团队的队长（比如埃尔南·科尔特斯）会争取到开发权，即，有权开发被征服地区，但是，当时缺乏地理知识，被占地区往往无法划定边界。这一许可包括对殖民地进行经济剥削的权力，即进出口货物的权力。为此，宗主王国征收许可证费。国王参与征服行动，但所参与活动只是允许征服者制定一定的法律和司法制度，因此，在征服殖民地后，征服者越来越多地渗入这些国家，并最终接管这些国家。

经济与战争的相互依存关系在殖民化过程中显露无遗，比如香料贸易。12—15 世纪，香料贸易由阿拉伯人和地中海沿岸的人组织和控制。关税和收益增长的结果是，那些较富裕的社会阶层首先享用香料。威尼斯条件最优越，因为它与阿拉伯人打交道，阿拉伯人控制着重要的陆路和海路，因此，威尼斯人就成了欧洲这一例外市场的主要供货方。西班牙人和葡萄牙人的目标是打破威尼斯人的这一垄断地位，因此，他们开始自行寻找前往香料群岛的商路，以便取代威尼斯这个中间商。

1492 年 10 月 12 日，克里斯托弗·哥伦布（Christoph Kolumbus）

终于航行到了陆地，他以为自己找到了前往印度的海路，实际上，他发现了到当时为止还不为人知的美洲大陆。美洲没有香料，但富有黄金，他们开始掠夺资源，导致了原材料灾难，达龙·阿西莫格鲁和詹姆斯·罗宾逊（Acemoglu, Robinson, 2012）称之为"采掘行动"，这给葡萄牙与西班牙的经济带来了长期的严重损害，引发了大量破产。

1487—1488 年，巴托洛缪·迪亚士（Bartolomeu Dias）预测，航海绕行好望角，可通往印度。1497 年，受葡萄牙国王委托，瓦斯科·达·伽马（Vasco da Gama, 约 1469—1524）寻找通往印度的海路。1498 年 5 月 20 日，在印度洋专家艾哈迈德·本·马吉德（Ahmed Ben Madjid）与领航船的帮助下，达伽马航行至马拉巴尔海岸的港口城市卡利库特，这里是最大的香料转运港。达伽马签订的合同规定，葡萄牙用黄金、白银和珊瑚来支付购买胡椒、丁香和生姜的费用。但是，在返航时，他却发动了战争，迫使当局驱逐了当地的阿拉伯商人，肆无忌惮地袭击了几百名正在前往麦加朝圣路上的信徒，从而确定了葡萄牙在印度香料贸易中的主导地位。随之，这条香料之路就打通了，其他的商路从此变得荒凉。英国人试图通过北极寻找香料之路，但遭到惨败。

肉豆蔻这种香料的贸易清楚地显示了经济战争的特征。1550 年前后，伦敦再次暴发鼠疫，有人认为，肉豆蔻可用以防止鼠疫，当时肉豆蔻已是最紧俏的商品，于是，它的价值迅速攀升。与其他香料一样，肉豆蔻传统上绕路运来伦敦，先从康斯坦丁堡运到威尼斯，再从威尼斯运往伦敦。在伦敦，医师将肉豆蔻卖到了天价，因为肉豆蔻作为药物的需求上升了。现在要提出一个问题：如何实现对香料群岛的统治？

荷兰人以残暴和技巧首先建立了一家大型股份公司——荷兰联合东印度公司，这是由大胆的荷兰商人于 1602 年共同创立的。直到

18世纪,该公司一直是世界上最大的贸易组织,其目标是,将葡萄牙控制的香料群岛纳入其控制之下,建立对肉豆蔻的贸易垄断(Paetsch, 2014; Kuehn, 2012)。为此,荷兰人请简·皮特斯佐恩·科恩出山。科恩完美地集海盗与资产阶级商人的品质于一身,他把葡萄牙人赶出了今天的印度尼西亚,将肉豆蔻生产置于其控制之下(Sombart, 1913)。与此同时,数以千计的土著居民被杀害、绑架或被迫做苦役。

经济战争目的:

- 通过垄断香料生产与贸易争取利益最大化,夹杂着加尔文主义、文明优势和个人全能想象。部下的无条件追随(即荷兰联合东印度公司的雇佣兵与成员的无条件支持),使他们能够分享这种全能效益。

经济战争参与者:

- 荷兰联合东印度公司,特别是简·皮特斯佐恩·科恩,他在34岁时担任探险队队长。
- 葡萄牙王室及其贸易组织,他们在1621年控制着贸易。
- 印度尼西亚当地土著部落。

经济战争手段:

- 利用技术优势,利用远洋船、火枪,极端残暴。
- 建立有效机构,使生产和贸易可预测,以实现利润最大化。

经济战争目标:

- 垄断东印度香料(尤其肉豆蔻)的价值生产链;建立自己的领土统治结构,把它作为公司来经营。

经济战争后果:

- 垄断香料贸易大约150年。

当时，英国和荷兰这两个海上大国存在着激烈的竞争，两国不仅争夺香料群岛，而且也争夺曼哈顿半岛，曼哈顿半岛的总督就是著名的彼得·史蒂文森（Peter Stuyvesant）。英国人把曼哈顿半岛视为皮货贸易重要的桥头堡。两国进行了一场残酷战争，这削弱了两国作为贸易大国的地位，双方达成了一项岛屿交换的和平条约，英国人得到了曼哈顿，荷兰人得到了岚屿岛及岛上的肉豆蔻林，而且荷兰联合东印度公司在随后 100 多年中享有对肉豆蔻的绝对垄断。但这种快乐并未永久持续下去：精明的法国人皮埃尔·普瓦沃（Pierre Poivre）是位行家，与亚历山大·冯·洪堡（Alexander von Humboldt）一样，普瓦沃环游世界，后来，他被派去管理毛里求斯岛，这个岛离马达加斯加岛不远。他在岛上成了农民，他发现，可以在岛上种植肉豆蔻，获益甚丰，因此，1769—1790 年，通过抢劫和走私，普瓦沃从摩鹿加群岛南部的班达群岛获得了肉豆蔻种子。他在毛里求斯、加勒比海的格林纳达岛上种植肉豆蔻，从而打破了荷兰人的垄断。肉豆蔻贸易是一种暴利贸易，最高可实现利润百分之六万，这个暴利时期最终结束了。

欧洲殖民大国的传统是策划军事战争，因为它们无法通过经济战争实现它们所要求的主导地位，中英第一次鸦片战争（1840—1842）也是这个道理。因为英国从中国购买茶叶和丝绸，英国对华贸易出现逆差，所以，为了强迫中国购买英属孟加拉鸦片，以平衡英国的贸易逆差，进而永久地摧毁中国社会，英国发动了这场侵略战争。

现代金融世界也正是如此。在现代金融世界中也有一群男性，他们有着不同的出身和教育背景，他们并不是要利用金融创新，开发市场，以便推销自己的产品，而是要采取激进的战略，可持续性并不重要。经济思想的"转向"使人误以为，如果没有这样的革新，市场就不会再正常运转,这就像使被征服者改信其他宗教一样。

今天看来,英、荷两国的贸易组织①属于高度专业化的私人机构,它们进行混合经济战,并把混合经济战当作一种赢利模式,它们不断地分发股份,借此获得长久的私人融资。而西班牙和荷兰的征服者与上述贸易组织完全不同,征服者利用各种项目来融资,他们与各国政府进行谈判,双方签订明确的框架协议,同时,征服者又与自己的合作伙伴和属下员工解决激励问题(代理问题),并从中发展出有效的沟通模式。上述两种管理模式是现代资本主义管理模式的雏形,可以说,这也是资本主义之所以最早萌芽于英、荷两国的原因。

这种从荣誉到暴力的特征就呈现在维尔纳·桑巴特(Sombart, 1913a)描写的企业家形象中。德语文化中的著名海盗名叫克劳斯·斯特特贝克(Klaus Störtebeker)或约翰·斯特特贝克,他是位商人,在中世纪至近代过渡时期,他通过出售战利品谋生,利用尚存的自由空间,这自由空间直到后来德意志各邦国建立领土国家才关闭(Rohmann, 2011)。英语文化中的著名海盗亨利·摩根爵士(Henry Morgan)是最捉摸不定的人物,但他成功地多次更换角色:巴拿马海军上将和征服者、英国反对西班牙的先驱;在《布雷达和约》签署后,西班牙王室悬赏要他的人头,他被任命为牙买加副总督,其任务是组织应对海盗事宜(Minster, 2017)。

2.3.2 伦敦银行间同业拆借利率(LIBOR)操纵丑闻

由于特定挑战引起的周期性紧张,创业活动会对人体新陈代谢产生影响,就像将军针对战争采取行动一样,而最极端的情况似乎是金

---

① 除了荷兰联合东印度公司,英国东印度公司或哈德逊湾公司也值得一提。

融业。在《狗和狼之间的那一刻：冒险直觉和繁荣与萧条的生物学》（*The Hour Between Dog and Wolf: Risk-Taking Gut Feelings and the Biology of Boom and Bust*）一书中，约翰·科茨（John Coates, 2012）认为，在投资银行的交易室里似乎发生了一场博弈，但也类似于战争（Coates, 2012: 3）。在从事科学研究之前，科茨曾因为好奇而做过投资银行的交易员。在投资银行，就像打仗一样，人们要承受"长时间的无聊伴随着短暂的恐惧"（Coates, 2012: 5），欣喜若狂和惊慌失措交替出现，这导致参与者要长期释放过量的压力荷尔蒙，其后果是权力欲和过度自信。除了对事业的无限投入外，人性中的好战因素也延伸到身体上，而身体已经为了战争训练有素，以便在投资银行家的战略室（即将军的战略高地）创造维持权力所必需的工作量。首先，这似乎主要是男性的问题（Coates, 2012: 252），因为"一旦开始赔钱，女性的荷尔蒙反应可能不如男性"。男将军与经济战士的主导地位是显而易见的。此外，已推测，多巴胺起信使作用，它会诱发或增强精神病行动（Buckholtz et al., 2010）。约翰·加特纳（John Gartner, 2005）在《轻躁狂边缘》（*The Hypomanic Edge*）一书中认为，企业家也处于轻躁狂的边缘状态，即，同时处于能量充沛和自信的状态，伴随无所适从和冒险的意愿。据研究，一些无害的荷尔蒙也有阴暗面，比如，催产素是负责幸福与社会依恋的荷尔蒙，但社会依恋的增强也会增加孤立感，这反过来又意味着排斥，从而增加了亲属选择的人类学倾向（Neumann, 2009）。

投资银行家是博弈的主要玩家，关于这场博弈，许多人认为，社会为此付出了财富和安全的代价。这场经济战争似乎缺少明确的对手。实际上，这对手正是特殊群体，在大家毫无意识的情况下，他们竟然一开始就已经处于经济战争的前线。比如，当他们的储蓄被摧毁或破坏时，他们几乎强制性地纳税，或者为了银行职员的利益，把收益做了重新分配。但是，这些人是谁？是什么打动了他们？以2000年去世的投资银行家埃德森·米切尔为原型，尼尔斯·奥尔曼（Nils Oermann, 2013b）对金融危机与经济危机进行了人类学研究，他描述了德意志银行在全球投资银行业务中的崛起。自1990年代中期开始，米切尔将德意志银行从二流市场参与者变成了投资银行业务的全球参与者。德意志银行副董事长安舒·贾恩大概也深受他的影响。米切尔比任何人都更适合用来解释这个问题：为什么金融投资在最近15年中成了全球金融业的主导游戏？游戏规则是什么？玩家是谁？上文提过，高盛集团前德国部总裁亚历山大·第伯里斯被称作"鲨鱼"，被誉为"德国最强硬的银行家"。

这类强硬男性似乎是金融部门的特点。隐藏在睿智和令人敬仰的表面之下，他们发动了一场混合经济战争，这场战争与经济犯罪的界限已经模糊。查尔斯·弗格森导演（Charles Ferguson, 2010）在纪录片《监守自盗》（Inside Job）中揭露，用公司信用卡支付妓院账单，就像将不良贷款捆绑成一只AAA级债券一样，这已是金融业常态。如果美国国会调查委员会提出质疑，答案是，债券定级只是意见而已。美国政府、大学（尤其是精英们的经济学系）和金融业已紧密交织在一起，尤其高盛集团可以算作最成功的人才培养机构。随着对模型的不加批判的信仰，发生了经济学的精神腐败，即使经济政策也很难应对。

许多国家和企业面临一个两难的困境，一方面，它们只有借助某些机构的咨询才能自保，另一方面，从道德上看，它们本应拒绝这些机构的咨询，因为它们缺乏某些必要的能力，只有这些机构能够证明自己具有这些能力。这种心态和依赖性也展现在格雷格·史密斯（Greg Smith, 2012）的著作《为什么我离开高盛》（*Why I Left Goldman Sachs*）中。高盛员工这样与客户谈话："别担心，我们会继续与您做生意。当然，我们早就不敢让您这样做了，因为我们高盛认为，您应该投资一只对冲基金。我们知道，这只基金涉及您的利益。但我们也知道，您拥有华尔街最聪明的大脑。有时候我们也被迫和您做生意。"作者讲述了一种破坏性的有毒文化，这种文化将客户称作"白痴"，必须对他们实施诈骗；同样，他们也如此对待国家（Buttlar, 2012: 25）。

　　这正是高盛做过的事情，高盛操控希腊主权债券，使希腊加入了欧元区。欧洲央行在一份特别报告制度的框架中对这个过程做了审查，但时任欧洲央行主席马里奥·德拉吉是前高盛员工，德拉吉封锁了这个审查报告，现在，这个审查报告不过是一份笔记而已。与这一案例类似，2012 年秋，纽约检察官办公室对 JP 摩根银行或该银行所并购的投资银行贝尔斯登展开调查，它们故意向客户兜售借贷证券，而这些债券以住宅贷款为基础，可谓风险重重。

　　在这一环境下，就能认识，到底什么是最大的金融危机丑闻：操控伦敦同业拆借利率，即，操控全球最重要的基础参考利率，这则丑闻于 2012 年公之于世。早在 2011 年秋，欧盟委员会就因怀疑操控欧洲同业拆借利率搜查了苏格兰皇家银行。后来的调查则涉及操控黄金价格。

经济战争目的：

- 保证自己在专业和私人领域的全能地位，通过操控利率，给自己的机构带来经济成功，使行为者在外部看来是成功的，这又会提高自我收益，获得高额奖金。

经济战争参与者：

- 几乎所有在伦敦国际银行广场营业的银行，尤其是美国银行、巴克莱银行、日本三菱银行、花旗银行、瑞士瑞信银行、德意志银行、香港-上海汇丰银行、摩根大通银行、伦敦劳埃德银行、荷兰合作银行、苏格兰皇家银行和瑞士联合银行。
- 承担个人责任的人，包括各位银行董事或参股人，尤其是马丁·泰勒（Martin Taylor，巴克莱银行）和鲍勃·戴蒙德（Bob Diamond，巴克莱银行），重要牵线人汤姆·海斯（Tom Hayes，瑞士联合银行和花旗银行）。
- 许多国家，其处理危机能力受到考验。
- 间接参战的经济主体，他们位于冲突前线，尤其是储户，或者不得不拯救银行的纳税人。

经济战争手段：

- 在各商家每日商定汇率时，商定利率水平。

经济战争目标：

- 利润最大化和风险最小化。

经济战争后果：

- 个人暴富，银行家和银行被追缴罚款，损害了大量贷款人的利益，破坏了国际贸易平台的信誉。

图 2.3.1 显示，利率的确定高度复杂，由于一些步骤很不透明，因此容易受到操控。目前，已公布的罚款已经使银行开始考虑退出计算，这反过来又影响了利率值的可信度，因此，监管机构颁布命令，使银行有义务进行合作。

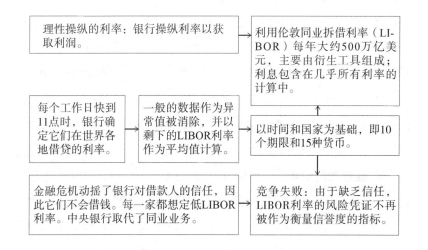

图 2.3.1   伦敦银行间同业拆借利率操控系统

资料来源：自制，参见 Süddeutsche Zeitung（2013a）。

通过这起操控事件，个人和危机国家遭受的损失高达数十亿美元，这也是交易模式的一部分。在正确的方向上，0.01% 的变化可以使一名交易者在这一天中轻松赚取 3,000 万美元的额外收益。德意志银行也陷入这一旋涡之中，遭受的损失高达数十亿美元，这摧毁了它在 2012 年和 2013 年的收益。巴克莱银行前总裁马丁·泰勒（Taylor, 2012）说，他中了幕后黑手鲍勃·戴蒙德的圈套，尽管鲍勃·戴蒙德因屡次犯规而引起关注，但对巴克莱银行来说，他却是不可或缺的。瑞士联合银行也深深卷入操控丑闻，丹尼尔·祖劳夫（Daniel Zulauf, 2012）描写了该银行在利率操纵中所扮演的角色，他们对商业模式玩世不恭，以牺牲第三方利益为代价，无节制地加强自己的交易头寸，所有这些都支持一种假设，即，价值结构与社会其他部分脱钩，之所以如此，尤其因为这一假设得到了高管们的同意。欧洲同业拆借利率也被操控，这也导致欧洲金融监督机构展开了调查。2016 年，英国金融行为监管局也处理了操控汇率的问题。从那时起，人们投入大量经费，统计已造成的损失，并加以制裁。美国和欧洲向参与者收缴的罚金总额为 14.4 亿欧元。因为与美国机构进行货币汇率操控，德意志银行被突袭搜查，被判罚 25 亿美元罚金，与美国政府达成和解。操控者背后的核心人物是汤姆·海斯，他是瑞士联合银行和花旗银行的交易员，他被判处 15 年监禁。从整个社会的角度看，金融业的薪酬制度与激励措施不相匹配，德意志银行就是明证：在 2012 年和 2013 年，银行被罚款共计 3 亿欧元，遭受了巨大损失，尽管如此，德意志银行共发放奖金近 45 亿欧元（FAZ, 2014e; Hein, 2014），而这一时期股东只获得不足 10 亿欧元的分红；从此，各位董事获得的基准工资是 380 万欧元，比以往提高了三分之一（Fruehauf, 2014a）。如果把 2010—2018 年的收益和奖金两相对比（Schreiber, 2019），就会发现，两者相关性在 0.5 以下。

2.4 结论与行动建议

本书第 1 章借助美国《谢尔曼法》已经阐明，对于民主社会而言，秩序的相互依存传统上是经济组织与国家组织之间的关系，同时，也在价值约束的意义上与个人相关。美国参议员约翰·麦凯恩（John McCain）的一篇讲话从政治上阐明了这一点，麦凯恩夫人在慕尼黑安全会议框架中为跨大西洋关系做出了贡献，她被授予埃瓦尔德·冯·克莱斯特奖（Ewald-von-Kleist-Preis），因此，麦凯恩发表了这篇讲话（Werin, 2018）："为什么我们来到慕尼黑？真正的原因是，我们相信，某些价值观应该支配我们的世界。因为我们相信，我们觉得和平和富裕很可爱，和平与繁荣依赖于这种价值观的成功，并且这些价值观值得我们为它们而斗争。我们来到慕尼黑，因为我们希望生活在这样一个世界上：在这个世界上，真理战胜谎言，国家主权战胜奴役，法律战胜压迫，自由战胜暴政，权力转化为合法性，人民和国家的命运由法律法规来决定——而不是由领导人的情绪来决定。"

对于这一切，侵略性战争和经济战士已经提出了挑战，它们首先对社会造成了持续的伤害。但从长远角度看，在这类成功的经济战争中往往潜藏着制度成功变革的源泉。与和平时期运作的领导人相比，在危机中成功运作的领导人拥有不同的素质。潜在的经济战士可能寻求挑战，他们与军事领导人一样去预谋，他们准备如何投入军队。因此，企业和国家机构中拥有经济战士，这可能是有意为之，以便高效应对突如其来的危机，但是，如果这些鹰派成员是战争推动者，他们寻求挑战命运，以便自己能应付挑战，因而成为成功人士而光芒万丈，那么，这可能也是一种危险。

综上所述，本书提出下列建议，以便使经济战士取得成功：

（1）每位负责任的领导者应该知道，谁在其所负责的领域可能是鸽派或者鹰派——领导者的任务是，安排这些人在正确的时间和地点正确地处理事务。

（2）经济战士不会为了那些曾经提携自己的上司而牺牲自己的事业，他们不会以此为耻。务必保持警惕，不放弃最终的责任，以便能够避免被清算的危机。

（3）永远不可忘记：每一个进入战略都需要一个退出战略！必要的决策过程必须在内部进行演练。如征服者所表明的那样，制度的推动者常常会变成被驱动者，到了那时，他们就会为了信誉或收益而不得不做出妥协。

（4）制定明确的作战方案，以核查可能的反作用，既要考虑己方的损失，也要估计敌方的损失。只有出现了恐怖效果，或者造成了巨大的或无法预料的损失，而敌方却毫无招架之力，一个威胁才有可信度，一个行动才能发挥其全部效果。恰恰伦敦同业拆借利率操控丑闻揭示了这种力量，它有助于长期稳定那些恶意行动。

（5）经济冲突往往与政治冲突和军事冲突紧密相关。要进行分析，如果一定的合作通道不允许被破坏，那么，哪些选择确实在冲突中存在？征服者实际上是混合战士，在一定意义上，伦敦银行间同业拆借利率操控丑闻的始作俑者也是混合战士，因为所采用的手段和效果并不仅局限于经济。

（6）如果一场经济战争已经不可避免，因为一切另选方案都更糟，那么，就必须以正确的方式进行经济战争。

> "准备用自由换取暂时安全的人们，
>
> 既不配得到自由，
>
> 也不配得到安全。"
>
> ——本杰明·富兰克林（Benjamin Franklin）

3　经济战争的制度框架

为什么伟大的文明或帝国总是起起落落？为什么文化发达地区极易被文化落后，但军事强大的民族所征服？后者往往吸收前者的文化，之后再自我削弱？只需要看一下地中海各国或中美洲各国，便可一目了然。什么导致了文明的兴衰和国家的兴衰？为什么古代希腊罗马文明的再发现对于欧洲的崛起发挥了如此重要的作用？为什么行为规则、仪式和习俗对社会很重要？对于这些问题，制度经济学力图从经济学角度给予回答，这些问题意义重大，与其他国家理论学说也紧密相关，对此，道格拉斯·诺斯（Douglas North, 1992: 7）写道：

> "人类历史的核心问题是，历史演变的轨道相差甚远。为什么各种社会在发展中逐渐分道扬镳？为什么关于各种社会运转机制的解释千差万别？毕竟，我们都来自原始狩猎者——采集部落。"

动物界也存在制度，但人类有能力组织更大的群体，并超越仅包含少数人的利他主义而发展，因此，人类有潜能，可以同时进行基因进化和文化进化。恩斯特·费尔和乌尔斯·菲施巴赫（Fehr, Fischbacher,

2003）在一篇文章中称之为文化和基因的共同进化。群体规模由供养人口的比例或数量来决定，尤其在形成经验的条件下，对不法行为者或不愿实施制裁的人进行惩罚，这具有重要且稳定的作用，在这方面，通过建立跨代知识储备来形成的经验和在情景中思考的能力均发挥着核心作用（Laland, 2019; Suddendorf, 2019），这又与语言能力密切相关。在《善的悖论》（*The Goodness Paradox*）一书中，英国人类学家理查德·兰厄姆（Richard Wrangham, 2019）将谋杀暴君看作人类尊严和语言的共同进化，其原因是，早期智人创造了极其平等的制度，这种制度只有通过打破头领的霸权才能实现，并需要协调。另一个重要步骤是，将食物转为农产品和烹饪；如果没有这一转变，人类下颚不可能退化，而下颚退化后，人类发展了唇齿音的发音能力，唇齿音是门齿接触下唇形成的，从而大大提高了人类的交流能力（Blasi et al., 2019）。

本章分析困境及困境造成冲突的潜力，把现代制度经济学认识与描述困境的博弈论模型结合起来。本章还结合了心理学和语言学知识。这说明，多学科知识才发展出如今的演进制度主义。本章以三个实例来阐述对制度的故意破坏，并以资本主义经济制度和共产主义经济制度之间的两次经济战争为例来描写20世纪的全球体制竞争。接着，欧洲货币制度的破坏可以看作是制度失败。

3.1　制度的性质

制度可以影响社会互动的摩擦成本，从而也影响经济互动的摩擦成本。如果存在制度竞争，就会持续降低交易成本。许多制度植根于文化传统（往往是宗教传统），来源于长期的经验和影响，这些经验和影响有时也会造成创伤，并会影响人们的心态；于是，人们就形成了社会学意义上的种族群体。所以,制度对内和对外都有象征意义,以便于识别,比如,犹太人和基督教文化中的割礼和洗礼,移民入籍的宣誓仪式或仪式庆典。制度再次处于竞争中:制度与这些仪式也处于竞争中;哪种形式更好,更具有竞争力,更适合为一个组织(比如一家企业或一个国家)提供一种身份?

现代经济学中的交易成本相当于克劳塞维茨《战争论》(1832)中的矛盾冲突,它们首先受技术变化(包括遗传结构)与人类偏好这两者的影响,这两者往往相伴而行,此类共同进化后文将详细讨论。它们可以作为外部冲击进入社会,比如,自然事件引发的外部冲击。1815年4月,坦博拉火山喷发,这无疑是影响欧洲大陆制度发展的一个重大事件,在"1816——一个颗粒无收的末日之夏"(1816—ein apokalyptischer Sommer ohne Ernte)中,扬·格罗萨斯(Jan Grossarth, 2016)写道,欧洲饥荒,全球出现移民潮,物价飞涨,粮食投机,这些都对人们关于资本主义的看法产生了长期的负面影响。这种影响在土地贫瘠的地方尤为明显。不过,这些后果也促使统治者进行农业改革和现代化(Mayr, 2018)。移民潮继续发展,尤其是向北美的移民。阿希姆·法尔克(Achim Falk, 2017a)在"测量世界"(Die Vermessung der Welt)一文中写道,和战争一样,这些情况会导致强烈的社会摩擦和技术变革,它会分裂社会,影响社会的偏好,从而影响个别群体或国家的风险地位。

本节阐述制度经济学经济理论,以历史实例说明制度进化的意义,以阐明对抗与合作的二元对立对社会发展的重要性。

3.1.1 机构与国家

家庭或许是人类历史上最小的机构。国家是另一个典型机构,其正当性由国家理论来论述。康德说："国家是一个人民自我主宰的民族。"法国国王路易十四（Ludwig XIV.）曾说："朕即国家。"按照经典的宪法学说，国家[①]是具有以下特征的实体：

- 拥有国民，国民或多或少是该国稳定的核心人口；
- 拥有国土或领土，具有明确划界或界定的土地所有权；
- 拥有一个政府，它行使国家权力，特别是对武力的垄断。

宪法规定了在国家领土上保障或促进共同生活的基本要求，其他法律都根据宪法来制定，其目的是，制定规则，使其具有高度的自我执行力，而不需要持续的外部干预。在民主制国家中，这些规则由立法机构制定，由行政机构执行、实施和控制，在有疑问的情况下，由司法机构审查。1949年5月23日德国《基本法》颁布，从此，联邦德国将这一规则体系制度化。

制度经济学和伦理学中的相关争议包括机构的道德能力问题，尤其是那些关乎社会合作的顶层机构的问题。把道德纳入政治领域的经典方式是政治上的意愿形成过程，比如，通过选举，或者公职人员的个人行为遵守国家政治的公理。如果合作的顶层机构本身变成了道德的载体，而公民沦为道德专制的对象，那么，该机构的认可度就会遭到系统性破坏。政治的道德化会破坏民主制度，因为它在极端严重情况下会与民主概念相互对立，而民主的基础也具有一种道德品质——人的自主权。

在国家分权而治的背景下，尤其值得提出道德能力的问题：一项任务是集体的任务，还是每位公民的（辅助性）任务？比如气候保护（详见第4章）。如果把气候视为公共产品，那么，答案就显而易见，这是

---

① 德语 staat，来自拉丁语 status，指状态、宪法等。

国家的任务。国家是否自己去完成这一任务，还是仅仅为了这个任务设置框架条件？这个问题的背后是秩序自由的问题。家长式制度依赖强迫，在最好的情况下，依赖操纵的冲动。

企业或家庭是传统的私人机构，在这里，个人道德的影响尤其明显——在很多历史情况中，它与宗教紧密相关。这些私人机构由契约构成，一部分契约是外显式的，一部分契约是隐含式的。外显式契约是由理性推动的，通常代表明确合理的事实，即，论证因果关系，或者表明，通过哪些手段可以实现预期目标，即，从目的角度来得出结论。而隐含式的契约和规则表达期望的行为，往往受直觉的影响，显然，理性并没有占首要地位。

价值观和道德对于降低交易成本非常重要。如果生意伙伴基本是诚信的，那么，这就可以节约监控成本。但是，价值观分布得越广，它就越不能用来区分不同的群体或国家。今天，普遍人权几乎不再是一个国家的唯一特征，因为普遍性没有给区别留有空间。如果要区别，就必须有其他特征，这一点完全可以从不同的政治哲学与经济思想中窥见一斑。关于政治哲学和经济思想，德国是二元的，它始终在黑格尔辩证法和康德的普鲁士式直率之间摇摆。英国的自由主义深受约翰·穆勒（John Stuart Mill）自由思想的影响，而法国则受到卢梭（Jean-Jacques Rousseau）强国思想的影响。表面上，意大利看似毫无章法，但是，一旦理解了尼可洛·马基雅维利，这就很好懂。阿历克西·德·托克维尔（Alexis de Tocqueville）不仅描述了美国的民主，而且直到今天，他的分析在美国仍然很有影响。在盎格鲁-撒克逊地区，在玛格丽特·撒切尔（Margaret Thatcher）和罗纳德·里根（Ronald Reagan）的领导下，曾经出现过过度的放松管制，这要归因于安·兰德（Ayn Rand）的哲学思想。只有阅读亚历山大·杜金的著作,才能理解今天的俄罗斯。而亚洲,尤其是中国、朝鲜和日本,这些国家深受道家和儒家思想影响。因此,本书第 4 章将深入探讨国家哲学。

3.1.2　拿破仑帝国主义作为制度形成的催化剂

很多战争源于争夺资源,尤其是争夺土地和自然资源,争夺通往交通线的通道,争夺纳税人,争夺经济效益,争夺联盟。要想夺取这一切,首先必须要扩张自己的领土,要超越自己的能力(Blum, Dudley, 1991),同时,思想、宗教、意识形态与其他信仰也发挥着核心作用。历史上,在拿破仑的战争中,军事与民意之间的相互依存关系尤为明显:19 世纪初,正是出于经济原因,拿破仑率军直扑俄国,以便击溃俄军。在法俄战争之前,俄国一直以粮食供养英国,拿破仑已迫使俄国加入大陆封锁,俄国不再向英国出售粮食,这导致俄国遭遇巨大的财政困难。随后,沙皇亚历山大一世(Alexander I)解除了对英国的粮食出口禁令。为了惩罚俄国,拿破仑远征俄国,最后以失败而告终,这导致他于 1814 年退位。后来,拿破仑从其流亡地厄尔巴岛逃出,返回法国,重新集结部队,他想再次征服欧洲,但却在滑铁卢战役(1815)中遭遇最终失败。

大陆封锁试图阻断对英国的粮食供应,这使英国的谷物价格暴涨。在拿破仑战争结束后,谷物价格下跌。最后,为了保护国内生产,也为了确保国内供应安全达到一定的水平,英国颁布了《谷物法》,该法令限制粮食进口。这些年中的粮价高涨和剧烈波动对经济理论的历史产生了持久影响:在世纪之交,托马斯·马尔萨斯(Thomas Malthus, 1798)发展了人口论;20 年之后,大卫·李嘉图(David Ricardo, 1817)发表了他的比较成本和级差地租理论(见第 4 章)。

此外,这场革命还产生了积极影响,尤其在法律编纂方面,不仅如此,战争还摧毁了旧的结构,这为普鲁士及德国的持续现代化提供了前提条件,这在后文再论。

3.2 经济秩序与进化制度主义

以秩序思维思考经济是一项重大成就,进化制度主义描述了其动态。乔尔·莫基尔(Joel Mokyr, 2016)在《增长文化:现代经济的起源》(*A Culture of Growth*)一书中详述了文化条件。在一个充满争斗和困境的世界里,存在一个能够遏制竞争的合作顶层结构,这是人类的一种顶级文化成就,但这并不一定是常态。从人类学角度看,人类的哪些主要动机使人有了分化、争斗的冲动,并因此奠定了竞争机制的基础?制度是一种公共产品,在设计制度时,困境结构十分重要,这已经得到理论重视与研究,而且,也发现了社会可承受的解决方案。这说明,合作行为首先是长期的消极经验导致的后果,社会可以学会通过合作来防止无谓的损失,从而积累知识。乔尔·莫基尔(Mokyr, 1990:11)在《财富的杠杆》(*The Levers of Riches*)一书中描述了基本的技术前提:"技术问题涉及精神和物质之间的斗争,即,它们涉及对物理环境的控制。另一个组成部分是社会性的:要实现一项新技术,创新者必须面对由竞争对手、客户、供应商、政府部门、邻居(可能还有牧师)组成的人类环境。"因此,技术创新对创新人员或社会群体有最低的数量要求,针对这一点,多样性和碎片化会起到积极作用,以便将世界其他地区纳入其中,并将其从卡德韦尔定律中拯救出来(Cardwell, 1972:210),即,迄今为止,世界上没有一个国家能够在相对较长的时间内保持创造性(Mokyr, 1990: 207),尤其当政府对技术进步不再感兴趣的时候，纯粹的国家创新体系很快就会走到尽头（Mokyr, 1990: 237）。

在"资本主义如何改变良知"（How Capitalism Changes Conscience）一文中，乔纳森·海特（Jonathan Haidt, 2016）认为，制度特征实际上对于社会取向具有重要意义。秩序系统的一个维度代表了介于传统与现代之间的价值体系，它与生存价值与自我发展价值之间的张力有关。该价值体系第一维度的标准是与宗教、习俗和权威的相关性，第二维度的标准是经济和人身安全，而不是自治和纯粹经济价值之外的价值。作者认为，现代资本主义的问题是，进步运动并不彻底，即，并不是所有的制度都已经现代化，也没有为自我实现打开个人空间，而是那些无法替代的价值基础或多或少地遭到了破坏，人们甚至向传统社会提出了过高要求，使传统社会不堪重负。这令人联想到冈纳·缪尔达尔的《亚洲的戏剧》（Asian Drama），缪尔达尔（Gunnar Myrdal, 1968）认为，在社会发展成为可能之前，必须首先改变常规。

根本的问题是，社会适应过程是如何组织的？社会接受以什么样的速度来维持身份认同和凝聚力？上文中已经提到了个人、群体或社会在定义自身时所需要的界限。第七章将涉及关于这些问题的其他观点，比如边界构成了地理空间或产品空间，它作为具体的制度设置有其特殊意义。

3.2.1 模因架构

发展思想在现代进化经济学中进行了理论渗透，比如模因论；模因论以基因学为参照，使生物学的变异和选择能够用于社会科学。理查德·道金斯（Dawkins, 1976）在《自私的基因》（The Selfish Gene）一书中写道，假设基因是可复制的生物模式，是生物进化过程的主要驱动因素，那么，相应地，在社会学与文化学中，哪一种单位类似于基因？

理查德·道金斯和苏珊·布莱克莫尔（Dawkins, Blackmore, 1999）在
《模因机器》（*The Meme Machine*）中把这样的一个单位称为"模因"。
模因是信息，它是人类随着时间的推移而传承下来的代码，是文化的
基础。因此，模因可以被理解为可复制的文化模式。文化基因是可模
仿、可复制的工具，它们阐明了一个道理：如果想解释人的行为（特别
是人的互动），那么，伦理学、象征主义和集体创伤中的思想基石就非
常重要。这尤其可以用来解释对抗。基因倾向常被称作驱动力，它与
群体认同和族裔的形成密切相关，同一群体或族裔的人有共同的遗传
倾向，可以共享或共同感知某些真实存在，这在其他的群体和族裔中以
不同的合作或对抗的形式表现出来。这是在共同进化的过程中由基因
确定的，并对大脑中影响行为的信使物质产生影响，这为早期的人类
行为学研究提供了生物学基础（Eibl-Eibesfeldt, 1976），因为实际上动
物不仅被驯化了，而且在不同的国家和不同的时期，还取得了不同的
驯化成果，例如猫和狗[①]。曾经假设，基因是自私的，但康拉德·劳伦茨
（Konrad Lorenz, 1973）[②]认为，人也是不断驯化的结果，长期来看，人类
的驯化趋向于去人类化（非人化），从而得出了与假设相反的结论。马
丁·诺瓦克和罗杰·海菲尔德（Nowak, Highfield, 2013）出版了《合作
智能：进化成功的秘诀》（*Kooperative Intelligenz: Das Erfolgsgeheim-
nis der Evolution*），爱德华·威尔逊（Edward Wilson, 2012）出版了
《社会征服地球》（*The Social Conquest of Earth*），这两部著作都证明，

---

① 狗的驯化开始于 3 万年前，猫的驯化开始于 1 万年前，参见 Montague et
al., 2014。

② 他指出，因选择压力、人口过剩、自然栖息地遭破坏、贪婪和过度对抗导
致的人类自我竞赛、遗传衰败、传统撕裂（与基因衰败类似的模因衰败）和灌输性
等都导致了功能的破坏。

人类的这种成功模式是以社会性为特征的。这种社会性指的是一种秩序，它涵盖了所有的合作形式、包括蜂群中的合作、以自我牺牲为代价的合作，因为它们都是相互关联的，也包括由于竞争性群体的挑战（为了形成认同）而进行的防御。这方面的成功例子就是人类的一夫一妻制，通过这种相互作用，人类实现了模因和基因优化，从而极大地促进了大脑的进化（Blake, 2015）。

在这样的种族身份认同中，就秩序关系以及如何处理对抗与合作的关系，存在着共识。这种共识为互惠利他主义、忠诚和社会稳定树立了典范，这超越了单纯的市场关系和权威。他人或一般公众的利益来源于其获取自身利益的激励：我给（你），以便你给（我），因为从劳动分工或从时间上来看，每一个人都向其他人投资，并坚信，其他人也会（很团结地）做同样的事情。因此，必须查明和惩处那些占用资源却没有任何贡献的投机者和骗子——在最坏的情况下，他们将被驱逐或被消灭。

如果模因是模仿和复制的工具，如思想、意识形态、语言、比喻、旋律或图画，那么，很清楚，模因决定了文化，因此，伦理、宗教、国家哲学、符号和集体创伤[1]是必要的决定性解释因素之一，它们可以解释，对抗是如何在社会上组织起来的。这对于相关社会现实的实证描述具有积极意义，也可以作为一种规范性设置，因为它们规定共处的规则。但是，这也取决于先天的行为方式，一部分可以视为内驱力，动物也有同样的特性，如领地性、占有欲、上升欲望、合作欲望或甘受惩罚。这

---

[1] 一些不起眼的符号后来往往成了关键因素：科索沃波列战斗对塞尔维亚的意义，俄罗斯起源于基辅罗斯，《康边停战协定》对法德两国人的意义，法国大革命带来永不稳定的结构，世界经济危机、美国部分农业崩溃以及通货膨胀同时发生，《凡尔赛和约》对德国的意义。符号学可在信息战争中赢得心灵和灵魂。

些因素之间的互动决定了群体的身份认同，即种族。它包括社会或群体，它们运用共同假设的事实。在现代，这类身份认同往往会发展成关键的社会分割线。这样就确定了社会中的上下从属规则，同时，从激励角度出发，确定了成就、归属感和权力的意义。这会带来个人幸福或集体利益，即，服务于整个社会。在《论遗传的利益》（*On Genetic Interest*）一书中，弗兰克·索尔特（Frank Salter, 2003）认为，种族同质化的社会能够更容易建立起民主社会结构，而多文化社会倾向于更专制的统治结构，这一观点有待商榷，美国这个移民大国或欧洲民族国家的情况就提供了反证。这里区分以个人为本的权力（所谓的p权）和以社会为本的权力（所谓的s权）（McClelland, 1975; McClelland, Burnham, 1976; Schultheiß, 2006）。伊安·罗伯逊（Ian Robertson, 2012: 107-127, 152-154, 194）在《胜利者效应》（*The Winner Effect*）中写道，就权力的行使而言，胜利在当地的可见性尤为重要，家里的成就会产生自我肯定和优越感，甚至会使人上瘾，并增加内在动机。睾酮这种荷尔蒙主要促进个人权力，对于权力拥有者而言，个人权力似乎是零和博弈；金钱可以作为无限权力的工具，因为它不受民主的控制。最终，社会权力会控制个人权力。通过实施这样的个人权力产生了权力距离（Hofstede et al., 2010），权力距离对于评估领导文化和特定社会的发展具有核心意义。与此相关，强者的失败导致羞愧和耻辱，那些权贵人物不得不经历这种残酷，因为权力的行使也是由个人来完成的；应对这些挑战被认为是社会学习和个性发展的重要前提。

与嫉妒一样，权力也可被视为一种社会关系。而那个被期待、应行使权力的人似乎很强大。权力可以是职位权、职能权、等级权或说服权。除了这种外在可见的权力之外，还存在无形的权力，它们存在于非正式的群体中。权力只有通过行使才能保持活力。对行使权力的克制可能会破坏系统。

经济进化模式与社会范式直接相关。参照托马斯·库恩（Thomas Kuhn, 1962）的理论，乔瓦尼·多西（Giovanni Dosi, 1982）从企业角度阐述了技术范式与特定需求的相关性，比如，金融产品的开发（或模式）与市场环境（挑战）相关。技术将会沿着自发形成的不同发展路径汇入技术范式，并最终解决问题。其中，环境充满不确定性和异质性。因此，理查德·纳尔逊和悉尼·温特（Nelson, Winter, 1982）在《经济变迁的演化理论》（*An Evolutionary Theory of Economic Change*）中写道，创新来源于市场上发生的随机突变，随机突变是生产或产品的异常变化，对此，人们以前没有经验。起点是结构性失衡；长期来看，创新者作为垄断者会引发持续的市场失衡。基础性创新导致技术发展路径的产生，这会限制技术开发的选择自由。因缺乏信息而导致的市场缺陷加剧了这种情况。

正确的生存策略也具有范式特征，但只能通过结果来验证。同时，成功的路径也是模因，它们以最优方式与基因特征结合在一起。如果在对抗中取胜，这会成为由进化所推动的生物因素与社会因素之间的特别互动。模因是文化信息单位及其释义模式，这就提出一个问题：各模因之间存在哪些单独的关联？通常存在一些基本模因，其他模因建立在基本模因之上，最简单的方式是层次结构。在这种情况下，内容只有通过使用其他信息才能被理解。因此，鲁伯特·里德尔（Rupert Riedl, 1975, 1976）称之为模因负荷。事实上，它们是制度架构的一部分，它们或者是结构性的，或者是模因性的，或者是功能性的：议员是议会制政治体制的前提；发动机是汽车功能的前提。模因架构同样如此：如果将下层结构（如相关性模因）去除，或者使它们名誉扫地，那么，整个文化大厦就会崩塌。德国有一实例，即二战后，"民族"这个词就有这种遭遇。反之，民族经验（如民族创伤）能揭示基本发展道路。因此，沉没成本也是模因经验，而沉没成本又导致不可逆转性。[①]

在"进化制度主义为解释和遏制对抗做出了哪些贡献"（Welchen Beitrag leistet der Evolutorische Institutionalismus zum Erklären und Einhegen von Rivalität）一文中，维尔纳·帕策尔特（Werner Patzelt, 2015）分析了多层机构中稳定与变化之间的相互作用，协调是在多个层次、以相互协定的方式进行的，比如，在上层可能涉及经济的秩序框架，而在下层可能涉及经济的运行规则。这类似于多级委托代理结构，在这种结构中，每一层级的经验均来自环境状况的变化。在这方面，奥利弗·威廉森（Williamson, 2010）的治理概念涉及可持续常规的稀缺性。以基于基因的对抗为出发点，帕策尔特研究了一种进化算法，这种算法将一种秩序同时纳入系统及系统的活动中，以适应建构计划的变异和重组的连续阶段，在变异和重组后的结果中再做选择，即，不断地变异、重组，随后对实际结果进行差异复制。这最终导致了差异生殖和种群生态学相互作用的特殊化和类型的形成，这一算法与现代人发展的人类学思想相对应。

在社会文化结构的真实世界中（现实层面上），制度被定义为一类建构计划（类似于动物物种的生物结构模型），在建构计划之上，设置了一系列个人角色，这样就产生了一个爱好和平的消费者或一个经济战士，即，在一个由受孕和出生所固定的表型之上，建立了一个由生物影响和社会化所改变的记忆类型（Patzelt, 2011: 131-182）。

---

① 所谓沉没成本，就是在市场退出时无法补偿的成本。这个概念受威廉·鲍莫尔（Baumol et al., 1988）的可竞争市场理论的影响。如果市场进入和退出的成本为零，那么，垄断也面临竞争压力。这种潜在竞争与真正的竞争起同样的作用。企业试图通过沉没成本来阻止竞争。

　　但是,在社会经济的进化理论中,就像在生物学中一样,在缺少基本的基因结构或模因结构的情况下,新事物是如何产生的? 这仍然是个悬而未决的问题。而模因结构也是发明、发现及创新发挥效用的前提。在《适者生存:自然如何创新》(*Arrival of the Fittest: How Nature Innovates*)一书中,安德里亚斯·瓦格纳(Andreas Wagner, 2015)给出了生物学答案:生物系统基本的模块化、重复和连接可以保证,自发性遗传变异不会导致整个系统的崩溃。每一种表型都可以通过多种基因类型来实现,表型就是一种生物的外部表现形象,基因类型就是生物的遗传模式。这一规律同样在模因系统和经济系统中有效。因此,社会适应能力或者一个人的好战和侵略性是由大量不同的特点决定的。尼克拉斯·卢曼(Niklas Luhmann, 1996: 150)认为,在历史和组织之间存在功能对等;因此,通过选择,什么是成功,什么生存下去,什么必须离开,这些问题的答案会通过选择而发展出新的答案,这完全符合进化制度学理论。技术的发展过程同样如此;在这里,可以通过多种材料技术来实现特定的功能(如防锈保障);使用哪些技术,这是由技术与经济的选择决定的。

　　此类模因负荷能够支撑多久? 对于这个问题,弗朗西斯科·达孔托等学者做了答复(D'Acunto et al., 2014),他们的研究课题是"对金融的不信任挥之不去:犹太人受迫害和家庭投资"(Distrust in Finance Lingers: Jewish Persecution and Households' Investments),研究表明,按照持股情况,在德国那些反犹太大屠杀曾特别猖狂的地方,今天的人们对金融市场也特别抗拒。储蓄行为同样如此,克里斯蒂安·冯·谢夫(Christian von Scheve)的研究证明了这一点(Stocker, 2015),他研究特殊的社会化对金钱处理方式的长期影响。

　　需要强大的反作用力,才能克服这种负担结构:首先,要认识到,迄今所认可的价值体系存在错误的可能性，之后，可能会在高压下出现新的价值体系，随着时间的推移，这一新的价值体系才能逐渐稳定。伟大的改革家在经历巨大失败之后仍然能够影响这一过程。

3.2.2 通过模因基石建立机构组织

从经济学角度看，交易成本就是创立和运营成本，以及在适当情况下解散某些机构的成本，与特定机构形式的选择有关。最重要的特点是合同成本和组织成本，两者均影响私人领域和公共领域。信任作为个人对第三者的正直和诚实的信念，或作为对制度或组织遵守规则的信念，可以大大降低交易成本，因为信任可以降低控制成本。因此，建立在信任基础上的伦理、宗教和文化属于影响交易成本的重要制度。制度经济学的核心理念是："因为现实中存在交易成本，所以制度设置必不可少。"（Blum et al., 2005: 43）

因此，制度是润滑剂，有助于克服交易成本，清理这种"经济与社会运行的沙子"。卡斯滕·诺普（Carsten Knop, 2015）在"两次撒谎者不可信任"（Wer zweimal lügt, dem glaubt man nicht）一文中指出，如果缺乏对制度的信任，比如，不再信任大部分政治家或银行，那么，这会动摇社会本体。

在高度抽象的层面上，个体和群体之间的相互归属可以表现为上下级关系、平级关系或完全独立这些特点。这三种不同的制度设置、社会类型或企业结构建立在三种不同的人际互动类型之上，即服从、共享和自主。这类结构已经存在于动物界：羊群中总有头羊（领袖）、个别羊（个人主义者，抱怨者）和听话者（顺从者）。地位通常可以在空间排列中看到——伯特·海灵格（Bert Hellinger, 2001）认为，这正是家庭冲突结构的重要特征。图 3.2.1 以模因三角形的形式展示了这一点。

它们的不同之处在于,每种形式都有特殊的交易成本:

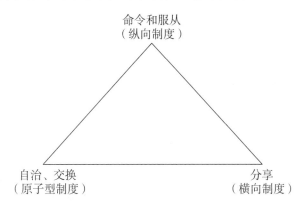

图 3.2.1　模因身份认同三角形

资料来源:自制。

(1)服从制度更易于确定职位、权利和义务,因为群体的从属成员为获得某种利益而顺从,这利益通常是公共产品,比如安全。如果他们拒绝服从(比如,拒绝圣餐),那么,他们知道,他们会受到心理或身体上的惩罚,或被剥夺权益,如,不再受保护。这一体制的最直接方式可使成员更容易获得其有权得到的资源,却很少鼓励他们自主活动。这类等级组织由一个主体(统治者、君主)领导,等级次第向下,下级成员也次第分属各级领导。在军事领域,该系统与指挥战术相对应。在这些等级结构中,最高统治者往往承担外部(系统性)风险,例如,企业家以负债资本的方式承担风险,国王承担国家的生存风险。

信息传递成本较低是这种组织形式的优势。其思想基础是一种意识形态、一种要求忠诚的个人伦理,通过命令和服从的原则来实现。统治权的维护是由制度所界定的财产权来实现的,尤其也通过语言来实现,因为财产权是一种统治手段,财产权通常由最高统治者宣布为私人产品。语言成了认识现实、根据最高统治者的意志来解释现实的工具。

比如，英语中存在一些表示统治地位的诺曼语元素，如"炸肉"这个词。统治阶级所使用的词汇有诺曼语元素，并不使用来自拉丁语的veal或pork（牛肉或猪肉），也不使用盎格鲁-撒克逊语的ox或swine（牛、猪），特别是，许多词汇有罗曼语词源，这些词汇主要用于描述社会地位的抽象语境、短语和语法结构中。乔治·奥威尔的小说《一九八四》（Orwell, 1949）中的新语说明了语言统治的影响，这些影响也应从现代政治正确性的角度来看待，现代政治正确性试图以积极的形式实现语言平等的原则。在"这是善意的"（Es war doch gut gemeint）一文中，丹尼尔·乌尔利希和莎拉·迪芬巴赫（Ullrich, Diefenbach, 2017: 15）写道，语言可以被用作塑造现实的一种元素，因此，语言也可以在认知空间中产生升级的效果；这使得语言学（尤其是认知隐喻）也能成为战争手段，因为社会群体往往根据其所使用的语言符号来划分。弗里德里希·尼采（Nietzsche, 1894）认为，语言具有核心的统治功能，这不无道理。[①] 路德维希·冯·维特根斯坦（Ludwig von Wittgenstein）在《逻辑哲学论》（Tractatus Logico-Philosophicus, 1921）中建立了语言的意象理论，强调"一切哲学都是语言批判"；后来，在《哲学研究》（Philosophische Untersuchungen, 1953）中，他补充道："哲学是反对语言蛊惑我们理智的战斗。"个人往往忽视具体语言使用的后果，例如，在语义层面上，在自2008年以来的金融危机的背景下，"银行家"一词已经被赋予了负面含义。这使整个银行系统信誉扫地。从记忆文化的角度来看，这会成为个体记忆与集体记忆，决定个体的行动，并通过政治进程决定集体行动，而集体行动反过来又可能会进一步伤害银行家。

---

① 尼采（Nietzsche, 1894）说："在20世纪，那些决定语言使用的人将会行使真正的统治权。"

（2）在以分享为基础的社会中，人的身份及群体归属将通过初始仪式来识别（见上文）。这降低了成本，因为如果离开群体，这些投资就会贬值。共有产品只能由群体成员（俱乐部会员）分享，外部人员（非会员）无权获得。那些不愿意与他人分享共同产品的成员，往往会被污名化，或被排除在外。在这种扁平组织中，统治者在上，他的所有下属都平等地从属于他。信息存储的成本较低，这又有利于这种组织形式，否则，分散行动将会变得十分困难。理想的背景建立在不同伦理的基础上，如宗教、人文主义或国家哲学。因此，为了群体的凝聚力或共同的保障，忠诚是平等众生之间互惠利他主义的直接结果。他们形成一个团体，其成员通过特定的语言符号（方言、种族符号）来识别自己，从而将自己与其他（竞争性）群体区别开来。

忠诚看似抽象，但在实践中却效果卓著。因此，面对善妒的邻居，人们往往表现出更多的利他主义，但是，面对健康保险的共同投保人，人们会去剥削，而罔顾自己的行为对他人造成的影响。在奉行个人主义的现代福利国家中，此类脱节行为已成为国家运行能力的根本问题。人人都力争从复杂的现代社会福利和税收制度中获利，这种竞争可以被视为公民向国家挑起经济战争的前兆，从而也间接地针对同胞发动经济战争，这样就能理解金融业近年来的所作所为。

（3）在原子型系统中，存在完全的市场互惠关系；任何一个人都承担其自身的负担，即其自身的机会成本，不存在由第三者承担或减免的可能性。

在《广场和高塔》（*The Square and the Tower*）一书中，英国经济和金融历史学家尼尔·弗格森（Ferguson, 2017）将这些系统写进了争夺全球霸权的经济史中；高塔代表等级制度和权力，广场代表网络与合作，在他看来，这是完全相互对立的。实际上，这种极端主义在现实中令人怀疑。此外，在现代化的初期，最大的历史对手是教会，这是一种综合的等级-网络结构，布鲁姆和杜德利（Blum, Dudley, 2003）在"标准拉丁语与中世纪经济增长"（Standardized Latin and Medieval Economic Growth）一文中写道：在中世纪，拉丁语是共同符号，因此，网络得以伸展；等级制度来源于教条，即教皇所阐述的教义。网络中所缺少的是原子性因素，按照这套逻辑，这种原子性因素更应该是个体，它要进入体制中，这一点引起了很多人的关注，比如英国经济学家阿尔昆（Alquin）、教皇格列高利七世（Gregor VII）、宗教改革家马丁·路德（Martin Luther）、印刷术先驱约翰内斯·古腾堡、托马斯·潘恩（Thomas Paine）或列宁（Lenin）等。

在模因三角形中，信任是系统稳定的重要组成部分。对于那些原子型竞争的市场参与者，他们必须相信，制度是互惠的基础，或者他们必须相信领导的权威。库特·伊姆霍夫（Imhof, 2011）强调，信任永远与三方相关，即人、制度（如经济规则、秩序框架）和组织，这里的组织指的是称职的权威（或终极权威）。如果人们失信了，那么，制度必须防止信任崩溃，如果制度失信，那么，负责任的终极权威必须进行干预，以保障稳定，他们对制度系统的运行负责。制度系统本身是个人行动的信任框架。伊姆霍夫认为，在现代社会中，社会竞争也可以通过名誉之争来实现，根据交易成本理论，这种竞争可以降低社会行动的成本。如此一来，在制度的规则之内，会创造一种社会秩序，它后来被称作模因负荷。如果这一切不能正常运行，那么，作为赔偿担保，后果是制度的声誉受损，而个人呼吁制度的声誉，在极端情况下，这种呼吁是面向最高一级机构（如德国的宪法法院）。因此，各级各层的声誉竞争也是系统之争，它面临两种决定性挑战：期望信任不欺人，对危及信任的系统要加以限制。

　　如果信任在所有三个层面都受到了侵蚀，期望受到挫折，那结果就是失败的国家制度或失败的组织。由此产生的越界导致了秩序框架的崩溃，秩序框架本应保证有序竞争、有度对抗，可是，一旦秩序框架失效，对抗就可能升级为经济战争。对此，托马斯·弗里德曼（Thomas Friedman, 2001）在《国际先驱论坛报》上发表文章认为，这种全球化冲突可以呈现出两个维度，即（好斗的）分裂主义者与（合作的）融合主义者之间的矛盾统一，或者同情心与寻找安全环境之间的矛盾统一。在历史上，面对饥饿的巴黎人民，王后玛丽·安托瓦内特（Marie-Antoinette）表示同情，她说："如果他们没有面包，那他们就应该吃蛋糕。"从此，"让他们吃蛋糕"就代指"同情"。除了同情的人，还有一些寻求安全网的人。这样一来，就产生了四个领域，它们可以被看作政治决策的方向，或者，如图 3.2.2 所示，根据交易成本理论，如果一方相对于另一方变强，占主导地位，那么，这四个领域也呈现出政治合作的可能性。

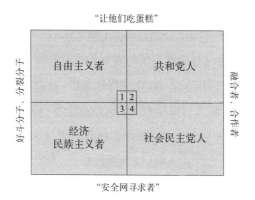

图 3.2.2　全球框架中的经济政治地位

资料来源：自制，参见 Friedman（2001）和 Rosenau（2003: 140）。

3.2.3　机构的模因与技术基础

在模因身份认同三角形中,纵向等级组织的典型祭品是血缘,横向组织的典型祭品是信仰(宗教、意识形态),而原子型组织的典型祭品是自由。[①] 这三种组织形式的特异性正在增加,原因是,必须降低那些致力于组织稳定的不断增长的成本。在历史进程中,常常可以看到从人类做祭品,到动物做祭品,再过渡为粮食做祭品的发展。在"人类祭祀仪式促进并维持了等级社会的演变"(Ritual Human Sacrifice Promoted and Sustained the Evolution of Stratified Societies)一文中,约瑟夫·沃茨等学者认为(Watts et al., 2016),在文明历史上,尤其在等级社会中,更容易出现人类牺牲,且人类牺牲是全能权力的表达,有助于产生黏合力,从而使水平组织的部落结构演变成具有复杂阶层分化的等级国家。利齐·韦德(Lizzie Wade, 2018)在"神的食物"(Nahrung für die Götter)一文中通过对阿兹特克人的研究证明了这一点,她在文章中展示了杀人机制的工业化精准度及其在人类骨架展览中表现出的暗黑美学,她指出,一个机构的重要性与所要求的献祭规模之间存在着密切关系。

同时,《圣经》中亚伯拉罕与以撒(GEN, 22: 1-19)的献祭说明,从多神论向一神教过渡的典型是牺牲替代。历史上此类实例比比皆是。很明显,献祭等价物逐步统一起来,祭品逐渐变成了金钱,或者变成了税收。在后英雄时代的社会中,纯粹的牺牲几乎被取消了,比如服兵役。因此,逃税对现代社会的威胁很大,因为逃税主要涉及公民的税务性献祭,与任何其他要求几乎毫无关联。

---

① 民主社会要求多种形式的"自由"的献祭:服兵役或民役,但这也备受市场和个人主义的压力。

　　表 3.2.1 以身份认同的模因三角形为基础，显示了三种制度设计选项的本质特征。第一行列出了信息载体的物理特征，由此产生信息传输、信息存储与知识再生产所需要的具体交易成本。与此相关的是特殊外部性，网络经济学的集中式、分散式和集成式网络就属于外部性。除了信息的良好技术性特点外，还列出了向风险承担者奉献的特殊"牺牲"，风险承担者是全面行动机构的最高代表。每一种秩序都与一种标志性的伦理联系在一起，这种伦理是它所特有的，它规定什么是道德行为。

表 3.2.1　制度设置的特点

类别	垂直方向	水平方向	原子型结构
物理属性	轻	持久	可解码
交易成本	传输	储存	复制
外部性	规模优势	复合优势	无
信息	私人产品	俱乐部产品	公共产品
伦理	个人伦理	游牧伦理、利他主义	最低限度的道德规范
牺牲	服从、控制、为统治者投资	分享、为别人投资	无
风险承担者	统治者	集体	个人
三难困境	民族国家	民主	开放市场与边界

资料来源：自制，参见 Blum, Dudley, Leibbrand, Weiske（2005: 40）。

　　在交易成本经济学语境中，模因三角形模型为丹尼·罗德里克（Rodrik, 2011）的全球化悖论提供了理论基础。根据全球化悖论，在上述三种设置中，只有两种设置可以供社会来做自由选择，第三种设置已经由前两种选择所决定，是必然的结果；因此，民族国家和全球化这两者与民主不兼容，欧洲许多地方就是这样。从宏观经济学视角看，需要补充另一个理由，即所谓蒙代尔-弗莱明三元悖论（Fleming, 1962; Mundell, 1963），因此，资本自由流动（全球化）、货币自治（民族国家）

与汇率监控（财政民主）三者是相互排斥的。

在这种冲突的直接影响下，社会中会发展出集体化认同或个性化认同。集体化认同是社会体制或社会凝聚力的组织方式，借用温斯顿·丘吉尔的话就是，血缘是基于种族归属或意识形态归属的纵向奉献要素，汗水是共同努力和长期相互支持的黏合剂，集体经验是团队运动的典型特征；令人遗憾的是，在个性化认同的社会中，社会凝聚力消散，社会原子化、个性化，社会已经退行到多样化个体社会。克劳斯·塞格博斯（Klaus Segbers, 2019）在"部落社会的回归"（Die Rückkehr der Stammesgesellschaften）一文中指出，全球化在政治、经济和社会上难以管理，全球化与人类的联系需求与传统背道而驰。然后，这种矛盾表现为所谓的民粹主义，它破坏了公民社会。经济战争体系通过强大的身份认同来保障其凝聚力（第 2 章），因此，本章讨论身份认同的意义，第 4 章会深入分析它。

3.2.4　神话形成、模因负荷与模因战争

赫尔弗里德·明克勒（Münkler, 2009: 11, 15, 21）将神话定义为"所积累的象征性资本，只要人们珍惜并维护它，它必然就能使人赖以生存"。神话"表达了一个政治群体的自信，或自信受神话的滋养"。它们通过"叙事变异、符号化和仪式化"来区分我们与你们。因此，神话成了集体记忆的一部分，同时也是社会结构中重要的模因。尤其当神话同时存在于三个社会层面时，神话的作用就十分巨大。比如，在民族传统节日和国庆日，尤其是在大型阅兵式上，庆祝活动往往与一国的辉煌传统相关，会展示相应的画面和符号。经济战争胜利的庆祝活动也不例外（见第 2 章）。明克勒认为（Münkler, 2009: 28），神话将过去和将来连接起来，为当下提供必要的行动指南，这些行动指南又共同形

成传统。

2018 年中美经济战恰恰阐明了神话的重要性：在中国，中美经济战令人联想到第一次鸦片战争（1840—1842）所发生的一切，第一次鸦片战争和当前的危机一样，是以强制贸易平衡为基础的。因此，历史神话的形成对于现代社会的意义是经济战争研究的重要角度。帕尔·克尔斯托（Pål Kolstø, 2005）对此颇有研究。他区分了启蒙学者与功能主义者。启蒙学者认为，神话与事实形成对比，特别在事实干扰形象的地方，分析者的任务是揭开面纱，但要知道，纯粹的客观事实是不可能存在的。功能主义者则相反，他们强调人类学和心理学上的主要任务，借助神话① 稳定共同的事业，但是，假如另外一些群体对神话有其他的理解，神话又会在很大程度上失去它的功能。克尔斯托把神话分为以下几类：②

- 关于特殊存在的神话（独特性）：比如，犹太人视自己为上帝所拣选之人；美国人假定自己生活在"我们的上帝之国"。这一点主要定义了种族。

- 在前线保卫文明的神话（前卫）：这类神话的重点不是种族因素，而是对文化独特性的信念。比如，法国相信自己在欧洲具有文化优势；在亚洲，中日韩三国都认为自己相对于他国具有文化优势。实际上，这类神话可能是对称的。

- 歧视和迫害的神话（殉难）：这类神话尤其适用于弱小民族，借助神话，他们获得身份认同，也可能找到了胜利，但实际上，

---

① 叔本华（Arthur Schopenhauer, 1819）认为，人生存，可以无事实，但不可以无神话。神话代替宗教，比宗教本身更重要。

② 翁伯托·艾柯（Umberto Eco, 1998）的某些观点与法西斯理论相关，比如传统主义、排斥现代、非理性主义、缺乏批判能力、种族主义、人的生存恐惧、民族主义、屈辱感、精英与英雄主义、疯狂阳刚之气等。

从这类神话中,主要产生了一种可以用于统治的奴役道德。

- 起源神话(起源史):这类神话主要涉及最早的土地权(原住民)或社会地位(在欧洲是贵族,在美国指清教徒的前辈移民),还包括那些共同祖先的神话或特殊传统行为(勇敢)的神话。

一些神话对经济战争很重要,因此需要对它们做进一步研究。这些神话之所以重要,是因为它们是20世纪下半期一些严重冲突的一部分,如俄罗斯-乌克兰克里米亚争端和中美贸易战。

- 殉难I:在20世纪,对于德国而言,腹背受敌的传说持续发挥作用(在第一次世界大战结束前,战场上战无不胜的德国军队遭到了政界在背后射出的冷箭),《凡尔赛和约》及其所带来的领土割让以及通货膨胀(这首先摧毁了对社会起稳定作用的中产阶级)都发挥了持久的作用,这可以解释(并非辩护)德国在20世纪30年代的发展(Keynes, 1919; Taylor, 1961)。如果没有对当时通货膨胀的记忆,德国央行在今天的强大地位是不可想象的;如果没有第二次世界大战的战败,德国的社会市场经济体制也不会以如今的形式出现。

- 殉难II:17世纪以来的衰落和19世纪的半殖民地化所带来的屈辱对中国发挥着重要作用,这种屈辱在两次鸦片战争和八国联军镇压义和团运动中达到了高峰;虽然中国是第一次世界大战的战胜国,但随着《凡尔赛和约》的签订,1919年5月4日,中国被要求将德国在山东的特权转给日本,借此机会,日本的扩张就有了一个重要的桥头堡。西方出卖了中国利益,这种行径被永久铭刻在中国人的集体意识中。

- 殉难III:对于许多俄国人而言,苏联解体后,辽阔国土的丧失是一种负担,之所以如此,尤其因为在他们眼里,西方利用了

1990—2010 年间俄罗斯的弱势,大力扩张了北约和欧盟,特别是向乌克兰和格鲁吉亚提供了被纳入西方军事集团的前景,这对于俄罗斯而言就是一个宣战的理由。

● 前卫:在法国,起决定作用的尤其是历史问题。在法国历史上,法国军事力量在后拿破仑时代弱于德国,且在两次世界大战之间,法国的人口增长停滞。此外,由于法国大革命,法国的自然科学基础遭到了破坏。后来的第五共和国总统夏尔·戴高乐(Charles de Gaulle)曾流亡英国,在英国人那里饱受屈辱,在出任法国总统后,他把恢复法国的强大视为其主要任务。在 1960 年代,似乎戴高乐的声望比法国的声望更大。即使在德国人面前,面对曾经的宿敌,他也认为,只有有了这种意识,才能建立伙伴合作关系。[①] 法国研制核武器,这是弥补法兰西民族缺憾的推动力。在当前危机中,与德国相比,法国采取完全不同的经济政策,这无疑与 1930 年代法国的通货紧缩经验有很大关系,因此,在货币稳定问题上,法国持有完全相反的观点。

● 起源史 I:对塞尔维亚而言,科索沃波列战斗[②] 起着重要作用,特别是 1389 年的战斗尤为重要,因为它触及了塞尔维亚人主权的基本问题。科索沃波列位于科索沃,正是在这里,在南斯拉夫解体之后,斯洛博丹·米洛舍维奇发表了他关于大塞尔维亚共和国统一的著名演讲,他选择科索沃波列作为演讲地,这不无道理。

[①]　1962 年,戴高乐在路德维希堡对德国青年人说:"德国的青年人,祝贺你们,你们是伟大人民的孩子……"

[②]　在科索沃波列发生了很多战斗:1389 年,塞尔维亚/波斯尼亚军队和奥斯曼军队之间;1402 年在两支塞尔维亚军队之间;1448 年在十字军和奥斯曼军队之间;1915 年第一次世界大战期间的一次战斗。

- 起源史 II：在对俄政策中，人们往往会忘记，俄罗斯的根在基辅，而基辅如今不属于俄罗斯，这一事实已成为历史负担。这些历史记忆到底有多重要，可以在这里窥其一斑。有文化的俄罗斯人想过，将加里宁格勒更名为康德之城，因为他们认为，康德是伟大的柯尼斯堡人，康德哲学对欧洲很重要，从哲学角度看，失去柯尼斯堡的痛苦对于德国而言完全感同身受。

- 殉难与起源史：在第二次世界大战中的失败给日本带来的影响远远超过它在 19 世纪的被迫开放，即，明治维新使日本得以对其国家机构进行现代化革新。在 2015 年安倍内阁的 19 名大臣中，有 14 名大臣属于一个支持靖国神社的协会，这是供奉日本二战战犯的地方。这说明，因缺乏对过去的反省，这个国家试图依靠其民族在心理上向内回归其民族的强大起源（这也是限制这个民族的锁链），从而从限制它的心理枷锁中解放出来。从现代角度看，这似乎是返祖现象，容易同邻居（特别与中国和韩国）产生冲突，但从内部视角看，这与同邻居冲突并没有多大关系。

激活民族神话往往是超越临界点、令稳定局面失控的至关重要的因素。例如，1914 年，欧洲列强都在力争增强其统治地位，如果尚存一丝希望，各国就不遗余力地试图凭借其伟大历史而重组欧洲，这无异于各国都在备战，准备进行一场彻底的疯狂战争。

尤瓦尔·赫拉利（Harari, 2016: 261）在《人类简史》（Homo Deus）一书中指出，为使实际行动合法化，道德判断常常被描述为事实。例如，假设"美国是上帝之国"，这是一项无法验证的价值判断。相反，"美国宪法中有关于人权的成文法律规定"这一说法却可以验证。假如已经公开预设了价值判断，且关于人权的公开声明正确无误，才可以得出结论，在道义上和法律上，美国的国际军事干预行动都是"正义战争"。与此同时,这场辩论逐步远离理性———一切都陷入别无选择之境地。

这类神话是模因战争的起因。个人或团体会被某些思想所感染,布莱恩·汉考克(Brian J. Hancock, 2010: 41)在《模因战争———战争之未来》(*Memetic Warfare: The Future of War*)中称之为"思想病毒",这也是混合战争的一部分。这类战争与邪教有关,它们是"基地"组织的常见行为,这些行为包括对个人的洗脑。战争会为了西方的理想而进行,比如自由、人权、法治、自由选举、多党制和三权分立。表 3.2.2总结了模因负荷的基本参数。尽管模因战争的过程自上而下(垂直)地进行,但它却自下而上地传播,即,产生所谓的(水平的、横向的)群体意志,甚至通过自发的群体而产生,在这个过程中,可视化的宣传内容能达到更好的效果。

表 3.2.2　模因战争的控制变量

初级变量	次级变量	男性	女性	重复技巧
生气	身份认同	权力	安全	利他主义
恐惧、担忧	归属	主导地位	参与	给予
利用有利条件	关注	利用有利条件	关注	特洛伊木马
计算	同意		投资	深刻影响
	服从			记忆术
	分享			真理

资料来源:参见 Hancock(2010: 44)。

3.2.5　语言与思维中的对抗

乌韦·帕克森(Uwe Pörksen, 2015: 10-14)认为,语言的功能是在某一关系环境中建立联系、表达情感和评价。语言具有号召力,具有引起注意的称谓特征,通过诗歌和修辞,可以使陈述具有狡辩之色。对于一个陌生的概念世界而言，随着所阐述对象的复杂性的增加，语言在系统性、秩序性、解释性方面的任务就会越来越重要，语言尤其有利于人们扩大视野。在获得信息优势方面，尤其是在获得认知优势方面，语言发挥着重要作用。语言常用于保留那些具有长久影响的画面，这些画面往往根植于人类深层文化记忆和经验。论及人类与语言的关系，《圣经·诗篇》第57篇写道："……世人性如烈火，他们的舌头是锋利的剑……"

既然对抗是一项进化原则，且对抗发生在许多地方，那就有必要提出一个问题：无论是在个人还是在群体层面，人们的对抗倾向或经济战争倾向是否可以衡量？如果是，那么，如何衡量？其中一种方法就是语言。社会现实到底建构在什么基础之上？关于这个问题，结构主义（Sneed, 1971; Balzer et al., 1987）给出了答案，即，语言起着核心作用，且语言被视为核心复制媒介。这与语言学理论相吻合，从孔子[①]到尼采，再到维特根斯坦，他们都强调，内容在语言中占主导地位，通过隐喻，语言对于社会建构的塑造和操纵也很重要。维特根斯坦（Wittgenstein, 1921）在《逻辑哲学论》（*Tractatus Logico-Philosophicus*）中写道："我的语言的边界意味着我的世界的边界。"他间接地提出了一个问题：今天的语言规则与经济战争语言之间到底有多大的关联？

在修辞学中，隐喻是一种修辞手段，借助隐喻，一种表达方式被另一种表达方式所替代，目的是使含义更明确。在认知语言学中，隐喻被视为构建思维过程的重要手段之一，隐喻也叫作概念隐喻，它可以将源域映射到目的域，并使两个最初独立的概念融合在一起。语言与思维

---

① 《论语·子路》："名不正，则言不顺；言不顺，则事不成；事不成，则礼乐不兴；礼乐不兴，则刑罚不中；刑罚不中，则民无所措手足。故君子名之必可言也，言之必可行也，君子于其言，无所苟而已矣。"

是相互关联的,从而可以指导行动,故此,在经济领域使用战争术语会影响经济行为。这里最核心的思想是,一旦从军事领域派生出来的词汇被用于经济领域,它们也会对经济领域的行为产生影响。因此,假设语言影响思维,某些语言范畴(具体指概念隐喻)会同时控制思维和行动,那么,语言也必然会控制经济竞争性行为(具体指经济战争行为)。该论证是语言相对论的核心,它的基础是两个基本假设:

- 存在语言差异性,即使在国家标准语存在的前提下,仍然存在语言差异性(比如方言或特殊阶层的语言符号)。
- 语言差异性会影响人们对世界的感知和概念化理解。

历史上,孔子、约翰·哥特弗雷德·赫尔德(Johann Gottfried Herder)、威廉·冯·洪堡(Wilhelm von Humboldt)、尼采和维特根斯坦都曾研究过语言,他们都曾把语言称作人的创造。在"论语言的起源"(Abhandlung über den Ursprung der Sprache)一文中,赫尔德(Herder, 1772)认为,人类创造了语言,以便能同时传达需求和知识。威廉·冯·洪堡创立了一种内在语言形式的思想。

列夫·维果茨基(Lew Wygotski)在《思维与语言》(*Denken und Sprechen*, 1934)中强调,在思维过程中,人类的思想会随着语言而变化。列夫·维果茨基(1934)在研究儿童语言能力发展的基础上,假设一名儿童能够把语言概念改变得越容易,他理解或使用一种语言的能力就越好,那么,通过父母在语言上教给儿童的行为规则,他就可以分析语言结构,并通过改变语言的表达方式,将语言用于类似场景,甚至用于新的场景。儿童只有在与他人交流中掌握语言、新知识、逻辑和其他思维工具,才能成为思想者。根据这种观念,思维与语言紧密相关。

爱德华·萨丕尔(Edward Sapir, 1921)和本杰明·李·沃尔夫

（Benjamin Lee Whorf, 1956）的研究支持这一观点。他们所做的原始民族研究似乎验证了这种语言相对主义。其研究项目包括色彩区分、数学语言的理解、空间与时间语言的理解。这项研究继续发展的结果就是所谓的萨丕尔-沃尔夫假说，即，语言与思维确实相关，这一点维特根斯坦也已论述过。

但是，萨丕尔-沃尔夫假说受到严重质疑，关于霍皮印第安人的分析尤其遭到反驳。史蒂芬·平克（Pinker, 1994）坚决反对这一假说，他指出，在推导出萨丕尔-沃尔夫假说的论文中，作者所用的研究方法有误，因此，研究方法得到了改进。雷拉·波洛狄特斯基（Lera Boroditsky, 2010, 2012）和金伟灿（M. Keith Chen, 2013）的研究表明，确实存在一种弱性语言决定论，特别是，方向感、空间感和时间感会受到具体语言的严重影响，这一点对于经济战争中的手段-空间-时间的延续具有决定性意义，因为这强烈影响着认知过程。

在《我们赖以生存的隐喻》（*Metaphors We Live by*）这一部划时代的著作中，乔治·莱考夫和马克·约翰逊指出（Lakoff, Johnson, 1980），在论辩中包含着竞争性、战争性内容，它们以隐喻表达出来；这里所用隐喻的重要意义在于，通过隐喻，语言互动（即论据的交流）已经上升到了战争级别，这句话就是如此："我枪毙了他的论点！"（Lakoff, Johnson, 1980: 4）。吉尔·富高涅和马克·特纳（Fauconnier, Turner, 2002）通过将人类的认知能力置于隐喻重组场景中对这一思想做了补充。通过各个单独隐喻的混合，可以成功地把似乎不相关的隐喻组合起来，从而描述新的内容，甚至创造新的内容。此外，侯世达和伊曼纽尔·赞德（Hofstadter, Sander, 2013）的研究表明，在逻辑基础上形成的类比可以促进创造性直觉，这在语言中发挥作用，因而路径依赖性显而易见，因为只有通过回忆过去才能产生类比。

在《思想之所倚：语言是通往人性之窗》（*The Stuff of Thought: Language as a Window into Human Nature*）中，史蒂芬·平克（Pinker, 2007: 311-329）指出，当逻辑结构从一个领域转移到一个新的应用领域时，隐喻就变成了类比。这超越了概念隐喻的范围。例如，空间概念被用于阐进其他领域的现象，如产品空间和时间空间。

克劳塞维茨（Clausewitz, 1831）特别致力于精确地使用语言和清晰的图像，而有歧义的军事命令与对命令的错误联想很快会引发军事灾难。他在《战争论》（1832）的开篇就为战争下定义，首先确定到底什么是战争，这不无道理，阿丽亚娜·斯莱特（Ariane Slater, 2015: 35-37）在《军事语言》（*Militärsprache*）一书中辟专章论述了这一点。克劳塞维茨在《战争论》前言中写道：如果传统上各个军事术语的界定十分清楚，就不存在"概括语言、一般谚语和各式假大空话"，那么，这种严谨性也就可以转用到其他社会领域（如经济领域），但概念所指的内容可能有所不同。在《西方创新的独特性：语言关系》（*The Singularity of Western Innovation: The Language Nexus*）一书中，杜德利（Dudley, 2017）认为，在 17 世纪的英国和法国，语言的标准化对于合作机制的改进起了决定性作用，而在 18 世纪，语言标准化促进了创新，最终使西方的军事实力在 19 世纪超越了亚洲。因此，语言和隐喻改变了现实。迪特·诺伊曼（Dieter Neumann, 2016）在《瞄准》（*Aufs Korn genommen*）一书中证明，许多军事术语现在已成为日常用语，但这并不意味着，使用者具有好战心态。自经济危机以来，军事语言隐喻有不断增加之势。2005 年，在关于私募股权的论辩中，弗兰茨·明特费林（Franz Müntefering）的话可谓醍醐灌顶（BaS[*], 2005）："某些金融投资者从不考虑那些被他们毁掉工作岗位

---

[*] 《德国图片报》周日版 Bild am Sonntag，下同。——译者

的人——他们匿名投资，谁也不知道他们是谁，他们像蝗虫一样袭击企业，搂草打兔子，席卷而去，然后继续下一场风卷残云。我们正在与这种资本主义做斗争。"军事术语恰恰在经济用语中发挥了重要作用。一想到"战争"这一概念，紧跟着会联想到士兵和命令；攻击和防御这类作战形式变得清晰起来；可能也会意识到炸弹、破坏、死伤，可能也会想到和平。"战争"这一概念的隐含意义因地点、历史、文化的不同而不同，有时甚至是极端个性化的，因此，存在群体语言，其代码无法被外人所理解。事实上，战争的概念在脑海中创造了一种静物，这种静物也可以在一段时间内被动态化，即所谓的剧本。在相关的时间点设计一场战争，通过投入军事力量，攻击和击溃敌人，最后是和平。在这里，概念隐喻是一种途径，通过使用概念隐喻，一个概念系统可以转入另一个概念系统，以便清楚地表达内容、关联、感觉，如图 3.2.3 所示。

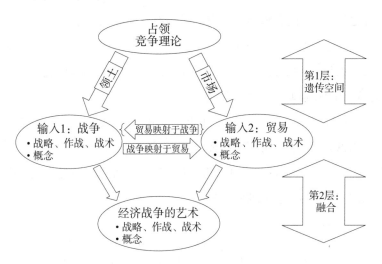

图 3.2.3　战争与贸易在经济战争中的认知融合

资料来源：自制，参见 Blum, Zhou（2015）。

战略上，使用概念隐喻可以在大脑中建立起释意模式，即所谓的框架（frames），它会在无意识状态下，操纵人的认知过程。这类框架是认知影响的固定方法。在此基础上，语言学家伊丽莎白·威灵（Wehling, 2016）不仅特别研究了政治语言的使用，而且在2019年为德国电视一台撰写了"檄文"，她用"电视一台章鱼"这个隐喻来对抗德国公共电视体制的反对者，比如，她称那些私有电视台是媒体资本主义的蝗虫，实际上，这里她采用了关于自有资本论辩中的概念。有人偶尔会用隐喻来粉饰自己，比如，唐纳德·特朗普喜欢自称"关税员"。

在"商业媒体话语中的隐喻和性别"（Metaphor and Gender in Business Media Discourse）一文中，维奥妮卡·科勒（Veronika Koller, 2004: 39-41）在男性话语、语言影响行为[1]的框架中，研究了战争隐喻。其中，起关键作用的是，原本互不相干的两个体系相互混合。两个体系混合之后，一些内容将会受意识的影响而产生联想。市场销售中所用的战争隐喻与体育隐喻足可说明（男性）竞争，体育"比赛"这个概念令人联想到"游戏规则"，弱化了"男性竞争"，同样，体育"比赛"又与"竞争"有关，强调"男性竞争"。

《经济学家》（Economist, 2014b）指出，如果英语的某些语言符号在国内诋毁某一社会阶层，那么，在国际舞台上，其诋毁作用就会跨阶层、跨种族，因为大部分人都在讲"全球英语"，而这一符号打破了许多国家内明显的社会阶层障碍。

---

① 　萨丽·约翰逊（Sally Johnson）将战争比喻为一个男性，其博士论文"从女性主义角度看语言与男性气质"（Theorizing Language and Masculinity: A Feminist Perspective, 1997）谈及"全球化执行官"，强调其"僵化、控制性男性军人气质"，可冒充军人（Koller, 2004: 35）。

　　周冰（2015）利用德国《时代周刊》网络版所发表的文章，分析了维奥妮卡·科勒按时间顺序搜集的一部分军事隐喻。所搜索的概念包括争斗、战斗、战役、进攻、防御、机动、前线、战壕、征服者、敌人、牺牲、部队、老兵、战术、炸弹、武器、枪支、流血、投降、失败、幸存者等。以每年出现的频率统计，可以发现，在最近14年间，这些军事隐喻概念出现的频率略有上升，它们倾向于描述经济动荡，比如，描述网络经济危机、金融危机和国家债务危机，如图3.2.4所示。很明显，军事隐喻的使用频率与欧洲中央银行所测得的流动收益率相关。所谓流动收益率，就是那些固定利息债券的收益率，流动收益率上升，实际上就是利率的上升。对于这种因为危机而带来的利率水平提高，欧洲央行通常以降低基准利率来应对。[①] 实际上，今天，军事隐喻常被作为武器用于争取在经济领域中获得认知主导地位。

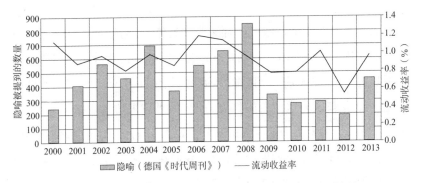

图 3.2.4　2000—2013 年经济中军事隐喻与流动收益率的关系

资料来源：自制，参见 Zhou（2015）和 Europäischer Zentralbank。

---

　　① 以经济模型来分析该情况显示，当欧洲央行资产负债表总额提高1%时，流动收益率会下降0.18%，两者的弹性系数是-0.18，欧洲央行资产负债表与达克斯指数的弹性系数是0.32，与战争隐喻的弹性系数是0.22。军事隐喻的使用频率与欧洲央行的金融流通收益率的相关度为0.54（Blum,Zhou, 2015）。

图 3.2.5 显示，随着中国 2001 年加入世贸组织，军事隐喻在中国的影响更加明显，这说明，军事隐喻有了重大突破。吕巧平（2015）的研究说明，随着中国经济在世纪之交继续对外开放，"竞争"一词本身比以前更频繁地出现。

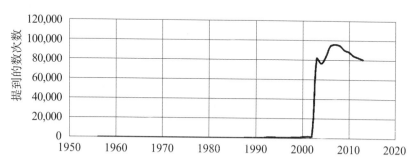

图 3.2.5 1956—2012 年"竞争"一词在中国同方知网科学论文中的使用频率
资料来源：参见 Lü（2015），同方知网。

战争术语在军事领域中的含义非常具体，它们是否能够以正确的隐喻形式用于民事领域？一名士兵认为，"消灭"是指敌人的剩余战斗力不超过 10%。"击溃"意味着，敌人的剩余战斗力最多 30%。如果按照 1—10 分来区分这两者的打击力度，如果被采访者能够正确归类，那么，"消灭"的打击力度应该得 9 分，"击溃"的打击力度应该得 7 分。关于（经济）战争术语的评价与归类，我们在大学一年级学生和年轻士兵官中做了调查。表 3.2.3 包含经济战争的主要词汇。

在实际调查中，德国士兵预测，"消灭"和"击溃"这两个词的打击力度分别是 8.24 分和 7.24 分，士兵对这两个词的理解是正确的；但与士兵相比，接受调查的大学生对这两个词所预测的打击力度分别低了 0.7 分。士兵和大学生之间的相关性为 0.45，但男生（0.6）比女生（0.2）更接近士兵。这一调查结果似乎验证了维奥妮卡·科勒的论点：经济战争有一张男性的脸,貌似确实如此。

表 3.2.3 经济战争词汇表

行动者	行动	手段	效果	措施
统帅	战略	火攻	胜利	战壕
领导	作战	鱼雷	毁灭	掩体
军队	战术	地雷	击溃	要塞
部队	演习	炸弹	击沉	战线
特遣队	进攻	榴弹	结束	前线
军人	防御	障碍物	击中	战区
敌人	拖延	核武器	打中	方阵
对手	稳定	火箭炮	流血	侧翼
征服者	冲击	枪	爆破	埋伏地
胜利者	反冲	武器	丧失战斗力	
失败者	征战	弹药		
幸存者	战斗	大炮		
牺牲	战役	箭		
伤亡者	行军	矛(矛头)		
逃兵	战败	炮弹		
老将	撤退			
步兵	破坏			
营	爆破			
	构筑工事			
	装填			

资料来源:自制,参见 Koller(2004),Zhou(2015)。

除了攻击性行话以外,其他隐喻也值得一提。哲学家兼管理顾问尤尔根·维尔纳(Jürgen Werner)套用了维特根斯坦的名言,发表了题为"我的语言之边界即我的成功之边界"(Die Grenzen meiner Sprache sind die Grenzen meines Erfolgs)的论文(WirtschaftsWoche, 2014a)。

他在接受采访时指出,经济界领袖的语言主要表达了对风险、失去权力、失去控制及错误的恐惧。"解雇员工"这种说法不过是结构性的愤世嫉俗;总在提"战略转移",实际上,这说明,所谓的长期战略根本就不存在。许多概念来源于机械学,比如"金融产品杠杆",目的是生成一种意念性安全,而它实际上根本不存在。

埃尔克·穆奇林斯基(Elke Muchlinski, 2014a, 2014b)在两篇论文中分析了中央银行在金融危机期间和重建信任时的沟通策略。她指出了语言的本质意义,即,超越了只有内部人士才能接触到的行话。事实上,分析危机时所使用的行话是值得信赖的,对信任的重建发挥了决定性作用,因此,以战争隐喻为手段的概念形成不利于经济理论的形成。

肇事者=邪恶?受害者=善良?通过语言,这个问题可以重新归类。一旦受害者突然变成了犯罪者时,"有罪"的问题就变得很重要了。例如,如果把受害者群体中一位受害者的异常行为归入另一范畴(Ullrich, Diefenbach, 2017: 110-120),那么,就能成功地建立起正确的犯罪者–受害者等级制度。经济战争的实例如下:1980年代,工会企业遭到破坏,合作银行和连锁超市都遭到了破坏,这从未被视为体制错误,而是被视为个人错误。美国前总统唐纳德·特朗普对语言的使用非常引人注目,他采用重编的语言代码,利用推特这一媒体向大众说明,他可以无视政府行为的传统道德标准。在大选中,他凭借这一并不复杂的世界观引起了共鸣,建立了一致性,从而创造了现实,并激起了对固有体制的攻击意愿。

毕竟,语言定义了那些被视作真或假的事物,之所以如此,主要是因为最早的信息很难从大脑中抹去。这一点在所谓的假新闻辩论中尤为明显,尤其是当这些信息被置于一种牢固的语言参照框架之中时。

现在,数据痕迹和面部表情已被用来识别人们的具体想法。因此,在欧洲央行的沟通策略中,人们采用了欧洲央行的专用语,它是欧洲央行与市场沟通的一种语言。马库斯·齐德拉(Markus Zydra, 2019)在"甲骨文之终结"(Schluss mit Orakeln)一文中指出,非业内人士很难听懂这种行话,这降低了这种专用语的合法性。

3.3　秩序经济学作为对抗与合作的顶层设计

市场经济的秩序框架是稳定竞争、有效引导冲突的最重要制度。企业之间发生经济战争,甚至国家之间发生经济战争,均可破坏市场经济的秩序框架,因为只有通过市场经济的秩序框架,经济生产率才会长期增长,这一点已被历史证明:在《公元1—2030年世界经济概括》(*Contours of the World Economy 1-2030 AD*)中,安格斯·麦迪逊(Angus Maddison, 2007)用数据描绘了这一历史时期的经济概况。19世纪的历史巨变尤为重要,为我们奠定了可靠的发展道路,它们兼具人文意义和地缘战略意义,尤尔根·奥斯特哈默(Jürgen Osterhammel, 2016a)的《世界的变迁》(*Die Verwandlung der Welt*)也证明了这一点。秩序与混乱相反,尤其在发生混合战争时,秩序的意义重大,因此,这里要专门论述。

3.3.1　理性秩序与财富的经济动因

竞争的核心目标是获得财富,在经济理论中,这一论点基于三个系统性理论:

- 生产要素致富论:弗朗索瓦·魁奈(François Quesnay)、雅克·杜阁(Jacques Turgot)、奥恩男爵(Baron de l'Aulne)等重农主

义者认为，自然或土地显然是财富的来源，因为似乎不必发生什么，土地就会有产品或食物。亚里士多德（Aristoteles）、托马斯·冯·阿奎那（Thomas von Aquin）、亚当·斯密（Adam Smith）和卡尔·马克思都曾论及劳动生产率，他们塑造了劳动价值论。法国学派代表让-巴蒂斯特·萨伊（Jean-Baptiste Say）尤其强调资本生产率。如果一种生产要素被视为非生产性要素，但这种生产要素的所有者却获得了利润（或剩余价值），那么，这就出现了剥削。尽管弗朗索瓦·魁奈（Quesnay, 1758）认为，只有土地才是生产性的，萨伊（Say, 1803）则认为，只有资本才是财富之源，但是，根据马克思（Marx, 1867）的观点，只有劳动才是生产性要素，所以，当土地所有者（对殖民主义的指责）或资本所有者（对资本主义的指责）获得利润（或剩余价值）时，也就有了剥削。总之，根据财富来源和财产权的定义，阶级斗争和殖民主义也可以被视为经济战争。

- 劳动分工和贸易：亚当·斯密（Smith, 1776）认为，第二种财富来源与劳动分工有关，因为每个人或每个地区都只做自己最擅长的事情，所有参与者都可以获得专业化优势。大卫·李嘉图（Ricardo, 1817）继续发展了这一思想，他的比较成本理论认为，为了从自由贸易中获得收益，重要的并不是绝对的成本优势，而是比较成本优势。上文曾提及信息流通与语言的重要性，语言的标准化尤其有利于合作结构（Blum, Dudley, 2001, 2003）。与自由贸易相反的例子包括控制贸易交通线、收取无端路费（拦路抢劫）、对商品进行海盗行动、抵制商品、封锁港口等；这些也是经济战争的典型手段。

- 外部性[①]：弗里德里希·李斯特（List, 1841）早已论述过外部性。他强调制度的重要性，他强调，人力资本和物质资本应该与今天所谓的组织资本和社会资本紧密结合在一起。保罗·罗默（Paul Romer, 1986）从增长的角度证明了这一点：今天的大部分经济增长并不是生产投入的简单增加，而是由知识所推动，其中，技术环境发挥了重要作用，通用技术的使用也很重要（Bresnahan, Trajtenberg, 1995; Helpman, 1998），这反过来又有利于高效的集群结构（Blum, 2008, 2013c）。从战略上看，外部性与集群的发展可以被国家作为一种战略方法用于获得单方面优势，甚至用于发动经济战争。以此为基础所建立的新贸易理论和工业经济学理论都强调，国家能够通过战略性贸易获得某些有针对性的优势。这得到了任务贸易的补充。所谓的任务贸易，就是沿着可分离任务内容的分割线进行分工，最大限度地降低交易成本；该理论主要用于解释离岸外包。一些经营区位有特殊优势，它们具有经济特质，往往曾经是工业区，其交易成本最低，并可以充分利用外部效应（Grossman, Rossi-Hansberg, 2008）。

奥特弗里德·霍夫（Otfried Höffe, 2016）在"企业家可否赢利？"（Dürfen Unternehmer Gewinne machen？）一文中指出，一些著名政治哲学家已经提及这三层系统经济理论。霍夫以哲学家泰勒斯（Thales）为例，在文中说明，从生产中获得财富并不仅仅来源于追求利润，还因为渴望获得公众认可。对于贸易和金融业而言，约翰·洛克（John Locke）或伏尔泰（Voltaire）可算是相关的哲学家。外部性与框架条件

---

① 如成本降低效应、符合效应、网络效应、集聚效应、学习曲线效应。

有关，框架条件是亚当·斯密首次提出的。后文将对此深入探讨。

3.3.2 从进化理论看文明兴衰

显然，社会的秩序原则对于社会发展具有重要作用，因此，增长理论很早就研究框架条件，尤其是研究规则，这些规则证明，财富是正当的，增长理论因而超越了模型理论。增长理论以功能主义发展经济学家的早期辩论为基础，这些经济学家包括冈纳·缪尔达尔（Myrdal, 1967, 1968）、艾伯特·赫希曼（Hirschman, 1968, 1970）和曼瑟·奥尔森（Mancur Olson, 1982）等。增长理论后来受到新制度经济学的青睐，尤其是道格拉斯·诺斯（North, 1981）、布鲁姆和杜德利（Blum, Dudley, 1989, 1991, 1996, 1999, 2000, 2001），他们根据该理论进行了一系列经济史研究。研究表明，在信息领域发生了飞跃式创新，这些创新后来应用于社会，并在教育体制中建立了知识资本，这样的发展很重要。这也承袭了哈罗德·伊尼斯（Harold Innis, 1950, 1961）的信息经济学的特殊传统。弗里德里希·李斯特（List, 1841）最早认识到，教育支出与经济增长密切相关；最近，埃里克·哈努舍克和卢德格·沃斯曼（Hanushek,Wößmann, 2015）通过一项国际实证研究也验证了这一论点，他们的调研题目是《国家知识资本：教育与增长经济学》（*The Knowledge Capital of Nations: Education and the Economics of Growth*）。在《早期伊斯兰与资本主义的诞生》（*Early Islam and the Birth of Capitalism*）一书中，贝内迪克特·科勒（Benedikt Koehler, 2014）的研究问题是，伊斯兰文化如何产生自由经济制度和社会生产制度（尤其在教育资本和社会资本领域）？由于伊斯兰教创始人穆罕默德来自游牧民族和商人世家，他对自由经济与社会生产制度都比较推崇。后来，十字军东征骑士把这一思想带到了欧洲，从而促进了启蒙运动。因此，那些历时几百年、根深蒂固的基础已成为研究核心，恩里科·斯波拉奥尔和罗曼·瓦齐亚尔（Spolaore, Wacziarg, 2013）的研究表明，这些基础不仅关涉直接的生产率效应，也关系到间接的效应机制，可以消除潜在的创新障碍。

在《国家为什么会失败》（*Why Nations Fail*）中，达龙·阿西莫格鲁和詹姆斯·罗宾逊（Acemoglu, Robinson, 2012）提出了一对相对的概念，以便解释社会发展成功或失败的原因：一、普惠制度有利于整个社会；二、相反，特惠制度有利于精英阶层的统治，一部分社会成员不得不受剥削。显然，经济战争与金融危机直接相关。他们的结论是，国家发展史上的大部分失败的原因是，特惠制度在这个国家占主导地位。比如，西班牙的对外贸易是国家组织的经济战争；相反，英国的对外贸易由商人组织，这为英国后来的工业化提供了一个重要的文化前提条件。目前，在私人层面，确定特惠行为的指标是某些国家（尤其是亚洲国家）的黑钱收入、偷漏税及避税绿洲；在国家层面，确定特惠制度的指标是许多门槛国家的寡头和寡头政治的社会结构，两者往往相伴而生。但是在国际上，这一论证有一个弱点，因为必须解释，为什么普惠制度与落后相伴而来——英国传统并没有帮助印度。在实行普惠制度的国家中，权力往往会被明确地划分，比如，司法独立、议会制和廉洁有效的行政管理。

在《21世纪资本论》（*Le capital au 21ème siècle*）一书中，托马斯·皮凯蒂（Thomas Piketty, 2013）写道，资本的利润长期超过经济增长率（r>g），而精英们可以长期获得资本利润，因此，新的贵族阶层正在形成。实际上，这是在特惠制度下由准市场引导的行为方式，这是国家在体制竞争中所不能避免的——这说明，正如法国专制主义时期的贵族一样，这些新贵族有自己的伦理，凭这一点，他们可以无视第

三方利益；耶稣会士弗里德海姆·亨斯巴赫（Friedhelm Hengsbach）
最早提及这一思想。此外，从长期来看，产生的收入会破坏绩效激励
规则，从而也影响资本主义的创造力。图 3.3.1 显示所选国家在过去
140 年内国家资本的发展情况，世界经济危机和第二次世界大战的后
果十分明显。

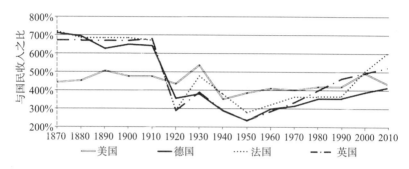

图 3.3.1　1870—2010 年所选国家的国家资本情况

资料来源：自制，参见 Piketty（2013）。

　　雷纳·里林（Rainer Rilling, 2014）对政治经济矛盾的评论切中要
害："（皮凯蒂）史书的特殊价值在于，把目光彻底转向资本主义的不平
等历史，这是作者在数据分析结果的基础上提出的建议。他以实证材
料为基础，提出了一条反论，反对美国经济学的伟大'童话'。1953—
1954 年间，美国经济委员会主席西蒙·库兹涅茨（Simon Kuznets）影
响很大，他在一系列研究中提出了这个经济童话论点，根据该论点，在
资本主义发展阶段，随着工业化的不断提高，日益严重的不平等时代
已经被一个几乎永久的日益平等的时代所取代。这个故事的结局圆
满，非常适合体制竞争的冷战时期。"这一圆满结局是，一部分人比较
富裕，很少的底层人民比较贫困；但事实上，正是这个圆满结局越来
难以保障。不平等既是一种激励，也是一种威胁：克里斯蒂安·雷斯

曼（Christian Leßmann, 2015）在"地区不平等与内部冲突"（Regional Inequality and Internal Conflict）一文中指出，因为不平等，在国家或地区内部、在国家之间或地区之间发生冲突的风险已明显提高。对此，沃尔特·沙伊德尔（Walter Scheidel, 2017）在《不平等社会》（The Great Leveller）一书中补充说，正是这种冲突，加上瘟疫和自然灾害，实际上，这就像世界末日，这再次迫使人人平等；沙伊德尔（Scheidel, 2017: 233,386）描述了暴力在多大程度上消除了差距，暴力又如何强制促进国家及其税收体制的扩张。在"为什么人们倾向不平等社会"（Why People Prefer Unequal Societies？ 2017）一文中，克里斯蒂娜·斯塔曼斯等学者（Starmans et al., 2017）认为，问题并不在于不平等，而在于不公平，人们反对不公平。在分析了皮凯蒂的研究之后，诺伯特·伯特赫德（Norbert Berthold, 2016）建议，以员工参与的方式，通过更多市场因素来弱化这个问题。常言道，政治中间派是民主制度的中流砥柱，鉴于此，防止他们持续贫困化对于现代国家的稳定十分重要。在"皮凯蒂收入不平等驱动因素假说的检验：来自异质动态面板变量的证据"（Testing Piketty's Hypothesis on the Drivers of Income Inequality: Evidence from Panel VARs with Heterogeneous Dynamics）一文中，国际货币基金组织的高厄斯（Carlos Goés, 2016）推翻了皮凯蒂的资本主义公式，他认为，不平等的原因是，一些国家不断降低存款利率，存款利率几乎为零。据欧安会报告（2011），今天的不平等主要是由技术变革导致的。贝塔斯曼基金会的一项研究证明，数字化尤其与市场霸权相结合，给工资带来了压力（Hagelueken, 2018）。导致不平等不断增加的其他原因是，一些移民的受教育水平低，企业日益集中，一部分企业被资本管理基金捆绑在一起，随之，竞争强度减弱，从而确保了长期的超额利润。在"一切的回报率，1870—2015"（The

Rate of Return on Everything）一文中，奥斯卡·约尔达等学者（Jordà et al., 2017）支持皮凯蒂假说，他们的研究表明，在 1870—2015 年这段观察期内，投资回报率高于经济增长率，最近，生产率提高乏力，但资本利率高于经济增长率的趋势却加强了。

在《2018 年全球财富报告》（World Wealth Report 2018, 2018: 8）中，凯捷管理顾问公司确认，2017 年全球的巨富[①]数量增加了近 10%，但显然主要集中在欧洲、北美和亚洲。图 3.3.2 支持这一论点，它显示了百万（美元）富翁的地区分布和富翁人数占全国人口的比例，按比例来计算，瑞士位列第一。按瑞银集团财富管理的计算，全球共有 1,542 名亿万富翁，其资产总额达 6 万亿美元，其中有一半亿万富翁在美国，但亚洲富翁人数的增长率很高。他们负责大约 2,800 万个工作岗位、三分之一的艺术品收藏、很大一部分大型捐赠或基金会（Börsen-Zeitung, 2017f）。

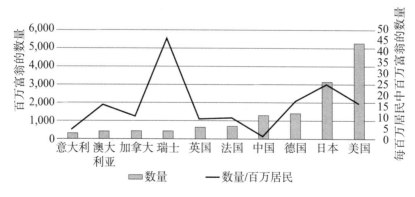

图 3.3.2　2017 年全球富翁数量

资料来源：自制，参见 Capgemini（2018: 11）。

————————

　　① 指高净值人士，拥有 100 万美元以上的可投资资产；凯捷的定义不考虑不能投资的资产值（如房产）。

达龙·阿西莫格鲁和詹姆斯·罗宾逊认为，区分普惠制度与特惠制度对于描写社会的经济成就很关键，其他因素的重要性则退居其次，如宗教信仰或地理区位。其他学者却持有完全相反的论点。在《增长文化：现代经济的起源》一书中，乔尔·莫基尔（Mokyr, 2016）认为，正因为欧洲的地理政治分裂，在欧洲也相应地存在超国家的精英阶层，欧洲才独具特色。在《枪炮、细菌和钢铁》（Guns, Germs, and Steel, 1997）一书中，贾雷德·戴蒙德（Jared Diamond, 1997）分析了新石器时代的革命条件，分析了欧洲或欧亚大陆从中受益的原因，他发现了三个重要论据：一、在适合人类生存的气候条件下植被的多样性。二、东西向的方向；由于气候原因，这促进了技术与贸易体系。三、人口增长旺盛；虽然人口增长一再受到瘟疫的限制，瘟疫又反过来促进健康免疫。这使劳动分工不断扩大，新技术不断发展，最后也导致人口扩张。但研究表明，植物育种开始于公元前 1 万年前，发生在美索不达米亚新月沃地（Riehl, 2014），那里发生了奶业经济的共同进化，即奶牛养殖业与婴儿期之后的乳糖耐受性，这有利于现代农业发展，也有利于欧洲的发展（Cook, 2014; Curry, 2014）。在《起初是谷物》（*Am Anfang war das Korn*）一书中，汉斯约格·科斯特（Hansjörg Küster, 2013）指出，只有植物文化才使人类文明成为可能。在近代早期，欧洲出现对土地的过度使用，土地种植潜力消耗殆尽，因为对某种作物的过度种植，人们不得不放弃种植一些互补性作物，一些国家试图通过殖民世界其他地区来寻求平衡。

农业生产对社会结构产生影响，并显示出进一步的效应。托马斯·托尔汉姆的团队（Talhelm et al.,2014）对中国情况的研究结果是：因为农业生产对合作有不同的要求，所以农作物也影响社会的发展；在中国，小麦种植促进了个人社会的发展，水稻种植则促进了集体社会的发展。但是,这种新石器时代的条件也必须相对化,赫尔曼·帕辛格(Hermann Parzinger, 2014)在《普罗米修斯的孩子们》(*Kinder des Prometheus*)一书中证明了这一点,因为畜牧业和农业的同步性很不完善,它们受气候区的限制,技术不可逆性相当可观,即,从工业经济的角度看,沉没成本相当可观。语言技能一部分受到了这种新石器时代进化的影响,这在一定程度上可以解释,为什么世界上古老的五大语系占主导地位(Heggarty, 2014)。[①]

这些常识对贾雷德·戴蒙德(Diamond, 2005)的著作《崩溃——社会如何选择成败兴亡》(*Collapse: How Societies Choose to Fail or Succeed*)产生了影响。通过使社会的危机处理变成理性过程,他将系统崩溃学说推向了极致,正如书名所示,因崩溃而有了选择可能性。他确定了五个核心因素(见表3.3.1),并利用五种促进文明发展的灾难来检测这五个因素。另一个附加因素是外来人口压力:在《公元前1177年:文明崩溃之年》(*1177 B.C., The Year Civilization Collapsed*)一书中,乔治·华盛顿大学考古研究所所长埃里克·克莱因(Eric H. Cline, 2014)写道,在青铜器时代,两个原因导致了古代大国在短期内的崩溃:一是金属供应短缺,二是海上移民压力倍增。海上居民往往在海上漂泊数十年,因海上的蚕食战争而迁徙,他们阻塞商路,因此,对战略性原材料的依赖最终毁坏了文化。大地震和气候变化也可能造成破坏性影响。气候研究结果表明(Anderson et al., 2015; Blom, 2017; Camenisch et al., 2016),在上一个千年内,一些天气和气候突变曾导致动乱,诱发暴力冲突,这些因素与其他诱发因素一起形成高度依存的系统(Fischer, 2017)。

---

① 受农业推广影响的古语系是印欧语系、汉藏语系、南岛语系、亚非语系和尼日尔-刚果语系;现代语言有十大语系(Heggarty, 2014)。

表 3.3.1 文明衰落实例

	环境问题和人口增长	气候变化	敌对邻国	贸易关系恶化	无力解决社会问题
玛雅人(中美洲,9世纪)	X	X	X		X
阿纳萨齐印第安人 (美国犹他州,13世纪)	X	X			X
复活节岛(太平洋,15世纪)	X			X	X
皮特凯恩群岛(太平洋,15世纪)	X			X	X
维京人(格陵兰岛,15世纪)	X	X	X	X	X
地中海帝国(前12世纪)	X		X	X	X
加纳王国(非洲,9世纪)			X	X	
阿兹特克帝国(中美洲,15世纪)	X	X	X		X

资料来源:自制,参见Johnson(2008)。

戴维·兰德斯(David Landes, 1998)在《国富国穷》(*The Worth and Poverty of Nations*)一书中探讨了这个问题:导致西方繁荣的关键区别因素是什么?他指出以下主要特征:一、地理位置优越(这与戴蒙德的观点类似);二、政治框架条件合宜,因民族众多、发展中心分散而形成了适当的政治框架,从而限制了剥削,并允许工资上涨;三、上述原因导致的创新压力推动了技术发展;四、按照马克斯·韦伯的说法,最后是将工作视为日常祈祷的价值体系。这令人想到孟德斯鸠(Montesquieu, 1748),他在《论法的精神》中写道,制度结构深受地理气候条件的限制。这些论点影响了戴维·兰德斯(Landes, 1969),在《解放了的普罗米修斯》(*Unbound Prometheus*)一书中,兰德斯分析了工业革命以来欧洲关键的体制创新。一些创新因素属于经典因素,比如用技术、动力机械代替劳动,对材料特性的认识得到了提高,尤其提高了对金融和化学材料的认识;除了这些经典因素之外,他还提到了工厂内部新的劳动纪律。

在《告别施舍》(*A Farewell to Alms*)一书中,格里高利·克拉克

（Gregory Clark, 2017a）认为，产业倾向的主要表现是，欧洲国家在利用劳动这一生产要素方面有优势。显然，这种优势的形成需要长期的定居史和持久的安定时期，他判断，上层阶级与下层阶级的遗传差异会带来巨大的经济后果。比如，自1200年以来，英国人口增长停滞，但富裕阶层的人口增长强劲，这导致富裕阶层逐步贫困，但他们的经济思想得到了推广。因此，可以充分利用现有技术。在一次采访中，克拉克（Clark, 2007b）论及资本主义基因，他特别指出，利息偏好不断变化，这在人类历史上导致利率下降。他说："谁如果没有耐心，那就必须以长期高利率来诱惑他，让他投资……为了使一个国家取得经济成功，就必须改变它的文化，并随之改变它的国民；这需要时间。"因此，他也要求把制度变革作为发展的前提条件。

在"暴力与社会秩序"（Violence and Social Order）一文中，道格拉斯·诺斯等学者假设（North et al., 2009），存在这样一种辩证关系：政治上限制暴力。因此，长期来看，出现了开放社会，开放社会促进竞争，并能积极发展。有暴力行为的社会成员往往控制着国家，假如社会有兴趣来限制暴力，那么，就可以向这些人提供高于暴力收益的养老金。出发点是设有个人有限通行的秩序。因镇压暴力的能力不同、稳定经济与政治秩序的能力不同，这些国家的经济与政治秩序逐渐发展起来，它们从一开始的脆弱状态（稳定永远备受压力），到产生基本秩序（更多稳定和复原能力），再到成熟的秩序——这种秩序是长期规划，为大量精英预备了发展空间。相反，开放通行秩序则以经济和政治竞争为基础。

与民众相比，精英阶层具有信任优势，这使得有限通行秩序有可能转为开放通行秩序，因为民众相信，他们的生活会比以前更好，从而创造出现代宪法体系。从模因三角形角度看，道格拉斯·诺斯等学者描述了社会发展之路：一开始是基于命令和服从的等级社会，后来发展成基于共享的现代社会，这一思想也包含了普惠制度和特惠制度的辩证关系。

实际上，寻租是否有害？寻租是否包含追求利润的一种形式？这两个问题只能通过长期观察才能回答。因此，道格拉斯·诺斯等学者（North et al.,2009）认为，从发展经济学角度看，经典的"寻租"源于对基础过程的错误看法。经过贾格迪什·巴格沃蒂（Bhagwati, 1982, 1983）研究，那种从根本上认定"寻租"有害的观点被相对化。实际上，艾伯特·赫希曼（Hirschman, 1968）和曼瑟·奥尔森（Olson, 1982）关于"寻租永远有害"的论点无法得到实证结果的检验。比如，恰恰在贫穷的国家，精英阶层在寻租，因此，精英阶层在国内能够获得利润，他们成为稳定（独裁或专制）统治形式的代表。如维尔弗雷多·帕累托（Pareto, 1916）所言，如果这些寻租行为被民主化，要么会导致精英们离开这个国家，要么会导致精英阶层与本国民众之间发生冲突。为了使精英阶层和民众在民主化过程中能够找到共同利益，需要最低水平的收入，据估计，最低的人均年收入大约为 8,000 欧元。如此一来，制度之间的经典区分标准就丧失了解释力，尤其普惠制度和特惠制度的区分标准更是如此，因为今天的特惠行为明天就可能是正常的普惠行为。因此，经典的殖民主义总包含一种特惠战略，以牺牲依附民族的利益为代价，但也允许母国的发展，这在英国这个例子中尤为明显。工业化也可视为一种特惠行为方式，这已经被思想史（尤其是马克思的思想史）所证明。

瓦尔特·欧根（Eucken, 1940, 1952）认为，政治秩序与经济秩序相互依存。英格·皮斯（Ingo Pies, 2008）将有限通行原则和公开通行原则做了对比，由此产生了两种稳定结构和两种不稳定结构。在稳定的状况下，在有限通行原则下，隔离会导致不良利润。依据模因三角形的经济组织形式，此类权威形式的发展潜力大多受到限制。第二种稳定形式包括经典的增长经济学,经过竞争提供业绩利润。另外两个象限仍然存在问题:或者经济秩序开放,却有权威性政治秩序;或者正好相反,政治开放,但有专制型经济秩序。起决定作用的问题是,在过渡时期选择哪条道路?即,首先打破哪些枷锁?经济枷锁还是政治枷锁?就经济成功而言,前一种模式似乎比后一种模式更合适,图3.3.3显示了这个结构。

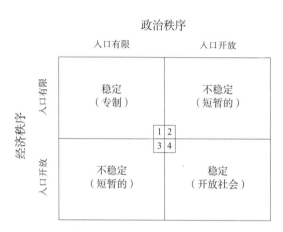

图 3.3.3 社会发展机会组合

资料来源:自制,参见Pies(2008: 15)。

实际上,即使在开放经济秩序与开放政治秩序并存的社会中,也会表现出疲劳现象,甚至是衰败现象。在"民主为何表现得如此糟糕"(Warum steht es so schlecht um die Demokratie)一文中,弗朗西斯·福山(Fukuyama, 2015)写道,人们低估了那些为持续的民主所付出的努力,因此,恰是那些年轻的民主制国家摈弃了民主,转而支持专制型国家形式,因为在开放的社会中,即使良好的民主制度也必须在施加压力的情况下,才会保证制度的正常运转。洞察到这一点、认识到合作意愿(即认识到合作的必要性)对于体制的稳定是必不可少的。但是,如果想迅速建立健全为公众所认可的相关制度,恐怕难度颇大。

无论如何,时间偏好对于企业的成败十分重要。比如,经常进行论辩,企业管理者是否应该最大限度地提高企业的短期业绩并把股东价值最大化? 为此,作为自有资本基金的实际领导,在极端情况下,企业管理者甚至会给企业施加压力;或者,管理者是否更应该考虑企业的长远利益? 人们可以为了将来的利益而牺牲当前的利益,忍耐可能是其中一个成功因素(Falk, 2018)。

在《文明——西方与废墟》(*Civilization: The West and the Rest*)一书中,尼尔·弗格森(Ferguson, 2011)描述了六种毁灭西方财富的杀伤性应用程序,即竞争体制、科学体制、法律体系及其所有权制度、专业医疗体系、消费倾向和职业道德,这与马克斯·韦伯的观点完全一致。西方现代性的问题是,从竞争对手公司中可以轻松获得这些杀伤性应用程序,甚至可以从自己的程序中自动删除这些应用程序。

在《西方文明的独特性》(*Uniqueness of Western Civilization*)一书中,里卡多·杜彻斯尼(Ricardo Duchesne, 2011)认为,成功要素的建立要求一定的基本结构,它早就存在于雅利安人的贵族战士文化中,特别是自由原则和个人主义原则,按照理性原则来行动,还包括浮士德式推动力,驱使精英阶层继续跨越边界,越过高峰。

在《暴力教师》(*Der gewaltsame Lehrer*)一书中,迪特·朗格维舍(Langewiesche, 2019)认为,战争中存在一种重要的建构动力,这完全延续了修昔底德的传统。战争过后,尤其会产生民族国家,唤起公民个人参与全球竞争的能力与可能性。历史上,欧洲军事冲突持续不断,这导致了小国林立,以此为出发点,在《欧洲为何征服世界》(*Why Did Europe Conquer the World?*)一书中,菲利普·霍夫曼(Philip Hoffman, 2015)专门分析了军事竞争,这与杜德利类似(Dudley, 1991)。在他的红色军团模型中,霍夫曼假设,共有四个核心的成功要素:一、必须经常进行战争,统治者不必处理资源调动所导致的类似的过高政治成本。二、预期收益必须高于战争动员成本。然后,战争支出本身必须很高,这使胜利的价值更高。三、火药技术的应用十分关键。四、学习,要向强者学习,甚至向敌人学习,即对创新的顺利传播。这些条件使欧洲有别于世界其他地区,并创造了欧洲的战略优势,因此,自上一个千年的下半期开始,欧洲开始征服世界。他认为,与其他理论相比,尤其相比于戴蒙德(Diamond, 1997, 2005)的理论,这个解释占主导地位。同时,欧洲发生了一场科学革命,这一点大卫·伍顿(David Wootton, 2016)也曾提及。一场精神革命逐步发展起来,因为人类不仅理解过去,也特别关注未来,即,获取新知识。在《近代经济史》(*Wirtschaftsgeschichte der Neuzeit*)一书中,克里斯蒂安·克莱恩施密特(Christian Kleinschmidt, 2017)认为,正是精神与暴力的结合使欧洲变成了主导力量。显然,新知识必须不断地、持续应用下去,因为不用于改变行为的历史知识是没有价值的;另一方面,如果存在相应的推动力,新知识得到传播,历史上的知识就失去了它的战略优势。新知识推动进步(Harari, 2016: 84)。典型实例就是美洲的发现,为此还必须创造新词和新的语言概念,比如英文中的"discovery"(发现)一词,其词根当时只存在于葡萄牙语中。后来,莱布尼茨将理论与实践相结合,这一思想上升为研究的最高原则或"变革推动者"(Wootton, 2016: 561),比如印刷术和望远镜。

在其三卷本《巨著》(*opus magnum*)中,戴尔德丽·麦克洛斯基(Deirdre McCloskey, 2006)全面分析了西方的成功要素。在《资产阶级的美德》(*Bourgeois Virtues*)一书中,她阐释了西方思想史(McCloskey, 2006),她的目标是,把市场经济行为与赢利导向性行为贬为无思想、无美德的行为，而与美德相互对立。美德被视为促进发展的加速器。美德发挥作用的方式是，使相应的行为能够自行稳定，并最终起到自我强化的作用。在《资产阶级尊严》(*Bourgeois Dignity*)一书中，麦克洛斯基(McCloskey, 2010)继续发展了这一思想，以公民尊严和自由来解释西方，尤其是，自由使用金钱是尊严的表达，因此，她摒弃了马克斯·韦伯(Weber, 1904/1905)的理论，韦伯强调禁欲主义新教的重要性和从经济成功中获得恩典的确定性。在《资产阶级平等》(*Bourgeois Equality*)一书中，麦克洛斯基(McCloskey, 2016)致力于描述她所言的"巨大丰富"：以苏格兰启蒙运动及其注重实用性与经验主义为基础，她阐述道，在 18 世纪，欧洲实现的关键变化具有实施所思所想的意志。通过实施所思所想，社会被分裂，今天所谓的中产阶级出现了，而中产阶级这个概念是通过行动而不是通过地位来解释的。但这并不是她的首创！米歇尔·阿斯兰德(Michael Aßländer, 2005)在《从奉献到工业价值创造》(*Von der vita activa zur industriellen Wertschöpfung*)一书中也曾提及这种区别。阿斯兰德在书中分析了贵族与市民的美德形象、荣誉概念，他的研究显示，前者由其本身的社会地位而形成，后者则根据其劳动结果来定义。

自启蒙运动以来，普遍人权就成为一种普惠性和开放性使用权力的强大范式，被视为西方遗产和欧洲身份认同的核心，并最终移植到了美国。美国《宪法》使用"不言而喻"一词来描述普遍人权中那些自然法所赋予的天然权力，否则，那些权力必须以自然科学知识为前提。

这种对普遍性的要求意味着，它也可以延伸到所有其他国家，因此，它在本质上具有霸权性，并且常常被意识形态化，所依据的名言是："西方的普遍主义，就是其余世界的帝国主义。"在《提防神话》

（*Vorsicht vor dem Mythos*）一书中,穆斯林科学家乌尔利希·鲁道夫
（Ulrich Rudolph, 2016）要求对启蒙运动（即追求解放和成熟）提出批
判性质疑,因为大量的欧洲启蒙文化来源于亚洲与伊斯兰文化。实际
上,如果阿拉伯人对希腊哲学的翻译没有传入欧洲,那就不可能有欧
洲的近代（见第4章）。哲学家奥特弗里德·霍夫（Höffe, 2015b）认
为,有必要在道德和法律历史的层面上对启蒙和普遍性展开讨论,以
便发现权力和道德的根源,并在文化比较中了解共同的权力遗产与道
德遗产,最终构成人类的世界道德遗产和法律遗产。这可以克服不同
传统之间的矛盾,目的必然是,从中构建一个创造性、可能耗时的学习
过程——这一点西方已经开始使用,并且必须允许其他社会也能够使
用。任何人,只要他重视（民主和自由）秩序中的价值观重新整合,那
么,他必须承认,其他社会也会发现并利用它们自己的资源。下文会
阐述,在欧洲或者在所谓的西方,已经存在不同的政治哲学。韩国已
建立起自己的"亚洲民主"。然而,霍夫并没有论述,有多少痛苦是合
理的。正是在这一点上,思想家的观点产生了分歧,因为思想家要求建
立起人道主义保护制度,他们不想把痛苦视为社会发展的附带损害,也
不想消灭痛苦。但是,如果没有任何痛苦,学习过程恐怕也不会长久。

　　近代的外交政策、安全政策、发展政策和经济政策都受制于这种
人道主义的要求,比如,经济政策已纳入世贸组织原则。如此一来,依
照塞缪尔·亨廷顿（Samuel Huntington, 1996）的说法,就出现了与非
西方国家的对立,2002年9月11日,矛盾升级。现在最大的问题是,
如果西方失去了自己的霸权地位,该怎么办? 西方是否必须远离其普
世价值观? 西方是否尤其要避免这种普世价值观的传播并与之保持距
离? 社会可持续发展计划是否过于庞大? 它是否也会深陷压力之中?
西方主张在全世界发挥作用,包括在中国这样的东方国家,在巴西这样

的门槛国家,但却并没有任何相应的应对措施,这是否也导致了民主理念的局限性?

康德从自我造成的不成熟中解放出来,创造了一种理性世界观,正是这一思想会导致一些问题,它们会使人重陷不成熟:缺少价值参考,否认第三方利益;恐惧丧失,或者丧失了对不可预见事物的恐惧。这些似乎能够解决,但实际上却无法解决。因此,启蒙运动的遗产可能直接引发经济战争,需要对它们进行改革。

在《启蒙辩证法》(*Dialektik der Aufklärung*)一书中,马科斯·霍克海默和西奥多·阿多诺写道(Horkheimer, Adorno, 1969: 7):"自古以来,广义的进步思想的启蒙运动就致力于消除人们的恐惧,并使他们成为主人。但完全开明的地球却显露出胜利毁灭的迹象。启蒙计划是对世界的迷惑。它应消散神话,用知识推翻臆想。"实际上,人类的心灵深处并不开明,常常是非理性的,只有在有意识地被要求理性的情况下,他才能择善取优。人往往首先将认知失调导致的非理性行动合理化。由于缺乏对非理性行动的阻止,人们不再恐惧非理性行动,所以,非理性行动就会直接导致灾难,比如,在金融市场和在失败的大型企业集团建设中,情况正是如此。远东哲学并不把理性看作征服市场或社会的武器,远东哲学包含着发展思想,因此,它们应该受到特别关注。

在经济战争中,经济发展的成功因素可以被用来破坏社会的稳定,尤其是破坏与宗教相关的价值绑定,破坏公民的美德和创新意愿。实际上,通过制度优化而致富,这条道路往往可能破坏制度的基础,希腊哲学家波利比乌斯(Polybios)已经研究过这一现象。他提醒要预防财富的后果和精英阶层的过度统治,他的国家衰落思想也属于国家战争哲学。美国哲学家埃里克·霍弗(Eric Hoffer)能够捕捉到普通人的问题,被称为"码头工人哲学家",在《真正的信徒》(*The True Believer*)一书中,霍弗(Hoffer, 1951)研究的问题是:如果文化精英没有用武之地,下层人民感觉被上层精英阶层抛弃,尤其是不再相信诸多经济计划和社会计划的有效性,那么,就会产生一种危险的混合体,最终导致制度的瓦解。

以色列军事历史学家马丁·范·克里费尔德(Martin van Creveld, 2017: 3)也研究了这种衰落,他认为,教育不会使年轻男性具有独立精神,年轻男性不具备英雄主义,缺乏防御能力,这是西方衰落的主要原因。在这一点上,他实际上发展了奥斯瓦尔德·施宾格勒(Oswald Spengler)和尼采的哲学思想。

3.3.3 经济的秩序框架与良性制度的价值

人们在冲突中是否愿意遵守规则,这主要取决于人们对自身实力与敌人实力对比的评估。马尔库斯·西塞罗在《论友谊》(*de amicitia*, 约前44)中写道,真正的友谊与美德是相互依存的,但只在平等的人中间才可能发生。如果果真如此,那么,冲突也和真正的友谊一样:当敌人和自己处于平等地位时,他们才会以良好的方式进行战斗,并坚持到底,历史上的骑士决斗就能证明这一点。因此,在经济学中,为了描述公平的选择决策,决斗理论至关重要。取得了业绩就应该得到报酬,由此产生了动机,连接主义就强调这一点,连接主义最早开始于爱德华·桑代克(Edward Thorndike)。伯尔赫斯·斯金纳(Burrhus Skinner)创立了激进的行为主义,他强调这种积极与消极强化的力量,从权力行使的角度看,这与经济战争有关。只有当抉择的结果(即权力)不能变得无限时,即不会摧毁竞争基础时,这项选择才是社会能够承受的。但实际上,当今世界却提供了反例,凭借金钱和信息就可以拥有无限的权力。2013年发生了美国国家安全局监控丑闻，由于美国拥有技术优势，与世界其他地区相比，这种平等是不存在的。[①] 实际上，这里出现了严重的监管不善（Hecker,2013）。因此，不仅要通过积极的分析来描述经济战争，而且要用规范的理论来解释，如何有效地进行经济战争。与一种常规的军事干预一样，经济战争也需要首先思考投入，以确保最佳备战，并达到预期目标。不可避免的是，要想进行经济战争，就必须认识到，这场经济战争是场硬仗，打赢这场经济战争并非易事。显然，只有从地缘政治、地缘战略、企业和国家建设的角度去思考，才能理解什么是现代经济战争。

要为经济竞争制定秩序，把这一经济思想纳入国家理论，这符合德国的经济学传统，这在后文会详述。所有的竞争概念都有一个共同点，即，它们把竞争的四项功能看作重要的成功标准：一、控制功能与引导功能，以便协调计划，分配生产要素和产品；二、激励功能，以便高效利用资源；三、分配功能，目标是按等价原则来分配报酬；四、自由功能，以便限制经济权力。

秩序草案在两个问题上有区别：一、竞争本身是否是一种价值？二、如果是，竞争是否应该因其自身价值而受到保护？不同学派的德国市场经济秩序十分强调这一自由思想。另一种做法是，强调买家利益。与大量的小企业相比，大企业更容易满足买方的利益，因此，有必要检

[①]　德国《经济周刊》（*Wirtschafts Woche*, 2013年7月8日：58）报道，美国每月从德国获取约5亿份电子信息。除了反恐信息之外，这尤其警示经济与工业界，因为与德国不同，美国企业保密业务的透明度很大，结果，经济和工业的副产品可能会是间谍。类似行为也适用于其他国家。

查,权力集中是否会使其他竞争仍然存在?竞争主管机构是否需要进行干预?尤其是巨大的成本递减效应与成本的不可逆性都说明了这些问题的重要性。

《反垄断法》对主要的越界竞争做了界定,这保证了企业的抉择自由和市场开放——即使这违背了企业的意愿。这正是今日德国与二战时期德国的巨大差别,因为在二战时期,签约自由高于竞争自由。[①]在市场经济体制中,限制竞争的协议原则上是被禁止的,在个别情况下,比如,为了建立起经济竞争对手,才有可能签署限制竞争的协议,但是,这必须获得批准,对于那些控制市场的企业而言,有一个监管机构,该机构会防止这些企业滥用权力。最后,如果企业达到一定的规模,那么,企业的合并必须受到控制。在经济战争中,这些规则经常遭到侵犯。

并非所有的越界行为都能够在法律上做出界定,或者被法律排除在外。因此,存在惯例、规则和承诺,它们往往被视为种族归属、身份认同的一部分,它们是足可降低交易成本的强大的模因手段。马库斯·贝克曼和英格·皮斯持类似观点(Beckmann, Pies, 2006, 2007),在"以约束致自由"(Freiheit durch Bindung)一文中,他们认为,通过约束,可以赢得声誉,减少控制,促进合作,这拓宽了积极的自由维度,即,人们并非"无拘无束",而是"自觉自愿"地做事。图 3.3.4 显示,集体的自我约束需要个体的自我约束及其在集体活动中的可见性作为基础。

---

① 1897 年,德意志第二帝国法院针对萨克森木材垄断一案做出判决,目标是防止相关企业因经济危机而破产。弗兰茨·波姆(Franz Böhm, 1948)认为,这为德国在被盟军去垄断化之前成为垄断国打下了基础。

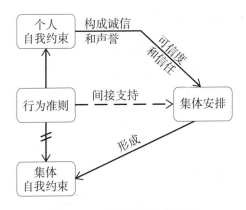

图 3.3.4　社会发展机会组合

资料来源：自制，参见 Beckmann, Pies（2006: 22）。

3.3.4　军事战争的秩序框架

在古罗马，据西塞罗说，"一旦战事起，法律就沉默"。作为国际法家族最新成员之一，国际战争法试图遏制对抗。今天，军事法律制度框架由国家法律、一般国际法和国际战争法来规定。最晚自纽伦堡战犯审判以来，军事法律制度已具有明显的公共地位，国际冲突各方必须逐步以它作为依据。现代战争法的特点是，除了国家权利和义务之外，它也规定了个人的权利。现代战争法包括两方面：诉诸战争权和战争中的法律。

《圣经·申命记》第 20 章（Dtn, 20: 1-20）最早描述了战争法。《圣经》记载，不必服兵役的人包括：对民族生存至关重要的人、胆怯的人以及刚刚投资的人，无论投资于家庭、房屋或葡萄种植。它强调，信仰正义事业，信仰唯一的上帝，反对其他民族的多神崇拜，以及相关的牺牲恐惧，这些都和不宽容一样被推崇，所谓不宽容，就是不接受敌人的和平提议。为了持续性，特别强调，不得从被占领、被征服的国家没收财物,破坏公物,这是长期经济发展的基础,即,要注意生产性资本存量。大多数战争法规则的制定者后来都成了国家哲学家,他们的思想后来得到深化。之所以出现了促进战争规则制定的力量,直接的原因就是,索尔费里诺战役的战争暴行带来了对战争的憎恶,这促使亨利·杜南医生(Henry Dunant)建立了红十字会。战争规则偶尔也会在冲突发生时直接由军事集团首领来制定,比如,亚伯拉罕·林肯(Abraham Lincoln)曾经在美国内战(1861—1865)中制定战争规则,以便限制战争的残酷。他委托德裔教授弗兰茨·利伯(Franz Lieber)制定了《第100号命令》(Order 100),它在1863年成了北方军队的强制性命令。彼得·霍尔奎斯特(Peter Hollquist, 2019)在《战争法》(*The Laws of War*)一书中指出,实际上,这里开始了一场运动,这个运动首先由俄罗斯推动,目的是,要在国际上限制或者关注武器系统。结果,1874年在布鲁塞尔举行了第一次世界武器系统会议,并最终促成了《1899年海牙公约》与《1907年海牙公约》。

对于经济战争而言,了解军事制度框架十分重要,因为军事制度框架本质上比国际经济规则更全面。在许多情况下,经济冲突和军事冲突直接相关,比如,在针对流氓国家、打击海盗或迫使停战求和的时候,随后必须实现经济稳定和政治稳定(所谓民族国家的建立),这个认识非常重要。

根据《联合国宪章》第2条第4款,针对一个国家实施暴力(未用"战争"概念)违反国际法;《联合国宪章》第42条描述了战争行为,第41条描述了经济制裁。尽管如此,关于诉诸战争权,却存在一系列的例外情况,比如:

- 如果得到了相关国家的同意(根据《议会参战法》决定的德国联邦军一切对外军事活动都建立在相关国家同意的基础上,科

索沃冲突除外,科索沃的国家地位尚不明确);

● 如果因为要保家卫国,直到联合国安理会要"采取必要措施"的时候;但是,这是否包括预防性自卫,这一点并不明确。

● 如果在联合国安理会授权下,打算"建立和平、迫使和平或维护和平"的时候;所有当前的、根据《议会参战法》决定的联邦军在国外的行动都建立在联合国安理会授权的基础上。

● 如果要解救自己的国民。

但是,为了人道主义而被允许进行武力干预,这种例外情况到底在多大程度上存在,这并不明确。比如,1999 年的科索沃冲突(干预)以及叙利亚冲突(非干预),就是这种情况。迄今为止尚未解决的根本问题是,在一国加入联合国后,该国对本国军队的垄断权力是否应该移交联合国,即,其他组织是否也被允许合法地使用一国的军事力量,以强制和平和制止违反国际法的行为。但是,经济暴力行动是由国家或国家集团在不经联合国安理会授权的情况下习惯性地实施的。因此,与军事行动不同,在德国,议会不得对经济暴力行动有所保留。

3.3.5 全球经济秩序框架

世界经济秩序框架由世界经济各级参与者、它们之间的协议、法规和条约来进行维护(Engelhardt, Klein, 2015)。国际性贸易组织是维护世界贸易秩序的顶级组织。《世界贸易组织协定》对于贸易和知识产权保护十分重要,它由 1994 年乌拉圭回合制定的《关税及贸易总协定》发展而来,今天,该协定已把服务领域的贸易协定《服务贸易总协定》纳入进来,并补充了《与贸易有关的知识产权协定》。

世贸组织目前有 159 个成员国或地区,涵盖全球超过 80% 的国家。

只有少数国家被排除在外,其中一些国家具有观察员地位,比如一些阿拉伯国家和前苏联国家,也有一些国家根本不参与,比如朝鲜或索马里。世贸组织更是一个协调机构,它也和世界银行和国际货币基金组织合作,以实现国际协调的贸易政策,从而有助于减少贸易壁垒,避免贸易争端,尤其是避免贸易战争。因此,世贸组织的功能之一是,通过争端解决机制来解决有争议的问题。最新实例是,2012—2013 年,世贸组织解决了欧盟与中国之间的贸易争端。因为世贸组织协定涉及国家法、欧盟法和国际法,人们期待,相关法律要做相应的调整。其中很重要的一点是,承认世贸组织的争端解决功能,否则,世贸组织的功能将受到损害。

除此之外,大型国际机构还在不同专业领域补充了区域协定、双边协定和跨区域合作协定。贸易协定、投资协定与投资保护协定就属于此类协定。在投资领域,国家和国家联盟之间签署所谓的投资保护协定。这种投资保护协定确定国际投资的规模,确定并处理国际纠纷。

国际争端处理制度大多通过投资保护协定来商定,可能是合适的手段,可以用来克服国际投资中的信息不对称,特别是时间上的不一致,从而避免陷入博弈论所谓的困境。如果一个国家首先是秩序和规则制定者,后来在投资和企业中成为合同伙伴,那么,会出现激励问题,而国际争端处理制度可以减少这类激励问题。在这个过程中,国家放弃了自己的司法权,所以,这会严重影响国家主权,因此,必须清楚,对时间不一致的行为方式施加影响到底有什么好处。对此,杨·恩格哈特的研究说明,存在大量的不对称情况,诉讼显然越来越多。一些国家利用自己的市场力量,以便全然避免这种诉讼。

世贸组织最重要的原则之一是不歧视,不歧视原则又体现在两个次级原则中,即最惠国待遇与国内外企业享受同等待遇。最惠国待遇意味着，给予第三方贸易国的贸易优惠必须也提供给其他国家，这同时也意味着互惠，即从其他国家接受的贸易优惠同样也应给予第一方贸易国。同等待遇基本原则禁止把外国企业视为与国内企业不同的企业来对待，但这一点对于发展中国家有一部分是相对的规则。

消除贸易壁垒和关税仍然是世贸组织的最大目标之一，最后是多边贸易，即试图建立国际经济公平竞争环境，这要求世贸组织成员方要使经济过程透明化。因此，竞争秩序已成为关键的决定因素，尤其是《反垄断法》更是如此。实际上这一切并不真正存在，因为世贸组织成员方各有不同的特殊情况。

然而，国际上并不存在统一的竞争法，但是，如果要求秩序的效果，那么国家竞争秩序、欧盟竞争秩序甚至国家法律秩序会适用于第三国，因为，恰恰反竞争行为不仅影响国内，而且也影响第三方国家，因此，法律也会用于该国。这种效果到底如何影响其他国家的国家经济政策，这个问题一直充满争议。这里有一个严重的潜在冲突，比如，如果欧盟反卡特尔机构针对在美国被批准的企业合并提出诉讼，那就会发生冲突。比如，2002年，霍尼韦尔和通用电气的合并就是如此，因为欧盟担心两家公司合并后，会出现飞机驾驶舱生产领域的市场垄断地位（Grant, Neven, 2005）。

欧洲竞争秩序和国际竞争秩序包括三项准则：一、反对限制竞争（原则上禁止垄断组织）；二、反对市场垄断行为和事实；三、控制企业合并。这些规定在一些地方有很大差异：一、限制门槛从哪里算起？特别是，滥用市场机制的可能性会出现，这必须经过审核。二、在一些国家（如在美国）存在将垄断企业拆散的可能性，原因是，如果不这样做，仅通过内部增长不可能取代竞争对手。国家或反垄断局也把"拆散企业威胁"作为一种有效武器，消除垄断市场行为，以维护竞争的长期进行。

本书将竞争强度定义为"侵蚀竞争优势的速度"（见第1章）；这为打击市场霸权和市场机制滥用提供了指导，受它的启发，为了重建竞争结构，可以采取一定的手段。但是，必须要解决的问题是，较高的生产集中是否会导致福利效应？是否应该接受它？因为它提高了消费者利益，欧盟采取的"更多经济行为计划"正是实现了这个效果。那些以市场经济体制为导向的国家同样认为，应该禁止垄断组织，但在评估市场机制滥用和生产集中发展方面，各国却存在很大差异。实际上，在芝加哥学派假说和社会市场经济学派之间存在延续性。芝加哥学派认为，如果市场霸权不再服务于客户，那么，它必然会因出现在市场上的新企业而贬值——但必须要保证市场准入可能性是开放的。根据社会市场经济学派的理论，尤其根据埃里希·霍普曼（Erich Hoppmann, 1968）推崇的自由市场经济传统，无论如何，应该直接保证自由竞争，因此，必须防止企业集中和市场霸权出现的苗头（见第6章和第8章）。

3.4 秩序框架建设的困境

现代博弈论提供了重要的形式工具，可用于分析制度建设中的冲突，尤其可用于分析在建立一个规范竞争的制度框架时发生的冲突。如果一个人的理性行为导致了集体的非理性结果，那么，就会出现特殊问题。因此，对于个人而言，多送一头牛去牧场吃草，这没有错——但是，如果所有人都这样做，就会有过分放牧的威胁。

中美经济战直接可纳入博弈论模型（见第1章）：经济行为是对现有资源储备的分配吗（特朗普认为，这是零和博弈）？经济学家认为，经济行为能创造其他增长动力吗？所有人都输了，还是只有一些人输了？特朗普总是赢，因为他是较好的生意人吗？

实际上，制度框架可以引导冲突，它是一种公共产品（至少是一种俱乐部产品），因为它不（至少不明确地）把任何人排除在外，它所提供产品的利益不是竞争性的。这里，安全是制度框架的重要组成部分，安全始终面临着挑战，一方面，它要引导制度框架下级各层面的冲突，另一方面，它又不能阻止冲突，因为如果不这样，社会进步能力就会受到威胁。

上述事实被称为集体悲剧（Hardin, 1968）。假设一种共同的资源需要被经营，比如，这种共同资源是一片草地，如果所有的利益攸关方都合作，并把资源利用限制在可持续的产量范围内，则收益会最大化。但是，如果有不合作者开发更多的资源，比如，他们把更多的牛赶到草地上，他们就有更多的收益，那么，一旦所有人都这么做，资源就会越来越少，直到资源消失，比如，草地被过度放牧。显然，个人理性的总和导致了集体的破坏。当一个人不合作的时候，他（首先）在自我进步——这是占主导地位的策略。如果没有协调，摆脱这种困境是没有意义的——但是，任何人都不值得这么做，有一个所谓的纳什均衡点，但它并没有效率，它由合作方式来主导。每一场经济战争都是困境状况的结果，这可以用模型来说明。

3.4.1 困境结构的模型化

博弈论很早就被用于分析军事冲突，托马斯·谢林（Thomas Schelling, 1960）的《冲突战略》（*Strategy of Conflict*）一书对许多博弈论学家的思想产生了影响。比如，北约在做出军备决定时有一点很著名：这里的问题是，双方关系冷却到怎样的程度，北约会认为华约是可信的威胁？博弈论是战略分析、作战分析和战术分析的工具，这也促进了博弈论在民事问题上的运用。可信的威胁是重要信号，可促使其他人采取行动,且这些行动都有利于发信号者自己。因此,它是迫使行动的重要承诺。因为信号越值得信任,对于信息发送者而言,相关费用就越低,那么,就会更清楚,原则上,需要更低成本的一方会发出更值得信任的信号。要把空话从可信任的信号中区分出来,空话的目标是,了解对方的利益状态。比如,当提高价格对某一市场参与者有意义时,他就会在新闻发布会上表示,他期望将来在其行业中提高价格。其他市场参与者也会这样假设,以便根据这些信息为自己的行为得出结论,尤其是当其中一方开始提高价格时,其他各方不会利用这一时机,来发动价格战。托马斯·谢林(Schelling, 1960)指出了可持续承诺的重要性,即所谓的坚定承诺,坚定承诺是不可逆的决定,这种不可逆性释放了强信号。这些观点被纳入现代冲突分析或市场可经营性分析,这些分析就从产业经济学中脱颖而出,因为它们明确地把具有破坏性的因素纳入了研究领域。凯·康拉德(Kai Konrad, 2009)在新经典工具论倾向的系统中分析这种经营可能性的战略和动力,他明确指出,关键的军事论题(比如战略联盟)要与经济论题(比如外部性)联合在一起,存在多种争端类型,甚至包括各系统的混合阴谋活动,这能够在经济系统框架中进行研究。因此,经济困境理论可以发展成冲突分析理论,这在杰克·赫舒莱夫(Jack Hirshleifer, 1994, 2001)的著作《权力阴暗面》(*The Dark Side of the Force*)、查尔斯·安德顿和约翰·卡特(Anderton, Carter, 2009)的著作《冲突规则》(*Principles of Conflict Economics*)中有所论述。在英格利盖特模型(Intriligator, 1975)和沃尔夫森(Wolfson, 1985)所扩展的英格利盖特-布里托(Brito, 1983)模型中,所谓的"生存功能",就是"对进攻展开防御的条件","武器数量"就是一方在遭到另一方攻击后余下的军事力量。

联盟往往只能通过账面付款来保持稳定,以避免联盟中某一方可能出现的不利因素。典型的模型是引领者-跟随者竞争模型。较大的企业是引领者,引领者首先进入市场,然后较小的企业是跟随者,在引领者之后进入市场,满足剩余的需求。根据斯塔克尔伯格竞争模型,如果跟随者提高自己的市场份额,引领者降低了自己的市场份额,并获得补偿(从跟随者所获的较高收益中获得收益),那么,总收益会更高。这样就产生了合作,也称作谢林点,通过选择最优的纳什均衡点来决定——所谓纳什均衡点就是一种平衡,从中任何一方都不能改进自己的状况。应这样来评估结果:如果在不损害他人的情况下,结果不可能再改进,那么,这就取得了帕累托效率——但是,这并不一定是社会所期望的结果。如果对任何一位博弈者而言,他都不必再偏离已找到的解决方案,那么,这就是纳什均衡点。还有一点很关键:是否一个战略主导着另外一个战略?如果是,那么,后者就过时了。显然,纳什均衡点总是具有不被支配的特点。

罗杰·迈尔森(Roger Meyerson, 2009)认为,这方面的革新应归功于托马斯·谢林:持续的承诺对可信度很重要,持续的承诺也有必要考虑到不合作的平衡力量之间的多边平衡,并考虑到以正常形式呈现的经典博弈的不足。英格·皮斯(Pies, 2007)指出,承诺也会成为束缚,这不无道理。束缚也意味着,它包含打开束缚的成本——军事上,除了参与费用,还有不参与的费用。因此,获得不可逆性具有特殊意义,就像现代工业经济学中的市场赋权和现代制度经济学中的社会结构僵化一样不可逆转。尤其在信任博弈(Dasgupta, 1988; Kreps, 1990)中,第一位博弈者可以给予或不给予信任,当给予信任后,信任被确认,或失望,这显示着可信承诺的价值,因为在平衡中,每位合作者的地位会更好,无论他们给予信任,还是使给予的信任失望,总的来说都是没有效率的。

　　上述想法对于企业竞争关系的分析起着决定性作用。它们也可以解释通过利他行为而稳定个人关系的现象；士兵之间有义务保持同志情谊（《士兵法》第 12 条）就属于此类，因为这是一种理性的利他主义要求，同志相信这种关系。此外，连续博弈就是不断重复的博弈，可以导致学习效应。如果个人的理性行为总是导致集体的次级结果，那么，这类分析就特别重要。或者参与者寻求合作性解决方案，或者他们给自己制定规则，比如，这在体育比赛中很典型，同时他们也通过遵守规则而自我强大；或者，因为对于困境所导致损失的接受度下降，出现了长期的进化过程。这样就产生了一些规则，它们往往建立在伦理和/ 或宗教的基础上，这些规则规定一些道德行为，有时也使一些规定合法化，来打击异常行为和危害社会的行为，从而实现稳定。最新研究显示，与比较舒适的生活关系相比，有挑战性的环境条件、居民数量庞大而复杂的社会结构这两种情况会导致道德要求更高的神（Whitehouse et al., 2019）。

　　博弈论到底在多大程度上能解决问题，这需要认真探讨。因为博弈论的理性认识决定了博弈者会持续考虑对手的可能战略，考虑对方因己方行动而采取的应对方式。博弈论也会影响政治话语，历史上的北约军备和朝鲜半岛危机就可以证明这一点。因此，著名博弈论学者和科学家阿里尔·鲁宾斯坦（Ariel Rubinstein, 2013）写道："在我看来，博弈论就是寓言和谚语的集合。同时，应用一种博弈模型就是在应用一则寓言。一则好的寓言使我们有能力从另一个角度观察一种生活状态，总有一天，它会影响我们的思维和行动。"此外，一切被理论研究过的博弈都会引起人们的兴趣。如果一种局势可以用一场博弈来描述，那么，就能计算出，谁赢谁输。但是，经济战争的目标必须是发展出可赢利的新布局，使对手捉摸不透。

　　下面三节要介绍对战略分析很重要的三种博弈（Blum, 2016c）：

囚徒博弈、懦夫博弈和保证博弈;然后分析破解囚徒困境和懦夫困境的可能性;最后,从经济战争角度来分析其他重要的博弈类型。博弈的最重要因素是:

- 博弈参与者数量:它影响博弈结果;
- 博弈规则:博弈规则必须众所周知,所有参与者必须遵守,博弈在规则下进行;
- 信息状况:博弈者拥有信息的状况,尤其是决策时的理性或理智,相互交流的可能性;
- 行动(策略):各位博弈者从行动预选方案中选出行动及行动顺序(同时或连续);
- 支付(博弈结果):因自己或他人的行动而承担的结果;
- 平衡或不平衡。

尽管智计良谋众多,却只能择一而用,偶尔也有混合策略。此外,博弈策略可连续启用,即,使用连环计。最后,可以区分总支出是否基本恒定,即一方的收益是否总是以另一方为代价,或者支出总额是否依博弈策略而变化。前者是零和博弈,这说明,一方的最小最大化策略基本上成功了。这意味着,最差的支付必须最大化,在给定的条件下,可以追求最好的结果。经典例子是儿童教育中喜欢做的游戏——"一个划分,另一个选择",其中,行动者确定一个对他而言仍然合理且也能被他人接受的最小份额(反之亦然)。但是,正如第一章所言,在零和博弈中,甚至在负和博弈中,战争和威胁都没有意义(Schelling, 1984: 269)。

3.4.2 囚徒困境

囚徒困境是一个可以使灾难升级的典型的解决方案,因为个体理

性与集体理性分裂了。典型的囚徒困境是军备竞赛或环境保护,现举
例说明:两名嫌疑人被捕,他们被控犯有严重的刑事罪,他们被囚在单
独的牢房中,两人无法交流。检察官没有足够的证据证明两名嫌疑犯
有罪,除非至少一名共犯因为告发了同犯而成为公诉人的证人。因此,
检察官分别单独面对两名囚犯。两名囚犯可能有不同的行动方案,或
者他们供出同犯,或者他们沉默。如果两名囚犯都沉默,那么,总会有
其他的施压手段,来判处两名嫌疑犯两个月监禁。如果两名嫌疑犯相
互指控对方是同犯(两人就都成了公诉人的证人),每人都将被判处 12
个月的监禁。但是,如果只有一名囚犯供出了同伙而成为公诉人的证
人,而另一名选择了沉默,那么,前者会立即被释放(作为公诉人的证
人的奖励),而沉默者就会被罚监禁 18 个月,结果如图 3.4.1 所示。

囚徒甲

		沉默			证人
囚徒乙 沉默		-2 / -2	A	C	-18 / 0
证人		0 / -18	B	D	-12 / -12

图 3.4.1　囚徒困境的数字举例

资料来源:自制。

　　无论另一位囚犯的决策是什么,在这场博弈中,对于任何一位参与
者而言,供出同犯而成为公诉人的证人,这一抉择都是理性的。但是,
这个结果被称为两难选择,因为它阻止了博弈者的理性行动:两人同时
沉默(即合作),从而为两位嫌疑人争取更好的结果(较少惩罚),即图
中的 A 结果。两个特点非常重要:

- 只有 A 结果优于 D 结果。B、C 和 D 结果无法两两相比——它
  们中或者某一项较好,另一项则较差。它们具有所谓的帕累托
  效应。

- 如果陷入 D 状况,就再也没有逃脱的可能。一个参与者如果改变策略,就会恶化他的状况,并改善对手的状况,因此这种状况没有吸引力。这种情况叫作合作博弈均衡(纳什均衡)。

- 为了确定平衡,一位博弈者会针对对手可能要采取的所有策略都会寻找相应的最佳对策。属于最佳策略的支付在图中有下划线。对攻策略就是纳什均衡点,双方的支付都有下划线。同时,克劳塞维茨所谓的竞争升级潜在可能性已经很明显:一方的不信任培育了另一方的不信任,因此,得到了劣质解决方案。

为了避免无效的结果,一个行之有效的方法是,按照顺序排列,你怎样对我,我就怎样对你。在这个过程中,第一位博弈者首先发出信任信号,即合作信号。第二位博弈者采取同样的行动,即回应合作。如果他不合作,那么,第一位博弈者就对对手的不合作予以回击。[①]

3.4.3 懦夫博弈

在懦夫博弈中,存在两个纳什均衡点,其中一位博弈者选择了合作策略,而另一位博弈者却不合作。典型的懦夫博弈是两个年轻人的勇气实验。在这个实验中,两个年轻人开车,高速撞向对方。看到对面车迎面撞过来,那位首先避开迎面而来的车辆的博弈者就是失败者(懦夫)。那位并不回避的博弈者就是胜利者(勇者)。两位博弈者同时回避对方,两人既非懦夫,也非勇者。两者均不回避,两者均因死亡事故而成为失败者。在《冲突的战略》(*Strategy of Conflict*)一书中,托马斯·谢林(Schelling, 1960)写道,如果双方一开始就势均力敌,一方通

---

① 理由是,这是《圣经·旧约》和《圣经·新约》的结合:第一步建立信任(登山宝训),第二步完全回应(以眼还眼,以牙还牙——无论好坏)。

过挑衅和积极行动可以获得优势,方法是,他们测试对方情绪的最高忍耐度——希腊财长雅尼斯·瓦鲁法克斯就是这样做的。

懦夫博弈的典型实例是邻里冲突,如图 3.4.2 所示:邻居甲有一只羊和一片草地,邻居乙有一条狗和一个菜园。两家土地之间没有一个篱笆,没有分界。所以,邻居乙的狗追赶邻居甲的羊,结果,羊不再产奶。另一方面,当邻居乙出门遛狗的时候,邻居甲的羊定期吃掉了邻居乙菜园里的蔬菜。所以,对双方而言,更有意义的是,竖起一个篱笆。一种可能是,两家一起竖起这个篱笆。但是,因为竖篱笆会带来费用,所以,每一位邻居都更希望,另一位邻居能够独自竖起篱笆。但是,如果另一位邻居毫无作为,每一位邻居也愿意单独竖起篱笆。这里存在两个纳什均衡点——一个是B,另一个是C。A、B 和 C 结果就是帕累托效应。相反,结果D没有帕累托效应。

在上述的博弈结构的条件下,如果自己的邻居能独自竖起篱笆,就对这两位博弈者都更有利,所以,每一位博弈者都尽力说服自己的对手,他自己绝不会竖篱笆。所以,在两人中,如果有一位能成功说服自己的对手去竖篱笆,并使这一决定不可撤销,然后,另一位就会单独支付。结果,两人都努力让对方做出不可撤销的决定(承诺)。这样,就会存在一个危险,两人都很顽固,谁都不愿意单独竖起篱笆,然后两人实现了D结果。在超级大国的对立中,往往强调这个结果。

		邻居乙			
		竖篱笆		不竖篱笆	
邻居甲	竖篱笆	6 / 6	A	C	4 / 7
	不竖篱笆	7 / 4	B	D	2 / 2

图 3.4.2　懦夫博弈的数字实例

资料来源:自制。

3.4.4 保证博弈

信任是万事之初。与懦夫博弈一样,保证博弈有两个纳什均衡点。但是,其中一个均衡点包括双方合作,而另一个均衡点(如囚徒困境)的特点就是两位博弈者不合作。可以想象一下,两个小学生是好朋友,这是他们上学的倒数第二天。两个学生坚信,如果在上学的最后一天,即,在第二天的一大早,他们俩剪一个疯狂发型去上学,他们就能吸引在场所有人的注意力。紧跟着,这一夜,他们艰难地做了决定。校长和同学们会做出什么反应呢?朋友会不会真的履行他的诺言?如果两个人上学的时候都剪了疯狂的新发型,结果对这两个孩子最有利;尽管如此,存在一个危险,即,朋友不会坚守自己的诺言,并不会坚持剪一个疯狂发型。假设其中一人没有剪疯狂发型,他的经历可能是这样的:那个剪了疯狂发型的朋友引起了大家的关注,他心中感觉,自己就像这个朋友,朋友得到了关注,似乎自己也引起了关注,他感到棒极了。但是,对于那个剪了疯狂发型的人而言,情况可能正好相反:在一群人中间,他是唯一一个剪了疯狂发型的人,这太糟糕了。另外,两人也可能都觉得,两人最好谁都不去剪疯狂发型。情况正如图 3.4.3 所示。

学生乙

		剪疯狂发型			不剪疯狂发型
学生甲	剪疯狂发型	<u>6 / 6</u>	A	C	4 / 0
	不剪疯狂发型	0 / 4	B	D	<u>2 / 2</u>

图 3.4.3　保证博弈的数字实例

资料来源:自制。

在上述条件下,优选的结果是合作。保证博弈的特殊之处是,本来没有必要一定要有困境。如果两个人合作,必然就会取得最优支付。相反,如果两个博弈者相互不信任,那么,采取不合作的行为就更有意义。

传统上,为避免懦夫博弈,尤其为了避免囚徒困境,就会推行道德,然后就会发生保证博弈的经典案例:如果做了懦夫,就有望走出困境,那么,做懦夫本来就是很理性的;人们会想,如果长期无法承担自己的义务,并因此失去对自我的保护(名誉),这种长期的损失过高,于是就产生了联盟;通过这种声誉成本,支付发生转向,于是产生了保证博弈。在每个战壕中,都在发生保证博弈。2014 年,因克里米亚争端而出现的北约问题是:我们是在玩囚徒博弈、懦夫博弈还是保证博弈?

与此类似,在 1930 年代,垄断组织保证协定的方法是:所有参与者都必须签署公开换文,在换文中,关于违反垄断组织协定的行为,垄断组织公证员可以要求进行损失赔偿;从此以后,换文权力的全部严酷性发挥了效用。这说明,有两种重要策略,即信任策略和避险策略:信任策略对于主导结果的支付发挥作用;相反,其他因不信任而产生的风险回避策略希望避免风险。

3.4.5 经验形成与社会最优

如果横向观察博弈结果,可以发现,每种博弈的特点都由特定的规模大小来决定,这意味着,从一种博弈转向另一种博弈或者另一种困境,这种转化可以通过控制博弈结果来实现。表 3.4.1 说明了这种秩序。

表 3.4.1 博弈类型

基本博弈	各位博弈者(博弈者 1)
囚徒困境	$B_1 > A_1 > D_1 > C_1$; $2A_1 > B_1 + C_1$
懦夫博弈	$B_1 > A_1 > C_1 > D_1$
保证博弈	$A_1 > D_1 > C_1$; $A_1 > B_1$
社会最优	$A_1 > C_1 > D_1$; $A_1 > B_1$

资料来源:自制。

在处理公共产品时，会出现典型的囚徒困境或懦夫博弈：在一切需要集体安全和需要进行环境保护的地方（与中古初期日耳曼部族公社的公共土地、森林、河流等相比），在一切可以公平获取资源的地方，就存在这类理性状况。它们是冲突的主要原因之一，也是本书的分析重点。

社会有学习能力，因此，在经历了大量囚徒困境或懦夫博弈之类的低劣结果之后，社会最终可以采取措施，促进信任，即，进行保证博弈。实际上，这个结果已经体现在国家政治理论中：即使是最强大的人也能在夜间被杀死（Hobbes, 1651），所以从个体视角来看，只有建立契约结构，才能建立国家。

通过这些例子，可以确定并说明对抗的质量：

- 无论如何，囚徒困境的解决方案所描述的就是一场经济战争；在纳什均衡点，博弈支付是单独的，支付总和主要由合作解决方案的各自支付所支配。

- 无论如何，保证博弈的解决方案不会支持经济战争，这里的最优值也被认定为纳什均衡点。同时，这也适宜于社会最优。

- 懦夫博弈比较有趣，因为从 B > A > C > D 这个关系中无法导出，在 B 框和 C 框的纳什均衡点的支付总和比 A 框这个合作框的支付总和大还是小（或者临界点）。如果前者比后者数额大，就可能合作，不是经济战争；如果前者比后者小，就会发生经济战争。

3.4.6　其他博弈模型

（1）分蛋糕博弈。一人分，一人选，一方分割公共资源，另一方优先选择。这一零和博弈迫使各方采取公平行为；最佳策略是，将最大的损失最小化，即最小最大化策略。特别是在教育领域，这类行为起着重要的稳定机制的作用。

（2）最后通牒博弈。一位博弈者甲得到一笔钱，他必须分割这笔资金，他本人保留一部分，另一部分必须提供给另一位博弈者乙。如果博弈者乙拒绝这笔资金，那么，这两位博弈者都一无所获。如果博弈者乙接受了这笔资金，博弈者甲也会得到他的那部分资金。这种博弈同样要求公平和利他主义；在分割偷窃物和战利品时，就会发生典型的最后通牒博弈。

这种博弈可以测试博弈者的理性，因为博弈者乙可能获得最小的数目——但总比一无所获要好。实际上，他会拒绝，因为他感觉自己没有被公平对待，因此可以惩罚对手。分割中的公平问题很早就成了实验研究的对象（Güth et al., 1982）。研究表明，如果分割者甲仅向参与者乙提供分配物的20%—30%，拒绝分割的概率大约为50%。显然，公平原则非常有效，甚至早已准备好了拒绝。这是理性行动被道德压制的典型实例，因为本来参与者乙即使获得较少数额，他的资金仍然比之前要多。

从中产生的财产平均主义对个人、部落或小群体有效，但不能转用到大群体或民族（Harari, 2016: 191-198）：因为否则的话，在民族或各阶层之间存在的不平等分配就不会稳定。委托代理理论证明，由于缺少集体决策机制，关于资源可获得性和风险的信息水平差异很大，这会导致引领者的出现，引领者通过激励和惩罚迫使群众进行合作。这使他们能够获得更多资源，只要他们的个人收入得到了保障，那么，在发生冲突时，他们就可以不再根据类似的等级制度进行公平分配。

（3）一票否决权博弈。在双方相互封锁的条件下，一票否决权博弈会定期导致低效结果，因为解决方案很可能类似于囚徒困境。但这种情况可以进行协调,现在举例说明。该实例是对安德烈·凯撒和尼尔斯·埃勒特(Kaiser, Ehlert, 2009)举例的延展:一个上级机构(比如欧洲央行)想在货币联盟成员国中实施一项财政纪律。成员国是否支持上级机构的这一计划,这很大程度上取决于是否存在脱离困境的可能性,即,在破产的情况下,能否由欧洲央行承担一部分费用,比如,通过收购国债或降低利率这类宽松的货币政策,或者这些是否不会发生?成员国的不作为导致的间接成本越高,欧洲央行帮助危机国家的意愿就越强烈。

这个例子用博弈论来处理就很简单:在实施财政纪律的条件下,脱离困境这个问题不存在,这个博弈结束了。如果一开始没有实施财政纪律,那么,这个国家可以努力采取紧缩政策,稳定其债务,或者该国没有遵守财政纪律,支出过高。中央银行又有可能性,执行脱困措施,或者放弃执行这一措施。表 3.4.2 包括相关支出。

表 3.4.2 纾困的一票否决权博弈的基本结构

支出	支出过高,执行	支出过高,不执行	未稳定债务
欧洲央行	支出过高,执行	支出过高,不执行	未稳定债务
成员国	支出过高,执行	支出过高,不执行	未稳定债务

资料来源:根据 Kaiser und Ehlert(2009)数据自制。

上述各种结果之间的关联决定着博弈的种类,关键问题正是与这些结果相关。因此,可以推测,如果紧缩政策的困难能够通过纾困政策得到缓冲,那么,一个国家更愿意实施紧缩政策。如果欧洲央行担心,不执行纾困政策,它所承担的成本会更高,它就会更愿意执行纾困政策。因此,很清楚,支付值之间的比例关系对于能否成为解决方案具有关键作用,是否它会给出妥协领域或者它会采取一票否决权博弈策略,如图 3.4.4 所示。不同博弈的安排将在下节说明。

图 3.4.4　一票否决权博弈的支付

资料来源：自制。

（4）志愿者困境。这种博弈是囚徒困境的特殊形式：一个人必须做出牺牲，其他人才能活下来。上文所述的战争文化试图在军事上克服这个问题。动物世界中很容易就能观察到这个现象：当企鹅站在浮冰边缘的时候，它并不知道，是否可以在海水中游动，海中是否充满凶猛的鱼类；但是，如果企鹅不跳下水去，它就会饿死。在实践中，志愿者原则往往受到背后敌人的逼迫，而敌人要把位于自己前方的对手推下悬崖。在经济上，比如，在企业合并时，将企业的一部分牺牲给竞争对手，竞争对手可以专心咬住这部分不放，从而使整个企业获救，这种做法更有效。

（5）猎鹿博弈。猎鹿博弈的名称来自法国启蒙思想家卢梭：为了猎获一头鹿，村中的所有居民必须保持在他们的指定位置上。但是，当一只兔子经过一名村民所在的道路时，他会猎获这只兔子，并使整个猎鹿计划陷入风险，那又会发生什么？这里的囚徒困境发生了反转。卢梭认为，这是个人与集体之间对立的表现。

图 3.4.5 显示，在猎鹿博弈中，存在社会最优方案。但是，如果潜在的猎兔者让兔子经过而不猎杀，他只能获得猎鹿的一部分，因此，他可能会把野兔据为己有，这时，就无法实现社会最优方案。在经济或政治上，这类结构会导致弱者联盟的解散，所谓"手上的麻雀好过屋顶上的鸽子"。

集体

		猎兔			猎鹿
个人	猎兔	<u>3 / 3</u>	A	C	7 / 0
	猎鹿	0 / 7	B	D	10 / 10

图 3.4.5　猎鹿博弈中的支付

资料来源：自制。

（6）自由悖论。囚徒困境中的主要策略是缺少合作，在自由悖论中，社会一致性成了一个问题。典型例子是，一个联盟或一个党团，如果它必须委派一支军队或一个代表，那么，就会发生自由悖论。博弈者甲虽然愿意接受这个任务，但他发现，博弈者乙本应接受这个任务，却总是在逃避。博弈者乙对这项任务的意义产生了根本性的质疑，并认为实际上没有人应该做这项工作，但这项工作由于更高层面的原因而必须完成。因此，在这一模型中，应该把两位博弈者的个人偏好像集体偏好一样认真考虑。下表显示，对于自由悖论的各位博弈者而言，A>B>C>D 是成立的。纳什均衡点出现在图 3.4.6 的 C 格。在 B 栏，社会最优方案没有实现。显然，决策自由和集体利益是相互排斥的。

个人乙

		参与			不参与
个人甲	不参与	10 / 2	A	C	<u>3 / 3</u>
	参与	7 / 7	B	D	2 / 10

图 3.4.6　自由悖论博弈的支付

资料来源：自制。

乌克兰危机就是个典型的自由悖论实例，因为它提出一个问题：是否允许一个国家在经济和政治上选择自己的联盟？根据拜占庭-苏联-俄罗斯的立场，答案是否定的，而且，在柏林墙倒塌之后，西方并没有信守承诺，即，不将北约的边境扩张到原边境线之外。从西方自由主义角度看，答案是肯定的，因此，欧盟积极接受来自欧洲东方的结盟请求。在乌克兰，现在这种困境导致的矛盾正在升级。

（7）上帝存在的证明。相信上帝存在，这往往与启示录联系在一起。下列情况与这一运行机制类似：对预言、占卜、预兆、评级正确性的信任，或者单纯对预测优势的信任。人们永远都在寻找正确的证明。在排行榜中（在评级方面），人们期望该方法是公开的，但这些评级机构不愿意这样做，以使自己的知识具有统治地位——预言家也这样。这里甲往往是一个较高的权威，它的作用具有可证明性，与此相对的是另一方或另一家机构乙。双方都有优先目标和次要目标。

- 上级权威博弈者甲想，人们应该相信他们或者他们的预言、预测、评级等，但却不想公开说明。

- 博弈者乙想对自己信仰或不信仰的内容加以确认，也愿意相信上级权威。

- 现在，要与收益相适应，来安排优先和次要排序。如图 3.4.7 所示，可能的收益排序是B>A>D>C。这说明，对于上级权威甲方而言，实施的策略是，不公开表达自己的意愿，这样会产生主导型收益，博弈者乙也在做决策。如此一来，在博弈的第一行中，各方收益相互不相关，虽然在 A 格，具有最高社会收益。然后，上级权威博弈者甲不得不采取不理性行动。

个人或机构乙

		相信			不相信
	显现	7 / 10	A	C	3 / 3
上级权威甲	不显现	10 / 5	B	D	5 / 7

图 3.4.7　在上帝存在的证明中的支付

资料来源：自制。

（8）选美比赛博弈。两位博弈者期望，通过选择合适的美女而获益。他们会选出那位具有最高获胜机遇的女士，而不是那位他们认为最美的女士，因此，这里有所谓的羊群行为，正如投机宣传中的行为一样——人们努力按照与对手相同的标准进行选择。在选美比赛之前，往往举行预选赛，类似于拍卖会——在那里，最好的产品不一定是那个最有价值特征的产品，而是所有人都觉得有价值的产品。这类羊群行为或群体行为会产生一种匿名领导——所有人都做那些所有人都认为有价值的事情，这避免了承担责任。但责任是无法分割的，即使在决策之前做了准备，即使总结了所有人的知识。

（9）性别战博弈。一对夫妇想晚上一起活动，或者去看足球赛（男人更喜欢），或者去听音乐会（女人更喜欢）。两人分别做了决策。如果妻子跟丈夫一起去足球场，这就是男人的最佳选择，即，夫妇俩去足球场是纳什均衡点。音乐会也类似。在纯策略上，存在两个纳什均衡，并不存在主导策略。解决方案也可以是独裁式的，比如，通过掷色子，或者通过增加可以解决困境的附加信息。

最核心的问题是完全不可能有混合解决方案，许多军事行动就是典型的性别博弈，即可以选择不同的军事行动，而不是同时要构成两个或多个重点。经济战争也是如此，即，应该首先征服哪个市场。这也可能涉及复杂的顺序问题。

从上述博弈模式中派生出两种博弈变种：

（10）在分蛋糕博弈中，可以出现纳什谈判解决方案。如果博弈者要求的分割部分超过了应分割部分的100%，那么，博弈者必须问一下，哪一种分割方案是可以接受的。方案之一是，将要分割的部分乘以倍数，算出可能的结果。分割的最多份数是 50：50（$50 \times 50 = 2500$，这个数值比其他算法的数值要大，比如 51：49，极端情况下是 99：1）。

实际上，这可以说明，这里出现了可接受的平衡，不值得采用策略。

（11）如果博弈者超过两位，他们按顺序进入博弈中，寻找博弈结果的过程就是所谓的三难困境，这个名称源自两难困境，现在增加了一位博弈者。三个男人追求同一个女人，显然，这个问题只能通过三个方案来解决。人们决定，这个问题可以通过配对决斗来解决。三人的命中率 p 不同，p（A）<p（B）<p（C），所谓一般公平行为，就是三位情敌决定，最差的射手可以首先射击。如果命中率是 p（A）= 1/3，p（B）= 2/3，p（C）= 1，那么，最差的射手应该射谁呢？没有！这个看上去荒谬的答案基于以下事实：他的命中率只有 p（A）= 1/3。假如他射中了次差的射手，那么，他几乎肯定会死，因为，他的下一个对手是最佳射手，最佳射手的命中率是 p（C）= 1。假如他射中了最佳射手，他仍然可能会死亡，因为，他有可能被次差的射手射中，这位选手的命中率是 p（B）= 2/3；但是，这种情况下，他存在很大的存活可能性，因为其他人为了自己活命，会保护差的射手。

通过电影《黄金三镖客》（*The Good, the Bad and the Ugly*, 1966），墨西哥-斯坦多夫困境成了一种著名的特殊博弈方式，这是一种对抗，任何一方都无法取胜，任何一方都不愿意协调一致，具体而言：每个人都把枪对准对方，但没有人敢先开枪。而如果发生交火，就会发生上述的最差射手具有最高活命率的情况。

这种博弈方式似乎很荒谬，但却以中国计谋和阿拉伯策略为基础。人们会坐山观虎斗，然后再火中取栗。

3.5　缺少合作模式的经济战争

迄今为止的博弈模型都有固定支付，因此，就产生了一定的类型，比如因徒困境。实际上，因为给予了激励，支付是可以变化的：支付的变化可以将一种博弈转换为另一种博弈。一种博弈模式替代另一种博弈模式的界限引起很大关注，但在抽象层面上，这可以说明，哪些激励结构更利于经济战争，哪些激励结构更利于竞争，这是本节的核心问题。

3.5.1　解决困境的集体行动

自然选择过程中的生存要求人们不断地在合作和对抗中做出抉择。合作可能获得收益，比如，在狩猎大型动物或在教育儿童时，但合作也会带来协商费用，所以，合作要求控制可能被欺骗的不确定性。最佳策略取决于其他人的未知行为，因此，信任成为重要财富。在通过集体行动生产公共产品时，比如，在供奉祭品时，存在这个风险：某人采取了从个人角度来看理性的不合作行为，即搭便车。但这导致了集体低效的结果——提供的公共产品缺乏或不足，比如，经济秩序框架运转不灵（写作本书时，希腊的制度已经失灵），礼仪规则[①]（比如"商人的规矩"）。道格拉斯·赫克森（Douglas Heckathorn，1996）研究了这种困境——在通过集体行动生产公共产品时，可能会出现这种困境。他写道："对参与集体行动的理论解释变得愈加有分歧。一些分析采用了因徒困境范式；一些分析家认为，集体行动背后存在不同的社会困境；又有一些分析否认社会困境模式在集体行动中的显著作用。我提出了一个理论上详尽的清单，列举了集体行动中的社会困境，结果显示，集体行动背后可能存在五种博弈，包括因徒困

---

①　礼仪是个人的一种能力，一个人把礼仪用于所有人（不局限于特殊的人，比如同阶层的人），通过举止表达自己的道德内容：我们相互欠对方什么，尤其是参与了第三者的命运。

境。"（Heckathorn, 1996: 250）[1]

公共产品就是安全、共同进攻或防御。从上述对一个负债国家纾困的例子来看，与生产公共产品相关的博弈模型拓展了道格拉斯·赫克森的理论（Heckathorn, 1996），这说明，如果博弈者在冲突中不寻找合作方案，而是以一票否决权博弈寻找冲突（Blum, Dudley, 2001, 2003; Blum et al., 2005），那么，到底会出现哪些问题？答案是，合作的比率越高，所获得公共产品的比率也越高。其中，生产水平与博弈者的参与并不呈线性相关关系。但必须考虑到，这种生产也会导致成本。所以，合作行为与足够的人力资本使人认识到并追求合作的优势，这可以保障成果和社会最优结果。

3.5.2 位置博弈

位置博弈可以以假乱真。囚徒困境显示，在缺乏协议的情况下，即信息不对称时，追求个人的理性目标会导致集体的低效结果。如果博弈者不可能采取一致行动，则更是如此。这清楚表现在秩序框架中。秩序框架是集体产品，本来所有人都应受益，但如果某些博弈者不遵守规则，因为他们怀疑其他参与者也不会遵守规则，那么这个框架就无法实现。另外，总体而言，支付发生了变化，即，奖励和惩罚发生了变化，这使社会最优收益成为可能。

为了提高企业或国家的生产能力或军事能力，是否有必要跨越已接受的竞争规则？如果所有人都遵守这一原则，那就可能发生一轮军备竞赛。所选择的参照框架来自体育学，因为体育学中存在一个要求，就是成为唯一的胜出者，这与经济战争或军事战争一样，正如亚历山

---

① 因此，许多第三世界国家（包括希腊）比较落后，局势混乱，并非因为腐败，而是因为缺乏制度或制度无效。

大·贝伦森（Aleksander Berentsen, 2002）的《兴奋剂经济学》（*The Economics of Doping*）模型所示。是否服用兴奋剂，是道德问题，更是一个基本的伦理问题。康德派哲学家会说："永远不要服用兴奋剂。"如果所有人都这么做，竞争会在秩序框架下发生。权谋主义者会说："如果有帮助，那就服用兴奋剂吧。"机会主义者会说："如果其他人也服用兴奋剂，你就服用吧。"服用兴奋剂是一种违规行为，要求使用手段，以便能够应对或回应可能的过度冲突；它们往往导致经济战争。避免服用兴奋剂也有赖于国家或个人的哲学基础。图 3.5.1 显示了这两者的关联：两位博弈者（战争敌我双方）可以合作，或者可以进行经济战争。对于相同行为的胜利概率在战争第一方是 p，第二方是（1–p）。竞争对手的利润以 w>0 表示。经济战争所要求的成本是 c>0。表 3.5.1 显示相应的支出，说明横向博弈者（每行第一个条目）和纵向博弈者（第二个条目）的四种情况，其中，表 3.4.1 中的博弈类型是基础。

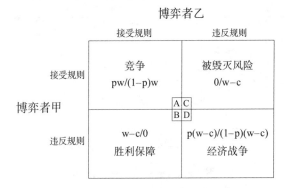

图 3.5.1 经济战争博弈（线性博弈者）

资料来源：自制。

这一现象现在以图形方式来解释。图 3.5.2 中有两个不同区域：双曲线代表，横向博弈者符合的条件是 B>A，纵向博弈者符合的条件是C>A，在双曲线交叉之外，是囚徒困境。当w/c 的值介于 1 和 2 之间时，出现社会最优方案和保证博弈；当w/c 值位于 0 和 1 之间时，只有社会最优方案。显然，经济战争的高收益（或低成本）导致不会出现合作的激励。这个图显示从一种困境到另一种困境的过渡及其鉴别，将利润和成本的比率与胜利的概率进行了对比。如果竞争双方的关系恶化升级，从而要争取及时向对方出击，那么，反竞争行为所带来的高收益会导致低级解决方案。因为采取选择性惩罚措施，会开始懦夫博弈（Blum et al., 2005）。此外，其他因素也会起作用，比如周围环境的反应（体育竞赛：观众的反应）、国际组织的反应（体育竞赛：专业体育机构的反应）、监控裁军进程的能力或控制反竞争措施的能力（体育竞赛：反兴奋剂制度）。

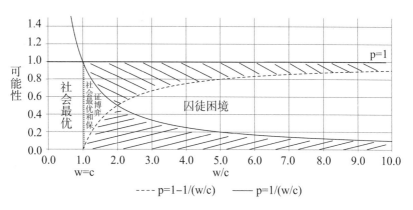

图 3.5.2　经济战争博弈图示

资料来源：自制。

　　根据主导地位期望理论，在懦夫博弈中，竞争者期望建立他迄今尚未具备的长期优势，这会越来越坚定。若此时先发制人，实施经济打击就很有意义，因为它比未来的进攻更有可能成功。

3.5.3　熟能生巧

在静态平衡的博弈中，只有一种可能，就是通过影响博弈者的支付结构摆脱困境；这是通过改变人力资本的投入、改变合作的生产率实现的。与此类似，国家可以干预和惩罚违规行为。如果惩罚数额设定得足够高，可能会导致纳什均衡的推移，从而也可能摆脱困境。

如果这种博弈的重复率足够高，博弈者总结的经验足够多，就可能最终脱离这种困境，最后，博弈者会因为不利的后果而改变他们的行为，并建立起信任（Taylor, Ward, 1982; Mueller, 1989）。此间，博弈者预先并不知道博弈的重复次数，否则博弈者可能采取策略性的行动，因为理性的博弈者会在倒数第二轮博弈中作弊；由于他的对手知道，他会在倒数第二轮作弊，对手就会在倒数第三轮虚晃一枪——这种理性行为导致，博弈者一直倒推至前一步去作弊。只有当博弈者无数次重复博弈之后，这种反向归纳才能避免，即，他的结局始终处于隐藏状态。

博弈往往从属于上一级博弈，因为一个级别的博弈规则是基于更高级别的博弈决策而制定的。于是，一场博弈会包含在另一场博弈中。这一点对于制定合作解决方案尤为重要。

不过，所有的动态博弈都面临着一个控制理论问题，芬恩·基德兰德和爱德华·普雷斯科特（Kydland,Prescott, 1977）在"规则而非自由裁量权"（Rules rather than Discretion）一文中描述了这个问题：在确定目标的作用下，所有博弈者都有理性期待，在这个条件下，任何目标都无法实现，因为所有人都永远毫无成就地针对对方的理性而行动。这一论证十分有力，它类似于罗伯特·卢卡斯（Robert E. Lucas, 1976）以"经济计量政策评估：评论"（Econometric Policy Evaluation: A Critique）为题所做的评论：在一切理性预测的条件下，所有的经济政策都是低效的。此外,之所以会发生三种交互作用(Clausewitz, 1832),这三种交互作用之所以又会使冲突升级(Girard, 2007)(见第1章),是因为对迄今为止的最优方案的最佳应对会破坏机构和制度,会导致世界末日。

3.6 经济战争的制度核心与实例

本节列举三个体制战争实例,其中两例发生在所谓的"核威慑平衡"下,核威慑平衡旨在防止军事入侵,这相当于军事政治层面上的保证博弈,却混合着经济领域中的懦夫博弈和囚徒困境的博弈因素。1970年代以来,东西方关系开始缓和,1975年8月1日,签署了《赫尔辛基最后文件》,这份协议制定了东西方在政治、安全、国际法与人权等方面合作的基本原则,分别置于三个"篮子"中,该协议还涉及经济问题、环境问题和人道主义问题。在此基础上,建立了欧洲安全与合作会议(欧安会),自1995年起,它以欧洲安全与合作组织的方式固定下来。这一切为后来埃贡·巴尔(Egon Bahr)制定的"接近以促变"方案做出了重要贡献,并促进了"铁幕"的和平熔化。

第三个例子涉及一场对欧洲中央银行声誉的系统性破坏。这是经济界第一次经济战争的后果,是金融业通过"金融改革"对社会和民主进行的经济爆炸。在德国柏林墙倒塌之后,银行提供了资本,以便支持发展中国家和门槛国家,使那里的民众脱离贫困。但在一定条件下,药物比疾病的作用更危险,这种金融工具的过度使用掩盖了风险,将世界带入经济崩溃的边缘。负债少的国家可以承担这笔风险成本,但负债高的国家情况却不同,于是就出现了主权债务危机。随之,中央银行和超国家组织接管了对崩溃国家的指挥权,向正在崩溃的国家

（大多违背议会的意愿）要求，将整顿条件作为拯救经济贷款的前提条件。如此一来，议会对国家预算的决定权作为议会的最重要特权已经被免除，对外签署条约的权力与民主相对立。一开始并不起眼的经济战争演化成金融危机，结果，金融制度的声誉遭到破坏。本节将阐述，经济体之间的货币战争如何发生，如何进行，这些国家的经济结构如何被摧毁。

3.6.1　对民主德国的经济蚕食

上文的秩序竞争也叫作体制竞争，这在德国尤为明显。在德国境内曾有两个德国——联邦德国和民主德国，曾经存在两个相互对立的经济体制，两种截然相反的社会秩序和经济秩序发生了冲突。在出现这种情况之前，甚至还存在严重的战争恐惧，1970 年代以来，冷战愈演愈烈。民主德国的社会主义制度模式处于劣势，在与联邦德国统一的时候，民主德国的制度崩溃，遭遇失败。实际上，在二战之后的工业化阶段，民主德国的制度曾经取得了巨大成就。1957 年，发生了斯普特尼克危机，这震惊了西方，它促使西方世界开始思考，利用这起危机事件，使之为未来的潜在可能性发挥作用。危机发生的时候，局势并不十分危急，因为东方集团国家拥有的技术是复制技术，这些技术大多产生于二战时期，或者从德国技术移植而来，或者在共同的反法西斯战争中由美国提供。生产率较低的经济领域（尤其是农业）被集中化，被重新组织，以便解放相应的劳动力，加强生产领域。之所以取得了进步，仅仅因为生产要素发生了转移，对已有技术做了多倍复制，并不是因为发生了内源性进步。这种经济增长模式在 1960 年代逐步走向尽头，因此，在赫鲁晓夫时期，东方集团国家开始讨论自由化的多种形式，最终，民主德国获准在经济计划领域获得更多自由,一定程度上可以脱离经济互助委员会的规定。对于德国统一社会党而言,1963 年 6 月,新的计划与指导经济制度被视为威胁到了该党的领导地位,因此,该计划失败。然而,该党又一次成了计划体制的囚徒,进一步集中化也加强了计划体制,因此,从第三国非法获得技术赢得了优先权。这一活动的战争属性在于其意图和方法,民主德国确实做了安排,从第三方获得技术。因此,民主德国创作组(Autorenkollektiv, 1967: 5)在《军事经济学问题》(*Probleme der Militärökonomie*)的前言中写道:"本书论述经济与军事之间的相互关系、帝国主义战争的经济准备与社会主义国防的经济保障等几个重要问题。鉴于帝国主义和军国主义的侵略性不断加剧,在民主德国,对社会主义成就实施全面的军事保护已经越来越重要。"尤其要强调,垄断经济最易引发战争。《现在我们发言》(*Jetzt reden wir*, 2014)一书回顾了民主德国合作社的业绩、德国统一后东部各州丧失的发展机会,全书对西德进行了直接控诉,该书认为,西德首先利用体制战争,然后通过托管局对东德企业进行了私有化,这大大破坏了东德地区的经济。

经济战争目的:
- 实施民主自由理想,或实施共产主义-社会主义意识形态。

经济战争参与者:
- 联邦德国。因为实施了西方的市场经济体制,联邦德国在战后高速发展,迅速积累财富,经历了经济奇迹。丹尼尔·科尔弗(Daniel Koerfer, 1998)认为,这一发展并非必然结果,路德维希·艾哈德和在德国的占领国(尤其是美国)进行了艰苦的斗争,建立了自由的经济制度,通过竞争而降价。关于这个问题,路德维希·艾哈德与时任联邦德国总理康拉德·阿登纳（Konrad Adenauer）和工业界的观点相互矛盾,他们曾把社会市场经济制度叫作消费社会主义。

- 民主德国。1949 年,德国东部地区成立了民主德国,民主德国一开始曾经有现代化的资本配置,它的起步发展机会比联邦德国更好,但是,苏联占领军政府拆卸了民主德国的工厂设备,按照苏联模式,对民主德国社会和经济制度进行了改制,实施自给自足的政策,民主德国的大好发展机会消失殆尽。

- 北约。北约首先是作为西方安全防务联盟成立的,但它也是一个价值联盟。东方集团国家逐步衰落,在这个过程中,两个因素起着关键作用:一、可信度。苏联部署了 SS-20 中程导弹,这有可信度,对此,西方以战争军备予以回应。二、美国总统里根的星球大战计划。该计划认为,由于攻击性武器的规模越来越大,应优先发展防御性武器。1988 年,苏联因在阿富汗战争中失败而被削弱,它必须增加军费,这大大加剧了苏联的经济衰落,苏联的卫星国也深受影响。

- 华约。该组织是北约的敌对军事联盟,内部纪律很有威力（vgl. Ungarn, 1956; Tschechoslowakei, 1968）。

- 多边出口管制协调委员会。它针对（敌对）社会主义国家实施禁运,从而遏制敌对国对西方高精尖技术的获取与使用。

- 民主德国商务部协调司。其任务是,获得禁运商品,为此,该部门在国外经营企业。他们也采取非法手段,通过扩大消费,为民主德国的政治稳定做出了重大贡献。时任德国统一社会党主席埃里希·昂纳克（Erich Honecker）认为,扩大消费是经济与社会福利政策的统一,1982 年,这甚至导致民主德国丧失支付能力。马提亚斯·尤特（Matthias Judt, 2013: 21）强调，商务部协调司的任务是，弥补社会主义计划经济中的结构性缺陷。1962—1989 年，仅通过政治犯交易，该部门就赚得了超过 34 亿德国马克。蒂尔曼·博森哈德（Tilmann Botzenhard, 2013）提到，通过对被盗艺术品的拍卖，该部门获得了 4.7 亿德国马克——艺术品盗窃的受害者常被归入精神病人。多年之后，通过盗窃和拍卖艺术品，商务部协调司共赢利 172 亿德国马克。

- 此外，双方的间谍和经济间谍提供了大量信息。

经济战争手段：

- 主要是间谍活动，也有部分破坏活动，还包括对公民的绑架，以勒索赎金。

经济战争目标：

- 西方：希望与东方国家集团和平共处，这暗含着"以接近促转变"，尽管有赫尔辛基进程，但这被东方视为具有侵略性。
- 东方：在制度竞争中取得胜利，即，在和平共处中发展出优势，以在竞争中取胜，帮助社会主义-共产主义思想实现突破，在这个过程中，军事潜在强势明显早已计划在内。

经济战争后果：

- 与星球大战计划的效果相关，苏联解体，东欧剧变，社会主义阵营遭到了破坏。

亚历山大·沙尔克-戈洛德科夫斯基（Alexander Schalck-Golodko-wski）是民主德国商务部协调司领导，1970 年，他与海因茨·福尔佩特

（Heinz Volpert）一起递交了博士论文①，分析了民主德国与西方之间的经济战争，并具体描述了未来的任务。他们认为，未来的目标是，制订一项战略计划，以对抗"帝国主义的侵略政策"——帝国主义进行破坏活动和其他干扰活动，使生产流程瘫痪，这损害了民主德国的国民经济。他们预测，在经过六起重大事件之后，民主德国直接损失和间接损失大约共有 10 亿东德马克。这场经济战争的目标必然是，"利用一切我们拥有的手段和可能性，利用西方本身的方法和道德理念，加强对敌人的损害，并充分利用敌人的经济潜力所提供的一切机会，全面加强民主德国的实力"。实际上，这显然是一场非对称性经济战争，因为联邦德国并不想彻底摧毁民主德国的经济。但是，联邦德国实施市场经济制度，这种经济制度拥有结构性暴力②，这对中央计划经济体制是一种持续的威胁。

这一切无法阻止民主德国的衰落。1970 年代初的石油价格冲击明显推动了民主德国计划经济体制的崩溃，因为全球分工的根本转变引发了错误的调整反应。在西方，一些功能已经分散，尤其是以市场为导向、无法监控的功能，即以赢利为核心的功能。但是，在民主德国，这些功能被集中起来。在昂纳克时期，民主德国完成了集中，私有企业都集中为合作社，建立了企业群体，它们比其他经济领域的经济效益高 50%，这种集中最终破坏了这些企业的效益。结果，民主德国

---

① 评阅人是埃里希·米尔克上校（Erich Mielke），他没有博士论文指导资格。这份文件具有高度时效性。他与海因茨·福尔佩特上校负责政治犯交易，近似贩卖人口。福尔佩特在安全部工作，1986 年在桑拿间神秘死亡。

② 由挪威和平研究专家约翰·加尔通（Johan Galtung, 1969）提出，自 1960 年代末起，被联邦德国左翼党用作工具，后多次动用。

失去了外贸市场。为了安抚民众，随着进口需求和消费需求的提高，民主德国也增加了外汇储备；在 1980 年代初，民主德国是东方国家集团中生活水平最高的国家。实际上，波兰的经济发展不利，这导致波兰群众产生不满，进而引起了骚乱；波兰把骚乱视为一种警告，因此消费导向被扩大。随之，民主德国与西方的贸易逆差日益严重，自 1970 年代中期起，民主德国的贷款需求不断增加，沙尔克-戈洛德科夫斯基一再指出在这一点，但他的警告并无效用。最终，这导致西方各国停止贷款，民主德国的支付能力受到威胁。这一状况在 1983 年发生了转向，沙尔克-戈洛德科夫斯基与弗兰茨-约瑟夫·施特劳斯（Franz-Josef Strauß）共同设计了贷款，即所谓的施特劳斯贷款。对此，施特劳斯在回忆录中（Strauß, 1989）做过描述，这把崩溃推迟到了更有利的时期，因为当时苏联开始了改革和自由化政策。当时，民主德国商务部协调司开始研究，如何保证外汇供应，而不是为经济的现代化做贡献（Judt, 2013: 138）。1989 年，民主德国国家计划委员会主席格哈德·舒厄尔（Gerhard Schürer）、沙尔克-戈洛德科夫斯基等人共同撰写了"民主德国经济形势的分析与结论"（Analyse der ökonomischen Lage der DDR mit Schlußfolgerungen, 1989），文章表明，民主德国的国民经济几乎崩溃，专家组建议，要么放弃计划体制，要么迅速降低生活水平。图 3.6.1 显示了这一发展过程。

在《送敌人进监狱的商品》（*Knastware für den Feind*）一书中，托比亚斯·温什克（Tobias Wunschik, 2014）阐述了民主德国在 1980 年代初面临的经济困境。产品的质量问题很严重，一份内部报告写道（Wunschik, 2014: 204）："比如，1982 年，德绍家用燃气器具与电器联合生产厂的产品质量越来越不稳定。这导致了大规模投诉，并阻止了邮购公司可万乐公司的全部销售。自 1983 年起，可万乐公司停止从民主德国采购家用电器。"当时,仅在德绍厂就有近350位囚犯在工作,囚犯工作问题当时已经人尽皆知,因为囚犯通过家用电器走私现金。

图 3.6.1 1900—2016 年德国人均国内生产总值发展

资料来源:自制。

今天,新联邦州实际上延续了1950和1960年代民主德国的发展道路,从经济角度来看,这两个时期常被称作东德的好年景。随着托管局对民主德国企业进行私有化,货币政策、经济政策和社会福利政策相继实施,但是,这些政策并没有解决经济体制导致的问题。专家的意见并未得到重视,因此,德意志联邦银行行长奥托·波尔(Otto Pöhl)不得不于1991年夏天辞职。1991年3月,在欧洲议会上,奥托·波尔说:"我们一天之内将西德马克引入东德地区,实际上毫无准备,我补充一点,是以错误的汇率。因此,结果是一场灾难。"(Wittkowski, 2014)政府拒绝了德意志联邦银行及行长的意见。2014年,在他去世前不久,奥托·波尔补充道:"东德马克与西德马克当时的兑换率不符合经济现实。"(波尔85岁生日讲话,参见Fränkischer Tag, 2014)1990年代新联邦州的经济繁荣只不过是对昂纳克时期经济滞胀的延后复苏。当年错误的经济结构对于战胜经济滞胀无能为力。

托管局对民主德国企业的私有化可算是懦夫博弈，在这场博弈中，托管局采用了"关门"或"继续经营"的策略，对此，工业界的回应是"收购"或"不收购"。如果民主德国企业被收购，似乎不会再破产，风险是，托管局继续支持企业，竞争对手的收购价可能低于市场价。托管局认为，只有企业想维持生产，托管局才不会进行简单的市场清洗。直到德特列夫·罗韦德（Detlev Rohwedder）被谋杀后，托管局才转变策略——如果企业不能迅速出售，就长期停产。

政治家曾经想通过可持续性财产结构来创造民主德国经济奇迹，现在更重要的是，他们转而出售苏联和民主德国的共同资产，以便为国家财政赢得收益。新联邦州缺少企业中心，缺少中小企业，尤其缺少全球性家族企业，这是最重要的增长障碍（Blum, 2013a）。因为戈尔巴乔夫曾多次强调，并不存在没收的前提条件，实际上，没收充公纯粹是德国统一设计师的空想。在德国统一近 30 年后，不可逆的伤害已经显现：一个地区，在二战前富裕程度比整个第三帝国高出 30%，在德国统一 30 年后，其富裕程度比整个德国低了 30%。用一场猎鹿博弈来比喻，对德国金融部长而言，手中的麻雀比未来房顶上的鸽子更重要。此外，居民拥有较少的生产性资产，储蓄量过低。为了能够迅速稳定劳动力市场，需要进行大规模投资，而大规模投资恐怕只有外国人才能做到。不动产也被出售，以便改善原民主德国地区的住宅状况。

3.6.2　布伦希尔特泄密事件

布伦希尔特泄密事件是冷战时期一级经济刑事案件，但这也是一场争夺超音速飞机技术领先地位的战斗,即协和式飞机和图144,该领域的竞争直接涉及战略轰炸机的竞争。这证实,民主德国在联邦德国进行了间谍活动,而联邦德国在民主德国却几乎没有进行过间谍活动。因为间谍活动,西方的情报被窃取,但是不清楚,所窃取情报到底是什么规模,最后,大量资料被传入苏联,这最终导致两架图144的坠毁。人们猜测,这次坠机是由法国拦截猎手引发的。1973年在布尔热飞机展时期,法国拦截猎手在飞行表演时,有人曾经询问法国飞机的发动机状况,这些信息被苏联飞行员误解,导致飞机技术的相互回避。好战之处在于越界,实际上,也有人死亡。同时,这使苏联飞机工业在民用飞机生产领域倒退了很多年。双方相互探问对方的飞机技术,偶尔也敢于演习,这可以归入懦夫博弈。显然,在这里,西方获胜,人们利用这一博弈试图打破一种僵局,即所谓的"墨西哥僵局"。

经济战争目的:

- 实现西方的民主自由理想,或实现共产主义-社会主义意识形态。

经济战争参与者:

- 英国宇航公司和法国宇航公司。1962年,英法两国政府经协定委托这两家公司负责研究协和式飞机,将这种飞机开发为民用超音速飞机,当时,这与美国波音公司的超音速运输项目形成竞争,但波音公司的项目由于经费问题而被搁置。很明显,在技术革新后,欧洲期望在超音速飞机领域取得领先地位,并通过开发民用与军用飞机这两种用途,为英法两国军事潜能的进步做出重要贡献。

- 图波列夫公司。这家公司由安德烈·图波列夫(Andrej Tupolew)

这位神奇飞机设计师创立并领导,后来,在图波列夫之子阿历克塞·图波列夫(Alexej Tupolew)的领导下继续发展。这家公司是苏联最成功的飞机制造商之一。它所生产的图144被北约称作战马,图144在巴黎航空展首次展出时,被戏称为"协和号斯基",因为它在外观设计和大小尺寸实际上与英法公司生产的协和号一模一样。

- 间谍和谣言。投入了大量间谍,同时谣言四起:谁从谁那里盗走了关键的设计方案和设计图纸。

经济战争手段:

- 所有间谍活动可能采用的一切手段,从贿赂到敲诈勒索,从技术启蒙到"人性"启蒙。

经济战争目标:

- 获得关键技术,该技术也可用于军事领域,在飞机市场特定领域获得主导地位。

经济战争后果:

- 军备竞赛升级,继续加快了技术落后的步伐。

民事利益和军事利益的结合就是军民两用能力,这在很大程度上决定了法英两国要在1960年代发展超音速飞机的计划。美国也有类似计划。对系统的监控能力、在超音速领域表层温度的过热,对电子与材料提出了挑战,必须要解决。同时,要拥有高性能、忍耐度极高的动力装置,它能驱动飞机行驶足够远的距离——后者是苏联除飞机控制之外最重要的弱点。

安德烈·图波列夫成功地设计出了图纸,这个草稿与法英飞机机型协和号非常相似。协和号在研发阶段就作为军用飞机研发产品被北约列入巴黎统筹委员会列表，[①] 因此，俄罗斯工程师不可能从美国进口一架技术先进的驾驶舱。直到1990年代，美国宇航局才购买了其中一架遗留飞机，美国才成功安装了类似设备，以便在超音速飞机领域做实验。

很早就有谣言称，这个飞机机型的关键部分已被泄密，相关的核心人物之一是瑞士化学家让-保罗·索普特（Jean-Paul Soupert），据德国《明镜》周刊报道（Spiegel, 1969），此人负责协调在欧洲购买相关材料。此外，英国发动机制造商透露，他们的工程师定期被邀请到俄罗斯大使馆参加盛宴。

在冷战时期，工业间谍在战术和作战业务上也存在战略性威慑平衡，因此，大部分被捕间谍通常可以很快以间谍互换方式被释放。当时，各国也为自己的间谍建立了合作组织，这种组织不是为了发展，也不是为了制造机会，而是为了进行你死我活的竞争，比如，法国反间谍组织不仅拘捕了让-保罗·索普特，而且也逮捕了线人，一些线人扮作牧师，他们被判处了较长时间的监禁。索普特是双面间谍，他突然消失，最终被宣布死亡。"协和号斯基"并没有成功，但即使并没有立大功，它的后续机型图波列夫160是一种令人恐惧的超音速远程轰炸机，配备有摆动机翼，改进了起飞和降落能力。这个机型受益于一切关键知识，尤其是图144的驱动技术。

3.6.3　货币秩序的破坏

经典的经济战争是贸易战或货币战。现代经济战争往往是金融战争，这种金融战争往往发生在拥有主导货币的国家之间（Bracken,

---

① 对东方国家集团而言，被列入此表就说明，这是重要技术，参见Naylor（1999: 37）。

2007; Cohen, 1998)。在欧元区,这样一场金融战争发生在统一的货币框架中,金融战争是欧元区内部经济战,这会破坏各国央行的声誉。其出发点是世界金融危机,之所以发生金融危机,部分原因是国债水平过高,但重要的是,因为对投资有价证券的错误估值,有价证券在一夜之间价值暴跌。实际上在所有国家,这些有毒证券[①]都会导致金融业负担过重。各国政府不得不投入公共资金来拯救银行,以避免金融系统的崩溃;虽然已经约定,将来不再给纳税人增加负担,但直到今天,一些国家仍在这样做,如意大利。在危机之前,一些国家拒绝改革,尤其是欧元区南部的地中海沿岸国家拒绝改革,这提前导致其因债务过高、经济发展活力不足而受到损害,尤其在可贸易商品领域。实际上,在引进欧元之前,欧元候选国就被迫在经济上趋同,接着,这引发了近乎爆炸式的分裂过程,尤其由于缺乏财政纪律。早在2005年,时任德意志联邦银行行长汉斯·蒂特迈尔(Hans Tietmeyer, 2005: 299)就认为,这一情况是对金融稳定的威胁:"鉴于在公众中和市场上已经缺乏信任,现在重要的是,要尽快停止对财政纪律的侵蚀并维持这种状况。"但事实并非如此。结果,债务继续迅速增加,图3.6.2证明,这个问题是全球性问题,因此,必须制定新的方案。

　　这一切逼迫欧洲央行陷入了一场多边战争,而这在制度上是无法预见的。货币联盟错误地推测,在成员国中,对外有一个与其经济发展相适应的共同货币价值和共同利率,或许可以通过经济趋同来实现一致性。在所谓的最佳货币区内,外部冲击在以对称的方式发挥作用,从而能够促使各国央行采取一种类似的反应,这种情况最初并没有出现,

---

　　① 一些金融机构发放有毒证券,许多会计师事务所在测试它们的资产负债表时先赚数百万美元,接着在咨询时再赚几百万,以处理不良贷款或稳定金融机构(Szigetvari, 2017)。

但应该逐步发展成这样的状态。同时,货币政策的有效执行应保障金融业、国家和货币区的稳定。这在当时是行不通的,本来只有三条出路:一、停止(或分裂)货币联盟;二、通过欧洲央行对债务进行大规模兑换;三、通过欧洲央行使债务社会化。第三种道路正在发展成现实。卡尔·施密特所谓的紧急状态出现了,因为只有欧洲央行还有自主权。欧洲央行的举动是,向市场注入大量资金,以迫使各国大规模降低利率,从而维持稳定,刺激投资,但结果是,除了减轻了危机国家的改革压力外,别无其他成效。实际上,欧洲央行从来没有像今天这样控制经济,欧洲央行已经是最重要的股东。社会主义国家从来不敢把利率降为零,无论是在社会主义国家还是在市场经济体制国家中,国家和企业的融合几乎从未成为现实。

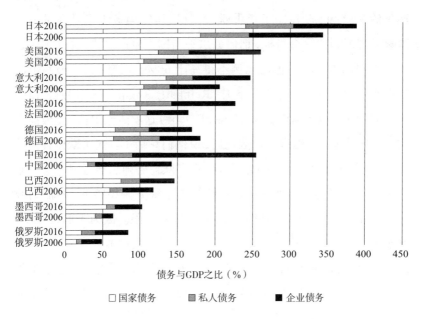

图 3.6.2　2006—2016 年有关国家的债务情况

资料来源:自制,参见 Börsen-Zeitung(2017e), International Monetary Fund。

根据财政政策中的黄金规则，只有当投资的未来收益在未来几代人那里也能承受债务还本付息的情况下，国家债务才能证明是合理的。否则，国债实际上就像一种税，即所谓的李嘉图等价。实际上，国家债务往往是为了消费目的而获得通过，主要为了支付人员费用。关于投资，目前并没有形成共识：是仅投资于有形资产吗，比如街道、大楼？是否投资也包括教育投资？众所周知，必须承认，教育投资也会产生生产性效果。此外，还有间接负债，尤其是养老金和退休金领域的间接负债，这也会影响债务的负担能力。[①] 最后，人们常常忘记，公共投资不足也会起到公共债务的作用。

毫无疑问，国家负债也是应急金融措施，必须保障债务承受能力，即从未来税收收入中获得贷款的能力。因此，根据《马斯特里赫特条约》(1992)，建立了货币联盟，规定国家债务水平是衡量一个国家经济能力的一个指标，把债务水平与国内生产总值进行比较，公共债务占国内生产总值的比例不得高于60%。后来，这个最高限制被严重质疑：莱因哈特和罗格夫 (Reinhart, Rogoff, 2010) 在"债务时代的增长" (Growth in a Time of Debt) 这项研究中认为，最高限制应设定为90%，但有人提醒他们，说他们算错了。鉴于欧盟各国的诡计，这类阈值的相关性颇有问题，现在欧盟各国想通过财政盈余来衡量国家预算的稳定性——这不包括资本服务。2013年，希腊财政赤字为12.7%，这远超了欧盟规定的4%的上限。因为人们也承认，欧盟的改革要求对国家预算产生了影响，即，通过节约开支，国家收入大幅度下降，如果排除这一部分，就可以算出，国内生产总值增加了0.8%——尽管如此，国内生产总值的12.8%必须由财政预算来支

---

① 德国经济专家委员会在《有效限制国家债务》(Staatsverschuldung wirksam begrenzen, 2007) 这份评估报告中阐明了立场。

付（Wirtschaftswoche, 2014b: 24）。此间，美国发展了一种现代货币理论，该理论假设，国家债务不应令人讨厌；然而，循环分析的正确性却忘记了，在这种条件下，总有一天，一切财产所有权都将会落入国家手中，正如德国东部联邦州一样，一个毫无自有生产性资产的社会出现了。

经济战争目的：

- 通过欧洲中央银行的统治，实现欧洲货币的统一；欧洲央行已成为国家与私人资产的最大持有者。2012 年 7 月 25 日，欧洲央行行长马里奥·德拉吉已经阐明这一点，他说"不惜一切代价"（Plickert, 2014），即，反对一切抗议。

经济战争参与者：

- 投资银行家和金融机构。它们利用放松管制提供的机会，利用所谓的金融改革来分担风险，并引发金融危机。
- 民族国家。它们负债累累，这些负债往往在选举中因政党政治的预算过多而形成，从而提前在结构上削弱了国家。
- 赫尔穆特·科尔（Helmuth Kohl）。他是已故联邦德国前总理，是"德国统一之父"。他本来也想做"欧洲统一之父"，已经向南欧各国致敬，这些国家允许德国以放弃货币主权换来它们对德国统一进程的支持。
- 安格拉·默克尔（Angela Merkel）。她是德国前总理；她总是在压力下才做决策，因此，德国议会对已制定政策施加影响的机会很少，宪法法院的裁决认为，议会的参与并不合宜。默克尔必须考虑德国人对通货膨胀的担忧。
- 马里奥·德拉吉（Mario Draghi）。他是意大利中央银行前行长，他在耶稣会和高盛集团受过教育，他的前任让-克罗德·特里谢（Jean-Claude Trichet）也曾在高盛任职。德拉吉坚决支持中央银行支撑国家金融，将这个措施作为战胜危机的手段。作为中央银行行长，他操纵了意大利的债务水平（据德意志银行计算，修改了 1%）。在担任高盛集团员工期间，他也参与了资金汇兑，这种方法在希腊降低了国家预算赤字。结果，意大利和希腊都可以引进欧元（Murswieck, 2016）；这类报告至今仍被欧洲央行保密。[①]

- 詹斯·魏德曼（Jens Weidmann）。他是德意志联邦银行行长，他认为，货币统一不仅带来货币风险，而且，因为各国中央银行的声誉不断受损，货币统一也带来制度性危险。自 2011 年年底起，尤尔根·施塔克（Jürgen Stark）辞去欧洲央行职务以来，经济学家詹斯·魏德曼独立承担责任，施塔克的继任者彼得·普拉特（Peter Praet）站在马里奥·德拉吉身后，是欧洲货币政策真正的设计师，但彼得·普拉特并不理解德国货币稳定的传统。

- 沃尔夫冈·朔伊布勒（Wolfgang Schäuble）。他是德国前财政部长，他尽职尽责，尽一切努力将可预见的灾难继续分别推迟到大选或州选的下一个选期，但他明显看到了不稳定性，他偶尔提及这一问题。

- 公民社会。他们致力于探讨欧洲条约与本国宪法和法律相互

---

① 　这应是历史笑话，操控者包括高盛集团、希腊央行与统计局的员工，他们至今未受到法律制裁。2010 年，国际货币基金组织的希腊裔专家安德利亚斯·乔治欧（Andreas Georgiou）担任希腊统计局局长，他发现了操纵问题。2016 年夏，他被辞退，被控犯渎职罪（Piller, 2017）。2018 年夏，他被判处两年监禁缓期执行。

协调的问题。[①]

- 德国联邦宪法法院。它在欧洲条约的背景下，定期核查欧洲央行成员的任务限制，就欧元区存在严重民主缺陷一事提出控诉，将这些问题提交给欧洲法院，但迄今为止，欧洲法院未能对欧洲央行施加严格的限制。
- 此外，还有许多配角，他们使战争形势迅速模糊不清。

经济战争手段：

- 债务。各国都债台高筑，金融机构又乐意满足国家举债，因为金融机构似乎可以借此平抑它们的风险投资组合；政府债务的增加是期望将来的经济增长带来收入，从赞成民主角度讲，这可以保证政治党派的地位。
- 降低利率，甚至采取负利率，以保证银行业的流动性，保证国家债务能够金融化。
- 债务偿付措施。可使危机国家的需求受到压力。
- 量化宽松纸币政策。即，通过以下方式大量发放纸币：①在二级市场大量购进国库券；②货币直接交易计划所带来的可信威胁（毫无保留的货币交易）；③自 2016 年起，每月持续收购价值 600 亿欧元的公共与私人有价证券。因为缺乏有效性，迄今为止，这并未导致新政策的实施，而是导致了干预政策的扩大。
- 危机国家承诺要改革。目标是，获得紧急救援款；大部分情况下，它们并不会恪守诺言，希腊和意大利就是如此。

经济战争目标：

- 在所有欧元区成员国内落实欧元的不可逆转性。经济战争典型的"暴力"主要表现为，一些欧盟国家出现了危机症状，或爆

---

① 参见 Markus Kerber et al., (2010), zu *Kampf um den Lissabon-Vertrag*。

发了危机。

经济战争后果：

- 经济战争的次要目标或附带损害越来越明显：在欧洲央行中出现国家资产与私人资产的垄断化，这是对自由制度进行系统破坏的开始。实际上，正如国家垄断资本主义理论的预测，国家正在成为经济的修复者。

- 在 2013 年金融稳定报告中，德意志联邦银行（Deutsche Bundesbank, 2014: 10）在显著位置强调："一旦利率和再融资条件正常化，市场对特殊金融条件的习惯程度越高，成本可能就越高。"这警告可谓十分恰当。

下面两图可以说明，可检测到的司法不端行为到底以何种程度最终引发了这一切。图 3.6.3 显示，除 2012 年之外，支付随时间推移稳步增加。这些数据涉及金融危机后的第一个五年，在随后的金融罚款中，其他原因罚款的比例越来越高，比如美国制裁的罚款，这个数据也包括在内——美国禁止与伊朗进行金融交易，违反这一规定，美国就施以罚款。2014 年，法国巴黎银行被处以 90 多亿美元罚款。

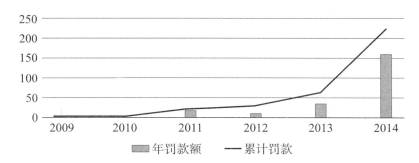

图 3.6.3　2009—2014 年金融业罚款（包括准备金）（单位：十亿美元）

资料来源：自制，参见 FAZ（2014f），Die Welt（2015a）。

图 3.6.4 显示了与不当行为对应的罚金。[①] 据波士顿咨询公司统计,截至 2017 年年底,全球所有银行共支付罚款高达 3,210 亿美元,其中有一半发生在金融危机的背景下(FAZ, 2017b)。美国能够在领土以外执行法律,因为任何一个国家的大型国际银行都不能避开美国这个银行业中心。然而,这种程序是有问题的,因为银行要保持其工作能力,银行非常希望通过和解(交易)来消除指控,但这一点却给了那些负责指控的检察官们很大的权力,并使法律制度变得非常荒谬。2012年,在英国渣打银行,罚金是 16 倍,这给人一种集市司法的印象。因此,这些罚金也是国家为了支付金融危机的成本而进行再融资的有效渠道。

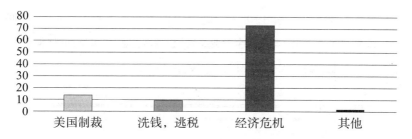

图 3.6.4　2009 年至 2014 年 5 月金融业罚款数据统计(单位:十亿美元)

资料来源:自制,参见 FAZ(2014f)。

图 3.6.5 显示了各国所支付的罚款。美国占主导地位。但是,将这些罚款金额与人口数量做比较,那么,瑞士就成为主要目标,尤其因为瑞士协助偷漏税。图 3.6.6 显示了各机构的罚款,如图所示,在约 940 亿美元罚款中,大约 840 亿美元罚金落在 10 家银行头上。科奈莉娅·沃尔表明,目前,这些罚款已经成为一种赎罪券交易——赎

---

① 分类不清晰,因为美国制裁也与洗钱有关;数据本身也不能提高分辨率。

罪金往往流向美国,否则,美国可能遭到许可证生意的损失。最好的例子是法国巴黎银行的罚款。"无辜标了价码",这尤其有利于美国的大银行,美国的大银行"太大而不能倒闭",但由于随之而来的金融市场动荡,公司规模太大,不能将董事会和那些负责人关进监狱(Krischke, 2019)。

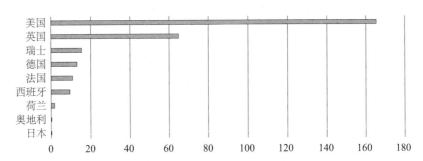

图 3.6.5　2009—2014 年各国金融业罚款(包括准备金)(单位:十亿美元)
资料来源:自制,参见 FAZ(2014f),Die Welt(2015a)。

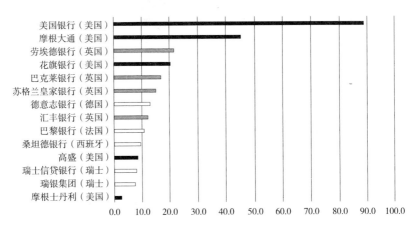

图 3.6.6　2009—2014 年各金融机构罚款(包括准备金)(单位:十亿美元)
资料来源:自制,FAZ(2014f),Die Welt(2015a)。

在《银行家的骗局》(*The Bankers' New Clothes*, 2013)一书中,阿娜特·阿德玛蒂和马丁·赫尔维格(Admati, Hellwig, 2013)揭露了银行的许多主张,这些主张反对监管,是不真实的,是纯粹的利益政策;在极端情况下,它们以特殊的行话说出来,会导致混乱,使经济政策制定者无所适从,关于是否采用可持续政策,经济政策制定者似乎也并不真正感兴趣。这阻碍人们去正确了解危机的原因。两位作者认为,造成危机的原因是,金融产品(尤其是次级贷款)存在质量缺陷,债务过高,与风险不对等的期限转换和系统架构存在整体缺陷,与激励不兼容。

世界金融系统发生的震动引发了一系列问题,针对这些问题进行的整顿和惩罚一直持续到 2017 年,直到 10 年之后仍然在进行;预计判罚金额(2017 年夏)总计高达 3,210 亿美元(NTV, 2017)。

汇率和利率通过市场来平衡各国不同的经济发展,就像减震器,但统一的货币使汇率和利率的功能瘫痪了,汇率和利率在各大货币区的发展情况见图 3.6.7。如果以泰勒规则为基础,那么,在 2017 年年底,德国的真正利率应该是 3.9%,但希腊的真正利率应该是−8.65%,这说明了该系统的扭曲(Ettel, Zschäpitz, 2018a)。[①]因此,欧元这个反自由主义的项目却交付给了自由化的、全球活跃的金融市场。民族国家可以利用财政政策来平衡这一发展,但这一机会没有被这些国家利用。

受金融危机的影响,欧洲央行不得不从两个方向干预市场:第一,必须保证其流动性,因为各金融机构互不信任,银行间业务实际上陷入停顿,这使整个系统面临崩溃的威胁,这种威胁变得十分紧迫。第二,国家预算的压力倍增,各国并不愿意采取相应的财政政策来应对。其

[①] 泰勒法则(Taylor, 1993)以真实均衡利率为基准。根据泰勒法则,如果经济疲软,通货膨胀率低于目标通胀率,那么,应该降低名义利率。实际的情况是,一方可能要扩张,另一方却正在萎缩,所以,单一的固定利率对各方都无益,无论如何,根据稀缺情况进行合理投资的做法失败了(Ettel, Zschäpitz, 2019b)。

后果是大规模降息，最后为了购买国库券而干预二级市场，对准备出售或借贷的有价证券不断地降低质量要求，以至于今天欧洲央行承担着其投资组合中大量的商业信誉风险。

图 3.6.7　1999 年 1 月至 2020 年 12 月主要货币区的利率变化（％）

资料来源：根据各中央银行数据自制。

　　图 3.6.8 显示，美联储和中国人民银行自 2015 年以来一直在进行整合，而日本央行和欧洲央行则继续遵循轻度扩张路线。自 2020 年新冠疫情暴发以来，货币量再次出现大幅度增长趋势。

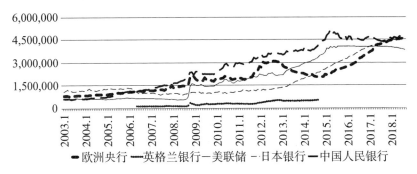

图 3.6.8　2003 年 1 月至 2020 年 12 月各国中央银行
资产负债表总额变化（单位：百万欧元）

资料来源：根据各国中央银行数据自制。

到2018年年底，市场货币泛滥达到了每月大约600亿欧元的上限。因为一级金融市场（即国家和企业）目前已经确定，欧洲央行正在购买国债，因此，有人说，二级市场的购买并不是国债，这显然是杜撰，议会应该对此负责。由于购买国债是按照国家配额进行的，对于那些没有国债或者较少国债的国家而言，它们的市场被榨干了。此外，该份额不得超过国债总额的33%。考虑到一些经济较弱的国家，购买国债是分层进行的，这可以使项目继续进行下去。但是，这与欧洲央行在欧洲法院所做的保证相违背。2017年夏季，德国宪法法院再次被要求对收购计划做出裁决，它把这个问题推给了欧洲法院，欧洲法院在2018年12月裁定，收购政策要符合欧洲宪法，从而迫使德国宪法法院采取行动。

所谓的Target2余额可以说明，欧元区的经济不平衡状态仍未消除。这个数值是从德国视角看欧元区国家在欧洲央行货币交易结算中的债务和信贷状况，如图3.6.9所示，截至2020年年底，德国的余额超过1万亿欧元。意大利的负余额最高，大约4,500亿欧元，西班牙负余额有约4,000亿欧元。比如，如果从德国出口到希腊，希腊的客户必须向德国付款，但希腊没有物资或资金来平衡这个数目，那么，在欧洲央行内部，意大利相当于德国的债务国。因此，这一余额不仅反映了逃逸资金，还反映了经常账户失衡。2018年，这个数值几乎达到了万亿大关。只有当超宽松货币政策停止之后，再次产生借贷成本（通常中央银行的借贷成本高于其他银行）时，这些债务才会缩水。实际上，这涉及隐藏的国家融资，救助了一些过度负债的国家，这些国家不包括在欧元条约之内，所以，德国许多经济学家或法学家认为，这是公然违反法律的行为，但在欧洲层面上对此却有另外一番评价。

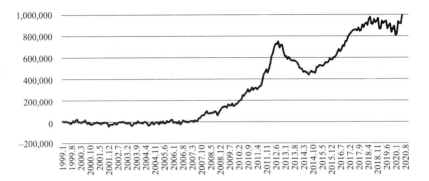

图 3.6.9　1999 年至 2020 年 10 月德国 Target2 余额的发展（单位：百万欧元）
资料来源：自制，参见德意志联邦银行数据（2020）。

马库斯·克尔伯（Markus Kerber, 2016）称之为"政治对中央银行的篡夺"（Usurpation der Zentralbank durch die Politik），他指出，一个独立的中央银行对于稳定预期至关重要，政府却想通过货币政策来掩盖其不良的治理行为，他提到了德意志第三帝国或法国对中央银行政治化所带来的沉痛教训。实际上，至少在马里奥·德拉吉当选欧洲央行行长之后，与其说欧洲各国政府表达了政治意愿，不如说他们表达了任性的愿望。他们宣传通货紧缩的风险，试图在欧元区强加 2% 的通胀率，这违背了基本的经济规律。实际上，全球化已经扩大了竞争领域，加剧了竞争，从而通过新的国家进入市场，降低了商品价格。此外，中央银行的零利率政策导致民众增加储蓄，以应对未来养老金保险减少的可能性——这造成了购买力的下降，对此，应通过低利率和通货膨胀政策来应对。在"从金融危机中吸取正确教训"（Learning the Right Lesson from the Financial Crisis）一文中，凯文·多德和马丁·哈钦森（Dowd, Hutchinson, 2016）写道，在经济政策中，失败的经济手段应该由其他经济手段来代替。只有在凯恩斯主义货币政策（具体指量化宽松货币政策）中才会尝试通过持续提高纸币发行量来应对政策失效,但这种措施并无成效。

2019 年,经济衰退日趋临近,欧洲央行的债券购买已走向尽头,尤其伤害了资本链,这在意大利尤其明显。弗里德里希·海尼曼（Friedrich Heinemann, 2018）在"德拉吉隐瞒什么"（Was Draghi verschweigt）一文中指出,2017 年,意大利国内生产总值是欧元区国内生产总值的 16% 左右,但它在资本链中的比例为 18%,然而,平均 20% 的债券收购来自意大利。欧洲央行计划,自 2019 年起,开始缓慢提高利率,但是,由于中美经贸摩擦带来了世界经济风险,该计划失败了。所有低息有价证券都大幅降价,这使金融机构陷入危机——欧洲央行也不例外,它持有数万亿欧元的有价证券,为了自保,它也只能以极慢的速度提高利率。但环境变化迅速,尤其是,美国经济形势见好,利率已提高;实际上,美国经济运行非常好,预计到 2019 年年底,利率可望提高到 3%。在欧洲南部则相反:在 2018 年春,针对欧元区债权国,意大利期望能获得债务减免;政府想大力提高国家预算赤字,以便为了兑现竞选承诺而筹措资金。因为欧洲银行拥有不良贷款的最高持有量,不良贷款量会随利率提高而增加,而其他欧洲银行与意大利银行紧密相连,这有可能导致系统性危机的爆发。不断救助经营不善的银行违反了欧洲法律。希腊银行在 2018 年秋再次面临压力。鉴于低利率和南欧各国的高额债务,欧洲和欧洲央行几乎弹尽粮绝,再无能力应付一场新的危机——除非从北欧周转大量资金。无论如何,与僵尸化一样,制度破坏的成本很高。

《经济学家》（Economist, 2018d）将意大利悲剧与三难困境联系起来:布鲁塞尔没有能力解决这些矛盾。实际上,所有这三个方面在欧洲均未获得全面发展,因此处于困境之中:民主进程在欧洲层面极不完善,共同国家意志并不明确,最后,欧元区和全球化成果并非对所有各方都有利——意大利咎由自取,因为在引入欧元后,意大利并没有将通过降低利率赢得财政灵活的机会用来降低国债数量。

这些过程本应有利于经验的积累——但正好相反。那里通过能力发展和网络建设实现了合作的社会最优方案，这里却通过无能和搭便车来解决——尤其是无法遵守既定规则，也不愿通过制裁来证明这一点。克里斯蒂娜·拉加德曾任国际货币基金组织总裁，在她当选欧洲央行行长之后，抛弃那些破坏性利率政策的时间可能会推迟，南欧货币联盟国家将受到保护，不过，对于是否遵守欧盟条约，她回应道："忘记条约吧。"（Beutelsbacher et al., 2019）

3.7　结论与行动建议

制度的出现或建立是为了降低交易成本，尤其是降低交易风险，并为引导竞争提供必要的框架。竞争是发现的过程，它一般发生在框架之中。但是，这并不能保证，所有人都遵守这些规则——这里需要裁判，框架秩序偶尔会被博弈者破坏。从竞争者生存的角度看，因为披着公平竞争外衣的规则被破坏了，公平竞争的框架至少在竞争者的生产要素上不再得到保障，或者框架本身被破坏了，那么，就可能发生经济战争，但经济战争并不是必然发生；为了所有各方的利益，无效的制度也可能会被取代。在破坏过程中，人们并不总是可以清楚地判断，到底结果会是什么——竞争是这样，经济战争也如此，两者都属于竞争。体制战争很成功，但直到今天，在欧洲或前苏联的许多地方，仍然可以看到体制战争留下的经济与社会创伤。比如，在 1930 年代，德国中部经济区比当时德意志第三帝国的富裕程度高了大约 30%；今天，这个地方的富裕程度比德国其他地方低了大约 30%。欧元的抢救行动取得了成功，但却损害了储户利益，影响了人们对货币秩序的信任，也损害了实体经济。长期保持零利率，就如同经济的毒品一样，其后果在很久以后的将来才会显现出来。

因此，为了更好地处理经济战争中的制度框架条件问题，本书建议：

（1）在加入一场冲突之前，要详细分析冲突所发生的制度结构——冲突是否可以得到遏制？冲突是否可能升级为重大危机？允许制度竞争是否是一种力量？如果是，那么，如果阻止它，就会发生拥堵，这种拥堵最终会以经济战争的方式释放出来。此外，激励结构会发出信号，说明冲突升级是否已经迫近。

（2）如果认知战争能成功地击溃一个社会的文化成功因素，尤其是基本美德或体制弱点，那么，认知战争对于经济战争的备战就具有特殊意义，如体制战争所示，可以利用体制的弱点，以便攻击体制。

（3）许多困境只有通过信任才能得到和平解决，信任是一个价值很高的信号，必须小心谨慎地利用。如果个人的信任崩塌了，那么，就必须产生制度信任或组织信任。经济战争发动者试图相继摧毁这三者。

（4）经济战争适于攻击制度，可以破坏制度的下层结构，比如社会结构和市场结构，并迫使敌人的制度发生符合自己利益的变化。进行战略性思维的人会利用这个机会。

（5）仔细核查，是否在每种冲突中都存在破坏规则的现象？是否超越了竞争框架？这种违规竞争是否有意义？其原因是，即使在一个激烈对抗的世界中，为了使自己生存下去，可能有必要限制竞争。一旦制度框架遭到破坏，那么，要想重建制度框架，那往往相当复杂，需要付出高昂的代价。

（6）在任何冲突状况下都不要放弃所有的制度联系。即使在冲突的世界中，合作之岛也很重要。

> "每一种想法都可测量,
> 它需要付出多少鲜血。"
>
> ——谚语

4 合作型国家理论和对抗型国家理论

现代文明的产生也源于智人的一种能力,智人在个性和社会性之间能够建立独特关系,这种独特关系通过竞争和交换在从属层面上都能找到对应的关系。在《千年金融史》(*Money Changes Everything*)一书中,威廉·戈兹曼(William N. Goetzmann, 2016)写道,金钱和信贷对于制度的形成具有核心推动作用,因为它们需要可预测性、信任、未来前景、秩序框架,因此也需要哲学。沃尔夫冈·莱因哈特(Wolfgang Reinhard, 2016)持类似观点,在《征服世界——1415—2015 年全球史和欧洲扩张史》(*Die Unterwerfung der Welt – Globalgeschichte und europäische Expansion 1415—2015*)一书中,他把黄金和信贷作为核心问题加以分析。不过,世界各大经济区的发展差异很大;从文化历史和经济的角度看,欧洲哲学与中国哲学尤其重要,因为它们的成功今天仍然可见,毋庸置疑,一部分欧洲哲学植根于犹太哲学和阿拉伯哲学。

本章介绍各种国家哲学的根源,把国家哲学按照从合作型到对抗型的顺序进行排列。这样一来,就能理解,很多国家一直都有它们自己的国家哲学,无论在历史上还是在今天,这正表现在全球体制冲突中:这冲突较少涉及法国的让-雅克·卢梭、德国的伊曼努尔·康德或格奥尔格·黑格尔、意大利的尼可洛·马基雅维利，而更多涉及俄罗斯的亚历山大·杜金、美国的安·兰德和中国的赵汀阳。如果不能理解这些哲学家，那么，对这些国家及其政治精英和经济精英的分析就不免偏颇。

本章通过两个经济战争实例来阐明，为什么值得对全球气候挑战和全球劳动分工进行分析，这两个实例提出的问题是，陌生人之间的团结达到何种规模才是有意义的？英格·皮斯（Pies, 2015）认为，陌生人之间的团结对于制度的生存是必要的，甚至是必需的，尤其是这种团结是由自由市场引起的。本章的自由经济制度学指出，价格机制能够更好地对个人行动进行分流，会使人不再把团结视为牺牲，而是视为投资，这种认识要求在世界层面也是可行的。但是，在"道德与外交政策"（Morality and Foreign Policy, 1985）一文中，美国外交家兼遏制政策的设计师乔治·凯南（George F. Kennan）提出了与实际政治立场相反的观点，他提倡，一个国家的外交政策应该是清晰的，在道德上是自由的。

4.1 合作与冲突的原因

在"世界经济和外贸理论——经济冲突理论"（Weltwirtschaft und Außenhandelstheorie—zur Theorie ökonomischer Konflikte）这篇教授资格论文中，克里斯蒂安·沃特林写道（Christian Watrin, 1962: 5），可以把世界经济看作一个旨在提高富裕程度的合作系统，但也可将其视为一种对抗关系系统。这两个方面合在一起又会导致完全不同的理论构建。前者关注和谐、补偿和平衡，因而也关注秩序；后者则以对经济冲突的实证观察为依据，侧重于明显的失衡，正如区域经济学所表明的那样,这种失衡会产生自我增强的作用。另一方面,在秩序之上又建立了基本的国际机构;它们面临着激烈对抗的压力。

由于亚洲和欧洲的现代经济模式明显不同,比如,关于如何对待矛盾,欧洲和中国有着不同的哲学,所以,对于现代世界经济而言,在欧洲的东西方体制竞争结束后,合作和对抗系统的差异尤其值得关注。在西方,矛盾通常是通过辩证法[①]来解决的,即,通过正题-反题-合题的论证方式来解决的;而在亚洲,矛盾的存在并不会得到严格对待,因为矛盾是互为条件的:道家学说认为,一切对立的事物都包含合作因素,一切合作的事物都包含对立因素,两者实际上相互依存。本书将以 2013 年以来的乌克兰危机为例,分析对立与合作是如何相互依存的。为了深化这一分析,本书将重要的国家哲学分为合作型和对抗型。在《战争哲学》(*Philosophie des Kriegs*)一书中,康斯坦丁·劳尔(Constantin Rauer, 2015)展示了国家哲学渊源的广度:从亚里士多德把商业艺术视为合法的一部分,到依法抑制战争,再到尼可洛·马基雅维利的世界末日战争。全球贸易中的许多矛盾源于自由经济思想和市场经济设计之间的对立。不过,这还不够。在《愤怒的时代:当下的历史》(*Age of Anger: A History of the Present*)一书中,潘卡杰·米什拉(Pankaj Mishra, 2017)指出,自由的项目带着经济自由、解放、尊严和理性,伴随着破坏社会结构、日益严重的无拘无束,伴随着战争、奴役和权力,以便保留所取得的成果;关于卢梭,他指出,一个强调个性和竞争的社会可能会威胁到自由。

在《未来简史》一书中,尤瓦尔·赫拉利(Harari, 2016: 336-349)

---

① 辩证法传统上是学术话语中的一种论辩术,用来凭借逻辑原则进行论证,发现真理。

通过人文主义的分裂解释了冲突结构,本节引用其中的合作与对抗两个对立概念,在人文主义分裂的基础上,产生一种正统的自由人文主义。它认为,人是独特的,并从个人的角度解释和建立社会,从而创造了自己的秩序,但这也产生了社会主义人文主义和进化人文主义。对人文主义者来说,人类对自由的理解是不完整的,那么,如何建立集体身份认同呢?因此,对于社会主义者而言,为了解决社会矛盾,建立强大的集体结构至关重要。进化人文主义扎根于达尔文的进化论,把世界看作是一场斗争,而冲突是发展的推动力,能使人成为价值更高的人,比如,尼采的哲学或希特勒的政治目标就是如此。

4.1.1 逻辑分类与有序思维

如果逻辑规律是有效的,如果决策所必需的信息是可用的,如果一切行为者都采取理性行动,那么,辩证法原则就可以产生合作解决方案,把它作为综合方案,如果出现了新事物,它可以化解旧事物的多极性和矛盾性——赫拉克利特的争论或争战是逻辑和世界的基本原则。在《精神现象学》(*Phänomenologie des Geistes*)一书中,黑格尔(Hegel, 1806)认为,辩证法有三个层面:

- 抽象或理解层面:心智以某物的存在作为出发点;该物从这个意义上讲是(准)客观的。
- 辩证或消极理性层面:它否定上述客观性的片面性,出现了挑衅性和知识创造性的矛盾,因此,总体上不可能产生任何知识。
- 纯理论思考或积极理性层面:总结矛盾,以解决矛盾。

在《话语与责任》(*Diskurs und Verantwortung*, 1988)一书中,哲学家卡尔-奥托·阿佩尔(Karl-Otto Apel)将这一点与一种特殊的话语伦理联系起来,他思考了终极理由,并假定,否认某件事就是承认它。只有当群体的所有参与者在遵循道德规则的情况下都被视为平等并被认真对待时,在这个群体中才有可能进行有意义的讨论。准客观的事实必须以一种可以为其辩护的方式纳入讨论中。实际上,只有通过否定才能产生知识,他写道:"一切界限(从决定和知识的角度看)都是否定。"在《哲学百科全书》(*Enzyklopädie der philosophischen Wissenschaften*)中,黑格尔写道(Hegel, 1817,1830):"有些东西只有在它的边界上才显示它的本来面目。"卡尔·波普(Karl Popper, 1935)在其著作《研究的逻辑》(*Logik der Forschung*)中进一步发展了批判理性主义认识方法,根据这种方法,简而言之,只要认为一种假设是真实的,如果没有反驳,就可以将该假设视为真实或有效。这意味着,论点或模式必须以一种易于证伪的方式来表述;如果无法做到这一点,那么我们称之为模型柏拉图主义。

现代性的核心是理性观念,它通过启蒙运动已成为进步的核心动力。它要求这样利用理性:通过观察和经验得出科学规则,通过价值绑定,使逻辑性和理性以人文目的作为方向。伴随本章的一个隐含论点是,西方的成功归功于围绕美德伦理和责任伦理进行的话语文化,以及由此而不断创造的新和谐。对于这两者而言,个性的地位都是决定性的。莱吉娜·拉德贝克-奥斯曼(Radlbeck-Ossmann, 2015)在"自我关怀赞"(Lob der Selbstsorge)一文中写道,自我关怀[①]传统的最早证人是希腊悲剧作家索福克勒斯和欧里庇得斯。苏格拉底(Sokrates)在申辩时向雅典人建议"和自己做朋友",即,为了能够成为一个共同体,自我关怀是政治和道德义务的基本要素。亚里士多德(Aristoteles)的

---

① 参见威廉·施密特(Wilhelm Schmid, 1995)在《哲学历史词典》(*Historischen Wörterbuch der Philosophie*)中对"自我关怀"的解释。

《游牧民族伦理学》(*Nikomachi-sche Ethik*)采纳了这一思想,他反思了通向美好生活的生活方式。只有爱自己才能发展美德,即正义、智慧、勇敢和节制,这些美德与人的本性的相称性是衡量其约束性的标准。然后,整个人类共同体都可以从美德中获益。

由此产生的自我形象对于人的世界观至关重要,第6章将在自我形象保护的语境中加以考虑,即,在与周围环境对立的情况下,努力维持自己的世界观。这又会导致大量的误解,这与敌人的形象有关。为了激发人们参与冲突的热情,在(经济)战争中,会宣扬敌人的形象,这不无道理。此外,误解也会导致误判,并有可能使冲突严重恶化。

自我关怀的反义词是利己主义。[①] 利己主义具有神学根源,在清教徒那里,它是原罪的具体化,是人格的腐败。利己主义很重要,因为许多经济战士将他们的任务视为神圣的使命,并且一部分经济战士来自清教徒的环境。乌尔利希·格雷纳(Ulrich Greiner, 2018)的研究表明,原罪已经世俗化,这使人对一切都有负罪感,其后果是严肃主义和超道德,比如,网络上有一种最后审判,经济战士往往会充分利用它。

第2章已阐明,文明行动的目的是努力为竞争提供一个合作的保护伞,并根据竞争原则,使竞争具有社会效用,从而消解合作与对抗的辩证关系。实际上,一些国家哲学正好提供了这种解决方案,而另一些国家哲学则拒绝了这种解决方案,因为这些方案会中断社会和经济的进化活力甚至革命性活力。因此,下文介绍的哲学家,并不是每个人都是古典哲学家,有些人更像是文学家或政治家。本书选择哲学家的标

---

① 参见米歇尔·阿尔布莱希特(Michael Albrecht, 1995)在《哲学历史词典》(*Historischen Wörterbuch der Philosophie*)中对"利己主义"的解释。

准是,其政治经济学思想的基本核心是,要求解释甚至建立经济秩序体系。这分别涉及描述层面和实用层面,这一区分与两个问题相关:在真实可见的现实中存在合作或冲突吗?合作保护伞是可取且可实现的,还是应该作为一种阻碍进步的手段而通过对抗加以克服?

在很多国家理论中,个人与集体的相互关系在分析社会过程中起着重要的作用,合作型国家理论区分个人和社会(或共同体、文明)。在对抗的层面上,对抗表现为我(更确切地说,自我)与大众之间的二元对立。在这两种情况下,语义也大相径庭:一个系统的建立是基于共识,这是英语"国家理论"的原始契约;另一个系统建立在命令和服从的基础上。

本章将区分合作型和对抗型国家哲学,当然,这种区分并不总是绝对的。合作型国家哲学认为,社会组织的本质在于稳定的秩序框架。对抗型国家哲学的思想家认为,冲突是无法避免的,无法通过合作被永久遏制,冲突的积极创造力应予以重视,甚至加以宣扬。

这明显体现在对哲学流派(通常是思想流派)重要性的描述中。目前的情况表明,通过放松管制,经济体制被有意识地塑造,且经济体制建立在一些思想家的理论基础上。比如,米尔顿·弗里德曼(Milton Friedman)代表的芝加哥学派,他后来提出了经济政策概念;或罗伯特·索洛(Robert Solow)代表的麻省理工学派,罗伯特·索洛是现代增长理论与分析技术进步意义之父。罗曼·普莱特(Roman Pletter, 2017)在《世间最强学派》(*Die mächtigste Schule der Welt*)中写道,几乎所有的现代经济决策者实际上都来自麻省理工学院,形成麻省理工学派,比如马里奥·德拉吉、卢卡斯·帕帕季莫斯(Lucas Papademos)、本·伯南克(Ben Bernanke)、保罗·克鲁格曼(Paul Krugman)、肯尼斯·罗格夫(Kenneth Rogoff)、奥利弗·布兰查德

（Olivier Blanchard）等。上一代经济学家主要是芝加哥学派，在《休克主义：灾难资本主义的兴起》（*The Shock Doctrine: The Rise of Disaster Capitalism*）一书中，纳奥米·克莱恩（Naomi Klein, 2007）评论了芝加哥学派的作用，在金融危机之前，许多人把该书归入阴谋论。罗曼·普莱特的问题是，如果这些人的想法是错误的，会发生什么？这里补充一个问题：如果这些思想变成了政策，因而撤开了民主和公民参与，也持续改变了生活方式，那么，又会发生什么？如果公民与民主发生分离，那么，自由的至高无上地位就会遭到破坏。在金融危机期间，在反对民主的战争中，公民被谴责为无能为力，从那时起，许多人就对自己的关系感到不安，这不是很明显吗？

4.1.2　可疑的合作与冲突永久化

与以往所有的大型冲突一样，冲突之前的历史很长，涉及许多不同的视角。对俄罗斯而言，苏联解体是冲突的开端。对弗拉基米尔·普京（Wladimir Putin）而言，苏联解体是俄罗斯历史上最大的灾难之一，在他看来，西方借此肆无忌惮地扩张了其势力范围，这是俄罗斯的《凡尔赛和约》。克里斯蒂安·施泰纳（Christian Steiner, 2018）在"当卢布不再滚动"（Als der Rubel nicht mehr rollte）一文中对此做了报道。2014 年夏，时任美国总统巴拉克·奥巴马强调，无论如何，俄罗斯只是一个地区大国，无疑，这触碰了俄罗斯的伤口。苏联的解体是其衰弱的后果，苏联的衰弱是阿富汗战争和经济战争导致的后果，这场经济战争由里根的星球大战计划引发，星球大战计划的目的是，通过防御保护美国免受外部核威慑。当时的美苏军备竞赛使苏联的经济不堪重负。此外，石油价格暴跌，从 1986 年的大约每桶 100 美元，突然降到每桶 10 美元以下，从俄罗斯的角度来看，这是美国蓄意操控石油价格的结果，这相当于掠夺了苏联的国家收入，并导致苏联陷入国家破产。[①]

民族神话也是冲突的重要起点和驱动因素。俄罗斯始建于基辅，基辅罗斯是俄罗斯民族神话，但基辅脱离了俄罗斯，因此，这也是俄罗斯的民族创伤。为了解决这一困难，欧洲的方案是，俄罗斯融入欧洲，实现一体化，从而消除边界，但是，在当前的文明状态下，这样的解决方案并不在计划之内。[②] 这一思维方式的意识形态基础由政治哲学家亚历山大·杜金和哲学家伊万·伊尔金（Iwan Iljin）的理论所奠定。伊万·伊尔金从苏联流亡海外，据说，他是普京最喜欢的哲学家。伊万·伊尔金多次撰文，警告俄罗斯的衰落，他认为，乌克兰应该是俄罗斯的一个组成部分，外国会在这种事态发展中获益；他明确指出，那些不反抗邪恶的人保障了邪恶的成功，应该对邪恶负责。伊万·伊尔金（Iljin, 1956）写道："领导者是为了服务，而不是为了事业；要战斗，而不是扮演临时角色；要击溃敌人，而不是讲空话；要掌舵，而不是向外国出卖自己。"当前，普京和基里尔一世（Kyrill I.）已经把世俗权力与精神权力结合在一起，这说明，这是一种对精神赋义和正当性的追求。大主教费塞沃洛德·查普林（Wsewolod Tschaplin）警告说，俄罗斯与西方之间渐行渐远，其间已出现严重的经济战争后果，他说（Bennets, 2015）："俄罗斯与西方之间的主要问题并不是政治问题，而是一个本质上更为严重的问题——它是一个精神问题。"

实际上，克里米亚仅仅因为偶然事件才归入乌克兰：1954 年，尼基

---

① 参见对俄罗斯联邦安全局局长尼古拉·帕特鲁舍夫（Nikolai Patruschew）的采访（时间不详），2014 年 10 月 15 日发表于《俄罗斯报》上（Jegorow, 2014），见载于《南德意志报》（Brill, 2014），题目是"第二次冷战"。

② 自 2016 年以来，波兰、匈牙利和英国的脱欧显示，这很危险。

塔·赫鲁晓夫(Nikita Chruschtschow)签署了法令,据说他签字时喝醉了。当时,人们恐怕永远都想不到,有一天,这会成为国家问题。[①]

1994年,俄罗斯、乌克兰和美国三国总统签署了关于销毁乌克兰境内核武器的《布达佩斯备忘录》,这最终确定了乌克兰的永久无核国地位。作为回报,俄罗斯与美国提供了安全保证,这包括:承认乌克兰独立、主权和领土完整,并承诺不对乌克兰使用核武器。

联盟心态植根于政治哲学。虽然对欧洲而言,联盟归属问题可以在人民主权的开明范式范围内决定,但俄罗斯和苏联从拜占庭角度出发,有完全不同的看法:在柏林墙倒塌之后,西方和俄罗斯商定,北约的东欧边界不会向俄罗斯方向推进。约书亚·施夫林森(Joshua Shifrinson, 2014)在《外交事务》上发表了"西方如何打破它对莫斯科的诺言"(How the West Broke Its Promise to Moscow)一文,他也认为,对于俄罗斯而言,这是既定的事实,因此,亨利·基辛格建议缓和事态。实际上,西方联盟也没有实施攻击性行动。但人民的自决权包括自由选择联盟归属(成员)的问题。因此,北约扩张到波兰、匈牙利、捷克、斯洛伐克和波罗的海国家,欧盟也在东扩。目前,几乎所有东欧转型国家都被接纳为成员国或联系国,俄罗斯对此十分质疑;但是,因为经济与军事的弱势,俄罗斯无法进行有效的回击,而且,作为苏联的继任组织,独联体国家缺乏行动能力,它们不得不容忍这种地缘政治变化和地缘战略变化。北约与欧盟的东扩是在与俄罗斯对话的框架内进行准备和协商的。西方在吉尔吉斯斯坦有重大利益,吉尔吉斯斯坦也十分重视西方的利益。所以,在格鲁吉亚危机爆发之后,吉尔吉斯斯坦危机又爆发了,俄罗斯安全政策面临危机,这似乎可能会重蹈乌克兰

---

① 一篇文章从国际法角度对克里米亚归属俄罗斯联邦的分析做了不同评价(Geistlinger, 2014; Luchterhandt, 2014)。

危机的覆辙：北约有明显优势，特别是美国在格鲁吉亚问题上的进展，这再度使俄罗斯被围困的旧创伤几乎成真。俄罗斯以武力解决南奥塞梯和阿布哈兹冲突（这在 2008 年被称为高加索战争），这应该是对西方的警告。最后，乌克兰旧的独裁政府（尤其是乌克兰前总统亚努科维奇）被迫辞职，这再次证实，俄罗斯被围的噩梦似乎成真。《马伊达内克条约》并未预见到这样的事态发展，该条约更像是包括欧盟和俄罗斯在内的条约伙伴同意进行宪法重建和选举。根据西方国家对民主的理解，2014 年 2 月 23 日在乌克兰发生的事件是一场政变，尽管这场政变符合欧洲和美国的利益。美国政治学家约翰·米尔斯海默（John Mearsheimer, 2014）在《外交事务》杂志上发表文章"为什么乌克兰危机是西方的错误"（Why the Ukraine Crisis is the West's Fault），他指出，西方的基本判断是错误的。

对此，西方的观点完全不同。西方有一个基本的信念，就是自己的联盟只为安全目的而存在。西方与俄罗斯之间应存在稳定的伙伴关系，以便消除类似的冲突。无论如何，这些冲突不再适合当今时代，如今，领土问题是战略定位的因素之一，但并不是战略定位最重要的因素。

乌克兰的立场也应予以考虑：在 2004 年橙色革命之后，乌克兰试图倾向于西方，因此，2014 年，乌克兰打算与欧盟签署一项自由贸易协定，在俄罗斯的压力下，这个协定未能签署，现在，协定的签署被推迟到 2025 年。但是，乌克兰经济日益繁荣，这首先有利于乌克兰东部的老工业区。只是这种繁荣却不能抵达西部地区（Mykhnenko, 2015），这进一步加剧了乌克兰的内部分裂，而这种分裂超出了语言和种族的分裂。这里以赫尔弗里德·明克勒（Münkler, 2014a）的话做小结："在后帝国主义空间没有发展出稳定新秩序的地方，它们就变成了使帝国主义梦想成真的邀请。"实际上，西方和俄罗斯出于不同的目的和价值观,正在进入这种真空地带。

通过分析乌克兰冲突可知:历史原因和国家哲学原因是冲突的出发点,在冲突升级、在可能遏制冲突时、在和平解决冲突时,它们都起着关键作用,其中,一些问题十分重要:

- 冲突双方如何理解人的形象? 它们主张哪些国家理论? 它们分别具有哪些民族创伤? 哪些国家创伤已经被工具化或者能够被工具化?
- 经济秩序思想的基础是什么? 价值重新绑定是什么?
- 经过验证的冲突解决途径是什么?

下面将阐述回答这些问题所需要的国家哲学基础。

4.2　作为合作系统的国家

国家[①] 是一个解决自然状态下人类基本困境的核心机构。扬·罗林(Jan Rolin, 2005)认为,如果不凭借关于国家和国家权力合法性的自然法律哲学学说,不凭借自由、主权、宪法、人民、民族、国家或国家的目标和宗旨等核心概念,就无法理解国家这一机构的意义。在题为"论国家"(Sur l'état, 2012)的演讲中,法国社会哲学家皮埃尔·布尔迪厄(Pierre Bourdieu)特别指出了国家的象征权威,由于国家本身拥有定义权,但也将定义权赋予其他某些权威,比如主教、科学家、法官等,因此,它创造了统一性,规范了正常现象,但同时也导致了排斥和不平等。克里斯蒂安·沃特林(Christian Watrin, 1962: 38)认为,国家

---

① 该节是对布鲁姆论文(Blum, 2004, 第二章)的扩写,参考文献包括 Blaug (1982, 1985)、Heilbronner(1972)、Koester(1984)、Knoll(1957)、Müller(2011)、Nienhaus(2015)以及 Roback(1970)。

是通过(假定的)契约建立起来的,它是理性推动下的一致性,以便上升为理性一致性,因此,偏离合作似乎是非理性的。

从人类学角度看,自由是一种有助于进化的幻觉。因此,文化[①]成为免于依赖的基本的自由爆发。宗教创造了一个象征性的世界,允许理解自由和发展自由。通过宗教改革,基督教的无条件自由潜力得到了释放:如果自由的起源是神圣的,但在具体的世界中却存在依赖,那么,这原因首先在于人类自身,只有上帝的仁慈可以解决它。这种依赖关系在一个自由的国家是分离的。它是用来保证自由的。自由的问题是,它本身是否服务于一个更高的目的? 或者,必须在一个自由的背景下加以平衡,即自由是否必须区分"什么样的自由"和"自由为了什么"? 前者倾向于反对限制,后者倾向于自由的实用性。在牛津大学做就职演说时,社会学家伊赛亚·柏林(Isaiah Berlin, 1958: 5)提出了非操控性的自我目的:"自由就是自由,而不是平等、公平、公正、正义或文化,也不是人类的幸福或宁静的良知。"人们可能会反驳柏拉图:过多的自由将使国家陷入被奴役状态,因为国家会分裂为具有利己主义的个人群体。

4.2.1 古代希腊、中国、罗马与阿拉伯哲学

在人类历史上,国家设计与国家建立的问题由来已久。古代的古典哲学家早已研究过经济活动与伦理道德和社会规范之间的关系,比如伯里克利、苏格拉底、柏拉图、色诺芬和亚里士多德等。卡尔·雅思贝尔斯(Karl Jaspers, 1949: 28)将公元前 800—公元前 200 年称为"轴

---

① 文化是自然的一个对立面——文化是对自然的加工,为了人类而组织自然,但人不能把自然抛诸脑后。文化可以通过经济自决而获得,但也可以通过义务而获得,义务创立了文化(康德)。

心时代"，在这段时期，世界各地的文明分别发展了自己的世界观，而且，技术物质和宗教哲学非物质同时被纳入世界观中。

（1）伯里克利（Perikles）：他的名言是："幸福的秘密是自由；自由的秘密是勇气！"这总结了冲突与幸福之间的张力。根据他的想法，自由社会必须勇敢，人们必须随时准备保卫它。

（2）柏拉图（Platon）：他认为，统治国家的不应是大多数人，而应是最好、最睿智的人。他是苏格拉底的学生，他记录并发展了苏格拉底的学说。[①] 柏拉图是第一位提出战争规则问题的哲学家。伯罗奔尼撒战争（前 431—前 404）影响了他的早期岁月。在这场希腊内部冲突中，斯巴达获胜，战争结束后，希腊的防御能力明显减弱。希腊有两个敌国：一是波斯，波斯尚在可控范围内；二是马其顿，马其顿是希腊北部正在发展中的大国。在其代表作《理想国》（*Politeia*，前 370 年）中，柏拉图研究了政府形式，并将政府形式与灵魂三个部分对应起来。他把社会分为三个阶层，每一个社会阶层分别对应一个灵魂[*]部分和一种政府形式：第一个阶层是统治者阶层，政府形式是贵族统治，他们利用自己的智慧治理国家，遵循理性原则；第二个阶层是保卫者，政府

---

① 苏格拉底对西方哲学很重要，他尊重法律，超过看重个人安康。因为对青年的影响太坏，不敬神，他接受了死刑判决。后来，小马尔库斯·加图（Marcus Porcius Cato der Jüngere）也这样做，他是恺撒（Caesar）的对手，他选择了自尽。作为《罗马公民法》的传统捍卫者，他尤其相信，自由需要秩序，人的尊严比生命更重要，他可以失去荣誉和工作，但不会选择西塞罗的机会主义。

* 根据柏拉图的学说，灵魂由三部分组成——理性、意志和欲望，这三个部分各有德性，分别是智慧、勇敢和节制。当灵魂的这三个部分都恪守自己的德性时，灵魂整体达到自然和谐，从而实现最早的德性——正义。与灵魂的三个部分相适应，在国家中也有三个社会阶级，即统治者、保卫者和劳动者，他们的职责分别是以智慧来治理国家，以勇敢来保卫国家以及遵守节制和勤奋工作。当三个阶层各司其职时，一个遵守"正义"原则的"理想国"就实现了。——译者

形式是军权政治,他们表现出"勇敢"美德;第三个阶层是劳动者,在寡头政治、民主政治、僭主政治这三种政治形式下,他们实现"欲望"。但是,如果没有这样的国家秩序,系统衰退就会出现。在柏拉图看来,在缺乏交换正义的情况下,通过社会中的贫富分化,贸易会破坏灵魂;寡头政治系统的做法是,它通过穷人的反抗而使自己民主化。不过,与民主相关的自由和优雅的积极美德很快就退变为专横武断、狂妄自大、奢靡浪费和厚颜无耻,随之产生了僭主政治(暴政)的基础。此外,在《理想国》中,柏拉图从正义的角度出发分析了战争的条件,他认识到,争夺稀有资源的斗争是由理性驱动的战争。因此,战争并不是人们希望的,但很难避免,正如一场疾病。在其后期著作《蒂迈欧篇》(Timaios,时间不详)中,柏拉图把政治错误归咎于四种原因:一、高估自身能力;二、低估问题或低估敌人;三、固守错误的希望;四、愤怒。这与现代领导学说完全吻合。

(3)色诺芬(Xenophon):他是苏格拉底的另一位学生,在其著作《经济论》(Oikonomikos)中,他讨论了家庭、商业管理以及与市场规模相关的劳动分工的优势。作为一位战略家,在波斯内战(前401)后,他在撤回希腊雇佣兵部队方面做出了很大贡献,并因此而闻名于世(前401),他观察了这场战争;因此,他也被认为是一名专业的军队指挥官和管理者。当指挥官和军官团被战斗和暗杀彻底消灭时,他接管了重组工作。他是历史上第一位把军事行动规则与经济行为原则结合在一起的人。

(4)亚里士多德(Aristoteles):他提出了一个基本问题:是什么使生活成为美好的生活?他被认为是美德伦理学之父。其重要观点之一是公平的价格,这是交易的基础,并与产品的价值、与贸易者和生产者的状态存在关联。由于获取艺术的一种特殊形式是丰富艺术,其目的是为了获得而获得，因此，这一思想与经济战争的核心驱动力相对应，即贪婪是古典美德学说中的恶习或致命的罪恶之一。尽管如此，亚里士多德仍然认为，战争是一种保障社会生活基础的可以接受的形式，因此，只有当战争只是为了自己的利益而进行的时候，战争才会受到谴责。克劳塞维茨的将军美德基本上源自亚里士多德的哲学。

（5）马尔库斯·图利乌斯·西塞罗（Marcus Tullius Cicero）：他生活在内战时期，国家开始衰落，因为平民主义者使民众对抗顽固的精英；西塞罗一直警告人们，要防备这些平民主义者，他们的基础是公民在辩论论坛上直接公开讲话；尤利乌斯·恺撒（Caius Julius Caesar）也属于平民主义者。[①] 西塞罗的两部代表作《论国家》（de re publica, 前 54—前 51）和《论义务》（de officiis, 前 44）都反映了这些经验。西塞罗把战争分为正义战争与非正义战争，并阐述了这一区分的原因：所谓正义战争，就是符合神的意愿、命中注定的成功战争。他讨论这个问题：在战争中是否可以维持秩序？他把战争权分为诉诸战争权与战时权。西塞罗在哲学上承继斯多葛学派中间派的观点，在政治上他联系罗马内战（前 49—前 45），罗马内战导致了恺撒的独裁统治。其间，罗马公民的责任问题是辩论的核心，每一位杰出的国家领导人都在履行公民的责任。在西塞罗看来，人是有尊严的，这一思想把人和动物区别开来，后来，约翰·穆勒发展了西塞罗的这一思想。公民同样承担着组织国家的责任。他还克服了柏拉图所发现的冲突与战争的矛盾，把冲突置于全面的人文主义概念中，国家必须服务于人文主义，这里的国家不再是城邦民主。西塞罗认为，和平并不是不存在战争，而是通过允许内部

---

① 多米尼克·马舍克（Dominik Maschek, 2018）的著作《罗马内战》（Die römischen Bürgerkriege）发现，罗马内战是社会极度不平等和熟悉的生活世界被破坏的后果——这令人联想到今天的冲突线。

正义而具有自己的合法性。他将希腊哲学中的"人与人之间的爱"发展成"人文主义",就是现代的概念"人的尊严",这为现代的人权思想铺平了道路。

（6）奥古斯丁（Augustinus）：他是一位伟大的拉丁语天主教教会博士,他在多纳图斯教派那里实施罗马教廷教义,多纳图斯教派是天主教教会在北非迦太基的一个分支,他是一位仁慈的信息战战士。他采用经典的框架形式,用"异端"这个概念代替"教派分裂"概念,使异教徒彻底陷入危机,并因此获得认知主导地位（Gaumer, 2016: 51）。奥古斯丁假定,不论来自何种阶层,人人都拥有与上帝的个人关系,这从根本上说明,人的尊严是无条件的。基于上帝的爱,出现了一种崭新的联盟关系,于是,产生了仁慈与团结。在此基础上,对战争的分析从政治扩展到了民族国家,奥古斯丁在《忏悔录》（ *contra faustum manichäum*, 400）和《天国论》（ *de civitate dei*, 413—426）中对这些思想做了详细论述。奥古斯丁认为：在世俗世界,和平是一种组织结构；在神的国度,和平是一种超然主张,它引导人们,在世俗世界上找到方向。他提出一个关于国家行为合法性的问题,尤其涉及那些地位较高的人的责任。他认为,世俗世界的生活是一种弱势和低价值的存在,必须为对抗邪恶而服务,以便获得心灵救赎。因此,实际上,鉴于更高的认识,激进的和平主义可以视作是非正义的,事实上也是好战的。对每一名士兵而言,只有在非正义战争明显违反更高的超然意志及其规则时,非正义战争才意味着一种紧急命令。无论如何,正义战争必须得到解释,以便它是正当的合法战争。因此,抵抗权、呼吁良心和合法性这些思想首次进入讨论中。他也提出了战争手段相称性的思想,他要求,战争措施所造成的困苦不应超过战争所能消灭的灾难。在他之后,西班牙作家伊西多尔继续发展了正义战争思想,这对于天主教战争法具有决定性意义。

但奥古斯丁的秩序思想也是相对的，因为，在世俗的世界中，上帝的天国是不可能预期的目标。从这一角度看，弗朗西斯（Franziskus, 2018）的著作《经济和金融问题》（*Oeconomicae et pecuniariae Quaestiones*）值得关注，他假定，所有人都有权享受公共利益，从基督教伦理看，决策者有义务按照基督教伦理采取道德行动，并呼吁教会采取行动（Posener, 2018）。因此，在金融危机持续十年后，教会警告说，政治机构和经济机构缺乏学习能力，它们没有质疑过自己已经过时的原则。

这里必须强调，古代基本上对自由市场持怀疑态度。另外，赫尔墨斯是商人之神，但也是拦路抢劫者与盗贼之神，即，赫尔墨斯是对抗升级的神。而在古罗马，一个好的政治家被认为是一个好农民。这种二元性从此引导着人的认识。中国哲学中也有类似思想，中国儒家传统提出了经济活动的道德问题。姚介厚（2011）认为，苏格拉底与孔子几乎生活在同一时代，苏格拉底当时也经历了历史巨变，他的"善良"和"宽恕"的概念与孔子的和谐思想高度吻合。不仅如此，色诺芬的经济论所主张的效率思想与中国的法家思想相互辉映（Binswanger, 2009: 103-120; Hu, 2009）。因此，中国古代的法家思想值得关注。法家思想与古希腊思想几乎发生在同一历史时期，即中国的春秋战国时期（约前770—前221）。关于合作与对抗的矛盾，法家思想做了类似的哲学启蒙；法家思想同样也涉及建立国家统治的主题。

（7）老子（本名李耳）：他著有《道德经》，[①] 创立了道家学说。道家学说并不像希腊的哲学、神话和神秘主义那样建立哲学宇宙论。相

---

① 有人在研究，老子是否是真实的历史人物，他是否总结了同时代许多哲学家的思想。

反，老子几乎不涉及历史，没有提到他的具体存在，而是试图通过观察使个人能够体验世界的规则，从而将其置于宇宙的规则（道）和道的方式（德）中。任何一种规则都包含反规则，"道"中有"德"，它表现为"阴"中有"阳"，比如，阴的代表是地、女性、黑夜、月亮、黑色等，阳的代表则是天、男性、白天、太阳、白色等，阴、阳是两种相对的力量，人则是第三种力量，人可能会给阴、阳构成的系统造成混乱，所以不是要发现自己，而是要变得空虚，放弃自己，与道合而为一，这与西方基督教传统中建立在个人基础上的神相互矛盾。解释本身已经破坏了解释。[①] 他的治国方略是"无为"，可见，人是先天稳定秩序的破坏者，使秩序失去平衡。武器是邪恶的工具，因此善良的人拒绝武器，如果所有其他的平衡方式都失败了，战争才是最后的选择（Zhang, 2013: 12）。然而，目前还不清楚，是否秩序在文明前就已存在？或者，文明是无政府状态，是自发的？（Long, 2002）。因此，一方面，道德要求，在政治上面对统治者要保持谨慎，另一方面，在经济上，要拒绝浪费和要求节俭（Neubert, 2016）。这一思想通过耶稣会传教士传到了欧洲（Clarke, 1997: S. 43），并影响了欧洲的重农主义思想。据说，重农学派文森特·德·古尔内（Vincent de Gournay）的座右铭是，"自由放任、自由流通、自我世界"，实际上，它出自中国道家的"无为"思想，"无为"思想在引入欧洲 250 年后，在反对政府干涉经济中重新焕发了生机。

（8）孔子（本名孔丘）：很多人都知道孔子的名言，如："学而不

---

① 《道德经》是亚洲文明永不枯竭的源泉，可纳入重要领域，它说明了亚洲文化如何处理现代冲突。据联合国教科文组织信息，除《圣经》以外，《道德经》是全球翻译语种最多的作品。"道"和"德"如果译成"意"和"无意"，西方人更易理解——但实际上"道"和"德"并不是这个含义。

思则罔，思而不学则殆。""三人行，必有我师焉。""君子不立危墙之
下。"孔子没有走老子之路，他建立了儒家学说，与老子学说并立。就
研究内容而言，儒家学说涉及我们今天所说的政治学、政治经济学和
管理学，所以，儒家学说是一种基于家族与和谐，讨论统治关系、礼仪
和仪式的学说。每一个人都是家族链条中的一员，祖先也给人知识与
道德，这与模因学有关。社会过程的平衡、公平和公开（不可与集体主
义相混淆）是个人和公共生活的中心，国家也是家国。在选拔领导人
才时，比如，在选择管理人员时，竞争上岗至关重要，这种传统一直延
续至今（Bell, 2006）。孔子具有公平与平衡思想，假如有人认为，必须
只有一个胜利者，且他可以占有一切收益，那么，这种想法是不可接受
的。更确切地说，和谐是通过理性的秩序来保证的，这是儒家思想与
反理性的道家思想不同的地方（Long, 2002）。孔子认为，三件事情必
须特别谨慎：禁食、战争与疾病。他呼吁反对非正义战争，不应随心所
欲，不应打无准备之仗。

（9）墨子（名翟）：他是中国的游说哲学家之一。他著有《墨子》，
建立了非攻学说。他批判上层社会的暴行、对下层百姓的剥削、官员
的腐败和任意妄行、与被攻击的邻国缺乏团结、人民缺乏防卫能力。
他在《非攻》中写道，有必要进行防卫。他从根本上诅咒战争，为此，
他要求博爱。与孔子不同，他从下层民众中招募学生。他的著作分别
从三个角度讨论了 12 个主题，从此之后，对他哲学作品的解释是从三
个传统方面出发的。对墨子而言，现实体现在人类所能看到和听到的
东西中。好的政策建立在真实条件和事实的基础上，以便从中为社会
创造收益。他对奖励和惩罚等激励措施的效果表示怀疑。与孔子不
同，墨子不强调人的礼仪美德，而是更强调符合美德的正义，但这种品
质需要培养。事实上，在无社会联结的情况下长大的人自私而短视，

后来的托马斯·霍布斯也持同样的看法。后来，另一位儒家学派代表人物荀子也提出了这种坏人的概念。如果没有等级制度，没有通过王公贵族与人民、上级与下级、长辈与年轻人实现的等级制度，就不会有秩序，而秩序的任务是影响家庭关系。荀子认为，如果没有这种共同合约，人们甚至不可能说一种共同的语言。对他人的同理心应该这样来建构，即在自己利益与他人利益之间不存在区别：任何一个人，他为自己的利益而行动，同时，他也在为社会的利益而行动，因而，这提高了所有人的利益。后来的亚当·斯密和康德的思想与荀子的思想很相似。

（10）孟子（本名孟轲）：他被视为孔子学说最重要的继承者。儒家学说认为，"性本善"，这是积极的人的形象，孟子以"性本善"为基础，发展出"人的尊严"这一要求很高的概念。孟子认为，美德基础上的教育非常重要，它构建了儒家学说中的社会与政治秩序（Schleichert, Roetz, 2009: 20-45）：

- 仁：人性、人道与博爱，"仁"不仅指人与人之间的行为，而且还涉及等级制度中对上级或下级的行为，这些行为必须以善意和善良对待。

- 礼与智：礼仪、道德和智慧，使国家建立在一个黄金标准和公正标准的基础上。仁是外在准则，礼是内部准则，两者相辅相成。

- 义和忠：正直、公正、尽职尽责和忠诚，这意味着服从一种特定的社会关系。

- 孝：敬老爱幼，尤指子女尊重父母、为父母服务并为父母带来荣誉的广泛职责。

因为人类在社会化之前已经具备这些品德，这也决定着，人天然具有尊严。但是，永远不可能成功地做到，把这些人类尊严的规则作为下层人民向上层统治者提出的个人合法要求，这是对从属原则的颠覆，这在今天看来与西方文化的成就很相似；但是，孟子认为，推翻不公正统治是可以想象的。如果主观动机与客观结果相同，那么使用暴力是公平的，以便帮助人民脱离困境。他以德性主义反对墨子的功利主义，使儒家学说最终成为中国古代社会的国家哲学。

（11）庄子（本名庄周）：他是道家学说的集大成者，他反对孔子学生对孔子学说的教条化。他的道德学说包含重要的国家哲学论点，不能像儒家传统那样教条地看待道家学说。庄子认为，人的生活应该适应自然，而不是违背自然，只有这样，才能到达"道"。道并不存在于教条之中，而是存在于自然之中。因此，很难通过"道"在社会中建立秩序，而如果从博弈论的角度来看，会出现不断升级的两难困境，比如：想把宝物藏于匣中，结果，整个匣子被盗走。从根本上讲，人类无法摆脱这些道德纠葛。

（12）桓宽（字次工，前1世纪西汉时期）：他生活在汉昭帝时期（前87—前74），在其著作《盐铁论》中，桓宽记载了公元前81年的一次会议，会上中国官员和儒家学者就盐、铁、酒的生产与销售进行了讨论［白焕（主编），2012；Sang, Wang, 2011］。桓宽以对话的方式记载了讨论的问题，关于这些问题，一部分观点来自儒家学说，主张以德治国，一部分观点来自韩非子创立的法家学派，主张依法治国。这也是两种完全不同的政治哲学的相互对决，比如，决定或战或和，是用武力打败匈奴，还是用礼物来阻止匈奴进犯。通过垄断盐、铁、酒的生产与销售，可以保证国家财政，所以，从经济学的角度来看，关于经济秩序和具体经济政策的结构性问题很重要。与国家垄断相关的是，为了抵消危机，必须预先做好储备，而一旦进行储备，就必然会导致成本提高，并获得额外收益。而儒家代表认为，决不能接受额外收益，因为额外获利有悖于儒家的理想道德,而法家代表则坚持要提高官员质量。另一场辩论涉及国家对币制的垄断,国家要统一制造货币,这应促进商品交易的货币化,从而支持经济发展。这一货币改革却可能导致腐败加剧,因为富人可以通过收买官员而偷漏税。此外,如果精明的商人储存质优钱币,只允许坏损的钱币流通,硬币也有可能获益。[①] 最后还谈到了与经济扩张相关的国际化和贸易潜力,贸易尤其会提高城市财富,但以农业为导向的儒家传统对此几乎没有留下任何空间。

分析欧洲古典哲学和中国古代哲学及其影响,令人想到,从经济战争的角度看,欧洲理性时代始于阿巴斯哈里发帝国统治期间(750—1258)的大马士革。在这里,研究学者将古典自然科学和古典国家哲学翻译成阿拉伯语,并进行神学讨论。在《迷失的启蒙》(*Lost Enligh-tenment*)中,弗里德里克·施塔尔(Frederick Starr, 2013)认为,伊斯兰教的理性倾向被 9 世纪初的泛神论神秘主义运动所掩藏,该运动具有强烈的宗教教条主义倾向。实际上,康德理性原则的先驱早就存在于阿拉伯哲学中,比如安达卢西亚伟大的哲学家伊本·路世德(Ibn Rushd),他就是著名的艾夫罗伊斯(Averroës),他是亚里士多德著作的译者和评论者之一。他认为,逻辑是人类解决冲突的唯一机会。

(13)巴哈丁·伊本·沙达德(Baha' al-Din Ibn Shaddad):他是一位有库尔德血统的穆斯林历史学家、法学家和哲学家,是他那个时代最重要的战争法分析家之一。他首先因撰写萨拉丁(Saladin)的传记而闻名,他盛赞萨拉丁的智慧,并以此滋养了后世。他的著作《讨

---

① 伯特拉姆·史弗尔德(Bertram Schefold, 2015)在《法兰克福汇报周日版》发表"中国首位经济学家"(Chinas erster Ökonom)一文,他指出,这与格雷舍姆定律类似,而该定律最早由尼古拉·哥白尼(Nikolaus Kopernikus)提出。

伐异教徒的优势》(*Die Vorzüge des Jihad*)展示了"圣战"的优点和当时高度发达的阿拉伯文化。在这部书中,他讨论的问题是:战争中哪些行为是允许的?哪些行为是不允许的?即,他研究战争应遵守的法则。当时,十字军东征使战争残酷至极:阿拉伯的扩张占领了圣地,教会和王侯们在多次十字军东征中试图将其重新夺回来。萨拉丁在这些战斗中遵守了战争规则,这里的战争规则,就是沙达德以正义战争名义给萨拉丁提出的要求,萨拉丁因此被后世冠以神圣统治者之名。沙达德提出了一系列要求,今天看来,这些要求似乎十分现代化:

- 应限制暴力;即使是绝对的战争也不能成为绝对使用暴力的理由!
- 被击败的敌人拥有必须被尊重的个人权利。
- 在冲突中,未参与冲突者享有被保护权!

萨拉丁遵守这些规则,这使他作为一个谨慎的统治者载入史册。汉密尔顿·吉布爵士(Hamilton Gibb, 1973)在传记《萨拉丁的一生》(*The Life of Saladin*)中提及,萨拉丁成功占领了推罗、的黎波里和安提阿这三座城市。吉布认为,这些胜利并不仅仅归功于萨拉丁的军事才能:"这绝对是误解。萨拉丁本人确实具有高超的军事才能,但他的胜利应归功于他具有很高的道德品质,这与那些伟大的将军几乎没有共同之处。"因此,沙达德的战争理论得到了证实,这与19世纪的主要军事理论、与克劳塞维茨的战争理论(Clausewitz, 1832)相当不同,后者强调,在战争中的任何行为都是毫无限制的。

4.2.2 作为祈祷的经济活动

在经济理论与宗教教义发展战争学说的历史上,16世纪和17世纪都至关重要,因为在这两个世纪,既有针对非信徒的基督教内部冲突,也涉及正义战争问题和合法战争手段的问题。在《近代早期新教中的战争法》(*Kriegsrecht im frühneuzeitlichen Protestantismus*)一书中,米歇尔·贝克尔(Michael Becker, 2017)阐述了新教在天主教宗教改革前的人文历史背景下的特殊贡献。

(14)托马斯·冯·阿奎那(Thomas von Aquin):多米尼加僧人阿奎纳、大阿尔伯特(Albertus Magnus)及约翰·邓斯·司各脱(Johannes Duns Scotus)这三位经院哲学家都被认为是教会学者,他们从神学角度论述哲学,并在基督教语境中发展自己的哲学学说。其中一个前提是,法国神学家彼得·阿贝拉尔(Petrus Abelardus)创立了阐释法,教会学者就利用阐释法对神父的文章进行批判,揭示其中的矛盾,并从他们自己与他们世代的角度重新理解神父的文章。在重新思考与阐释的过程中,辩证法进一步发展为经院哲学的方法,即有针对性地研究前提和证据的有效性。阿奎那在认识论基础上研究与经济和战争相关的国家哲学问题。其政治出发点则基于以下认识:人是一个社会性存在,是为国家生活而创造的,即一个政治动物。阿奎那认为,经济活动中,人必须进行创造,创造会使人感到幸福,经济活动与创造相辅相成,经济活动因而也是社会性活动。因此,经济活动是实践理性的行为。目标必须是共同福祉,所获必然具有必要性与适当性。在《神学大全》(*summa theologica*)中,阿奎那(Aquin, 1273)指出,利用利息和货币进行贸易,这是不公平的,他假设,基督与商人是不相容的;只有在特殊情况下,才能容忍利息,比如,在企业参股,或在紧急状态下购买物资时。阿奎那认为,基督徒被禁止通过利息来获利(规范性利率禁令),结果,犹太人作为商人和贷款人在做这种不诚实的生意。

他怀疑,卖家倾向于利用特殊需求状况而抬高物价。通常,人的需求产生的价值是商品交换的决定性因素。这里,阿奎那的思想与亚里士多德、奥古斯丁的思想一脉相承,他们依照自然秩序和使用价值来区分价值,并假设,只有当双方都能够获益时,交换才有可能发生。由此可知,对于阿奎那来说,两位市场伙伴通过公平交易而产生的市场价格是公正的价格;他指出,价格与时间和空间有关。商品的客观价值与所付出的劳动和费用相等。仁慈和公正是基督教的两个基本目标,但这两者之间由于存在差异而处于冲突之中,这反过来又会限制人类的行为。阿奎那认为,公正分两种,即平衡性公正和分配性公正。平衡性公正被视为一种补偿工具,用于补偿那些在设计或参与方面存在的无法承受的差异。直到今天,阿奎那对这两种公正的区分都十分重要,具有现代性。对阿奎那而言,这种市场不平衡、剥削或掠夺的结果,与不公正战争的结果是对等的。

在阿奎那的战争理论中,他首先询问,谁有战争的权力?这个人最初是统治者,后来是君主。然后,他讨论了正义战争或非正义战争的原因,强调战争要有善意,尤其是,战争应该追求和平。最后,他研究合法战争手段的问题,他认为,战争手段必须符合正义战争的要求。无论如何,任何(所有权)秩序都不能发展到毁灭人类的地步。这里第一次出现了这一思想:所有权负有社会责任;因而,抵抗和抢劫有时甚至是正当的。

后来,西班牙萨拉曼卡学派的后期经学家接受并发展了阿奎那的这些思想,其重要代表之一是弗朗西斯科·维多利亚(Francisco de Vitoria)。维多利亚着重研究了对印第安人的强制性传教活动,并讨论了三个关键的论证思路:一、拒绝接受基督教福音会导致诅咒,由此推论,当局有管教权;二、对基督教统治者来说,臣民有义务服从;三、反基督教是一种侮辱,这给了人战争的权利,因为不信神比亵渎神更严重,对不信神者发动战争是合法的。仔细分析可知,这第三点实际上由两部分组成:神学部分和律法部分。根据教会的传统和十字军东征的教训,不可强迫人去信神,所以,宗教不端行为并不能立即赋予人使用暴力的权力。另外,萨拉曼卡学派认识到了资产的价值,甚至对于非基督徒而言,资产也是一种获取利润的激励,而且是一种可持续利用的激励;萨拉曼卡学派还强调传播知识的价值,后来,路德维希·冯·米塞斯(Ludwig von Mises)和弗里德里希·冯·哈耶克接受了这一思想,并将其发展成了反对中央计划经济制度的理论。在《论贫穷根源》(In causa pauperum deliberatio, 1547)一书中,多明戈·德索托(Domingo de Soto)假设,在贫穷和移民危机的背景下,会产生一个世界共同体,是创造世界的溢出效应。在此基础上,"万民法"不仅保证商品的自由流通,也保证毫无限制的移民。弗朗西斯科·苏亚雷斯(Francisco Suárez)也属于萨拉曼卡学派,他的思想是:只有通过合作和共同努力(仁慈和相互好感)才能创造所有人的和平,因此,国际法规范必须反映这些内容(Schmid, 2017)。

(15)扬·胡斯(Jan Hus):胡斯是位神父,统治者以异端的罪名把他处决,他曾担任布拉格查理大学的校长。胡斯的经历可以说明,约翰内斯·古腾堡的印刷术作为一种大众交流工具发挥了重要作用,由于胡斯缺乏印刷术这种交流工具,他不可能获得超过教皇的信息优势。因为波希米亚革命(1419—1436)和改革战争,胡斯成为捷克民族意识的重要人物。

(16)马丁·路德(Martin Luther):他使基督教教义深入人心,变成了负责任的个人的良心,因此,路德是第一位把良心视为现代个人道德的人。决定一个人行为的因素并不是外部约束，而是自我设定的内部约束，这样，现代公民思想诞生了。路德认为，因信称义，人仅仅因为背离上帝才有罪，因为人并不是自己生命的唯一主人。但是，当人意识到这一点时，依靠上帝的恩典，便有可能悔改。路德把这种存在范畴的罪与道德范畴的错加以区分。由此发展出新教伦理学的第一部分，马克斯·韦伯的理论也得益于此。托比亚斯·贝克尔（Tobias Becker, 2016）在《德意志新教共和国》（*Deutsche Protestantische Republik*）中称，这一伦理深刻地塑造了德国人的身份认同。

新教伦理学的第二部分出自胡尔德里奇·茨温利（Huldrych Zwingli）和约翰·加尔文（Johann Calvin），即通过在世俗世界上的经济成功来确定上帝的恩典。对此，马丁·路德持怀疑态度，并支持经学家关于基督徒在经济生活中的地位的观点，这一观点可以追溯到亚里士多德。但是，路德的利息论证与经学家不同：成功是上帝的恩典，利息也是如此。但不可取的是，在尚未成功时，就要求支付利息，这相当于以上帝的恩典来做投机。

路德最初将其学说写进了95条论纲（Luther, 1517），通过书籍的印刷，路德学说迅速传遍欧洲；《圣经》的德语译本打破了罗马教皇的信息垄断。

路德支持城市以外存在的封建统治结构，因而，他阻碍了资本主义市场经济体制的形成；路德尤其诅咒贸易和付息借贷，比如，路德（Luther, 1524）著有"论买卖行为与高利贷"（Von Kaufshandlung und Wucher）。尽管如此，通过宗教改革，世俗规范与标准变得更加重要，这些规范尤其涉及人的自由。另一方面，马丁·海克尔（Martin Heckel, 2016）在"马丁·路德宗教改革与法律"（Martin Luthers Reformation und das Recht）一文中指出，因为宗教改革，世俗世界出现了冲突，比如农民起义，或者统治者对新成立的新教教会是否有责任？因此，路德不得不在世俗法与教会法之间进行调解，教会与国家的分离最终在法律上得到了确认。在《奥格斯堡宗教合约》（1555）中，这一思想首次被描述为"统治者的宗教乃人民的宗教"。

在《军人能否幸福》（*Ob Kriegsleute in seligem Stande sein können*）一书中，马丁·路德（Luther, 1526）认为，战争中有四种基本的行为方式：采取和平的态度，把自己局限于反暴力，保护无助者，并考虑自己的个人责任。负责任的行为是基于对后果的思考，这就是现代人所谓的成本。路德认为，从两个国度论的角度看，在宗教国度中有上帝，在真实世界中必然存在秩序的力量。

（17）胡尔德里奇·茨温利（Huldrych Zwingli）：他被视为加尔文的先驱，他把《圣经》经文直接看作是人类行为和政治义务的基础，这被天主教教会所否定。他坚决反对雇佣兵制度。为了拯救宗教改革，信奉新教的苏黎世与信奉天主教的瑞士各邦之间爆发了第二次卡佩尔战争，茨温利就死于这场战争中。茨温利的继任者亨利希·布灵格（Heinrich Bullinger）巩固了新教团体，今天，布灵格被视为基督教改革宗的创立者。后来，马克斯·韦伯在解释资本主义经济秩序的胜利原因时，提到了这里的经济伦理学。

（18）约翰·加尔文（Johannes Calvin）：加尔文崇拜上帝，他极富创造力，这表现在，他抛弃了旧教会关于"相似上帝"与"上帝形象"的区别，这有利于后者。这样一来，加尔文就否定了意志的自由，这会破坏上帝的恩典（Bockwoldt, 2010: 87, 92）。加尔文根据对上帝的信仰得出了预定论，根据预定论，世俗的成功、卓越和谦虚是上帝喜悦的标志，因为上帝从一个人结出的果实来识别他，因此人信仰上帝，这分解了神性与理性的辩证关系。预定论认为，世俗的成功、卓越和谦虚是上帝喜悦的标志，尽管这并不一定是神学解释，而更像是教化性解释（Lindemann, 2010: 100），但这为利润导向性的经济活动提供了道德哲学理由，人们渴望上帝的恩典，经济活动可以满足人们的这一愿望。在英国和美国，这一教义在工业革命中发挥了作用。因此，马克斯·韦伯（Weber, 1904/1905）假设，新教伦理学为现代资本主义发展提供了必要条件。实证研究结果（Blum, Dudley, 2001）仅部分支持这一论点，并强调网络能力对于经济效益十分重要，因为只有网络能力才能提高经济思想的生产能力。另外，加尔文主义持续影响教条主义和大众教育的推定，今天，从国家与教会的道德专制角度来看，它教导而不是鼓励人们采取成熟而开明的行动，因此，这是超道德的根源之一（参见第11章）。

4.2.3 专制主义背景下的启蒙运动

在欧洲，理性时代的开始总是与启蒙运动、文艺复兴、古希腊古罗马文化的接受联系在一起。莱因哈特·柯塞勒克（Reinhart Koselleck, 1959: 11-12）认为，宗教战争的灾难是专制主义权力集中的原因，滥用宗教战争反过来又促进了启蒙运动。然而，上文阐述过，理性时代与中国和阿拉伯世界有关。人们常常忽视这样一个事实，在第一个千年之交，恰恰是伊斯兰世界的文化高度发达之时。今天保存下来的许多文化遗产都出自阿拉伯世界，比如在西班牙和中东，还有文学、医学、医药或天文学都证明了这一点。弗里德里希二世·冯·斯托芬（Friedrich II von Staufen）深受穆斯林文化的影响，尽管他在西西里岛和在十字军东征期间与穆斯林作战；他的遗作《论鹰猎术》（*De arte venandi cum avibus*, 1248)① 描写了放鹰行猎，该书是中世纪最伟大的自然科学著作之一。该书说明，现代伊斯兰主义在很大程度上是打破传统的结果——这里的传统当然是之前更早的传统，这又使人不可能批判性地讨论自身宗教的规范来源，即，不可能在科学意义上研究神学。② 阿尔贝里科·真蒂利（Alberico Gentili）是意大利法学家，从他开始，法学正式登上历史舞台。真蒂利说："神学家对不熟悉的事物保持沉默。"这宣传政教分离，他也拒绝了宗教战争的概念。另一个基本因素是马丁·路德宗教改革对个人的发现。

（19）让·博丹（Jean Bodin）是现代领土主权概念之父。在其代表作《国家六论》（*Les six livres de la République*, 1576）中，让·博丹（Bodin, 1576）视国家为个人的仆人；他把"国家主权"定义为独立于国内关系和各阶层之间关系的国家暴力，尤其是国家之间关系的国家固有权力。但是，如果一个主权国家以公民的利益为导向，它也拥有一部民主宪法，那么，它在多大程度上会有减少战争冲突的倾向，这个问题在政治经济学中存在争议。

（20）雨果·格劳秀斯（Hugo Grotius）：他被视为现代国际法的奠基人。他出生于荷兰和西班牙之间的八十年战争时期，这场战争从1568年持续到1648年，同期在德国正在进行三十年战争（1618—1648），三十年战争以《威斯特伐利亚和约》而结束。因此，在他生活

---

① 　该书由他的儿子曼弗雷德在他去世后修订完成。

② 　哈默德·阿卜杜勒-萨马德（Hamed Abdel-Samad, 2015）认为，鉴于缺乏对《古兰经》及其写作条件的反思，他写了《穆罕默德——结算》（*Mohamed—eine Abrechnung*），他举例证明，伊斯兰教似乎是倾向经济的联盟。贝内迪克特·科勒（Benedikt Koehler, 2014）在《早期伊斯兰教和资本主义的诞生》（*Early Islam and the Birth of Capitalism*）一书中指出了早期伊斯兰教经济和制度的现代性，包括风险资本、基金会和法律学派。

的时代,荷兰的加尔文伦理学与西班牙天主教统治思想正在激烈冲突,用世俗说法,他处于基督教秩序系统、理性秩序系统及全能秩序系统的平衡过程中。1601年,荷兰商人组建联合东印度公司,受该公司的委托,在《论海洋自由》(*Mare Liberum*)一书中,格劳秀斯(Grotius, 1609)驳斥了西班牙和葡萄牙关于海洋贸易垄断的主张。1625年,格劳秀斯(Grotius, 1625)出版了代表作《论战争权与和平权》(*De jure belli ac pacis libri tres*),该书从法律制度的角度论述了战争。在这个过程中,他区分了私人战争与国家战争。当时,民族国家正在逐步形成,这一思想在当时显得似乎是合理的,从今天的角度来看,这一思想甚至显得相当现代,并且与经济战争密切相关,而经济战争涉及广泛的冲突行为者。除了已经确立的正义战争与非正义战争之间的区分,他也提出这个问题:谁是冲突的根源?谁拥有最高权力,即谁是君主?格劳秀斯(Grotius, 1625)将战争定义为"没有共同民法联系的人与人之间的纷争"。

有三个办法可以解决这些问题:辩论、妥协和抽签。公共战争需要国家的存在,因此,对于战争而言,正在衰落的国家是个问题。因此,格劳秀斯认为,维护国家具有高度优先权,即使个人因压迫而遭受苦难也是如此;从这一角度出发,不存在反抗权。在每次和平之前都会提前打一场国内战争。今天所谓的国家暴力垄断正出自这里——利用雇佣军可使战争私有化,这会导致国家暴力垄断的解散,就像美国黑水公司在伊拉克冲突中所做的那样。这不仅涉及战败国,而且也涉及那些受竞争压力而正在解散的企业。最后,格劳秀斯也影响了人道主义国际法,因为自然法先于战争法,这为战争行为者选择战争手段施加了限制条件。

(21)托马斯·霍布斯(Thomas Hobbes):他生活在杀人如麻的

欧洲宗教战争时代，他认为，理性建立国家是和平的保障，在当今冲突背景下，这一思想闪耀着现代之光。他是一位坚定的反经院哲学家和唯物主义哲学代表。在其代表作《利维坦》（*Leviathan*）中，霍布斯（Hobbes, 1661）写道：国家主权和公民的服从义务源于人的根本恐惧——人对于不受任何影响的过度变化十分恐惧。追求快乐和自我保护（欲望与恐惧）是基本的驱动力，这会通过权力而得到满足。在自然状态时，人人平等（在睡梦中即使最强壮的人也可以被杀死），人人拥有利用一切必要手段进行自我保护的自然权利，这两者使签署统治契约成为必然，以免陷入"所有人针对所有人"的战争："我授予这个人或这些人的集会以特权，并将我统治我的权力授予他们，条件是，你也要将你的权力授予他们，所有人都使他们的行为具有权威性。"其结果可能是战争，也可能是和平。君主应该具有理性道德，他的命令是道德的法律。那么，允许这位公民随后要求这位君主（利维坦，一位虚构的人物）伸张正义吗？与圣经中的《约伯记》故事类似（Ijob, 40: 15-24），霍布斯如此论证：约伯向上帝抱怨，自己遭遇了不公正。上帝提到巨兽贝希摩斯（它寓指所有人攻击所有人的战争），上帝问约伯，他是否相信，通过立约，巨兽会驯服于上帝。然后，上帝又提到怪物利维坦，并告诉约伯，约伯不可能在纷争中战胜利维坦。本质很清楚，因为利维坦不是一个契约伙伴，通过有利的契约建立国家之后，个人不能再对利维坦主张任何权力；这是一种单方面的盟约，就像上帝与以色列之间的约一样，上帝不允许所拣选的人提出任何要求。在人与人之间建设性依赖关系的条件下，他将与之相关的人的恐惧和希望与乌托邦式天堂联系起来，促进了政治世俗化。

霍布斯认为，在这个强大国家中，君主权力不可转让，国家会限制个人自由，尽管如此，人却不必遵守所有命令，尤其当这些命令威胁到了公民的完整性时；尤其是，一个人可以拒绝自杀，可以拒绝服兵役，有懦弱权，可拒绝执行内战命令。尽管如此，因为他的社会伦理学，他处于对抗型国家理论的过渡阶段。

（22）巴鲁赫·斯宾诺莎（Baruch de Spinoza）：他生活的时代比雨果·格劳秀斯晚一代。因三十年战争与八十年战争的经验，在其《神学政治论》（*Tractatus Theologico-Politicus*）中，斯宾诺莎（Spinoza, 1670）认为，和平不仅仅是没有战争，而是一种保障自由的制度。他的理论从霍布斯理论中脱颖而出。他认为，国家契约并非强调互惠关系，而是保留了解除契约和收回契约的可能性。据此，制度设置不应受情绪支配。若善行损害国家，那么它就是犯罪；相反，若恶行利于国家，它只是愚笨而已。实际上，斯宾诺莎可被视为 17 世纪下半期荷兰黄金时代的国家哲学家。

作为神圣物质的身体在人类中实现，他们要求自主和主权。作为个体或作为国家，他们有权拒绝极端暴力，从而为战争提供了哲学上的理由，即战争因可信的威胁或威慑而发生。最后，人有权生活在自己的法律系统中。

从经济学的角度看，斯宾诺莎（Spinoza, 1675）的《用几何学方法作论证的伦理学》（*Ethik nach geometrischer Methode dargestellt*）值得研究，因为他发展了一种影响学说，这类似今天的激励与创新动力；斯宾诺莎的第 12 原理是（Spinoza, 1675: 139）："精神在它所能想象的范围内寻求增加和扩大它行动能力的东西。"与上述自由概念联系在一起，他认为（Spinoza, 1675: 207），精神会扩展到具体的事务，并发挥积极或消极作用："人类在缓和与限制影响方面的无能，我称之为不自由。"

（23）约翰·洛克（John Locke）：洛克是自然主义者，他认为，大脑是一个白板，所以，先天的思想并不存在，只有在现实中，才能形成思想。重要影响发展在三种规则系统内部：上帝律法是罪恶与责任的基础；民众律法是犯罪与无罪的基础；哲学法则是美德与堕落的基础。如此一来，他不仅限制了专制主义（专制主义在霍布斯看来还是有理可循的），而且也出现了诸如民意道德之类的理念。在《政府论》（*Two Treatises of Government*, 1690）中，洛克（Locke, 1690）与托马斯·霍布斯一样，从一个没有国家的原始状态出发。在国家中，每个人都享有财产权，自然一切都平等、自由，且有尊严，一切都能够通过理性地遵守自然法则来维持一种可容忍的状态；尽管如此，因缺乏认可的司法，可能会有暴力行为，因为每个人都有自然权利，可以对他或他认为非法的攻击进行反击或报复。政治现实分为道德领域和政治领域，这创造了一种判断的艺术（一种文化）。

洛克认为，因为金钱的出现，自然状态从松散的共同体发展成具有劳动分工的交换社会，这加剧了不平等，以至于自然状态在其第二发展阶段越来越不稳定。这引导个人（或所有者）签署原始契约，从而将自己的自然权利转移给共同体，这种自然权力尤其包括财产权和自我裁决权。如此出现的民众政府并不会实施毫无限制的统治，而是可以在紧急状态下被推翻，比如通过国内战争。国家的首要责任是保护公民的生命、自由和财产权，即，避免或限制冲突。他假设，财产权是自由主义的根本基础。所有人有权选举议会。他从自由主义角度出发对所有权的定义是，财富具有无限可能性，但出于对社会稳定与自然法的考虑，应对贫穷加以限制。

（24）戈特弗里德·威廉·莱布尼茨（Gottfried Wilhelm Leibniz）：他被视为透视主义的创始人；透视主义是一种世界观，该世界观认为，若不存在有意识的接受，则不存在感知。一切主观经验的结构都与可描述的客观自然有着本质的不同，主观经验都从某一具体视角而感知。有意识的立场相对于事实永远只是一种选择，一种具体的可以理解的看法。莱布尼茨称这种观点为"单子"，今天我们称之为"框架"。现实不是一个物理的认识过程，而是一个认知过程。事实本身并不存在，而是只能从事实所允许的视角才能认识它。

莱布尼茨也是今天的管理学先驱，重要的是，他将国家事务集中于其核心能力（国防、秩序、教育和福利）方面。莱布尼茨深受中国传统思想的影响，并将中国思想纳入了欧洲启蒙运动。他对重农主义学派的影响具有特别意义，如上文所述，重农主义实施"无为"：存在一种符合上帝意愿的自然秩序，应该在完全自由的基础上保障社会共同生活，这一点统治者必须保证，因为从这里产生国家的任务。实际的积极的秩序是合法的，因为它始终向自然秩序方向发展。这里提一下弗朗索瓦·魁奈（François Quesnay），他是路易十五和蓬帕杜夫人（Madame Pompadour）的私人医生，他从血液循环中得出了对经济周期的分析。雅克·杜阁想通过金融改革拯救法国王权，并警告法国王室，不要被革命摧毁：没有宗教，意即没有参照制度，人们会在压迫和反抗之间摇摆不定；只有通过反暴力才能显示暴力的局限性。

在《社会与经济》（*Sozietät und Wirtschaft*）中，莱布尼茨（Leibniz, 1671）认为，若人们采取理性行动，就会产生和谐，和谐是多样性的统一，一切均有其正确的、由上帝理性所规定的位置；正因为此，竞争也会受到遏制，在社会中也会充满爱与信任。他区分事实真实与理性真实：事实真实基于可证明效果；理性真实由理性决定，而理性则是在一致性与矛盾性之间进行取舍（Leibniz, 1715）。"在头脑中，除了头脑本身之外，没有什么东西是以前感觉不到的。"在《神义论》（*Versuch der Theodizee über die Güte Gottes, die Freiheit der Menschen und den*

Ursprung des Übels）中，莱布尼茨假设（Leibniz, 1710），自由是"生活在世界上最好的世界里"，他认为，自由创造了开放的人类形象，而道德上应受谴责的人应该理解为缺乏知识的人。这种说法非常现代，因为它对当前的经济体制提出了质疑。实际上，经济理论（尤其是经济政策）并没有起到应有的作用，没有通过睿智的政府行为来解决恶性结果的根源——结果正好相反：一些重要的国家机构失去了信誉。不可不提的是，莱布尼茨发明了微积分与二进制代码，并因此为数字化做了准备。

（25）孟德斯鸠（Charles-Louis de Secondât, Baron de La Brède et de Montesquieu）：他的三权分立理论发表在《论法的精神》（*L'esprit des lois*, 1748）中，将行政、立法和司法作为相互制衡的独立机构加以区分，建立了资产阶级宪政国家的理论基础，并对美国和法国大革命产生了重大影响。同时，它展示了制度结构对地理气候条件的依赖程度，因此，他是现代经济地理学和政治地理学的先驱。关于"双重商业"（Montesquieu, 1748: 2），他认为，贸易产生了温和的习俗，从而防止了战争，这在本书第 1 章已提及。

（26）伏尔泰（Voltaire）：原名弗朗索瓦-马利·阿鲁埃（François-Marie Arout），他被视为 18 世纪向公众宣传启蒙思想的哲学家，因为他能将自己的思想融入诗歌、戏剧、其他文学作品和哲学著作中。在其代表作《论宽容》（*Traité sur la tolérance*, 1763）中，伏尔泰（Voltaire, 1763）指出，在一个宽容的世界里，不宽容者尤其令人痛苦，并因此产生新的不宽容，比如，胡格诺派教徒遭灭顶之灾，被驱逐出法国。普鲁士国王弗里德里希二世邀请伏尔泰去普鲁士宫廷，在那里，伏尔泰认识了康德思想和开明的专制主义，伏尔泰认为，这种自由和法制的君主制是适合人类的国家形式。他强调，对于公民而言，法律面前人人平等，他也要求如此，他认为，教会无权行使国家权力。因此，他呼吁政教分离，并成为现代一神论的创始人。他公开支持政治言论，因此他的口头禅是："我不赞成你的观点，但会誓死捍卫你表达自己观点的权利。"

（27）大卫·休谟（David Hume）：1739—1740 年，休谟完成了其代表作《人性论》（*A Treatise of Human Nature*），借此，休谟不仅创立了分析哲学，也创立了经验主义和怀疑论。他提出了思想起源的问题（思想与感知不同），他超越了所有的形而上学。后来，在休谟的启发下，康德撰写了《纯粹理性批判》，其目的一定也是（Roback, 1970: 41）"拯救世界，使之免遭休谟怀疑论所引发的毁灭"。

休谟质疑自由意志的存在（所谓自由意志，即一切由因果组成），因此，他也相对地看待理性的概念，因为它不能为决策提供理由，此外，并不存在确定的认识。因此，休谟定律认为，从存在中无法导出任何目的。他的出发点是，理性并不作用于激情和情感，因为认识可能是真的，也可能是假的，而情感却并非如此，情感与此无关，但却可以倾向于某物，比如，会对理性起作用。若从所谓的道德观念出发，理性又建立在道德信仰的基础上，就会产生价值观的回归。因此，他后来摒弃了存在主义者的观念。行为的道德性必然产生于其自身的责任和第三者的观点，因此，若冲突符合这些条件，则可以从道德上获得充分理由。只有当自身利益与共同利益互不相容时，从外部角度看，自身利益才会退化为无法满足的贪婪和野心，富有贪婪与野心的人会成为流氓——这令人想到，约翰尼斯·弗洛尔（Johannes Fioole, 2016: 152）曾指出，2008 年金融危机时期，债务都分派给了个人。

（28）让-雅克·卢梭（Jean-Jacques Rousseau）：卢梭是来自日内瓦的哲学家。在其著作《社会契约论》（*contrat social*）中，根据自然法

（即，人对自由和平等的主张源于人的尊严），卢梭（Rousseau, 1762a）得出结论：权力关系只能通过契约协议来建立，国家代表集体意志。人只在其原始状态是独立的，对他人漠不关心，没有任何道德义务，存在真正的自爱，这可能会变成自私自利。个人力争在不打扰他人的情况下满足自己的需要。人口增长与自然灾害使这个神圣世界变得越来越动荡不安，因利己主义、劳动分工与财产权的出现，这世界有向霍布斯所言的状态发展的危险，这实际上是对经济战争的写照。最后，所有人反对所有人的斗争导致一项国家契约，在这项契约中，所有人都因集体意志而联系在一起，集体意志并非个人意志的简单相加，而是通过相互矛盾的意见在投票时相互补偿而产生的。公民是集体意志的化身。

卢梭认为，知识不会改善人的洞察力（认识事物本质），这与启蒙思想形成尖锐矛盾。此外，卢梭认为，正义和道德也与知识无关。他宣扬人与自然的疏离，并提出一个基本问题，人如何在文明中保持独立。卢梭（Rousseau, 1762b）提供了一条政治和教育的出路，即开明的国家或者《教育论》（Émile ou de l'éducation）所写的方案。

此外，与自己的对手伏尔泰一样，虽然卢梭在法国受到迫害，但在普鲁士和俄国却受到热烈欢迎和高度认可，其原因是，如弗兰克-罗塔·克罗尔（Frank-Lothar Kroll, 2012）所言，普鲁士和俄国是保守大国，正在寻求启蒙，寻求合法化。后来，人人平等学说成为法国大革命的导火索。从历史上看，人民民主制度就建立在卢梭学说的基础上，但是，维克多·克莱普勒（Victor Klemperer, 1995）的日记《我要终极证明》（Ich will Zeugnis ablegen bis zum letzten）记录了他在1933—1945年的经历，这日记说明，法西斯主义也可视为卢梭学说的发展。

同时，卢梭强调（Mishra, 2017: 32）一个"商业社会"，一个"建立在无休无止的竞争、贪欲和虚荣心基础上的社会，它扭曲了人的一种宝贵品质：简单的满足和无拘无束的自爱"。实际上，卢梭预言，人类社会将向对抗性世界过渡，因为他既不认同自由主义者的发展机会主义，也不认同其对开放社会的憧憬，尤其认同对个人尊严的憧憬。

（29）亚当·斯密（Adam Smith）：在其代表作《国富论》（*An Inquiry into the Nature and the Causes of the Wealth of Nations*）中，亚当·斯密（Smith, 1776）提出了一种以伦理学、经济学和政治学为秩序框架的经济增长理论。该理论以他的早期作品《道德情操论》（*Theory of Moral Sentiments*）（Smith, 1759）为基础，在这部著作中，公正的旁观者从良心与超我角度质疑个人决策的道德品质。亚当·斯密的成就是，使道德哲学适应劳动分工式高度复杂的现代经济，在这种经济条件下，总体结果不能受个人道德的左右，因此，秩序伦理学作为秩序框架的初步阶段变得至关重要。他在两部著作中提出了"看不见的手"这个概念，他认为，"看不见的手"组织着经济活动。为了发展人类生产力，需要资本的投入、自由的法律秩序与经济秩序，需要通过市场和竞争来协调经济；交换双方都受益于每次交换，否则就不可能发生交换；并非因强迫，而是因每个人都追求自己的目标，并且在"看不见的手"的引导下来实现一个并非人人所追求的目标，利己主义的驱动力也促进了公众的利益。但是，他看得也很清楚，"卑鄙的嫉妒"（Smith, 1766: 437）令本身倾向于和平与均衡的贸易变成了"怀疑与仇恨的根源"。特别是当来自同一行业的人聚集在一起时，他们对市场就没有什么好意，他们会试图提高价格或欺骗公众。

后来，霍尔格·阿弗莱巴赫（Holger Afflerbach, 2013: 9）接受了"看不见的手"这一思想，他的著作《失败的艺术》（*Kunst der Niederlage*）分析了这个问题：战争中是否也有一只看不见的手？这意味着，即使是常胜将军,也不可完全低估他的对手。他写道(Afflerbach, 2013: 9):"因此,这并非提出一个道德问题。恶魔的基本想法是,想要恶,但创造善的力量,也可以在战争中转为停止战争:……一般情况下,自私自利的动机……通常会阻止事情发展到极端。"若这"一只看不见的手"不再起作用,原因也类似,"……它是因垄断形成而发生的……,此时胜者过强,他完全不必再顾忌战败者……"

(30)伊曼努尔·康德(Immanuel Kant):康德认为,道德行为从根本上是与善意联系在一起的,而善意只有通过意志才能变成善良。另一方面,善意又与一种内心义务的观念相关,这是一种基于自身理由的行为,而不是一种义务性的行为,即一种有意的行为,因为只有善意才是好的。因此,如果康德假设人的意志是由"道德律"决定的,并由此产生纯粹的实践理性,那么,他的意思是,这是通过对意志的解剖变成法律的。道德律作为一种绝对理性的表达,代表了人类的基本伦理天赋,这是人先天就拥有的,并未积累任何自我经验。在现实世界中,道德律实现了自由这个概念。在《纯粹理性批判》(*Kritik der reinen Vernunft*)中,康德(Kant, 1785)回答了"我应该做什么?"的问题:"你要这样行动,即在任何时候,你的意志的准则都可以同时被视为一般立法的原则。"[①] 这被称作"绝对的命令"。这里并非指意志本身,而是指意志的准则,即行为的一般原则。由此无法直接推导出人性行为。在他的实践命令中,他特意警告人们,不仅要将人性看作是一种手段,而应同时看作是一种目的,因为道义原则不能像功利主义者那样从利益核算中得出。[②] 因为人绝不能盲目地服从于权威,即使这个权威是上

---

① "己所不欲,勿施于人"仅涉及自己,而绝对命令要求普遍化,所以,这一黄金法则并不严谨。

② 夸张的说法是:"每一种思想都可以测量,它已经流了或将要流多少血?"

帝,因为人人均可成为他自己要服从的上帝。因此,康德(Kant, 1790)非常清楚地讨论了个人的责任与对自己行为的责任:"若人的行为违背诚信,不可将之归咎于人性的弱点,因为人因诚信而完美。"因此,从逻辑上讲,如果善行出于经济考虑,为了将来在道德上有所收益,那么,善行会使自己贬值。对于社会要求理性与理智而言,康德这位伟大的启蒙学者的重要性不容低估。"启蒙就是人类脱离自身加之于自己的不成熟状态,不成熟状态就是,不经他人的引导就无法利用自己的理智。不成熟的原因不在于缺乏理智,而在于缺乏勇气与决心,如果不经他人的引导就能利用自己的理智,那么,这种不成熟就是自己造成的。勇敢起来! 要有勇气,使用你自己的智慧。"这是启蒙运动的宣言。这与现代主义所假设的"事实强迫"(Schelsky, 1961)或后民主的无可选择(Crouch, 2004)的情况完全相反。

康德认为,正义国家是建立在公民人人平等基础上的共和国,不会向个人规定,要通过一定方式才能实现幸福;然而,面对这种正义国家,个人却只有有限的反抗权。这种国家的合法性是通过将道德法则作为一种抽象的原则来获得的,这种道德原则充满了人们的道德情感,这也使道德的进化成为可能。因此,国家成为了道德权威。康德(Kant, 1795)的最后一部著作《论永久和平》(*Zum ewigen Frieden*)对《联合国宪章》的影响很大,他在书中写道,任何一个国家都无权干涉另一个国家的内部事务,即使这个国家患有"内疾",因为一旦发生这种情况,它将涉及所有国家的自主权,更高的法律利益也会受到侵犯。[①]永久和平的重要条件是三条规章,也被称作康德三角形:

---

① 康德路过一家旅店,旅店的墙上有一个指向墓地的路牌,上写"为了永久和平",于是他为该书命名《论永久和平》(Dombrowski, 2015)。

- 一部公民宪法,应为共和国的宪法。康德区分统治形式与政府形式。统治可由一人、多人或所有人来行使,但政体形式可以是共和的,也可以是专制的,实行什么样的政体形式取决于司法是独立的还是统一的,随之,政体形式也有所不同。

- 一部国家法,它建立在自由国家的邦联基础上,保证各国的自由。

- 一部世界公民法,具有有限的一般待客制度。它使人有访问权,但不允许随意定居。

黑格尔对永久和平思想充满质疑,在《权力哲学基础》(*Grundlinien der Philosophie des Rechts*)中,黑格尔(Hegel, 1821)写道,永久和平思想会导致社会松弛。

(31)约翰·戈特利布·费希特(Johann Gottlieb Fichte):他是德国唯心主义和主观主义哲学的创始人、康德哲学的支持者。费希特在几年之内完成一部著作,这部著作深受当时革命与战争所引起的巨变的影响。费希特认为,作为原则,人位于创造的核心。社会通过个人必须与所有其他人相互承认来创造法律关系。个人的生命权和完整权就是这种制度设置的结果。人有权离开一个没有法律和权力的国家,建立新的共同体。这同样适用于国家,因此,个人和国家的存在都有自然法上的理由。若自然法权被拒绝,就会产生战争的权力。然而,由于战争需要机构性对手,被迫机构化被认为是正确的。

费希特认为,如果生命被未开化的人视为最高财产,也可以说是人的最终目的,为了保证生命,人有必要获得财产权,那么,生命就需要一个有秩序的国家。从这个意义上说,战争会毁灭生命和财产,具有威胁性,出于道德原因,必须结束战争,越快越好,伤痛越少越好。这里,只有一个论点支持参与战争:维护或重获自由。

(32)让·巴蒂斯特·萨伊(Jean-Baptiste Say):一般经济均衡的

概念最早是由法国经济学家萨伊提出的,后来李嘉图和穆勒发展了这一思想。在《政治经济学概论》(*Traité d'Économie Politique*)中,萨伊(Say, 1803)阐述了购买力守恒定律。萨伊的销售渠道理论假设:商品最终是以商品来支付的;金钱只是起到一种面纱的作用,真正重要的是相对价格,相对价格是由实际经济运行决定的。因此,不可能出现普遍的生产过剩。一部分生产过剩意味着其他市场上的生产不足,即销售渠道受阻。因为货币并非保值工具,所以不可能出现货币需求过剩的问题及商品供应过剩的问题。萨伊认为,人类的需求永远不能得到满足,之所以如此,是因为生产不足,而不是因为消费能力不足。因此,一个好的政府要促进生产,一个坏的政府会促进消费。而经济危机则是政府干预市场进程的结果。许多放松管制的想法(包括那些与2008年金融危机相关的反干预思想)都可以在萨伊的思想中找到内在理由。这尤其适用于自由资本市场,因为资本是经济发展的关键推动力。

(33)大卫·李嘉图(David Ricardo):李嘉图创立了收入分配理论、赋税理论、地租理论和国际分工理论,随着《政治经济学与赋税原理》(*Principles of Political Economy and Taxation*)的出版,李嘉图(Ricardo, 1817)成为当时最重要的经济学家之一。李嘉图假定,在任何国家和任何时代,利润都取决于在土地上投入的劳动力的数量或与资本相结合的劳动力的数量。因此,收入以工资、地租和利润的形式分配。劳动量高低的确定方式是,从工作中获得的报酬能够保证工人的生计。所有可再生产商品的自然价值完全基于实际劳动力的投入。李嘉图最重要的贡献包括关于工资、贸易和赋税的学说。

李嘉图以农业为例,创立了级差地租理论。他认为,在准入有限的市场,可以获得长期超额利润,比如,通过关税或交通费。根据级差地租理论，如果按照土地肥力来确定土地价值，[1] 那么，土地可以一直耕种，直到土地收成足够交纳地租为止，这叫作"边际收成土地"。如果价格上涨，且不可能以给定的价格进行额外的采购，比如通过进口，那么，由于价格提高可以补足成本的提高，就会耕种到目前为止尚未耕种的次级肥力的土地。对于其他所有的土地，由于成本并未提高，那里就会出现不必劳动而获得的超额地租，这就是级差地租。从此，未通过明显劳动而获得收入的人被称为有地租的人，没有通过劳动却有合理理由的收入也可算作地租。

此外，李嘉图还创立了比较成本理论与区位优势理论，这两个理论的核心是，绝对成本优势和相对成本优势都能使贸易获利，他以 1703 年英国和葡萄牙的贸易协定为例，证明了上述理论：

- 为了履行贸易协定，英国每年需要 100 名工人的劳动力来生产销往葡萄牙的布匹总量；如果没有贸易协定，那么，需要 120 名工人来自己生产从葡萄牙进口的葡萄酒总量。

- 为了履行贸易协定，葡萄牙每年需要 80 名工人来生产销往英国的葡萄酒总量；如果没有贸易协定，那么，需要 90 名工人来自己生产从英国进口的布匹总量。

在生产布匹和葡萄酒这两种商品时，相对于英国，葡萄牙具有绝对优势，尽管如此，这一交换对于两国仍然都有利：

- 英国人节省了 20 名劳动力，他们可以从事其他劳动，从而产生了相当于 20 名工人产出的国民经济收益。

- 葡萄牙的国民经济收益在于，它们节省了 10 名工人的劳动量，

---

① 税务机关对土地价值感兴趣。1934 年德国颁布《土地评价法》，对草原和耕地的肥力做了评级，更正了贫瘠耕地的级别，比如山坡。当时肥力最高（= 100）的土地是马格德堡黑色土壤，成为参考值。

这与英国类似。

自由贸易理论就是以这一规律的有效性为出发点。因此，并不存在条件差的区位，而只有不适应区位条件的经济结构；在经济区位中，经济冲突是对合作制度的干扰，但经济冲突是可以避免的。自由贸易理论既不关注国家的特殊利益，也不关注经济民族主义等对抗性经济思想或经济哲学，也排除了市场不完全和市场权力。在新外贸理论中，市场不完全和市场权力才得到关注。根据保罗·克鲁格曼（Krugman, 1990）的论述，历史上，新外贸理论可以追溯到弗里德里希·李斯特（List, 1841）。

李嘉图的赋税理论就是所谓的"李嘉图税收与公债等价定理"，在今天看来，它也具有特别重要的意义。实际上，一旦长期无人偿还债务，就需要提高税收，税收和债务是一致的。这一思想与约翰·凯恩斯的经济思想形成了鲜明的对比。

（34）弗里德里希·李斯特（Friedrich List）：李斯特（List, 1841）的代表作是《政治经济学的国家体制》（*Das nationale System der politischen Ökonomie*），从今天的角度看，根据书中所讨论的问题，这部书应该叫作《技术战略的国家体系》（*Das nationale System der Technologiestrategien*），李斯特为制度学理论奠定了基础。他详细研究了国家技术追赶战略，以解决德国技术落后于英国的问题，所以，在他的许多论述中，他都以重商主义者出现。另外，他认为，稳定的合作形式是长期增长的主要推动力。在"当今经济学能向李斯特学习什么"（Was kann die heutige Wirtschaftswissenschaft von Friedrich List lernen？）一文中，欧根·温德勒（Eugen Wendler, 2017: 393-394）认为，李斯特已经认识到，以比较优势为基础的贸易可能破坏经济产业，加剧贸易分歧。

李斯特指出，一个国家的发展战略应具有下述重要内容：

- 人力资本的重要性，尤其是差异化的素质结构，强化培训很有必要。在这里，他的观点与古典经济学的观点形成对比，古典主义认为，这类活动并不具有生产性。

- 最先进技术。有必要引进当前的最先进技术。

- 人力资本与所投资资本的整合。李斯特指出，创造财富的能力比财富本身更重要，在岗培训对于发展具有核心意义。

- 加工业。加工业对于经济发展十分重要；李斯特强调，农业和服务业的发展都依赖于加工业的发展。

- 秩序框架与制度框架的重要性。只有有了秩序框架和制度框架，才能保证国民经济政策的一致性。同时，这能够降低交易成本。

- 保护性关税。有必要向新兴行业提供保护性关税；李斯特广泛讨论了自由贸易的问题，支持设立"保护关税"（发展关税），以保护并促进那些较不发达的国民经济领域，使其不受廉价进口商品的损害，并建立外部平衡，以避免贸易危机。

通过研究李斯特的著作，欧根·温德勒（Wendler, 2018b）总结了经济活动的七宗罪，这七宗罪多次出现在本书的经济战争实例中：贿赂和腐败、重体力劳动、工厂主剥削员工、奴隶贸易和毒品贸易、贪婪和投机、自然和环境破坏、民族傲慢和自私自利。

李斯特也被视为区域经济理论的创始人，在德意志邦国林立、邦国之间关卡重重的历史背景下，李斯特提出，只有实行统一的关税，使各邦国的疆域连成一片，形成一个大经济区，才能发展区域经济，在一定程度上实现自给自足，进而才能在经济统一的基础上实现民族的统一，建立独立的国家。后来，弗里德里希·瑙曼（Friedrich Naumann）在《中欧》（*Mitteleuropa*, 1915）一书中发展了这一理论，这为第一次世界大战前威廉皇帝时代的德国殖民地统治和二战时期德国向东方的扩张提供了经济学基础。汉斯·格林（Hans Grimm, 1933）撰有一部同名著作《中欧》（*Mitteleuropa*），格林以小说形式为纳粹意识形态提供了一种思想模式。李斯特的思想接近这一思想：以经济关系推进政治统一的进程并不遥远。国家的任务是为其成员提供尽可能高的个人福利。在寻找资本主义和共产主义之间的道路时，李斯特的学说更接近今天德国的社会市场经济体制（Wendler, 2018a）。与经典的经济学派相反，李斯特强调，个人的大部分生产力来自社会制度，而不是来自竞争，因此，他推导出国家在经济中的广泛任务。在货币领域，李斯特支持纸币，他认为，纸币可通过经济生产率来弥补（如通过铁路设备），他认识到，有可能为了争夺更佳货币而竞争，这与现代的理论并无二致。

在《暴力教师》（*Der Gewaltsame Lehrer*）中，迪特·朗格威舍（Langenwiesche, 2019: 361-400）在欧洲与美国所实行的帝国主义背景下指出，李斯特的经济思想建立在欧洲文化优越性观念的基础上；尤其在殖民主义晚期，为了实现国家利益，军事暴行明显增加了：德国在纳米比亚，美国对北美和菲律宾的土著居民，比利时在刚果，英国与布尔人在今天南非的对抗。布尔人曾是17、18世纪荷兰联合东印度公司的成员，他们是来自荷兰、德国和法国的移民，很早就在人烟稀少的好望角地区定居下来，但他们遭到驱赶。最后，意大利发动了针对埃塞俄比亚和黎巴嫩的灭绝性战争。这些殖民化可称为种族灭绝性经济战争。

全球化的大国或大经济区的存在可以说明，开放程度越高，国家的作用也越重要。显然，对全球化和国家全球化保险的偏好是同时存在的。只有这样，全球化的失败者才能得到补偿，才能防止投票箱的表决不支持全球化。

4.2.4　启蒙经济学家

自从亚当·斯密发表了他的两部代表作,现代哲学与现代经济学正式开始了。实际上,19世纪的发展已经成为经济学知识的源泉。

(35)阿历克西·德·托克维尔(Charles Alexis Henri Maurice Clérel de Tocqueville):他被视为比较政治学的创始人,在其代表作《美国民主》(*Demokratie in Amerika*)中,托克维尔(Tocqueville, 1835, 1840)研究了民主制度宪政化的条件,他认为,由于人们有生活要求和对生活自主规划的要求,所以,民主制度宪政化是不可避免的,但是,这也对自由权形成了挑战。在现代人文与社会条件下,与民主制度不同的唯一另选方案是专制政体。托克维尔认为,由民主发展而来的专制政体可以剥夺人的尊严,但不一定使人遭受身体迫害——在更多情况下,专制体制会破坏制度,使人类维持在"童年状态"。在强大的中央集权组织中,非自由的民主尤其有可能发展起来。国家会成为温顺选民的娱乐场所,受到大多数人的支持,这会使持不同意见者受到嘲讽而名誉受损。因此,位于国家与个人之间的中间组织很重要。他认识到,经济会向政治施加压力,因此,他假设,在资本主义制度内部存在的力量会把一切生活领域置于市场的首要地位之下,这比马克思和恩格斯早了10年。最后,在《旧制度与大革命》(*Ancien Régime und die Revolution*)这部三卷本著作中,托克维尔(Tocqueville, 1856)论及法国大革命,他指出,任何以改革来避免革命的尝试都会更迅速地推翻统治阶级的意志;这就是所谓的托克维尔效应。同时,自由化效应也提高了对不足的敏感性,因此,对政治领导的压力继续增加。保守派国家理论家埃德蒙·伯克(Edmund Burke)认为,宪法作为制度需要继续进化,才能使现有政权避免遭到革命的推翻,因此,埃德蒙·伯克支持北美殖民地的解放运动,这与托克维尔的观点一致。在其著作《两个印度的欧洲人政治贸易学哲学史》(*Histoire philosophique et politique des établissements et du commerce des Européens dans les deux Indes*, 1770)中,纪尧姆·雷纳尔(Guillaume Raynal)也论证了这一观点。雷纳尔认为,相比于被奴役,革命是有益的;他认为,新的世界里纯洁无罪,这在欧洲被暴君和赋税所掩盖。雷纳尔与许多法国贵族一样,支持美国独立,把美国政府组织形式视为一种新的合作体系。

(36)约翰·斯图亚特·穆勒(John Stuart Mill):穆勒的代表作包括《政治经济学原理》(*Principles of Political Economy*, 1848)和《论自由》(*On Liberty*, 1859a),对生产与收入分配规律的认识是这两部著作的重要贡献之一:人类虽然不能通过技术和科学规律("物理事实")来影响生产,但人有权分配收入,因此,现有收入分配是可以改变的——这是一种"精神现象"。穆勒认为,经济停滞是可以接受的,但它会导致经济不稳定,因为投机者会利用高风险投资实现更高的收益率。但是,经济变化中会出现机会,可以避免经济因效率下降而过渡为停滞状态。在这里,穆勒指出了经济战争的主要驱动力,尤其是经济僵尸化的推动力,即僵而未死的企业会破坏健康的企业。

穆勒(Mill, 1848: 143)认为,贸易能够带来和平,"因为它增强了与之天然对立的个人利益"。这与后来的重商主义理论完全对立,重商主义理论认为,应将贸易伙伴视为敌人。这里发展了一种思想:面对互惠,人人具有平等利益;因此,穆勒属于首批支持经济与政治系统相互依存的人物之一。

穆勒认为,国家首先具有秩序政策功能,以保障个人的自由权。一个人拥有道德价值,因为他可以感受到利益。因此,功利原则变得越来越重要。实际上,功利主义认为,道德行为的目的在于避免痛苦和增加幸福感，但这不可等同于认可自私自利的（经济）行为。在这一点上，他与西塞罗的观点一致，这是一种超越简单感官的生活观念，因此，作为"希腊文化与基督教之间的世俗妥协"（Forschner, 2016），穆勒将幸福与满足做了区别。国家有责任塑造社会制度，使所有公民的财富最大化，个人的幸福也可能来自高尚的利他行为。和康德思想一致的是，在极端情况下，人们不能期望打破自己的兴趣爱好和欲望；他更相信自我修正的能力，相信个人从禁欲主义角度所能完成的理性要求。因此，有用的东西变得道德化。经济学家杰里米·边沁（Jeremy Bentham）也对这一思想做了阐释，边沁（Bentham, 1789）在《道德与立法原则概论》（*Introduction into the Principles of Morals and Legislation*）中写道，共同体的目标是，"为尽可能多的人实现尽可能大的幸福"。这意味着，为了威慑和惩罚犯罪分子，必须以一种可信的方式组织起来，以避免未来的苦难。这样一来，国家暴力也得到了合理的辩解。上文写过，牺牲是国家团结的必要力量，这一思想在穆勒这里找到了其经济学设计，穆勒要求，国家税收系统的设计方法是，纳税义务人必须做出同样的牺牲，并因此创立了税收公平理论。

穆勒也研究冲突的道德问题。在《简论不干预》（*A Few Words on Non-Intervention*）中，穆勒（Mill, 1859b）以苏伊士运河的建设工程（1859—1869）为背景，并以国际道德为基本原则，探讨了今天所谓的人道主义干预的问题。苏伊士运河的开凿具有经济战争性质，法国试图利用该工程破坏英国与印度的贸易。

（37）奥古斯丁·库尔诺（Augustin Cournot）：在其代表作《关于财富理论之数学原则的研究》（*Recherches sur les principes mathématiques de la théorie des richesses*）中，古诺（Cournot, 1838）创立了现

代垄断和双头垄断理论。古诺在边际微积分和随机性原理的基础上分析了经济过程,因此,他被认为是数学经济理论之父。库尔诺证明,与众多供货商的多头竞争相比,供应方面的寡头垄断会导致附加的国民经济成本。国家垄断的服务可以根据用户从这些服务中获得的收益水平来对用户征税,从而为自己融资。贸易路线的安全,特别是海峡和运河的通道费用或公路通行费,都遵循这种方法,这使欲望与潜在的冲突成为可能。

(38)古斯塔夫·冯·施穆勒(Gustav von Schmoller):施穆勒是重要的经济理论先驱之一,他创立的理论以价值为基础,并为实际经济政策服务。他认为,作为社会科学的国民经济学有一个任务:在曼彻斯特式资本主义、社会主义或共产主义之间找到一条道路。因此,经济学家必须兼有社会立场和政治立场。他的理论深深影响了德意志第二帝国(1871—1918)的经济发展。

施穆勒是国民经济学新历史学派的创始人,也是德国社会市场经济理论的先驱之一。在经济学发展历史上,经济学家曾争论一个问题:如何理解个人与社会的矛盾? 这一矛盾的一方是个人利益取向或方法论个人主义,另一方是文化上界定的经济学。在所谓的方法论争论中,关于个人与社会的矛盾的讨论不断升级,直到国民经济学奥地利学派产生之后,这一问题才得到澄清。在方法论争论中,作为经济学新历史学派的代表,施穆勒与奥地利学派的看法不同,施穆勒对于规范和理论引导的经济现象并不陌生,但他认为,与框架条件相比,人的行为并非不能变化,所以,并不存在普遍有效的规则可以用来理解人与社会之间的矛盾。施穆勒的这一思想可以避免经济战争的后果,但不支持对经济进行干预。今天,一些国际组织认为,干预对经济有帮助,这类组织应该去了解一下施穆勒的思想。此外,施穆勒还研究了人类的未来,尼采、马克斯·韦伯也曾论及人类的未来，他们都认为，未来的专业白痴和享乐主义者是对文明的威胁。

在《一般国民经济学理论大纲》（*Grundriß der allgemeinen Volkswirtschaftslehre*）中，施穆勒（Schmoller, 1900,1904）阐述了人类需求价值理论，后来，他逐渐转向心理经济学和所谓的神经经济学。对他来说，价格是独立于成本的商品价格，这导致他与里昂·瓦尔拉（Léon Walras）出现冲突。

（39）欧根·冯·庞巴维克（Eugen von Böhm-Bawerk）：他是国民经济学奥地利学派的创始人，他的贡献是，以现代方式研究了资本和利息的本质。他的研究表明，利息的征收原则上不是一种剥削性的经济态度，而是一种跨时期的交换。在其代表作《资本利息理论的历史与批判》（*Geschichte und Kritik der Kapitalzinstheorie*）中，庞巴维克（Böhm-Bawerk, 1884）写道，利息的产生是因为一方拥有资本，但打算将来才使用它，而另一方希望把未来预期使用的资本转移到现在来使用。两者都可以交换这种不同的利益状态，两者均从中获益。利息是这种交换的跨期等价物，利息使企业家可以通过绕路生产而提高收益。

庞巴维克认为，外贸出超不一定是积极的，就像重商主义所做的那样，外贸出超也可能是国内投资不足导致的结果。因此，在合作导向型理论的基础上，他指出，由于经济差异过大，出现了经济冲突领域。自欧元开始启用以来，这些冲突领域一直非常重要，本书后文会以经济战争实例来阐述。

（40）卡尔·门格尔（Karl Menger）：他被视为国民经济学奥地利学派与边际效用理论学派的另一位创始人，门格尔（Menger, 1871）的著作《国民经济学理论基本原理》（*Grundsätze der Volkswirtschaftsleh-*

re）奠定了这些学派的基础。门格尔认为，由于商品的价值只能通过主观评估来得出，所以，使用价值和交换价值的区分并不重要。这一思想不仅与马克思经济学派的思想有冲突，也与施穆勒代表的经济学历史学派的思想有冲突。他将此归因于分析和逻辑上的含糊不清，从而证明了方法论之争的合理性。门格尔以理论为支撑进行论证，这种研究方法使他面临这个问题：认识到底是如何产生的？归纳法的问题是，从大量个体观察中推导出理论，这显然存在不准确之处，这与门格尔对分析准确性的要求相矛盾。

（41）马克斯·韦伯（Max Weber）：他是德国文化史上最伟大的思想家之一，他研究了当时的三大问题：一、西方社会以及西方社会中的现代资本主义是如何形成的？为什么恰恰欧洲有利于资本主义发展？二、不言而喻，价值自由这个概念可用于自然科学。如何把这个概念应用于人文科学，尤其是社会科学？这又会有什么后果？三、宗教资助者、皇帝与国王、将军、革命者、经济界领袖、投资银行家，所有这些人必须具备哪些素质才能取得成功并将人们聚集在他们身后？在研究这些问题的过程中，他把"统治"定义为"找到机会，使被指定的人服从特定内容的命令"。由此，他推导出三种类型的统治：一合法统治，建立在法律秩序的基础上；二传统统治，建立在历史合法性和权威的基础上；三魅力统治，建立在传统的超越、真实魅力和榜样力量的基础上。成功的组织需要一种特殊的领导环境，韦伯称之为"魅力统治者"。韦伯（Weber, 1919）把这些思想写进了《政治作为职业》（Politik als Beruf）中，这也是他在弗赖堡大学讲座的名称。这也说明，需要有一种政治家职业，这里的重点并不是现代的职业政治家。政治家一方面应负责任地行事，另一方面也应该把这一责任与伦理道德做好协调。

在《新教伦理》（*Die protestantische Ethik*）中，韦伯认为（Weber，1904/1905），新教伦理（尤其是加尔文宗的禁欲新教）是现代经济的重要推动力，因为它将储蓄置于消费之上，将上帝给人在天国的恩典和人在世间的成就联系起来。韦伯假设，存在一种理性的精神态度，这创造了一种资本，即今天所谓的声誉资本。人与社会之间相互诚实地交往，即使贸易差距很大，也不可能为了失误而实施报复，所以，商业协议的成本降低了。韦伯十分清楚现代性的矛盾之处，他尤其清楚，变成"专业人士"，并最终变成"没有精神的专业人士"的灾难性后果，这些人中间就潜藏着经济战士（Kraus，2016）。韦伯认为，现代经济秩序不仅是一种竞争，而且尤其是一种生存斗争，它不仅威胁着文明美德，而且也威胁着商业美德，因此，韦伯认为，新教伦理与苦行主义对于经济非常重要。在理性国家的条件下，理性资本主义将随着经典投机的力量和金融机构的自由发挥而发展；权威介入市场的结果是政治资本主义，这会导致肆无忌惮地攫取利润，这里包含了经济战争结构。最后一种形式是传统的（自由）贸易资本主义。

通过对世界进行去神秘化，韦伯（Weber，1919）这样看现代世界：那是一个去魔化、去神圣化、去超越化的世界："不再像有这种力量的野蛮人那样，必须要采取魔性手段，才能控制那些灵魂，这是技术手段和计算的结果。这首先意味着比那些魔性更智能化。"汉斯·约阿斯（Joas，2017: 222）在《圣徒的权力》（*Die Macht des Heiligen*）中分析了"祛魅"概念后发现，对于韦伯而言，这个概念世界十分重要，韦伯甚至把这些概念写入他后来的著作中，也纳入了《新教伦理》后来的版本中。

（42）路德维希·冯·米塞斯（Ludwig von Mises）：1920年，米塞斯（Mises，1920）发表了论文"社会主义经济中的经济核算"

（Wirtschaftsrechnung im sozialistischen Gemeinwesen），这篇论文后来收入《共同经济》（ *Die Gemeinwirtschaft*, 1922 ）一书中，由此，他引发了关于经济核算的辩论。辩论的论点是，如果交换关系的变化保持在有限的波动范围内，那么，虽然金钱并不是价值和价格真正的衡量标准，但是，这对价值计算并不重要。并非所有重要的主观价值因素都能进入交换关系中，这尤其成问题。因此，这些因素对于经营管理是有用的，而在核算贸易之外的价值时就会失败。因此，如果没有经营管理，就不可能有经济。实际上，米塞斯否定了社会主义的经济地位，这是社会主义的一些计划存在缺陷的原因。相反，奥斯卡·兰格（Oskar Lange, 1936）认为，中央计划经济模式是市场经济模式的双重表现，即一种模式是，在市场给定价格的条件下，根据数量，进行优化，另一种模式是，设定正确的价格，以确保数量计划纳入中央调控。米塞斯认为，货币秩序的衰落是经济战争的一个主要原因；因此，米塞斯成为准确预测 1929 年或 2008 年经济危机的预言家之一（Polleit, 2014）。

在《货币与流通手段理论》（ *Theorie des Geldes und der Umlaufs-mittel* ）中，米塞斯（Mises, 1912）成功地把货币理论与边际效用理论融合在一起。他指出，增加贷款量，使贷款量超过储蓄存款量，这原则上必然导致错误，因此，他重视良好的经济政策，将它提升为一个至关重要的社会和文化问题。

（43）约瑟夫·熊彼特（Joseph Schumpeter）：创新理论和民主理论是熊彼特的两个竞争思想，这一思想在经济战争中发挥着重要作用。原因是，在第一种竞争的情况下，会提出这个问题：什么限制了创新者（创新企业）的经济进步，使创新所造成的破坏并没有留下一片荒漠，即，这并不是经济战争，这是竞争。这里，熊彼特（Schumpeter, 1942）也有怀疑，他担心，企业家精神可能因为企业家的成功而消失，因为企业家精神也是一种文化形式，是对劳动、资本、土地等生产要素的补充。在第二种竞争的情况下，他认为，民主代表了一种完全去意识形态化的概念，即作为暂时的权利和劳动分工的一部分；民主是否适合来保证道德健全的社会与经济秩序框架，这不得而知。

在《经济发展理论》(*Theorie der wirtschaftlichen Entwicklung*)一书中，熊彼特（Schumpeter, 1912）认为，经济发展是一个演化过程，因为政治革新使政治对手的"破产"成为可能，从而使政治对手退出市场，以此为基础，熊彼特发展了现代民主概念。正如经济市场是匿名而混乱的一样，他也对政治市场及一些推动力量进行了批判性研究。熊彼特认为，政治哲学的核心问题在于，它以共同利益为基础，并将其作为政治进程的动力，在他看来，这一点绝对难以理解，这与阿奎那（Aquin, 1273）在《神学大全》中的思想或卢梭的思想正好相反。在《资本主义、社会主义与民主》(Kapitalismus, Sozialismus, Demokratie)一书中，熊彼特（Schumpeter, 1942: 397-399, 428）写道，根据"18世纪的民主哲学（因此是民主方法），那种制度秩序旨在实现政治决策，通过让人民自己决定有争议的问题，通过选举必须聚集在一起执行其意愿的人，它要实现共同利益"。但是，对于熊彼特而言，基于人的形象，不存在共识性共同利益，根据这种概念，"不同的个人和群体对于共同利益必然意味着不同的意义"。因此，民主程序是"实现政治决策的制度秩序，在这种制度中，个人通过争夺人民的选票而获得决策权"。实际上，大多数人的意志已经代替了人民的意志。

熊彼特认为，政治合法性不是通过追求任何所谓公认的共同利益而产生的，而是通过多数票和被投票罢免的可能性而创造的。民主并不是直接建立在宗教或社会价值观的基础上，而是只能被视为一种程序，是一种游戏规则的集合；这降低了对民主理论的要求（Schmidt,

2008）。与之对立的学派则假设，民主制度建立在自己无法提供的基础上，恩斯特-沃尔夫冈·伯肯福德（Ernst-Wolfgang Böckenförde, 1976）或弗朗西斯·福山在讨论社会信任资本时就持这一观点。

（44）约翰·梅纳德·凯恩斯（John Maynard Keynes）：他是剑桥大学国王学院的教师、英国政府在巴黎和会期间的财政专家，在《和约的经济后果》（*Economic Consequences of the Peace*）一书中，凯恩斯（Keynes, 1919）指出了和约对未来的灾难性后果，这些预言后来都变成了事实。凯恩斯坚决反对以黄金来弥补货币；1925 年，英国就采取了这一做法，结果导致了高失业率和大规模罢工。

在其代表作《就业、利息和货币通论》（*The General Theory of Employment, Interest and Money*）中，凯恩斯写道（Keynes, 1936），因为调整时间的滞后，古典经济学家所追求的市场均衡是不真实的。

因此，凯恩斯对经济学的贡献是对古典学派与新古典学派经济学理论的批判。他写道："从长远来看，我们大家都死了。如果在暴风雨时期，经济学只能说，风暴结束后，海洋将风平浪静，那么，这就太容易了，国民经济学的任务也毫无价值。"他在自由经济治理和政治社会责任之间寻找平衡，这在全球经济危机时表现得很明显。这里的中心问题是有效需求原则，这是对古典学派经济学说的一种批判，古典经济学派认为："每一种供给都自行创造一种需求。"只有在完全就业的情况下，所生产商品的全部价值才有可能直接变成有效需求，而古典学派认为，完全就业是正常情况。企业不能把一部分储蓄用于投资，这又会使总需求下降。此时，国家必须进行补偿性干预。

凯恩斯建议英国政府，通过国家支出项目来应对世界经济危机的后果，以弥补现有的需求缺口，这与当时主要经济学家的建议正好相反。凯恩斯经济政策的重大成果至少有两个：一、美国实施罗斯福新政后经济的复苏；二、1933年起，希特勒在德国启动的经济复苏。1936年，凯恩斯著作的德文版在德国出版，在前言中，凯恩斯提到了德国经济的繁荣，直到今天，英文版仍然保留着这份前言。

熊彼特批判道，凯恩斯的经济理论和经济政策没有讨论创新所带来的经济动力；凯恩斯对未来投资的赢利能力估计得过低。在"熊彼特与凯恩斯对比"（Schumpeter vs. Keynes, 2016）一文中，约阿希姆·施塔巴提和尤尔根·施塔克指出（Starbatty, Stark, 2016），正是在世界金融危机之后，中央银行的赢利能力下降，这推动了经济的僵尸化，因此，凯恩斯式经济政策只能在短期内实施，这令人想起国民经济学奥地利学派的思想。

（45）弗里德里希·冯·哈耶克（Friedrich August von Hayek）：哈耶克是自由主义经济学家，也是现代国家理论家。他是凯恩斯的私人朋友，也是凯恩斯的对手。哈耶克分析了致力于共同利益的社会主义的社会法规，他认为，那一切都会使个人丧失成熟的行为能力。哈耶克（Hayek, 1945）并不批判对各种制度的价值假设及其作用原则，而是批判所假设的制度设置。参考米塞斯（Mises, 1922）的理论，哈耶克证明，世界过于复杂，在做一项核心的决策时，一个人不可能获得一切必要的相关信息。只有竞争体制才能把零散的信息浓缩在一起，从而产生可供所有人有效利用的知识。哈耶克（Hayek, 1945）认为，国家的中央决策代表了一种对"知识的假设"，实际上，这是不存在的，这是对中央计划经济体制的批判，这也是对2008年金融危机以来的货币政策的批判。[1]哈耶克阐述了开放社会的必要性，并警告人们不要出现走上

---

① 用于预测的结构模式属于建模师的核心知识，由统计部门加工，所以，经济学家在金融危机时的预测往往出错，就像踏入了一种哈耶陷阱。

"通往奴役之路"（Hayek, 1944）的倾向，这条路相当于一场否认人权的经济内战或剥削。

在《自由宪法》（*The Constitution of Liberty*）一书中，哈耶克强调（Hayek, 1960），国家必须制定"真正的法律"，因为只有这些法律才能保证一个自由的社会。哈耶克认为，所谓的自由社会，就是足够抽象的规则，这些规则与未知的问题相关，从而也保障了"法治"，这与二战以来不断发展的立法形成鲜明对比，这种立法的目的是，通过诉讼程序实现物质目标，尤其是社会福利政策的物质目标。①

哈耶克认为，制度设置是竞争进化过程的结果，也是其内部竞争的结果，这种竞争旨在发现新的解决方案。从这种生物学的角度来看，允许竞争的市场制度是一种基于选择的高级文化产品，可以有效利用信任，然而，它没有渗透到选择机制车身（交易成本）中。

（46）卡尔·波普（Karl Popper）：波普认为，每当从信息中创造了知识，这都必然导致新的知识空白，所以，创造知识是一项批判性建议，这与古典时期的社会现象（即苏格拉底悖论）相似。因此，波普直接遵循了康德的启蒙运动格言："勇于认识。"波普在其著作《开放社会及其敌人》（*Die offene Gesellschaft und ihre Feinde*, 1994）中阐述了自己对社会的看法，他在柏拉图、黑格尔、马克思与恩格斯的著作中看到了一种封闭世界模式；与哈耶克一样，波普坚决反对封闭世界模式，而这种封闭世界模式在对抗型国家哲学中比较突出。从政治经济学角度看，他是悲观主义者，他追求法律体系和政府形式，在他看来，这些制度和政府形式使天生无能的统治者不可能造成广泛的损害。因此，波

---

① 伊利斯·卡拉贝拉斯（Iris Karabelas, 2010）阐述了哈耶克理论对社会政策和制度政策的意义。

普更倾向于哈耶克的抽象原则以及受康德影响的社会市场经济体制，其区别在于博弈规则和行为方式，这些最早可以追溯到瓦尔特·欧根（Eucken, 1952）。

（47）米尔顿·弗里德曼（Milton Friedman）：他被认为是芝加哥学派的代表人物之一，与哈耶克、米塞斯一起属于20世纪少数倡导古典资本主义的经济学家；他把自己的思想视为对凯恩斯理论的反革命。他认为，对一切工作并纳税的人而言，社会福利国家只是谎言，他的理由是，有四种支出金钱的方式，它们之间存在明显的价值评价差异：

- 人可能支出自己的金钱，以便满足自己的需求，如在超市购买生活用品。
- 人可能支出自己的金钱，以便满足他人的需求，如赠送礼物。
- 人可能支出他人的金钱，以便满足自己的需求，如用公司的钱来吃饭。
- 人可能支出他人的金钱，以便满足他人的需求，如政治家。

根据弗里德曼的理论，从第一种到第四种情况，金钱支出的轻率度逐级增加；福利国家尤其会利用第三种和第四种方式，所以，福利国家是公共浪费的地方。因此，弗里德曼的第一个经济要求是，削减国家预算，节省社会预算，并将节省下来的资金直接用于有需求的人。

根据弗里德曼的货币需求理论，在通货膨胀时，在最简单模型中，商品流通本质上与货币流通是一致的。长期来看，通货膨胀是中央银行的问题，因此，一个好的货币政策对于繁荣是必不可少的；弗里德曼（Friedman, 1982）说："稳定、缓慢的货币供应量增长意味着低利率。重要的是，必须提出，哪些事情是货币政策做不到的：货币政策不是财政政策，也不是政府的工业政策，更不能够用来说明经济的长期增长。

糟糕的货币政策会破坏健康的经济,但是,仅凭良好的货币政策却不能治愈一个病态的经济。"

许多人认为,在一些发展中国家实施这些理论,这可视为一种经济战争侵略行为;1973 年,知识界参与了推翻智利总统萨尔瓦多·阿连德(Salvador Allende)的政变,有人认为,这是弗里德曼的理论造成的。

4.2.5　现代经济学家

这些经济学家首先把合同原则与财产权和处置权联系起来,从经济角度看,财产权和处置权很重要;同时,他们也指出了制度竞争的价值和交易成本的意义,交易成本是经济机制中的沙子,对实现合作解决方案或竞争机制具有重要影响。

(48)詹姆斯·布坎南(James Buchanan):布坎南是公共选择理论的创始人,在这一理论中,对于国家公职人员的作用,他的看法比较悲观,因为这些国家公职人员相互协作,容易发生腐败,或容易去寻租,即,获得超过市场利率的利润。布坎南与戈登·塔洛克(Gordon Tullock)合著了《同意的计算:立宪民主的逻辑基础》(*Calculus of Consent*)一书,他们认为(Buchanan, Tullock, 1962),应该质疑国家的这种扩张,必须区分行为和规则,并建立类似竞争的机制,因此,布坎南接受了社会市场经济体制和以瓦尔特·欧根为代表的弗赖堡学派的思想。

在其国家政治学代表作《自由的限度:在无政府和利维坦之间》(*The Limits of Liberty: Between Anarchy and Leviathan*)中,布坎南(Buchanan, 1975)从假设的最差状况出发,即,以"霍布斯丛林"为基础,分析了社会秩序。现实中,个人有一定的偏好,并通过与所有可能的产权协议进行比较,来评估现有规则的合法性。判断合法性的指标是:

- 重新谈判预期。在陷入无政府状态时，对规则进行重新谈判的结果成为一种解释性的方法，这也可以证明，不同的偏好不一定会导致大规模违规行为。

- 对可选规则的最终表决。

同时，这些假设性考虑使人们有可能发现规则中的缺陷，并找到解决冲突的方法。政府获得合法性的方式是，继续发展集体制定的规则，这些规则能够保持一致，对于重新谈判预期而言，这是可以接受的一种妥协。

（49）约翰·罗尔斯（John Rawls）：在其代表作《正义论》（*A Theory of Justice*）中，罗尔斯（Rawls, 1971）从原始状态出发，在这种状态下，不存在任何产权协议、道德义务或关于自己能力与强项的认识（未知的面纱）。经济形势的特点是适度的稀缺。合作仅仅服务于计划的协调。人人平等，人人状态相同，这意味着在制定共同规则方面完全的一致性，这些规则必须符合以下基本原则：

- 人人有权享有最全面、平等的基本自由，总体而言，这是可能的。

- 社会与经济的不平等必须这样来解决：

  a）在公正储蓄原则的限制条件下，它们必须给收益最少者带来尽可能多的收益（最大最小原则）。

  b）它们必须与政府部门和职位相关联，根据机会均等原则，这些部门和职位对所有人都是开放的。

因此，约翰·罗尔斯首先与分配公正建立了关联，也指出了公平资本积累的下限。此外，第一条原则优于第二条原则，并且第一条原则中的a）比b）更重要，它在这里有核心意义，也叫作"差异标准"。

最大最小原则的基础是极端厌恶风险，要求最大限度地支付最坏的结果。如此一来，弱势群体可以获得收益的最大化，而处于优势地位的人则放弃了一部分收益。这意味着违背了帕累托标准,并假设会出现一种卡尔多-希克斯状态,这样一来,较富裕的人可能会放弃他们的一部分超额收益,这意味着不会发生经济战争。约翰·罗尔斯认为,差异标准的优点是:

- 不平等起了作用,它有利于收益较少者的利益;
- 这不利于原本收益较多的人,使这些人的收益有一定的界限,但他们的经济状况至少会越来越好。

他的均衡思想非常重要,从经济分配的角度看,这为道德行为设立了下限,比如,发达国家的政治家如何对待贫穷国家的人民。

(50)安东尼·德·雅赛(Anthony de Jasay):这位政治哲学家在匈牙利出生并长大,后来移居法国。在其代表作《国家》(*The State*)中,雅赛(Jasay, 1985)把国家置于矛盾关系中:"国家的起源是征服。""国家的起源是社会契约。"前一句话是真实的陈述,后一句话是政治理由。在这种背景下,他讨论了国家理论,并指出,用这两个边缘点就足够把现代国家解释清楚。资本主义国家的特点是,不必为财产权做辩护,国家保证契约的自由。财产权的基础是"发现者是守护者"原则,这是相互、隐含的条件。有人认为,存在一个因某种智慧或小心谨慎而存在的国家,雅赛质疑这种说法,他认为,在大部分情况下,这是实施暴力的结果;因此,理想实际上是一个有秩序的无政府状态。雅赛的思想与卡尔·波普和哈耶克等古典自由主义者的思想形成了对比,雅赛指责他们使用定义不明确的术语,这是为任意干预做辩解,在提供公共产品时,他们不能准确地回答界限问题。

雅赛认为,在任何一个国家,国家凝聚力都需要付出代价——在民主国家中,本着柏拉图国家理论的精神,多数人剥削少数人,因此,民主并不会倾向于变得更民主。那么,国家资本主义就是政治权力与经济权力的融合,国家资本主义结束了军事权力由国家垄断而经济权力在国家内部分配的异常现象。"最终,人们被阻止用政治来索取被经济学否认的东西。"根据诺伯特·埃利亚斯(Norbert Elias, 1939)描写的垄断机制,势力较强的统治者迫使竞争对手退出,把对军队、土地和金钱的权力集中在国家,在某些国家中,官僚制度是依赖者的制度,垄断者又依赖官僚制度。

(51)罗伯特·诺齐克(Robert Nozick):在他的自由主义著作《无政府、国家和乌托邦》(Anarchy, State, and Utopia)中,诺齐克(Nozick, 1974)从洛克式的有利起点出发,努力为国家反对无政府主义的必要性做辩护,并将洛克定性为与约翰·罗尔斯相对应的自由主义者。他写道,如果仅描述一种足够令人厌恶的原始状态,那么,任何一种国家形式都是合理的。如果一个国家按照"道德许可的步骤"出现,甚至比有利的无政府状态更好,那么,这就论证了国家存在的必要性。

诺齐克的国家是通过竞争机制中看不见的手而无意中产生的,这种竞争机制促成了个人保护协会(如消费协会和生产协会)的出现,成员会将一定的权力转交给协会,以便能够行使他们的自然财产权。通过竞争、排挤和团结在一起形成了统一的法律系统。

一旦保护协会垄断了那些付费成员的暴力行为,就会出现一个极小的超最低限度的国家,如果居住在其地理边界内的所有人都受到保护,即使是以较低的费用,这种最低限度的国家就会发展成为一个小国。因此,国家形象符合古典自由主义的守夜人状态。

(52)弗朗西斯·福山(Francis Fukuyama):在《历史的终结和最后的人》(End of History and the Last Man)一书中,福山认为(Fukuyama, 1992),自由主义的推动力量是承认并尊重人的基本权力,包括防卫权和保护权,也包括实施法治国家原则和自由市场经济体制。
福山认为,纳粹和法西斯主义因它们自身的内部矛盾而失败。他建立
了一种新的辩证法,这种辩证法使黑格尔的世界形象走向终结。他采
用这种辩证法,尝试验证辩证唯物主义历史观的没落,而辩证唯物主义
历史观最早可以追溯到黑格尔、费尔巴哈和马克思。福山的根本论点
是极端自由主义。自 2001 年 9 月 11 日以来,现代恐怖主义不断发展,
福山把自己的论点进行了相对化,尤其是他将不再遵循辩证法的综合
论点,历史发展被推至未来。但是,似乎完全不必争论,即使在伊斯兰
主义的条件下,也没有出现一个与自由民主主义对立的、强有力的政治
方案。后来,塞缪尔·亨廷顿(Huntington, 1996)就"文明冲突"展开
论辩,这不应被片面地理解为反驳。[①] 历史上,资本主义与社会主义之
间曾发生体制竞争,如今,这种体制竞争复燃了,在这场体制竞争中,
一方是非典型的资本主义,比如脱欧后的英国资本主义、美国的市场极
端主义(主要是区域性的税收竞争),另一方是亚洲的市场经济体制,
尤其是中国的市场经济体制。此外,身份是人类追求自身尊严的一部
分,在现代,人们往往忽视人的尊严,这会对社会凝聚力产生不利影响。
福山(Fukuyama, 2018)在《身份认同》(*Identity*, 2018)中写道:左派的
思想力求从边缘化和个人歧视中解放出来,右派的思想则关乎获得社会
地位和保持传统社会,两种思想倾向相互对立;当前处于弱势地位的人
正在与那些受到未来威胁的人做斗争,这削弱了对民主的支持。

　　在《信任》(*Trust*)一书中,福山(Fukuyama, 1995)强调,信任对
市场经济社会至关重要,他以此解释了令人瞩目的中国崛起,他认为,

---

　　① 亨廷顿的著作 *Clash of Civilizations* 的中文译名是《文明冲突论》,德文
译名是 *Kampf der Kulturen*,即《文明的斗争》,这样的翻译与原文有差距。这部书
应该被理解为"文化社会的崩溃",实际上,亨廷顿的文明接近于广义的种族。

因为儒家的伦理,中国拥有促进经济成功的价值观。

福山认为,制度的任务是提高一个社会的效率,一般情况下,制度要降低交易成本,因此,制度会准确反映交易成本的具体结构。制度之间的竞争是一种尝试,它会使制度安排更有效,即,转换和交易成本都会尽可能少。

（53）罗纳德·科斯（Ronald Coase）:新古典主义经济理论很少讨论企业的任务;只有代表性企业的技术才能以最低平均成本的方式进行生产。熊彼特认为,企业家是推动力量;创新过程有必要制度化,而企业的规模结构是创新过程制度化的结果。与上述思想相反,科斯（Coase, 1937）在《企业的性质》（*The Nature of the Firm*）中提出的论点是,企业具有节约交易成本的任务。只要企业进行分级协调导致的内部交易成本低于市场决定的外部交易成本,企业就会一直增长,直到企业内部交易的边际费用等于市场交易的边际费用时为止。此外,在市场和企业内部等级之间的过渡形式,叫作混合体。科斯的思想已经十分接近克劳塞维茨的思想,克劳塞维茨将交易成本描述为"摩擦",摩擦也因为未来的不可预测性而产生。

（54）奥利弗·威廉森（Oliver Williamson）:在《资本主义经济制度》（*The Economic Institutions of Capitalism*）一书中,威廉森（Williamson, 1985）研究了交易成本的决定因素,并使这些因素与竞争条件联系起来,专门分析了科斯式计划。威廉森认为,集中不仅是限制竞争的手段,而且也回答了一个问题:什么是最佳制度设置? 而最佳制度设置又依赖于交易成本。因此,交易的特殊性起着重要作用,即导致特殊的交易成本,比如,投资产品或信息的成本,这些产品通常受到限制,一旦涉及这些产品的交易,就会产生不可逆的成本,也叫作沉没成本。产品的高特异性也意味着,回避的可能性很低;因此,高特异性也导致了对交易对手的义务,也意味着,交易成本很高。发生冲突的可能性也很高,这已足以造成很高的风险成本,从而限制投资,往往不必发生真正的冲突,就能够使对手屈服。

（55）道格拉斯·诺斯（Douglass North）：在其代表作《制度、制度变迁及经济绩效》（*Institutions, Institutional Change and Economic Performance*）中,诺斯（North, 1990）研究的问题是：什么促进经济的发展?什么限制经济的发展?诺斯认为,长期以来,随着生产成本的下降,交易成本呈持续上升的趋势,而交易成本的增长最终限制了国民经济的发展。在这个过程中,制度是个人行为的核心导向,尤其是激励措施的核心导向。制度造成了依赖路径的增长,这种增长又限制了利用优化核算来选择最佳组织形式的可能性。最终,与企业一样,竞争将起主导作用;在欧洲,小国林立,这增加了竞争强度,进而有利于这些欧洲小国的发展。威廉·冯·洪堡也曾提及这一想法。伊安·莫里斯（Morris, 2013）把这种选择机制用于解释军事冲突,他认为,这是一只"看不见的拳头",给优势者带来了长期优势。因此,经济战争是一种过度对抗,是对抗性制度选择的一种形式。

4.2.6 人的尊严与经济秩序

社会市场经济体制的概念起源于一个经济学派,该学派主要借鉴德国国民经济学的历史观点,自魏玛共和国开始,它试图使市场与社会的普遍价值（特别是人的尊严）统一起来,在第三帝国出现并最终发生经济灾难的背景下,实现秩序价值的回归。这场经济灾难的诞生成为秩序需求的基础之一,即使自 2008 年金融危机以来出现了危急状态,也不能忘记秩序规则的导向,即,不能忘记秩序经济和秩序政治。它与古典资本主义经济的主要区别在于三个基本认识：一、竞争腐蚀价格,这已经是一项社会福利所取得的成就；二、社会市场经济体制提高了效率，并能够支付得起社会福利费用；三、社会福利费用首先支持那些敢于冒险的人，可能会使他们变得大胆。下列学者都曾提及社会市场经济体制，但是，他们的研究重点不同，他们在 20 世纪两次世界大战之间积累了不同的经验，所以，他们阐述了完全不同的设计重点。但是，他们有两个共同点：一、他们认为，人是自由的；二、他们遵循理性原则：一切秩序都应与价值挂钩。[①]

（56）弗兰茨·奥本海默（Franz Oppenheimer）：奥本海默是社会学与国民经济学教授，他是路德维希·艾哈德的博士生导师。他的显著成就有二：一、他批判社会与经济的权力化，因为社会与经济的权力化使人不成熟；二、他批判权力化对收入和财产的分配带来的后果。因此，他更喜欢自己被称为自由社会主义者。他主张土地改革，以便削弱易北河东岸贵族的权力。他在资本主义和社会主义之间寻找第三条道路，所以，他支持合作经营。作为信仰犹太教的科学家，1933 年希特勒上台后，奥本海默被驱逐出德国，后来，他在贫困中死于美国。他的思想在战后受到关注，这应归功于路德维希·艾哈德。奥本海默（Oppenheimer, 1908）在其著作《国家》（*Der Staat*）中认为，宪政国家是经济发展过程的起源。

（57）亚历山大·吕斯托夫（Alexander Rüstow）：吕斯托夫（Ruestow, 1950）对政治新自由主义的定义与古典自由主义的自由放任形成了鲜明对比，因为一个强大的国家是符合人的尊严的经济秩序的前提条件，这与哈耶克和米塞斯的思想完全不同。在 1970 年代，在佩莱林

---

① 霍斯特·温舍（Horst Wünsche, 2016）的"社会市场经济体制的思想史"（Zur Ideengeschichte der Sozialen Marktwirtschaf）一文涉及社会哲学，倾向于弗赖堡学派的历史学派。

山协会的社会背景下,哈耶克和米塞斯篡改了经济新自由主义概念,他们不仅是对计划经济的反革命,而且是对福利国家实践的反革命,最终在 2008 年经济危机中过度放松管制的后果中否定了自己。由于强大国家的重要性,吕斯托夫也同情德意志第三帝国,但后来将其意识形态视为恶魔式的替代宗教。

(58)瓦尔特・欧根(Walter Eucken):欧根的父亲是诺贝尔文学奖获得者和康德派哲学家,受父亲的影响,欧根(Eucken, 1952)在《经济政策基本原理》(*Grundsätze der Wirtschaftspolitik*)一书中论述了经济秩序,他主张,应建立经济原则,各种原则应相互依存,相互制约,共同形成经济秩序。在欧根的分析中,秩序相互依存的思想是至关重要的。在一个国家,如果按照不同的秩序结构设计系统,那么,就不可能不产生矛盾,不可能不遭受效率损失。路德维希・艾哈德曾问欧根,一点点市场经济够不够? 这简直问到了关键点上。欧根回答说,人也不能怀了一点点孕。同时,在不同的经济体制之间也存在秩序竞争。这种秩序的相互依存关系令人想到美国制定反垄断法《谢尔曼法》的原因:没有人会同意这样一种经济秩序——国王拥有经济权力,即垄断;但是,人们会允许这种秩序——在政治上,民主原则占首要地位,它应该阻止国王权力的集中,即阻止垄断。

自由需要规则,创造过程是高度组织化和嵌入规则的过程,这不无道理。因此,欧根(Eucken, 1947: 43)也对理论的局限性做了如下解释:古典国民经济学"失败的主要原因是,理论解决方式不适合历史生活的多样性"。这与许多结构相对应,这些结构在今天的民主社会中已很正常,且并未得到足够的反映,比如,市场经济的博弈规则,人在经济活动中必须遵守的创设原则。实际上,人也应有动力去遵守这些规则,因此,这些规则应该起到自我加强的效用,正如在足球比赛中,犯规不可作为比赛目标。但是，即使如此，不当行为也无法排除，因此，需要监管原则，即，上级机构有针对性地干预，必要时对违规行为进行惩罚，并获得违反竞争的行为所产生的益处。这个结构在反垄断法中实现了——"你不应该滥用市场权力来对付你的邻人"；在反垄断诉讼中执行了这一规则，在时间和地点上确定了市场权力的实际含义，以及它是否被不当使用。

1943 年，在二战时期，在埃姆忏悔教会神学院院长潘霍华（Dietrich Bonhoeffer）的倡议下，欧根、康斯坦丁·迪茨（Constantin Dietze）和阿道夫·兰佩（Adolph Lampe）合著了《政治共同体秩序》（*Politische Gemeinschaftsordnung*），以建立一个自由的经济秩序。在"在良知与收益之间"（Zwischen Gewissen und Gewinn）一文中，史蒂芬·赫尔特豪斯（Stephan Holthaus, 2015）概述了弗赖堡文化圈力求为建立符合人的尊严的经济秩序而进行的斗争，特别是力求在个人自私和共同富裕义务之间找到秩序经济的平衡。

（59）弗兰茨·伯姆（Franz Böhm）：弗兰茨·伯姆是弗赖堡学派创始人之一，他提出了秩序自由主义这个概念，即受法律框架保护的自由经济秩序。伯姆（Böhm, 1950）关注经济权力问题，比如，他认为，垄断组织威胁自由。

（60）路德维希·艾哈德（Ludwig Erhard）：艾哈德认为，社会市场经济不是纯粹的经济问题，而是一种政治经济问题；因此，艾哈德总是强调自由政策的意义。竞争降低价格，根据客户的偏好供应丰富的商品，所以，市场本身是社会性的。其中关键的是权力自由，只有权力自由，才能加强经济主体（即客户）。在其著作《大众福利》（*Wohlstand für Alle*）中，艾哈德（Erhard, 1957）提出了一种经济政治秩序草案，即社会市场经济体制。自 1948 年起，艾哈德担任经济管理委员会主席，后来他担任联邦德国经济部长，凭着他的执着，他在德国实施了社会市场经济体制。

　　艾哈德的社会市场经济体制（Erhard, 1957b）是能够阻止经济战争的最成功的秩序方案，它表明，如果个人缺乏美德，如果个人有意识地、系统地做违反秩序的错事，即使经济动力支持个人这样做，秩序框架最终也会失效。如果要理解艾哈德的这一思想，就必须与欧根代表的弗赖堡学派以及康德的美德与美德伦理学联系起来。美德应该建立在持久而可靠的制度之上，因此，降低成本以建立不可逆转性和可信性，这对成功至关重要。相反，没有任何一种制度可以不以美德为基础而建立。古典制度的稳定因素是权威、宗教、传统和族群，在现代，这些稳定因素受到越来越多的质疑。法治社会的思想尽管迄今十分有效，但只有公民从情感上认同法治社会的思想，它才能成为稳定因素。在责任观念及其执行的可信度方面，也存在类似的相互依存关系。瓦尔特·欧根（Eucken, 1952）将博弈规则和博弈过程区分开来，从而在契约自由、激励相容和自我责任之间建立了平衡，并嵌入了竞争系统和附属社会秩序。这是因为，当违规行为成为大众运动时，通过责任伦理进行的控制就是徒劳的，因为极高的交易成本会使制度瘫痪，比如，各国曾尝试采用法律程序处理金融危机后果，但毫无成效。实际上，如果超出了可接受的限度，绝对有必要进行宣泄，但这里并不存在这个可能。

　　（61）威廉·洛卜克（Wilhelm Röpke）：洛卜克对吕斯托夫的思想转变产生了巨大影响。洛卜克（Röpke, 1958）认为，经济秩序与文化、风俗、规范和价值观的联系具有特殊意义，经济秩序应接受这一点，他把自己的经济人道主义称为第三条道路，因此，在回忆1970年代关于第三条道路（资本主义与社会主义之间的第三条道路）的论辩时，自由主义经济学家一再强调，社会市场经济体制就是那第三条道路，任何其他第三条道路都是通往第三世界的道路。洛卜克很早就认识到，在民族主义中存在破坏秩序的因素。由于他对自由主义理想的明确认识，他不得不在 1933 年选择移民，先移民到土耳其，然后移民到瑞士。洛卜克认为，对于一个公开、自由的社会，市场经济是一种必要但并非充分的条件，因此，他对那些附加的成功因素很感兴趣。在《自由主义文化理想》(*Das Kulturideal des Liberalismus*) 一书中，洛卜克 (Röpke, 1947) 在第一章就从自由主义的衰落开始，论及 "意识形态的假面舞会" 和 "文字伪装"，以说明概念的模糊性。自由主义实际上是奴役的对立面。由于一个社会制度建立在一定的人的形象（尤其是人的积极的形象）的基础上，这种社会制度总是注定要失败，所以，必须从普通的人的角度出发建立社会制度，他认为，文化回归是建立一个有尊严秩序的基本条件。洛卜克还提到，对理性的过度信仰会带来风险，对理性的使用也会带来局限性，因此，这结束了约瑟夫·拉辛格主教 (Joseph Ratzinger) 发起的辩论。

（62）阿尔弗雷德·米勒-阿尔马克 (Alfred Müller-Armack)：他假设，中央计划经济体制和纯自由市场经济体制同时会 "内部消耗殆尽"。不过，与路德维希·艾哈德不同的是，他把纠正看作是一种社会控制。他后来担任艾哈德的顾问；他一直警告人们，不要通过不断扩大的社会保障制度来放纵国家和扼杀经济活动。1963 年，他退出政治界。

（63）艾伯特·赫希曼 (Albert Hirschman)：在《退出、呼吁与忠诚》(*Exit, Voice, and Loyalty*) 一书中，赫希曼 (Hirschman, 1970) 提出了这个问题：为什么会出现一些永久性的设置？它们有失灵的可能，即闲置，为什么不通过竞争机制排除它们？（客户）流失和矛盾是一个循环中的重要组成部分。客户通过抗议或拒买来应对质量缺陷，并以此为企业提供及时调整的机会。如果企业对客户的投诉没有做出回应，客户就会流失。但是，只有当存在真正的另选方案的时候，即，存在竞争时，或至少存在垄断竞争这种不完全竞争形式时，客户流失和矛盾才能起到这个作用。企业之间的共谋行为会阻止这一点。如果无法明确区分各个党派，或者国家对个人实施禁闭，那么，政治领域也会发生与经济领域类似的情况。如果客户流失毫无问题，这会使矛盾的费用相对复杂，相关市场或相关党派甚至可能会陷落。在政治制度中，这个问题的表现是：在民主国家中，较少人参加选举，或者人们接受来自专制国家不满情绪的移民。如果现在某一个人有可能因为矛盾而导致变化，从而使他自己受益，那么他就会产生忠诚，从而使他的流失受到限制。企业在客户联系框架中使用这类信号。在全球化时代，人员的流失选择驯服了各位经济怪兽，产生了制度竞争。作为竞争行为的社会包容性组成部分，人员流失正在成为一种可信的威胁（Blum, 2009b）。

此外，他还研究了两极分化发展理论。在《经济发展战略》（*Strategy of Economic Development*）一书中，赫希曼（Hirschman, 1968）认为，两极分化继续加剧，富人变得更富，穷人变得更穷。这与法国经济学家弗朗索瓦·佩鲁（François Perroux, 1955）和雅克·劳尔·布代维尔（Jacques Raoul Boudeville, 1968）的理论相关，也与冈纳·缪尔达尔（Myrdal, 1967）的理论相关。现在，这个理论圈又加上了伊安·莫里斯（Morris, 2013）。

总之，社会市场经济体制这一概念的定义是：社会市场经济学是建立在道德基础上的负责任的经济学说，强调个人的自由以及个人对创造性能力的运用。这个经济学说由理性与人的尊严的思想来支撑。自由与理智原则规定了对权力及其控制的限制，以及通过秩序对国家，特别是对官僚行动的限制。市场不应受到统治，从积极的意义上说就是：市场是无政府主义。良好秩序的突出特点是市场的系统能力，其系统可以开创性地克服今天和未来缺乏规则的问题。

随着全球化的发展和金融危机的爆发，经济学家重新提出了这个问题：经济秩序的伦理基础是什么？在西方国家中，基督教及其社会规则也起到了关键作用。

（64）教皇本笃十六世（Benedikt XVI）：他也以红衣主教约瑟夫·拉辛格而闻名，他是一位睿智的天主教神学家。2009年，他发表了通谕《在真理中的爱德》（*Caritas in Veritate*），其中论及了国家哲学。他在书中提出了一个问题：在全球化时代，从基督教人类形象的意义上来说，在一个以人类为导向的社会中，如何遏制现代社会的离心趋势和解体趋势但又不伤害自由的现代性活力？他关注那些塑造社会、使社会凝聚在一起的力量，因此，他的著作超出了神学的领域。真理是他的研究主题之一，真理只存在于信任文化中，为了建立信任文化，需要关心和同理心。只有一方同情另一方，才能创造对经济具有重要意义的声誉资本。

假如经济战士不是以阴谋诡计为特征，那么，通谕《在真理中的爱德》就不会引起热议，也不会充满预言性，但金融业最高层的个人并不具有本笃十六世所要求的对第三方的同理心。本笃十六世认为，社会制度从其成员的个人欣赏和真实性中获得凝聚力，这种凝聚力自下而上发展，并不是自上而下的安排，这是聚合理论的涅槃。实际上，这一思想与卢梭的思想一致，从数学角度看，卢梭的"共同意志"是不可能的。其中，爱德涉及思想（这是康德的道德律）以及真理（真实性），即对自己行为的责任。

《在真理中的爱德》参考了其他教皇的通谕。它利用利奥十三世（Leo XIII, 1891）的《新事通谕》（*Rerum Novarum*）来为自己辩护：《新事通谕》将人的尊严置于人格、团结①和辅助性三个概念之下，并将财产、家庭和国家视为社会的基石；庇护十一世（Pius XI, 1931）的《四十年通谕》（*Quadrigesimo Anno*）和若望保禄二世（Johannes Paul II, 1991）的《教皇通谕》（*Centesimus Annus*）都认为，国家有义务为人类的创造活动留出足够的空间，并认识到，创造性是创造的继续，是人类的任务。然而，它尤其涉及保禄六世（Paul VI, 1967）的《人类发展》（*Populorum Progressio*），其目的是在世界富有的北半球与贫穷的南半球之间找到平衡。

4.2.7　全球化社会的合作秩序

第三章对制度演化理论和现代委托代理理论的论述表明，在多层次系统中会出现许多表决问题。中国有一个建议，该建议能以自由经济制度或秩序经济制度来实现。

（65）赵汀阳：赵汀阳是中国当代最富影响的哲学家之一，他以中国几千年历史为基础，力图解释"中国特色的世界"，并使西方思想界能够理解。赵汀阳认为，用西方的范畴来形容中国是一种新型的国家，这是不够的。他的出发点是"天下"（2016），这个术语代表一种包容性的、等级式的自然秩序，从国家的角度看，在中国古代，它也建立了皇帝的统治要求。

---

①　法国军官希波利特·雷诺（Hippolyte Renaud, 1842）在《团结：查尔斯·傅立叶学说概论》（*Solidarité: vue synthétique sur la doctrine de Charles Fourier*）中讨论了经济范畴中的团结，他批判相互不关联的看法，他警告应把似乎不相关的人的利益纳入进来。国家应为了团结而重新分配。

　　由于西周迅速战胜了商朝(约前17—前11世纪),西周一开始在组织上只能通过合作和共存才能治理,换言之,一个国家,多种体制。19世纪,历史学派曾大力提倡这种社会模式,他们强调,在一切社会体制中,竞争应让位于合作力量,换言之,让位于包容性制度。这种制度在中国持续了近千年,然后才被秦朝(前221—前207)取代,秦统一了战国时期各诸侯国,建立了帝国。在秦朝,法家学说成为国家哲学,即,这种观点与"天下"的观点有很大分歧。直到1644年,明朝被清朝取代,"天下"这一统治文化备受压力,这被认为是明朝衰落的原因之一。1648年,《威斯特伐利亚和约》签订,欧洲开始崛起,民族国家体系发展起来,启蒙思想得以实现。从中国人的角度来看,这可以解释重大转折的质量:1649—1949年,中国文化出现断层,政治遭遇不幸,外国文化入侵中国;今天,中国期望延续其历史辉煌,力争重获其全球核心地位。但对西方而言,中国进入了延续至今的稳定时期。

　　赵汀阳在分析时选择了两种方法。其一是全球化进程,这确实促进了世界的包容,"但是,仍然存在一个问题,全球化是否能自动生成一个合理的世界秩序? 或者,因为全球化而自动生成的秩序是否会是一个共存的秩序……"(Zhao, 2020: 34)。他认为,理性之所以被定义为关系理性,是因为绝对理性在没有反馈的情况下会产生有害影响,从而在引发理性陷阱的地方会达到极限。这令人想到康德的绝对命令(Kant, 1785),但赵汀阳并未指出这一点。赵汀阳认为,一种不会导致报复的政治哲学才是积极的,这一思想与克劳塞维茨(Clausewitz, 1832)、雷蒙·阿隆(Aron, 1976)或勒内·基拉尔(Girard, 2007)的论点完全不同,西方学者都认为,给对手的行动以迎头痛击,对对手行动的最佳反应是正常的,但这必然导致冲突升级。赵汀阳认为,根据康德的理论(1794),开明的专制主义曾经建立共和国,而使国家合法化,但这也不会带来和平，因为它并不会同时产生一个善良的人。

赵汀阳分析的第二种方法可以在托马斯·霍布斯和荀子的国家哲学（Zhao, 2020: 18）中找到。"与霍布斯不同，荀子认为，初始状态有一个基本元素，一种合作的基因……"与法国存在主义哲学形成对比的是，赵汀阳写道："共存先于存在。""人之初，性本善"，这正是荀子和孟子思想的不同之处；因此，霍布斯和荀子是一种初始状态的两极，由此得出一个荀子-霍布斯假说：初始状态是一个群体内部团结、对外冲突的一个状态。霍布斯的存在是恐惧中的存在，荀子的存在是合作中的存在。

对于政治秩序，赵汀阳（2020: 28-34）认为：民主作为一项普遍原则的普遍性是有限度的，公正也如此，约翰·罗尔斯也认可这一点；民主和公正只适用于民族国家的歧视性条件。但这却与包容原则相对立。有两种方案可以获得和平，一是通过霸权统治实现和平，一是通过力量平衡实现和平，这两种方法都不稳定。由此产生了两个原则：一、对于具有国际相关性的事物，要有世界主权超过国家主权的排序，即一个规则体系；二、在秩序框架内，国内主权负责组织内部事务。这到底如何制度化，内部自由度到底有多大，都不得而知。赵汀阳证明，在激烈的对抗、瓦解和统一或朝贡体系建设的背景下，中国历史提供了真实的例子。当今中国的发展路线也包括在内，比如"一国两制"。

显然，必须认识到，一些国家的哲学立场十分极端，比如平等、民主、人权、权威的集中化、竞争充斥的人类互动，这些立场与其他立场相比，并不是毫无矛盾。全球民主即非附属化民主，因此，一个全球性的民主不是在附属基础上组织起来的民主，正如专制民主一样，也会导致混乱。

4.3　国家是冲突之地

赫拉克利特说,战争是万物之父。生活中充满冲突,人与人之间的对抗则是创造力的源泉,因为冲突教会人们随时决策,面对矛盾,了解各种问题,寻找创新性解决方案。19世纪和20世纪在很大程度上是冲突学说的时代。大部分对抗性思想都与处理本能的冲动相关,尤其与性行为相关,因此,与弗洛伊德的心理学理论相关。这些思想认为,一方面是理性要求,另一方面是对自身身体和生活的禁锢,两者之间存在分裂。对此,卡米拉·帕格利亚(Camille Paglia, 1990)在其代表作《性角色》(Sexual Personae)中称之为"自然的法西斯主义",而西方文化(尤其是犹太-基督教道德伦理)力图驯服这一恶魔,但它失败了。在她身上,清楚地显示着社会分裂、道德和真理的政治主张,以及随之而来的社会冲突线的推移:目前,她本人遇到了很大问题,她被禁止在美国公开发表自己的言论——无论是出书,还是做演讲(Stein, 2019)。历史上要求言论自由的左派立场似乎已经有了反转;与此同时,政治左派以某些内容不属于民众为由,为道德化限制辩护。似乎正是政治权力有公开化的要求。

伦纳德·杜德利(Dudley, 1991)认为,进步的真正源泉在于军事创新和信息创新的辩证关系,相反,和平只会导致无聊,许多改革和创新都来源于冲突,这不无道理。弗朗西斯·福山(Fukuyama, 1992)从黑格尔辩证法角度出发,预测了"历史的终结",他提出的问题是:自社会主义和资本主义共同战胜法西斯主义之后,资本主义在多大程度上仍然具有创新的未来?许多对抗性国家理论在右派和左派激进主义之间摇摆,右派和左派之间的区别是否有意义?尤其是,许多哲学家试图对社会主义进行解构,尤瓦尔·赫拉利(Harari, 2017)认为,社会主义思想与自由主义思想相对立。而沃尔夫冈·史威布施（Wolfgang Schivelbusch, 2005）在《远亲：法西斯主义、国家社会主义、1933—1939 的新业务》（*Entfernte Verwandtschaft: Faschismus, Nationalsozialismus, New Deal 1933—1939*）中强调了两者的相似之处。

在《幻影的魅力——欧洲知识分子和法西斯诱惑 1919—1949》（*Faszination eines Trugbildes—Der europäische Intellektuelle und die faschistische Versuchung 1919—1949*）一书中，塔默·康纳斯（Tarmo Kunnas, 2017）揭示，在战争期间，法西斯主义在文学、文化、哲学上得到了广泛传播，也许因为法西斯主义规定了共同的敌人，这包括物质主义的腐蚀作用、一部分理性主义、对自由主义和共产主义的敌意。法西斯主义不是左右二分法，左右派都经常提及法西斯主义；其主人公认为，自己是一场广泛的旧欧洲解放运动，在他们看来，旧欧洲正因内部的消瘦而消亡，这令人想到尼采的思想，但没有下层政治的浅滩。尤其是，他们都有其独特的根源。康纳斯（Kunnas, 2017: 55）写道："法西斯主义或法西斯运动及其影响在不同民族环境中有着各自不同的面貌，这一运动从德国或意大利开始，蔓延到其他国家，这说明，它已经顺应了当地环境，成为目的国政治文化中的有机组成部分，适应了当地居民的需求。"这表明，一些思想共同在思想世界中占主导地位：真理和准确性问题以及与之相关的反文化主义，将生命视为斗争并因此需要牺牲的观点，身份（民族身份或种族身份）认同的意义，以及因为弱小而拒绝民主和了解民意的可能性。

在现代国家中，两者看似矛盾的思想已经融合在一起：自由市场和国家威严，精神伦理上的救赎主张和通过经济战争来获得主导地位的追求。特朗普现象令人关注，国家被当作一种机构，将经济作为国家利益的工具，国家可以为了经济而工具化，这一事实在美国的思想中并不陌生,如今在"体制战争"中获得了冲击力。

4.3.1　以永恒的终极战斗为基础

中国古代法家学说提出了一个基本要求:必须对人进行再教育,才能保持国家繁荣。直到 2000 年之后,随着马基雅维利主义的出现,才最终出现了一种强有力的冲突哲学。

(1)荀子:荀子的哲学是从儒家学说向法家学说的过渡。荀子研究了老子学说、孔子学说、孟子学说和庄子学说,把各家思想融入自己的思想体系中。他集中研究政治的道德层面,这是他和孟子的区别。与托马斯·霍布斯一样,荀子假设,人的本性是邪恶的,国家是能确保人过上安全、有序和道德生活的唯一形式。"人之性恶,其善者伪也。今人之性,生而有好利焉。"因此,德治在治国理政中占有重要地位。荀子认为:"威有三:有道德之威者,有暴察之威者,有狂妄之威者。……道德之威成乎安强,暴察之威成乎危弱,狂妄之威成乎灭亡也。"根据法家学说,无论社会地位与出身,法律面前人人平等。国家应鼓励精明强干的人,处罚那些行为不端、只为自己谋私利的人。荀子曰:"今人之性恶,必将待法然后正,得礼义然后治,今人无师法,则偏险而不正;无礼义,则悖乱而不治。"荀子的"德治"思想是法治思想,它的基础条件是伦理和人的尊严,这一思想是西方民主制度的基础。这是由法家塑造的一种"依法治国"的统治形式,从而构成了与儒家思想的对立。

(2)韩非子:韩非子生活在战国时代,他在荀子学说的基础上建立了法家学说。与孟子不同的是,韩非子认为,"人性本恶",因此必须通过教育,使人的行为有礼且公正。治理好国家不能靠教化,而应依靠严刑峻法。韩非子认为,有功必奖,有过必罚,刑过不避大臣,赏善不遗匹夫;因此,韩非子思想的核心是权力发展的方法及其合法性,尤其是统治者的统治方法及其合法性。儒家学说要求尊古,重农抑商,法家学说与儒家学说形成对比。韩非子学说的核心是法治,他总结了商鞅变法过程中所积累的经验和认识。商鞅生活在战国时期,他辅佐秦孝公,把统一六国的战争宣示为一种义务和国家的存在,建立了一个拥有大量军队的一流国家,他还建立了一个没有裙带关系的职业官员国家,并改革了税收制度。关于社会与政治秩序,法家学说认为(Schleichert, Roetz, 2009: 181-182):

- 法:即法律,由统治者制定并颁布。法应无视人而实施。
- 势:即统治者本人的势力、权力,他是立法者、法官和惩罚者。
- 术:即治理,指统治者治理国家和经济的能力,尤其指统治者权力机构内部的领导能力,也侧重于他对人民的领导能力。

韩非子认为,故意违法行为不能通过纯粹的惩罚系统来限制,经济犯罪和经济战争的现实就能证明这一点。此外,"重禁其所轻,难止其所易",奖惩的作用不对称,这与今天的前景理论一致(Kahneman, Tversky, 1979)。显然,人需要融入社会,才能避免违法,特拉维斯·赫希(Travis Hirschi, 1969)的《少年犯罪原因》(*Causes for Delinquency*)将其归结为依恋、信念、责任和参与的因素。韩非子认为,法和势是必要条件,除了法和势,还需要术,术可以阻止个人违法(Bussmann, 2016),秦朝实施的法治就证明了这一点(Baumgart, 2016)。从法家统治(法治)中发展出一种暴虐制度,主人翁成为这种制度的牺牲品,后来法国大革命中的罗伯斯庇尔就是如此,其原因是,如果缺乏美德,只有激励是不够的。

(3)尼可洛·马基雅维利(Niccolò Machiavelli):与许多国家哲学家不同的是,马基雅维利曾多年在佛罗伦萨城防委员会任职,他把政治理论与政治实践结合在了一起。在《君主论》(*Il Principe*)中,马基雅维利(Machiavelli, 1710)研究了政治与道德的统一及权力的道德问题,他假设,国家利益高于道德。他认为,如果一个人没有统帅,人就会失去规则和目标,所以人必须受到权威的约束。因此,发号施令者与接受命令者相对立,接受命令者的屈从投射到权力所有者身上,分享或推动他的全能想象。因此,马基雅维利是对抗性世界观最重要的代表之一,对抗性世界观认为,成功的政治家或企业家是肆无忌惮、实用主义、无原则的权势人物。他发现,在打击和毁灭政治对手的过程中可使自己获得声誉。他推崇罗马共和国潜在的扩张逻辑。他认为,为了不毁坏自己的声誉,应该把肮脏的事交给第三者处理。[①] 不过,这些理论的基础是自由主义论点,即国家的作用被个人行为所取代,国家尤其应该保护个人财产,降低税收。

(4)让-巴蒂斯特·科尔伯特(Jean-Baptiste Colbert):他最初为法国红衣主教马扎林(Mazarin)服务,自 1661 年起,他担任法国财政大臣。在经济史上,科尔伯特同时利用军事手段和经济手段来使国家强大,作为综合战略和军事行动的指挥来实现国家的强大。他实施"金钱战争"这种攻击性政策,目的是通过为统治者增加尽可能多的金银预算,来持续扩张法国的霸权。为此,他采用的手段是,促进商业发展,促进外贸,利用关税来阻止进口。其目标是法国的自给自足,这意味着,要尽量不依赖第三方,这同时为采取侵略行动开辟了自由。在国

---

① 其典型代表是约瑟夫·富歇(Joseph Fouché),他效忠一切政治体制,从法国王国、共和国到帝国,从不亲自动手就毁灭对手。斯蒂芬·茨威格(Stefan Zweig, 1922: 10-22)在《一个政治家的肖像:约瑟夫·富歇》(*Joseph Fouché – Bildnis eines politischen Menschen*)中描绘了他。这说明,人类的"成功因素"包括冷酷无情、阴险狡诈、厚颜无耻、蔑视人类、见风使舵。

内,科尔伯特建立了法国海关部门,通过税收租赁制度和引入间接税改革了税收制度。通过垄断性的、大型的出版公司和工厂,他组织了法国的工业生产。他建立了拥有海外贸易(殖民地贸易)特权的贸易公司,以便能够获得廉价的原材料,这为后来其他各国实施帝国主义提供了模板。

(5)托马斯·罗伯特·马尔萨斯(Thomas Robert Malthus):在他生活的时代,英国人口爆炸,生活用品的供应情况恶化,民众日益贫穷,因此,马尔萨斯(Malthus, 1798, 1803)撰写了《人口论》(*An Essay on the Principle of Population*)。他写道:"假设食物对人类生存是必需的……男女两性之间的情欲也是必然的,(那么,可以断定,)人口增长的力量永远大于地球为人类提供食物的能力。如果不加控制,人口总是按几何级数增长,而食物只能按照算术级数增长。"因此,马尔萨斯假设,一旦工资高于最低生存线,人口就会增长,直到工资收入下降到生存线以下,这会导致贫困;而这又会导致劳动力短缺,劳动力价格再次上涨。因此,马尔萨斯要求预防性抑制(如生育控制),以避免压制性抑制(如战争、饥饿等)。他写道:"如果一个人出生在已经被占有的世界上,如果他既不能从他享有正当要求的双亲那里获得生活资料,社会不需要他的劳动,也无法通过他的工作找到他生存的途径,那么,他就没有要求获得最小份食物的权利。事实上,他是多余的人。大自然的盛大筵席上没有他的空席。大自然命令他离开,如果他不能引起它的某些客人的怜悯,它将迅速执行自己的命令。"① 这样的生存法则所导致的直接后果是,人们会为了争夺有限的资源而起冲突;之所以会发生冲突,一方面是为了生存,另一方面也由于国内

---

① 该书 1798 年首版时并无此论,它首次出现在 1803 年第二版中。

的政治压力。在英国，由于离开土地和工业化，人们变得更加贫穷。查尔斯·达尔文（Darwin, 1859）的理论推理过程是这样的：繁殖趋势和毁灭趋势二者处于不断的相互对抗之中，因此，战争也是一种正常趋势（Khalatabri, 1999: 15, 19），这一切导致的最终后果之一是："适者生存"。

（6）格奥尔格·威廉·弗里德里希·黑格尔（Georg Wilhelm Friedrich Hegel）：康德哲学将分析判断定义为受经验支配的判断，并称之为先验综合判断。相反，一些判断不可能通过实证研究或通过数学和自然科学数据得到验证。德国唯心主义就面临这个问题。经过黑格尔、费希特、谢林（Friedrich Schelling）的努力，德国唯心主义不断发展。在《精神现象学》（*Phänomonologie des Geistes*）中，黑格尔（Hegel, 1806）用辩证的方法研究了意识、自然和精神现象，并推动了概念系统的发展，从而推动了对精神世界的认识。这就是后来马克思辩证唯物主义开始的地方。而黑格尔（Hegel, 1821: §324）在《法哲学原理》（*Grundlinie der Philosophie des Rechts*）中写道，他自己将这一思想应用于冲突。黑格尔认为，战争是一种严肃的状态，在战争状态中，权力理想被证明是合理的，并成为现实。战争的最大意义是，通过战争，人们对有限的决定权漠不关心，因而人民的道德健康得以维护，这就像风的运动可以保护海洋免于腐烂并使海洋永久安宁一样，人民将获得持久的，甚至是永恒的和平。

（7）奥古斯特·孔德（Isidore Marie Auguste François Xavier Comte）：孔德是现代社会学的创始人之一，在《实证政治体系》（*Système de politique positive*）中，孔德（Comte, 1854）描述了三个阶段的规律，即神学阶段、形而上学阶段和科学阶段，社会体制和职业体系也会经历这三个阶段。在神学阶段，战争和军事是相关的，牧师和贵族占主导地位。战争带来了进步和社会分化，而且比劳动更可取，因为军人身份具有积极的教育作用，使被征服的领土得以扩大，被征服者得以工作，从而使他们脱离军人身份。这促进了工业化和繁荣。

（8）索伦·克尔凯郭尔（Søren Kierkegaard）：克尔凯郭尔是存在哲学和存在主义的重要创始人之一。在《致死的疾病》（*Die Krankheit zum Tode*）一书中，克尔凯郭尔认为（Kierkegaard, 1849），存在主义是一种关于人的意志自由的学说，人的意志自由表现在人的存在价值上，即个人的存在价值。生命是一个永远的考验，如果你不服从它，那么，生命就不值得活下去。寻找另一个自我或许会失败，并导致对自己这个人的蔑视，也或许会成功，但这会导致自我疏离；无论成败，结果都会导致怀疑，而怀疑的唯一出路是接受自我。人类已经深陷于理智与信仰之间的永久困境之中。自从人类具备了决定能力，邪恶就诞生了，作为人类的行为能力之一，邪恶随着人类社会的发展而发展。在对现代性的批判中，他描述了一种世界观，这种世界观基于享乐原则的生活和信仰中的生活之间的极端对抗。克尔凯郭尔认为："人的市场价值会贬值"的格言，有可能过于夸张。人必须通过自己的存在经验来体验自己，在极端情况下，通过试验生命，这正是经济战士要提前经历的生活。

在古斯塔夫·勒庞（Gustave Le Bon）之前，克尔凯郭尔就已经论及个人与大众之间的对抗，他把这种对抗列在理性原则之外。因此，与马克思所关注的外部条件不同，人类存在的内在条件被置于核心位置。克尔凯郭尔认为，人的独裁性不断增加，这是对个人的非人性要求，这也会释放"自我"的信仰压力。

4.3.2 阶级斗争与民族斗争

（9）卡尔·马克思（Karl Marx）和弗里德里希·恩格斯（Friedrich Engels）：他们的《共产党宣言》（1848）描绘了第一幅全球化画面，他们的阐述表明，经济在社会中居首要地位，一切社会功能都服务于经济，尤其是，资产阶级被设计成"全球生产与消费"的革命者（Marx, Engels, 1848: 27）。然而，世界历史是一部永恒的阶级斗争的历史，只有在无产阶级取得共产主义革命胜利之后，历史才会进入一种值得生活的秩序之中。"让统治阶级在共产主义革命面前发抖吧。无产者在这个革命中失去的只是锁链。他们获得的将是整个世界。全世界无产者，联合起来！"（Marx, Engels, 1848: 60）

马克思（Marx, 1867）的代表作《资本论》（*Das Kapital*）描写了上述政治、历史和经济思想，他在这部著作中研究了资本主义制度的核心问题：什么是价值？剩余价值从哪里来？谁生产剩余价值，谁获得剩余价值？工资机制是什么？危机如何出现？因此，马克思反对经典的庸俗经济学，在他看来，经典的庸俗经济学如此狭隘地限制了政治经济学，以至于资本主义是合理的。《资本论》以哲学方式分析了历史财富与现在工业化对抗之间的二元性，对塑造科学社会主义思想起到了决定性作用。从黑格尔的辩证法和费尔巴哈的唯物主义出发，马克思发展了历史唯物主义。黑格尔哲学要求，自然界与精神生活的一切现象可以由精神的自然属性本身来加以解释；费尔巴哈的唯物主义认为（Feuerbach, 1841, 1868），上帝是人所创造的，为了人的幸福，人们将自己的希望、理想和需要投射到上帝那里，因此，人类学可以代替神学。存在的辩证法也意味着"不存在"，这是"变化"的结果。马克思认为，人类的发展历史与各自的生产关系（正题）及生产关系的变化

（反题）相适应，从中发展出更高的经济和社会状况（合题）（比如封建主义—资本主义—社会主义）。社会的经济基础决定社会的上层建筑，即，存在决定意识。在每一种社会中存在不同的阶级，这些阶级处于相互的矛盾斗争中。由于资本主义所决定的不同财产关系，无产阶级与资产阶级之间存在矛盾冲突，通过无产阶级专政将一个阶级国家变成一个没有阶级差别的国家，这种冲突才能得以解决。当今中国的马克思主义就以此为出发点，它具有不断自我革命的能力，因此，它可以顺应历史规律，发展出具有中国特色的社会主义。因此，马克思的两个观点仍然十分重要，史蒂凡·罗茨（Stephan Lorz, 2018）在"数字经济的早期资本主义阶段"（In der frühkapitalistischen Phase der digitalen Ökonomie）中写道：没有参与，人权仍然是不完整的，如果没有充分给予参与，就会破坏对经济制度的接受。因此，需要对财富的分配一再加以质疑。1784 年，许多人成了英国纺织机械自动化的牺牲品，今天，许多人也受到了数字化和人工智能的威胁，他们现在尽可能地通过选举制度发泄他们的不满。

马克思认为，资本主义社会的不稳定归咎于金钱，金钱也可以测量劳动的价值，劳动类似于商品。这打破了集体大众中的直接关系网。经济的动力是，通过占有剩余价值来提高利润率，这要求理性的投资，但是，因为受到竞争的影响，投资的收益在不断减少，这使工资降低到只能维持生计的水平，因此，这会导致失业，而需求降低会导致销售危机，最后导致资产阶级秩序的崩溃。只有通过消灭私有制来消除异化，通过共产主义革命来消灭剥削，才能建立一种能够克服资本主义危机脆弱性的制度。由于竞争而导致集中化，集中化的内在压力导致的后果是，利润率不断下降，经济侵略性和投机行为不断增加，从而使得经济循环和危机不断加剧。上述危机的表现,收入和财富的两极分化,无疑是对一场经济战争的恰当描述,他认为资本主义会因自身而失败。危机推动了社会改造,这可能受到暴力的支持,比如通过军事战争或革命暴动。马克思(Marx, 1867: 791)写道:"暴力是每一个孕育着新社会的旧社会的助产士。暴力本身就是一种经济力量。"关于战争和经济的密切关系,在"关于克里米亚事务"(Zu den Angelegenheiten in der Krim)一文中,马克思与恩格斯假设(Marx, Engels, 1855: 536),在大多数情况下,劳动密集型经济通常也是战争密集型经济;他们写道:"一种旧的偏见认为,工业和贸易会破坏一个国家人民的好战性格,谁如果有这种偏见,那么,在英国,甚至在曼彻斯特这个英国的工业中心,他就会看到这偏见的反面。事情很简单。在现代社会中,随着劳动的不断增加,如果个人的财富没有增加,那么,国家的财富就必然增加了;但是,在旧的社会制度中,个人财富随国家的懒惰而增加。苏格兰经济学家詹姆斯·斯图亚特(James Denham Steuart)比亚当·斯密早十年发表了自己的代表作,他已经发现并发展了这一论点。"

今天看来,马克思和恩格斯的一些看法似乎是预言:他们曾预言利率的下降和劳动的异化,这两者如今都成了事实,且使社会更加不稳定。必须承认,在现代互联网产业中,集中化非常明显,在发展中国家,劳动剥削大大破坏了人的生存基础。发达国家必须认识到,其国内的贫富差距日益拉大,这破坏了社会政治中心的稳定,并造成了社会极端边缘阶层的成长。政治中间派受到的压力越来越大:今天,国家可以被视为最大的剩余价值所有者。卡尔·霍曼和英格·皮斯(Homann, Pies, 2018)的文章"古典哲学家卡尔·马克思:自由哲学与系统思想者、自学成才的经济学家与政治家"（Karl Marx als Klassiker: Freiheitsphilosoph, Systemdenker, ökonomischer Autodidakt, politischer Demagoge）评论了马克思的方方面面。中国把具有中国特色的社会主义与马克思主义结合起来，使马克思主义理论适应中国在不同发展阶段的实际需要，特别是在提高生产率和避免危机的过程中。因此，中国国家主席习近平指出，中国的任务是要继续发展马克思主义理论，使马克思主义理论始终保持在"时代的前沿"（China Daily, 2017）。在《红色——共产主义的起源与历史》（*Die Farbe ist Rot—Ursprünge und Geschichte des Kommunismus*）中，盖德·科内写道（Gerd Koenen, 2017），有人以为，在苏联解体时，共产主义已完结了，这一结论应该受到批判和质疑。他还分析了共产主义理论和历史发展的规律，不过，他的观点或许适用于苏联，但对于中国特色社会主义并不起重要的作用。

如果没有恩格斯的不断鼓励和经济支持，马克思可能无法完成他的著作。恩格斯是一位伟大的工厂主，他熟谙企业经营，因此，他把实践动力融入了两人的著作，尤其是《共产党宣言》中。恩格斯指出，永远无法确定市场的活动，他指出，市场充满活力，缺乏可预测性。恩格斯也为马克思主义理论的创立做出了贡献，恩格斯的生活有两个方面，即企业家和革命者。

（10）路德维希·龚普洛维奇（Ludwig Gumplowicz）：龚普洛维奇出生于奥匈帝国的克拉考，他是一位犹太教拉比的儿子，很早就积累了种族冲突的经验。这使他代表少数群体的立场，并为少数群体的事业而奋斗，尽管他对融合的可能性几乎没有任何幻想。他认为，国家是压迫和征服的机器，一定的权力集团会篡夺国家的权力机器，以便控制其他的群体（族群[1]、人种[2]或阶级[3]）；因此，他被认为是现代社会学的创始人之一（Gumplowicz, 1885）。他认为，只要国家成功地将少数群体融入社会，潜在的侵略性就必然转向外部，以获得满足。谁是公共产品的享用者？根据这个问题，乌尔利希·门策尔（Ulrich Menzel, 2015）将"霸权"和"帝国"这两个概念区分开来：霸权与所有人的参与有关，而帝国只与受益者有关。在其代表作《种族与国家》（*Rasse und Staat*）中，龚普洛维奇（Gumplowicz, 1875）将达尔文的生物进化论用于解释社会的发展。在论证过程中，他把个人看作是一个原子，是群体中的一个被动成员，他只能通过这个群体解释自己。群体在个人面前的首要地位也使它成为生存斗争的承担者。在《种族斗争》（*Der Ras-*

---

① 族群是具有共同身份认同的群体，往往从中产生对一个民族、国家或文化的归属感。族群因相同或相似的祖先、习惯或习俗而建立，因此，族群在社会相关问题上有共同的看法。

② 自政治正确性变得重要以来，自然科学与人文科学都在研究这个问题：是否有人种？政治学家依布拉·肯迪（Ibram Kendi, 2019）认为："当指责另一个人是种族主义者时，首先要坚持，指责者本人不是一个种族主义者。但据我的研究，他属于一个根本不存在的范畴。只有很少几人能解释，什么是种族主义，但所有人的定义都相去甚远。这是一个矛盾。"理查德·莱旺顿（Richard Lewontin, 1972）认为，在所谓的人种中，只有6%的遗传因素中存在差异，但这个比例在群体中却更大，因此，这种人种分类不合理。理查德·道金斯（Dawkins, 2004）在《祖先的故事》（*The Ancestors Tale*）中认为，分类本身有问题，只有很少几个人种遗传特征与其他的人种特征的关联很强。大卫·赖克（David Reich, 2018）在《我们人类的基因：全人类的历史与未来》（*Who We Are and How We Got Here—Ancient DNA*, 2018）中写道，社会上认定的人种特征往往有不同的遗传特征。亚当·卢瑟福（Adam Rutherford, 2017）在《人类起源的故事》（*A Brief Story of Everyone who has ever Lived*）中写道，与非洲人和瑞典人之间的遗传差异相比，黑色人种之间的遗传差异更大。

③ 龚普洛维奇指19世纪的人种概念，人种有意志，有行动能力，可用于区分，是历史的政治单位。

senkampf)一书中,他写道(Gumplowicz, 1883):"每一种更强大的族群因素或社会因素都在努力,为了实现其目的而利用那些在其势力范围内或已进入其势力范围的较弱因素。"因此,战争、破坏或征服成了人类历史发展的永恒伴侣。这与马克思和福山的理论不同,福山假设(Fukuyama, 1992),随着系统对立面的消失,会出现"历史的终结"。龚普洛维奇认为,国家不是通过社会契约产生的,而是通过战争这种人类的自然过程产生的。但是,仅凭自然选择是否足以产生国家?对此,弗朗西斯·高尔顿(Francis Galton)表示怀疑,高尔顿(Galton, 1869)在《遗传的天才》(*Hereditary Genius*)一书中建立了优生学,他认为,优生学是对选择过程的文明的支持。因为文明有助于弱者的后代,但强者则因为舒适感而越来越少生孩子。随之出现了一种"科学的种族主义",如里卡达·哈泽(Ricarda Haase, 2012)所写,这在很大程度上影响了纳粹的意识形态、纳粹的公民大屠杀及由此产生的种族灭绝。休斯顿·斯图尔特·张伯伦(Houston Stewart Chamberlain, 1899)的著作《19世纪的基础》(*Die Grundlagen des 19. Jahrhunderts*)则把种族主义做了科普。这说明,科学认识很快就通过伪科学而形成意识形态。其后果是,除了纳粹的毁灭性军事战争,还有一场毁灭性经济战争,从掠夺被占领国家的资源,到将被占领国家的人民劫掠到集中营,最后,"通过工作而毁灭"。

(11)古斯塔夫·勒庞(Gustave Le Bon):在其代表作《乌合之众——群体心理学》(*Psychologie des foules*)中,法国社会学家勒庞写道(Le Bon, 1895),个人在大众中会放弃自己的个性和责任,并容易受到影响。一篇操控性的演讲并不是建立在理性上,而是建立在断言、重复、转述以及可信度的基础上,从而产生暗示的力量,使演讲者的阐述可以被视为事实。人们常常会被具有操控能力的领袖所控制,会被天才的想法所吸引，但同时，人们也容易轻信他人，并不容易宽容他人。因此，可以有针对性地对人们进行引导，尤其因为他们的智力往往有下降的趋势。因此，冲动性爆发并不少见。一项现代的从众性研究显示，社会压力会起很大作用，该研究强调，在组织严密的社会或者社交网络中，人格会变得畸形。后来，弗洛伊德开始研究领导的意义。直到今天，这一事实对领导学仍然具有相当重要的意义。

（12）弗里德里希·尼采（Friedrich Nietzsche）：尼采不断指出，人类方向的参照标准是世俗的现实，其背后不存在不可改变的宗教或道德关联系统。因此，尼采哲学的核心动力是，批判当时环境中生活的弱点，因为在许多地方，他讨论克服这些弱点的问题，比如"权力意志"和"超人"的形成，他们遵循狂热纵情和享乐主义生活方式，并将其强加给对手。在《偶像的黄昏》（Götzendämmerung）的开篇，他写道（Nietzsche, 1889: 9）："那些没能杀死我们的，只会让我们变得更坚强！"接着，尼采（Nietzsche, 1889: 35-36）写道："道德，也就是每一种健康的道德，都是受生命的本能支配的……相反，非自然的道德，即，迄今为止所传授和宣扬的几乎每一种道德，它们都与生命的本能背道而驰……生命结束了，而这时候天国开始了……"因此，尼采尤其关注文化中的系统稳定因素，尤其是宗教和政治制度原则。尼采认为，基督教的原罪不过是一种投射，它只存在于信仰者的头脑中；相反，人类是一种动物，所以位于所谓的道德行为之外。每一次文明进步都是以本能的丧失和人类的"去动物化"为代价的。尼采认为，道德是一个笼子，人们用它来围着自己，从而使人的社会过程和个人生活过程永久化——这降低了社会的交易成本。尼采认为，尤其当道德由制度来表现而制度却并不再反映道德时，道德就会变得空洞而难以置信，因此，道德必然崩溃。在《查拉图斯特拉如是说》（Also sprach Zarathust-

ra)中, 尼采写道(Nietzsche, 1883—1885): "掉下来的东西, 人们也会踢到它。"在《道德谱系》(*Genealogie der Moral*)中, 尼采对依赖性持保留态度(Nietzsche, 1887): "道德上的奴隶起义始于怨恨本身变得富有创造性并且产生出价值, 这种怨恨发自一些人, 他们不能通过采取行动做出直接的反应, 而只能以一种想象中的报复得到补偿。所有高贵的道德都产生于一种凯旋式的自我肯定, 而奴隶道德则起始于对'外界'、对'他人'、对'非我'的否定: 这种否定就是奴隶道德的创造性行为。这种从反方向寻求确定价值的行动——值得注意的是, 这是向外界而不是向自身方向寻求价值——就是一种怨恨; 奴隶道德的形成总是先需要一个对立的外部环境, 从生理学的角度讲, 它需要外界刺激才能采取行动, 这种行动从本质上说是对外界的反应。"塔默·康纳斯(Kunnas, 2017: 627)称尼采是"颓废的预言家、价值衰落的启示家"、非政治性法西斯主义者的"教会会堂"。尼采对少数社会群体的排斥表现为一种怀疑主义, 这种怀疑主义不接受任何超越, 因而把生存法则放在首位。用现代的话说, 这意味着"您的贫穷难免惹我生气"。

冯晓虎(1996)认为, 如果把尼采哲学视为达尔文主义的哲学继续, 那么这是错误的。恰恰在东方哲学的语境中, 尼采哲学更是从精英主义到贵族主义, 他反对平民主义和粗鲁无聊的生活, 他希望将技术作为解决问题的工具——这应该始终引起人们的注意。尼采一直担忧, 大众的笨拙力量会威胁少数的那些有能力的人和制度维护者, 大众的怨恨是纯粹的否定, 所以尼采十分关注并担忧当时的虚无主义。因此, 尼采属于经济战争的理论家之一, 他把经济战争视为一场自上而下的战争, 战争的目的是防止多数人统治少数人, 并因此阻止多数人破坏国家这一开明的精英项目。

（13）维尔弗雷多·帕累托（Vilfredo Pareto）：他被经济学家称为现代福利理论的创始人，他以边际效益学派的认识为基础发现了现代福利理论。帕累托认为，虽然从消费者与生产者的利益核算中可以导致市场平衡，但这一平衡无法在现实中直接导出，因为不可能准确地进行利益衡量。他的研究证明，假设在完全市场的条件下，在一个竞争经济中，所有的生产要素得到了合理配置，那么，这时就会出现帕累托最优，即，在这种配置下，财富最多，财富不会再增加。帕累托最优的概念意味着，如果同一种措施不减少至少一个其他市场参与者的利益（或回报），就不能增加另一个市场参与者的利益（或回报）。因为一种绝对的利益衡量是不可能的，所以，如果穷人的状况只能以牺牲富人的利益来改善的话，那么，极端不平等的收入和财富分配可能是帕累托最优的结果，因为无法证明富人失去的利益被穷人获得的利益所过度补偿——这正是社会福利政策的基础。恰恰是极端的自由主义经济学家尤其接受这种观点。

在其代表作《普通社会学通论》（*Trattato di sociologia generale*）中，帕累托假设（Pareto, 1916），客观上，大多数人类行为是非逻辑行为[①]，但也不一定是反常或荒谬的行为。此外，帕累托认为，"剩余物"是行为方式和思维模式的永久核心，它尤其倾向于固化和组合——"剩余物"指人类试图给一些非逻辑行为赋予逻辑外表的辩解性知识体系。帕累托认为，历史就是前仆后继的精英的非逻辑行为的集合：统治精英之所以能够维护自己的权力，一是通过向非执政的反对派精英实施暴力，二是通过与人民的情感共识（比如爱国）；这种建立在统治阶级"剩

---

① 非逻辑行为指主观目的与客观目的效果不一致的行为，这些行为往往被人们误认为是逻辑行为。

余物"基础上的统治形式是廉价的,因为不必做社会让步就能维护精英的权力。只有当精英们受到"人道主义脊髓痨"的困扰,向人民做出社会让步,使人民富裕,以维持社会共识时,只有当统治精英更喜欢和平而不是战争,不再迫害和消灭反对派精英时,统治精英中"剩余物"的组合才能获得优势;这将导致经济繁荣。

统治精英抵御反对派精英的方法是,统治精英吸收一部分非统治精英,并剥夺他们的领导权力;反对派精英则试图把统治精英从他们的位置上赶下来——唯有在这种状态下,两种精英都依赖人民,都要看人民是否会选择其中的一方。在任何其他的形势下,精英只会假装为人民服务,但实际上,他们通过人民而更加富有。反对派精英一旦赶走了旧的统治精英并获得了领导权,他们又会受到顽固"剩余物"的影响,这一过程就会重新开始。这种经济冲突的失败者是固定收入者和退休金领取者,胜利者是投机者,即经济战士。帕累托的理论被称为法西斯主义的先驱:贝尼托·墨索里尼是他最得意的门生之一。

(14)托斯丹·邦德·凡勃伦(Thorstein Bunde Veblen):在《有闲阶级论》中,凡勃伦(Veblen, 1899)指出了炫耀性消费对于经济驱动力的意义。凡勃伦认为,财产是社会地位的基础;社会地位感是主观的,是嫉妒性比较的结果。优渥生活是一种没有价值基础的生活方式("休闲"),是应受谴责的,因为追求它会导致人类踏上一个永恒的跑步机,只有具有强大宗教信仰的人才能避免这种追求,从而有效地利用他们的创造力。对效率和奢侈品的需求是经济蓬勃发展的重要动力,这也受到企业的强盗本能的推动,这一点与维尔纳·桑巴特的观点相关。凡勃伦认为,许多创新一开始是作为一种奢侈品进入市场的,然后通过模仿和大规模生产来大幅度降价,直到其价格适合所有人消费为止。因此,他指出了嫉妒的另一面,即嫉妒的生产性,这往往与上层阶级的寄生虫生活和过度强调的懒散有关，这是阶层分化的阴暗面，埃里克·霍弗也有类似观点。另一方面，凡勃伦（Veblen, 1914）指出了"工作本能"（Instinct of Workmanship），即工业技能和工作动机。因此，凡勃伦成为美国制度主义学派最重要的创始人之一。

凡勃伦（Veblen, 1915, 1919）指出，德国稳定的社会结构很重要，美国的资本主义对于战争目标的作用也很重要，借此，他试图将自己的思想纳入到关于第一次世界大战的讨论中。他认为，物质资源的冲突必须首先转化为关于精神资本（比如民族荣誉）的争论，才能成功地动员大众参与到暴力冲突和战争中。

4.3.3　激进主义者对国家本质的看法

对抗性国家理论的哲学发展越来越多地将现代国家视为抵御内部威胁和外部威胁的前线——无论这种威胁因阶级、民族还是意识形态而产生；它们对国家存在的必要性提出挑战。这涉及个性与身份认同、领导与服从、精英与人民、民主与专制等基本问题。因此，国家哲学与国家理论获得了一种政治方向，这在 20 世纪最终使极权主义合法化。

（15）休斯顿·斯图尔特·张伯伦（Houston Stewart Chamberlain）：他是克希娜·瓦格纳（Cosima Wagner）与理查德·瓦格纳（Richard Wagner）的女婿。今天，张伯伦往往被看作是德国法西斯第三帝国的反犹太主义思想家或种族主义者。在爱德华·泰勒（Edward Tyler）与赫伯特·斯宾塞（Herbert Spencer）的社会达尔文主义理论和阿瑟·德戈宾诺（Arthur de Gobineau）的《人种不平等论》（*Essai sur l'inéga-lité des races humaines*, 1853: 55）的基础上，张伯伦（Chamberlain, 1899）撰写了《19 世纪的基础》（*Grundlagen des neunzehnten Jahr-hunderts*）。赫伯特·斯宾塞认为，社会发展是由军事动员竞赛来推动的，因此，战争社会也是集体制度。张伯伦接受了《人种不平等论》的内容，将其转化为一种必要性，即，保护高等文化不受种族混杂后果的影响。张伯伦的世界观以西方世界的文化遗产（即古希腊的艺术与哲学、古罗马的法律和基督教的福音）为核心，[①] 并宣布了一场文化战争。张伯伦认为，只有日耳曼人和犹太人的种族与混乱的其他种族相比是纯洁的，对他来说，日耳曼人是那些感觉自己是日耳曼人的人。因此，他选择了区分种族，而不区分人种。张伯伦认为，只有他们和犹太人认识到了上帝的戒律，要保持种族纯洁，因此，他认为，犹太人并不是低人一等的，而是与众不同的。直到社会达尔文主义和张伯伦的种族理论叠加之后，才产生了一种危险的混合体，这被纳粹政府利用，尤其是希特勒以及纳粹党的哲学家和思想家阿尔弗雷德·罗森贝格（Alfred Rosenberg），罗森贝格发表了大量反犹太主义的伪科学论文。

张伯伦的理论很有影响，他能把研究结果传播给民众，他的世界观影响了统治者，尤其影响了希特勒。赫尔弗里德·明克勒（Münkler, 2015a）的书评认为，在《张伯伦：瓦格纳女婿–希特勒思想先驱》（*Houston Stewart Chamberlain: Wagners Schwiegersohn – Hitlers Vordenker*）这部传记中，乌多·本姆巴赫（Udo Bermbach, 2015）描述了德国受教育公民的文化史，分析了德国公民被纳粹诱惑的深层原因。张伯伦认为，每一种文化都有其独特性，奥斯瓦尔德·施宾格勒（Spengler, 1918, 1922）在《西方的没落》（*Untergang des Abendlandes*）中发展了这一观点，再后

---

① 德国前总统特奥多尔·豪斯有类似看法（1950）："西方文化以三个高峰为出发点：耶稣殉难地各各他山、雅典卫城、罗马国会大厦。这三个高峰影响了西方的精神，应该重视所这三个高峰，把它们看作一个整体。"

来，在文化学理论中，文化独特性是一种文明兴衰的关键因素。张伯伦的文化理论假设，历史并非如马克思所言，并非基于辩证法原则，历史是可以预先确定的；历史经历早期、繁荣期、萧条期和衰落期，这发展永无止境，具有基本和不可逆转的规律性；从经济上讲，这使人联想到产品的生命周期。这与诺伯特·埃利亚斯（Norbert Elias）在《论文明过程》（*Über den Prozeß der Zivilisation*, 1939）中所阐述的理论形成对比，后者认为社会可以用强大的个人和网络来解释。

（16）阿图尔·施尼茨勒（Arthur Schnitzler）：施尼茨勒最初是一位神经心理学家，他是弗洛伊德的同事，在文学研究中，他被认为是内心独白的创始人之一，这种内心独白从经验和意识角度描述叙述者的精神与外部过程，这可以推导出主观印象的全貌。他质疑对抗性现实，对它不抱有任何幻想，所以，他反对虚无主义。虚无主义是一种否定一切秩序和道德的世界观。虚无主义这个概念是俄罗斯诗人伊万·屠格涅夫（Iwan Sergejewitsch Turgenjew）在他的作品《父与子》（*Väter und Söhne*, 1862）一书中创造的。施尼茨勒的无政府状态和荒谬也被叔本华和尼采接受。

在其遗作《论战争与和平》（*Über Krieg und Frieden*）中，施尼茨勒写道（Schnitzler, 1939）："每一场战争都是以最虚妄的借口开始的，都是以最充分的理由继续进行的，都是以最具欺诈性的理由而结束的。"混合战争和经济战争尤其如此。

（17）维尔纳·桑巴特（Werner Sombart）：在《资产阶级：论现代经济人的精神历史》（*Der Bourgeois. Zur Geistesgeschichte des modernen Wirtschaftsmenschen*）一书中，桑巴特认为（Sombart, 1913a: 27），企业家的"资本主义精神"是核心推动力，它具有一种经济意义，这告别了满足需求的原则和传统主义，有利于充满活力的创业精神和公民精神，创业精神的形式是"渴求金钱、喜欢冒险和发明精神",公民精神的形式是"精打细算和思虑周全……理性和经济性"。实际上,企业家与手工作坊主不同,手工作坊主受到同业公会系统的保护,而企业家更像是一位成功的将军,他会成为征服者。[①] 在《战争与资本主义》(*Krieg und Kapitalismus*)一书中,桑巴特写道(Sombart, 1913b),成功的军事国家会把它们的精神带入社会中。他认为,手工业向资本主义企业的发展类似于从骑士部队向组织严密的战役军团的发展,尤其是因为军事家和企业家具有相似的美德,这美德与一种价值观相关,马克斯·韦伯把这种价值观与新教伦理联系在一起。汉斯·约阿斯(Joas, 1996)认为,这种意识形态把战争视为社会力量的源泉,它导致的后果是,1914年前,知识界一致支持战争,因此,这种意识形态也应该为德国轻率参加了第一次世界大战负责。桑巴特认为,实际上,战争已完全变成了分裂的德国自我愈合的过滤器,因此,虽然他一开始也同情社会主义,但他发展了一种以自给自足和反资本主义为基础的秩序草案,他认为这种秩序草案相当于实现了国家社会主义,这与社会主义相对立。

(18)罗伯特·米歇尔斯(Robert Michels):米歇尔斯是现代政治学的创始人,他认为,领导与民主的对立对于现代社会是建设性的。政党机器能够按照规则运转,这对于国家的组织起着重要作用,因为这里会发展相应的资格,并在以后被用以实施强权政治。最后,民主变革制度垄断了政党的权力,各政党官员不一定具有高素质,但必然是懂得权力运行经验的人。这会降低政治在公众中的价值,因此,知识阶层

---

① 在小说《布登布洛克一家》(*Buddenbrooks*)中,哈根斯特罗姆家族的经商方式损害了布登布洛克家族的利益,托马斯·曼写道(Thomas Mann, 1901:279):"他随意而慷慨地赚钱,但其他商人与他不同,仍延续历史上艰苦而耐心的经商方式。"

更加质疑政治事务,降低了参政意愿;这类组织中理想的内容渐渐消失,而权力的问题越来越多。保持权力变得至关重要,因此,米歇尔斯(Michels, 1911)还假设了"厚颜无耻的寡头统治法"。通往权力之路意味着艰难地崛起并融入现有的精英阶层。

埃塔诺·莫斯卡(Gaetano Mosca)是米歇尔斯在都灵的同事,他对米歇尔斯的影响很大,米歇尔斯接受了莫斯卡的精英理论,并把"政治阶级或统治阶级"的概念用于社会学。和帕累托一样,他认为,政治可以解释为改变权力关系的意愿。而何塞·奥尔特加·伊·加塞特(José Ortega y Gasset)的精英思想与米歇尔斯的精英理论却有很大的不同,加塞特认为,精英拥有大众所不具有的特殊素质,因此,精英追求虚假的平等理想,这可能是错误的。在《大众的反叛》(Aufstand der Massen)一书中,加塞特写道(Gasset, 1929/30: 12):"与众不同是不礼貌的。群众将摧毁一切与众不同的东西,摧毁一切优秀的、个性化的、天赋的和精致的事物。谁若与众不同,谁的思考与众不同,就会有被排除在外的危险。"加塞特认为,强迫人趋同是法西斯主义的重要诱因。他担心群众对社会的占领,这使人想到古斯塔夫·勒庞的"智力"和尼采的"超人"的毁灭。后来,埃利亚斯·卡内蒂(Elias Canetti)继续研究了群众与权力的对抗关系。对此,现代主义在讨论"集体智慧"时,或者在詹姆斯·索罗维基(James Surowiecki, 2004)讨论群众的智慧和专家的知识局限时,形成了一种有时完全矛盾的观点——他认识到,这种智慧的个人发挥着关键的作用,信任只是个人之间的信任,针对集体,信任不堪重负(Surowiecki, 2004: 273)。

(19)卡尔·雅斯贝尔斯(Karl Jaspers):雅斯贝尔斯发展了索伦·克尔凯郭尔提出的分裂论,他(Jaspers, 1913: 271)在《普通精神病理学》(Allgemeine Psychopathologie)中讨论了"临界状况"这一概念,将临界状况与客观形势和促使人采取行动而衍生的形势区分开来:"然而,只要存在最后的状况,尽管它潜藏于日常生活中,或者并不为人所知,但它不可避免地决定着生命的全部(比如,死亡、内疚和斗争都是不可避免的),我们就称之为临界状况。人本来是什么,能够成为什么,其最终根源在于对临界状况的经历、掌握和克服。"与马丁·海德格尔(Martin Heidegger)一起,雅斯贝尔斯反对当时的新康德主义潮流,并最终帮助存在主义哲学实现了突破。在《时代的精神状况》(*Die geistige Situation der Zeit*, 1931)中,雅思贝尔斯(Jaspers, 1931)研究了那些陷入精神危机的人,(技术、工业等使)人的生存状况急剧变化,人失去了自己的精神家园,成了无根之人,陷入了精神危机,虚无主义开始蔓延。所以,人必须接受自己的传统,才能成熟起来。根据这一思想,赫尔默斯·基克(Hermes Kick, 2009)推导出一个过程链,这个过程链可以分为前危机阶段、作为临界状况的危机阶段和后危机阶段。

- 在前危机阶段,先有欲望、危险、欲望的满足、对所处困境的意识,然后,会对困境感到震惊、怀疑或恐惧,这有可能使人采取稳定或逃避的解决办法;如果这一切不起作用,那么危险的矛盾心理和绝望的压力就会增加。

- 在危机阶段,会出现诸如痛苦、羞耻、厌恶、道德、良心和精神结构等支持生命的障碍,这迫使人做出决策。

- 在后危机阶段,这决策既可能是愉快而开明地解决了问题,也可能是报复和仇恨的循环;它揭示了人类存在的条件,即,由恐惧、徒劳、死亡、内疚和疏离组成的存在主义哲学的核心。

事实上,在对抗性与合作性解决方案之间的存在是两极分化的。这种进步主义者和功利主义者在面对大众时,在自身和对手方面都失败了,这种分裂已经被雅斯贝尔斯写入政治学,比如,在处理纳粹德国的恐怖主义、相关的罪责和赎罪问题以及德意志联邦共和国的政治抉择时,就存在这种分裂,即德国的分裂或紧急状态立法。

(20)弗兰茨·卡夫卡(Franz Kafka):卡夫卡首先是一位文学家,然后也是一位哲学家,今天,他被认为是一位国家理论的先驱,卡夫卡认为,在寻找自我和寻找国家道德行为的条件下,国家是一个不透明的权力系统,这就是所谓的"卡夫卡式的权力系统"。卡夫卡的著作包括《判决》(*Das Urteil*, 1916)和《审判》(*Der Prozeß*, 1925),《审判》是卡夫卡的遗作。在《判决》和《审判》中,他描写了人类在监视状态下的命运,这在他看来是荒谬的:"一定是有人诬陷了约瑟夫,因为在没有做任何坏事的情况下,有一天早上,他被捕了。"实际上,这是一种间接控制的结果。早在《在法的门前》(*Vor dem Gesetz*)这部小说中,卡夫卡(Kafka, 1915)就已经描述过这种控制,这部小说描述了看门人的故事,因为自己的怯懦,寻找公正的人不敢再跨进法律的大门。在《在流放地》(*In der Strafkolonie*)这部小说中,卡夫卡(Kafka, 1919)描述了一个看似一致的法律系统,并展示了在缺乏分权而治的情况下,狂热的意识形态和技术是如何征服人民的。

(21)卡尔·施密特(Carl Schmitt):他是德国最具争议、最具天赋的国家法学家。德意志联邦共和国的基本法享有永久的保障,即《基本法》第一条的不可侵犯性,这应归功于卡尔·施密特;《基本法》第一条的来源是,在魏玛共和国时期,卡尔·施密特反对议会有权宣布废除《宪法》的基本要素。但同时,卡尔·施密特又是一个资产阶级的、反自由主义的国家理论家,他同情纳粹分子。莱因哈特·梅林(Reinhard Mehring, 2018)在《与卡尔·施密特交往》(*Vom Umgang mit Carl Schmitt*)一书中写道,终其一生(包括二战之后),卡尔·施密特都是一个狂热的反犹太主义者。卡尔·施密特创立了宪法学,他分析权力问题、暴力问题及其在法律体系中的地位。他认为,一个强大的国家应为一个自由的经济提供保障,因此,政治体制必须集中,以竭力解决基本问题,尤其要防止国家变成利益集团的猎物。他认为,自由主义不愿意也不能够对抗利益集团;自由主义往往以无休止的讨论代替决策,所以,自由主义不够坚决,缺乏领导能力。在议会制中,也应寻找"血淋淋的决策战役",以便成功地创造政治空间和经济空间,而不是固守在毫无约束力中。他认为,妥协等同于软弱,自由主义等同于放荡,它破坏生命权的实施。因此,他反对辩证法,他认为,只有一种极端的解决方案,他是政治别无选择思想的早期代表。实际上,他的国家理论不是由(期望的)和平状态的正常状况而是由特殊状况来定义的,所以,法律制度作为上级规范具有特殊地位。施密特认为,敌意实际上是与政治相关的特殊状况。在《论政治概念》(*Der Begriff des Politischen*)中,卡尔·施密特指出(Schmitt, 1927),一个国家与它的敌人之间存在持久的、无法克服且不可调和的对抗,这里的敌人指国家的敌人,"敌人"也与道德评价无关。[①] 这种对于人的存在观的人类学视角和敌人的概念成为了政治学的核心。卡尔·施密特写道(Schmitt, 1927: 27):"真正的政治区别是朋友和敌人的区别。它赋予人的行为和动机以政治意义;最后,所有的政治行为和动机都源于此。""敌人概念包括在现实领域中存在的武装斗争的可能性,这意味着战争。……战争源自敌意,因为敌意是对另一个存在的存在意义的

---

① 关于卡尔·施密特,《第三帝国的贵族议员》(*Die Staatsräte – Elite im Dritten Reich: Gründgens, Furtwängler, Sauerbruch, Schmitt*)值得一读,赫尔穆特·赖腾(Helmuth Lethen, 2018: 123-149)在书中明确了施密特的极端思想和反自由主义:敌人是撒旦,根本没有朋友,只有敌人,从政治人类学角度看,敌人是危险的存在。

否定。"这种敌意以三种形式存在：传统敌意、真实敌意和绝对敌意。传统敌意允许和解与和平；因为预测自己占有优势和相关的全能妄想及敌意想象，绝对敌意就会肆无忌惮或绝不妥协，这就是约瑟夫·戈贝尔（Josef Göbbel）所谓的全面敌意。在《论政治概念》的前言中，施密特写道（Schmitt，1927）："阻止或明确限制战争意味着敌意的相对化。任何一种这样的相对化都是人性意义上的一大进步。然而，要做到这一点并不容易，因为人觉得，很难不把敌人视为罪犯。无论如何，关于国家间陆地战争的欧洲国际法是一个进步。一些国家在其历史上只经历过殖民战争或内战，它们是否能够走出这一步，要拭目以待。从人道主义角度看，把欧洲法所限制的战争看作是反动的、罪恶的战争，却以正义战争之名，发动革命性的阶级敌意或种族敌意，这种敌对行动不再能够，也不再愿意区分敌人和罪犯，无论如何，这不是进步。"因此，政治规范和经济规范是敌友之间做出决定的结果。这一矛盾更像是一个常量，并没有在辩证法的意义上得到解决。人必须在世间和超验层面上做抉择，在上帝和撒旦之间做抉择。战争是敌意的外在实现，因而成为国家的构成理由；卡尔·施密特并不是万物之父，但他是国家之父。"世界国家"之说是矛盾之说，因为在一个世界国家中，不可能发生战争，国家失去了它的功能。然后，只有社会作为一种社会福利结构而已。这种二元性导致以下特定形式：

- 国家：朋友-敌人
- 道德：善-恶
- 艺术：美-丑
- 经济：有用-有害或有效-无效
- 宗教：神圣-邪恶

在《自由公民的柔弱精神》（ *Die zarten Seelen freier Bürger* ）中，

戴特莱夫·冯·丹尼尔斯认为（Detlef von Daniels, 2019），民粹主义的自由主义观点是一个被抛弃和未被重视的领域，因为它不够复杂和理性，它与一种完全独立的观点是对立的。因为二元论进行区分，特别是朋友和敌人的区分，这意味着一个战争和意识形态冲突的世界，无论如何，一个不公正的世界，充其量是理性和自由的孤岛。民粹主义并不对应约翰·罗尔斯所谓的公平自由世界，而是对应着原始的对抗状态。

卡尔·施密特认为，主权者的位置超出了有效的法律秩序，所以，施密特的目标是建立专制的总统独裁政权。施密特（Schmitt, 1922）在《政治神学》（*Politische Theologie*）中认为，在革命环境中，独裁者就是拥有制宪权的人，否则他就必须受制于制宪权。他写道（Schmitt, 1922: 13）：“统治者是决定例外状态的人。”他的解释是：“没有规范可以适用于解决混乱。必须建立秩序，以便法律秩序有它的意义。必须建立一种正常的状态，主权者是最终决定这种正常状态是否真的存在的人。”统治者被赋予定义权，比如，在关于金融危机、债务危机、气候危机以及相关反民主政策的解释中找到了明确的对应关系。实际上，欧洲央行的立法赋权有所延展，其主权越来越明显。[①]

卡尔·施密特十分赞同卢梭的“普遍意志”（公共意志）的思想，从国家的角度来看，施密特赞同强烈的独裁、终极主权的集体理想。卡尔·施密特主张，政治可以凌驾于法律之上，法律应服从政治。因此，他被认为是家庭和宫廷哲学家之一，同时，这也是德拉吉领导下的欧洲

---

① 宪法专家马丁·克里勒（Martin Kriele, 2003: 273）在《国家学说导论》（*Einführung in die Staatslehre*）中认为：“在民主宪政国家中不可能有君主。只有在没有君主时，才会有可靠的自由，它建立在宽容和人权的基础上。”如果人们以多数票废除宪政国家，那么，“这些人绝不在宪政国家之内”，而在宪政国家之外。但这并不涉及君主的问题。

央行的愿景。实际上，这种思想有人类学倾向，它要求把对权力的追求和维护上升到社会达尔文主义原则中，同时拒绝现代性的启蒙，就像拒绝道德薄弱一样。真正的首要地位是存在的问题，即，主权者或主权国家有宣战权，可以消灭对手。

卡尔·施密特的观点接近现代政治行为的不可替代性，这种不可替代性已经出现在科林·克劳奇（Colin Crouch, 2004）的后民主和后来的赫尔穆特·谢尔斯基（Helmuth Schelsky, 1961）的约束理论中。在《独裁统治》（*Die Diktatur*）一书中，谢尔斯基（Schelsky, 1921）把对抗推向了极致："任何一种独裁统治都包含规范的例外，这并不意味着对某一种规范的偶然否定。这一概念的内在逻辑是，规范本身应该被否定，实际上，在历史政治现实中，独裁统治似乎保障了规范的统治地位。"在金融危机时期，政府未经议会同意就实施了一些措施，即，这否定了一些维护民主和稳定的规范，这并非无法无天，这与卡尔·施密特的思想一致。

这一点与约瑟夫·富格尔（Joseph Vogl, 2010/2011）的思想相关，富格尔认为，自 17 世纪以来，金融市场逐步去参考化，与实体经济越来越脱钩。富格尔的危机思想与海曼·明斯基的假说（Minsky, 1982）相关，如今，明斯基的金融不稳定性假说影响很大：长期低利率不是以实际收入为基础的投资，而是以低回报率为基础的投资，金融资产的保值似乎得到了保证。在利率不断提高的情况下，将会导致滚雪球式的融资计划，以维持流动性——直到崩溃为止，即所谓的"明斯基时刻"。数学家本华·曼德博（Benoît Mandelbrot, 2005）分析了价格的疯狂发展及价格与现实基础的脱钩，他称之为反常事件。在《主权效应》（*Der Souveränitätseffekt*）一书中，约瑟夫·富格尔假设（Vogl, 2015），统治者是"能够将自己的风险转化为他人的风险，并将自己置于终极债权人地位的人"。他写道,这种新的统治是一种掌控未来利润的统治,主权者通过把管理经济化推动了这种新的统治。这也是施密特观点与今天的关联点。

（22）马丁·海德格尔（Martin Heidegger）：海德格尔是埃德蒙德·胡塞尔（Edmund Husserl）在弗赖堡大学的继任者,胡塞尔则是20世纪著名的犹太裔德国哲学家和数学家,也是哲学现象学的创始人。胡塞尔对海德格尔的影响很大,对法国存在主义的影响也很大。海德格尔（Heidegger, 1927）在其代表作《存在与时间》（*Sein und Zeit*）中建立了基础存在论。如果存在论是一种研究方向,它想沿着实体及其关系给现实一种秩序,那么,基础存在论试图通过事物的存在、事物间的复杂互动以及作为分析对象的语言,为其他的存在论提供共同的基础。因为可以在语言中发现现实和非现实的痕迹,所以,语言被视为合适的分析对象。从这一角度看,存在论与古希腊的形而上学相关。在语言理论和形而上学方面,海德格尔也影响了后来的维特根斯坦（Geier, 2017）。维特根斯坦可算作今天数字时代的先驱,他很早就提出这个问题：人和机器的区别在哪里？海德格尔（Heidegger, 1958）在《蓝皮书》（*Blaues Buch*）中也思考这些问题："什么是痛苦？""什么是思考？""什么是我的？"通过这些问题及其语言表述,个人能够把对手看作是一个人,因此,海德格尔认为,同情是人类的固有组成部分。

海德格尔分析的核心是存在性和可加工性,即存在和行动。海德格尔认为,现代技术改变了对价值结构的看法,并带来了破坏资源的危险,因此,他将技术和艺术区分开来,而艺术并不存在这种危险。技术的本质是建立在构成技术"支架"的基础上的,而"支架"在"锁定"的意义上可能又会启动不可逆转的过程。人类是地球的客人,无权破坏地球存在的条件。海德格尔在这里是非常现代的，即，他是反现代主义和技术怀疑论的代表，这在今天早已成为社会的核心。但是，海德格尔认为，这种存在条件的毁灭就发生在选择过程中。因为人的主观主义强调存在并赋予它首要地位，同时，使自己成为选择过程的主体和客体，因此，人的选择过程成为所有事物升级潜力的测量标准。实际上，这里的人道主义者建立在自我定义的精神全能的基础上，因此，他们更像是利己主义者。[①] 在这个过程中，人们以区分理论和实践之前的类别进行思考，而语言作为一种统治手段，可以扭曲思维，进而影响那些与冲突相关的交流。因此，人文主义也有其消极的作用。

　　这令人想到，在《托莱多的犹太女郎》（*Jüdin von Toledo*, 1855）中，弗朗茨·格里帕泽（Franz Grillparzer）说过：“近代人类的道路是从人文主义穿越民族主义，走向兽性主义。”这说明了海德格尔的阴暗面。[②] 叔本华（Arthur Schopenhauer）也有此看法，他认为，并不存在一个不依赖于感知的世界，相关的现实是超越想象的现实。在这个世界上，人可以通过自我观察而经历他自身，尤其经历自己的意志，这是一切（包括自然规律）背后的毫无理由的背景，因此，这种不顾一切条件的意志是盲目和自愿的。对世界的自我经历是一种思想，它表达了个性化和认识导向的感知，因此，不存在没有观察者的客体，即没有主体的客体。如果没有与理性世界的关联，行为就无法成行，从而使意

---

　　① 根据史蒂芬·霍金斯（Stephen Hawking, 1988，第八章）的量子理论，物质由虚无组成，这一事实是反对上帝存在的证明，因此，也没有给超越任何空间。

　　② 这令人想到帕特里克·聚斯金德（Patrick Süskind, 1985）的小说《香水》（*Das Parfum*），主人公让-巴蒂斯特·格雷诺耶（Jean-Baptiste Grenouille）认为，将少女罗拉·里奇（Laure Richi）剥皮是为了实现自己的目标，获得世界上最好的香水。

志自由相对化。在《作为意志和表象的世界》（*Die Welt als Wille und Vorstellung*）一书中，叔本华发表了他的名言（Schopenhauer, 1819）："一个人只能做他想做的，但不能要他想要的。"这说明，行为永远以意志为基础，即，除非是在忧郁的状态下，否则，人都可以从意志中自我解放出来，这种意志主要服务于避免自己的痛苦。为了在政治上实现这一点，必须由智力和精神都优越的人来统治，之所以如此，尤其因为在社会唯物主义之后是兽性主义。

但是，这种基于哲学思考的意愿不能直接转化为政治行动。实际上，在哲学和政治之间存在着无法逾越的鸿沟，即，行动意愿不等于行动，执行动力和贯彻执行是脱钩的。海德格尔在许多方面倾向于纳粹主义。海德格尔在1931—1948年的遗作出版时，沃尔弗拉姆·霍格雷贝（Wolfram Hogrebe, 2015）的书评认为，因为海德格尔所用手稿纸的颜色，对海德格尔的种族主义指控是空洞的，海德格尔的文章也可以看作暗黑文。海德格尔虽然是一个文化上的反犹太主义者，但他并不是一个粗鲁的种族主义者或生物上的种族主义者，因此，汉娜·阿伦特（Hannah Arendt）会成为海德格尔的学生兼情人。霍格雷贝（Hogrebe, 2015: 61）写道，海德格尔"没有性格，因此也没有坏的性格"。

（23）埃利亚斯·卡内蒂（Elias Canetti）：卡内蒂是1981年诺贝尔文学奖获得者，在其代表作《群众与权力》（*Masse und Macht*, 1960）中，卡内蒂（Canetti, 1960）从人类学实施权力的不同角度分析自我和群体的矛盾。在书的一开始，卡内蒂（Canetti, 1960: 9-10）就提出了人类的原始问题："除了害怕接触陌生世界之外，人类无所畏惧。""人类在自己周围创造的所有距离都是由这种接触恐惧决定的。""只有群体才能使人类从这种接触恐惧中解脱出来。"

卡内蒂（Canetti, 1960: 12-13）认为：群体是一种受情感引导的实体，群体能消除人的接触恐惧；被群体包围的人一旦消除了接触恐惧，就可以摆脱自己的"个体"状态，成为群体的一员；同时，在群体之外，产生了与其他族群的对抗——这可能导致生存斗争；恐慌是群体的自发解体；战争是群体之间的冲突——当敌人的死伤人数预期大于自己一方的死伤人数时，就会决定一战。每一场战斗都有两组群体：活着的我方群体，预期的敌方死伤群体；卡内蒂（Canetti, 1960: 66-79）称之为双方群体。

这些群体有四个特征：一、他们想保持增长；二、在结构内保持平等；三、群体喜欢聚集在一起，喜欢人口密度；四、他们需要一个自发的且由一位领导者支配的方向。在这样做的过程中，群体利用自己的象征符号，象征符号会以形象的语言表达出来；因为群体象征也会用以解释群体现象，因此会成为隐喻。卡内蒂（Canetti, 1960: 81-100）提出的群体象征包括火、雨、风、海洋、森林、稻谷等，比如，群体总是处于混乱之中，就像大海波涛汹涌一样，而军队正如森林一般坚定不移。

与古斯塔夫·勒庞和弗洛伊德的观点不同，卡内蒂认为，如果群体拥有一个领导者，那么这个领导者并不是来自群体的现象或集体性欲望的结果，而是基于命令服从体制的死亡威胁的结果。

卡内蒂（Canetti, 1960: 101-124）认为，歹徒是特殊的群体，他们表现为狩猎暴徒和战争暴徒。狩猎暴徒令人想到历史上的征服者或银行职员，2008 年金融危机以来，一些银行（比如雷曼兄弟银行）的职员用废纸"杀死"了那些毫无戒心的顾客。[①] 任何一个暴徒都需要一个对手，

---

① 桥水这家对冲基金公司过于显眼，甚至美国康涅狄格州人权委员会都处理过它——因为它是性、恐吓、恐怖和监视的混合物，桥水被视为"暗黑帝国"（Hulverscheidt, 2016c：21）。

企业或国家经济战争的参与者都可以被称为战争暴徒。这类结构的形成基础往往是失败，战败后首先出现被告，然后出现战犯，在战争胜利时，他们庆祝胜利，以提高群体的吸引力，卡内蒂称之为歹徒繁殖。

人类自小就习惯了命令和服从，命令和服从被认为是人在社会化过程中的常数，它们以强者的权力为基础，这可以解释暴徒之间的权力关系。它们建立在强者权力的基础上，这权力尤其因专制和集权结构而突出。命令要求执行，接受命令者了解命令所蕴含的权力，如果不遵守命令，就存在被惩罚的可能性——在极端情况下，它决定着生死。现在，卡内蒂（Canetti, 1960: 335-371）把命令拆分为两个部分，即激励和折磨；因为命令起激励的作用，在极端情况下，因为担心惩罚而采取行动，并按照施令者的要求行事；因为人并不是自愿执行命令，所以仍然存在刺痛感；这种痛苦是永久性的，只有当命令的关系发生逆转时，或者当施令者成为接受命令者时，这一痛苦才能得到缓解。在权力更迭时经常出现这类现象。所谓的权力更迭，就是经济中的整顿者和被整顿者之间的权力关系发生了变化，或者接受命令者可以自己向属下的个人或群体发号施令，从而感受到自己的权力；权力的折磨导致了某些行为，甚至导致自我否认。只有当命令的来源被消灭之后，才会出现理智的后果——但是，肇事者却不能因为紧急状态的命令而把理智的后果与自己联系起来。在惩罚战争犯罪和在经济战争中采取行动时，尤其是在故意毁灭第三方财产的经济战争行为中，也会出现这类现象。

（24）让-保罗·萨特（Jean-Paul Sartre）：在其代表作《存在与虚无》（*L'être et le néant*）中，萨特假设（Sartre, 1943），人生而自由，因此，他将存在主义发展成为一种政治哲学，存在主义政治哲学对1960年代欧洲的社会辩论产生了重大影响。萨特的名言是，"存在先于本质"，因为人类被扔到一个起初既无善也无恶的世界上，所以人只能通过自己的行动才能成为一个个体；在这种条件下，人类所负责的一切都是道德的——在极端情况下，杀戮也是道德的。萨特认为，人是他自己的唯一的立法者。后来，在政治经验的背景下，萨特对他的这一思想做了限制，因为他的存在主义不得不被视为反人道主义。尤其是，他认为，马克思主义是一种终结状态，这与存在主义的被抛弃相矛盾，所以，对于自己早期倾向于马克思主义这一点，他也做了相对化。

（25）阿尔贝·加缪（Albert Camus）：加缪生于阿尔及利亚，他后来成了存在主义法国学派的第二位核心人物。加缪的代表作有《西西弗神话》（*Le Mythe de Sisyphe,* 1942）[①]、《局外人》（*L'Étranger*, 1942）和《鼠疫》（*La Peste*, 1947），在这三部作品中，加缪谈及个人和机构与荒谬的对立，即，不可能理解世界的痛苦。加缪认为，对荒谬的认识有助于接受它并反抗它；个人只有努力去寻找意义，才能从荒谬中解放出来，但会产生生存冲突，因为另外一种可能性是反抗。人可以选择接受这种荒谬，因此，就像西西弗一样成为幸福的人，或者人可以扭转这种荒谬，通过自杀来结束这种循环。今天的典型例子就是1988年以来的金融危机及其对抗者；一方面，对于民众而言，似乎所观察到的事件是荒谬的，另一方面，民众要求对这荒谬的事件做出解释，而这些解释是被拒绝的，正如伯纳德·里厄医生（Bernard Rieux）所言，"与瘟疫做斗争的唯一方式就是真相"（Camus, 1947: 54）。

（26）安·兰德（Ayn Rand）：她生于俄罗斯，原名阿丽萨·济诺维耶芙娜·罗森鲍姆（Alissa Sinowjewna Rosenbaum）。安·兰德假设，个人道德具有优先地位。她的学说也被称为客观主义。安·兰德认为，存在一个独立于意识的现实，现实可以通过理性、逻辑和纯粹的

---

① 这部作品是对索伦·克尔凯郭尔（Kierkegaard, 1842）作品《恐惧和战栗》（*Furcht und Zittern*, 1842）中人物亚伯拉罕的改写。

经验主义来把握，因此，理性成为一种主要的伦理美德，以此为基础，兰德创立了理性的自我主义，这正是她的小说主人公的生活准则，比如兰德的小说《源泉》(*The Fountainehead*, 1943)中的豪沃德·罗欧克(Howard Roark)和《阿特拉斯耸耸肩》(*Atlas Shrugged*, 1957)中的约翰·加尔特(John Galt)，他们都是孤独的战士。因此兰德认为，国家的首要任务并不是向有需要者提供帮助，而是防止危险；社会更应使富有创造力和动力的人免受各种社会政治枷锁的限制，所以，一个理性而强大的个人的任务是打破这些枷锁的束缚。因此，利他主义是自我强迫剥夺自己的成就，相反，自我主义是创造一个不受剥削的国家的方式。这要求把个人自由最大化，不必顾忌社会自由[①]及国家秩序的相关功能，比如，法国哲学家埃米尔·杜尔凯姆(Émile Durkheim)在《论社会主义》(*Le socialisme*, 1896/1928)一书中，鉴于资本主义的动荡而研究过这些功能。相反，公共职能仅限于警察(限制犯罪)、司法(保护财产)和军事(防止外国侵略者)。兰德的思想为1990年代以来的全面反对市场干预建立了哲学基础——许多政治家和经济学家的思想都基于安·兰德的哲学，比如罗纳德·里根、玛格丽特·撒切尔或艾伦·格林斯潘(Alan Greenspan)。格林斯潘的"黄金和经济自由"(Gold & Economic Freedom)一文论及1929年世界经济危机，他写道(Greenspan, 1966)："如果剥去其学术术语的特征，福利国家只不过是一种机制，通过这一机制，政府没收社会生产者的财富，来支持大量的社会福利计划。大部分没收由税收完成。但福利统计者很快就会认识到，如果他们希望维持政治权力，那

---

①　根本思想是，许多自由产品实际上是公共产品，能共同开发。通过社会自由可以解决自由、平等和博爱之间的矛盾，自由、平等和博爱正是法国大革命的理想(Honneth, 2015: 51-83)。

么就必须要限制税收数量,并且他们不得不诉诸巨额赤字支出计划,比如,他们不得不通过发行政府债券来借款,以便能把财富扩大到大规模的福利支出。"如果没有这种自我主义意识形态,就很难理解2012和2013年的美国税收争论和危机中被拯救企业的行为,它们(比如,保险公司美国国际集团)曾经想控告美国政府,要求国家支付补偿金。

(27)塞缪尔·亨廷顿(Samuel Huntington):亨廷顿曾担任美国政府安全与军事政策顾问,他特别分析了军事和民间社会之间的矛盾关系。他指出,有必要对冲突进行明确的分析,以便掌握并处理系统性关系,建立和平秩序。亨廷顿是哈佛大学政治学教授,他的著作《文明的冲突与世界秩序的重建》(*Clash of Civilizations and the Remaking of World Orders*)有助于分析现代社会冲突线(Huntington, 1996),但由于他的言论被认为具有种族主义色彩,所以受到大量批评。在亨廷顿之前,本杰明·巴伯(Benjamin Barber, 1995)在《圣战与麦当劳世界的对抗》(*Jihad vs. McWorld*)一书中指出,种族取向与全球资本主义的市场体制之间存在对抗。理查德·戴维·普列斯特(Richard David Precht, 2015)的论文切中要害:这是死气沉沉的资本主义与血腥政治之间的斗争,这种政治是一些担心自己身份认同的人的政治。

亨廷顿提出的核心问题是:从启蒙运动到今天,哪些文明发展奠定了民主的基础,并使越来越多的世界人口卷入了第三次浪潮之中?他认为,在这个过程中,尤其因为冷战,现代西方社会是一个脆弱的实体,不再由意识形态维系在一起,在其他地方西方预防或遏制冲突的强大力量已经消失,这就导致了新的文明冲突。在《外交事务》杂志上,亨廷顿(Huntington, 1993)写道:"我的假设是,在这个新世界中,冲突的根本根源将不再主要是意识形态和经济。文化将是人类之间的巨大分歧和冲突的主要根源。民族国家仍将是世界事务中最强大的行动者,但全球政治的主要冲突将发生在不同文明的国家和群体之间。文明的冲突将主导全球政治。文明之间的断层线将是未来的战场。"

亨廷顿认为,当今世界存在八大文明:西方世界文明、东方东正教文明、中南美洲天主教文明、伊斯兰文明、非洲文明、中国文明、印度文明和日本文明。在这八大文明中,三种文明是核心的挑战:伊斯兰文明、中国文明和印度文明。亨廷顿认为,这里的问题是,伊斯兰文明与非伊斯兰文明之间差别很大,两者之间发生冲突的可能性也较大。对此,他做了如下解释:

- 基要主义:随着其他约束力的减弱,出现了对基本结构的求助;不能期望,历史上逐步形成的凝聚力会简单地消失,比如宗教。不会出现普世主义文化。

- 地球村和经济区域主义:世界正在走到一起,各种文化之间的力量平衡正在发生变化。不同的价值观变得比以前更加明确,原教旨主义的观点也趋于稳定。

- 新身份认同的建立和文化身份认同的稳定性:全球化弱化了地方和区域身份,宗教身份认同甚至能远距离地克服地方和区域身份。建立在相互竞争的价值观基础上的社会正在出现,相比政治问题或经济问题,这些社会之间更难产生妥协。

- 西方的双重角色:西方使世界其他地区两极分化,造成了边界冲突,其原因是,一方面,西方是榜样和力量(换言之,美国是霸主),另一方面,西方与自己的传统在竞争。美国必须后撤,同时也要领导世界。

这造成了两种类型的冲突，即断层线冲突和核心国家冲突。前者的特点是邻国之间的直接冲突，巴尔干冲突就属于此类，这类冲突的影响有限，因此，与涉及大国的核心国家冲突不同，它们可以通过外部干预得到遏制。

一个重要论点与文明的现代化相关，尤其是非核心的现代化（如俄罗斯），亨廷顿认为，这种现代化往往优先发展威权主义，来稳定一个国家，因此，亨廷顿也质疑普遍民主原则。在一个多极化和多元文化的世界里，普遍民主原则并不能回答身份认同的问题："你是谁？"这个问题正在被一个政治团结问题所替代："你站在哪一方？"中国已崛起为世界强国，2018年以来的中美经贸摩擦已经证明了亨廷顿的论点。

亨廷顿的许多论点令人想到奥斯瓦尔德·施宾格勒（Spengler，1918，1922）：在亨廷顿的文化圈理论中，他假设了文化的周期性出现和消失，无论如何这种周期会发展得越来越慢，但不会停下来，因此，亨廷顿提出了一种文化决定论假设，以前，只有马克思主义做过这一假设。亨廷顿认为，人民是文化的产物，民族是人民的思想，因此，文化成为一种沙文主义的战斗概念。亨廷顿在普鲁士文化保守主义的影响下，创立了一种进步悲观主义，根据这一理论，如果一个社会没有做好应对冲突的准备，那么，这就是社会衰落的开始。亨廷顿还认为，文化的周期受到了恺撒主义的压力，这种恺撒主义是大众民主固有的独裁倾向，这使人想到罗伯特·米歇尔斯（Michels，1911）所谓的寡头政治第一原则。在《反叛现代世界》（*Rivolta contro il Mondo Moderno*，1934）一书中，意大利文化哲学家尤利乌斯·埃佛拉（Julius Evola）提出了类似的观点，这本书从贵族-罗马-古典的角度，从法西斯的角度出发，对当时的一切政府形式和统治形式进行了阐述，其目的是区分阶级、种族或民族。这一论点的批判者主要是阿马蒂亚·森（Amartya

Sen, 2007）和乔纳森·萨克斯（Jonathan Sacks, 2005）。最近，罗伯特·卡根（Kagan, 2003: 3）继续发展了这一论点，他认为，欧洲人几乎认识不到现代的真正对抗性，所以，他假设，"美洲人来自火星，欧洲人来自金星"。

（28）安德烈·格鲁克斯曼（André Glucksmann）：按照犹太-德国-法国的传统，这位法国哲学家从一位准萨特式存在主义者变成了一个完全接受泛欧洲传统的启蒙主义者，但他仍然忠于自己，他为国家赋予了一项主要的干预主义任务，以便实施秩序原则。在此背景下，沿着从唯心主义哲学到辩证法的哲学道路，他系统研究了德国哲学，这包括费希特、黑格尔、马克思、尼采和海德格尔的哲学，他试图消除德国哲学中的潜在暴力。在 1960 年代初，他预计，在统治精英的推动下，长期来看，法国会走向法西斯主义，所以，他才专注于无政府状态，后来他研究自由主义者的生存。格鲁克斯曼原来是法国共产党党员，1957年，他因抗议俄罗斯入侵匈牙利被开除党籍，随后，他加入了无产阶级团体。他与法国哲学家伯纳德-亨利·莱维（Bernard-Henri Lévy）合作撰写了多篇文章，呼吁公众注意巴尔干半岛和利比亚的大屠杀，这样就产生了新哲学。格鲁克斯曼认为，文明也是一个群体排斥邪恶并使其成为禁忌的能力。格鲁克斯曼（Glucksmann, 1967）的著作《论战争》（*Le discours de la guerre*）使他成为著名的国家哲学家，但他（Glucksmann, 1983）在《战争的力量》（*La force du vertige*）一书中谈到了西方，尤其是西方的和平运动。他认为，为了维护其自身利益，现代极权主义者无所不用其极，对于西方的和平运动不但视而不见，甚至还借口发生了极端紧急状态，强调要进行威慑。他认为，国家应利用它的暴力垄断实施武力威胁，紧急情况下可以威胁对方会成为第二个广岛，以此来避免新的奥斯维辛或劳工营。

4.3.4　20世纪的极权主义

（29）贝尼托·墨索里尼（Benito Amilcare Andrea Mussolini）：墨索里尼是家中长子，他被认为是法西斯主义重要的创始人之一。墨索里尼是担任《阶级斗争报》的编辑，然后是《前进报》的主编，借助报纸，他因其民族主义思想而著名，并创办了右翼国家报纸《意大利人民报》，这份报纸成了他的喉舌。他反对右派，他认为，右派没有改革能力，他也反对破坏国家的左派。1919年春，他建立了第一个战斗联盟，把它当作反对党的核心雏形，即一种新型的政党。他的社团主义与美国新政的经济政策理念很相似，他是西奥多·罗斯福（Theodor Roosevelt）思想在意大利的重要传播者（Schivelbusch，2005）。法西斯主义的象征是中间插着一把斧头的"束棒"，"束棒"作为统治符号可以说明反对军事和经济权力的主张。这与罗马帝国的传统相关，比如，他们试图将地中海地区变成意大利统治区，并占领了北非部分地区，使它们变成殖民地。法西斯统治的典型因素很早就出现了：拒绝议会制、民主、自由和多元化，将对群众运动的统治合法化，反对共产主义。所以，意大利法西斯主义谴责自由社会取得的成就，并认为这些成就毫无意义且无聊，这对今天的经济战士是有教育意义的：意大利法西斯主义成功地克服了其成员在身份、先天智慧、社会阶层方面存在的差异，并通过秩序规则和市场彻底解决了严重的道德冲突。与此对应的是革命者，为了解决这些矛盾，他们把战争当作进步的催化剂，破坏社会的自我满足和不作为，在确定的共同体前线进行防守。

（30）阿道夫·希特勒（Adolf Hitler）：希特勒早期受到左翼极端主义的影响。之后，他的反种族主义才发展起来，这与当时的革命中间派相对立。斯文·克利尔霍夫（Sven Kellerhoff，2019）在"希特勒政治生涯开始于左派极端主义"（Hitlers politische Karriere begann im Linksextremismus, 2019）一文中认为，希特勒力图远离革命中间派的行动，这并不是维也纳时期对希特勒的影响。希特勒（Hitler, 1924）在兰德斯贝格监狱写下《我的奋斗》（Mein Kampf），该书显示，他试图把自己的革命斗争写入反马克思主义的草案中。这一反马克思主义方案使歧视和权力的不平等合法化，尤其是，它否认了人类尊严的不可剥夺性；这一思想尤其表现在他的有关种族本质的言论和种族斗争的合理性中（Hitler, 1925: 313）："因为根据数量，劣等的东西相对于最好的东西总是更多，在维持生命与繁殖的机会相同的条件下，劣等的东西会繁殖得更快，最终，最好的东西会被迫退居次要地位。因此，必须为了更好的东西做些修改。"① 在这种背景下，希特勒肆无忌惮地实施一种种族意识形态，这包括德国发动的毁灭性战争和对犹太人、吉卜赛人、同性恋者、残疾人以及其他不受欢迎的人实施的大屠杀。希特勒无法抑制地想要毁灭和战争，这往往归咎于他在青年时代的失败：他曾梦想成为艺术家和成功的公民，却未能实现。彼得·朗格里奇（Peter Longerich, 2015）在《希特勒传》（Hitler）中认为，希特勒是自信和狡猾的，他始终追求自己的全能地位，也残暴地消灭对手；希特勒能审时度势地处理复杂的事务，并使其有利于决策。布里吉特·哈曼（Brigitte Hamann, 1996）在《希特勒的维也纳——一位独裁者的学习年代》（Hitlers Wien—Lehrjahre eines Diktators）中写道，当时的希特勒与流浪汉和合

---

① 该书的加工历时很长，所以，能发现希特勒的立场改变轨迹。对此，克里斯蒂安·哈特曼等学者（Hartmann, et al., 2015: 742）在《希特勒，我的奋斗：编辑分析》（Hitler, Mein Kampf: Eine kritische Edition）中指出，这与张伯伦（Chamberlain, 1899）的理论有关，也与准科学人类学研究相关，这一研究尤其可以证明，北欧人种的繁殖率降低了。

租户几乎毫无差别，也没有显示出未来犯罪的可能性，但他明显支持救赎教义，这些教义在未来能给平凡和卑微的人们带来辉煌。当时是多民族的环境，议会的作用有限，受工业化的影响，社会结构备受压力，这一切共同导致了大量问题，这与维也纳现代派形成了强烈对比，而希特勒却被维也纳现代派排除在外。这似乎塑造了他对民主、文化多样性的拒绝，以及他对公民区（包括成功的犹太区）的憎恨。[①] 对此，雷金纳德·菲尔普斯（Reginald Phelps, 1968: 394）在其首次纲领性种族主义演讲中做了总结和评论："犹太人似乎是人民的亵渎者、种族退化的始作俑者、公共卫生的破坏者，犹太人是首先摧毁生产资料、然后毁灭一切人民文化的极度饥饿者。艺术、文学、新闻、戏剧和女孩买卖——这一切都掌握在犹太人手里，这一切都为建立其独裁统治服务。"在"希特勒在哪里学习经济"（Wo Hitler Wirtschaft lernte）一文中，尼古拉斯·皮珀指出（Piper, 2019），希特勒读了戈特弗里德·费德尔（Gottfried Feder）的书《打破利益桎梏宣言》（*Manifest zur Brechung der Zinsknechtschaft, 1919*），从中了解了反犹太主义思想，该文建议取消利率——这使人想到西尔沃·格塞尔（Silvio Gesell）和全货币金融倡议（见第 11 章）——并提议把国家的债务货币化，方法是，把国家债务变成一种支付手段——这和今天欧洲央行的做法很相似。戈特弗里德·费德尔使"臭钱"和"拜金主义"这两个术语流行起来，皮珀认为，今天，这两个术语令人想到一些极左翼和极右翼，他们都轻率地使用这两个术语。据说，1945 年 4 月，在自杀前不久，在柏林的地下

---

① 克里斯蒂安·哈特曼等学者（Hartmann, et al., 2015: 768/770）的书评指出，19 世纪以来的时代有强烈的种族主义倾向，他们引用本杰明·迪斯累利（Benjamin Disraeli）的话："一切都是种族，别无其他事实。"

堡垒中,希特勒发表了一番讲话,①明确表达了种族主义思想中的拣选定律和毁灭思想:"如果战争失败了,人民也随之灭亡,这完全无所谓。我不必为此流泪,因为它除了灭亡之外,别无所值。"在《纳粹道德秩序》(*Moralische Ordnungen des Nationalsozialismus*)一书中,沃尔夫冈·比亚拉斯(Wolfgang Bialas, 2014)强调了纳粹极端的特殊道德,这种道德仅涉及德国,这表明强者的权力和种族不平等被置于人道主义和基督教价值之前,成为主要的选择因素。凭借这一教条,纳粹道德一方面在集体意志和牺牲的意义上,另一方面在屈服和毁灭的意义上,试图使分裂合法化(Wildt, 2014)。蒂莫西·斯奈德(Timothy Snyder, 2016)在《破坏区》(*In der Zone der Zerstörung*)一书中,将希特勒描述为一个从种族主义角度思考的无政府主义者,他持有特定的犹太教观点,创造了一个国家毁灭和人类毁灭的世界。最重要的是,希特勒思想中的极端性尤其蕴含着全球性斗争。尤瓦尔·赫拉利(Harari, 2016: 348)描写了希特勒掌权的过程,希勒特通过战争经验学会了统治,建立了后来的权力地位:"当希特勒呼吁德国选民并寻求选民的支持时,他唯有一种论据来争取他们:他在战壕里的经验已经教会他,这是人在大学、在总参谋部或在国家管理部门永远都学不到的东西。人们追随他,投票选举他,因为他们与他有一致性,因为他们也相信,世界是一片丛林,那些不能杀死我们的东西会使我们变得更强大。"本恩特·冯·洛林霍芬(Bernd von Loringhoven)是最后一位逃出柏林地下室的人,在《与希特勒在地下室中》(*In the Bunker with Hitler*)一书中,洛林霍芬(Loringhoven, 2005: 82-92)描述了希特勒的个性,希特勒的性格与精神病患者的一些性格很接近(参见第2章):精神集中、冷酷

---

①　参见http://www.quotez.net/german/adolf_hitler.htm,阅读时间:2014.09.01。

无情、魅力无穷、能操控他人。

在《纳粹经济体制：1933—1945 意识形态、理论和政策》(*Das Wirtschaftssystem des Nationalsozialismus: Ideologie, Theorie, Politik 1933—1945*)一书中，德裔以色列科学家阿拉哈姆·巴凯强调(Avraham Barkai, 1988)，与政治反对派相比，尤其与社会民主党相比，纳粹呈现出相对的现代性；尤其是，纳粹推行凯恩斯主义，凯恩斯(Keynes, 1936)在《就业、利息和货币通论》德文版首版出版时也曾提及，这似乎是德国社会认可纳粹的重要理由。德国社会认为，与经济紧缩政策相比，纳粹更能为社会所接受。在 1929 年经济危机时期，帝国总理海因里希·布吕宁(Heinrich Brüning)仍然实施经济紧缩政策，这加剧了经济危机时期的贫困。

（31）乌尔里克·梅茵霍芙(Ulrike Meinhof)：她是巴德尔·梅茵霍芙集团和红军旅的领袖，她对联邦德国在建国初期面临的最大的政治和经济挑战之一负有责任。梅茵霍芙接受了约翰·加尔通(Galtung, 1969)的结构性暴力概念，加尔通是挪威和平学研究专家，加尔通称"结构性暴力"为"对人类基本需求的可避免的伤害"。于是，暴力变成了制度现象。[①]而制度作为一个重要的社会存在，成为暴力的承担者，暴力甚至可能被定义为道德上可接受的行为，并产生严重后果。梅茵霍芙认为，联邦德国的政治体制在实施结构性暴力，在国家和经济中存在制度暴力，制度暴力是反社会的压迫工具，所以，在各阶层实施反暴力是正当的。红军旅宣传，国家和经济机构利用暴力来对社会实施压迫，对此，红军旅在全国实施恐怖行动，其口

---

① 这类似于"借刀杀人"，即，利用制度条件损害竞争对手，但不必弄脏自己的手。

号是"摧毁一切能摧毁你们的东西！"这口号要说明红军旅暴力行动的正当性。这种国家和政治的结合叫作国家垄断资本主义，是资本主义制度的最高阶段。梅茵霍芙认为，可以剥夺对手被作为人来看待的权力（"警察是猪"），因此，红军旅实际上与希特勒这种极权主义者一脉相承。他们瞄准了经济决策者，比如汉斯·马丁·施莱尔（Hanns Martin Schleyer）、尤尔根·庞托（Jürgen Ponto）以及他们的后代，以进行谋杀，这说明了他们的打击方向：对准经济界代表，根据德意志第三帝国的经验，他们将企业家和雇员之间的社会平衡作为他们行动的重点，以避免阶级斗争变成经济内战。

4.3.5 去殖民化与民族解放

一些知识对于理解亚洲的去殖民化很重要，一些反殖民地斗争的领袖后来成了国家领导人，比如中国的毛泽东和越南的胡志明，他们都对1919年巴黎和会的议题发表了意见。当时，他们不得不认识到，一战的战胜国要保证自己的原材料供应和销售市场，阻止战败国德国的发展，所以，战胜国并不期望看到自由的公民和独立自主的国家。[①] 于是，前德国殖民地青岛在《凡尔赛和约》中被判给日本，直到今天，这一历史仍被中国人视为国耻。同样在1919年，印度独立运动引发了阿姆利则惨案，这导致了圣雄甘地的崛起，他成了印度次大陆去殖民化的领袖。甘地因和平不抵抗运动而闻名于世，但由于在印度和巴基斯坦成立时对于边界的划分比较随意而最终失败，这是延续至今的印巴冲突的根源。在中国和越南，纪律严明的共产主义运动成了实现民族目标的基石，他们的领导人一同经历了1960年代的欧洲和美国的政治解

---

① 殖民主义的经济战争倾向见本书第9章。

放运动。

（32）毛泽东：日本侵略中国，西方列强对中国实施殖民统治，这些历史在很大程度上能够解释，为什么中国在第一次世界大战后实行了共产主义革命。一开始，支持共产主义革命的人群比较弱小，他们是知识分子，或者是无权无势的人，对于中国在第一次世界大战后巴黎和会的谈判中未被承认为平等的战胜国，知识分子感到很失望。西方在技术和资金上支持国民党，长征是成功的举措，使共产党人获得了地理空间，脱离了国民党的控制，从而把共产党的军队推进到了抗日战争前线。为了理解中国，必须认真研读《毛主席语录》（1967）。《毛主席语录》蕴含儒家和佛教的哲学，这意味着，《毛主席语录》是一种纯粹的思想，没有任何不正当的附属品。

4.3.6　21世纪的身份认同冲突

在21世纪初，各种冲突逐步形成，这与卡尔·施密特、阿图尔·施尼茨勒、弗朗西斯·福山和塞缪尔·亨廷顿的理论联系起来。同时，这些冲突与建立身份认同的重新思考有关，帕尔·克尔斯托认为，合法化的人民和文化是一种特殊的身份特征。新极右主义派正在谈论的核心问题是：国家的本质是什么？什么塑造了国家身份？是否存在身份认同之战？加缪是最激进的种族主义代表之一，加缪（Camus, 2011）在《人口大置换》（*Le grand remplacement*）一书中预测，穆斯林风暴正在欧洲兴起。左派党也宣传身份认同问题：社会可分为多少种身份？它们要求少数人的权利，比如在性别问题上、在族群上，这些族群的权利因移民而受到挑战。这与右派的观点有很大的重叠。这种左倾、革命性观点与当前的民主规则、多数派能一致吗？身份认同冲突的这两种特征强调不同性和区别，它们与基督教的人类形象有根本冲突,基督教认为,人类具有上帝的形象,它有助于克服内心和外部的不同。

实际上,全球人文主义并没有解决大部分人的身份认同问题,相反,其后果是,出现了一种虚空,这种虚空现在正被进化的民族主义所填补,它使政治制度备受压力,因为如果制度不能对公民做最低限度的识别,那么,国家也只能以高昂的交易成本运作。

最近几年来,危机在持续,危机已成现状,必须尽快做出决策,但却做不出决策;这种危机的表现是观望态度、潜伏的对手和不稳定。在这种情况下,只有在交易成本很高的条件下,制度才能长期维持稳定,国家和社会更是如此。

(33)阿兰·德·伯努瓦(Alain de Benoist):伯努瓦被认为是有影响力的人物和新右派之一(Meister, 2018),也是媒体的幽灵。伯努瓦的核心题目是社会身份问题,因此,伯努瓦成了认同运动的文化推动者。伯努瓦认为,社会结构极其脆弱,因为已经取得的现有社会地位在全球化背景下,不再稳定,因此,身份认同崩溃,政治体制也经历同样的遭遇。因此,有必要出现一种新型政治家,他们能够认识到社会潮流,这一观点很接近现代民粹主义。伯努瓦(Benoist, 2017)在《民粹时刻》(Le moment populiste)中表达了这一观点,他描述了三种被抛弃的情况:政治上,因为稳定西方民主制的党派已经精英化,他们对广大群众的问题不再感兴趣,所以,右派放弃了民族,左派放弃了人民;这将导致中间派与传统的精英发生分裂,传统的精英不再愿意或无法解决中间派的问题。伯努瓦描写了社会压力,当人们不断担心降级时,就形成了压力。伯努瓦看到了一种被货币经济和金融资本篡夺的文化和社会的不断扁平化,人们的身份被剥夺了,从而社会凝聚力遭到了破坏,而社会凝聚力是社会稳定的关键基础;因此,伯努瓦(Benoist,

2011）认为，社会几乎《站在悬崖边上》（*Au bord du gouffre*）。因为上述论点，伯努瓦成了自由资本主义和政治自由主义的反对者，同时，他在古典右派立场和左派立场之间摇摆，但他认为，这不是现代派的立场。实际上，他要求经济战争，理由是，市场经济体制中不存在全球通行的原则，这会自动引发经济战争。

（34）彼得·斯劳特戴克（Peter Sloterdijk）：在其代表作《愤怒与时间》中，斯劳特戴克（Sloterdijk, 2008）研究了欧洲文化史和对抗史，他认为，西方文明的开端是荷马著作《伊利亚特》（*Illias*，约前 800）中勇士阿喀琉斯的愤怒。这种愤怒包含一种神圣的创造性，它促使变化，并建立在一种激情的世界观上，即愤怒与战争、愤怒与仇恨的世界观。斯劳特戴克认为，所谓激情，在极端情况下，它会使人因人自己的不完美而反对自己，反过来，这又是一种基本存在的精神；现代派的问题是，从未能够成功地把愤怒驱逐出世界，只有在激情的条件下，自由作为社会的目标才能获得广泛承认。如果这些不能成功，愤怒会以两种形式发挥它的爆炸性效应：一、在恐怖中，在自我正义中，在实现全能想象中；二、存款到某一银行账户，通过这种存款，在道德上进行攻击，点燃炸药，实施报复。精神分析认为，上述社会异常行为主要因为性欲未能满足，而斯劳特戴克反对这种基于性欲的精神分析。潘卡杰·米什拉（Mishra, 2017）在《愤怒的时代——现代的历史》中也提出了类似的观点，米什拉认为，现代派越来越质疑富裕和平等诺言，这是愤怒的果实。这使人想起，马克西米连·罗伯斯庇尔（Maximilien de Robespierre）认为，为了迅速而严格的正义，如果恐怖主义不顾个人利益，使公共利益得到实施，那么，恐怖主义就是一种美德。

（35）罗尔夫·彼得·希菲尔勒（Rolf Peter Sieferle）：与许多现代保

守派或右派国家哲学家一样,希菲尔勒的职业生涯始于极左翼的环境,他后来任圣加仑大学历史系教授,具体而言,他担任海德堡大学社会主义德国学生联合会的临时主席。他的博士论文研究卡尔·马克思。在"地下森林——能源危机和工业革命"(Der unterirdische Wald—Energiekrise und industrielle Revolution)一文中,希菲尔勒(Sieferle, 1982)讨论了自然资源对工业史的意义,之后,他创立了历史生态学,因此,他赢得了国家和国际的认可。后来,他批判普遍人道主义,他认为,在全球化的世界上,普遍人道主义无法自圆其说。

希菲尔勒的思想与弗朗西斯·福山的思想形成强烈对比,在《时代变换》(Epochenwechsel)一书中,希菲尔勒(Sieferle, 1944)写道,自由市场经济的胜利是一种幻觉,并不意味着历史和意识形态的终结。自由的社会本质上是不稳定的,尤其因为自由的社会不能创造文化的稳定,无法避免遭遇暴力和野蛮。此外,自然资源终会枯竭,长远来看,这会导致自由经济模式的崩溃。实际上,他认为,在德国社会中缺乏一种贵族的视野,这种视野反对小资产阶级的环境,从而在制度竞争的背景下促进制度的竞争力。

2017年,希菲尔勒的遗作《德国末日》(Finis Germania)出版,引起轩然大波,该书成为备受批评的畅销书。希菲尔勒假设,在经历奥斯维辛集中营和德国战败后,德国有一条特殊道路,一方面,这导致缺乏社会道德勇气,并导致对经济繁荣的依赖性,另一方面,这导致社会无法应对新的历史挑战(如移民);希菲尔勒认为,尤其从生态的角度看,后者是一种危险,社会必须防止后一种危险。以工业开采资源为基础的繁荣是过去几个世纪的特殊现象,但这种繁荣不会持续下去,因此,承受移民的基础是薄弱的。文化资本的消耗以及随之而来的不可避免的衰落使人想到奥斯瓦尔德·施宾格勒的论点。

由于希菲尔勒的预言——2015年难民危机——似乎应验了，但没有获得足够的认可，这促使他把维护德国的民族认同作为核心主题，他认为，这注定了文化的衰落。

（36）米歇尔·维勒贝克（Michel Houellebecq）：维勒贝克号称文化批评家，他认为，西方消费社会是自恋的、以自我为中心的、只困在回声室里的社会，因此，西方消费社会没有沟通能力。2018年，他获得了奥斯瓦尔德·施宾格勒奖，这指明了他的基本思想：西方社会正在退化，如果不提高西方的文化素质，它注定要衰落。在这种背景下，在维勒贝克（Houellebecq, 2015）出版《屈服》（Soumission）的当日，法国杂志《查理周刊》遭到了恐怖袭击，这可就意味深长了。在《查理周刊》封面上，维勒贝克被称作魔术师，并预言："2015年，我的牙都掉光了，2022年，我庆祝斋月。"（Charlie Hebdo, 2015）

《屈服》的出版使维勒贝克备受诟病，有人指责他是反犹主义者和种族主义者，他在培养人们仇视伊斯兰教。但是，与许多新右派不同的是，他很少把这些想法相对化，他甚至在谈话中确认了上述想法，这证明了伟大的精神自由。在施宾格勒奖的颁奖仪式上，他发表了感谢词（Houellebecq, 2018），他说，这并非西方世界的衰落，而是体制性自杀："西方世界作为一个整体正在自我毁灭，这是肯定的，顺便说一句，整个西方世界都会以这种方式理解这本书。但在西方世界内，欧洲选择了一种特殊形式的自杀，这包括，要杀掉民族和民族的各个组成部分。"他谴责，今天，在团结和利他主义基础上，仍然无法创造出稳定的社会结构。他认为，有两种竞争形式，即物种内部竞争和物种间的竞争。在《战线之延伸》（Extension du domaine de la lutte）中，维勒贝克认为（Houellebecq, 1994），实际上，生存的决定性条件并非更好地生产同样的产品，而是生产一种其他人都不可能生产出来的产品，这尤其适于文化领域。因此，一个社会的生存取决于两个因素——人口和宗教，人口要保证稳定的人口结构，宗教要创造文化意义。

（37）亚历山大·杜金（Alexander Dugin）：杜金是莫斯科国立大学政治理论学教授，无疑，他是对普京总统影响最大的哲学家，他的哲学载于《第四政治理论》（*The Fourth Political Theory*, 2012）中。该书似乎只是对左右派思想碎片的粗略总结，一个原因是，他的著作部分参照了尤利乌斯·埃佛拉的思想，而埃佛拉的作品表达了对现代世界的反抗。杜金认为，第一种政治理论是自由民主，第二种是马克思主义政治理论，第三种是法西斯主义政治理论。杜金参考了弗朗西斯·福山和塞缪尔·亨廷顿的理论，但他并没有描述第四种政治理论，他认为，由于世界政治格局的变化，自由主义失去了它最重要的对手，所以自由意识形态（后自由主义）使个体成为了一个规范和文化帝国主义的主题，从而个人越来越多地陷入与全球化的冲突中。与尼采一样，杜金认为，脱离信仰、传统和族群就是脱离了带来社会意义、文化意义、种族意义的经典设定，这是现代派的必然道路；人类应该抛弃一切驯化他的东西；存在思维变成了一种技术思维，这像脚手架一样把人捆绑在一起；海德格尔可能会称之为支架，即一个巨大的支撑，它象征一个全面的技术系统，存在就建立在技术系统的基础上。杜金认为，如果有人以保守的态度反对这一点，那他就是彻底的保守主义者。比如，一位伊斯兰教徒有似乎理性但封闭的世界观，一位自由保守派想疏导和塑造这种不可避免的过程，或一位革命派想利用新政治理论的力量，战胜迄今为止由种族、阶级或个性组成的身份认同，那么，杜金必然也称之为存在。杜金得出了政治（帝国主义）结论，他要求，俄罗斯必须承担这一角色，以便拯救欧亚大陆，使之免于内忧外患。在《马丁·海德格尔：另一种开始的哲学》（*Martin Heidegger: The Philosophy of another*

Beginning）中，杜金（Dugin, 2014a）认为，西方文明的衰落导致了危急状况，应采取政治解决方案。

随后，杜金（Dugin, 2014b）出版了《欧亚幻想——新欧亚主义介绍》（*Eurasian Mission—an Introduction to Neo-Eurasianism*）一书，在这部书中，杜金预言，俄罗斯与环大西洋北约各国之间存在冲突，这是陆上大国与海洋大国之间的冲突，就像罗马与迦太基之间的冲突一样。这里的俄罗斯象征文化多样性和唯心主义，海洋大国象征超自由主义体制，该体制实际上会把世界的一切功能经济化，这也正是《共产党宣言》的预言。从地缘政治角度看，这些思想令人想起，在"历史的地理枢纽"（The Geographical Pivot of History）这篇演讲中，哈尔福德·麦金德（Halford Mackinder, 1904）表达了他的地缘政治思想，这也说明，杜金认为，俄罗斯是一个大国，俄罗斯和环大西洋各国的地缘政治十分重要。这一思想与 19 世纪的海洋统治思想相关，即大国对世界海洋的统治能力（Langewiesche, 2019: 34-35）。杜金（Dugin, 2015）在《世界岛的最后一战——当代俄罗斯的地缘政治》（*The Last War of the World-Island—the Geopolitics of Contemporary Russia*）一书中对这一思想做了总结，他描述了俄罗斯的冲突，从其在基辅时代开始到今天，它建立了如今的历史传统，在全球化的今天，这些传统正面临着灭亡的威胁。实际上，为了拯救欧洲国家（所谓的日落国家）的传统，杜金制定了一条由意识形态决定的混合战线。列夫·基米尔杰夫（Lew Gumiljow）从历史角度丰富了杜金的思想，在《寻找魔幻王国——约翰教士王国传说》（*Searches for an Imaginary Kingdom, The Legend of the Kingdom of Prester John*）一书中，他明确指出（Gumiljow, 1987），俄罗斯不应向西发展，而应与中国形成欧亚联盟，以完成俄罗斯 8 世纪以来的历史发展。[①]

在"移民与再安置"（Immigration and Redistribution, 2018）一文中，阿尔贝托·阿勒斯纳等学者（Alesina et al., 2018）根据在六个国家的实证研究数据得出结论，随着对移民的认识，福利国家的团结意愿在下降。更普遍的是，随着人口异质性的增加，使人团结在一起的黏合因素消失了。因为人们都渴求身份认同，社会因此分崩离析，一方面是在排他性的民族多元化的意义上，大部分人是右派保守立场，另一方面是对个人主义的极端化，是一种左派革命性方案，它试图把每一种个人的主张转变为可以接受并且必须遵守的少数派社会政策。由于平等思想的极端化，与极左派的反民主（他们是启蒙运动失落的孩子）相对立的是极右派的反民主，由于平等观念的激进化，他们是部落原则失落的孩子，曼弗雷德·范·克里费尔德（Manfred van Creveld, 2018）在《平等——错误诺言》（*Gleichheit—das falsche Versprechen postuliert*）中假设，鉴于人类学所决定的持续对抗，在文化史上，平等是迄今为止很少成功的错误模式。实际上，这两种极端主义思想都坚持反抗的思想，即推翻过去的乌托邦，但在这个过程中，它们摧毁了现在的民主和自由，并为未来提供了一个专制主义者（如希特勒）领导下的血腥历史。尼尔斯·马克瓦特（Nils Markwardt, 2018）在"往返地狱"（Kopfüber in die Hölle und zurück）一文中称之为"不朽的政治"，这思想与托克维尔关于法国大革命经验的描述相关。在"可拯救我们的书"（Das Buch, das uns retten kann, 2018）一文中，安德里亚斯·罗森菲尔德（Andreas Rosenfelder, 2018）发展了莱因哈特·科塞莱克（Koselleck,

---

① 列夫·基米尔杰夫（Gumiljow, 2005）在《从罗斯到俄罗斯——俄罗斯民族史》（*Von der Rus zu Rußland—Ethnische Geschichte der Russen*）中说明了这种民族创伤（参见本书第3章）。

1973）的博士论文《批判与危机》（*Kritik und Krise*）[1]中的观点：他认为，欧洲思想史掌控了世界，并使世界陷入了永久的危机；他认为，私人道德从公民道德发展而来，私人道德不负政治责任，已经强大到足以摧毁整个国家形象。因为从人类学的角度来看，合作结构的出现和国家对暴力的垄断在精神上可以由战争、内战和人类的狼性来解释。罗森菲尔德写道（Rosenfelder, 2017）："在内战中似乎被击败的野兽只是沉睡在现代国家的最深处，它的确在道德领域泄了气，但最终又会变成真正的战争——这种思想乍一看似乎偏执，似乎反对启蒙思想，但只有在今天我们才能真正理解它。对我们而言，互联网似乎早就不再是数字沙龙，在这种沙龙里，一种好公民的标签和一种新的全球道德正在成长，但互联网是一个意识形态的战场，是一种否定的工具，甚至是一种可以推翻政府和破坏整个地区稳定的战争武器。"

4.4 对抗性社会组织与经济战争

下面两场经济战争说明经济合作组织的侵蚀与崩溃，针对对抗的侵略性，经济合作组织没有实施可靠的应对措施，其原因或许是，意识形态上锚定的信念不会为道德行为创造可信的互惠义务。稳定所需的信誉资本和对合作意愿的信心非常少，不足以实现可持续的平衡。这再次使人想到安·兰德，她认为，金融危机有它的哲学出发点，里根、撒切尔夫人和格林斯潘曾十分崇拜她。如果不存在"社会这样的结构"（Thatcher, 1987），那么，就会对他人毫不顾忌。

这在跨文化领域的两个事实上表现出来：一、气候战争，它的爆发

---

[1]　这篇博士论文写于 1954 年。

主要因为市场力量和政治无知;二、发展中国家的劳动力遭到毁灭,这持续损害了那里的人力资本。这两个事实明显与西方的人权遗产相互矛盾,尤其是,它们侵犯了人的绝对尊严。

早在 1970 年代,学界就已经讨论过气候危机的可能性,但是,这一讨论在当时并没有引起共鸣,化石能源工业的院外游说集团或许以政治或科学的方式阻止了这一讨论(Rich, 2019)。显然,这一讨论要求在全球推行经济伦理,以便为经济政策措施提供理由,这些措施最初会给受益者带来成本,以避免未来首先在第三世界发生的损害。实际上,这里需要进行哲学探讨,在讨论中,功利主义者表达了与约翰·罗尔斯的支持者不同的立场。罗尔斯关注的是那些受益最少的人,他质疑卡尔·施密特和阿诺德·盖伦(Arnold Gehlen)基于人类学的特殊伦理学问题,他们的伦理学与康德的普遍行为格言相对立,因此,需要提出一个问题:西方生活方式是否具有普遍性? 然而,如泰因·施泰因(Tine Stein, 2019)在 “气候危机时代的道德”(Moral in Zeiten der Klimakris)一文中所言,这个问题的答案可能对现代社会的要求过高,但这些认识也可用于其他全球问题,比如全球供应链和劳动力市场所引发的全球问题。

4.4.1　气候战争

关于气候战争,我们有足够的历史经验。我们知道,无论气候变化是否因人类活动或自然过程(如火山爆发)而发生,全球气候变化仍然改变了天气条件,以至于社会承受了巨大的压力。这说明,气候变化并不是单一的因果关系。但是,决策的空间被限制,倾覆点突然变得可见,长期干旱可能会导致灾难。中东的军事和经济动荡也是 21 世纪初长期的干旱引起的,长期干旱与气候变化也有关系。如果北极冰层在夏季融化,为了争夺北方的海上通道,这会诱发北极邻国美国、俄罗斯和中国之间的危险竞争。因此，气候战争引起了特别关注。

今天，人类活动所排放的二氧化碳被视为地球平均气温升高的最主要原因之一；就排放量而言，其他的有害气体对气候的影响更大，危害度更强，比如甲烷或氧化亚氮。[①] 目前，科学界争论更多的是有害气体的排放量，而不是这些有害气体的危害。据推测，随着新石器时代的革命，有害气体显著增加，大约一万年前，在当时的温暖时期，世界上出现了农业和畜牧业。世界海洋对地表热量和二氧化碳的吸收能力到底有多大，直到今天，仍然是一个未知数。

人类历史已证明了气候变化和恶劣天气导致的后果。在"犹太人迫害与天气突变：1100—1800"（Jewish Persecutions and Weather Shocks: 1100—1800）一文中，罗伯特·安德森等学者写道（Anderson et al., 2015），寒冷时期引发了对少数民族的迫害，而在贫困地区，土壤肥力较差，制度薄弱，迫害尤为严重。历史上有许多大转折，它们都随气候的突变而发生，尤其在中世纪末期，在三十年战争爆发前（Schmidt, 2018: 87-93），这一时期以小冰河期而闻名。菲利普·布罗姆（Philipp Blom, 2017）的《翻天覆地》（Die Welt aus den Angeln）研究了 1570—1700 年这段历史；小冰河期不仅给社会带来了饥饿、瘟疫和死亡，而且，随着宗教改革和随后的战争、移民及新的贸易倡议，欧洲的大地构造也发生了持续变化。大约在 150 年前，同样出现了一个寒冷时期，对此，尚塔尔·卡梅尼施等学者（Camenisch et al., 2016）在论文"1430 年代"（The 1430s）中证明，在北欧、西欧和中欧，1430 年代属于欧洲千年历史上温度最低的年份之一——研究设计值得关注，

---

① 与二氧化碳的气候危害度相比，甲烷是其的 22 倍，氧化亚氮是其的 310 倍。碳氟化合物的危害度更严重，高达 10,000 倍。此外，这类化合物的分子结构极其稳定。

除了历史气候的重建,它还间接指出了系统中现有的或缺失的稳定器(见图 4.4.1)。该图分四轮影响期:一、首轮影响发生在生物物理领域,即,粮食生产领域;二、第二轮主要是对经济增长和健康的影响,包括对人和动物的影响;三、第三轮是对人口和社会结构的影响;四、第四轮是对文化的影响,这包括技术和组织对危机的反应。特别重要的是制度的应变能力,在这里,一体化市场发挥着重要作用,而防止冲突似乎位于防御战略最前沿。

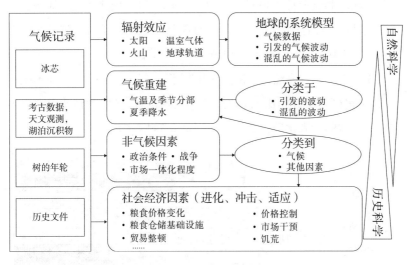

图 4.4.1 气候变化的系统性分析

资料来源:自制,参见 Camenisch et al.(2016: 2109)。

哈拉德·梅勒和托马斯·普特卡莫(Meller, Puttkammer, 2017)在《气候暴力:进化的推动力》(*Klimagewalten: Treibende Kraft der Evolution*)这本展览说明册中的观点可以因下列事实而得到确认:冰冻时期尤其会导致选择压力,从而导致进步;相对于温暖时期,冰冻时期在地球历史上较少发生,通过物种消亡、移民、基因或文明的适应,它们推动了大规模的进化过程。

因此，即使人类在温暖时期比在寒冷时期更容易生存，也必须限制风险，尤其在无知和宣传占主导地位的时候，更应限制风险。图 4.4.2显示了全球平均温度上升与全球大事之间的关系；该图显示了政府间的燃烧余烬对气候的影响（联合国政府间气候变化专门委员会）。据此，对经济有效的大规模的再分配效应可能会出现。

对于找到一致性而言，比较成问题的是，气候政策的参与者具有完全不同的利益形势，利益形势的形成基于它们的地理位置、经济和社会发展状况、政府行政体制及自己的资源。二氧化碳的排放量在印度大约是 1.4 吨/人，在德国是 9.1 吨/人，在美国是 16.9 吨/人，在卡塔尔是 38.2 吨/人。显然，富裕水平相似，但二氧化碳的排放却不统一（尤其是美国与欧洲相比），因此，除了地理位置，技术和消费习惯也很重要。全球的二氧化碳排放量平均不足 0.5 吨/人。

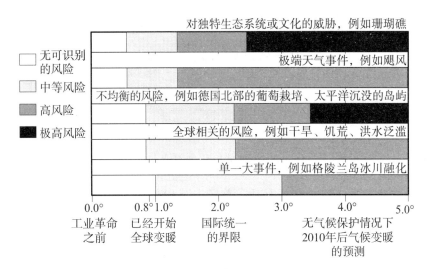

图 4.4.2　气候变迁的影响和 2°C 目标

资料来源：自制，参见 Süddeutsche Zeitung（2014b）。

如果要实现《巴黎协定》的目标，把全球平均气温的升高限定在2℃，那么最重要的是，必须首先限制门槛国家有害气体排放量的增长。但这并不简单，因为门槛国家不仅有发展经济的意愿，无论其后果如何，而且还有种族问题，比如印度、巴基斯坦、孟加拉国等国之间的竞争态势。由此出现了一种极其复杂的冲突形势，这也立即表明了行为的战争性：它不仅会抛弃合作框架，它也不得不承受社会受到的长期损害，包括它的经济损失，在极端天气的背景下，也会存在物理损毁和人员伤亡。这尤其适用于许多太平洋岛屿，也适用于亚洲沿河的三角洲地区，那里也缺乏修建堤坝的资金。目前，已存在制度框架，必要的工具也已就绪，比如环境许可证。图 4.4.3 显示了将来到 2100 年相关的居民数及其占各国总人口的比例。

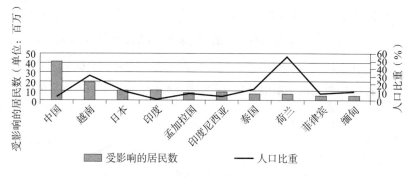

图 4.4.3　2100 年受气候变化影响的居民情况

资料来源：自制，参见 FAZ（2014g）。

全球资本主义缺乏一个世界秩序框架，在很多情况下，它相当于一项以牺牲第三方利益为代价的协议，这第三方主要是弱小的国民经济体或群体。波茨坦气候研究所卡尔-弗里德里希·施劳易斯纳（Schleussner et al., 2016）的研究小组证明，尤其在种族分裂的社会中，因天气灾害导致暴力事件爆发的风险极高。在发展中国家和门槛国家中，资源被过度开采，劳动力被剥削，这些市场信号往往被忽视，以便保障自己的财富地位，尤其是，保障财产状态是直接通过政治进程实现的。因此，位于世界富裕带的人口正在迅速成为经济战争的推动者。《经济学家》（Economist, 2014c）调查了这个问题：迄今为止，减少温室气体排放量的最重要措施是什么？结果显示，蒙特利尔文件（56亿吨）、水力发电（28亿吨）、核电（22亿吨）位居前三名，可再生能源（6亿吨）排在第四，美国小汽车环保标准（4.6亿吨）和巴西雨林保护（4亿吨）分列第五和第六位。到目前为止，所有其他的措施几乎都可以忽略不计。

许多门槛国家大力推进以化石燃料为能源基础的发展战略。如果它们遭受道德压力，它们就会指责西方的工业化战略。因此，这相当于一种囚徒困境，这涉及如何处理"气候"这种公共物品的问题。一些发展中国家、门槛国家及其政府冷酷无情，这说明，在气候方面，合作行为成了对抗行为的牺牲品。这使人想到安·兰德对社会福利责任的抛弃或者托马斯·霍布斯的礼仪定律，图4.4.4显示了这一迅猛发展。

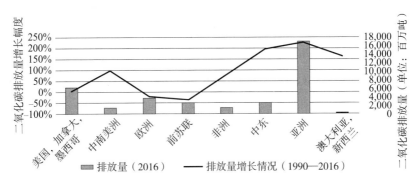

图 4.4.4　2016 年温室气体排放量对比

资料来源：自制，参见 FAZ（2017d）。

经济战争目的：

- 随利益局势的不同而不同：把环保提高为准宗教，或对环境进行经济经营，或利用短期资本；后者在乱砍滥伐热带雨林方面尤为明显，如印度尼西亚的棕榈油生产。

经济战争参与者：

- 信仰战士：他们生活在发达的工业化国家，把气候变暖视为宗教的替代品。他们认为，气候怀疑论者毫不严肃。他们主要在北欧国家，最典型的信仰战士在德国：[①] 他们想降低二氧化碳排放量，并以此为其他国家树立榜样。日本 2011 年春天的海啸造成了数千人丧生，而人员伤亡应归罪于随后的核灾害，这充分显示了日本的困境。因为如果放弃核电，不仅会导致巨额成本和经济风险，而且还会动用化石燃料发电厂的能源储备，这会提高二氧化碳排放量。这种发展可能带来更多危害，而不是更多益处。

- 增长战士：他们属于门槛国家，在国民人数的驱动下，这些国家力图进行经济扩张，他们指出，老牌工业国在其经济起飞时期也肆意利用环境资源，他们以此来为自己的行为辩解。

- 机会主义者：他们来自工业化国家，如果不危害他们的经济，尤其是，如果不太影响他们的舒适生活，他们愿意合作。比如，根据联合国政府间气候变化专门委员会 2014 年的报告，德国的环境政策成效甚微，但是，如果这些环境政策的巨额支出用

---

① 汉斯-迪特里希·拉德克和劳伦斯·托弗尔（Radeck, Teufel, 2013）在《西塞罗》（Cicero）中报道了这种"未来的独裁统治"，他们认为，波茨坦气候研究学者汉斯-约阿希姆·舍林胡伯（Hans-Joachim Schellnhuber）是一位主角，他甚至愿意为了保护环境而放弃民主制，格拉斯教授理查德·帕恩卡特（Richard Parncutt）要求，对于拒绝进行气候变迁的人要处于死刑。

于改善环境的其他措施,效果就会更好。

- 法院:包括德国宪法法院,不断有人呼吁法院实施环保措施。

- 金融机构,它们逐步从危害环境的融资项目中撤出,因为它们认为,投资的风险承受能力受到威胁,保险公司更是如此,因为危害不断增加,保险公司也提高了必要的保费。

- 胜利方:它们主要是北半球国家,它们把其农作物种植区往北推进,因此,它们也看到了可以改善农业与林业生产的机会。

- 牺牲品,它们主要是沿海国家和岛屿,大部分国家也是发展中国家,在海平面升高或极端灾难天气加剧时,它们尤其会受害,因为国家会在海洋中消失,甚至会沉没。

- 专家:他们因气候辩论而获得物质性和/或非物质性利益:由于遵循先入为主的政治观点,或因为要为了公司利益而获得资金,他们往往存在相当大的党派偏见。[1]

- 银行:它们用二氧化碳认证书来投机,可能也帮忙偷漏税。长远来看,因为气候变化带来的巨大风险,银行可能会集中发生崩溃危机。

- 其他人:他们陷入了分歧的低谷,比如许多非政府组织。

经济战争手段:

- 通过对能源行业的战略投资,利用外部因素作为武器。

- 不批准气候保护条约,或者不遵守气候保护条约。

- 排放温室气体,以促进经济发展。

- 减少温室气体吸收的面积,尤其是破坏森林。

---

① 实际上,这里发生了经济战争,这超越了党派之争,指出了获取数据、厚尾的预测方法和解释的问题;参见 Blasberg, Kolenberg(2012),Eike-Pik(2011)和 Weißer(2012)。

- 利用二氧化碳证书进行投机。

经济战争目标：

- 遏制甚至牺牲门槛国家或发达国家的经济扩张计划。
- 发展中国家、门槛国家和原材料丰富的工业国要保持原材料供应方面的经济主导地位。
- 从环保人士的角度，甚至从否认气候问题的人的角度看，要实现终极信息优势。

经济战争后果：

- 后果不明；令人担忧的是，本世纪末，尤其是发展中国家可能会发生因气候因素导致的经济崩溃。

为了保护气候而颁布的最高合作制度是《气候框架公约》，这是1992年在里约热内卢会议上通过的，但并不是所有的国家都签署了该公约，比如，美国就属于未签字国（Ehrenfeld, 2009）。因为气候保护问题可谓包罗万象，如果一个国家在温室气体排放方面不合作，如果没有任何强迫措施，即使通过相应的经济协调政策，如环境税或排放证书，那么，实施排放量的限制也是不可能的。2016年《巴黎气候协定》要求，加强对已使用资源的回收，使之重新进入价值资源的循环，但美国在2017年拒绝了该协定。

汉斯-维尔纳·辛恩（Hans-Werner Sinn, 2008a, 2008b）在哈罗德·霍特林（Harold Hotelling, 1931）的古典资源模型的语境中认为，先锋行为或模范行为可能发挥相反的作用，并引发"绿色悖论"。如果发达国家在内部限制环境产品（如二氧化碳），那么，与正常的趋势相反，全球范围内会降低基于这种产品的资源价格（如石油价格）。如果预测到价格会下降，那么，这些资源的所有者会加强资源开发的强度，环境形势会继续恶化。如果他们担心以后不能再使用这些资源，或者可能以相当大的成本使用这些资源，他们就会大幅度提高开采量。这尤其对含碳能源十分重要，因为存在遭受气候冲击的风险，正如18世纪初的历史经验表明的那样（Kulke, 2010），这在欧洲不一定与气温的升高相关。但是，气温升高会导致极端天气的频繁发生，并会造成巨大损失。即使许多国家并没有受到直接影响，甚至没有设想改善其气候状况与植物生长季节，尤其是在北半球与南半球的高纬度地区，它们也无法回避潜在的冲突，这种冲突可能首先通过移民，然后通过经济崩溃，最后通过军事战争才会发挥作用。

如果期望在全球范围内实施统一的气候政策，那么，这并不仅仅建立在有效的许可证系统上；许多投资者判断，只将资金投资于道德基金，这也可能会有所帮助。但是，霍尔格·柴皮兹（Holger Zschäpitz, 2016a）在"只有罪恶才能真赚钱"（Echter Zaster nur mit Laster）一文中表明，"罪恶基金"实际上比"善良基金"的收益更好，因此，道德承诺是有代价的。其他的选择就是大规模植树造林，一公顷森林在德国每年会吸收大约五吨二氧化碳；在极端情况下，甚至要实施气候工程。实际上，今天已经在实施这些措施：提前用声波大炮射击冰雹，使冰雹不至于降落在危险地带，或者对云层接种预防针，以便在干燥地区降雨。美国空军起草了一份《2025年天气控制》（Die Beherrschung des Wetters im Jahr 2025）备忘录，他们认为，控制天气和安全战略一样，可以进攻或防守，控制天气也具有经济潜力（Kulke, 2018）。

最后，在"雨林属于谁？"（Wem gehört der Regenwald？）一文中，海莱娜·布布罗夫斯基（Helene Bubrowski, 2019）提出的问题是，一些国家为了经济发展而置他国利益于不顾，造成了全球性气候破坏，那么，是否有必要按照人道主义国际法进行军事干预？雨林被视为地球的肺，而南美和非洲的雨林不断遭遇火灾，被乱砍滥伐，因此，布布罗夫斯基的论点引起了关注。针对巴西等南美各国，欧盟威胁会采取经济措施，即，发动经济战争，欧盟不会通过南方共同市场贸易协定，这已经在短期内引起了改变。

4.4.2　反劳工战争

随着运输成本的下降和市场空间的扩大，全球化使全球主要商品的价格几乎持平，尤其是资本价格、高素质劳动力价格、环境价格和原材料价格几乎一致。全球风险预估性利率的一致性原则上是银行监管的结果，尤其是因为《巴塞尔协议Ⅲ》的协调，一些国家（尤其是美国）极力抵制《巴塞尔协议Ⅲ》，认为这个协议是对其资本短缺的攻击，这并非无缘无故。欧洲（尤其是德国）的许多中小企业也抵制这种资本市场导向，这是要把一种经营模式强加于企业，往往并不利于企业的可持续性发展。

今天，全球的劳动力市场可以供高素质员工来选择，目前，员工的薪酬并不取决于地区的发展水平，而是主要取决于购买力的差异。在环境领域，已就相应的标准制定了全球统一的稀缺比率，尤其在温室气体领域，这反过来又会影响能源的成本。此外，自国际贸易开始以来，国际原材料实施统一定价，这种定价只因运输成本的不同而有所不同。

在这种条件下，汇率和地区价格可以平衡竞争的差异。这里的重点是房地产，但劳动力因素也很重要，价格压力会对这些因素造成破坏性影响。[1] 根据自由经济思想，公平定价将以相对稀缺性和生产要素

---

[1]　2018年世界杯足球赛阿迪达斯球衣的价格90欧元（Ashelm, 2018），阿迪达斯的数据如下：推销2.25欧元，市场营销2.60欧元，材料、生产和运输成本8.60欧元，许可证费5.50欧元，体育贸易费39.64欧元，球衣本身的价值17.00欧元和增值税14.36欧元。

的质量为标准。实际上，如果生产国自己不提供技术，它们可能会被取代，那么，不利因素就会对生产国产生不利影响。因此，这会给工资和社会福利带来压力，如火灾和塌方工厂所显示的那样，也对建筑标准造成了压力。

有人认为，这类交换是由比较成本优势引导的，这符合大卫·李嘉图的范式，与弗里德里希·李斯特的范式相矛盾，但因为就业水平过低，这种观点是错误的。因此，半导体工业或纺织业的一些劳动条件甚至可能导致自杀。克里斯托弗·海因（Christoph Hein, 2014）在《法兰克福汇报》中报道了"我们的奴隶营地"（Lager unserer Sklavinnen）。

困境很清楚：假如一家供货商提高了员工工资，因而不得不提高商品的价格，但与此同时，其他的供货商却没有保持同步，并没有提高商品的价格，那么，这家供货商就可能会失去市场。劳动或人力资本会成为一种永远可以剥削的生产因素（Bude, 2014），且不会引起骚乱：一些人认为这是一场博弈，他们是成功的参与者，相反，很少有人支持受害者。可能的解决方案是，从博弈的角度出发，通过一个上级合作机构达成协议，这可以通过规范来完成，否则将受到反垄断法的惩罚。

经济战争的目的：

- 短期收益最大化。

经济战争参与者：

- 各国政府：作为经济监管者，各国政府有责任使全球可贸易商品中的大多数商品价格在全球市场上以统一的方式确定，因此，地方商品的价格必须承担国家的均衡价格，简单和中等技能的劳动力的价格尤其如此，房地产价格除外。同时，各国政府通过本国工业促进发展中国家的优惠项目，从而提高了相互依赖性,所以,政府往往负责战略发展政策。最后,发展中国家和门槛国家中的政治家往往也是企业的所有者,这些企业并不遵守社会福利和建造标准,或者他们已经与企业建立联系;因此,他们往往对执行国家的监管政策不感兴趣,并将西方监督员排除在发展中国家的生产企业之外。

- 企业:尽管有著名的透明码(纺织品的透明码有国际生态纺织品认证、企业社会责任码、洁净服装运动),但企业没有采取明显的集体行动来改变采购国的条件。对企业而言,国内市场的竞争压力似乎使它们别无选择,只能参加质量竞争,而不是参加价格竞争,对于这些企业的行业而言,这种竞争似乎无法承受。公平的收入只会使价格上涨几美分而已。即使一些著名企业本来已经发出了可持续发展的信号,这一切也不会发生,因为企业的价值必须通过相应的利润来满足,这提高了成本。

- 非政府组织:非政府组织往往作为全球公共道德的守护者出现,因此,它们为负责任和可持续的经济发展提供重要的制度动力,但是,如果出现错误的预测,它们很少必须为它们的活动承担物质责任。①

- 认证机构:它们有责任确保某些标准得到遵守。一部分认证义务由国家规定,一部分由保险公司强制执行,或者由相关企业在质量监督框架内提出要求,从原材料采购到产品销售都会进行质量控制。

---

① 石油交易平台Brent Spar曾花费巨大。1995年,绿色和平组织反对平台经营者埃索(Esso)和壳牌(Shell),通过公共压力迫使它们发生变化。但绿色和平组织的基础数据有误,上百万美元付诸东流。

经济战争手段：

- 外国直接投资和具有明确约束力的限制性供货合同具有特殊的特征，属于最重要的战争手段。延长的工厂生产线被纳入供应链，即，获得材料（如布匹），这些材料只能用于预定的客户。禁止内部生产，禁止自行设计与开发。[①]

- 使公众了解发展中国家的生产条件，以迫使在那些国家中发生改变。

经济战争目标：

- 企业的目标：从发展中国家购买最便宜的商品，以使发达国家的企业利润最大化。

- 非政府组织的目标：实施可持续发展的标准，尤其是"采掘业透明倡议行动"。

- 各国的目标：实施世贸组织确定的规则。

经济战争后果：

- 稳定剥削制度，以实现可持续的利润，并永久剥削没有市场支配力的工人。

- 这场经济战争消耗了世界市场上的大量原材料，并且使人力资源资本深受工资压力。目前，这场战争在发展中国家和门槛国家已变得十分明显。

- "血钻"指钻石的开采方法或非法开采钻石，通常是在武力强迫下进行的。

---

① 当生产线延长时，为了防止知识外流，往往会签订此类限制性供货合同。但对于企业的驻外分公司而言，通过技术升级来延长生产线更符合它们的利益，因为它们还有其他的利益（如合作发展）。例如，通过星际战斗机的许可证生产，德国飞机制造业重新建立起来。

- 许多智能手机上沾满了鲜血,因为原材料是在奴隶劳动条件下开采的;非洲有众多钶钽铁矿和钴矿,这些矿藏以悲情而著名。在智能手机领域,锂对于手机电池的生产是必要的原材料,这威胁着南美的原住民结构。

- 为了满足工业国的时尚需求而漂白牛仔裤,给发展中国家造成了严重的环境破坏。

- 工厂火灾或厂房倒塌时有发生。2013 年,孟加拉国发生了一场著名火灾,火灾发生在拉纳广场的一家纺织厂,造成 1,100 多人死亡。最便宜的纺织品来自亚洲经济区(Gassmann, 2015)。巴基斯坦卡拉奇的一家纺织厂发生火灾,造成 260 人死亡,德国生产商 Kik 正在接受审判,以确定它是否因接受廉价生产条件而应承担损害赔偿责任——这一诉讼在罪过与责任之间开辟了新的法律领域(Dohmen, 2016)。2018 年春,Kik 与纺织厂的火灾受害人达成协议,Kik 分部的补偿费高达 500 万欧元;孤儿每月获得 6 欧元孤儿费(Hein, 2018a),诉讼程序几乎在不久之前就结束了,因为根据巴基斯坦法律,索赔时间受到限制。卡特琳娜·沃彭贝格(Katharina Worpenberg, 2017)在"论优质棉制品倡议作为新治理手段"(Better Cotton Initiative als Instrument für New Governance)一文中写道,如果根据价值创造链来执行秩序经济规则,那么,就一定会有办法来遏制或避免这种经济战争,这尤其包括明确的生产标准、资格认证方案、持续提高质量的激励方案、有关价值创造链的文件和对终端产品商人的认证系统。

- 工业国需要棕榈油,棕榈油是生活、化工业、动力材料工业的基本材料,这导致了对热带雨林的过度侵害;单一植物日益成为对气候和生物多样性的极端威胁（Struebig et al., 2011）。具体而言，大型种植园正在将猩猩带到灭绝的边缘。这导致的损失不可逆转，虽然不能完全结束这种灾难，但民间社会和政府都在倡议要对灾难加以限制。不过，玛利亚·巴克豪斯（Maria Backhouse, 2015）在《绿色土地占有——棕榈油扩张和亚马孙流域的土地冲突》（*Grüne Landnahme—Palmölexpansion und Landkonflikte in Amazonien*）一书中证明，迄今为止，这种努力收效甚微。波利特·乌尔曼（Berit Uhlmann, 2019）在"无处不在的油脂"（*Das allgegenwärtige Fett*）一文中证明，棕榈油生产很成问题，在炼油过程中，棕榈油中产生了致癌酯，儿童食品中的棕榈油含量超高。

- 孟加拉国的例子足以说明，发展中国家和门槛国家是多么容易受到敲诈，那里的建筑材料专家正在为厂房建筑材料的质量而争吵不休。对于 30% 的工厂而言，预期的标准意味着倒闭，随之而来的后果是大规模的失业（Hein, 2014）。

- 澳大利亚人权组织"自由行走"核算了全球的奴隶制指数；据此，2013 年，全球共有近 3,000 万人在现代奴隶制度中劳动。奴隶劳动的最高比例发生在毛里塔尼亚和乌兹别克斯坦（超过人口的 4%），在海地（超 2%），在卡塔尔、印度、巴基斯坦、孟加拉国、苏丹或中非共和国（超 1%）。

埃薇·哈特曼（Evi Hartmann, 2016）在其著作《您豢养了多少奴隶》（*Wie viele Sklaven halten Sie？*）中分析了供应链，她的分析显示，仅通过破坏一个假定条件，即充分就业，自由贸易范式就会转变为经济战争的剥削范式。实际上，在那里，自然因污染而贬值，原材料由于过度开发、走私和腐败而被浪费，对人类而言，生活机会和预期寿命也受到限制。

根据信号理论，解决这一困境的最佳方法是：让企业在整个供应链中展示其质量，实施社会福利和生产标准，从而使自己可以从其他企业中脱颖而出。这样的可持续性发展战略可以使企业获得自己的市场平衡，这与竞争对手的市场平衡不同，也符合可持续的股东价值。但成问题的是，恰恰在纺织工业中，低成本和高价供货商之间的质量区别很小。客户知道，他往往只是买个品牌而已，经常以讨价还价高手的身份来表达自己的政治道德，但他并不以此为生。赫斯特·施泰因曼和阿尔伯特·勒尔（Steinmann, Löhr, 1991）的规范伦理在这里以最低标准的方式提供解决方案，但是，这很难进行跨文化交流。

4.5　结论与行动建议

本章旨在展示合作结构和对抗结构的辩证关系。从历史上看，两者都存在，也被国家哲学家提及并相互比较。过去三千年的文化发展方向是，对抗系统被合作结构所覆盖。这里的问题过去是、现在仍然是，人类虽然已经丧失了其对抗性倾向，但并没有通过教育而消除它。同时，全球化使这类特征更容易表现出来，因为负责任的人能够逃避民族国家的迫害。如果人们利用（或滥用）合作系统来实施经济战争措施，而且，利用合作系统中较强一方的权力（包括经济权力，甚至军事权力和财政权力等），那么，这在道德上就很成问题了。彼得·雷欧（Peter Leo, 2017）是《言之有理》（*Mit Rechten reden*）一书的作者之一，雷欧的话也可用于分析这个问题。在道德与政治越来越融入公共讨论的背景下，在一次采访中，雷欧谈及这个困境（Delius, 2018），他说:"体育比赛、经济竞争、科学竞争和政治竞争甚至奖励了人们损害他人的愿望,但并不是凭着心安,而是借金钱、权力和威望。但是,如果你想以同样的态度伤害对方,同时又想心安理得,那么,你就会模糊这些区别。值得思考的只是,当一个人不求自己的利益,而是以'对人类的敌意'的名义将邪恶具体化时,那么,他如何与邪恶做斗争呢? 答案是,让它远离身体,清理公共空间。但是,因为这种卫生道德的强迫性不符合实用主义,所以,人们必须通过效益主张使它合理化。"

对此,气候战争和反劳工战争就是其中的典型例证,因为这两种战争本应站在各国民众道德观念的对立面,而这些道德观念在很大程度上应为此负责。但是,防止气候灾难也会导致受害者,因为它极易通过价格系统来发动阶级斗争——只有那些富裕的人才能够买得起电动汽车或者风能发电企业的股份,只有这样才能通过分红来转嫁增加的成本。

这也说明了发展政策所处的困境结构,这种困境往往与最初存在的知识匮乏有关,但后来由于事情似乎取得了成功,而故意不加以纠正:许多发展项目都有其代价——欧洲工业化也不是一帆风顺,而是对劳动力的严酷约束。但是,当道德反映在伦理上,并对社会产生约束力时,为了使社会团结在一起,行为方式就必须在某个时候得到纠正。

一名经济战士在参与行动时应该考虑这些事情,他可以根据自己的想法取得成功,但也可能由于上述原因被击败。关于上述两个经济战争实例,后者只是在某种程度上可见。克劳塞维茨(Clausewitz, 1832: 39-40)强调,一旦军事冲突开始,政治就不能保持沉默,这不无道理。

(1)注意! 政治哲学和历史影响持续发挥作用;尤其要注意,是否存在民族创伤——它们会影响并破坏合作。同样,与种族或身份认同相关的主导地位期望也不愿承认第三者合理合法地位的基础。这是国家哲学启蒙运动的一个重要开端——如果没有这一理论,（经济）战争就会永久化。

（2）在冲突的形势下,不要指望合作结构能够维持下去,尤其是,如果迄今为止自己还没有为稳定合作结构做出重大贡献,或者存在上述强烈的、以国家哲学为基础的判断（或偏见）。

（3）对合作结构的最佳攻击是,通过对抗性国家哲学所提供的强烈的对立信念来抹黑它们。如果目标是攻击合作结构,那么,就要增强身份认同并使社会分裂。目前,在气候政策中,在全球化企业与发展中国家的供货方之间的交往中,可以观察到这一点,发展中国家的平等生活权利受到根本质疑。

（4）这种对抗性冲动可以通过适当的信息政策来加强。目标必须是,获得认知优势。混淆视听和概念混乱是重要的手段。通过混淆道德立场与政治立场,可以成功地在两方面削弱对手——对手的真实地位及其合法性。

（5）拒绝改革也可能意味着战争,因为它使人容易陷入对抗的世界。实际上,缺乏改革会导致冲突形势,这很容易升级为战争或经济战争——或者直接升级,或者通过在改革过程中强加越来越多的无法实现的立场,从而导致制度的崩溃。软实力的缺失或不足可能会触发不想要的硬实力。

（6）在冲突的世界里,永远保留一个合作的绿岛。如果想限制冲突的升级,一部"热线电话"至关重要。在这种情况下,即使不同意或不支持对方的立场,了解对方的立场也很重要。

"有志者，事竟成！"

——谚语

5　经济战争的能力、决心和意志

根据第 2 章和第 3 章关于人的形象和制度框架的论述，对抗一方面具有人类学基础，另一方面又是文化和文明环境的结果，因而也是社会化的结果。菲利普·霍夫曼（Hoffman, 2015）分析了近 500 年来的欧洲史，他认为，作为世界征服者和经济驱动者，欧洲的优势在于最初的欧洲小国结构，这种结构促进了各国在文化上和技术上的持续竞争；人们必须学会在对抗性竞争之上建立合作制度，这要求高超的谈判技巧，并推进法律传统的发展；因此，为了成功地应对竞争、确保自己在一个对抗性世界上的生存，三个软性因素也很重要：人的形象、个人和社会通过艰苦的经验建立的制度以及与之相关的世界观。这正是软实力的基本要素。那么，硬实力包括哪些方面的实力呢？在军事领域，硬实力与诸多能力相关，这些能力使人能够随时准备解决疑难问题。然而，如果没有意志，一切都毫无可能性，意志是核心因素。因此，本书辟专章阐述能力、决心和意志。

为了确保本国的独立，为了通过出口来影响其他国家，各国都拥有自己的军事工业。这种思想适用于经济战争吗？为了成功地挨过经济战争，某些技能必须是自我创造的。事实证明，硬实力最终是软实力的支撑。

本章详细介绍经济战争能力的决定因素、使用这些能力的决心及获得主导地位的意志。为了说明这些主题的重要性，本章列举两个实例：美国汽车工业的消耗战和石油争夺战。

5.1　成功的充分条件与必要条件

通过领导来实现目标的能力与哪些因素有关？这个能力基本上取决于以下因素：一、所拥有的资源；二、为了目标而使用资源的条件和可能性；三、为了打破不利的框架条件或摧毁对方的竞争力，调动相关力量的意志。显然，物资与人员的操作能力是客观可测量的因素，也是一个重要的决定因素。不过，问题是，框架条件是否需要使用这种设备和人员？很快就会出现这种情况：意志不坚定，与框架条件、目标和目的相对应的决心并没有出现。最后，为了实现预期的目标，有必要审视自己的意志力。其中，领导力在广度和深度上起着核心作用。显然，整体成功既有客观因素，即系统性因素，也有主观因素，即与行动者相关的因素，这些因素可以概括为以下法则：

整体成功＝系统成功 × 应用成功＝质量 × 接受度

克劳塞维茨（Clausewitz, 1832: 28）用下列公式解释对手，他认为：

对手的抵抗力＝资源规模 × 意志力强度

法国将军皮埃尔·德·维利耶（Villier, 2017: 71-74）在《服务》（*Servir*）一书中将这个公式压缩成了三部曲——"想做、能做、去做"。资源规模是客观给定的，可以根据对手的动机来预测其意志。两者的倍增关联说明，如果系统的成功不够充分，就不能由提高使用率来弥补，而缺少意志力不能通过物质来弥补；反之亦然。

莱伊·克莱因（Ray Cline）是 1962 年古巴导弹危机时期和理查德·尼克松（Richard Nixon）执政时期的美国国家安全顾问，在《世界权力评估——战略变化演算》（*World Power Assessment—a Calculus of Strategic Drift*）中，克莱因（Cline, 1975）分析了感知力量（P_p）的基本决定性因素。他关注博弈的两个因素：一、人口和领土的总和（C）、经济基础（E）和军事力量（M）；二、战略能力和意志力。方程式如下：

$$P_p = (C + E + M) \times (S + W)$$

每项能力都可以充当指标（目标实现水平），乘以战略和意志这两个倍增因素。结果显示，在 1970 年代，西方国家并不缺少各种具体能力，但缺乏战略规划和政治意志力。以此为基础，克莱因建立了政治构造区，并向美国提出了建议：为了控制欧亚大国，要从自身利益出发，建立海洋联盟（Cline, 1975: 130-136）。

本章首先讨论成功进行经济战争的一切前提条件，包括经济战争的防御，然后建立分析框架，并通过实例说明其重要性。

5.1.1　实现目标所需的物质前提和精神前提

如果把经济战争定义为对敌方经济价值的永久性摧毁，那么，参与各方务必要在冲突前认真权衡，防止自己落败或被消耗。因此，有必要考虑是否可以通过正常的竞争来实现这些目标；这也意味着，自己要有能力遏制竞争，以使其不必升级为经济战争。

尼尔·弗格森（Niall Ferguson, 1998: 12-13）在《战争的悲悯》（*The Pity of War*）中分析了第一次世界大战爆发的原因，并提出了很多战争问题，这些问题也适用于经济战争，有助于分析经济战争的能力、决心和意志：

- 对于战争发动者而言，冲突是否不可避免？——发动战争的决定性驱动力是什么？

- 战争发动者评估了哪些风险？

- 为什么中立者或似乎非参战方也会卷入冲突？

- 战争背后的动机是什么？

- 为什么物质优势不足以迫使人们做出决策？

- 为什么士兵即使恐惧仍继续战斗？——为什么战斗力会在某一刻开始下降？

最后一点说明，除了物质资源、人力资源及其奉献精神，意志也属于经济战争能力，而意志必须要由心理能力来保障：显然，参战能力、参战决心和参战意志对于经济战争能力十分重要。正如最后通牒博弈所示，利他平衡毫无意义；明确的目标就是主导地位！

本书以德国联邦军《服役条例 100/100》（HDv, 100/100）来对参战能力、参战决心和参战意志做概念定义：

- 参战能力指使用物资或人力的客观适用性，其特征从可使用性延伸到不可使用性。它是物资保存和人力能力的函数。

- 参战决心在军事领域表现为参战准备，参战决心是军事技术设备的一种状态，它足可立即完成自己的任务而无须进一步维护。一部准备就绪的设备可以立即使用。人员处于战备状态，即，部队可以立即执行军事任务。行军准备是后勤的备战状态，即，部队或部队某部可以随时以全部人力物力来执行一项军事任务。因此，参战决心与潜能的充分利用有关，可以用一种能力来描述这种潜能。所以，资本一定会出现在一场收购战中，但同时要确保，银行在短期内也能提供资金，即，可以在短期内使用这些资金。

- 参战意志源于文化、人类学、心理学和社会学的许多因素，源于对战略预定值（目标）的洞察和人们在领导过程中的动机状况。权力意志起着决定性的作用，所谓权力意志，即，坚持自己的主张、不屈服于自我封锁的能力，能够阐明、归类和评估必要的事实，最后实施必要的行动——一个字：打。

经济战争的目的是，为了实现可持续的收益，一国或一家企业以牺牲他国或其他企业的利益为代价，承担由此而来的损害，即，粉碎或摧毁对手。对于经济战争而言，人力、物力和体制能力是成功参战的基本先决条件。下列因素也很重要：在人力方面，人员的能力（素质、身体状况）、人员为目标而牺牲的动机和奉献精神；在物力方面，资本存量的现代性、拥有原材料与半成品、IT 基础设施；必要情况下的司法能力和机构的具体影响，包括院外游说活动的政治参与。若已具备这些能力，且这些能力与冲突的特征兼容，那么，参战的应用价值就得到了保证。而如果缺乏意志，则会阻碍胜利。

5.1.2　橡胶封锁与战争

橡胶冲突可以被视为参战能力、决心和意志相互作用的典型实例，可以用来说明经济战争与军事战争互相混合的本质。在南美，公元前就有人从橡胶树中获取天然橡胶，并用来造球。它也被用于制造类似于橡胶靴的鞋套、器皿甚至衣服。埃尔南·科尔特斯发现中美洲后，橡胶被引入了欧洲。一次，西班牙国王查理五世（Karl V）访问科尔特斯的家乡，科尔特斯让人进行了一场阿兹特克人的球赛表演，以展示新占领大陆的异域风情，科尔特斯一举成名。橡胶的工业应用也从此开始。与阿兹特克人一样，橡胶最初用于服装、靴子或橡皮擦，后来用于轮胎和工业材料。除了服装之外，橡胶也可以用于柔性软管、轮胎、容器等，所以，橡胶不久就成为一种关键的战争资源。1839年，查尔斯·固特异（Charles Goodyear）通过硫化工艺研发出第一种真正的橡胶，这种橡胶尤其以弹性均匀而出众。[①]1888年，约翰·邓禄普（John Dunlop）发明了充气轮胎，为汽车工业的繁荣奠定了基础。

橡胶具有战略潜力，即，橡胶可以提高工业能力，所以，很早就有人认识到，有必要打破巴西大型种植园的橡胶垄断，当时，巴西的大型种植园控制着这条工业化的生命线。因此，这必然导致橡胶树种子的域外走私。1876年，印度支那开始种植橡胶。按照生产规模，当时重要的橡胶生产国包括马来西亚、印度尼西亚、斯里兰卡（锡兰）、柬埔寨、泰国、印度、利比里亚、比利时殖民地刚果，这导致了橡胶业的寡头垄断。这种情况和不安全的运输路线使德国在第一次世界大战期间备受压力，德国的工业能力受到了限制。1909—1910年，弗里茨·霍夫曼（Fritz Hoffmann）发明了甲基橡胶，这使橡胶替代品的生产成为可能，因此，这是一个战略性突破。它启动了一场动态发展，这种发展在第二次世界大战期间得到了加强。二战期间，轴心国的天然橡胶供应被切断，同时，由于日本占领了东南亚，美国也面临着失去采购市场的风险。在《橡胶争夺战》（*Kampf um Kautschuk*, 1940）一书中，沃尔夫冈·荣格尔（Wolfgang Jünger, 1940）从参与国的视角出发探讨了这场经济战争，这场经济战争从1839年固特异发明硫化工艺开始，持续了100多年。

在这场经济战争中，经济战争与军事战争的密切关联变得特别明显，为了限制战争对手的实力，经济战争已成为军事战略的一部

---

① 科技史参见Rummenhöller（1985）。

分。这一方面解释了德国对橡胶替代品的渴望,另一方面也解释了日本和美国二战之前对种植园的过度保护。在"轰炸机入门手册"(The Bomber's Baedeker)一文中,乌塔·洪恩(Uta Hohn, 1994)认为,德国合成橡胶生产设施被轰炸与潜艇战一样,具有经济意义。

5.2　综合实力及其对经济战争的意义

一个国家或一家企业的综合实力与它们所拥有的资源、技术及人员素质紧密相关,因此,本节关注人口、原材料和技术的供应。现代经济学认为,知识产权是确保生存能力的核心。此外,运行正常的信息系统对经济战争的侦察和指挥至关重要。一个国家在农业、林业和渔业等方面的自然基础也不能忽视。为了争夺这些自然基础,不断爆发军事战争和经济冲突;长期以来,它也是社会成功发展的核心前提。本节着重论述整个国家的综合实力,而企业的实力则在第 6 章再讨论。

5.2.1　企业与国家的综合实力

为确认其综合实力,一个国家或一家企业必须回答下列重要问题:

(1)效力:经济冲突发生时,哪些手段可供使用? 这个问题的答案决定了竞争力;除了资源、实物资本、人力资本和技术外,现有的资金也是竞争力的核心组成部分,在涉及自有资本基金时,这些资源通常被称为火力。

(2)耐力:这些资源最多能持续供应多长时间? 谁可以提供支持? 能提供多大规模的支持? 这些问题的答案必须包括可使用、可补充的储备量数据。

(3)生存能力:如果冲突超出了自己的防御能力,那么,怎样才能保存一国或一家企业的核心能力？克劳塞维茨认为，保持合作窗口的开放至关重要——这也是一种领导能力。

（4）领导能力：如何在一场冲突中确保领导企业或国家的能力？这尤其取决于这个问题的答案："谁如何行动？"创造信息优势是成功的关键因素之一。

（5）后勤能力：如何确保机动和部署？部署就是活动在空间中的分布。这个问题的答案涉及实际运输系统的运输价值，即系统特性，但也涉及货物特征，货物是否适合某一种具体的运输流程（Voigt, 1973）。两者共同作用才有创造力。

（6）信息能力：

- 传统的信息能力首先指信息的获取：如何获取并评估信息？如何使用这些侦察信息？侦察总是有针对性的，侦察总会考虑既定情况和可使用资源的效果。这里，信息优势具有核心价值。在后勤领域，提前或同时获取信息的可能性对于竞争优势至关重要。

- 广义的信息能力指数字化程度，即数字化对价值链的渗透。数字化程度被视为未来竞争的主要动力，但它也危机四伏（见第10章）。

5.2.2 人口数量

人口数量是经济战争的核心人员前提。一切社会活动都基于人的行为，或至少基于人的存在。在历史上，只有通过技术进步和资本投入的不断增加，才能节省劳动力，因此，社会活动耗费了大量的人力，在这种情况下，托马斯·马尔萨斯的人口学预测（Malthus, 1798）未能成真。然而，在当今的发达国家中，由于人口老龄化，出生率下降，社会保障系统备受压力；所以，人口呈现不同程度的下降趋势，这似乎极具威胁性。在冲突不断的国家中，由于缺乏大型组织，军事干预能力和维护和平能力同样备受压力，出生率下降可能也在削弱创新体系。卢茨·施耐德（Lutz Schneider, 2007, 2011）认为，创新能力与年轻员工的流动知识密切相关——流动知识与经验知识不同，经验知识是随着年龄的增长而形成的。

　　自上世纪中叶起，新生人口数量就开始下降，出现了人口老龄化的趋势，其真正的原因是什么，至今仍不太清楚。当生活条件得到改善时，大多数物种的数量会增加。但是，人的选择过程似乎有所不同，社会的经济化也许能持续改变偏好，所谓社会的经济化，即，在建立社会关系时，尤其在建立家庭中的社会关系时，实施经济规则。约瑟夫·施密特（Josef Schmid, 2013）把发达国家人口内爆的历史过程分为三个阶段：

- 在工业革命的背景下，变成一个工业国：19 世纪至 20 世纪初，工业革命把农业社会变成了工业社会，这促进了社会各领域的合理化发展，改变了家庭的作用：工业革命前，在 10—15 个婴儿出生的情况下，只有一半新生儿能存活下来。在两次世界大战期间，婴儿死亡率下降，儿童数量减少了一半，最终，每个家庭大约有 2.2 个孩子。

- 因对固定关系的恐惧而产生的个人主义：在婴儿潮之后，直到 1964 年，新生儿占总人口的比例减少了大约三分之一，降至每个家庭大约有 1.3—1.4 个孩子。造成这一情况的主要原因是对经济损失的恐惧和人口素质压力。对制度缺乏信任、取得职业资格与成家立业阶段的同时性是人口稳定的巨大障碍。自 1964 年起，婴儿出生率大幅度下降，这往往被叫作"避孕药导致的生育率下降"。1961年发明的避孕药曾经是，现在仍是一项生物技术创新。避孕药可以完美地阻止婴儿的出生，但避孕药是阻止婴儿出生的手段，而不是婴儿出生率下降的主要原因，因此，它们不应掩盖在事实背后起关键作用的社会条件。

- 没有归途的旅行：目前正在经历第三次婴儿出生率下降潮，这影响到了日渐稀少的人群和那些在没有或缺少兄弟姐妹的经历中长大的个人。婴儿出生率太低，这明显已经不足以维持现有的人口水平，母亲数量越来越少，通过合理移民来弥补人口问题的可能性越来越小。相关的负反馈效应加速了内爆，这种内爆甚至不需要社会起因。社会越来越失去了其人口结构的稳定性。

如果想要改变这一状况，那么，就要彻底改变行为方式。如果不改变这一情况，鉴于当前的世界竞争，后果将不堪设想：人力因素很重要，历史上，因为苦力使儿童变成了不适合服兵役的残疾人，所以，普鲁士颁布了《童工禁令》（1839）。与现代生产过程一样，现代军队的基本功能已经实现了自动化，即，通过资本强度实现人力资源的合理化（如通过无人机）。但它们都有局限性：技术尤其有利于军事侦察，但在频繁的不对称冲突中，却没有多大帮助。这个问题也涉及政治合法性——谁为谁而战？牺牲了谁的孩子？在古代雅典，只有那些有适合服兵役的儿子的公民才被允许对战争与否投票表决。与把第三子或第四子送上战场相比，当要把唯一的儿子送上战场，尤其当家族企业在选择继承人时，社会要面临的挑战完全不同。[①] 因此，一方

---

① 至2017年，很多欧洲领导人无子嗣，尤其大国领袖没有子女，如德国总理安格拉·默克尔、欧盟的让-克洛德·容克（Jean-Claude Juncker）、英国的特雷莎·梅（Theresa May）、意大利的保罗·真蒂洛尼（Paolo Gentiloni）和法国的埃马纽埃尔·马克龙（Emmanuel Macron）。

面,在征募军队领导人员时,军事冲突变成了精英问题,另一方面,军事冲突是由没有前途的年轻人造成的。因此,一些理论把潜在的国家动乱与青年人数暴增联系起来,这些理论把社会中年轻人的数量(尤其是第二子、第三子或第四子的数量)增加与经济发展机会的匮乏联系起来,这不无道理。古纳·海因佐恩(Gunnar Heinsohn, 2003)在《儿子与世界大国。国家兴衰中的恐怖统治》(*Söhne und Weltmacht. Terror im Aufstieg und Fall der Nationen*)一书中阐明了这一点,他把这一概念与战争指数联系起来,以描述冲突概率,目前它也得到许多论文的引证(Kröhnert, 2006)。为了不破坏财产,为了不降低家庭的重要性,只有一子应该能获得继承权,众所周知,英国上层社会的典型做法是,把第二子送到殖民地,把第三子送到高级教会。相反,古希腊和当代的情况已经显示,财产分割会使财产散乱,这很快会导致企业规模不良。[1]

图 5.2.1 显示了各大洲的生育率和人口自然增长率。生育率就是在一代女性之后出现的儿童数量。显然,西方世界、发展中国家和新兴经济体之间存在极大差异;中国几十年来实行独生子女政策,直到2016 年才取消,所以,亚洲的生育率和人口自然增长率很低。作为后英雄社会,西方社会的低生育率说明,必须通过技术进步来应对人口内爆的问题,并要充分利用一切可能的潜力。这意味着,要提高女性的就业率,因为这里会存在生育力和人力资本形成的竞争,此外,这也意味着,要面对那些被教育制度淘汰的一大批人,尤其是年轻男性的问题。如果没有技术创新和高素质的移民,遭遇人口内爆的国家可能会遭遇增长赤字的威胁。这个问题可以通过以下数据来说明(Sengupta,

---

① 同时,不动产分配会导致差异化就业,比如,这有利于德国施瓦本地区的工业化。

2016）：0—24 岁的人口占全球人口的 25%；这个比例在发达国家是 17%，在发展中国家（中国除外）是 29%，在不发达国家是 32%；该比例超过 30% 的国家包括尼日利亚、巴基斯坦、约旦、伊拉克、危地马拉、叙利亚、也门、巴勒斯坦、津巴布韦等国——这些国家几乎都有内忧外患。据联合国预计，在这一发展的基础上，大国的排名在未来几年将会发生巨大变化。20 世纪下半叶的排名相对稳定，中国排在印度和美国之前，到 2050 年，印度将有大约 17.1 亿人口，成为全球人口最多的国家，中国将有 13.5 亿人口，居世界第二，尼日利亚和美国紧随其后，尼日利亚将有 4 亿人口，美国将有 3.89 亿人口。德国在 1950 年尚位居第 7，目前位居第 15 位，2050 年将下降到第 25 位，2100 年将下降到第 42 位。[①]

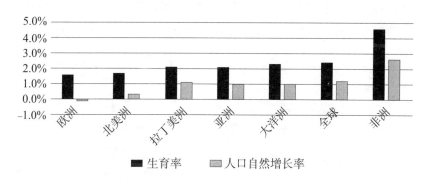

图 5.2.1　2018 年生育率及人口增长率

资料来源：自制，参见 Statistisches Bundesamt（2019）。

　　目前，中国的退休人数大幅增长，劳动力人数的增长停滞，这一人口数量变化已经对经济发展产生了影响。在"何处寻找全球增长"

---

① 德国联邦统计局预计（2006），2100 年德国将有 7,000 万—7,500 万人（2015 年以来的移民除外）。

（Where to Look for Global Growth）一文中，理查德·多布斯等人写道（Dobbs et al., 2015: 8-12），假设在未来50年，全球生产率预计每年增长大约1.8%，那么，问题是，如果其他因素不变，人口变化对生产率增长起什么作用？图5.2.2显示了研究结果：人口因素几乎在所有领域都起消极影响，且按照人均水平，这种影响总是消极的。因此，利率也备受压力，即，最低水平的利率不仅仅是中央银行的交易结果。这样算来，德国生产率的增长将整体减半，但人均增长率只减少2%。这种消极发展趋势适用于所有发达国家；在新兴经济体中，整体而言也是消极的，但就人均值而言，像土耳其或南非这样的国家会呈现一个积极影响的状况。所以，必须继续努力，进一步支持增长进程，以防止人口能力的下降。儿童数量的减少会加重劳动力的短缺，这在德国越来越明显，因此，为了使单位劳动力的成本保持较低水平，生产率的提高面临巨大压力，所谓单位劳动力成本，就是全球竞争中重要的标准工业产品

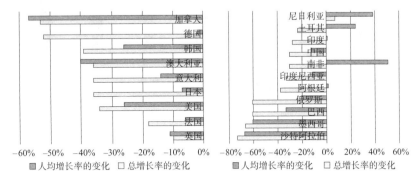

图5.2.2　2015—2064年人口变化导致的各国生产率增长

资料来源：自制，参见 Dobbs, Remes, Woetzel（2015: 9）。[1]

的成本。但是，上述出口盈余减少了必要的投资，因为经济储蓄发生在国外。此外，产品的全球竞争和移民降低了收入占经济产值的比例，这使低素质人员的工资备受压力。他们认为，全球化是一场经济战争，所以，他们的绝望越来越影响选举。相反，移民使移民来源国减少了高素质人员。弗洛里安·哈塞尔（Florian Hassel, 2017）在"这里所剩无几"（Nichts wie weg hier）一文中写道，在巴尔干的部分地区，移民比例高达 50%，这几乎毁灭了经济稳定的所有希望。

5.2.3 创业、贸易和技术

在 20 年前，人们还普遍认为，为了持续繁荣，当时的工业化国家必须向服务型社会发展。在欧洲，德国常被视为过度工业化国家，有人认为，过度工业化会葬送重要的繁荣机会。

2008 年以来的金融危机说明，在经济区位内，并没有使用金融技术手段进行贸易，而是进行了直接的货物交换（Say, 1803; Mill, 1848），货物交换影响当地的投资环境，而且相关的投资带来沉没成本，即不可逆性，这一切都会对区位产生影响，因此，实体经济实际上对一个国家经济区位的形成做出了重大贡献。制造业（尤其是全球化家族企业）是经济效益和社会稳定的保障。现在，一些新兴经济体（尤其是中国）正在发展制造业。这类全球化中型企业代表着区位的工业遗产，它们秉承可持续性经济伦理，是某些经济区位的典型特色（Abelshauser, 2013）。杜德利（Dudley, 2012）在《创新之母：社会网络扩张如何孕育工业革命》（*Mothers of Innovation: How Expanding Social Networks Gave Birth to the Industrial Revolution*）一书中认为，欧洲正享有特殊地位，这应归功于新的合作技术、通信技术和行为方式，自 18 世纪开始，这些技术就已经在欧洲得到大力发展。

如果工业布局的效益不佳,就不可能合理组织生产导向型服务,无论是在销售方面还是在生产要素方面,特别是在研究和开发方面。反之,经验表明,企业的迁出总伴随着相关研究的减少。参与国际竞争同样也能大幅度提高生产率:地方企业的生产率最低,但如果它们拥有国际市场,它们的效益就会增加,如果它们在国外甚至有分公司,那么,它们的生产率就会最大化(Helpman et al., 2004)。显然,企业之间和企业内部的劳动分工都有利,因此,高效益的价值生产链的特点是,在生产流程开端,价值生产链拥有较高的研究、开发与创新能力,并且在运营价值链的末端,它们具有主导市场的动力。因此,就所提供产品的广度而言,通用技术对工业区位产生了影响,并为全球化中小企业提供了一个有竞争力的基础(Blum, 2008),所以,通用技术(Bresnahan, Trajtenberg, 1995; Helpman, 1998)尤其可能成功。

毛奇曾强调,如果战略意味着把知识转移到日常生活中(Strachan, 2013: 168),那么,技术基础就非常重要了,因为军事战略往往落后于技术的可能性(如在一战期间),适应技术较快的一方往往在战场上占有优势(Strachan, 2013: 166-192)。

德国以出口优势而著称,其出口能力在危机中尤为突出。实际上,德国大型企业的出口模式与其他国家的模式类似。此外,德国中小企业往往由企业所有者管理,工业传统悠久,尤其也受到双元制职业教育体制的影响;因此,德国的工业比重在增加,图 5.2.3 显示了德国工业比重在世界各国中的排名,这也反映在商品出口中,因为原则上工业品可进行国际贸易。近年来,德国的这种出口优势遭到了批评,因为出口优势与德国国内需求的不足形成了对比。据称,这减少了其他国家向德国出口的机会,其他国家无法通过向德国出口来改善其贸易差额。在未来,工业基础的特殊领域将具有特殊意义,尤其是数字化能力(关键词:"工业 4.0"),因此,拥有微电子生产基地也将变得至关重要,这也是 2018 年中美经济战争以来中国的经历。

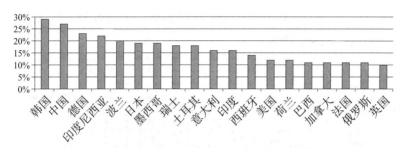

图 5.2.3 2015 年各国工业产值占国内生产总值的份额

资料来源:自制,参见 Brookings(2018)。

　　首先,从理论上讲,原因是什么?结果是什么?由于国家预算中的家庭消费与其他国家相似,所以,重点放在国内需求的第二大领域,即投资上。这里,奥地利经济学派的供给导向理论和资本导向理论取代了凯恩斯主义的货币需求理论。实际上,德国只把国民储蓄中的很小一部分再投资,并把其余部分进行出口。因此,国内投资的这种弱势体现在出口的强势上——在跨期核算中,该经济区位的短期前景良好,但长期前景令人担忧。

　　在德国统一后,出现了进口趋势,这有效地促进和资助了德国东部各州在商品经济领域的再工业化,并为工业化提供了资金,也促进了资本进口,这导致了对外贸易的减少,如图 5.2.4 所示。德意志联邦银行通过提高利率来应对由此产生的通胀风险,这导致了德国货币的全面升值。反过来,这又进一步导致德国出口商品的价格竞争力下降,结果,出口市场进一步亏损。直到 1990 年代末,"哈尔茨改革方案"带来整顿效果,伴随着有利的劳动力单位成本,这最终创造了出口奇迹。实际上,每个国家都可以这样选择。显然,经济危机影响了德国国民经济的开放程度,即,影响了进出口总额在国内生产总值中的比例,该比例从 2008 年的 70% 下降到 2009 年的 60%。2017 年,德国国内生产总值为 32.77 亿欧元,其中出口比例为 39%,进口比例为 31.5%,总盈余为 7.5%,如图 5.2.4 所示。

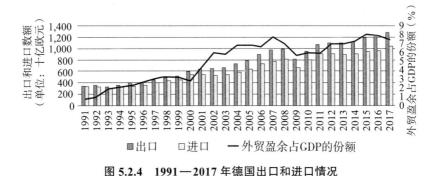

图 5.2.4　1991—2017 年德国出口和进口情况

资料来源:自制,参见 Statistisches Bundesamt(2018)。

然而,有一个问题很少提及:因为出口顺差,德国在国外拥有大量资本,自 2008 年世界金融危机以来,这部分资本遭受影响,夸张地说,以次级贷款方式,德国出口了保时捷。这种情况等同于一个国家的战略性过度扩张:为了稳定而开发本土经济。这一点可以得到证实,因为奥地利经济学派认为,这种外贸盈余的原因是投资活动太少,即,对未来的预防措施太少。安东·康拉德(Anton Konrad, 2014)指出,可以观察到,几十年来,德国保持着经常项目收支盈余,美国经济学家查尔斯·金德尔伯格(Charles Kindleberger, 1966,1976)也指出了这一点,并指出了造成这一问题的宏观经济原因和结构性原因,特别是工业化程度提高和相关的出口倾向,在历史上,尽管单位劳动力成本稳定上涨,但出口倾向仍然受到合理化投资的保护。

对自有价值创造链的控制变得越来越重要,它不仅有助于防止丑

闻,如第 4 章中关于劳动力剥削的例子,而且还通过国家或企业的战略
行动,确保了国家的供应安全。原材料供应就是一例,原材料供应不仅
要承受价格风险,也可能出现材料不可用的情况。第 1 章曾指出,中国
正致力于建设自己的价值创造链。如果一些国家或企业拥有不同技术,
却生产相似并相互竞争的商品,尽管它们受到这类不对称冲击的不同影
响,但它们很快就会遭遇生存危机。

最后,对于竞争优势和竞争失败后的适应能力而言,创立新企业的
能力具有决定性意义。其核心标准是建立企业、解决破产、获得基础设
施、实现监管环境的相符度和透明度所必需的时间。如图 5.2.5 所示,
世界银行以 0—100 分来表示经济体的营商环境便利度,根据世界银

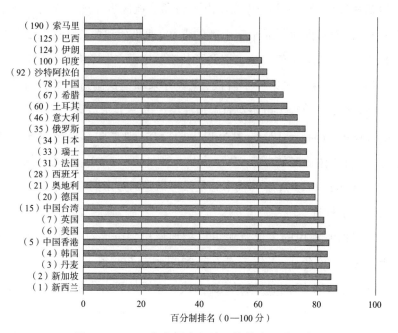

图 5.2.5　2018 年各国家和地区的营商环境排名

资料来源:自制,参见 Weltbank(2018:4)。

行（2018）统计数据，欧洲核心国家的营商环境并不领先，最近几年，大部分国家的营商环境一直在恶化。中国台湾和中国香港地区的营商环境排名居于上游，中国大陆的营商环境排名居中游且有所改善。伊朗排名远远落后，位于其主要竞争对手沙特阿拉伯之后。排名第190位的索马里是评级最差的国家。

5.2.4　资源的可持续应用

资源的使用通常与环境的消耗密不可分。这个问题早已存在，因为大范围的乱砍滥伐是采矿业和造船业的直接后果。约公元前2500年—公元前1000年，在时代巨变之前，因为铜矿的垄断，塞浦路斯的森林被伐光，北非阿特拉斯山脉的部分地区也如此。作为一个航海大国，罗马摧毁了亚平宁山脉的森林，西班牙和葡萄牙摧毁了伊比利亚半岛的森林，英格兰也摧毁了其森林宝藏，尤其是英格兰南部的森林。在工业化的第一个阶段，煤炭开采和钢铁制造是对大自然最具破坏性的生产。"可持续性"是汉斯·冯·卡尔洛维茨（Hans von Carlowitz, 1645—1714）最早提出的概念，他是弗莱贝格皇家园林总管，在《林业经济学》（*Sylvicultura oeconomica*）一书中，他指出（Carlowitz, 1713），森林伐木总量只可以是通过定期植树造林而重新长出的木材量。

根据所利用的主要资源可以把地质史划分为石器时代（前340万—前2200年）、青铜时代（前2200—前800年）、铁器时代（前1200—前200年）和当代石炭纪时代。今天的历史分期往往以技术为导向：

- 1787—1800年：第一次工业革命（工业1.0），在第一批发动机（蒸汽机）和机械织布机的推动下，以农业社会向工业社会的过渡为标志。

- 1840—1900 年：第二次工业革命（工业 2.0），除了煤炭业和钢铁业，产生了化学和电气工业，铁路和蒸汽轮船使运输更加现代化。

- 1950—2000 年：第三次工业革命（工业 3.0），电脑和机器人使生产自动化，以生产为导向的服务越来越重要。

- 2000—20××年：第四次工业革命（"工业 4.0"），其标志是整个价值创造链上的人、机器和产品的网络化。

在第一次和第二次工业革命期间，煤炭和钢铁是发展的主要动力，它们在军工产业中尤其重要。后来，信息和知识逐渐成为现代工业的核心原材料，随之，争夺知识和信息优势的斗争也导致了冲突（参见第10章）。在各个阶段的过渡时期，社会往往也面临各种危机，在历史上，这些危机是由王权或企业导致的，今天，在民主制国家中，危机的受害者可以利用政治制度来表达他们的不满，这在很多地方被视为社会的分裂。[①]

在工业中，尤其在车辆制造业中，特种钢发挥着重要作用，在复合材料的背景下，特种钢变得越来越重要。因此，钢铁是具有巨大战略潜力的材料，这也反映在国际竞争形势中。新兴经济体在普通钢生产方面已拥有过剩产能，但它们正日益加入专业市场，以延伸其价值链，并能为当地跨国公司提供外国直接投资。图 5.2.6 列出了世界十大钢铁生产商，包括蒂森-克虏伯集团，该公司计划与印度塔塔钢铁集团合并，从而位列全球钢铁生产商第十位。美国曾经是重要的钢铁生产国，但目前，美国钢铁业并没有企业名列前十，这或许可以解释 2018 年中美

---

① 关于数字革命的成本与过渡时期的问题，参见 Frey, Osborne（2013），Frey（2019）。

贸易战的激烈程度。美国钢铁公司是美国最大的钢铁企业，钢材年产量 2,500 万吨，位居全球第 26 位。但是，如果比较各国的钢铁总产量，就会发现，中国超过了日本和韩国，美国超过了韩国、俄罗斯和德国，名列第四（World Steel Association, 2019: 9）。

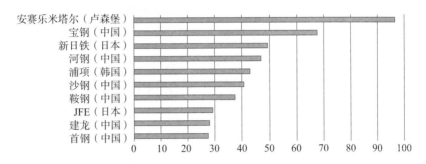

图 5.2.6 2016 年世界十大钢铁企业年产量（单位：百万吨）

资料来源：自制，参见 World Steel Association（2019: 9）。

在资源丰富的国家中进行战略投资，往往与"资源诅咒"相关。在《石油诅咒》（*The Oil Curse*）一书中，迈克尔·罗斯指出（Ross, 2012），与平均富裕水平相比，一些产油国，特别是石油输出国组织成员国，即使没有战争或内战[①]，它们现在也比 30 年前更贫困，这叫作悖论。实际上，因为资源丰富对当地价格的影响很大，所以，资源丰富并不一定能带来繁荣，而是往往导致贫困和依赖。经济理论从两个角度来看待这个问题：新外贸理论（Krugman, 1990）认为，不可逆转性战略投资能够把整顿负担进行前移或后置。由于资本的不可分割性，向发展中国家投资似乎是在慷慨捐赠，但如果这些投资产品无法储存，则必须不惜一切代价出售，所以，这种投资实际上会使发展中国家的状况

———————

① 如果一个国家中年轻男性公民过剩，且他们的前途渺茫，那么，往往会发生内战。

继续恶化。另一方面，转移问题（Samuelson, 1964; Balassa, 1964）也叫作荷兰病或东德病（Blum, Scharfe, 2002），这可以解释为何石油收入刺激的过度需求无法增加当地的供给。如果这一切发生在房地产市场，那么，房地产市场的价格就会上涨，这会损害其他经济领域，由此导致的工资压力也会使国民经济的其他领域备受压力；这往往可以解释，为什么出口行业遭到破坏。假如原材料扩张达到了极限，或者如果相应资源的价格暴跌，那么，任何经济领域都不可能来拯救整个经济。2014—2015 年，俄罗斯就深陷困境，许多新兴经济体也有类似的情况，比如巴西或委内瑞拉。现在，资源开发还有其他的常见消极效应，比如土地掠夺，即，国际投资者收购大面积土地，以现代化方式对土地进行经营管理，但当地居民却因此而面临贫困。

价格波动和商品短缺使金融投资者跃跃欲试，尽管他们可以通过期货合约来平抑价格，但也可能造成投机泡沫。这个问题不应归咎于原材料价格上涨，因为这在很大程度上取决于供求关系或相应的未来预期。价格保值或数量保值实际上是一种传统的保险。但如果以这种保值为基础进行投机，金融经济与实体经济就脱钩了，这就很成问题。2008 年以来的金融危机的诱因之一是，金融资本出现过剩，但没有高利润的投资机会，所以，投资者以原材料股份来投机，这绝非巧合。

全球的原材料开采集中在少数跨国公司手中，尤其自 2014 年原材料价格下跌以来，寡头垄断企业仍面临着企业集中的压力；从那时起，由于部分替代条件产生了价格相互依存，这导致了价格水平的普遍下降，从而降低了企业的价值。2008 年，必和必拓试图以 1,470 亿美元收购当时排名第二的力拓集团（企业概况见表 5.2.1）。同样，贸易也高度集中。全球四大原材料贸易商的销售额总计约 7,000 亿美元，其中，维多集团的销售额约为 3,030 亿美元，嘉能可-斯特拉塔的销售额约为

2,400 亿美元, 托克集团的销售额约为 1,330 亿美元, 摩科瑞集团的销售额约为 980 亿美元。

表 5.2.1　全球能源企业

名称	估值（百万欧元）		所在地
	2013 年夏	2016 年夏（2015*）	
必和必拓公司	124,502	50,300	澳大利亚
力拓集团	85,380	40,700	英国、澳大利亚
巴西淡水河谷公司	56,209		巴西
中国神华能源股份有限公司		45,000*	中国
挪威国家石油公司	54,457		挪威
印度煤炭公司		32,000*	印度
嘉能可-斯特拉塔公司	43,589	16,300	英国
美铝公司		8,800	美国
英美资源集团	23,250	4,500	英国
自由港-麦克莫兰集团	21,547	4,900	美国
巴里克黄金公司	13,709		美国
纽蒙特矿业公司	11,713		美国
泰克资源有限公司	10,334		加拿大
安革金公司	4,114		南非
非洲彩虹矿业公司	2,688		南非

资料来源: 自制。

新兴经济体的崛起导致多年来需求稳定增长, 并确保了向工业化国家的供应, 比如, 钢铁业用铌、激光技术和磁铁工业用钕受到了高度重视。关键原材料的供应面临越来越大的风险, 特别是对高科技行业而言。中国正试图收购西方的原材料企业, 但因为西方考虑到所谓战略安全问题, 一些收购未成功, 此外, 中国首先在非洲大力投资勘探业。近年来, 原材料保护主义的持续增强破坏了自由贸易的努力, 德国央行行长亚尔马·沙赫特（Hjalmar Schacht, 1937）曾提醒美国民众，原材料保护主义是一种倾向，它可能导致冲突，所以，沙赫特的文章至今仍被视为凶兆。今天，世贸组织的一项规定是，商品定价必须公平，特别是国内价格水平应该与国际价格水平相适应，以避免单方面获得加工优势。但实际情况往往并非如此，比如，魁北克通过钢铁生产间接地出口廉价电力，而目前，美国在基础材料产业使用低成本天然气，以便使相应商品的出口有利于国内工业的复兴。

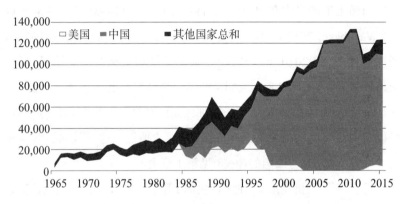

图5.2.7　全球稀土开采量（单位：吨）

资料来源：自制，参见Schmid（2018）和US Geological Survey。

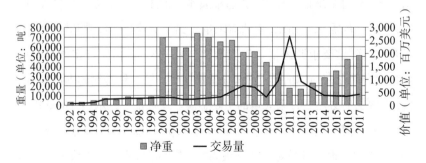

图5.2.8　1992—2017年稀土开采量：价值和重量

资料来源：自制，Uncomtrade（未注年份）。

稀土本来并不稀有，但气候政策使稀土的需求上涨，而其勘探往往又会导致严重的环境污染，这是个相当大的两难问题，因为，在脱碳的框架下，减少危害，这会使其他领域面临更大的环境负担。图 5.2.7 显示，1965—2004 年，美国曾经生产稀土，后来，美国虽然控制着矿山，但稀土生产却崩溃了，那些矿山需要处理严重的环境问题，并最终破产。据统计，自 1980 年代中期开始，中国逐步增加稀土产量，此后，大规模的稀土生产集中在中国，中国的稀土产量占世界总产量的 80% 以上（Wuebbeke, 2013）。作为经济开放的一部分，中国也开始向国际市场出口稀土，但 2010 年以来，由于稀土稀缺和价格上涨等原因，稀土交易量下降（见图 5.2.8），人们又开始寻找替代品和新矿床。目前，中国是重要的稀土出口国，中国正在加强企业整合，力争主导稀土产品市场以吸引更多的增值份额进入中国，完成价值链。这一战略引起了很大的冲突，尤其是与美国的冲突（见第 1 章）。

目前，钛（飞机制造）或钯（催化剂）等原材料，以及铝、铜或铁矿石等传统金属，也变得至关重要。奥利维耶·维达尔等学者（Vidal et al., 2013）在"低碳社会的金属"（Metals for a Low-Carbon Society）一文中指出，为了应对全球能源转型，普通金属生产的增长率也必然相当大，所以，与以往的需求量相比，铝的需求量是铝产量的 90 倍，铁和铜的需求量是 50 倍，这要求开采量每年应增加 5%—18%。由于许多原材料仅作为副产品存在，比如，铟是锌矿石的副产品，铼和钴是铜的副产品，所以，提取它们必然要开采大量的主要金属。理查德·凯尔（Richard Kerr, 2015）在"铜何时变稀缺"（Wann wird Kupfer knapp）一文中认为，至 2040 年左右，铜的开采量将达到最高峰，现在必须从大量矿藏中开采出低浓度铜，而且，铜的开采也导致了冲突。比如，在巴布亚新几内亚，大型潘古纳铜金矿的开采严重影响了社会和生态，引发了持续近十年的内战，死亡两万人，并导致了该矿井倒闭；由于安全局势，巴基斯坦西北部的矿藏无法开采，反叛组织了解矿藏的价值，这里存在冲突的潜在危险。

在这种情况下，"临界点"尤为重要。"临界点"在历史上有两个维度，即可用性和脆弱性，这是价格峰值、短缺和不可用的后果。今天，"临界点"的第三个维度是矿石的开采、提炼、浓缩、加工和处置报废产品所造成的环境后果。实际上，"临界点"的这三个维度应该反映在（短缺）价格中——但这种情况很有限。许多企业在不同材料的基础上生产类似的产品或实现类似的功能，这不能保证价格上涨对所有的制造商产生同样的影响——它们往往是不对称的，因此可能对企业的生存能力产生巨大影响。例如，当钕和镝变得稀缺时，磁铁制造商就会面临压力，但是，以钐和钴为基础的制造商就较少受到影响；一旦磁铁制造商破产，且下一个价格周期涉及钴，那么，两类制造商都会被淘汰，只有电磁技术供应商能够生存下来。

这里要把"临界点"概念的两个义项结合起来：一、在技术领域，这个词来源于核工业和热力学。按照固定和自给自足流程的要求，反应堆一旦生产了足够的中子，连锁反应就进入临界状态，即反应堆的运行状态。在热力学中，临界状态是阶段的过渡时期，比如从液体变成气体的过渡时期，此时，两种状态是分不开的。因此，临界状态十分特殊，往往是不稳定的平衡状态，但这可以保证系统的稳定。二、在经济学中，"临界点"与紧缺资源有关，这类资源关系到国家的安全和经济的正常运转，"临界点"也与濒危原材料有关，这类材料即将枯竭，没有替代品，谁也无法保证它们能够继续存在。资源和原材料的临界状态一开始似乎能起到"维稳"的作用：一旦企业在资源和原材料方面承受的压力过大，企业就会及时开发出替代品——不过，这时候，为了防止竞争对手开发出替代品，战争或经济战争就在所难免。此外，"临界点"

也是一个理性概念,"临界点"使"经济紧缺性"也有了"安全政治"意义。因此,作为一个技术经济概念,"临界点"可以用来描述社会稳定、经济稳定或军事稳定的转折点,一旦资源或掩埋场容量过于紧缺(农业、水和大气中的污染等),危害了稳定,就到了转折点。对一个革新性企业而言,企业质量(参见第 6 章)可以用来衡量企业是否能消除这种矛盾,甚至解决这种矛盾。如果企业能做到这一点,企业就会成为工业先驱,即,一家确定了产品生命周期的企业。

此外,原油是现代经济的命脉,天然气和石油的现代生产方法(水力压裂法)使美国几乎不再依赖进口,尤其不再依赖那些危机国家,这可能会降低其在中东地区进行干预的战略意愿。中国缺乏原材料,尤其缺乏石油,中国也许迟早会填补这一战略空缺。中国的军备计划表明,中国将努力保证其采购来源和采购路线的安全,并填补这一空缺。图 5.2.9 显示了 2016 年最大的石油生产国及其开采量。自 2014 年以来,这些国家每天增加了 100 万—200 万桶石油的供应。

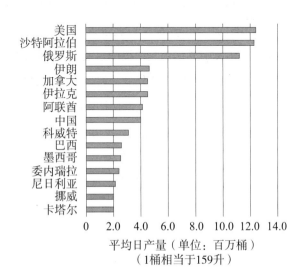

平均日产量(单位:百万桶)
(1桶相当于159升)

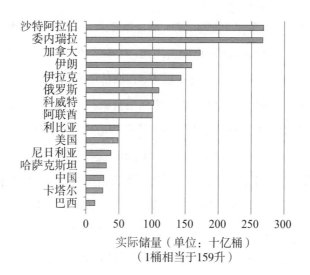

图 5.2.9 2016 年世界最大原油生产国与原油储量

资料来源：自制，参见 Handelsblatt（2017b）。

作为经济命脉，原油价格的频繁波动给全球经济带来了重大问题。首先，这与纯粹的开采成本有关，因地质条件以及陆地或海上开采条件的不同，原油开采的成本差别很大；在许多国家，石油价格对国家预算十分重要。在许多情况下，石油价格必须高于每桶 100 美元，才能保证国家财政的稳定，保证出口国（如德国）丰富的出口。随着水力压裂法的发展，美国从石油需求国变成了石油供应国。所谓水力压裂法，就是对岩层进行水力压裂，以提取石油或天然气，该方法与企业家先锋乔治·米切尔（George Mitchel）相关，他不相信美国石油时代的结束。所以，实际上，自 2014 年秋季开始，石油输出国组织[1]失效。最初，赢

① 石油输出国组织在 1960 年代时位于经济战争中心。它成立于 1960 年，旨在实现永久垄断地位。在赎罪日战争中，对西方国家进行供给控制，以支持攻击以色列的阿拉伯国家。目前，一些成员国退出，出现大量其他石油供应商，美国支持沙特政权长期抑制价格，使该组织的影响力大打折扣。

利门槛位于石油价格每桶60美元以上,后来,由于技术改进,赢利门槛持续下降;从此,石油输出国组织或沙特阿拉伯不再能决定价格,市场被重新分配。自2014年夏季以来,石油价格大幅下跌,这遭到严重质疑,当相应的投资贬值时,就无法利用贷款,特别是来自高息债券的贷款,这可能会对大多数生产国的经济平衡造成严重破坏。图5.2.9显示,水力压裂法应提高价格,才能利于降低成本,否则就会因自己的成功而失败。实际上,美国水力压裂法导致价格压力,出现了潜在的供过于求,这也导致了与跨大西洋货运成本基本一致的价格上涨。因此,沙特阿拉伯彻底改变了战略,希望进入石化加工领域。

天然气是石油的重要能源替代品。起初,天然气是一种燃烧后排出的副产品,现在铺设了输送管道来销售天然气。与此同时,一些天然气生产国与主要天然气需求国之间没有直接的管道连接,它们力求通过液化运输和航运进入已建立的市场。"北溪-2"项目要在俄罗斯和德国之间铺设第二条天然气管道,一些德国企业参与了"北溪-2"的施工,这个项目对欧洲市场上的美国液化天然气造成压力,2017年夏,美国威胁有关企业,要进行制裁(详见第10章)。

由于温室气体的问题,在许多发达国家中,利用煤炭(包括烟煤和褐煤)获取能源是一种非法的生产形式。尽管如此,煤炭需求仍很旺盛,仅中国、印度和美国就在火力发电厂投入了全球采煤量的三分之一左右,它们正在计划继续增加煤炭的发电量。

鉴于对价值链上游或下游的控制,也为了避免或减少资源诅咒,一个颇有争议的问题是,原材料国家是否应承担原材料加工的更多部分。对这个问题的答案只能因地制宜,因为这通常取决于廉价能源的可用性,尤其是电力。此外,原材料的再利用要求相关加工行业价值链的稳定。最后应注意,供求弹性在整个销售链中是如何变化的。若将可储存的原材料（如花生）提炼为易变质的油，则会因供给强度而出现需求依赖。

气候会变化，人口会增长，而水是一切生命和大量技术工程的必要前提，有鉴于此，直到 20 世纪下半叶人们才认识到，一直被视为并不重要的水资源有着巨大的冲突潜力。一方面，战争使人意识到这一点，如，中东冲突常包括水权冲突；另一方面，一系列私有化也使人们意识到这一点，在公众眼中，私有化如同剥削运动。公众认为，除了水的纯经济特性外，水愈加被视为生存物品，国家必须关注水资源，不可使之成为竞争博弈之物。这与它从 19 世纪开始在西方世界的历史角色相符合，当时建立了公共水厂，发展了市政供水理念。

2012 年年底，美国国家情报委员会在《2013 年全球趋势》（Global Trends 2013）报告中指出，如玛丽安·贝希姆（Marianne Beisheim, 2013）在"水-能源-食品的联系"（Der Nexus Wasser-Energie-Nahrung）一文中所写的那样，水、能源和食品领域相互关联的供应风险是最重要的全球趋势。农业消耗了约 70% 的淡水资源。尽管这种消耗只占实际储量的极小部分，但对它的使用会导致危险趋势，如咸海干涸所示，哈萨克斯坦的咸海原为世界第四大内陆水域，现在其面积已缩小至一半左右，其水量已消失了 90%。关于美国五大湖的湖水使用以及科罗拉多河干涸的持续辩论同样也说明了这一点，科罗拉多河灌溉了加利福尼亚农业，并向家庭供水。

对淡水资源的争夺正在迅速演变成一场经济战争，这种经济战争很容易转变成军事冲突——在中东，水往往是国家冲突的根源。中国的人口占世界总人口的 20%，其淡水资源却只占全球淡水量的 7%，所以，中国竭力保护喜马拉雅山水源的安全。许多生产需要大量的水，如钢铁生产、能源生产和食品生产，信息业甚至因为其能源需求而依赖可靠的供水。目前，全球有近 2 万家海水淡化厂，但它们耗能巨大，因此，目前正在研究反渗透、超标准的新工艺，它可能以石墨烯为基础。渔业对海洋的使用也如此，因此，也是由于工业化国家及其高效船队扩大捕捞活动，非洲之角出现了海盗活动，而当地居民却对此无能为力。

地球对垃圾的掩埋容量有限，这也是资源问题。要区分扩散性有害物质（如温室气体）和具有区域危害性和侵入性的有害物质（如土壤中的重金属）。按照博弈论，此类扩散越剧烈，困境就越严重。

5.2.5 知识产权

知识产权可视为现代的原材料。专利、品牌、商标和版权统称为知识产权，它们能凭许可证转让给第三方。知识产权包括准则、标准和规范。它们是无形的固定资产，企业要想建立并保持核心竞争力，确保长期竞争，就必须向知识产权大量投资。知识产权成本的下降有高风险，立法能保证某些规范。知识产权保护能确保某项专利在一定时期内被独家使用。一份专利说明书必须公开知识产权的所有特征，因此，这促进了技术转让。规范和标准是对专利的补充，这类知识产权具有俱乐部财产或公共财产特征（Blum, 2006a; Blum, et al., 2002; Farrell, 1989）。它们有三个特征（Stango, 2004）：一、锁定，即锁定在某项技术中——这里常提及打字机键盘标准 QWERTY，采用这个标准只是为了防止打字机按键卡住；二、路径绑定，例如，有轨电车的轨距标准实际上是不可逆的；三、增加惰性（惯性），行动者不知道哪种标准会在冲突（标准战）中占上风，所以，他们更愿意把一项规范建成一般平台。当知识产权成为科学成就的结果时，人们就想把它作为一种资源加以利用，它的归属性就变得越来越重要。只有明确注明来源，即，注明知识的创造者,才能通过声誉来验证知识产权的真实性,并且为了保证质量而负责任地使用知识产权。

企业的竞争力通常以知识产权为基础,尤其是专利和品牌。知识产权是核心竞争力(Hamel, Prahalad, 1990),是创新能力的核心。它涉及技术、工艺、美学、设计和经济的文化制约性。大多数创新实际上首先具有文化属性,之后才从中产生金融创新,它最终导致市场创新、产品创新、工艺创新以及对创新的创新。图5.2.10显示,高品牌价值捆绑了这些能力。

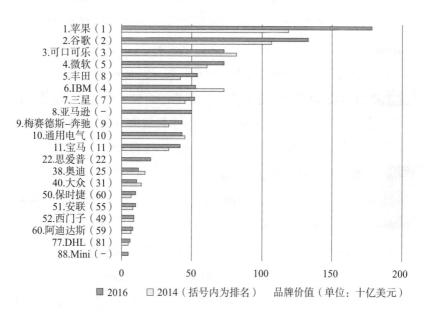

图5.2.10　2014和2016年全球最具价值品牌

资料来源:自制,参见FAZ(2014h, 2016d)。

某些技术是通用技术,具有多种应用潜力和经济发展路线,它们具有战略意义。现代信息技术属于通用技术(Bresnahan, Trajtenberg, 1995;Helpman, 1998),具有战略意义,并且在连通性的意义下,作为完全不同的元素的结合，被统一在一个总部门之下，如运输部门、制造业或网络系统中。图 5.2.10 显示，它们通常是企业价值（即品牌价值）的重要动力。比较 2014—2016 年的数据，柴油门丑闻使德国汽车业陷入危机，品牌价值明显受损，这也导致了巨大的价格损失和商誉破坏，但这与采用数字业务模式的企业完全不同。[①]

知识产权对这类价值十分重要，所以，它往往会被模仿，然后被称为抄袭。弗里德里希·李斯特称之为"向优秀者学习"，实际上，普鲁士和德国一直在向英国学习。对此，英国想以原产地标记法来自卫，但为时已晚，当原产地标记法在上世纪初实施时，德国至少和英国达到了同一水平（见第 9 章）。如果不清楚什么是原件，什么是仿货，产品始终存在缺陷，那么，很快就会声誉扫地。如果其他企业想要与目标企业齐名，它们也有可能故意破坏目标企业的声誉。在军事战争中，也有类似的行为，比如，一国制造了敌国货币的假币，把假币投放到敌国领土上，从而破坏敌国货币的声誉。起初，抄袭释放的信号很矛盾：短期内，抄袭既是侵权，但也是质量高的证明，否则，就不必去抄袭了，但是，长期来看，抄袭会破坏原作的声誉。当很难立即发现原作和仿货的区别时，尤其如此。大张旗鼓地销毁仿制品是针对原产国的一种宣传措施，如，中国曾用压路机大规模毁掉假冒手表或假软件。

一种聪明且成功的抄袭方式类似经济战争：搜集风险融资的信息，这些信息应该会透露竞争对手的重要能力，利用抄袭，可以比原开发商提前把仿制产品推向市场。此外，网上交易促进了仿制产品的无节制传播。欧洲知识产权局预计，在进口欧洲的产品中，大约有 7% 是仿制

[①]　根据企业价值和实际价值之间的差异，商誉可以通过托宾的 Q 来测量，它说明市场价值（股价）与设备再生产价值（账面价值）之间的关系；参见 Tobin（1969）和 Smithers, Wright（2000）。

产品（Kutsche, 2019）。

专利战发生在企业之间，国家对专利战的影响是有限的，因为国家的影响力受专利法、专利纠纷所需司法流程的约束；但是，围绕标准和准则的战争却截然不同，因为标准和规则涉及从个别企业到国家的各个层面（Blum et al., 2002; Blum, 2006a）。有格言称："谁有标准，谁就有市场。"所以，标准化是一种战略行为，必须由企业最高层来协调。对于统一化而言，标准化是一种特殊的统一形式，包括标准化、操作类型和规范。非通用标准是由一群企业为推广其产品而共同制定的。第三方可以使用通用标准。为了提高产品的安全性和控制风险，尤其是那些由物理力量和不可逆性引起的风险，标准化的手段具有很大的共同利益。对于一家富有创新力的企业而言，它的挑战是在市场上利用权力推行自己的规范，且以此建立市场主导地位，并适时进行一场经济战争，或通过标准化建立一个市场平台，使消费者对于长期有效的技术拥有信心，因而可以保证销售，降低风险。因此，参与标准化就是要在利用垄断的机会、实现网络效应、降低风险的可能性之间进行权衡，因为这样客户会认为技术是安全的。实际上，标准化创建了一种可以归类为双边市场的平台（Blum, 2006a）。主要效应是网络效应、复合效应和规模效应。标准化一旦有误，可能很快会进入死胡同，如上文所述，这些死胡同被称为锁定效应。

标准化至少提供三种商品：一、"标准"这种公共产品；二、各方为制定"标准"而产生的俱乐部产品，各方可从中获取和利用先进知识；三、私人产品。许多企业正在现有标准的基础上进行进一步的开发，即使不能超越，也务求满足技术进步的最低要求。在标准方面，有必要以合理价格向用户提供基础专利。专利的诞生密切关注身体和生命的安全保障，如，电气化首先保证身体与生命的安全，然后要避免不可逆的损害，预防大型的破坏力；此外，也有军事标准。因此，许多国家有两种标准化组织，一种是电气工程标准化组织，一种是负责所有其他领域的标准化组织。

贸易平台通过广泛的标准化或规范化为市场准入提供了便利，它们是双方市场的重要基础。因为它们实际上是中介，所以它们可以组织市场，如果除了中介功能之外，贸易平台还能控制采购方和销售方，那么它们就会变得极具竞争力，并会产生巨大的成本优势，这在第8章论述竞争对手成本提高时会再次论述。

5.2.6 信息系统与数字世界

信息系统毫无边界，所以，获取情报在竞争过程中一直发挥着核心作用，它在军事战争中是必不可少的，也是经济战争成功的关键。获取情报就是截取有关研发、创新战略、企业或国家的稳健性信息，并使其可用于自己的行动。在全球化的世界中，竞争发生在许多相互依存的层面，企业情报、商业情报、经济情报、国家情报和军事情报之间的关系正变得模糊不清。这使经济战争学成为了一门信息经济学。因为这场战争的胜负在很大程度上取决于现代信息系统的水平，而在技术上，现代人几乎毫无保护地泄露自己的秘密，甚至会因为公开某些数据而庆祝，所以，企业把实现信息优势看作每场冲突的焦点。这意味着，最好去侦察，要洞悉，但也要雾化，使信息虚假化。此类侦察和间谍活动就是"竞争情报"，其目的是获取信息，为未来的冲突做准备。为了获取情报，一方面要获得公开数据，尤其是官方数据和协会数据，另一方面，要从专家或企业员工的谈话中获取信息，并把这两种信息加以对比。此外，获取信息还包括以半合法、非法方式窃取信息——从分析工业垃圾到有针对性地破解系统。

为了取得战略优势、作战优势或战术优势，在信息系统中占主导地位往往至关重要。许多军事战役因信息优势而取胜,如第一次世界大战中的坦能贝格战役,第二次世界大战中的密码学和赎罪日战争。在坦能贝格战役中,利用一个简单的电话回路,俄军将领的电话被成功窃听;恩尼格玛密码机是成功网络战的典范,颇具传奇色彩。在赎罪日战争中,以色列人必须首先在北方阻止叙利亚军队的逼近,才能在西奈山成功地阻击埃及人。为了推迟埃及人的进军,以色列人使了诡计,使埃及人自己打自己,从而争取到了时间。以色列人利用这段时间,及时对坦克做了定位,从而保证了其在埃及前线的胜利。

根据德国联邦军《服役条例 100/100》第 29 条第 29020 款的规定,信息优势就是,"如果获取、控制、加工、传递和保护信息的行动并未受到对手或冲突各方的持续干扰,且会限制对手或冲突各方采取这种行动的自由,那么,就产生了信息优势"。如果敌对企业或国家并没有意识到,自己成了侦察目标,那么,从效率和效力的角度看,就产生了最佳信息优势。德国联邦军《服役条例 100/100》第 29 章第 29021 条规定:"己方信息优势和无限的信息能力有助于快速、准确、灵活地决策,节约力量并物尽其用。""反之,应尽量损毁敌方领导的这种能力,或者让他们只能获取用于作战的信息,无论这种信息是对是错。与竞争对手或冲突伙伴相比,如果这两项都成功了,就产生了信息优势。它是领导优势和最终效能优势的前提。"显然,如果不能悄悄地建立信息优势,那么就同时或首先与虚假信息联系起来,这不失为明智之举。这种信息优势还包括阴谋论的播种和使用,因为对全能操控者的信任会给人一种本来缺乏的生活坐标,因此,可以为自己的利益而使用。

企业的领导能力也依赖信息优势,1815 年滑铁卢战役中的内森·罗斯柴尔德(Nathan Rothschild)就是证明。1815 年,格布哈德·冯·布吕歇尔(Gebhard von Blücher)及时提供了帮助,拿破仑被击败；通过自己的信息机构，罗斯柴尔德提前获知，拿破仑会兵败滑铁卢，这一消息导致股市下跌；亚伦·莱文（Aaron Levine, 2000）在《犹太人经济伦理》（*Jewish Business Ethics*）一书中写道，罗斯柴尔德利用股票下跌的行情，"超低价"搜刮财产。

经济的数字能力被视为成功掌控第四次工业化的核心能力。美英两国具有竞争优势，以数字经济的经济产量来计算，这两个国家的数字经济力量几乎相当于德国的两倍，数字经济占德国国内生产总值的5.4%，美国和英国的这个比例分别是8%和10%（Die Welt, 2016b），因此，这一竞争优势可能长期可持续地保证其竞争地位。其中一个重要前提是，在微芯片制造领域美英处于领先地位。图5.2.11显示了西方世界的领先地位，尤其是美国的领先地位。而中国目前在半导体进口上的支出超过了石油，这令中国极易受到美国相应制裁的损害（见第10章）。由于"工业4.0"，工业界不仅增加了传感技术和智能数据处理的需求，对机床之类的设备制造或汽车产品的需求也增加了，这给博世、英飞凌或英伟达这些制造商带来了机遇。因此，大型制造商正在建设自己的生产线，比如富士康，它的生产能力很强。

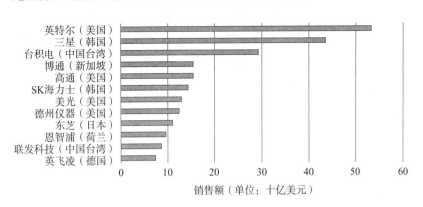

图 5.2.11　2016 年世界十二大芯片制造商

资料来源：自制，参见 Börsen-Zeitung（2017f）和 IC Insights。

5.2.7 开放市场和运输系统

如果后勤能力能够发挥其作用，那么，公开市场就是关键的前提之一。一方面，公开市场取决于国内法和国际法规定的制度秩序。航空运输自由要考虑过境权，涉及国家之间直接运输关系的权利和国内运输权，即，外国运输企业在境内提供运输服务的权利。对海洋法而言，海洋自由很重要，它规定了沿海区域外海洋的开放，并通过一系列公约和仲裁法庭来得到保障。图 5.2.12 显示，大多数情况下，贸易的变化与国内生产总值的变化不成比例，这两个变量是相互依存的，例如，经济战争限制贸易，这会反作用于国内生产总值，正如经济衰退反作用于贸易。

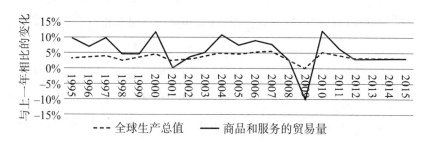

图 5.2.12　1995—2015 年全球生产总值与贸易的发展

资料来源：自制，参见 International Monetary Fund（2018）。

自 2012 年以来，贸易和国内生产总值之间的这种关系并不明显，对此，罗尔夫·朗翰墨（Rolf Langhammer, 2016a）在"全球化抑制者"（Die Bremser der Globalisierung）一文中有两种解释：一、跨境价值生产链的增长显著放缓，在正常循环发展中的经济停滞在延长，这可归咎于新兴市场的适应过程，因地方商品的支出过高，这个适应过程导致了荷兰病，即，价格膨胀伴随经常项目赤字。二、移民模式发生了变化,迄今为止,移民向来源国汇款,这促进了来源国的经济增长和进口能力。而移入国的侨民贸易也很繁荣,换言之,移民来源国为了本国的移民而对外出口。当前的移民流主要因为紧急情况,它不能同时做到上述两点。同时,在移民移入国,由于社会福利支出升高,地方经济的比重增加了,所以国际开放性和竞争能力降低了(Langhammer,2016b)。

后勤属于经典的军事能力之一。1914年,俄军已深入东普鲁士,因后勤能力很强,埃里希·鲁登道夫将军(Erich Ludendorff)在坦能贝格战役和东普鲁士马祖里战役中获胜。后来,他担任总后勤部长,这说明,他能够利用铁路组织运输,最终在前线取得军事优势。武器系统、运输系统和运输基础设施都必须实现标准化,因此,1917年,德国标准化研究所成立。今天,最重要的一种标准化是运货架和集装箱。

在征服新市场时,缺乏供货能力就可能导致失败,所以,在经济战争中,有效利用物流的能力是必不可少的。因此,从现代的角度来看,物流系统至关重要,尤其包括具有可在国际上部署和转移的能力,即航空机队和海上商业船队;图5.2.13列出了全球最重要的航运公司。许多国家的法律都明文规定,运输业中的外国投资不得超过一定的比例。比如,美国航空公司是一家重要的国家后勤(军事)储备公司,美国法律保护这家公司免于被收购。

德国曾拥有史上全球最大的贸易船队之一;自2008年国际金融危机以来,世界贸易量下降,远东建立了生产能力,随后爆发价格战,货运价格暴跌;自2015以来,这一趋势尤为显著(Kaden,2017),价格被迫整合。但欧洲仍然是航运公司的优势所在地。自此,韩国航运公司韩进陷入破产,该公司曾占世界市场近4%的份额。今天,世界最大的船队来自希腊、日本和中国，这三国在船舶资本的投资都有大约 800 亿美元（Nicolai, 2017）。同时，在全球追求环境目标的背景下，希腊正在大规模扩建液化石油气船队，并在 2018 年控制了全球订单的一半（Nicolai, 2018）。在环境目标中，天然气是二氧化碳排放量最低的化石燃料，而美国力争系统地减少俄罗斯向欧洲的天然气供应。

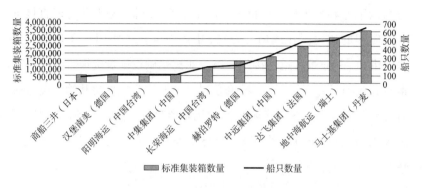

图 5.2.13　2015 年全球最重要的航运公司

资料来源：自制，参见 Börsen-Zeitung（2018c）和 Alphaliner。

大多数情况下，航运公司所在地和船舶所有权是分离的，曾经造成的后果是：当非洲之角的海盗日益威胁到航海自由时，德国往往也不认为自己应对德国船只负责，因为这些船只悬挂外国国旗航行。为了确保贸易线，欧盟开始了海军亚特兰大行动。在许多海轮绕非洲而行，不再经过苏伊士运河后，几内亚湾也成了海盗活动的重点。

2016 年夏，因产能过剩引发了价格战，其后果就是韩进的破产，这正是企业合作或合并的压力所在，韩进的破产说明，自由航道和可航行海路具有战略意义。这些货船所载货物的价值约为 145 亿美元。因为担心无法支付账单，没有港口允许这些船舶驶入并加油，尤其是无法迅速转移的小型航运公司，它们会遭遇生存威胁（Börsen-Zeitung, 2016e）。

除了运输产能外，作为"经济生命线"的贸易路线非常重要。中国计划建造一条运河，该运河与巴拿马运河平行，横穿尼加拉瓜，建成后可航行载有25,000个标准集装箱的货轮，这超过现有最大集装箱船舶容量的四分之一以上，是巴拿马运河2016年检修后通行能力的两倍，因此，这一运河建造计划颇受关注。中国也在努力减少对通行马六甲海峡的依赖，并加强对中国南海的控制，努力获得能直接进入印度洋的通道。在缅甸五月岛，中国石油化工集团正在建造一个深海港口，并通过管道连接到中国。亚洲基础设施投资银行的投资政策对此起到了补充作用，一场争夺利益地带的斗争可能开始。美国极有可能会通过遏制政策来阻止这种战略形势的变化。表5.2.2列出了全球大型港口的排序，很明显，全球贸易重点正在远离欧洲，发生了转移。

表 5.2.2　2012 年集装箱港口吞吐量（单位：十亿美元）

港口城市/国家	吞吐量	港口城市/国家	吞吐量
上海/中国	32.5	广州/中国	14.7
新加坡/新加坡	31.6	青岛/中国	14.5
香港/中国	23.1	洛杉矶-长滩/美国	14.1
深圳/中国	22.9	迪拜/阿联酋	13.3
釜山广域/韩国	17.0	汉堡/德国	8.9
宁波/中国	16.8		

资料来源：自制，参见 Süddeutsche Zeitung（2013e）；World Trade Organisation。

交通基础设施包括港口、机场、铁路线和公路线等，它们是开拓市场与生产力增长的前提，正日益成为令人感兴趣的投资对象。数字基础设施同样如此，本书在第7章将从区域经济视角对此进行探讨，在第9和第10章中，将在国家权力扩张和数字统治的背景下继续讨论。

5.2.8 国家财政的稳定与经济的资本化

对于国家或企业而言,拥有强大的资金来源是维持稳定和战胜危机的重要条件。企业之间或国家之间的任何冲突都需要资金,所以,健全的公共财政管理与企业财政管理一样重要。《马斯特里赫特标准》考虑了国家财政管理的稳健性,它把年度债务限定在国家预算的3%,把债务率限定在国内生产总值的60%,但是,当前的危机表明,它没有取得任何成功。对于企业而言,不存在公理性的界限,这样的界限往往受经济结构的限制,由评级程序来决定,因此,不同国家的不同行业有着不同的风险率,比如,这显示在债券发行时。

图5.2.14显示,美国多次成功地降低了它的债务,主要方法是,利用通货膨胀和金融抑制,即,以货币资产为代价,但也通过经济增长。今天,美国的债务水平与二战后的债务水平基本持平。在危机期间,家庭和企业降低了它们的债务率,大幅度降低了支出,尤其是降低了投资。在危机开始时,一些国家的债务率较低,所以,它们有可能利用债务来进行有效融资,通过公共支出来稳定金融市场,限制金融抑制;就个人而言,这是理性的,但根据囚徒困境,这加重了经济萧条。如果国家可以平衡此事,则金融收缩的效应有限;否则,正如希腊或葡萄牙案例所示,它们会造成破坏,类似于经济战争。稳健的国家融资相当于企业中稳固的自有资本基础。

自有资本是企业的基本能力之一,它是企业根本的融资手段,尤其是创新的重要融资手段。此外,从信贷功能看,银行的稳定也是一项基本能力。由于金融风险相互作用并共同影响金融稳定,必须通过压力测试来证明商业银行的稳定,压力测试由监督机构实施。根据2008年世界金融危机的经验,压力测试在质量和数量上都提高了要求,即,对于安全和安全系数的界定提高了要求。此外,商业银行要能够处理各种风险,必要时候,银行存款也会被纳入银行信用指标,其目的是,遇到危机,银行能有所缓冲,防止风险蔓延。

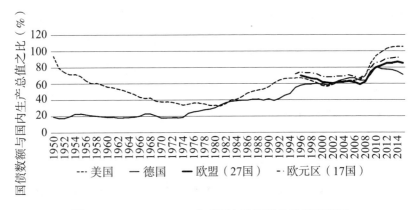

图 5.2.14　1950—2014 年美国与欧洲债务的长期发展

资料来源:根据各国中央银行的数据自制。

　　一个国家的外汇储备可以衡量一个国家抵御恶劣环境的能力,这尤其使赤字国家备受压力,因为它们在发生危机时会很难支付其进口费用。最后的帮助是,也可以使用黄金储备,在危机发生时,在世界市场上,黄金储备很容易用于清算。图 5.2.15 列出了 2017 和 2018 年全球最大的外汇储备国和黄金储备国;在 2017 年之前,大多数数据基本保持稳定,只有中国的库存增加了大约 100 吨。在 2015 年年底之前,为了支持人民币,中国的外汇储备被削减,目前又超过了 3 万亿美元。石油价格战对俄罗斯也有影响。2014—2015 年,俄罗斯的外汇储备几乎下降了 30%,此后,外汇储备又再次增长,并在 2017 年中期突破4,000 亿美元;此外,俄罗斯正在系统地建立其黄金储备。2015 年年底,德国外汇储备约为 1,900 亿美元。各国可获得的投资基金是各国行动能力的重要来源。图 5.2.16 列出了相关各国的主权财富基金。

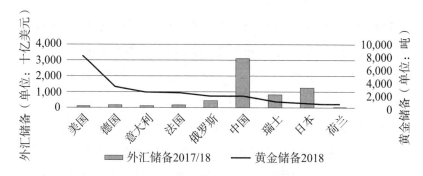

图 5.2.15　2017/2018 年黄金储备最多的几个国家及其外汇储备

资料来源：自制，参见 FAZ（2018d），International Monetary Fund, Weltbank。

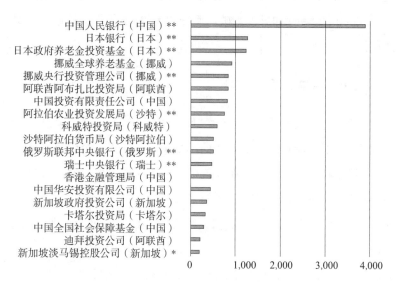

图 5.2.16　2015 年主权财富基金所管理的资产（单位：十亿美元）

* 2015 年数值；** 2013 年数值

资料来源：自制，参见 Die Welt（2014b, 2015c），Welt am Sonntag（2017b），Official Monetary and Financial Institutions Forum, Statista, SWF-Insitute。

国家影响或道德压力会引起资金流的变化，这会影响企业的经营模式。例如，资本正在撤离传统的化石燃料，所以，这一产业缺乏必要的投资，并且，实际上通过金融市场来实施政治和道德意愿。一些企业或国家会因此而受益，它们在可再生能源领域拥有高技术产能或区位优势。美国投资于水力压裂法，这仅使美国不再依赖石油进口，却使全球石油市场备受压力，同时，这也符合美国因乌克兰危机而惩罚俄罗斯的意图。这引发了石油价格战，最终，沙特阿拉伯也卷入其中。在沙特和俄罗斯，主权财富基金正在受到侵蚀，挪威也承受了压力。沙特可以把国家预算的赤字控制在 15％，因为沙特的外汇储备大约有 6,000 亿美元；而对俄罗斯来说，问题要大得多。然而，这种策略并非没有风险——反噬效应可能导致自身的威胁：在美国，水力压裂行业的规模大约为 5,000 亿美元；如果因为破产而贷款无望，美国就会遭遇下一次金融危机。

5.2.9　军事力量

军事力量是一个国家的终极"硬实力"。如果一个国家没有工业基础，它就不可能自行制造必要的军事装备。如果一个国家只依赖进口，它就极容易遭到敲诈。在以色列或瑞典这样的小国中，可以看到，一些军备生产对一个国家具有战略意义。然而，在联盟中，任务分工往往是固定的。各国负责生产武器系统的不同类别，这也算是外贸补偿。在历史上，美国向北大西洋公约组织国家（法国和英国除外）大量出口武器，因为它补偿了驻扎费用，否则这将导致经常项目收支问题。

德国军火工业被认为是强大的：在 2009—2013 年这五年间，其全球市场份额平均每年约为 7％；美国以 29％ 的份额领先于占有 27％ 份额的俄罗斯（Statistisches Bundesamt, 2014）。在德国，大部分军工生产由中小企业实施。但是，如表 5.2.3 显示，如果以企业的规模为标准，美国处于领先地位；不容忽视的是，德国很大一部分军工业属于欧洲宇航防务集团。

表 5.2.3　2015 年全球军工业军备交易销售额排名

名次	名称	重要产品	销售额（单位：十亿美元）
1	洛克希德·马丁（美国）	飞机、武器系统	36.6
2	波音公司（美国）	飞机、武器系统	28.0
3	BAE 系统公司（英国）	飞机、武器系统	25.5
4	雷神公司（美国）	防御性导弹	21.8
5	诺斯罗普-格鲁曼公司（美国）	飞机、武器系统	20.1
6	通用动力公司（美国）	轮船、武器系统	19.2
7	空中客车公司（德国/法国）	飞机、武器系统	12.9
8	芬梅卡尼卡集团（意大利）	飞机、直升机	9.3
9	L-3 通信公司（美国）	通信系统*	8.8
10	联合技术公司（美国）	直升机、涡轮机	9.5
11	泰雷兹集团（法国）	飞机、武器系统	
	莱茵金属公司（德国）	坦克、武器	3.0
	克劳斯-玛菲-威格曼公司（德国）	坦克*	2.1
	蒂森-克虏伯集团（德国）	轮船、潜艇*	1.7
	代傲集团	弹药*	1.4
其他未编入企业			
	哈里伯顿公司（美国）	技术服务供应商	
	劳斯莱斯公司（英国）	发动机、涡轮机	
	斯奈克玛公司（法国）	涡轮机	
	泰坦公司（法国）	武器系统	
	萨博公司（瑞典）	飞机、武器系统	

* 2011 年数值。

资料来源：自制；1—11：Handelsblatt（2017a），SIPRI（未注年份）和 FAZ（2013a）。

　　各国已经感到，军备负担越来越重，难以在人民面前做辩护。军工产品极富特性，价格昂贵，几乎不能民用，因此，必须增加合作，才能使联盟效益（特别是平台策略）与成本递减效应相结合。这对于联合起来的小国尤其重要。例如，欧盟军队使用33种坦克，美国军队仅使用3种坦克（FAZ, 2018h）。规范化和标准化正在成为关键的成功因素。实际上，规范化主要来自军事统一化。机械制造、工厂建设和目前的轨道车辆制造也需要克服类似问题。分析显示，专制国家的军备开支较高，而在民主制国家一般有宪法规定。此外，预期冲突是军备支出的一个重要动力。左翼政府和决策机构中的女代表会减少军费支出（Nordhaus et al., 2012; Whitten, Williams, 2011; Blum, J., 2017）。

　　图5.2.17显示，军费占国内生产总值的比例显示进攻、防御和掌握权力的意志（和必要性），这个比例也是一个清晰的信号，比如，用于实施海洋自由或市场准入。军费开支往往隐藏在其他预算中，所以，很难准确地获悉军费总支出。另外，如果一个国家以征兵或密集集结军队的形式来征收自然税，比如在瑞士，全民皆兵，人人服兵役，那么，也很难获悉军费总支出，这令职业军队显得很昂贵。军费预算的变化可视为清晰的信号，经济政策也是清晰的信号，比如，中国的经济政策就是如此。[①] 针对与瑞士的税务纠纷和偷漏税名单，佩尔·施泰因布吕克（Peer Steinbrück, 2009）指出了潜在威慑的真正意义："通俗地说，可以列一个清单，……尤马堡的第七骑兵队，你可以放手。但它不一定必须离开。印第安人只需要知道他们的存在。"

---

　　① 中国继承了航海家郑和的传统，努力成为地区秩序维护力量，保护那些自己曾拥有，却因近代国弱而失去的领土。盖文·孟齐斯（Gavin Menzies, 2004）在《1421：中国发现世界的一年》（*1421: The Year China Discovered the World*）中详述了郑和下西洋史，引起了学术讨论。

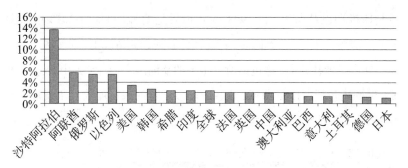

图 5.2.17 2015 年各国军事预算占国内生产总值的比例

资料来源：自制，参见 Statistisches Bundesamt（2016）和 NATO。

　　但是，其他国家也在扩充军备，以便加强信号，说明本国已成为不可忽视的地区势力，比如巴西或沙特阿拉伯。历史经验说明，一些国家在西方支持下建立，它们在政治上可能会突然崩溃，比如伊朗或巴基斯坦。因此，国际社会必须注意，国际力量平衡的大规模转移会有危险，特别是美国维持世界秩序的意愿已下降，主要原因是，近些年来，无论在军事上还是在道德上，美国都不能胜任这种要求。图 5.2.18 列出了全球最大的武器出口国。图 5.2.19 显示了 2016 年欧洲、中国、俄罗斯和美国的军备状况。显然，结合军人数量和人均装备水平，美国显示出最强的战斗力。这并不仅仅是工资水平问题：荷兰向每名军人提供 22 万美元，这几乎是比利时军人工资的两倍；英国在欧洲遥遥领先，每名军人工资平均 32 万美元。

　　核能力对实现经济要求到底多么重要，这个问题很难回答。历史上，美国（自 1945 年）、苏联（自 1949 年）、英国（自 1953 年）、中国（自 1964 年）、法国（自 1964 年）和以色列（可能自 1967 年）共同形成了核威慑平衡，这是体制战争的前提。之后出现了其他有核国家，首先是南非，然后是乌克兰、白俄罗斯和哈萨克斯坦（1991—1995/1996 年），然后是印度和巴基斯坦（自 1998 年），最后是朝鲜（可能自 2013 年），目前的局势极为不稳定。[①] 同时，在受到威胁的紧急情况下，很多国家可以在短期内发展核武器，这包括所有主要的欧洲国家、日本、韩国或澳大利亚，也许还包括印度尼西亚，这些国家由于合约限制而放弃了发展。朝鲜和伊朗的实例表明，这里存在着巨大的压力，以度过经济或政治危机。

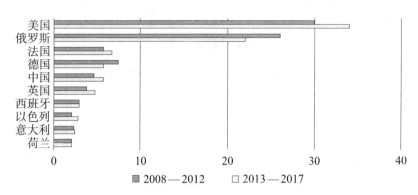

图 5.2.18 全球最大的武器出口国出口额（单位：十亿美元）

资料来源：自制，参见 FAZ（2018），SIPRI（未注年份）。

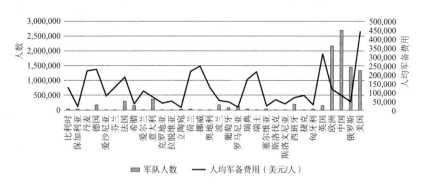

图 5.2.19 2016 年欧洲与世界其他大国的军备费用

资料来源：自制，参见 Weltbank（2015a），SIPRI（未注年份）。

---

① Economist（2015a）即 "The New Nuclear Age" 一文记录了历程。

5.3 战备及其在经济战争中的意义

如果已具备能力，就要提出一个问题：一个国家的政治组织或一家企业的管理系统能不能将现有能力和所提出的要求有机结合起来。这个问题实际上涉及国家或企业的制度设置，其中最重要的几点已经在前几章中提过。在军事领域，动员就是要提供能力，最简单的动员也可以从根本上改变均衡形势。在混合战争或经济战争中，这相当于为参与冲突创造制度前提，比如，通过立法，可以预见贸易抵制，或者设立战争预算，这样就能够对企业进行敌意收购。如此一来，这增加了在短期内发生冲突的可能性，但动员本身也给了对手预警时间。关于经济战争中的软实力，尤其值得讨论制度框架和企业家精神。

5.3.1 国家和企业的机构组织

军事战争和经济战争都不能打无准备之战；总会有预警，它由初级符号、识别信号、警报、攻击信号构成。识别信号在军事领域至关重要：民用飞机飞来了，这可能是行动错误的结果，但也可能是潜在核攻击的伪装，因此，正确解释弱信号对决策过程十分重要，因为在适当的情况下，它可能会引发警报和武装动员。①

关于体制竞争，常常有人强调，与西方国家相比，新兴经济体的战略流动性和决策能力是一种优势。但是，这种分析往往不考虑相关的社会成本。在制定战略目标时，西方国家存在困难，也很难找到超越议会任期的基本共识。这对企业来说似乎更容易，但它们仍然受到制度的约束，比如，大型上市企业的所有权结构和共同决定规则在变化，因

---

① 1987 年 5 月 28 日马蒂亚斯·鲁斯特（Mathias Rust）在莫斯科红场着陆；2010 年 9 月 7 日俄罗斯空军击落了大韩航空的飞机。

此，中小企业在这方面尤其具有战略优势，其管理层往往不存在委托代理问题。

哈耶克（Hayek, 1945）强调，中央计划经济体制常常面临较大的风险，因为它们只能处理部分信息，否则，中央计划经济体制将成为体制竞争的主导成功模式；他称之为"知识的假设"，而这实际上是不可用的。实际上，如果没有任何操纵，真实的信息就会持续渗透，即，成为知识，[①] 但是，在市场经济体制中，市场被操控，信息系统也被操控，所以，并不存在所谓的"知识"。

同时，中央计划经济体制更容易利用战略性产业政策来实现自己的目标，比如，在一些领域获得主导地位。如果利用一种在全球具有主导性和高效益的技术路径摧毁竞争结构，在体制允许的情况下，这一步更容易成功。

5.3.2　企业家精神

现代的企业家精神与个人自由思想相关。个人自由思想出现在中世纪晚期，尤其在城市中，这与封建领主土地所有制的集体主义相反。以前，《宗教利率禁令》规定，基督徒禁止从事不诚实的职业，尤其不得放高利贷。后来，在意大利北部城市，尤其在威尼斯和佛罗伦萨，出现了一个以美第奇王朝而闻名的银行系统，再后来还产生了货币兑换和贷款系统，这有利于贸易。城市商人家族或皇家商人出现了，直到今天，他们中的一些人还没有失去他们的重要性，维尔纳·桑巴特称之为"资本主义精神"。同时，熊彼特（Schumpeter, 1912）认为，创新型企业家会带来"创造性破坏"，"创造性破坏"会破坏现有的经济结构。

---

① 　因此，针对股价操控，证券监管部门实施严厉的措施。

这种创造性破坏要充分发挥作用,就必须使被破坏的生产要素能够在新的用途中发挥更高的生产力。如果生产要素没有充分发挥作用,则必然会失败,比如,原因可能是,社会福利政策阻止了生产要素的迁移,或者市场受到了中央计划的限制。实际上,企业家进行创造性破坏后,国家会实施监管,进行一场针对企业家的经济战争。

英格·皮斯(Pies, 2013)阐述了熊彼特理论教条的变化——熊彼特越来越背弃企业家个人,他更关注以资本主义形式出现的企业。在《税收国家危机》(*Die Krise des Steuerstaates*, 1918)一书中,熊彼特假定(Schumpeter, 1918),资本主义制度会因为它的成功而失败:市场可以确保高水平的消费和经济繁荣,但在这个市场上,并没有大量的小企业参与竞争,有的只是经济实力的集中以及高生产率和技术进步的可能性,因此,熊彼特坦然认可了垄断。后来,熊彼特(Schumpeter, 1939)把垄断写入了《商业周期》(*Business Cycles*)一书中。熊彼特的影响今天反映在创新持续性上,大型企业的长期规划可以实现创新持续性。

5.4 成功的意志

能力会激发潜力,在经过相应的准备后,潜力被具体化;潜力会激发行动力,它专注于意愿,即,要实现的目标。因此,在设立目标时,成功的意志是核心,军事上叫作雄心壮志。有两种错误:第一种错误是,假设虽然正确,仍然被拒绝;第二种错误是,假设虽然是错误的,仍然被接受。在不断波动、不确定、复杂而模糊的条件下,为了处理和避免这两种错误,必须具有哪些个性呢?与克劳塞维茨的三位一体理论一样,合理性和不确定性在这里结合在一起。在"寻找宝藏"(Auf der Suche nach verborgenen Schätzen)一文中,蒂尔曼·格哈特和延斯·里德尔认为（Gerhardt, Riedel, 2013），（未来的）领导人要面对波动性、不确定性、复杂性和模糊性，在解决这些问题的时候，需要好奇心、整体思维、说服力和决心，所以，他们尤其与众不同。这相当于对最终责任的意志，它与领导任务密不可分。

此外，执行者必须深刻领悟目标，以便坚定地执行；在公众领域，运动员的意志训练就是如此，运动员需要植入"胜利模因"。但文化基础和情感基础也很重要，这在一些企业中很明显，它们在经济战争中往往富有战斗力，具有强大的凝聚力。

5.4.1 愿景和动机

最简单的凝聚力可以是一个理想、一种理念，甚至是一种意识形态；以托本·吕特因（Torben Lütjen, 2012）的理论为基础，凝聚力具有以下四个基本特征：

- 愿景：通过愿景，可以平衡充分具体化和必要抽象之间的紧张关系。

- 使命：所谓的使命，基于一种抽象的政治理念，这种理念可直接引发改变世界的行动。

- 激情：所谓的激情，一种叙事属于这一理念，从中可以直接派生出主角的历史任务。

- 接受：所谓的接受，这一理念在明确的社会生活中[①]定位，使理念贴近现实，从中引导出正确生活方式的具体指导，这超越了具体政策。

---

① 尤尔根·哈贝马斯（Jürgen Habermas, 1981,1988）区分了三种表现形式，它们均与经济制度密切相关，即文化中可普遍使用的知识库、作为合法制度设置的社会及作为能力表达的人格。

往往愿景在先,使命在后。如果愿景太具体,就显得不灵活,这会使人误以为"愿景有误";愿景太抽象,就会影响政治理念的传达,甚至可能退化为任意性。愿景往往是使命的一部分。所谓的激情,就是为实现某一理念所做牺牲的历史,它支持叙事,即为了成功而叙述具有哲学色彩的历史;因此,对领导人而言,分享愿景至关重要,这完全符合领导意志,即为了自己的理念而赢得第三方。因此,愿景必须把诸多品质集于一身,就像乐队指挥,在这种情况下,领导过程的动机、手段、空间、时间和信息尤为确定。

由愿景、使命、激情和接受构成的四种基调对于理念的执行能力至关重要。它也适用于社会市场经济体制这样的秩序经济设计,即自由的理念和开放的市场。在经历纳粹悲剧,在从民众到经济垄断都利于纳粹的情况下,德国才实施了社会市场经济体制,这种体制主要与天主教和基督教的社会教义相联系,从此,产生了一种合乎人的尊严的经济秩序。实际上,社会市场经济体制可以追溯到传统路线。值得捍卫的自由理想也可以归入这样的四种基调。同时,这种自由秩序的反对者必须在意识形态上证明其反对意见的必要性,以便反对者可以创造一种侵略的潜力。这显示了不受意识形态影响的科学的局限性,特别是超越基本理想的经济政策或安全政策,并且按照马克斯·韦伯(Weber, 1922)的思想,这也为官僚的意识形态自由设置了边界。因为政治和经济的交叉实际上位于秩序经济设计的背景中,从竞争角度看,这是对经济力量的侵蚀,所以开放的市场在自由社会中具有核心意义。[①] 在《新工具》(*Novum Organum*, 1620)一书中,弗朗西斯·培根(Francis Bacon)已阐明,知识的产生并非一个理性的

---

① 显然,《圣经》(*Die Bibel*)故事也明确了这四个要素。

过程。事实上，意识形态与知识的产生相互关联，并产生了被认为是现实的东西，这正是要经常检查知识与意识形态在何种隐含框架内活动的原因。

如上所述，愿景、使命、激情和成功的接受首先以失败为基础。实际上，英雄的没落并非毫无价值，存在一种悲剧英雄的时间辩证法。失败者做了一些超人的事情，他们创造了社会凝聚力，民众因而得以成长，所以，牺牲并非徒劳；但是，如果失败没有得到净化，这种失败就形成了创伤，例如，德国人有凡尔赛创伤和通货膨胀创伤。

在《恐怖分子的困境：管理秘密暴力组织》(*The Terrorist's Dilemma: Managing Violent Covert Organization*)一书中，雅各布·夏皮罗(Jacob Shapiro, 2013: 19-20; 26-62)指出了很多问题，这些问题可以分析经济战争的领导过程(见第 6 章)。在金融危机之后，领导行为和目标往往对社会不负责，恐怖主义同样如此：

- 体制理性：根据委托代理理论，即使恐怖主义组织追求情绪化的目标，在操作层面上，尤其在领导制度和薪酬制度方面，恐怖主义组织实际上也相当理性。这种理性首先表现在他们的薪酬制度上，他们会照顾那些自杀式炸弹袭击的幸存者。忠诚度对成功具有关键作用，因此，根据艾伯特·赫希曼(Hirschman, 1970)的退出-呼吁理论，激励反映了外部选择。领导决策会在方法和目标之间做出取舍，与一般的领导过程一样，会考虑和评估不同方案及其间接后果。

- 不同的偏好：由于领导结构和秘密紧密结合，内部决策几乎不透明，更不会公开。因此，在资金的使用和行动或战术的选择这两个问题上，永远会发生冲突。这类似经济战争中的领导问题，正如金融危机所示，恰恰这里不可能透明，市场上不可能公开讨论大规模投机,否则就必须放弃市场监管。

- 安全与效率和控制:解决这类困境对于制度的生存至关重要,因为根据委托代理理论,上级领导不知道,目标到底是通过妥协还是因为有利条件才实现的。

总之,成功与否就变成了这些问题:是否愿意使用暴力?是否立志要实现目标?制度是否安全?群体内部是否存在一致性?特别是,其领导力如何?是否存在外部安全压力?尤其是,是否存在凝聚力?共同的叙事对于群体凝聚力是必不可少的。在经济战争中,比如,它就是监管机构(中央银行或竞争管理机构)的权力和声誉,它们应通过金融创新来加以平衡。

5.4.2　国家经济战略的实施

如果要从国家发展战略的角度讨论人力资本和物质资本之间的战略联系,那么,就必须从弗里德里希·李斯特(List, 1841)的理论开始。1819 年,为了平衡德意志邦联的 38 种关税制度,李斯特成立了贸易和工商业协会:"只有当人民自己之间进行普遍、自由、无限制的贸易往来之后,他们才能实现最高程度的物质繁荣。"1828 年,普鲁士与黑森-达姆施塔特大公国缔结了一项关税协议。这一政策旨在建立一个统一的普鲁士关税区。因为普鲁士吞并了德意志邦联的非普鲁士部分,所以,它有帝国主义性质;它采用了关税手段,所以,它具有重商主义倾向。这一政策的理念以民族国家为基础,所以,它具有民族主义特征;它通过降低进口关税和取消大部分内部关税,来鼓励贸易,而且,为了促进生产,不再征收原材料的进口关税,所以,它具有自由主义倾向。这种看似矛盾的综合性经济政策手段是典型的、成功的建设性操作。

5.5　竞争中的对抗

在本书第 1 章,作为对抗性经济行为,竞争被定义为创新的后果和向企业家转移市场份额的过渡过程。供应商的数量、供应商所使用的技术以及市场规模对竞争的质量都很重要。相关的竞争方式依据供应商之间的相互依存程度和供应商行使市场支配力的能力而有所不同。后者往往借助差额利润来定义,即,高于边际成本与价格同一性的概率。随着市场力量的增加,竞争的激烈程度反映了创新基础上的优势利润被侵蚀的速度。

5.5.1　激烈的竞争与经济和平

市场的最高权力存在于垄断中,垄断是所有企业都想实现的供应方式,必要时,企业会通过经济战争来实现垄断。实际上,垄断是经济战争的目标——只有一家企业供应整个市场! 垄断者或规定价格,或规定数量,且需求只能适应供给,因此,通过高定价或低供应量,垄断者力争实现利润最大化,这会导致国民经济的成本过高。垄断的存在或稳定性与两个条件相关:一、通过相应的竞争屏蔽使竞争者远离市场的能力,如通过国家支持,这可能是寻租的结果;二、存在一种自然垄断,因为基于技术,市场上只有唯一一家供应商可以运营,而且能收回成本。这种垄断通常会受到监管,以防止谋取暴利。

相反,在多头垄断中,不存在市场权力,多头垄断是一种市场形式,市场上有许多供应商和需求者都面对同一种商品。某一家制造商不能影响价格,它只是充当纯粹的数量调节者。在这样的形势下,供应商将力争使自己与竞争对手区别开来,以获得定价的活动空间,它往往通过不同的产品种类、产品质量或服务质量来实现,这属于市场营销混合战略范畴。从统治自由的角度看,多头垄断属于无政府主义,这是完全的经济和平。

在寡头垄断的竞争中,供应商之间存在着明显的相互依存关系,它可能会限制市场权力。这种竞争的透明度很高,往往随着市场的狭窄度而增加,即,透明度随着生产者数量的增加而增加。数量竞争分为古诺模型竞争和斯塔克尔伯格模型竞争。在古诺模型竞争中,实力相当的竞争伙伴共享市场;在斯塔克尔伯格模型竞争中,首先进入市场的市场引领者操纵大部分需求,且只给后来者留下剩余需求。这与垄断一样,能够以销售数量为代价获取超额利润。在斯塔克尔伯格模型竞争中,当小企业以牺牲大企业为代价成长时,二者可通过协议共同提高利润。但若没有针对这种情况的生产灵活性,就不会实现这种共同优化,而且,它不可能提升利润总额。在斯宾塞-迪克西特模型竞争中(Dixit, 1980),在进入市场后,企业无法重新分配产量,以实现利润的大幅增长,这可以这样来解释:在进入市场之前,就必须对生产能力做出一种不可逆转的规定;在进入市场后,在竞争期间,这种确定性不能再修订。图 5.5.1 总结了竞争形式及各竞争形式之间的关联。

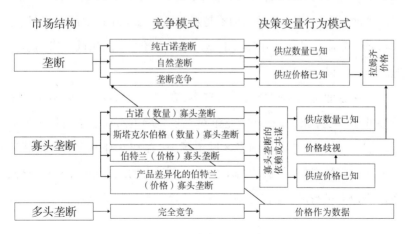

图 5.5.1 竞争形式概览

资料来源:自制。

实际上，如果一家企业进行小幅度降价，整个市场中的同类产品必然同时降价，然后会发生价格战，这是一场恶性竞争，这类似伯特兰均衡，所以，古诺模型垄断不太可能保持稳定。在这场伯特兰模型价格竞争中，各企业会一直竞争，直到价格到达最低的边际成本价格，所以，市场结果与多头垄断竞争的结果类似。

现实中，这种价格全面下跌的趋势很少出现。企业之间的相互依存关系是通过反应函数来描述的，该函数显示，在什么样的价格与数量关系下，两个供应商的任何一个都能获得最大利润。此外，还有推定均衡（Bresnahan, 1981），它可以解释古诺模型的均衡不能永久稳定的原因，同时也说明，竞争不会导致伯特兰均衡。因为竞争者会设想，适当的价格与利润应该多高，在发生价格战这种恶性竞争前，他们会商定一个界限，利润不应下降到这个界限之下。

在垄断中，只有一家供应商能通过建立垄断组织，形成寡头垄断，然后出现一个协定的企业集团，它们会以一个整体出现。然而，如果一家企业未能及时做出反应，那么，对于所有企业而言，所获利润都比之前的利润要少，因此，这种结构不是永久稳定的。为了使第三方无法进入市场，或为了把第三方挤出市场，供应商可以设定超低价格，这样，垄断地位可以保持稳定。[1]

一家企业遭到了竞争对手的攻击，在同一个市场上反击竞争对手可能并不合适，相反，在一个竞争对手最脆弱的市场上进行反击更恰当，所以，在多产品市场和多区域市场中，存在互补的布局。这就造成了多元市场竞争：摆脱攻击不会在压力过大的地方进行，是在防御、拖延的地方进行的，是在对手最脆弱的地方构建新的重点和反击。因

---

[1]　雅各布·富格（Jakob Fugger）利用它建立了覆盖全欧洲的原材料集团，进行开采和贸易，并成了当时的富翁。

此，价格战正在席卷各地区和细分市场。因为产品之间往往存在替代品，降低价格可以用于摧毁对手，这导致在相邻市场上，替代产品或同类产品不能保持在迄今为止的价格水平上，这最终可能导致所有企业都同意共享市场。之后会出现一个垄断组织协议，肯尼思·贾德（Kenneth Judd, 1985）认为，在这个协议中，整个市场被划分为不同的利益领域，即不同的子市场。这场经济战争的后果是一场利益范围的划分。

熊彼特（Schumpeter, 1912）认为，经济活力的特征是创新和创造性破坏。维尔纳·桑巴特（Sombart, 1913a, 1913b）认为，企业家具有潜在的侵略性。除了这些相当于破产和企业退出市场的竞争外，人们关注的焦点是竞争制度，它应确保和平共处能保持足够的稳定。与此相关的是要确保经济持续更新的机制问题。因为如果没有新的、强行打开的自由空间，新的供应商就不能进入市场，长期下来，可能会出现硬化症。换句话说：没有创造性的破坏，就没有经济的现代化。因此，创造性破坏并不意味着通过破坏竞争来垄断，而是意味着通过消除低效组合，使资源被释放，从而用于新的组合，即，用于新的创新过程。因此，进入市场的自由（和退出市场的可能性）对于自由和开放的市场至关重要。为了这种自由和开放，市场必须服从框架秩序，即，要在对抗的世界中建立合作的保护伞。只有在少数情况下，这种持续的变化才会大大减慢或减少。只有在企业之间看似和平共处的情况下，它才会停滞不前。对此，经济理论有两种论点，即空间成本和沉没成本（见第7章和第8章）。

5.5.2　竞争强度与竞争范围

艾哈德·康岑巴赫（Erhard Kantzenbach, 1967）假设，创新者的

优势利润被侵蚀得越快，竞争就越激烈（Blum, J., 2006: 22-25）。他认为，创新能力和竞争是最佳组合，前者可以带来领先优势，后者可以允许首先把市场份额转移给先驱者，再转移到其他市场参与者；在适度的产品异质性的情况下，在巨大的寡头垄断的竞争模型中，存在这种最佳混合；在这种模式下，企业的生存风险、融资能力和市场渗透能力具有最佳相关性。但是，如何测量这种强度？是否存在可以促成跨行业比较的部门规范？在实践中，这两个问题都很难回答。下列指标说明，竞争很激烈，这种竞争常被视为价格竞争，或常常导致垄断竞争或经济战争：

- 在一个行业中，企业的**赢利能力低**，这往往与价值创造中固定成本的比例较高有关；因此，企业不得不充分利用现有生产能力，若有必要，则降低价格。
- **行业增长率低**；企业如果有扩张意愿，它只能从其他竞争对手那里赢得市场份额，这在地区市场上是典型的冲突。因此，要扩张的企业往往力争扩大其市场领域。
- 产品的**存储性较差**；在这种情况下，生产能力不仅要保持高水平，而且要尽可能进行均衡，反之，可以通过降低价格来实现，例如，在餐饮业中，众所周知，根据季节、时刻或天气条件的变化，可以灵活调整价格。
- **产品缺乏多样性**；于是，商品的同质性和可互换性是主要的购买标准，这反过来会产生价格压力。
- **退出市场的阻碍很大**，这种阻碍主要因为沉没成本而产生，比如无法在其他地方再使用的资产、社会福利计划的必要性、对行业的情感等；然后，非赢利企业仍然保留在市场中，并加剧竞争。这里可能发生恶性竞争。

- 存在很大一部分**家族企业**；即使赢利能力有限，这些企业仍然保留在市场上。这种非赢利企业是因为社会因素或民族因素而保留下来的，不能以理性原因来关停。

即使没有受到阻止，市场准入障碍和现有企业的反应也可能阻碍新的市场参与者。然后可以实现更高的价格水平和高赢利能力。相反，对市场准入的永久威胁（即潜在竞争）具有相当大的纪律效果。与现有价格的弹性相关，（潜在的）替代品显示了垄断者的价格上限，即使它们是不完美的。替代品或许迫使垄断者采取竞争价格。这相当于恐怖的平衡。

横向竞争，即，竞争发生在一致的价值创造层面，发生在相同行业的企业之间，或者发生在生产相似产品的企业之间，这些企业具有替代可能性。然后，除了直接竞争的产品之外，部分替代品也应纳入威胁分析中，下列情况下尤其应该如此：

- 对某一行业产品的需求具有很高的价格弹性；
- 存在替代产品，尤其在增长率高或收益率高的时候，替代产品比本行业产品或自己的产品有更高的性价比；
- 技术或偏好的变化导致需求发生了变化。

跨行业或跨部门的替代品尤其危险，例如，美发棒可以代替理发师的一部分工作，家庭影院设备可以代替去电影院看电影，一场虚拟战争也可以替代一场真正的战争。

除了在相同的价值创造阶段企业之间的横向竞争外，沿着供应链也会发生纵向竞争。一个行业或一家企业的利润率主要取决于它在供应链中的竞争地位，例如，它是否有能力向客户或向供应商强制提高价格或定义质量标准——质量标准通常需要通过认证来实现。

如果一家企业对于采购商或供应商来说很难替代，那么，这家企业在供应链中就会拥有强大的市场地位。在这种情况下，即使采购商或供应商的成本提高了，它们也很难将成本提高的代价转嫁出去。如果供应商和客户能够被轻易替代，那么，它们的竞争地位就较弱，即，企业有大量的采购渠道和销售渠道。因此，经济变化的灵活性很重要，必要情况下，技术改进的灵活性也很重要。如果供应商的生产和产品特色只供应一家或几家客户，尤其是，如果供应商不必自己进行营销，并因此节省了大量成本，那么需求方就会处于相对强势的地位。

竞争对手（尤其是大企业）常常以专利纠纷来阻击来自中小企业的竞争。针对大企业的挑衅，中小企业也不会坐以待毙，为了增强自己的市场地位，它们采取退守策略，具体方法是：它们设计、制造出专门生产机器的机械，用这类机械制造出它们要出售的机器。以这种方式，中小企业不仅避免了昂贵的专利战，保护了自己的知识产权，大企业的专利战阴谋也不能得逞。

图5.5.2把市场形式的经济核算与未经授权而滥用市场权力的法律核算进行了对比。在缺少市场权力的区域是无政府主义区域，近似新古典主义经济理想，但实际上是一场沉睡的竞争。只有允许市场力量的不完善才能打破这种局面。无市场权力的垄断组织往往不起经济作用，不可能实现利润增加。熊彼特（Schumpeter, 1912）认为，在无政府主义区域，市场权力会导致创造性破坏，但可以在秩序框架下进行引导，以便所释放的资源不会遭到破坏，而是被另行使用。只有在出现毁灭性力量时，优势者可能升级为垄断者，经济形势才会变得危险。一旦国家利用这种情况，就会出现鲁道夫·希法亭（Rudolph Hilferding, 1910）所言的国家垄断资本主义。秩序框架试图解决这一问题，主要通过限制供应商的数量，以相应的战略来限制寡头垄断组织的相互依

存。协议在这里最终会导致垄断组织,这可以降低经济战士导致的毁灭风险;它们是相当于政治联盟的经济联盟。

	无市场力量	市场力量	毁灭性力量
无秩序框架	(新古典)懒人竞争 经济和平	创造性破坏	经济战争
秩序框架	(有序的)传统的竞争	绩效竞争	寡头垄断 相互依存
协议	无经济效益的垄断组织	合作	垄断组织

图 5.5.2　制度背景下的竞争强度

资料来源:自制。

一种特殊情况比较罕见:一些垄断组织是合法存在的组织,但在经济上没有收益,比如 1990 年代东德的水泥垄断组织,后文将把它作为经济战争的实例来描写(Blum, 2007a)。相反,垄断组织试图避免通过协议来使用毁灭性权力,这说明,如果结构拥有毁灭性权力,解散了合作机构或秩序机构,那么,也只有当无政府主义在结构中占统治地位时,才会爆发经济战争。这些条件的最佳组合发生在绩效竞争的核心,而这种竞争会因市场力量而加剧。

5.5.3　竞争战略

竞争战略是企业管理成功的基础。对于成功的创新而言,竞争设置的选择至关重要。竞争研究专家科印巴托·普拉哈拉德和加里·哈默尔(Prahalad, Hamel, 1990)认为,在投入方面,核心竞争力至关重要，它往往受专利或商标权的保护。[①] 中小企业往往难以抵御专利战争，它们往往退而求其次，把企业的关键功能或特殊工艺（包括研发）作为企业机密，不许它外流，以确保企业的核心竞争力。

迈克尔·波特（Michael Porter, 1999）认为，企业或业务的成功与相应行业或市场的竞争强度相关，所以，企业或某种业务的核心目标是避免竞争，要建立自己的垄断业务，以确保差别利润，即，不在竞争激烈的水域航行，而是在公海上航行。金伟灿和勒内·莫博涅（Kim, Mauborgne, 2005）认为，必须要发展蓝海战略来代替红海战略。

在没有竞争的经济中，最大的赢利机会包括再创新技术，即，本已落后但在特殊领域又复活的技术。这通常适用于那些生命周期结束后的产品，因为在产品的生命周期结束后，长期的分销逐渐结束，对这种产品的剩余需求往往质量很高，会在奢侈品市场上得到满足。对此，莱恩·拉斐利（Ryan Raffaelli, 2013）以瑞士钟表业为例做了展示：当日本钟表业在关税保护下迅速发展时，瑞士钟表业遭到了极大冲击，但后来，瑞士钟表业又重新繁荣起来。一些产品属于工业遗产或某地遗产，或者是历史名牌产品，它们都能从中获益。因此，突破性创新虽然极具破坏性，但它们有利于自由竞争。

迈克尔·波特（Porter, 1999）认为，除了行业结构及其对竞争的具体影响（例如成本结构、技术进步率、增长或者政治性需求）之外，应注意以下五种竞争力量（见图 5.5.3）：

- 真实竞争：现有企业在行业中的竞争。

- 潜在竞争：短期或中期进入市场的未知企业会带来威胁，因为它们拥有技术或已进入遥远市场中。

---

① 参见 Blum, Müller, Weiske（2006: 25-26）。

- 替代竞争：替代产品或替代服务可能有威胁。
- 供应商力量：这涉及供应商的谈判实力。
- 需求力量：采购者的谈判能力在零售业显得更重要。

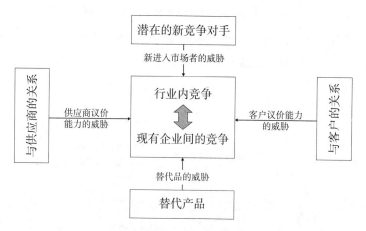

图 5.5.3　波特的竞争力模型

资料来源：自制，参见 Porter（1999: 34）。

当前的竞争者往往可以一目了然，可以清楚地了解其意图和能力，但对于潜在的竞争者或替代品而言，情况却并非如此。所以，为了避免只做简单的反应，为了能及时采取行动，必须尽早获取相关信息。企业家的主要成就可能就是，及时进行预防性打击，并将行动的规律掌握在自己手中，尤其是，必须将那些错误的（无害的）竞争对手与真正的（具有威胁性的）竞争对手区别开来。数字经济正是重大的挑战。潜在的竞争对手极易长期保持隐形，但同时，人们也可能充分利用信息媒体和个人收集信息的方法，来获取智能信息。

在销售方面，中小企业往往占有特殊的利基市场，并利用其核心能力，以实现竞争优势。在这个过程中，中小企业往往得到了周围积极条件的推动，即，往往基于通用技术的溢出。企业必须与全球最强企业相抗衡,所以,市场越开放,企业定位越倾向于国际性,相关的增长动力就越强,这是全球性中小企业成功的原因。

以上述五种竞争力量为基础,可以制定企业的竞争战略,以确保企业的长期成功。因此,迈克尔·波特(Porter, 1999: 64f.)呼吁,以企业的竞争动力为基础,通过适当的战略定位和运营定位来加强企业的防御能力,并得出三种策略:总成本领先、差异化和重点突出(见图5.5.4)。

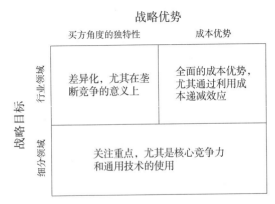

图5.5.4　波特的三种策略

资料来源:自制,参见Porter(1999: 75)。

从多元化、成本领先或专一化角度看,在选择自己的战略方向时,企业往往会认真分析大量的影响因素,这包括(往往由技术规定的)成本结构、相关的市场结构、定价能力、不对称信息的利用和创新行为。哈佛学派提出了行业结构-企业行为-经营绩效理论,这对企业的一对一性提出了质疑。该理论认为,随着一种市场结构的产生,必然发生一定的竞争行为,这种竞争行为又会带来明确的竞争结果,比如,随着寡头垄断的出现,垄断组织协议会出现,这又会带来高利润。但只有在特定条件下,这才能发生,所以,它的普遍性无法得到保证,例如,德国自能源转型以来,电力供应商只剩下了几家,但它们仍然极难赢利。

在这方面,迈克尔·波特(Porter, 1999)的理论与模因认同三角的关系比较紧密,因为个体战略分别有利于一定的制度架构:

(1)**差异化战略**旨在提供与竞争对手的产品明显不同的产品或服务。差异化战略的目的是避免价格竞争过于激烈。如果企业想成功地实施差异化战略,那么,它的产品必须有品牌声誉,或者,它应通过市场上的强大营销能力创造品牌声誉,来降低成本,通过高创造力和创新能力的准备来保护自己不受竞争对手的影响,并通过利用知识产权(即专利、品牌、商标等),凭借产品质量和技术能力,来确保自己战胜竞争对手。相关的竞争从来不会是价格竞争,而是在质量和组织形式优劣上的竞争,即,在制度设置上的竞争。竞争优势的获得,通常由优秀的高素质员工和积极的企业文化来保证。企业富有创造性,同级别员工之间进行必要的信息交流——这近似于一个扁平的组织结构。在这样的结构中,垄断竞争相当于竞争对手在共享市场。

(2)**全面的成本领先战略**旨在实现外部经济,即,利用大型生产设备,利用经验曲线优势,利用与其他部门的整合优势和严格的成本管理,在一个行业内,所有供应商可以实现最低生产成本。即使是拥有改进技术的生产者,也较难进入市场。这样一来,有可能实现最低价格,即,可以参与价格竞争。因此,资本配置可以为了高额投资而融资,工艺创新很稳定,产品进行了标准化,那些没有重要战略意义的组成部分实现了外包,组织结构具有明确的分担责任,这些都是成功的关键因素;这样的组织应该是等级分明的垂直性组织。

(3)如果替代品的漏洞足够大,那么,专一化战略就是一个合适的方案,专一化就是**关注重点和利基市场**。为了确保产品的品牌和声誉,具体的企业目标应该是不断降低成本,并整合生产,以防止供应商通过购买技术而成为竞争对手。要寻找系统中的"自由分子",这类似于一种原子结构。

除了上述基本战略,下列战略可以作为补充:

(4)**超越战略**旨在创造稳定的创新优势,并利用规模效益和综合效益来确保成本优势,这可能使价格极具竞争力。因此,往往要追求技术领先或行业地位领先,即,要拥有决定技术周期或产品生命周期的能力。

(5)利用长尾效应**来满足高度集中的利基市场上的需求**。普通地方市场上的信息传播能力比较有限,一种产品中的一部分会结束生命周期,因此,可能不允许因为要满足最低需求而进行保本生产。然而,现代通信系统(尤其是互联网)可以集中足够的需求,以开发相应的市场。

(6)这一框架可以用动态的方式来看待,从而提出了一个问题,即企业在哪些领域可能会受到外部的攻击而处于危险之中?然后要分析,从防御角度看,这些领域能不能主动进攻?或者做好必要的防御准备。在某些市场上,企业收购者能够因为**协同作用**而自行增强,图5.5.5显示,企业2正是如此。应该没有人对企业4感兴趣;企业1的侵略能力很强,必须一直关注它;企业3或是一家收购企业。

(7)竞争发生在采购市场和销售市场上。图5.5.6将这两种情况联系起来。第一区是竞争强度低的**"蓝海区"**,金伟灿和勒妮·莫博涅(Kim, Mauborgne, 2005)在《蓝海战略》(*Blue Ocean Strategy*)一书中称之为企业的首选市场。在这一区域,企业可以轻易把产品置于其中,所以,第一区域比第二区域更好,也不会遭受采购压力。例如,如果区域经济发展促进了资源,尤其促进了研发领域的资源和人力资本,这有利于横向集群,那么,第二区域就对集群结构很重要。在第三区域,由于资源不同,与替代品的竞争越来越重要。第四区域是竞争非常激烈的领域,这是一片红海,可能是一场经济战争。通常情况下,企业处于成功集群发展的最后阶段,长期的发展周期可能会到期,结果,积极的外部因素不复存在,而且,与其他老化集群的激烈竞争占支配地位,比如,多年以来,钢铁行业就是如此。

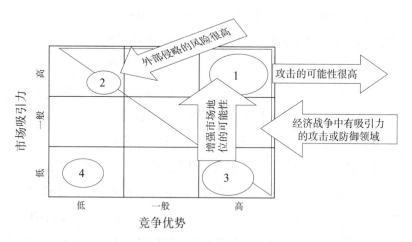

图5.5.5 市场吸引力与竞争优势矩阵

资料来源:自制。

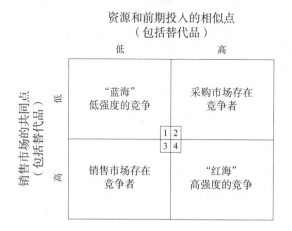

图5.5.6 采购-销售矩阵中的竞争强度

资料来源:自制,参见Chen(1996:108)。

　　但蓝海区也会变成一个既没有挑战也没有市场的区域，一旦如此，就是所谓的"副热带无风带"，即，选择往往不在蓝海或红海之间，也存在越界，也可能利用当地的机会。长期以来，直销就是如此，互联网应用也如此，如今这已颇有价值，迄今为止，这实际上在无偿供应。

　　这类市场会形成复杂的网络，其中包括数字网络（见第 10 章），在真实世界中，数字网络也被视为一种重要的能力。假如把经济作为武器，把经济工具化，就会看到，由于供应商结构的集中和商业平台的建立，网络逐步发展成了中心辐射式系统，那么，就很清楚，为了吸收知识，作为高度集中点的网络中心就变得十分重要——在交通枢纽地通过告知，在数字枢纽地通过连线。数字枢纽的瓶颈功能尤其能引起"阻塞效果"，这会大大改变冲突参与者的利益。比如，2001 年 9 月 11 日，在双子座被袭击后，通过各大银行 SWIFT 的数字交流网入口，美国获得了恐怖组织经费来源信息，并使形势发生逆转，更加有利于美国。

5.5.4　潜在竞争与行业竞争

　　创新是一种新的关联（Schumpeter, 1927: 483），它基于一定的能力，这些能力往往以软性因素（如文化印记）为基础，并且通常会加强注入研究开发等硬性因素。创新使产品、工艺流程、市场或制度备受压力，它们似乎是在攻击经济结构。如果没有市场的成功，创新就不能被称为创新，因此，必须要把创新推向市场，同时市场也必须存在对创新的需求。企业可以选择创新的时间点，这使创新过程和惊奇效应同时奏效，并对竞争对手形成压力，或把竞争对手逐出市场。这种惊奇至关重要，类似于军事行动，意外起着决定性的作用，因此，在经济战争中，也必须出其不意，攻其不备。要知道，其他企业可能对此了如指掌，并采取预防行动。

如果一家企业本来可以参与市场竞争，但目前却并没有参与，那么，就出现了潜在竞争。企业之所以不参与竞争，可能是因为在目前的相关市场上，盈利不够多，例如，由于成本下降，市场受到保护，潜在竞争对手就不考虑进入市场，或者竞争对手首先必须实现技术飞跃，才能参与竞争。

如果竞争对手的攻击信号和攻击之间存在延迟，那么，就会产生一个竞争潜伏期，在这个潜伏期内，环境中存在着一种威胁，例如，在未知的时间点进入市场，这相当于潜在竞争。这会带来不安全感，迫使竞争对手采取行动，通常是降低价格，从而使其他竞争者对进入市场失去兴趣，这意味着，尽管可能出现垄断，但在市场上仍然以竞争性价格为主。同时，竞争对手可以发出信号，准备进行防御。

图 5.5.7 显示了竞争对手的立场。攻击者假设，创新包含真正的技术飞跃。首先，创新的基础必然是技术能力、经营环境与经济环境所产生的创新决心以及实施创新的意志。熊彼特（Schumpeter, 1912）模型显示，一旦创新技术突然被引入市场，并破坏了旧的结构，那么，威胁就达到了最高水平。因为质量、安全性（如专利）以及进一步创新的能力有所不同，攻击企业可以实现一种持久的优势，这种优势会受到竞争对手复原能力的制约。

一项创新的公布可能是一个重大威胁，尤其是当它迫使竞争对手采取观望态度时。例如，在 1970 年代，IBM 公司定期宣布，要把一种新型计算机推向市场，但却不公布新型计算机的接口，结果，外围设备制造商（如打印机制造商）和中央处理器制造商都无法做出反应。直到美国反垄断局对 IBM 公司提出警告，这种行为才终止。实际上，随着时间的推移，进入市场的威胁在贬值，竞争对手对其做出反应的相关创新优势也会丧失，以避免自己长期成为潜在竞争的牺牲品。

如果一家企业马上要进入市场,这就会给它的竞争对手带来直接的威胁,与这种威胁相比,开发新产品、隐藏创新技术以及征服市场的欲望所带来的威胁一开始并不大。但由于竞争局势的开放性和创新知识的低特异性,很难为防御性反应做准备。如果要持续应对威胁,则有陷入困境的风险。

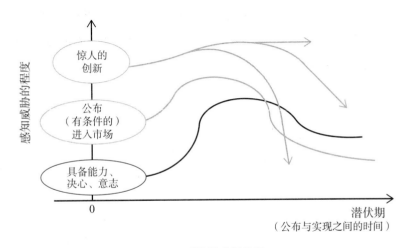

图 5.5.7　威胁的升级结构

资料来源:自制。

如果要建立攻击潜力,或者要保护自己免受这样的伤害,那么就需要具备必要的能力,这种能力在很大程度上取决于供给和需求的国际化程度。要时刻准备着,为了缩短潜伏期而隐藏具体的意志。在分析竞争条件时,卡莱尔·艾洛特等学者(Eloot et al., 2013)[1]区分了五种

---

① 摘自 "A new era for manufacturing in China.", June 2013, *McKinsey Quarterly*, www.mckinsey.com。Copyright(c) 2019 McKinsey & Company. 所有权利保留,经许可刊印。

企业类型,他们尤其注重企业的国际供应能力: [1]

- 面向本地市场的全球性生产商:它们提供全球产量的三分之一左右,主要生产家用电器、运输设备、化工产品、机电产品和药品。它们成功的关键因素是,它们能够在全球进行研究和开发,能够在各自的生产基地实施这些能力,并通过不断的创新来保持竞争力。因此,它们的国际创新能力对于它们在商业竞争中的成功尤为重要。它们具有从外部供应的基本能力,这说明,潜在竞争非常重要。

- 能源产品和能源资源密集型产品生产商:这类企业的产值约占全球经济产值的22%,尤其涉及采矿业、纸浆和造纸业以及其他开采业。其成功的主要因素是有获得材料和能源的特权,在运输领域有必要的竞争优势。因此,特别重要的是,通过享有特权的资源所产生的市场力量,来提高国际可贸易产品的竞争力的可能性和意愿。但如果竞争对手因失败而立志发展替代品,那么,这也可能会失败。尤其在工艺创新方面,可能会发生惊奇效应。

- 高新技术产品生产商:这类企业的产值共占世界经济产值的9%左右,其产品尤其包括消费性电子产品、办公设备、半导体、微电子产品及通信设备、医疗、光学、其他微技术设备及控制系统产品。这类企业的成功因素是,在全球范围内分别进行研究和开发,产品具有高价值。为了获得运输优势,产品的单位体积或重量的价值尤其高,这样一来,空运就有利可图。因此,其战略性竞争优势就在于全球供应网,复杂的物流可以随

---

[1] 除了传统的工业产品,这也包括生产性服务。

时利用全球供应网。同时，在条件有利的国家中，这类产品的基础技术能够受到保护。托马斯·弗里德曼（Friedman, 2004）认为，从战略上看，这些工业建立在一个扁平的世界上，潜在的竞争首先与工业区位有关。

- 区域性工业产品生产商：这类企业的产值占全球经济产值的五分之一左右，其产品尤其包括金属、食品、饮料、印刷和烟草。对于这类企业而言，创新并不重要，更重要的是，要观察市场的趋势，观察消费者，因此，准确的竞争监控必不可少。如果品牌形象没有建立起来，那么，这里就是无情竞争的常见领域。

- 劳动密集型产品生产商：这类企业的产值占世界经济产值的7%左右，其产品尤其包括纺织品、服装及其他手工艺产品。对于这类企业而言，低廉的生产成本具有决定性意义。为了在商业竞争中取胜，物流、品牌保护或设计保护都很重要。

5.6 经济战争中的资源使用实例

本节举例说明经济战争中的资源使用。实例说明，在经济战争期间，环境因素在变化，比如，在第一个实例中，这种变化发生在工业方面，在第二个实例中，这种变化发生在资源政策方面，所以，在经济战争中，仅有战胜对手的能力是不够的。美国汽车市场的这一实例涉及一个国家的工业产能，即汽车工业产能，其中一些企业希望实现强制性整合，以改善其长期赢利能力。然而，它们的竞争力并没有得到发展，因此，外国供应商尤其能够从中受益。第二个实例的主题是原油争夺战，当美国开始大规模开采页岩油和天然气的时候，经济战争开始了。后来，美国陷入了争夺中东主导权的斗争。

5.6.1　1950 年代的美国汽车业消耗战

美国运输市场上的经济战争有着很长的历史。在 19 世纪，美国铁路业首先摧毁了内陆航运，在冬季河道冻结时，铁路业以垄断价格来赢利，从而为在夏季实行铁路倾销价格提供了资金。当铁路客运不再赢利时，鉴于政府的禁令，铁路企业采取了有针对性的疏忽策略，直到最后一名旅客被气走为止。垄断的意志从未中断；气候和地理条件比较有利时，企业可以持续发展其谋求垄断地位的能力。

在《抵达那里：美国公路与铁路间史诗般的世纪之战》（*Getting There: The Epic Struggle between Road and Rail in the American Century*）一书中，斯蒂芬·戈达德认为（Stephen B. Goddard, 1996），第一次世界大战后，汽车的销量下降，汽车制造商力图重振企业的销量，它们与汽车供应商建造了强大的长途公共汽车运输系统。在通用汽车公司经理阿尔弗雷德·斯隆（Alfred P. Sloan）的推动下，通用汽车公司、轮胎制造商风驰通和燃料供应商标准石油公司在这方面都表现突出。它们还成立了灰狗长途巴士、全国城市干线和黄色巴士，或者说，它们控制了这些公司。在这场竞争中，有轨电车公司破产，很快，它们就被拆解，从而扩大了市内公交市场。但市内公共汽车往往不方便，无法与汽车的特色相抗衡。在第二次世界大战后，垄断力量和这种垄断行为成了反垄断诉讼的对象，后来也成了参议院调查的对象，但是，为时已晚，通用汽车公司实施了有轨电车阴谋，美国的有轨电车网下降到了原规模的七分之一左右。

第二次世界大战后，美国大约有 100 家独立的汽车制造商。由于不必再生产战时品，战后经济得到整顿，出现了经济衰退，这导致汽车需求下降，卖方市场变成了买方市场，企业备受压力。在竞争日益激烈的情况下，通用和福特都试图利用价格战，以便最终将对方挤出市场。这导致了大量企业倒闭，其他企业合并。美国汽车公司应运而生，后来它被克莱斯勒汽车公司并购。当时，大量名牌汽车制造商从市场上消失了，如克罗斯利、哈德森、斯蒂旁克和威利吉普车等。这相当于博弈论囚徒困境的一种特殊形式，即寡头垄断博弈，在这种博弈中，一方以大规模降价来占领市场，之后，各方都不得不效仿它，结果任何一方都不能胜出。这场竞争不仅是一场经济战争，而且还导致大量工业领域受损，在后来的几十年中，美国汽车业都未能恢复如初，因此，它也需要国家的援助。

经济战争目的：

- 自 1950 年代起，垄断市场。

经济战争参与者：

- 通用汽车公司：当时，它是全球最大的汽车公司，它成立于 1908 年，以具有攻击性和偶尔邪恶的扩张政策而闻名。通过建立汽车运输系统，通用汽车公司摧毁了美国的有轨电车业，在经济战争中积累了经验——它创建了灰狗长途巴士公司，它也负责公共汽车的销售。在 1929 年经济危机时期，通用汽车在德国接管了欧宝公司。

- 福特汽车公司：当时，它是美国汽车市场的第二大供应商，也是全球第二大汽车供应商。该公司是亨利·福特（Henry Ford）进入汽车市场的第二次尝试，他的第一家公司就是著名的凯迪拉克。福特为批量生产（T 型）汽车做出了贡献，并因此而闻名于世。1925 年，随着福特汽车德国公司的成立，福特实现了向欧洲的扩张；1929 年，福特德国总部迁至科隆。

- 克莱斯勒公司:1925年,通用汽车公司的一位前员工把查尔默和麦斯韦尔这两家汽车公司合并,成立了克莱斯勒公司。美国汽车公司成立于1954年,它是美国第四大汽车制造商,1987年,它也并入克莱斯勒公司。
- 许多小型汽车制造商:后来被收购或消失了。

经济战争手段:

- 大幅度降价。

经济战争目标:

- 连续毁灭或收购其他企业,实施市场清洗,随之出现了结构问题,这些汽车公司进行了许多院外活动,它们动用了美国国家预算。

经济战争结果:

- 美国汽车业长期衰退,并因此成为汽车进口商攻击的牺牲品。

实际上,在市场清洗之后,出现了不稳定的寡头垄断,福特和通用汽车并没有实现它们的经济战争目标。在1990年代,在美国政府担保下,克莱斯勒幸免于破产,它后来与德国的戴姆勒-奔驰汽车公司合并,但最终失败了,因此,该公司得了"克莱死了"的绰号。2000年,由于折扣战和错误的模式政策,福特陷入了一场持续约十年之久的深重危机。2007年,通用汽车不得不国有化,才最终得到拯救。通用和福特这两大巨头都没有被摧毁,谁也没有离开市场。然而,这两家汽车公司的降价引发了质量竞争,目前,它们的客户群已转向外国汽车供应商,这场价格战削弱了整个美国汽车业。美元价值长期被高估,更加剧了这种情况。由于第二次世界大战致使货币结构发生了巨大变化,布雷顿森林协议实行固定的货币汇率,美元被高估,德国马克和日元被低估，这为德国和日本汽车业进入美国市场创造了机会。

当时，规模经济的美国工业无法进入稳定的市场，外国汽车制造商却很成功，它们填补了美国的市场漏洞，一个重要的成功因素是，利用平台策略和联盟优势，因此，专家认为，价格战轮番上演，这加剧了美国汽车业的衰退。观察一下目前的大型汽车集团所在国，即日本、德国、美国、法国、意大利和韩国，就可以发现，美国的人口数量尽管远超过德国和日本两国人数的总和，但是，日本的汽车产量是全球产量的三分之一强，德国不足三分之一，美国仅占五分之一。

这个实例说明，有些问题必须首先解决，但尚未得到最终解决，这些问题是：价格上涨何时会破坏系统？资金资源的可持续性如何？工业基础有多么强大？在企业崩溃后，人力资本要有多高的资质才能找到新的工作，从而才能成功地分流？反垄断局何时应该或必须干预？价格进攻何时会发展成经济战争？福特与通用汽车公司之间发生了一场经济战争，这场经济战争涉及严格的等级组织，这些组织深陷于寡头垄断博弈中，这类似于囚徒困境或懦夫博弈。因此，失败与责任的归属似乎很明确，两家企业的股东必须负责，雇员不得不失业或降低工资，纳税人则通过紧急贷款来支付。

5.6.2 争夺"经济命脉"的价格战

能源载体是现代的基本能力之一，尤其是原油，由于原油具有良好的可运输性和使用价值，它在发展过程中发挥了重要作用。许多国家严重依赖销售原油和天然气的收入，它们缺乏进一步的经济基础，尤其缺乏工业基础，而且，它们往往因为上述的转化问题而没有产生经济基础。苏联解体了，俄罗斯的建国充满危机，这些事件都伴随着原油价格下跌导致的经济问题。1998 年 8 月，俄罗斯实施货币自由化，卢布的汇率下跌到了原价值的五分之一。此前,在整顿危机中,俄罗斯的通货膨胀率将近 200%,这消除了资金过剩,俄罗斯被迫开始货币改革。1998 年年底,石油价格为每桶 9.10 美元。普京和大部分俄罗斯人民并没有忘记这一点。在苏联解体之后,俄罗斯的经济崩溃了,这为美国成为唯一的全球大国开辟了道路。

作为世界上最耗能的经济体之一,美国的繁荣与痛苦主要取决于能源价格;每届政府都知道,这是一个开放的侧翼,所以,尽管存在严重的环境问题,美国水力压裂行业仍在扩张。结果,美国不再依赖石油进口,这使原油价格备受压力,在沙特阿拉伯发起石油价格攻势之后,再次开始把水力压裂行业从市场中挤出。图 5.6.1 显示了石油价格的走势。2015 年夏季,伊朗核协议使原油供应得到了改善,在 30 年的抵制和制裁后,该协议为伊朗打开了通往世界市场的通道。2018 年,美国退出了伊朗核协议,这导致了全球石油市场的紧张局势;美国在域外对贸易伙伴实施制裁,这也使全球经济备受压力。由于试图为其天然气寻找销售市场,所以,美国阻止欧洲的"北溪-2"项目,阻止管道系统在欧洲的扩建。美国针对德国企业实施了域外强制措施,尽管这违反国际法(Luchterhandt, 2018),然而由于并没有制定地缘战略,尤其因为欧洲的支付往来离不开美国,欧洲对此无法防御:一旦欧洲企业与伊朗发生经济关系,这就意味着,它们要支付巨额罚款,它们将被排除在美国市场之外,2012 年,法国巴黎银行为此花费了 90 多亿美元。

本节的冲突实例不仅是一场多极经济战争,它也是一场混合军事战争,其中,经济战争是一种重要的嵌入式驱动因素。水力压裂法不仅缓解了国际石油市场的压力,而且还使传统原油供应国发现其竞争地位的局限性。此外,为了气候目标,国际社会开始放弃使用化石燃料,这也加剧了这一点。

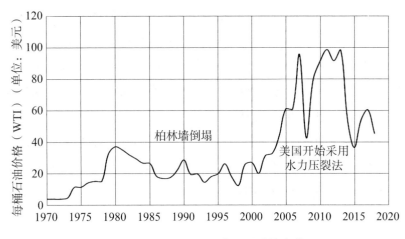

图 5.6.1　1970—2018 年石油价格走势

资料来源: 自制, 参见 Stooq (2019)。

在阿拉伯世界, 这场冲突同时伴随着逊尼派[1]和什叶派[2]之间的对抗。"基地"组织[3]和"伊斯兰国"是中东地区两个重要的组织, 它们在国际上被视为恐怖主义威胁。从混合战争角度看, "伊斯兰国"的经济活跃度很大。据《经济学家》(Economist, 2015c)和《经济周刊》(WirtschaftsWoche, 2015b)的数据, 2015 年, "伊斯兰国"的收入约为 20 亿美元, 其中, 近四分之一到三分之一的收入来自石油; 另外, 其资金还来自没收和勒索赎金 (这也约占三分之一), 而且, 很多资金来自税收、电力和农产品销售。2017 年夏, 尽管它失去了重要地区, 但石油收入仍然达每天约 100 万美元 (Foschini, Tonacci, 2017)。其支出主要是军费开支, 但社会管理和基础设施 (水、电、道路) 投资

---

① 包括相关的宗教团体, 特别是沙特的瓦哈比派。

② 什叶派与作为统治集团的叙利亚阿拉维派以及土耳其阿列维派都不同。

③ 自 2000 年年初开始。

也很重要。它与国外的支付往来通过友好的海湾国家进行，但也通过汇票交易系统进行，这令人想起富格家族的货币交易和美第奇货币交易时代。

石油是一种相对的同质商品，从现代工业经济学角度看，这场冲突与"竞争"概念吻合：市场参与者在很大程度上众所周知，且在短期内不会改变。在石油采购方面，全球管道基础设施和航运基础设施已扩建，存在相当大的区域替代可能性。作为替代品，天然气在全球也是一种普遍容易获得的商品，在必要的天然气—液化天然气—天然气转换码头扩建后，可以作为液化天然气装入油轮，这提高了天然气的使用价值。此外，化石燃料易于储存。

天然气应用有了灵活性，但是，天然气转化设备需要高额投资，成本很高，因此，即使液化气的价格暴跌，企业也会接受长期的利润枯竭，希望能够在竞争中生存下来，因为其他企业退出了市场，而且，只有长期进行投资，才能满足大量的额外需求。

因此，如果同时控制了金融交易，那么，石油或天然气都适合充当制裁手段。这正是美国拥有的优势。然而，制裁也会导致回避行为，它尤其会激励技术进步。在最严重的情况下，原材料会被大幅度替代，比如，天然橡胶（乳胶）正被替代，今天，这在特定市场上很重要。

理论上，这里出现了一个问题：什么是最优开发，在经济战争中，根据哪些标准来衡量它？根据霍特林规则，原材料的价格应该随利率的上升而上涨；此外，根据所谓的有限准入秩序或开放准入秩序（North et al., 2019）的要求，如果要实现对资源的平衡利用，应该准备足够的资金，做好预算，或者就要容忍少数人占用过多的资源。随之出现了一个新问题：通过经济战争，开放准入秩序是否会退回到以前的阶段，退回到有限准入秩序，委内瑞拉就是一例。

经济战争目的：

- 美国：美国想保持其在能源领域的自给自足，并利用其技术能力，特别是在材料处理技术领域的能力，加强其地缘战略地位，并维护自己作为全球唯一超级大国的地位。低廉的油价有助于减少"伊斯兰国"的收入。由于克里米亚争端，石油价格战对俄罗斯带来压力，美国最初很乐意见到石油价格战的副作用，因为中东危机，这种压力变得越来越重要。

- 沙特阿拉伯：因为伊朗属于伊斯兰教什叶派，所以沙特长期打击伊朗。与此相关的是伊朗的政治不稳定，在这之前，伊朗因核计划而遭到国际制裁，在制裁被取消后，伊朗现在面临着恢复石油出口和大量投资的问题。如果沙特要进一步打击美国水力压裂法的产能，那么，美国会更加依赖国际市场，美国需要维持自己在阿拉伯地区的保护功能，沙特对此很感兴趣。从长远来看，为了国家预算的稳健，沙特阿拉伯需要更高的油价。

- 俄罗斯：美国总统巴拉克·奥巴马又想让俄罗斯做地区大国，面对这样的侮辱，俄罗斯对叙利亚进行了军事干预，并重新获得了它作为世界大国的影响力。因此，俄罗斯试图通过声称拥有强大的力量来弥补对衰落的焦虑。只有原材料可以持续出口，俄罗斯才能稳定政治制度。石油价格战的两个主要受害者是俄罗斯和伊朗，它们正在相互靠拢，反过来，这持续改变了该地区的战略平衡。美国的制裁会加强这一趋势。

经济战争参与者：

- 美国：1994—2015 年，利用水力压裂法，美国的原油生产量提高了约 50%，[1] 因此，美国石油在世界市场上的份额很容易就升

---

[1] 其间，原油供应提高了约 36%，每天约 9,600 万桶，参见 FAZ（2016a）。

到了约 15%。作为以色列和沙特的安全保障者，美国在战略上深陷中东事务。

- 沙特阿拉伯：长期以来，为了保持合理的浮动价格，而又有利于促进工业化国家增长的目标，沙特一直是稳定和可持续发展政策的担保者。自 1994 年以来，沙特的原油产量增加了约 30%，在世界市场上的份额却下降到了约 13%。沙特认为，作为麦加和麦地那圣地的保护国，沙特应领导穆斯林事业，这与逊尼派运动相同，沙特支持逊尼派运动的反抗团体和叛乱分子。迄今为止，原油的收入很高，沙特在全球为大量文化中心和 1,500 多座清真寺筹措资金。

- 伊朗：伊朗因核计划而遭到制裁，伊朗原油在世界市场的份额从 5.3% 降至 3.7%（2014 年每天 350 万桶）。2015 年 9 月 7 日，伊朗签署了核协议，目前，伊朗正寻求免于制裁，并希望获得更好的销售机会，因此，对于伊朗的邻国而言，战略环境发生了根本变化。与邻国的经济相比，伊朗的经济相对多样化，① 因此能够提供大量的合作机会。伊朗认为，自己是所有什叶派的保护国，并支持反抗或反叛团体。不过，永远都不清楚，美国和以色列尤其怀疑，伊朗在多大程度上实际执行了该协议。2018 年，由于伊朗弹道导弹生产能力的发展，美国搁置了该协议，恢复了制裁。欧盟试图拯救核协议，但是，伊朗越来越多地违反具体条件，特别是在铀浓缩方面。

- 海湾国家：首先是卡塔尔，卡塔尔并非正式的参与者，但它向逊尼派组织提供财政援助，所以，它也间接地干预了事件。

---

① 该国主要开采铁矿石和铜，农业产能很高，工业传统可追溯到沙阿时代。

- 俄罗斯：俄罗斯受到石油价格战争的沉重打击，它的开采量提高到了 1,100 万桶，是世界总产量的近 11%。俄罗斯认为，这是稳定其在地中海地区存在的地缘战略机遇。[①] 同时，"北溪-2"绕过波兰和乌克兰，德国减少了核能利用率，也淘汰了煤炭，而俄罗斯则会从德国能源改革中获利。相反，美国却在域外对参与"北溪-2"建设的相关企业施加压力，要求德国放弃"北溪-2"这个几近完成的项目。

经济战争手段：

- 降低价格，沙特阿拉伯进行限价，阻止其他企业进入市场。
- 沙特阿拉伯和伊朗对恐怖主义给予财政支持。
- 美国实施制裁，并在域外执法，保护自身的利益。

经济战争目标：

- 美国的价格战目标是，通过制裁和低油价，削弱伊朗的投资能力。低油价是通过水力压裂技术扩大石油和天然气生产的结果，而改进的技术使生产价格稳步下降。
- 在石油价格战中，沙特阿拉伯和伊朗的目标是，维护自己作为地区霸主的永久地位。此外，沙特阿拉伯试图利用低油价削弱伊朗，同时也削弱美国的水力压裂技术。

经济战争后果：

- 到 2016 年，石油开采设施的数量减少了一半。水力压裂技术未能成功地融资，这有可能会导致金融危机。如果不能通过改进技术来降低成本，就不能保证石油开采的基础设施能够得到

---

① 几世纪以来，俄罗斯一直自以为是东方基督教的守卫和后裔。1453 年，奥斯曼苏丹穆罕默德二世（Mehmet II）占领君士坦丁堡，俄罗斯意识到自己是基督徒和博斯普鲁斯海峡的守护者，普京也这样认为。

长期维护，目前，在某些地区，这一切正在发生。一些石油开采国十分依赖原油的收入，由于石油价格过低，这些国家将无法平衡其预算，因此，它们的财政可能会崩溃。[①]石油价格战参与者处于一种囚徒困境中，这种困境可能不断地重复发生，可能会升级，只有通过协调，才能成功应对这一困境。迄今为止，石油输出国组织仍然没有实现这一点。

● 伊朗的崩溃可能意味着，继伊拉克、叙利亚和利比亚之后，作为中东第三大国，伊朗也会陷入长期不稳定之中，这也是西方干预措施缺乏深思熟虑的结果。

据估计，当原油价格在每桶大约60美元时，美国供应商会提高其页岩油产量，因此，这个原油价格是价格上涨的阈值，这个阈值不能被快速超越，因为一旦原油价格超过了这个阈值，产油量就会快速提高。图5.6.2显示了各国原油的开采成本。图5.6.3显示了国际市场上的原油价格优惠程度排序，该图显示，当原油价格达到何种水平时，才值得以何种形式开采原油；此外，该图还显示，随着原油开采量的变化，原油价格也有变化。如果把原油的平均成本连成线（见图5.6.2），那么，该图就能显示原油供应情况。

按照博弈论（Fattouh et al., 2016），这里有两种模式，其设计取决于美国水力压裂法石油的供应是否有弹性；博弈者最初并不知道这一点，所以他们需要积累经验。此外，众所周知，另一个问题是，零售价格如何应对数量变化？

---

① 2018年，伊朗仅需每桶约40美元就能平衡其国家预算；但是，沙特阿拉伯却需要每桶原油约80美元。而全球最大的石油储备国委内瑞拉高居榜首，它需要每桶原油在200美元以上（Die Welt, 2018b）。

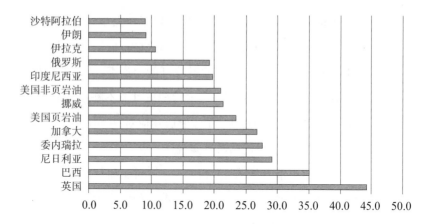

图 5.6.2　2016 年全球原油供应商的生产成本（单位：美元 / 桶）

资料来源：自制，参见 Die Welt（2016c）和《华尔街日报》。

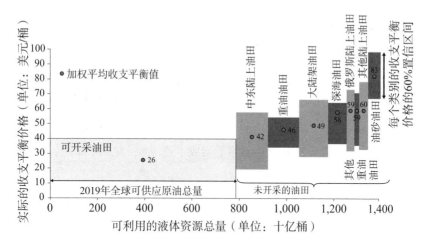

图 5.6.3　2019 年国际原油市场的绩效结构

资料来源：自制，参见 RYSTAD（2019）。

- 如果美国的石油能灵活应对价格变化，那么，这意味着，受美国的影响，沙特阿拉伯必须减少石油供应，石油价格并没有改变多少,但沙特失去了市场份额。

- 但是,如果美国的石油不能灵活应对价格变化,那么,沙特减少石油供应是值得的。如果石油供应量下降,石油价格大幅度提高,收入也会有所增加。

因此,要根据不同的期望选择不同的策略,如果有可能,在必要时,修订策略。此外,行动也取决于其他国家的合作意愿,这些国家也可以使用沙特释放的市场份额。

在"作为武器的石油"(Öl als Waffe)一文中,布鲁姆(Blum, 2016c)认为,完全不同的想法也发挥作用,即长期的战略定位。沙特和伊朗正在争夺地区大国地位。自1976年以来,两国就存在分歧,在沙阿·穆罕默德·礼萨·巴列维(Shah Mohammad Reza Pahlavi)时期,伊朗想推行高油价,但遭到沙特政府的阻止。沙阿后来垮台了。在两伊战争中,沙特支持伊拉克,这加剧了沙特和伊朗之间的对抗。1990年,伊拉克入侵科威特,同时伊拉克的世俗制度对沙特王国构成了直接威胁,于是,伊拉克和沙特的联盟结束,后果是,第一次科威特战争爆发,沙特与伊朗和解。但是,2003年,在第二次伊拉克战争中,美国违背沙特的强烈建议,推翻了萨达姆·侯赛因(Saddam Hussein)的政权,这才重新改变了战斗部署,加上受到时伊朗政府的极端化的影响,沙特和伊朗再次成为对手。伊拉克和叙利亚是两个冲突国家,在土耳其边境地区,他们都有库尔德少数民族,而土耳其正在对国内的库尔德少数民族发动战争,形势十分混乱。

石油价格战的经济危险在哪里?尤其是,石油价格极低的经济危险是什么?实际上,投资带来价值,投资取决于盈利,所以,价格战导致了全球收入的大规模再分配,财富也在全球再分配。下列趋势尤其值得一提:

- 在生产国的投资倾向正在下降，这主要包括向勘探或开采技术的投资（每年约 3,000 亿美元；Kloepfer, 2015），在其他设施上的投资和在建筑上的投资也是如此。机构投资者正在退出石油开采公司。如果今天的投资趋向于保守，那么，明天的稀缺性就会上升。许多采油国的经济发展开始停滞，企业只做有限的更新或产能的扩大，所以，不能确定，能否在目标国家得到相应的补偿。

- 2011 年，约有 3,900 座石油和天然气钻井平台仍在运营，但 2016 年年初，仅有约 1,750 座（Hulverscheidt, 2016b）。

- 全球资产发生了再分配，特别是通过高利率债券进行水力压裂融资，这是对金融市场的重大威胁。

- 低能耗、低原材料的产品和生产流程中的技术进步正在减少，长期来看，这增加了气候风险。

- 在价格滞涨的目标国家中，可能会出现经济滞涨。如果中央银行一方面为了维护自己在货币市场上的统治地位而发动战争，另一方面还要继续用流动资金使市场运行，那么，这会变得很危险。

- 生产国家的生存基础正在恶化，可能会发生大规模移民。

- 图 5.6.4 显示了石油价格战后资产再分配的后果。石油销售或石油冶炼的专门化给生产国带来巨大的财政困难，而对销售国家的影响可能相对更小。

- 2017 年，美国一度解除了对伊朗的制裁，之后，伊朗的石油产量猛增至每天近 400 万桶。但在 2018 年，美国重启对伊朗的制裁，这使危机局势日益严重。自从美国威胁要制裁从伊朗购买石油的国家以来，伊朗的石油产量下降了四分之一，并且一直在下降。一些国家有六个月的过渡期，例如中国和印度，中印两国每天减少约 120 万桶（Boersen-Zeitung, 2018e）。美国是否有能力对中印两国实施长期制裁，这值得怀疑。

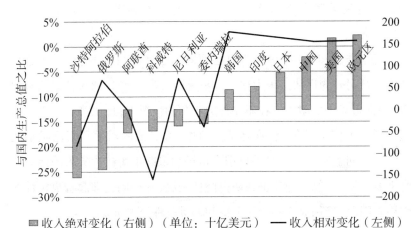

图 5.6.4　2015 年石油价格战的再分配效应

资料来源：自制，参见 Die Welt（2015b），Flossbach von Storch, BP, IEA, IMF。

5.7　结论与行动建议

战略决策是长远的规划，有较长的半衰期，因此，必须仔细考虑。一家企业，无论它要在市场上攻击竞争对手，还是与竞争对手互惠互利，都同样需要战略决策，即，无论它要进入市场，要挤走、摧毁或收购竞争对手，还是要容忍竞争对手，与之共处，它都需要做长远的规划。如果在市场上遭到攻击，那么，防御者必须考虑到，它的战略决策不能仅仅为了阻止或拖延侵略者；为了获得主动权，在始料未及的地方，尤其在攻击者的痛处，防御者可以出其不意，进行反击，这样的决策更有希望获得成功。但是，实际的冲突会随之增加，冲突的范围也会随之扩大，因此，必须要思谋周全。这是竞争也可能升级为经济战争的原因之一。当竞争对手之间没有开放的沟通渠道时，尤其如此，但根据《反垄断法》，这种关系十分可疑，或者在冲突中存在国家利益，这会进一步加剧冲突。

无论能否经受住冲突，都有必要对自己实现目标的能力、决心和意志进行明确的评估。耐力往往极易受到打击，比如，通过信息战和宣传，去损害对手的耐力。在不受外力干预的情况下，能力和决心常常遭到侵蚀。人们常常争论，在经济战争中，被打败的对手是否已濒临死亡？这个问题对于竞争对手将销售市场和采购市场结合起来的能力非常重要。但是，能否把攻击或防御坚持到底，这个问题却起着决定性的作用。因此，确保成功的物质前提和人员条件至关重要。

上述实例说明，美国汽车工业的消耗战可以被视为一种凡尔登战略，它迫使行业整合，但因为全球的竞争较弱，价格仍然较高，尤其在高端市场。总之，资源仍然不足。今天，第三方的风险是明显的，这相当于竞争对手的相互折磨。在石油价格战中，沙特已经由浮动价格制定者变成了限定价格制定者，这说明，价格政策的变化通过市场传递了震荡波，这样的价格战也颇有效果。

因此，具体的认识是：

（1）识别信号，加强自身的信号能力。能力通常是通过降低成本而持续获得的，它决定了行动的路径，也影响敌我双方的决策。仔细区分，对手需要知道什么，他能知道什么，他的无知在哪方面增强了自己的地位。要从参战角度思考问题！

（2）如果能力并不服务于参战决心，一切能力都会贬值。对竞争环境的分析至关重要，这种分析必须包括可能在短期内进入市场的潜在竞争者。

（3）整个团队必须坚定成功的意志。只有大家为了实现共同的目标而共同努力，才能产生斗志和毅力。意志能移山。以大卫和歌利亚之战为例：必须一击而中！

（4）能力、决心和意志共同构成硬实力；如果有硬实力，往往就不必参战，如果必须要参战，那么，一定会成功；软实力是对硬实力的有益补充，但不能取代硬实力，软实力可以增强文化吸引力，而文化吸引力可以确保对领导过程中共同目标的认同。

（5）理性地制订计划，因为只有这样，才能明确目标和使命。但是，要考虑到，非理性的力量很大，几乎没有什么可以与这种力量相提并论。非理性对临界点负责，临界点又会导致意外的发生。

（6）永远不要忘记：千万不要泄露计划！想做，就不要犹豫！失败了，也不要恐惧！

经济战争论

下 册

WIRTSCHAFTSKRIEG

［德］乌尔利希·布鲁姆 著

吕巧平 译

商务印书馆
创于1897 The Commercial Press

6　经济战争中的领导和决策

一切领导的目的是，通过激励第三方来实现自己或共同的目标，其前提首先是确定目标，要系统地、有计划地实现手段-空间-时间-信息-领导过程，并使其具有必要的个性特征。[①]领导意味着对他人的责任，意味着最低限度的等级制度。一个系统有无领导，情况很不同，没有领导的关系网明显能发挥发展活力，被叫作群体，且很可能受到集体智慧的引导（Surowiecki, 2004），其显著特征是，力量分配不规则。

美国名将诺曼·施瓦茨科普夫（Norman Schwarzkopf）说："领导力是战略和信任的强大组合。但是，如果你缺少两者之一，又必须应对，那就放弃战略。"（参见 Sprenger, 2017）他说，领导基本上取决于合法性，"认为自己可以领导而无需别人跟随的人，不过是在散步"。

本章分析经济战争中的领导，分析复杂条件下的成功领导，并讨论，有哪些基本规则使人们可以在不利的条件下做出有效的决策。本

---

① 下列素质复杂而矛盾，但德国联邦军《对军官的要求 21 号》（Anforderungen an den Offizier 21）要求独立、意志坚强、目标坚定、能决策、可靠、谨慎、高效、健全、自律、有批判能力、团队精神、负责任、有交际能力、友爱、有跨文化能力、会沟通、能创新、有创造性、有专业技能、勇敢、尽职、忠诚、榜样力量、有价值观和传统观念。

章以委托-代理理论来分析,领导应如何处理信息不对称的问题。在行动中会出现不可逆性,这不仅可以被视为一种威胁,而且也可被视为一种建设性力量。成功的领导表现在能够成功地应对未来的不确定性,往往是不确定性和风险,从而能成功地处理危机,并进行自我反思。在经济战争中,行动往往伴随着良好的企业治理规则,所以,要讨论企业的治理和合规性。

本章举三个实例阐述有缺陷的领导,这些领导可能会使企业面临经济战争,这会摧毁企业。其中一些已经开始进行经济战:一家移动运营商被收购,两家芯片制造商发生商战,创新汽车发生侧滑事件。

6.1　复杂系统中的领导

如果要在手段-空间-时间-信息结构中行动,那么,行动是多维的,即所谓的领导四边形,把领导比作乐队指挥,他力求流畅,以实现预期的结果,即克劳塞维茨所谓的"低冲突"。关于领导者的品性,孔子(2011: 70)提出了三个要求:"知者不惑,仁者不忧,勇者不惧。"克劳塞维茨(Clausewitz, 1832: 153-154)发展了这一思想,他要求领导者在性格上要坚韧不拔,坚韧不拔是天才的优秀品质之一。坚韧不拔并不是固执,固执是情绪化的错误,这种错误很难纠正,表现为怀疑、自私和虚荣心。有些人很固执,他们喜欢模拟并不存在的品质,很快,他们的性格就近乎有缺陷。关于经济战士的性格,参见第 2 章。

本章把领导过程描述为一个结构化的系统,尤其是处理主要的摩擦。为此,本章首先提出一种结构,用于对领导类型进行分类,分析层级结构的主要问题,即信息的不对称。然后,要讨论一些个性特征:智慧、道德和果断。所谓智慧,就是理解形势,懂得领导的交易任务和转换任务;所谓道德,就是在与人交往中给他人以尊严,并考虑个人的能力和文化环境;最后,自信使人果断,果断表现在行动力上。摩擦的结果是,当前的情况往往与以往的历史发展互为镜像。因此,克劳塞维茨认为,理论的发展以历史上的战争为背景,所以,对历史战争的分析十分重要,他特别强调惊奇效应,即创新。实际上,清除自己的障碍是领导成功的核心部分。在经济领域中,与其自己的产品和企业遭到竞争对手的破坏,不如企业家自己清理自己的产品。赫尔弗里德·明克勒(Münkler, 2014b)以历史为例说明,军事家和政治家受到历史战争模式的强力引导——从古罗马时代的坎尼战役到第一次世界大战期间的施里芬计划。某些模式也会被重复;如果击败了对手,代价却是近乎牺牲了自己的军队,那么,这就是一场皮洛士式胜利。在与中型强国的斗争中,英国牺牲了大英帝国。因此,有必要做出明确的损失评估,包括军事损失和经济损失,对此本章将举例说明。

6.1.1 领导及其在合作与竞争之间的有效性

领导不是一个确定的过程,如克劳塞维茨所言,领导发生在充满摩擦的环境中。领导的特点是,缺少关于敌人、地势、天气及未来的信息。领导过程永远不会没有冲突,处理这些问题往往是评估领导能力的试金石。领导者必须承认自己的错误,改正错误,承担责任,并把容错能力作为教育原则。从当代领导的角度看,一项重要的激励任务是,在自己的领导行为中要考虑下属的社会、政治和福利状况。因此,必须克服领导团队内部或领导者之间的竞争,至少要引导竞争,以便使竞争有利于创新。由于该系统的开放性,必须把领导和责任统一在个人身上。但是,关于目标是否有完整或完全的信息,或者对于目标是否已达成了一致意见,这些问题并不一直清楚。在领导过程中必须考虑到这一点，所以，领导者必须具备处理不确定性的能力。在这种情况下，必须在一个连续和循环过程中（通常是级联），不断记录和评估新的信息，并相应地调整行动。因此，信息系统对于产生知识、理智行动以及最终实现惊奇效应（创新）至关重要。此外，必须考虑时间维度，即及时性。德国联邦军《服役条例 100/900》（HDv, 100/900）对领导做了定义：领导是一个持续、循环、精心策划的过程，以激励、指导和控制他人的行为，包括有针对性地在空间和时间上使用力量、资源和信息。

所谓的领导四边形，就是指领导的空间有四个维度，即力量/手段（物质组成部分）、信息、时间和空间。为了成功，这四个领域的某些领域（如果不是所有的领域）必须建立特定的优势。[①] 改变当前的发展方向是领导过程的一个突出目标。成功的领导者并不想借助制度发挥作用，而是要改变制度，而管理者的典型任务就是，借助制度发挥作用。老子（2013: 50）强调"无为"，老子认为："太上，不知有之；其次，亲而誉之；其次，畏之；其次，侮之。信不足焉，有不信焉。悠兮，其贵言。功成事遂，百姓皆谓'我自然'。"在"作为思想领袖和叙述者的首席执行官"（Der CEO als Vordenker und Erzähler）一文中，卢西亚诺·弗洛里迪（Luciano Floridi, 2015）的座右铭是："若你自己不叙述历史，历史就会被他人叙述。"所以，领导过程中的叙述十分重要。愿景、使命、激情和接受这四个基调是领导过程中的激励基础。

因此，从领导的角度看，逐渐产生了三个主要研究领域：

- 动机：是什么指导着人类的行为？人类学理论、民族学、心理学和现代医学分别发挥了什么作用？

[①] 指挥乐队的过程也是一个领导过程，乐队指挥负责驾驭和协调复杂的演奏过程。乐队成员用不同的乐器演奏同一首乐曲，各种乐器竞相发出声音，有的乐器要敛声，有的乐器则要定音定调，参见以色列指挥家伊泰·塔尔格玛（Itay Talgam）的评论（http://www.talgam.com/）。

- 制度：什么样的制度环境促使人完成领导的任务，各个安排有哪些特征？如何处理困境，包括在紧急状态下如何做出决策？
- 信息：在领导系统中，信息流的质量如何？在冲突中如何使用信息？

克劳斯·史威斯伯格（Klaus Schweinsberg, 2014: 13-20）指出，现代拜物教的可预测性妨碍了真正的领导，因为领导的质量在于不断适应新的、以前未知的条件，克劳塞维茨（Clausewitz, 1832: 58）称之为"笼罩在迷雾中的不确定性"："战争是不确定的领域；在战争中，在促使人行动的事物中，有四分之三或多或少存在于极不确定的迷雾之中。"弗兰克·奈特（Frank Knight, 1921）的观点颇具现代性，他认为，未来的不可预测性不应归因于要克服的风险，而应归因于不确定性；甚至可以说，他意识到，所有的规则秩序都会衰退，后来，在克劳塞维茨去世后，这一规律就体现在熵定律（Oetinger et al., 2003: 96）中。[①] 一个人要想成为领导者，就必须适应这种情况，因此，适应这种情况的能力是一位领导者最重要的心理素质之一，以激励领导者。因此，没有领导的管理就没有方向，没有管理的领导则毫无效果。在《什么是领导》（*Que'est-ce q'un chef ?*）一书中，法国陆军参谋长皮埃尔·德·维利耶写道（Villier, 2018: 81）："真正的领导者在指挥时并没有实际的命令。他向相关人员提供一个清晰易懂的总体愿景，使他们了解总目标，共同努力工作。他和他们分享决策的原因，告诉他们需要解决的问题。然后，允许人们在组织的目标和价值范围内，使利益相关人员与同事一起决定，如何完成任务。人人都竭尽全力，贡献自己的想法、知识和能

---

① 1831 年，在克劳塞维茨去世 19 年后，普鲁士军队炮兵和工程学院的物理学讲师鲁道夫·克劳修斯（Rudolf Clausius）发展了热力学第二定律，1865 年，他提出了熵的概念。

力，共同完成任务，并为之感到自豪。"

一句拉丁语谚语说："服务即自由。"这说明了领导过程的相互依赖性。在"论基督徒的自由"（Von der Freyheith eines Christenmenschen）中，对于使徒保罗的呼吁，马丁·路德强调（Luther, 1520）："基督徒是全然自由的万人之主，不受任何人管辖；基督徒是全然顺服的万人之仆，受一切人管辖。"在《服务》一书中，皮埃尔·德·维利耶（Villier, 2017: 12）把自由和忠诚结合起来："……真正的忠诚是，无论风险和后果如何，都对领导者说实话，只有这样，才能实现真正的自由。"

如果一种负责任的领导被群体结构所取代，例如，领导被网络暴力所取代，在极端情况下，超链接的力量过大，这导致系统的依赖度过高，那么，几乎不可能再找到有针对性地施加影响的机会；因此，很难使系统远离临界点（反转点）并稳定下来；这时，系统存在失控的风险，或已经失控。"临界点"是一个流行病学概念，麦尔坎·葛拉威尔（Malcolm Gladwell, 2000）把它应用于社会科学，以展示社会爆炸是如何在没有预警时间的情况下自行发展的。但是，除了暴力和局部骚乱之外，这似乎也适用于富含群体智慧的其他系统领域，比如，在投机浪潮的背景下，或在金融投资者的行为中。在这种情况下，对企业或经济系统的基本忠诚度会受到侵蚀。实际上，很多因素共同起作用，才会导致系统出现崩溃的趋势，其中一个因素涉及少数人的权利。具体而言，虽然一个系统仅仅得到了一小群人的支持，但这一小群人是维持系统运转的核心，那么，他们就会影响系统的走向。比如，金融市场自由化一开始确实给所有的股市参与者带来了财富，于是，支持金融市场自由化的一小群人就会拥有超凡的魅力，其魅力堪比罗纳德·里根、玛格丽特·撒切尔或格哈德·施罗德（Gerhard Schröder），这一小群人因而也能不断地把大众的注意力引向系统的核心领域。

　　在什么样的条件下，一个人会追随自己的领导者并自己承担风险？这样的风险评估是否在全球具有相似性？实际上，可以证明，从内部和从社会的角度看，生命的价值取决于文化和繁荣的程度。这里需要提出一个问题：在国际分工的前提下，第三国人民可能会遭到什么样的剥削？康德（Kant, 1785）在《道德形而上学》（*Grundlegung zur Metaphysik der Sitten*）中认为："在目的论中，一切事物都有价值或尊严。有价值的事物同样也可以取代其他与其具有同等价值的事物；那些比任何其他事物的价值都大的事物，找不到其等价物，便具有了尊严。"如果人们把一切有尊严的东西都经济化，那么，人们就会走一条路，即，一切生活领域都经济化。因此，经济战争会持续下去。

　　在"变革型领导风格和组织文化"（Transformational Leadership and Organizational Culture）一文中，伯纳德·巴斯和布鲁斯·阿沃利奥（Bass, Avolio, 1994a）提出了全面领导的概念，即全方位领导，他们按照不同的维度对领导类型进行了归类（Bass, Avolio, 1994b）：一、领导者在领导过程中运用的特长；二、领导效应，如图 6.1.1 所示。这两个维度代表一项具体任务的目标，所以，它们对应军事冲突或经济战争这两个概念。按照这两种冲突，作者把基本的领导风格做了分类，他们假设，领导风格的变化沿着从西南方到东北方象限的对角线发展，这样就有了两个空白区域。

　　领导技术可分为三类，它与委托-代理理论有关：

　　（1）自由放任型领导：在这种领导方式下，领导者的参与程度最低，因而，缺乏责任感，缺乏定位，对结果也没有具体的期望。领导者不关心员工的能力、员工可支配的物质和非物质资源。因此，如果集体智慧或自动协调（如研究小组形式）并没有指出一个方向，那么，这已经预制了混乱的领导秩序，所以，了解上级领导的意愿对于实现目标非常重要。这里不涉及信息不对称和不断变化的环境状况。

（2）交易型领导：在这种领导中，领导（委托人）和下属（代理人）之间存在直接联系，它有两种形式：一、按照消防原则，进行例外管理；二、根据明确或隐性合同给予有条件奖励。

● 根据委托-代理理论，为了协调而进行例外管理，这面临一个问题：因为可能没有及时报告火灾的动机，所以，消防措施来得太迟。从心理上讲，这种领导风格的弱点是，下属的错误会系统地显示出来，上级因而遭遇挫折。

● 权变奖励制度与委托-代理模式吻合，委托人向代理人提出了明确或暗藏的合同报价，代理人可以接受，也可以拒绝；根据观察能力的不同，除了按劳分配的市场，还有第二个市场，按照代理人的诚信度来决定，委托人是否承担风险。

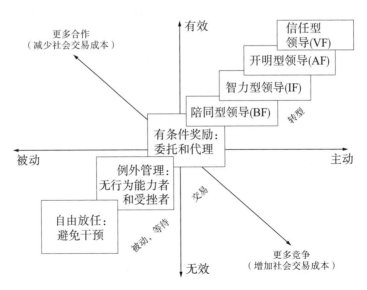

图 6.1.1　全方位领导模式

资料来源：自制，参见 Bass, Avolio（1994）。

（3）变革型领导：其目标是，利用个性化领导过程了解下属的情感。因此，领导者的意义提高了，他不仅仅是下属的上级，他必须成为一个榜样，充当教育者。变革型领导可分为四个阶段：

- 陪同型领导者，他们热情，具有同理心，完全从员工的利益出发来行事；
- 智力型领导者，他们为员工提供分析视角，尤其是在风险核算和战略战术思维方面；
- 开明型领导者，他们与员工一起，能够发展愿景，承担使命，把失败视为共同努力的一部分；
- 信任型领导者，除了灵感之外，他们还表明自己具有高度的持久性和适应力。

在这种领导类型中，从群体认同的角度看，因为暗含着契约，存在密切的信任关系，信息不对称的程度应该较低。

交易型领导系统尤其适合那些领导过程高度标准化的垂直层次结构，而变革型领导系统则主要应用于团队成员高度个性化的扁平等级结构中，在扁平等级结构中，不存在由专业技术、职位、职务等规定的个人身份，所以，领导的责任会因任务的不同而变化。最新的领导力研究假设，不存在单向的分层领导，领导行为往往分散进行，且伴随着责任的变化（共享领导力），相应网络的网络集中度较低（Small, Rentsch, 2010），并且领导任务是轮流执行的（Hernandez et al., 2011: 1177）："共同领导力出现的一个重要因素可能是领导者与追随者关系的发展，追随者负责挑战领导的观点，并自己参与领导行为。"这种高度的自我组织能力可能更适合那些高度创新和灵活的项目，而不是日常任务，因为个性化会提高领导的交易成本。

领导的标准是，以人们愿意被领导的方式来领导他人，但是，鉴于人的资质、个性的多元化，这一领导思想无法实现，所以，高度个性化为上级领导带来很大的危险。然后，同情的陷阱很快就出现了：从倦怠、孤独、缺乏反馈、操纵、歧视，直到失去信任和腐败。因为反馈的费用很高，使领导满意的团队或企业往往备受压力。相反，冷漠的行为有助于过滤出真正的最优选择，至于是否要领导，则取决于不同的条件。

两个空白的象限仍然值得讨论。如果合作比较廉价，因为大家有共同的目标（例如，合作政治哲学占主导地位），所以领导者的作用必然不那么重要，那么随着社会框架条件的变化，整个级联会向左上方移动。反之，当不信任占上风时，就必须加强控制，在所要做的事情不被接受，需要强制执行时（例如，遵循对抗政治哲学），级联就会向右下方移动。

6.1.2 领导成败的衡量

领导创造成功和失败，在经济战争中，一方的成功即是另一方的失败，这与竞争完全不同。那么，如何衡量和评估损害，是否存在值得分析的结构性规律？众所周知，交通事故是典型的损害事件，它有两个关键特征，即损害发生的频率和严重程度。损害频率和严重程度这两个基本变量要加以区分。随着框架条件的不同，损害情况会发生变化，但原则上总是如此：小事故频发，大事故很少发生。

如果把损害事件按照其严重程度进行排序，就会出现一条损害事件的特征曲线，即帕累托分布。造成最大损害的事故是一级事故——根据事故车辆数量、死亡或伤员人数来评定级别，其次是二级事故，然后是三级事故。如此，就形成一条严格的递减曲线，其函数公式为

$$Y = X^{-\alpha} \tag{6.1.1}$$

在这个公式中，α 很重要，α 的大小决定着这条曲线下降的幅度，α 决定着，这个曲线是一条急转直下并迅速接近轴线的曲线，还是一条

平缓下降的曲线。当发生闪电战时，敌我双方速战速决，战斗激烈，但战役很快结束，之后一切归于平静，因此，闪电战的损害曲线是一条急转直下并最终与轴线相交的曲线；当敌我双方进行了多次小型战斗，实施疲劳战术时，这类冲突的损害曲线是一条平缓下降的曲线。

科学研究利用这种等级分布来阐述特殊的伤害情况，并根据不同的框架条件加以区分。在公式 6.1.1 中，α 决定着曲线的下降速度。α 的值越小，曲线下降得越平缓，等级差异越小；α 的值越大，下降的曲线越会急转直下。

那么，在战争中，这会如何发展？是否存在支点，是否能把频率和事件严重程度联系起来，如公式 6.1.1 所示？在"共同生态量化了人类的暴动"（Common Ecology Quantifies Human Insurgency）一文中，胡安·博奥克斯等学者认为（Bohorquez et al., 2009）：战争事件遵循幂律，即帕累托分布：高伤亡率事件要比低伤亡率事件少。那么，伤亡率有多大？它还取决于什么？是否存在制度、地理、技术和信息方面的差异？而制度差异与本章的领导结构有关。武器系统的精确度和威力导致技术差异，即，它涉及备战状态和能力，也涉及地理和居住结构的差异，这些差异以及避免附带伤害的动机，影响了武器系统的有效性。信息差异尤其影响了媒体的反馈，这种反馈在非对称性战争中十分重要，社会网络和信息泄露进一步加速了这种反馈，这为分散行动的对手提供了几乎免费的信息指南。

实证研究表明，α 值随战争类型的不同而变化，常规战争时约为 α = 1.7。内战中很少有重大伤亡，因此，曲线平缓，这时 α 值趋于 3，即 α = 3，如图 6.1.2 所示。这种关联也可以解释政治现象（如叛乱、罢工或集会等）或经济现象，经济风暴以分散方式进行，收购战与经济风暴不同，收购战能使企业的（或政治家、政治机构的）信息系统瘫痪。这种关系也可以解释快闪族或突袭式企业收购，即所谓的经济塔利班化。

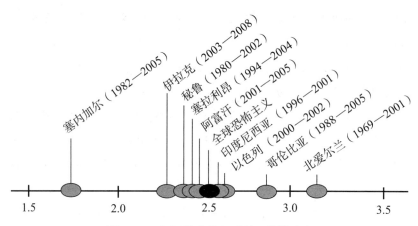

图 6.1.2 各国发生战争后的 α 值的分布

资料来源：自制，参见 Bohorquez et al.（2009）。

如果把企业的破产归咎于商战的失败，并将破产所波及员工的数量作为损失的大小，那么，企业破产的特征与上述函数的特征几乎一致。图 6.1.3 显示了 2008—2015 年的情况：大损失比小损失要少，计算出的幂大约是 α = −1，即使去除 52,000 名员工中的两个最高值和最低值，这种关联仍很稳定。

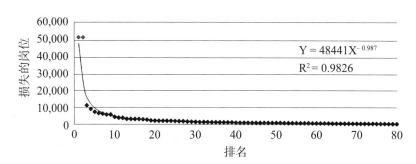

图 6.1.3 2008—2015 年德国破产企业损失排名

资料来源：自制，参见 Creditreform（2009, 2010, 2011, 2012, 2013, 2014, 2015, 2016）。

在《战争的逻辑》(*Logics of War*)一书中,阿莱克斯·韦斯格(Alex Weisiger, 2013: 3-5)的研究问题是,为什么有些战争漫长而消耗,而有些战争则短暂而激烈?他认为,这与人的感知有关,即,与对形势的估测有关。如果战争爆发的原因是错误估计了敌人的力量,或者是为了维持国内的政治稳定,那么,冲突往往是短暂的,因为一种新的理性很快就会占上风。但是,如果战争爆发的原因是要预防敌人的进攻,或者要及时限制敌人力量的增强,或者自己受到失去地位的威胁,或者面对的敌人被认为十分邪恶,那么,就会发生长期的冲突。最重要的原因之一就是,敌我双方的力量对比正在变化,这一点符合冲突的主导地位期望理论假设,该理论认为,因为自己明天以胜利者身份结束战斗的机会似乎很不利,所以,今天务必要战斗。

阿莱克斯·韦斯格认为,三个因素是战争的主要原因,它们影响冲突的激烈程度和持续时间:

- 截然不同的期望和相互的过度乐观:对当前形势与未来发展的错误判断导致冲突。在消除了错误判断之后,冲突就会很快平息。
- 内部政策的协调问题:狭义上,这是由于精英和大众之间存在的信息不对称而产生的委托-代理问题。通常,外部冲突会分散内部问题的注意力。当公众得到全部信息时,精英阶层就会被取代,比如,阿根廷和英国因为马尔维纳斯(福克兰)群岛问题发生了冲突,正是如此。
- 缺乏信任:对手不可信,商定的协议似乎无法实施,这是冲突持久而煎熬的主要原因。

下面两种冲突处理方式会使冲突的耗费过高:一、敌方并不因冲突给自己造成了损失而感到震惊,而是更坚定地要求我方无条件投降,并大肆宣扬我方的邪恶，敌方更加不惧一战。敌我双方的冲突因而更残酷，也更漫长。二、当敌方以上述第一种方式处理冲突时，我方会因势利导，将冲突继续下去，因为我方知道，敌我双方的对抗和自己对敌方恶意的揣测只不过是必须挑起更激烈冲突的借口，因此，敌我双方的冲突已在所难免。

6.2　领导文化

领导过程的基本要素首先是激励第三方追求和实现自己或共同的目标，且以有计划、指导性的进行方式。这被称为控制程序。领导过程往往要指定方向，发挥控制作用，来影响或控制既定的发展。因此，本节重点介绍克劳塞维茨的"摩擦"，即经济学中的交易成本和对成本的有效处理。

6.2.1　交易成本在领导中的意义

领导是一种与能力、智力和创造力相关的艺术，一个人如果没有个性和品格，几乎不能进行领导。博弈论（见第 3 章）说明，如果市场上存在多个二元对立关系，那么，等待是很重要的。因为决策过程必然会预测未来，即，决策过程具有时间维度，只有这样，决策过程才会在客观和主观上具有说服力。由于地理信息、政治信息或客观条件根本不确定，所以，领导必须耗费交易成本。在领导过程中，必须减少信息的不对称，即，必须获取所缺失的信息，以便补偿信息不对称的状况，或缔结考虑到这些因素的协议。如果考虑到对手的战略、机会主义行为、行为者的有限理性及人们处理信息的有限能力，那么，这种交易成本就会进一步提高。所以，这些个人品质和客观条件对于降低交易成本至关重要。

克劳斯·史威斯伯格（Klaus Schweinsberg, 2014）强调，领导者既要有技能，也要态度端正，没有态度的技能没有方向，没有技能的态度没有成效。他认为，优秀的领导者具有八个基本特征，即，无论作为进攻者或防御者，在经济战争的领导过程中，必须注意以下几点：

- 优秀的领导者能够清楚地表达意图，阐明能力、任务、目标和可能的障碍等；在领导经济战争的过程中，尤其要具备传达上级领导意志的能力。因此，好领导的发言这样开始："我的目的是……"

- 优秀的领导者能够提供可感知的真实性；在经济战争中，领导行为与传达诚信和真实性紧密相关，从而降低等级制度中行动的复杂性和行动成本。

- 优秀的领导者具有迅速表达自主和主权的能力；在竞争中，无论在体育竞赛、政治竞争或经济竞争中，或在经济战争中，偶然性起着重要的作用；领导者要能够在关键时刻认识到创造的可能性，即，能够创造性地利用巧合或命运。谁掌握了这种能力，谁就能在激烈冲突中永葆财富。路易斯·巴斯德（Louis Pasteur, 1933）说："机会有利于有准备的灵魂。"

- 优秀的领导者能区分事实和观点，坚持正义，对人而言，这并不容易；但是，在知识匮乏或知识不足时，尤其在改正错误或吸取教训时，只有能够区分事实和观点，才能取得最佳效果。《石刻书》（Epiktet, 50-138）写道："令人不安的并非事物，而是人们对事物的看法。"

- 优秀的领导者具有坚定不移的正念；领导、责任和负担是不可分割的。这与事物有关，也涉及人的个性和尊严，即使自己在犯错时，也渴望被接受。优秀的领导者意味着，往往要纠错和教育他人。谁谨慎行事，谁就永远在场。如果领导者要向下属传递精神力量，那么，领导要与下属同在，无论这同在是精神同在，还是身体同在。信任是小圈子或小群体的凝聚力，所以，仅有信任是不够的。因此，史蒂凡·屈尔（Stefan Kühl, 2018）写道："仅凭信任来领导，太过幼稚。"

- 优秀的领导者会密切关注事务。在他的职位上，领导者负责协调和处理知识，根据委托原则，把所有的意图通知所有人，指定一个代表，当上级领导者不在时，他能代表上级领导者工作。

- 优秀的领导者会阐明自己真正的抱负，军事用语中，这就是雄心壮志。这可以说明，以现有的能力应该实现哪一种抱负。第5章曾写道，领导者如果没有远见和使命感，就很难成事。

- 优秀的领导者要有耐力；耐力往往与对挫折的承受力有关。据说，有人问温斯顿·丘吉尔（Winston Churchill）：什么是成功？丘吉尔回答说："败了再败，但不失其志。"这种复原力是成功领导者的一个基本特征。

领袖人物是一个社会所能创造的珍宝之一。领袖的杰出品质包括自信、自控力、判断力、自我反省能力和同理心。常有人认为，丢掉工作就是失业，其实不然！实际上，企业计划迁出本地，雇主打算把工作岗位留给他人，才算是失业。但如果精英项目受阻，不得不寻找更大的空间，那么，经济战争就是一种可选方案。众所周知，人口内爆来自上层社会，尤其在高素质人群中，生育子女的机会成本很高，假如他们的子女缺乏适当的职业前景，他们的生育机会成本甚至会更高。因此，为了给社会各阶层腾出位置，减少内部的竞争压力，殖民主义一直是一条出路，但殖民主义会牺牲被殖民者的利益。这类观点也出现在工业化世界中，比如，自己的领导地位是短暂的，需要了解本国的地位变化，并了解本国经济和文化区的国际意义。

在面对压力时，领袖人物才会出现，非领袖人物则会大范围缺席。托马斯·胡茨森特（Thomas Hutzschenreuter, 2016）认为，在一个不断面临变革压力的世界中，分析能力至关重要，而行动主义是成功的最大杀手。企业应该定期回答以下问题："企业的哪些地方必须变革？正确的转型幅度有多大？在变革过程中，管理层能够并应该扮演什么角色？"一家大企业若要融入社会，至少要拥有与竞争对手相匹敌的竞争力，而且，在不久的将来仍然具有这种能力，即，势在必得。评级要求显示，重要的是，不可从今天的稳健性推断出未来的稳健性，否则，企业可能面临因竞争所导致的破坏风险，甚至导致一场经济战争，因为这碾压了竞争对手的创新过程。数字产业和传统产业之间的冲突说明，成本的下降会使竞争对手很难进入市场，但它并不是永久的保障。因此，在尚未感到压力时，企业就要改变，这会让企业成为进攻者，以防止自己受到进攻。如果需要变革，就必须精心策划，以免患上"重复性变革综合征"；如果变革倡议过于混乱，企业就会不断变化，这会使企业瘫痪。

6.2.2 真理和真诚作为领导的核心

《约翰福音》（Bibel: Joh, 18/38）中，庞蒂乌斯·皮拉多（Pontius Pilatus）问耶稣（Jesus）："什么是真理？"这是人类在寻求方向和支点时遇到的主要问题之一。在领导过程中，真理可以减少交易成本。一个社会需要真理，以便拥有可靠的行动基础和规划基础，这也是个人与社会相互适应的一个参照标准；真理可以成为现实的实现。真理也包括逻辑，如果没有逻辑，就不可能有理性的分析和行动。公正和法律的基础主要是接受真理。真理只来自事实，从虚假中只会得到任意性，即，不能将意图认定为真实的。

另一个答案是一个陈述句，句子所描述的命题和事实一致，即假言陈述，从希腊哲学到经院哲学，它一直是一种行之有效的方法。因此，奥古斯丁（Augustinus, 354-430）认识到：必然存在追求真理者和思想家。笛卡尔（Descarte）说："我思故我在。"只有通过精神启蒙，人才能掌握真理。在《真理观》（*Quaestiones disputatae de veritate*）中，托马斯·阿奎那（Aquin）从（物质）事物和产生知识的心灵之间的辩证关系中发现了真理。上帝的智慧作为衡量标准凌驾于一切之上，因此，人类不能观察到真理。在《纯粹理性批判》（*Kritik der reinen Vernunft*）中，康德（Kant, 1787）也基本采用了这一真理概念。马克思的观点有所不同，马克思认为，真理是意识和被自觉认识的事物之间的统一。

与这种近似客观的真理概念相反，个人以为正确的或许是真实的——个人观点是真实的，且具有实在性。一致性理论认为，一切事物，如果它可以纳入迄今为止的理论框架，那么，它就是真实的——很明显，这种"真理"概念阻碍了进步。尤尔根·哈贝马斯（Jürgen Habermas, 1973）认为，社会学中的真理[1]是自由论辩的结果；因此，在虚假的语境中，科学的真理是一种受限的共识产品：只要这种共识或它的内容能证明本身的正确性，且其对立面未得到承认，那么这种科学真理就有效。[2]具体而言，一个好的社会允许其社会理论百花齐放。弱势群体应该能意识到自己的处境，而不是对知识妄加

---

[1]　这里的真理并不是自然科学中的真理。

[2]　经济学证明，新的真理确实能被社会接受，它靠拢主流的过程只是被金融危机中断了。

评论，因为局外人不会判断，到底什么是最好的。处理相关的异议需要建立一种话语体系，一种全面的交流的合理性。西奥多·冯塔纳（Theodor Fontane）在《德·斯特克林》（*Der Stechlin*）中写道（Fontane, 1899: 10）："没有无懈可击的真理，若有，那它必然无聊至极。"

哲学家和神学家都研究过存在主义真理，比如，卡尔·雅斯贝尔斯（Jaspers, 1947）著有《论真理》（*Von der Wahrheit*），保罗·蒂利希（Paul Tillich）研究"神学方法的问题"（Probleme der Theologischen Methode, 1946）。这表明真理也可以指超验的事物。教皇本笃十六世约瑟夫·拉辛格（Joseph Ratzinger, 2000）曾在《法兰克福汇报》上发表"对真理的怀疑"（Der angezweifelte Wahrheitsanspruch），文中，他以奥古斯丁为基础，从哲学启蒙出发，发表了宗教的真理观："基督教……并非基于神话的形象和观念，其正当性最终体现在它们在政治中的有用性上，基督教是指通过对现实的理性分析可以感知的神圣性。"他总结道："问题是，是否一切事物的出发点和立场都建立在理性或合理之上。……理性是否仍然是一个偶然的产物，漂流在非理性的海洋，最终也会变得毫无意义。"为了社会的生存，他把理性秩序、价值观以及人道主义伦理重新结合起来。

如今，真理遭到了假新闻的挑战，因为事实常令人质疑这个世界，但对自己想法的肯定会产生积极的情绪，并把这种想法固定在自己的意识中。实际上，人类面临的挑战是，不要因为真理的虚假而失败（Spaemann, 2012）。因为信息是虚假的，意见受到有意的引导，只有付出巨大努力才能消除头脑中的错误，所以，思想可以创造出现实。同时，有人认为，这些情况符合哲学上的真理概念，但似乎并不明确。这使人想到柏拉图的洞穴寓言、欧文·薛定谔（Erwin Schrödinger）

的物理思想实验。薛定谔以薛定谔之猫（Schrödinger, 1935: 812, 829）而著称，这项实验旨在证明，维尔纳·海森堡（Werner Heisenberg）的思想是荒谬的：猫被困匣中，匣中有武器，武器与放射性物质相联，因此，无法确认，在某个时间，猫是活着的还是死的——猫介于生死这两种状态之间，状况"不明"。只有测量后，才能显示，它到底处于这种还是那种状态，如果猫在打开盒子时死亡，那么，这次检查或许就会成为死亡的原因。自然科学虽然似乎很精确，但其中也有无法确定的事物（Cubitt et al., 2019）。

　　领导者的真实性结合了准客观真理（例如竞争的分析结果）与可能存在的主观真理。诚实、正直和正派至关重要。圣本笃是雷古拉骑士团的创始人，他认为，礼仪本身有两个含义：一、领导过程必须清楚明白、明确、一目了然；二、领导过程尤其要简明扼要、清晰易懂，大多令人难忘，即，制定的路径和目标必须符合礼仪道德规范。换言之，通过真实性来赢得个人领导过程所必需的可信度和长期的可靠性。迈克尔·温特和布德维恩·阿茨（Winter, Arts, 2015）认为，领导过程基于好奇心、洞察力、约束力和决心。因此，这与经济战争中所谓的自恋正好相反。

　　现代社会科学也主要采用自然科学方法来进行研究，自然科学研究方法基于这一思想：一切系统知识都建立在假设基础上，是以可检验的方式产生的，就如系统的结构一样。原理可以描述相互作用关系和边缘条件，这是有效的论点所要求的条件，有时，原理也可以描述一项对未来的预测。这一切可以共同创立一则理论，所谓的理论，就是由描述某一个具体的研究领域的陈述和由此导出的结论组成的系统（句子、定理、推测、公理、假设）。归纳法可以总结出领导过程的逻辑，关于逻辑推理方法，沃尔夫冈·艾希霍恩（Wolfgang Eichhorn, 1972: 336）写道：

　　（1）"所谓的演绎推理法，就是一种按照下列规则建立理论的方法：

假设存在一个系统S,这一系统的组成部分是一些关于某一研究领域研究对象的基本论点(包括开始条件、边缘条件、附加条件的假设、公理、原理、前提条件、大前提条件、假说和预测等)。系统S按照下列规则来扩大:如果一个关于同一个研究对象的定理s描述一个(或多个,或所有)基本论点的逻辑结果(后果),那么,定理s属于且只能属于由系统S所覆盖的理论。于是,可以说,系统S暗含着这个定理s,或者系统S是定理s成立的充分条件,或者定理s可以从系统S中推导出来。常有人断言,只有当系统S成立时,定理s才能成立,这个断言是错误的,因为定理s也可能是从另一个完全不同的系统S'的基本假设中演绎出来的。由系统S推导出的结论早已存在于系统S的规则中,但也仅仅是在规则中而已!任何一个超级敏锐的头脑将能为每一个系统S建立理论T,但是,只要能够从系统S的所有结论中演绎出一小部分结论,理论家往往就很满意了。"

如果仅仅采用演绎推理法,常常会推理失误。例如:一位研究者教一只老鼠,铃声响的时候,老鼠要穿过迷宫去喂食处。接着,他砍掉了老鼠的腿。下次铃响时,老鼠没有去喂食处。他得出结论:老鼠用腿听声音,把老鼠腿砍掉后,老鼠聋了。

在科学研究中,从建立前因条件,到提出假设,再到证明假设的过程是一个创造性过程,这个过程也包含非理性元素(直觉),这类研究往往采用下面两种方法:

(2)归纳推理法指,从特殊的、描述观察结果和实验结果等的定理、陈述和认识中推导出一般的定理、推测和假设。归纳法原则的确立保证了过程的可检验性。

(3)类比推理法指,从所观察的结果推导出导致这些结果的特殊定理、预测和假设。这往往是医生分析病症的方法,或者是经济学家分析经济危机的方法。医生和经济学家都必须得出规律性及其边缘条件，才能做出诊断。在网络世界中遇到网络攻击时，要推测网络攻击发生的背景和原因，那么，类比推理也就是日常业务了。在这里，类比推理法和规律的可检验性也很重要。图6.2.1显示了各种逻辑推理方法之间的关系。

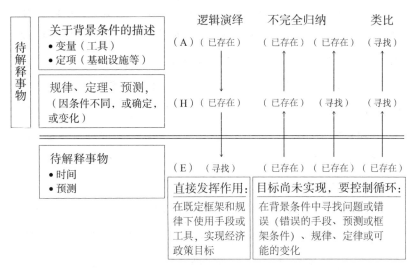

图6.2.1　各种逻辑推理方法之间的关系

资料来源：自制。

在这个体系中，真理是一个理论的结果——但是，正因为此，理论的结果必须是真实的。这样就陷入一个永久的追索中，得出循环结论，或以一个教条来开始。这一个寻找终极原因的问题被哲学家汉斯·阿尔伯特（Hans Albert, 1991）称作"明希豪森三难境地"。

通过有目的、可检验的实验这种归纳法原则，人们可以不断改进理论，偶尔也可以修正理论。因此，经验知识可以变成真正的知识，能够以编码的形式出现。然后，知识就不再是一个加一点点盐就使菜品更美味的天才厨子,因此也不能再被替代。他对美味的感觉已经被特殊的数字物质所替代。这一过程导致的后果是,知识优势被融化,一个工厂已不必再由有经验的工厂主来领导。它完全可以被复制。但这使早期工业化国家面临全新的挑战。

6.2.3　领导的一般原则

一些基本的军事战争规则可以直接用于经济战争中;在军事战争或经济战争中,在冲突发生之前,领导必须做出决策,目的是降低交易成本,按照上级、平级和下级的顺序进行任务分配,并建立一个以任务为导向的最佳领导结构。每位负责任的领导者都必须牢记这些关联。

如果领导意味着通过对人的影响来实现目标,同时考虑到力量、手段、空间、时间和信息,那么,复杂冲突的领导过程要尽量简单,以便使所有人都参与其中,并为反应做好准备。如果没有明确计算的依据或合理的平衡过程,那么,领导者应力求言简意赅,所谓的"经过计算的风险"或"合理的军事决定"之类的空话不过是陈词滥调。因此,一个领导者的中心问题类似于康德要回答的核心问题:"我应该做什么?"领导者要回答的核心问题是:"你的目标是什么?"这也是蒙哥马利将军(Bernard Law 1. Viscount Montgomery of Alamein)常向指挥官们提出的问题。重要的事情往往容易被遗忘,或交流不足,故难以被准确而充分地理解。对此,语言的组织与讲话顺序对于可理解性起着重要的作用。因此,正如现代神经生物学所证明的那样,我们必须使用标准结构,并且要避免使其复杂化(Bornkessel-Schlesewsky, Schlesewsky, 2014)。这也符合现代的记忆研究结果。丹尼尔·沙克特(Daniel Schacter, 2001)阐述了记忆的七种罪过:

- 重要的事情被遗忘,原因如下:

　　1. 记忆力差，即，大脑不断衰老；

　　2. 心不在焉，注意力和记忆发生了叠加；

　　3. 记忆力受损，处理信息时，储存内容与信息重叠——有"话在嘴边"之感。

- 记忆混乱，原因如下：

　　4. 归类错误，信息正确，但来源错误；

　　5. 信息暗示，由于说服力叠加在了自己的信息上而产生的暗示性；

　　6. 信息扭曲，当前对事物的看法与以前的信息不一致时，尤其是在座右铭"原来的一切都好"的暗示下。

- 脑海中还保留着那些应该忘记的东西，就会产生信息扭曲：

　　7. 顽固不化，尤其是创伤和恐惧症，它们从大脑深处浮现出来，阻碍了思考。

　　然而，由于复杂性是自然现象，但复杂之事却是人为现象，因此，在做决策时，必须密切关注网络结构的整体性，即，关注反馈。在专栏文章"思路清晰：为什么我们只看到路却看不到歧路？"（Klarer Denken: Warum wir sehr oft nur den Weg und nicht die Gabelungen sehen）中，罗尔夫·多贝利指出（Rolf Dobelli, 2011），那些未走过的路径也应纳入风险评估中，如果可能发生意外的连带效应，就更应如此。金融危机就是一个例子，一些金融改革方案可以在短期内赢得巨大收益，它们往往风险较大，但从长远来看，它们有严重的毒副作用。

　　在领导过程中，无论是旨在竞争，还是旨在合作，比较优势都很重要，但比较优势如果太明显，可能会适得其反。托马斯·德龙和莎拉·德龙（DeLong T., DeLong S., 2011）认为，根据卓越悖论，如果过度重视领导者擅长的领域，会导致忽视其他领域，后果或许是忽视大局。此时，能力较强便成了一种诅咒。在危机期间，金融机构的领导者正是在这里遭遇了失败。在这些条件下，处理复杂性成了一项重大挑战，尤其必须将其视为自然秩序的一部分，在最糟糕的情况下，由于人们自身对事物的看法，这种秩序会变得复杂，甚至最后无法解决。弗里德里希·冯·哈耶克（Hayek, 1945）认为，复杂的系统可以自发地组织起来，这是一种力量，或者，人们可以认识整个系统的相关部分与可掌控部分，以便将其整合到领导过程中。利基企业尤其应选择这种简便性作为相应的解决方案，同时，它会明确要实现的目标以及可能的支持或限制因素。因此，在战略层面，下列步骤十分重要，这些步骤将在稍后的情况介绍中处理：

- 设立框架：哪些是正确的问题？哪些问题要排除在外？
- 事实调查：自己的立场和其他竞争对手的立场是什么？如果没有对事实的共同认可，就会有谎言。
- 目标：应该为哪些未来的方案做出规划？
- 潜力：有哪些能力？需要哪些能力？准备情况如何？
- 决策：战略、相应的作战和战术是什么？
- 沟通：如何利用信息技术进行领导、传达上级意愿，使用哪些（不复杂的）主要概念？
- 凝聚力：做出了哪些承诺？应该激励哪种成功意愿？
- 发展：如何接受、处理变化，它们如何影响前面的要点？

领导力涉及对人的认识和评价，它们的基本任务之一是，在正确的时间和地点安排正确的人员。因此，在个人关系中，诚实和真实性成为成功的关键因素，但这些因素并不容易验证。刑警往往必须审核陈述内容的真实性，所以，领导者能向刑警学习很多东西，如乔·纳瓦罗

（Joe Navarro, 2012）所言，肢体语言是确保真实性的核心要素，否则，真实性只能通过语言交流来传达。

6.2.4　战略、作战和战术中的领导原则

如果按照从一般到具体的方式把任务和责任进行划分，那么，领导过程可分为三个层面。如果存在垂直的层级结构，那么，这三个层面通常与组织层面相对应，当然，这不是强制性的。克劳塞维茨（Clausewitz, 1832）认为，战术所研究的问题是，如何使用各种资源（人员、物资、空间等），这些资源的战斗力各不相同。战略则研究如何利用战斗来实现战争目的。在战略和战术之间则是作战，战术研究的重点是，如何利用各种资源，使各种战斗力协同作用。目的和目标对于这些层面的区分十分重要（Clausewitz, 1832: 32），目标服务于政治主权的最高目的，在经济战争中，目标服务于管理层的最高目的。战争的政治目的是"终极法则……"

- 在战略层面，必须做出决策，是否要开始一场冲突，即，是否应将一位盟友作为打击象？是否要击垮与自己竞争的冰箱制造商？是否应该与一个潜在的核国家展开对抗？长远来看，战略层面始终存在，因此，规划期也始终存在。

- 在作战层面，要明确基本步骤，这些步骤是战略实施过程的有机组成部分。一次作战行动包括所有与领导四边形相关的行动，这些行动是相互依存的，并服务于一个共同的目标。作战水平取决于能力，而不是军队和手段，因为军队和手段属于战术层面，其目的是，通过相互联系和网络化力量之间的互动来建立协同作用。作战的核心是人们要在时空–军队结构中进行思考，把相关信息作为创造优势的必要前提。

- 战术层面观察具体的单独行动，即，与敌人的各种接触，这包括从小规模战斗到大规模战役的所有战斗。"战术"一词来自希腊语，原指一种选择正确阵容的艺术。这里尤其要注意，任务、使命或行动不可太复杂；毛奇在《军事著作》中强调，必须加强效果的可信度以及对决心和意志的明确性，这样就可以避免各种形式的错误信息。

经济学中的"战略"通常指军事上所说的作战和战术。因此，战略定价往往与具体作战计划导致的战术权衡有关：在制定战略之前，首先要决定，是否占领市场，或是否收购、击垮或摧毁某一企业。所以，这里采用了军事分界线，因为它本身是一致的。在《乔纳斯情结》（*Der Jonaskomplex*）一书中，以国际象棋为例，托马斯·格拉维尼奇（Thomas Glavinic, 2016: 87）写道："若无事发生，你需要的是战略；若有事发生，你需要的是战术。"这说明，许多决策者不擅长做战略反思：他们绝对有必要深思熟虑，以便看清他们需要意识到的结构本质，从而能够迅速采取战术行动。

（1）战略的抉择原则上取决于自己对能力、决心和成功意志的评估，以及对对手的相应评估。一旦决定参与一场冲突，这意味着，要对未来可能出现的情况有清晰的认识。这时，重要的是，要评估自己在空间和产品市场上的现有力量、能力及参与冲突活动可支配的时间。无论如何，在与竞争对手进行力量对比和能力对比时，还必须考虑现有或所需的储备。

领导的最大挑战是，不可被官僚主义的例行公事和毫无意义的沟通所破坏，因为这个死亡区会破坏领导过程。传说，古罗马政治家盖乌斯·马吕斯（Gaius Marius）家里有一名奴隶，这名奴隶总在晚上问马吕斯："主人，今天您做善事了吗？"如果马吕斯回答"没有"，奴隶就说："主人，今天是徒劳的一天。"如果马吕斯回答"做了"，奴隶就说："主人，这是美好的一天。"同样，上级也应每天问自己："今天你领导了吗？"

（2）在作战层面，有针对性的互动（即单个行动的集合）是决定性的成功因素。因此，这些行动在时间和空间上相互关联，它们把力量集中在一个共同目标上。作战取决于其目的、性质和对市场力量的应用程度。它们可能因强度而异，这要取决于这些行动的目标，是要把自己的意志强加给竞争对手，最终实现自己的目的，还是要（只是就目前而言）取得市场占有率。如果每个人都知道明确的目标，那么领导过程就会变得高效而透明。在领导过程中，高层领导者的目标问题是最重要的问题之一，这是有道理的。攻击、防御、稳定和拖延是四种主要的作战类型。

（a）所谓攻击，就是企业占领市场，对某些企业进行收购、打压或摧毁。这时，行动法则由侵略者制定，这种行动是强制性的。在经济战场上，企业主要通过创新、降价、关闭市场、股票购买等方式来进攻。在军事战争中，部队往往通过侧翼实施进攻。因此，从经济角度讲，不会向竞争对手的核心竞争力提出挑战，如果存在多市场竞争，那么，这时的进攻会选择对手的薄弱环节。另一种战术是，允许敌人在主要战线上实施明显的突破，闯入市场，然后通过侧翼形成包围圈。用经济学术语就是，假装允许对手进入市场，以便最终将其困于其中，然后把对手吃掉。例如，在汽车报废可以获得补贴、存在报废溢价的那段时间，许多低成本供应商进入德国市场，将汽车的售价做精准的定位，使报废溢价的杠杆效应达到最大化；在汽车报废补贴取消之后，这类汽车的利好形势就结束了；今天，低成本汽车进口商遇到了问题，销量大大减少，其服务系统也无法对汽车做好维护。进攻方可自行选择攻击时间、攻击手段、相应的子市场和攻击强度。要想主动出击，就必须明确任务,确定关键的业绩,必要时,要把中期目标具体化。

在进攻时,会形成剪切点,自己的劣势越大,这个剪切点就会越重要。尤其是,进攻应始终保持自己的防御能力。艾·里斯与杰克·特劳特认为(Ries,Trout, 1986: 23),这就像动量守恒定律和能量守恒定律。一位占优势的进攻者会使对手的损失越来越大,结果,他的每次进攻都会增加他的优势。这类似于卡车和小型汽车的碰撞,在撞击的那一刻,小型汽车质量较小,撞击会导致汽车加速向后行驶,其能量随后转化为车辆变形,甚至无法识别。然而,如果不存在这点优势,情况就正好相反:与防御者相比,每一波攻击都会使进攻者被过度摧毁。

(b)在防御战中,进行防御的企业力图保持市场份额,或防止自己被收购、被击溃或被毁灭。尽管防御者比较被动,但它也能为可能的形势做好准备,并为此巩固它在当地市场上的地位。在军事传统上,防御是空间几何学和后勤供应的相互作用。这正是经济领域所要求的,即使在危机时期,也有必要使供应关系保持稳定。供应关系的稳定可通过客户忠诚度计划来实现,但是,一旦它生效,就会引发反垄断法律问题,这是市场准入限制的必要设施(Blum, Veltins, 2004)。当进攻者因为无法取胜而停止进攻时,防御者也将被迫做出决策。

(c)稳定行动的目的是遏制冲突,最简单的目的是使动荡的市场保持平稳,例如反垄断机构决定对违反竞争法的行为进行调查。建立合法性与宣传合法性是成功的关键条件。[1] 这种稳定行动的目的也是

---

[1] 在军事上,稳定行动有利于处理叛乱,叛乱往往被大肆宣扬,威胁国家的秩序、完整性、合法性和正当性。占领三部曲(占领土地、保留土地、建设)有经济意义,尤其在混合经济战中,比如在毒品战中。实际局势和感受到的局势都很重要——感到形势危急,会破坏稳定。混合战争有经济维度。取得人民的信任很重要,即,要改善生活条件,作战路线要求领导和行动的统一,应把当时的状态变为期望的状态。

为了迫使各方做出决策，必要时，不惜违背个别利益相关者的意愿。在经济战争中，在利用外部力量结束混合战争的时候，往往会采取稳定行动，因此，稳定行动包括一切主导地位层面。

（d）拖延行动是第四种作战类型，它服务于决策，例如，被攻击者想赢得时间，为做出决策做准备，因此，它力图削弱并限制攻击者。因此，价格战中的理智做法是，根据对手的供货意愿来调整自己的价格，这在高度透明的市场中极有可能出现。防御会导致反击和反攻。反击总是有计划的，因此需要做好时间、后勤以及与所使用的手段相关的前期准备。因此，如果发现竞争对手过度关注特定的产品或区域，那么，就只能进行反攻，以便反击对方的价格攻势。此外，如果当地的员工意识到，正在进行价格攻势的企业面临供应瓶颈，那么，他们就可以利用这一情况，在短期内进行反击。

（3）战术把各种单独行动整合到作战行动中。在战术层面，借助信息，利用空间、时间，把各种战力因素，变成具体的行动。在领导过程中，必须要考虑，目的是限制、疏导、粉碎或摧毁竞争对手的力量。在这种情况下，要预测对手的意图，这一点起决定性作用，必须在自己的领导过程中加以考虑。要把对手打得措手不及，这是最具挑战性的战术行动之一。为此，可以常常进行例行活动，使对手习惯于定期的价格攻势，那么，当决战时刻到来时，比如，收购对手的战略供应商，竞争对手就会遭到毁灭性打击。

为了作战，各战术系统的部署应该相互协调：执行哪种价格政策？凭借哪种潜能进入市场？哪些产品应该具有哪种质量和设计？采用哪种分销渠道？使用哪些间接的行动手段？例如，对资金、员工和供应链进行攻击。

（a）当经济冲突发生时，要注意以下几点：一、直接影响强度、冲突发生时间和持续时间。二、设置障碍，以便打击、诱导或阻止敌人，准确击毁对手的攻击武器。三、运动，一方面，把自己的力量和武器对准打击目标；另一方面，灵活运动，以躲避对手。四、利用信息优势，始终维护行动法则。

（b）"开火"①的典型战斗元素包括价格的大幅下跌、垃圾邮件对通信手段的攻击、利用虚假新闻操纵股价等。经典的封锁包括专利，专利可用于挖掘技术空间。在不同的地理或产品市场上，灵活性和移动性是攻击成功的核心，这也意味着要确保自己的后勤供应。最后，信息优势很重要，因为它可以协调上述三种战术要素。这包括确定受自身目标影响的人员，即拥有相关客户利益的目标群体，以及由此产生的客户接近度；产生客户接近度又需要一种明确和可持续的方法，同时考虑到竞争对手的创新潜力以及因此做出反应的能力。

（c）部署行动时，必须确定优先事项，以便在冲突中获得足以击败或摧毁对手的优势。所有底层管理人员必须回答这个问题：各自的基本目标分别是什么？在价格攻势刚开始就采取"供应充足"原则，价格攻势就成效甚微，因为声誉一旦受损，或许会毁掉一切努力。这意味着，必须要精打细算，进行储备。大部分储备是财政储备，同时包括产品和人员储备，人员储备必须在地理空间和产品空间上具有高度流动性。如果价格攻势取得了成功，那么，就可以逾期交付相应的产品或提供相应的服务，这意味着，应壮大销售队伍。此外，建立储备还意味着，针对防御、拖延和稳定区域，能够捕捉拦截位置和部队增援位置，可以挖掘潜力，来制定对策。

---

①　目前，"开火"是经济媒体常用的隐喻，一家企业受到攻击，寻求掩护，那么这家企业就"失火"了。

人不能自己选择敌人,因为被攻击者会被迫卷入战争。三种方法可以解决这个问题(Focus, 2015: 38-40):一、丘吉尔法,尽管疑虑重重,仍然选择进攻或反击,无论道路如何漫长,也要不惜一切代价取得胜利。这些手段后来也被用于经济战争中。二、以色列法,把自己围在自己的市场内,建立一个堡垒,这往往只有在国家的支持下才能实现。在国与国发生经济战争时,会使用这种方法。三、玛戈特·科曼法("Methode Margot Käßmann"),人们预期,危险迟早会过去。实际上,一切攻击会同时崩溃,因为进攻的企业已被收购,或突然转向其他目标。

下列情况适用于所有层面(战略、作战和战术)及一切作战行动:原则上,领导意味着决策,不决策也决定了行动或不行动。因此,不决策也意味着,经常受到摆布。应对未知未来的最佳方式是去塑造它。此时,替代行动方案的分布不遵循钟形曲线,而是遵循帕累托分布:好的决策很少,但差的决策很多;领导的艺术是,确定好的决策,并采取最佳行动。

从做决策的角度看,每一个领导过程都是由一系列的要素组成,这包括权力程度(军事上的野心程度),确定空间-时间结构、手段,尤其要确定必要的能力、决心和意志,最后,要确定适当的领导系统。

6.2.5　领导过程中的细心和无能为力

领导过程总会有摩擦和很高的交易成本,特别是由于领导过程本身的特殊性而具有不可逆性。一方面,局势千变万化,而领导过程限制灵活性,所以,人们不能迅速适应新局势;另一方面,这种限制也使行动具有可信度。因为存在行动的压力,还伴随着一种风险:失败后,几乎没有重新设计行动方案的机会,所以,行动压力具有特殊的战略意义,因此,即使对手十分脆弱,它仍占有一席之地。这种方案比较昂贵,只有战略相关性能解释它,而且由于缺乏灵活性,这种潜在威胁最具可持续性和可信度;如果没有战略意义,这种方案就是纯粹的鲁莽,反之,如果有战略意义,那么,这种方案的效果就会受到质疑。另外,有一种巨大的诱惑:在具有高度战略意义的情况下,采用低特异性的手段,可以很容易地改变方向。特异性往往随着行动的可预测性而增加,因为在预测到行动的可能性时,会采取防御措施,然后必须再次战胜这些防御措施,于是,针对各自对手要投入大量的资金,因此,这种便利的方案往往要出其不意。克劳塞维茨(Clausewitz, 1832: 580)写道:"只有那些以很少的资金完成伟大事业的人才能叫作幸运。"图 6.2.2 显示了这种关联和上述概念:脆弱性与战略意义相对应,可用性与特异性相对应。

总之,这对企业和国家的相对规模和重要性产生了一些影响:

(1)在经济战争中,防御是市场引领者的首选作战方式。市场引领者极易受到整顿机构、消费者权益保护机构、非政府组织或贸易组织的伤害,微软、谷歌和英特尔等公司都经历过这种情况。市场引领者必须通过创新给自己施加压力,以便保持自身组织的灵活性,但他们自己也会受到诱惑,会为了实现垄断而努力。老子(2013: 66)曰:"知人者智,自知者明。胜人者有力,自胜者强。知足者富,强行者有志。不失其所者久,死而不亡者寿。"进攻和防御并不能被明确区分,尤其是,监管机构也不容易区分进攻和防御,所以,斯潘塞-迪克西特模型显示,市场引领者的回击只应针对对手的明确的大规模进攻,如老子所言,"不失其所者久,死而不亡者寿"。

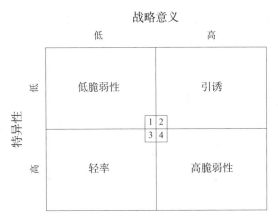

图 6.2.2　领导相关性矩阵

资料来源：自制。

（2）在市场中，尤其在明显的异质寡头垄断市场中，对于市场中的第二方或第三方而言，攻击是合适的。比如，在创新中有意识地塑造侵略心态，如今这一点受到批评，因为它破坏了友好的人际关系。[1]下列行为对于人的形象具有核心意义：冷酷、缺乏同理心、残忍，以及分析时的冷静、决策时的果断。只有找到重点，进攻才能成功，也就是，需要决定在何地、以何种产品、以何种能力进入市场，或增强市场能力。力量和能力要和目标结合起来，以便能够高效、合理、及时地在战术上运用它们。因此，最关键的是，要决定如何规划一个联合行动方案。当一家企业发动攻击时，这一点尤其重要，这也适用于防御，即，在不同的市场上供应多种商品，这些商品各具特点，如果单独在市场上出现，它们的重要性似乎都很低，只有通过相互搭配才能显示其重要性。此外，务必要防止自己深陷困境，并在相关市场的各个

---

[1]　某些研究涉及对抗教育学、进攻型领导、监控行为的环境条件，比如，办公室和研讨室的布置强调攻击性。

方面,即在产品、空间和时间等方面协调其管理。然后重心可以快速模糊。领导者应该位于对手弱而自己强大的地方,以及寻求或期望做出决策的地方,因此,正如多市场竞争的经验所显示的那样,除了要保护市场和生存条件,被攻击企业还应瞄准对手的薄弱环节,而不是在攻击点进行反击。

一种战术是,攻击敌人的侧翼,以阻止敌人的前进,并争取通过侧翼击垮或摧毁敌人。这种打法符合多市场竞争的思想,并将战争带入了此前无可争议的地区,因此利用突袭效果至关重要,军事上称之为"锤-砧"原理。然而与多市场竞争不同的是,对侧翼的进攻不仅会给名牌产品施压,而且侧翼进攻遵循的原则是,把创新作为终极进攻方式,间接向竞争对手施压,利用替代品来削弱对手的市场,即,遵循蓝色经济方法。例如,自第二次世界大战以来,圆珠笔制造商大获成功,钢笔制造商备受压力。圆珠笔制造商长驱直入,来到钢笔销售区的核心,例如学校,学校最初只认可石笔,之后是铅笔,最后是钢笔。

（3）游击战是另一种特殊的攻击形式。大供应商对细分市场的兴趣不大,如果小供应商想建立或扩大细分市场,那么,就可以采用游击战。在游击战中,进攻往往以经济伏击开始,即,出其不意地进攻对手未预料到的地方或机构。如果这个进攻行动是个圈套,即,这是伏击,那么,游击战就是第三方的活动。在德国足协杯决赛时,尽管服装制造商特丽格玛不是赞助商,但它利用齐柏林热气球,使公司的标志在柏林奥林匹克体育场上空盘旋,这种行为最初确实也无伤大雅。但是,换一种角度来看,这样的做法却可能涉嫌违法,故意挑起冲突。例如,2014年,在柏林国际电子消费品展览会上(Schürmann, 2016),三星电子秘密销毁了竞争对手LG电子的展品,推销自己的商品,这是违法行为。此外,在数字技术支持下,例如,通过羞辱、狗屎风暴、快闪族等，效果会更好。[①] 关于非正规战争，威廉·波尔克（William Polk, 2009）认为，一旦企业通过游击队运动发展成为常规机构，成为市场引领者，就会失败。同样，媒体上（网上）的这种怒潮能够摧毁个人或机构，它们几乎不能起建设性作用，很少能创立新的或更好的制度。因此，怒潮被称为"狗屎风暴"。在这种情况下，个人要有能力及时躲避反击。

（4）进攻有三个阶段，即逼近、突破、深入战斗。在第一阶段，要为市场进攻做好后勤准备，一个典型情况是，通过金融市场隐秘接近，旨在获得竞争对手的控制权，并使对手陷入危机，最后，以恶意收购而结束。美国汽车业与水泥工业的竞争这两个例子说明，首先逼近对手，然后突破对手的市场，之后是全面的价格战，价格战通过多市场竞争迅速大面积蔓延。竞争的关键是，对战败者的追击直到对手毁灭为止，克劳塞维茨（Clausewitz, 1832: 236）认为："如果不乘胜追击，任何胜利都不会产生巨大的影响。"

（5）战争的目标有时很有限，比如，目标是占领一个小岛，或把对手挤出某地市场。此时，相关信号必须可信。这是有限的攻击，它的效果必然比对手无条件投降的效果差，但强于为避免战争而妥协的后果。这种可信信号的一个最好的例子是奥托·冯·俾斯麦在1871年帝国建立后所做的声明，即德国满足于自己现有的疆土，他通过实施结盟政策和他在国会任调解人的职务表明了这一点。

（6）每一种优势都有其弱点，因此，首先要查明对手的核心竞争力，发现其致命弱点，这就是阿喀琉斯原则或齐格弗里德原则。通过专

---

① 目前，《劳动法》允许快闪活动（FAZ, 2014i）。羞辱和狗屎风暴的主要区别是，狗屎风暴针对机构、企业、政府机构或名人，羞辱针对非公众人物或无名人士，比如胖子、衣冠不整者、穷人等。

利和许可证切断对手的技术开发线,进攻者可以悄悄逼近对手。所谓的围堵战术,就是把竞争对手的核心竞争力包围于专利墙之内,使对手无法进一步发展。为此,进攻方的研发必须卓有成效。特别是大型企业常采用围堵战术,以获取中小企业的核心技术,因为有更大的财力,大型企业也希望中小企业提出专利诉讼,并迫使中小企业放弃核心技术,从而避免遭到更大的攻击。如果大型企业根本没有重新开发技术的意图,那么,它们就是专利巨魔,它们的行动会导致被攻击者减少创新。资料显示,在专利侵权案败诉后的两年中,美国中小企业的研发支出减少了20%,从而导致了创新活动的下降。据估计,在正常的专利侵权诉讼中(Cohen et al., 2014),这种情况不会受到关注。所有这些手段都限制了竞争对手的技术发展潜力,这可能对竞争对手的市场发展和市场渗透机会产生长期影响。最后,通过有针对性的倾销,对市场施加压力。世贸组织的调查研究确认,潜伏期通常是16个月,在此期间,被攻击的企业可能早就被摧毁了。

　　冲突在任何层面都可能升级:在同一市场上,在纵向上,采用更强硬的手段,冲突可能升级;在对手最薄弱的另一个市场上,在横向上,利用类似的手段,也可使冲突升级;在斜向上,在另一个市场上,利用强硬的手段,亦可使冲突升级。在经济分析中,后两种行为对应多市场竞争。如果竞争对手建立了反介入和区域拒止能力,例如,建立了据点,比如分支机构或客户系统,则应首先攻陷它们。

　　胜利者的成功是竞争对手的失败。有时很明显,面对对方的优势,防御毫无意义。对于无能为力的情况,领导者的教训是什么呢?

- 埃里希·弗洛姆(Erich Fromm, 1937)从社会心理学的角度出发认为,无能就是无法使自己免受攻击,即无助。迪特里希·多纳(Dietrich Dörner, 2011)认为,忙碌("弹道行动")、虚拟活动、控制欲和领导诉求（对领导权的要求）往往会把无助合理化。如果事实上的无能变成了对权力的要求，神经官能症患者就会把世界一分为二：在一半世界上，他们很难忍受自己的上级；在另一半世界上，他们活出了自己的权力主张。对此，对抗性权威哲学提供了解释。

- 玛丽安·格罗内迈尔（Marianne Groenemeyer, 1981）指出，对于无能为力，预期会出现两种反应：一、企图采取权力手段，进行最激烈的竞争，可能直至毁灭；二、意识到自己的无能为力，从而发展新的能力。第一种反应实际上并不是一种选择，因为个人受困于由第三方设定的活动空间内，一旦边界消失，他便没有行动能力，他就将不再能够对新的活动空间做出反应。要积极利用无能为力带来的经验，这意味着，要意识到它的限制，接受它，并获得新的能力，这就是现代术语中的"个人社会创新"。

- 格奥尔格·白厄尔（Beirer, 2015）认为，无能为力并不与权力对立，而是与素质对立。因此，他宣布了一种范式转变：要认识并处理自己的无能为力，人会因此赢得能力，并获得新能力。

因此，对于领导者而言，无能为力是一种机会，能使他们积极反思自己和自己的创造空间，使他们学习，它教会人们灵活行事。

6.2.6　领导的文化因素

一些文化因素直接或间接地影响交易成本。如果交易成本与制度设置相关，并且其总量决定了制度的组织形式，那么，对交易成本产生直接或间接影响的文化因素就会发挥作用。某些文化规范强烈影响组织形式，因此，会发挥直接影响。儒家文化特别注重家庭，重视向他人学习，因此，在家庭这个狭小范围内，成员之间尤其相互信任，这反过来又使得企业在第三方的帮助下进行专业管理变得更加困难。在极端情况下，企业的规模受家族成员数量的限制。通信手段（尤其是语言）能够以不同方式表达复杂的事实，这或许有间接影响。在语言学中，这个问题与字符串代码相伴而生，字符串代码由巴兹尔·伯恩斯坦领导的语言小组提出（Bernstein et al., 1973），字符串代码不是详细代码，不太复杂，不足以在大脑中表达复杂的事实，因而也不能将其传递给第三方。社会化过程长期发挥效果，这改变了基本的社会结构，例如，商人出现在沿海地区，修补匠出现在偏远山区。

因此，领导过程需要进行跨文化比较。首先，必须确定价值观是什么。沙洛姆·施瓦茨认为（Shalom Schwartz, 2012），价值观的基本特征是信念、动机、超越、选择、评估相关性以及价值观秩序意义上的等级制度。它们主要服务于权力的行使、成功导向、满足欲望（享乐主义）、自我导向、提供安全，要满足普遍性和仁慈行为的要求，即利他主义，并与传统性和顺从有关。路易吉·吉索等学者（Luigi Guiso et al., 2013）在"企业文化价值"（The Value of Corporate Culture）一文中证明，重要的并不是规定的价值，而是践行的价值；市场上进行交易的企业很难保持相应的标准，这对中小型家族企业有利。萨皮恩扎和辛加勒斯在论文中引用了高盛前总裁格雷格·史密斯（Greg Smith）的话，史密斯谈到了企业文化的衰落："文化始终是高盛成功的重要因素。它包括团队合作、诚信、谦逊，始终为客户做正确的事。文化是使高盛变得伟大的秘密武器，它使我们赢得了客户143年的信任。……很遗憾，我不得不说，今天我环顾四周，几乎看不到让我愿意为这家企业工作多年的文化痕迹。"2017年，根据《法兰克福汇报》的报道"独裁者赚走了他人的血汗钱"（Blutgeld für den Diktator），高盛通过中间商收购了报道中这家国有石油公司的股票，稳定了自己的地位。

约尔格·舍恩博姆（Jörg Schönbohm）是前德国联邦军将军、后来的勃兰登堡州内政部长，他在《法兰克福汇报》（柏林副刊）上发表了一篇美德指南，题为"九天内变成普鲁士风格"（Preußisch werden in neun Tagen）。他指出（Schönbohm, 2001），"美德"可以追溯到康德、腓特烈大帝（Friedrich der Große）、沙恩霍斯特（Scharnhorst）、格奈塞瑙（Gneisenau）、施泰因（Stein）和哈登贝格（Hardenberg），美德包括：

- 冷静：朴素意义上的清醒，比外表更真实，强烈的现实感，拒绝道德的严谨。
- 启蒙：作为人的自我解放，使人成为个体，从而远离意识形态。
- 忠诚：忠诚于自己和他人，并非盲从。
- 宽容：允许他人发表意见，为原则而争论，但这原则绝不可损害人的尊严。
- 准时：准时可以减轻人的生活压力，有利于人和人的共同生活，只有当人们都准时的时候，人们才能分开行动，却目标一致。
- 勇敢：勇敢是一种能力，勇敢的人能够主动进入危险境地，并采取行动，即使这种行动可能危害自身的安全。勇敢也表现为公民的勇气，当弱者被攻击时，其他人不会袖手旁观。
- 纪律：一种基本态度，在不牺牲自发性和个性的前提下，通过遵守规则和承担责任来限制自己。
- 创新：能够进行决定性改革，尤其在制度环境内，以便为了共同意志，打破结构。
- 谦虚：自我限制，克制物质消费。有一句格言："谦虚是一种装饰，但若无谦虚，则不会行得更远。"如果遵守这句格言，可以确保在短期内取得更大的成就。

在这种语境下，荷兰社会心理学家霍夫斯泰德等（Hofstede et al., 2010）比较了世界价值体系，[①] 为成功的领导过程制定了五个基本标准：

- 权力距离：它说明一个社会或企业中影响力较小的成员对权力分配不平等的期望和接受程度。如果权力距离较小，那么，就意味着，一种文化更注重有权者和无权者之间的互动。

- 男性化：在性别角色定位清晰的地方，男性化程度高，例如，男性要有绩效倾向和竞争倾向，女性要关心他人，谦逊有礼。女性社会的特征是这些角色模式更加紧密地融合在一起。

- 不确定性的规避：如果企业或文化不能很好地规避不确定性，它们就倾向于容忍未知和不明确的情况；如果企业或文化能较好地规避不确定性，它们就力争避免出现不明确或未知的情况，当它们不能避免不明确或未知的情况时，它们就会面临压力。

- 长期取向：这与可持续发展密切相关，意味着，要关注未来，进而追求务实的美德，比如毅力和节俭。而短期取向特别注重"维护面子"。

- 个人主义：在很大程度上，个人主义符合乌尔利希·贝克（Ulrich Beck）的个人主义概念（Beck, 2008）。在高度个人主义的社会中，个人之间的纽带是松散的，个人至高无上，他关心自己，（若有必要，也会）照顾一下他的家人。在集体社会中，集体精神得到了大力发展，从而也主导着个人利益。

---

① 该研究仅涉及 IBM 公司人员，数据单一，该理念在实际落实时的效力受到质疑。

与西方员工相比，亚洲员工很少引人注目，他们的素质或错误并不突出，所以，与文化密切相关的是这个问题：应该晋升哪些员工？顶尖人才和似乎较弱的人往往引人注意，而后者只有在积极的激励背景下才会得到关注。这常常使承担着工作重担的广大中层员工感到沮丧，然后，他们就想辞职了。

6.3　不确定性和压力下的决策

在不确定性下进行领导，这意味着，要正确理解决策过程中的目标水平，然后利用组织技术对目标进行分类，使之与相应的领导系统协调一致。一般情况下，领导过程要经过多层等级，因此，各级领导务必要时刻关注框架条件，根据上级对下级的期待而制定并传达自己的目标。在当今世界，经济地理版图和政治版图正在不断推移，因此，必须关注重要的大趋势和根本风险。下列问题有必要在能力、决心和意志（见第 5 章）的前提下做出思考：人口变迁、数字化、交易成本下降、各生活领域的个性化（Blum, Gleißner, 2001）。一些长期以来似乎稳定的情况也难免遭遇冲击和动荡。一些企业家能够适时创造出前所未有的新趋势，比如大卫·洛克菲勒（David Rockefeller）或比尔·盖茨（Bill Gates）。

在这个过程中，正确处理未来的不确定性将成为成功的一个核心因素。因此，与竞争对手相比，合理处理不确定性、不可逆性和复杂性成为成功的决定性因素。根据经济理论，在货币、收入、利率、储蓄、投资和债务之间存在固定关系，但是，在复杂的世界上，固定关系会逐渐解散。尽管可以假设，人的经济行为是理性的，但是，仍然无法从这些关系中获得系统性和可预测性：这关系到不确定性、极度的不安全感，甚至毫无把握。

为了提供《全球风险报告》(Global Risk Report des Schweizer Weltwirtschaftsforums)，瑞士世界经济论坛每年评估最大的全球风险（见图6.3.1）。环境问题和数字化问题的两极分化已经非常明显，当然，它们与经济问题和社会问题相互交织；但主要视角已经改变。

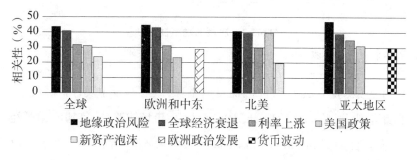

图 6.3.1 2009—2019 年的最大风险

资料来源：自制，参见 World Economic Forum (2019: 8)，Ettel, Zaeschpitz (2019)。

6.3.1 摩擦的风险和不确定性

不确定性是领导过程的主要摩擦之一。在委托-代理模型中，不确定性是由信息不对称造成的。在《风险、不确定性和利润》(*Risk, Uncertainty, and Profit*)一书中，弗兰克·奈特(Frank Knight, 1921)指出了安全性和不确定性之间的矛盾关系（见图6.3.2）。

人们做出决策时，情况或是确定的，或是不确定的。在情况确定时，决策过程是确定的；相反，在情况不确定时，决策会有风险或不确定性。对于不确定性，事件往往只发生一次，具有偶然性，所以无法用概率来描述。相反，风险可以用概率分布来描述，概率分布可以通过客

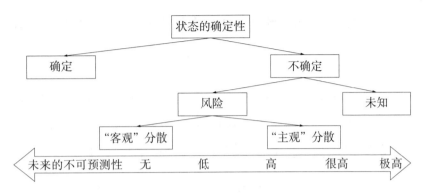

图 6.3.2　决策的确定性维度

资料来源：自制，参见 Knight（1921）。

观方法（测量方法）获得，因此可以重现，或者基于主观评估。后来，
在此基础上，哈耶克（Hayek, 1945）认为，市场能够总结知识。在《经
济学预期》（*Expectations in Economics*）一书中，乔治·沙克尔指出
（George Shackle, 1949），人们今天做出决策，以便为一个未知的将来
做出决定，因此，奇迹不可能存在规范性和概率。

　　只有当某一事件第一次发生，它才可能被认为是可能的或存在
的。这一事件如果有消极的后果，它往往被描述为"危险"，这说明这
一事件存在问题。风险评估需要借助概率事件来说明风险或收益的
程度。然后，往往可以重现导致事件的反应链（概率），从而使其可
用于风险评估。在《物理学家》（*Die Physiker*）这部剧作中，迪伦马
特（Dürrenmatt, 1961: 85）写道："一旦有过某种想法，它就不可能再
被收回。"但只有首次出现的想法或事件，才能被归类和系统分析。伊
隆·马斯克（参见 Beutelsbacher et al., 2018）补充了事件的反馈效应：
"未来就像一棵枝繁叶茂的概率树，我们可以做些事来影响概率。"

　　个人往往沿着线性推理形成自己的期望。但大部分增长都呈指

数增长，因此，最初的发展几乎察觉不到，这时是线性发展阶段（见图
6.3.3）。在线性预期函数的下方是平静的，但是，一旦指数函数穿透线
性函数的扩张区，[①] 这就变成了暴风雨前的平静了。这就是 20 世纪初
英国发生的事情，当时英国目睹了德国的经济繁荣和技术进步；今天，
美国在目睹中国的迅猛发展，但为时已晚，破坏性压力已经出现。

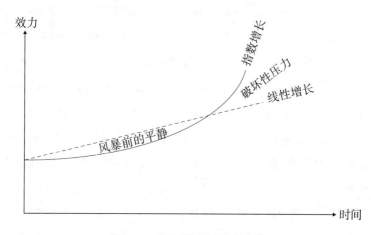

图 6.3.3　不同期望导致的意外

资料来源：自制。

股市崩盘定期发生，这说明，在这个世界上，人工智能系统加速
发展，世界受到人工智能系统的控制，及时的人为干预变得很困难，自
动算法可能也不稳定，所以，要认真对待与冲突有关的指数过程。显
然，这可能是一种威胁，因为根据图灵定理（Turing, 1937）和莱斯定
理（Rice, 1953），原则上无法保证算法的正确性。因此，需要一个元算

---

① 罗马俱乐部的第一份报告很经典，报告中写道，如果池塘中百合花的面
积每天翻倍，百合花的过度生长就会导致生态系统的崩溃，而在崩溃前一天，人人
都仍然会陶醉于它的美丽，参见 Meadows（1972）。

法，然后使用一个元元算法来控制元算法。因为一切必要的规则并非从一开始就能对他人的行为做出正确反应，所以，人工智能进入了深度学习的过程，即，基于以前的经验自主生成行为结构。然而，这些过程往往无法控制，所以，在指数发展的背景下，很容易发生指数破坏。

罕见或不可预见的事件发生后，往往被叫作"黑天鹅"事件。克劳塞维茨认为（Clausewitz, 1832: 100），这些事件都是摩擦事件："在战争中，一切行动都发生在暮色中，所以，任何日期的巨大不确定性终究是一种特殊困难……"这个文化背景遵循的是演绎逻辑："所有的天鹅都是白色的。"根据卡尔·波普的证伪（Popper, 1935），一个反例就足以使这个命题失去一般有效性。科学理论已经解决了这个问题，它试图通过形成一套程序来验证"黑天鹅"理论的正确性。在证伪系统中，只要没有相反的证据，这个理论就是有效的。在 7 世纪，人们在澳大利亚发现了一只黑天鹅，"黑天鹅"于是成为一个不太可能发生的事情的隐喻。今天，"黑天鹅"实际上代表了所谓的剩余风险和不确定性。

纳西姆·塔勒布（Nassim Taleb, 2007）[1]也讨论过这个问题。实际上，人们很难区分一般事件和极端事件，也很难理性地处理特殊事件：一些过程可以通过统计分布来合理地表示，统计分布的概率在中值上下波动，并且很少有异常值。形成经验的经典做法是归纳法，从大量特殊的个人观点中推导出规律。归纳法适用于"平均"世界，不适用于极端主义。在感恩节前，火鸡被喂得很饱，它们可能是世界上最快乐的动物，直到生命的最后一刻，它们才恍然大悟。到目前为止，这样的经验不能形成规律。[2]然而，在现代的媒体世界中，极端事件往往被过分强

---

[1]　他是位股票经纪人和公关人员。

[2]　史蒂夫·乔布斯（Steve Jobs）或许是一位极端主义者和创新精神的典型代表。

调或夸大，因此，预测者陷入了困境（Lerch et al., 2017），专家的分析发现了这种情况，这也说明，应该通过概率分布来做出关键的预测。

战略思想家的特点是，他们会花很长时间去思考，思考那些不可能但却具有突破性的变革；他们不会相信博弈者的谬论，这谬论认为，根据统计数字，某一事件非"是"即"否"，非赢即输，或被支持，或被否定。即使风险完全是独立的，许多人仍然认为，如果现在发生了一系列同样的事件，之后必然出现不同的结果。他们知道，或者因为偶然因素，或者因为领导者做出了有利的决策，长期趋势和路径往往会突然交叉，这就是所谓的偶然性。它不仅基于速度和敏捷性，也基于战略性的等待能力：时间在无情地流逝，时间为人类设定了客观的最后期限，但这些最后期限必须通过理性和直觉（即情商）来掌握。[①]

一些过程将来会发生，现在无法全面描述它，它们会造成不确定性和剩余风险，有两个原因：一、事件发生时，存在不确定性，只有一部分事件可以算作风险，并得到解决；其余的部分应视为（剩余）不确定性。二、因为它太贵了，无法承担全部风险。

什么是已知的，什么是未知的，这个问题可能永远是未知的，因为它甚至可能根本不存在，这是形而上学的一个重要主题，是理论哲学的一部分，它包含现实的"最普遍结构"（Rapp, 2016: 9），尤其是认识论。这对领导过程很重要，因为它提出了一个问题，即在何种条件下，可以逻辑推论，以及如何获得认识，如何寻求答案。框架条件、手段或工具（前提条件）和转换规则（法律、假设等）就是"解释的前提"，从中得出结论，这结论可以用于解释被解释之物。但是，期望的目标往往

---

　　① 建议领导者读塞涅卡（Lucius Annaeus Seneca）的《幸福而短促的人生》（*De brevitate vitae*），时间管理自古以来区别很大。

不能达到,那就要分析,为什么一种假设没有实现;然后就反其道而行之,采取归纳法:从结果和框架条件中导出规律,或提出假设。

在领导过程中,要经过分析得出推论,这具有决定性意义。当然,这种推论的可能性很有限,因此,经验知识和启发很重要。比如,应该阐明下列问题(Blum, 2016b: 16-19):

在现代,逻辑的、理性的决策演算主要采用演绎法,即,"如果–那么",其基本结构是因果或概率因果关系。这种方法和目的观察法不同,目的观察法强调目的,用于制定目标和推导手段,因而在领导过程中很重要。

2012年2月,在一次新闻发布会上,美国国防部长唐纳德·拉姆斯菲尔德(Donald Rumsfeld, 2013)谈到了认识的根本问题,得出如下结论:"有些东西是已知的已知,有些东西我们知道我们已知。我们也知道存在已知的未知,即,我们知道有些东西我们不知道。但也存在未知的未知——那些我们不知道我们不知道的东西。"(见图6.3.4)

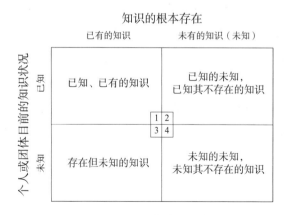

图 6.3.4 已知与未知矩阵

资料来源:自制。

第一区是已知、可获得的已有知识；第二区是已知的未知，它会激发人的研究和创新。第三区是未知的知识，康德认为，因为个人没有得到启蒙，所以有未知的知识。[①] 第四区是未知的未知知识，思考未知的未知很重要，正如思考这个问题："是否有'黑天鹅'？"克里斯托弗·拉普（Christof Rapp, 2016: 27-31）认为，神话和小说有一部分在思考未知的未知，神话也分析冲突，包括领导过程的冲突，而一些虚构之所以成为现实，是因为它们激发了想象力，从而激发了创新的意愿，所以，神话的冲突分析很重要；特别是虚构的话语有很大的效果和作用，它们促进了思想实验，从而构建认知。

6.3.2　信息不足条件下的领导过程

实际上，上文提到的生命价值是一个重要信号，与竞争对手不同的是，这种价值会影响领导过程，包括横向影响和纵向影响；但并非人人都了解这种价值，也不涉及责任和奉献精神。因此，这导致了在信息不足情况下的领导问题。这样的领导模式假定，上级和下属的信息等级不同，委托人对风险保持中立，而且，委托人仅凭预期值来评估结果。根据契约，消息灵通的代理人会披露自己的信息，因此，他会得到报酬，且收入稳定。企业主的风险仍由委托人承担，委托人为代理人提供保险，以便规避风险，因此，如果两个结果有相同的预期值，那么，应该选择风险较低的结果。这种社会契约理论分析有两个核心问题（Tirole, 1986; Blum et al., 2005: 102-164）：

- 在签署契约前，双方的信息水平不同，如何处理这个问题？例

---

① 在本书涉及强迫性一致和世界观保护时，会再次讨论未知的知识。

如二手车的质量信息。对此，关键的问题是：为了避免低效分配，需要哪些信号？这个问题能否通过监督委托人来解决？

● 在签署契约后，双方的信息水平不同，如何处理这个问题？双方的信息水平之所以不同，是因为一方可以获得信息，另一方却对信息一无所知，或者一方可以采取行动，使另一方无法进行观察。那么，核心问题就是：为了履行契约，需要哪些激励（惩罚或奖励）措施？

图 6.3.5 表示了基本结构，它显示了委托人（即上级）、代理人、控制和汇报之间存在的信息屏障；同时，还存在一种委托人未知的自然状态，这会提高或降低代理人的生产率。代理人的条件本来很有利，如果没有人监督代理人，他可能会声称，自己的工作条件很差，尽管如此，由于他的英勇牺牲，他顺利解决了冲突。这会造成这样的后果：代理人的报酬不遵循边际生产率规则，而是因为真诚的态度获得了一份奖励，在不利且不能被观察的条件下，努力是得不到回报的。

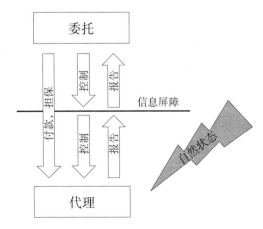

图 6.3.5　经典的委托-代理问题

资料来源：自制。

在契约签署之前或之后，是否增加了新的信息？这一点很重要，或者说，信息不对称的情况是在合同订立之前就已经存在，还是在合同订立之后才出现？在第一种情况下，出现的选择问题是，代理人可以假装，自己属于对委托人更有利的群体，例如，在这种逆向选择问题中，代理人的自然属性（教育、勤奋、健康）决定了他的特征：他的成本或者较高，或者较低。委托人期望某种类型的代理人，这类代理人应该向委托人提供有利信息，但这些信息必须可靠。一个典型情况是，在提交证书、申请工作岗位时，申请者已经展示出，自己属于哪种类型——勤奋聪明的工作者比懒惰愚蠢的工作者更容易取得好成绩。委托人有时也首先采取行动，他们提供选择性合同（自选），以便间接获得代理人的信息，在这种选择中，代理人根据自己的动机选择针对他们的合同；典型情况是，私人健康保险合同往往有不同的免赔额度，通过这个信息，可以获取代理人的信息。

其次是道德风险问题，即，委托人向代理人提供合同，对于这份合同，代理人可以接受，也可以拒绝。然后会出现一种情况，委托人无法监控代理人的工作，或者有些信息只有代理人才能获得。在这种情况下，代理人可以利用这种信息不对称，以便增加自己的收益，而委托人则希望，向代理人提供一份好的合同，以便防止或限制上述情况。一个典型实例是，在机动车保险合同签订后，驾驶汽车更加无忧无虑，汽车的损坏反倒有所增加。

承诺是一种可靠的信号，在减少信息不对称方面发挥着重要作用。自我约束在这里有特殊意义，例如，历史上，各国往往通过王室成员的联姻或交换人质，来维护和平，或者强制和平。

克劳塞维茨（Clausewitz, 1832）一直强调摩擦的意义，即，战争中会产生摩擦损失，这种损失可以通过领导层来克服，当然，领导层也会受到不可控因素的困扰。例如，在《天气如何创造历史：从古至今的灾难与气候变迁》（*Wie das Wetter Geschichte macht: Katastrophen und Klimawandel von der Antike bis heute*）中，罗纳德·格斯特（Ronald Gerste, 2015）以许多历史事件为例揭示了不确定性，以说明天气和气候对战争胜负的作用。在现代博弈论和委托代理理论中，这种情况通常被称为"自然状态"。它涉及政治、军事和经济竞争恣意发展的一个特殊方面：在这样的环境条件下，要做出及时的决定和行动，即，要把握好关键时刻。例如，斯蒂芬·茨威格（Stefan Zweig, 1927）在《人类群星闪耀时》（*Sternstunde der Menschheit*）中写道，1815 年，拿破仑在滑铁卢战败，他的部队遭遇大雨，这严重影响了他的作战部署变化，而格鲁希将军（Emmanuel de Grouchy）没有及时增援，他没能及时找到布吕歇尔将军（Gebhard Leberecht Blücher）并牵制他的军队，就已经陷入了与威灵顿军队的战斗中。

6.3.3　不可逆性在决策过程中的作用

如果某些行动的范围受到限制，就可以降低风险。确立行动的不可逆性对于表明行动的可信性至关重要——征服者在占领堡垒后，会把身后的梯子推倒，以便向对手表明，自己会顽强战斗，就像投资者以超高的生产率进入市场，从而表明他立志要占领整个市场一样。在上述情况下，不可逆性可分为四种类型（Blum, 2004）：

- 阿伽门农原则：阿伽门农（Agamemnon）站在特洛伊城面前，他意味深长地说："我们流了这么多血，我们的血不能白流，现在，我们一定要坚持到底！"在经济学中，这意味着损人不利己。实际上，人们不应该这样做，因为众所周知，死去的人不会因为特洛伊的征服而复活。安格拉·默克尔就是如此，在没有考虑替代方案的情况下，她就组织了欧元拯救行动。特洛伊战争使人深知，如果不顾一切只进攻城墙，这不能胜利，后来，奥德修斯的计谋才使人最终攻陷特洛伊城。无论逝者和损失都一去永无回，所以，不可逆性原本意味着，人们可以自由做出决策。但实际上，为了实现目标，人们仍然会不懈努力，人们坚信"努力并非徒劳"，这是一种道德诉求，有助于人们在战斗中坚持下去，或者在追求金钱时坚持下去。为了防止类似的精神创伤，俾斯麦（Bismarck, 1870）说："政治的任务不是为所发生的事情报仇，而是确保它不再发生。"正是民族神话和精神创伤尤其倡导流血牺牲精神，如果这种精神并没有理性地用于指导经济行为和政治行为，而且非理性的做法受到群众的支持，那么，这往往会导致可怕的后果。

- 奥德修斯原则：奥德修斯（Odysseus）命令他的舵手，要把蜡塞进自己的耳朵中，以避免因受到海妖歌声的诱惑而全军覆没。但是，为了保证能安全听到海妖的歌声，他令人把自己也绑在桩子上。在预定季度戏票或滑雪通行证，或者在担保（这在古代是人质交换）时也存在这种自我约束力。国家在条约制度中的自我约束力对国家的声誉至关重要，尤其在联盟系统中更是如此。这种自我约束也适用于企业网，比如，在德意志第三帝国时期，为了稳定价格或数量协议，德国曾要求那些与垄断组织有关的企业，它们必须把未结清但已签署的汇票作为抵押品，这类似于"劫持人质"。

- 科尔特斯原则：赫尔曼·科尔特斯在登陆墨西哥时，拥有一支人数较少但在技术上占绝对优势的部队。为了让蒙特祖马相信，他将有进无退，科尔特斯几乎烧毁了所有船只，切断了军队返回西班牙的路。后来，蒙特祖马同意进行投降谈判，然后被科尔特斯欺骗，并被谋杀。

● 恺撒原则："已做决定"，骰子已掷出（尚未落下）。鲁比肯河是罗马与非军事区的界河，为了避免对罗马政权施加压力，在率军渡过鲁比肯河的时候，恺撒下令，任何将领不得进驻非军事区。如果他当初选择折回，骰子会以不同的方式落下，他可能也就不会在进军罗马时失败。一个决定正在进行中，往往仍然可以撤回；洲际弹道导弹如果已经在空中瞄准了某一国家，那么你可能还有两分钟的时间来决定收回导弹，或者及时炸毁目标。

不可逆性导致锁定效应，比如，今天仍在使用QWERZ或QWERTY打字机键盘。如果一个国家有完善的铁路系统，那么，要想在这个国家建设磁悬浮列车，这就有困难。弓箭手的历史可以证明，在战争中，成本下降会产生持久的影响。1415年，英国许多年轻人都是弓箭手，比如，他们在阿金库尔沉重打击了法国。弓箭手必须从小学习快速拉弓射箭，其射箭速度可高达每分钟20次，一旦他们牺牲了，短期内找不到合适的人来接替他们。

那些降低了成本的人不能再收回他的决定，所以，不可逆性是一个强烈的信号。众所周知，良性风险比恶性风险的成本可能较少，因为基础过程恰好是不可逆的，所以，成本下降后，不可逆信号几乎是免费的，因此，竞争对手的经济行为可能会受到很大影响。

在一切冲突中，不可逆信号都用来传达某种特殊信誉，这不无道理。因此，在分析竞争时，重要的是，要监控企业的战略性投资行为，因为在某些行业，这往往被视为成本下降，比如在微电子或水泥生产领域。竞争对手会采取"友好"或"不友好"的行为：如果竞争对手向接近市场容量的产能进行投资，且这些成本是不可逆的，即，只是为了生产而投资，那么，它在发出侵略性信号，这是不友好行为；相反，面对巨大的市场规模，如果某一家建筑公司进入一个只有中等供应能力的地方市场，这说明，它想与这个市场和平相处，这是友好行为。

6.3.4 复杂性的掌控

复杂性很正常，人们往往倾向于使事情复杂化。实际上，有两种方案可以解决复杂的状况：一、愿意接受自我组织；二、进行简化或抽象，进行重点提炼。如果一位思想家想要分析复杂的系统，并在此基础上确定发展路径，那么，他可能以引导和制定干预措施为目标，对他而言，能否建立模型是最重要的。因此，最主要的经济问题是，当基础系统的元素可以分离、可以简化时，人们是否还可以建立模型？人们正在质疑目前的经验，例如气候建模或经济预测方面的经验。

尤其当各种事件相互关联时，如果人们也关注单项目标或事件，那么，这些关注会形成次级复杂的决策模型。在极端情况下，这是瘟疫或霍乱的另一种选择，或者，正如荷马所写，奥德修斯不得不在海怪斯库拉和卡律布狄斯之间做出抉择。这样一来，经典的经济估值理论失效了，尤其是，边际核算失效了（Martin, Pindyck, 2015）。到底应该以哪一种顺序采取必要的行动？这取决于如何预估可能的组合，应该逐一列举所有可能的组合，并根据与成本或收益相关联的产品来加以评估。博弈论的三难困境对此提供了解决方案。

迪特里希·多纳（Dietrich Dörner, 2011: 71）认为，两个原因导致了复杂性：多种变量和变量间的相互关联，即，变量缺乏独立性。这对人的线性思维是过分要求，因此，人们会做出大量错误的判断。尤其是，行为者必须尽一切努力确保他的世界观不会受到外部影响的破坏，这可能会摧毁他的自我形象。相关的调整机制如图 6.3.6 所示。

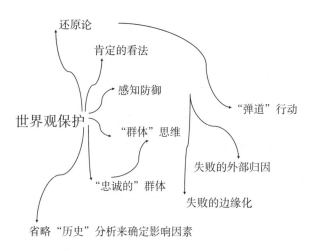

图 6.3.6 自我形象保护条件下的决策选择

资料来源：自制，参见 Doerner（2011: 80）。

在《思考、快与慢》（*Thinking, Fast and Slow*）一书中，诺贝尔经济学奖获得者丹尼尔·卡尼曼（Daniel Kahneman, 2011）讨论了错误思维和错误行为的问题。实际上，在传统的管理与决策过程中，人们往往在复杂的条件下（尤其在不确定的条件下）做出决定，因此，在决策时，相关信息不足，管理者和决策者也分别拥有不同的信息。委托–代理模型显示，不确定性往往沿着领导链不断减小，这意味着，一个人越接近决策过程，他的信息与决策的关联越密切。因此，通过执行任务，人们可以进行分散式领导，即任务型战术方案。对此，迈克尔·托马塞洛（Michael Tomasello, 2008, 2011, 2014）指出，沟通结构对决策行为（尤其集体行动）很重要。在这方面，语言和手势的互动起着重要作用，一方面便于建立集体凝聚力，另一方面可以确保在集体的各种职能中角色和任务的划分。

马克·希格（Marco Sigg, 2014）在《下级指挥官是微缩版统帅》（*Der Unterführer als Feldherr im Taschenformat*）中指出，战争中存在永久性摩擦，而这种摩擦只能通过分散式领导来解决，所以，战争是复杂而不可预测的，克劳塞维茨（Clausewitz, 1832: 42）把战争喻为变色龙，强调战争的瞬息万变。没有决策比错误的决策更糟糕，因此，容错文化是任务导向型战术的一部分。

由于存在多维度的效应链（比如网络），效应可能完全未知，简单的因果规则可能不存在，这时候，到底应该如何沟通，才能在高度复杂的条件下促进决策和抉择过程？尤其在动态系统中，这种相互依赖性是否会导致集中性、发散性或混乱的行为？这一点并不清楚。

为了在此类系统中进行因果关系和条件关系研究，往往要创建影响和条件关系链，比如，制作网络图。如果无法确定这些影响和条件关系链，就要建立概率马尔科夫链。与因果关系不同的是目的表达方式，即，创建目标规则。对于以目标为导向的领导过程，即，先注重目标，然后再看为实现目标而必须满足的条件，这种因果表达方式尤其引人注目。

在一个简单的决策系统中，可以把保护世界观作为群体强制性问题来考虑，而群体强制性与个人自主性相对立。这时，外部的干预会带来创新，反之，失败就会不断循环。

不确定性是一种特殊的障碍，不确定性的原因和特点可能不断变化，因此，如果决策者的负担过重，决策者就会有封闭的世界观，政治上，这叫作"无知之茧"或"无知之谷"，德国人称之为"柏林飞船"。赫尔穆特·谢尔斯基（Schelsky, 1961）和科林·克劳奇（Crouch, 2004）指出，如果缺乏好奇心和创新，这会拖延进程，随后，问题就更难解决，在国家层面上，这会破坏民主。

在处理复杂性时，人们先有想法，最后会落实，因此，出现了典型的思想发展和实现的循环周期,这说明,在缺失信息的决策者或参与决策者与决策本身之间存在相互作用,所以,应重视这个周期。这个周期最后必然会为人熟知:起初,最初的想法会遇到阻力,因为人们认为这种想法太荒谬且缺乏可行性;然后,这种想法逐渐引起关注,相关人员开始对这种想法的落实感兴趣,这时,会发生滚雪球效应,支持这种想法的人达到了足够的数量;接着,这种想法就变成一种标准,变成了体制制度环境的一部分;后来,在这种想法马上要实现的时候,其成功的有效性却逐渐减弱,逐渐消失;然后,这个想法就逐渐消失,直到它重生,并再次被人们视为一种解决方案。一种想法的这种循环尤其存在于科学领域和经济政策领域,各种管理和管理规则的周期尤为典型,这些规则会周期性地出现,然后又消失。

迪特里希·多纳(Dörner, 1989)认为,这里尤其应关注失败的逻辑。问题的解决者面临各种相关的变量和不完整信息,他的问题是:他应该如何做出目标导向性决策? 显然,人们低估了相关性,低估了可能导致指数效应的动态属性,这降低了人们精确描述目标的能力。因此,人们可能忽视长期影响,而倾向于采取短期方案,因为人们认为,短期方案迄今为止很有成效。多纳指出,在处理复杂系统时,会出现一些问题:错误的目标,错误的侧重点,没有考虑到网络效应,没有考虑到反馈与副作用,片面看待问题。他认为,之所以出现这些问题,是因为人们没有反思自己的经验,而倾向于过度操控系统。如此一来,可能出现强制性效果,即,出现专制型领导,缺乏沟通。多纳(Dörner, 1989: 213-223)从经济战角度这样描述强盗-牺牲品系统:一个人以牺牲另一个人为代价,过度剥削他人,来壮大自己;一旦猎物灭绝,这种最初指数级的稳定的增长就会崩溃,这时会出现"转向",这种"转向"因"地下"发展而崩溃。股市崩盘正是如此。

强制性确认妨碍了客观思维,是在集体环境中做出错误决策的关键因素,哈耶克(Hayek, 1945)认为,顺从主义本身不能形成一个信息丰富的市场解决方案(见图6.3.7)。如果不能正确分析失败的原因,失败会不断地循环,最后,人们很快会怀疑,在负面新闻和失败的背后隐藏着阴谋,然后,就会寻找替罪羊,这正是阻碍理性启蒙的原因。

在"你做好决策的准备了吗"(Are You Ready to Decide)一文中,菲利普·迈斯纳等学者指出(Meissner et al., 2015),强制性确认的影响很大,因此有必要制作一个清单,以确保自己的意见自由。为了对问卷的答案做出评估,他们为问题设计了两个维度:一、决策者的内部观点(多元性和一致性);二、潜在机会和危险的结果。此外,这四个方面建议人们从根本上审查项目,低估压力测试,以寻找或决定新的信息,来避免一致性。

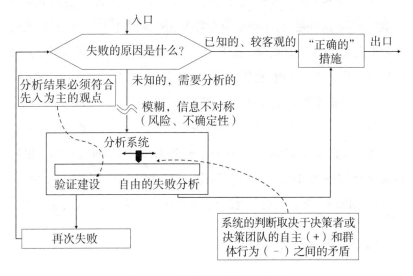

图 6.3.7　因胁迫而失败的陷阱

资料来源:自制,参见Dörner(未出版的会议报告)。

在《通过程序的合法化》（*Legitimation durch Verfahren*, 1969）一书中，尼克拉斯·卢曼（Niklas Luhmann）假设，在高度复杂、缺乏科学、不言自明的真实情况下，有必要建立结构清晰的程序，这种结构化程序被赋予了合法性，为社会所接受；但这些程序不一定能保证正确的决策，因此，这也可能导致法院的错误判决，这并不取决于例行程序存在与否，而是取决于例行程序的执行过程。因此，在出现明显错误的决策或出现错误发展时，人们要求提高透明度或加强监管，或两者兼而有之，这种要求与知识无关，而与系统的信任有关，在现代社会中，这种系统的信任日益取代了个人之间的信任。由于从进化启发式（Nelson, Winter, 1982）角度看，这些例程消除了其他替代方法，因此，它们可以降低复杂性，但是信息的切断与市场过程中涌现出的综合知识的精髓形成了强烈对比（Hayek, 1945）。

然而，这种表面上清晰可靠的结构也可能导致大规模的失败：在紧急疏散时，最大的问题是，要勇于舍弃某些重要事物，比如，士兵根据他的武器来定义自己，但在极端情况下，并不清楚，士兵是否扔掉武器以及如何扔掉武器。在一个现代化的大规模颠覆性的世界上，重要的是，突破传统并抛弃以前所钟爱、尝试和验证的但现在对自己而言已经多余的东西。

今天，许多非政府组织或合作机构往往以机构参与者的自身利益为基础，它们可以自给自足（Niskanen, 2004; Parkinson, 1957）。根据弗洛伊德（Freud, 1912/1913）的理论，仪式化类似于图腾化和禁忌化，仪式化可以减少复杂性的例程，但它会使功能失调，从而提高复杂性。

6.3.5　信息不对称与信号

信号是人们有意设置的目标导向性信息，它由信号发送者传递给信号接收者，以减少可能只是表面上的不确定性。这往往是有意为之，但不一定非得如此。在商业智能的背景下,作为信息接收者的企业尤其要分析来自竞争对手无意识地发出的信号,比如,关于成本或技术流程的信息。相反,作为信息发送者,企业可以有意发出一些信息,以便尽可能地操纵和误导竞争对手。

首先,信号理论与生物学的认识相关,信号明显表现在人类和动物的求爱行为中。信号接收者是否有必要甄别某些信号,这取决于这些信号是否真实可信。信号理论(Akerlof, 1970; Spence, 2002)认为,良性风险会发出更公平的信号。因此,价格不仅是一种价格信号,也是质量信号,即,如果客户把价格视为优质保证,价格上涨不一定会让客户望而却步。于是,就出现了另一个问题:良性风险的背后是否可以隐藏一个恶性风险? 米尔格罗姆-罗伯茨模型(Milgrom, Roberts, 1982)分析了上述情况:以两个时期为基础,比较市场占有者和市场进入者的总利润。市场占有者清楚自己的成本结构,而市场进入者只有在进入市场后,才能获知市场占有者的成本结构,不过,在进入市场前,市场进入者已经预知,市场占有者的边际成本较低的概率为p,而成本较高的概率为 1-p。表 6.3.1 显示了条件和结果。

表 6.3.1　米尔格罗姆-罗伯茨模型的利润条件

市场占有者的成本	第一阶段利润		第二阶段利润	
	市场占有者	准备入市企业	市场占有者	准备入市企业
低	低价、垄断利润	0	低价、垄断利润	0
高	高价、垄断利润	0	高价、双寡头垄断利润	高价、双寡头垄断利润

资料来源:自制。

如果第二家企业了解第一家企业的成本,且第一家企业的成本很高,那么,第二家企业就会进入市场,否则,第二家企业就不会进入市场（见表 6.3.1）：在第一阶段，无论市场占有者的成本高低，市场占有者都是垄断者，垄断利润的高低与价格的高低相关；但如果其他企业得知，市场占有者的成本很高，其他企业就会进入市场，市场占有者就会面临竞争，因此，在第二阶段，对于市场占有者和市场进入者而言，双方会实现双寡头垄断利润。因此，市场占有者的核心问题是：为了阻止市场进入，必须假装自己是低成本供应商，这样做是否明智？显然，只有当假装行为耗费的资金低于通过稳定垄断地位而获得的利润时，这样做才有意义。实际上，只有低成本的供应商发出这样的信号才有意义，因为，这些信号代表一种良性风险，它比高成本企业更容易承担这种风险。市场进入者可以从信号中得知，它是否值得进入市场。它的成功取决于，这个信号是否具有足够的区分效果，是否能够明确区分低价和高价。

第一种情况叫作"分离均衡"，第二种情况叫作"缺乏区分的混同均衡"，因此，市场进入者无法得知市场占有者的真实情况，信息不对称依然存在，它不可能进入市场。

每当成本下降时，就存在进入市场的重大误判风险，如果不能达到预期利润，就会因为无法免费退出市场而浪费大笔资金。斯宾塞-迪克西特模型（Dixit, 1980）认为：在两个时期中，市场规模由预期和真实的总利润组成，在第一时期，第一家企业的投资成本量是不可逆的，[①]这个投资成本量决定了第二时期的市场结构。这时就有一个问题：市场可以容纳多少供应商？经济学的认识是，市场对供应商数量的容纳度取决于不可逆的投资成本量；如果投资成本超过了垄断利润，市场垄断者甚至也不可能获得利润，那么，就更不会有超额利润，没有超额利润，供应商的数量就是零。

———————————

① 假设投资是不可逆的，这要确保企业不犯错，不会进入市场后又退出市场，此时，设备出售价或许是零。

在这种情况下，只有由国家来供应，或通过国家补贴企业，才能解决问题。假设总利润为G1，下降的成本为F，只要F小于或等于G1，就往往有可能进入市场，这时，首先会出现垄断。下一个问题是，第二个供应商是否能进入市场？随着企业进入市场，产能增加，这会导致价格的下跌，因而，新价格会使利润低于之前的利润，即，G2低于G1。因此，这也会损害首次进入市场的企业，但由于投资是不可逆的，这种情况也无法逆转。所以，如果利润大于F，那么，第二家企业会进入市场，并形成双头垄断，这时，价格和利润继续下降，这叫作市场容纳。第三家和第四家企业进入市场后，结果类似于第二家企业的市场进入，直到所有企业不能获得任何利润时，市场进入才受到阻止，这叫作被阻止进入。这时市场被占领，由于价格不太可能接近边际成本，所有的供应商都能获利。现在，如果成本F只稍微低于利润，例如，低于第三家企业进入市场时的利润，即，F低于G3，那么，市场占有者值得略微提高自己的经营规模，这样，所有的企业都能赢利，即使G3下降到了F之下；这时，市场会面临价格战的风险，这会对进攻型企业起到威慑作用，这叫作市场遏制。

与此类似，在封闭型市场上，如果不可逆的投资成本降低了，进入市场的门槛就会降低，从而允许新的市场进入。这时，创新会迫使一些市场参与者进行竞争。如果一家企业能发出一个改进技术的可信信号，并在必要时可以摧毁竞争对手的技术，那么，发动一场经济战争是有意义的。

现在要讨论，利用虚假信号来撒谎和欺骗他人，这在选择过程中到底有什么作用？发送错误的信号，使信号接收者采取错误的行动，甚至削弱其自身的地位，这符合信号发送者的利益，为信号发送者创造了一种选择优势，这种优势在博弈论中被模拟为所谓的"消耗战"的一种。

目标是，尽量发送成本低的信号，以便提高信号的可信度，但成本很高的信号也能提高信号的可信度，因为信号发送者能够凭借这种信号大力投资。这种高成本信号或许是身体风险（比如，在古代，猎人冒着生命危险去狩猎，以便能娶到部落中最美的女子；在宗教中，人必须经历极度苦难来侍奉上帝，才能得到上帝的怜悯），或许是今天的极限运动，但也类似于一场军事战争。

故意释放信号在预告中尤其重要（Farrell, Saloner, 1986），在网络外部性条件下，预告的产品信号会使其他企业转向新规范，并引发利于该技术的群体效应，或者该技术的销售机会在接受新规范前将受到限制。例如，在1960和1970年代，IBM公司为每一代计算机提供了不同的接口，结果，在很长一段时间内，外围制造商没有开发能力，最终无法销售其产品。如果IBM公司没有及时披露这些规范，以便进行竞争，美国反垄断局就会威胁IBM，要把它拆分。在经济竞争中，阻止对手进入市场显得尤为重要，要让竞争对手明白，它必须降低成本，这是不可逆的，而且是会造成损失的，所以它没有机会。与市场占有者相比，竞争对手的技术较差，成本较高，它不可能进入市场，这时，占主导地位的企业就成了垄断者。根据米尔格罗姆-罗伯茨模型的决策核算，如果市场占有者能以低廉有效的方式发出信号，它就会取得成功。

同样，市场上技术更好的现有企业也有可能会被迫退出市场；如果这类企业能在另一个市场上悄然生产像肯尼思·贾德（Judd, 1985）所描述的替代产品，它们甚至可能愿意放弃一个特定市场。

除了有意识释放的高成本信号外，自由信号也发挥着作用。自由信号在文学中叫"廉价磋商"，即空谈博弈（Farrell 1987; Farrell, Gibbons, 1989），比如，首先讨论市场上的困难，然后拟订垄断协议。在男女之间的摩擦中，如果双方事先达成一致看戏或看足球赛，就可能会找到合作的平衡。有时，廉价磋商被当作一种空洞的威胁，由于空洞的威胁会变成真正的威胁,所以,它们是信号,暗示着某种重要状态。[①]

6.4 危机模型及其对领导的影响

资本市场理论的投资组合模型由威廉·夏普(William Sharpe, 1964, 1970)提出,他把风险分为系统性风险和非系统性风险。单个风险并不完全相关,所以,非系统性风险能通过多样化来消除,即,不把所有的鸡蛋放在同一个篮子里。风暴来临时,水位上升,这首先会抬高联合舰队的所有船只,这是系统风险,但海浪会以不同的方式击中个别船只,所以,应该建造不同类型的船只,这会降低故障率。因此,有必要提问:一定的危机会造成系统性风险还是非系统性风险?国民经济危机一般是系统性风险,尤其当它导致系统性影响时。

本节把不确定性、决策核算和领导系统结合起来,以便说明,它们在发挥作用时,未知的或错误评估的相互依赖性引发了危机。同时,这种相互依赖性也能用于危机的防御,并利用经济战争,避免自己的地位遭受最坏的影响,这需要人们仔细判断自己的形势和行动的前景。

6.4.1 全球经济体系的系统性带来的惊奇效应

人们一直要检测,哪些相关的集合要纳入模型中,所以,危机模型

---

① 某公司公布产品价格而与对手进行价格博弈,就是一场典型的空谈博弈,比如,在旅游业中,在旅游旺季开始前,市场引领者宣称,它预测价格会上涨5%。2002年,德意志银行的罗尔夫·布鲁尔(Rolf Breuer)宣称,媒体大亨利奥·基尔(Leo Kirch)的商业信誉不足,这导致了这家公司的倒闭,德国司法部介入调查,因为布鲁尔涉嫌违反了保密和忠诚业务。实际上,一场较量已经结束,检察官的调查仍未完成,德意志银行似乎想利用布鲁尔事件来赚钱,这是合理的,假如利奥·基尔不破产,这就不可能实现。

有较长的历史传统。随着全球经济一体化程度的提高,必须考虑到,模型的复杂性也在增加;尤其是,必须描述危机的三个主要载体——国家、银行和整个经济的相互依存关系。图 6.4.1 显示,每个数值都与另一个数值强烈相关,德国经济专家委员会（Sachverständigenrat, 2012: 1）认为,这种相互依赖性导致了危机的"恶性循环",因此,几乎不可能找到出路。

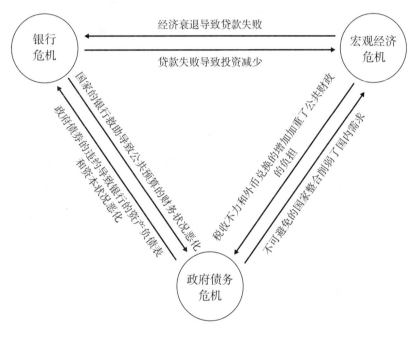

图 6.4.1　危机的恶性循环

资料来源:自制,参考 Sachverständigenrat（2012）, Shambaugh（2012）。

如果因为缺乏国家资源或政治意愿而导致银行倒闭,那么,这会大大冲击经济,减少国家的收入,增加国家在社会福利方面的支出。这些费用与银行救助费用相比,从机会角度看,要想使两者平衡,这并不容易。如果国家负债过高,不得不实施紧缩政策,这将减少需求,而个人需求也可能因经济危机而减少,那么,就必须实施金融紧缩政策。如果银行得不到足够的支持,或者人们收紧了风险规则,银行就会缩减资产负债,减少信贷量,那么,宏观经济的投资减少,这会对税收和就业产生影响,从而增加社会福利支出。

危机模型有四代:

- 第一代危机模型主要以宏观变量为导向,深受世界银行的影响,世界银行考虑的问题是,如何解决基本的不平衡,尤其是对外经济领域的不平衡。第一代危机模型的基本思路是,通过其他国家的对外经济关系来实现蔓延。因此,第一代危机模型描述了经济政策不一致而导致的结果(Krugman, 1979; Flood, Garber, 1984)。

- 第二代危机模型明确把国家纳入危机的波及进程,因为国家赤字常使国民经济偏离轨道;但赤字本身并无害:若一国是一个具有吸引力的投资地,那么,它会在国外负债,进口工业设备,因此形成赤字。如果用收益偿还利息和借贷资本,这是合理的。但如果收益不能偿还利息和借贷资本,经常账户就会出现问题。作为资本中介机构,国家也可以支持企业的这种赤字。但是,如果一个国家长期不将其债务用于生产性投资(即增加投资的税基),那么,这种想法对国家而言就成问题了。企业不能仅通过提高价格来弥补损失,政府却能通过负债或增税来弥补预算赤字。从长远来看,政府的这种做法使本国作为投资地缺乏吸引力,资产被转移到国外,这时就可能出现危机。因此,第二代危机模型阐明了维持固定汇率和实现其他经济政策目标之间的平衡(Obstfeld, 1996)。

- 在1997/1998年亚洲金融危机(Corsetti et al., 1999)后,人们

发展了各种解释模型,这些模型属于第三代危机模型。与以往的模型不同,第三代模型也采用微观经济学观点,强调短期资本流动的重要性(Jeanne, Zettelmeyer, 2002; Corsetti et al., 1999; Schneider, Tornell, 2004)。实际上,债务问题不仅是国家的问题,也是企业问题和家庭问题。过度借贷会使一个国家偏离正轨,目前欧盟明显有这个问题。因此,把银行部门纳入危机评估是合适的。银行部门与国家都是微观原因,能解释国际收支中的宏观混乱现象。这种模式的新发现是,造成危机的主要原因不是来自国家,而是来自私营部门,特别是银行、金融部门或其监管部门(Chang, Velasco, 2001)。

- 第四代危机模型包括研究资产价格泡沫、银行危机和主权债务危机之间关系的著作。学术界很早就开始研究资产价格泡沫的形成理论(Kindleberger, 1996),这主要归功于海曼·明斯基(Minsky, 1982),他研究了企业融资的不同风险状况。未来预期回报(所谓的对冲融资)的风险似乎较低,投机性融资更关键,因为它的基础是,对当前的贷款进行再融资,所以,经济衰退很快就会有严重后果。一个极端案例是庞氏融资,[①] 在庞氏融资中,企业相信,经济发展会提高投资价值,并使未来融资的成本被吸收,但若这一切不可能实现,系统就会崩溃。

实际上,该理论划分了危机的转移机制:一方面,危机转移机制是一种实体经济渠道,需求减少,经济的指数发展和加速器效应导致经济动荡;另一方面,存在金融通道,金融机构与市场发生系统性关联,这

---

① 庞氏骗局最早由查尔斯·庞齐(Charles Ponzi)造成,利息不由投资收益支付,而由新筹措的资金支付,只要投资人在分红后再投资,或信任投资收益的新客户足够多,庞氏骗局就能运转下去。

会大大加剧危机。这两方面存在关联:一、通过信贷渠道或银行贷款,它又受到中央银行货币政策的影响。二、通过资产渠道,金融风暴不仅影响金融业本身,也导致财富水平的变化,从而影响实体经济,例如,在消费的资产效应中,这一点很重要,当家庭感到较富裕时,他们消费更多;此外,这也影响企业资产负债表中的股权与债务。最后,研究表明,还存在情绪渠道,它主要涉及对未来经济发展的信心。这些渠道之间也有关联,一旦某一渠道有了变化,这种变化会迅速从一个渠道转移到另一个渠道上。因此,情绪会影响资产配置,从而决定对企业或消费者的个人市场地位的估值。

在《这次不同:八个世纪以来的财政愚行》(*This Time is Different: Eight Centuries of Financially Foll*)一书中,卡门·莱因哈特和肯尼斯·罗格夫指出(Reinhart, Rogoff, 2009),从总体上看,四个因素在未来危机中很重要,必须引起相关人员的关注:房地产价格不断上涨、资本流动异常、金融创新和(资本)市场的自由化。实际上,多样化战略用于降低风险,如果在其他领域以相互关联的方式加强了机制转换,那么可能会适得其反。如果危机发生在综合系统内,且该系统的单个要素具有高度市场重要性,那么,这类危机比在辐射系统中更难拦截,在辐射系统中,问题可以局限在单方面,尽管与大银行有关,但不会给银行造成致命的打击,所以,网络结构也很重要。莫里茨·舒拉里克和艾伦·泰勒(Schularick, Taylor, 2012: 1035)提出了危机预测模型,托比亚斯·洛塞(Tobias Lohse, 2014)对这个模型进行了改进,除了财务指标,还补充了原材料部门,通过金属原材料信息,可以预测原材料部门的危机。洛塞以实体经济指标来预测危机,大大提高了危机预测的质量。图 6.4.2 和 6.4.3 显示,在两次世界大战时期以及在布雷顿森林协定签订之后,国际金融市场动荡,原材料和资源市场也急剧变化,因而投资风险巨大,在这种形势下,企业很难做出长远的规划。

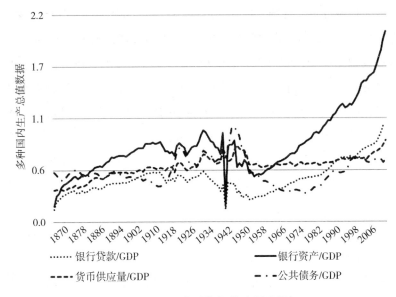

图 6.4.2 国际金融指标作为风险指标

资料来源: 自制, 参见 Lohse (2014: 10)。

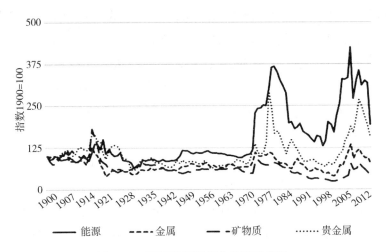

图 6.4.3 国际资源数据作为风险指标

资料来源: 自制, 参见 Lohse (2014: 13), 数据已更新。

2008 年以来，金融危机的蔓延有时也叫"流行病"。事实上生物学的提示很实用，病毒和细菌的超级传染源不一定是本身有病，因此，常常被忽视。在"对古代流行病的新恐惧"（Neue Angst vor alten Seuchen）一文中，阿斯特里德·维恰诺（Astrid Viciano, 2018）研究了西班牙流感，西班牙流感实际上是一种在世界各地肆虐的病毒，传播速度极快，在 1918—1921 年间，甚至连年传播，直到结束，这极像金融危机的余震。商业精英管理的金融机构、商业机构或国家可以大幅加速第三方的升级进程，例如，通过削减资产负债，以便稳定自己的信贷风险，或者通过在危机时整合预算，这对自己没有问题，但会进一步冲击危机四伏的环境。有些监管系统具有破坏性，某些国家能承受，而另一些国家就承受不起。实际上，在危机之后，人们会逐步适应对金融市场的监管，尤其是对影子银行的监管。

6.4.2 创新带来的惊奇效应

熊彼特（Schumpeter, 1912）认为，"创新"是经济上（政治上和社会上）重大的新组合，新组合反映在产品、流程、进入或占领新的采购或销售市场以及新的制度建设上，这往往与"黑天鹅"事件的频繁出现有关。从经济的角度来看，这种创新式惊奇效应很重要，因为随之产生了一个问题：企业、机构或社会如何才能既为收益做好准备，又为可能的损害做好准备？即，它是否能够在上述意义上实现多样化？实际上，创新对一些人有利，但会给另一些人带来压力，他们反而需要大量资金来预防这种压力。创新实际上是对现有结构的攻击，意图毁灭现有结构，因此，处理"黑天鹅"事件是风险配置的重要组成部分。第三方的基础创新往往会使企业感到很意外，因此，风险管理要考虑到其他企业、市场、经济发展和自然灾害等因素导致的风险。另一方面,完全可以预测,创新会进一步改进,而且,可以针对这种创新进行趋势研究("未来某年的预期"),因此风险分散似乎是可能的:首先,把创新过程作为"黑天鹅"事件导火索进行分析,曲折道路的探索在创新过程中也非常重要。其次,必须采用系统的研究方法,进步的过程往往十分缓慢,应该记录下来,如果将来研究失败了,但也有新的发现,那就知道从哪里开始;这里的关键词是研发记录,这是必须记录的。

如上所述,创新过程使"黑天鹅"事件不再属于自然现象:特别重要的是,一些创新的重要性最初似乎并不明确,例如核裂变、信息技术、政治或经济战略、军事交流中新的战略概念等。创新的基础往往是,创新(发明、发现)能用于经济(社会或军事),但也并不是一定如此。

军事发明在这里有特殊意义。一些关键的发明产生了意想不到的战略后果,比如,铸造炮弹、沃纳·冯·布劳恩(Wernher von Braun)小组研发的火箭技术、麦瑟施密特公司的喷气发动机、英国飞机上的移动雷达、卡尔斯鲁厄工厂的地雷火力或原子弹。当然,这也适用于非技术性的创新型作战方案和战术方案。军事发明也可以"民用化",民用企业可以将军事科技用于生产民用产品,且能够节约开支,因为军事发明的成本已完成支付;在某些国家,民用企业采用了军事科技,节约了技术开发的经费,进而展开了技术攻势。布鲁姆和杜德利(Blum, Dudley, 1989, 1991, 1999, 2000, 2001)以历史实例证明,制度结构的革新主要由技术变革所推动,尤其是军事技术和信息技术的变革。

杰克·赫舒莱夫(Jack Hirshleifer, 1993, 2001)提出了冲突经济学

的两个基本体系，即，生产技术体系和冲突技术体系；他认为，生产技术创造了剩余价值，冲突技术仅负责分配现有的资源。这一观点值得商榷，因为冲突本身会释放创造力，因而是创新体系的重要组成部分。冲突和创新很难彻底分开。最后，在经济战争中，冲突甚至可能最终导致所有相关人员长期处于恶劣境地。

图 6.4.4 显示了下列关联：首先，起点是社会和文化条件的改变，即文化创新，实际上，只有存在激励系统，人们才会有敢于尝试新事物的愿望和使命；然后，创新链条中的关键部分必须已经准备就绪，使金融投资者愿意提供贷款。实体经济的创新对金融创新（即融资准备就绪）的依赖度越高，创新受文化的影响越大，创新效果也更容易评估。但是，如果人们没有接收到微弱的信号，情况就不一定如此。因此，对创新的认识和评估在经济和军事领域发挥着重要作用。在产品创新、产品成熟阶段之后，往往会进行工艺创新，以便节约成本。最后，会开发新的销售市场或原材料市场。组织创新也很重要，目前，企业的竞争往往并不基于技术或产品，而是基于企业的组织形式，组织形式能确保企业持续拥有竞争优势。

熊彼特认为，金融创新先于实体经济的创新，信贷是实体经济的动力，今天看来，这一论点令人质疑。史蒂凡·舒尔迈斯特（Stephan Schulmeister, 2013）认为，长周期有两个博弈规则和两个阶段：首先是实体阶段，它因成功而失败，因为财富增加后，工资压力和国家公共福利会导致财富减少。然后，金融阶段紧随其后，这时，人们尝试投机，以便获得实体经济中不能获得的利润率，金融阶段因不成功而失败。图 6.4.5 显示了实际投资资本和场外金融资本的发展，尤其是金融资本的扩张性和周期性。

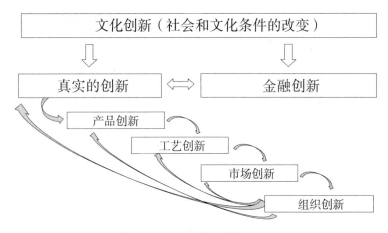

图 6.4.4 宏观经济背景下的创新过程

资料来源：自制。

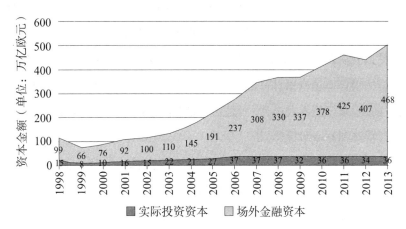

图 6.4.5 1998—2013 年实际投资资本与场外金融资本的发展

资料来源：自制，参见 Institut der Deutschen Wirtschaft（2014）。

基础创新偶尔也叫作颠覆性创新（Christensen et al., 2006）、跳跃式创新或爆炸式创新（Downes, Nunes, 2013: 66; Nunes, Downes, 2015），正是它推动和改变着世界，这种极端化应归功于基础创新本身的简单属性，与改进创新不同的是，基础创新无系统可言，就像"黑天鹅"事件一样。然而，人们对发明和发现的期望往往远高于它们本身蕴藏的可能性。90%以上的革新未能获得经济上的成功，因此，它们并不属于"创新"。往往先锋企业会失败，而跟进者会战胜先行者。先行者失败的原因是，市场进入成本过高，技术不太成熟，或者客户并未适应新事物。德哈维兰公司的"彗星"是西方第一架商用喷气式飞机，但它却被波音公司的波音 707 击败；康懋达国际公司的第一台个人电脑没有像IBM 的个人电脑那样成功。目前，一些计算机和网络技术正在开发中，这些技术要实现的目标和功能超乎人的想象，这类技术的开发是否仅仅是疯狂的想法呢？这要等到未来才能证明。米尔科·蒂策（Mirko Titze, 2005）认为，如果企业政策或工业政策出了问题，先锋企业也会陷入危机，甚至中途夭折。在 1920 年代，奥托·哈恩（Otto Hahn）和埃内斯特·卢瑟福（Ernest Rutherford）的核研究和经济并无关联，实际情况却正好相反，大型跳跃式创新正是来源于核研究，并已发展成一种创新的通用技术。目前，三维打印机在工艺上可能具有这种重要性。

实际上，许多革新必须经历起起伏伏的周期，经历技术成熟周期，才能发展成真正的创新。新技术或新工艺往往经历五个发展阶段（Gartner, 2019）：革新之后就是创新，创新正在剧烈刺激某些市场，例如，互联网等通信技术革命经历了繁荣—不景气—繁荣的周期。因为只有生产率比较稳定，才值得进行技术工艺的创新，才能不断取得经济成功。一些市场的特征是连续成熟，成熟的技术从一个制造商转移到另一个制造商，例如，微电子技术的创新速度很快，在第一家企业成功后，在技术尚未稳定时，下一家企业又开始新一轮技术研发。因此，投资成本必须在很短时期内收回，这在微电子技术行业很典型，也是英特尔和美国超微公司之间竞争的特点。

周期性发展可视为连续的波浪式经济周期,这一论点的基础之一是以下认识:经济增长可以用时间的S形函数来表示。在《模仿》(*Les lois de l'imitation*, 1890)一书中,加布里埃尔·塔尔德(Gabriel Tarde, 1890)发现了这种联系,他还假设,每种产品的历史可分为三个阶段:在引入阶段,产品的销售量几乎不会增加;一旦商品突破了抑制性增长界限,成长阶段就会随之而来;在下降阶段,需求下降,产品被新产品所取代。这一思想与企业经济管理学中的产品生命周期基本一致(见图6.4.6)。

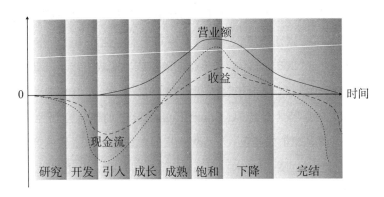

图6.4.6　产品生命周期

资料来源:自制。

产品生命周期可分为以下阶段:

● 研究阶段:这时进行市场分析和技术研究,总结思路,并在后续的开发项目中实现。

● 开发阶段:工业产品的有关思路逐渐成熟。

● 引入阶段:确认市场是否接受新产品;如果接受,就能自我推销,逐渐增加需求。这时出现了对现有结构的进攻,偶尔会成功进入现有市场。大胆行动是最高准则。

- 成长阶段：需求急剧增加，需要大量的资金，以便扩大生产能力。因为现有的生产资料短缺，竞争压力不明显，这时必须实现突破，否则就无法长期获益。

- 成熟阶段：这个阶段必然也是产品的赢利阶段。几乎不值得扩大产能，相反，值得进行合理化投资。这时，创新已占领市场。

- 饱和阶段：竞争压力增加，降低了价格和利润率，价格有可能下降到边际成本，即，边际效益仍然为正。企业必须进行合理化投资，以便确保自己的赢利能力。

- 下降阶段：对新产品的需求逐渐减少；这个过程可以通过各种措施延迟（比如汽车业的特殊车型），但不能停止。至少某一家企业必须退出生产。

- 完结阶段：只在特殊情况下才能出现对高价产品的需求（如老爷车），有些需求仅仅为了确保备件的供应。这一阶段对工艺品生产很有意义。

这一过程可以概括并被置于一般的革命性创新理论的语境中：金融创新并非实体经济创新的前提，而是货币资本没有真正用于投资的结果。格哈德·门施认为（Gerhard Mensch, 1975）：如果企业家们不向新建筑或新设施再投资，技术僵局就不会得到解决；金融创新试图寻找投资机会，金融创新技术的成熟过程取代了创造性破坏过程，并最终造成金融泡沫。这个过程的基础往往是，在第一阶段，有了实体经济的想法，这想法极富创新性，许多人希望参与其中并获利。最初，风险很大，因为自有资本稀缺，要求投资量很大。随着成果越来越大，风险随之变化，并出现认知的扭曲，即，人们会显示出从众本能。如果这个想法使大部分经济领域进入成熟阶段，那么，因为缺乏足够的再投资，就会出现流动性过剩，结果，缺乏赢利机会是原因，又是后果。国家会充当增强剂,减少税收或给予补贴,这往往是在争夺投资者。[①]国家会通过中央银行来稳定低利率,延缓经济的崩溃,但这会导致经济的僵尸化,即,实体经济中不会发生创造性的破坏进程。这一发展显而易见,一些国家的经常性项目有赤字,它们会进口资本,但这些资本并没有长期用于实体经济中,而是为银行提供资金,使银行可以增加向客户的贷款,往往是向房地产公司的贷款。为了协同效应,这种行为后来变成了正规形式(Mensch et al., 1991)。这样一来,巨大的系统性风险就出现了。来自法兰克福美茨勒银行的约翰内斯·莱西(Johannes Reich, 2014)认为:"若长期观察市场及其运行,你就会认识到,我们生活在一个巨大的泡沫中。"资本市场并没有高效运转,在经济战争的条件下,这些可能不存在。在《美国经济增长的兴衰》(*The Rise and Fall of American Growth*)一书中,美国经济学家罗伯特·戈登(Robert Gordon, 2016)强化了这种消极观点,他认为,现代创新活动是世界历史上的一个特例,由于外部性逐渐降低,创新日益边缘化,创新活动正逐步停滞。在"增长的始末"(Vom Anfang und Ende des Wachstums)一文中,乌韦·尊德认为(Uwe Sunde, 2016),工业化开始以来,人口变化有利于经济,在高度社会流动性的基础上,经济高速增长,不平等现象不断减少。但这种人口福利正在逐渐消失。因此,任何增长政策都变得更加困难,这通常会导致债务增加。企业和个人不再只追求利润,而是努力稳定自己的地位或主导地位,这会进一步推动经济战争。

[①]　比如,全球互联网泡沫、美国房地产泡沫或可再生能源泡沫,其稳定过程都被人为延迟。目前,观察一下Facebook对WhatsApp的收购价格,就会发现社交网络的炒作似乎是有威胁性的。

6.4.3 企业与危机管理

"黑天鹅"现象往往会导致结构的变化,这可视为板块构造效应。这种效应往往是多项事件的组合,是连锁反应。日本地震是一个事件,同时发生了海啸,尽管众口一词,但核电站的安全无法从技术上得到保证,最后,操作人员出现了失误,这种组合是无法预见的。后来发现,过程与命运链都明显遵循客观逻辑。企业进行风险分析的目的是,通过学习事后过程而获得有关事前接收者的信息。

战略危机与根本的决策错误相关(见图6.4.7):一家企业进入了错误的市场,所供应产品的吸引力不足,进入市场的时间有误,未能及时侦察到其他企业的创新情况。这样就发生了危机,它迫使相关企业进行防御。此外,企业没有实施应对战略和多元化战略,或者根本没有,或者为时已晚。如果企业不退出市场,这种危机出现后,企业必须

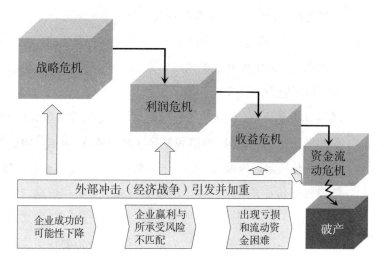

图 6.4.7 企业背景下的危机发展

资料来源:自制。

做出重大的运营决策,作为一种新的战略决策,例如,在分销渠道、合作模式和竞争行动方面制定新的战略决策。这种危机已显示出运营失败,在短期内,这种危机只能以价格政策、价格措施或广告等来应对,而其他一切已经确定,但这并不意味着,新的运营计划或战略决策不能同时出现。因为流动资金危机,企业大多不得不退出市场。

如果竞争对手不断地创新,产品的市场阶段持续时间较长(Heuss,1965),或创新周期在持续发展(Nefiodow, 1999),那么,企业就极易面临风险。熊彼特(Schumpeter, 1912)所谓的破产交易,即淘汰旧行业,对旧行业进行收购、关停或重组,这与企业的危机模型是兼容的。在企业多种危机叠加时,出现了典型的经济发展模式。

风险管理包括下列具体步骤(Gleißner, 2001):

- 制定目标:只有制定目标,才能有效地应对风险,因为根据目标,人们可以进行评估。评估内容包括:是否愿意在一定情况下接受损失,或不惜一切代价在其他地方避免损失。

- 风险识别:风险包括一切影响企业和可能自行发生的风险。主要问题是:是什么导致了风险?是哪一种风险?只有识别风险,才能澄清事实,阐明问题。

- 风险分析和评估:在描述各种风险时,应尽量借助参数,最简单的做法是,借助预期价值和差异这两个参数,根据风险的后果来评估风险。根据这个步骤来判断形势。主要问题是:风险的条件和特征是什么?发生的概率有多大?哪些数据与发生概率相关(正:上行风险,通常风险;负:下行风险,狭义的常见风险)?哪些风险模糊不清或已转移,因此需要特别关注?

- 风险聚合:风险往往不会单独出现,大部分风险彼此互为条件,风险聚合有助于形成整体看法。如果各种风险互不相关,那么这只是例外，因此，要关注增强和减弱效应。

● 风险管理：风险管理可以通过纯粹的回避策略来实现，这时，任何技术都没有使用或不被使用，目前的核电技术正是如此，于是，必然要质疑，回避策略在小国中是否具有说服力？或者，风险可以被转移、分散、保险或承担（即，可以通过自有资本来缓冲风险）吗？但后者会有成本，因此，应对自有资本额进行权衡，或必须通过调整强制实施下限标准。

6.4.4　层级系统中的决策

领导过程发生在不同层面。每一级别的领导都有其独特的任务和能力，都是周期的一部分，一个周期从与规定的任务和目标相关的形势判断开始，并导致决策过程，这会启动计划和方案，之后形成规定和命令，命令的目的是实现目标。最后，要进行检查。在这个级联中，上级的决策和命令就是上级的博弈步骤，它们往往也是下级的博弈规则。系统具有多层级，所以，向上必须把上级的目标内化，向下必须要查验结果。

在经济战争的背景下，军事决策过程可以用来作为经济决策的参考。军事决策过程包括研究判断局势，决定军事行动，拟订作战计划，发布军事命令，监督检查军事任务的完成情况；相应地，军事决策过程也分几个阶段：从敌情侦察，到判断局势，做出局势分析，直到做出决策，最后再加上具体战斗中的战场情况。那么，与上述的军事决策过程相比较，经济决策过程要经历哪些阶段呢？这里从进攻者（实施进攻的企业）的角度来分析这个问题，进攻者的竞争对手则是防御者（进行防御的企业）。进攻和防御是相对的，如果企业是防御者，就从防御者的角度去理解下文中的行动规则。

对局势的评估包括以下七个阶段：

（1）评估任务：如果任务不明确,甚至可能自相矛盾,那么,它几乎肯定会失败。如果不清楚要什么,就不可能推断出需要做什么,或肯定或可能不需要做什么。当多家相关企业协同作战时,各企业必须相互配合,例如,甲、乙两家企业要协同作战,企业甲要攻击竞争对手的产品价格,那么,企业乙就要仔细研究竞争对手的融资问题,如此一来,甲、乙两家企业就会精准地完成任务。

- 上级领导的意图是什么？上级领导还要协调其他层面的业务,因此,每位行动者都必须知道上级领导的意图是什么,这种意图对企业的其他部门、竞争环境和行动有什么影响。同时,还必须考虑可能产生有利或不利影响的因素,例如,经济周期的发展或自然的政治框架条件,在委托-代理模型中,这被称为自然状态。

- 自己要完成哪些基本任务？尤其在执行任务或实施任务战术时,例如,在市场渗透的时间路径方面,制定明确的阶段目标和主要目标至关重要。

- 必须遵守哪些先决条件？某些商品的社会相关性很高,必须保证它们的供应,例如,在制药行业中,制药公司一旦取代竞争对手,导致的后果是,该公司无法供应某些重要药物,或无法供应足够的药物,这种情况永远不应发生。

- 是否已进行过形势判断,从而可能从根本上改变过去的立场？

（2）评估竞争对手的情况、信息环境及意图：有必要推断出对手的基本利益状况,包括管理人员的素质,包括从对手的角度来看导致冲突的根源,这样就能评估对手应对进攻的能力。这时,有必要弄清对手的目标,从博弈论角度,审视竞争对手对我方竞争手段的看法,审视竞争对手对他自己所采用的具体手段的看法。尤其是,必须要做到使价格、

数量、质量及现有资源相互依存,这些因素就是对手可支配的战斗力。为了做到这一点,需要回答以下问题:

- 竞争对手们具备哪些技能?他们回应我方行为的可能性有多大?防御能力有多大?
- 竞争对手的意图是什么?在收购企业时,如何做才能把敌对关系变成友好合作关系?在争夺空间市场和物质市场时,如何做才能就市场的划分协商一致?

(3)评估自己的情况:判断自己的能力和信息环境,包括具体的意图,以便为下级管理人员提供必要的信息,使他们能够再次判断有关形势。为实现这一点,要回答以下问题:

- 自己的能力有多大?有多少资金,可以补充哪些储备?比如,这里的重要因素包括能维持价格战的财政资源、能确保随时交货的物流能力。
- 如何评估应用价值因素?火力值有多高,即为了占领市场采取闪电行动的能力有多大(所谓的"一击即跑",例如,咖啡烘焙商充分利用季节性短期市场的机会)?哪些环境条件有弊,哪些环境条件有利?
- 在协同行动时,例如,在占领子市场或逐步占领市场的时候,对手的情况如何?
- 关于自己的企业和相关部门的运营价值,最终判断是什么?

(4)市场评估和竞争评估:经济区域就是空间市场、产品市场或时间市场。针对某一项阶段目标和主要目标,应该检查存在哪些行动可能性,尤其在价格、质量和分销方面,以及应该如何评估这些可能性。对成本结构、核心竞争力和重要竞争力的分析尤其有助于评估过程。

(5)比较各方的力量和能力:必须权衡自己和其他各方的能力、决心和意志。

（6）权衡行动的可能性：企业领导者必须考虑各种行动方案，只有这样，他们才能通过与周围人员的交流，获得与决策相关的观点。

（7）任务的总结、决定和分配：

● 自己的行动有哪些关键点？

● 要完成的核心任务是什么？

● 谁做什么？用什么方式？必要时，以什么为重点？何时何地达到哪一个子目标或主要目标？同时，必须与谁进行协调？

这种情况评估要么用于提供信息——这叫作形势报告，要么会引发决策（见表6.4.1）。

表 6.4.1　用于信息和决策的情况报告的结构

形势判断	促使决策
● 任务	● 任务
● 竞争对手的情况	● 竞争对手的情况
● 上级领导的情况和意图，或由同事提供	● 上级领导的情况和意图，或由同事提供
● 自己的形势	● 区域评估
● 特殊的领导问题	● 力量对比
● 申请和建议	● 自己的形势
● 摘要	● 提出行动方案和决策建议
	● 决策

资料来源：根据德国联邦军《服役条例 100/100》（HDv 100/100）自制。

6.5　公司治理、合规与经济战争

公司治理代表了公司管理和监督的框架。历史上，西门子、曼内斯曼等公司都发生过经济案件：欺诈、资产负债表伪造、腐败和滥用职权等。这促使德国制定了治理法规，这些法规不断调整，目前是 2015 年版。股份公司的董事会和监事会必须遵守《股份公司法》第 61 条。一条基本原则普遍适用：或者解释，或者遵守，如果不能清楚地解释，为什么发生了违规，那么，就必须遵守规则。公司治理法包含在一般法律体系中。不过，公司治理法规的约束力到底如何，并没有明文规定，但是，一系列框架规则实际上是治理法规的前提，例如，根据《股份公司法》第 91 条和第 107 条，董事会应有预警和监督系统，监事会设立委员会，专门核查内部风险管理的有效性。此外，《证券交易法》第 33条规定了上市企业的控制程序规则；在环保方面，德国《联邦排放保护法》第 52 条规定，设备安装必须经过许可，垃圾处理公司须遵守特殊义务；基于《欧盟反洗钱指令》，德国制定了《反洗钱法》（参见第 11条和第 14 条）。

6.5.1 公司治理和风险管理的重点

公司治理和风险管理的重点是竞争、腐败、特殊的风险交易、产品责任和平等机会，以及公司治理规则和相关的合规规则。除了平等机会问题，其他问题都属于经济战争的核心活动。因此，企业的风险管理是避免这些问题的关键基础。风险治理顺序是风险识别、风险评估和风险管理。风险识别侧重于客户战略的各个方面，首先对这些方面进行分析和评估，然后在风险管理框架内加以管理。所以，许多企业都有自己的首席合规官，他们必须做出相关报告，务必与任何损益责任无关，要履行独立的披露义务，并直接向监事会报告。图6.5.1 显示了德国大型企业合规冲突的重点，最近还增加了供应链控制的责任。

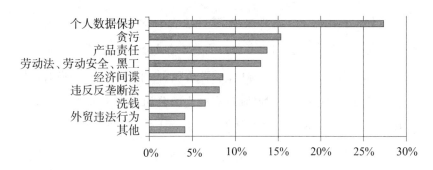

图 6.5.1　2016 年德国大型企业合规冲突的重点

资料来源：自制，参见 Börsen-Zeitung（2016b）；CMS。

是战是和？是经济战争，还是合规审查？这个矛盾出现在以下领域：

- 经济犯罪行为，例如，在金融领域，现在仍然存在。
- 违反竞争法、环境法、公司法和责任法的法律规则。

在一国国内，上述领域出现的问题可能会变成法律纠纷。但是，某国法律的域外效力或域外执行也值得关注，例如，在美国的外国银行违反美国法律的问题。

6.5.2　经济战争给企业带来的后果

原则上，一切活动不得违反企业的合规规定，以免陷入法律纠纷。因此，有必要把各种方法结合起来，方法的结合可以被使用到接近关键极限，却不越界，并能实现经济战争目标。这里的高风险是，所规划之事和似乎符合合规规则的内容也会这样来处理。竞争规则中的典型规则是合法例外，在合法例外的规则下，企业并购不必再受反垄断局的限制，而且还可以有意识地把风险转移到其他企业。因此，当合并后的企业破坏了竞争规则时，到底哪家企业应该承担责任，就成了问题。证人证言的质证规则是一种特殊情况，它会激励相互竞争的企业退出垄断组织。第一位关键证人①大多可免于罚款，因此，他可以伤害前合伙人，使他们支付罚款。民事索赔可能不会受到它的影响。

6.6 经济战争中的领导和决策实例

如果战略、作战和战术没有明确的区分，危害会很大，本节用以下三个实例来阐明这一点。曼内斯曼公司试图在欧洲市场获得主导地位，它不仅高估了自己的资源，也没有仔细调查第三方的实力，最后，曼内斯曼公司董事会也没有表现出必胜信心，在随后的竞争中被对手吞并。第二个实例说明，在随机检查汽车驾驶行为时，即，在麋鹿测试时，在战略进攻没有发生前，如何能够迅速从战术错误中推导出战略进攻？第三个实例是美国微电子公司和英特尔之间的创新竞争，展示了多元化的运营方法如何使更具创新性的公司屈服。

6.6.1 曼内斯曼公司 D2 的覆灭

德国电信曾是德国电信市场上的垄断供应商。随着电信市场的自由化，在无线电话业务领域，一家新的电信供应商出现了，成了德国电信的竞争对手，德国电信与其展开了竞争。曼内斯曼公司发展了新的数字网络，在与德国电信竞争的几个月内，该公司建立起一个强大的系统，从而形成了双寡头垄断。国外也出现了类似情况，这就提出了一个问题：为了在外网中进行漫游，实现通话，跨国联盟的规模应该有多大？显然，只有提供跨国服务的公司才能长期为客户提供这种现代技

---

① 在英美诉讼中，通过告发同犯，共犯可以成为公诉人一方的证人。

术服务。这使所有企业都清楚,要么把自己的市场国际化,要么只能被吞并。

英美"自由放任"资本主义和德国资本主义在理论和实践方面存在差异,曼内斯曼的覆灭就是一个典型。德国资本主义也叫"德国股份公司制",在这个体系中,各公司互相投资,相互合作。1990 年代末,通过各种拆分立法,德国摒弃了这种体系。许多人认为,曼内斯曼的覆灭是错误收购战的典型案例,它最终导致这家传统集团的解体,并影响了德国经济史。这一发展与曼内斯曼的原核心竞争力无关(其原核心竞争力在于管道建设、机械工程、电子工程),而是与该公司进入电信市场有关,而电信市场具有极高的网络外部性。错误的战略思想最终导致其迅速失败,即使在最后时刻发起了拯救活动,仍然无效,曼内斯曼的收购战是一个很好的教训。

经济战争目的:

● 把一直从事国内业务的企业国际化,以便获得市场主导地位。

经济战争参与者:

● 曼内斯曼和克劳斯·埃塞尔(Klaus Esser):埃塞尔是曼内斯曼公司董事会主席。该公司成立于 1890 年,以生产无缝钢管而闻名。1990 年,曼内斯曼决定,要获得在德国建设、运营私人 D2 移动网络的许可证。网络的快速扩张和高度的客户接受率使利润率极高,这意味着,移动电话部门很快使集团其他部门黯然失色。因此,公司打算剥离旧技术,将它们合并,成立单独的公司(阿特茨曼内斯曼股份公司),并使该公司上市。

● 沃达丰:一家英国公司,成立于 1984 年。沃达丰主要从事三种业务,即语音、数据和电话。1990 年代,董事会主席克里斯·根特（Chris Gent）把沃达丰发展成世界领先的移动通信集团之一。为此，它或在国外收购公司，或成立自己的子公司。

- 橙子电信：它最初是一家英国国际电信公司，由和记黄埔和英国航空航天公司于1994年创立，是英国市场上的第四家移动运营商。1990年代末，它开始大力投资国际化。如今，它是法国电信的子公司。

- 维旺迪：一家法国媒体集团，成立于2000年，总部设在巴黎；该公司最早可追溯到饮用水基础设施和饮用水处理领域，如今，这是一家多元化公司。它与法国电信集团SFR共同成为法国第二大移动运营商，该集团最初由沃达丰创立，沃达丰持有44%的股份，但最终全部出售给了维旺迪。

- 和记黄埔：中国香港的一家公司，成立于1828年，该公司最初从事贸易和基础建设（如港口），后来进入电信业。在欧洲，它以橙子电信而闻名。它是全球移动网络最大运营商之一，尤其是第三代移动网络的运营商。

- 德国北威州法院：就曼内斯曼一案提起诉讼，并对曼内斯曼进行了审判。

经济战争手段：

- 收购外国公司的股份，保护自己免遭第三方的收购，获得控制权。

经济战争目标：

- 谋求市场主导地位、规模效益、联盟和网络优势及个人帝国建设。

经济战争后果：

- 德国的传统企业集团遭到毁灭，德国企业总部流失了，这使市场变窄。

● 国家、法院和企业一起为企业领导人的任务和责任制定法律参
考标准体系(公司治理法典)。

1999 年 10 月,曼内斯曼董事长克劳斯·埃塞尔宣布,他要收购英
国的橙子电信。其目的是,使自己变成一枚"毒丸",即一种阻碍。根
据《反垄断法》,沃达丰应该放弃收购橙子电信,因为沃达丰一旦收购
橙子电信,公司合并后会再次被拆分。不久,沃达丰持有曼内斯曼 34%
的股份,它表示,它希望收购并整合曼内斯曼。1999 年 11 月,它向股
东进行了报价,这导致曼内斯曼股价急剧上涨。然而,曼内斯曼董事会
认为,报价不合适,并拒绝被收购。因此,沃达丰再次提高了以自己的
股份来支付的报价,这时报价达 1,240 亿马克,这是当时经济史上的最
高收购报价,但曼内斯曼董事会仍予以拒绝。不过,曼内斯曼公司内部
出现了问题,因为经营结构有问题,一方面,它是钢铁产品供应商,另
一方面,它是电子产品供应商、通信提供商。在当时,公司与员工代表
发生了激烈冲突,这就是"沟通失败"。董事会宣布,要对集团进行改
组。这种接踵而至的情况加剧了危机。1999 年 12 月,欧盟委员会对
曼内斯曼收购橙子电信的申请予以批准,同时,曼内斯曼警告自己的股
东,要小心被沃达丰收购。最后,曼内斯曼开始与法国媒体和电信集团
维旺迪进行谈判,以便进一步拓宽欧洲市场。收购战发展速度很快,这
说明企业并购很少是和平进行的。

收购战自此迅速蔓延,因为曼内斯曼公司位于战争的前线,它在
进攻中忽视了自己的防御能力,现在,它不得不面临恶意收购。曼内斯
曼把两家公司视为白衣骑士,即,将自己从敌意收购中拯救出来的人,
一个是美国在线欧洲分公司,它提出了报价,另一个是维旺迪,它或许

参与其中。但这两个希望都破灭了，维旺迪要和沃达丰成立一家联合互联网公司，希望收购曼内斯曼 50% 的股份。2000 年 1 月底，监事会主席约阿希姆·封克（Joachim Funk）向克劳斯·埃塞尔承诺，如果埃塞尔同意收购，他可以终生使用办公室和公车，这也是由和记黄埔推动的。2000 年 2 月初，埃塞尔和沃达丰董事会成员根特签署了协议。沃达丰用自持的股份支付了 1,900 亿德国马克，埃塞尔一开始任副总裁。经监事会批准，埃塞尔、封克和其他四位董事会成员得到了 4,800 万马克的特别款项。随后，埃塞尔的副总裁头衔被撤回，为此，他获得 3,000 万德国马克的赔偿金。因赔偿总额达到了 6,000 万德国马克，这引起了司法部门的关注。司法部门怀疑他的诚实，并提起诉讼。最初，北威州检察院拒绝起诉，但在联邦检察院敦促下，他们开始调查。在起诉书中，除了埃塞尔，五金工会负责人克劳斯·齐威克尔（Klaus Zwickel）、德意志银行行长兼曼内斯曼监事会主席约瑟夫·阿克曼（Josef Ackermann）也必须出庭。这起法律纠纷一直持续到 2004 年，之后北威州检察院表示，在赔偿金方面，他们并未违法。尽管如此，检察院仍坚持对他们的指控。在诉讼过程中，很明显，在未征求他人意见的情况下，工会代表对裁决投了弃权票，因此，工会代表也涉嫌犯罪。在 2004 年 7 月的判决中，法院释放了前德意志银行行长约瑟夫·阿克曼及其他被告。但检察院在 2004 年秋又提出了上诉请求。

2006 年 10 月，杜塞尔多夫地方法院再次审理此案。最后，根据《刑事诉讼法》第 153a 条，中止了对所有被告的诉讼，这引起了很大的争议。被告必须支付近 600 万欧元的罚款，这笔钱最后流入慈善机构，克劳斯·埃塞尔要支付 150 万欧元。

克劳斯·埃塞尔的管理团队大大高估了自己公司的能力，低估了其他市场参与者的能力。为避免被恶意收购，该公司的做法飘忽不定，这说明，该团队缺乏必胜的决心。其次，公司的体制结构也应受到质疑，因为其结构未能创造出稳定性，也不能从容地应对收购战。由于分裂是有预谋的，这导致了公司内部的动荡，公司难以建筑强大的防御战线，难以在收购战中达到预期的主要目标。沃达丰作为欧洲的主要供应商，与以前的国有企业一样，占有一席之地。

6.6.2　麋鹿测试

1997 年秋，汽车测试员罗伯特·科林（Robert Collin）在瑞典测试了新的 A 级轿车，梅赛德斯希望借此机会，与大众高尔夫和拥有同类车型的公司竞争，赢得市场份额。在一次麋鹿测试中，司机对汽车做了偏转操作，汽车打滑，发生了侧翻。在瑞典，这项测试的安全相关性很高，因为在黎明和黄昏，马路上常会发生麋鹿事故，此时的碰撞往往是致命的。在东京车展上，奔驰公司的新车型迈巴赫亮相，戴姆勒-奔驰公司董事会意外获悉，某竞争对手报道了奔驰汽车的麋鹿测试事故。随后，奔驰董事会计划，通过试验来反击这种攻击。奔驰认为，大众汽车公司是这次攻击的幕后黑手；在奔驰公司的反击试验中，一辆大众车发生了侧翻。

麋鹿测试能检验正常驾驶的基本功能，也能证明，能否借助与麋鹿相撞的假象来隐瞒自杀真相。实际上，人在自杀时，往往会传递一种发生过事故的假象，以确保其家庭成员能获得保险费。因此，如果没有进行机动偏转操作，就被视为自杀，但在偏转操作后，保住了性命，这种操作才有意义。伪造自杀的数量很高：在美国中西部地区，与长列车相撞是典型的事故，长列车行驶速度有限，实际上，人们应该能看到、听到数英里之外的事物。尽管如此，每年仍有数十起致命事故发生。据推测，保险业因此推动了瑞典的麋鹿测试，因为只有在将要与麋鹿碰撞之前进行机动偏转操作,才能表明司机没有自杀意图。

经济战争目的:

- 戴姆勒-克莱斯勒进入紧凑型汽车市场,并避免与保险公司发生道德风险问题。

经济战争参与者:

- 戴姆勒-克莱斯勒股份公司:当时,这家公司刚与一家美国公司平等合并;它自以为已经建立了全球性公司,公司领导层狂妄起来,使得本应及时发现的质量问题,却没有得到足够重视。十年前,奔驰的发动机出了问题,这证明,汽车制造商要想在技术和质量上成为世界领先,有时并不现实。

- 大众汽车股份公司:该公司创造并继续创造着大众高尔夫的成功史;奔驰公司的新型 A 级车成了大众高尔夫的挑战者,这是因为它在道路安全方面具有一些明显的设计优势,其正面碰撞区堪称工程杰作:在发生正面碰撞时,该碰撞区能把发动机推至乘客舱的下方,从而缓冲了对较短的车身前端的撞击。在这方面,奔驰完全能够捍卫其主导地位。

- 德国其他汽车公司和国际汽车供应商:在生产类似高尔夫车型汽车时,这些公司不清楚,它们的汽车会对瑞典汽车测试员的机动偏转测试做出什么反应。

- 弗朗茨·施泰因科勒(Franz Steinkühler):他是德国五金工会负责人,在这种情况下,他是唯一能胜任这一任务的人——从个别董事会领导者的缺陷中拯救德国汽车业的整体福祉。

经济战争手段:

- 淘汰参与竞争的汽车公司。

经济战争目标：

- 复仇，维护自己的竞争地位。

经济战争后果：

- 没有后果，因为在最后时刻避免了经济战争。

梅赛德斯公司董事会立即怀疑，竞争对手大众汽车公司是幕后黑手，并考虑是否安排一次测试，以便击败大众高尔夫。为了避免成为业内唯一一家制造有此缺陷的车辆的公司，梅赛德斯的这种报复似乎很合适。出席会谈的五金工会负责人敦促董事会，如果不能完全确定，大众是否能赢得这次测试，就不要报复，以避免一场行业战争。他推测，在高尔夫倒下后，大众会推翻欧宝，欧宝可能会推翻福特，结果是，全世界都嘲笑德国汽车业飘忽不定，整个行业必然遭受巨大损失。为此，他组织了一场大众和梅赛德斯董事会的会谈，澄清了情况。

很明显，新闻渠道很重要，即使发生了严重冲突，新闻渠道仍需保持畅通。克劳塞维茨（Clausewitz, 1832）认为，战争一旦开始，政治便不再沉默。为了防止名誉扫地并能够组织这种安全博弈，有抗压能力的机构和清晰明确的领导过程同样重要，它包含了容错的可能性。结果，麋鹿测试大大提高了汽车的驾驶安全性。电子稳定系统成功地避免了因偏转导致的严重事故。

6.6.3　英特尔与 AMD 公司之间的破坏性创新竞争

半导体行业的投资很高，产品进入市场后，价格会迅速下跌，所以，半导体产品的开拓性利润只能在极短时间内实现。谢恩·格林斯坦（Shane Greenstein, 2004）总结了计算机行业的战略管理经验，书名叫作《钻石永恒而计算机不永恒》（*Diamonds Are Forever, Computers*

Are Not），这不无道理。直到今天，这个问题一直是微处理器行业中永恒的第二大问题。英特尔取得了生产许可证，英特尔处理器几乎成为行业标准（Rodengen, 1998: 102）。实际上，最初的许可协议是为了集中生产，力求实现微电子元件的相互交换。评估应基于设计的复杂性，而不是市场潜力。英特尔的处理器很成功，这似乎使英特尔处于不利地位，因此，许可协议首先被修改，最终于 1986 年被终止。因此，美国超威半导体公司（简称 AMD 公司）被迫开发自己的处理器。英特尔采取了打击手段，但这些手段不属于市场经济的竞争行为，随后的罚款和赔偿金不能抵消英特尔的收益。因此，尤其在快节奏（快速发展的）、充满活力的市场上，攻击者在经济战争中的机会很多，因为它粉碎或摧毁对手（即，永久地伤害敌人）的机会多，而且使其在战后很难恢复。但这也表明，市场引领者的真正对手是监管机构，微软在几年后对这种说法也深有体会。

经济战争目的：

● 垄断市场。

经济战争参与者：

● 英特尔：它是计算机处理器制造商，自 1978 年起，英特尔为 IBM 公司供货（8088 和 8086 系列），并全球闻名。英特尔由仙童半导体员工创建。戈登·摩尔（Gordon Moore，创始人之一）创造了摩尔定律，根据该定律，在给定（最低）成本的情况下，电子元件的复杂性每 12—24 个月翻一番。除了微处理器，英特尔还是图形芯片的主要供应商。作为全球市场的先驱，其成功和失败都已成传奇。失败的例子有，1993 年，奔腾的浮点数故障导致了计算错误；1999 年，奔腾 III 中的可读序列号，说明,借助它可以轻松获取计算机中的信息。

- AMD 公司:它由英特尔的一位创始人资助。1969 年,该公司生产由英特尔许可的处理器,1986 年,双方的合同终止后,AMD 公司设计了自己的处理器,作为英特尔处理器的替代品。在大多数情况下,该公司在技术上不占优势。在市场中,它必须在头三到六个月内获得必要的利润,否则就会受到威胁。但它也有技术上的飞跃,例如,2000 年突破性的 180 纳米铜技术。2008 年,该公司把其生产设施外包,它现在主要是一家专注于研发的公司。与英特尔一样,它拥有强大的显卡业务,即 2006 年收购的 ATI。

- 美国联邦贸易委员会:与反垄断局一起,它们都是竞争法规和消费者保护法的守护者。其任务是,防止市场垄断者的出现。《谢尔曼法》(1890)允许强制拆分公司。此外,还有大量其他微处理器制造商,但这些制造商与其他两家大型微处理器制造商不能和谐共存。然而,平板电脑和智能手机的发展使市场重新洗牌,出现了产品替代竞争,而处理器和操作系统的绑定为安卓系统的芯片制造商开辟了新的天地,例如 ARM 公司。

经济战争手段:

- 英特尔:为了阻止竞争对手获取技术,利用市场力量堵塞美国 AMD 公司的销售渠道,英特尔进行研发,也开展专利战。

- AMD 公司:研发。

经济战争目标:

- AMD 公司:AMD 公司力争成为英特尔之外的第二家全球供应商。

- 英特尔:在微处理器市场占据主导地位,尤其在服务器、个人电脑和笔记本电脑应用方面(包括显卡),因此,在不会造成垄断问题的前提下,英特尔应击垮或至少击败竞争对手AMD公司。

经济战争后果:

- 采用斯塔尔伯格领导者跟踪方案,持续放缓技术进步,这可能对其他产品有利,如平板电脑和智能手机。

在一场诉讼中,在终止许可协议后,英特尔首先力争阻止AMD公司使用英特尔的累积知识。在庭外和解时,双方一致同意,AMD公司不会寻求获得第五代英特尔处理器的知识。随后,从AMD K5开始,AMD公司开发了自己的第一代产品,这为第一次价格战铺平了道路。从1998年起,AMD公司特别采用了高创新性和高效益的制造工艺,这在一定程度上使AMD公司生产出了高新技术产品,这些制造工艺主要涉及笔记本电脑的两大关键参数,即能耗和散热。

在《弹弓》(*Slingshot*)一书中,赫克托·鲁伊斯(Hector Ruiz, 2013: 8, 36, 40)写道,AMD公司和英特尔之间的冲突就像大卫与歌利亚之间的战斗一样,并指出了两个重要特点,这两个重要特点会使AMD公司的市场进入变得更容易,或变得更困难。

- 原则上,AMD公司十分看好Intel Inside战略,英特尔迫使客户接受Intel Inside,这样一来,市场开发的资金就足够了。与其他方式一样,这样就可以确保资金流动,或者获得折扣,但是,这也阻止了原始设备制造商(简称OEM公司)建立自己的综合品牌战略,因为实际上他们只是在制造外壳。
- 前期成本昂贵,这被视为根本困难。如果计算机芯片的研发需要6—12个月,并且如果这台计算机研制成功,那么,必须及时建立巨大的生产能力，即，要建造这样的晶圆厂，其成本超过 20 亿美元，而且至少需要 18 个月。

因此，这些原始设备制造商面临着一个两难困境：如果英特尔没有一个竞争对手，每家公司都会过得更好；但只要英特尔的对手没有占领整个市场，那么，一旦英特尔想退出市场，那就会有供给不足和价格上涨的风险。投资者也深知这一点，他们不想自己树立一个竞争对手。这是一个普遍存在的问题，只有原始设备制造商采取足够一致的行为，AMD 公司才能在战略上取得成功。

据称，早在 2000 年，英特尔就已经推迟了向计算机制造商 Compaq 或 Gateway 供应芯片，以便使这两家公司不再从 AMD 公司购买芯片。这使得建立必要的客户关系变得更加困难，而这种客户关系能带来稳定性，使公司对机构投资者具有吸引力。2005 年，戴尔、惠普或 IBM 等客户起初都想和 AMD 公司合作，并开始建立新的产品线，但是，英特尔利用自己的市场地位迫使客户们几乎只安装自己的产品，因此双方之间的经济战争首次恶化。为了实现这些目标，英特尔与主要供应商签署了折扣协议，收取了市场维护费；在德国，它甚至在土星媒体市场链等零售店进行了干预。于是，韩国、日本和欧洲的竞争监管机构以及美国联邦贸易委员会开始介入调查。在前三个案件中，英特尔被处以数十亿美元的罚款；在美国，英特尔在 2009 年支付了高达 12.5 亿美元的庭外和解费。AMD 公司仅在发展中国家市场上取得了成功，比如拉丁美洲市场。

实际上，当时的英特尔很难摧毁 AMD 公司，因为一旦要摧毁 AMD 公司，英特尔就变成了一家垄断供应商，它极可能在替代品竞争中面临竞争；这也违反了《谢尔曼法》，导致的直接后果将是公司的解体。根据博弈论，合作解决方案中总存在一定的压力。需要清楚，市场引领者的最大敌人是监管者,而不是市场参与者。

学术界已开始研究这个问题,并指出,除了供应方面的问题,研究问题是:竞争如何影响创新、投资和需求?竞争对降价和产品改进的预期影响是什么?罗纳德·戈特勒和布雷特·戈登(Goettler, Gordon, 2011)指出,竞争会放缓产品质量提高的进程,但消费者可从竞争所导致的价格下降中受益。

6.7 结论与行动建议

成功的领导在很大程度上取决于激励周围人实现目标的能力,以及在时间和空间上提供必要工具的能力。这时,至关重要的是通信和信息条件。作为执行任务的先决条件,下级必须清楚总目标,能够分别实现这些目标,并把它们转换成相应的领导指令,但是,人们不能始终保证统一的信息流,所以,一定要消除信息的不对称。但是,必须明确的还有,只有在存在与激励相容的协议时,才能克服信息水平的不平衡。如果领导者有疑问,不太了解情况,他们会在消息灵通的代理人那里投保;承担风险的价码是给予代理人报酬,代理人提供必要的信息,以验证代理人是否实现了既定目标。在经济战争中,即,在经济竞争的升级阶段,这种相互信任成为个人成功的决定性因素。

曼内斯曼 D2 案例中,曼内斯曼并不清楚,哪些领导过程可能实现哪些目标。即使从结局来看,德国公司的解决方案也会让人感到困惑,包括后来的法律处理。相反,沃达丰通过收买曼内斯曼董事会而攻其不备,成功地发展成为一家全球性公司。

麋鹿测试案例说明,若没有领导力和信息保障,即,通过纯粹的猜想,德国汽车业的冲突可能会迅速加剧,这时,就会出现商业智能的巨大失败（见第9章）。中国的华为进行了长远定位，但它还缺乏声誉资本，这妨碍了它的市场占领计划。

在英特尔进攻AMD公司的案例中，谁胜谁负显而易见，但在AMD公司的竞争计划中，没有预见到开发市场的方法，而这种开发市场的方法是非法的，因此，之后它在司法和财务方面都受到了严厉惩罚，这个事实无法抵消永久存在的不利因素。毕竟，客户正在寻找它们可以选择的采购市场，这就限制了战略供应商的垄断。但事实上，AMD公司一直是潜在的竞争对手，因此，英特尔价格政策达到了极限。

领导者应注意以下十点，以便为应对冲突做好准备：

（1）要确定，必须了解对手的哪些情况，始终制定清晰的目标，在空间-手段-时间决策维度中检查和评估目标的可实现度，并做出必要的决策。在决策之前，要倾听周围人的意见，因为乐于讨论和批判能力会提高他人对所下达任务的接受度，这是透明行动和履行职责的先决条件。因此，需要进行负责任的领导，要激励员工立志实现目标。而曼内斯曼D2正是因缺少这一点而失败。

（2）歌德说（Goethe, 2013: 112）："谁的概念清晰，谁就能发号施令。"《圣经·马太福音》写道："你们的话，是，就说是；不是，就说不是。若再多说，就是出于那恶者。"人类的大脑存储能力是有限的，所以，领导者使用的语言要明确，要言简意赅。智慧就是有针对性地删去重复的信息。如果可能，就以图形和图片来作辅助，它们能改进记忆。必要时，简要地重复命令，以确保所说的内容与所理解的内容相同。

（3）永远要努力在没有冲突的情况下实现目标。要想占领一个市场或增加利润（规范化和标准化以保证共同、公开和可信的平台），并非必须打败或击垮竞争者，可能有许多渠道（友好收购）；在击垮竞争者的过程中，与克罗伊斯一样，可能会伤及自身，因此，曼内斯曼D2的收购失败了。记住,信号很重要,必须准确地释放正确的信号,只有如此,信号的意图才会被理解。传递虚假信息的信号也是如此。

(4)永远不要参与一场无法取胜的冲突。在这方面,经济战士尤其要谨慎,他不仅要了解自己的战略、作战和战术能力,而且要考虑对手的能力,要对比双方的财力物力,以免为了进攻而损害自己的防御能力,或为了取胜而付出昂贵的代价。戴姆勒—奔驰股份公司几乎陷入了这个陷阱。所以应及时建立储备。如果防御是一种(强制)行动方式,应尽早确定,防御会持续多长时间——那些已放弃的阵地很难再赢回来。在必须要撤退时,如果撤退是为了保住新阵地而进行的抵抗,撤退就不是一种耻辱;在精神上,我们不会退缩,撤退只是直接转身前行而已。也许正是这种方式拯救了 AMD 公司。

(5)要始终采取迂回战术,要优先选择间接行动,而不是直接行动,这种做法往往比对抗策略更有效,优先采用间接行动会更幸运。麋鹿测试显示,借助网络的间接作用,进攻或防御会变得更容易。应优先考虑正面围困和侧翼打击(锤砧原则)的方式。正面攻击会向竞争对手透露,攻击时采用了哪些作战策略或战术;侧翼攻击(如第三市场的多市场竞争)更有效,且可以节省力量。亚洲战争论也认为,上兵伐谋,技巧和计谋比拙笨的暴力更有效。不可效仿敌人,使自己的产品、商品和行动多样化,这可以产生惊奇效应。

(6)若想进攻,攻其不备永远是上上之策。攻其不备首先要求,一家企业总能及时进行调整和转型,即,具有一种未来可能必要的能力。要想攻其不备,必须保持清醒的头脑,了解对手的基准;但是,并非一切都可以提前计划!记住,世界充满了"黑天鹅"事件,一旦发生不测,预备计划可能至关重要。领导还应未雨绸缪,即,要实事求是,在具体的场景中思考,然后仔细分析下一步要做什么。因此,即使自己可能会犯错，澄清事实也是未来成功的关键条件。

（7）保持主动，不可等到万事俱备才行动，因为万事俱备永远不会发生。首先采取行动，然后再做出反应，掌握行动规则有利于掌握主动权，勇敢地去做看似不可能的事情，这会让对手大吃一惊。攻击往往是最好的防御（先发制人）：在一个重要的市场上，如果对手的打击迫在眉睫，就可以先发制人，干扰对手的发展。通过迷惑、速度和机动性，通过突破看似牢固的规则，或通过创新和信息优势，来攻其不备。当对手突袭你时，不要直接陷入行动主义中，因为它会摧毁领导者的信心，阻碍目标效应，妨碍对对手真正薄弱点的关注。

（8）有意识地做决定！明确重点，要把想实现的主要成就传达给自己的团队。集中力量会有风险，因为这时会暴露自己的侧翼，但是，如果在各个市场上出现了均衡，那就允许将冲突及时波及市场，或波及产品范围的深度或广度；缺少重点意味着不确定性，因此，信息优势和速度至关重要。应该及时获得信息和商业情报，这可以在形成重点的同时限制风险。在锁定竞争对手的扩张路径的同时，领导者要确定对手可能的发展路径，可以进行专利封锁、收购主要的供应商、封锁销售市场或破坏对手的资金资源，以便限制或减缓对手的行动，这会使对手误入歧途，之后再有效地打击对手。在这种情况下，通过信息操控，影响对手的认知环境，这有利于打击对手。

（9）选择最佳下属，并真诚地对待他们：说出你的想法；要言行一致；做你自己；要对自己的命令或决定负责。责任不能分担，但成绩却可以共享。在执行每项任务时都必须提供行动自由。责任包括要使合适的受托人了解目标，拥有行动自由。如果你的员工失败了，你也就失败了，你要表现出同情心，也要表现出领导力，要明确，下次如何做得更好。

（10）永远不要放弃！

"你若渡过哈吕斯河，就会摧毁一个伟大的帝国。"

——希腊德尔福神给克罗伊斯的预言

7　经济战场

在《大国兴衰》(*The Rise and the Fall of the Great Powers*) 一书中，保罗·肯尼迪 (Paul Kennedy, 1987) 认为，超级大国通常经历四个阶段——崛起、扩张、疲惫和衰落，他参考了施宾格勒 (Spengler, 1918, 1922) 的思想 (见第 4 章)。这四个阶段与产品的生命周期相对应，产品生命周期也在空间上进行解释：创新从集聚中心开始，随着生命的发展，创新活动逐渐向外围转移，最终濒临死亡 (Vernon, 1966)。在经济空间的边界，企业极易遭到竞争对手的攻击，在国家边境地区同样如此。历史上的国界往往也是山地和湖泊等自然界限。后来，防御工事也是国界，比如长城；在路易十四时期，沃邦元帅 (Seigneur de Vauban) 是位军事工程师，他建造了防御工事墙。再后来，经济成本或经济专利也构成国界。最后，认知、意识形态或宗教也构成国界。但它们不是永恒的。实际上，这些国界有多种形式，正如主导地位有混合元素一样。

令人惊讶的是，许多冲突在边缘地带发展起来——往往在上述边界之外；欧洲金融危机、中东冲突和俄乌冲突都是证明，俄乌冲突最为典型。乌克兰有采矿冶金业，但俄罗斯支持乌克兰内部的分裂活动，这些冲突影响着全球的经济、军事和政治力量的变化。英国脱欧也是一个例子。世贸组织和国际货币基金组织推测,尤其在英国和爱尔兰,新建的边界会导致经济衰退,经济增长率将下降 4%(Börsen-Zeitung, 2018e)。因此,冲突有空间维度。治理机制(尤其是管理机制)极可能导致过度紧张,例如,治理机制要实现企业的集中化,但各地企业各具特色,各企业产品组合的宽度和深度又有所不同,因此,企业集中化会遇到很大的阻力。

本章分析经济战争的空间维度、产品维度和时间维度。首先,要阐明空间控制和空间划分的主要因素,以便说明典型的经济战争形式;然后,本章会以全球争夺太阳能产业主导地位的斗争和争夺稀土的斗争为例来说明经济战场。

7.1 空间位置与划界

应该划分边界,否则,边界无效。边界定义了法律关系的有效范围,尤其定义了个人、社会和国家的财产权关系或权力的行使范围。边界通过防御外来侵略来确保发展,但由于越界和划界等问题,各种文化、阶级、种族和族裔群体之间会发生冲突。边界可能像铁幕一样坚硬,也可能像布帘一样柔软,柔软的边界是一种过渡的连续体,欧盟各国的边界就是这样。边界也关注意识形态或理念——竞争的边界在哪里?理性的极限在哪里?根据黑格尔哲学,如何确定、定义没有划分边界的事物?边界往往因政治或经济而设立,但它偶尔也受自然条件的限定。行为心理学家康拉德·劳伦茨和尼古拉斯·廷伯根(Nikolaas Tinbergen)认为,边界需求或领土主权植根于人类学。[1]

---

[1] 尼古拉斯·廷伯根指出了人与动物的关联。1966 年,他在牛津大学的就职演讲题目是"动物和人之间的战争与和平"(On War and Peace in Animals and Man, 1968)。

在《地理的囚徒》(*Prisoners of Geography*) 一书中, 蒂姆·马歇尔 (Tim Marshall, 2015) 研究了十大区域, 阐述了空间观和自然边界对社会发展的影响; 如果山脉或海洋等自然边界阻碍了竞争, 相邻地区之间的竞争就表现为地理力量竞争, 那么, 欧洲历史上的竞争可能就不会摩擦重重。

地理位置也制约气候条件和竞争条件: 一些地区寒冬较长, 收成有限, 与这些地区相比, 收成好的地区具有不同的储存和节约意识。因此, 以阿尔卑斯山脉为界, 欧洲分为北欧和南欧。最后, 火山活动和地震等也很重要, 某些地理变化具有全球影响。1815 年 6 月 18 日, 因为天气条件恶劣, 拿破仑在滑铁卢战败 (见第 1 章), 而当年的坦博拉火山爆发很可能对这场战役产生了决定性影响。无论如何, 这促进了欧洲居民的大规模迁徙, 并推动了政治改革。下列地理变化也产生了巨大影响: 在 536、540 和 547 年, 冰岛的赫克拉火山和阿斯基亚火山爆发, 这使当时气温骤降 (Loveluck et al., 2018), [①] 也造就了自 15 世纪小冰河时期到工业化初期欧洲气温的大幅度下降 (Koch et al., 2018)。法国大革命可能与冰岛拉基火山爆发与之后的农业歉收相关。在其著作《罗马的命运——气候、疾病和帝国的终结》(*The Fate of Rome*) 中, 凯尔·哈珀 (Kyle Harper, 2020) 认为, 火山等原因导致了罗马帝国繁荣期的终结。严寒、粮食歉收和瘟疫会使人口数量减少, 并可能引发移民。如果疾病传播速度快, 疾病传播的间隔时间比

---

① 这个小冰河时代与中美洲约 90% 的土著人口因殖民化而灭绝有关, 因为一片与法国面积一样大的可耕地又变成了原始森林, 这森林从大气中移走 70 亿吨 CO_2, 这很容易验证: 假设在热带每公顷只能生长 5 吨树木, 即, 只是欧洲植树量的一半, 假设一吨树包含大约 500 千克碳, 可以减少大约 1.5 吨 CO_2 (氧气留在大气中), 假设法国面积是 5,600 万公顷, 那么, 要移走 70 亿吨 CO_2, 就需要 17 年 (7,000,000,000 ÷ 56,000,000 ÷ 5 ÷ 1.7 ≈ 16.7)。

潜伏期短,瘟疫就会大暴发(Gerste, 2020)。

克劳塞维茨的"战场"概念也有这种空间观,对美国军事学说的影响很大(Clausewitz, 1832: 255):"实际上,人们认为,这是整个战区被掩护的一部分,从而具有一定的独立性。这种掩护可以位于堡垒中、战区内的大型屏障内、与战区其他部分相距甚远的地方。战场并非只是整个战区的一部分,而是自成一个小整体。它或多或少会处于这样一种状况:战区其他地方发生的变化并不对它产生直接影响,而只是间接影响。"

在经济学中,这种行为的独立性叫作"替代差距"。根据"替代差距"理论,如果一个市场的商品价格、商品数量或质量发生了变化,另一个市场的相应商品并不受影响,那么,要把两个市场在产品、空间或时间上加以区分。

本章以历史实例阐述市场的空间性,本书的研究显示,空间概念可以自由应用于产品空间或时间空间。此外,作为认知实体的主体间网络也是空间,但这个虚拟世界的分界问题具有新的复杂性——它仍是一个丛林,人们似乎身处灰色的远古时期。

7.1.1　从经济角度看地理位置和区位的重要性

经济战争的不断升级使得空间可能在广度和深度上被渗透,这包括地理空间、产品空间和时间空间。相关的作用机制已在场地理论、空间经济学或区域经济学(Weber, 1909; Christaller, 1933; Loesch, 1948)和新经济地理学(Krugman, 1987, 1991, 1993; Lammers, Stiller, 2000)中得到发展。总之,烧焦的土地不仅留下地貌痕迹,也影响某个产品系列,或者由于品牌受损而留在消费者的记忆中。在军事领域,战场可视为国家的安全网,或者是一个由盟友、敌人和潜在敌人构成的有限战场。这个安全网（Rosh, 1988）是战略分析的一个决定性因素，它可用于从经济学角度来对市场下定义。

因此，在分析经济对抗时，可以利用这些理论，这些理论强调资源、交通路线、人口密度和气候带的意义。各种因素可以形成不同的最优组合，并产生不同的区位理论。各种因素的竞争建构方式也不同：供应商技术或消费者的偏好有什么意义，政治对塑造相应的区位因素有什么影响。弗里德里希·李斯特（List, 1841）认为，国家建设政策中的区位战略起关键作用。地理位置有地区意义，它们会辐射经济空间。它们控制经济空间，这里也发生一部分竞争。

经济生存的本质特点是，所有人都只是养家糊口，因此，他们根本无力储备，也不能形成长期储蓄，不能积累资本，不能在随后的生产期间提高效率并促进经济增长。如果社会要脱离自给自足的经济，就必须积累资本，因此，要调集资源和分配资源。但是，地理和气候环境可能有利于调配资源，也可能使资源调配备受压力，如上文所述，历史上，欧洲曾因此受益。

只有借助人力、资源和时间来管理领土，促成城市化，利用相关的聚集优势，才能产生高度文明。因此，从现代性角度看，这会迅速表现为对牲畜、土壤和原材料的需求，故而原材料供应属于经济战争中的关键能力之一。[①]

在划分空间时，重要的是它们的通达性，某地不能抵达，用克劳塞维茨的话就是，这个地区因摩擦而受阻。这与运输技术有关。然而，并非所有商品都是实物，所以，信息技术也很重要。语言也可能成为障

---

① 《明镜周刊·特别版》（Spiegel Spezia, 2006）的文章加深了其历史维度。据报道，4,600年前，埃及法老塞切姆切特率军夺取西奈，但他的目标并不是被征服的国家和居民，而是西奈半岛上的铜矿石。

碍。此外,要回答这个问题:在无法运输的情况下,即,在集中供应或集中需求的情况下,谁来进行空间转移?所以,这通常是一个剧院吸引顾客的方式。另一方面,企业也是集中需要服务及服务商的地方。因此,有必要专门研究服务的国际性。贾格迪什·巴格沃蒂(Bhagwati, 1987)根据两个标准区分空间:一、生产者和消费者的流动性;二、生产者和消费者之间的物理距离。

- 如果核心条件是物理上的近距离,那么,应该提供短距离服务。移动通信供应商试图利用直接投资来为非移动的消费者组织市场。大多数文化教育机构又把移动用户聚集在自己的周围。如果供应商和消费者都不移动,那么,这市场只会是极小的本地市场,这是房地产业的典型特征。

- 如果物理上的近距离不是核心条件,那么,就会是远距离服务。由于运输技术、新的通信技术和信息技术的成本已经下降,它们在全球经济中变得越来越重要。

现代经济地理学认为,距离远近可以与多种属性联系在一起,这些属性形式上是各种指标。菲利普·马雷克等学者(Marek et al., 2016)在"研发合作与邻近的作用"(R&D Collaboration and the Role of Proximity)一文中指出,对于经济活动而言,除了地理距离、(旅行)时间间隔、技术差距外,人员在研究、教育程度和个人能力方面的差距也很重要。根据这些指标,可以形成一些集群,这些集群中存在共生性稳定因素,所以,它们能够使某地区保持经济稳定,甚至可以抵御经济战争的攻击。现代理论把产业集群分为垂直型产业集群、水平型产业集群、横向产业集群和非集群产业(Blum, 2008, 2013c)。

- 垂直型产业集群具有系统性,往往活动的规模较大,交付给一位领导,由一位领导来组织。各部分的功能相互依赖,所以,技术和创新活动与系统最高领导的要求相一致。

- 水平型产业集群基于一种共同技术，这种技术往往以通用技术为基础，大多集中于某一地区，是中小企业成功和稳定的核心，因此，竞争主要涉及劳动力竞争，而非销售市场竞争，从而降低了脆弱性。

- 横向产业集群是由区域性、异质性较强的企业发展而来的。这类企业的选址并非基于共同技术或工业传统，而是基于劳动力供应、交通网和战备部署，或仅仅因为某地是企业创始人的故乡。它们在通用技术推动下，不断壮大，即，它们往往得到了公共资金的资助。

- 最后，存在大量的非集群产业，如纸板厂、层压木地板厂、纤维素厂和部分采掘业。这往往涉及生产扩张。这些产业的总部大多位于大都市，而大都市对区域发展问题的兴趣较低。因此，这类非集群产业往往对经济战争的攻击十分敏感。

在军事战争中，地方上的一切都经受着竞争的考验，这包括当地的能力、决心和意志，即，经济上的组织资本、人力资本、物质资本和社会资本会全部卷入对抗之中。经济战争同样如此。由于经济一体化，经济战争几乎不会给纯粹的地方市场留下任何空间。因此，货币战争最终必然影响到一位面包师。防御结构的密度可以保证稳定性，在这里，水平型和横向的产业集群会因其密集的网络而非常稳健。迄今为止，德国全球化中小企业以产业集群为基础，在金融危机和竞争加剧的情况下，它们实际上表现良好。

纵观全球化进程，划界似乎很合理，它考虑到了国际化、可能的领土和边界，而且它主要由全球化推动者来决定：

- 企业竞争：企业间的微小互动已带来了文化和技术接触，加速了进步，引发了人员流动，偶尔也促进了资本流动。如果这类接触延伸到偏远地区，人们往往需要掌握相应的语言技能，以便能够在新环境中因地制宜地运用自己的知识。这种人类的固有知识（体验性知识）特别具有开创性；之后，这类知识不断被编码，无形的知识（非体验性知识）也加入进来。货币体系的融合特别成功。之后就产生了知识、专利、品牌或商标等权利的转移。最后，这些融合效应在文化影响下形成了行为惯例，比如营利意识、商业道德以及确保这些规范的机构。最后，在全球化体系中，竞争在统一的层面上进行。托马斯·弗里德曼（Friedman，2004）在《世界是平的》（*The World Is Flat*）一书中称之为"公平竞技场"。

- 国家竞争：随着经济在全球的渗透，帝国和国家的国际化逐步形成，比如，古代的两个例子是古希腊对战波斯（前 6 世纪和前 5 世纪）和罗马对战迦太基（布匿战争，前 264—前 146）；在民族国家时代，对于殖民主义和帝国主义来说，国家的国际化是一种危机，这些危机与非洲的分裂（1898 年法绍达危机）、中东地区的分裂① 密不可分。现在的军事战争不仅仅是为了获得经济利益，即，为了国家繁荣而维持开放的市场，这也是建立政治帝国的前提。与利益区域思维一样，霸权利益因此形成，如美国的门罗主义或苏联的勃列日涅夫主义②。

---

① 1898 年法绍达冲突后，非洲分裂了；1916 年《赛克斯–皮科特协定》或 1947 年英属印度独立后，中东地区分裂了。

② 1823 年，美国总统詹姆斯·门罗（James Monroe）提倡门罗主义，呼吁"美洲是美洲人的美洲"，要求美国人有权自治，免受外部干预，阻止欧洲列强重新殖民南美洲。1968 年，苏联领导人勃列日涅夫（Leonid Breschnew）宣布勃列日涅夫主义，主张限制东欧社会主义国家的主权。

- 个人竞争：个人竞争是全球化的最新产物。由于信息交流、存储和处理基本上免费，全球化使经济活动能够以前所未有的程度蔓延到世界各地，并按照经济效率在空间上进行分配。随着公民个人、智力和资金的外流，国家的力量正在衰退。只有当国家建立起良好的制度时，才能筹措地方养老金，吸引人们建设共同的福祉。查尔斯·蒂布特（Charles Tiebout, 1956）在空间理论中研究了共同福祉，根据该理论，各个空间单元有不同的战略定位，这使得它们在与税收和公共服务的各种组合之间处于不完全竞争之中。然后，公民可以根据自己的偏好选择自己的居住地。艾伯特·赫希曼（Hirschman, 1970）在《退出、呼吁与忠诚》一书中对此做了补充：不满的解决方式是，或者发生矛盾，导致了条件的变化，或者不满意的人离开。

在"自己和陌生人"（Das Eigene und das Fremde）一文中，乌尔利希·格雷纳（Ulrich Greiner, 2017）写道，身份认同的丧失是全球化的一部分。移民导致的文化多样性日益增加，国民感觉似乎家不成家，国不成国（见第 2 章，Siedentop, 2015），这向个人和自由主义提出了挑战，而个人和自由主义是欧洲现代精神的基础。在"全球化——一段不可逆的历史？"（Die Globalisierung — eine umkehrbare Geschichte？）一文中，沃纳·普隆佩（Werner Plumpe, 2017b）指出一个历史认识：封闭总是导致财富损失，中国近代史就是证明。专业化的成功往往使嫉妒者行动起来，17 世纪的英荷冲突就是一例，冲突使成功的果实化为乌有（见第 1 章）。①

① 17 世纪，英国和荷兰为争夺海洋霸权进行了惨烈战争。1667 年，荷兰海军上将米歇尔·德·吕伊特（Michiel de Ruyter）率军渡过泰晤士河，到达伦敦，发动"梅德韦突袭"，重创了英国。1672 和 1673 年，荷兰人击溃了英国的两次复仇行动。

7.1.2 以技术来控制空间

在 15 世纪,法国国王迅速奠定了中央集权制国家的基础,这种基础一直持续到法国大革命,实际上也一直存续至今;对此,历史学家认为,贸易扩张后,更应建立较大的政治体。所以,贸易增加后,一个国家的经济一体化程度也不断提高。实际上,这与事实相悖。地方统治者应该做什么,才能防止有人袭击运输队?步兵的作用降低后,地方政权的步兵应该如何保护贸易?骑兵弓箭手不正是 14 世纪最重要的技术成就吗?

实际上,军事技术的革新使占领和控制地区更廉价,并降低了空间交易成本,即,降低了领土控制成本。道格拉斯·诺斯(North, 1981:66)认为,军事技术的变化使封建领主变得多余,使国家的规模得到扩大,财产权发生了根本性的变化。

布鲁姆和杜德利证明(Blum, Dudley, 1989),新的军事技术促进了相关规模经济的增长,[①] 使国家扩张领土成为可能,并协助法国建立了中央集权政府。添加碳可以降低熔化温度,使模具保持稳定,从而令铸造炮弹的技术工艺成为可能。1430 年左右,新的金属球作为炮弹被引入法国,并在 1431 年勃艮第公爵的野战中首次使用,在围攻根特(1418)时发挥了重要作用。

以前,石球的生产耗资巨大,生产技术难以合理化;加农炮炮管的配合不够,这限制了火药的能量输出,还限制了射程和攻击力(实际上射程仅有 100 米左右),这也增加了炮管的磨损;因此,与弹射器相比,它没有任何实质性的改进,即使在射击速度方面也是如此。另外,射手

---

① 例如,作为通用技术的冶金铸造术正是如此(Bresnahan, Trajtenberg, 1995; Helpman, 1998)。

的箭必须在一定距离内射出，这给操作人员带来了很大风险。此外，枪支、火药和炮弹的运输也很困难。

因此，与其他思想（如商业化论点）相比，技术假设是一种重要的替代方案；为了在短期内利用炮弹将以前分散的系统置于统一的领导之下，铸造技术成为一个可靠的诱因。1439年，查理七世在国民议会的协助下，取消了法国贵族的权利，取缔了私人武装，并禁止贵族对当地农民征税。后来，他还镇压了起义，开始实行集中的税收制度。

技术假说认为，关键技术具有地缘战略意义。自19世纪中叶起，各国开始建设铁路和大型基础设施，随之，德国开始关注奥斯曼帝国的经济一体化。结果，德国建造了一条铁路线，这条铁路线从伊斯坦布尔通往安卡拉和巴格达。同时，英国也在寻找通往油田的道路，它在科威特安营扎寨，于是，英国认为，德国的巴格达铁路对英国形成了威胁。

7.2 对抗与合作的空间维度

空间如何影响市场和竞争态势？关于这个问题，经济理论提出了很多方案。与时间效应和空间效应相关，竞争机制创造了新布局，尤其在领导过程中，这种布局有利于商品-时间-空间的连续性。本节首先把空间作为一个心理概念进行分析，然后讨论区分合作和对抗的重要性，并阐释其革命性动力，最后阐明，这种经济理论如何界定相关市场的特征。

7.2.1 认知地图和经济空间类型

军事战争与领导系统中的时空信息协调直接相关。本节会把军事理论用于解释经济战争，阐述地理空间与经济的相关性、空间竞争概念及其他空间，比如商品空间或产品空间、时间空间。认知地图这个概念在这里很重要，认知地图从一个人或一个群体的角度表达了来自一个互动领域（这里指经济互动）的印象。偏好往往会记录下来，并通过距离度量使其具有可比性，例如，可以问一问，人对使用公共交通工具有何倾向？让人们评估服务质量，最后，为了使结果客观化，可以让人在地图上填上停靠站点，或让人预测自己到某地（家或工作地）的距离。认知地图这个概念最早由凯文·林奇（Kevin Lynch, 1960）提出，在《城市形象》（*The Image of a City*）一书中，他让实验小组画出一个城市的基本地点，并阐述了认知地图。认知地图也可以借用人们在特定环境中的经验。显然，从空间、产品和时间角度看，商品市场很适合来创建类似的景观，然后检测其竞争性。如果想要清楚地显示复杂的过程，那么，很有必要把它们绘制在认知地图上，图中可以展示地理空间，也可以包含产品属性，例如质量差异程度。

从多维度空间的角度看（Greenhut et al., 1987），可以在不同层面上模拟出合作和对抗之间的矛盾关系，例如，商品空间的特点是产品品种的广度和深度，这反过来又决定了竞争机制。这些商品空间与地理空间相结合，形成了高度复杂的产物，例如，因为啤酒厂众多，也因为餐厅文化，德国法兰克地区的啤酒差异极大。如果加上第三个层面，即时间层面，那么，一年内消费习惯的变化也可以包括在内。这反过来又会影响竞争关系，地区性节庆活动（如宗教节日）也会影响啤酒消费，但某些因素也会限制啤酒消费，如营业时间，营业时间似乎也会是"共谋"的效果。由此可以进行战略布局，使进攻者可以明确决定，在何时、何地、以何种方式实施集中的市场进入打击。

控制地理空间往往与冲突相关。冲突往往是为了争夺出海口、水路或自然资源，对抗总是政治、经济、军事等综合原因激化的结果。经济空间问题与经济增长、人口扩张、资源与技术的获取以及创新强度等因素密切相关（见第 5 章），因此，经济空间问题也是经济进攻的一个重要因素。对于某地的地理经济统治和对抗而言，下列因素至关重要：财富、可征收的税费、利用统一货币把某地变为货币区并加以控制的可能性。今天，这种空间竞争依然很重要，它往往表现为经济和社会发展的巨大差异，从而产生冲突。表 7.2.1 显示了各地区的工业化特点，把国家分为早期工业化国家、晚期工业化国家、新兴工业化国家、门槛国家和发展中国家。早期工业化国家往往有不同的经济结构，它们控制着许多品牌商标和其他知识产权（如专利），其金融机构高度发达，其创新体系能持续生产世界一流产品；尤其是，它们拥有广泛而多元化的中小企业，即许多具有不同经营规模的部门。晚期工业化国家，尤其是欧洲外围国家，往往会延长流水线，或扩大国有企业，并借此发展自己的工业，因此，这些国家中几乎没有中小企业，其创新体系的效率也低于早期工业化国家；它们往往尝试在产品领域与新兴经济体竞争，而新兴经济体又试图模仿早期工业化国家的产品。转型经济体的一个不利特征是，中小企业的规模太小，这些企业必须扩大车间，才有可能扩大规模，在以前的社会主义时期，这些转型经济体未能赶上关键技术的发展，现在它们必须奋起直追。

　　欧洲国家、美洲国家和亚洲国家有共同的经济利益，把它们进行区分，使之三足鼎立，这是一种战略地理划分。1975 年，为了应对布雷顿森林体系固定汇率制崩溃的后果和 1970 年代的石油价格危机的后果，美国、日本、德国、英国、法国和意大利组成六国集团，这时就出现了部分划界。1976 年，加拿大加入后，六国集团变成七国集团。1998 年，俄罗斯加入后成为八国集团，但由于克里米亚争端，俄罗斯在 2014 年被排除在外。在它们的首脑会议上,这些国家试图协调国际经济政策。随后出现了二十国集团,该集团也包括一些重要的门槛国家。

表 7.2.1　工业化类型与特点

工业化类型	管理职能	金融服务	大企业与小企业	中型企业	技术领先
早期工业化国家	密度高	密度高	密度高	密度高	相关性高
晚期工业化国家	密度低	密度高	密度低	密度中等	密度高
新兴工业化国家	密度很低	密度低	密度低	密度低	密度很低
门槛国家	动态结构	动态结构	动态结构	密度很低	动态结构
发展中国家	略	略	略	略	略

资料来源:自制。

7.2.2　经济区的划分与进化的动力

一个国家的边界、经济边界(包括货币体系边界)与军事边界并不一样。之所以要开放国家的边界,是因为国家边界可以由警察控制和监视,但经济边界(甚至跨国犯罪的边界)却大多无法控制。这种情况在某些区域可以变化,比如,在国界与语言分界密切相关的区域,经济版图和国家版图一致,例如,大多数英国人仍然无法浏览法语电子平台。这里有必要提出这个问题:到底什么能引领"边界"这一概念的现代理解?是政治国家体制,还是经济制度?或者,从可实施性角度看,这样的边界是否已不复存在了?

边界统一的意义首先是民族国家的建立,民族国家的特征是拥有国民、国家领土和国家语言等。这把战争确定为一种冲突形式,且范围不仅仅涉及领土。相反,在早期的种族冲突中,群体(如部落)关系占主导地位。但这里的国家层面也正在瓦解,比如,网络战争或现代恐怖主义,恐怖主义往往只关注匿名效应,并不在乎具体的伤者或死者。社会从氏族和部落过渡到家庭，尤其是向有分工的农民家庭过渡，最后发展为人人平等的基督教教义，这在历史上被视为重要成就，它阻止了荣誉谋杀和仇杀，为现代社会开辟了道路（Jussen, 2014: 8）。

在《战争碎片》一书中，赫尔弗里德·明克勒（Münkler, 2015c）指出了边界与现代政治相关性的问题。彼得·斯劳特戴克（Sloterdijk, 2016a, 2016b）盛赞边界线，他认为，只有划分边界，才会产生行动力卓越的部队；明克勒（Münkler, 2016）则以一种现代化方式指出，传统的分界在现代世界中已经消失了。新的分界更加虚拟，其决定因素是信息和通信系统、运输系统及语言和文化。然而，无论是2008年以来的金融危机及主权债务危机，还是2015年以来的难民危机，事实证明，在无法采取跨国行动时，国家采取行动的能力仍很重要。在危机爆发时，未能实现欧洲治理或全球治理，这使许多人深感惊讶，他们问道：尤其在竞争领域，其他超国家机构在多大程度上会遭受国家利己主义的压力？

在原殖民地中，今天的边界经常引起争执，因为边界划分往往既没有考虑自然条件，也没有考虑种族区分或宗教差异。因此，非洲国家统一组织建立的基础是接受殖民边界，在这些边界中，一部分边界是任意划分的。1898年法绍达冲突爆发，因为冲突双方都有帝国主义要求，这场冲突几乎引发了世界大战，冲突结束后，英法两国对利益区进行了划分。另外，直到教皇亚历山大六世做了裁决后，西班牙和葡萄牙在南美洲的势力范围才被划定，并被写进《托德西利亚斯条约》（1494）。

孟德斯鸠（Montesquieu, 1748）在《论法的精神》中指出，一个国家的制度和法律在很大程度上取决于这个国家的地理环境。显然，中欧和地中海地区的地理环境比较优越：从古代一直到15世纪左右，在世界上许多地区，尤其在中国，经济发展水平比较一致，但是在欧洲，随着启蒙运动的发展，经济发展才加快，经济水平才得到提高（见

图7.2.1），当时，很多因素都对欧洲经济的发展起了作用：气候温和，竞争和交流得到发展，尤其在意大利的城市和一些自由市中，劳动力稀缺，国家开始通过税收和关税来进行融资。

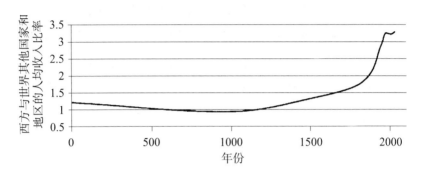

图7.2.1　西方与世界其他国家和地区的人均收入比率

资料来源：自制，参见Maddison（2008）。

在撒哈拉以南地区，文化发展极度落后，文化需求显而易见，正如弗兰茨·鲍曼（Franz Baumann, 2012）所言，非洲的人口密度过低，这使统治者很难获得剩余价值，这与欧洲截然相反。气候导致了人群的瘟疫，一些对运输业重要的动物也遭遇瘟疫，后果是，无法建立起一个交流性和交通密集的社会组织。在这种条件下，招募奴隶是一种有效的手段，可以通过强迫性集聚来解决劳动力问题，但这要以牺牲长期的经济繁荣为代价，进而也削弱了文化和文明的繁荣。

非洲黑人曾毫无防备地听任阿拉伯奴隶贩子的摆布，托比亚斯·齐克（Tobias Zick, 2012）深入挖掘了这些黑人的文化记忆，他认为，我们必须承认，奴隶贸易是几世纪以来剥夺非洲经济发展机会的重要原因之一。这与达龙·阿西莫格鲁和詹姆斯·罗宾逊（Acemoglu, Robinson, 2012）的观点一致，即，过度贩卖奴隶的行为损害了社会经济的发展。

总之，如果边界把不同的政治或经济体系分隔开来，那么，边界就会很严格并得到捍卫。如果一个国家被分裂成不同的意识形态，并可能发生内战，这种情况就变得极端，即使一方胜利，也不能治愈伤口，相反却毒害了长期共存，所以，无论如何，雨果·格劳秀斯都想避免这种战争。美国南北战争就是一个史例：在美国内战中，南方多为贵族，依赖棉花自由贸易和奴隶制，北方多为共和党人，他们想为了工业而采取保护性关税，并防止欺骗工人阶级，南方和北方在战争中相遇了。许多人把第二次世界大战看作是一场欧洲内战，无论如何，这是一场以铁幕为分界线的体制之争。类似的例子还有朝鲜、也门和苏丹的内战。

7.2.3　相关市场的概念

如果竞争遭到了破坏，那么，进攻企业和防御企业必须界定相关市场。在审查企业是否破坏竞争时，尤其在反垄断局，相关市场的界定尤其重要。往往只有当存在一个结构类似的比较市场时，才能确认，是否存在破坏竞争的行为。因此，比较市场有三种形式（见图 7.2.2）：

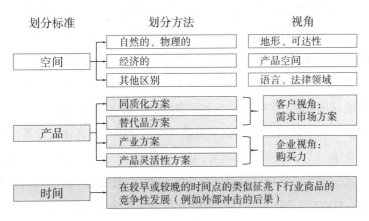

图 7.2.2　相关市场的界定标准

资料来源：自制。

- 地理空间比较市场：这里要审核，在其他区位或其他地区、在类似的需求条件下，类似产品是否能获得可比较的市场结果，如何评估那里的竞争状况，其中，供应商所使用的技术十分重要，尤其是那些有利于稳定或降低成本的技术，它们会阻止第三方进入市场，从而有利于市场占有者。

- 产品比较市场：在既定的市场上，可以找到一种商品或生产工艺，它与供应商的类似技术条件相关，需求方也有相似的使用模式或消耗方式。通常，对战略集团的兴趣集中在非常不同的行业，但往往具有类似的成本结构。

- 时间比较市场：大部分竞争过程发生在早期，竞争条件也类似，为了评估竞争质量，也会涉及当前的竞争过程。

这三种比较市场都属于一个制度结构，这种结构也叫作制度和治理空间。一旦在空间、产品或时间上划分市场和比较市场，那么，市场周围的制度结构也会起决定性作用。这正好决定了合作框架，该框架旨在克服市场上的竞争。如今，这种空间也增加了虚拟空间。虚拟空间比其他空间更难控制。数字边界的保护正成为各国和各企业的安全问题，在民主国家，尤其在数据滥用的背景下，保护数字边界已经完全被合法化。

所以，由于运输成本过高，水泥的地理相关市场仅限于直径约 100 公里的周围区域，这对于审查水泥垄断组织很重要（Blum, 2009）。当商家独家供应时，比如，某商家独家供应名牌手表或高保真设备，这会损害竞争，即，没有等效替代品，且这种商业模式依赖这类商品，那么，这里就出现了产品分界问题。在某些行业，企业的集中过程耗时较长，比如，DVD 刻录机制造商的集中过程和录像带制造商的集中过程就是如此，比较这两种集中过程，就可以预估长期的企业集中过程，以便从政策上对竞争进行干预。

产品比较市场通常涉及四个方面：

- 同质性：这包括极类似的产品或产品组，如各类水泥、太阳能电池板等。
- 替代差距：需求市场的划分使产品具有高度的内部可替代性，但与其他需求市场大不相同。
- 工业：指来自同一行业的产品。
- 生产灵活性：这包括需求市场，在这种需求市场上，制造商凭借其技术可以在短时间内供货；之后，这也可以通过报价的交叉价格弹性来衡量。

因此，在市场营销中，产品的广度和深度是有区别的。产品广度指企业能生产多少种产品，或能在一家百货商店提供多少种商品，这些产品在消费中或者独立，或者互补。一种产品的变化幅度，即可用品种规格的数量，叫作产品深度。这里，替代关系占上风，且存在竞争。

7.3 与决策相关的空间

对于经济学家和军事家而言，跨越空间的成本对决策至关重要，跨越空间的成本包括必要的运输时间，即时间成本。高山、河流和茂密的森林等就是自然障碍，它们会阻碍部队和商队的前进。公元前 218 年，汉尼拔（Hannibal）用大象征服了阿尔卑斯山，在第二次布匿战争中，他把战斗转移到了意大利半岛，这不仅是一场组织成就和技术壮举，他还利用了惊奇效应，因为人们曾认为，阿尔卑斯山是安全的屏障。在领导过程中，这些障碍使时空协调变得特别复杂。

本节论述空间摩擦（即运输成本）及其对竞争的影响。空间摩擦可以改变，如果要减少空间摩擦，降低运输成本，就应该扩大自己的控制范围，但是，可能因为过度扩展而增加运输成本，因此，就无法继续保留边缘地带。一些地区被视为权力区，它们就相当于构造板块，上层板块向下层板块推移；被占领市场的消亡是一种俯冲。

7.3.1 空间与网络中的垄断竞争

有一种理论主要分析空间市场的覆盖率或市场权力的覆盖率，分析说明，运输成本、相关的运输技术和生产技术都很重要。在《独立国》（*Der isolierten Staat*, 1826）一书中，约翰·海因里希·冯·杜能（Johann Heinrich von Thünen）曾论及这些内容，他认为，应该把生产区集中在市场中心（权力中心）周围，从而高效地管理经济。奥古斯特·勒施（August Lösch, 1948）的区域贸易理论支持经济区域的划分，他证明，沃尔特·克里斯塔勒（Walter Christaller, 1933）的经济理论是合理的，即，应该根据居民居住结构建立市场网络；他认为，在空间需求或产量最大化、地域完全覆盖的条件下，六边形是理想的几何形状：它最接近圆的理想状态，但在技术人员的术语中，它的表面是固定的，因此，不会留下任何重叠或未处理的表面部分。实际上，企业在其销售区的中心享有特权，并在其市场区的切点与其他供应商竞争，那里能明显感到市场权力的边界。

这种垄断竞争模式对于全球化很重要，因为企业可以降低生产成本，以便扩大销售范围。在六边形的边缘（即销售边界），运输的边际成本等于技术改进或产量增加所避免的边际成本。这意味着，两种企业在占领市场时有优势：一、多元化程度较低的企业；二、在运输技术方面持续生产同类产品的企业。另一种做法是，利用大宗商品从较远的市场上收回渗透成本，随之，销售贵重产品，例如，欧洲制造商向美国销售大量的普通啤酒，同时也运输昂贵的啤酒。因此，只有利用出口，才能进行大规模投资，才能扩建物流系统，这可能是明显的经济战争信号。

实际上，这些空间结构以网络为基础，如果存在层次结构，就更是如此，例如，在运输系统中，在从高级高速路到市政辅路的集成结构中,这一点很明显。这也可以抽象化:以模因三角形为基础,可以区分三种不同的网络结构(Blum, Dudley, 2002)。从空间的十个点开始,建立集中式、分散式和分布式网络,以这些方式可以把十个点连接起来。图7.3.1说明,在集中式网络(b)中,所有的路径都必须通过A点,而A点把网络连在一起。但只有类型(d)为特定的空间点开辟了另一条可选通道——从制度上讲,这对应于垂直结构、水平结构和原子型结构。只有分布式或集成式网络(d)完全是多中心的,因此,它们代表最高的空间集成级别。如果成本结构发生了变化,那么,新的连接可能会出现或消失——但如果没有"半连接",那么,经济可能在很长时间都保持稳定,因为尽管技术发生了变化,现有的网络结构仍然很有利。在某个时候,系统会恶化,并强制执行一个新的网络设置。这被称为小世界效应(Watts, Strogatz, 1998)。因此,网络结构具有惯性,即延迟的适应动态。上文提过,信息网络的变化很重要,因为创新完全重新布置了战略布局,改变了权力的发展,改变了主导结构。

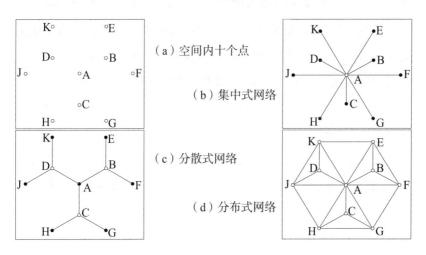

图 7.3.1　网络类型的系统化

资料来源:自制,参见Blum, Dudley, Leibbrand, Weiske(2005: 79)。

7.3.2 国家的空间模型

上述模型（Blum, Dudley, 1989）基于私人用品生产者的竞争。奥古斯特·勒施以啤酒厂为例展示了这种垄断的市场动态。假设啤酒酿造的成本呈递减效应，即使在同质性区域内，也会产生聚集，从而导致空间上的集中。

对于公共产品（比如国防或安全）而言，这种行为无法理解，因为这鼓励不劳而获。如果一个社会想要提供超过私人支付意愿的公共产品，它必须找到迫使其成员做贡献的方法，即征税。合作意愿的大小取决于社会处理不合作行为的经验。

假设一个国家只有国防这一个目的；国家提供安全这一公共产品，并通过强制性课税来支撑国防支出，那么，该国可以无偿保卫它夺取的土地。此时，奥古斯特·勒施的模型可以用来确定国家边界。再假设，随着人均（税后）收入的变化，个人生活水平将有所不同。那么，人口密度会导致总税率的下降，因为感到税负过高的人口正在流失，他们认为，税负带来的公共产品并没有带来足够的益处。再假设，征税的行政成本在中心为零，随着距离的增大而增加。最后，由于距离管理成本的增加，向公民收取固定的净税率随着距离的增加而单向递减。

防卫并不是免费的，因此，可以合理地假设，成本随距离的增加而增加，甚至可能成比例地增加，因为随每个距离单位的增加，面积也成倍增加。而国家边界位于税收收入正好可以支付控制成本的地方。创新可以改变征税或安全产品的成本，也可以改变人们的纳税意愿或要求担保的意愿，随着时间的推移，尤其随着具体情况的变化，这些意愿也会变化。可想而知，国家间或某些地区间的竞争会被忽略——因为它们相距太远，不值得对其进行控制。

外部震动和内部冲击会使这种过度扩张发挥爆炸性效果，并导致系统的崩溃：

- 一种解释称，罗马帝国之所以覆灭，是因为帝国过度扩张，因为本国人民的防卫意愿低，无法抵挡人口迁移带来的压力。

- 苏联的计划经济体制因其内部矛盾而失败，因为现代技术和信息成本日益降低，这使苏联中央计划经济体制变得过于昂贵。

- 戴姆勒-奔驰公司是一家与全球企业合作的综合性集团，由于不再拥有对整个系统的领导能力，它退而求其次，转而只经营其核心业务。

- 从长远来看，美国可能会失去债务的可持续性，这将导致美国经济和政治权力的衰弱；历史上，债务水平过高一直是系统崩溃的原因，例如，在西班牙殖民时期或法国专制统治下，就是如此。

显然，中央权力力求扩大自己的势力范围，包括地理空间或经济空间，这会带来交易成本，因此，这两者之间存在很大的矛盾。同时，中央权力将导致同质化，这往往会影响创新。不仅欧洲如此，中国也如此，在国家尚未统一的历史时期，尤其在战国时期（前475—前221年），中国文化高度繁荣目前，一些大公司的市值高达一万亿美元，这些公司内部存在大量而复杂的协调问题，这些大公司能否解决这些问题？它们能否维持自己的创新能力？竞争管理机构对规模增长进行干预的意义何在？这些都有待观察。从长远来看，资本强度的增加也会破坏高回报的基础。

7.3.3 空间竞争模型中的合作和竞争要素

空间竞争模型假设,竞争是在具体的空间边界上进行的,即,竞争发生在冲突的前线。与军事冲突一样,经济冲突的前线可能是一个市场区与另一个市场区相交的地理边界,它也可能影响产品空间,因此,这是一个虚拟的维度。然而,这条战线必须得到供应——从经济上讲:供应和需求必须以某种形式加以协调,否则,战线将会崩溃。

霍特林模型(Hotelling, 1929)简要说明了前线的对抗与过程之间的关联。以海滩为例,海滩两端为界,两端分别有一个冰淇淋商贩,两个商贩向海滩上的游人提供服务。如果其中一个商贩向海滩中间移动一点点,他会保留其身后的市场区域,但是,如果需求的唯一标准是路径长度的最小化,那么,他可以入侵竞争对手的区域;于是,两个冰淇淋商贩之间的距离越来越小,直到他们最终站在一起,所有的游人都必须像最开始一样,走同样的距离去买冰淇淋,这对游人而言并没有任何改善。实际上,如果人们希望这个购买距离最小化,那么,一位商家最好位于这段路程的四分之一,另一位商家最好位于这段路程的四分之三。然而,这正是市场机制或竞争机制要加以阻止的。

然而,霍特林模型(Hotelling, 1929)并未说明这些竞争对手能并存的原因。安东尼·唐斯(Anthony Downs, 1957)在《民主的经济理论》(*An Economic Theory of Democracy*)中将这一模型用于政治选举机制,其出发点是,存在更多的供应商,即,存在更多的政党。威廉·阿隆索(William Alonso, 1964)认为,在城市模型中,这些效应在城市中心造成集聚,这有利于单个的供应商,因为它让顾客在尽可能小的空间内获得高度的选择自由。从这种情况出发,在有限的空间内,有多种多样的同行业供应商,他们可能吸收市场结构中的积极外部性,但这种可能性尚未受到关注,因此,为了成为垄断者,他们可以向竞争对手发起毁灭性攻击。这样一来,空间上不同的竞争被垄断性空间的供应所取代,从而导致利润增加,但销量减少,长期经济成果的建构因素会失灵,以海滩为例,海滩中心的两个冰淇淋商贩中的一个被淘汰。从长远来看,交易成本增加了,积极的外部性消失了,海滩经济会固定在较低的销售路径上,这就是一场经济战争。

7.3.4　国家竞争与政治板块构造

在国家竞争系统中,技术和偏好(比如意识形态推动下的偏好)正以可持续的方式改变空间的稳定性。板块构造模型有助于理解这些过程。1915 年,阿尔弗雷德·韦格纳(Alfred Wegener)分析了非洲和南美大陆的吻合度,他提出了板块构造模型,该模型指大陆板块的位移和岩石圈①中相关的地球物理过程,火山和地震是该模型的证明。这一地球物理过程的原因是大陆漂移,大陆漂移从原始大陆开始,造就了当今的世界。

板块构造的原因是地球内部的对流和/或密度不同以及各岩石圈板块的滑动,这些滑动的板块被越来越大的力量推进地球内部。以此类比,如果基本的联盟系统、社会平衡或全球分工系统受到地下力量的推动而开始变化,这就叫作政治板块构造。这一类比的地理背景是2011 年 3 月的东日本大地震,日本板块和北美板块之间复杂的上冲断层引起了地震。

板块构造内部的压力会一直累积,直至爆发,同样,社会过程也可能超过一个临界点。在经济学理论中,那种阻碍调节的摩擦被称为

---

① 　地壳和上地幔,即地壳最上层的 100—200 千米。

交易成本;而且,这个过程大多是不可逆的,因此,可以用现代经济学工具来描述,现代经济学研究不可逆性和路径问题(Nelson, Winter, 1982; Blum et al., 2006)。板块构造论不仅包括各大洲的位移,还包括俯冲作用,即,地壳会消失,而且,随着山脉的形成和火山作用,地壳会上升,这些活动与经济活动有相似的现象,经历衰退、平息、突然增长,直到爆发——就像"黑天鹅"事件一样。

历史上,苏联的解体就是一个例子。经济学家认为,在虚假的信息系统下,其经济效率过低(Blum, Dudley, 1999, 2000)。苏联的解体表明,原始力量可能是颠覆性力量。这些影响也在经济上、经济地理区和创新领域起着重要作用。颠覆性的技术尤其被视为导致市场严重扭曲的原因,而在社会上和军事上,也是如此,比如上文的铸造大炮炮弹一例。这要与能力、决心及意志(即系统性的侵略程度)一起考虑——另一方面,要与维护或捍卫自己价值观的意志结合起来。目前,在中美之间几乎所有的地缘战略领域都存在这种冲突。

7.4 空间竞争策略

自从人类发明了军事战争,征服策略就体现了空间上的对抗,经济战争元素往往也会加进来,前文曾多次举例说明。在欧洲人的意识中,尤其在原殖民地的某些地区,帝国主义时期完全混合了军事战略和经济战略。在当时和后来的民族殖民主义期间,人们通过经济扩张和最终的政治扩张来表达领土主张。自 16 世纪以来,欧洲殖民主义者发现、占领和征服了美洲、非洲和亚洲,它们首先以贸易中心的形式出现,之后保证原材料的供应,并展示其帝国主义力量。殖民主义可以被视为领土寻租的一种极特殊的形式,因为占领和确保资源和市场的成本明显低于所获的收益。在历史上，它是一种通过军事力量实现经济目标的努力，因此，殖民主义也属于军事战争。早在古埃及时期，就已经有这种做法，叫作"神圣经济"。西格弗里德·莫伦茨（Siegfried Morenz, 1969）在"古埃及的'神圣经济'"（"Prestige-Wirtschaft" im alten Ägypten）中使用了这一术语，这说明，这是一种把开放代表权和经济组织相结合的统治形式。为了稳定统治的等级制度，它主要针对国内经济。欧洲殖民体系很适合这个定义。[①]

印度支那的解放战争表明，存在着军事升级的巨大风险。像罗马时代一样，殖民地的使用权往往被拍卖；同样，英国或西班牙的特权社会授予商人开拓和剥削的权力。通过这种方式，国家成功地获得了养老金补贴意义上的部分资金（Posner, 1975）。因此，这里展示了殖民主义的竞争与合作背景，以便从中为经济战争汲取教训。

7.4.1　作为空间竞争和征服战略的殖民主义

布拉德·巴特尔（Brad Bartel, 1989）将殖民阶段分为三类：灭绝和重新安置是一场文化突变；文化适应是指土著文化对新统治者所属文化的缓慢适应；最后的平衡是指定居在其他外来文化中的聚居区。后者在现代相当于印第安人的保留地或南非的黑人家园。在经济上，适应阶段尤其值得关注。席琳·沃鲁什卡（Celine Wawruschka, 2009）对此做了分析，她指出了经济核心-边缘模式的重要性，她描述了欧洲列强的殖民结构及其经济战争行为。这里补充一点：实际上，所有空间极化模型（Blum, 1986）都可以做到这一点，尤尔根·奥斯特哈默

---

① 托斯丹·凡勃伦（Veblen, 1899）的《有闲阶级论》描述了炫耀性消费，提及了资产阶级变体。

（Osterhammel, 1995）将殖民化过程分为六个步骤（Benner, 1995）：

- 确保贸易垄断；
- 确保军事优势并解除土著居民的武装；
- 建立税收基础；
- 建立法律制度和行政管理；
- 通过包括经济层面在内的改革举措实现社会现代化；
- 以一种社会契约的方式，稳定对本土精英也有利的经济扩张。

第五点特别重要，因为它强调，改变规范很重要，它是发展的条件（Myrdal, 1968）。在殖民化过程中，经济与战争的相互依赖关系清楚地显示在 17 世纪的马斯喀特战争中（参见第 2 章）。其他实例还有：

- 中国的半殖民地化：两次鸦片战争（1840—1842, 1856—1860）和义和团运动（1900/1901，对殖民主义的反抗），这两场战争至今仍牢记在中国人心中。
- 日本被迫开放：1853 年，美国人马休·佩里（Matthew Perry）随船登陆日本，最终迫使日本开放。自 18 世纪末以来，欧洲各国、俄罗斯和美国一直要求日本开放，在明治年间，这种要求导致了日本的现代化（Martin, 1992）。
- 欧洲、美国和日本对远东的殖民：第二次世界大战之前的殖民主义至今仍有影响。日本帝国主义以获取原材料为导向。对于印度支那而言，橡胶是殖民地增加经济收益的主要来源。第二次世界大战后，日本战败，千岛群岛南部的三个岛和一个群岛划归了苏联，但日本未予以承认。直到今天，日俄领土争端仍是日俄关系的敏感点。俄罗斯拒绝归还日本所称的"北方四岛"，在 1970 年代，苏联还阻止了日本在西伯利亚的一次投资。
- 英国和荷兰对橡胶的寡头垄断：这不仅导致了不良后果，比如，橡胶造假屡禁不止,多余的橡胶会被秘密出售,而且也引起了调整反应。一方面,橡胶种植园扩大了,尤其是,美国开始在南美洲种植橡胶;另一方面,人们也制造合成橡胶(1936年开始生产布纳橡胶)。这两者都是重要的竞争源头。尽管原殖民地最终恢复了对橡胶市场的统治,但是,在日本入侵期间,橡胶种植园的结构遭到了破坏,1943—1947年当地遭遇战争,这两者造成的损失彻底终止了原殖民地在橡胶市场上的主导地位。第二次世界大战后,殖民地失去了自己的经济基础。[1]

- 近东和中东的去殖民地化:国家的建立和去殖民地化大多以殖民地划界为基础,在非洲,这是非洲国家组织章程的一部分。直到今天,去殖民化仍在影响下列问题:巴基斯坦与印度的矛盾[2]、在阿富汗和伊朗的殖民企图、获取石油的通道、俄罗斯获得出海口、一战后奥斯曼帝国的分裂、近东和中东的力量重置、二战期间以色列的建国[3]。以色列与其邻国间的冲突、各邻国间的冲突都因去殖民地化而起,但各国在社会和经济发展上有很大差异,这也是冲突的原因。[4]

- 后殖民地化:后殖民地化指那些表面上与殖民主义对立、实际上却促进了新的依附关系的过程,其中尤其包括一些协议,这

---

[1] 《印度支那》(*Indochina*)和《陆上行舟》(*Fitzcarraldo*)这两部电影反映了这个主题。《印度支那》由雷吉斯·瓦格涅(Régis Wargnier)执导,凯瑟琳·德纳芙(Catherine Deneuve)主演,摄于越南。《陆上行舟》由沃纳·赫尔佐克(Werner Herzog)执导,克劳斯·金斯基(Klaus Kinski)主演。

[2] 阿富汗是印度约束巴基斯坦的秘密盟友。

[3] 二战期间,英国主张泛阿拉伯主义,它要确保阿拉伯国家的存在,同时也承认阿拉伯国家是犹太人的故乡。

[4] 例如,土耳其的战略调整、叙利亚与伊朗的利益关系或哈马斯与法塔赫的联系。

些协议有市场支配力,或者往往由腐败的精英阶层签订(主要在发展中国家),目的是获得专有的经济权力,例如,在原材料开采或网络系统领域,这些领域对经济发展具有重要意义。

尤尔根·奥斯特哈默(Osterhammel, 2016b: 11)特别指出,如果这些原殖民地国家没有遭受深刻的民族创伤,那么,多数国家不可能完成从新殖民帝国向民族国家的过渡。

7.4.2　参与经济战争的空间原则

除了地理空间,还有产品空间或商品空间、时间空间和制度空间。产品空间的典型特征是产品组合的宽度(即产品种类的数量)和深度(即替代品的数量)。空间的存在意味着,必须影响或战胜客户的偏好,或者供应商必须在地理空间内分销产品,以跨越空间。此外,还需要交流,交流能够使组织系统团结在一起。无论如何,在某一空间的中心存在一个垄断区,垄断区周围是多个竞争区,处于这一空间边缘地带的竞争会逐步向中心方向移动,进入竞争区。

时间和空间的结合意味着,活动必须在时空图式内完成,这是领导系统的关键领域。惊奇效应要求很高的协调度,因此,探索务必要精确。在这里,侦察很重要,在极端情况下,甚至工业间谍(商务智能)也很重要。

若某人在某一空间担任领导者,这就意味着,他要安排人分别负责不同的产品和市场,安排人分别负责金融资源、人力资源和物力资源;当联网的相关部门协同工作时,协调就起着决定性作用;当活动发生重叠时,有必要做出规定,各部门如何各司其职,各负其责。因此,必须清楚,谁领导哪个市场,谁负责哪个产品;必须协调各部门的工作。

在军事战争中,为了增强冲击力和获得深度收益,要开火,要行动，要用地雷来封锁，要拦截和疏导，要争夺信息优势；与军事战争类似，经济战争由下列重要的空间因素组成：

- 火力：火力意味着，不仅要在竞争的边缘给竞争对手施加压力，还要攻击对手的市场核心，要坚持攻击对手的垄断区，例如，在竞争对手的啤酒厂旁边，某酿酒商开了一家配送中心和一家酒吧。可以进攻对手的产品，攻击对方的具体商品品种。

- 运动：一旦对手以捍卫自己的核心区为目标，那么，就需要利用第二个元素，即运动，也就是要尽量改变市场；这既可视为地理攻击，也可视为业务攻击，许多情况下，两者兼而有之。在这种情况下，生产商要保证持续的供货能力，即，提供具有成本效益的资源。由于与市场扩张相关的成本在递减，生产成本在下降，所以，可以进一步向空间推进。目标必须是利用技术进步，即，通过工艺创新，稳步降低生产成本，扩大销售区域。如果产品创新很有吸引力，那么，客户较少向竞争对手提出需求，相反，客户倾向于将意愿转移到自己的报价上。

- 封锁：这意味着封锁资源和市场，封锁尤其通过买方权力或交付抵制来实现。在现代技术中，专利似乎特别合适，因此，它常被称作专利地雷，它既可以阻止对手的技术，减慢对手的发展速度，也可以诱使对手进入被攻击领域，这时候，攻击极易成功。这里，如果一家企业想让竞争对手保持一定的距离，那么，一定要利用缓冲的作用，即，与己方供货有一定距离的空间市场或客观市场可以起缓冲作用，这样就可以利用自己的优势。在建立储备、准备反攻时，这些延迟可以作为临时措施来实施，且十分有用。

空间观察意味着，在保卫自己市场的同时，攻击者总是试图在对手明显强大的地方故意发难，然后，从侧面或后方来击败对手。侧翼进攻的后果是，进攻者也要保护自己的侧翼。然后，争夺市场的经济战争迅速蔓延：每次进攻都会攻击对手的最大弱点，这可能是区域性的，但往往也会波及特定产品，结果是多市场竞争。从背后进攻需要更高的交易成本，因为它在地理和产品空间维度上更为复杂，具有更多的惊奇时刻，但效果却与侧翼进攻相似。

7.4.3 贸易战的阶段

在历史上，贸易战也叫作旨在限制敌人经济实力的武装冲突。典型的贸易战发生在海上，因为海运自由实际上保证了不受限制的运输，但陆地上存在传统的领土，由国家来定义运输方式。因此，贸易战往往会升级为海洋战争，比如 1906 年，拿破仑针对英国实施大陆封锁政策（参见第 3 章）。

贸易战通常会经历十个典型的阶段，这些阶段与武装冲突的阶段非常相似：

- 梦游阶段：贸易战的准备时间很长。实际上，贸易关系存在一个合作的保护伞，例如，世贸组织的规则，欧洲自由贸易联盟、北美自由贸易协议等贸易区的规则。贸易战的起因往往一开始不明显，比如，某国实施战略投资政策，这往往是一项补贴政策，长远来看，按照新贸易理论的工业经济理论，这项补贴政策有利于这个国家的竞争形势。最初，这项政策似乎很成功，按照弗里德里希·李斯特（List, 1841）的理论，这产生了国家竞争优势，且往往被其他国家视为榜样，但它已经埋下了种子，未来会引发严重的冲突。贸易战似乎都是凭空而来的，正如交通拥堵一样。

- **政治战争阶段**：克劳塞维茨曾断言，战争是政治的继续，这在贸易战中得到了验证。一旦发生贸易问题，敌我双方往往首先努力通过政治手段来解决。一旦经济基础关涉到领土，那么，这个问题就会具有爆炸性，例如，有些领土或水域存在法律争议，如果在这些领土或水域中进行勘探，这会导致军事对抗。

- **兴奋阶段**：在贸易战发生前，典型的感觉是"让他们等着瞧！"第一次世界大战前，所有的欧洲国家都表现出战争热情。英国对福克兰（马尔维纳斯）群岛进行军事干预前，英国公众也热衷于军事干预。

- **动员阶段**：这时，国家会动用传统的经济战争手段，即关税和非关税贸易壁垒，如边境管制[①]；此外，还有自我限制协议，为了避免冲突升级，该协议表面上友好地接受了对方，但内心却咬牙切齿，然后会寻找某些领域，伺机报复。

- **产品冲突阶段**：如果一方以限制对方来对抗对方对自己的限制，就发生了产品冲突。在多市场竞争中，对策或报复措施是不对称的，即，对策要尽可能地损害攻击者，并尽量为这个领域提供新的发展机会。比如，一方禁止进口意大利面，以报复对手，因为对手征收钢铁进口关税。

- **信息战和协议战阶段**：成功的关键在于，要能够及时获得信息优势，维护本国的领空权，这是必要的政治支持。一些画面充当了政治斗争的烟幕弹，比如，那些打短工或失业的工人。这

---

① 法国人的想象力很丰富。卡尔·马特尔（Karl Martell, 732）阻止了摩尔人的进攻，拯救了西方。1982年，法国推迟了日本录像机的进口，要求在海关打开所有包裹，核查是否有法语说明书——但海关人员不足！随后，日本同意自愿限制出口。参见Ohashi（2002），Fairbrother, Quisthoudt-Rowohl（2009）。

是在放烟幕弹,混淆了起因和诱因,因为"真理先死"。这是政治游说正式登场的时候,因为它为长期寻租创造了潜力,即,通过政府行动(保护主义)获得收入。某些协议因为贸易战而中断,而信息战并不会使这些协议受影响。

- 首批阵亡者出现和棺椁归乡阶段:在这一阶段,大部分贸易保护主义措施为时已晚,可能无法奏效,因为经济战争惨败有更深层次的原因,例如,技术不如征税国家,随后,必然会破产。报复性措施会引发进一步破产。显然,为了挽救自己的经济,必须加强措施,因为"希望将最终破灭"。

- 胜利、投降和战胜者阶段:在这一阶段,一方获胜,另一方投降,但双方都会遭受损害。这时尤其应该关注争端的赢家。金融机构或许已经发现,风险溢价提高了。相关市场缩小了,相关产品发生短缺,这样一来,对于未参战的供应商而言,竞争形势有所改善。在几乎一切贸易战中,都有坐收渔利的人。

- 母亲哀怨和女工清理废墟阶段:在这一阶段,越来越多的人意识到,经济明显衰退了;贸易保护主义不会推动创新,反而会削弱有能力的人,所以,人们抱怨,已经失去了竞争力。

- 重建阶段:在这一阶段,必须利用新的战略性产业来清理战场,最糟糕的是,这些战略性产业往往用于下一轮贸易战。

2017 年年底,美国总统特朗普发起贸易战;2018 年年底,这场贸易战已经进入了第六阶段。

一方面,某些航道不能全年通行,另一方面,商品供应会因收获期而受季节的限制,所以,某些竞争只集中在某一时段。[①] 因此,在贸易

---

　　① 近代的帆船只凭风力航行,故而航海发生在"副热带无风带",那里太阳直射,有上风区,没有斜向风,帆船可以长期停泊——为了减轻船只的压力,马匹在船外。此时,殖民地贸易受到严格限制。

战中,要把以下三点结合起来:地理空间、产品空间和时间空间。在不同的时间空间,运营的重点也在变化。如果竞争对手有能力供货,那么,就应尽量降低价格。如果天气或运输导致了亏损,那么,就可以利用剥削性价格来补偿亏损。在这种条件下,贸易似乎并不能带来和平;但是只要贸易可以赢利,且未来也有可能赢利,那么,就会继续进行贸易。然而,如果长期进行贸易,一国经济会对另一国产生依赖性,长期的依赖会有更大的风险,本国经济也将更加脆弱,那么,长期的冲突预期就会占主导地位。在现代理论中,或者选择冲突,或者选择和平,这是真正的抉择(Hommel et al., 2001);随着时间的变化,背景会变化,或者世界不太平,或者还有行动余地,一旦在战争或和平之间做出了抉择,就能决定,下一步到底做什么。沃纳·普隆佩(Plumpe, 2017a)在"经济繁荣必越界"(Wo Wirtschaft gedeiht, übergeht sie Grenzen)中写道,成功不是因为动用了武力,而是因为生产力的发展,这已被历史证明是正确的,但是,成功或许是嫉妒和未来纷争的根源。

在《埃及:中东王国的贸易》(*Ägypten: Der Handel im Mittleren Reich*)一书中,埃及学研究者雷纳·努茨(Rainer Nutz, 2009)采用了一份商品分类表,本书对该表做了调整(见图7.4.1)。如果贸易双方的商品完全对称,且同时对称,那么,就进行现货贸易;如果买和卖这两种交易分开,就发生期货贸易;其对等贸易也可以是现金贸易。但在不平衡的情况下,就会发生对市场一方的(部分)剥削。如果未来的预期是这种情况,一方未来可能处于劣势,它会考虑在贸易以外做非贸易实物期权。因此,如果一国或一家企业预测到,自己会长期面临相关风险,那么,它会立即发动经济战争,这是一项理性的选择。如果在第一个、第二个方框,只有通过定期捐赠或缴纳战争赔款才能稳定下来,那么,经济战争也是一项理性选择。两者都是殖民主义的典型特征,并为解放战争提供了合理的理由。

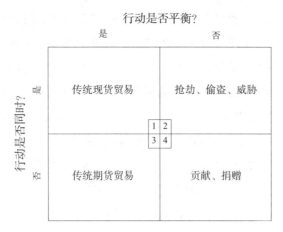

图 7.4.1　基于时间和依赖性的贸易分类

资料来源：自制，参见 Nutz（2009: 36）。

借助"主导地位期望"这一理论，就可以解释，拿破仑为什么要与俄国一战，因为拿破仑预计，英法联盟和贸易将彻底崩溃，并损害法国的利益。在第一次世界大战前，德国积极备战，因为德国希望实现自己的"主导地位期望"：一方面，德国希望获得被殖民列强封锁的资源，尤其是那些因美国贸易保护主义关税和英国进口关税计划而无法获得的资源；另一方面，德国希望破坏殖民地贸易，破坏殖民统治。戴维·A.斯托克曼（David A. Stockman）是里根政府的白宫预算办公室主任，斯托克曼认为（Stockman, 2015），在第一次世界大战时期，美国参战是对欧洲的打击，当时，英国有望获胜，这也利于欧洲和平，但美国的参战使英国获胜的希望化为乌有，不仅如此，这也严重扰乱了欧洲大陆的平衡，结果，灾难接踵而来。在《和约的经济后果》（*The Economic Consequences of the Peace*）中，凯恩斯指出（Keynes, 1919），经过《凡尔赛和约》，德国积累了经验，第二次世界大战随之而来，实际上，《凡尔赛和约》是一种迦太基式和平，它大大限制了经济自由。凯恩斯反对这一做法,他辞了职。《凡尔赛和约》被强加给德国,在贸易领域产生了消极预期。所以,德国沉迷于领土扩张,以便解决战略资源短缺的问题;至于如何解决战略资源短缺问题,弗里德里希·瑙曼(Friedrich Naumann)制定了区域经济方案(Naumann, 1915),德意志银行总裁希亚尔马·沙赫特(Hjalmar Schacht, 1937)撰写了"德国殖民需求"(Germany's Colonial Demands)备忘录,两人都做了设想。

希亚马尔·沙赫特在《外交事务》杂志上发表文章,他认为,一战的战胜国实施殖民主义政策,这使德国无法获得基本原材料,德国经济深受威胁。当时,日本在亚洲大部分地区已占主导地位,以便加强资源安全,而美国正野心勃勃地实施其殖民主义,力图为经济和安全获取特殊原材料。沙赫特强调,自由贸易是美好的理想,但似乎只是一种幻想,而现代世界正是以自由贸易为出发点。

美国从二战的战后发展中吸取了教训,实施了马歇尔计划,该计划以美国国务卿乔治·C.马歇尔(George C. Marshall)的名字命名,在经合组织的框架下实施,旨在激活贸易流,使欧洲西部实现长期和平。东欧集团和苏联拒绝这样做,在冷战时期,政治影响着消极的主导期望——这显然正是俄罗斯当前所继承的。

乔凡娜·沃特娃(Giovanna Vertova, 1999)分析了1890—1990年各国的技术专业化模式,所分析国家包括美国、德国、法国、英国、意大利、日本、瑞典和瑞士,分析显示,技术专业化模式在很大程度上呈连续性。但是可以假设,如果各国因技术专业化模式而发生对抗,对抗可能也会保持稳定。

7.5　空间竞争实例

下列两例说明,在全球经济中,占领空间具有重要作用。太阳能经济是一个典型实例,它说明,如果大幅度降低生产成本,就能战胜高额运输成本,这两者实际上紧密相关:受外部经济生产扩大的影响,距离最远的供应商的边际成本获得补贴而下降,最终边际成本可以忽略不计,此时,就达到了市场的边界。亚洲制造商很早就理解了这一点,尤其是日本,日本一直只能通过长距离运输,才能抵达市场。稀土的开采环境很恶劣,稀土具有区位特征,所以,稀土供应也有空间意义。

7.5.1 从太阳能产业谷到贸易战

德国建立太阳谷的最初想法是,在新联邦州,利用比特费尔德-沃尔芬地区的工业潜能,建设一个高科技产业区。经验证明,如果经济要成功,必须要有技术基础,即一系列通用技术(Bresnahan, Trajtenberg, 1995; Helpman, 1998)及高素质专业技术人才,和一个开放的视野,即,要有"一片蓝色海洋",可在海上航行,不必总是进入竞争水域,它在原有市场中对人构成威胁。因此,德国东部要发展太阳能技术,这是一项明智的经济政策,对于德国东部的崛起更具战略性。

德国《可再生能源法》(2000)促进了太阳能技术及其市场的发展,该法规主要有利于以不同速率输电,有望产生两位数的收益率。但该法规的制定并没有考虑到远东的竞争,在第一个投资周期后,远东的企业大规模投资生产设施,取得了成效,却没有及时减少激励手段。德国提高了可再生能源输电的份额,使远东的出口商和制造商受益。德国和远东的竞争日益加剧,出现了一种困境,似乎发生了自由主义悖论:企业纷纷挤入最佳利好市场,以期生存下来,而不是共同建立一套合理的市场调节规范。实际上,该立法有利于竞争对手,使竞争对手可以利用补贴建立一个强大的产业,最终却使德国自己的产业陷入困境。

在产业政策方面，德国太阳能产业未能正确理解远东的明显信号，也不能拓展其自身的价值创造深度，以防止制造技术的迁移。2005年10月5日，Q-Cells公司以每股20欧元的价格在德国成功上市，董事安东·米尔纳（Anton Millner）在从法兰克福飞往莱比锡的航班上告诉记者，收益路径稳定，中国是主要的竞争对手，但中国技术与我们的技术有五年的差距，他说："您可以写下来，实际上，（中德技术差距）更像是十年。"①2007年年底，该公司股价达到每股82.34欧元的峰值，但由于来自远东的激烈竞争，2008年年底，其股价已低于发行价。后来，该公司破产，2012年被韩国的韩华集团收购。

经济战争目的：

- 中国力争实现可持续性技术领先地位。

经济战争参与者：

- 德国太阳能产业：在德国统一后，德国利用公共补贴建立了太阳能产业；德国的目标是，建立起替代能源，这一目标与德国通用电气公司有关。德国通用电气公司在1970年代取得了巨大成就，当时，该公司已经能够生产大型太阳能电池板，但它始终无法降低成本以保持竞争力。现在，在国家的支持下，利用政府的补贴，德国企业可以大规模生产太阳能设备，但是，从一开始，这就面临工业研发的困境，之后，德国太阳能产业尽力追赶，直到今天，某些技术领域才取得成功，但可能为时已晚。

- 外国太阳能产业：这些外国企业（尤其是中国企业）凭借德国

---

① 首次公开募股后，本书作者在从法兰克福飞莱比锡的飞机上与其进行了这场愉快的谈话。

的补贴具备了国际竞争力,因为德国输电市场的扩大总体上刺激了太阳能电池组件的需求,因此,也刺激了对中国太阳能电池组件的需求。

- 德国联邦政府:联邦政府如同罪犯,对错误补贴政策的后果视而不见;补贴的想法起初很妙,它通过促进需求来刺激市场,因而破坏了欧盟的援助计划。政府完全低估了这一政策对本国供应状况所产生的后果,这导致今天超过80%的补贴流向国外,即,提高了外国企业的竞争力。它没有实施必要的创新政策,尤其是,有人认为,应该从排放许可证的收入中为它们筹集资金,这忽略了以下事实:由于经济危机,这些企业的二氧化碳排放量比预计要少得多,自然就几乎没有收益了。

经济战争手段:

- 德国联邦议会和参议院通过了《可再生能源法》,把它作为一种需求补贴程序,以便支持德国供应商,欧盟却不能以歧视为由进行干预,也不会增加公共预算负担:二氧化碳排放许可证的收入应用于加强技术研发。
- 中国太阳能产业进行战略性产能扩大,这有利于获得补贴份额。
- 中国力争获得市场经济地位,这有利于中国在世界贸易组织中的反倾销诉讼。
- 各公司之间相互参股,这样一来,就不会产生国家意见或欧洲意见。

经济战争目标:

- 通过渗透和掠夺性定价来建立战略优势。

经济战争后果:

- 德国太阳能产业遭到严重破坏;根据《可再生能源法》,能源成本将持续增加，给家庭和经济造成负担，并将某些产品赶出德国。

随着《可再生能源法》的颁布，梦游阶段开始了：所有的供应商似乎都能获益，但是最初获益的主要是德国企业，它们在政府扶持下被推向市场。显然，决策者并没有估计到，在几年内，公共补贴使全球新兴市场成倍增长，中国的生产能力也是如此。在20世纪末的狂热时期，德国太阳能产业曾夸耀，自己是世界上最大的太阳能产业。实际上，不久就出现了危机，随后又有一场动荡：2013年6月5日，欧盟委员会决定，暂时向德国征收反倾销税；在2013年年底，欧盟把反倾销税变成了持续性关税。

随着大规模的破产和重组，首批阵亡者出现和棺椁归乡阶段开始了。2012年，德国的供应商数量下降了约三分之一，降至20多家，员工人数下降的幅度更大；到2013年年底，原有工作岗位被裁撤了一半，该行业的就业人数减少了一半。当时，许多德国太阳能企业退出市场、破产或重组，包括太阳能千年公司、太阳能世界等。博世和西门子等公司中断了太阳能业务，其他全球供应商撤回了在德国的生产厂，比如第一太阳能公司。中国太阳能产业似乎获得了胜利，但它也面临着破产的困扰。在德国，主要是高度发达的供应商得以幸存。图7.5.1列出了全球主要的太阳能供应商。

在国内一些太阳能企业破产后，中国正在努力巩固其市场，关闭了一些过剩产能① 的企业，并努力打造全国领先的企业。为此，中国实施

---

① 在2012年这一危机之年，全球太阳能产能是销量的两倍，约为40吉瓦（产能等于可生产数量乘以最大功率输出）。吉瓦，即峰值功率；仅中国产能就有约60吉瓦，欧洲产能约为10吉瓦。

了一项绿色投资方案,以便支持国内的太阳能企业。2012 年 9 月,欧盟委员会启动反倾销诉讼,导致自 2013 年 6 月起,欧盟统一对中国产品征收 11.8% 的保护性关税,并从 2012 年 8 月起征收 30%—70% 的制造商特定关税,但通过双方的和解这些关税得以避免。大多数中国制造商把这个视为自愿限制,它们在德国市场上供电,电价最低是 0.56 欧元/千瓦时,并网光伏发电装机容量每年不超过 7 吉瓦,这个电量相当于德国往年年增长量的一半。自 2013 年 8 月起,不接受和解的供应商将支付 47.6% 的关税。

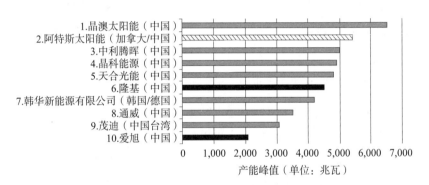

图 7.5.1　2018 年全球最大的太阳能公司

资料来源:自制,参见 Statistisches Bundesamt(2019b)。

7.5.2　稀土和垄断意志

今天,稀土是高科技产品的战略资源,尤其是可再生能源产品的战略资源。稀土指化学元素周期表中 17 种镧系元素,它是一种关键资源,重要性不言而喻(见第 5 章)。稀土是各种边界重叠的典型实例:据统计,目前稀土几乎只在中国境内开采,中国想利用这一地位来促进本国的价值链升级(Blum, 2018b)。因此,从产品空间角度看,人们正在进行大量的回收利用和替代尝试。在政治上,尤其在经济政策方面,世贸组织的影响范围更加明显。

实际上,稀土并非稀有资源,但它很难开采,在某些情况下,稀土开采会对环境造成极大破坏。在 1960 年代、1970 年代和 1980 年代,美国凭借其山口矿山的稀土矿藏成为主要的稀土供应国,其稀土供应占全球稀土消费量的一半以上。直到 1980 年代中期,中国才开始生产稀土,且稀土产量稳定增长。与 1980 年代中期相比,今天的稀土消费量增长了两倍多,其中近 84% 的稀土来自中国,中国稀土产量的 60% 用于本国的生产制造(Gavin, 2013)。稀土是一切高科技产品几乎不可或缺、无法替代的资源,对于能源转型尤为重要——从太阳能电池到风力涡轮机,再到聚变反应堆,稀土都不可或缺。稀土还是现代技术的核心组成部分,若没有这些技术,医疗设备、智能手机、电动汽车或现代照明系统等现代机械就无法运作。因此,稀土供应是发达社会富足的关键条件。显然,各国在政治上并不愿意与中国存在战略依赖关系。

2009 年,针对中国的稀土出口限制,欧盟、美国和墨西哥向世贸组织提出了正式诉讼,对此中国做了两点解释,即环境保护和稀土存量有限,这要求,稀土开采必须以可持续方式进行。[①]换言之,无论国际压力有多大,国家仍捍卫其自主决策权。经济争端迅速导致中日之间发生了大规模安全冲突,这足可说明稀土问题导致对抗的程度。

经济战争目的:

- 把那些依赖中国关键资源的产品及其上游价值创造链进行整合,以持续改进中国的价值创造链。

---

① 根据霍特林模型(Hotelling, 1931),商品价格的变化应与资本利息相对应,因为投资原材料与投资资本市场一样有利可图。此外还应考虑风险附加费。

经济战争参与者：

- 中国：目前，中国是最重要的稀土开采国；中国利用稀土来促进自己的工业生产，并实施其战略工业政策。2010 年，中国的稀土出口量削减了约 40%，这导致在全球性稀土稀缺的情况下，中国稀土转而向国内供应。

- 其他工业国和门槛国家：一些国家拥有稀土资源，但稀土开采需要大约五年时间，因此，短期内很难削弱中国在稀土供应上的垄断地位。

- 世界贸易组织：世贸组织是公平贸易的维护者；在 2001 年中国加入世贸组织议定书中，通过谈判，中国享有一些特殊规程。尽管如此，在 2012 年中期，就中国的稀土出口政策，欧盟、美国和日本要求世贸组织对中国进行争端解决诉讼。显然，国际法律政策也存在一定的问题。对于世贸组织的非歧视性准入规则、外国投资者通过在华直接投资来开采原材料矿产的可能性，各方意见不同。

- 全球道德理念：这一再触及环境问题，但几乎不是这场辩论的内容。问题是：进口国依赖中国的稀土供给是否符合道义？在这种情况下，是否应考虑到文化相对主义的意见，即，不同文化有不同的道德标准？此外，如何使用环境保护的特殊条例？这值得讨论。在征收出口关税和实施出口限制时，中国明确援引了这些规定，以证明中国做法符合国际贸易法，对稀土的限制性政策是合理的。

经济战争手段：

- 降低价格和环境标准，来避免潜在竞争者通过生产成本进入市场，预期获利。

- 中国优先将稀土用于自己的产品。
- 防止外国资本对原材料来源的投资。

经济战争目标：

- 加快本国在关键高科技领域的经济发展。

经济战争后果：

- 从西方角度：长远来看，稀土开采投资能否长期赢利，这存在不确定性；要在原材料管理方面努力寻找替代品。
- 从中国角度：长期内可能会丧失市场主导权。

与诸多此类原材料战争一样，如果过度使用这种手段，那么，这意味着要考虑替代来源，例如，中国和越南存在长期紧张关系，越南已和日本达成协议，要打破中国在稀土领域的垄断地位，并在越南北部合作，实施所谓的"东堡项目"。日本在本国水域中就有稀土资源可以利用。美国加利福尼亚州的山口矿山已重新开放，但在2015年左右，价格暴跌后，这家公司再次破产。澳大利亚正在投资韦尔德山项目。采矿材料的加工很可能在新兴经济体中进行，而这又会产生新的依赖性，但最重要的是环境问题。替代材料与回收利用也应考虑在内。因此，自2012年春季以来的12个月内，稀土的瑞银消费指数和交易开放型指数基金指数下降了一半。2016年，这一价格水平再次与价格暴涨前的水平相似。因此，在其他地区的投资变得无利可图，这就给西方世界提出一个问题：就商品的优先权而言，公共产品的供应保障价格在何种程度上应该由国家提供补贴？

实际上，供应商或许不可靠，鉴于供应商的市场地位，有必要思考，保留自己的生产能力是否是一种重要的保障？即，建立自己的竞争能力，以便牵制外部的供应者。这类可信的威胁或许永远不会发生，尽管如此,自我增强的政策并非毫无意义。

7.6 结论与行动建议

无论是地理空间、产品(业务)空间或时间空间,空间会造成缺陷,会破坏完全竞争,从而为市场突击提供机会,提供掩护,并允许潜入,例如,从竞争对手那里收集信息。空间使运输成本或交易成本变得重要,从而限制了市场规模。国家的公共产品也如此。如果这些国家公共产品的范围、供货成本与控制成本小于它们所允许的范围,并且国家似乎处于其他国家的夹缝之中,那么,这样的国家就叫作缓冲国,缓冲国想抓住机会,摆脱这种战略控制。因此,危机是不可避免的。经济战争可以使所有这些方面的竞争升级,从而留下一片焦土,并永久地降低经济价值——或在被攻击者那里如此,或在攻击者那里如此,或在双方那里均如此。

国家也可以决定,是否提供各种外部因素,即,提供有适当附加值的公共产品,并努力将其扩张到领土边界以外的地区。传统的避税天堂是典型的实例,比如瑞士或列支敦士登,这两个国家的领土面积比它们负责的货币区面积要小得多。美国政府的目标是,始终保持美元作为一种国际货币,这不无道理,因为这样一来,它可以迅速将经济责任转嫁到其他国家,但对这些国家而言,这无异于火中取栗。

空间的使用是决定竞争类型的重要特征。原材料资源和战略性运输道路可以用于建立长期的竞争优势,它们对经济至关重要。但这也意味着,如果本国不具备此类资源,那么,资源的获取不仅关系到发展政策,而且与安全政策的关系也很大。

空间和运输成本使进攻型企业有可能以生产成本来降低运输成

本，即，大量投资工厂，以便降低单位成本，从而扩大销售市场。日本很早就认识到了这一点，例如，日本在开发家用录像机录制和播放标准（VHS）时，正是如此。今天，中国也在利用这一点。因此，安全采购原材料已成为关键的成功因素，有必要对原材料进行集中管理和保护。

与时间相结合的空间给领导者提出了一个跨时间的决策问题：从合作或竞争的角度来看，应该如何对当今或未来的空间使用进行分类，这对当前的战略有什么影响？

领导发生在具体的空间中，无论这一空间是产品空间、地理空间还是时间空间，因此，在经济战争中，应该为了自身利益而利用空间，这至关重要。所以，领导者应注意以下规则：

（1）把空间变成朋友，因为空间能提供掩护，它迫使差异化；如果在掩护下作战，成本较低，能带来惊奇效应，并提高己方行动的成功率。互联网正在使地理差异消失，因此，尤其有必要利用时间差异和产品差异所提供的可能性，而且这种收益颇丰。

（2）如果尚未对竞争对手实施毁灭性打击，那么，一定要利用其他供应商作为缓冲，因为如果空间狭小，供应商可以凭借其强大的产品在有限的市场上形成垄断。目标是，在关键时刻，把他们拉到自己一边，把他们当作掩护和自己的盟友。从这个角度讲，在经济战争中，长期来看，战争的发起方会以失败而告终。

（3）空间造成了本地化的市场权力，国家或企业可以确保这种力量用于长期开发。永远不要进行短期剥削，这会为其他市场进入者和政治竞争提供动力。可持续性战略稳定了对空间的控制。这一点在稀土资源案例中显露无遗。

（4）认知地图至关重要，借助认知地图，可以了解经济战争的高峰、低谷、悬崖和沼泽，可以就经济战争的手段、空间和时间做出核算。

假如没有一幅认知地图，即使作战计划十分严密，也必然会漏洞百出。

（5）在贸易战中，国家与企业的联盟至关重要。如果进行政治游说，也要认真制订政企合作的计划。要知道，在开放的经济中，一些企业是由敌国控制的。这些企业甚至不惜破坏自己的工作，也要支持敌国。

（6）网络会产生惯性。如果技术进步使人有可能成为成本和效率的领先者，那么，就利用这一点，来谋取自己的利益，因为那些首先使用小世界效应的人会取得巨大的竞争优势。

"久为之事，当谨慎为之，思其后果"

——中世纪欧洲谚语

8 经济战争中的企业

企业的目标是占领市场，必要时削弱其他企业，或在经济战争中破坏（摧毁）其他企业。这表现在企业的盈利、企业价值或经济价值中。如果企业在股东驱动下制定了目标，就叫作股东价值的最大化。该战略成功的表现是，企业扩大了规模，目前，在数字经济和贸易中，少数供应商越来越占主导地位，这一趋势在美国和中国越来越明显。秩序框架和竞争法应阻止这种趋势，但是，只有当它们拥有相应的干预规则，或在政治上也需要时，它们才能发挥作用。关于垄断和竞争，从企业分类的角度看，企业都力图摆脱竞争，获得垄断地位，因此，在发达经济体中，完全竞争很少发生（见第 5 章和第 6 章）。实际上，如果在某一领域有需求，其他领域都排斥这一领域，那么，即使该领域的企业几乎僵死，它们也会突然获得垄断地位。

能力、决心和成功的意志能够创造优势（见第 5 章）。这里，应遵守一项基本原则，即重点突出，以最佳组合来使用现有能力。在经济学中，市场营销组合就是综合应用各种手段，把价格政策、产品政策、沟通政策和分销政策结合起来。各种手段及各种手段的联合都与能力相关，这可以说明，怎样使用创新机会来实现主导地位。这也应把市场组织的措施考虑在内，最后，会从中得出基本的使用规则。

企业领导的潜在攻击能力体现在股东价值的最大化上,不是通过投资来提高竞争力,而是通过收购股票,这会提高回报率,从而提高与收益挂钩的薪酬。股东是企业所有者,与股东对立的另一个群体,比如客户或员工,对企业也有要求,他们很快就会采取行动,行动方式几乎不能接受,一部分行动甚至是犯罪行为,比如,出售技术不成熟的产品或腐败产品,如2010年代末发生的柴油丑闻和波音737Max丑闻。

本章将首先论述风险核算,它是做出市场进入这种战略决策的前提条件。风险与时间相关,或者说,风险与未来直接相关。在争取优势这一过程中,一个重要维度是利用自己资源的速度,以便把行动规则掌握在手中。期限问题也是领导的责任之一,领导的成功如何衡量呢?通过短期业绩、中长期业绩,还是长期业绩? 根据麦肯锡的一项研究,《经济学家》(Economist, 2016a)认为,长期战略比短期战术更好制定,但是不清楚,企业的短期行为是压力导致的,还是企业的短期行为使企业更短视。

本章的三个实例证明了下列观点:一、在美国汽车市场上,美国企业霸主针对外国汽车商的入侵发起了毁灭性的经济战争;二、针对前东德产品,西德产品发起了产品霸凌;三、只要价格战开动,垄断组织的瓦解往往与价格战联系在一起,水泥行业的价格战就是证明。

8.1 企业竞争的背景

一切对抗的背后都存在人类的天性,人类的天性由个体或群体来决定。因此,本书假设(见第 2 章),只有个体具有道德能力,因为个体可以负责任,即使个体行动与企业或国家一起发挥作用,个体行为仍在负责任。可是,一旦人工智能起作用,这一观点有一天或许会改变。这里要提出一个问题:谁应该为基本的程序负责任? 只要讨论自动驾驶和车祸的担保责任,就会有这一问题。当前,一个重要问题是:

除了自然人刑法，是否也应制定类似的法人刑法？即，是否有必要制定企业刑法？机构具有法律能力，这是否应该是制定企业刑法的出发点？但是，只有个体才具有道德能力，群体由个体组成，从这一角度看，这个问题应该予以否定。

一家企业发起了进攻，它试图在企业的特殊价值创造链上施加影响，即，要增强自身实力，削弱竞争对手，从而给竞争对手造成损害。如果一个国家发起进攻，那么，毁灭的对象就是竞争对手的整个国民经济系统，例如，通过抵制，可以获得更广泛的效果。为了阻止超强企业的出现，在一些经济体中，反垄断机构无法持续干预，企业进攻和国家进攻会互相结合。在英语世界中，相关的概念是裙带资本主义，在军事上，就是军队资本主义。

此外，还有一种混合手段可供使用，这有很多优点，因为单独使用每一种手段，效果通常都是递减的；偶尔使用过多手段甚至会导致消极后果，比如，在推销时，能计算出来，印刷品广告的强度应该加强到何种程度，因为如果相关附加成本不能再由附加收益来承担，那么强制使用该手段是不合适的。实际上，大企业往往能稳定高水平收益，所以，今天与以前相比，企业能更机智地使用它们的手段。一篇关于美国企业红利的分析文章已表明了这一点，作者苏珊娜·曼诺哈是高盛集团的员工。与以前不同，尽管需求不强，生产力过剩，但竞争压力明显不足以削弱这些压力。作者认为，这提出了关于资本主义运行方式的根本性问题（Hulverscheidt, 2016a；Bloomberg, 2016）。为了稳定收益，美国企业往往把压力释放到员工身上，尤其是工会施加的压力，欧洲对此并不了解。自美国开始工业化以来，破坏工会就是一个传统（Roegemer, 2015），这也可视为一种经济战争行为。

本章首先举例说明，各种力量如何配合行动。这表明，除了物质手段和非物质手段，也可以利用其他手段，即，利用计谋，或者美其名曰，要进行核算。

8.1.1　竞争环境中网络化力量的综合应用

一个重要的军事原则是, 部队的各兵种要配合作战, 这种军事理论在历史上最早开始于坦克将军海因茨·古德里安(Heinz Guderian, 1937a, 1937b), 他开创了武器配合作战。配合作战的目标是, 针对共同的打击目标发挥最佳效果。同样, 在使用经济手段时, 重要的是, 在战术上要对准目标, 选择有效的组合。如此看来, 中国的崛起给美国经济带来了更大的压力, 因为中国的高新技术产品对美国产品构成了竞争, 美国产品可能位于产品生命周期的末端, 其明显表现是, 工业和高科技产业协同作用会导致崩溃。因此, 会出现一个颠覆性效果, 30 年前日本进入全球市场时, 也曾有过类似效果。今天, 信息系统是强大的领导手段, 可以使各种手段配合行动, 并对似乎稳定的旧市场发起进攻, 与1970 年代和 1980 年代相比, 很容易就可以完成联网式作战指挥。同时, 下列问题也更容易回答: 如何、何时、何地、对谁实施进攻?

在企业经济学中, 市场营销组合要以最优方式使各种手段配合行动, 它不存在任何目标矛盾。在实施市场营销时, 人们往往认为这是理所当然的。经济政策也采用一些看似矛盾的手段。比如, 利用货币政策支持财政政策, 使供求措施相结合; 或在危机中, 利用因果治疗方案和中和政策。前一种措施力图利用充分的理由, 进行干预, 以便实现经济政策目标; 后一种措施追求补偿, 这被认为是消极发展。一些政策对民众和选民会产生消极效果, 而另一些政策可以限制消极效果。而在经济战争中, 行动的目标就是造成损害, 因此, 为了实现目标, 行动应该能够给对手带来损害。

要想在竞争中立于不败之地, 企业可以通过各种方式形成自己的竞争优势, 比如, 可以通过降低成本, 可以通过整顿环境, 使环境有利于自己,却对竞争对手有威慑力,或者凭借自然垄断。创新是推动竞争的关键力量,但如果创新持续发生,它就会成为一种障碍。创新可能有收益,但不必然有收益。主导地位也并非这两种因素的必然后果。图8.1.1 显示了一个决策树,它显示了决策的顺序,从贯彻主导地位,到创新,再到赢利。其理论来源一部分是可竞争市场理论,一部分是哈佛大学的市场结构-市场行为-市场绩效假设。这个决策树有一处挑衅性补充,即,只有通过经济战争,才有可能打破竞争对手的主导地位。

- 依据 1 涉及创新能力和实现市场新联合的可能性,决策的依据有三:并产生竞争优势。
- 依据 2 涉及利润率。若利润率高,创新强度也高,竞争对手就较少,但是,竞争对手少,也可能是市场萎缩的后果。
- 依据 3 涉及主导地位预期。这尤其涉及预备期成本,比如,在建筑材料、化学或微电子行业中,在运营之前,要提前建立网络系统,或者因成本下降而导致进入市场已不可逆转,企业也一定会在市场上坚持到底。

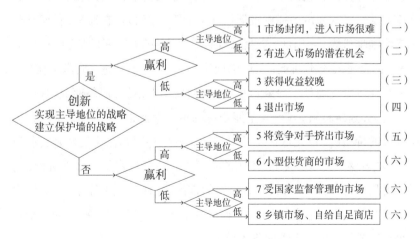

图 8.1.1　进入市场前的战略性问题

资料来源:自制。

在图 8.1.1 中,(1)(3)(5)区中要有竞争监管,(2)区需要关注竞争监管,在(6)(7)(8)区,竞争监管不严格,在(4)区,企业会退出市场,或发生企业兼并。(1)区是技术竞争激烈的企业,如苹果、三星和华为;如果它们持续占据主导地位,就有必要拆分它们,竞争政策在这里也起作用,比如,字母表公司(谷歌)或脸书公司。(2)区包括其他的潜在创新企业,它们被主导企业封锁,或因专利纠纷而备受压力。(3)区包括未来的、潜在的成功企业,这些"独角兽们"往往是网络企业;目前,网络企业通过"烧钱",力图尽快应对使用者的批评,以便未来能占据主导地位,然后赢利,比如,与谷歌相比,雅虎没能成功。然后这些企业就出局了,它们在(4)区,它们或离开市场,或因其技术水平而被其他企业收购。因为可能会出现市场垄断,这又会招致企业合并,并引起市场监督部门的注意。历史上,一些先锋企业未获成功,它们准备了市场,然后失败了,比如,德哈维兰飞机公司,它制造了"彗星"喷气式飞机,是第一家商业喷气式飞机制造商(1939);1980 年代,康懋达计算机也失败了。在(3)区也有新的商业模式,它们以最低的基础设施成本为市场提供极端情况下的服务,比如,在德国,长期有季节性咖啡机模式,因此,企业也有起步损失,随着时间的流逝,竞争消失,企业完成资本回流;在英语国家,这叫"打了就跑"战术。在(5)区有许多供货商处于萎缩市场上,再创新动力很低,但前期成本极高。历史上,建筑材料企业、太阳能企业或储存盘企业就是如此,这导致了漫长的价格战,以便取代竞争对手。企业生存问题往往是金融资源问题,或者签署协议,以便降低竞争强度。(6)区通常是小型供货商,这些商品或是地方特产,或具有一定的排他性,比如旧式备件。(7)区主要涉及受监管的企业,比如,获得公共服务。(8)区是乡村里的自给自足机构或其他失业人群的收入模式。

本书前几章已阐述过竞争理论系统,本章主要讨论顺序,该顺序以竞争作为发现过程的开始（Hayek, 1968），其核心是创新，而创新主要通过降低成本来实现（Schumpeter, 1912），创新首先起到了保护墙的作用，它利于市场份额从疏忽者向企业家的转变。然后，由于这种保护效果逐渐减弱，比如，通过模仿，竞争日益加剧，这会限制市场霸权（Eucken, 1940, 1952），并使创新和垄断的收益消失（Baumol et al.,1988）。

8.1.2 大而不能倒或大而不能坐牢

《圣经·撒母耳记（上）》（Samuel）记载了大卫与歌利亚之战，这场大战说明，矮小迅猛之人很可能战胜庞然大物，但前者务必要一击而中！实际上，大卫的弹弓代表着灵活有效的小型武器战胜强敌的能力；尤其当敌人狂妄自大时，利用心理战术，更能成功。

《圣经·撒母耳记（上）》（Samuel, 1-17）讲述了以色列人和腓力士人的这场冲突，双方的军队被一座小山隔开。战争的关键是，对上帝救助的信任鼓励了大卫站到歌利亚面前，用弹弓战胜了歌利亚。这故事说明，傲慢自大使歌利亚轻敌，结果，他突然不能动，被大卫射出的石头所杀。这沉痛打击了腓力士人，他们逃走了，最终被追击的犹太人所杀。作战指挥的预言成真：一、攻击对于占主导地位的市场参与者来说是至关重要的。二、要找到最佳突破点，才能稳操胜券。

在行为学研究中，大卫与歌利亚之战常被用作比喻，来说明弱者何以能够变成强者。在市场营销中，这被看作过度推销现象，这使客户倍感压力，导致客户不需要强力推荐的产品，而是转而需求其他产品，即，客户决定支持弱者。备选方案因而可能有一线生机，可以反败为胜，一击而中。

大卫与歌利亚之战相当于日耳曼神话中的龙与西格弗里德之战，或希腊神话中海格立斯的胜利，他不仅驱使动物或人，而且也维持了秩序,比如,像在奥基阿斯王的马厩中一样。在每场战斗中,计谋都起核心作用,它们可算是重要的非物质战斗手段。除了战略能力外,非物质战斗手段还包括作战技巧和战术技巧,特别是利用非对称消息,即,充分利用敌人的信息差,为了胜利,可以制造必要的信息。经济理论中的基本原则是,冲突的区分不仅在大企业和小企业层面上,而且要区分短期速战和长期慢战。正因为秩序框架无效,这迫使速战速决,使竞争对手衰落,或一直减缓竞争对手的增长,直到大企业能够保留结构为止。大而不能倒,这不仅是大银行的问题,也是旧工业的问题。熊彼特(Schumpeter, 1912)认为,创造性企业挤走了旧工业,这会消灭工作岗位,而政客们往往对此持怀疑态度。企业规模可能会产生其他后果:民族国家是否能够控告企业,尤其是金融公司,因为在金融动荡后,它们影响了经济的其他部分? 这种被称为"大而不能坐牢"的情况可能导致的后果是,国家可能压制具有高度创新性和创新进取精神的中小企业,因为这对整个经济的后果、对大选不利。因此,发展快而成功的小企业会蓄势待发,它们是潜在的竞争对手,它们的目标是,保持低调,不引人注目,不招人攻击,也防止被第三者排挤。这表现在企业的资本结构上,且资本结构几乎不公开。

尽管如此,如果企业太小,它就很难在世界经济中取得成功。熊彼特(Schumpeter, 1942)指出,全球化要求企业至少要达到一定的规模,熊彼特担心,未来或许不属于自主创新的小企业,而属于系统性创新的大企业。如果要利用规模经济、互联经济、网络经济和学习曲线效应,那么,企业规模必须达到最低要求。如果专业技术人员比较短缺,就应该增加"雇主品牌",即,雇主就像品牌一样确定下来,以便雇员容易找到雇主。系统只有达到一定规模,有一定的能力,才能在经济冲突中取胜。

规模也与出口能力和分散潜力相关,因此,科学证明,地方市场上的企业生产率最低,而跨地区市场上的企业则具有较高生产率,且随着销售区的扩大,生产率不断提高(Helpman et al., 2004)。拥有外国合作伙伴或分公司的企业的生产率可能是最高的。

在这背后,竞争经济学中的市场结构-市场行为-市场绩效理论(Mason, 1939; Bain, 1968)在起作用,该理论假定,一定的市场结构(比如企业群体中的企业规模)会导致一定的行为方式,比如投资优先顺序,这最后会导致收益的提高。其典型的模型是艾哈德·康岑巴赫(Kantzenbach, 1967)的寡头垄断模型,这种垄断具有有限的产品异质性,它会阻碍过激的竞争,这有利于融资,并促进增长。

8.2 企业经济战争中的主导地位

在第 5 章中,能力、决心和意志的存在被确定为成功发动经济战争的决定因素。本节分析人员、资源、创新和金融,它们对于有利的竞争态势有特殊意义。它们直接影响企业的战略定位,与竞争环境和主导地位预期一起影响着企业的风险状况。这可以通过模拟过程来获知,可以通过审计来确定各种具体风险。混合风险尤其会使企业陷入危险,例如,三种风险会接踵而至:损失巨大,缺少技术开发工程师,损失了最重要的客户。因此,自有资本能充当所有可能灾难的核心缓冲器,而灾难可能单独出现,也可能同时出现,且往往有叠加效果。因此,本节分析风险核算,并涉及基本能力。

8.2.1 企业风险核算中的分类

企业的风险核算能够很容易地通过收益分配来分析,收益分配描述一个风险过程的各种积极结果和消极结果,比如内部行动、外部环境或随机过程导致的结果（Blum, Leibbrand, 2003），如图 8.2.1 所示。

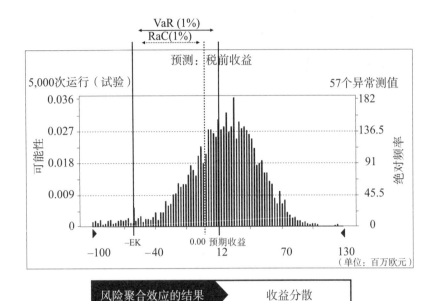

图 8.2.1　企业风险模拟结果

资料来源：自制。

　　假设预期收益为 100 亿欧元，假设企业为最差经营状况做了预备，为了避免损失，两个数值对于风险分析很重要——风险价值或风险调整资本。风险价值描述了在一定时间内（如，在董事会协议有效时间内）、在不损害企业的情况下，以给定概率（这里是 1%）不能超过的总损失数额。如果损失高于自有资本，那么，企业要么积累更多的自有资本，在风险管理框架中，避免风险、分散风险或摧毁关键的竞争对手，要么尝试冒着这个风险继续运作。风险调整资本说明，通过风险聚合（这里是 1%），多少资本会受到威胁，或为了弥补这部分损失，需要多少资本。

　　现在，企业面临第二种选择。如果两家企业为了争夺市场而发生冲突,双方都会产生对未来的预期,但这些预期通常不会是对称的。若两家企业的预期都是积极的,即,大部分可能性都在积极领域,两家企业应该考虑会发生冲突。相反,负面预期会引发经济战争式冲突的螺旋式上升,以便通过及时进攻,从而赢得优势并确保自己的地位。这反过来又会对双方进行经济战争的能力、决心和意志产生影响(见图8.2.2)。

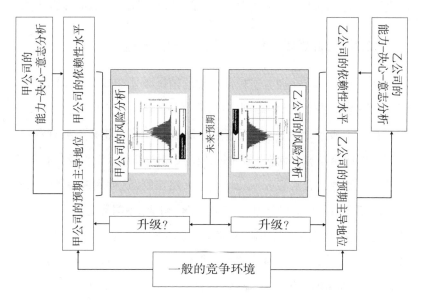

图 8.2.2   两家企业竞争时的主导地位预期比较

资料来源:自制。

8.2.2   人员保障

作为企业的终极资源,人力资源对企业的竞争力起着决定性的作用:一方面,人力资源的直接作用是创造劳动价值,无论是做研发、营销,还是做后勤;另一方面,人力资源也体现在企业形象上,从而将企业作为一个品牌。这在今天起着重要的作用,因为企业的不当行为会有外部效应，并会很快腐蚀企业声誉的基础。实际上，在当今世界，员工的要求由多种文化规定组成，员工道德可信度的意义正在不断增加。

对一些国家而言，保障人力资源也很重要，在这些国家，人口数量下降，它们面临的情况是：争夺高素质员工的竞争日渐加剧。一些国家有自我招聘系统，例如，德国企业采用双元制职业教育体系自行培养新人。除此之外，"雇主品牌"越来越重要，所谓雇主品牌，即，员工视企业为品牌。

8.2.3 资源保障与价值创造链上的主导地位

企业通常只有在拥有或控制资源的情况下才能确保资源的安全。因此，大企业拥有自己的赢利工厂，即，当企业不信任自由贸易时，或企业具有消极预期时，它会反过来向后整合。若企业并不拥有资源，则这会促使企业努力创新，从而代替投入，比如，以人工橡胶代替天然橡胶——德国的合成橡胶成功取代了天然橡胶，这彻底摧毁了法国和荷兰的亚洲殖民地的经济基础。2010年代初期，中国稀土的价格飙升，从长远来看，这会影响中国的战略地位。在安全战略中，必须考虑，哪些资源可以通过回收或替代战略而得到保障，哪些应该主要进行资源替代，并完成相同的任务。显然，原材料用途的广度是重要的标尺，尤其在某些技术的应用范围仍是开放的情况下，比如，在通信网络领域，铜线被玻璃纤维线所替代，移动电话也是传统固定电话的替代品。

因为环境保护法和新技术，尤其因为数字化，全球价值创造链遭到大规模干预。其中，一个重要因素是增材制造工艺，这种机器通常被称为3D打印机，印刷材料也是这里的核心资源。

8.2.4 创新战略、专利战略、许可证战略和品牌战略

品牌和专利属于企业和国民经济最重要的知识产权。许可证可以

把品牌和专利使用权给予第三方。如果一家企业能创立品牌,并很想维护品牌的声誉[①],这品牌就会赢得市场力量,可能创造差别收益。通常,如果想毁掉其他品牌,可以通过丑闻降低其他品牌的价值,或通过仿造来破坏品牌的声誉,其效果正如假币的效果。简单的小事件往往就足以成为丑闻,汽车麋鹿测试正是如此(见第6章)。

专利可以公开知识,避免昂贵的同步研究,专利是技术转让的第一阶段。专利提供一定时间的技术保护,保护期的长短增加了人们继续研究专利技术的动力,并鼓励预先研究和发展。实际上,如果没有专利权,发明和开发的收益将被逐步分享,结果,创新动力就会降低。不过,因为缺少竞争,专利持有者会对第三方进行技术封锁,这会导致国民经济成本上升。因此,专利权有效期长度始终是经济政策讨论的内容。

专利通常被用作体现创新成就的指标,但专利并非在所有情况下都是如此,无论如何,专利可以表达发明的潜力,而创新能力本身则由市场成功来定义。此外,专利的发明含量在国与国之间差别很大,与日本相比,德国专利的发明成分很高,日本则将其分散在各组成部分来实践。此外,根据专利的用途,专利可以分为三类:一、专利确实应用于经济;二、专利仅用于针对第三方;三、专利至少现在仍然是纯粹的发明,并不会带来任何经济效益。由于只有专利申请者了解一项专利的质量和实际用途,所以,有必要质疑,专利到底可以用来做什么,而且,专利申请者会在国外申请专利保护权,这很重要,因此,专利的对外影响也有记录。图 8.2.3 显示了所选企业的研发支出(括号内是企业所在国)。

---

① 托宾的 Q 指标显示企业的市场价值和重置成本(近似于企业的账面价值)之比,参见 Tobin(1969)。

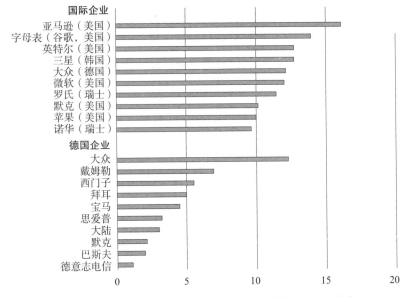

图 8.2.3　2017 年跨国公司的研发支出（单位：十亿美元）

资料来源：自制，参见 FAZ（2017c），PWC Strategy。

　　创新分为四种类型，即基础创新、改进性创新、颠覆性创新和大爆炸式创新。第一种创新叫作基础创新，也叫作飞跃式创新，这种创新能极大地改变国民经济。第二种创新是改进性创新，这种创新在一定程度上也能改变国民经济，但它只能实现渐进式进展。前两种创新建立在不同的结构基础上。与改进性创新不同的是，基础创新以极端的新事物为基础，这意味着，它十分接近研究，比如肖克利的晶体管，或者，基础创新把已有知识结合在一起，这也叫混合技术（Weizman, 1996; Youn et al.,1996），比如爱迪生的电灯泡。第三种创新是所谓的颠覆性创新，也叫作颠覆性技术，这种创新能够持续破坏现有的商业模式，这种颠覆性技术的受益企业往往与以前的市场引领者非常不同，它们甚至会影响劳动分工和经济区位结构。第四种创新叫作大爆炸式创新

（Downes,Nunes, 2013），其特点是毫无阻碍的、自发的、毫无规矩的扩张，与普通产品的生命周期不同，这种创新的产品只经历两个阶段：第一阶段是产品试用阶段，第二阶段就是大规模开拓市场的阶段。

最新研究证明，企业明显有一个选择，要么通过收购或兼并，要么通过自己的创新，来开发必要的经济潜力（Haucap, Stiebale, 2016）。企业兼并成功后就会减少研发经费。从经济核算的角度来看，这似乎也是可选方案之一。实际上，这意味着，企业兼并会降低竞争强度，因为狭小的市场更有利于签署协议；不仅如此，因研究的压力减小，未来的竞争也可能受到限制。欧洲经济研究中心（2019）的大数据分析显示，拥有强大专利的企业不会相互兼并。实际上，拥有强大专利的企业会收购实力较弱的企业；此外，与此相关，专利越来越集中在少数企业手中。中小企业要求此类保护权，优先考虑要对技术进行严格保密，但是，在某项技术被确定为专利时，专利权就是技术转让的一部分；中小企业担心自己被大企业卷入专利战中，而其在财力上又不能负担得起专利战。

因创新水平不同，创新也不同程度地被卷入专利战、规范战或标准战中。因为专利权限制技术进入市场的时间，所以，专利权也是经济战争的争夺对象；冲突或危急时刻的必然后果是，取消专利权或不尊重专利权。现代数字化正在抹去这一界限，例如，通过 3D 打印机，受著作权保护的文章或获专利权的产品可以随意推广，且很难控制。

涉及被控侵犯专利权的法律诉讼特别重要，由于在国际比较中，专利权的技术价值很不同，这直接冲击了专利权的保护效果。小型专利权力争通过附加专利权来保护专利，结果，专利权所有者在继续开发方面受到限制。中小企业往往会有资金困难来进行专利权诉讼。即使这些企业某一天赢了诉讼，其负担也极大。恰是这些巨大的风险成本证明，要利用反向整合来保护自己的知识产权。实际上，依据企业规模大小的不同，创新型企业的技术掌握机制有明显区别。时间上的优势和保密总是很重要,这对中小企业比对大企业更重要,因为中小企业并不具有市场权力,也缺乏金融资金,它们很难通过法律诉讼来保护自己免受侵权。

新的受保护领域的出现也导致了信息不安全,比如,关于基因技术的许可,欧美国家出现了争端。某些功能只有通过使用,才能彻底完成,所以,这个问题一再出现:在何种程度上,市场因各种琐碎的专利权而被封锁?反垄断机构可能强制设置许可证,限制某些技术的市场权力,但是,这个问题取决于国家的相关秩序框架如何设置。可以封锁产品和技术空间,以至于不会出现竞争对手。此外,竞争者可自修围墙,以便在技术上对它进行隔离。

在知识产权冲突中,专利评估机构越来越重要。它们负责颁发许可证,或进行许可证贸易,它们从破产企业中收集专利谱系,或对中小企业的技术研发做评估,而中小企业缺少这方面的资源。因此,这就创造了一种对抗大型企业知识产权评估部门的力量。在德国,2014 年,一份来自博世遗产的专利引起了人们的注意,该专利可以使负载过高的网络启用优先激活功能,比如,可使网络用于优先转发紧急呼叫。苹果公司拒绝支付许可证费用,并因此受到起诉。

在美国,这种商业模式增长很快,而经典的专利权纠纷仅有适度的增长,但专利权评估领域的专利数量却出现暴涨(见表 8.2.1),这会伤害企业的创新意愿(Cohen et al., 2014)。目前,公共通用技术已成为攻击目标。比如,在计算机操作系统 Linux 这一案例中,专利的发明者可以证明,通用技术许可证的要求没有被遵守,因此,在公开发明成果时,后续开发者必须注意与 Linux 软件相关的部分,但这部分并不清楚。在后续技术开发后,先前的技术开发者警告后来的开发者没有遵守专利权,这意味着高额合同罚款,因此,这是一种划算的生意(Heeg, 2018),却使公共通用技术的开发成为问题,许多生产厂家都依赖于这些通用技术,包括机器控制、智能手机等。

表 8.2.1 美国专利纠纷数量

年份	专利应用企业	专利鉴定人	个人或信用机构	大学
2007	1,826	428	190	14
2008	1,661	376	199	10
2011	1,755	1,094	182	12
2012	1,966	2,750	206	17

资料来源：自制，参见 Börsen-Zeitung（2013b）。

企业必须认真分析，在某些研究领域采取哪一种市场进入战略比较理性，这对其他企业会带来什么后果。特别重要的是，这需要资金储备，以便能承受这一决策带来的竞争强度。从太阳能产业可以清楚地看出，错误的决策可能导致大规模资本在全球遭到毁灭。如果竞争对手依赖专利权，那么，专利权很适合用来提高竞争对手的成本，使对手面临无法逾越的市场进入障碍，或者在竞争对手依赖专利的情况下迫使他们退出市场；如果专利权所有者自己不使用专利，就出现了专利封锁。不过，法院可以通过判决来强制实施权力许可。南希·加里尼（Nancy Gallini, 1984）证明，另一种方法是，旧的、价值较低的许可证可能被廉价出售，从而损害优质的产品及其制造商，比如，VHS和 Video 2000 之间的竞争就是一例。布鲁姆等（Blum et al., 2002, 2007b）认为，如果技术是经过验证的，经济上也是可行的，虽然并非最佳技术，却被持续使用，那么，廉价抛售技术，发展新技术，会直接带来标准化和规范化战略的优势，从而降低专利权买家的风险。

在"标准战的形式"（The Art of Standards Wars）一文中，卡尔·夏皮罗和哈尔·瓦里安以历史实例证明（Shapiro C., Varian, H., 1999），长期的路径绑定会导致重大的标准战，比如，美国铁路曾因争取轨道宽度而斗争，电网中曾经有直流电和交流电之争，计算机或存储媒体的制定也有标准之争。规范是国家任务，或是国家委托私家机构完成的任务，所以，标准战是通往国家经济战争的过渡。标准对具体财富的贡献越大,这一点就越清楚;这往往与强大的网络效应紧密相关,然后,冲突会爆发,带来巨大的痛苦。因此,在标准战中,一系列因素对攻守双方的成功起着决定性作用:

- 技术基础的规模:在这个基础上,建立了标准。技术基础创立路径关联,只能通过革命性的飞跃式创新才能替代这个结构,实际上,创新破坏了这个结构。一些互补性商品就属于这种基础。

- 知识产权:专利权保证标准。如果是通用标准或者通用规范,专利权会以适当的价格提供给使用者。基本标准专利尤其重要,如果没有基本标准专利,就无法确定标准,利用标准。市场权力以标准为基础,创新性强的专利更是如此。

- 创新环境和创新潜力:一个人的能力和使环境发挥协同效应所能提供的能力,对于标准战的成功前景都具有至关重要的作用。如果竞争由创新和技术转化组成,标准建立在专利基础上,那么,竞争和标准就为企业进步提供了基本的保障和优势。因此,创新潜力在很大程度上取决于技术水平。除了专利,商标、品牌和独特设计也对创新的成功具有核心意义,因此,这一点也可以转移到设计战和品牌战中。

- 先发优势:采用创新技术的首家企业往往在市场上具有决定性竞争优势,如果它能够定义市场平台,优势就更明显。不过,这会带来高风险,因此,先行者可能建立通用技术标准,甚至制定规范,这使技术基础值得信赖,提高了需求意愿。这一战略在标准战中很有优势(Blum et al., 2002)。实际上,在经济战场的边缘,许多先行者都失败了。比如,德哈维兰公司是第一家喷气式飞机制造商,它的机型"彗星"失败了;第一台小型电脑康懋达被 IBM 个人电脑摧毁了。

- 工业基础或制造能力:与创新潜力一样,工业基础或制造能力对于创新能力发挥了重要作用。在制造能力方面，快速原型制作有突出的意义。中国要成为技术强国，但中国目前尚缺乏大量专业技术工人，这是中国经济最大的竞争问题之一。

● 提供互补性产品的能力：因为这可以有助于保护标准。

卡尔·夏皮罗和哈尔·瓦里安（Shapiro C., Varian, H., 1999）确定了四种标准战策略：第一，技术进化竞争；第二和第三，技术革命和技术进化之间的竞争；第四，技术革命竞争。最终筛选出一个标准（见图8.2.4）。

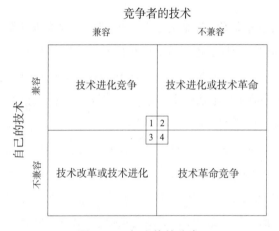

图 8.2.4 标准战的分类

资料来源：自制，参见 Shapiro und Varian（1999）。

成功因素会随具体的定价而出现。比如，防御战往往以限价来实现，因为限价会阻止竞争对手进入市场，而如果想把竞争对手赶出市场，就利用渗透价格。"锁定效应"决定了客户对变化的承受度，即使如此，标准战的成功无法保证在某一广泛基础上一定能获得主导地位。许多企业过分依赖以往的成就，会被革命性技术击溃，雅达利大崩溃就是一例。

创新战略也会出现问题。例如，实施创新战略后，企业向市场提供了新的服务，但是那些先前在监管框架内所许可的行为被取消或必须获得新的法律解释，这是创新战略遇到的问题之一，2014 年优步租车网就是一例。因此，必须比较优缺点，并加以取舍，决定取舍的关键问题是，为什么允许其他企业参与竞争？对于一个有营业许可的国内出租车公司而言，其执照必须立即被吊销。于是，制度设置导致的竞争发生了；在这一对抗战略中，进攻型企业必须权衡修改法律的可能性和维持现有法规的威胁，紧急情况下，要准备一个有效的可选战略。

8.2.5　资本保障和融资

所谓的股东价值，就是为了股东的利益而使企业价值最大化，企业成功的其他社会标准不再重要。很快，人们就意识到，一旦企业声誉受损，就会大大损害企业价值，所以，利益相关方也很重要。在现代的上市公司中，企业严重依赖资本市场和声誉，所以，上市的中小企业往往追求长期目标，这给它们带来很大的竞争优势。因此，许多中小企业往往在公众中并不显眼，它们会潜藏起来，以便不会引起竞争对手的关注，不会成为企业收购的对象。此外，企业的任何知名人士只要出现在公共场合中，企业的声誉风险就会增加。因此，中小企业追求在长时间内把企业的商誉价值最大化，长期性意味着，会把边际条件作为决定性指标，比如客户满意度、员工积极性。为了价值最大化，上市公司会回购自己的股份，这会降低自己的债务，并使它们能够应对外围的攻击，即，遭到其他企业的兼并。

因此，企业负债过高是降低企业价值的最重要的战略弱点之一，这限制了企业的长期投资能力，除非长期投资可以获得补贴，比如，国家实施宽松的货币政策，或获得了国家担保。图 8.2.5 显示了相关各国的负债情况。左上角为门槛国家，如土耳其、墨西哥和巴西，它们的负债较少，大量贷款大大促进了企业增长。中国企业的负债也相对较高。许多早期工业化国家能够长期保持自己的负债水平，部分国家甚至降低了负债水平,比如英国。因此,这些国家的企业行为比较理性,因为未来是不确定的,所以,很有必要加以稳固——但这也推动了金融萎缩,即需求缺乏,与经济繁荣背道而驰,而一部分需求缺乏是国家导致的。

今天,资本和融资保障是正规金融系统的任务,也是影子银行(尤其指私募股权基金)的任务,随着私募股权的产生,就会出现很大的竞争问题,这在后文会再论。

本书第9章讨论竞争秩序,并分析企业的黑钱融资问题,通过货币的"洗白",会出现不正当竞争和企业僵尸化的问题。黑钱往往被作为贷款来发放,与接受正规银行融资的企业相比,通过降低资本成本,接受黑钱来融资的企业更富有竞争力,即,黑钱损坏了那些正规融资企业的本质。此类生意会有生命危险,例如,2016年夏,德国旅游网站尤妮斯特的总裁托马斯·瓦格纳(Thomas Wagner)便死于飞机事故(Dowideit, Naumann, 2016)。

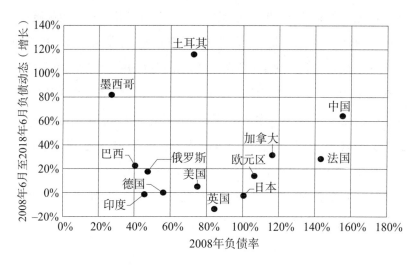

图 8.2.5 2008—2018 年相关国家的企业债务(不包括金融机构)

资料来源:自制,参见 Bank fuer Internationalen Zahlungsausgleich(2018)。

8.3　企业的经济战争手段

在占领销售市场时,企业的经典手段是价格政策和数量政策。根据微观经济学理论,价格首先是商品短缺的指标。价格也能引起声誉效应,因为高价格意味着商品很受欢迎。在极端情况下,出现反常的需求行为,即,需求会随着价格的上涨而增加,因此,如果产品的价格不断上涨,产品会更昂贵,更引人关注。反之亦然。价格太低,这意味着,质量不过关,因此,需求者会离开,这又迫使价格下降。然后,低质量商品就彻底消失了。但是,关于产品真实特性的信息往往不对称,高质量产品也备受压力。在"柠檬市场"(Market for Lemons)一文中,乔治·阿克洛夫(George Akerlof, 1970)认为,某些市场不存在,因为低价劣质汽车会挤走高质量的汽车。这个实例说明,潜在特征也会成功,潜在特征未能给客户识别优质汽车的机会。只有通过可信的信号才能避免这种情况,比如,通过担保书。但这种策略也可能遭到破坏,比如,抛出烟幕弹来干扰,即假消息和信息霸凌。德国统一后,托管局要把前东德企业私有化,许多人质疑东德厂家的能力,质疑企业的合同履行能力,以便自己廉价获得这些企业,这对西德的竞争很有利。这里的前提是,对敌人的侦察要有很高的质量,以便能准确击中对手,且不会伤害自己,不会损害自己的产品,因为这种侦察会有无法预测的反作用。如果一家企业有着很高的生产率,它想进入市场,那么,市场上的现有企业不会毫无反应而任其进入市场;所以,除了价格,数量也很重要,数量是挑衅性信号,尤其当数量与成本下降相关时,它表明短期内企业不会退出市场。这里几乎没有考虑到质量,只有创新理论(Schumpeter, 1912)把质量当作重要的进攻手段。质量与企业的能力有关,有目的地利用知识产权也会提高质量(见上文)。

那么,在经济战争中,采用哪些手段,这些手段以哪一种结合方式被使用,这主要取决于这个问题:关键的成就应该在哪里?

8.3.1 价格

在完全竞争的参考范式中,价格是一个数据,供应商的商品数量必须适应这个数据。实际上,生产商追求市场权力,因此,价格既是紧缺指标,也是许多其他经济情况的信号,尤其是质量和声誉的信号。价格是信号,在国民经济理论中,尤其在产业经济学理论中,价格被视为企业的战略武器,但本节主要从作战与战术层面讨论价格。

为了成功地定价,企业要有高水平的能力。首先,企业必须了解客户,了解客户的收入和偏好,这些因素影响具体产品的价格和销售。然后,企业必须了解同业竞争者的反应。最后,要了解经济繁荣和经济结构的框架条件,这些因素会使人了解价格的提升空间。

企业定价会根据不同的标准,因此,会出现价格差异和价格歧视。所谓的价格差异,是指随着产品质量和设计的不同、产品成本的不同,产品价格也有涨跌,比如,因为运输车的漆色很特殊,电视机因运输会提高价格。所谓价格歧视,就是有其他标准决定价格的变化,比如,根据数量来给予折扣或价格优惠。价格会导致客户的需求有弹性,因客户有不同的特征,客户的支付意愿有所不同,客户的支付意愿可以通过经济区位或需求弹性来了解,比如紧急旅行,旅行时间确定过晚,价格就很高。按照一般的空间概念,价格可以随客观条件、质量情况或所需时间而变化。可以把许多供应捆绑在一起,也可降价处理,比如手机销售。

借助掠夺性定价,通过超低定价,通过充分利用自己的体验曲线效果,企业试图使那些替代品或竞争性产品的生产商面临亏损。进一步的措施是,设定驱赶性定价,它可能直接摧毁另一家企业。如果其他企业生产互补性产品,那么,就采用俘虏产品定价策略,即,常用商品以价廉物美的定价来出售,比如油菜、照相机、香烟、刮胡刀、咖啡机等,以便将相关的其他常用商品定高价,以赚取超额利润,比如食用油、胶卷、烟丝、刮胡刀片、咖啡胶囊等。两种商品的关联(如在专利水平上)越紧密,这种定价就越有利。

所谓的倾销,就是在某一市场上利用低于成本的定价来摧毁竞争对手。由于产品本身的价格过高,所以必须补贴市场,这样一来,市场可能遭到破坏。世贸组织或欧盟(2016)都规定了有秩序的程序,以避免倾销。倾销导致的价格优势可通过一般关税来抵消。有时也有特殊企业的个别关税,它会关注特别条件,而这些关税通常低于正常关税,这可能意味着反倾销诉讼最后会落空。实际上,征收关税也涉及国内收益损失,要想补足这种收益损失,不必改进某些被忽视企业的行为,它们往往在倾销。如果设有报复性关税,那么,这会在倾销战中给双方带来损失,因为从多市场竞争角度看,一般情况下,报复性关税针对其他的敏感领域。

在竞争性市场中,进攻者至少要制定市场渗透价格才能进入市场。此外,企业还可以随质量特征而进行逐级定价,这种价格必然有差异,往往也是歧视性价格。[①] 尤其要关注限制性定价,限制性定价指那些阻碍竞争对手进入市场的最高可能定价。但必须对这样的排除策略深思熟虑,因为竞争企业务必要预测竞争对手的成本结构。如果竞争对手的成本很高,那么,它就不敢去竞争市场。但如果竞争对手的成本很低,那么,它的限制性定价可能很低,低到了该市场占有者会持续亏

---

　　① 价格差异纯粹基于供应方,商品质量不同,成本不同,价格随之涨跌。价格歧视则是价格随客户的不同而变化,比如,价格随客户的支付能力而变化。所谓的拉姆齐价格,就是价格根据需求弹性而变化,比如,在旅游业,定价的依据是,旅行者的出行是否在时间上很紧急。

损。因为市场占有者已经把价格逼到了亏损区，以阻止其他竞争对手进入市场，市场上的价格水平会持续走低。最后，这导致的后果是，企业必须制定竞争性价格，以便阻止潜在的竞争对手进入市场。与产品生存周期的缩短相结合，长期来看，可能会发生毁灭性降价，即所谓的恶性竞争。

一旦出现多种商品市场或多区域市场，并且商品是替代性的，即，商品多多少少是可以相互代替的，那么，上述理论就应受到质疑。如此一来，和多市场竞争一样，必然会出现这样的情况：橙汁市场进攻者进入市场后，另一家橙汁生产商也生产苹果汁，它被迫把橙汁降价。但它不能再把苹果汁价格保持不变，因为苹果汁是替代品。它会自问，它能否参与这场厮杀？它是否和这个竞争对手签署停战协定，即退出橙汁市场，只销售苹果汁（Judd, 1985）。这两家企业通过协定可以预知，这两种商品的价格会提高。这种市场分配策略是一种垄断策略，是被禁止的，但由于历史原因，垄断往往长期存在，如德国汽车业的情况。在政治领域，利益区会进行平衡，军事上称之为分界区。

在多市场竞争中，如果被进攻企业并没有在相关市场上进行反击，而是在竞争对手高度敏感的另一个市场上进行反击，那么，价格战就会迅速转移。最后，整个行业可能会被感染而受损。这种行为也对应一种军事作战指挥，如果出现了新的战场，为了限制当地的反抗力量，甚至会迫使对方进行换岗，以便形势对自己有利。

除了上述敌意价格战略，友好定价也值得一提。首先，友好定价包括市场引领者的高定价，这是在向小型供货商释放合作意愿，因为市场引领者需要市场伙伴，但它也有附加条件，即，即使处于一个狭小的市场上，也不会处于激烈竞争中。典型的实例是建筑业，小企业往往是下级承包商。此外，友好定价还包括摆动定价，这种定价策略是，在达到一定购买数量时,价格会有所变动,这是向数量定价策略的过渡,但只有那些市场权力强大的企业才能采用数量定价策略。

最后,人们在短期内购买时,很少进行理性选择,所以,价格心理学也值得关注。未出售或热销商品也影响价格,比如,厂家的奢侈品牌汽车和中档车,像大众的辉腾和帕萨特。通过类似商品的相应价格级别,客户会根据平均价格而关注性价比最高的产品;如果能够成功地为不同的客户群提供不同的平均价格水平,那么,这会更好地满足歧视性定价的条件。反之,要注意价格的阈值和低于最低价格阈值的情况,比如,在经济紧缩的趋势下,这会使整个价格结构崩溃。对竞争不利的因素可能也包括价格保证,即所谓的"本地最便宜价格"。如此一来,对于想进入市场的企业而言,会出现很大的问题,甚至是无法逾越的障碍,长期来看,这会限制市场结构。

原则上,在基于竞争形势和客户驱动的动态定价的情况下,必须权衡客户的可靠性、可预测性的优势以及在短期内利用市场机会的能力。大数据分析允许强烈的歧视。购买者的心理反抗可能会很强,会破坏市场,比如,纽约优步公司就经历了这些。若系统由算法所操控,市场过于狭窄,会很快出现价格暴跌(恶性竞争)。同时会发展出垄断组织,因为良好行为信号会被交换,所谓以牙还牙(见第 3 章),以促成可以稳定价格的臆测平衡(Bresnahan, 1981)。若企业采取相似甚至一致的计算方法,算法串通问题会加剧(Monopolkommission, 2018: 66-71)。

若供应商不了解消费者的需求行为,若没有消费者对所供商品的支付意愿信息,并且所提供商品是单独对象,建议采用所谓的拍卖程序进行定价(Blum et al., 2006: 145-160)。拍卖的核心问题是,要严禁算法串通或腐败;这个领域存在大量的经济战争行为。因此,部分拍卖采取了奇怪的方法,比如,将投标者隔离在附属设施中,以避免相互协调。往往在拍卖之前,会规定参与拍卖的最低要求,比如财力。

与国家进行帝国主义扩张类似,也有企业帝国或企业主帝国,一家企业也可能在上升期过高估计自己的能力——然后它会遭受胜利者的诅咒(Thaler, 1992),因为该企业不能以约定价格供货,并因此自我毁灭。

长期以来,人们一直认为,随着微观经济竞争模型的延续和互联网市场透明度的提高,价格差异将趋于平缓。实际上正好相反。通过搜集大数据来了解客户购买行为,可以让即使是最小的需求也能得到满足,例如,某商家供应图书馆的古董书,其中一本书由一位已故德裔美国人所写,该商品在美国几乎没有需求,但在德国却有需求。旧零件和二手货都值得经销,这样,这些商品就有了价格,否则是不存在的。

在狭小市场上,存在着寡头垄断相互依存关系。在核查价格协议时,可控程度越高,就越容易形成垄断。国家试图借用价格透明来迫使竞争,却并不成功,丹麦水泥市场(Albaek et al., 1997)就是一例。客户定期在加油站经历这种调整,因为大型生产商利用准官方定价应用程序来优化自己的价格政策(Busse, 2016)。

8.3.2 数量和生产能力

最重要的数量策略是,在进入市场时,生产能力超过迄今为止的自由市场规模,以便向市场占有者释放信号,竞争者将承受压力。如果存在不可逆转的沉没成本,那么,就不可收回投资,这样也就释放了信号,表明坚持到底的决心。那么,被攻击者或退出市场,忍受竞争者进入市场,或力争与竞争对手达成协议。威慑战略或许最昂贵,因为这会引发价格战。相反,如果企业的生产能力较小,它要进入市场,就会被视为友好行为。这在斯潘塞-迪克西特-斯蒂格利茨模型中很明显:在该模型中,"禁止进入市场"表示,长期收益低于沉没成本;"阻止进入市场"表示,长期收益和沉没成本几乎持平,市场占有者能通过数量博弈来降低价格,以阻止挑战者在可预见的利润下降的情况下进入市场;但如果竞争对手预期,可能有收益,市场可以容纳它,它就会进入市场,这时,价格战的成本永远不能通过未来的收益来抵消。[1]

因此,如果实施数量策略,那么,投资行为很重要。投资不足意味着渴望和平,但对高特异工厂的投资过多,要在市场占有者的核心领域提供相同的服务,这意味着宣战,例如,1970年代日本汽车工业的过度扩张就是如此。同样,进入市场的决心也可以通过高额的广告投入来体现,只有长期在市场上获得成功,才能收回投入广告的费用,因此,广告费也是不可逆的沉没成本。1993年,当时的德国新杂志《焦点》投放了大量广告,对《明镜》杂志而言,这意味着,《焦点》必须进入市场。某些商品意味着社会地位,是奢侈品,它们也大量做广告,比如化妆品广告。大量投资于研发,也可理解为宣战,比如,中国的微技术产业或太阳能产业都在进行大规模研发。假如与研发相关的其他产业仅有利于自己[2],即,不会转用到其他企业(无溢出效应),这又与跨文化知识产权保护有关。

这种大规模投资是安全政策的典型特征:苏联曾在欧洲部署了SS20中程导弹,取得了战略优势,随后,1983年,美国总统里根宣布,要实施战略防御测试,即星球大战计划,这说明,美国已准备好与苏联

---

① 雅各布·富格尔采用了数量策略,他控制了原材料矿藏,如银和铜,结果,市场泛滥,竞争对手被挤出市场,他获得市场权力,能强迫货物转运,如,把胡椒从威尼斯运到里斯本,这摧毁了竞争对手(Steinmetz, 2015),而且还有政治效应。这令人想起2015年年初以来的石油价格战。

② 这是奴隶制经济,内部(大规模生产、学习曲线)或外部都可以经营,有联盟优势和网络效应。

进行军备竞赛,结果,美国做出了 1979 年军备补充的决定。

在融资市场上,无法收回沉没资本,因此,沉没资本必须坚持下去,但它们可以通过生产产品来收回。技术进步也会使投资贬值,比如,传统的远程通信网曾经是自然垄断,因为竞争对手认为,不值得在地下铺设第二条通信网。最后,市场引领者可以选择一部分市场,使它的服务低于平均成本价,而把服务价格高于成本价的那一部分市场留给竞争对手,即所谓的摘樱桃策略。

实际上,如果市场上有利可图,创新可以打破市场,那么,成本下降会刺激技术进步。因此,人们往往有兴趣采取措施来保护市场,或利用法律,或通过国家优惠条件,或利用专利权。

在经济战争中,有一种数量策略很有创新性:企业声明,由于不可抗力较强,某项生产不得不中断,因此,企业无法供货,但企业不必因此而赔偿对方的损失,企业还可以提高价格。不可抗力条款很普遍,当地震、战争或火灾导致设施损坏时,不可抗力条款可以保护生产商免受客户的诉讼,不仅如此,这一条款也用于保障生产商免受罢工和自身供应中断的损害。定期停产或按协议停产是敲诈客户的手段,不属于不可抗力条款。2015 年初夏,类似的声明很盛行。聚烯烃市场高度集中,30 多家供应商声明,因不可抗力不能供货,这使中型加工厂备受压力(FAZ, 2015a)。2016 年夏,由于零配件供应商无法供货,大众集团停产一周。柴油门事件(即操控汽车废气指标)耗费了数十亿欧元,大众集团试图在供应链中转嫁成本压力,而不补偿其合作伙伴的研发费用。对此,在"公平博弈"(Fairplay)一文中,卡尔-海因茨·布什曼认为(Karl-Heinz Büschmann, 2016a),全球化使风气败坏,而且由于市场本身没有提供礼仪规则,因此会被这种手段所反击。

数量策略的特例是竞争性收购,即,消除竞争对手的供应。如果竞争对手收到的供货比本公司收到的供货更便宜,可以停止廉价供应,或挤走廉价供应商。

最后,注意!不应忽视毁灭竞争性产品的威胁,这种威胁偶尔会实现,这属于数量策略。如何毁灭竞争性产品呢?一方面,破坏它的声誉,以间接方式来毁灭它,比如,奥迪和菲浪手表就是两个例子;另一方面,也可以诉诸身体暴力,法国农民经常使用这种暴力,甚至会采用爆炸的方式,法国葡萄农就这样摧毁了竞争对手(Wuepper, 2016)。

8.3.3 成本

提高竞争对手的成本,可以加剧它的生存困难,或把它挤出市场,这一措施间接起作用。该措施大多与纵向合并或合作相结合。在狭小的市场上,这会以牺牲对手的利益为代价,引发价格效应。例如,1888—1930 年,美国铝业公司和美孚石油公司逐步合并(Perry, 1980),美孚石油垄断了美国的石油精炼业,并控制着石油运输,最终在 1911 年,根据《谢尔曼法》,它被拆分了(Granitz, Klein, 1996)。

提高对手成本这一模型有两个出发点:一、先后出现了两家垄断企业;二、垄断企业拥有足够的市场权力,比如一家原材料生产商和一家加工企业。然后,每一家企业都会获得它的垄断利润,在每一阶段都会减少供应,然后,收益遭受损失,这种损失应归咎于双重边缘化:第一阶段的价格-销售功能是第二阶段的边际效益功能。如果两个阶段结合在一起,就不会发生边缘化,边缘化的后果是,产品的数量增加,产品的价格下降,收益和利润会减少,但企业的集中程度会增加。

图 8.3.1 显示,两家供应商(供 1 和供 2)是两家竞争企业,两家销售商(售 1 和售 2)也是两家竞争企业,市场上存在双寡头垄断。如果

供应商1（供1）和销售商1（售1）合并,成为一家纵向合并的垄断企业（垄1）,就会产生收益,尽管垄断总会导致财富损失,但这一损失比垄断前的损失要少。一旦出现垄断企业,市场权力就发生了推移,这种市场权力的转移分三种情况:

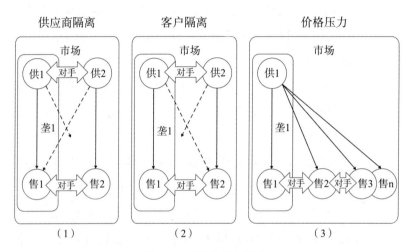

图 8.3.1　间接成本压力

资料来源:自制。

- 供应商隔离（阻止市场进入）:首先,供应商1（供1）只向销售商1（售1）供货,而供应商2（供2）同时向两家销售商（售1和售2）供货,销售商2（售2）也可以通过供应商1（供1）获得供货。销售商1（售1）位于价值创造链上游,占主导地位,针对价值创造链下游的竞争对手,它会限制资源,当它（售1）把供应商1（供1）合并进来后,形成了新的垄断企业（垄1）,于是,双重边缘化消失,垄断企业（垄1）的成本下降,那么,供应商2（供2）被会被挤出供应市场。由于销售商1（售1）的市场权力提高了,对于销售商2（售2）而言,相关成本提高了。现在，供应商 1（供 1）可以向销售商（售 2）供货，但是，供货的价格只会是较高的垄断价格。在狭小的市场上，销售商一旦控制了关键的供应商，就必然会提高竞争对手的相关成本。比如，德国的诺瓦莱德向 LG 电子供货，2013 年，三星收购了诺瓦莱德，企业合并后，对三星而言，这减少了双重边缘化，但如果 LG 电子必须承担相关成本，那么，企业合并就使 LG 电子备受压力。

- 客户隔离（输出隔离）：供应商 1（供 1）位于价值创造链下游，占主导地位，针对位于自己下游的对手，它能限制资源。一开始，供应商 1（供 1）同时向两家销售商（售 1 和售 2）供货，而供应商 2（供 2）只向销售商 1（售 1）供货。销售商 1（售 1）也可以通过供应商 2（供 2）收到供货。在供应商 1（供 1）与销售商（售 1）合并之后，两家企业组成垄断企业（垄 1），并降低了成本，但它在向销售商（售 2）供货时，并不提高价格，而是降低了自己终端客户的价格。如此一来，垄断企业（垄 1）也就不会因为降价而陷入竞争中。

- 价格压力：供应商 1（供 1）位于价值创造链的上游，当它被销售商 1（售 1）兼并后，形成了垄断企业（垄 1），双重边缘化消失了，生产成本下降了。但是，垄断企业（垄 1）不会把成本下降的信息传递给竞争对手，当市场价格下降时，竞争对手（售 2、售 3、售 n）却不能降价，所以，对其他销售商而言，产生了价格压力。

一旦中断供应，如，中断原材料供应，就能把竞争对手赶出市场。在狭小的市场上，这种策略可视为企业策略。2017 年，特斯拉收购了德国汽车供应商格罗曼，使格罗曼全部生产特斯拉，这使宝马汽车公司备受压力。这种策略也可以是国家战略。中断原材料供应,或进行价格挤压,这些措施有很多表现,史蒂夫·萨拉普和大卫·施富曼(Salop, Scheffman, 1983)把它们与市场壁垒联系起来,并证明,企业被挤出了市场,或市场进入受到阻碍。基普·维斯库斯等学者(Viscusi et al., 2000: 182)证明,最低工资也符合这些特征。电子市场平台尤其有这种潜质,即,双重边缘化消失了,市场权力得以发挥。

所谓的烧钱,就是同时实施敌意的价格策略和数量策略,并大规模投资,以便占领市场,这在互联网行业很著名,历史上,铁路行业就是如此,最近,数字经济也是如此。烧钱的风险很高;亚马逊很成功,但更多的企业几乎要失败了,比如优步或苹果,在移动通信领域,一些企业已被摧毁,比如和记黄埔的移动通信公司。

8.3.4 合作、合并和拆分

企业采用的手段在很大程度上取决于它在供应链上的位置,因为这决定了可能的经济冲突领域,可以预测或评估将其他企业归为竞争对手还是盟友,其根据是迈克尔·波特(Michael Porter, 1999)的竞争力量概念(见第5章)。波特把竞争层面分为横向竞争层面和纵向竞争层面:横向竞争位于同一价值创造阶段,纵向竞争位于价值创造的上游或下游。这也决定了可能的合作、收购或合并战略,也决定了串通的可能性。这说明,企业整合成功的可能性很小,尽管它们往往是合理的:企业价值核算结果显示,在企业外部采用财务手段和在企业内部采用财务手段相比,前者的效益更好,应该稳定供应链和核心能力,要确保技术的可用性,要破坏竞争对手,或者市场应该合为一体。

企业兼并潮常常会出现,但兼并往往并不是出于战略原因,而是因为非理性的繁荣,或因为框架条件有利于兼并,这符合行为经济学原理。如果中央银行的贷款利率低，那么，这不仅会扩大需求，而且还会引发对稀缺资源的争夺，而稀缺资源可以通过兼并来满足。这种思路是：若资本的成本下降，那么，在稀缺资源领域，企业兼并就有利可图，而如果资源比较便宜，尤其是劳动力相对便宜，那么，企业实施内部增长就是值得的。兼并的战略原因是，容易进入市场，或容易获得技术。企业有很多防御措施，可以防止自己被兼并。比如，企业的组织结构是一种防御措施（企业有强大并值得信赖的股东）；如果企业本身的价值很高，这也是一种防御措施。尽管如此，大部分企业都在研究，如何兼并其他企业，很少有企业会为了自己被兼并而做战略准备。

自 2018 年以来，中美和中欧发生经济战争，中国企业的海外收购受到阻碍。西方认为，在进入市场方面，中美和中欧之间缺乏交互性。这也限制了现有投资的增长潜力，部分原因是，中国企业仍被排除在西方技术网络之外。西方担忧，中国会占领技术主导地位，于是，西方力争限制中国企业在外国企业中的参股率。西方认为，表面上，中国并没有违反世贸组织的规定，却不符合世贸组织的精神，中国企业收购外国企业时，会得到国家的资助，或获得低息贷款。例如，库卡是全球最重要的机器人生产商，中国企业收购了库卡，这引起了德国政界的反应，导致德国政府间接或直接阻止了 2018 年中国企业在德国其他战略领域的收购——能源网 Encevo、芯片制造商艾思强或特殊模机公司莱菲尔德。今天，库卡在德国遇到了合作问题，由于库卡的知识产权属于中国企业，德国对库卡的信赖度有限。美国认为，中国收购外国企业，西方利用中国技术，两者都有安全风险，所以一些中国企业被排除在美国市场之外，比如网络和手机生产商华为。

2016 年，中国企业在国外的企业收购达到顶峰，收购总值达 1,830 亿美元，其中，近 860 亿美元在德国（Boeckler Impuls, 2017; Börsen-

Zeitung, 2018d）；之后，中国的外企收购金额开始下降。实际上，中国担忧，外企收购会给外国公众带来负面影响，企业收购也可能导致资本流失，偶尔，资本也可能被用于非生产性用途。因此，中国当前的目标是，在全球价值创造链中，提高自己的价值创造比例，这符合中国的"一带一路"倡议（见第 1 章）（Gao, Horbach, 2017）：比如，中国企业在"一带一路"框架下投资于资源和高科技领域。中国限制中国企业投资于不动产和娱乐业，严禁在赌博业进行投资。国家会把一些投资视为安全政策的隐患，因为它们会引起第三国的抵制。

来自非欧盟国家的企业想收购德国企业，德国政府会加以控制，控制的方式是：收购者须在德国经济部申请，签署一份安全声明，在收购活动未经审核的情况下，如果收购者希望接管关键的基础设施，那么，该声明将在任何情况下生效（Wefers, 2018）。

仔细观察纵向价值创造链上的合作，就会发现，这里的破坏往往会引发多米诺骨牌效应。这种相互依存关系可能会成为攻击者的焦点。1998 年，凯毅德公司的门锁生产设备遭雷击，结果，几周时间内，福特汽车公司无法交货，由于福特单方面试图改变供应合同，因此，这次雷击事件疑似一种抗议。

技术的融合往往导致跨行业合作、企业接管或企业合并，并建立集群结构。如果一家企业占据主导地位，通过专利权，它可以使用受保护的关键技术，那么，作为系统领导者，它可以决定其他合作伙伴的战略，包括如何应对第三方。

横向关系和纵向关系如果融合在一起，结构就比较系统，这在金融业很普遍，因为这些金融机构之间是相互竞争关系，同时它们也联合组成财团，也相互处理银行内金融业务。由于通过金融和信誉渠道进行的监督过程缺乏可靠性，某些银行不再向外贷款，这可能会迅速引发多家银行同时倒闭或在短时间内相继倒闭。银行要确保经常项目资金，尤其要确保自有资本和债务资本的安全，如果这两方面同时遭受压力，并引发资产崩溃，就更会导致银行倒闭。于是，一种易被破坏的系统就逐步形成了，因为人们不能使企业倒闭。如果所有各方都知道这一点，那么，博弈学认为，违反竞争原则和经济秩序的市场攻击行为是合理的，直到发生灾难为止。

当合作策略导致串通行为时，从秩序经济学角度看，合作策略就会变得很成问题。这可以利用廉价的谈话来准备，以此作为对第三方的善意提醒。比如，在举办旅行博览会的时候，一家企业的董事会在媒体面前表示价格太低，这是向竞争对手发出信号，要求共同提高价格，而不是相互竞争。实际上，这样一来，可以制造稳定的预测平衡（Bresnahan, 1981）。因此，凯-乌韦·屈恩（Kai-Uwe Kühn, 2001）指出，这要取决于沟通的类型，但市场行为在法庭上几乎很难被认证，所以，沟通很成问题，尤其是，按照竞争法，关于未来行为的信息似乎对竞争至关重要。

一种特殊的合作形式是，与创新型客户进行合作，即所谓的预测合作，美国特斯拉公司就采用了这种合作模式：通过测试客户或经销商是否想投资特斯拉，来检测特斯拉创新的质量。通过这种方式，企业可以获得早期的客户信息。在1970年代，K-Tel公司以这种方式推销它的唱片，它把不同的流行音乐放在一起，在电台上宣传，但并不把这些音乐制作为一个唱片；通过在唱片店了解客户，通过经销商的电话，唱片公司测试销售情况。在型号完成之前，预制型号，或以虚拟方式模拟型号，可以提前了解信息。

在某些企业集团中，一部分企业的价值比整个集团的价值更高，那么，就应拆分整个集团，这样可以降低消极的协同效应。企业拆分后，在市场上,企业的专业化优势得到加强,并避免了集团中非生产性部分的交叉融资。此外,资金流入母公司账户。积极的股东大多是基金,它们往往会力争从集团拆分中赚取利润,因为它们预测,股市行情会在短期内上扬。最臭名昭著且最成功的基金当属美国基金艾略特,其总裁是保罗·辛格(Paul Singer)。2018年秋,辛格和瑞典大股东赛维安一起,迫使蒂森-克虏伯公司拆分。

　　企业拆分可以被迫完成,以避免市场权力,但也会引发经济战争,比如,美孚石油的拆分就曾引发经济战争。当前的讨论主要涉及互联网巨头谷歌、脸书或亚马逊,它们试图在市场上实现认知主导地位。

8.3.5　平台市场

　　市场自古就是供求交会的基础。作为交易平台,市场往往是自发建立起来的,但也有一部分是由政治力量建立和控制的,就像中世纪末期早期资本主义的出现一样。今天,互联网技术创新日益发展,出现了电子交易平台,随之,系统也得到创新,使得电子交易平台不仅与传统的市场一样,可以把一切市场参与者联系起来,而且可以把生产者和消费者成双成对地关联起来,这样就出现了所谓的"生产性消费者"。在传统市场上,议价和质量监控都发生在集中的空间市场中,交易的透明度是关键任务之一,市场必须达到一定的规模,才能发挥它的功效。今天,市场不必集中于某一空间,情况完全不同了。同样,质量问题仍是一个重要话题。历史上,商品的质量太差,商品会被钉在耻辱柱上。今天,在网络平台上,客户所发布的信息往往会说明产品的质量,比如,客户在一家平台上发布的信息是"我喜欢"或"我推荐",这说明,这家平台的商品质量上乘。在极端情况下,客户会指责网络平台,比如,客户说,这家平台是"耻辱"或"粪堆",这说明,这家平台的商品质量太差。

"双边市场"（Rochet, Tirole, 2006）与"多边平台"（Evans, 2003）都把市场参与者之间的外部性作为其研究核心。哈吉尤和莱特（Hagiu, Wright, 2011）认为，这类平台市场有六个核心特征，这说明，竞争中必须考虑这些基本能力：一、一家平台必须是一个机构的一部分；二、其核心用处是活动者的互动；三、所有活动者之间的交换关系必须通过平台实现，即启用功能；四、参与到平台中是有意识的决策，即从属功能；五、平台使用者必须根据各自不同的偏好或其他原因，在市场上占据不同的位置；六、消费者类型功能，比如，他们是买主还是卖主。

上述外部性可以直接发挥作用，因为随着对平台的使用，平台参与者的数量成比例增长，比如，电话系统就是这样。上述外部性也可以间接发挥作用，比如，使用同一产品或服务的用户数量发生变化，每个用户从消费此产品或服务中所获得的效用也会变化，计算机驱动程序就是如此（Katz, Shapiro, 1985: 424）。网络类型在这里起重要作用，比如，随着听众人数的增加，广播电台的使用呈线性增加，但随着通话人数的增加，固定电话系统的使用则呈二次幂增长；如果间接的网络效应增加了，使用人数就呈指数级增长。这会直接决定客户的支付意愿，并指出临界质量问题（Evans, Schmalensee, 2010: 22）。起初，成本不断增长，只有平台使用者达到了一定的数量，才能支付成本，但由于规模优势，利润会随着客户数量的增加而成比例增长，总有一天，收益能够高过成本。因此，在这类市场上，往往一开始会大规模烧钱，这些措施明显是在打经济战争：在竞争对手弱势阶段就攻击它，因此，会发生烧钱竞赛，或者提高对手建立平台基础的成本，从而阻止竞争对手，使其不能达到临界点。

在这类市场平台上，并非一家企业在争取客户，也并非一位客户在争取供应方，而是各方建立了一个参与性系统，该系统能够直接给出回应。例如，脸书利用自己的平台，收集客户信息，它也改变市场条件，以便进行定量分析，这样一来，它可以预测供求情况。显然，成熟的市场平台有竞争优势，即，在外部性提高后，平台参与者都有收益，因此，有必要提出一个问题：如何在客户和平台经营者之间分配这些外部性？如果平台经营者建立了市场霸权，拥有垄断地位，从而迫使客户从多个平台转向一个平台，它们可能会完全被运营商接管，于是，这家平台拥有了信息主导地位，它不必再进行新的投资，建立另一个平行平台。借助创新或国家整顿，企业可以扫除障碍，进入市场。关于平台的竞争：一、现有平台与新建平台之间的竞争要符合竞争法；二、根据各平台的成本高低和成本结构，进入平台应支付固定费用，使用平台则应根据使用强度来灵活定价。

平台的市场权力不能用传统的方法来确定，例如，客户免费使用搜索引擎，但客户的使用时间和使用行为却有商业价值，即，个人使用特征有商业价值，这包括个人偏好和网络链接等信息。因此，分析整个市场很重要，即，要细致界定市场，市场往往很复杂，要确定能决定市场权力的因素，比如网络效应、学习效应和适应效应，包括交换成本，即便利化和多归属。可以使用经典的竞争分析法来分析客户。

在大多数情况下，平台经营者对平台上的交易内容既不承担法律责任，也不承担道德责任。与传统的市场不同，平台的市场权力并不表现为定价能力。在平台市场上，供应商利用平台来交易，他们支付平台使用费，因此，供应商赢利，平台也赢利，平台还利用插播广告来赢利。因此，平台资本主义出现了，它很容易就能把其他供应商挤出市场，即，可以阻止其他平台的诞生，可以屏蔽不喜欢的客户（卖主或买主），或侵蚀传统的市场。图 8.3.2 列出了各大型社交网站，很多网站的总部都设在美国，因此，美国明显拥有市场权力，比如控制权力和信息优势。多家社交网站来自中国（微信、新浪微博、QQ、百度贴吧、豆瓣等）。

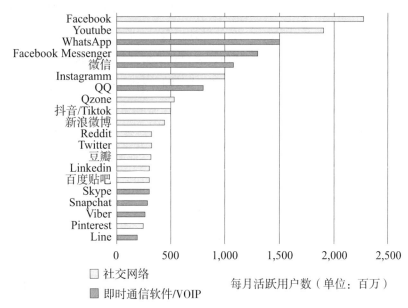

图 8.3.2　2019 年全球最大的社交网络

资料来源：自制，参见 We are Social（2019）。

8.3.6　侦察和间谍活动

后进国家的赶超能力往往与生产复制件和剽窃相关，因此，在门槛国家和发达国家的竞争中，经济和商业能力发挥着重要作用。根据弗里德里希·李斯特（List, 1841）的发展理论，德国向最优者学习，就能打破英国的霸权地位。但如果一个国家很开放，它就成了侦察和工业间谍活动的对象，这种发展策略就很成问题；国家的地位发生了变化，一旦发生了间谍活动，就应该或必须实施法律规范。但是，大部分企业以前从未占据过技术领先地位，它们可能认识不到实施法律的必要性，如果它们很少面对终极客户，而是主要致力于成效，情况就更是如此。李斯特认为，应该与其他国家建立战略伙伴关系，在当今网络战争的背景下，有必要重新分析侦察和间谍活动。

剽窃的对象首先是奢侈品，即珠宝、手表、高级时装及相关配饰。但机器也会被造假。如果剽窃危及国家安全和健康，那问题就严重了。剽窃往往只对外部设计（品牌）造假，并不涉及有效成分，并不模仿配方和合成方法。如果仿造医药用品或喷气式发动机的螺栓，这将是致命的。在战争时期，盛行购买生活用品的假票证或假币，这说明，造假是有意为之。此外，供应链中，存在关键技术，它们是其他生产阶段的重要前提。由于技术外流是经济战争的重要手段，因此，它是不可避免的，这可能导致一些重要国家放弃对关键技术的投资，比如，英飞凌正在奥地利而不是在远东地区进行战略性半导体投资。

根据公司信托机构（Corporate Trust, 2012）的分析，防御工业间谍活动已经越来越重要，比如，今天在德国，工业间谍案的数量明显增加，一半以上的企业不得不应对工业间谍的问题。中小企业是工业间谍的重中之重，它们的制度化防御能力最低，它们也缺少防御意志和意愿。2012年，工业间谍活动的总损失约为43亿欧元，与2007年相比增加了约50%。损失额随企业规模的增大而增加，单一企业的损失最高达数百万欧元。在技术间谍的主要内容中，盗窃和盗用位居第一，欺骗和不忠诚位居第二，数据盗窃或数据滥用位居第三，但它的排名有上升趋势，其他犯罪形式数量在下降；这也是德国企业的弱点（Stocker, 2014b）。在技术间谍活动中，不仅是网络攻击发挥了作用；传统的方法是，通过微型窃听器窃听电脑，通过窗户上的光线反射来窃听他人谈论建立爱巢的秘密，这些行为仍然是今天标准的间谍活动。

从前，人们住在小村里，在小范围内受到社会控制，可以搬到城市来逃避这种控制。今天，网络替代了这一切。如果人们不能自由交流，就丧失了宪法规定的基本权利。弗兰克·施尔玛赫（Frank Schirrmacher, 2013）认为："今天，任何链接上数字网络的人都会和一台巨大的测谎仪融合在一起。"他引用一位谷歌经理的话："在你们自己知道答案之前，我们就已经知道你们对问题的答案。"

拥有这些数据的企业和国家正在获得巨大的权力。大数据更引起一种集中化的趋势，因为平台是一个系统，在极端形式下，平台能够把规模经济、联盟优势、网络经济和学习曲线效应结合在一起。关于边界，大数据促进了国家和大企业之间的密切结合，因此，大数据对中小企业充满敌意。[①] 大部分中小企业被排除在利益之外，一旦中小企业出现技术密集，并成为潜在竞争对手，比如德国机械制造业的情况，那么，它们可能会成为大数据的牺牲品。因此，当携带个人电脑在国外旅行时，必须特别小心那些敏感的经济数据和个人信息，一定程度的偏执是有帮助的，这会保护自己。

在历史上，侦察是军方和情报部门的任务，但今天，侦察活动正迫近个人领域，它也有特殊的危险，比如，侦察可以用来解决恐怖主义的问题。乔治·戴森（George Dyson, 2013）回顾了艾森豪威尔总统（Dwight Eisenhower）的告别演说，艾森豪威尔说（Eisenhower, 1961），一定要注意军工系统以及相关领域的科技精英；各国军工系统

---

① 2012 年 6 月 29 日，关于"提供居民信息"，德国联邦议院投票表决，该法规仅含有"否决权"条款：若公民不想私人信息被挪作他用，他必须提出抗议才能阻止。德国人进行了抗议，然后，才有了新法规，它包括"选择性加入"条款，规定利用私人信息是有限制的。可见，议员们并不关心个人信息使用问题。

的交织首先是一个国家安全问题,它们是另一个互联网,这个网与常规的互联网并行,目的是获取信息。公共信息往往包含与竞争相关的许多信息,尤其应该把这些信息系统化,加以评估,以便为自己的企业增加认识,形成行动方案。除了经典的做法(敲诈或糖衣炮弹)外,偶尔也可使用古怪的方法,比如,搜遍整个垃圾桶,以便评估随意扔掉的文件。

8.3.7 声誉损毁

前文曾提过,如果风险也意味着机遇,那么,释放信号的成本会更低,因此,企业总在努力,发出强烈的信号。这使企业能够建立信誉,从而产生品牌价值,换言之,这会带来商誉和经济价值。要想破坏这一切,最有效的方法是工业霸凌,即,散布关于竞争对手的负面信息,比如歪曲事实,制造丑闻,实施产品欺凌。同时,可以质疑企业的年报,对冲基金常常这样做,以便压低企业的价值,它们再廉价购入企业的股票,这也证明了数据分析家的权力不受控制,且被滥用(Köhler, Rezmer, 2016)。浑水是美国的一家对冲基金公司,2016年,德国广告公司斯多尔遭到浑水的坑害(Börsen-Zeitung, 2016f),浑水的恶意行为既不是公司治理,也不符合法律规则,不遵守任何一种公平原则,这些实际上都是经济战争行为。经济战争行为不遵守潜在对立力量的自然法则,即,这是抗衡力量,它们限制了法律系统的作用。与普通的间谍活动一样,经济战争行为也会转而针对自己的企业或员工,毕竟,最后还要检查,这一系统的服务队伍是否可靠。根据博弈论,反向推论的结果是,有时间限制的成功会特别危险,因为背叛变得可以计算。反之,如果是没有期限的事业成功,企业领导就会严重依赖员工;但是,这会模糊信号的质量,因为信号的可信度建立在这样一个事实上,即,良性风险发出的信号更廉价,但在网络战争中,这一点并不是必然的。因此,需要政治信号,即,需要全球情报代码,以便保护个人权利,同时,提高信号的可信度。[①]

如果竞争是通过信号来进行的,那么情报就变得很重要,即,要及早进行经济侦察,以便能够解释竞争对手的行动。伪装、欺骗或迷惑作为军事措施,在经济战争中也常被采用,方法是,故意对产品开发做出不同的阐述或错误的呈现。在作战和实施战术应用时,使用虚假信息是很重要的。如果能成功地操控竞争对手的评估系统,即影响对手的优先结构,那么,这一点可以得到加强。人的感知是可以操控的,因此,产品质量也能够重新评价,利用这种方法,可以赢得竞争优势。例如,在轨道交通中,预测交通安全是必须要做的工作,因此,在铁路使用标准中,安全这一标准往往并不会排在前列。但是,如果偶然发生了一次轨道交通事故,那么,在一段时期内,安全这一标准会上升为铁路运输的最重要标准。在某些市场上,竞争已经白热化,这种操控尤其重要。比如,在中国和美国的汽车市场上,正在进行空谈博弈,人们进行质量辩论,目的是支持本国的产品。

故意制造关于企业领导者的丑闻,会伤害企业领导者本身,也会伤害整个企业。在《泄密史》(*Geschichte eines Verrats*)中,史蒂凡·奥斯特(Stefan Aust, 2017)写道,一家新企业初入市场并获得成功后,一家历史悠久的资本管理公司倍感压力,它就捏造丑闻,诋毁这家企业的领导者。在"影响他人和被影响的社交网络成员"(Identifying Influential and Susceptible Members of Social Networks)

---

① 这明显表现在2013年美国国家安全局危机中。当时,至少在公民面前,盟友几乎丧失了政治信号能力,但是,据估计,只有在技术达到一定水平时,它们才能有政治信号能力。

一文中,司南·阿拉尔和迪兰·沃克(Aral, Walker, 2012)认为,在社交网络成员中,可以确定,一些成员很有影响力,一些成员可能会受到影响;之所以如此,除了一般的社会人类学特征外,个人参与网络交流,也可以解释这一现象。托马斯·W．瓦伦特(Thomas W. Valente, 2012)的研究证明,在网络中,有针对性地进行干预,具有很大的操控潜力,比如,要想有针对性地实施影响,可以首先确认其联系人的个人特征。

8.3.8　法律形式和参股

企业的法律形式也是一种武器,人们往往低估了这种武器的作用。一方面,企业的法律形式可能通过限制责任而把企业自身的利益最大化,并将随后的成本外部化;另一方面,如果企业是系统性机构,它很容易就能使纳税人承担责任,大多数金融机构就是如此行事。

最糟糕的情况是,一家资产管理公司在德国拥有自己的法人资格,但它是巴拿马的一家邮箱公司,由于德国法律对巴拿马公司没有管辖权,所以法律对这家公司无效,不能要求这家公司承担责任,也不能促使这家公司开展负责任的企业活动。因此,丹尼尔·达穆勒(Daniel Dammler, 2016)在《企业集团和现代性》(Konzern und Moderne)一书中指出,技术创新会引发高犯罪率,相比之下,企业结构受"公司革命"的影响而匿名化,这引发了更高的犯罪率。匿名化隐藏了企业的结构,企业可以悄悄地发展。在股份公司中,一旦出了问题,比如,企业要支付罚款,那么,管理层很少承担责任,责任大多由股东来承担。因此,这增加了企业违反合规规则的负面诱因,它们或者建立垄断组织,或者进行坑蒙拐骗,比如,2016年,汽车业发生了柴油门事件。另外,企业违规可能也是奖励制度的后果,公司的奖励制度往往建立在短期成果的基础上。

企业并购往往以牺牲第三方的利益为代价，这可能会提高成本。一家企业要收购另一家企业，那么，竞争对手可能会竞标以提高价格。最后，与拍卖一样，会发生"胜者诅咒"。因为企业收购的价格过高，一些重要的投资长期不足，必要的价格上涨会使竞争力降低，为了企业并购而融资，这提高了贷款额，这些都会影响企业的资产负债表，恶化企业排名，并导致新的资本成本。

大型资本管理公司变得越来越重要，一方面，通过有针对性的投资组合，它们可以获得一些行业的主导地位，另一方面，它们可以操控各种数据，因此，它们会有三种可能，发起经济战争：

（1）攻击企业，使其被迫被兼并：2016年，美国的浑水公司进行恶意数据分析，德国斯多尔公司备受压力。德国公司奥勒留也发生了类似的情况。2017年春，沽空机构高谭研究针对奥勒留公司发布了沽空报告，随后，奥勒留公司市值减少了近一半，损失高达10亿欧元。与此同时，持股人卖空股权，赌公司市值的下跌，净赚了几百万欧元（Koehler, Landgraf, 2017）。奥勒留公司的特长并不是生产天鹅绒手套，自从它收购了一家建筑供应商后，整个公司曾暂时停业，并把生产转移到了波兰。赛维安是一家瑞典投资公司，持有德国ABB公司6.2%的股权，赛维安未经公司董事会同意，就擅自将部分股份转让给了中国公司（Büschmann, 2016b）。

（2）为了自身利益，限制竞争，损害第三方利益：大型投资公司可以把它们的投资做行业捆绑，它们参股到某行业的企业中，持股率大多是最低参股率，但它们在监事会有席位，因此，可以降低竞争强度，从而提高它们的收益。图8.3.3显示，今天，黑岩在资本管理行业已经是主导企业，而美国是最重要的企业驻地，拥有图中企业三分之二的基金资产。但如果把这些数据与各国的人口数量进行比较，那么，瑞士是这个市场的霸主,人均投资额大约是14.4万欧元,这意味着,国民经济依赖这种商业模式。与2015年相比,资本管理公司所管理的资产已提高了大约6%,这相当于世界经济的增长速度。

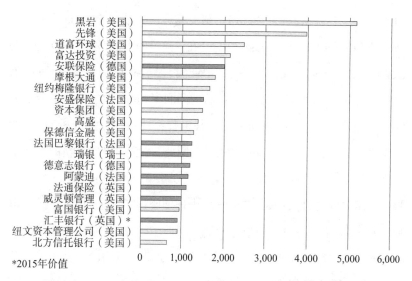

图 8.3.3　2017 年全球最大的资本管理公司的资产额（十亿美元）

资料来源:自制,参见Börsen-Zeitung（2017b）,Monopolkommission（2018: 122）。

　　由于权力的集中,资本管理公司成为竞争监管机构关注的焦点,尤其是黑岩。从自由资本主义和秩序经济学角度看,核心问题是黑岩的市场主导地位（Economist, 2013d；Seibel, 2014；WaS, 2016, 2017c）,这也会因企业间的约定而得到加强,这引起反垄断机构和执法机构的注意。在一系列案例中,黑岩是一些全球性企业的最大融资者,这包括苹果、埃克森-美孚、微软、通用电气、雪佛龙、摩根大通、宝洁、荷兰皇家壳牌和雀巢,还包括德国的拜耳、巴斯夫、安联、默克、慕尼黑再保险、德意志银行、意昂等。黑岩是很多企业的第二大股东,这些企业同样引人注目:谷歌、伯克希尔·哈撒韦、中国石油、强生、富国银行和中国移动。2016 年,拜耳和孟山都开始合并,这对黑岩很有利,黑岩在这两家公司的持股率分别是 7% 和 5.75%;黑岩还在其他企业参股,这类企业来自类似或相关的行业,参股总计大约为该行业的 20% 或 25%(Werner, 2016)。阿克塞尔·欧肯费尔斯和马丁·施马尔兹(Ockenfels, Schmalz, 2016)在"竞争的潜在危险"(Die stille Gefahr für den Wettbewerb)一文中证实,黑岩有控制力,完全可以消灭竞争力量,因此,这可以提高自己的利润率,这种做法加快了劳动力的贬值速度,这一点托马斯·皮凯蒂也曾论述过。经济分析确认,竞争强度已经降低(He, Huang, 2017),因此,经济中出现了新的经济集中度测试形式(Azar, 2012)。反垄断委员会在 2016 年和 2018 年的年报(2016: 190-241; 2018: 175-213)中详细阐述了这个问题。此外,出现了操控投资的潜力,一些经济大国(如德国)甚至都没有这种潜力(Buchter, 2016)。同时,大型投资公司也是金融机构的制衡力量。例如,针对德意志银行的不良贷款,黑岩或安联的子公司 PimCo 进行了阴谋操控,为自己的客户赚得了损失补偿,但大部分小型投资机构就做不到这一点(Piper, 2014)。最后,也有限制权力的系统性风险,如果大型资产管理公司撤走资本,这会使企业大规模贬值,或产生传染性问题。

(3)破坏市场经济秩序;在 2008 年金融危机后的几年中,由于缺乏其他收益,各国中央银行人为地建立了低利率环境,提高了对资产的需求。相应地,在一些地方,一些产品的价格开始上涨,这类产品往往不会再增加,或增加的速度很慢,比如土地或建筑物等,住房的租金也上涨了,在大城市中,过高的租金会摧毁居民的生存基础。农业用地、林业用地的价格及其租金也都大幅度上涨。在德国，人们讨论，征用住宅是否会剥夺财产，普通农民无法购买土地，在非洲，有人抢占土地，这些现象都与中央银行政策有关。大型资本管理公司加剧了这种对市场经济秩序的破坏，它们往往是收购者，也购买股份公司的股权。企业领导把回购本企业的股份作为一种手段，以便提高本企业的股价，这是反击兼并企图的有效防御手段。实际上，企业的股份很少广泛分布在公众手中。股票市场不再是金融民主制的表达，自由的资本市场成了寡头垄断的工具，但从长远来看也将消失。

参股并不只是资本管理公司的特权。首先，大企业在参股方面很积极，值得一提的是，中国企业开始在全球收购企业，这遭到西方的抵制。自中国实施开放政策以来，政府鼓励国际投资，外国企业可以凭投资和技术转让，进入中国市场。中国经济的成功可能引发经济战争。现在，中国企业努力在全球的企业中参股，尤其在朝阳型企业中参股。2015—2016年，中国企业的收购总额已经翻倍，其重点是投资于德国企业。实际上，中国的投资很稳定，中国在德国中小企业中的投资尤其稳定，中国支持这些中小企业继续保留传统的企业文化。不过，中国企业在收购时出手大方，这种高支付意愿会导致习惯的改变，因为即使德国中小企业的绩效很好，企业价值很高，也不能免于被收购。因此，股份公司一定要有支柱型股东。目前，中国政府已开始限制企业兼并，尤其是，如果被收购企业在技术上无法理解，从而可能导致资本外流。图8.3.4显示了在德国投资的主要投资国，这些国家在德国的投资主要用于企业收购，鉴于这些国家的国民经济规模，它们实际上不会收购太多的德国企业。

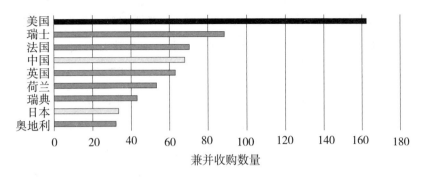

图 8.3.4 2016 年在德国投资的主要投资国

资料来源: 自制, 参见 Börsen-Zeitung (2017a) 和 Ernst & Young。

实际上, 企业并购类似博弈论的困境结构。因此, 企业并购时, 两位博弈者可以相互保证, 两者的目标有很大的相似性, 然后, 就会出现和平兼并的简单案例和保证博弈; 或者两者会相互威胁, 尤其如果公司兼并企图引发了反兼并, 更会引起相互威胁, 例如, 保时捷曾想兼并大众, 2009 年, 这起企业兼并最终以保时捷并入大众集团而告终, 这是一场懦夫博弈。最后, 在国家组织的多家企业战略兼并的情况下, 会出现这样的问题: 一家企业首先兼并了另一家企业, 这导致兼并其他企业的企图彻底泡汤, 这在博弈论中是猎鹿博弈。在保时捷并入大众集团这起案例中, 以溢价退出股权的股东, 由于兼并, 也可能遭受长期损失。

中小企业大部分是家族企业, 目前, 越来越多的中小企业也利用这条道路, 扩大自己的资产组合, 形成一种防御力量, 应对那些大型企业。因此, 自 2016 年以来, 大众汽车公司就已经感到, 竞争形势发生了根本变化。在共同的研究项目中, 大众的供应商普乐德感觉自己受到了大众的剥削, 于是, 该公司提高了对大众的供货价格。伊格纳西奥·洛佩兹是普乐德公司的销售经理, 他建立了一个系统, 被称作大众汽车公司的杀人犯, 普乐德的所有者是尼亚兹·哈斯托 (Nijaz Hastor), 它停止了部分供货, 从而将大众公司推到了谈判桌上 (Büschmann, 2016b)。

退市可以降低压力,使自己不至于遭到其他企业的兼并,这给中小企业带来很大的优势,因为这提供了长期和可持续的规划;但这对大型企业来说却正好相反,会起反作用,因为大企业的机构过于复杂,大部分大型企业往往被匿名的资本市场所控制,其后果可能是效益不佳。

最后,退市相当于为攻击做准备,这样可以保护自己的开放领域。

8.3.9 信号和交流

交流、信息和信号是混合经济战争的基本要素。博弈论强调信号的作用,发出良性风险信号往往费用较低。在经济战争时期,对外要创造一个稳定、持久、积极的企业形象。这使精神类别成为准备攻击或准备防御的核心起点。米歇尔·福柯(Michel Foucault)在其哲学中阐述了精神类别的意义,他尤其强调权力的意义,他认为,如果个体或企业被归为某一种精神类别,且这种精神类别被确定下来,那么,个体或企业就能够借助这种精神类别,去说服第三方,或迫使第三方接受这种精神类别,在这种情况下,个体或企业的权力就增加了。与福柯思想相关的是,《经济学家》(Economist, 2018c)指出,对企业产品的称呼是重要的信号:如果将一家企业的产品称作工业化遗产,这说明,这家企业的产品属于旧式产品;如果将一家企业的产品称作高科技产品,那么,这家企业的产品就属于现代化产品。与极端主义者的抗议行动相比,激进主义者的抗议行动听起来更容易使人产生同情。电动机械听起来似乎比柴油机更环保。

典型的信号与对外交流领域包括企业的广告措施,尤其是在价格、数量或其他附加服务方面,以优惠方式提供折扣。一种极具侵略性的攻击方式是,在企业内接受竞争对手的折扣行为(如优惠券)。此类折扣行为严重地破坏了对手的分类计算,若它能破坏诱惑报价的吸引力,可能严重扰乱物流,因为预期的销售没有发生。

8.4 企业的参战原则

军事参战原则往往通过规则使参战部队的行动具有稳定性和规划性，并为创造性留出空间。制定参战原则的基础是，了解参战部队的特性和作战方式，包括各兵种、各部队、各参战人员的能力、决心和意志。企业参战原则也应如此，制定企业参战原则的核心基础是判断形势，做出决策，然后将其转化为作战方案或作战行动。这些作战方案或作战行动通常被列入决策表，从而形成博弈方案，这是作战演习的基础。许多过程不是既定的，而是随机的，所以，必须通过所谓的蒙特卡洛演习，了解这些过程的效果。这种演习往往很有成效，显示一定的趋势。显然，在行动时，存在优先解决方案，它往往显示主要的选择机制。新型产业诞生后，典型的发展过程是，首先出现企业群，企业群逐步扩张；然后，为了争夺市场份额，企业间发生恶性竞争；一旦市场成熟，会发生选择过程，选择过程导致大部分企业破产，或导致企业兼并；最后，市场上仅剩几家企业，出现寡头垄断，有时，几家中小企业共同实施寡头垄断，即异质寡头垄断。这类系统可以借助模拟软件而模型化，这种模型化能够用来研究其他框架条件和类型对企业的影响。克奈拉·莱曼-瓦芬施密特（Cornelia Lehmann-Waffenschmidt, 2006）证明，这是工业发展的典型模式，因此，可以预估发展模式。

8.4.1 市场权力的确定

确定市场权力的经典方法是，根据哈佛学派的市场结构-市场行为-市场绩效假说，以明确的空间-产品-时间的市场界限为基础，按照芝加哥学派可竞争市场理论，分析成本结构，确定企业的核心素质（见第5章）。市场界定法（SSNIP）是界定市场的方法之一，它假设，在一个小市场上,价格明显地小幅上涨,且并非暂时性上涨,然后,要测试,一家假定的垄断者是否能通过提高价格而持续提高自己的利润。如果结果为"是",市场会继续扩大,并要测试,从什么时候起,客户会转向替代品。

在平台市场上,比如在搜索引擎上,如果没有市场价格,就无法进行这一测试。那么,就要分析客户转而购买替代品导致的成本,为了防止新竞争对手的出现,要确定,自己到底应多么强大。在这样的市场上,降低成本就成为防御措施,使竞争对手难以进攻。市场份额是一个典型特征,可以用来识别一家企业的市场力量;专利数量或市场上的新产品比例可以识别企业的创新活力;企业的市值可以确定企业的品牌力量。此外,忠诚的高素质员工标志着雇主品牌的成功。员工的忠诚有决定性意义;在招聘员工时,进攻型企业会保证,要保护领导人员,高薪聘任骨干,这很有诱惑力。

8.4.2 边界的探索与跨越

聪明的攻击者会把对手的行动视为自己行动的后果而考虑在内(见本章),其中,可信的威胁很重要(见第 2 章)。这既可用于战略,又可用于作战指挥和战术,因此,计谋和博弈模型是决策准备、评估和决策的重要组成部分。

美国大型互联网集团的市场权力就能证明这一点。美国互联网集团与欧洲各国政府签署了减免税协议,牺牲了各国的财政收入,这是一种勒索(见第 10 章)。同时,这不符合民主原则,因此,这超越了政治影响的界限。耶夫根尼·莫罗佐夫(Evgeny Morozov, 2016)认为,这是"封建主义的回归":大型技术公司都能访问我们的数据,它们可以向任何人,甚至向国家发号施令,因为平台资本主义已凌驾于基本的国家主权结构之上(见第 9 章)。

《经济学家》(Economist, 2016e)称美国大型互联网集团为"先锋企业",它们的行动很典型:为了保护自己的知识产权,它们更多利用专利权,而不是通过竞争;它们是世界公民,随时准备与世界顶尖企业或顶尖技术相较量。因此,与竞争性发展相比,这种发展能更快被全球吸纳。最后,这些企业都拥有自己的绝密技术,这些技术很难被模仿,特别是在颠覆性创新较少的时代,这可以确保它们持久地占据主导地位。

负责任的企业领导要使企业能进攻,而企业要进攻,就必须跨越既定界限,要考虑与法律的冲突,在企业层面,要考虑企业治理规则。这涉及民法、刑法以及竞争法的国家要求和国际要求。实际上,在经济战争中,至少有一方必然违反了有效的合规规则。因此,在追究法律责任时,要选择最有利的法院来起诉,即,"挑选法院"(Veltins, 2015),或进行反诉作为回应,而所谓的"鱼雷诉讼"能大大拉长诉讼过程(见第9章)。

如果进攻战略不符合道义,那么,企业就不得不考虑到,终有一日,自己会遭到同样的待遇,却几乎不能再寻求合法救助。在金融危机时期,德意志银行进行违法投机,谋取暴利,后来,它不得不支付高额补偿款和罚款,自身难保。2016年秋,大型基金会的评估认为,德意志银行的经营模式没有可持续性,因此,该银行绝无可能再去寻求国家帮助。目前,德意志银行甚至不再属于欧洲最重要的金融机构之一。对此,时任德国经济部长西格玛·加布里埃尔(Siegmar Gabriel)说:"德意志银行竟把投机作为经营模式,现在又自称是投机的牺牲品,对此,我不知道,我应该大笑,还是应该大怒。"(FAZ, 2016c)

8.4.3　速度和信息网络中的主导地位

分析表明,制定长期规划并相应地调整其战略的企业,比那些追求短期效益的企业要更成功;那么,企业是因为做了长远规划而取得了更大的成功,还是因为效益不佳而不得不做出短期反应呢?这个问题尚无答案,目前还不清楚,何为因,何为果。在"为什么敏捷会带来回报"(Why Agility Pays)一文中,迈克尔·巴齐格思等学者(Bazigos et al., 2015)认为,在企业迅速扩张的同时,企业很稳定,这是成功企业的基本特征,他们称之为"敏捷性"。发展使企业组织几乎没有时间进行调整,迅速增长的企业就会有大问题,这些问题很难使企业的内部结构和对外起作用的结构保持稳定。相反,稳定的组织却使企业发展欠佳。上述研究在 1,000 多家企业调查了 200 万受访者,调查结果显示,发展速度和组织稳定之间有一定的关联。58% 的企业在发展速度和组织稳定方面接近平均水平,42% 的企业(如图 8.4.1)在发展速度与组织稳定方面表现不佳,尤其值得一提。

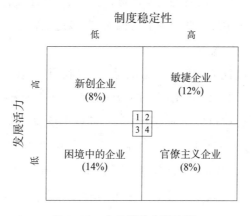

图 8.4.1 企业的动态稳定性

资料来源:自制,参见 Bazigos, Desmet, Gagnon(2015)。[①]

在这 42% 的企业中,约 14% 的企业陷入困境,发展不足,不够稳定;8% 是新创企业,虽然它们发展不够迅猛,但正在扩张;另外的 8%

①　参见 "Why agility pays," July 2016, McKinsey & Company, www.mckinsey.com。 Copyright(c) 2019 McKinsey & Company. 所有权利保留,经许可刊印。

受官僚主义影响而发展速度不快;大约12%属于敏捷企业,它们似乎解决了扩张速度和稳定性的矛盾,在这类企业中,企业领导有典型的特征:负责任、包容、开放的学习过程、熟悉企业文化、积极、接受外来思想和在企业内部面临竞争。

在经济战争中,敏捷企业适合担任攻击者。那些陷入困境的企业似乎不应成为经济战争的牺牲品,因为根据定义,胜利后的资本几乎不能估值。那么,胜利后的资本是否可以利用?按照熊彼特的创造性破坏理论,有必要对这个问题提出质疑,如果并购后的企业人员相互之间嫌隙很深,那么,企业兼并就不会成功。新创企业往往有新想法,发展潜力很大,但其内部稳定性不足。需要补充的是,通过结构改造,或加强内部融合,这种状况就能有所改进;它们大多都还很弱小,不足以进行有效自卫。同时,一些企业潜力很大,却被过度整顿,它们应更加开放,或者进行文化改革。

此外,速度优势的另一个方面是,可以利用发达的计算程序进行侦察,分析行动模式,得出可靠的博弈方案。如果能够捕捉到模型中的结构性规律,就可以立即对第三方行动做出反应。这类程序往往用于有价证券或外汇交易,目前已在军队中使用,作为军事战略防御的一部分。因为敌方也有类似程序,它们也能自动地立即引发应对措施,因此,各个程序可以相互影响。比如,今天,在有价证券市场上,高频交易就是如此,因此,证券市场的不稳定程度越来越高,这可能毁掉企业,甚至毁掉国家。一旦程序运行发生了错误,这类事故尤其可能发生。2012年10月,一名交易商的错误在几秒之内摧毁了大约600亿美元的市值。2012年11月底,瑞典的黄金交易崩盘,由于一笔黄金交易出错,黄金价格暴跌了30美元。这个事故发生后,经济数据出错,出现了经济假象,瑞典国内生产总值似乎增加了130倍。这是虚假交易,会释放出错误的信号,可能引发系统性危机。因此,高频交易会受到经济政策的关注，有两方面的原因：一方面，这类交易主要由有价证券公司进行，一旦有价证券公司采取错误举措，高频交易可能会使股价崩盘，其效果犹如"黑天鹅"事件一般；另一方面，它也可能受到操控。德意志联邦银行（Deutsche Bundesbank, 2016: 37）在一份详细的分析中得出结论："……高频交易市场参与者在平静的市场环境中对流动性做出了重大贡献。然而，研究表明，在市场高度波动阶段，在德意志联邦银行和达克斯股市，高频交易市场参与者暂时减少了流动资金的供应量。"这一分析太德国化，意思是，在平静时期，高频交易市场起积极作用，但它会引起风浪！今天，在一台高效计算机上，每秒往往会发生25万次交易，而美国的大部分交易都是在计算机上进行的，因此，相比之下，平常的交易速度太慢了。交易是否成功，取决于交易本身和处理交易的计算机之间的物理距离。为了接近交易平台和相应的线路要支付巨额款项，因为它们决定着（经济上的）存在或不存在。那么，监管在多大程度上能解决问题？比如，当价格波动过大或假订单占主导地位时，就延迟交易。但这个问题还有待观察，因为在这方面，所有机构都必须进行跨国合作。高频交易极有可能被操控，因此，许多国家的律师和监管部门都做了相关的调查。计算机运算的高速很成问题，这等同于一种危险信号，与一切自动预警系统（尤其是自动军事预警系统）所发出的危险信号一样，这种危险信号本身也会成为危险。

相反，被动投资投资于指数基金，指数基金以一揽子股票来复制股市指数，如达克斯指数或道琼斯指数。如果指数基金获得投资，核心市场上的投资动力减少，而指数并不包含企业的核心市场动力，所以，指数基金比较便宜，却对市场很危险。对此，联博资本管理公司发表了意见（ZschAepitz, 2016d），题为"通往农奴制之路"（Der Weg in die Leibeigenschaft）市场似乎和平，但是，如果以这种方式管理大多数股票，由于存在大规模分配不当,这会把经济拖入深渊。

人们可以廉价建立电子平台,许多证券并不在股市交易,而是通过柜台交易,这分散了交易过程,使定价变得困难,因此,这会对小投资者和企业造成威胁。在多边交易平台上可能有暗池,以面向大型投资者,这些投资者以比以前更小的价差转移越来越多的股票,却不会尽快遇到交易伙伴,其目的是,避免这些大宗交易引起的市场动荡。同时,传统的私人投资者比例下降了,每次交易的价值也下降了,市场活动的透明度下降了,因此,这迫切要求国家去限制这种危机,要求投资者必须采用正规、透明的平台。分析交易数据可知,2013 年,交易量的 26%、股票交易额的 14% 和贸易额的 21% 属于高频交易。在多边交易中,这三个比例更高,多边交易量的 38%、股票交易额的 39% 和贸易额的 37% 属于高频交易(Börsen-Zeitung, 2014c)。此外,2013 年,在股票交易中,只有 36.6% 在正规的股市(受监管的证券交易所)上进行,59.9% 的交易在暗池进行,3.5% 的交易在其他地方进行;对于那些未在达克斯上市的股票而言,上述几个数值分别是 33.9%、42.4% 和 13.7%(Stocker, Trentmann, 2014)。

在匿名市场的背景下,出现了模型理论家和模型实施者,他们建立了管理现代市场和世界的数学结构。这使政治和经济秩序规则变得荒谬,从而使国家契约理论中的自由和公平变得荒谬。实际上,这些模型在相互作用中导致未知的结果,它们是"黑天鹅"事件和不可解释事件的起因。高频交易的技术创新是否真正能创造剩余价值? 这是有争议的,有人认为,这可以提高市场的完美性,但也有人认为,疯狂和动荡的市场会带来损失,这两种看法平分秋色。

8.4.4 作战和战术实施

一个企业在经济战争中生存的一个基本标准是它的稳健性。

这一点可以通过典型的企业评级程序来得知。在企业分析和风险管理中,一些要素决定了企业的评级。企业评级主要评估企业四个领域的具体情况(图 8.4.2),例如,评估企业的管理能力,包括所有权结构、IT 环境等。在本企业做形势评估和做决策时,在对其他企业的情况做分析和做决策时,企业评级都是必要步骤之一。企业评级是一种现状评估,对战略决策很重要;随着企业、行业或经济的发展,企业评级会发生变化,所以,也应该对企业评级做历时分析;企业评级也可用来进行力量对比。不过,正如"证明上帝存在的博弈"显示,评级的可信度和不同机构评级的可比性有一定局限性。

管理能力/管理工具	经济框架条件
• 所有权结构/稳定性 • 企业接班人 • 管理哲学/能力 • IT环境 • 监管工具 • 产品营销创意的能力 • 人力资本、职员技能、人员流动	• 竞争形势 • 国家风险 • 市场潜力和局限性 • 采购市场的结构 • 监管环境、产业政策框架
商机和风险	财务条件
• 客户管理 • 产品管理 • 生产标准 • 责任风险保障 • 创新管理特点 • 专注的市场知识 • 供应商管理、采购管理	• 企业规划的合理性 • 计划的精准性 • 融资/银行预算 • 流动资金计划 • 风险管理(商业控制和透明度法 • 确定必要的指标

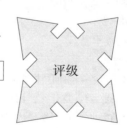

图 8.4.2　企业评级要素

资料来源:自制。

这四个方面的企业评级包括了最高级别企业分析和企业估值。从投资者的角度来看,其中一些要素只是内部战略定位和公司估值的主题。相反,从外部角度看,其他因素是企业价值的基本要素,即,其他因素位于战略思维的核心;其中,隐蔽债务比较特殊,比如,在企业并购时,可能要支付养老金,或收购价格过高,因此,企业兼并后,如果不能大大提高协同效用,那么,大多数企业兼并并不保值。表 8.4.1 显示了这类财务审计要回答的主要问题。

图 8.4.1　企业评估问题目录

	人员	技术	空间	时间	信息
可选产品和替代方案	人员和技术之间的替代关系是什么?与订单相关的最佳交换率是多大?除了替代效应,人员节约会带来效益吗?		空间对于人员和技术定位的意义是什么?需求在空间中是如何分配的?	与未来相比,在区位、人员、技术方面应做出哪些权衡?	哪些关键信息会改变现有的可选方案和替代品?
成本和边际成本	在长期艰苦的竞争中,会产生哪些人员成本?边际成本是多少?	在长期艰苦的竞争中,会出现哪些资本或技术成本?这些成本是多少?	跨越空间距离时,会出现哪些费用?	随着时间的推移,比如,聚集效应导致价格提高时,会产生哪些成本?	在侦察竞争对手后,信息系统对本公司成本有什么影响?
收益和边际收益	人员能带来哪些收益?边际收益下降幅度有多大?作战的时间与质量之间的关系是什么?	技术会带来哪些特殊收益?技术有哪些多项应用潜力?边际收益下降幅度有多大?	空间结构的优势是什么?例如,在规模经济、联盟经济或网络经济方面,空间结构的优势是什么?	将来会产生哪些收益?尤其是,从溢出中会产生哪些收益?	信息系统对本公司收益、对竞争对手的侦察有什么影响?
机会成本	人员使用的主要局限性是什么?相关的机会成本是多少?	所采用技术主要有哪些局限性?相关的机会成本是多少?	空间主要给公司带来哪些限制?相关的机会成本是多少?	补充信息给机会的未来变化带来哪些变化?尤其从主导地位预期角度看,如何评价应补充的新的透明度?	

续表

	人员	技术	空间	时间	信息
不可逆性	存在不可逆的（高素质）人员费用吗？这些费用能否解释积极或消极的信号？	存在不可逆的设备（特殊系统）费用吗？这些费用会因沉没成本而释放积极或消极的信号吗？	空间上的不可逆性是什么（包括政策上的投资自由）？	通过创新克服市场进入障碍，减少不可逆性，会带来什么风险？	附加信息对不可逆性有什么意义？
积极的外部性	会产生人力资本效应或其他积极效应吗？这些效应能否被内化？	会出现技术效应或其他积极效应吗？这些效应能否被内化？	存在哪些区域集结结构（尤其在通用技术领域）？	聚集效应能提高生产力，它是否有望长期改善竞争状况？	企业或国家秩序政策能否将积极的外部性加以内化？
消极的外部性	长期来看，比如，由于专业化效率很低，是否会出现消极的外部性？	今天必须关注哪些消极的外部性（包括政策的外部性）？		是否会发生降低生产率、破坏竞争形势的消极的聚集效应？	消极的外部性能否内化？比如，通过国家秩序政策。
隐蔽行动	能否预测下属的隐蔽行动？如何对待隐蔽行动？	新技术会提高透明度吗？	空间和具体区位是否阻碍对他人行动的了解？	如何长期保证隐蔽行动不被发现？	信息系统能否侦察到隐蔽行动？
隐蔽特性	是否需要识别哪些个人特征（尤其是忠诚）？	是否存在能产生可持续竞争优势的未知技术？	是否存在隐蔽的特性，尤其是政策限制和未知的环境问题？	这对具体行动或特点的依赖度有多少？	信息系统能否侦察到隐蔽的特性？

资料来源：自制。

从实施计划的角度看，首先要分析自己的情况，从自己的目的出发，分析竞争对手的情况，然后，企业的现有能力必须足以实施计划，进行必要的操作。因此，通过企业的目的和上述清单，可以了解企业的能力和缺陷，这在经济战争中至关重要。这些能力与压力测试有很大关系,比如,银行往往有压力测试,以证明,在可能出现市场动荡的情况下,银行能保持稳定。因此,丹尼斯·保尔和冈纳·舒斯特(Bauer, Schuster, 2016)在《银行业的可持续性》(*Nachhaltigkeit im Bankensektor*)中认为,为了重建信任,上述观点很重要。

8.4.5　经济战争成功的衡量标准

在经济战争中取得胜利的标志是,摧毁竞争对手的资产。在股市上,这类指标具有很高的透明度。

图 8.4.3 显示,许多德国企业在烧钱,能源公司和太阳能技术公司尤其突出。然而,原因是非常不同的,因此,在所有情况下都不可能有明确的模式:2008 年金融危机的后果严重,金融业尚未痊愈,银行因错误的行为而不得不支付罚款,商业模式转型失败了。由于经济发展放缓和来自远东的竞争加剧,许多企业备受压力。德国实施了能源转型政策,这摧毁了能源公司的传统经营模式。由于这项政策损害了财产权,国家是否应该履行损失补偿义务?这些问题会根据规则进行司法谈判,但至今仍无结果。

2018 年,一些德国企业破产,比如嘉莉慧芭服装公司。一些企业继续在走下坡路,比如德意志银行,自 2018 年春到 2019 年春,由于缺乏长期有效的战略,也因为进行不透明的违法交易,德意志银行的价值损失了 50% 以上(Die Welt, 2019a)。自 2019 年春以来,德意志银行监事会主席保罗·阿赫莱特纳一直试图通过与德国银行的合并来改善在他七年任期内的资产负债情况,而且,这也是中美贸易战导致框架条件恶化的后果,巴斯夫和拜耳的股价因此几乎损失了 30%,拜耳的损失显然是拜耳与孟山都合并这一错误行动的后果之一。另外,受汽车废气事件的影响,大众汽车的价值损失约为 15%;由于欧盟委员会反对西门子与其法国竞争对手阿尔斯通进行企业合并,西门子遭受的价值损失同样达到了 15%。

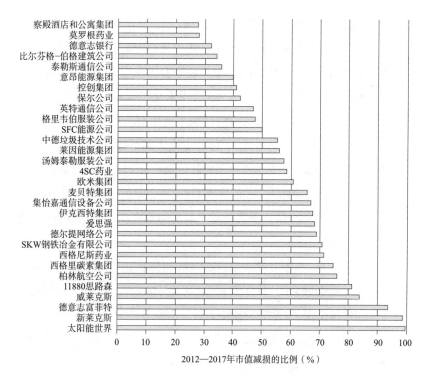

图 8.4.3 2012—2017 年德国最大的资本毁灭者

资料来源：自制，参见 Die Welt（2017a）和 DSW。

8.4.6 具体作战原则

根据《孙子兵法》和克劳塞维茨的《战争论》，在军事战争和经济战争中，重要的作战原则如下：[①]

● 有的放矢："没有目标，就没有方向"，如果没有目标，指南针或努

① 参见德国联邦军《服役条例 100/100》（HDv 100/100）、瑞士军服役条例第 51.020 条（Reglement 51.020 der Schweizer Armee）和菲利普・尊布尔（Philipp Zumbühl）所写的民用《战斗原则》（*Gefechtsgrundsätze*）。

力都无用。因此,上级领导的意志起决定作用,必须予以传达。如果负责人不在,或负责人的负担过重,代理人就起决定作用。

- 简单明了:复杂性过高会增加领导费用和交流费用,阻碍对成败的反馈,从经济角度看,这会带来交易成本。简单明了会提高成功的可能性,但也可能增加了竞争对手对自己行动的可预测性。因此,与简单明了相关,也应出其不意。

- 负责任和步调一致:领导和责任的统一是每一次成功的核心基础。只有行动统一,才能实现目标,因此,必须具备一个相应的信息系统来提供必要的协调。只有明确责任才能高效、明确地界定领导范围。

- 突出重点:集中力量就是,在正确的时间、正确的地点把正确的手段结合起来,这决定着成败;突出重点的反义词是各个击破,在这种情况下,敌方会集中力量攻击我方的某一弱点,从而最终削弱我方在某一地区的优势。

- 经济性:在经济战争中,必须管理各种力量。这些力量必须能持续下去,持续到冲突结束为止,也必须为紧急状态做好储备。在关键时期,任何力量不得闲置,各种力量应相互配合,相辅相成,从而达到节俭效应,实现效益。

- 安全和压力:轻率和鲁莽相伴而生。如果恐惧能够使人谨慎,使人进行取舍,不会造成事故,那么,恐惧就是最好的咨询专家。安全也会减轻个人压力,所以,要尽量保证安全。另一方面,必须系统地给对手施加压力,以便他在可能的情况下出于绝望而变得鲁莽。[1]

---

[1] 在阵地战中,部队一旦离开战壕等掩体,就会面临巨大压力,士兵承受不了心理压力,从而陷入前进恐慌,这是一种特殊的恐慌。部队尝试释放心理压力,这会直接导致毁灭身体。

- 机动灵活：条件一旦发生了变化，就必须重新考虑自己的行动方案，这一切的前提条件是，行动要符合上级领导的计划，新的道路要符合己方的其他行动条件。因此，任务战术是行之有效的领导方法。

- 自由：恰恰在进攻时，尤其要求积极主动，因此，为了机动灵活，为了不受胁迫，应维护自由。要想自己不受胁迫，就需要了解整个战局的概况，因而必须进行侦察，以便提前计划和在必要时采取行动。同时，必须确保，能够在必要时对计划进行修改，灵活保留储备力量，并确保自己的信息优势。

- 出其不意，攻其不备：若出其不意，攻其不备，竞争对手最容易被击败，因为它会失去主动权，它甚至会更迷惑，它也来不及制定新的策略。

- 智计谋略：在冲突中，攻击力量的强弱不能决定胜负；若善用智计谋略，即使对手占尽优势，也是胜负难料。计谋不可为人识破，用计使情况更复杂，因此，须思谋周全，行事缜密。

这些原则不仅适用于战争，它们也是软实力的基础，从而降低竞争系统的过度攻击性。

8.5 毁灭性企业竞争实例

本节列举三个实例，这三个实例可以说明，为了在市场上销售产品或实施自己的方案，企业在经济战争中会如何行动。在第一例中，美国汽车企业试图毁坏竞争对手德国汽车企业奥迪在美国市场上的声誉。第二例涉及德国冰箱制造商福龙，这曾是一家东德企业，它是全球首家生产无氟利昂冰箱的厂家；氟利昂是臭氧层杀手，但福龙公司被摧毁，因此，氟利昂继续释放到环境中，同时，在萨克森州内，大规模资本遭到毁灭。在第三例中，垄断组织崩溃时，发生了价格战，这是经济战争的经典模式；这可以说明，很难找到证据来证明垄断组织的正常运转，实际上，一些垄断组织虽然在法律上存在，但在经济中却不能发挥作用，因为市场并没有因垄断组织的出现而受到阻断。

8.5.1　奥迪汽车的自发加速现象

在 1970 年代，奥迪公司设计出了奥迪 80；在 1980 年代中期，借助戴姆勒-奔驰汽车公司的一份废弃的设计方案，奥迪开发了带有自动变速器的新型号奥迪 80 和奥迪 100；这两种汽车被出口到美国，在美国，这两种型号是奥迪 4000 和奥迪 5000。一段时间后，美国发生了一些奇怪的事故，在这些事故中，汽车在没有任何乘客的情况下启动并驶入十字路口，有时导致死亡。事故发生时，往往是母亲在开车，孩子坐在后座上。因此，奥迪汽车成了失控的火箭，陷入丑闻，销售量一落千丈。实际上，奥迪公司遭到了美国新闻界的攻击，这波攻击或许由美国汽车公司操控，是在造谣。

经济战争目的：
- 美国为美国汽车而战。

经济战争参与者：
- 奥迪汽车公司：它进入美国，为美国市场专门设计了奥迪 4000、奥迪 5000 和夸特罗。在发生车祸后，大众公司董事长费迪南·皮耶希认为，美国人不会正确开车。从此，尽管这几类车型按照行车里程计算的车祸率和死亡事故率最低，它们仍被视为不安全的车型。
- 美国哥伦比亚广播公司：它认为，这个无意操作导致的问题是设计缺陷。而实际上，在那些事故中，一些驾驶员不会开车，他们弄错了刹车挡，或踏了启动挡，已经认定，那些车祸是由于操作失误所导致。今天，仍然有人认为，1986 年，哥伦比亚广播公司的新闻报道受到了操控，目的是损害美国市场上的外国竞争者。

经济战争手段：

● 有意识地散布虚假信息。

经济战争目标：

● 破坏外国汽车竞争对手的产品声誉。

经济战争后果：

● 将奥迪汽车公司长期赶出美国市场。

造谣要毁坏品牌声誉，此类丑闻往往有固定模式，一开始就编造假信息，操控新闻报道，编造假信息会有奖赏或报酬。有时也与欺骗和依赖性相关。

起初，企业往往认识不到造谣的威胁性，因此会做出错误的反应。操控者期望，竞争对手的负面形象继续恶化，实现造谣的主要目标——造谣并不基于实际情况。为了保护自己的形象，企业不得不进行申诉，反驳对手，这时，情况已经变得更为棘手，因为企业不得不向造谣的媒体支付广告费。乌多·乌尔夫考特（Udo Ulfkotte, 2001）认为，这个过程之后，就形成了利益圈。因此，任何一个顶级合作组织都不能及时解决冲突。

英格·皮斯（Pies, 2012）从另一个完全不同的角度看待造谣，他提出了造谣合作理论。他强调，丑闻与伤风败俗不同，而是主要与社会学习过程相关，从而完成了一项教育任务。在现代传播世界中，任何层面都可能发生丑闻，媒体的任务是有效地利用这些丑闻。一方面，丑闻传达了不信任；另一方面，它可以在体制上强化被违反的规范，建立信任。有一点很成问题：要设置界限，这可以保证个人权利。历史证明，对于造谣，政治界的反应会导致不良后果，国际政治界的反应更是如此。正如麋鹿测试（第 6 章）所示，对政客们造谣往往有局限性，造谣者甚至也是丑闻来源。

实际上，奥迪汽车安装了一种符合美国标准的温和启动技术，这个设备可以自动运行，但司机并没有意识到它在移动，或者撞到墙上，或开向十字路口，这可能会造成严重的事故；后来的事实证明，在行驶时，司机坐在驾驶座上，将自动挡挂在前进或倒车挡上，却又经常转身向后，面向坐在后座的孩子，这是发生车祸的原因之一。奥迪 5000 完全可以投入使用，但它不适合美国妇女的这种开车方式，奥迪 5000 不宜大量投放到美国市场上。

在占领陌生市场时，由于无法提前预知市场特点，很容易出现这类情况。俄罗斯联合收割机也是著名实例。俄罗斯联合收割机一般用于平原地区，以便能迅速收割，但收割机出口到南美发展中国家后，却成了一种灾难，因为收割机不能在丘陵地带工作，不得不用拖拉机来拖拉收割机，从而遭到了资本主义宣传的嘲笑。

8.5.2　前东德福龙冰箱遭遇的产品霸凌

自从在大气层中发现了臭氧洞，自从明确了氟利昂和臭氧洞的关联，制冷业备受压力，在生产空调和冰箱时，需要用其他气体代替氟利昂，以便不破坏气候；在这个过程中，一家企业首先找到了解决方法，对于那些创新性不足的企业而言，最好的机会是，结合市场权力，造谣生事，把竞争对手赶出市场。

福龙冰箱厂由两家前东德企业组成，即沙芬斯坦德国联合公司和施瓦茨贝格洗衣机厂，沙芬斯坦德国联合公司曾是东德最大的冰箱公司。1990 年代初，福龙公司想生存下去，它为制冷循环和发泡剂找到了替代材料。自 1995 年起，德国规定，只可生产无氟利昂的冰箱。在

1992/1993 年间，福龙公司是满足这一条件的唯一的德国冰箱企业。

经济战争目的：

- 在技术落后的情况下，保证本企业与产品的生存。

经济战争参与者：

- 福龙公司：它是冰箱制造业的先锋企业。
- 西德白色家电生产厂家：尤其是博世-西门子公司和博克耐特公司，这些企业对福龙的技术发展很意外，毫无准备。
- 托管局：它负责把前东德企业私有化。

经济战争手段：

- 破坏竞争对手的声誉。

经济战争目标：

- 由于自己的技术落后，要阻碍竞争对手建立市场主导地位。

经济战争后果：

- 破坏了一家企业的产地条件，放缓了技术接受速度，造成了不可避免的环境损害。

对大多数人而言，丁烷是一种用于操作露营器械的气体，丁烷有时会释放到空中发生爆炸，因此，有人利用这一点来造谣，说福龙冰箱有爆炸危险。这样，福龙冰箱就有了负面关联，甚至不必提及福龙，好像就会爆炸。有人警告商家，混合气体会燃烧，因此，福龙公司无法再获得生产许可证，不能再出售。在绿色和平组织的支持下，福龙公司仍能向德国邮寄公司供货，赢得了客户，最后，其他生产者也改变了态度。但福龙公司并没有获得技术收益，因此，它也未能自立。后来，福龙公司被荷兰人收购，再后来，它又被其他企业收购，前几年，这家公司彻底倒闭。如果当初没有发生产品霸凌，不知道福龙公司会不会另有一番发展,它也可能赢得超前利润,提高企业价值,并享有独立性。

氟利昂的替代材料是异丁烷,福龙公司首先使用异丁烷,如今,它是危害气候气体最重要的替代品。

8.5.3　前东德水泥垄断组织与价格战

德国统一后,前东德国有企业转给了托管局。东德水泥产业主要由四大水泥公司和大量小公司收购,四大水泥公司是帝克豪夫(Dyckerhoff)、拉法基(Lafarge)、雷迪米克斯(Readymix)和施文克(Schwenk),另外,大公司还包括托马斯集团(Thomas)和威尔弗拉特水泥集团(Wülfrather)。拉法基是法国公司,如果忽略掉德国威辛根(Woessinggen)在拉法基的参股,拉法基是首次在德国大规模生产水泥,供应德国市场。在计划经济体制下,前东德联合企业在规定的区域市场上销售水泥;德国统一后,托管局根据区域市场的规模来统一核算四大集团的水泥价格。1991年德国统一后,需求市场发生巨变,可能导致价格战,而垄断组织通过协议,利用市场份额,划分市场,可以避免价格战。图8.5.1显示了1976—2006年的水泥价格变化。

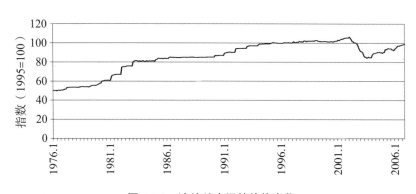

图 8.5.1　波特兰水泥的价格变化

资料来源:自制,参见 Statistisches Bundesamt(2007)。

随后，德国统一后，经济继续发展，在 1990 年代后半期，建筑业需求再次下降。此外，德国统一后，生产热情高涨，生产能力严重过剩，这尤其涉及下游市场，即预拌混凝土或混凝土产品（如用于建造预制部件或管道系统的产品）。此外，在东德重建框架下，实行特别折旧率和补贴政策，这也会导致这一发展。随着价格压力的增加，企业接受了基于历史市场区域的市场划分，这种市场划分以托管局私有化为基础。

1998 年，雷迪米克斯公司接管了威尔弗拉特集团的水泥业务，并将西部的塞特尼奇和东部的考斯维希水泥厂卖给了法国拉法基，拉法基随后关闭了后者。这相当于一项合理化协议，一些受益者参与了金钱循环，承受了这次结构改革的成本。吕德斯多夫水泥厂建立了新的生产线，一方面，由于建筑业低迷，该厂的大量产能无法用于生产商定的配额量，另一方面，为了更好地利用工厂，水泥公司不得不将超出配额分配的数量投放市场，这尤其涉及德国东部市场。这样，就出现了猎鹿博弈：与其按照垄断组织协议提供一个可承受的价格，不如出售合适的数量。对于其他市场参与者而言，这个猎鹿博弈的效果相当于市场缩小了，但在一开始，没人能确定真正的市场规模。在威尔弗拉特水泥集团的交易结束后，这就清楚了。对此，被欺骗者期待能均衡一下。此外，雷迪米克斯改变了它的供应策略，将自己的预拌混凝土厂全部转为内部供应，结果，对于竞争对手而言，一部分供应消失了。对此，竞争对手实行了反制措施，于是，价格开始下降。最后，战略性收购、市场整顿政策及折扣政策出现在关键行动中，尤其在进口时（Harrington et al., 2018）。

经济战争目的：

- 避免毁灭性竞争，建立合适的利润率。

经济战争参与者：

- 四大水泥公司：它们是帝克豪夫、拉法基、雷迪米克斯和施文克。德国统一后，它们收购了前东德水泥联合公司的水泥厂，因此进入德国市场；在这四大水泥公司中，只有拉法基没有在德国东部建厂，它在西部也只有一个小型参股公司。在德国市场上，北部的阿尔森和南部的海德堡水泥集团值得一提。此外，雷迪米克斯的预拌混凝土业务收益很高，是第二大企业。

- 德国联邦反垄断局：它负责维护德国的竞争秩序，过去曾多次对水泥行业进行垄断行为调查。

- 许多中小型水泥厂：它们是不稳定的竞争对手，一部分违反了协议，一部分在借助协议供货。

经济战争手段：

- 降低价格和提高产量：利用成本递减效应，可能抵消市场扩张导致的运输成本提高。

- 扩大自己的市场份额：在具体的经济战争中，企业要利用现有市场的透明度，抢占市场，市场就成了经济战争前线；之后，要利用反垄断法豁免规定；最后，把竞争对手的企业出售到国外。

- 收购国外的竞争对手：在国外（尤其在东欧）收购竞争对手，收购或关闭较小的工厂，在德国东部整顿市场；转移市场份额，进行核算，并加以均衡。

- 大企业走向垄断：一旦进口商品将要侵入市场，大型企业就可能形成垄断组织。

经济战争目标：

- 提高企业价值，包括在企业计划出售的情况下。

- 必要时，消灭竞争对手，通过提高罚款额，削弱竞争对手。

经济战争后果：

- 收缩市场：通过收购或兼并其他公司而收缩市场，比如，帝克豪夫和雷迪米克斯都兼并了小厂，较早把价格稳定在相对较低的水平。

德国反垄断局怀疑，水泥产业在全德建立了垄断组织，于是在2000年年初，它展开了调查，包括在前东德市场。随后，雷迪米克斯利用反垄断法豁免规定，同时通过增加向竞争对手地区供应水泥，间接发起了价格战。它在柏林附近的吕德斯多夫有水泥厂，在南德没有水泥厂，它向竞争对手销售区加强了供货，相关企业则限制了它在南德的供货，它必须将水泥从北德运往南德，这破坏了它的收益能力；水泥往往用载重车运输，运输半径约为150公里，如果运输距离太远，后勤保障必须更好，或通过火车运输，或航运，或大规模生产使成本递减。雷迪米克斯采取这种战略后，当地水泥供应商不能再把它当作预拌混凝土客户，它们尝试把这些数量放到其他地方。于是，它的客户遇到了其他生产者的客户，它们也有所反应。这样一来，水泥业的竞争愈演愈烈，有的水泥厂被挤入市场，有的水泥厂被挤出市场，有的水泥厂被迫进入其他市场，水泥战迅速蔓延到了全德国，所有地区都被卷入其中。实际上，雷迪米克斯的竞争对手可以在德国东部发展，在南德则以多边市场竞争方式进行回击，因为在德国东部，雷迪米克斯明显有弱点，这种做法在军事上叫作"避实击虚"。自2002年1月至2003年7月，水泥的出厂价从每吨约60—70欧元降到了约30欧元。

通过利用反垄断法豁免规定，雷迪米克斯不仅不必缴纳罚款，还通过了反垄断调查。其他公司的情况是，在调查了30家水泥厂后，调查人员发现了书面的份额协定，该协定显示，为了减少罚款，自2002年中期，各家公司开始合作。反垄断局确认，每吨水泥的损失约为10欧元，以此为基础，罚款总额为 6.6 亿欧元。根据联邦反垄断局的核算结果（Blum, 2007a, 2009），对德国东部而言，尽管有垄断组织，但它并不像反垄断局所假设的那么有效，或经济作用不够大，因此，北威州法院杜塞尔多夫上院根据评估结果把罚款降为 3.8 亿欧元，对整个德国的水泥产业而言，罚款降到了原计划罚款的一半，其中包括依据反垄断法豁免规定而减免的罚款。

通过这次行动，雷迪米克斯实现了一个重要目标：在价格战中，它的市场份额增加了，竞争对手必须支付更高的罚款，把整个企业（包括其英国母公司）卖给了墨西哥西麦克斯（Cemex）（Blum et al., 2008）。在反垄断局调查后，2003 年秋，水泥行业出现了蚕食现象，随之，价格战结束，但最终没有胜利者或失败者，据估计，这烧掉了 40 亿欧元。自此，正如博弈论的以牙还牙（Rasmussen, 1989），水泥价格再次稳定下来。1998 年，美国航空运输价格的竞争也是如此（Garicano, Gertner, 2001; Blum et al., 2006: 167）。总之，不值得建立垄断组织。目前，杜塞尔多夫州法院（2013）拒绝了民事损害赔偿要求。随后，西麦克斯接手了雷迪米克斯集团和霍尔希姆公司（Holcim）的业务，霍尔希姆是帝克豪夫的母公司。最后，西麦克斯与拉法基公司合并。

企业可以尝试免遭公共罚款和民事调查，为此，企业应及早改变它们的法律形式，或将资产进行转移，香肠垄断组织案和滕尼斯公司（Tönnies）的案例被认为是这方面的典型实例（Bünder, Grossarth, 2015）。

8.6 结论与行动建议

一旦做出了战略决策，选择了作战方案，就需要考虑：企业应采取哪一种战术手段？交互使用各种战术手段对成功有决定性意义，尤其在集中火力攻击对手的弱点时，更是如此。起决定作用的是，要把信息技术措施和实体经济措施在价格、产品、后勤政策等方面结合起来。只有配合使用各种手段，才能进行高强度的经济战争。福龙公司遭到了产品霸凌，这说明，期限也很重要。在有限的时间内，如果进攻者缺少竞争力强的产品，它会首先损坏对手的产品声誉，从而赢得时间，把自己的产品推向市场。奥迪案例显示，这种冲突并不一定只发生在企业之间，如果能激发媒体进行相应的声誉战，把它叫作"第五专栏"，利用它实现自己的目标，这就足够了。此外，还有一种意外的危机沟通，即，毫无准备，没有协调，因局势严重而进行的沟通。在当今信息战的背景下，反侦察显得越来越重要，因此，企业必须学会反侦察。

德国的水泥价格战说明，如果产品具有同质性，在需求很固定的地区，因为价格在很大程度上会随市场变化，那么，在销售量较低的情况下，形成垄断组织是阻止价格低于边际成本的首选办法；其后果是，客户受到剥削。不过，并不清楚，垄断组织在多大程度上会起作用，因为只要市场上还有自由供货者，就不能强迫销售，空间市场上大多如此。因此，一些不安分的供应商，特别是中小企业，会破坏垄断组织并使其无效。所以，本来希望剥削客户，但这希望落空了，随着垄断组织的结束，可能会发生经济战争，即，价格战和商业条件战。一部分空间市场或产品市场往往会成为目标，其中，每个市场都有不同的弱点，冲突在这些地方迅速扩散和转移。

根据上述分析，领导人员应注意以下几点：

（1）认真安排战略行动、作战行动和战术行动，在团队中，把相关能力进行合理分配。治理措施要适合各个层面，这对成功很重要，从而保证内部领导过程的透明度，并能够高效利用领导系统和信息系统。这同样适合进攻和防御——而福龙公司根本没有做好防御工作。

（2）在各个层面要采取合适的行动，这意味着，在每一种能力领域都要与上级领导的知识联系起来，能够评估下属的行动结果。只有这样，才能出现封闭的领导循环，保证组织的学习。利用丑闻和产品霸凌而进攻时，应该注意，上级的协调很重要——简单的攻击很少有帮助。

（3）必须明确传达要取得的基本成效。在空间和时间延续中，各种战术手段要相互配合，这要求，一切措施必须结合起来，实现效果，并取得成功，尤其在作战时，更应如此。

（4）必须认识到，在空间-时间的延续中，进行协调是重要的领导任务；关键方面极易被遗忘，比如，在市场上，尤其在多边市场竞争中，各种冲突十分机动，要及时补充储备。因此，领导系统和信息系统尤其要以此为导向。美国汽车业采取了这一战略，成功地利用媒体，把信息技术和认知观点纳入进来，针对奥迪公司，造谣生事。

（5）要高度重视自己行动的信号效应，无论是在竞争对手那里还是在自己团队中。因此，自己在行动时，要进行相应的商业侦察（商业智能），要进行内部通传和外部沟通。尤其要关注，有人针对自己的产品和行动制造丑闻，这会有什么后果。

（6）要考虑到挫折和失败。利用后备地位，比如自己在供应链中的优势地位，降低风险，使自己的生存成为第三方的必要条件。

（7）保证本企业在紧急状态下采取行动的能力，建立起紧急状态急救措施：所有必要的文件（密码、识别码、公司合同、专利证书、劳动合同等）必须存放在一个安全地点，但随时可以访问。要明确领导的责任，这包括代理原则和相关权限所构成的方阵。要交存授权书。要记下重要的商业伙伴及其关系的条款和条件。

（8）如果有可能，要发展成为一个系统性大企业——这可以保证企业的生存。这允许将自己的收入私有化，将失败的成本转嫁给第三方，即转嫁给纳税人。

> "若无正义，王国与强盗团伙又有何异？"
>
> ——圣奥古斯丁（Aurelius Augustinus）

9　经济战争中的国家

国家理论学家影响了现代社会的发展，尤其在可接受的社会和秩序框架方面，国家理论学家在价值观的基础上为国家权力的建立和使用提出了切实可行的建议。本书把国家理论分为合作型国家理论和对抗型国家理论，合作型国家理论强调社会均衡能力，对抗型国家理论强调处理冲突，甚至把冲突作为关键的系统动力。如果一个国家采取对抗性行动，它往往受一位君主的控制，这位君主在使用权力时往往不择手段，除了要争取获得认知主导地位外，君主会利用一切混合手段，尤其会利用国家的垄断权力。

中国经济取得了巨大成就，这使人们一再提出这个问题：中国特色社会主义市场经济体制是否确实有特殊的优势？之所以这样问，尤其因为金融危机破坏了迄今的许多确定性（见第 11 章）。美国前总统特朗普就是一位超能斗士，他破坏了全球多边主义制度。正如德国和法国政府在 2019 年春季所表达的那样，要建立国家企业集团，或禁止那些不良的企业集团，这些想法很快就成熟了。实际上，这就是向自己的秩序和伙伴宣战，而竞争对手知道，作为对手，它受到了尊重和重视。

　　本章要阐述,国家的领导要求和主导地位期望有什么意义? 在建立制度秩序方面,哪些手段起了直接或间接作用,如何使用它们? 其中,要分析涉及国家主权的传统权力,如国家在货币或贸易领域的权力,也要分析其他手段,如实施高税率或支持恐怖主义。

　　随后要分析,在国家之间的经济战争中,具体操作应遵循哪些基本原则。本章阐述三场经济战争实例。这三场经济冲突发生在欧洲刚刚过去的最近 100 多年里:一、英德冲突,该冲突仅在《凡尔赛和约》后一度间断;二、中欧经济矛盾;三、货币战争,这是世界金融危机的后果。

9.1　国家领导权要求的贯彻实施

　　卡尔-斐迪南·冯·威尔逊(Karl-Ferdinand von Willisen, 1919: 16-41)曾提及经济战争中重要的国家手段:限制,即阻止商品进口;贸易禁令及相关的进口替代;列出禁令黑名单、灰名单和白名单,经当局批准的许可名单、纯粹的积极名单;阻碍航运;废除专利法、商标保护法和许可证;取消支付往来,向敌国货币施压;清算和扣押敌方资产;禁止合法交易和废除法律;毁灭和诋毁敌方生产要素,将中立国纳入经济战争。在这些经济战争手段中,一部分是直接手段,一部分是间接手段,本章会按序论述。哈拉德·佩歇尔(Harald Pöcher, 2005: 75)称之为财政手段、货币手段、贸易政策手段以及间谍活动、生态战争和目标信息管理。

　　本章将论述普鲁士崛起、二战后的德国发展和邓小平领导的中国崛起。可以确认,与企业相比,在国家层面,较难估计损害的可持续性,因为只有经历过之前的彻底失败,一国经济才有可能崛起,而且失败往往是之后国家崛起的基础,其前提则是道德崛起。直接成本通常很容易衡量,这在比较收益时比较困难。[①]

各国是否能够适当补偿那些全球竞争中的弱势群体?一个国家的这种能力已被国家的经济区位竞争所侵蚀,因此,全球化共识备受压力。这不仅适于传统的资本主义国家(如美国),也适于实行社会市场经济体制的德国,因此,在贸易收益测算中,更应考虑不平等问题(Jung, Kohler, 2017)。实际上,出现了"全球构造冲突区"(Blum, 2017),其中一些国家可能被挤入经济俯冲区。造成这种情况的原因很多:一、实际的竞争强度下降了。这会促进企业的集中,如果进一步发展下去,又会发生经济冲突,甚至发生经济战争。二、旧的企业精神已经僵化,不能再应对各种阻力,但新的企业精神尚未形成。三、实际上,大部分决策过程放慢了,因此,应该加快市场化进程。据《经济学家》(Economist, 2017b)报道,根据各国的投资情况,世界各国可分为投资输出国、企业总部所在国和投资目的地国,投资目的地国往往拥有市场或临近市场。但是,恰恰是投资目的地国(尤其中国),它们正在努力,尽力扩大自己在价值创造链中的比例(参见本书关于全球供应链的价值创造分配的论述)。

本章讨论国家的领导要求,并举例说明民主国家如何实现这一要求。显然,如果对抗有助于维持权力,那么,对于民主制国家而言,对抗并不陌生,这为国家领导基本原则及其斗争手段做了准备。

9.1.1 精英间的对抗

尼可洛·马基雅维利是一位重要的国家理论家,他假设,国家领

---

① 《德国商业报》(Handelsblatt, 2013)的"钢铁风暴"(Stahlgewitter)一文指出,美国参加二战的成本约为4万亿美元,号称"道德上别无选择"。但如果欧洲系统没有崩溃,欧洲经济会繁荣吗?如果欧洲经济不繁荣,美国也能繁荣吗?

导的唯一义务是,并不考虑第三者的利益,而是要面对自己的人民。如果他仍然相信法治,那也是因为法律可以用作统治手段。[①] 后来,维尔弗雷多·帕累托(Pareto, 2016)在《一般社会学基础》(*Grundriß der allgemeinen Soziologie*)一书中也表达了这一思想,他断定,历史是精英间的一场斗争,这场斗争只有两种状态——要么战斗,要么坚守不动。

如前文所述,实际上,如果没有秩序框架,个人和机构就不可能有序地生活,因为冲突的状态(即竞争)是进化原则的日常表现,需要嵌入秩序。但秩序并非为所有人所接受。在某些情况下,通过激励,能建立起合理的合作状态。在其他情况下,秩序必须稳定下来,敌人必须受到限制。所以,即使是自由宪法国家,它的特征也是暴力垄断,这不无道理。

任何一种国体都要面对这个挑战,要在变与不变之间寻求平衡。各国利用和平手段解决冲突的能力各不相同,所以,当国与国之间出现冲突时,冲突会有不同的发展。这里的"利用和平手段",就是要防止军事战争,也防止严重的经济冲突,"利用和平手段解决冲突"的宗旨是,增加国家的福祉,增强国家的国力。一般情况下,冲突最好能够和平解决,在社会上可以利用竞争原则。

本章的例子可以证明,这不可能总是成功,本书已指出,早在拿破仑时代,战争行动与经济战略就紧密相关。在一个制度薄弱的国家中,会发生不受控制的对抗。关键词是:将败之国、失败之国和流氓国家。这个未被发现的层面是对抗的一个层面,往往也是腐败的层面。相反,一个强国希望在全世界发挥作用;这说明,国家试图利用经济手段来实

---

① "你们必须清楚,无疑,有两种冲突:一种冲突借助法律,一种冲突借助暴力。前者适用于人,后者适用于动物。"(Machiavelli, 1978: 71)

施其主导地位。竞争手段往往就足以实现目标,但国家往往也采用经济战争手段,例如以贸易战或货币战的形式。

对于许多国家而言,创造国家的竞争优势是国家发展战略的核心,可能也是武器系统的核心。1994 年,保罗·克鲁格曼(Krugman, 1994)在《外交事务》上发表了"竞争:危险的迷恋"(Competitiveness: A Dangerous Obsession)一文。他认为,国家竞争力类似于企业竞争力,因此,如果企业竞争也遵循国家竞争战略,就可能误入歧途。他的立场与许多机构的立场相对立,这些机构定期发表国家竞争力报告,形成许多指标,如洛桑的国家管理发展研究所或世界经济论坛,该论坛的全球竞争力报告参见图 9.1.1。一些学者也支持这一看法,比如,迈克尔·波特(Porter, 1998)研究集群的意义及由此而来的外部性。因为国家与企业不同,决定企业竞争力的因素是把产品推向市场,获得收益,企业的成功往往也意味着竞争对手的失败,这会直接导致对手的破产,而国家无法利用其货币主权来解决这一问题。原则上,贸易遵循经济中的双赢原则,因而贸易会导致帕累托改进,无论如何,这不是一种零和博弈——在零和博弈中,一方的收益恰好等于另一方的损失。此外,无法证明,世界市场上的成功是否明确与国家富裕程度紧密相关,这方面有太多的反例,尤其是相反的理论证据。尽管如此,从政治经济学角度看,关于国家竞争力的经济政策讨论似乎很有吸引力——但这可能会导致灾难性的政策措施,它诱使国家采取不利于其经济增长和限制其国际经济发展的政策。①

---

① 比如,德意志联邦银行(Deutsche Bundesbank, 2013)分析了德国产品的价格竞争力,其结论是,2013 年,德国产品的价格竞争力比最近十年来的年均竞争力有所提高。

国家	排名 2014		排名 2017	国家	排名 2014		排名 2017
瑞士	1	⇨	1	芬兰	4	⇘	10
美国	3	⇨	2	法国	23	⇨	22
新加坡	2	⇨	3	中国	28	⇨	27
荷兰	8	⇨	4	西班牙	35	⇨	34
德国	4	⇨	5	意大利	49	⇨	43
中国香港	7	⇨	6	土耳其	45	⇨	53
瑞典	10	⇨	7	印度	71	⇨	40
英国	4	⇨	8	巴西	57	⇨	80
日本	10	⇨	9	希腊	81	⇘	88

图 9.1.1　2014—2017 年各国和地区竞争力

资料来源：自制，参见 World Economic Forum（2015: xv, 2017: ix）。

保罗·克鲁格曼的论文发表在 1980 年代末，当时，欧共体主席雅克·德洛尔（Jacques Delors）提出了《德洛尔计划》，旨在加深欧洲一体化，呼吁欧盟制定一项共同的竞争战略。在 1980 年代末，欧共体经济与货币事务委员会制订了建立欧洲经济与货币联盟的计划，该计划分三个阶段进行：一、自 1990 年起，取消成员国之间资本来往的一切限制；二、自 1994 年 1 月起，巩固国家预算，以便为稳定的共同货币建立基础；三、确定各国货币汇率并启用欧元，自 2002 年起，欧元现金开始流通——这一切最后都实施了。在这种情况下，1993 年，在哥本哈根欧盟峰会上，雅克·德洛尔宣布，这期间出现了经济和货币紧张局势，原因是，相对于美国和日本，欧盟缺乏竞争力，因此，共同的货币计划必须伴随一个共同的产业政策。每一种战略性经济政策都潜藏着高风险，必然会与那些受连累者进行经济战争,有针对性的工业化也不例外。

随着时间的推移,各国越来越频繁地采用战略性外贸政策,因此,保罗·克鲁格曼(Krugman, 1987)撰文提出一个问题:自由贸易过时了吗? 克鲁格曼认为,在亚当·斯密(Smith, 1776)的传统理论和大卫·李嘉图(Ricardo, 1817)的自由贸易范式理论中,贸易作为繁荣的一个因素,并不适用于某些情况,但它仍然比政治和经济的尝试更接近现实。政治经济理论试图通过市场的不完善来证明,一切国家干预都是合理的,从而引发经济战争。克鲁格曼(Krugman, 143)写道,干预主义的收益是,干预与干预带来的风险不成比例,干预的风险是,冲突会升级,直至发生贸易战。

因此,凯文·哈塞特等学者(Hassett et al., 2011)把这一问题置于查尔斯·蒂布特(Charles Tiebout, 1956)的传统竞争模型中,该模型表明,在选举时,公民"用脚投票",这带来了竞选压力,因为公民的投票并不取决于某一项竞选纲领,而是取决于由各种竞选纲领混合起来的纲领,这种混合纲领会被那些具有相同偏好结构的人发现,其中,在税收和公共产品之间所做的取舍起关键的作用。在全球,在托马斯·弗里德曼(Friedmann, 2004)所谓的"扁平世界"上,这一取舍也将成为核心竞争因素,即消除世界的扁平化,并在经济区位竞争或在争夺客户方面产生差异化效果的不均匀性。所以,这样做的直接后果是,会更严厉地打击偷漏税,这比税收竞争更重要,因为公共产品在这种情况下可以用作武器。

9.1.2 国家权力、国家道德和霸权主张

一旦国家想扩大它的对外影响力,它就会作为核心行动者,发动经济战争,典型实例是,19世纪,美国以武力强迫日本打开市场,英国以武力强迫中国打开市场。攻击性的贸易政策往往会引发一场贸易战,

会升级为一场军事冲突。在第一次鸦片战争和第二次鸦片战争中，随着被迫与欧洲进行贸易，中国成了破坏性战争和毁灭性战争的牺牲品。在《谁统治世界》(*Wer regiert die Welt*？)中，伊安·莫里斯(Morris, 2010: 14-17, 497-499)忠实地描述了鸦片战争史。在 19 世纪初，因为中国出口茶叶、丝绸等世界紧俏商品，相对于西方，尤其相对于英国，中国拥有稳定的贸易顺差，即使英国出售白银，英国也无法平衡自己的贸易逆差。但英国人认识到，清朝道光皇帝和他的子民有着不同的意愿，人们会消费鸦片，后来，中国从英属印度孟加拉地区大规模进口鸦片，鸦片进口呈指数增长。为了反对鸦片贸易，道光皇帝向英国宣战。英国派出海军舰队，武力强迫中国签署了更符合英国利益的解决方案。当时，西方世界在工业革命的推动下迅速崛起；与西方相反，由于闭关锁国政策，清朝国力日渐衰落。光绪皇帝力图通过"百日维新"为中国开辟自己的现代化之路，使内部与外部的现代化相互统一，使中国进入可承受的平衡状态，但由于义和团运动中释放的强大外部压力而失败，最终导致中国的半殖民地化(Chang, 2014)。今天，任何想要了解中国及其对外国影响的防御的人，就必须了解中国 19 世纪的历史。

在国家内部，如果罔顾法律和道德标准而实施国家权力，这也是一个问题。两个例子可以说明这一点，即，高层犯下的罪行显然被掩盖。第一个例子是莫拉特事件①。在第二个例子中，德国黑森州政府要求税务调查员退出调查，政府宣称，对手有精神问题；所谓的对手就是举报人、举报欺骗行为的公民、履行报告义务的忠实的公务员；这说明，这是政府采取的一种手段。这种做法很有优势，即，对手的一切陈述因精神问题而变得不可信，不再有拘留审查期，受害者在精神病院可能真的

---

① 参见 Heribert Prantl (2013), Matthias Köpf (2019)。

疯了。实际上,通过第三者的帮助(即有偏见的专家的帮助),这就成了肮脏的交易,这是《孙子兵法》中的"借刀杀人"。其中的经济战争的实质在于,国家容忍犯罪行为,这会给竞争造成永久性的损害——经济犯罪也是宏观经济战争的微观层面。

自2015年以来,全球呈现出三种趋势,可被视为未来可能爆发经济战争的预警信号。

(1)中国崛起为世界第一货物贸易大国:迄今为止,美国是全球最重要的秩序力量,但美国感觉自己的霸权受到了挑战。这令人想到,19世纪末德国和英国之间的对抗。在《论中国》一书中,亨利·基辛格(Kissinger, 1911)问道:在中国的问题上,世界是否会重复自己在19/20世纪之交对德国所犯的错误?即,世界并不接受中国是一个平等的大国。中国崛起和德国崛起之间有着惊人的相似之处:今天,世界贸易中超过30%通过中国南海,这在军事上很容易被阻断,这一点与当时的德国北海类似。美国认为中国违反《联合国海洋法公约》,这就是空话,直到今天,美国国会也没有批准这项基本公约。

在历史类比中,这也被称作"修昔底德陷阱"。希腊历史学家修昔底德分析了持续三十年的伯罗奔尼撒战争(前431—前404),这场战争发生在斯巴达和雅典之间,斯巴达是当时的大国,雅典则正在崛起,战争以雅典的胜利而结束。关于如何组织国家这个问题,也存在根本不同的看法,与第一次世界大战之前的德国很相似,当时的德国面对的是盎格鲁–撒克逊世界,今天,中国要面对美国。

(2)世界大国俄罗斯带来的挑战:因西方联盟体系不断向原先苏联的势力范围扩张,从地缘政治上看,俄罗斯感觉自己受到了挑衅。这表现在俄罗斯争取乌克兰政治统治权的斗争中;俄罗斯想把乌克兰纳入自己的体系,因为直到今天,乌克兰与苏联时期存在的紧密经济联系仍在延续，历史上，俄罗斯正是在基辅建立起来的。此外，俄罗斯和乌克兰仍有共同的基础设施，比如，在能源领域。但乌克兰日益接近欧盟和北约，俄罗斯认为，这一切会陷入危险。美国在格鲁吉亚实施利益政策，这说明，美国向俄罗斯发出了战略性警告，将会对俄罗斯实施经济和政治包围。在格鲁吉亚危机和克里米亚争端的背景下，美国希望将俄罗斯降级为"区域大国"（Barack Obama），由于俄罗斯的稳定及其军事装备在增强，美国认为，要尽快实施这一战略。俄罗斯与中国共同建立了新型国家合作结构，尤其是在金砖国家结构环境下建立了合作结构，这挑战了西方在世界银行和国际货币基金组织等世界经济机构中的传统而正常的主导地位。随着克里米亚争端的爆发，出现了危机环境，这为俄罗斯创造了机会，使其可以作为一个重要大国重返全球决策机制的核心，如果它想限制冲突，比如叙利亚冲突，这又使俄罗斯更容易利用经济手段来争取它的地区利益。

（3）伊朗和沙特争夺地区霸权的竞赛：伊朗和沙特分别受到什叶派和逊尼派的影响，自从中东（特别是伊拉克、叙利亚和利比亚的）世俗独裁统治结束以来，伊朗和沙特一直在争夺该地区的主导地位。后来，利比亚衰落了，西方却把利比亚的衰落盛赞为民主的胜利，但实际上西方支持甚至推动了国家结构的瓦解。伊朗和沙特代表着各方势力，它们在也门、利比亚、伊拉克和叙利亚发动代理人战争，在后三个国家，恐怖组织"伊斯兰国"引起了世界的注意。第5章在阐述石油价格战时，曾阐明了这些行动的框架条件。

沙特法赫德国王（König Fahd）曾宣称，"伊斯兰世界是沙特的战略继续"，在此基础上，沙特正在实施三重战略：一、通过石油价格战，削弱伊朗及美国的石油产业，进而削弱俄罗斯的盟友叙利亚总统巴沙·阿尔·阿萨德；二、阻止在伊朗的投资；三、通过引发移民潮，向世界自由体制施加压力,并削弱其经济。[①]移民因此被称为一种混合武器。

9.2　国家在经济战争中的主导地位预期

如果一个国家决定要发动一场经济战争,那么,它应该将一切可能的影响考虑在内。就像军事战争会造成负担一样,激烈的经济冲突很快也会为本国带来不利后果。比如,因克里米亚争端,欧盟和美国针对俄罗斯实施了制裁,这不仅对俄罗斯带来了损害,其恶果在本国也越来越明显,这包括大规模的供应不济,直到企业破产。因此,在经济战争中,一个强国应该具备三种重要能力:一、在冲突对手集团之外,要有其他的稳定合作系统;二、要有稳定的财政,以解决所引发的结构性问题,即,要能承受住打击;三、最后要有一个信息系统,它要能保障在公共舆论中占有信息优势。

9.2.1　制度的稳定和活力

克里米亚争端是一个合适的分析起点,因为它是更大规模争端的一部分,其地理相互依存性以静态值表示(见图 9.2.1),其复杂结构也是石油价格战的背景,因此,要分析一下这场危机。

为了分析冲突可能的动态,这里要分析冲突的其他层面:一、冲突涉及政治哲学,关键词是民族创伤、基本国家学说和历史文化关联(见第 2 章);二、冲突具有军事性;三、冲突具有经济性。这是全球危机结构中的一部分,从沙特阿拉伯的石油价格战、叙利亚冲突、伊朗的战略

---

① 沙特有大量帐篷,只偶尔供朝觐者使用,但沙特仍拒绝接收叙利亚难民;由于大量难民涌入德国,德国决定要建造 200 座清真寺。两国形成鲜明对比。

性登场,直到朝鲜的核武器装备。

格拉西莫夫将军(Gerassimow, 2013)为克里米亚争端制作了形势图(见第 1 章)。与此同时,这场冲突正在日益从军事冲突转变为经济战争行动。这一点显示在架设海上大桥项目上,这个项目的内容是,在黑海和阿佐夫海之间的刻赤海峡上建造大桥,这是对公海的国有化,违反了国际法。这个项目会使乌克兰港口枯竭,对乌克兰工业区构成了严重威胁,其中,顿巴斯某些地区已被反政府军占领。

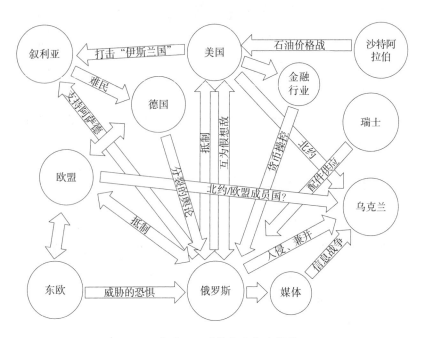

图 9.2.1　乌克兰经济战争参与者的关系

资料来源:自制。

企业之间的经济战争与国家之间的冲突有一定关联,当这两种冲突同时发生时,就发生了混合冲突,混合冲突尤其可能会发展为混合战争。保护一个国家比保护一家企业更重要，所以，国家要为最严重的情况做计划，比如，在石油价格战中，要回答的问题是，它会持续多久？企业必须拥有自有资本，同样，国家的外汇和黄金储备也很关键，国家可以计算出，它需要多少资金，才能在任何情况下都能经受住一场经济战争。与经济战争一样，企业风险评估得出的数值也是风险价值，或者是风险调整资本。

很多实例证明，如果国家内部不稳定，为了统一国家，会爆发冲突，尽管如此，事实又证明，这种做法在大多数情况下并没有取得持久的成功。纳赛尔总统领导了对以色列的攻击行动，随之，埃及失败了；阿根廷的军事政权引发了马尔维纳斯（福克兰）群岛战争，但随后，它也失败了。外有强敌，这有助于本国体制的稳定，对此，中日冲突、俄罗斯与西方的冲突、中美冲突都是实例，但是，冲突各方也定期相互需要对方，以便解决更大的冲突。但如果各方失去了信任，就会很困难。

根据模因三角形理论，对制度的稳定起关键作用的是，国家的形式结构和交易成本系统要相互兼容。这似乎很复杂，实际上却很简单：如果一个国家的技术发生了变化，价值结构也不断变化，随之，经济体制也有变化。根据现代交易成本理论和进化制度主义理论，制度竞争总是通过不同的结构设计来进行的。那些不改变的人最终会遭受到不适应的痛苦，因为某些困境可能突然消失，柏林墙的倒塌就是实例之一。

经济活力也会造成不稳定。一方面，经济活力会分裂社会，使社会各阶层在财富、收入或参与方面机会不均等，例如，在全球化过程中，有赢家，也有输家；另一方面，在经济充满活力的时候，关于实施何种经济政策的问题，社会各阶层往往持有相互矛盾、互不兼容的立场（如欧盟的情况就是如此）。然后，精英主义和认同主义的立场都被宣布为具有普遍约束力，直到民众通过投票来反抗并出现大规模混乱为止。之后，去全球化的诺言获得了新的营养，这可能引发贸易战或经济战争，它具有混合结构，也包括政治行动纲领，这在 2017 年 G20 峰会上变得显而易见。然后，由于没有回答分配问题，某些事实也无济于事，例如，研究证明，德国人每人每年可以在国际分工中获得超过 1,000 欧元的利润，与其他相同规模的欧洲国家一样（Eckert, 2018）。政治交易成本增加了，这意味着，从经济区位理论和货币理论角度看，国家在经济上已过度扩张，必须收缩，因此，虽然国际秩序框架（如世贸组织）已经受到限制，但仍将会受到进一步的压力。格哈德·威格纳（Gerhard Wegner, 2017）在"政治化经济的危险"（Die Gefahr einer politisierten Wirtschaft）一文中指出，在魏玛共和国时期，垄断和孤立破坏了民主，他认为，今天也面临类似的威胁。

9.2.2 财政的可持续性

如果人们观察一下欧洲金融危机的过程，就能发现，一些国家的财政很稳固，它们能很好地应对金融业所遭受的经济攻击，也能从容应对邻国没有财政政策所带来的后果。北欧国家、德国和奥地利尤其如此。因此，在危机情况下，一个国家要想以不幸的今天换取美好的明天，那么，稳固财政是前提条件，简而言之：以国家声誉为基础，接受贷款，以稳定经济，从而创造一个积极的未来预期，这必然能实现。

现代金融学认为，公民通常大大低估了他们渴望国家服务（即公共产品）的成本，因此，通过选举机制，他们要求并实施高于国家预算框架所允许的水平。因此，这就产生了一种被迫举债的压力，如果债务增长率高于一般的经济增长率，国家就开始成为债务国。此外，这也是由寻租驱动的，因为在发达国家，越来越多的特殊群体以所谓的公共利益为借口,以牺牲纳税人的利益为代价,来提升自己的利益。这一过程的推动者是大量游说团体,他们或来自工业界,或来自工会,或来自非政府组织。

如果一个国家本身出于压倒一切的原因而发动一场经济战争,以便实施制裁措施,由于制裁会有反作用,这种经济战争会严重损害本国经济,在这种情况下,财政稳定会显得更重要。制裁对敌人的伤害越大,在本国导致的成本就越低,这会使制裁信号更可信;但正是这一点,很少可以预知得很清楚,而报复的效果或整个社会的反应会使损人利己者很快成为受害者。

9.2.3　沟通的可靠性

在信息越来越不能得到验证的情况下,公民会依赖媒体的真实报道。这正是媒体作为社会第四种权力的意义,媒体是位于立法、司法、行政这三种权力之间的监督机构。沟通可靠性是稳定的重要基础。一个国家一旦敢于发动一场经济战争,比如,在制裁的框架内,一国要攻击另一个违反国际法的国家,它只有使自己的人民认识到这一做法的必要性,才能在国内政治上维持这种战争。

在一些国家,媒体可能被操控,这使国家更容易实现其领导的主张。国家会首先控制新闻和广播,然后控制电视,然后控制互联网。在"国家空间模式"(A Spatial Model of the State)一文中,布鲁姆和杜德利(Blum, Dudley, 1991)以1871—1989年的德国为例,展示了印刷媒体和广播与实施国家意志之间存在的高度相关性。但如果没有媒体的支持,即使在民主制国家中,国家的领导权也很难保持稳定。首先,民主选举产生的政府也力图通过对媒体施加压力来稳定其影响力。其次,因缺少广告业务,报纸的财政独立越来越困难,报纸也极易被操控。编辑会使用"脑中的剪刀"删除某些内容，因为他们不再报道政治决策者不喜欢的事情，否则，报纸会失去对自身生存重要的某些政治源泉。这是调查性新闻的死亡。选择性新闻报道很快就近乎"假新闻"，这是第一次世界大战时期的战斗术语。当国家或经济界实施媒体阴谋的时候，优质媒体也经常被卷入其中，这会破坏新闻报道的声誉资本，对民主是致命的。克劳斯·斯莫尔卡（Klaus Smolka, 2015）在"经济阴谋家"（Die Trickser der Wirtschaft）这篇评论中谈及这个话题："人们经常讨论，为什么许多人在政治上感到沮丧。根本原因是违法、欺骗、撒谎。"欧元集团主席让-克洛德·容克（Jean-Claude Juncker）曾说："如果事态变得严重，你必须撒谎。"斯莫尔卡补充说，否认后来被确定是真实的消息，这种否认往往是在法律上强制执行的，但从未从法律角度进行再处理，因此，这是媒体可信度不断下降的主要原因。实际上，报纸就是这样，认真调查的编辑反而受到损失。同时，相反的事情也存在：恰恰是一些西方国家迫切需要良好的新闻报道，因为它们不希望本国公民成为故意宣传国外冲突的牺牲品。这里，克里米亚争端也使人受益很多：新闻报道常常出错，偶尔也会被故意操控，因此，由此产生的质疑使俄罗斯可能发挥其影响力。

好新闻专注于阐明事实，拒绝相关评论中可能出现的个性化渲染，这可以稳定第四种权力，并在公众中创造声誉资本；好新闻应该与掌权者的距离很大，与读者的距离较小，但今天，情况往往正好相反。嵌入式新闻就是在第三方保护下工作，第三方往往是一个战斗力强的军队；勒索新闻即放弃报道，否则，那些势力大的机构会威胁新闻机构，将它们从重要圈子中清除出去；强制性新闻，即媒体被迫工具化，媒体被用来损害个人或机构，比如，借助媒体的力量，将某家企业从市场上赶出去;最后是意识形态新闻,即,本来就是偏见,这必须保持禁忌。

当真理不可能存在的时候,这更有效。特奥多·阿多诺(Adorno,1963)在"疯狂社会意见"(Meinung Wahn Gesellschaft)一文中认为,若无主观经验,真理不可能存在,尤其因为常识总是强调自己的理性,"同时却恶意地放弃理性",比如,今天这象征着政治正确性或别无选择,并且往往作为一种统治工具。自由社会需要言论自由。但各种看法很快就退化为各种信条,最后变成妄想系统,并要求实施和发挥其认知权力。典型的结果就是痴迷,这痴迷就像企业集团领导者的全能想象,这些人如果发生摩擦,就会引发严重的冲突。要毫不动摇地努力去批判,这是开放社会的生存问题:"只有有了抵制舆论谎言的意志,真理才有立足之地。"

9.3 直接发挥作用的国家经济武器系统

与企业不同,国家不仅可以直接介入对抗,比如,通过限制供应或禁止进口,也可以通过法律制度,采取间接措施,介入对抗;这些措施有时会同时起作用。英国1887年商标法规定,制造商有义务标示产品的产地,对于从以色列进口的产品,欧盟也采取类似做法,以便能够识别从巴勒斯坦地区间接进口的货物,这允许对外国的歧视,从而避免设置关税壁垒(见第9.4节)。下列经典措施属于明文规定,专门针对具体的竞争对手,大多经各国议会决定,或由政府决定。通过实施国家权力,经济武器系统直接生效,国家可以直接采取行动或做出决定,比如贸易政策、税收政策或财政政策。如果有必要借用法律法规,那么,就会产生间接效果,在货币政策方面尤其如此;如果一个国家必须修改有关中央银行的法律规定,各国就会亦步亦趋,进而产生间接效应。

9.3.1 战略性经济政策的基础

在《国民经济国际竞争力的经济理论》(*Ökonomische Theorie der internationalen Wettbewerbsfähigkeit der Volkswirtschaften*)一书中,理查德·雷切尔(Richard Reichel, 1887, 2002)研究了国家政策的主要起点,这起点低于竞争性监管框架的水平。国家行为的目标是(Reichel, 2002: 484),相对于贸易伙伴国家,本国的人均收入水平要长期增长。进出口交换率很适合作为指标,即使它并不是一直在增长,但它至少应有一定的稳定性,可以说明真实的交换关系在改善。这个目标也很容易细化,成为可实施的具体方案。弗里德里希·李斯特(List, 1841)指出,国家可以采取长期发挥作用的实体经济措施,这就是经济区位战略和创新战略。此外,李斯特还指出了货币的效应,货币会影响真实的汇率,这一点可以从最近几年的金融危机中观察到。这包括:

- 卡尔多悖论:根据这一原理,真实的对外价值提高了,会增加出口份额,而不是减少出口份额(Kaldor, 1978);这意味着,通过调整相应的外贸商品结构,可能导致一种两极分化的效应——"富人更富,穷人更穷",这是德国多年来的典型情况。

- 购买力平价理论:根据这一理论,在不考虑运输成本、间接税或补贴的情况下,可贸易商品在全球有统一的价格,将被迫采用与购买力平价相对应的汇率。[①] 于是,通过影响地方价格水平,就可以影响汇率。

在讨论价值链上游和下游的相互依存关系时(见第1章),已经说明,通过全球劳动分工,会出现真实的转换机制,智能性技术活动和创造价值的技术活动主要集中在西方国家(Escaith, Inomata, 2013)。此

---

① 参考阿诺德·哈柏格(Arnold Harberger, 1950)的汇率理论。

外，猪股慧士（Satoshi Inomata, 2017）在"全球价值链分析框架：概况"（Analytical Frameworks for Global Value Chains: an Overview）一文中指出，这种对全球价值链（或价值创造网）的分析必须置于新贸易理论的语境中，价值创造链在技术层面包括产品异质性和沉没成本，在制度层面包括市场不完善和战略性行动。同时，之所以国家和企业会存在关联，是因为价值创造的共享会越过企业边界，也会跨越国界，即，生产的捆绑-解绑会与垂直方向的一体化相互作用。随之发生了经济权力转移，这是价值创造链中的战略性因素。经济权力的转移与国际转换结构直接相关，国际转换结构是引发经济冲突的原因之一，因为它对各国的财富造成威胁，进而不利于各国的主导地位期望。

（1）在货币方面，国家之间存在三种重要的转换机制，即汇率机制、利率机制和价格水平。在不同的国家中，国际贸易商品的价格会因税收、关税和运输成本的不同而有所不同，所以，商品价格水平尤其与地区价格有关。通过当地价格，可以认为，在某国，商品很贵，比如，通过瑞士饭店的价格，可以认为，瑞士商品很贵；实际上，无论是因为内部价格过高，还是因为汇率机制不利，才使某地的商品价格很高，这并不重要。

汇率是第二种重要的交换变量，利率是第三种重要的交换变量。汇率和利率都由中央银行决定，根据克努特·维克塞尔（Knut Wicksell, 1898, 1922）的利率理论，一个国家的实际利率水平由该国的生产率来决定。某地价格水平往往是某地工资薪酬政策和财政政策的结果，但它也受汇率的影响，如果某国将汇率强制降到一定的低水平，进口商品的价格会升高，也进口了通货膨胀。随之，会进口资本，这也可能导致通货膨胀。

利率制定权由中央银行掌握，中央银行根据一定的标准确定利率。

例如,在美国,利率以经济效益为导向,经济效益主要通过失业率统计数据来测算;而在欧洲,中央银行(如德国央行)只负责或应该只负责货币的稳定。

根据克努特·维克塞尔的理论,经济生产率决定了长期的实际利率水平,而如果实际的利率水平低于这一自然利率,那么就会引发投资,这又引发资本紧缩,并使资本变得昂贵,因此,长期来看,会形成平衡。利率水平的提高也类似。如果中央银行持续降低利率,生产率和与风险相应的报酬之间就会失去平衡,那么,就可能会发生重大的再分配,因为风险很高的国家能够以极低价格获得资金,并将资金导向那些建设性极低的投资项目中。每次提高利率都会引起混乱,并导致公司破产。

(2)资产负债表显示外贸的平衡。作为国民与非国民之间经济交易的系统表述,国际收支基本上处于平衡状态。如果存款数额超过支出数额,则由此产生的盈余就会导致外汇或其他种类资产的流入,中国就是如此。如果出现赤字,就会导致外汇流失,可能是黄金储备的流失或中央银行的负债,这明显显示在欧洲央行的目标机制中,希腊就是如此。

国际收支平衡表包括经常项目收支表,它显示了商品交换状况,它又分为贸易收支表和劳务收支表。它们所呈现的实体经济状况与货币状况相对应,即转移收支表和资本收支表。转移收支表包含无经济活动的交易,资本收支表则记录外国直接投资(长期资本收支平衡表)和有价证券交易(短期资本收支平衡表)。

从经济供给总量、需求总量及对供求总量的融资的同一性来看,经常账户盈余往往会导致资本出口,即,在国外储蓄,而经常账户赤字则会导致外国在本国的投资,即

储蓄额－净投资额＝出口额－进口额

经常账户盈余(出口额－进口额>0)说明,一个国家的经济具有国际竞争力,但是,这可能会导致投资减少,不利于国内资本的增加,因为储蓄会流向国外市场。相反,资本进口意味着,一个国家能吸引投资,但这又与经常账户赤字相关。因此,并不能确定什么是积极的,什么是消极的,这要看不同国家的具体情况。比如,德国的出口盈余是积极的,因为德国是老龄化国家,出口盈余会使德国在有活力的市场上创造储蓄。由于发生金融危机,这种资产价格或价值被消耗,那么,贵重汽车就被美国次级抵押贷款等垃圾证券所取代,伴随着外贸出超,国内投资会不足,但这一点却无法通过未来的国外市场收益来弥补。因此,奥地利经济学派对外贸出超很怀疑,认为如果缺少投资,可能会导致资本存量的老化,这就预备了未来的衰落。图 9.3.1 显示了经常账户的不平衡。

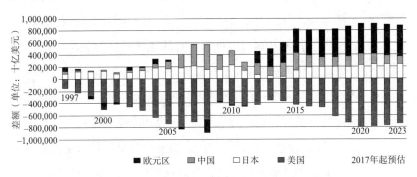

图 9.3.1　1997—2023 年经常账户的不平衡

资料来源:自制,参见 International Monetary Fund(2018)。

(3)外贸政策中的货币受中央银行货币政策的影响,中央银行会采取不同手段来控制经济的货币供应量,从而也控制价格的稳定。低利率比高利率更易赢得利润,所以,利率水平对投资至关重要。此外,还应考虑利率预期,因为未来利率上升会对投资产生超前效应,而如果预期未来的利率会下降,这会导致观望态度。因此,德国央行的传统是,缓慢提高利率,从而刺激投资活动,而迅速降低利率,以防止经济中的观望行为。降低利率,会使人们在预期未来投资条件改善的情况下降低需求,从而可能也会对商品需求产生影响,并产生危险的通货紧缩趋势。在许多国家中,正是存在这一危险,因为这些国家长期实施低利率,经济已僵尸化(见第11章)。客户预期,未来的利率会继续下降,因此,需求仍没有回升,价格继续下降,这又会加剧观望态度。对此,中央银行往往借助宽松的货币政策来制造通货膨胀预期,以打破这种趋势。但是,欧洲央行的政策或2013年以来的日本安倍经济学可以证明,这种应对措施往往收效不大。在某些时候,短期的积极效应超出了预期的长期的消极效应,经济手段会失效。

在理想情况下,外贸理论的出发点是,在汇率变动时,市场供求会弹性变化,灵活发展,因此,由于商品价格下降,销往国外的商品量增加了,进口商品价格提高了,从而可以抵消现有的经常账户赤字。但实际上,由于各种原因,这种理想状况并不总能出现。两个原因需特别加以说明:

- 政治经济学问题:在实施灵活汇率时,强国的货币会不断升值,这使其价格和工资保持稳定,购买力和收益也缓慢增长。由于这种升值,那些货币贬值的国家似乎会有更大的市场机会。但实际上往往并非如此。由于可以利用价格空间,出口国可以提高价格,以便增加盈利。这又会导致国内工资水平的增高,从而打击通货膨胀,但也消灭了货币贬值带来的竞争优势。在欧洲历史上,德国货币始终在升值,法国货币常常贬值,直到欧洲货币联盟开始,这一两极化才被打破,当时,弗朗索瓦·密特朗(François Mitterand)呼吁实施"强势法郎"货币政策。在实施统一货币后,由于不同的国家经济政策和财政政策,法德之间的这一过程重新开始,这直接影响了两国的竞争力和国家债务,也给货币联盟带来了很大压力。

- J曲线效应:该效应因一个问题而产生,该问题绘制在一个图中,显示为J曲线(Blum, 2004: 425)。如果一个国家的货币贬值,没有出口企业,本国又不能生产替代品,来替代价格昂贵的进口商品,那么,外贸就不会增长,但以本国货币计算,进口商品价格会提高。不可避免的是,货币会贬值,经常账户状况会恶化,只有在经济长期重新定位后,这个状况才会改善。这需要资本的进口,而资本进口又会导致私人债务和公共债务不断增长,且大多超出了政治经济可接受的程度,而且存在国家破产的威胁。目前,欧盟外围国家正在经历这一过程。甚至像美国这样的大国也可能陷入这种旋涡。典型实例是,1980年代初,通过当时的美联储主席保罗·沃尔克(Paul Volcker),美国打破了通货膨胀率年均约15%的上限和通货膨胀预期。通过大幅提高利率和紧缩资金,通货膨胀率大大降低,但美元作为一种有吸引力的投资货币大幅升值。其后果是,美国企业不在国内购买半成品,而是在价格优惠的国外购买,因此,大部分美国零配件厂商被挤出美国市场。后来,当实现了价格稳定后,这个政策又发生变化,当美元再次贬值时,不可能再有进口替代,汽车业不得不忍受第二次战略性打击,这极大地阻碍了美国汽车业的持续发展能力。对于关税政策,这意味着:具有强大竞争地位的国家几乎没有受到保护性关税的威胁。

这属于"宏观经济三难困境"（见第3章），J曲线显示，转换机制的不灵活加重了这种三难困境。资本的自由流动是全球化的结果，任何人都无法避免这种自由流动，随之，与国家银行或欧洲央行的自然属性相一致的货币自主权，以及作为自主规划国家预算能力的财政民生，正在丧失。关于开放性国民经济，马库斯·弗莱明（Marcus Fleming, 1962）和罗伯特·蒙代尔（Robert Mundell, 1963）认为，在国民经济开放、议会在制定财政预算时自主、国家银行独立这三项事务中，国家只能自主决定其中的两项，总有一项是不能自主决定的：或者国民经济不开放，或者议会在制定财政预算时不自主，或者国家银行不独立。

9.3.2 贸易与战略性投资

如果某一区位的基本质量很高，尤其是劳动力素质很高，那么，战略性投资可以持续提高本国的经济区位质量。世界市场的主导地位甚至可以造就高工资国家，通过成本递减、相互关联和学习曲线效应，高工资国家可以阻止来自低工资国家的竞争对手，或将其数量降到最低。瑞士钟表业就是一个实例。尽管数字化使瑞士钟表业遭遇困境，但它仍有一个开放的侧翼，日本的战略性投资也曾利用了这个侧翼。大型资本市场是发展高风险、资本密集型产业的前提，尽管美国的劳动密集型企业比德国多，但美国也拥有世界上资本最密集的企业。随着经济的发展，以比较成本优势为基础的贸易越来越被一种以产品和品味差异为基础的贸易所取代，因此，在与产品相关的设计或生活方式方面的主导地位可以产生强大的竞争力。[①] 这些比较成本优势可以通过链条

---

① 这一竞争力是通过显性比较优势指数来衡量的，该指数是一个国家某种出口商品占其出口总值的比重与世界该类商品占世界出口总值的比重这两者之间的比率。

传递，因此，贸易并不仅仅是成双成对的国家交换。一个国家对另一个国家的赤字完全可以由第三国弥补。在垄断竞争中，通过提高赢利潜力，企业会拥有巨大权力；这意味着，客户不想离开，或者只有当产品质量不再合适或产品价格无法忍受时，客户才会离开。这里，工业领先地位包括创造品味潮流的能力和创造技术领先地位的能力。苹果公司就是典型实例。最后，任务贸易往往要求选择有利的区位和交易成本，把区位作为外部优势，这尤其有利于离岸外包业务（Grossman, Rossi-Hansberg, 2008）。实际上，相应的商业服务在贸易中所占的比例越来越大，美国利用这类活动获得了大量利润。2017年，这部分收入大约是2,500亿美元，这几乎与中国的相应赤字一样高。由于其金融业的实力，英国的收益大约是1,250亿美元。全球大部分国家的国际收支基本平衡（Atkins et al., 2019）。

弗里德里希·李斯特（List, 1841）讨论过这些思想，他把这些思想与建设经济强国相结合。他认为，对于外国竞争对手和双方关系而言，最重要的因素是关税政策、成功的抄袭和剽窃政策，即，向最优者学习，进口最新技术。他很清楚，从长远来看，保护性经济政策会削弱国民经济，因为国民经济已经对参与竞争不感兴趣；因此，他认为，应该质疑纯粹的保护性关税，它们可能只在过渡时期起作用，一直持续到经济调整结束之后；换句话说，李斯特要求，仅暂时设立保护性关税，通过核算逐步减少关税，因此，这种保护性关税也被称作李斯特关税。战略性投资可以避免经济封闭，带来贸易优势，因此，可以确保分配问题、经济结构调整的负担、安全利益和主导国家的势力范围。

在"特别报道：卡在保护主义中的全球"（Special Report: The Gated Globe）中，《经济学家》（Economist, 2013b）解释了世界金融危机在多大程度上逆转了全球化。[①] 目前,《经济学家》(Economist, 2019d)谈到了"放缓",这有两方面原因:一、高技术贸易会对贸易威胁很敏感,会做出反应,同时,地区化趋势也很强(参见第 1 章);二、全球化危机四伏,政治经济进程也故意设置障碍,防止进一步国际化。在金融危机的影响下,2008 年和 2009 年的跨国资本流动量大幅度下降,是 2007 年跨国资本流动量的五分之一;在 2000 年和 2007 年,全球直接投资额分别达到高峰,与这两年的全球直接投资额相比,2008 年和 2009 年的这一数额减少了一半。对此,凯蒂·乔治等学者(George et al., 2014)在"下一个支撑"(Next Shoring)一文中补充道:虽然门槛国家中的工业生产正在增长,根据劳动力成本套利这一原理,它有利于离岸外包业务,但在特殊知识和技术导向性生产中,接近客户和技术会占主导地位,尤其当相关的执行过程可以数字化时,这很适合。这主要涉及新技术的后果,尤其是增材制造(如 3D 打印)的后果,这有利于虚拟产品贸易,而虚拟产品贸易数字并未纳入正式外贸统计中。

9.3.3 货币主导地位、货币战争和去全球化的战略意义

一个国家实施战略进攻的一种现代化方式是货币倾销,即,以牺牲他国或其他经济区的利益为代价,操控本国货币的汇率,从而提高自己的竞争能力。货币倾销的目标是,实现长期的经常账户盈余。在 19 世纪,甚至在 20 世纪,货币需要黄金储备,利用国家政策改变汇率的机会较少,所以,并不存在这种经济战争。

---

① 德国央行的全球化指数根据 16 州的外国投资额占经济总产值的比重来计算,2000 年,该指数达到最大值,之后在网络危机时下降,2007 年再度上扬,然后因世界金融危机,该指数又大幅度下降,直到 2011 年,再次增长,后又出现下滑趋势(Stocker 2016)。

在静态上，一个国家的货币汇率通常由下列因素来决定：一、该国货币的相对购买力，即一国货币与另一国货币的购买力之比；二、该国相对的利率水平；三、该国非贸易商品的相对价格；[①] 四、外贸导向，即该国对资本投资的吸引力。在动态上，对上述要素相关变化的预期也会影响汇率，即，长期的经济发展活力对货币发展负责。一旦货币联盟或固定汇率系统固定了汇率，调整货币汇率的正常缓冲区就会消失，那么，只有通过改变地区商品价格或相应地改变国家预算才能实现。

一国可以分别执行两种汇率，一方面，根据政策，一部分交易实行固定汇率，另一方面，其余的交易自由进行，实施浮动汇率，这样就能使货币汇率长期保持在较低水平。一些制定虚构汇率的国家常采用这种汇率制度，比如，假设西德马克与东德马克的兑换率是1∶1，在德国内部经济结算时，通过添加方向系数，来纠正两种货币的兑换率[②]。另一种方法是通过干预外汇市场，来稳定特定方向的汇率，比如，刻意保持低汇率，使得外贸出口繁荣和进口价格上涨，从而使通货膨胀风险和高储蓄长期存在；这些资金在寻求投资机会，从而造成投资泡沫，投资泡沫表现为住房建筑热。因此，这类国家通常过度依赖商品出口和资本出口。

这种重商主义政策最早可以追溯到法国财政大臣让-巴蒂斯特·科尔伯特。重商主义政策的目标是，使专制主义君主拥有尽可能多的黄金白银预算，以促进国家的繁荣。为此，他采用的手段是促进贸易，尤其是，促进出口，但阻止进口，比如，通过关税阻止进口，这就是

---

① 众所周知，《经济学家》每年都以汉堡包价格为基础核算各国货币的购买力，这能推测各国货币购买力之间的比率，因为汉堡包的生产需要许多投入，这些投入来自各地。

② 自1970年代至德国统一前，该值从2升为4（Schalck-Golodkowski et al., 1988; Blum, 2013a）。

所谓的"金钱战争";此外,他还促进了大型企业(如出版社、工厂等)的发展,建立了大型贸易公司,给予这些公司海外贸易特权(殖民地贸易),以便获得廉价原材料。黄金储备政策的目的是,使国家不依赖于外国进口。因此,为了货币的生产率,始终存在这个要求:不许储蓄货币,而要为了其生产力而保持流通。

在美国建国初期,美国用马车运输黄金,来平衡各州的盈余和亏损。这些马车偶尔会遭到强盗袭击,后来,这成为好莱坞西部片的题材。实际上,这是现代国家收支平衡的前现代形式,欧元区没有预制这个机制,所以,欧元区拒绝这样做,结果是,汉斯-维尔纳·辛(Hans-Werner Sinn, 2012)的《TARGET陷阱》(*Die Target-Falle*)指出,今天的盈余与债务被禁锢在目标余额中。后来,在美国,这种余额直接转为黄金储备,这牺牲了赤字州的利益,有利于盈余州。当黄金储备被用尽时,这个赤字州就破产了,这经常发生,今天也有可能发生。

今天,美元是重要的世界货币(见图9.3.2)。这给美国带来许多好处,尤其在企业评估和评级时,好处更多,因为企业评估和评级都以美国视角进行,因此,这降低了美国企业风险报告的难度。此外,美元是储备货币,美国可以根据外汇资产的规模,以货币贬值的形式,使其他国家分担美国经济政策的成本。美国被视为资本的安全港湾或安全天堂,长期以来,尤其是在全球危机时期,美元一直受到来自中国的升值压力,因此,这间接导致美国经常项目决算的赤字,自2018年起,这引起特朗普的关注。因人口老龄化严重,欧洲的经济活力长期备受压力,所以,巴里·埃森格林(Barry Eichengreen, 2011)在"嚣张特权"(Exorbitant Privilege)一文中,把中国视为挑战者。数字货币会起到何种作用?这尚且不明。自1988年起,美国每半年就会审查,是否存在牺牲美国利益的货币操控(Blackwell, Harris, 2016: 182)。由于美国势力范围的过度扩张,这类特权往往在核心会自发带来破坏,这也是历史教训。目前,大部分美国货币(即所谓的世界美元基础)都在国外。恰恰与友好国家的矛盾有助于建立新的联盟,这促进了衰落。但在当下,美元占有主导地位,这使美国能够通过货币系统把本国成本转嫁给第三国。在冲突状况下,这是一种巧妙的获利形式。

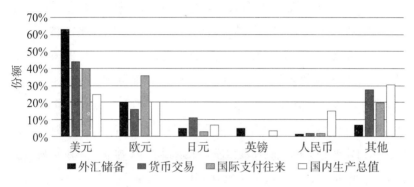

图 9.3.2　2017 年美元的领导地位

资料来源:自制,参见 FAZ(2018g),International Monetary Fund。

9.3.4　贸易壁垒和制裁

对于成员国而言,贸易协定、贸易联盟或货币联盟就像军事联盟,总是对内、对外发挥作用。比如,常常有人借助国际邮政联盟,利用一个国家的低邮政收费标准,向目标国家廉价邮寄;这也影响劳动分工,因此,2018 年,美国声明要退出国际邮政联盟,以消除中国在线上贸易的优势。美国想建立贸易协定,即跨太平洋伙伴关系协定,专门把中国排除在外,这可能是针对中国企业的一种防御(Blackwell,Harris, 2016:183),但这也是针对中国技术成就的防御,美国认为,没有西方的帮助,中国不可能取得技术成就。西方受到中国市场机会的吸引,今天,比如,对于汽车工业而言,利用中国市场是其稳定收入的基础。2017

年,特朗普宣布,跨太平洋伙伴关系协定尚不能签署,比如,因为该协定将对日本过于优厚。美国发现自己处于两难境地,因为其各盟友期待着联盟的诚信和保护,这些盟友包括日本、韩国、菲律宾和越南,但它们如果紧跟特朗普,就不可能再与中国谈判。借助"一带一路"倡议和亚洲基础设施投资银行,中国力争从经济上整合其前沿地带。中国正在缅甸马德岛建设深海港口,铺设原油管道,直通中国,最早可以在这里嗅出中美冲突。如果从地缘政治角度出发,中国开始在邻国大规模投资,那么,美国就会缺乏这笔资金来支付国债,因此,美国强烈反对亚洲基础设施投资银行,并且在欧洲国家(如英国)参加这一项目时,美国表示出完全的不理解。

在跨大西洋贸易与投资伙伴协定(TTIP)的框架下,各国讨论了自由贸易协定及相关的法院仲裁程序。公众很清楚,建立了自由贸易与伙伴关系,可能会失去主权,而主权对一国的文明至关重要。比如,美国互联网企业的主导地位使欧洲的文化产业备受压力。2015 年,欧洲法院对脸书公司做出了判决,欧洲法院强调,根据欧洲数据保护法,美国并不是一个安全港湾。按照跨大西洋贸易与投资伙伴协定条款,执行此类判决可能引发损害索赔,因为脸书公司妨害了商业模式。与此同时,公民已经怀疑自由贸易无法兑现其救赎承诺,而自由贸易实际上并不自由,往往剥削弱国,尤其会剥削发展中国家。这项协定曾保证,通过欧盟保护欧洲居民免受全球化不确定性的影响,实际上,这一承诺并没有得到遵守,不是欧洲要拯救民族国家,相反,民族国家要拯救欧洲。

一场由政府主导的经济战争大多强调"制裁",制裁包括禁运、封锁或剥夺权力,比如,把商标权或专利权收归国有。在制裁之前,可能已经实施了出口政策,尤其是关税政策。"制裁"这个拉丁语概念(sanctus 或 sancire)指,通过惩罚的威胁来治愈某些东西,从而纠正一种滥用行为;因此,词源上的"制裁"本不应引发经济战争,但通常情况恰恰相反。制裁是人为的贸易壁垒,经济学把制裁纳入关税政策或交易成本理论,因为制裁会迫使贸易中的市场不完整,它也属于知识产权政策。图 9.3.3 显示了联合国制裁的主要目标。

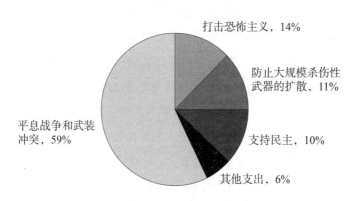

图 9.3.3　1991—2017 年联合国制裁的主要目标

资料来源:自制,参见 Süddeutsche Zeitung(2016c)。

关税是国家机构或超国家机构在跨国境运输过程中对货物征收的资金。根据关税征收情况,关税可分为进口税、出口税和过境税三种。税收金额一般与商品量、每单位商品量的货币单位及价值有关。除了关税,贸易限制还包括非关税贸易限制,比如进出口配额(常被视为自愿的自我贸易限制),以便应对贸易伙伴国的进口配额。这种方式很受欢迎,大量的国际贸易显示,最近,这类贸易限制在增加。

因此,贸易限制措施并不只是特朗普引发冲突而诞生的新生儿。《人类自由指标》(Vasquez, Porčnik, 2018)一书指出,对于德国而言,除了普遍的经济自由,也应具有国际贸易自由。那么,普遍经济自由的排名是否因外贸政策而向上浮动?若排名向上,在排名之后以"+"显示,若排名向下,以"-"显示,各国的排名如下:德国(20+),英国(9+),法国(57+),美国(6-),中国(108+)。实际上,许多国家正是通过全球化努力改善其市场的开放性,而美国则相反,尽管美国市场的开放度比较高。

借助征收关税,价格和贸易量发生了变化。其结果是,国民经济的调整机制发生了变化,这给实体经济带来冲击,实体经济会遭遇比以前更严重的负面反应。关税尤其会改变贸易条件,即,改变进口商品量和实际价值,然而成功与否取决于每种商品的供求弹性。如果征收保护性关税的国家缺乏自己生产替代品的可能性,而又有迫切需求,那么,生产国基本上不受影响,国内买家会承担关税。因此,如果必须要征收关税,就必须深思熟虑,并以外科手术般的精确度来设计。

显然,德国近几十年的经验表明,本国货币的升值会改善贸易条件,尤其有利于在国外度假,有利于德国进口,也提高本国人民的富裕程度。但为了保持竞争力,货币升值必须通过合理化投资来应对。

发达国家(特别是其工会)常常控诉,发展中国家和门槛国家通过低工资来取代工业化国家的国内工业。实际上,自1990年柏林墙倒塌以来,全球化浪潮极大地改变了国际分工。发达国家、早期工业化国家喜欢征收进口税,以保护其产业。但这往往会导致财富损失,也会影响收入分配。如果商品价格提高,购买力就会下降,收入也会减少。这虽然有助于当地就业,但往往会损害那些本想保护的群体或社会阶层,因为不再有廉价的进口商品了。例如,美国对进口钢材征收的定期关税保护了低效益产业,但这也导致了汽车价格的升高。这样一来,为了保护少数人的利益,损害了多数人的利益。

最后,关税造成了国内商品和国外商品的价格差异,它甚至超过了运输成本,因此值得规避这种差异,但这又会导致经济犯罪。烟草市场就是如此,烟草在国内的纳税水平很高,它受到保护性关税的隔离,但这导致了边境走私。美国实施禁酒令,这种禁令使整个美国酒业都有经济犯罪。

由于在贸易谈判中的地位过低，一些国家被逼入绝境，它们力图通过自愿限制外贸，预付关税，来避免贸易战；其后果是，出现了进口配额，但这往往由商品来源国来控制。进口配额降低了原产国的收入，提高了目标国的成本，所以，对于贸易双方而言，进口配额的经济成本都很高。进口配额往往旨在保护本国工业，给本国工业以时间，使之逐步具有竞争力。但这一措施仅在少数情况下才具有可持续效果。

关税和进出口限制的经济效果有很大差异。关税带来收入，关税在原产国是出口税，在目的国是进口税，价格-数量效果取决于商品的供求弹性。在极端情况下，会出现最高关税额，但因为相应的商品不能被替代，所以，这并不会使贸易量减少。贸易限制则完全不同，这里存在选择可能性。比如，尽量对欧洲大型汽车实施进口限制，这对美国有利，但是，由于美国客户乐意购买欧洲大型汽车，即使征收关税，德国汽车商也并不会被累及。但德国认为，应尽量出口大型汽车，因为这些汽车商产生的附加值最高。

关税对利润和生产率的影响也很大。贝蒂娜·彼得斯等学者（Peters et al., 2018）的研究报告《企业研发投资和出口市场报告》（Firm R&D Investment and Export Market Exposure）指出，10%的出口税率会使德国生产率下降0.5%—1.7%，利润下降17%—36%。这表明，关税对企业投资能力的长期影响是相当大的，因为通过降低价格部分抵消了成交量的损失。

为了强制他国满足本国的政治意愿，一国往往通过禁运、抵制或剥夺权利，直接实施出口限制。抵制是禁运的最严厉形式，其目的是保护航运的利益，迫使敌国完全孤立。随之，敌国可能出现生活用品或药品短缺，因此，为了保护普通民众，敌国可能会示弱（Schotten, 2007: 108-112），伊朗正是如此。随着贸易禁令的出台，会执行属地原则，因为贸易禁令会牵涉敌国中的本国经济实体。在剥夺专利权或商标权时，甚至可能会发生私有财产的国有化,敌国或被攻击国面临的问题是:不再拥有相应的权利。比如,拜耳在美国被国有化,这意味着,这家德国公司不能再以自己本来的商品名称在美国供应产品。在二战结束后,蔡司的商标分为东蔡司和西蔡司,直到德国统一后,这两个商标才重新统一起来。出口限制的目标是,释放信号,使他国改变其行为方式;这种行动的核心是劝服(Combaceau, 1986)。根据信号理论,这种信号要有可信度,即,发送信号的价格要低于对手的价格,如,以一种可信的威胁回应对方。

在劝服理论的基础上,戴维·考特莱特和乔治·洛佩兹(Cortright, Lopez, 2000)分析了20世纪最后十年的制裁,开发了一种谈判模型,其目标是,为了保持政治渠道的畅通,要激励未来的合作,克劳塞维茨(Clausewitz, 1831)也很重视这一点。[1]

贸易本来是和平的使者,甚至两个敌对国之间也会有贸易往来,所以,从经济角度看,制裁是一把极端的双刃剑。在"经济制裁之成败"(Success and Failure of Economic Sanctions)一文中,彼得·范·伯盖吉克(Peter van Bergeijk, 1989)证明,制裁之前的贸易关系越紧密,制裁就会越成功,这种观点与贸易预期理论的现实主义学派一致。此外,如果一国的政局不稳定,或者制裁时间较短,这都会对制裁效果产生积极影响,而长期制裁会由于经济调整措施而失去功效。提前威胁很少有成效。在"愚人甘心受苦:经济制裁在国际危机中的应用"(Fools Suffer Gladly: The Use of Economic Sanctions in International Crises)

---

[1]　实际上,冷战结束后,这一手段受到重视,因为对一个联盟系统的刺激就是对另一个联盟系统的制裁,这样的刺激应该取消。这在多极化世界上能存在多久,不得而知。

一文中,克里弗顿·摩根和瓦莱丽·施韦巴赫(Morgan, Schwebach, 1997)通过一个空间模型证明,经常"制裁"会使"制裁"这把利斧变钝,相对于要实现的目标,制裁成本往往过高。

制裁会给不同的被制裁国带来不同的后果,因此,很难对制裁加以统一,更难把长期制裁维持下去。另外,在被制裁国,普通民众比精英阶层更容易受到制裁的影响,伊朗的药品短缺就是一例。此外,制裁可以帮助一国经济推进其改革(Blum, 2014a)。

从历史制裁的后果和一般的经济战争中,罗宾·内勒(Naylor, 1999: 14)总结出三条基本教训:

- 要完全封锁制裁目标。冲突持续时间越长,冲突越有可能多样化,为了规避冲突而造成的损失就会越大。在被制裁国,禁运越不受欢迎,腐败和经济犯罪就会越多;实施制裁后,人们会发现,在被制裁国家中,制裁会助长非法行为。这方面的例子包括替代原材料,例如,为了应对同盟国的制裁,德国发明了工业橡胶,把工业橡胶作为替代原材料,最终,这破坏了东南亚各殖民地的经济基础,破坏了美国在西西里岛留下的黑手党的基础设施。在二战期间,为了攻击德国,美国支持西西里岛的黑手党,这是一个犯罪团体,美国把它们当作后勤部门。

- 随着制裁而出现的经济战争基础设施大多在潜在的冲突中幸存下来,并在建立新的、可持续的经济或政治结构方面造成了重大问题。德国和日本是例外。然而,几乎所有军事战败国或经济战败国都无法建立起可持续的民事结构,当前,阿富汗或索马里就是实例。

- 必须始终考虑长期后果,尤其要考虑到,一些后果会影响贸易转移和经济战争参与国的经济基础。在历史上，英国将其经济和政治转向殖民地国家，这也是拿破仑抵制政策的后果。若俄罗斯与中国联合起来，中国给予俄罗斯金融支持，在西方减少向俄罗斯供货时，中国会替代西方，向俄罗斯供货（这些商品往往以西方技术为基础）这将永久地改变贸易流。

与军事冲突一样，利益形势、知名支持者和反对者在影响制裁方面发挥着重要作用。在"经济制裁作为政治手段"（Economic Sanctions as a Policy Instrument）一文中，詹姆斯·巴伯（James Barber, 1979）将制裁目标分为三个层面：在第一层面，目标是正式的首要目标；在第二层面，目标是国内目标，国内目标往往以政治经济学和游说为基础；在第三层面，目标则是治理导向的目标，它尤其关注国际秩序作用，比如合法性和长期可信度。但制裁往往不能实现其最初的目的，因此，要对相应的战略性博弈做好设计（Lacy, Niou, 2004）并加以评估（Pape, 1997; Baldwin, Pape, 1998）。

显然，一些制裁成功了，比如针对伊朗核武器计划的制裁；朱利安·欣茨（Julian Hinz, 2017）在"制裁成本：严肃评估贸易损失"（The Cost of Sanctions: Estimating Lost Trade with Gravity）一文中指出，直接投资减少，贸易量减少了约15%，价格变得昂贵，但中国在那里的影响已增强。无论理由多么充分，美国仍然退出了这一计划，重新实施制裁，这发出了一个灾难性的信号，这尤其涉及导弹计划和伊朗对中东稳定的影响，因为沙特也影响中东的稳定，并且沙特是伊朗在中东地区的竞争对手，但沙特是美国的盟友。美国威胁对那些与伊朗有生意往来的国家和企业，实施域外制裁，因此，一些国家正在考虑反制裁，来对付那些遵守美国制裁政策的企业。德国央行不准备遵守美国的规定，因为它具有独立性。最后，美国威胁比利时，要对其实施制裁，美国威胁国际支付系统环球银行金融电信协会（SWIFT）的高管们，要对他们进行惩罚，但直到2019年年底，环球银行金融电信协会仍向伊朗划转资金。因此，必须建立新的系统，以减少世界对美国金融系统的依赖。俄罗斯和中国都参与了新机构的建立，对于西方联盟而言，这并不是一个好兆头。反过来，因为俄罗斯吞并了克里米亚，并干预乌克兰，所以，俄罗斯也受到制裁，2018年，俄罗斯利用天然气进行回击，这场制裁进一步升级。在这种复杂背景下，企业领导几乎不能依法行动，那么，他们应该依据哪种法律来行动呢？

制裁是否有效？是否有效率？这在很大程度上取决于这个问题：是否有能力组成可信的联盟？这些联盟通过对敌人释放的信号采取行动，这相当于博弈论中"公有权"所处理的问题。在"制裁带来什么？政治经济学注释"（Was bringen Sanktionen？ Polit-ökonomische Anmerkungen）一文中，约阿希姆·茨威奈特（Joachim Zweynert, 2014）强调，实施制裁的国家必须克服民族国家的利己主义，若此举成功，那么，这就是政治交流的可信信号，其效果并不是实现短期目标（比如，迫使某国放弃所占领土），而是要实现可测量的长期目标，即，开展符合国际法的行动。因此，金融制裁更利于中期目标（Besedes et al., 2016）。实际上，2019年春，针对伊朗的石油禁运开始实行，但却增加了在公海上装载石油货物的风险，以及发生致命环境事故的风险。伊朗银行与德国电信有合作关系，德国电信在美国有子公司，美国要制裁伊朗，制裁那些与伊朗有业务关系的公司，那么，德国电信的美国子公司就可能受到制裁，这样一来，美国制裁了德国电信，美国法律又一次在域外执行。针对美国对德国电信的制裁，法院判决为无效，但实际上，这是无济于事的，这说明，美国有着强大的执行力。针对朝鲜的制裁也有成效：朝鲜经济总量本来就很小，现在继续萎缩。

在冲突升级时，目前并不清楚，到底哪一方确实能发出成本更低的信号。这主要依赖于时间的先后顺序。奥拉夫·普什克（Olaf Poeschke, 2003）强调，专制国家往往具有更坚定的毅力，以达到"一致对外"效果，其结构得到进一步发展（见图9.3.4）。从普通牺牲品到殉道者的转换过程可能会导致信号成本的大幅下降。

在"因制裁而和平：德国联合国政策建议"（Frieden durch Sanktionen: Empfehlungen für die deutsche UN-Politik）一文中，曼弗雷德·库累塞和多罗特娅·斯达克（Kulessa, Starck, 1997）写道，制裁目标的明确性、经济依赖度和制裁执行速度非常重要，相比于独裁或专制国家，民主国家更容易受到影响。在民主国家中，目标的准确性是有问题的，因为遇到这些问题的人是民众，而不是精英们。此外，要检查，是否异常反应（如黑色交易）确实不会导致黑手党式结构的建立？一旦出现黑手党式结构，就几乎很难再彻底肃清（见图9.3.4）。另外，这可能会削弱反对党，尤其会削弱非政府组织，因为它们可能无法获得信息和金融手段。利用这些观点，艾玛·阿什福德（Emma Ashford, 2016）分析了乌克兰危机，结果表明，对俄罗斯实施制裁是对俄罗斯占领克里米亚和鼓动顿巴斯地区发生动乱的报复，但这个目标没有实现。通过核算德国和俄罗斯的经济交易，可以得知，在2014—2016这三年中，德国失去了俄罗斯的订单和供给，这也影响了整个经济效益，所以，德国国民经济的成本是巨大的。有分析认为，直接损失约为70亿欧元，间接损失约有140亿欧元，导致了近10万工作岗位的损失（Guenther et al., 2016）。实际上，早在2017年年底，俄罗斯经济就开始复苏，并开始增长。自从美国将俄罗斯银行纳入制裁名单后，俄罗斯一直在稳步增加黄金储备，减少美元外汇，俄罗斯总理德米特里·梅德韦杰夫称之为"经济战争宣言"（FAZ, 2018f）。制裁主要对克里米亚起作用，西方对克里米亚的俄罗斯投资企业进行了制裁，这最终主要损害了当地人民的利益。

中国同样进行了类似的经济调整，这有利于团结。亨德里克·安
肯布兰德（Hendrik Ankenbrand, 2019）在"我们站在一起"（Wir stehen
alle zusammen）中写道，中国出现一股巨大的潮流，人们相信，中国最
终能够战胜经济挑战和技术挑战，并能接受牺牲，比如，华为可以降价
供货，如果这些能够成功，从长远来看，美国的制裁效果就会适得其反。

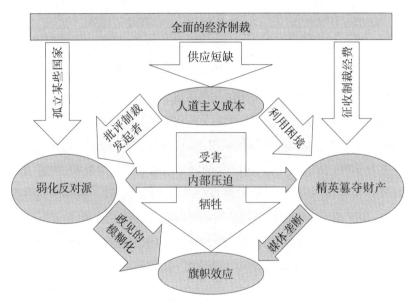

图 9.3.4　制裁的效果结构

资料来源：自制，参见 Poeschke（2003）。

有些制裁会波及未参与制裁的域外第三国。为了向德国供应石
油，德国和俄国实施了"北溪-2"项目，在波罗的海铺设第二条输油管
道。2017 年，美国想把自己的液态天然气推向欧洲市场，美国就打着
应对克里米亚争端的旗号，对"北溪-2"项目实施了制裁，这也会波及
德国企业，因为作为项目伙伴或供货方，德国企业参与了"北溪-2"项

目, 它们会受到制裁, 或被赶出美国市场。这项制裁不仅引发了美德冲突, 美国与东欧各国之间也必然产生紧张局势, 这些国家并未直接参与 "北溪-2" 项目, 但它们对美国做了很多干预。为了对付一个国家, 利用制裁, 把这个国家的企业从外国赶出去, 温南德·冯·彼得斯多夫(Winand von Petersdorff, 2017)称之为制裁帝国主义, 《经济学家》(Economist, 2017c)称之为 "核抉择"。实际上, 美国经常利用反腐败手段, 来贯彻美国利益, 这不仅涉及美国人, 也涉及外国人。据《经济学家》(Economist, 2019b)报道, 仅通过实施《反海外腐败法》, 美国国库就有近 60 亿美元收入。图 9.3.5 仅显示了与腐败相关的美国制裁金额。比如, 据查, 法国兴业银行与伊朗、苏丹、古巴有生意往来(Börsen-Zeitung, 2018g), 该银行被判罚款 13.4 亿美元, 但实际上, 美国企业的海外业务也参与了这类活动。与其他国家相比, 在检察官支持下, 美国在这一领域尤为积极(见第 3 章)。2013 年的阿尔斯通事件可以证明, 为了美国的权力和利益, 美国司法部检察官会采用强硬的手段。在阿尔斯通事件中, 为了确保美国通用电气公司顺利收购法国阿尔斯通, 防止阿尔斯通被德国西门子或日本三菱并购, 2013 年 4 月, 美国以涉嫌商业贿赂为由, 拘捕了阿尔斯通高管弗雷德里克·皮耶鲁齐(Frédéric Pierucci)。

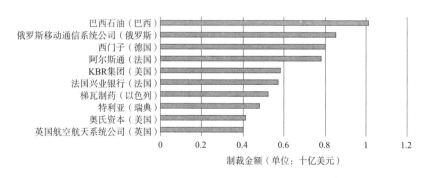

图 9.3.5　美国《反海外腐败法》条件下的美国制裁

资料来源: 自制, 参见 Economist(2019b)和 Stanford Law School。

　　这种二次制裁对盟国的影响可以变成一种钝器，相比之下，拒绝进入市场更有效。比如，《伊朗核协议》（2015）旨在避免伊朗发展核武器，这本应放松对伊朗的经济制裁，但是，2018年，美国否决了《伊朗核协议》，威胁对那些与伊朗有业务往来的非美国公司实施制裁，其后果是，实际上，所有的德国企业都"自愿"放弃与伊朗做生意。

　　美元是最重要的世界储备货币，大部分交易以美元结算，因此，美国能够以特殊方式实施金融抵制，它可以切断一些国家的金融交易，从而确保美元的主导地位。由于银行越来越多地撤离那些金融监管不足的国家，或远离那些从事危险业务的企业，因此，与抵制规避相关的罚款是巨大的，并且有时也会波及无辜者，从而绑架了其他企业或整个国家；金融交易发生时，银行也收取高额交易费，这也削弱了企业竞争力。

　　廉价货币政策大大促进了全球商业交易市场的发展。多年以来，中国企业和资本管理公司一直希望将其外贸盈余进行投资，但并不清楚这些企业的所有者结构。投资领域的关系并不对称，外国人在中国企业通常只能获得少数股权，这不利于外国投资。长期以来，外国在华投资总量低于中国在国外的投资总量；2015年发生了转向，但现在这个趋势很快又变了。与此同时，西方各国越来越担忧知识外流，尽管没有证据可以证明这一点。在知识外流这一问题上，美国已经表现出攻击性，美国可能会进行贸易战。德国也变得越来越谨慎，比如，2016年秋，德国禁止出售高科技企业爱思强。高新技术产业的出售之所以很成问题，是因为股东的资产组合必然遭受损失。如果国家为了国家安全而决定股价，投资者必须问自己，是否有必要投资高科技产业？目前，中国也变得谨慎起来，开始注重海外投资的效益。

9.3.5　服务于国家权力扩张的经济政策

在军事领域,主要有四种作战方式:攻击、防御、稳定和拖延。经济政策与军事战术很相似,分为四种政策,即设计政策、保护政策、稳定政策和调整政策(Blum, 2004: 494-497)。因此,一定的设计政策使重要的经济行业更容易适应新的世界经济条件,激活创新活动,从而支持在经济战争中实施攻击。稳定政策在国家转型期中发挥着重要作用,可以防止国民经济的全面崩溃。

对良好的经济政策最重要的要求是,建立经济秩序框架,使经济运行秩序良好,因而也就没有必要进行监管。从现代经济学角度看,只有当个体的理性行为对于集体而言并不理性时,才有必要实施经济政策。这类非理性情况往往涉及公共产品或环境产品,由于很难控制,这类产品的使用并不受监管;按照博弈论,这是一种囚徒困境。如果个别企业不遵守环境标准,它们的收益会提高,但如果所有企业都不遵守环境标准,环境就会遭到破坏。

因此,正因为市场和竞争并不完善,才需要经济政策。假如不存在市场,但存在公共产品,或者外部性效果太大,甚至由于交易成本高于一切未来收益,私人无法建立市场,那么,国家就会被迫采取行动。这种市场不存在,所以,公共机构往往委托私人去创立这种市场,于是会出现优惠条件,这直接导致了寻租。可能的后果是,只有设置公共框架,给予补贴,才能创立市场,比如,德国太阳能产业市场就是如此。如果政策支持减少了,或竞争形势使补贴失控,这里很快就会出现问题。

如果市场是存在的,那么,市场可以是竞争性的,也可以是非竞争性的;非竞争性市场相当于缺乏市场,它是交易成本过高或外部效应过高的后果,在这里有必要实施经济政策。另一方面,按照瓦尔特·欧根的监管原则，除了框架设置外，竞争性市场还需要监督机构，监督机构只负责规则的实施，不应干预市场。但是，国家或选民通常会对分配结果不满，比如，出于社会政治原因，国家要进行干预。而干预效果可能不佳，甚至带来副作用，于是，这种干预又会导致进一步的干预，最后导致竞争崩溃。如果想要避免这种情况，就要敢于采取极端的监管措施，就是彻底放弃监管，比如，德国在能源转型过程中的管理混乱就证明了这一点。

通过裙带关系，在经济转型期，可以建立可靠的信任结构，而这种信任结构在其他方面是缺失的，因此，裙带关系是寻租的典型理由。这在民主社会更是如此，因为精英政治过多，天才们颇多不满，而障碍无处不在，他们很难有所成就，于是，他们就利用投票来进行政治报复。这就是所谓的任性资本主义（Economist, 2016b），其极端形式是军队资本主义，在这种制度下，军队为了自己的利益控制着经济。这种形式很适合进行经济战争，是许多发展中国家和门槛国家的特色。平民主义的崛起也值得一提。如果没有民主这一阀门，就可能发生政变，其中的经济原因尤其重要。法国大革命、美国独立战争或伊朗革命都是由经济上成功的中产阶级推动的，他们希望坚持自己的参与主张，但是，正如托克维尔（Tocqueville, 1856）所言，除了在美国，在其他国家，情况通常会变得更糟。齐格蒙特·鲍曼（Zygmunt Bauman）在《流动的现代性》（*Liquid Modernity*, 2000）中写道：社会已经变得不稳定，实施简单的方案，以便抵御陌生世界，这显然破坏了社会共识和稳定所必需的确定性。

如果市场上不可能进行竞争，那么，就可以组织一场争夺市场的竞争。例如，由于缺乏合适的频率，无线通信领域无法提供多项方案；但是，在确定了供应商数量后，可以扩大招商范围，但这些供应商必须提前参加"选美比赛",以证明他们能够进行必要的投资,并保证服务质量;这些供应商会在拍卖时提供价格,他们自认为,他们以这个报价为基础提供并销售服务,能获得寡头垄断利润。这样一来,公共部门就能把利用市场权力才出现的寻租重新转回公共账户,理查德·波斯纳(Richard Posner, 1975)称之为"寻租耗散"。如果市场范围越来越小,约定就更容易,但潜在的寻租成本也变得更高,这个体系极易发生腐败。此外,胜利者可能遭诅咒(Thaler, 1992: 50 ff.),因为许可证价格过高,将来在市场上无法收回成本。因此,在竞标过程中发生的价格战也威胁着市场。

最简单的做法是,通过贿赂或院外游说活动"改变"监管机构的功能,以达到自己的目的,乔治·斯蒂格勒(George Stigler, 1987)称之为"监管俘虏",例如,银行业长期面临着系统性崩溃的威胁,在金融危机和经济危机的背景下,银行业出现了"监管俘虏"。由于监管不力,银行业继续采用那些危机四伏的商业模式,几乎将世界经济推向崩溃的边缘。历史上,重工业往往试图获得寻租,它们位于政府监管机构影响力的核心。在很长时期内,煤炭产业在德国和欧洲是最大的补贴获得者,如今是新能源企业。无论如何,许多方法可以用来使经济政策服务于自己的目的,而国家政策目标与自己的目的之间很少有共性,很多情况下,国家政策服务于特殊利益。

从经济效率角度看,如果进行一场完美的监管,那么,它一定符合资产组合理论的取舍要求。风险和收益的比例可以用一条凹形的利润-风险功能曲线来表示,利用偏离标准来测量风险,利用中值来测量收益。只有当风险出现超比例增加时,才有可能产生超额利润。因此,有效监管的标志是,它使企业的市场价值保持不变,并通过减少风险,使企业获得超额利润。

9.3.6 间谍活动、破坏、离间和腐败

工业间谍发挥着重要作用，这是冷战时期最危险的企业活动之一，往往得到国家的大力支持，颇有成效。但西方伙伴国家之间也互派工业间谍。据报道，法国航空公司在超音速飞机的座位头部靠垫处，安装着麦克风，目的是，从往来美国的旅客那里获得经济信息。为了核查税收数据，德国税务部门曾要求瑞士银行呈交税收数据CD盘，对此，瑞士则试图监视调查人员。间谍活动、破坏活动和离间活动往往利用人力资源和网络武器。震网病毒袭击了伊朗原子离心机，这是著名的数字间谍案。

有组织的犯罪活动是直接有效的武器系统，它们往往与影子经济相关，也与腐败相关（见后文）。这里出现了这个问题：这类经济活动超出了国家秩序框架和法律框架，因为它们的收益往往投资到合法、正规的经济中，从而进行洗钱，并使收益合法化；而合法、正规的企业往往在资本市场上融资，在影子经济的影响下，正规企业就会长期具有破坏性竞争弱点。艾德加·法伊格（Edgar Feige, 1990）将影子经济分为四种形式：

- 非法经济：这类经济以违反法律标准为基础，或有意识地违反法律法规，这包括毒品贸易、贩卖人口和黑钱活动。非法经济存在的原因是，法律制度薄弱。其危害是，不仅损失收入和税收，也会使公共事务非法化。

- 未注册经济：这类经济未进入公共财政系统，它尤其包括避税、漏税、逃税。其问题是，必须对财政体系进行治理。其损失是，无法征收到税收。

- 未统计经济：之所以未统计这类经济数据，是因为它们通过规

避商业登记等制度规则逃避报告。其基本问题是缺少检查。其损失是在国民收入账户中的收入损失。

● 非正规经济：它产生于社会结构中，比如邻里互助等。

在影子经济中，道德可能受到侵蚀，这种侵蚀波及非正规经济、统计不到的经济、未注册经济和非法经济，因此，这些经济领域值得关注。不过，影子经济的规模各有不同，因此，随着测量方法的不同，影子经济所造成的损失有很大差异（Schneider, 2015a）。在"影子经济和腐败的意义"（Die Bedeutung von Schattenwirtschaft und Korruption）一文中，弗里德里希·施耐德（Friedrich Schneider, 2015b）写道，2014年，德国影子经济的规模接近 3,500 亿欧元，占国内生产总值的 12% 左右，自新世纪以来，影子经济比例有下降的趋势，腐败所造成的损失几乎以每年 4% 的速度持续增长，达到了约 1,550 亿欧元（见后文）。

图 9.3.6 显示，西欧国家、北欧国家、南欧地中海沿岸国家与中欧国家的影子经济之间存在巨大差距；在历史上，西欧和北欧主要受基督教新教影响，南欧主要受天主教影响，它们曾处于奥斯曼帝国的统治下，当时，各地区差异尤其明显。在"宗教与经济增长：韦伯对吗？"（Religion and Economic Growth: Was Weber Right？）一文中，布鲁姆与杜德利认为（Blum, Dudley, 2001），在共同的宗教信仰基础上，会建立起信任，随着印刷术的发展，发展了新的信息技术，而信任和新信息技术的结合，有利于发展契约能力，并有利于新教地区。

腐败是利用权力优势谋取私人利益（Johnston, 1998），即，腐败不是市场性和竞争性的分配，是重要的经济战争手段之一，如果没有国家的支持就无法实现。在《腐败史：从近代早期至 20 世纪》（Die Geschichte der Korruption: Von der Frühen Neuzeit bis ins 20. Jahrhundert）一书中，延斯·恩格斯（Jens Engels, 2014: 13-15）确认了"腐败"

的锋利程度。腐败有道德属性，所以，腐败与其他犯罪不同，它不允许延续；由于腐败有负面价值感，所以，它不是一个分析性概念，而是更像一个神话，在这个神话中，要严格区分涉嫌腐败的具体做法和这些做法的社会评价。实际上，这与蒂姆·伯恩斯（Tim Burns, 1961）的"微观政治"（即在引发和处理冲突的过程中确认非正式约定时的行为方式）有重叠之处。因此，一方面，公共空间与私人空间的二分法已经模糊，这种二分法对于腐败的初始定义很重要；另一方面，互惠或建立信任对于稳定制度的发展具有重要意义（Engels, 2014: 44-54）。

在一些经济弱国内，腐败和影子经济已经联系起来，在某些地方，它们完全可能促成新的经济发展，比如，某影子经济体非法回收报废设备及其部件，这促进了贸易和技术的发展，尼日利亚和巴拉圭就是例子。

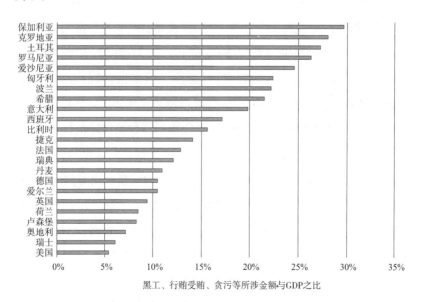

图 9.3.6　2017 年欧洲与美国的影子经济规模

资料来源：自制，参见 Die Welt（2017b）和 IW Koeln。

此外，腐败与寻租也有重叠。黑手党组织填补了本应受国家保障而缺失的财产权，它们是一个国家中的"国家"，所以，不能把黑手党组织错误地视为企业。黑手党组织提供保护，若不接受他们的保护，往往会遭到损失，可能也有身体伤害，甚至死亡。但是，微观政治也有另一面，即，稳定系统的一面（North et al., 2009; Pies, 2008a）；历史上，因为可信度比能力更重要，如果存在信息不对称，这会导致赞助关系和裙带关系，直到近代，随着管理和官僚制度的专业化，这才得到克服。那么，个体与社会如何对待规范之争？个体与社会如何看待它们在日常生活中所扮演的角色？显然，这些问题很重要（Engels, 2014: 69-71），一旦这里出现重叠，又会发生什么？希拉德·冯·蒂森（Hillard von Thissen, 2009）认为，近代历史上有三种关键的规范系统，它们可能会在这里造成困境：社会规范（国家）、信仰规范（宗教）和政府规范，在国家领域中，即使政府规范不是必要的规范，也是共同利益所必需的规范。

腐败是制度薄弱的后果（Johnston, 1998），制度薄弱也就是缺乏强大的国家和制度，这并不等于一个干涉主义国家！腐败的方式也取决于国家的执行力，这可以用委托-代理模型来说明：有一个委托人，他的信息较少，他对风险持中立态度，他贿赂了一位怕冒险的代理人，他想在代理人的帮助下，实施自己的意志，获得利益。这里的贿赂分两种：一、贿赂者或供应者的主动行贿；二、（因间接获利而导致的）需求者的被动受贿。当国家对腐败的"合法化"和"正当化"大于国家对腐败的追责时，那么，在公共机构内，极易发生大规模贿赂，而由国家承担损失，这在门槛国家中（Economist, 2014b）尤其明显。经济合作与发展组织的一项调查（Maass, 2015）显示，大部分行贿人和受贿人并非来自贫穷地区，而是来自富裕国家。人们会核算风险，一旦行贿受贿，人们可能会失业，人们挣得越多，腐败成本也就越昂贵，所以，如果提高了合法收入，腐败行为应该会减少。但是，实际上，人们会把自己的收入与其他人的收入做对比，人们甚至会认为，与第三者相比，他们获得的太少，因此，他们也很容易去腐败。

腐败还可以分为两种：一、因偶然情况而自发的腐败；二、有计划的结构性腐败。大部分腐败属于第二种腐败，它们也很难澄清。图9.3.7 显示了腐败在各经济部门的分布情况。

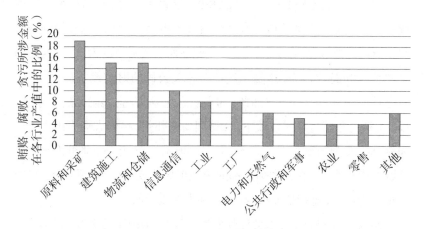

图 9.3.7　贿赂、腐败、贪污等影子经济的行业分布

资料来源：自制，参见 Maass（2015）和 OECD School。

根据博弈论，腐败是一种困境。如果所有人都腐败，却只有一个人诚实，那么，这一个人会因为诚实而受损。腐败是走出这一囚徒困境的主要方法。这并没有引发业绩竞争，而是引发了腐败竞争，竞争的口号是，谁的贿赂更好？只有存在无限的时间范围，并且因此反向诱导无济于事时，这才会发生改变。一个因裙带关系而腐败的简单实例可以说明，"人没有关系，人就是关系"。如果推荐一个坏人，这可能意味着，自己的声誉遭到损失，因此，持续性也会产生诚实。英格·皮斯（Pies, 2003：1）证明，一方面，腐败处于正当性与非正当性的矛盾之中，另一方面,腐败处于合法性与非法性的矛盾之中。总之,腐败是违法的,但是,腐败有时似乎是正当的。"可以腐败吗?若可以,条件是什么?"为了自身利益,或为了企业或员工的生存,可以腐败吗?正是在这里,伦理基础和道德能力之间存在重要的矛盾区域。此外,很清楚,在正当性和合法性的社会现实中,边界的推移会引起巨大变化。在德国统一前,德国人相信,政府会归还自己第二次世界大战前在德国领土上被没收的财产,这是德国《基本法》的基础,这种想法是合法的;但在德国统一后,德国人接受了自己财产被没收的事实,然后,人们开始质疑,归还财产的要求是否正当。今天,遭驱逐而丧失财产的人认为,这是国家的掠夺和腐败行为,这是一场针对相关公民的财政经济战争,这明显导致了经济下滑。不仅如此,如果没有企业家,企业就无法生存,所以,大家也开始质疑财政效率;在德国新联邦州,尽管大规模出售土地和森林确实为国库带来了收入,但在德国统一20年后,那里仍然缺乏活跃的中小企业,它给德国西部的相关市场造成了压力,后果是,以国家税收为代价,进行估值报告、破产和大规模折旧。

2012—2013年,安永会计师事务所对59个国家的2,719家企业中的腐败问题进行了调查。结果显示,在不同的国家,因犯罪类型的不同,合同的操控也有很大不同。因此,在世界范围内,合作前合同和合作后合同都采用类似方式处理;约20%的企业报告了这种错误。企业必须做慈善捐赠,以便有利于签署合同,这在门槛国家很普遍,而通过行贿来进行欺诈的频率也很高。图9.3.8显示了行贿欺诈案在各国的密度。

在较少的情形下,腐败可能会产生积极影响,比如,在某些国家中,通过贿赂警察来保护受政治迫害的人,帮助他们逃亡国外。此外,与寻租类似,腐败会持续改变制度,这在一些国家中很明显,因此,亚洲一些国家的政策符合逻辑,可以稳定制度:正如南欧各国和美国的民主制度所表明的那样,系统性的缺陷正在显现,这不能仅仅归因于缺乏市场,这给整个体系带来了改革的压力。

最后,不应忽视制度化反腐败斗争的弊端。在《透明度悖论》(*Transparenzparadox*)一书中,史蒂凡·屈尔(Kühl,2017)写道,在战胜丑闻后,由于治理规则限制了灵活性,工作人员有了变化,且工作人员会优先考虑行动规则,因此,组织往往会失去其影响力。虽然企业对外部世界变得更加透明,但是否违反规则,只能在企业内部循环中进行评估,这助长了一种新的腐败,不再有利于企业,而是为了个人利益。

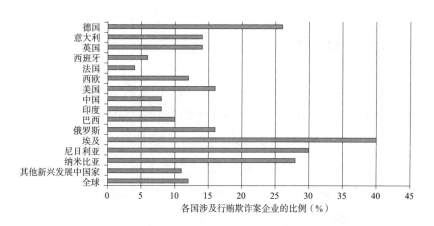

图 9.3.8　2012—2013 年各国涉及行贿欺诈案企业的比例

资料来源:自制,参见 Die Welt(2014a)和 Ernst & Young。

9.3.7　气候操控和天气战争

世界气候的恶化对一些国家产生了不利影响,这表明,通过操控气候可以重新分配经济利益,最严重的情况是,气候操控会引发经济战争。比如,一些交通线路和海路一直收益很好,但如果通过操控气候,可能使"北海航道"这条连接太平洋和大西洋的最短航线畅行无阻,那么,曾经的交通线路(如苏伊士运河、巴拿马运河)就可能贬值。运河和马六甲海峡。气候操控的典型做法是,给云层增加碘化银,使云层在合适的地点变成降雨,这可以拯救或摧毁农业收成,也能摧毁或延迟军事进军。

从长远来看,全球气候操控可以降低气温,这引起了人们的兴趣,比如,可以用太阳帆降温,用硫颗粒控制大气层,或把铁元素注入世界海洋中,以提高二氧化碳的储存能力。这会导致对全球风险的再分配,并产生新的冲突和经济战争危险。

9.4　间接发挥作用的法律制度

法律制度是和缓的制度,旨在为一国公民提供一个可靠的行动框架。尤其在民主制国家中,法律制度及其适用的可靠性非常重要,因为这是公民和企业获得长期规划确定性的唯一保障。

涉外的法律法规往往不涉及或不影响本国公民,且作用往往会延迟,因此,法律制度的可靠性极易被滥用,或突然被破坏。博弈论称之为"劫持",这种延迟通常只能成功一次,因为在这种情况下,所有人都必须假定不可靠或违规,尽管如此,在只做短期规划的政治制度中,这种情况也会出现,它可能是有意义的。因此,合法资产很重要,比如,国家不可挪用储户的小额储蓄金。在塞浦路斯危机时期,合法资产遭到侵犯,国家和机构的资产则幸免于难,比如,欧盟或国际货币基金组织提供救助款,但这种救助十分昂贵。如今,储蓄被认为已不再安全。

作为经济战争的手段,国家会组织非正当的、非法的活动,这些活动位于利用法律制度的核心。因此,要想阻止经济战争,那么,核心工作就是要好好治理经济,而经济治理要思考经济秩序问题,英格·皮斯(Pies, 2009)称之为秩序经济学。

9.4.1　法律制度在经济战争中的运用

一国的法律制度包括基本的政治法、经济法和对外关系法。在体制竞争中,效率是财富和福祉的根源,而效率又基于生产要素、产品和国家行动配置的质量,所以,从竞争和经济战争的角度看,秩序框架具有核心意义。贸易协定或相关国际协定尤其重要,这一点已多次强调。此外,资本流通自由、投资保护协定及相应的司法权也很重要。自2018年以来,西方与中国多次发生冲突,西方认为,中国政府限制西方参与中国市场,中国政府往往间接支持国有企业。实际上,西方和中国的做法很相似,据称,西方从安全角度考虑,试图将中国企业拒之门外,尤其是电信企业,比如,西方想限制华为这家网络设备供应商(见第11章)。

典型的法律制度包括国际法、民法、仲裁法和反垄断法。反腐败法越来越重要,本书会继续分析反腐败法,也会涉及货币法或税法等法规。

在克里米亚争端之后,俄罗斯控制了刻赤海峡的两个入口,俄罗斯现在将其视为国内航道,因此,目前要重新解释进出亚速海的法律条件。结果,乌克兰港口马里乌波尔和别尔迪扬斯克日益干涸,港口背后的整个地区也受到影响,由于西方干预顿巴斯地区,这个地区本来已受到威胁。从混合经济战争的角度看,经济冲突最初是随着军事冲突而发生的,现在调转了过来,经济上的破坏是优先考虑的,军事行动则为其提供保证。

仲裁机构的负责范围通常是固定的。海牙法院成立于沙皇尼古拉二世(Nikolaus II)时期(Hassel, 2018),在克里米亚争端后,自2018年以来,在海牙仲裁法院中,各方一直在谈判:是否俄罗斯侵夺了他国财产?俄罗斯是否有赔偿义务?但俄罗斯质疑海牙法院的管辖权。如果要进行诉讼,可以选择一个有利于自己目标的最佳法院来进行。这种挑选法院(Veltins, 2015)的做法在专利纠纷中很盛行。在反垄断诉讼中，除了企业注册地或对竞争法有管辖权的法院之外，可以在刑法法院中审理，即有害事件发生地法院。最后，被告方也可以选择一个对他有利的法院，大多在第三方地点，并以反诉来应对原告，以质疑诉讼（申诉）的合法性；反诉能起到拖延作用。所谓的"鱼雷诉讼"，就是在诉讼程序较长的国家中，向无管辖权的法院提起的诉讼。"鱼雷诉讼"使企业不能及时提出支付要求。在索赔方提交诉讼、提出赔偿要求之前，可以提出反诉，目的是拖延时间；那么，在索赔方随后递交诉讼请求时，该诉讼请求会被暂停，直到对首次诉讼做出判决。

《反垄断法》的目的是，防止出现拥有经济霸权的系统性企业，如果《反垄断法》忽略了某些行业（如金融业），那么，《反垄断法》就会被削弱，这会给自由政治体制带来压力（Blum, 2012d）。国家以和解的方式来结束经济刑事诉讼，这明显违反了法律制度，但这几乎是金融部门诉讼的规则，尤其在违反治理的情况下。这类诉讼程序终结制度在世界范围内是普遍的，这由刑法或相关诉讼法来保证，这使得公众感兴趣的事实无法澄清，比如，在金融危机中，公民要用自己的钱承担责任。针对数字违法者，延迟颁布或延迟使用《反垄断法》，这也有利于权力集中和经济战争（见后文）。

开放市场（包括企业收购）是一笔巨大的资产，但开放市场的设计必须对称。美国和中国都有保留条款，这阻止了技术外流，也可防止长期而危险的依赖性；直到2016年，德国才意识到这一点，鉴于德国企业无法在中国进行大规模收购，德国已经开始越来越质疑自己的开放市场文化。

因此，如果一个国家（如美国）在域外实施它的法律，那么通过《反垄断法》或税收政策也会推高竞争对手的成本。美国互联网公司在欧洲的纳税率很低，甚至在1%之下；2016年，欧盟利用税收政策，向美国互联网公司征税达10亿欧元；对此，美国给予了回应：美国要求德国车企支付高额罚款，而美国对本国企业的罚款很少。之前，美国还保护了通用汽车公司。通用汽车的车内点火锁有问题,行车中发生堵塞,造成了严重车祸,导致100多人丧生,通用汽车本应支付10多亿美元的罚款,但美国对通用汽车的罚款并不高,和解罚款共约9亿美元。

美国的域外行动也发生在其他领域。史蒂凡·布亨和雷纳·赫尔曼(Buchen, Hermann, 2016)在"陷阱关上了"(Die Falle schnappt)中报道:一位德国金融专家负责向伊朗出口,这类生意在德国是合法的,但美国却指控这位专家资助恐怖主义;这位被告被列在黑名单上,指控是秘密指控,结果,这项指控不能进行法律核查,被告的信用卡被锁死,他受到威胁,他会在美国被控告,因此,他不仅不能再去美国,也不能再去那些与美国有引渡协议的国家。显然,《美国银行法》与《德国劳动法》的有些条款是相悖的。一名德国商业银行职员与伊朗有联系,但在美国银行监管机构的压力下,这家德国银行不得不辞退这名职员。他于是提出了复职申诉,最终,根据《德国劳动法》,他胜诉了(Buchen, Wieduwilt, 2017)。

9.4.2　货币秩序

在《信号:社会契约的衰落与地缘政治的崛起》(*Signals: The Breakdown of the Social Contract and the Rise of Geopolitics*)一书中,皮帕·马尔姆格伦(Pippa Malmgren, 2015)提出了极具挑衅性的论点:"军事政策正在利用其他手段成为货币政策的延续。"她指出,西方货币政策带来了严重后果,会威胁稳定,并假设,和平红利时代已经结束,因此,她把货币政策的后果和货币战争作为研究核心。

实际上,中央银行的目标与相关的金融手段应该首先服务于货币稳定,然后是支持国家的经济利益。为此,中央银行往往享有高度自主权。中央银行的自主权具有下列特征(Hasse, 1989):首先,中央银行具有功能独立性,即,中央银行能够在中央银行法律的框架内,独立决定经济与货币政策的优先事项,不受外部影响,并拥有有效的手段,独立地或在与其他机构合作的情况下,做出货币政策决策,并实施这些决策。二、中央银行具有人员独立性,这尤其涉及中央银行成员的任免和政府代表在银行监管机构中的作用。三、中央银行具有财务独立性,这很重要,财务独立性涉及下列内容:中央银行的法律形式,使用银行收益的规定,国家在中央银行负债的问题;国家负债的最简单方式是从中央银行贷款,另一种方式是中央银行直接购买国债。

美元在国际金融交易中发挥着主导作用,因此,很大一部分美元货币供应并不在美国,而是在国外,美元是其他国家中央银行的外汇储备。这给了美国权力,美国可以把第三国排除在金融与货币市场之外,从而向第三国施加巨大压力,自 2014 年克里米亚争端以来,俄罗斯的遭遇正说明了这一点;自 2018 年以来,由于美国单方面宣布撕毁核武器协议,美国再次对伊朗实施制裁,伊朗的遭遇也是如此。此外,即使美国是一些组织的普通成员,美国也给这些组织施加压力,比如环球银行金融电信协会。但美元占全球交易中的比例在下降,随之,相应的外汇储备比例也在下降,其中一个原因无疑是美国利用美元作为武器,对此,中国和欧盟都强烈反对。

由于德国央行的重要性、工作人员的声誉,尤其由于行长的声誉,德国央行虽然把各党派人员融入银行领导层,但它一直能够抵御政治干预,所以,德国央行一直保持着货币政策自主权,未受任何影响。今天,欧洲中央银行似乎很少能成功抵御政治干预。[①]1992 年 2 月 1 日,

---

　　① 　1991 年,德国央行主席奥托·波尔(Otto Pöhl)辞职,据说是由于个人原因,但实际上,可能的原因是,他反对 1991 年德国统一时确定西德马克与东德马克汇率的方式。2011 年,央行主席阿克塞尔·韦伯(Axel Weber)辞职,因为他不想在一场政治游戏中被安格拉·默克尔所利用,这场游戏旨在为欧洲央行行长让-克罗德·特里谢寻找继任者。

欧盟签署了《马斯特里赫特条约》(建立欧洲共同体条约),该条约于1993年11月1日生效,它是对《罗马条约》的补充,它规定了在参加货币联盟之前一年,欧盟各成员国必须满足的标准:

- 通货膨胀标准:通胀率不超过三个最佳成员国水平的1.5%;
- 利率标准:利率不超过三个最佳成员国水平的2%;
- 汇率标准:遵守汇率浮动范围,不得给欧洲货币体制带来矛盾和紧张;
- 财政政策标准:公共赤字不得高于以市场价格为核算基础的国内生产总值的3%;债务水平不得高于以市场价格为核算基础的国内生产总值的60%。

这些标准符合罗伯特·蒙代尔(Mundell, 1963)的最优货币区理论,根据该理论,最优货币区应对突发事件做出对称的回应,而上述标准应该帮助欧元区各国对突发事件做出对称的回应。但是,2001年的希腊事件是高盛集团利用金融衍生品操控的结果:马里奥·德拉吉是高盛集团前员工,目前,他身居欧洲央行最高职,这涉及人员的独立性和正直的问题。自欧元正式启用后,上述标准被多次违反,2005年,德国违反了这些标准,自2008年金融危机以来,很多欧元国家也违反了这些标准,各国的赤字诉讼就是证明。在希腊,一些金融衍生品支撑着希腊央行,2015年3月,这些金融衍生品到期了,希腊面临特殊紧急状态。但是,除了提供流动资金以外,欧洲央行拒绝向希腊央行提供其他援助(China Daily, 2015)。

《马斯特里赫特条约》第103条包含"不援助"条款,[1] 根据这一条款,欧洲货币联盟并不是一个责任共同体,而是一个稳定共同体,任何一个国家都没有义务在财政上援助另一个国家。1993年,在反对加入

---

[1] 2009年,《欧盟工作方式协议》第125条对此做了更改。

欧元区的诉讼中，德国联邦宪法法院做出了所谓的"马斯特里赫特"判决，最终，法院把这条"不援助条款"变成了援助其他国家的前提条件，判决书写道："货币联盟是稳定货币联盟，这是德国同意加入货币联盟的基础和主题。如果货币联盟不能履行统一的稳定任务，在进入第三阶段后，（货币联盟）不能继续稳定下去，那么，它就背弃了它本来的条约设计。"（BVerfG, 1993, Ziffer 148）

欧洲货币联盟凌驾于不同的国民经济体制、经济政策传统和政治治理结构之上，马库斯·布鲁那迈尔和格拉德·布劳恩贝格（Brunnermeier, Braunberger, 2013）在"货币政策恶性循环"（Geldpolitik im Teufelskreis）中认为，在货币联盟的复杂世界中，货币政策处于恶性循环中。货币联盟的目标是金融稳定、货币价值稳定和债务承担能力稳定，但这三个目标几乎不能持续实现，之所以如此，其中一个原因是，人员行动不统一，即，金融市场监管、中央银行和政府财政政策的行为人不能协调行动。稳定措施意味着通货紧缩，这导致金融抑制，从而导致需求减少，这又会导致新的通货紧缩，甚至导致银行破产和国家破产。如果货币政策忽略了它的稳定功能，尽管可以改进债务承担能力，但可能会出现泡沫，导致非生产性投资，这会在实体经济中造成危险，并迅速影响金融经济，这在金融危机中可见一斑。

历史证明，在民主制国家中，中央银行作为稳定因素具有支柱作用，因此，中央银行尤其会受到货币战争的损害。货币战争主要是中央银行之间的战争。沃纳·普隆佩（Plumpe, 2017c）的"战争与危机"（Krieg und Krise）一文中认为，框架条件往往会起到引发、加剧货币战的作用。比如，美国在两次世界大战之间实施了高关税政策，高关税政策的后果是，其他国家无法向美国出口，也无力偿还自己的债务，进而也不能促进外汇与货币的流通，这最终会引发货币战。长期以来，中国也有类似情况。目前，中国的经济吸收能力在提高，收益却大幅度下降，这给美国带来了压力，因为美国有双重赤字，即国内生产总值赤字和国家预算赤字，所以，美国依赖低息贷款。1871年，德国战胜法国后，德国也曾出现类似的混乱状况。约翰内斯·威甘德（Johannes Wiegand, 2019）认为，在德国统一之后，德意志第二帝国在1873年引入金本位制，从此，德国结束了金银双金属主义，黄金胜出，白银价值跌落，德国经济开始不稳定，有关国家也陷入危机之中，比如，这牺牲了法国利益。实际上，从德国的角度看，这意味着与英国货币秩序的连接，从而使德国具备了世界市场的能力，德国马克成为稳定的货币。不过，这主要使银本位货币陷入了低迷。一旦缺少协调，这带来的效果就像经历了一场经济战争一样。

1925年，英格兰银行行长蒙塔古·诺曼（Montagu Norman）实施金本位制，这一措施引发了经济整顿危机。自1929年起，全球爆发了大规模经济危机，为了减轻危机负担，自1931年起，英国取消金本位制，英镑贬值。这引起了货币贬值竞赛（见图9.4.1），法国货币持续贬值，一直持续到1939年。实际上，这类货币贬值竞赛能在短期内提高竞争能力，长期来看，却摧毁了竞争基础，因为国内企业不足以承受国际竞争的压力。在"记忆犹新"（Die totale Erinnerung）一文中，丹尼尔·埃克特（Daniel Eckert, 2017）指出，特朗普攻击欧元，这类似于历史重演；它最终引发了一场货币战争，货币战争没有赢家，并导致了保护性关税的升级，还增加了其他贸易壁垒，这使世界贸易额减少了三分之二。

这类货币贬值的竞赛随着经济进入滞胀阶段而发生，即，经济同时出现了通货膨胀和停滞这两种不正常状态。其背景是，因为货币贬值，进口商品价格不断上涨。实际上，中央银行试图在低利率基础上进行货币贬值竞赛,以便促进经济增长,但是,中央银行又试图打破相关的通胀预期并提高利率,因此,央行就要冒经济增长乏力的风险。

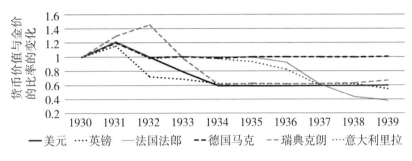

图9.4.1　1931—1939年的货币战争

资料来源:自制,参见Bohlin(2010)。

9.4.3　税收政策、逃税、洗钱与黑钱

由不合理的税收政策导致的逃税、洗钱与黑钱是经济犯罪的一部分,这类经济犯罪往往由国家制度问题所造成,国家对这些问题也比较宽容,经济犯罪偶尔还会引发经济战争。其中,两个因素起一定的作用:一、宪法机构过弱;二、宪法机构的执法能力是不可信的。史蒂夫·福布斯和伊丽莎白·艾姆斯(Forbes, Ames, 2014)认为,在一些国家,官僚特权阶层取代了市场力量,货币价值根据政治意愿被随意操控,其后果是,公共道德和个人道德遭到破坏。[1] 税收往往主要来自成功者,且被视为一种激励,逃税被视为一种轻微的罪行,这与黑工和邻

---

① 该书英文名为 "Money: How the Destruction of the Dollar Threatens the Global Economy — and What We Can Do About It";该书参考格莱伯(2011)的书以 "Geld, die nächsten 5000 Jahre"(未来5000年的货币)为名在德国出售。中文名为《货币:美元的毁灭如何威胁到全球经济——我们能做些什么》。

里帮助体系类似；但在不公正中不存在平等。欧洲各国的商业年鉴表明，一些国家对其公民的钱管理不当，因此，这些国家确实应该更谨慎地对待公民的资金。

资本羞怯如鹿，这明显表现在税收竞争中。税收竞争是许多被拒绝的对抗方式之一，如果企业税下降，税收基础会受到威胁，一旦税收基础被破坏，国家为履行其宪法职责而提出的要求就会受到威胁。实际上，这类税收的发生率取决于员工，企业税负的增加具有分配累退效应，即，员工的收入越低，他所承担的企业税负越重（Fuest et al.，2018），最终，这会影响投资（Bond, Xing, 2015）。

要想改变经济区位优选顺序，不必采取任何可疑的法律操控，可以把税收系统变成武器。这并不仅仅涉及税收绿洲的问题，而且也是关于建立互不兼容的税收系统的问题。因此，美国特朗普政府最初试图建立纯现金流税，即，只对从企业提取的资金征税，这显然很进步。对于那些在全球占主导地位的税收系统而言，这几乎相当于宣战。在对互联网企业征税前，首先应该把生产国与母国的税法搬到终端产品使用国中，因此，这类征税越来越受到批判。德国是传统出口国，对于德国而言，如果把这种征税模式应用到商品贸易中，这将导致巨大的税收损失。

这是一场野兔和刺猬的游戏，一方是金融管理部门，另一方是公民与银行家之间并不神圣的联盟。研究结果显示，取消欧洲和北美的黑钱账户，只会使税收天堂的存款飞速增长（Jost et al., 2015）。但是，圣马力诺案显示，黑钱账户的风险很高。自2005年起，意大利取消了这些税收绿洲，但由于不存在其他经营模式，这几乎导致了那里经济的崩溃。以前，即使国家不要求公民提供必要的劳动，国家也能为公民提供舒适的生活，这在很大程度上摧毁了所有的经营动力，威胁着税收天堂的未来。在2016年夏和2017年秋，《南德意志报》（Süddeutsche

Zeitung, 2016a, 2017a）发表了"巴拿马文件"，它显示，经济的灰暗面大规模利用每一个税收天堂，但几乎无人能准确知道，这会带来什么后果，尤其是，迄今为止，对这些信息的处理首先是政治过程，而非法律过程；2016 年秋，巴哈马丑闻（Süddeutsche Zeitung, 2016b）继续曝光了其他内幕。所有这些都与"天堂文件"这个关键词有关，高官几乎被卷入了一切案件，如果官员因不明原因拥有信箱公司，并因此被迫辞职，这就会严重损害自由民主制度的接受度，因为行动合法性大多比正当性较少引起争议。2016—2019 年，相关国家的税务机构收到了近 10 亿美元的返还税款；迄今为止，德国税务机关已收取约 1.5 亿欧元，但在各联邦州，这个分配比例差异很大（Obermaier, Obermayer, 2019），黑森州只收回 17.5 万欧元，比收集和处理费用要低很多。因此，在金融中心，丑闻变成了小丑闻（Börsen-Zeitung, 2019b, 2019d）。

在逃税领域，往往利益格局并不清楚，不能明确谁是谁非，因为并不清楚，谁会从中获利。[①] 在灰色领域，企业的创造性税收设计可能减少税收负担。国际企业集团往往能成功转移所得税。税收系统很复杂，人们可以不断发现税收系统本身的漏洞，这是国家作为利维坦而过度征税的后果之一，也是公正思想的后果，这很快使系统不再透明。[②] 但在灰色领域也有国家意图，即，一国想偶尔以其他国家的利益为代价来使自己富裕，国家之所以常常如此，是因为国家并不清楚，人们是否需要经济区位竞争，即，人们需要税收竞争，还是更喜欢和谐化？后者是欧盟的方案，但有许多漏洞，应该加以分析。不过，自 2017 年特朗

---

①　德国的横向财务均衡可以证明，很难确定利益格局：付出州想增加税收，这会减少当地的购买力，因此而增加的收入被用于均衡而输入贫穷州；得到州增加了税收后，同样如此，因为这些税收收入会为了财政均衡被抽调走。因此，为了均衡财政，几乎不能贯彻税收公正。

②　保时捷公司曾试图把自己的资产免税转移到国外；FAZ（2014c）。

普就任美国总统以来，美国想大规模降低税率，因此，全球经济区位竞争与税收竞争日益加剧。迄今为止，在各大工业国之中，美国在企业税收方面名列前茅，美国希望大幅降低企业税收水平，并为美国企业提供机会，使美国企业将一些滞留国外的资产带回美国。英国政府也宣布，在2019年完成脱欧之后，英国会变成一个税收绿洲。

国家往往设立入侵门户，随后再指控入侵门户。比如，金融机构设立Cum-Ex股票交易，在分红期内，企业只进行一次纳税，但是，为了在有关部门凭资本利得税提出多倍报销要求，股份会在原股东、卖空者和现股东之间转移，这大幅度降低了股息，使国库损失了数百亿美元。即使人们不属于逃税的人，这一政策也使人参与了减税和税收设计，因此，这一政策受到了指责，自2002年以来，这个问题就已众所周知。一个问题仍未得到回答：为什么税务部门针对私人滥用税收结构会采用一些手段，而在这里却没有采用这些手段呢？此外，在阐释法律时，包括在阐释税务法时，要关注法律的意义和目的。结果只能是，一次缴纳的税款最多只能报销一次。例如，枫树银行是一家总部位于法兰克福的金融机构，在Cum-Ex骗税案中，它利用德国税法的设计缺陷，诱使税务局退还了从未支付过的股息的税款。德国联邦金融监管局要求该银行必须清偿所骗得的税款，但该银行已无力清偿，于2016年破产；为此，德国公共存款基金承担了约26亿欧元的损失。原则上，这是一场针对纳税人的战争，而银行应该对这场战争负责。这是受监管者和监管者的集体失败，是所谓的规制俘虏，其中，专家们向投资咨询人提供了财政部的内部消息，因此，这才酿成了史上最大一起骗税案之一。2016年，预计损失大约为120亿欧元（Börsen-Zeitung, 2016d）；到2018年，损失增加到了550亿欧元（Die Zeit, 2017），避税案的国际性也越来越明显。值得关注的是，在这个模式受到法律质疑时，美国养老基金仍然以这个模式来获益，并曾威胁税务官员（Ott, 2017）；2018

年,瑞士宣布,参与这一案件的德国税务官员是犯罪分子,应予以起诉(Rohrbeck et al.,2018)。同时,税务部门开始调查以美国股票为基础的类似模式所造成的损害,这些股票利润分红的税款在收款人从未拥有过的情况下被退还。其背景是所谓的美国存托股票;通过这种存托股票,欧洲股票可以用美元交易;美国银行本应拥有这些存托股票,但事实并不总是如此。凭着这种幻影股票,德国税务机关进行税款退还,但这些股票带来的利润分红并没有纳税(Ott, Willmroth, 2018)。

　　跨国公司往往能够轻松减免税,而私人企业或中小企业很难做到这一点。为了追查非法逃税,欧洲追查了苹果和星巴克的特权,因为爱尔兰、卢森堡、荷兰、英国和比利时的政府被指控提供了未经授权的援助,部分原因是所谓的专利箱,专利箱给予知识产权税收优惠。目前,跨国公司减免税被欧盟视为违法行为,至于这是否影响退税,以后才能获知。2016年夏,欧洲要求苹果公司纳税,税款高达130亿欧元,这首次指出了不正当竞争的规模。图 9.4.2 显示了美国企业在美国以外(如在爱尔兰)免税的资金数额,之所以美国企业能享受减免税待遇,部分原因是,一些国家的税务部门通过协议免征美国企业的正常应纳税;数字经济、生物化学与化学领域占主导地位。2018 年 5 月,在爱尔兰,苹果公司补交税款和利息总额计 130 亿欧元。

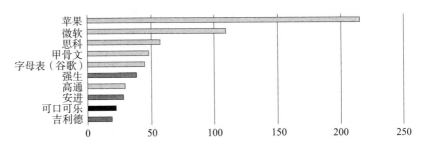

图 9.4.2　2012—2013 年美国企业的减免税情况(单位:十亿美元)

资料来源:自制,参见 WirtschaftsWoche(2016)和 Barron's, Citibank。

逃税使税收绿洲大大受益。德国《经济周刊》的一份表格（2015a）显示，税收绿洲包括瑞士、英吉利海峡中的海峡群岛（西欧的资金）、加勒比海地区（北美的资金）、英国（中东的资金）和新加坡（亚洲的资金）。

如果在支付中限制使用现金，这能否减少腐败？这并不清楚，但是，无论如何，这会促使欧洲央行决定，把500欧元面值的纸币从市场上收回，这又令许多公民感到恐惧，他们担心，终有一天，会全部取消现金，国家会变成一切交易的监督机构。此外，还需要考虑，在现金交易时要统计纸币编号（FAZ, 2019b）。现金的存在与黑钱密切相关，所以，在计算黑钱时，首先要分析，经济运行需要多少纸币在流通，这可以根据实际交易量来统计，然后要分析，多少纸币确实在流通。实际上，在欧元区，大面额纸币几乎从不用于日常交易，尤其是面值200欧元和500欧元的纸币，大额交易往往使用信用卡或转账。但这些纸币对于手提箱生意很合适。因此，专家认为，如果现金交易不再继续扩大，黑钱会大幅度减少。有人反对这一观点，他们认为，钱是匿名的，这是自由和主权的表达。但是，网络战争显示，这导致个人行动更易于确认，所确认的信息比现有信息还要多。研究显示，个人现金交易的总金额十分可观：根据奥地利林茨大学和科尔尼管理咨询公司的一项调查，在德国，大约530亿欧元在制造业，410亿欧元在建筑业，260亿欧元在房地产业（Süddeutsche Zeitung, 2013b）。这些可测量到的财富与国家的损失仅涉及首轮效果，尤其影响工资支付与增值税减免，在其他几轮效果中，比如，在建筑材料生产中，黑色生产要困难得多。将来，门槛国家也会要求，要从世界税收中分得它们应得的份额。实际上，全球供应链的价值创造比例根据市场权力而定，即，有弹性，在这里，技术和设计起核心作用，纯粹的生产大多极易被转让给不同的企业，这些企业会完成订单。目前，中国正在努力改变这一点，中国在稀土领域占据垄断地位,它可以利用稀土短缺政策。在全球供应链中,终有一天,各国会为了扩大价值创造比例而进行斗争,因此,为了迎接这一天,门槛国家正力争建设自己的设计能力、品牌能力及技术领先地位。

洗钱和黑钱都有其功能。实际上,洗钱和黑钱是司法问题,也是分配理论问题。在黑领域理论中,凯·布斯曼(Kai Bussmann, 2015)对洗钱和黑钱的评价较高,而弗里德里希·施耐德(Friedrich Schneider)的评价较低,在《德国与世界洗钱的规模》(*Der Umfang der Geldwäsche in Deutschland und weltweit*)中,施耐德(Schneider, 2016)从内容和方法上对洗钱做了分析。他写道,如果把测量值推断为可疑数字代表的值,这种方法应该予以批判。有人反对取消现金,反对取消大面额现金,与这些人一样,施耐德证明,洗钱并不是现金问题,关键的问题是,洗钱和黑钱潜藏着欺骗与混淆的可能性,洗钱潜藏的欺骗甚至是"更安全"的。这种说法更像是借口,以便在负利率条件下,改善中央银行干预货币流通的可能性,因为如果缺少大面额现金纸币,这对私人存储货币会比较困难。

洗钱导致经济中存在严重的不正当竞争,所以,如何使黑钱返回经济循环,这是秩序经济学的头等问题。经典的方法是,利用艺术品交易来使黑钱合法化,因此,世界艺术品交易搜索网越来越稠密,越来越多的艺术品被购买并消失在金库,尤其是绘画。往往并不清楚,到底什么属于黑钱,如果开设了斑马账户,而这种账户同时包含非法和合法金钱,那么,就更不清楚,什么是黑钱。比如,纽约黑手党的常见做法是将黑钱洗白,即通过向小商铺和饭店提供贷款,来清洗黑钱并使其合法化。这些贷款包含优惠利率,因此,这使健康企业陷入压力,即,它们出现了僵尸化,这往往被归咎于中央银行的错误决策。目前,意大利黑手党越来越多地投资于可再生能源,这产生了类似的后果(Bayer,

Eder, 2013）。另外，可以凭借相互关联性来分析损失核算，因为至少会出现三种效果：

- 资源分配不当：这一效果的持续时间取决于，自何时起，现金流或相关的货物流恢复到了经济循环的正常状态，即，洗钱在某些行业的特殊影响已消失；这往往需要多轮影响。
- 国家收入减少：洗钱导致税收减少，进而国家收入减少，因此，国民经济失去了政府支出效应。
- 私人违法犯罪行为增多：因为国家税收减少的资金被用于"洗钱"。

这一问题非常严重，这里以国家经济的相互依存结构为例来说明1欧元的连锁效应：假设在政府支出中，1欧元会增值到915欧元，其中，在餐饮业中，1欧元会增值到475欧元，在这样特殊的假设条件下，1欧元黑钱的增值915元减去1欧元在餐饮业的增值475元，就是1欧元黑钱造成的国家损失，即440欧元。

艺术品用黑钱购得，必须安全保存，所以，艺术品往往存储在免税仓库中，实际上，这是一个银行，它被用来支付犯罪行为或经济战争行动的费用，且并不引人注目。黑钱往往在避税绿洲的信箱公司中入账，这些资金会被用来在合法场所拍卖艺术品；画廊和博物馆认为，这些艺术品的未来收益很大。所收购物品会存放在保税仓库中，由于它们不向公众开放，这里的假货市场也十分繁荣。

因此，国家会利用自己的无犯罪自我评估报告，来建立税务诚信。这些黑钱对外汇市场和股票市场的发展产生了重大影响，因此，也扭曲了真实的稀缺程度。但反洗钱也会带来问题：由于银行可能受到美国法律的严厉制裁，它们会提前减少与伙伴机构的往来，这些伙伴机构往往位于监管和控制较少的区域，尤其在发展中国家，这样做的后果是，这些机构被排除在国际货币循环之外。

大规模的国际洗钱更成问题，这部分资金是卖淫、毒品交易、网络犯罪和武器交易的收入，它们同样也受到全球劳动分工的制约。起初，避税绿洲往往是前殖民地，一些国家以前不是殖民地，在这些国家往往也很少发生国际洗钱这类犯罪活动，后来，国际联系日益紧密，在这些国家中，也出现了国际洗钱。合成毒品和色情业尤其如此。随着3D打印技术系统这种新方法的出现，剽窃行为的基础变得更加广泛，这会给高新技术部门带来巨大风险。因为需要把黑色收入合法化，银行监督宽松的第三国会成为这类资金优先选择的转换地，如俄罗斯、尼日利亚、越南或马来西亚，这样，这些钱就又返回经济循环，以类似的方式，这些资金会对正常融资的企业造成压力。2013年夏，网络银行"自由储备"爆出丑闻，这显示，这类商业模式很快就达到了数千亿欧元的规模。

在反洗钱不成功的地方，洗钱所得资金可以通过金融系统转入本国，或转入安全的第三国，那么，这里的洗钱就有民族特色。美国严厉处罚了那些不抵制伊朗的外国金融机构，这相当于一场经济战争，这场经济战争有利于美国产业。但最大的问题是大规模惩罚带来了附带损害，这些损害主要波及未参与者或监管薄弱的第三国，由于银行交易的风险过高，一些国家或公司或许被排除在金融系统之外。

相反，传统的税收节约模式似乎更无害，借助这种税收节约模式，再通过经济活动的合理分配，大型企业集团试图将其纳税总量降到最低。其中，规制俘虏起重要作用，所谓的规制俘虏，就是良好的院外游说活动，这些院外活动使监管更符合企业的利益。尤其在美国，工作人员经常在监管机构和金融机构之间流动。欧洲央行的许多高级职位都是由原高盛集团的员工担任的，比如，欧洲央行行长马里奥·德拉吉曾在 2004—2005 年任高盛集团副总裁。那么,这就提出了一个问题:体面的边界在哪里? 各国到底应具有哪些竞争选择来改善其经济区位结构? 在国家大幅度降低企业税收的同时,又期望那些因此而受损的国家向欧盟提供经济促进款,这是非常不公平的。因此,在税务领域,重要的是,不应在公民纳税的额度和结构上提出过分的要求。另外,国家也应该问问自己:是否国家的支出能够得到公民的高度认可? 如果公共资金遭到浪费,不仅相关人员没有受到惩罚,而且国家也没有采取必要的限制措施,来消灭浪费,比如,柏林新机场项目就是一例,那么,公民会拒绝纳税,并为反对纳税而进行私人战争,虽然这在道德上无法接受,但在人性上是完全可以理解的。

如曼弗雷德·加特纳(Manfred Gärtner, 2013: 372)强调的那样,一国的主权者有权执行其合法的分配理念,但避税绿洲、逃税、洗钱和创造性的税收筹划模式挑战了主权者的这一权力。将来或许能证明,加强预扣税可能是实现这一目标的有效手段。此外,某些企业结构尤其容易逃税,尤其是皮包公司、国外的纯许可证发放公司或基金会。汇丰银行的瑞士泄密事件显示,在许多偷漏税案件中,银行成了帮凶。然而,与在道德上应受谴责和惩罚的逃税相对应的是,一些税收金额的使用同样在道德上不能被接受,虽然它们看上去是对称的,但在负责人那里,它会导致替代义务;这相当于对偷窃物的贸易禁令,与国家利用税务 CD 盘进行公开偷窃行动一样。

9.4.4　恐怖主义与国家恐怖主义

在讨论流氓国家时,会分析国家恐怖主义,流氓国家的目的是,利用恐怖活动破坏西方世界的稳定,因此,流氓国家也是西方进行军事干预或经济抵制的对象。但有一点往往避而不谈,即,许多西方国家的企业已经在恐怖地区投资，比如，拉法基-霍尔西姆水泥集团长期向叙利亚"伊斯兰国"恐怖组织支付保护费，以便继续公司的事业（Ritter, 2017）。2013 年夏，斯诺登事件（Edward Snowden）引发了间谍危机，这显示，所谓的文明国家也进行恐怖活动。在《无处藏身》（*No Place to Hide*）一书中，格兰·格林沃德（Glenn Greenwald, 2014）报道了斯诺登事件，揭露了美国国家安全局的监听丑闻，这部书证明，对社会实施全面监视是何等危险！国家既是罪犯，也是牺牲品。美国有保留权，所以，即使认定了美国的间谍活动，德国司法部门也不可能去追踪，可谓束手束脚，这可能导致联盟危机和宪法危机。德国安全部门拒绝透露下列案件的内情，这里几乎不透明：1977 年，在巴德-麦因霍夫集团案件中，西德联邦首席检察官西格弗里德·布巴克（Siegfried Buback）被谋杀；2014 年，德国极右翼新纳粹恐怖组织"纳粹地下党"基层小组受到审判，在这一案件中，卧底调查员的调查结果已众所周知，但同时，重要证据已被故意销毁。这给德国法治国家投下了阴影。对此，德国总理办公室负责保密工作的协调员、前宪法保卫局副局长克劳斯-迪特·弗里彻（Klaus-Dieter Fritsche）认为（Aust, Laabs, 2014: 16）："国家秘密不得泄露，它们会破坏政府行动。"

要想理解恐怖主义者的行为，就必须理解他们的动机，一般情况下，后英雄主义国家很少反对这些动机，这些动机不仅会大力削弱这些国家的政治基础，也会动摇它们的经济基础。防御措施完全可能具有国家恐怖主义特征，防御措施的优点是，它们最适合进行一场经济战争，而公众几乎毫无察觉。

如果从经济学角度来分析恐怖主义，就会发现，恐怖主义不仅有经济后果，而且还涉及很多问题：欧洲捕鱼船进入非洲之角后，当地居民丧失了谋生的机会，其后果是，非洲之角的海盗猖獗，即，海盗往往也是经济原因导致的后果。恐怖主义的后果同样具有经济属性。恐怖主义往往受到理性控制,因此,必须分析恐怖主义的激励机制;神经经济学也为恐怖主义做了很多解释,比如,西方很多人感到很惊讶,恐怖分子来自普通民众阶层。恐怖主义毁坏了一些产品,但也创造了一些产品,尤其创造了公共产品。存在一种相互作用,借助委托-代理结构和博弈论模型,可以解释这种相互作用。最后,恐怖主义也可以进行统计分析。

从经济学角度看,恐怖分子和烈士的出发点是,他们的行动创造了一种公共产品,为此,恐怖主义者获得了超验性报酬:奉献和牺牲。恐怖主义者相信,如果他成功地实施了恐怖主义行为,而他没有活下来,那么,他的家庭成员会获得丰厚补偿,这种补偿或是公共产品,或是私人产品,这相当于收益。与收益相对的是成本,这成本就是他自身的生命价值,不过,生命价值会在另一超验世界上得到补偿。因此,传统的反恐政策试图提高成本而降低收益。典型的成本是大规模报复,典型的收益是,保证社会不会因恐怖主义而变得不稳定,而是恢复正常状态。其他的解决方案是,采取教育措施,以阻止恐怖活动,以及抓捕或除掉罪犯;要把这种成果进行宣传,宣传得越可信,恐怖活动成本提高得越多,收益则越低,不过,恐怖主义分子可以寻找新的市场,冲突可能升级。布鲁诺·弗雷和西蒙·吕辛格(Frey, Lüchinger, 2002)认为,在一定时期内,威胁会起作用,威胁也可能会使事态向反方向发展,两人认为,政治压力和经济压力是长期反恐政策适得其反的一个重要因素。

恐怖主义的动机很难从经济学的角度来解释,即无条件的成功和牺牲的意志。这意味着,一个人之所以有实施恐怖活动的倾向,并非因为他的收入和出身,并非因为感到自己的生命价值很低,而是因为那些被意识形态武装起来的中上层人员信仰特殊的公共产品,并在这种公益事业中找到了自己的人生意义,他们会倾向于进行恐怖主义活动,这样的人才是恐怖主义体系的供应方。"9·11"事件的案犯同样来自有产阶级。奥萨马·本·拉登（Osama Bin Laden）是"9·11"事件的幕后策划者，也是"基地"组织的创始人，而他来自沙特最富裕的家族之一。因此，加里·贝克尔（Gary Becker, 1968, 1976）假定的犯罪经济学理论不能完全解释恐怖主义行为，它们特别适合解释财产犯罪行为。艾伦·克鲁格和吉特卡·马勒科瓦（Krueger, Malečková, 2003）研究了收入、贫困和恐怖主义之间的关系，他们认为，简单地用贫穷和较低的生命价值认同来解释恐怖主义，这是错误的。最新研究结论可以证明这一点。卡莫尔迪波·胡伊的研究团队证明（Bhui, et al., 2014），年轻富有、受过教育的男性表现出更强的极端主义倾向。

在恐怖主义的需求方面，首先涉及人员招募和人员培训。此外，存在对恐怖事件的需求。有恐怖主义威胁的形势可以用于大选，在恐怖主义者的来源地和同情恐怖主义者的国家中，殉难可以创造公共产品，即，殉难者成为人人仰慕的英雄。

根据经济理论，如果两家企业希望在同一市场中占据主导地位，但由于成本下降，它们只有一方能够在一定时期内占据市场主导地位，这样就产生了争取市场主导权的竞争，所以，情报手段是可以用来进行防御战的有效工具，且不会出现冲突升级的危险。因为这类冲突并不是市场竞争，而是为争取一个市场而发生的冲突，对此，工业经济学提供了一种解释模式。工业经济学认为，在某些技术的应用期结束前，市场占有者仍然是无与伦比的。在市场占有者再投资之前，竞争对手会凭借大规模投资而进入市场，争夺并接管市场。对此，市场占有者很清楚，因此，他们会在这个时间点到来之前进行投资。这样一来，投资时间缩短了。把这个理论用于恐怖主义，可以得出如下结论：如果想利用情报机构的手段进行防御战，这会致使对方提前实施行动，从而可以阻止情报防御战发挥效用。按照肯尼斯·贾德（Judd, 1985）的模型，只有在可以进行市场分配时，才会出现可行性停火协议。这意味着，给圣战者们提供了一个发挥作用的空间，希望恐怖主义不会蔓延到他们自己的国家。法国长期以来一直走这条路。

显然，系统自动设置了冲突升级的时间，沉没成本越高，冲突越激烈。此外，各方都试图加强或完善自己的技术，比如，无论是网络侦察技术、定点杀伤技术（尤其是使用无人机），还是人肉炸弹技术，各方都力图在对手采取防御措施之前，使自己的技术能够占据主导地位。

原则上，情报侦察技术仅满足纯粹的安全需要，其优势在于，它几乎与商业智能密不可分。因此，专门从事这种干预的国家要与邪恶做斗争，这种斗争变成了争取国家经济利益的斗争。

9.4.5　战争赔偿

战败者必须或应该负责赔偿战争损失；在历史上，战争赔偿往往通过掠夺、奴役来满足，通过绑架贵族而稳定，贵族面临死亡威胁，冲突会再次复燃。在现代，战胜者在条约中向战败者提出赔偿要求，使这种要求正式化。例如，俾斯麦对待拿破仑三世很大度，1874 年，他要求法国赔偿德国在普法战争中的人员和物资损失，赔偿额则参照拿破仑·波拿巴在 1807 年要求普鲁士赔偿的金额，即 50 亿金法郎，并将阿尔萨斯-洛林地区归还给德国。1919 年，战胜国要求德国赔偿 1,320 亿金法郎，并将阿尔萨斯-洛林地区划归法国。在《和约的经济后果》一书中，凯恩斯（Keynes, 1919）认为，德国经济负担不起如此高额的赔偿金，因此，他退出了英国谈判代表团。从经济学角度看，这类赔偿有两个问题：一、战败国丧失了购买力，因此，战胜国的出口减少，战胜国的经济也因此受到影响；二、战胜国也会扩大通货膨胀。赔偿的后果是国际贸易的压力、专业化的丧失以及在极端情况下的贬值竞赛。帕尔·克尔斯脱（Pål Kolstø, 2005）认为，民族创伤和阴谋论的出现是政治不稳定的主要诱因，长远来看，这会带来新的冲突。

9.5　国家参与经济战争的原则

社会秩序的广度一直影响着国家进行经济战争的方式。企业之间的经济战争主要取决于独立自主的企业家或经济战士，与企业之间的经济战争完全不同的是，国家之间的经济战争是一种冲突，国家机构参与了这场冲突，而企业只能是国家经济战争的手段，企业的作用取决于各国政府如何动用企业。国家是否参战，各国的情况有很大差别，而国家的社会制度也很不同，在历史上，曾经有共产主义－社会主义制度、法西斯主义、民主制度、专制主义和自由主义的多维混合制度，在现代社会中，有经济专制主义制度或经济自由主义制度。目前，世界上已实施的社会制度和经济制度包括俄罗斯特色的民主政治制度、中国特色社会主义制度、盎格鲁－撒克逊式资本主义制度和德国社会市场经济制度。

由于在国家经济战争中，冲突的水平过高，因此，除了针对企业的原则之外，国家的参与必须考虑到国家的体制结构，并考虑到冲突的程度；与企业层面的合作结构相比，国家层面的合作结构较少，所以，国家的参与要仔细权衡行动的危险。从这一角度看，两个观点特别重要：一、通过行动，实现战略；二、满足必要的战术要求。

9.5.1　作为战略谋划前兆的经济和平

卡尔－斐迪南·冯·威尔逊（Willisen, 1919: 52-60）列举了国家在和平时期的经济战争措施，经济联盟间接地针对其他国家，所以，经济联盟也是经济战争措施；威尔逊还提及抵制供应，即，拒绝出口许可和海关制度。威尔逊认为，在和平时期，经济战争的形式与经济战争的物资之间存在矛盾，在真正的经济战争中，总会采用一些与和平政策不协调的手段。威尔逊认为，在和平时期，经济战争必然只不过是一种敌对的贸易政策。实际上，今天要补充一点，即，利用那些与世界经济关系相关的国际组织的不友好政策。比如，世贸组织、世界银行、国际货币基金组织强烈关注欧洲和北美的利益，发展中国家的利益却相对受到损害，实际上，美国认为，这一点具有高度战略意义（Blackwell, Harris, 2006: 186）。在描述战略、作战和战术措施时，应考虑这一点。

从主导地位期望理论角度看，战略的起点是，民族国家、国家联盟或经济区要加入全球价值创造链。判断形势的核心标准是相互依赖程度、交换货物的关键性、各自的供求弹性，即，价格变化与交易量变化相互影响，这对经济调整的可能性有直接效果。图 9.5.1 显示了根据潜在替代标准进行的成本风险分类。

- 在第一区，一种产品的功能被替代，例如，以无线传输代替有线传输；或者，一种产品中的有效材料或原材料被替代，例如，以钐钴磁铁代替钕铁硼磁铁。结果，风险有一定的期限。
- 第二区包含替代的最严重情况。在这种条件下，各国必须问自己，是否应该保护某些技术，把这种技术用来避免外国的敲诈。中美技术战中的华为就是一例（见第 10 章）。
- 第三区是灵活性的天堂，不过，代价可能是高度的争议性，从而降低了创新的动力。
- 在第四区，在某些领域，价值创造链几乎是封闭的，这是去全球化的可能后果之一，所谓的去全球化，就是放弃参与国际劳动分工。

图中的两个箭头说明，如何可以从这种依赖性中解放出来。

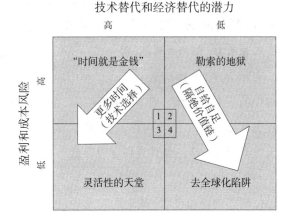

图 9.5.1　价值创造链的弹性图

资料来源：自制。

9.5.2　战略的操作设计

经济战争除了针对国家之外，它实际上是针对经济的，重点是针对企业、金融体制和货币体制。事实证明，国家之间的经济战争对本国经济的影响将变得非常明显，因此，必须思考企业参战的基本原则。此外，其他国家的企业也面临压力，其他国家如何回应经济战争，这一点也要综合考虑在内。因此，如果要分析企业的危机（见第 8 章），就要从整个经济角度来分析，最后，也要考虑企业的具体能力（见第 5 章）

图 9.5.2 显示了德国信用评级机构 Scope Ratings（2018）的数据，根据处理外部突发事件的两个标准对国家进行排列：

- **复原力**以货币危机、国家债务的外国部分、与国家收入相关的外币债务和外币贷款来衡量；实际上，它衡量的是体制的强大程度。

- **危机易感性**取决于经常账户、外国投资净值、资产投资净值、外汇汇率分散状况和外国资产净头寸。

显然，中国比美国更稳定，直接或间接相关的贸易战各方仍然是世界经济稳定的支柱，因此，失去这种稳定的总体风险在全球范围内是巨大的。

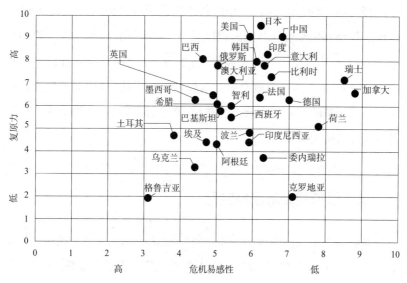

图 9.5.2　各国的危机复原力与易感性

资料来源：自制，参见 Scope Ratings（2018: 1）。

9.5.3　战术原则

国家之间的经济战争往往是贸易战争。在国家之间的经济战争中，原则上有必要根据威胁与参战的可信度来仔细权衡武器的选择。从多元市场竞争角度看，要攻击敌人的最薄弱环节，攻击者要尽量不给敌人留有余地，防御者则必须权衡自身行动被察觉的可能性，这包括经济上的权衡和政治上的权衡。这可以解释，为什么经济战争表面上很荒谬，比如，在贸易战中，以意大利面或烈酒的关税来回应钢铁关税。2014年夏，墨西哥打算，以这样的旋转木马方式，来应对美国的肉类产品标记要求。

弗里德里希·李斯特（List, 1841）认为，为了保障战略利益，可以利用战术来完成任务，并避免骚乱，这里最重要的是，要向最优者学习，要复制最优技术，这也是中国哲学家孔子的思想。在家族企业中，存在信任结构，人们可以做出积极贡献，而不会引起被收购企业的察觉，因此，尤其值得去收购家族企业，实际上，收购这类企业的行动甚至堪比睡狮，一旦需要，就会激活这种功能。因此，通信装备供应商和执行战略任务的企业很喜欢企业并购，在危机时期，被收购企业可以顺利地为自己所用。

9.6　国家间经济战争实例

本节举三个实例来说明国家之间的经济战争。19世纪英德经济战争是第一个实例。在19世纪，英国试图利用商品标签义务，来减少因德国崛起而导致的竞争。实际上，在1871年德国统一前，德国曾尝试复制英国技术，以便填补自己的技术空白。德国统一后，德国颁布了自由经营法，颁布了新的股份法，还大力投资技术和教育，因此，德国经济释放出了巨大的增长力量。

第二个实例是20世纪二三十年代的中欧危局。在第一次世界大战中德国战败，协约国着力稳定殖民地国家，日本和美国也加入了殖民主义浪潮，以便获得战略性原材料。在这一框架条件下，自由贸易受到了严重限制，原材料贸易尤其受到限制，因此，中欧面临巨大的供应压力。

最后，金融危机也是一个很好的实例。一开始，货币体制被动摇，这引发了货币贬值竞争,因此,各国增强了金融业,以便贯彻国家利益,即,金融业为了维护其自身利益将危机成本转嫁给纳税人,以便保障自己拥有尽可能多的自由,以牺牲第三方的利益为代价,继续进行高风险交易。大多数情况下,国际社会的反应并不能在危机和稳定之间创造有益的平衡。

9.6.1　19世纪英德经济战争

弗里德里希·李斯特(List, 1841)认为,任何一种崛起战略都以下列因素为基础:人力资本、物质资本和组织资本的最佳结合,向最优者学习,尤其是进口最新技术;这也是1871年德意志第二帝国成功的秘诀。在德国统一之前,1813年的普鲁士改革奠定了基础,威廉·冯·洪堡领导了德国的科学与教育改革,这推动了德国的崛起。德国修改了法律,尤其修改了股份法,这也很重要。德国经济繁荣所需的一部分资金来自法国的战争赔款,另一部分来自德国统一所激活的资源调动,特别是德国统一激活了普鲁士领土上的资源,无论如何,这促进了繁荣。在这一时期,德国创建了大量企业和科研机构,比如威廉皇帝学会、马克斯·普朗克学会等,德国大规模扩建大学,尤其扩建了技术大学,在大学的帮助下,科学界系统研究了高科技在经济中的应用可能性,以特殊方式实现了科学和经济的结合,直到今天,世界仍然对德国十分艳羡。经济发展充满活力,这有助于解决社会问题,这与德国的邻国很不同,使德国无须通过外部动乱来掩盖内部矛盾。路德维希·龚普洛维奇认为,德国经济大力发展,所以,德国有可能将这些力量引向外部,但德国发现,外部世界几乎已被瓜分完毕。

当时,七个欧洲国家实际上在争夺全球主导地位,除了英国和德国,还有法国、俄国、奥匈帝国、奥斯曼帝国和意大利,因此,可以理解,当时的形势很复杂。英国和德国更是相互把对方视为威胁，英德冲突最初是贸易战，最后升级为军事战争。

经济战争目的：

- 利用经济主导地位，实现政治主导地位。

经济战争参与者：

- 英国：英国是工业革命的摇篮，在 19 世纪，英国认为，它面临着德国探索和模仿其尖端技术的挑战。为了明显区分原件和复制品，所有国家被迫要标明其产品的原产地。拿破仑试图孤立英国，这加强了英国的殖民地利益，结果，英国拥有了安全的采购和销售市场。为了保护自己的市场，英国建立了世界上最强大的海军。此外，享有特权的贸易公司还拥有私人军队。英国不惜一切代价要保证它的霸权地位，其中持续数百年的"分而治之"的成功对英国很有利。

- 德国：19 世纪上半期，德国各邦国已成功实施了工业化。[①] 尽管如此，随着德意志第二帝国的建立，德国的区位经济才逐步建立起来，在当时的经济帝国主义背景下，弗里德里希·瑙曼（Naumann, 1915）在《中欧》（Mitteleuropa）一书中首次采用了"区位经济"这一概念。德国已变成主要供应国，尤其是，德国实现了工业与农业生产的科学化，此外，德国能够把创新认识立即投入直接应用，这为德国的成功做出了重大贡献。其间，德国在欧洲内部也进行扩张，这受到了法国和俄国的夹击，而外部扩张同样很困难，因为世界已被瓜分殆尽。通过英法协定或英俄协议，世界殖民地已被瓜分完毕，南美又因门罗主义

---

① 捷克也创建了高校，这些高校位于亚琛–柏林–德累斯顿–布雷斯劳一线。

而把德国排除在外。

- 其他国家：在这场英德冲突中，其他国家起初并不起主要的经济作用，后来，英德冲突逐步升级，第一次世界大战爆发，随之，其他国家也起到重要的政治作用：在英法为争夺非洲而发生冲突之后，法国就成了英德冲突的第三主角；1815年之后，法国要求，德国应把阿尔萨斯-洛林归还法国；法国认为，法国要与俄国结盟，法俄要共同对抗德国，这是对抗德国的有效手段；一旦德俄发生冲突，德国必须在第二前线作战，德国就会由强变弱。后来，俄国迫近君士坦丁堡；但俄国的泛斯拉夫主义落空了，因为塞尔维亚也要争霸，塞尔维亚与奥匈帝国陷入了冲突，这场冲突助长了民族主义，后来，民族主义成了奥匈帝国不稳定的主要因素之一。奥斯曼帝国在19世纪就已经衰落，此时，它成了权力真空，其他国家都想进入这一真空区，这也是克里米亚战争(1853—1856)和巴尔干战争(1877—1878)的原因。意大利雄心勃勃，它试图在欧洲发挥重要作用。在一战初期，意大利是同盟国成员，意大利、德国和奥匈帝国结成三国同盟，意大利又与德国签署了海军协定，以便借助德国的力量，阻止法国与英国在地中海地区的发展；后来，意大利转投协约国，与英国、法国和俄国一起同为协议国成员，并在1915年5月对同盟国宣战，意大利又希望，为了自己的利益，借助协约国的力量，去攻击奥匈帝国和德国。

经济战争手段：

- 限制竞争对手国家的研究、开发和创新。
- 阻止对手国家的竞争企业进入市场。

经济战争目标：

- 通过工业领导权，在世界上发挥经济影响。

经济战争后果：

- 显然，英德之间存在不可调和的矛盾，这种矛盾在第一次世界大战中表现出来，但协约国的胜利并未彻底解决这一矛盾，实际上，这一矛盾一直持续到了 1945 年。

约恩·萨克（Jörn Sack, 2014）在"欧洲的自我蚕食"（Europas Selbstzerfleischung）一文中认为，要想解决英德矛盾，要么应减少大国数量（比如，减少大国数量就可以控制德国与波兰的冲突）要么就要有大型（世界）战争、世界革命或新的政治风格。实际上，英德矛盾就是一场战争，其中，民族主义比世界革命更强大，即，这相当于一场起义，在这场起义中，大众反对统治者，反对发动战争者，反对不能阻止冲突的政治阶级。克里斯托夫·克拉克之后所谓的梦游主义主导了康德所谓的启蒙运动，但这一运动被精英阶层所否认。

哈尔福德·麦金德（Halford Mackinder, 1904）为地缘战略危局提供了预备方案，该方案把欧、亚、非三大洲一起视为世界上的一座岛，即"世界岛"，把这座"世界岛"分为心脏地带（欧亚大陆的中部）和外围地带（围绕心脏地带的周边地带）。心脏地带的范围从东欧平原，经西伯利亚平原，一直到达中国西北地区，俄罗斯的一部分地区位于心脏地带；外围地带包括非洲、"世界岛"东面的太平洋、南面的印度洋、西面的大西洋及各大洋的对岸；心脏地带的中心位于东欧。对于英国而言，这样的地缘政治局势很糟糕，因为从位于核心地带的中欧国家出发，会逐级出现占领压力，德俄可能联盟，这对英国是潜在的危险；从俄国的角度看，英德联盟是真实的威胁；对德国而言，核心国及其外围都在尽力削弱德国，这也是真实的威胁。[1]

---

[1]　莫里斯（Morris, 2013: 238-259）从今天的角度详细阐述了这场地缘政治辩论。

英国是岛国,它自以为是天然的世界出口国,所以,德意志第二帝国的经济崛起刺激了邻国,尤其刺激了英国,现在,英国不得不忍受在第三方市场上的竞争。英国的机器制造业(尤其是火车制造)在世界市场上居领先地位,这在当时是"发明创造财富"的摇篮,所以,在英德竞争的初期,从质量上看,竞争的产品并不总是等同的。但德国人奋起直追,尤其是萨克森机器制造区和鲁尔重工业区的德国人,他们赶上了英国人。德国的制药业和化工业也做出了重大贡献。这一对抗的情况见图 9.6.1,为了说明这场英德冲突的影响,这里引用 1897 年 9 月 11 日《星期六评论》对英德冲突的评论:

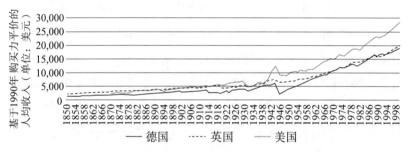

图 9.6.1　1850—2000 年德国、英国和美国的财富增长

资料来源:自制,参见 Maddison(2008)。

　　"俾斯麦早就认识到英国人民终于才开始明白的一件事,那就是在欧洲,有两个伟大的、不可调和的、对立的力量,有两个大国,它们将使整个世界变成它们的领地,并从中征收商业贡品。凭借其长期的成功侵略史,凭借其在追求自己利益时的惊人决心,英国正给黑暗中的国家传播光明;而德国,同样的骨头,同样的血液,意志力较小,但是,也许,它利用更敏锐的智慧,在世界的每一个角落竞争。在德兰士瓦、在好望角、在中非、在印度和东方、在南太平洋的岛屿上,无论在哪里,哪里又没有德国?旗帜追随《圣经》，贸易追随旗帜，在那里，德国推销员正在与英国小贩斗智斗勇。有没有矿要开采？有没有铁路要建设？有没有本地人要从卖面包水果改成卖罐头肉？有没有禁酒变成了经营杜松子酒？德国人和英国人都在努力争第一。一百万个小争端构成了有史以来世界上最大的战争起因。如果明天德国被消灭了，后天这世界上就没有一个英国人不会更富有。为了一座城或一个继承权，各国已经争斗了多年；难道它们就不能为了两亿英镑的贸易而战吗？

　　……我们的工作结束后，我们甚至不必费力把俾斯麦的话当作借口，为了那点补偿而在法国和俄国之间摇摆不定。在德国，你喜欢什么都可以拿走：你可以拥有它。……'必须摧毁德国。'"

　　自 1912 年起，英国要求，出口商品必须标明其原产地，以便明显地标识，英国产品不是德国假冒产品，而是真正的英国产品。据称，这只是一场合作导向型的保证博弈，但实际上，它意在破坏德国产品的声誉。于是，"德国制造"诞生了，但这个标志并不代表廉价商品和仿制品，而是代表着高质量产品。结果适得其反，英国必须承认，在争夺工业领域领导权的战争中，英国失败了。图 9.6.2 显示了，根据全球调查，今天各国的原产地标记价值的最新评估。[①]

　　实际上，在整个 20 世纪，英德冲突是工业领域的主流矛盾。后来，美国也加入了英德冲突。在《旧欧洲终结的开始》（*Der Anfang vom Ende des alten Europa*）中，汉斯·芬斯克（Hans Fenske, 2013）的问题是：二战结束后，盟国为什么拒绝与德国进行和平谈判？最终，他在英德工业双霸中找到了解释。在《最黑暗的日子：1914 年英国参战的背后事实》（*The Darkest Days: The Truth behind Britain's Rush to War,*

---

　　①　调查问题是：许多产品上都标示产品的产地，您如何评价标有"……制造"的产品？

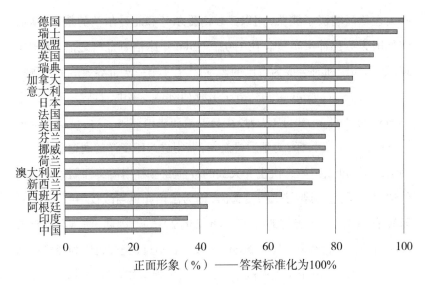

图 9.6.2 2017 年各国的品牌价值

资料来源：自制，参见 Süeddeutsche Zeitung（2017a）。

1914）一书中，澳大利亚历史学家道格拉斯·牛顿（Douglas Newton，2014）认为，英国是 1914 年一战爆发的主要推动者，英国的目的是，要确保其海上霸权和经济霸权。[①]在《隐藏的历史——第一次世界大战的秘密起源》（*The Hidden History — The Secret Origins of the First World War*）中，格瑞·道切提与吉姆·麦格雷戈（Docherty, MacGregor，2013）认为，英国的政治精英们对于德国的崛起十分焦虑，比如，塞西尔·罗兹（Cecil Rhodes）要求，英国应在世界上占据主导地位，而德国的崛起会阻碍英国实现其目标。因此，1914 年，以英国外交大臣爱德华·格雷（Edward Grey）为核心，成立了一个秘密外交人员网，这

---

①　查尔斯·扎克里亚斯和鲁迪格·谢尔（Zacharias, Schiel, 2013）认为，1914 年，德国海军本想在黑尔戈兰岛和泰晤士河之间与英国海军决战，并没有想过，这会导致什么，因为，即使德军取胜，也不会阻碍英国的大西洋海上交通。

些人在德国购买了武器，用以武装南爱尔兰和北爱尔兰的叛军，从而使德国为英德冲突负责。在1905—1906年摩洛哥危机之后，英国发现，法国和比利时会成为自己的盟友。[①] 在《第一次世界大战的俄国根源》（*Russian Origins of the First World War*）一书中，肖恩·麦克米金（Sean McMeekin, 2011）认为，在与英国和法国结盟之后，俄国主要追求泛斯拉夫主义目标，力争通过波斯，获得进入印度洋的通道。在这两种情况下，可以把第一次世界大战的战前准备看作精英计划。但法国的情况不同，法国要寻机报复德国，因为法国在色当战役中败于德国，而战争也是对自己道德的挑战（Schmidt, 2016）。因此，法国必须尝试及时与美国取得谅解，但这个尝试失败了。不过，美国也因为经济原因几乎不能退出，由于英国的战争经济是由美国贷款来支付的，所以，英国的失败会使美国经济全面崩溃（Roewer, 2016）。因此，1916年12月，英国呼吁停战，却没有得到响应。美国通过没收德国的大部分资产而获利，尤其是德国的专利和商标，比如，美国拜耳在二战后才被德国拜耳购回。凯恩斯（Keynes, 1919）在《和约的经济后果》一书中明确指出，《凡尔赛和约》必须被视为一种威胁。在《1848—1918：欧洲

---

① 这与菲舍尔的论点相矛盾。弗里茨·菲舍尔（Fischer, 1961）一直认为，一战的主要责任应归于德国，目前这一点已相对化。弗里茨·里茨勒（Fritz Riezler）曾任德国总理特奥巴登·冯·贝特曼-霍尔维格（Theobald von Bethmann-Hollweg）的管理员，有人认为，九月文件描写了德国的未来政治抉择，它也被视为关键文件，能证明，德国应对一战负责，今天，很难把这份文件作为证据，因为这份文件根本没有涉及军事战争，只涉及经济方案。文件的核心是，要建立德国主导的经济联盟，显然，这对英国尤其不利。1914年，英国参战，这遭到英国政界的批评，1914年8月3日，英国首相赫伯特·亨利·阿斯奎斯（Herbert Henry Asquith）的内阁中，有四位大臣和内阁外的一位部长辞职（Newton, 2014: 2-5）。比较一下德国在1914年的志向和2014年的现实，可以发现，德国目前在欧盟和欧元区占主导地位，几个德国邻国似乎颇有微词。

霸权之争》(*The Struggle for Mastery in Europe 1848-1918*)一书中，英国历史学家艾伦·泰勒(Alan J.P. Taylor, 1954)也强调国家竞争这一事实。泰勒(Taylor, 1961)的著作《第二次世界大战的根源》(*The Origins of the Second World War*)在英国读者中引起了很大的争议，他认为，二战的根源是，一战后的《凡尔赛和约》无法平衡各方力量；这与维也纳会议不同，维也纳会议有利于法国，尽管法国进行了侵略，且全面失败，但法国仍被视为未来有和平能力的伙伴国家，并被纳入到和约谈判中来。

英国殖民主义的目的是，获取资源，这从一开始就具有威胁性和经济战争的性质。德国的经济发展使英国面临严峻的挑战，在当时，"一方的福祉就是另一方的苦难"，但实际上，经济发展可以使所有各方在自由贸易中获益。1914年9月2日，英国声明，要限制自由贸易，这违反了国际法，这使整个欧洲北海地区成为战区，而德国正好位于这一经济敏感地带，且德国经济依赖边界的开放，当然，战争经济同样如此，而德国作为陆地大国很容易受伤。因此，第一次世界大战前的挑战是英国通过大量的宣传准备而实施的，但是，因为英国在美国拥有信息优势，这有助于英国去影响公共舆论——在战争爆发后，德国通往美国的海底电缆被切断。美国对英国的经济支持最终导致了美国的参战，这一步骤的目的是，阻止英法联盟在经济和军事上的崩溃，通过向协约国提供物资而获得了几十亿美元的生意(Friedrich, 2014)，结果，美国国内进行了大规模工业化，美国最终崛起为世界霸主。在伍德罗·威尔逊总统(Woodrow Wilson)为核心的政治圈中，政治家们认为，德国是欧洲最重要的不稳定因素，威尔逊总统立志要使美国的历史进程顺利发展，而德国可能起阻碍作用。美国历史上早就有过霸权要求，比如，1823年美国的门罗主义就是证明，直到今天，这一霸权要求仍然存在，这在 2014 年秋季在北京举行的亚太经合组织领导人非正式会议上表露无遗。但是,2015 年秋,在马尼拉举行的亚太经合组织领导人非正式会议上,美国要建立跨太平洋伙伴关系,要建立一个不包括中国在内的亚洲自由贸易区,但美国的这个尝试失败了。

在经历了两次失败的战争以后,在 1970 年代,德国终于又一次超过了英国,这应归咎于英国的一项经济政策,这项经济政策使保守党领袖撒切尔夫人当选,英国建立了新工党。英国是 19 世纪的世界霸权,很早就认识到了来自德国竞争和美国竞争的危险,并最终失去了经济和战略重要性;在《丛林的回归》(*The Jungle Grows Back*)中,罗伯特·卡根(Kagan, 2018: 45-49)认为,英国衰落的原因之一是,英国试图成为"离岸平衡者",而不是像美国那样,在二战之后积极参与"在岸"生意。简而言之,英国没有利用其军事力量来实现经济目标。在《财神爷》(*Gods of Money*)一书中,威廉·恩道尔(William Engdahl, 2009: 60-90)认为,英国坚持要把一战的战争债务归还美国,这说明,针对美国,英国也存在主导地位期望,但是,只有当德国能够向英国支付战争赔款之后,英国才能还款,因此,围绕美国债务的转移,发生了货币旋转木马,这使纽约变成了重要的世界金融中心。由于两次失败的战争,德国在全球丧失了自己作为文化与科技大国的地位,这尤其表现在,德语逐渐失去了它的世界语言地位。

9.6.2　1920 年代和 1930 年代的中欧危局

实际上,在企业竞争之上,经典的外贸理论假设基本上是有效的,即,劳动分工在国内和国际上都能促进经济繁荣和财富的增长。因此,随着市场的开放,全球经济通常有望出现增长。这一点可以通过这一事实得到验证:亚洲的经济自由化已使当地上亿人口摆脱了贫困。但是，根据新外贸理论，通过有针对性地干预竞争力，即，通过国家的战略性竞争政策，一个国家能够以牺牲第三国利益为代价，赢得本国的利益。以前，精英阶层在一些国家很重要，如果精英阶层移出了这些国家，这些国家的建设就会受到影响，因此，这些国家往往首先满足精英阶层的利益，以便精英阶层不再移民。如今，情况发生了变化，一个国家，无论它实施哪一种政治制度，它都要关注普通百姓的利益，普通民众与精英阶层一样也有权富裕起来。在许多方面，这场经济战争是二战之前英德经济对抗的延续。

经济战争目的：

- 利用经济主导地位，实现政治主导地位。

经济战争参与者：

- 殖民列强和美国：在第一次世界大战后，这些国家力争在获取资源和资源的全球分配中起主导作用，以加强它们的领导地位，包括对后来的轴心国的领导地位。对其他国家而言，尤其对于中东欧国家和苏联而言，掠夺资源在世界贸易中威胁重重。

- 德意志第二帝国，后来的德意志第三帝国：由于无法直接获取重要的原材料，德国的工业发展受到了严重限制。日本也有能源饥荒，这使日本把战争蔓延到亚洲。

- 国际联盟：一些重要国家并不是国际联盟的成员，所以，国际联盟不具备经济能力；此外，国际联盟中没有监管机构，也就不可能在全球组织论坛，讨论贸易问题。

经济战争手段：

- 将能源丰富的地区殖民地化。

- 利用海军和军事基地，保证贸易商路。

经济战争目标：

- 确保拥有经济发展所必需的资源。
- 阻断竞争对手获得资源的渠道，从而削弱竞争对手的经济与军事实力。

经济战争后果：

- 经济发展所必需的资源在一定程度上得到了保障。

亚尔马·沙赫特在德国魏玛共和国与第三帝国时期担任帝国银行行长，他的分析值得借鉴。沙赫特（Schacht, 1937: 225-227）在《外交事务》上发表了"德国的殖民地要求"（Germany's Colonial Demands）一文，他指出了一个危险问题：由于英、美、法的殖民地政策，中欧各国将无法获得战略性原材料，德国尤其如此。大家一致认为，自由贸易对世界是最好的，即使如此，这种生存危险迫使中欧各国也发展了保护主义殖民地政策。直到今天，他的话仍然常常被引用（McDonald, 2011），以便证明原材料市场殖民地化的危险。

"在第二次世界大战之前的黄金时代，殖民地和原材料问题并不像今天这么重要。……原材料生产市场完全自由。……所有的重要国家都采用金本位制，这为商业核算提供了稳定的基础。

现在，国际贸易与国家交往的这些基本原则已彻底消失。……几乎每个国家都放弃了金本位制。商业协议的缔结时间很短，取而代之的是配额和限制，更不用提关税了，关税不断提高，而且更有效。德国在海外的投资被无偿收回，原材料采购市场也受到与其他商业领域相同的限制。近年来，我们目睹了这一政策的成效。世界贸易已经下降到以前最高水平的近三分之一。信贷机制已停止运作。人们失去了对国际支付的信心。……

今天，很多人都在说，德国正争取独裁。人们完全忘了，法国、英国等国早已实现了这种专制，更不必提俄国和美国了。……

与这些大国的国民经济领域相对的是人口众多但领土有限的国家。由于土地资源不足，它们比其他国家更依赖国际商品交换。这两种国家最近被归类为"富国"和"穷国"。……

最近，英国议会上院指出，基本的稀有原材料共有25种，大英帝国的领土完全可以供应的原材料至少有18种，能够供应一定量的有2种，只有5种供应不足。

德国则相反，正如那位上院议员所说，德国只有4种原材料供应充足，2种原材料的供应比较充足，19种原材料完全没有供应。

我想明确说明，无论是自然形成，还是人为产生，独裁都不可能是一种理想。它与文明的一般原则相对立。独裁意味着与世隔绝。"

鉴于资源有限，获取资源的机会也有限，那就提出一个问题：是否可以通过像国际联盟这样的一个组织实现平衡？"区域经济"正如猎鹿一般，正是要解决这个问题，"区域经济"是自由主义思想家弗里德里希·瑙曼（Naumann, 1915）提出的概念。

在"没有保障的秩序"（Ordnung ohne Hüter）一文中，明克勒（Münkler, 2017）指出，新千年的地域政治局势与第一次世界大战之前的局势不同；他认为，在两次世界大战之间的世界格局可以用来做参照：任何霸权都不认为，它要对世界和平负责，那些在《凡尔赛和约》中遭到利益损害的国家，尤其是一战的战败国，它们不愿意接受那些他人制定的和平规则，战胜国自身并不统一，或者，它们的实力较弱。由此可以得到很多启发：在大国博弈失利之后，在新的霸权出现之时，如何在地理空间中建立新秩序？当时，德国和奥匈帝国衰落了；后来，苏联衰落了，而当时，新的大国是美国；今天，这个大国是中国。

9.6.3   21 世纪全球货币战争

货币战争是货币贬值竞赛的极端方式，即，一国试图以牺牲贸易伙伴的利益为代价，来改善本国的竞争形势。货币战争发生的过程如下：实行宽松的货币政策，引发本国货币对外价值下跌，以便增加外贸出口，进口量下降。不过，这一机制生效的前提是，供求双方能够真正灵活地随着相应的汇率变化而做出反应。若非如此，货币战争会导致更严重的冲突升级，因为货币战争不会改善货币贬值国家的状况：如果一个国家依赖一定的产品来维持其经济，该国又不能生产这种产品的替代品，而且，在这个国家中，有一个富裕的寡头阶层，他们具有购买力，即使在价格提高时，他们也会购买这种产品，或者，如果一个国家要推动本国的经济发展，那么，在国内商品价格上涨时，外国商品的相应数量并不下降，而是保持不变，结果，经常项目决算表上出现的赤字会持续增加，从而有必要进行更大的经济调整，以便再次平衡，这与 J 曲线的效果一样。不过，其他国家不喜欢这种以破坏竞争力为代价的变化，它们也会采取相应的货币政策措施来下调其汇率；于是，就出现一种形势，货币贬值不断升级，马丁·费尔德斯坦（Martin Feldstein, 2013）称之为"掉入深渊的电梯"（Fahrstuhl in den Abgrund）。因此，布雷顿森林体系诞生于历史经验，以固定汇率为基础，以避免这一情况。

因此，货币战争就相当于囚徒困境：谁的货币贬值最多，谁就赢，谁以他国利益为代价尽快这么做，谁就赢。因此，所有的国家都将这样做，直到货币体系崩溃为止。各国都假设，从实际的规模看，这是零和博弈，甚至是正和博弈，无论如何，一国通过加快货币贬值所获的收益正是另一国或其他各国的损失。历史经验证明，实际上，这大多是一项负和博弈，即，满足了进行一场经济战争的条件，因为根据稀缺理论，低利率不允许对资本征税。如果加上接受民主和市场经济所产生的政治影响，则更是一场负和博弈。

2007 年和 2008 年的次贷危机和之后的危机处理战略可能会引发货币战争。在次贷危机之前，是所谓的"伟大的温和"时期，随之，发达国家的长期增长期结束了。1979—1987 年，保罗·沃尔克担任美联储主席，他实施了强硬的货币政策，降低了美国的高通胀率，并在越南战争后迫使经济进行结构性调整。1987—2006 年，艾伦·格林斯潘（Alan Greenspan）担任美联储主席，他成功地把美国的通胀预期稳定在较低水平。他的低利率政策是对 2001—2002 年互联网危机做出的反应，这场危机只是暂时中断了这种持续的经济发展，许多人认为，这是世界金融危机的原因。实际上，世界经济危机有许多原因，比如，过分宽松地发放住房建筑贷款，银行监管放松，出现了一种新型银行家，这些银行家的精神状况堪忧（见第 2 章）。由于银行受到各国的支持，欧洲也得到了超国家组织的支持，并制定了应对经济疲软的财政计划，结果，金融危机发展成了债务危机。保罗·克鲁格曼（Krugmann, 2012a: 202）认为，危机处理在政治上被"神圣化"，所以，对欧洲而言，这种情况涉及很多层面。实际上，欧洲国家的情况不同，欧洲有一类国家，比如希腊，它们的银行很健康，但国家的负债过多，欧洲还有另一类国家，比如爱尔兰，国家的负债较少，但它们的银行有问题，这两类国家同样被波及。国家的情况不同，本应采取不同的危机处理方法，但实际上并非如此。卡门·莱因哈特和肯尼斯·罗格夫（Reinhart, Rogoff, 2011）证明，只有较少的金融手段有助于稳定实体经济，主要是银行的再资本化和有针对性的财政计划（Laeven, Valencia, 2013）在起作用，所以，在银行业，私人债务也是关键的危机导火索，私人负债最终汇入公共债务和过度债务的洪流。

而以稳定为导向的低利率政策给本国货币造成了压力,这就是货币战争中的"以邻为壑"。

经济战争目的:

- 以牺牲他国的利益为代价,增强本国的竞争力,美国的目的是,稳定美元,使美元继续充当世界参照货币。

经济战争参与者:

- 美国:在2010年代初,美国央行大规模购买国债,利率几乎是零,以推动美国经济的增长,其间,美国开始通货膨胀,美国不得不承受这种长期的通胀风险。由于美国的大部分货币在国外,历史上,这类通货膨胀政策也一直以牺牲他国的利益为代价而实施,从而转移了相当大的调整成本。这次是否也能成功还有待观察,鉴于中国的外汇储备,中国不会接受这一点。自2014年春以来,美国经济似乎重新开始增长,在2015年年底,美国利率政策也开始转向,美元与人民币的竞争越来越明显,而在2005—2015年间,人民币升值了约25%。一国货币如果是世界货币的支柱,这有很多优势:经常项目往来账目和国家赤字可以轻松融资,消除了国际贸易中的部分货币风险;但这一切都取决于高度流动性的市场,目前,人民币还不具备这个条件,而欧元永远都不可能拥有这个条件。

- 日本:日本经济已经僵尸化,20年来,日本一直试图使国家走上经济增长之路。在1990年代的金融危机中,日本政府通过再融资拯救了银行。因此,正常经营的健康银行与患病的银行进行竞争,结果健康银行也受到感染,银行获得了国家担保和国家救助,这种银行经营模式不能赢利。此外,银行能够以不可持续的条件向不健康企业提供贷款,从而令这些企业能够与健康企业进行竞争,并使健康企业备受压力。总的来说,这对日本经济造成了巨大的损害,尤其是,日本本来以高度创新能力而著名,但现在,日本不再具有这种能力。实际上,这种错误的稳定政策导致了日本经济的僵尸化。

- 欧洲:欧洲是一个完全异质性的货币区,由于欧元区各国有着不同的经济文化,欧洲内部正面临着分裂的考验,无法通过关税、社会保险体系、税收体系来控制欧洲内部的货币贬值竞赛。各国的经济政策也有不同的传统,因此,一些国家的单位劳动力成本比其他国家增长得更快,欧盟边缘国家更是面临着巨大的经济压力和债务压力。

- 中国:迄今为止,中国是世界经济的稳定因素。长期以来,中国的经济增长率接近10%,中国是全球经济发展的重要保障。自2013年中期以来,中国的经济发展开始减缓,中国准备将新的正常增长率降至7%以下。一方面,中国在继续推进改革开放政策;另一方面,中国的股市和房地产有发展成经济泡沫的风险。此外,中国是世界经济的融资国之一,目前,中国的投资势头开始减弱,中国之所以有这样的发展,因为中国必须满足国内对财富与发展的要求,中国西北各省尤其如此。人民币日益成为储备货币,那就要观察,这会以牺牲哪一种货币为代价来实现?实际上,世界经济危机削弱了欧洲货币,而美元的主导地位甚至有所加强。目前,中国努力与其贸易伙伴使用人民币来交易,比如,俄罗斯对中国的石油供给占中国需求的50%,与俄罗斯的石油贸易就以人民币来结算。在不久的将来,中国必将拥有与其经济实力相应的国际地位。

经济战争手段：

- 国际上：实施宽松的货币政策。
- 欧元区：北欧国家多年执行财政原则、工资原则和价格原则，欧元区边缘国家则正好相反。
- 美国：尽其所能，美国要把中国排除在国际贸易协定之外，威胁退出贸易协定，结束双边贸易。
- 德国：私人存款率较高，公共机构执行紧缩政策，企业缺乏投资，导致经常账户盈余较高，这也是欧元区不稳定的原因之一。[①]
- 中国：建立跨国合作结构，比如亚洲基础设施投资银行。
- 其他国家：实行强制性外汇管理制度，控制资本往来，门槛国家更是如此。

经济战争目标：

- 减轻经济负担，尤其要减少国家债务和私人债务，把负担转嫁给第三国。
- 中国的目标：人民币要在国际货币基金组织中长期作为储备货币。
- 美国的目标：使美元继续充当储备货币，维护美元的重要地位，阻止美元被其他货币替代。

经济战争后果：

- 这场战争尚未彻底结束；无论如何，世界经济深受其影响，在西方国家，相对于政府，中央银行的权力提高了。

---

① 国家负债往往被定义为财政负债、私人负债和承诺将支付未来社会福利的负债。未成功的投资也属于国家负债，因为总有一天，如果桥塌了，或校舍塌了，那么，就需要支付这笔债务。

　　欧洲各国力图通过政策措施和货币措施来削弱汇率，这在金融危机之后持续了多年，也减轻了危机国家对欧洲改革的压力。即使是像德国这样的经济国家，也允许这些框架条件采取长期削弱国家的经济政策方向。根据德国经济专家委员会 2014 年的评估报告《对市场进程更多信任》（Mehr Vertrauen in Marktprozesse），对市场进程的信心增强了。实际上，自 2014 年秋季开始，大型银行签署了协议，利用欧元现金来做投机生意。一些国家受到牵连，这些国家主要是那些与欧元区至少有政治关联的国家，比如欧盟成员国波兰。

　　对一些国家而言，利率下降首先意味着负担大幅减轻，因为这改善了它们的竞争地位。同时，相对于本国货币，外国资本的地位得到了提高，外国资本在企业中基本上作为企业开支，因而可以免税，在一些国家，外国资本也减轻了私人领域（尤其在不动产业）的纳税压力，从而使国民经济的金融结构转向外国资本，这可能会导致重大的资产泡沫风险。同时，中央银行几乎实行零利率，以此为出发点，如果改变货币政策，就会引起严重问题。2015 年 5 月，在对冲基金经理面前，欧洲央行执行委员会委员本诺特·科尔（Benoît Coeuré）发表了轻率的言辞，不仅导致了内幕交易的巨额利润，也引起了大规模的市场动荡。在自由汇率机制的条件下，许多政治家和经济学家（尤其是那些来自货币传统薄弱的国家的人）认为，轻率的货币政策有助于保持国家的经济竞争力和支付能力，但是，在货币联盟的条件下，这是行不通的。这里，只有降低敌方商品的价格水平，才能解决问题，但是，如果预期价格会下降，那么，人们会延迟自己的购买决策，并形成新的价格下行压力，所以，这会导致重大的政治问题，并可能导致经济疲软。

　　上述货币政策会给德国、荷兰、法国、奥地利等国的中央银行带来压力，传统上，德国央行执行稳健的金融政策，以合适的利率，使流通货币保持紧缺,这也是奥地利央行、荷兰央行或法国央行的一贯做法;这种货币政策也有附带损害:人寿保险金会面临收益问题,这会损害货币资产,导致投资动力缺乏。弱货币政策的支持者不想放弃这一政策,原因是,这样的货币政策可以使他们不必在本国承受调整负担。经济学家保罗·德·格劳威(Paul de Grauwe, 2012)认为,德国央行很怀旧,它力争更新自己的"霸权地位",所以,德国央行组织了针对欧洲央行的游击战,同时,这也说明了冲突的严肃性。如果人们想到,拯救伞首先是个例外,然后才会只是一个暂时措施,但今天,这却成了长期计划,那么,问题的严肃性会越来越清晰。[①]如此一来,在欧元区,最晚在低利率被取消之后,极有可能发生大规模的收入与财富分配战。

货币过剩的规模极具威胁性。经统计,如果将大部分门槛国家和发达经济体的中央银行资产总额加起来,那么,从2000年至2012年年底,这个总额从2万亿美元提高到了10万亿美元。瑞士是货币竞争问题的一个典型例子,其资产总额增长了近500%,因为瑞士法郎是经典的逃税货币,瑞士银行必须阻止其升值,才能保持自己的竞争力。

总有一天,利率必须适应通胀率或通胀预期,所以,最终利率必然会提高。自2018年春天起,美国央行提高了利率,美国经济形势良好,欧元区的通胀率上升了,尤其是,德国的通胀率提高了,这为欧元区的经济稳定带来了压力。到2018年年底,从80%的负债率出发,德国强劲的税收源泉导致负债率下降到了约60%,结果,德国也开始提高利率;经过核算,利率每提高3个百分点,家庭的额外负担就会提高2.4%。自2018年年初以来,门槛国家受到了美国利率提高的威胁,如果自己的利率不提高,就会导致大规模资本外流和货币汇率损失。本

---

① 亚历山大·弗里德里希(Friedrich, 2018)指出,拯救伞是保护伞,是干预,会变得形而上。

国货币的贬值可能提高本国的出口能力，但投资的商品主要来自国外，它们的价格在提高，同时，其他进口商品的价格也提高了，这又会加剧通货膨胀。2018年夏，阿根廷再次面临国家破产，并需要国际货币基金组织的帮助。日本的负债率是230%，但由于日本所有的负债均来自国内，所以，如果日本利率提高4%，那么，国家预算的亏损就会增加一倍，这里必须考虑日本国内的再分配效应。因为资产负债问题，或因为分配效应问题，利率提高将给各国中央银行带来巨大的政治压力，所以，利率提高将导致许多国家出现几乎不能承受的后果。

由于货币贬值竞赛，以及各国无限制地借债，对于日本和美国而言，欧洲国家（尤其是北欧国家）会成为它们的安全天堂。货币量的增加会在短期内提高货币的汇率，其后果是，南欧债务国家的所有调整努力显得很荒谬。实际上，在无限量负债计划的框架内，欧洲央行已经承诺，尽管存在与基本的经济运行情况相反的数据，欧洲央行的利率仍会近乎零利率，直到2019年。

早在2010年代初期，中国就释放了信号，中国不想参与货币贬值竞赛。约瑟夫·斯蒂格利茨（Joseph Stiglitz，2010）认为，美国的武断干预很可能会引起新的经济危机，对贸易伙伴也有破坏性效应。尽管特朗普将货币贬值竞赛归咎于中国和欧洲，但是，自2018年年初开始的关税战争带来的后果更为严重（见第1章）。

目前，欧洲正在努力稳定欧洲货币联盟，想要建立起自己的货币基金和欧洲存款保险。但是，这一切都以多样化国民经济基础数据为基础，因此，制度变革的成功似乎非常值得怀疑。

此外，未来的稳定性也是值得怀疑的：分析以往的相关指数可知，总有一天必然会发生什么，但是不能确定，到底何时发生（Knedlik，Schweinitz，2012；El-Shagi et al.，2013）。外国人越来越多地撤出了美国国债的拍卖，所谓的 TED 利差（国债欧元差价），就是银行在美国市场上支付的利息补贴，正在大幅上扬（Zschaepitz, 2018a）。民主制国家往往很难及时执行应对措施。但是，当指数显示为危机信号时，这些信号也可能是误导信号，即，故意释放错误信号，以便实现一定的目标。因此，罗伯特·卢卡斯（Robert Lucas, 1976）指出，随着理性的增加，尤其是随着经济关系透明度的增加，这会使经济政策效率低下，这也适用于早期的危机防御政策，要有意识地释放虚假信号。因此，及时进行结构改革是预防危机的最重要措施。

9.7　结论与行动建议

即使自由贸易是国际经济交换的最佳形式，它也永远都不会以纯粹的形式存在。仅仅正常的、难以避免的交易成本，特别是运输成本，就会造成差异，从而产生差异化的区位质量和区位优势，这可能超出了比较区位优势能够解释的范围，如弗里德里希·李斯特（List, 1841）所言，国家可以影响甚至创造这些优势。因为干预性国家贸易政策有利于保持结构，但执行这种政策的后果是，国家在将来也会深受其害。总有一天，国家不仅要承受补贴，还要接受本国企业或本国消费者的购买力下降，而消费者必须支付更高的价格。不过，这也可能向相反方向发展，一旦有意识地建立起市场霸权，这会被用来建立市场垄断，用于赢得差别租金，即获得额外利润。从这个意义上说，国家和企业之间存在着典型的互动，但是，无论企业是私人企业、国有企业或军队控制下的企业，企业总会先于国家而行动。

必须认真权衡这样的战略。无论如何要考虑到，这可能会与其他国家发生冲突。在实施时，对于议会民主制国家而言，尤其难以长期执行可持续性的政策，因为许多不同的利益集团相互对立和冲突，比如，德国实施太阳能战略的失败就证明了这一点，与此同时，其效果已经逆转，并为外国竞争对手打开了大门。因此，经典的战术问题也变得非常重要：在哪里进攻？在哪里实施报复性打击？哪里必须均衡？哪些市场在整体中非常重要，以至于它们必须得到保护？此外，实例证明，时间的角度也很重要：通过持续在国外投资，业务关系可以长期得到保持，并不断发展，这是一项高声誉资产，即使在最初无意的情况下，良好的行为也是有意义的。最后，有必要保持一种结构，以便在将来可以使用这一结构，尤其从所拥有技术的角度看，这就是所谓的抉择。

19世纪的英德经济冲突可以说明，如果一个国家制定了良好的经济增长战略，能够获取必要原材料（煤炭和钢铁），拥有成效甚佳的创新潜力，那么，竞争对手要想从外部破坏这个国家的发展活力，这会十分困难。如果想把德国和中欧排除出去，这会引起大规模冲突，这甚至是不可避免的。在《论中国》一书中，亨利·基辛格（Kissinger, 2011）警告，今天，对待中国，不要像协约国在第一次世界大战之前对待德国和奥匈帝国那样，不要对中国采取歧视性战略。

在第一次世界大战结束后，作为战胜方，协约国试图稳定其殖民地帝国主义政策，它们主导了世界贸易，因此国际贸易比以前显得更不自由，从而导致了消极的主导地位预期及大量的经济战争后果。1913年，世界经济是开放的。但是，直到20世纪末，当东西方冷战结束之后，世界经济才再度开放，开放程度才再度恢复到了1913年的水平。因此，亚尔马·沙赫特（Schacht, 1937）的话是对所有想要阻止自由贸易的人的警告，而经济学家把自由贸易视为创造和平的最重要的机制之一，因为人们不需要成为朋友就可以互相交易。人们需要稳定预期，比如，在第二次世界大战结束后，美国的许多措施（马歇尔计划）都达到了这一目的，利用开放的世界贸易，或利用在布雷顿森林会议上决定的货币秩序，来稳定货币。相反，如果缺少贸易，冲突就更容易升级，因为相互之间毫无依赖，所以，冲突的成本较低。今天，也出现了类似情况。根据西方国家的有关规定，出于战略安全原因，中国企业不得参股到国际原材料企业中，所以，中国正在努力，要确保自己获得稳定的原材料资源。

　　各国的经济条件、文化条件和社会条件存在根本的差异。2008 年国际金融危机爆发以来，世界货币发生了冲突，这说明，各国经济政策要想协调一致，是多么困难！在这场货币冲突中，一国以牺牲另一国的利益为代价，通过货币贬值（货币倾销）来获得竞争优势。其风险是，贸易可能崩溃，在没有新的合作方案时，长期来看，所有的人都会深受其害，这样的危险性很高。今天，金融业的征服者成功了，在国界之外，在国际组织之外，他们试图通过将利润私有化和将损失国有化来影响金融系统。在这种情况下，秩序经济学的竞争机制无法贯彻理性规则，所谓的理性，即，一方面它要限制这类行动，另一方面它要维持有效的金融市场，而金融市场对于向经济提供货币具有核心意义。

　　货币战争和贸易战争位于国家间经济战争的核心，强硬的贸易抵制往往与安全政策问题结合在一起。在经济战争之前，有必要监视对手，尤其要监视对手的能力和创新潜力，因此，本书向政治家提出以下建议：

　　（1）保证自己能获得盟友、相关企业和本国人民的支持。如果货币战争和贸易战是混合战争的一部分，获得各方的支持就更加有效。相比于技术能力和参战决心，贯彻执行的政治意志往往会更快地停滞下来，它们可能腐蚀你自己的权力。这正是英国所遭受的沉痛教训，英国与德国打了两次世界大战，之后，英国不得不放弃自己作为殖民帝国和秩序霸权的地位。

（2）任何进入战略都要有退出战略。对于进入战略和退出战略而言，在评估局势时，有必要回答以下问题：每一方存在哪些可信的威胁？目标是什么？如何衡量目标的实现情况？ 1914 年之前的英德经济竞争至少可以说明，第一次世界大战开始的地方，正是经济缺乏发展的地方。

（3）利用间谍战术。在世界上最古老的职业中，间谍排名第二。通过间谍，可以发出可信的信号，在此基础上，可以迷惑敌人，所以，间谍很重要。

（4）国家的经济间谍活动基于纯粹的侦察需求。如果间谍活动可以获得知识，且知识可以用于本国，间谍活动就实现了它的目的，但这一切并非总是如此。在民主制国家中，完全可以证明，由于要打击恐怖主义，需要开展情报活动。

（5）反恐斗争是合适的方式，能够以国家政策认可的方式隐藏间谍活动的真实原因。尤其是，侦察结果有双向用途，如果收益大于政治成本，这种双向用途就实现了其目的。此外，有必要进行评估，在本国产业中，哪些企业应获得相关知识。鉴于国际经济相互依赖性很高，竞争强度也很高，这并不寻常。

（6）建立并稳定主导地位期望。作为信号，主导地位期望可以说明，冲突已不可避免，当然，如果根本就不寻求这场冲突，那就更好。有人认为，货币战争很容易获胜，这一想法是一种误导。与非货币领域的经济战争相比，货币战争更难进行。

"思想是自由的,谁猜得出它,

它犹如夜中的影子一样飞逝。

没人知道它,猎人射不中它,

它就在那里:思想是自由的!"

——德国民歌

10　网络战争与高科技冲突

现代数字世界不仅创造了自由空间和新的机会,而且还创造了自身特殊的危险。这里主要分析两个问题:一方面,网络世界为信息提供了新的载体,这大大降低了信息传输、信息存储和信息处理的交易成本,因此,制度设置需要经常调整,简言之,联通结构将会覆盖甚至替代集体结构;另一方面,网络世界与人工智能的潜力紧密相关,即智能行为自动化,甚至可能是创造性行为的自动化。个人可以通过积累来学习,数字系统可以提供帮助。人类处理信息和进行创造的能力是独一无二的,这种能力无法复制。人工智能与此有所不同:一个编程结构可以随时转移到其他系统中,这些系统往往也发挥一致的作用。这种差异对潜能至关重要(Walsh, 2017),同时,对于网络能力所引发的经济战争而言,这种差异也至关重要。

这两个问题是相互关联的,比如,通过利用网络系统,访问新的数据世界,可以提高培训效率(Bishop, 2014),网络系统也可以运用到营销策略中,在营销策略中,通过分析语言和面部表情,可以捕捉到感觉,这非常重要。被操纵者的意愿、因果关系以及各种责任等问题往往被搁置。所有这一切都需要一个新的监管框架。最重要的是,网络技术提供了侦察和渗透的新方式,包括盗用身份,信息处理和信息存储的手段也发生了变化,这些都为竞争创造了新的可能性,也带来了不确定性。它们影响战略决策、作战步骤和战术步骤,这在局势分析和决策过程中尤为明显。如果没有新的秩序框架,就很难避免经济战争,在许多领域,经济战争可能是看不见的。

高科技冲突主要发生在网络产业中。互联网产业遍布全球,在网络战争中缺少地理定位,因此,如果发生了网络战争,如果网络战争并没有表现为群体行为,那么,网络战争的指挥过程就是隐藏的,所以,本章论点与有关指挥、战场、企业战争和国家战争的论述有交叉。参加网络战争的机构或人员与参加常规军事冲突或经济战争的机构或人员是一致的,因此,网络战争的参战者以创新形式掩藏了自己的主导地位期望。例如,从主导地位期望理论来看,就未来的数字统治问题,实际上,中美之间存在着巨大冲突,这种冲突几乎就是一场经济战争式冲突(Economist, 2018a)。

在"民主国家必须学会在和平时期抵御网络空间的永久战争"(Democracies Must Learn to Withstand, in Peacetime, a Permanent War in Cyberspace)一文中,让-路易·热戈林和莱奥·多宁(Gergorin, Isaac-Dognin, 2019: 18)对网络战争做出如下定义:"网络空间包含所有存储、处理和传输比特和字节的全球硬件和软件手段,但最重要的是,还包括这些数据的所有信息内容。网络战争是使用这些网络组成部分来进攻,目的是对对手施加影响或控制。实际上,它可以采取黑客的形式来损害数字系统的机密性或完整性,以达到间谍或破坏的目的,但同时也存在对信息领域完整性的攻击,例如,通过数字媒体大量传播虚假、有偏见或不完整的信息。"

本章分析网络战争对经济秩序带来的挑战,阐明信息的价值,尤其要阐明,人和机构所掌握的信息有很大的不同。本章要分析网络战争的手段,并介绍使用这些手段的基本原则。本章以两个实例阐述两种不同的网络战争:专利战和间谍战。

10.1　数字世界对经济和秩序的挑战

根据三个相关市场理论,时间市场、地理空间市场、产品市场构成了战场的基础,但是,在现代网络空间中,不存在地理定位,网络空间的产品定位和时间定位可能也很有限。只要不能准确地进行归类,每次攻击都是隐形的,每次攻击都是弥散的。防御的可信度取决于归属的能力,这为攻击者提供了巨大的优势。美国中央情报局局长戴维·彼得雷乌斯(David Petraeus, 2017)认为,网络技术会导致权力分散。网络空间不仅是一个独立的战场,而且还模糊了攻防之间的区别。因此,必须要分析,监管框架是否要规避数字化,以及如何规避数字化。网络市场的权力随高科技的发展而发展,受到算法的推动,而自由思想把民主和竞争经济结合起来,所以,必须要核查这个问题:这两者在多大程度上相互对立?因此,在数字化世界里,有必要讨论社会中人的形象,尤其要讨论这个问题:机器在多大程度上应该具备道德能力?数字系统的设计者应该对此负责。

10.1.1　秩序框架和算法上限的模糊

根据竞争理论,现代网络经济充满活力,有网络战争的潜在趋势,因为网络结构的效用会以几何级数增长。制度经济学认为(Blum,

Dudley, 1999），在交易成本下降时，历史上，权力一直以等级结构定位，现在，权力却显示为网络结构。在《广场与高塔：网络、阶层与全球权力竞争》（*The Square and the Tower — Networks, Hierarchies and the Struggle for Global Power*）一书中，尼尔·弗格森（Ferguson, 2017）对此做了说明。起初，参与人数较少，网络收益很低，因为基础设施需要大量投资，市场准入受到限制，因此，网络企业的成本非常高。但网络企业的运行成本较低，且增长缓慢。从长远来看，单位成本随着新客户的增加而下降。[①]因此，长期以来，往往把这种网络系统作为自然垄断进行管理。占主导地位的企业拥有规模优势，这可以加速寡头垄断，并最终实现垄断。在这些高度集中的网络中，攻击者可以用简单的手段造成极端破坏，最简单的方法是，摧毁权力网络中的一个重要人物，从而损害一个企业或一个国家。

　　图 10.1.1 显示了集中过程的力量，其发展势头强劲，一旦拥有市场准入的基本设施（如电子市场或电子预订系统），就会产生市场力量（Blum, Veltins, 2004）。它们具有自我强化的趋势，比如，企业的规模会发展，但它们也倾向于集中，即，它们渴望合并。因此，数字经济中的企业价值大多是股权的倍数，即，托宾的 Q 值极高，所谓的托宾的 Q 值，就是企业的市场价值与资本重置价值的比率（Tobin, 1969）。然而，今天的成功不一定会延续到未来，IBM 公司、AOL 公司、诺基亚

---

　　①　将一定数量的参与者成双成对的交换关系列入表中，把它们像自动地图集的距离概况一样来组织，每一行表示一种交换机会，比如，第三行第三人与第三行第五列第五个人交换。假设这种交换关系是对称的，那么，两个人只有一个交换机会，但如果六个人有四个交换机会，那么，共有 15 个交换机会，因为，在 5×5 列表中，有 25 个区域；因为人不能和自己交换，省略了对角线，从而留下了 20 个交换机会。如果交换是对称的，价值会减半。因此，这个序列会超比例增长，即，如果有 n 个参与者，按照公式 $\dfrac{n(n-1)}{2}$，这相当于一个方形路径。

或黑莓等公司的遭遇就是证明。因此，互联网巨头必须不断重塑自我，要面对两方面的战争：一方面，它们不得不捍卫自己，以便抵御阿里巴巴、腾讯、百度或华为等全球性竞争对手，这些中国竞争对手通过战略技术政策和市场隔离已在中国成长起来；另一方面，它们拥有与大企业一样的命运，监管机构是互联网巨头们的强敌，实际上，它们要求拆分企业，就像 100 年前，洛克菲勒家族的标准石油帝国一样。

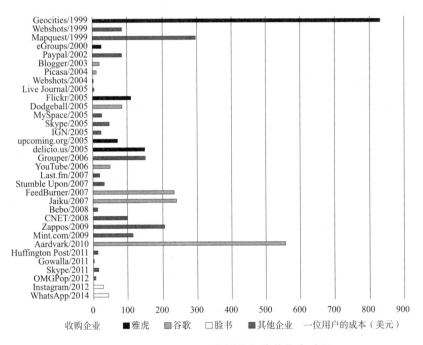

图 10.1.1　1999—2014 年网络经济的集中过程

资料来源：自制，参见 Der Standard（2014）。

西方主张，民主是竞争经济成功的必要条件，鉴于亚洲政治模式的成功与亚洲民主国家的经济问题，实际上，在体制竞争的背景下，西方民主国家面临的问题是：西方的这一主张是否需要相对化？人工智能是否使中央计划经济更有可能？网络是否有利于垄断的形成？网络是否仍然能够收集并综合分散的知识？一个多世纪以来，各国国民经济都受益于各种体制的相互依存关系，那么，这种体制的相互依存关系是否正在瓦解？

国家机构要求经济秩序，由于网络经济缺乏空间定位，这使经济秩序具有局限性；在 2010 年代末，全球贸易出现冲突，这说明，缺乏空间定位也影响了超国家机构。如果要从法律角度了解数字公司，这些问题就显现出来，例如纳税、赔偿责任领域中的损害赔偿；从竞争法的角度看，这些问题涉及国家准入和更高级别的秩序。中国正在努力维护自己的网络主权，建立"中国防火墙"，并取得了成功。在中国的大力支持下，俄罗斯正在效仿中国，但俄罗斯缺乏相关专家和算法。此外，在许多领域，例如，在支付系统，俄罗斯依然依赖西方国家，这与中国大不相同。同时，西方社会也在效仿，恐怖主义威胁是一个很好的借口，由于自身能力不足，监视技术不得不经常使用中国系统。①2019 年夏，德国部长们讨论的问题是，除了数字语音助手外，是否还应访问联网的家用电器（Jansen，2019）。

在《审查》（Censored）一书的第二章，玛格丽特·罗伯茨（Margret Roberts，2018）阐述了审查理论，并指出，应该如何有效地组织审查。她认为，人的恐惧是制度得以贯彻执行的经典因素，恐惧之下，会摩擦不断，冲突犹如洪水猛兽一般十分激烈，但审查制度的实施避免了冲突和激烈的反抗，所以，审查制度可谓漏洞百出。如果人们的横向信息关系遭到破坏，这也会影响纵向信息关系，但这有助于精英

①　康斯坦策·库尔茨（Constanze Kurz，2019a）在"在边界准备好您的手机"（Halten Sie an der Grenze Ihr Smartphone）一文中介绍了一种强大的侵入性技术——iBorderCtrl 系统，它可以进行数字个人控制，很少受到公众关注。

阶层,精英可以用最少的信息回流来捕捉人们的情绪。摩擦代替惩罚,即,摩擦使人更难获得信息,就像纳税,互联网时代,信息就如洪水一样泛滥成灾。从搜索类型看,大多数人具有弹性需求,如果搜索的费用提高,这会迅速限制搜索。实践证明,这类做法也很民主:政治上的批判性报告往往有疏漏之处,这些疏漏之处往往隐藏在广播或报纸的末端,提供信息的义务得到了法律维护,但这种信息义务反而遭到政府的破坏。

如第 3 章和第 4 章所述,国家组织的资本主义是国家垄断资本主义的继续,如果要在国家组织的资本主义与伪自由主义算法资本主义之间寻找另选方案,这可不是人们期望的选择范围。如第 8 章所述,反垄断委员会(Monopolkommission, 2018: 66-71)已明确指出,如果人工智能可以实时指导企业的市场观察和市场活动,这种平行性甚至协调好的企业行动可能会破坏竞争。因此,在数字资本主义中,市场权力的控制手段变得越来越重要,其特点是具有前瞻性、智能监管、禁止兼并、数据市场的开放、有针对性地发展反补贴力量以及极端情况下对数字技术公司的拆分(Kroemer, 2019)。这令人想起,一百年前,美国根据《谢尔曼法》处理市场力量,美国标准石油公司被拆分。

知识就是力量,没有信息就无法创造知识。法国哲学家米歇尔·福柯是身份哲学的先驱,在《规训与惩罚》(*Surveiller et punir: Naissance de la prison*)一书中,福柯指出(Foucault, 1975):所有的话语都是塑造具体思想的语境,它们以利益为导向,都建立在权力关系的基础上,并创建权力关系;话语以语言方式进行,所以,话语与语言学、与概念隐喻的关系很重要;这样一来,就出现了一个权力和知识的复合体,它通过语言而产生,并受到保护;现在,知识和权力的复合体也是数字化的。后来,福柯发展了这一思想,他的治理理论(Foucault,

1982）假设，自由主义要把公民从国家中解放出来，因此，个人应该远离国家公职。最后，竞争会把所有人变成企业家。如果把这一思想与数字革命结合起来，这将变成在全球实施竞争原则的决定性杠杆。大数据分析为数字企业家提供了建立行为模型的机会，而这些模型又可以用来去影响那些任何国家都无法防范的行为，这些行为在任何情况下都可以影响学习过程和知识的运用。

　　数字革命造成的结果是，通信不再是成双成对地进行，比如，两个人想交换思想，他们不再利用电话等模拟系统，而是建立了网络结构，即所谓的"社交网络"。这对社交活动产生了很大影响，社交活动可以在网络上进行，能引发巨大的社会效应，这就是现代经济学所谓的网络外部性。这一发展也有利于数据的收集和评估，因为全新的识别模式能监视个人和个人行为，甚至可以推测未来的个人行为。相反，把通信系统的语音控制用于监听，这已经显得微不足道了。彼得·加里森（Peter Galison, 2014）指出，这种技术会给自我审查带来严重后果。因此，某些例程和语句被省略，因为它们可能在数字评估系统中变得很危险，例如，在搜索引擎中，输入某些术语，或购买某些商品。[①] 如果不能识别虚假的文字、书面消息和假新闻，尤其当公众的反馈意见也被数字化以后，声音和图像都可以伪造，那么，认证真伪的能力就会日益减弱。尤其值得一提的是自动化脚本，即所谓的机器人，比如，在脸书上，利用自动化脚本，可以把消息自动发送到可操纵民意的账号上。人们可以通过这种方式影响选举，及时评估那些透明公民的反应，以便有针对性地扩大影响力，从而产生肯定的反馈，这是在摧毁民主制度。

---

　　① 比如，在波士顿马拉松爆炸案后（2013），美国联邦调查局（FBI）搜捕一名买过压力锅的人。后来，警察确认，一座住宅的主人是嫌疑人，因为他曾在商店里买锅，没有买到，他又在网上买锅，这引起了警察的注意，最终，嫌疑人被捕获。

如果知名演员突然出现在他们被复制进的色情片中时,就会创造出平行的现实,人们称之为"深赝品"。现实作为感知的结果被操纵,失去了它的真实参考点,最重要的是,通过不断地重复,它变得可信,并成为现实。这意味着,民主制度的核心(即所有公民所共享的证据)消失了。随着国家意图、社会意图与经济意图的融合,绍沙娜·祖波夫(Shoshana Zuboff, 2015)所言的监视资本主义就此产生。

10.1.2　人工智能与算法政治

人工智能不仅能全面分析信息关联,也能够精确地使用信息关联。从证券策略到自动化防御系统,再到针对小群体的问题,无论如何,人工智能都有助于想要或期望的行动,并加以推动,因此,人工智能在这里发挥着特殊作用。人工智能的危险主要在于,它具有学习能力,系统的创造者最终会失去控制权。另外,还有一个系统伦理问题,这类似于亨利·基辛格(Kissinger, 2018)所谓的"等待哲学家"的状况。例如,从单方面影响看,存在这样的危险:在社会发展尚未实现之前,就将其评估为危险,由于预测到了潜在的灾难,从而限制了创新能力。实际上,在民主国家中,一个人有权不理性,尤其在行动的时候,往往并不确定,谁是理性的,谁是非理性的。如果在犯罪行为未发生之前,且在犯罪行为可能永远不会发生的情况下,通过社交网络,某人却被识别为潜在罪犯,那么,社会偏见就被这种算法赋予了合法的色彩。人们是否会因为糟糕的预测而被归为潜在犯罪分子,然后在现实中才真正成为罪犯呢?政治领域的激进化过程应作为警告,在这种激进化过程中,由于某人被归类为极端主义者,他会在现实中陷入相应的环境。在互动中,自动化过程具有升级的风险,这一风险往往无法及时制止。但是,这些系统会看到共同的危险,从而形成破坏竞争性市场的垄断组织。

处理数字系统潜藏着一种风险：数字系统并不模仿人，人反而应该适应数字化规范。因此，人被束缚在一个强制性的框架中，这与人的尊严、启蒙运动的自主性并不相容。鉴于这种双重性，有必要区分两种人工智能（Filipović, 2019）：弱型人工智能具备具体的功能，比如，支持生产或下棋，也能从错误中进行递归学习；强型人工智能除了能自我学习外，还具备创新能力，能设定新目标，即，具有创造力。因此，目前争议很大的问题是，这到底可能吗？因为，这叫作"意识"（见第 2 章）。从这个问题出发，人们应该根据人类的形象，要有自我理解。

在"寒蝉效应：在线监视和维基百科的使用"（Chilling Effects: Online Surveillance and Wikipedia Use）一文中，乔纳森·佩尼（Jonathon Penney, 2016）指出，对于那些可能威胁安全的维基百科文章，因为害怕被监视，很多人不再顺从，从而减少了对维基百科的访问。这会导致思想的变化，佩尼借用弗洛伊德（Freud, 1900）的"梦的解析"做了说明。简单的事实可以证明这些人类惯例。自我审查限制了创造力，而创造力与提供新知识截然相反（Hayek, 1945）。系统的透明度提高了，人们害怕被监视，从而也改变了自己的行为，因此，系统透明度的提高不仅产生了真相，而且还改变了现实，可能也减少了现实。如果一个人担忧，早上走路去上班时，自己会受到系统的监视，他就会在时间和空间上改变规律，但是，这种改变也是有规律的，这样，就会产生路径约束，然后，这会被其他监视系统所利用。现有的监视系统必须以现有的基础设施为基础，但数字革命成功地为现有系统配备了新的监视系统。例如，谷歌公司收购了一家烟雾探测器或路灯的制造商，这些烟雾探测器或路灯配备了节能灯，然后添加了监控摄像头和天气传感器。根据使用情况，按照国家规定的监管框架，这可能导致财富的增加或减少。如果自由信息受到限制，从而更容易进行审查，或者促进了自我审查,这会严重损害创新能力。相反,随处可见的监视系统似乎微不足道,而它们实际上主宰着公共空间。

在当今世界上,私人利益与公共利益(国家利益)间的界限越来越模糊,特别是国家的监管职能越来越弱,而且在国界之外,往往不能或不应该执行,因为这会妨碍其他人的利益,例如,访问私人企业的数据库。[①] 在私人领域,也会发生冲突,个人利益与企业利益之间尤其会发生冲突。一个极端情况是,车辆保险公司由于提供保险折扣,可能会全程监控驾驶行为。同时,由于经济战争和许多竞争都是秘密进行的,所以,这两者的区别也变得模糊,后果是经济价值的永久贬值,只有在一段时间之后,这才能显现出来。经济间谍活动基于公共利益和私人利益,这些利益是在国际上实现的,但法律的应用大多只限于国家法律,或仅限于像欧盟这样的联盟。这意味着,网络战争中的域外行动可以迅速摆脱控制,尤其是摆脱管辖权。所谓的"数字政治",就是一种统治形式,在数字政治中,只有通过算法操控的评级才能形成结构,而国家则被简化为一个数字计划系统,可以想象,这样的国家能够实现一些极端的愿景。某些海盗党的成员认为,德国传统的民主形式在技术上已经过时,这不无道理。实际上,只有保证拥有自己的数据,才能形成一种阻力,才能创造宝贵而稀缺的货币,并保持自主性,这意味着把数据归类为人力资本的一部分。

只有建立一个有效的秩序体系,才能抵御外部威胁,尤其是抵御重要的基础设施所面临的威胁,比如交通、能源或卫生等,因此,数字社会也需要数字边界。在"我们这样保护我们的数字边界"(So

---

① 这表现为,如果向联邦议院委员会报告了这种合作,则英国特勤局就会威胁要终止与德国特勤局的合作;参见Mascolo(2015)。

schützen wir unsere digitalen Grenzen）一文中，史蒂文·希尔（Steven Hill, 2017）写道，边界将违规的机构排除在外，或"驱逐出去"。这可能意味着，必须公布算法和数据，承认国家法规，特别是物权法和社会法规，并最终通过秩序维护资金来强制执行；在竞争秩序领域，互联网巨头就是这种情况。目前，欧盟实际上无法阻止美国法律在欧洲本土进行域外执行，也无法阻止美国在柴油丑闻等欺诈事件中干涉各国的法律。同时，美国的英特尔或 AMD 公司生产的计算机处理器（如"Spectre"和"Meltdown"）存在严重错误，可能引起严重的安全漏洞，但这两家企业并未受到制裁。

英美情报部门的间谍活动证明，必须严格处罚违规行为，如果不存在要承担的责任，即使责任归属很明确，也很难要求承担责任。此外，需要质疑的是，这两个国家是否也在其他国家（第三国）收集数据，如果其他国家并没有禁止英美的间谍活动，那么，它们就会交换数据，正如在证券交易所一样。于是，这威胁到了无人机战争中已经知道的一些事情：与经典的军事战争相比，无人机战争的附带损害较少，但这种隐蔽行动使人更加憎恨可疑的攻击者，使局势不稳定，甚至破坏现有秩序，摧毁现有的国家。但是，纯粹的无人机战争就是自动化战争，如果不是被用来在领土、经济或人口上取得主导地位，无人机战争似乎就没有多大意义。实际上，这也是一切网络战争的目的，而无人机最多只是为了网络战争而行动。那么，问题仍然是，是否可以有一个在法律责任方面是有形的电子法人？这一点仍然不得而知（Scheufen, 2019）。这里会出现与公司法相关的问题（见第 8 章）。

因此，网络攻击（Tuitel, 2016）试图破坏数据系统，消除其保护功能，窃取、更改数据系统中的信息，或使信息不能再使用。网络犯罪与正常犯罪的数据技术很相似，与网络犯罪相反，网络战争则是由更高级别的攻击者所引发,这种级别往往由意识形态或使命来决定。如果攻击者是一家企业,它就以建立企业帝国为目的;如果攻击者是一个国家,这个国家就以获得主导地位为目的。在混合战争中,这些界限变得模糊。如果网络战争攻击人工智能系统,那么,这就是对学习和知识系统的攻击。

大数据的使用越来越普遍,所以,人工智能大大提高了算法社会管理的潜力。传统的人工智能仅仅处理算法规定的关联,所以,它们不能算是真正的人工智能,当今的人工智能却可以在内部自动生成一些关联。凭借最先进的传感器技术,流体系统可以调整错误,并正常工作,打印机墨盒空了,可以订购新磨粉,针对"工业4.0"的生产工艺,可以进行设计规划,在库存交换算法中,可以检测到高度复杂的系统缺陷,其效率与中央银行的预定目标保持一致,例如,央行目标是通胀率2%。现在正在流行所谓的"算法",但并不清楚,算法是否对行动的后果负责,比如,程序错误导致了股票市场崩溃。[1] 许多问题可以预测,可以追溯和解释,但只要存在"黑天鹅"事件,且无法证明算法的正确性(Diedrich, 2014),那么,就无法清楚预见到事情的进程,尤其是,如果涉及较长的时间或复杂的功能,就更无法预见。然而,对未来道路的支持和概率预测已经为今天的行动打开了巨大的可能性。这种算法也是一种专制主义,通过健康数据和数据网络,就可以了解这种算法的问题,这对现代社会构成了一种威胁,因此,这种算法类似于战争手段。[2]

---

[1] 关于自动驾驶车辆的责任问题,目前已讨论算法的责任,但很少讨论算法给经济带来的危险,尤其是借助算法进行的竞赛。

[2] 被用于经济战争的细菌和病毒包括金黄色葡萄球菌、布鲁氏菌、炭疽杆菌、肉毒杆菌、土拉菌、鼠疫病毒、轮状病毒、天花病毒、脑球病毒、昆士兰热病毒、牛瘟病毒、埃博拉病毒和出血热病毒,对于某些病毒,我们几乎没有或完全没有对策。众所周知,瘟疫会削弱经济,例如,西班牙大流感致使2,500万人死亡,中世纪晚期也曾发生瘟疫。

个人甚至也能成功地对企业或国家发动经济战争。

网络战争具有以下特征（Hering, Schubert, 2012: 165）："大批人口遭到猛烈攻击，人类生命、基础设施和生活条件遭到严重破坏；计算机和数字编程系统被用作武器，有些打击是通过数字网络进行的；至少有一个国家参与其中，行动者有计划、有组织地进行攻击，且不断前行。"

迈克尔·海登（Michael Hayden）是美国国家安全局前局长，他认为，"黑客的攻击类似第一次世界大战中的德国潜艇战"（Handelsblatt, 2014a: 54）；这说明，尤其在工业间谍活动中，网络影响力对当今的经济发展至关重要。这意味着，一个国家可以开发整个行业的创新潜力，并将这些知识转移到其他国家，从而提高自己在全球竞争中的地位。所谓的被动攻击，就是没有留下痕迹的攻击，在被动攻击中，被攻击后，再也无法弄清相关行为的任何信息，而且攻击者也能掩盖所有痕迹，所以，被动攻击也很危险。在媒体曝光了美国对华为的攻击后，中国可能也会持类似观点。

10.1.3　网络间谍、网络战争和潜在威胁

很久以来，政府、银行或企业的计算机就遭到过网络攻击，所谓的网络攻击，就是利用技术或人员，监视第三方的计算机系统。最迟在公开讨论"联邦木马"时，公众就了解了这种网络攻击技术。1982年，一家加拿大公司在苏联发起了史上第一次集中控制的网络攻击。它为压缩机软件设计了一款控制软件，当买方在规定期限内没有支付许可费时，车里雅宾斯克管道压缩机站的压力就会增大，直到破裂（Hering, Schubert, 2012: 155）。最新的说法是，苏联特工透露给美国，苏联试图非法采购软件，并把这些软件用于压缩机控制；结果，被美国中情局操控的假软件被交给苏联，这导致了输油管道的爆炸，这次网络攻击的目

的是,破坏不受美国欢迎的欧洲-俄罗斯的天然气供应协议。一次最大的非核武器爆炸导致了长达数月的网络中断(Russel, 2018)。这些实例说明,网络战争有两个基本特征:武器和损害。这些实例也说明,网络战争还有第三个特征:确实存在一个攻击者。但是,在大多数网络战争中,往往很难确定,到底谁是攻击者。

往往无法确定这类网络攻击的来源地,要想获得证据,就需要取证方法,而私营企业往往并不掌握这些取证方法。因此,从狭义上看,网络战争发生在国家之间。因此,政府或组织并不希望消除程序中所有的安全漏洞,它们需要这些漏洞,把这些漏洞当作进入网络的门户。

爱纳康公司是一家德国风能公司,总部位于奥利希,爱纳康是网络战争的著名案例。风力涡轮机的齿轮吊车很容易受损,尤其在海上风电场,一年之中,仅有几天可以用来维护,所以,无齿轮吊车有很多优势。在全球,爱纳康首次生产出了无齿轮吊车。当爱纳康试图进入美国市场时,其竞争对手肯奈特风力公司认为,爱纳康侵犯了自己的无齿轮传动专利。此时,问题就出现了:肯奈特风力公司如何获得了这项技术并申请了专利? 在这项法律纠纷期间,爱纳康深入研究了相关资料,它发现,这家美国公司拥有自己的设计图的副本。实际上,随着现代信息技术的发展,获取信息的方法多种多样。过去,在国家航空公司的帮助下,在飞机头枕上安装麦克风,就足以窃听到竞争对手的机密对话,但今天,这是通过对互联网通信的细致评估来实现的。例如,德国富乐斯多公司计划与非洲合作,提供了自己的报价单。美国特工借助无线电对这项交易做了监视,获取了报价单,并把报价单给了一家美国公司,这家美国公司提供了更优惠的报价单,结果,美国公司获得了这份订单,富乐斯多失去了这份订单。据称,在向美国供应高速列车的竞争中,有人破坏了法国、德国和瑞典的供应商的基本参数,因此,一家技术经验不足的美国通用技术公司子公司签订了这份合同。空客公司防御部负责人伯恩哈德·格韦特（Bernhard Gerwert）认为："黑客袭击比一两万名士兵的袭击更危险。"（Handelsblatt, 2014a: 53）

震网病毒或许获得了最大的成功，它是由美国和以色列的特工部门根据西门子的过程控制系统编程的，震网病毒很可能是通过U盘进入伊朗核设施中的。它可以让铀浓缩厂的离心机以共振频率运行，这样它们就会自行销毁。因此，如果攻击者对系统有足够的了解，那么，就有可能影响高度复杂、具体或绝密的结构（即技术系统结构），也会影响控制这些结构的信息系统。当时，伊朗无法对震网病毒做出防御，因此，伊朗核计划受到了沉重打击。由于数字战争有明确的目标，但很少能识别攻击者，因此，很难得知数字战争的起因。震网事件还表明，只要仍然存在安全漏洞，利用安全漏洞进行的预防性攻击就很有效。最后，这表明，攻击者认为，这种攻击属于针对危险核程序的防御行为。这意味着，攻击和防御的界限会变得模糊，因此，会带来很大的法律后果。

随着经济、政治和个人环境的日益数字化，互联网更有可能变成武器。此外，它们能够以有利的成本效益扩展，这种成本效益不一定出现在后果中，至少会体现在实施过程中，而使用传统武器会带来昂贵的成本，尤其在后英雄社会中，从生命价值的意义上讲，相应的人员是极其稀缺的。实际上，目前存在与数字安全技术有关的军备竞赛，可想而知，国家机构有权访问相关的私人安全软件，比如，某些加密系统或故意的漏洞已获批准，之后，这些知识和信息被用于内部侦察。因此，在接受《世界报》（Die Welt, 2013a）的采访时，娜塔莉娅·卡斯佩尔斯卡亚（Natalja Kasperskaja）指出，最好的数字保护就是要回到前数字时代，必须严格区分三个世界——现实世界、互联网世界和电话世界，以便保证最起码的个人数据安全。

一种攻击行为是,借助计算机病毒、"蠕虫"或"特洛伊木马",发动网络战争,并发动不流血的战争。对于这种攻击行为,兵家曾深感欣慰,但现在,这种情绪已被一种平和的态度所取代。原因如下:一方面,攻击根本不限于军事领域,这种战争形式显然模糊了现有的所有界限,并涉及社会冲突、经济冲突、福利冲突或军事冲突;另一方面,通过攻击公共结构和企业来破坏一个国家,且不需要发生实质性的物理破坏。轻率的行动会更具威胁性,正是因为轻率的行动,才引发了第一次世界大战,因为所有参与者都没有意识到,自己到底在经历什么,因此,澳大利亚历史学家克里斯托弗·克拉克(Christopher Clark, 2012)称之为"梦游者"。

这样的例子不胜枚举。2003年1月,"蠕虫王"病毒导致美国戴维斯·贝斯核电站瘫痪,后果严重,这家核电站甚至断网几年。2009年,"飞客蠕虫"袭击了英国和法国的空军。2014年夏,欧洲中央银行遭到黑客的攻击。尽管只有两万个联系地址被盗,但无法想象,欧洲央行用以执行和监视资金交易的计算机程序遭到了篡改,这会带来什么后果。毕马威(KPMG, 2019)在一项企业调查中研究了网络攻击的目标(如图10.1.2),共有209位被采访者给出了答案,结果显示,计算机犯罪分子最喜欢攻击邮件服务器,因为他们可以访问基本的通信数据。《经济学家》(Economist, 2015b)指出,犯罪分子的关注重点是系统性部门、其破坏会带来广泛损害的部门、值得进行技术间谍活动的领域。2015年年底,乌克兰发生了停电事故,这或许是因为乌克兰遭到了俄罗斯黑客的攻击,后来,俄罗斯黑客又重复过此类攻击。现在,国际航运遭遇袭击的风险极高,例如,霍尔木兹海峡的两艘油轮受到人的操控,发生了碰撞,结果,全球石油供应的一部分瘫痪了。图10.1.3显示了全球重要城市的风险,并将之与经典的灾难性流行病、热带风暴、国际冲突或股市崩盘做了比较,这些风险目前仍然在风险指数中占主导地位。

目前,美国和俄罗斯被视为最有能力进行网络战争的国家。一些网络攻击被归入这些国家名下,但不能证明,这些网络攻击确实来自这些国家,并且攻击的目标也不能明确。2017年5月,WannaCry勒索病毒使德国铁路公司的通信系统几乎瘫痪,据称,这个攻击来自朝鲜,可能是针对非洲攻击的一次交叉打击。无论如何,必须强化可能的攻击目标。因此,保险公司劳埃德为大城市创建了一个网络攻击风险指数,这个风险指数的计算方法是,一个城市每年因网络攻击而遭受的经济损失总额除以该城市因其他风险(国际冲突、瘟疫、股市崩盘等)而遭受的损失额。图10.1.3显示了大城市受网络攻击而遭受的经济损失总额。

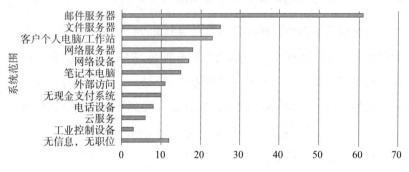

图 10.1.2　2019 年德国网络攻击的目标分布(%)

资料来源:自制,参见 KPMG(2019: 20)。

为了自身的安全,尤其是为了反恐,国家允许在安全软件中插入漏洞,或者通过私人供应商强制执行,或通过限制加密质量进行干预,因此,国家可以把罪犯、恐怖分子、军事战士和经济战士控制于掌中。为了实施此类干预措施,要使用关键技术,涉及云计算的最大质数,或必须特别加密。

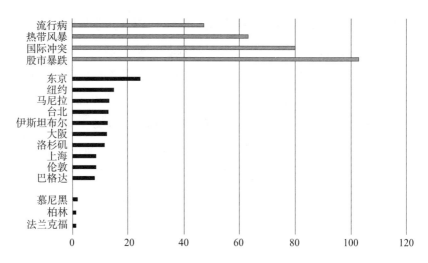

图 10.1.3 世界主要城市在网络攻击中的风险指数（单位：十亿美元／年）

资料来源：自制，参见FAZ（2018e）和Lloyd's。

　　企业越来越喜欢在保险公司为网络损失投保。2013年，在被调查的欧洲企业中，只有约10%的企业持有保单，但是，欧洲企业对网络攻击的敏感度在提高。在被调查企业中，超过一半的风险管理人员成了攻击的受害者（Börsen-Zeitung, 2014b）。受到计算机勒索软件的影响，在长达数周内，克劳斯·玛菲公司只能使用一部分生产设施，即，勒索软件对数据进行了加密，只有当用比特币支付了所需金额时，才会再次解密数据，因此，这家公司的损失很快就达到了数百万美元（FAZ, 2018i）。从2017年6月起，恶意软件Notpetaya导致的全球损失约有100亿欧元，它最初似乎是一款勒索软件，但它缺少一个汇款地址。同时，一家保险公司声称，一个国家机构（俄罗斯特勤局）是其来源地，并根据战争条款拒绝付款。贝内迪克特·富埃斯特（Benedikt Fuest, 2018）问："黑客会正式变成战争武器吗？"答案是肯定的。

10.1.4 数字社会中的控制与监视

在一个信息丰富的社会中，人们甚至自愿或有意识地提供信息，提供自己的隐私。隐私指自己对自己信息的权利；若这隐私被第三方拥有，那么，这就是一种外来权力。[①] 那些想保护自己隐私的人不仅非常引人注目，而且还会冒着与信息收集者发生冲突的风险。不同的文化对隐私的定义不同。相反，现代的威胁局势比较一致，常被视为安全和隐私之间的冲突。不过，杰伦·拉尼尔（Jaron Lanier, 2014）指出，文化多样性和进化都基于此。一个人在有意识地思考之前，他已经提取并加工了自己所拥有的信息，所以，可以利用干扰信息，拦截那些预测到，但不期望的决定，从而操控人的信息处理过程。这种过程主要有两个主要程序：一、国家监视系统；二、私人辅助系统，例如Alexa、Siri 或 Contana，以及所谓的可穿戴设备，就是具有直接交互功能的便携式计算机系统，比如，长期以来，眼镜式交互机一直被军方特种部队使用。

在自动监视系统的帮助下，一些国家的政府正在建立社会信用体系，这个体系对于西方自由主义者来说似乎是不可接受的，这对于在市场发展不充分的社会中创建信任商品是非常可取的（Siemons, 2018）。面部识别系统能够在大量人群中识别特定的行为，是研究的重点。社交评分往往奖励那些符合社会期望的行为，这包括按时缴税、在公寓楼遵守秩序、礼貌或接受惩罚，比如，公共场所的流氓行为应受到惩罚（Welchering, 2018），从而以规则取代道德。一个人如果经常违规，在购买火车票或飞机票时，他可能会遭到拒绝。借助这种评估方式，在不

---

① 汤姆·希伦布兰特的小说《无人机着陆》（*Drohnenland*, 2014）描述了这种状况。套用卡尔·施密特的说法：谁决定数据，谁就有主权。

发生任何摩擦的情况下,国家就能引导其民众走向所期望的方向,这是父权制国家推动者的想法,即助推(Thaler, Sunstein, 2009),这是对反馈循环和记忆的终极思考。此外,可以通过分析面部表情、眼神或手势来捕捉情绪,这为零售客户的行为优化开辟了无限的潜力。

这里讨论一下数据眼镜(智能眼镜)的问题,借助数据眼镜,可以操纵内容,从而实现控制,或可以扩增现实,即,用附加信息来丰富现实。由于长期存在信息不对称,人会丧失自由,随之,权力集中到少数企业或全能型国家手中,这种威胁不仅仅涉及网络。脸书就是一例,脸书并不十分了解自己算法的作用,它假设,存在一种规范性数据伦理,然后,试图建立一个它自己的道德立场,恩尼·吉伦和兰加·约格什瓦尔(Gillen, Yogeshwar, 2019)准确地称之为"征服者的战略"。

10.2 数字世界中的信息不对称

建立信息优势是在经济竞争中获胜的基本条件之一;在这一背景下,网络系统最初被用作信息载体。与完美的均衡模式不同的是,市场的不完善推动了竞争对手之间的互动,因此,了解对手的能力和抉择对自己的行动至关重要。在常见的垄断和寡头垄断理论的通常竞争模型中,这种依赖关系是通过反应函数来表示的,对完整信息的接受意味着,竞争的结果受到了限制。实际的竞争更为复杂,例如,对行动和交易成本做出假设,这会导致新的均衡,这种均衡有时是多重的,往往是不稳定的(Bresnahan, 1981)。例如,2016年春,美国在反恐袭击中没收了智能手机,美国政府试图迫使苹果公司破译智能手机的解密功能,但苹果拒绝了这一要求,理由是,这会丧失客户的信任。

第二种信息优势是人工智能,即,借助算法将所获取的大量数据生成知识。这为经济战争中的领导支持提供了附加维度，即使行动的参考点是由领导人员设定的。今天，此类系统主要用于证券交易所的高速交易，或用于自动化军事威慑或防御。但是，亚马逊或eBay等平台已经在自动评估买家数据，以自动打开或拒绝特定报价。实际上，军事史和经济史都证明，技术进步并不能达到行动的战略水平，而只能达到行动的战术水平。这在将来可能会改变。

10.2.1　更多更好的信息与人工智能

当经济战争爆发时，由于经济战争活动，市场失去了完整性，因此，提供信息的市场会失效，哈耶克（Hayek, 1945）关于信息效率的说法也是无效的。实际上，不完整性会产生相互矛盾的信号，但这些信号必须得到正确解释。在《基地三部曲》（*Foundation Trilogy*, 1981）中，伊萨克·阿西莫夫（Isaak Asimov, 1981）认为，会出现一个两难的问题，可以把它归入数学社会学或心理学史范畴：一个世界处于毁灭的边缘，有一项拯救计划，但是，如果向民众公布这一计划，它可能会因为涉嫌操纵而被抛弃。那么，一个社会计划者应如何激励社会，使社会行为更正确？而当社会意识到它被激励着时，它又会做什么呢？

实际上，在任何冲突中，都必须确定重点。理查德·艾登森等学者（Ettenson et al., 1987）问道："信息更多意味着信息更好吗？"他们认为，与漫长的信息搜索过程相比，对信息本质的关注和限制可以带来更好的结果。虚拟冲突的速度往往不再受人类的控制，因此，它由算法系统来完成，但是，如上所述，它的升级过程具有相当大的危险。如果这种系统之间的相互作用变得越发不受控制，作为市场经济秩序核心的责任和义务就变得越来越重要。拥有更好系统的一方显然具有优势。这正是中美冲突的原因。机器是否具有所谓的人类意识并不重要。阿尔伯特·纽恩（Albert Newen, 2018）在《完美的心理变态》（*Der perfekte Psychopath*）中写道，实际上，人工智能系统最接近一种人，由于这种人缺乏同情心，他们被称作经济战士，他们能冷酷无情地实现目标。一个特例是，可以通过学习算法来影响市场，这些算法并不与市场经济原理相悖，如果它编程，那么，覆盖它的是一个好的算法，因为它具有学习能力。学习能力意味着，用另一种价值体系取代编程精神。这消除了原始程序员对程序结果的责任，鉴于算法的复杂性，也很难证明归因。早在技术飞跃的早期，人们就已经认识到，人类至今仍很难预测人工智能对人类自身的影响。但是，核心问题是：系统是可控的吗？

10.2.2　在大规模数据条件下的领导

获取与决策相关的数据是有效领导过程的重要条件之一。有些数据包含关于其他数据的结构信息，这些数据尤其值得关注。此类元数据支持更高级别的抽象过程，因此有助于更高级别的领导过程。

在现代性的背景下，这些数据至关重要。例如，对于数字工厂而言，这是一种数据结构，它以标准化方式构成了成品、半成品或初级产品的基本属性。同时，这种材料数据空间只能在"工业 4.0"的条件下进行生产。因此，很明显，企业希望能编写和控制那些关于工厂、机器和数字孪生设备的数据结构标准。争夺控制权的斗争已经爆发。制造商目前主要收集所售车辆、飞机、船舶或机械的数据。保险公司正试图控制汽车用户的行为数据或健康数据。通过语音系统和全自动数字家庭程序，大型数字寡头们想掌握数字家庭的生活习惯。

这为影响、控制、操纵并最终有针对性地关闭系统带来了新的潜力。结果，网络往往在全球范围内造成系统漏洞，所以，新的"安全"概念势在必行。攻击者试图通过采取各种手段，进行集成连接式攻击，在个别情况下，其攻击强度可能较弱，因此不太明显，但将各种手段集合在一起，效果就会显著。这里的领导或指挥意味着，利用明确的分层准则，破坏网络结构。像所有普通机构一样，企业必须回答以下问题：为了降低暴露的风险，为了便于管理，企业要连接什么网络？与外界的哪些联系或接口是必要的？个人在社交网络中也面临同样的问题。

10.2.3　网络风险背景下的行动法律框架

在现代数字世界的背景下，经济战争前的责任（即对代码的责任）是首要问题之一。在《物理学家》这部剧作中，迪伦马特（Dürrenmatt, 1961: 85）写道："一旦想过，就再也不能收回了。"人们无法撤销代码。在"代码就是问题"（Der Code ist das Problem）一文中，阿德里安·洛伯（Adrian Lobe, 2017）引用了哈佛大学法学家劳伦斯·莱斯格（Lawrence Lessig）的话，洛伯认为，代码既是法律（或规则），也是违反法律（或规则）的手段，因此，有必要对算法进行监管。勒内·基拉尔认为，如果在网络战中使用类似的算法，这意味着，网络战有相当大的升级潜力。这增加了风险，并且由于无法证明算法的正确性和功能，风险会持续增加。实际上，在设计阶段，算法就已经有很大的威胁。一个错误的命令或指示可能会作为病毒或黑客的后门进入系统，并通过组件散布到整个产品中，例如网络武器或 IT 支持的汽车、轮船和自动防御分析系统。在现代科技的背景下，航运扮演着重要角色。如果在混合战争中成功地破坏了运输线，全球价值链很快就会失控。在自动驾驶中，必须在算法中实现特定的道德规范，就像在发生事故时要最大限度地减少损害一样。然而，道德机器实验显示（Awad et al., 2018），社会各阶层的价值观是完全不同的。该研究指出，西方、东方和南方世界之间存在着明显的差异，例如，对于个人或集体、老人或年轻人来说,事故的被动接受或主动干预等方面均存在差异。

有轨电车实验证明了电车难题(Foot, 1967):电车驶向一群人,这群人正在铁轨上,如果转变轨道,这群人就可以免于死亡,但是,这会牺牲站在另一条轨道上的一个人。大部分人从功利主义角度出发赞成这种干预。但是,在同样的实验条件下,如果从桥上扔下一个胖大的男人来阻止火车,人们会接受吗?直接干预很困难。那么,是否应该事先以民主的方式制定规则呢?这很重要,因为这样就可以调和道德与责任的观点。托马斯·谢林(Thomas Schelling, 2006)在直升机实验中证明了这一点:在一个岛上,只能选择拯救两组人中的一组,大组或小组,应该选择哪一组?功利主义者可能会选择大组,假设,现在受到影响的人以前没有考虑到这种情况,他们同意了这样的规则,那么,这就可以接受。

这类系统可能会遭到黑客攻击,被重新编程,以便破坏个别企业的声誉,或破坏社会的稳定,现在,社会不得不怀疑,每辆车都是被错误操控的武器。如果社交机器人参与进来,那么,算法可以歧视它,并造成大规模的社会动荡。由于算法验证的可能性有限,唯一的可能性是,不断比较目标值与实际值,必要时,与以前的模型进行比较。这不利于新的发展和随之而来的飞跃式创新,但这会导致锁定的风险。

网络战争往往发生在无法无天的空间中,在历史上,暴力行动一直受到领土意识的影响,具有典型的物理特征,如盗窃或毁坏物品,但在网络战争中,领土意识和物理特征并不存在具体的意义。[①] 责任的法律归属往往存在问题,因为并不总是能够区分网络战争的导火索是企业

---

① 1907年对《刑法》进行了修订,因为它没有关于电力盗窃的规定,而电力不是外部人员可支配的财产。

还是国家，是它们的缄默还是有意识的合作，又或者是仁慈的宽容。最后，还有一个令人关注的问题：许多受影响的人甚至不知道他们被监视、被远程控制，或被植入了数字定时炸弹，这个炸弹会在适当的时间被引爆。此外，进行过程已将大部分公众排除在外，国家或相关企业中的任何机构都不想使这种事件升级，因为一旦升级，它们就会暴露自己的反侦察能力和防御能力。实际上，在全世界，利用适当的拦截系统摧毁正在接近的洲际核导弹的能力并不是保密的。另一方面，网络的防御策略及相关的机动性基本上是无法观察的。

因此，数字世界会迅速规避国家管辖权或地区管辖权，所以，网络世界的法律框架只能在超国家层面来制定。例如，这适用于民法问题，尽管目前尚不清楚，谁应该负责验证新闻的正确性，但仍然可以强制删除假新闻，并追究幕后操纵者的责任。它将进一步适用于刑法和竞争法，竞争法尤其值得关注，由于恶性过程并不升级，反而可能形成（算法）垄断组织，因为平行行为占主导地位。

现在来看一下军事同盟的行动：北约在塔林设有一个优良的网络防御合作中心，近期出版了《塔林适用于网络战的国际法手册》（*Tallinn Manual on the International Law Applicable to Cyber Warfare,* 2013），在该手册中，北约试图界定法律框架，澄清战争规则的适用条件和交战规则。这涉及"开战正当性"，一旦发生冲突，就涉及"战时正当性"，这些规则早就适用于常规冲突。迈克尔·博特（Michael Bothe, 2013）认为，其核心是效果的对称性：如果使用的武力具有与常规攻击相同的效果，那它就被视为军事力量。但领土原则正是问题所在，这使得可归责性成为国际法的核心问题，因此也是相应的适当答案。不允许以怀疑为由进行自卫，必须首先确定，所用设备是军事设备，人员处于作战状态，之后，才能自卫，但是，关于具体的防御行动，如何向公众解释这种设想呢？而计算机恰恰可以多次使用。操作人员与病毒的编程人员之间距离有多远？在实践中，法律规范的局限性很快就会显现出来。

这在多大程度上适用于民事问题？如果电力供应受到威胁，作为预防措施，是否可以发起反击？波罗的海沿岸国家尤其感觉自己受到了网络战争的威胁。2007 年，爱沙尼亚成了一次攻击的受害者，这次攻击导致许多政府计算机关闭。因此，北约建立了网络防御合作中心，并与其他类似机构一起定期在那里进行演习，例如，2014 年的"锁盾"演习以 2008 年危机期间俄罗斯对格鲁吉亚的网络攻击为模板（FAZ, 2015c）。

10.2.4　推动网络风险的数字化制约

德国的两项数字化计划会有一定的风险：一是用数字化货币替代现金，虽然在采用电子支付手段之后，每一笔交易都可以在网上追踪，但现金替代方案仍然会有风险；一是医疗保险卡的数字化，这也成问题。

网络攻击与一般攻击有所不同。据《南德意志报》（Süddeutsche Zeitung, 2015）报道，约 2.5 亿恶意软件威胁着德国的个人电脑，约 300 万台智能手机和平板电脑受到影响。每月发生约 100 万次攻击，且每天增加约 30 万个新的恶意软件程序。最后，一些攻击针对企业：根据安永会计师事务所的调查数据（Birkeland, 2015），52% 的攻击针对研发，针对销售（21%）、制造（14%）、会计和人力资源（各占 11%）的攻击在数量上紧随其后。

这对现代基础设施会产生很大的影响，因此，有必要强调现代经济及其基础设施的敏感性。例如，2011 年 3 月，日本发生海啸，它显示，各地区高度依赖供应类基础设施。1998 年 1 月，魁北克发生冰雨，冰雨摧毁了蒙特利尔至詹姆斯湾发电厂几乎所有的电力线路，如果无法从冰层中挖出最后一条管道，由于供水系统的崩溃，所有人将不得不撤离整座城市，这将造成无法估量的经济损失。

网络武器可能产生类似的效果，例如，网络武器可以使供应和处理系统崩溃，并且在总体效果上往往优于常规武器系统，可能堪比核武器系统。此外，一些基础设施对社会至关重要，它们一旦瘫痪，就会造成巨大的社会破坏力。证券交易所是现代经济的重要基础，它往往是攻击的受害者。银行也经常进行演习，以便发现漏洞。例如，2013 年 11 月，英国进行模拟网战"醒鲨 2"（Börsen-Zeitung, 2014a），演习的场景是"三重女巫安息日"，即，股票与指数期货的期权到期日，他们检查了通信系统的运转情况。华尔街也以"量子黎明"为代号组织了类似的演习。正是因为金融机构的敏感性，除了在线钓鱼账户外，金融机构也日益成为网络攻击的对象。SWIFT 是银行结算程序，这类程序尤其具有系统性，这在乌克兰危机、在与俄罗斯的经济战争中已经凸显出来。

根据博思艾伦咨询公司的数字化指数，金融和保险业的得分超过 50 个百分点，而传统行业的得分大约低了 10 个百分点（Börsen-Zeitung, 2013a）。"工业 4.0"的发展带来了新的危险，所谓的"工业 4.0"就是联网制造，机器可以自行识别和配置。因此，生产变得比以前更系统化，甚至以比以前更强有力的方式联系起来，而且为优化流程提供了评估可能性，但是，数据属于企业、制造商，还是网络公司？即，数据的所有权尚未得到澄清；只要它们没有个性化，与个人保护相关的国家法和国际法就不适用（Veltins, 2017）。此外，可以劫持制造设施，或在产品中添加可以在适当时候激活的属性。越来越多的家用电器已经连接到互联网。现在，医疗系统也可以与互联网相连，这里，有针对性的操纵可能是致命的。如果黑客攻占了汽车的数字接口，就能以汽车作为武器,进行有针对性的攻击。大量系统最初并不是为网络通信设计的,所以,它们缺乏安全标准,很容易被黑客入侵或攻击。使用电传飞行操纵系统,可以对飞机进行远程操控,这为滥用技术提供了方便。

要防止侵权,要进行防御,最重要的步骤和法律措施就是全面保护知识产权,这对一些中小企业来说是个问题,这些中小企业很少通过专利或商标来保护自己的权利。企业的潜在知识和隐性知识往往取决于管理人员,必须确保他们的忠诚,一旦他们要离职,就必须利用相应的竞争条款来防止信息的传播。在使用许可证时,还必须明确责任问题,这包括许可证内容中的错误,以及未经授权的人的非法窃取和使用问题。内部信息通道和外部信息通道的安全一直很关键。如果知识的外流涉嫌违反对外贸易政策,甚至违反国家安全政策,那么,就会导致刑事犯罪后果。由于大部分信息流动是无限的,而法律制度建立在国家或国家集团的框架下,因此,必须遵守国家法律主权,有必要进行地理封锁,而地理封锁在大多数情况下很复杂。

即使普通的垃圾邮件引发的攻击或暴乱也可能使网络持续瘫痪。人们甚至在市场上可以购买它们,其价格取决于被攻击的计算机数量,即,取决于被工具化的僵尸网络的规模。由于缺乏必要的共识,国际互联网社区尚未建立一个统一的系统,以便追究这些来源的责任,假如牺牲了用户的匿名权,那么,这在技术上是可以做到的。在诈取信息优势等方面,这些僵尸网络非常重要,这已引起很大关注,人们相信,这些网络能影响选举。如果使用虚拟睡眠代理和自动化形象作为社交机器人,例如,使用推特,这会给人留下广泛而平等的印象;尤其是,政府和公共管理部门的沟通主要通过报纸、广播和电视等传统媒体,很少或几乎不能与推特、脸书和微信等互联网世界相抗衡。如果虚假新闻是从真实新闻中衍生出来的,这会很危险,比如,在恐怖袭击后,为了再次冲击社会稳定,就会有假新闻,这正是混合战争。

10.3 网络战争的手段

在常规战争中,暴力来自外部,至少当按照国际法开战时,正是如此。这不适用于内战,也不适用于某些非对称性冲突。这时,(对政府或政治制度的)颠覆发挥了重要作用,战争会从内部爆发。在这种冲突中,特殊沉睡者是指仅在对抗的某些时候被激活的人,被激活后,他们要执行分配给他们的任务。

网络战争是一种从内部发生的冲突,类似于生物系统的感染,其中细菌或病毒感染了宿主的器官或细胞,感染了遗传密码,并进行了重新编程。在某些情况下,网络战争会导致外部冲突:许多病毒类似沉睡者,只有在添加了其他因素后,它们才会被激发,比如严重虚弱,或额外的感染,或疾病。生物学上被破坏或被毁灭的宿主对应经济上的上级机构,比如,宿主对应基础设施被攻击的国家。这种类比也可用于第一批生化武器(芥子气和炭疽)上。风向的改变会伤害自己的部队,就像自己的部队受到敌方士兵的传染一样,敌人被逼入绝境,只有一死,已经没有什么再失去,因此背水一战,会尽量伤害给他们造成伤害的人。因此,本节重点介绍网络战争的武器,并指出抵御网络战争风险的方法。目前,这些方法包括普通的基础设施,比如网络摄像头、婴儿监视器、火灾警报器、联网的冰箱等,这些设施可以连接到僵尸网络,造成最大的伤害。

这是一种绝对的渗透,与这种渗透相对的是,试图在一个开放的社会中屏蔽某些地区。这一方面造成了武器系统的双重性——既可用于进攻,也可用于防御;另一方面,出现了屏蔽工具,屏蔽工具用以保护个人隐私,但在一些国家中,屏蔽工具使一些个人之间的信息是半公开的。美国数学家埃里克·休斯(Eric Hughes, 1993)在"密码朋克宣言"(ACypherpunk's Manifesto)中强调,个人和社会有权争取自己的隐私领域,这涉及对自己的数据权、通信权及金钱使用权的保护。

网络战争武器具有与正常战争武器相同的特性,因为开发者的防御系统可能受到破坏,所以,一旦网络战争武器落入了不法分子之手,便会造成极大危害。有一个极端案例值得一提:"永恒之蓝"这个系统来自于美国安全部门,自2017年以来,该系统一直是世界上最受欢迎、最成功的勒索软件之一(Muth, 2019)。

10.3.1　直接发挥作用的网络武器

在网络战争中,计算机"蠕虫"和病毒是直接起作用的最重要的武器。[①]"蠕虫"和病毒的区别遵循生物学模型:蠕虫利用主机的资源,即网络系统,按照内置程序,可能会不受控制地进行繁殖,它不会用它的代码感染外部文件或引导扇区,而是执行程序中存储的某些指令;而病毒需要一个主机程序才能执行其中存储的机器代码。当今最常见的攻击武器是"蠕虫",病毒仅在非常特殊的环境中使用。防病毒程序可以防御病毒,防火墙可以防御"蠕虫"。网络罪犯或网络勇士往往能够获得必要的武器,有些网络武器会在市场上公开售卖,包括一次性攻击武器和在租赁期内不断升级和更新的系统,由于病毒在不断更新,病毒扫描程序和电脑防御系统也必须不断更新。如今,网络犯罪分子的收入已超过毒品贩子。同时,基于劳动分工的系统已经存在,因为群体或国

---

①　现在,生物的类比已反过来了,例如,在美国和加拿大,纽英伦生物技术有限公司销售能够进行基因操纵的生物实验室,电子黑客变成了生物黑客,参见 https://www.neb.com/products。

家都专注于某些部门,例如,收集银行数据,监视企业,或者仅仅为了纯粹的乐趣而使系统瘫痪,以检查自身系统的强大功能。图 10.3.1 列出了网络武器制造商的销售情况。

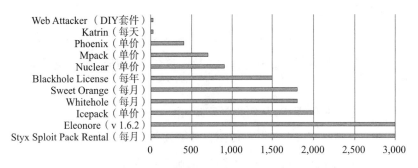

图 10.3.1　网络武器的价格(单位:美元)

资料来源:自制,参见 FAZ(2014d),付款方式见括号。

计算机病毒、"蠕虫"及获取未经授权访问系统的例行程序是网络战争的武器,它们历来往往是个人好奇心的自发产物,开发者只想检查自己的智力能在多大程度上影响系统,而由于实用性原因,系统在日益数字化。有些人则是从持续反常规行为的心理出发,实现他们个人的破坏本能。因此,生产与发展这种计算机武器的成本相对较低。但是,要想专门掌握一种网络武器,就必须确保准备随时使用它,即,像常规武器一样,对它进行维护,所以,要充分了解对手的防御能力。唯一的区别是,国家与企业的边界变得可以渗透。此外,国家几乎很少承担责任,而企业则在被证明存在故意或重大过失时要承担责任。在决定适当的战略地位时,各国面临着很大的困难,这也很复杂,必须解决研究人员参与此类项目的社会接受问题。相比于法国和美国等国,在德国,如果参与这种武器系统的开发,无论旨在攻击还是防御,这种研发的声誉都要低得多。

在"第三次世界大战：网络战争"（World War III: Cyber War）一文中，曼德普·辛格·巴蒂（Mandep Singh Bhatia, 2011）列举了网络战争的武器、方法和效果，他将网络战争的方法称作攻击战术，网络战争的效果类似于间谍活动的效果：

- 数据盗窃：或是物理数据，或是虚拟数据，目前物理数据较少。
- 攻击社交网络，尤其是安装危险链接，作为后续感染或制造虚假信息的来源。
- 电子邮件轰炸，从而使服务器崩溃。
- 攻击技术系统：主要使用蓝牙或无线网络实施攻击，比如，攻击汽车或飞机，对医疗系统、心脏起搏器进行攻击。
- 数据欺诈：在访问应用程序之前，就更改原始数据。
- 萨拉米式攻击：引发最小的变化，却会产生很高的累积效应，比如，从账户中盗取小笔金额或舍入金额。
- 逻辑炸弹：往往根据某些事件的发生，来启动某些功能。
- 安装"特洛伊木马"。
- 盗用互联网使用授权：即，以第三方利益为代价，进行数据传输，往往会结合其他犯罪行为，因此，通常事先获取访问许可（网络钓鱼）或投下诱饵。
- 控制智能手机、网络摄像头、网站和电子邮件账户——所谓的网络劫持。
- DoS攻击（拒绝访问）：导致网络系统无法完成其任务。
- 掩蔽：结果是，把消息流量传递给已掩蔽自己的未授权人员。
- 侦察（窃听）：尤其是在网络中传输数据时，会进行侦察，这项活动往往由国家安全部门实施，可以利用关键技术来保护自己免受这种活动的影响。

- IP 操纵（IP 欺骗）：旨在将外部地址伪装成内部地址，以便输入或访问未经授权的数据库。
- 植入系统：将来，通过植入体内的系统，可能会挖掘和影响行为，经过正式开发，这些系统可以控制功能，弥补残缺，掌控行为，有可能在行动之前，就已经对行为者施加影响。

攻击痕迹很容易被掩盖。如果操控了处理器，那么，即使处理器做了一些被禁止的事情，然后通过系统逻辑进行的撤销被延迟，发生的时间较晚，这种痕迹也能被抹掉。如果计算机受诱导进入了错误的分支，一旦计算机注意到了这一点，它就会重置所有命令，并按照正确的步骤删除痕迹（Poeppe, 2018）。因此，对网络攻击的分析至关重要。一个特异点是，创建一个虚假目标，以便分析和跟踪网络攻击。这尤其适合进行反击或有针对性的攻击（Joos, 2018）。

一种新的黑客形式是，入侵文件并加密，如果想解密，就必须支付赎金。因此，安全机构或政府机构会认为，这类勒索软件是非常成问题的（例如 TeslaCrypt 3 程序），因为它们建立在这样一种信任之上，即赎金的支付实际上触发了重新加密。因此，这将降低向安全机构报告的倾向，与以往的垃圾邮件模型一样，如果大规模进行这种业务，效果可能最好。

特别重要的是，一些节点对其周围节点会施加最大的影响，另一些节点的故障会带来最严重的结构破坏。这使图形理论分析成为网络战争的重要工具。弗拉维亚诺·莫龙和赫尔南·马克斯（Morone, Makse, 2015）研究出了一种算法，借助这种算法，可以识别至关重要、应首先攻击的节点。

在网络环境中，有针对性的间谍活动和破坏方法也很重要。技术驱动的传统攻击往往能迅速成功，如果创造性利用关键人物和人群

（比如，通过贿赂或美人计等方法），也能迅速成功，从而获得对安全结构的访问权限，尤其是获得密码或管理员权限。如果以物理方式破坏了重要的网络结构，那么，这不仅能放缓敌人的速度，而且网络结构的修复和处理往往会为网络攻击打开大门。一般来说，在网络战争发起之前，下述可能性非常重要：

- 本地力量无损访问安全系统，以便克服监视和控制系统，尤其要克服防火墙和物理隔离，比如，物理隔离的计算机网络，从而为网络攻击做好准备。
- 摧毁基础设施，尤其要摧毁深海电缆或它们的分接，大国要拥有必要的深海潜艇。
- 干扰通信系统：今天，干扰器或叠加信号发射机仍是经典的高效技术。
- 破坏设施，尤其是破坏高新技术设施的技术，比如，用弹道体或激光大炮来击落卫星的技术，这属于重要的战斗系统之一。
- 窃取企业的内部认证，以赢得信任和获得合法代码，允许企业员工将大量资金转移到外国账户，这是所谓的假总裁把戏。

最后，可以把经过处理的芯片直接集成到电子系统的生产中，以便能够在不首先从外部入侵的情况下创建系统访问（Giesen, Tanriverdi, 2018）。

10.3.2　市场平台作为网络武器

大型网络供应商的市场平台正日益成为窃取数据和侵犯隐私的武器（Blum, 2014b）。这些市场平台的大多数商业模式是，在交换个人数据的基础上，免费提供基础设施，例如谷歌、雅虎、亚马逊、脸书、WhatsApp 等。其后果是，可以创建用于各种用途的配置文件，这包括营销文件和个性化配置文件，目的是解释和建模，甚至可能预测用户的

未来行为。本章将以谷歌眼镜为例进行分析，它代表了迈向人机系统
（即电子人）的第一步。下一个问题是，这些个人数据是否属于一个人
自己的知识产权？如果是，那么，这些过程类似于征用个人信息，它们
是一种数字剥削。常有人争辩说，客户自愿提供了个人信息，事实是，
用户之所以这样做，主要是因为他们并不知道这些个人资源的价值，而
且在这些平台上，用户就像欧洲殖民地上的土著人，简而言之：信息公
司获取个人信息，就像征服者渴望阿兹特克黄金一样。这一切都类似
于殖民主义制度，这种交换是不公平的，它使征服者可以借助这种做
法迅速致富，这并不是发达社会的自由市场竞争制度。社交网络平台
尤其喜欢重写它们的算法，借助这些算法，它们可以优先考虑客户，比
如，在广告中。对于媒体，尤其对于市场力量所操控的信息传播，这种
新闻来源系统尤其重要。

　　在市场经济制度中，竞争效率要求信息自由（Hayek，1945），这可
能会导致很大的问题，因为对信息系统的操控间接地产生了竞争力，然
后，这种竞争力会蔓延到市场上交换的商品或获得这些数据的企业，它
们利用这些数据，以牺牲中小企业的利益为代价进行扩张，最终会摧毁
这些中小企业。在"个人数据权"（Recht auf die eigenen Daten）一文
中，沃尔夫冈・基里安（Wolfgang Kilian，2014）指出了一个宪法哲学
问题：由于各种行政原因，国家会访问数据，这实际上是在征用公民的
个人信息，但这不会产生公共利益，而是在服务业中出现了俱乐部产品
或私人产品。人成为了一种被利用的资源，人失去了自主的自决权；康
德认为，这是一种手段，而非目的。游戏的本能被满足，每个问题都有
一个应用程序，但却忽视了个人隐私。

　　在许多平台上，客户使用他们的数据来付款，但数据的价值仍不明
确。有时，信息平台会在基础框架之外向客户群付款，比如，在企业被

收购时，局外人也有一笔收入。据报道，WhatsApp 的每位用户平均收入为大约 55 美元，Instagram 大约为 20 美元，Skype 大约为 200 美元。脸书在每季度向每位用户支付大约 30 美元（Fuest, 2019）。目前，美国要求，各平台应公开这部分金额。

本章卷首语写道："思想是自由的，谁猜得出它……"这正是现代网络教育和竞争的关键所在。正如奥努尔·根蒂尔金（Onur Güntürkün, 2014）在遗忘分析中所指出的那样，它解决了人类思维系统未被外部系统或物理集成系统补充之前的状态，因为网络世界对神经连接有直接影响，或者如唐纳德·赫伯（Donald Hebb, 1949）所言，"神经元一起发射，然后连接在一起"。其结果是，某些思想结构体现为具体的联盟，即所谓的集会，而这些联盟又是可以测量的。只要能利用语言在内容和程序集之间建立关联，那么，就可能至少在这一层面上从外部获取信息。但是，解释的质量在很大程度上取决于思想和语言的清晰度，不过事实往往并非如此，而且，许多"非语言"思想会对行为产生重大影响。

10.3.3　元数据与网络智能

如果普通公民在媒体上获悉，情报机构只收集元数据，那么，公民可能会袖手旁观，他们认为，对他个人而言，这微不足道，因为细节才是真正相关的，但事实并非如此。实际上，元数据的收集值得关注，因为信息过多会造成迷雾，使视野变得模糊，并导致评估问题，特别是按照前瞻理论（Kahneman, Tversky, 1979）所述，在收集数据时，采用了已知的结构和看似经过验证的启发式方法，这可能导致不正确的解释。在这里，从上级结构的角度思考一直是一种战略方法。在滑铁卢战役之前，拿破仑认为，布吕歇尔部队的元数据比每个士兵所持武器的具体实力要重要得多。假若英国证券交易所使用了鸽子运动模式的元数据，这些元数据正好描述了内森·罗斯柴尔德的信件链，那么，英国证交所本来可以避免崩溃。今天，比如，有一种跟踪软件，该软件记录个人在其计算机或智能手机上的使用模式，然后，根据关联来创建个性模式，尤其当用户在脸书上注册时，就可以正式匿名获得个人数据。

在普通战争中，控制地理空间很重要，在经济战争中，控制产品空间很重要，而在网络战争中，控制连续性数据的时间域至关重要。这种思想就是要重建已经发生的事情，类似于重建敌人的部署，目的是，估计或预测未来的行动。历史控制中心被数据缓冲区替代。数值越大，系统的效率就越高，而数据处理边际成本下降的趋势将大大有益于那些建立相关系统的人。再将数据缓冲区与计算机扫描图像进行比较，通过对数据现实的不同分割，可以得出结论，预测未来的行为。最重要的是，必须始终如一地采取行动，以免在元数据层面显得太明显，这会极大地限制自由。

经典的侦察也使用了这种运动模式，然后，就会提出以下问题：是否可以从这些运动模式中推断出与决策相关的信息？在信息收集中应该如何跟进？这种模式识别在竞争理论中也发挥着重要作用。在许多竞争中，当需要知道对手如何对自己的活动做出反应时，模型假设会起决定性作用，因为根据博弈论（见第3章），并非所有的反应模式都是严格理性的。

元数据提供关于网络内容和过程的信息，因此，可以与战场模型的一般信息相提并论。它们以给定的结构（传统的领土指"坐标"）存在，即，有名称、时间戳、范围、坐标（IP编号）和路径。这种连接很重要，相当于对战场的评估，比如，从拿破仑的角度看，布吕歇尔和威灵顿（Duke of Wellington）的军队何时才会遭遇？

元数据是对现实的快照，它使人可以浏览信息星云的云层。从这个快照中，通过补充其他数据，根据反向归纳的相关性，就能回答以下问题：过去的关键过程是什么？ 未来最可能发生的相关事件是什么？ 因此，有一些琐碎的、很有用的应用程序，例如，在销售谈话之前，通过查询清单来获取信息，以便能够有针对性地引导客户了解产品，从而降低交易成本。但是，这已经很关键了，如果计算机采用特殊的软件编程，在计算机中进行语言查询时，除了事实信息之外，仅仅通过表达方式、语音复杂性和语调就有可能收集到有价值的额外事实信息，此外，还会收集到有价值的附加事实，尤其是情感信息。

侦察可以分为对称侦察与非对称侦察、同步侦察与非同步侦察。当给定的侦察工具组（或某个过滤器）被用于过滤各种可用数据模式时，就会进行对称侦察。当它与不同的过滤器（如优先级过滤器）一起使用时，就会进行非对称侦察。如果它在特定时间到处拍摄现实快照，那么，它是同步的。非同步侦察涉及侦察中的多个时间点。在这方面，历时侦察是非常重要的。历史学研究也分为共时性研究和历时性研究。共时性研究指，观察并分析在某一特定时间在不同地点发生的事情。历时性研究指，观察和分析在不同时间发生的相似现象，例如，对四千年前建造的埃及金字塔与一千多年前建造的中美洲金字塔做历时性研究。这些历时性元素对于模式识别特别重要，因为它们可以用于开发连接策略，然后，启动一个比较和学习过程。评估系统可以从中学习，并进行校准。哪些模式存储在缓冲区中以分析元数据？ 为了以现有记录结构为基础进行决策计算，哪些合理性假设可以作为基础？ 应该假定哪些控制循环？

获取大量信息意味着，必须创建一个模型，借助元数据来核查各种假设，如果没有这一步，信息就不会成为知识，当然更不会成为能力。因此，这里也存在一个经典的问题：那些尚未构思的信息也无法以目标为导向而进行评估。如果测试统计的可靠性（即置信区间）变得荒谬，那么，对假设的任意测试也无济于事。这在一些地方已经取得成功；在"独特的购物中心：论信用卡元数据的可识别性"（Unique in the Shopping Mall: On the Reidentifiability of Credit Card Metadata）一文中，伊夫-亚历山大·德·蒙特约耶等学者（Montjoye et al., 2015）认为，这允许在信用卡销售的基础上创建精确的配置文件，因为这里存在高度的个人独特性。

针对安全部门和企业的信息收集，比如，利用支付卡和奖励卡来建立客户数据，现代人以漠不关心和个人表现主义来应对。美国和英国不仅有大规模监听项目棱镜和用于情报分析的时代计划，而且还有安客诚信息服务公司作为私人数据提供者，另外，一些数据在企业计算机中处于休眠状态，或被信息机构收集。此外，大型网络公司和情报部门对数据有潜在的共同利益。这样一来，政府、大企业和大数据的渗透在社会中不断发展，因此，在政治辩论中涉及国家垄断资本主义的局势时，能够或只能借鉴乔治·奥威尔（George Orwell, 1949）的著作《一九八四》。实际上，人们丧失了自己的数据主权，这不可撤销，不可挽回，这也是最令人恐惧的过程之一。考虑到国家和寡头的经济利益，很难在全球建立明确的框架规则。托马斯·达普（Thomas Dapp, 2014）在"大数据：不受控制的力量"（Big Data: Die ungezähmte Macht）的研究中指出，这把双刃剑问题几乎无法解决：大数据同时是繁荣的驱动力和隐私的破坏者；辅助系统存在于许多应用程序中，但同时它们也有依赖性；某些特定人群因具体的技术和信息融合而受益，他们的机会有所增加，但这也使信息超载。

安全部门的官方任务原本是打击犯罪，尤其是打击恐怖分子，目前，这个任务正在平稳过渡到科学技术方面，因为科技也构成威胁，比如攻击性武器、对技术敏感区的攻击企图，从而自动产生经济和工业间谍活动的结合体。两者之间有明显的区别：经济间谍活动指的是对基本经济和经济政治联系的早期发现，工业间谍活动往往更具体，并集中于某些特定的技术领域。间谍活动在这里特别重要，因此，许多外国情报机构会自动向其公司提供偶然或有意获取的信息。如果德国特勤局代表美国国家安全局根据约 2.5 万个关键网络术语（即选择器）收集网络信息，那么，隐私、经济利益和实际安全工作之间的过渡就会变得顺畅。事实上，恐怖主义正日益变成政治与经济间谍活动的遮羞布。例如，在跨大西洋贸易与投资伙伴协定或 2015 年希腊危机的背景下，要了解（友好的）对方的贸易和金融政策的战略知识，这与利用技术为自己国家谋福利一样，都很重要。

今天，很大一部分数字流量是在国际范围内组织的，而国家联系也是在域外组织的，这里就出现了一个法律灰色地带。如此一来，可以通过利用必要的网络基础结构，收集国家法律法规之外的信息。如果一个国家的某组织被禁止在国内进行间谍活动，这个组织就很容易与一家外国机构合作，这家外国机构就会在该国进行间谍活动。这就导致了合作的平衡，所有的参与者同时是合作伙伴和竞争对手。从相关的激励因素来看，不可能指望政府的干预能够抑制这种发展。唯一的选择是损害有意合作的企业的声誉，但往往是在它们自己不知情的情况下。但是，必须打破相应的垄断结构或寡头垄断结构，而这些结构也受到保护：大多数企业位于美国，且在信息保护方面，它们比欧洲更宽松。但是，由于数据在很大程度上是集中的，数据访问的授权往往不太分散，因此，在紧急状态下，只有一部分信息可能被泄露，它们对攻击非常敏感。因此，亚历克斯·彭特兰（Alex Pentland, 2014）在"防止国家安全局自作自受！"（Schützt die NSA vor sich selbst!）一文中写了三种策略：一、在许多小的干草堆而不是大的干草堆中寻找针头；二、建立受保护的链接；三、永远不要放弃实验，因为终极有效的安全防护是不存在的，对手可能也会采取相同的策略。

目前，在用户、匿名服务提供商和监控机构之间实际上存在一个战区，这些机构中的一部分是私有的，一部分是国家的，它们的合法性完全是开放的。这种隐私之争只能通过明确的标准来决定，然后，用户可以适应这些标准。在一项实证研究中，伊安·雷等学者（Reay et al., 2009）分析了 10 万个最常用网站遵守私人数据保护标准的情况，结论是，无论各国各地区的法律状况如何，它们都不能保护隐私，他们写道（Reay et al., 2009: 86）："我们的调查结果显示，无论当前采用何种执法机制，隐私保护法似乎都未能更好地为在线消费者创造更一致或可预测的环境。"这可以叫作"算法霸权主义的章鱼"，它可能变成冷战军备竞赛的数字化对手，尤其是，美国的窃听活动很幽默。杰伊·莱诺（Jay Leno）在美国广播公司的《今晚秀》上说："我们希望，有一位总统能听取所有美国人的话。现在我们有了。"（Timothy Chui, 2013）。

网络不会忘记任何内容，这意味着，到期的例程不会自动生效，因此，必须强制要求大型数据收集器删除或取消某些内容。2013 年，谷歌输掉了针对马科斯·莫斯利（Max Mosley）和贝蒂娜·乌尔夫（Bettina Wulf）的诉讼，这是一个传奇。2014 年 5 月 13 日，欧盟法院的判决确定了被遗忘的权利，尽管这有争议，特别是它违反了其他法律，比如，违反了美国的《信息自由法》。值得关注的是，在 1890 年的《谢尔曼法》中，美国认为，大企业与民主制的矛盾是基本矛盾，于是，美国决定拆分大企业,把洛克菲勒的标准石油公司拆分了。目前,人们把国家对个人信息的无限统治视为一种威胁,因此,反垄断干预在美国获得了政治支持。

10.3.4 基于区块链技术的数字货币与权力共享

传统上,货币是国家主权的一部分。在欧洲货币联盟中,这些权力已转交给欧洲中央银行。但最近的历史证明,为了追求短期利益,比如,为了赢得选举或经济战争,各国对货币往往很不谨慎。第9章举例说明了1930年代的货币贬值竞赛,货币贬值竞赛旨在以牺牲他国利益为代价来提高本国的竞争力。自2008年全球金融危机以来,欧洲央行的货币政策一直备受批评,为了挽救一些国家,这些政策却破坏了人们对货币制度的信心。自2018年春以来,中国与美国、美国与俄罗斯之间一直在进行货币战争。

根据奥地利学派经济学家路德维希·冯·米塞斯和弗里德里希·冯·哈耶克的理论,竞争性私人货币的思想(Hayek, 1977)被纳入了关于监管的讨论中。私人货币之间的竞争应该能够提供稳定的货币,并迫使国家货币满足货币成功的重要先决条件,即,确保相应的稀缺度。另外,经典的货币问题包括:这些私人货币是否可以用作主权货币?是否用于支持次级需求,即,用于转账货币?私人货币是否可以防止民族国家、银行业所导致的货币恶化?

1605年,盖伊·福克斯(Guy Fawkes)企图炸毁英国议会,炸死国王詹姆斯一世,因此,他被判死刑,现在,他成了互联网自由的象征,因而他也是区块链自由的象征。区块链的主要特征是,数据以副本的形式存储在计算机上,任何参与者都可以使用有效的地址密钥来读取,且相关的权利通过数字资产负债表进行分配。由于链条本身无法改变,只能得到补充，所以，几乎可以排除伪造和删除的风险，而且它们必须在各地同时进行。如果在与其他区块链比较时，不确定的交易变得明显，这种交易就不再实施。

区块链可以存储"工业4.0"企业的网络化生产结构、房地产所有权和现金数据。这样就出现了一种权力分工，令人想起无政府主义市场中的竞争理想。结果，技术能够破坏现有的商业模式，尤其可以破坏传统的市场平台形式，这些商业模式具有很高的垄断潜力，因此，在竞争或经济战争等对抗领域，这种商业模式变得越来越重要。

私人企业发行的数字货币是一种与国家货币系统进行竞争的现代方式。比特币很著名，它与其他系统一样，也以区块链技术为基础。这种区块链是连续可扩展的数据记录，它们通过加密技术相互链接，其中包含以前的交易信息和不可移动的时间戳。由于它们是以分散的形式保存的，因此，几乎无法对其进行操作。货币是由所谓的"勘探"产生的，在"勘探"中，大型数据中心会生成相应的数字结构，这些数字结构是唯一的，且无法被操纵，并且由于其稀缺性而确立了价值。

比特币是由一种极其复杂的算法产生的，该算法会造成资源的稀缺，[1] 因此，要开采的资金量大约每四年就会减少一半。目前看来，最后一种比特币将在下世纪初出现，届时产量大约将是 2,100 万枚。根据菲舍尔的流量方程式，进行货币供应控制的普遍规则是，它必须在非通货膨胀的条件下，以实际生产潜力的发展为导向。这一普遍规则在比特币这里不适用。如果只有一种数字货币，其实际价值将会越来越高，这可在最近的证券交易所中观察到：在证券交易所，这个数字在五

---

[1]　实际上，2018 年——加密货币的繁荣时期——开采比特币的成本将高于黄金。整个网络的电力消耗是丹麦的两倍。交易也很昂贵：转账成本和 40 万张信用卡转账成本一样高（Schrader，2018）。

年内增长了 20 倍。但是,有人认为,比特币的崩溃也是有计划的目标操纵行动。目前,比特币的价值仅是 2018 年春峰值的一半左右。

为了控制货币秩序,一些国家的法律禁止拥有或交易比特币。简单的限制适用于金融机构,为避免洗钱,这些金融机构不可拥有比特币。值得关注的是,证券交易所的比特币交易正在发展,此后,一些国家限制比特币交易,中国则禁止比特币交易。一些政府还禁止在初始硬币发行框架下发行新的虚拟货币,以防止非法牟利。一些国家正(如韩国和俄罗斯)在考虑实施禁令。核心问题是,一旦出现危机,谁应该支持这种货币? 或者,在常规货币领域是否也应划定安全界限? 而这会损害国家的未来。

显然,这些货币有可能被操纵,比如,朝鲜对比特币市场进行了干预,这导致了 2018 年夏天比特币的暴跌。在"比特币生态系统中的价格操纵"(Price Manipulation in the Bitcoin Ecosystem)一文中,尼尔·甘达尔等学者(Gandal et al., 2018)指出,此类干预在 2013 年就已经证明,可以追溯到交易所的针对性干预。但这种识别被视为特例。由于比特币的匿名性很有限,所以,比特币极易通过收购来提高价格。这正是一种非常个人化的币值操纵方式,可以通过控制分散的所有权来发展系统性。因此,对于在本国经济中推行这一制度,许多亚洲国家现在持保留态度。

即使该系统本身可以反操纵,黑客仍然可以在人机界面进行攻击,例如,朝鲜在正常货币区已成功进行了数字突袭。在网络领域,这个系统因朝鲜黑客组织拉撒路集团(Lazarus Group)而著名,拉撒路集团是高度专业化黑客组织,借助该系统,拉撒路集团通过发送欺诈邮件,获取对加密账户的访问权,由于该系统准确性高,黑客攻击往往能得手。它在多大程度上参与了操纵加密货币,目前尚不清楚。但是,通过袭击加密账户,黑客组织拉撒路集团为朝鲜赚取了大量资金,朝鲜因而获得了外汇,又能将外汇用于支付军备物资。

最著名的加密货币是比特币,它大约是以太坊的三倍;大量的小型提供商紧随其后。最小的新生儿是石油,委内瑞拉在 2018 年将石油确定为平行货币,目的是避免经济崩溃,并由该国的石油储备进行担保。

10.3.5 暗网与密码

现代人可以自己绘制自己的数字生活地图,有时,这一活动是无意的,但大多是有意的,甚至是故意的。因此,几乎任何一个人,只要他有一定技能,他都可以窥探第三方的生活。通过合法的授权,国家在这方面特别成功。根据安全考虑,国家决定对信息自由加以限制,这种限制范围是更广,还是更窄,这取决于政府的形式和威胁状况。

(后)现代民主的威胁是,无痕制度原打算用来反对某些国家中的民权运动,现在,无痕制度却被用于自由世界中。同时,这个暗网也成为贩毒者和其他犯罪分子的平台。洋葱头、深网或洋葱区域这些名字透露了他们正在努力实现的目标:毫无痕迹地生活在网络中,今天,这在其他地方几乎是不可能的。这个数字化"隐身区域"是一个不可审查、防拦截的世界,如果把它看作一种社交网络,那么,它在测试那些关于未来的辩论,但隐身区域如今已避开了公众的视线。屏蔽是数据架构的结果,在该架构中,传统的搜索算法会失败,因为一些网站或数据库位于正常网络系统表面下的深网中,传统的搜索无法访问这些数据。例如,在"洋葱头"中,服务器框架的构建方式是,在进行一系列输出之后,将消除前置节点的 IP 地址。为了不在销售平台上留下痕迹,无论这种痕迹是武器、毒品或色情制品,比特币变成了该系统的货币。这恰好导致了侦察的成功。这可以用西方国家的双刃剑行为来解释:一方面,西方国家支持叙利亚的叛乱运动,为这些运动提供深网的访问权,另一方面也为恐怖分子和罪犯提供了便利。《经济学家》(Economist, 2016d)估计,在 2010—2015 年间,暗网中的犯罪收入增长了十倍,达到了 1,500 亿—1,800 亿美元。洋葱头上超过一半的网站包含非法内容(Owen, Savage, 2016)。

公民、企业或国家的目标是数字化弹性,即,对网络攻击具有抵御能力和恢复能力。因此,密码学引起了人们的兴趣,它至少可以防止未经授权的人进行窃听。德国恩尼格玛密码机具有传奇色彩,它基于串联的加密辊,这确保了密码机有很长的有效期,使解码很困难。它曾用于第二次世界大战中,被盟军破解,这在战术、作战和战略上都取得了优势。这样一来,就能做出决定,到底是战是和。至少有人认为,这种密码机缩短了战争。

今天使用非对称性加密技术,比如,基于质数改进的 RSA 算法,该算法以发明者罗纳德·李维斯特、阿迪·萨莫尔和伦纳德·阿德曼的姓氏首字母(Rivest, Shamir, Adleman)来命名。加密信息中的每个字母都对应一个数字,然后,使用最大可能的秘密数字对其进行加密。为了对这种密码进行解码,必须计算乘积的因子。质数越大,把它们分解为因子的难度就越大。因此,一些国家会对私有领域所允许使用的加密方法的质数进行限制,以保证国家安全机构能访问私有领域。但随着量子计算机的出现,这个工作量将大大减少。现代方法基于椭圆曲线,在椭圆曲线上,可以轻松创立一则难以反推的加法运算,从该运算中,可以推导出所谓的单向函数。

但是,如果公共机构提供了相应软件的一部分,如果禁止使用或禁止导出这个软件,加密文本的用处就很有限,从而导致加密文本与外部的联系。比如,克里斯托弗·佩珀(Christoph Pöppe, 2014)指出,在开发加密技术时,美国国家安全局参与了美国国家标准与技术研究院的标准化流程,并始终保留对一款加密软件的访问权,这款加密软件被视为标准软件,而且被认为是很安全的软件。此外,除非使用洋葱头之类的系统,否则,不会对元数据进行加密。这些数据会存储更长的时间,实际上,这些数据构成了侦察的关键因素。所谓的量子密码学以所谓的完全安全的传输方式为此提供了一个新视角。这里会用到阿尔伯特·爱因斯坦所言的"幽灵般的远距离效应"的属性:信息是通过光子的纠缠来发送的,从而两个粒子在任何距离上都保持连接,如果一个粒子发生改变,另一个也会发生改变。任何窃听都会立即留下痕迹(Folger, 2016)。但是,这种安全性仅仅适用于加密链中的数据的主运行,这样,现在的一切工作都集中在上游和下游的数据运行上。因此,情报机构越来越关注这些领域。改善数据安全性的更大潜力在于所谓的关联系统。此外,安全部门正努力以强制方式获得设备加密的权限,美国政府在 2016 年与苹果公司的加密战争就是证明,苹果拒绝破译 iPhone 5c 的内容。在军事侧翼技术方面,所谓的侧翼攻击也证明了加密权限的价值:就像一个保险箱破解者,可以用听诊器听锁芯的金属销何时卡入锁芯,而不是去尝试所有的密码组合。在了解处理器的能耗,或用电子显微镜对处理器进行检查时,都可以使用这些解密手段(Spehr, 2018)。

10.4　参与网络战争的原则

1965 年,诺贝尔奖获得者莱因哈特·塞尔滕(Reinhard Selten)发现了部分博弈的完美平衡,① 这表明,大国之间的冲突可能导致僵局,

---

① 这表明了上述的社会接受问题——因为莱因哈特·塞尔滕始终不满意,他的发现对确定北约的战略防御差距做出了重要贡献。

因此,在"铁幕"倒下之前,东西方的相互威慑或相互威慑力是维持世界和平的基本结构之一。由此产生的疑问是,这种类比是否适用于网络战争领域?尤其是,它是否有助于目前政治活动人士的经验积累?由于网络军备层面发生的事情没有爆炸,看起来很和平,所以,网络军备令人联想到一场竞赛。但事实并非如此,例如,如果今天的机场因病毒而瘫痪,数千人的生命将面临危险。

因此,网络战争的风险特征包括新武器系统中惊人的创新能力,这可能危及稳定性,或者,这可能破坏平衡,与对传统武器系统的侦察相比,对新武器系统的创新更难以侦察。①需要对复杂的网络进行取证,才能识别威胁的类型、范围和来源,这是网络战争中战略定位的基本要素。

因此,本节介绍网络冲突的风险状况,并介绍重要的企业经营原则。

10.4.1 间接网络活动的风险状况

网络武器就像无人驾驶飞机一样,其主要优点是,可以在一个基地内使用和控制,高度发达的信息技术会协同作用,而且网络武器扩张的成本很低,它不消耗传统攻击所需的弹药。如果相应的系统有可能自动化,它们有学习能力,能应对攻击,那么,显然,股市狂热会导致危险。心理学显示,如果一个人受理解力和操纵感的局限,产生了更大的敌意,那么,触发者与发生现场负责人之间的距离会极大地增加行动和部署的风险。斯坦福监狱实验尤其值得一提,该实验由菲利普·津巴多(Philip Zimbardo, 2005, 2007)于 1971 年发起(Haney

---

① 可见,这种创新会产生不稳定的影响,正如 2010 年代讨论的常规武器创新那样,如无人机或超音速武器系统。

et al., 1973)。① 斯坦利·米尔格拉姆(Stanley Milgram)所做的一致性研究为此提供了理论依据。

从数字网络中获取基本和全面的信息使得进攻和防御的区分已经过时了,因为与其他的侦察一样,从网络信息中获得的知识均可用于进攻和防御两个目的。特别是,要根据模式比较各个数据载体和通道以建立元数据。这样做的目的是,生成关于机构和人员的基本数据,即,把沟通行为、位置和生活方式等的结构压缩到可以进行模式识别的范围内。只有在这里发现了明显的内容时,尤其当人们开始搜索核心关键词时,才会对内容进行分析。公共机构和企业极易通过固定IP编号进行识别,因此,元数据分析可以提供关于偏好的发现,随后的偏好可以反映在搜索查询中,从而可以影响信息查询和随后采取的活动。另外,在社交网络中,信息可以进行特定筛选,从而影响群体的智慧(Staun, 2014),比如,脸书在 2014 年夏季测试了"政治上正确的意见",现在正在积极实施(Boie, 2016)。

在这种情况下,数字网络特别适合进行渗透,并影响社交网络,以便引导公众朝着预期的方向发展。托马斯·瓦伦特(Thomas Valente, 2012)展示了此类网络干预的组织方法。为此,必须激活舆论领袖,以分别影响各种团体,为支持者和操纵者开放网络,并隔离那些干扰性成员。现在,在互联网上打击恐怖主义的普遍做法也可用来操纵公众。司南·阿拉尔和迪兰·沃克(Aral, Walker, 2012)认为,脸书这样的网络平台表明了,影响结构是如何发挥作用的,哪些渠道和意见会被选择,以及如何有针对性地使用它们。

---

① 美国导演奥利弗·海施贝格(Oliver Hirschbiegel, 2008)后来把它拍成了电影《死亡实验》(*Das Experiment*)。

在这种条件下，从网络中收集大数据可以创造全知。与上文的谷歌类似，人们对自己的了解少于对系统的了解，这使无所不知有可能变成一种压迫性的无所不能。如哈耶克（Hayek, 1945）所言，这不仅是垄断意义上的一个经济问题，还是一个道德问题，最终还是一个社会问题，因为信息产品的自由是产生有效知识的根本特征。

如果敌人在监听，那么，朋友监听是好事吗？博弈论的均衡论认为，有理由不允许任何信息不对称，因为它们可能会严重破坏战略均衡。私人安全部门最终是否应该公开其有关攻击的调查结果，尤其是对公共设施的攻击？这个问题很难回答，因为一种基本的能力是，应该使敌人不了解自己的行动。

10.4.2　战略原则、作战原则和战术原则

根本的战略决策是发动战争吗？是对另一个国家进行军事入侵，还是从经济上通过进入市场来入侵他国领土呢？两者都会引发严重的冲突。人们很难清楚地做出这个根本决定，因为攻击者至少在最初是未知的，甚至是永久未知的。因此，这一根本决定是"若要和平，就必备战争"，是否应保持防御能力？实际上，防御能力与进攻能力几乎没有什么不同，这与军事战争完全不同，因此，就发出了不清楚的信号。① 此外，进攻和防御可能会产生相当大的扩散效果，即，在原本不希望发生的地方引发了攻击，在极端情况下，会发生误伤，即，损坏自己的设备。民族国家，尤其那些高度工业化的非超级大国，或自以为是大国的国家，它们越来越意识到，这里需要付出巨大的努力。如上

---

① 网络信号或许类似于里根总统的星球大战信号，因为通过防渗防御盾实现核防御的最终能力也改进了进攻机遇。

所述,这些利益与企业的利益紧密相关,因为很难界定这些利益的用途。这里的最重要问题是,可能会遇到哪些威胁,这在选择系统并进行实施时尤其明显。企业(尤其是金融机构)定期进行演习,这不无道理。对于银行而言,这往往是病毒和"蠕虫"的攻击、对账户的集中监视、中央信息资源的瘫痪、子市场的崩溃以及对自身的影响。这些测试往往类似于军事演习,在演习中,会检查危机时的领导能力。但是,显然,如果没有充分考虑人为因素,这种演习将无济于事,例如,2015年春的攻击等同于一次全球袭击,却被安全软件提供商卡巴斯基察觉了。归根到底,关键的问题是,如何制定或保护数字边界?

此外,战略准备还包括事先应收集哪些信息,以便在发生冲突时可以将信息用作数据库使用。这在西方国家造成了两难境地:国防能力与严重影响基本权利的法规相关联。相反,通信服务提供商也在抵制这种做法,从而引发了螺旋式上升运动,这包括阻止VPN网络和加密聊天程序等。① 在论述常规战争时,克劳塞维茨提及"掩盖前的效果",这种效果在这里变得有局限性。覆盖系统的优势是网络攻击的核心优势,在任何情况下都不能失去这个优势。下面这个问题很难回答:是否应该通过黑客攻击来应对黑客攻击?因为这假定了对策的可识别性和精确性,但这一点往往无法保证。在不确定的情况下,这种行为在法律上是否被允许?这也有待商榷。

10.4.3 黑客、反黑客和数字军备竞赛

攻击敌人的计算机是一项纪律严明、缓慢、极富想象力的工作,因

---

① 这是所谓的虚拟私人网络,它们在传统网络中封装和加密,因此,无采访权限的外部入网变得困难。

为这需要专业人员发现真实或虚拟的后门。这可以通过第三国或企业、仍在使用和集成的旧程序或管理密钥的数据库来访问。当监控人员发现自己被攻击时，他可以立即采取对策，包括耐心等待对手的行动，以便识别他的意图或身份，然后，他可以有针对性地进行反击。反击的起点是计算机代码的特质或者与其他代码的比较，计算机代码往往具有当地时间和世界时间两个标记。

企业和国家机构的反黑客行为是否合法？在法制国家中，这是有争议的，这不仅因为怀疑袭击者，而且也因为可能的偏差损失，即，这种无差别的攻击会累及无辜。

对于数字战争，尤其对于经济战争或混合冲突，必须回答这个问题：从长远来看，系统升级是否有效？在杀手机器人和无人机领域，这一问题已经讨论过，在那些领域很容易控制，因为扩展网络系统的意愿会在某些物质上体现出来，可以在军备控制方面对其进行定位和验证。在网络领域，武器系统保持隐蔽和虚拟状态，军备控制是可取的，但却很难实施。

当军备竞赛被用来鼓励自己的研究机构争取最高成绩，或被用来公开展示自己这个群体的能力时，就会出现问题。这种方法在企业集团中很流行，在市场竞争失败或为了保密而不希望发生市场竞争的情况下，这种方法会引发内部竞争，更可能引起相当大的社会问题。在"谁为秘密后门提供更多服务"（Wer bietet mehr für die heimlichen Hintertüren）一文中，康斯坦策·库尔茨（Constanze Kurz, 2016b）写道，影子经纪人群体处于美国情报部门的技术环境中，他们出售美国国家安全局方程式组织的数字化攻击武器。这令人联想到竞技体育；与竞技体育不同的是，这类行为的后果是由社会来承担。

为了避免国家间的军备竞赛，为了更好地对民间斗士的网络活动进行分类,需要提出超国家行动倡议,要建立网络空间安全与合作会议,这一会议的架构应该类似于历史上的欧安会,欧安会在军备竞赛多年后成功地开启了缓和期。

10.5 网络冲突实例

在现代网络市场上,在企业能使用国家资源(如保护知识产权)的地方,国家战争与私人战争之间的互动尤其明显。典型实例是手机市场上的纠纷,这些纠纷经常诉诸专利战争,借助这些纠纷可以封锁技术空间。其结果是,可以阻止或减缓竞争对手的进展,且使竞争对手只能在具体的技术领域进行发展。国家也可以将经济战略用作阻止对手前进的手段,比如《并购法》或《反垄断法》。许可证业务是美国高通公司必不可少的基础。2016 年,韩国对美国高通公司实施罚款,原因是,高通公司拒绝向第三方出售专利使用权,因而实际上实施了市场霸权,这笔罚款对高通公司的核心业务构成了巨大威胁。2017 年,谷歌受到欧盟反垄断处罚的严重打击,因此,为了限制自身的受损程度,某些策略无法再用于诉讼。

谷歌眼镜代表一种新的信息获取系统,该系统是集成在眼镜中的微型计算机,作为外围设备的头戴式显示器,它可以从环境中获取信息,并将这些信息与中央操作系统联网,然后将这些信息展示给用户。即使该系统在 2015 年因失败而被撤回,仍然有企业在开发类似的系统,这些系统可以增强现实。这个领域正在发生一场技术革命,这也会导致一场社会革命。然而,除了积极的影响外,还必须考虑这种技术对个人数据安全造成的副作用。此外,这种技术还可以控制所有的房间,人们可以把它与覆盖私人和公共区域的战场侦察相提并论。这反过来又会引发严重的数据保护问题,这也为网络战争带来了巨大的潜力。

两个实例都说明了网络攻击的传播机制:对信息和通信系统的损害(对大数据的构建尤其重要),对学习和知识系统的损害(对人工智能的影响)。

由于信息的隐藏性、信息状态的不对称性、经典空间的缺乏(包括国家授权的执法机构),再次出现了对网络空间的信任问题。人们可以相信谁?能否相信2013年监听德国总理安格拉·默克尔手机的美国及奥巴马总统吗?中国的华为公司值得信赖吗?如果没有司法管辖权,或由于担忧法律影响而导致国家不履行宪法义务,那么,这些权利的意义是什么?美国互联网巨头对欧洲信息标准的执行缺乏公信力,你看到了吗?这些问题将在下文讨论。

10.5.1　三星与苹果之间的专利战

中小企业往往通过创造价值深度来保护其知识产权,即,通过专利和隐性知识;这部分知识往往接近50%。中小企业通常生产用来制造机器的机器,然后,它们出售这些机器,这样就不必从外部获取核心竞争力。这样,它们能作为"隐形冠军"而成功,而且可以持续占据一小块市场。

而大企业在广大领域中很少是小范围供应商,它们是成本和质量的引领者,它们通过专利权保护相应的知识产权,通过明确的合同将其供应商整合到制造体系中,从而控制这些公司。因此,一个国家的专利制度的结构问题对其在全球经济中的竞争力至关重要。

在世界不同地区,专利的含义实际上截然不同。一方面,这关系到专利的深度(什么可以注册为一项创新?)和专利的广度(某领域的专利必须涵盖多大的程度?)。欧洲的传统做法同样基于专利的广度和深度；在日本，专利的广度则小很多；在美国，专利甚至可以传授给一些琐碎的事务，比如，双击计算机。莉娅·沙弗（Lea Shaver, 2012）认为，显然，专利的有效期不是为了确保以前的研发支出的回报，而是为了垄断市场，因此，专利竞争往往更像是专利战争。

专利也是国家经济战略的要素，这在三星与苹果之战中很明显，这场战争既涉及技术规格，也涉及简单的处理系统和设计组件。因此，利用专利和技术流程来锁定操作系统，这已成为一种迫使客户使用自己平台的策略。方法是，将操作系统与某些应用程序（谷歌-安卓）密不可分地连接在一起，安装上 TPM 芯片（可信平台模块），使人更难访问 root，其中，TPM 芯片一方面使密码处理更加安全，另一方面也能监控版权法规的合规性。这越来越多地造成软件劫持硬件的行为，这与竞争法有关，因为产生了垄断或加强市场力量的基本设施。

经济战争目的：
- 保持行业领导者的地位。[①]

经济战争参与者：
- 苹果公司：它成立于 1976 年，是技术和设计领域的高端品牌；许多人声称，产品的优雅延续了前博朗公司的美学理念，博朗公司在 1970 年代是广播、电视和高保真音响系统的引领者。苹果是当今世界上最有价值的品牌，因为凭借其高水平的创造力，苹果不仅能够开拓新市场，而且还为新市场配备了具有新功能的设备。苹果实际上是一家工程公司，其中很大一部分

---

① 行业领导者是定义产品生命周期长度的人或企业。这通常与技术领导力（即设定技术周期的能力）和设计领导力（即设定趋势的能力）相关。

产品由第三方制造,尤其在中国。通过自己的销售网络(苹果专卖店),苹果可以严格控制其销售市场,比如,在智能手机方面,可以与相应的移动电话公司签订独家合同。苹果的操作系统是封闭的,因此,只能从苹果获得相应的应用程序,这意味着,该公司获得了额外的收入。

- 三星:韩国三星集团成立于1938年;它因其电子产品而著名,凭开放的安卓操作系统进入智能手机市场,这使安卓成为了非苹果智能手机的标准。实际上,三星还成功取代了诺基亚或RIM等竞争对手。三星集团是一家财阀公司,是一家多元化的韩国家族企业,现在仍由该公司创始人的家族来管理,是韩国最大的企业之一。

- 谷歌:谷歌拥有开放的安卓操作系统;它被视为数据章鱼,其市场地位使它能从用户那里提取大量信息,从而垄断信息市场。

- 德国杜塞尔多夫、曼海姆和慕尼黑的法院:作为全球专利纠纷的管辖中心,在挑选法院时,很多企业都会求助这些法院。①

经济战争手段:

- 战略性专利,以封锁技术。

- 通过专利诉讼,向对手索取高额罚款或赔偿金。

- 通过贿赂,操控雇佣军公司的活动。

经济战争目标:

---

① 凯文·奥布莱恩(Kevin J. O'Brien, 2012)在2012年4月9日的《纽约时报》上这样写道,"技术竞争者之间全球专利战的中心在德国法院",并指出德国法院有可能在专利侵权事件中发布销售禁令。在2018/2019年度之初,高通-苹果案件引起了特别关注,最终某些苹果产品的销售被禁止(Handel, 2019)。两家公司后来达成协议,但美国反垄断当局仍然裁定该公司的许可做法妨碍了竞争,这意味着竞争者将来还必须以公平的价格获得专有技术。

- 垄断市场,并消灭竞争对手。

经济战争后果:

- 大规模淘汰相应的欧洲技术。

两家电信巨头在操作系统和技术领域相互竞争,此案意义重大。随着 iPhone 的推出,苹果引发了电信业的混乱,三星自 2009 年起开始对此做出回应。重点是,有两种不同的供应商愿景和用户愿景:两家公司都建立了自己的"生态系统",即,从竞争系统角度看,两家公司都提供了一个平台,充当必不可少的基础设施——只有通过它们才能获得非常具体的其他信息服务。苹果关闭了该系统,整个生态系统均受苹果集团的权力约束,因此,也可以对应用程序及其供应商行使巨大的市场权力。而三星手机使用由谷歌开发和提供的安卓系统,这种生态系统是开放的。因此,两家巨头之间的竞争也是封闭平台与开放平台的竞争。

在当前的专利战中,苹果是主要参与者。关于 iPhone,创始人兼老板史蒂夫·乔布斯(Steve Jobs)说:"我们将为所有产品申请专利。"苹果公司提出的任何一种想法,即使它永远不会被使用,都应该获得专利,这是为了封锁领域而针对对手建立起一个抵御屏障。这不仅与技术细节有关,而且还与设计组件及智能便携式手机(所谓的智能手机)的构造方式有关,因为,如第 8 章所述,由于其平台特性,它们是实现多元化世界和众多功能的关键。

实际上,高科技产业想在广阔的技术领域产生直接影响,并对技术进行封锁,这导致了高科技产业的大规模军备竞赛。2013 年,苹果拥有 4,100 多项专利,谷歌拥有 2,700 项专利,微软拥有 21,000 多项专利。随着专利组合的扩大,对潜在竞争对手而言,尤其对于那些希望进入这一市场的企业而言，压力越来越大。苹果公司起诉了中国台湾制造商宏达电，在起诉前，苹果甚至没有与宏达电公司进行谈判以寻求赔偿，因为这是苹果的策略，苹果要向谷歌发送明确的信号，即，它正在寻找一个针对相互排斥的技术系统而进行艰苦战斗的战场。

争端的焦点仍然是宏达电和三星公司，这两家公司都是谷歌的重要合作伙伴，而华为、小米公司几乎完全在中国本土销售；宏达电和三星的成功意味着，一个开放平台可以主导市场的相关部分，而苹果公司更希望，作为封闭的生态系统将市场封锁起来。在这方面，获得具体的关键专利很重要，例如，统一搜索系统的专利号为8086604，该专利于2004年首次注册，但遭到美国专利局的拒绝。它在第十次申请时才获得批准，如今已成为与竞争对手对抗的关键专利之一。实际上，在美国，超70%的专利申请最终获得批准，与其他国家相比，这是一个非常高的比率。但同时，人们越来越清楚地认识到，比如，在屏幕上用于激活系统的简单滑动动作不是专有的，因此，不能得到保护。2013年4月，苹果失去了解锁手势（滑动以解锁）的专利权。该判决已提交欧洲法院，目的是，通过增加专利诉讼的要求，来避免企业滥用诉讼权，从而减少专利战争的法律可能性。

图10.5.1显示，苹果和三星都控制着大约40%的市场份额，两家企业分别占据了明确的市场，所以，这场争端有一定的稳定性。如果把竞争视为对智能手机和平板电脑层面的系统争议，那么，安卓（谷歌）在2013年年底以74.4%的市场份额居首位，其次是苹果公司的iOS，市场份额是18.2%。Windows和黑莓的市场份额分别是2.9%和3%。其余的就是小企业的份额（Börsen-Zeitung, 2013c）。其他的品牌在市场上无足轻重。目前，以Symbian和Windows作为操作系统的诺基亚

几乎已被摧毁,后来在品牌重启时,诺基亚改用了安卓系统,RIM也使用安卓系统,自本世纪初以来,安卓系统已覆盖了80%以上的市场(FAZ, 2014a)。

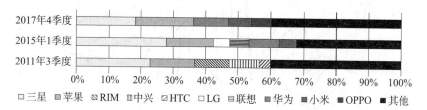

图 10.5.1 智能手机的市场份额动态

资料来源:自制,参见 Wall Street Journal(2012),Global Times(2016),Börsen-Zeitung(2018b)。

图 10.5.2 以思维导图的形式展示了战场在二维空间中的状况,操作系统特殊性(iOS与安卓)导致的价格差异未计算在内。图中也有2010年年初至中期被摧毁和崩溃的供应商,目前,它们正重新寻求定位。长期以来,诺基亚一直试图通过自己的操作系统来抵制苹果和三星,该操作系统通过专利来展示(在诺基亚位置的右上方和左上方带有圆点的框)。三星和苹果现在正在争夺中高端市场,并以其专利技术而闻名。因此,三星和苹果都把专利视为炸弹,它们分别从三星高原和苹果山峰上投掷武器(图中的Y形),把炸弹投到竞争对手的阵地上(图中的箭头方向),以便阻止、减缓或引导对手的技术发展。黑莓现在正尝试把专有元素重新引入其系统,其主要目的是,赢得具有较高安全性要求的商业客户,这是黑莓智能手机昔日的优势所在。此外,还有新的供应商,特别是中国新兴企业华为、小米、OPPO以及中兴通讯另有一些老牌厂商也在力争自己的生存。

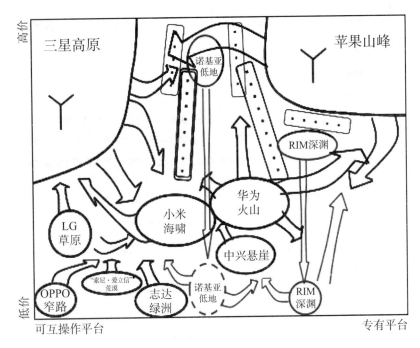

图 10.5.2　手机市场上的专利地雷战

资料来源：自制。

　　由此可知，如果一家企业被摧毁，那么，对各地或各国的后果可能是致命的。诺基亚的倒闭对这些地方的经济造成了沉重打击：2008 年在德国波鸿，随后在罗马尼亚；诺基亚在芬兰的营业额最高曾达到其国内生产总值的 20% 左右。

　　在专利纠纷的背景下，一家企业面临的挑战是，今后可能无法继续运营，即，一旦被举报专利侵权，或面临诉讼风险，企业就面临着生存危机。一些国家，尤其是新兴市场，从根本上反对这种严厉的专利战略，且不接受这种战略用于自己的市场，而这些战略现在也被用于基因研究等领域。但是，这对于西方国家极其危险，因为如果越来越多的国家不再接受专利保护（甚至品牌保护），或拥有相应的可能阻碍第三方的大型本地市场，那么，从长远来看，当前的优势可能会变成一种劣势。三分之一的人类生活在中国和印度，由于经济的发展，其相应的力量正在稳步增长。2018年春，美国勉强撤销了对中兴通讯芯片的抵制。此后，华为在研发和生产方面投入大量资金，即，价值链被推迟了。

与许多战争一样，平民人口（这里指工人）承受着冲突的负担，因为竞争以成本压力和供货意愿提高的形式产生了影响。

10.5.2　中美高科技冲突

《经济学家》（Economist, 2018f）称这场中美高科技冲突是一场数字战争，这场战争始于2018年春，当时美国总统唐纳德·特朗普禁止高通向中国中兴通讯公司提供微处理器，这使中兴通讯公司进入崩溃的边缘。《经济学家》（Economist, 2019a）提出了这一问题："红月升起——中国会主导科学吗？"（Red Moon Rising—Will China Dominate Science？），并指出，这是一场大规模的技术军备竞赛，进步日益需要开放式沟通——一些中国企业现在必须在国外提供这种沟通。只要中国只是西方的扩展工作平台，冲突就仅限于倾销、窃取或非法使用专利的问题。自从中国成为高科技供应商以来，在高科技技术领域，可以预见中国的崛起，尤其是"中国制造2025"战略已经体现这一点，对中国力量的评估就发生了改变。在2007—2017年期间，中国出口到美国的电子产品和机床等高科技产品翻了一番，如今已占到交货量的近一半。其余领域的增长率在20%和50%之间（Börsen-Zeitung, 2018h）。华为、阿里巴巴、百度和腾讯等公司已完全融入国家经济和科技战略。华为

的目标是要成为拥有国际知名品牌的少数中国企业之一，因此，自 2018
年起，美国针对华为的冲突加剧。具体而言，中国的硬件和软件存在哪
些安全风险？相应地，这个问题是否也适用于美国？在"华为——全球
领导力之争"（Huawei—der Kampf um die Führung in der Welt）一文中，
克劳斯·多林（Claus Döring, 2018: 6）写道："关于华为技术被指责是中
国间谍活动的门户，这和谷歌的客户数据被美国情报部门窃取的说法
一样荒谬或者精确。两者都是可能的，因为它将永远无法得到证明。"
他写道："华为的案例表明，中美冲突不再是关于各自国家的贸易平衡、
市场份额和就业问题，而是地缘政治竞争。"

华为目前是 5G 基础设施最重要的供应商之一，根据 2012 年美
国国会安全报告（Rogers, Ruppersberger, 2012），美国于 2018 年禁止
华为进入美国国内市场，同时这样做的还有澳大利亚和新西兰，作为
"五眼联盟"的成员，它们秘密合作；自 2018 年秋以来，英国和德国面
临的压力一直在增加。人们担心该网络可能被中国监视，并在关键的
政治局势中被操纵甚至关闭。德国约有一半的信号传输塔来自华为
（Giesen et al., 2018）。如图 10.5.3 所示，在全球范围内，5G 技术基础
的提供商数量较少，华为和中兴位居前列。中兴通讯是一家起源于军
工领域的中国企业；华为是私营企业，其创始人任正非被认为与政府
部门有着良好的关系。由于供应链之间的相互依存关系，不仅是中国
公司在承受压力，整个供应链都在遭受损失，这一点从股市的大幅下
跌中就可以看出（FAZ, 2018j）。这满足了经济战争的基本条件——
资产的毁灭。华为以透明措施做出回应，它在德国、英国和荷兰建立
了自己的实验室，允许（他人）对安全技术进行深入了解，如果华为
被排除在新网络基础设施或智能手机的建设之外，这会造成巨大的破
坏，至少应该拯救欧洲市场。

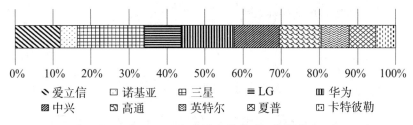

**图 10.5.3　2018 年全球电信基础设施提供商
在 5G 专利家族中的份额（总计 6,731 家）**

资料来源：自制，参见 Börsen-Zeitung（2019a）。

　　与历史上的帝国主义模式相似，现在公开的势力斗争将迅速波及那些未参与方或不想与一方或另一方联系在一起的国家和企业。这尤其适用于与中国台湾地区关联极度密切的供应链，但也适用于韩国和日本，以及拥有许多晶圆厂或生产设施的区域，如马来西亚或印度尼西亚等生产基地。

经济战争目的：

- 全球经济的数字主导地位。

经济战争参与者：

- 华为和中兴通讯：作为全球领先的电信基础设施提供商，尚未消除在战略性紧急情况下可能出现的业务中断的影响。
- 美国：担心自己的安全状况及其在全球经济体系特别是在高科技领域中的主导地位。众所周知，在经历国家安全局事件和谷歌或脸书等互联网巨头的行为模式之后，美国在系统地收集国外信息。

经济战争手段：

- 假定在电信基础设施或智能手机中安装了未知控制系统，这些系统可以从外部解决。

- 阻止进入自己的市场，如有必要，美国通过域外执法进入第三方市场。

经济战争目标：

- 美国方面：抵制中国技术，保护本国产业及其发展和扩张；重点是使思科成为全球领先的网络供应商。
- 中国方面：在电信和网络基础设施领域取得全球主导地位，这首先是"工业 4.0"的核心基础。

经济战争后果：

- 全球高科技市场巨大的投资存在不确定性，并伴随着严重的政治动荡。

与贸易公司的帝国战略的相似之处在于，竞争不仅影响产品本身，而且影响整个供应链。在微处理器领域，这不仅可能将全球经济分裂为东西两部分，而且这种分裂还会深入到供应链中：谁来提供系统和机器？使用哪种技术？是否存在某些可以对价值链产生持久影响的关键原材料？

微电子电路或存储介质的生产通常分三个阶段进行，即设计（系统的架构）、制造（具体的制造、组装、安装等）、质量检查；这些阶段没有必要在一家企业进行。设计是一项首要的创造性任务，因为根据要执行的任务（如计算机处理器）必须创建布局，其中各个元素以三维方式排列和连接。这一过程的速度取决于连接的长度，所以，微型化是最重要的加速器之一，这反过来又需要不断突破物理极限。在这方面，所谓的摩尔定律指出，集成电路的复杂度通常每隔一到两年就会翻一番。但是,这遇到了已知的物理限制,例如,原子极限或电路计算过程中的散热。此处要使用高级软件包,并结合了可能的材料和生产技术。

新的微电子系统往往只能在最初的几个月内赚取成本,因为创新周期非常短,且竞争对手在寡头垄断市场中模仿或并行创新的能力非常强。因此,高风险的制造通常与设计脱钩。

原材料(即所谓的基础)会极大地影响经济效率。其目的是生产尽可能大而纯净的硅晶片,然后通过光技术和电化学工艺为这些晶片配备所需的组件,即晶体管、电容器和电阻器及相关的连接。在这里,材料研究和特殊机器之间的相互作用程度最高。

各电路最终被"封装"在相应的壳体中,密封上设有连接,这被称为集成。

这种复杂性说明了多元化和高科技的供应商结构。在设计中,使用高度复杂的软件系统,这些软件系统允许将需求直接转化为相应的体系结构,并通过可用的制造和材料技术对其进行参数化。这使得研究工作不可或缺,特别是在软件开发和过程控制领域,这些工作与特殊的机器构造和材料研究紧密相关。材料研究对基板的生产具有直接影响,通常是高纯度硅,它只在全球少数地方才能获得,如在阿巴拉契亚山脉中。除了常用的测试设备外,该测试还采用能照亮原子级体系结构的方法,以便识别可能由于制造过程而导致的错误。这也是间谍活动和侦察的重要领域,因为这里可能会找到能够窃听信息或从外部产生影响的开关元件。

迄今为止,在全球价值链中,已普遍建立起单独的制造步骤及其供应结构。基础研究是取得快速进步的重要先决条件之一,这些基础研究往往得到国家资助,在全球广泛开展,基础研究的课题往往涉及物理、化学、生物学的极限。由于中美之间的高科技之争,世界可能会分为两个利益领域,这些主要是科学研究带来的动力,为了能利用竞争优势,高科技被迅速转化为生产成果。

图 10.5.4 展示了一部分参与制造过程的企业,并根据企业的功能,对它们进行了结构化。[①] 从企业名称和来源国中可以得知,贸易战和技术战导致供应链中断,这带来了严重后果。由于生产厂家或企业商业模式有差异,各企业的生产阶段、企业融入程度或企业相互渗透的程度也有不同,随之,这些企业的结构更为复杂。存在重要的系统性瓶颈,这在经济战争中变得很重要,例如:

- 包装仅在亚洲进行;
- 在生态系统中,凭借谷歌的安卓操作系统,美国技术持续占据主导地位;
- 即使像华为这样的综合性大企业也有致命的弱点,华为开发芯片,而芯片由中国台湾积体电路制造股份有限公司生产;
- 在智能手机制造领域,富士康占特殊地位,因此,它占据了市场主导地位;
- 爱立信或诺基亚等欧洲供应商在中国进行研究和生产,因此,任何冲突的升级都会沉重打击它们;
- 美国供应商也严重依赖中国技术,或因为它们在中国生产产品,或因为中国本身已成为某些领域的主要供应商。

---

① 参见图 10.5.4 和图 10.5.5,参见 Petzold（2019）和 Economist（2018f）。

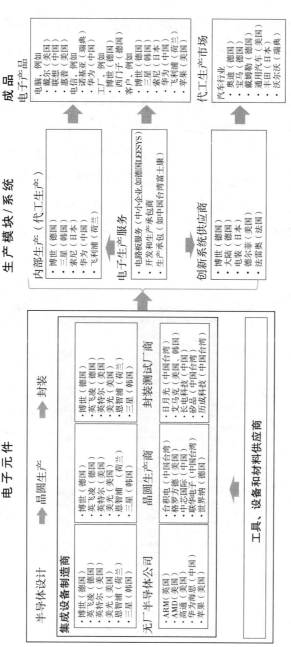

图 10.5.4　微电子产品的生产流水线

资料来源：自制。

图 10.5.5 显示了关键技术的相互依赖性。许多公司（如高通、苹果或华为）可以利用知识产权（专利、设计保护等）来控制生产链，可以完全将生产技术外包，且不会带来风险，这在苹果很普遍。在很大程度上，制造商推动了电子领域的创新，但在汽车领域，创新则主要由系统供应商提供，比如博泽、博世、大陆集团、电装或麦格纳等，然后，这些系统供应商将其市场上的产品提供给汽车制造商（原始设备制造商）。同时，像电子制造商一样，它们正试图在创新和制造链中获得主导地位和控制权，但它们还有很远的路要走。在这种情况下，关键原材料的管理非常重要，如稀土危机所示，关键原材料在短期内几乎无法被替代。

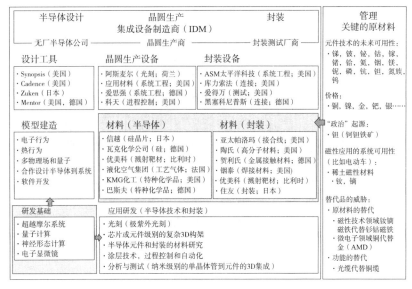

图 10.5.5　微电子元件制造商的基础设施

资料来源：自制。

华为是争议的焦点，该公司在 2018 年的销售额约为 1,000 亿欧元。华为注重出口，因此，它要保证最大的透明度。它在德国或英国设有安全实验室，英德安全部门可以进入安全实验室。迄今为止，无人能证明存在任何入口。因此，必须检查基础设施，尤其要检查数字基础设施，要核查这些设施从哪些国家进口，本国与进口国之间是否有"无间谍"协议，以及在发生冲突时，法律是否能保证公正。这在中国是一个问题，在美国也是。

2019 年 5 月，美国对华为实施了广泛禁令，并试图在域外强制执行。这给全球供应链带来了压力（见表 10.5.1），在美国也将造成数十亿美元的损失。华为的销售额约为 1,000 亿美元，其零部件采购额约为 700 亿美元，其中，约 110 亿美元来自美国。因此，阻止中国技术进步的代价非常高。但中国也有不尽如人意的武器：如果中国限制某些资源（如稀土）的供应，那么，中国也会破坏全球供应链，将会加强对替代品和新矿藏的勘探，长远来看，这将影响其地位，更重要的是，某些原材料对于高科技技术至关重要，在这类原材料的贸易方面，中国是全球最重要的进口国，通过进口原材料，中国在深加工领域占据重要地位。如果某一国家找到了这些原材料的替代品，那么，这会影响中国在原材料深加工领域的优势地位。如果抵制苹果 iPhone 手机，这帮助不大，中国生产部门约有 150 万人，创造的价值约为 240 亿美元。如图 10.5.3 所示，中国一旦封锁 5G 技术专利，那么，这可能是最可信的威胁，因为在这一领域，中兴通讯和华为是世界领先的技术拥有者。而美国又会威胁中国，美国可能实施强制许可制度，美国甚至可能没收这些技术。

表 10.5.1 华为的主要供应商

	编号	产品	制造商	所在国/地区
成品:网络智能手机等	1	金刚玻璃/触摸屏	康宁	美国
	2	有机电激光显示屏/触摸屏	三星	韩国
			京东方	中国
	3	指纹数字扫描仪	汇顶科技	中国
	3	高频收发器	海思–华为	中国台湾
	4	无线电模板	科尔沃,思佳讯	美国
	5	存储器	美光	美国
			SK海力士	韩国
			海力士	中国
			英飞凌	德国
	6	照相机/人脸识别	索尼	日本
			舜宇光学	中国
			莱卡	德国
			鲁门特姆	美国
	7	电池	深圳德赛	中国
	8	装配	富士康	中国台湾
	9	操作系统	字母表(谷歌)	美国
网络微技术	1	芯片	英国芯片设计公司	英国
	2	微电子	高通	美国
	3		博通	美国
	4		松下	日本
	5		意法半导体	荷兰/瑞士

资料来源:自制。

高科技竞争也会波及个人,例如,华为首席财务官孟晚舟就被波及,美国试图在域外肆意执行美国法律,最终双方和解。

这些斗争的结果是,中国将牢记儒家美德:自给自足,即,利用本国生产,创造尽可能多的价值。本书第1章已经将这一点确定为一种基本趋势。中国努力给亿万人民带来繁荣，所以，中国会通过这一战略证明自己。中国有14亿多人口，对于西方国家而言，中国的繁荣或许是给西方带来的最可信的威胁，而近几十年来，中国一直是西方国家发展的主要动力。图10.5.6显示了中国对微电子进口的依赖性：其数额是原油的两倍！美国的份额仅占5%左右，但这掩盖了这样一个事实，即许多生产设施虽不在美国，却属于美国企业，或者外国企业购买了专利，它们是专利的使用者。

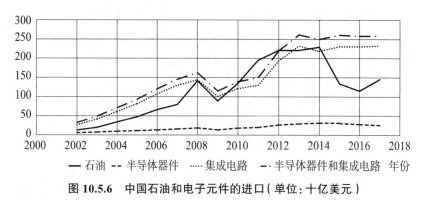

图 10.5.6　中国石油和电子元件的进口（单位：十亿美元）

资料来源：自制，参见中国微观经济数据平台和中国海关总署数据。

10.6　结论与行动建议

作为经济战争的特殊形式，网络战争和高科技战争加速了冲突的爆发。与常规冲突相比，在这种战争中，人们不太清楚，对手是谁，也不能迅速识别对手，因此，要考虑潜在的、未知的对手。所以，要首先把未知的未知至少变成已知的未知或未知的已知（见第6章），这带来了极大的挑战。对此，人类或社会的惯例很有帮助，其中，一部分惯例已被技术预先构建出来，它们比较容易映射到算法中。它们可以加速模式的形成,因此,在侦察方面,元数据尤其值得关注。实际上,历史证明,作为现代性的功能主义形式,成功算法的基础是,尽可能简单地将过程表示为数字。在此基础上,马克斯·韦伯(Weber, 1919)发展了现代官僚理论(见第4章),尼克拉斯·卢曼(Luhmann, 1969)建立了社会理论。历史实例可以证明现代社会和经济治理制度的成功,包括情报侦察和监视的成功进行。股票市场的崩盘显示,冲突越来越多地受到算法的影响,这会影响遏制冲突的能力。

三星与苹果之间的对抗清楚地展示了全球经济战争的发展方向:企业的核心竞争力尤其包括知识产权,即专利、品牌、商标及产品的外观设计等,因此,知识产权应受到特别的保护。在知识产权领域,应适当挖掘自己的研究领域,阻止第三方进入这一研究领域,把它们驱逐到吸引力较小的技术领域,这些技术领域在短期内都可以取得成功,但从长远来看,这将减缓国际增长趋势。

某些活动缺乏物理痕迹,但这并不意味着,这些活动没有留下痕迹,它们往往是在深网中进行的,而深网很矛盾,它可以守卫自由,但也是犯罪和经济战争的门户。

在《2019年德国经济中的电子犯罪》(E-crime in der deutschen Wirtschaft)这项研究中,毕马威(KPMG, 2019: 7-8)论述了与网络战争同等重要的六个基本方面,这里加以补充解释:

- 未报告的攻击次数很多,在对其他企业的风险评估与对本企业的风险评估之间存在很大的不对称性,据估测,对本企业的风险评估与实际相比要低很多,这会使本企业的防御措施不堪重负。

- 在网络领域,尤其在人与技术的交互作用方面,人为因素很重要,因此,安全文化似乎是一个核心的领导任务。

- 预防措施变得越来越重要，但它们大多在广度和深度上存在不足。

- 安全机构变得越来越重要，一些安全机构能够自动模拟危险状况或实施防御，它们尤其重要，比如安全运营中心和计算机紧急响应小组。

- 损害赔偿保险变得越来越重要，但由于缺乏了解，或因为人们不清楚风险状况，损害赔偿保险的规模还不足，因此，可以扩展风险管理和网络安全的整合。

- 尽管勒索软件层出不穷，但对于勒索软件仍然缺乏必要的防护架构。

实际上，这些预防措施也能提高企业的攻击能力。这与军事领域不同，军事上的能力发展和战备能明确分为侵略性信号或防御性信号，但在经济领域，如果市场进入者的投资成本有所下降，那么，这一直被视为一种威胁，在数字网络、网络节点和外围世界中，很难清楚区分进攻和防御，尤其是，微电子技术电路中的秘密操作和软件操作往往很难被发现。这令人很难及时对攻击行为做出适当的反应：一方面，可能不必给出反应；另一方面，给出反应后，这种反应可能是算法决策程序做出的错误结论。华为的例子显示，成功是可以衡量的，但是，也可能错误的人成功了，不过，这也不能肯定。

尤其当企业使用国家的或公共的基础设施时，国家与私人的互动就很明显。但是，基础设施的安全性只能得到有限的控制（Bailey et al., 2012）。无论如何，就像在真实的战争中一样，有必要把双方都纳入自己的行动范围。因此，建议采取以下行动：

（1）通过分析和取证，建立企业网络的稳定性，并将之视为企业风险管理的核心能力。优化本企业的反应能力，以便在没有保护时，不暴露网络的特性。关键的是，要识别系统的漏洞，提供安全功能，以便战胜干扰或攻击。要规定明确的访问权限。

（2）收集第三方的数据，尤其是通过提供服务，这些服务需要用单独的数据来支付，并且，这些数据要能够进行大数据分析，以便获得主导地位。所使用的算法务必要保密，它们是企业或国家在经济战争中的核心竞争力。

（3）创建一个程序列表，这些程序用于处理单项任务。稳定自己的决策过程，即使发生互联网入侵，决策过程也必须继续。努力进行防御，防止本企业或国家机构陷入瘫痪。要优先与企业或国家的重要利益相关者进行沟通。为防止顶级合作伙伴的离去，有必要维护那些并行系统，从"红色电话"角度看，这尤其适用于国家的重要合作伙伴。

（4）使用数据评估，以便有针对性地操纵对手，尤其要破坏对手系统的学习能力。这可以通过选择性反馈及网上自行发布的内容来实现。跨国公司和国家尤其如此，它们特别脆弱，因为经济战争发生在进出口市场上。对民族国家而言，某些国家的数字能力太弱，数据评估就变成了过重的负担，那么，它们必须加入一个国家联盟。

（5）进行演习，让自己的员工习惯于受攻击，训练他们如何应对攻击。同时，有必要与国家安全机构建立联系。要分析，哪些行业伙伴关系比较重要，或可能比较危险。作为一个国家，要评估盟国的忠诚度。在风险管理和程序规定的框架中，要对比目标与现状，以便从中学习。

（6）保持健康的怀疑态度。与正常的犯罪一样，攻击也来自邻近地区，即，来自关联企业或盟友。这里泄露的信息有很高的价值，也直接暴露了自己的弱点。因此，任何朋友都可能成为潜在的敌人。如果你意识到了这一点，为了自己的利益，那么，你就要遵循马基雅维利主义,必须迅速放弃忠诚。

（7）自由的数字世界是一种幻想。人当然可以享受个人自由,且不依赖网络。正义和善良有了新的界限,因为最初很难区分网络的使用和滥用。在数字世界中,每个人都是赤裸裸的,要尽量克制自己,要查明,谁是可能的对手。不要寄希望于国家的帮助,要利用对手的表现欲,这也适用于合作伙伴,一定要保持警惕!

（8）无论是作为进攻者还是防御者,都不要留下任何痕迹,在进攻时,还要留下虚假的痕迹。要建立自己的生态系统,通过软硬件基础设施,建立网络封建主义,争取信息优势。

（9）要保护数字副本,尤其要保护领导者的数字副本。优秀的领导力正变成数字世界中最重要的成功因素。领导或指挥可以得到人工智能的支持,但从长远来看,人工智能无法取代领导或指挥。

（10）最重要的是,网络战争是一场争夺世界统治地位的战争,因此,国家、国家联盟或联盟系统的首要任务必须是确保数据安全和技术主权。技术知识也是机会,一旦丧失了技术知识,你可能再也赶不上你的竞争对手。要比以往任何时候都能更清楚地认识到国际劳动分工的双刃剑功能,不仅要建立和平,而且,从主导地位期望理论来看,也要参与冲突。一定要为此做好准备!

11　秩序的破坏与僵尸化

僵尸是没有灵魂的未死之人，德语把僵尸也叫作复仇者。显然，人类自古就恐惧死者的复活，埃斯特·魏德曼（Esther Widmann, 2017）在《僵尸村》（*Das Dorf der Zombies*）中写道，在中世纪，尸体的各部分甚至会被肢解。在现代，死者的重生似乎不合时宜，从概念上看，僵尸似乎是18世纪海地奴隶的神话形象。僵尸有很高的隐喻性，僵尸指破产的企业，但僵尸并不离开市场，因此，僵尸代表着危机资本主义。所谓的僵尸化，是指健康人变成了僵尸，被剥夺了自由意志。在许多电影中，僵尸就像是魔鬼，通过啃咬健康人来繁殖。僵尸不仅吸食受害者的鲜血，也吞噬其大脑，这又像是一种精心设计的想法，即，僵尸化是一种大脑感染。经济僵尸化首次由爱德华·凯恩（Edward Kane, 1989, 1993）提出，他认为，如果一个国家人为地使已破产的金融机构保持生命，那么，大部分僵尸企业通常会得到公共资金的支持，比如，获得国家补贴或较低的利率，那么健康的企业就无法将破产企业挤出市场，从而导致整个经济受到污染并丧失竞争力。因此,熊彼特(Schumpeter, 1912)所谓的市场调整破产交易就不会再发生,竞争机制的效率就会受损。竞争机制的效率由创新组成,创新会把不成功的市场份额向成功的市场转移。另一条传染途径是,如果健康企业对破产企业有支付义务,这也可能导致健康企业破产(Locke, 2015)。[①] 僵尸化首先会导致缺乏市场调整,这就是企业破产率这个指标长期低于平均水平的原因。

本章将展示,如果不得已要实施一项紧急经济政策,则竞争机制会遭到系统性破坏,随之,人们会失去对货币秩序的信任,比如,在国际金融危机之后,欧洲货币联盟出现了危机。这又会引发诸多政治变革和社会变革:表面上,南欧出现了左翼民粹主义,北欧和美国出现了右翼民粹主义;在其背后,对自由主义的信仰——无论是政治上的还是经济上的——正在受到侵蚀,因为全球化及其对繁荣的承诺最终在金融危机中被扼杀。与第一次世界大战后的情况类似,停战和约并没有带来和平,金融危机解决后,局势得到了稳定,但这种稳定并非真正的稳定;这种局势类似于僵尸化。在这个世界上,在人类的干预下,自然形成的秩序甚至会变得不稳定。因此,德国的环境辩论显示,永远不能指望,人为机构能够在没有冲击的情况下度过危机。

11.1　被感染的竞争机制

现代法医学认为,人的生命在即将结束时,生活在人体内的微生物,比如细菌和真菌等微生物、蠕虫等,都可能会发生生物学爆炸,它

---

① 根据德国《破产法》第 133 条,如果债务影响其他债权人的利益,向债权人付款的追索权就会长达十年,尤其当债权人发出过催款书时,更是如此——这可以作为风险会提高的证明。

们在寄生体中努力为存活而斗争。僵尸企业在僵尸化经济（寄生体）中的行为与寄生微生物很相似，它们以最大极限为生存而斗争，它们努力活动，以便使自己的传染潜力有利于自己的不断升级，这与克劳塞维茨的观点有相通之处。根据德国中央银行（Deutsche Bundesbank, 2017）的定义，僵尸企业有两种变体：一、企业无法以运营收入来支付利息（变体A）；二、企业的现金流连续三年持续为负（变体B）。2015年，德国这两种僵尸企业占企业总数的比例分别为4.7%（变体A）和2.2%（变体B）。据国际清算银行统计，2015年，僵尸企业占全球企业总数的比例超过10%（Ettel, Zschaepitz, 2017）。

11.1.1　经济和社会中竞争的破坏

僵尸化与一个社会的制度框架直接相关，而社会制度框架对竞争经济的运行十分重要。制度竞争能确保框架的长期效率，也是企业有效运行的前提条件，企业必须有效运行，否则它们就不得不离开市场。这种竞争发生在所有层面，即，通过辩论和讨论，竞争不仅发生在经济层面，而且也发生在政治层面和社会层面。不过，在经济结构中，在法律法规中，在公民个人的日常生活中，由于改变有沉没成本，改变的成本太高，结果，即使改变是必要的，也并非每种改变都会得到实施，因此，这就造成了一种所谓的锁定状态，社会被困在锁定状态中，这被描述为经济僵化。这也适用于企业，尤其因为企业的网络结构具有惯性，企业也无法改变。此外，今天缺少重要的模式、领军人物和领军媒体，他们能够使经济秩序思想变得可信和可体验。一些金融机构本来备受推崇，最近，它们却给自由经济秩序造成了很大损害，在金融危机后，它们首先寻求国家的帮助，这实际上是在奉行国家垄断资本主义；随后，这些金融机构仍然有恃无恐，就像什么也没有发生一样，继续肆无忌惮地进行那些危害秩序稳定的游戏，没有任何迹象显示，它们会有所收敛和变化。

实体经济原因和金融经济原因[1]会导致僵尸化，此外，僵尸化的另一个重要原因是，作为第四暴力，媒体对僵尸化的批判和关注不足。关于僵尸化，媒体不想假意讨论，甚至不愿意公开讨论。相反，对手更想把不舒服的论辩推向极端阵营，以便否认论点。比如关于欧元的实施，一些独立的科学家和经济学家曾警告，欧元体系存在可预见的设计缺陷，[2]却被当时的著名政治家置若罔闻。自2010年以来，所有人都可以清楚地看到欧元货币体系的衰落，这导致了公众对欧元体系的公开批评和排斥。[3]在艾伯特·赫希曼（Hirschman, 1970）的退出-呼吁-忠诚范式中，由于拒绝讨论而导致退出，甚至可能宣告忠诚的结束。

如果稳定措施是错误的，那么，稳定措施的实施必然导致僵尸化，这个过程不符合基本军事原则，并没有为决策做准备，而在政治经济领域，决策行动拖延了。在遭到大规模攻击或外部袭击后，不仅缺乏反击的力量，实际上，任何内部经济政策举措都不会取得成功。因此，僵尸化是经济战争的一种特殊形式，在这种经济战争中，强者和弱者都要存活下来，更强者反而被削弱。通常，所有参与者的所有经济价值都将被持续摧毁。兵法有云："擒贼先擒王。"因此，首先要分析，哪些统治结构和决策结构有利于僵尸化？从主导地位期望的角度看，谁对僵尸化

---

① 熊彼特所谓的创造性破坏和竞争遭到破坏。

② 1998年度教授论坛"欧元来早了"。

③ 2013年夏，德国联邦财政部科学顾问委员会主席凯·康拉德（Kai Konrad）也认识到，救援成本不断增加说明，应该反思欧元区重新定位的成本；于是，在联邦议院，有人建议找人替代他（FAZ, 2013b）。

感兴趣？因此，僵尸化成了政治经济学的研究对象之一。

实际上，竞争力遭到损失，其主要原因是，没有关注相关的外部动力，这些外部动力会影响制度的结构。因此，如果经济的灵活性不足，就会导致危机，所谓的经济灵活性，就是经济能对新的趋势做出反应，对自己的错误进行纠正。那么，这里就提出一个问题：政治决策者是否会陷入不可控状态？如果是，那么，这有很多原因，比如，政治决策者缺乏对实际情况的了解，或者他们受到外部因素（如腐败）的影响，或者他们在经济上依赖于他们的委托人，或者他们要享受其他的优惠，或者他们不愿意放弃权力。在欧洲，欧元的引入首先掩盖了各国的真实竞争状况。欧元区各国签订了条约，制定了规则，但是，各国既可以违规，也可以冒险，而且，违规行为似乎在很大程度上是免费和无风险的。政治和经济的决策者逃避责任和义务，他们与某些金融机构领导人的行为方式没有什么区别，这些金融机构曾利用危机进行投机获利。因此，在建立一种制度体系时，有必要配备必要的制衡机制，如果有人故意破坏该制度体系的法律框架，那么，他也就破坏了这种制度体系的基础。目前，欧洲的情况就是如此：首先，欧盟的"不纾困条款"遭破坏；然后，中央银行禁止提供主权债务补贴；最后，一些行动不具有民主合法性，这可能是最严重的违宪行为。

图 11.1.1 说明了上述思路。金融危机使一些金融机构和实体企业备受压力，金融危机后，为了降低利率，防止企业破产，央行向市场注入大量资金；有时，国家甚至参股到不稳定的银行和企业中。金融机构陷入危机后，仍能获得融资，不必承担风险，并以特别优惠的条件，向危机企业提供贷款，这降低了危机企业的成本和市场价格，因此，这也使健康企业备受压力，于是，熊彼特所谓的破产交易未能发生。随之，健康企业也被传染，即，健康企业被僵尸化，也陷入危机，这加剧了危

机;接着,国家和央行就不得不采取新的行动。[1]

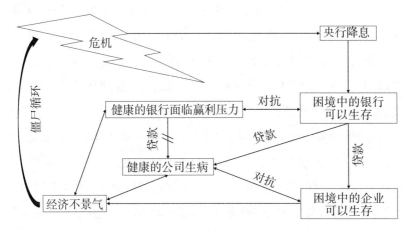

图 11.1.1　僵尸化循环模型

资料来源:自制。

11.1.2　僵尸化实例

僵尸化尤其与日本经济危机相关。在日本,僵尸化已蔓延到了银行业,僵尸银行是一种金融机构。20年前,在亚洲危机时,僵尸银行本应破产,破产之后,僵尸银行就不会把大规模损失(尤其是房地产业的高额损失)转嫁给公共金融机构。但是,日本公共金融机构却介入了这一发展,拯救了这些垂死的银行。随后,重病的银行向健康银行发起了竞争,它们向已经被削弱的企业发放低息贷款,最后,整个经济结构变成了非竞争性结构。随之,所有行业和企业都备受压力。实际上,以前,日本企业的技术能力曾是日本创新能力的证明,在电子工业领域,

---

①　死亡收据能证明金融机构未认证的程度,这是一种金融证券,证券持有者在赌第三个人的死亡。英国金融监管局曾判罚死亡收据销售员斯图尔特·福特(Stewart Ford)1.05亿欧元(Handelsblatt, 2015; FAZ, 2015b)。

索尼、夏普和松下等公司就是如此，一部分汽车公司也是如此，比如三菱、马自达和铃木。实际上，零利率消灭了一切有效的资本管理。国家试图实施财政政策，主要实施短期的经济刺激方案，以便解决经济增长的问题；但在大部分情况下，这些政策并不会产生长期有效的推动力，其原因是，如果稳定只是退化到了观望状态，那么，即使促进了需求，在供应方面，这也很少会引发创新攻势。自 2000 年以来，日本经济增长停滞，在新千年更迭之际，日本国内生产总值为 4.6 万亿美元，到 2013 年，日本国内生产总值仅增长为 5 万亿美元。日本选民希望，政府能增加对选民的物质帮助，对此，日本政府予以回避。日本政府的做法是，以财政政策来支持经济发展，保证日本经济在世界市场上的竞争力；但在世界市场上，仅靠竞争力已经无法满足选民的物质愿望。在全球竞争的压力下，日本的实际工资水平过高，因此，日本政府既想确保实际工资水平，又想稳定经济结构，但经济整顿并没有成功，这一切都加快了僵尸化。日本经济学家浜田宏一（Koichi Hamada）提出了安倍经济学，根据安倍经济学，日本利用极宽松的货币政策，提高通货膨胀率，同时大幅度提高公共支出，但是，这一政策也失败了。在"日本激进宽松政策的失败"（The Failure of Japan's Radical Easing）一文中，约翰·里昂斯和米赫·伊纳达（Lyons, Inada, 2017）认为，这一政策的失败归咎于日本人的"心态"，日本人已经内化了通货紧缩，所以，即使利率很低，日本人也会储蓄；2010 年，日本的通货紧缩率接近 3%。另外，日本的宽松政策之所以失败，可能也因为日本人对未来的忧虑。尤其是，日本年轻人的活力似乎不足，年轻人已经降低了生活要求，他们有尼特族、飞特族、啃老族和食草男：尼特族不受教育，不工作，不参加培训；飞特族（freeters）这个词由英语的自由（free）和德语的工人（Arbeiter）组成，飞特族打短工；啃老族不离开父母，靠父母生活；食草男则对异性不感兴趣。

在转型过程中，往往会出现僵尸化。例如，在德国统一的过程中，在托管局的组织下，德国东部地区的收入逐步提高，这导致了当地实体经济的僵尸化。1990年春，民主德国即将终结，当时，一个根本问题是，国家财产如何过渡为私人财产？因此，民主德国准备修改经济法，做出根本的决定。民主德国人民议会最终决定，1990年3月1日成立托管局，托管局的任务是，接收并处置国家财产，使国家财产私有化。这意味着，从根本上把国有土地和国有资产进行私有化，这包括全部生产能力、一部分公共领域生产能力，比如供水和污水处理企业。

当时，民主德国的经济结构与联邦德国1970年代的经济结构类似。民主德国的经济几乎没有融入世界经济，原材料供应主要来自苏联，除了两德贸易外，在销售方面，民主德国与苏联的贸易仍占主导地位。民主德国的全部生产都集中在316家大型经济单位中，即联合企业，在这些联合企业中，约一半以上是国有企业，一部分是各区的下属企业，这部分企业主要是生活用品供应商和建筑企业。与短缺经济对应的是需求和购买力的过剩。1989年的经济形势相当危险，对此，舒厄尔等人（Schürer et al., 1989）制定的《舒厄尔建议》（Schürer-Papier）提出了三种战略，来拯救民主德国的经济，其中只有一种战略似乎可行，即，把民主德国的富裕水平降低三分之一，大力增加外贸出口，改变经济体制，而最终，民主德国的经济体制发生了变化。

德国东部地区进行了经济体制改革，改革的任务是，尽快把国有经济私有化，并使其具有竞争力，这两者往往互不相容，尤其在时间上。在改革中，民主德国的联合企业被拆分了，大约分成了15,000个单位，这些单位可以私有化，这些单位的私有化只有一种法律形式，即，建立有限责任公司。1972年，在民主德国，一些家族企业被国有

化，1990年春，在民主德国莫德罗政府的领导下，民主德国的第一批
企业被私有化，在国有企业被私有化之后，一些家族企业被归还给了
原企业主。由于这些家族企业与旧传统存在联系，比如，企业领导者
往往是原企业主，因此，几百家家族企业较早完成了结构改革，拥有了
新的资本，所以，在德国统一初期，这些企业在市场上取得了很大的成
功。企业越糟糕，私有化就越困难。但是，在托管局的组织下，任何一
家东德企业，只要它有望售出，就能得到公共资金的支持。这时候，主
导地位期望这一范式初露端倪：随着时间的推移，一些国有企业的存
活机会越来越小，但是，在国家资金的扶持下，这些濒死企业开始与那
些私有化企业进行竞争，使它们陷入破产，而只有这样，国有企业的存
活机会才能增大。与濒死的国有企业相反，一些从国有企业中分离出
来的企业经营得很成功，大部分企业往往直接参加竞争，并没有得到
国家资金的支持；在供应方面，各家企业往往也相互依赖，这给国家资
金支持下的国有企业带来了机会，作为经济战争手段，它们可以迫使
竞争对手提高成本。实际上，由于可能失去大批工作岗位，国家进行
了干预，但这种干预阻碍了濒临破产企业彻底走向破产，却使创新企
业备受压力，它们甚至可能不得不离开市场。20年后，国家扶持了欧
宝汽车公司和史莱克药妆店，但均以失败而告终。如果企业不断僵尸
化，根据哈维·莱宾斯坦（Harvey Leibenstein, 1966）的理论，X效率
和A效率会持续过低，然后，国家的唯一选择就是拆分，即，在合理化
与限制垄断组织的框架下，努力把最有活力的企业撤出来，并向其他
企业提供死亡补助金，欧洲钢铁业就是采用了这种做法，目的是，阻止
僵尸化，刺激经济，释放资源，从而把资源重新投入市场，这样，才能
再次重新组合。

　　自2015年起，中国经济的调整也是中国经济向全球化转变的结

果,其影响具有全球性(Economist, 2016a)。出于就业保障的考虑,中国的国有企业并不会关闭,尽管其中一些企业的生产导致了生产过剩问题(见图11.1.2)。在钢铁业,中国的劳动生产率还不到美国或日本的一半,因此,这里需要进行合理化(Lewis, 2018)改革。尽管一部分行业的一部分设备效率很高,比如电子行业和汽车制造业,但整个经济的平均生产率仅为经合组织平均生产率的15%—30%(Economist, 2016c)。在中国,一方面,一些行业的生产能力过剩,另一方面,一些行业的生产率较低,对中国经济而言,这种部门产能过剩和低生产率的结合是一种高风险的危机。

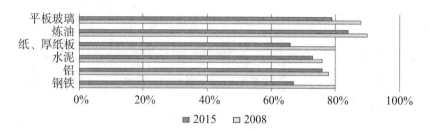

图 11.1.2　2015 年和 2008 年中国各行业的产能利用率对比

资料来源:自制,参见 Die Welt(2016a),Roland Berger(2016: 3)和中国国家统计局数据。

僵尸化有很多原因,从本质上讲,这是错误经济政策的后果,往往是一种产业政策的后果,按照哈耶克(Hayek, 1945)的理论,这种政策假定了实际上不存在的知识,并浪费了大量的公共资金。因此,生产力和增长遭到了破坏。在分析经合组织国家的经济时,马热·麦高恩等学者(McGowan et al., 2017)谈及行尸走肉,这些僵尸化企业会堵塞市场,从而剥夺了其他供应者的市场机会,甚至会给创新造成真正的障碍。

11.2 不良治理与僵尸化

治理包含领导、管理过程和管理结构。威廉森（Williamson, 2010: 456）认为："……治理是通过注入秩序而缓解冲突、实现互惠互利的手段。"如果治理不当，僵尸化风险就会增加。政府之所以治理不当，一个重要原因是，政府不愿意吸取经验教训，或者不愿意权衡贸易的长期影响和短期政治机会。在"有副作用的货币政策"（Geldpolitik mit Nebenwirkungen）一文中，彼得·迪驰（Peter Dietsch, 2018/2019）写道，欧洲央行在 2012 年向商业银行提供廉价资金，用于实体经济贷款，但它们用这些资金购买金融产品，以牟取暴利。这一失败导致了 2014 年央行政策的新版本，导致了同样的消极后果。显然，人们并没有从错误中吸取教训，并没有进行公开讨论，而是受制于一种政治愿景，否则，欧洲货币联盟的南方国家就能受到保护，从而免受过于严厉的调整政策的影响。

11.2.1 资本主义中的破产

一个经济体的僵尸化往往是由一次强烈的外部冲击引发的，或者经济早已潜伏着僵尸化，如今只是显露出来而已。这种冲击通常是由国际劳动分工的根本性转变、债务危机、竞争对手的飞跃式创新引起的，并引起隐性效应，这既会打击经济表现，也会打击资产价格或价值。一旦经济突遭袭击，一开始，这往往只是被视为经济繁荣乏力，由于这一错误判断，国家往往只实施传统的经济政策手段，来应付突袭，而没有将其视为经济结构调整的问题。这时，一旦采取了错误的经济政策手段，就会长期削弱整个经济。在 1970 年代初期，石油价格危机发生之后，就已经产生了经济僵尸化理论，当时，一些国家利用国家负债来弥补所谓的需求缺口，但这些措施的效果不佳；附带损害是国家债务的大幅度增加。

经济政策制定者和实施者，包括政府、国家机构、中央银行、利益集团和院外说客等，他们对经济僵尸化负有责任，因为政策失灵与秩序框架的腐败紧密相关。下文将阐述这种秩序的失灵，以说明经济治理的必要性，奥利弗·威廉森（Williamson, 2005）在诺贝尔颁奖礼上发表了题为"治理经济学"（The Economics of Governance）的演讲，他说，经济治理的任务是，要解决缺乏良性规则的问题。如果秩序失灵导致了经济僵尸化，那么，就要解决秩序失灵背后的领导失灵，领导失灵引发了治理不善。

发达的市场经济体制之所以能取得成功，其中一个重要原因是，它们长期以来对信誉商品进行了不可逆转的投资。从经济政策到企业家的个体行为，在各个层级，它们建立了一系列规则，其中一部分是法律性质的，一部分是价值观，比如商业道德和商业礼仪。从进化制度主义的角度看，这些结构相互负责任，一开始，它是信任，各级结构建立在相互信任的基础上。从交易成本来看，它们使交易变得更容易，如果声誉遭到了破坏，那么不仅经济活动会蒙尘，而且会导致整个结构的坍塌。迄今为止，制度设置成功地稳定了系统，但在经济危机时期，制度设置的作用可能适得其反。在"当损失变成贷款：资本不足银行的成本"（When Losses Turn Into Loans: The Cost of Undercapitalized Banks）一文中，劳拉·布拉特纳等学者（Blattner et al., 2018）指出，这是恶性循环，一开始，为了整顿经济，监管部门强制要求企业增加自有资本率，终止潜在的不良贷款，然后，将释放的资金重新分配给那些债务状况不明的企业，这反过来又会导致生产资料在企业间的再分配，这又会破坏效率。

11.2.2　熊彼特的破产交易与分流

破产交易将阻止僵尸化,熊彼特(Schumpeter, 1912, 1942)把破产交易置于创新过程之后、萧条阶段结束之时,这时,通过新的组合,创新者使旧的技术和产品备受压力,相关企业最终破产,不得不退出市场。尤其在创新周期的后期,产品越来越老化,创新概率微小时,很可能出现经济停滞甚至经济衰退的风险,这也会导致需求下降。虽然需求下降了,但此时的需求很重要,正是在这些需求的基础上,通过破产交易,才能实现稳定,这些需求也为把新组合推向市场提供了动力,新组合会攻击传统结构,并最终引发创新。在《技术僵局》(*Das technologische Patt*)一书中,格哈德·门施(Mensch, 1975)认为,从时间上看,干预(发明)出现的时间是平均的,但只有当旧产品没有(不再具有)经济效益时,创新才会有实施的意义,也就是说,在大萧条的低谷中,企业家感到自己不得不采取行动,否则就会倒闭。因此,创新周期具有不稳定的周期性。这一思想近似传统的长期技术路线和长期经济周期的概念,这继承了尼古拉·康德拉季耶夫(Nikolai Kondratieff, 1926)的理论传统。这一模型可以转用于金融领域,因为如果缺乏投资机会,一些资金只能堆积在账户上,直到这笔资金投入新的市场,从而可能打破金融经济导致的创新障碍。但后者并不确定,如果金融投资的目标是非生产性的,它可能会加剧僵尸化。许多门槛国家的贷款都属于这一类。

另外,为了降低僵尸化成本,私人经济会采取手段,这会加快僵尸化,这类似于囚徒困境。在认识到金融行业的这一脆弱性之后,它们力图降低债务,因此,贷款需求下降,储蓄存款增加,这导致了所谓的资产负债表衰退,即,实际上,这导致私人经济的资产负债表额度减少了，私人经济降低了债务，与以前相比，投资减少了。假如出现了经济衰退迹象，按照凯恩斯主义，为了稳定需求，国家将补足这一空缺。但是，国家自己也债台高筑，所以无法稳定需求，因此，在市场上，国家债务也更容易遭到攻击。一切货币已经在流动资金陷阱中无法自拔，所以，利率政策不再有效；因此，即使在利率最低的情况下，各国央行也很难稳定银行间市场和信贷业务。由于缺乏破产交易，这会导致负和博弈，所以，可以肯定，在这一层面，经济战争已经与僵尸化联系在一起。此外，僵尸化还会对政治经济进程产生影响，这在后文再论。

11.2.3 对经济秩序的信任与质疑

2008年10月，德国总理安格拉·默克尔说："储蓄是安全的。"2011年夏，她重申了这一点。储蓄真的安全吗？储蓄难道与养老金不同吗？ 1986年4月，德国劳工社会部长诺伯特·布吕姆（Norbert Blüm）说："养老金很安全。"今天，这一说法只会引起人们的同情。"人寿保险金是安全的"，但是，这能用哪一种货币来支付？会有什么样的收益？德国保险法规定，保险业要给被保险人提供法定保值准备金，2012年年底，保险业和政府决定，要对法律保证的保值准备金进行预扣。恰恰在德国，在一个经历过国家灾难的国家中，人们对经济秩序的信任成了国家财富的理由，因此，这个信号是灾难性的。2014年夏，一种调整方案被发明出来，该方案旨在稳定人寿保险的收入，但是，企业支付红利要与使用绑定服务挂钩。因此，这种经营模式可能会变成不可预测的威胁。在违反欧元条约后，即，禁止无限额购买国债条款，以及在现在的储蓄贬值之后，公民将不得不习惯于被迫为精英阶层的失败埋单，而精英阶层的政策是他们几乎无法控制的。为此，各国政府利用其议会来改变法律标准。奥地利在2014年颁布《阿尔佩-阿德里亚法》，该法显示了责任如何从国家转移到个人,因为国家对私人企业的担保被取消了。德国应该看到这一现象:终有一天利率会提高,德国的债务就不能再用传统手段来承担了。目前,德国政府正在提供非传统手段,即一种凭空而来的想法! 西方各国的负债在和平时期从未达到目前如此高的水平,因此,国际货币基金组织(IMF, 2013b)正在研究,如何通过适当的特别征税来消除债务和危机成本。作为传统的储蓄国,德国尤其适合这一方法(Eckert, Zschaepitz, 2013),尽管德国央行最初将其视为对边缘国家的一种整顿措施,这些欧元国家已积累了大量私人财富,这往往是由于国家税收不足造成的。对德国而言,拯救银行的直接负担就约有 500 亿欧元,间接费用很难统计,它由储蓄者和人寿保险投保人来承担,有负债或负债过高的公共机构会从中获益。

人类的核心成就是,建立了国家契约和经济政策秩序框架的顶级合作制度,对体制的信任就是对国家契约和经济政策秩序框架的现代理解。如果不存在公认的合作框架,这会破坏人们对个体危机的接受能力和对社会竞争行为的认可,这两者对于进步都是必不可少的。欧洲曾经拥有值得信任的货币与经济体制,但现在,这种信任已经被摧毁;这几乎伤害了所有人,却仅仅有利于一部分金融业,用高盛集团总裁的话来说,它利用金融业在当前危机的开始阶段或从中获利的部分,来“做上帝的工作”。他的同事曾担任世界政治机构或中央银行的要职。约瑟夫·斯蒂格利茨要求,欧洲央行必须更美国化(Lorz, 2014),这意味着,欧洲央行要放弃迄今为止以契约为基础而建立起来的秩序要求。实际上,购买政府债券只会减轻政治和财政压力,其后果是,继续拖延解决问题,延长传染时间,增加对健康企业的传染风险。药物变得比疾病更危险,辅之以财富流逝和对高额资本的错误管控。

全球化世界并不安全,对于这个世界上的人而言,欧洲承诺要成为风险缓冲区,而民族国家显然再也无法做到这一点了。实际上,民族国家现在必须拯救欧洲。对"一个欧洲"的信任是一个社会稳定性框架,但它也有大量的保留条件。布鲁塞尔和柏林认为,即使在英国脱欧的条件下,他们也没有义务或责任向民众解释,为什么"一个欧洲"是一条别无选择的道路。但是,如果不讨论,更不会发现新的道路,这就是意图吗?事实上,金融业一片混乱,问题成堆,金融不稳定,商业模式不可持续,国家债台高筑。虽然具体问题始终是银行或国家的问题,但货币政策和救助计划却使问题社会化,其后果是,既然第三方的能力尚能被盘剥,那就使用第三方账户的资金,而且是以当前的利率。如果将来按照世界标准提高利率,那么,迄今为止似乎稳定的国家也会出现债务问题。此时,撒切尔夫人的话就有了新意,她说:"总有一天,一个人会花光其他人的钱。"(WaS, 2013)。这里仍然涉及这三个问题:归属、责任与义务,这也是僵尸化的原因之一。赫尔弗里德·明克勒(Münkler, 2015b)这样描述这种幻灭:"我们正在目睹欧洲这头大奶牛的告别。"因为仅仅靠钱已经无法掩盖这里的问题,经济界、政治界和媒体界的精英们必须讨论,选择什么方案来确保欧洲的生存。这彻底打碎了这种世俗观念:凡事皆可做,且支付得起。

　　一种方法可以破坏对体制的信任:一旦意识到,需要尽快解决一个问题,这个问题就会发展成一个政策领域。这增加了采取行动的必要性,或许会发展成一种紧急状态,这时,应该采取强有力的、可见的终极步骤来解决,通常直接利用关于事实的知识和意志来破坏规则和"确定性"。如果所期望的成果未能出现,人们会陷入阿伽门农原则,而不是承认走错路,对实际情况进行侦察,然后"倒转方向"!比如,德国"能源转型"项目的挫败证实了上述模式:起初,人们意识到了"能源和环境问题";后来,人们认为这个问题必须解决;再后来,德国政府做出了反应,制定了"能源转型"政策,实施了这一大型工程。它同时埋葬了两个确定性:一、作为成功工业区位的条件,家庭和企业买得起能源;二、在重大技术挑战领域,具有可行的经济政策。

现在,总有人认为,国债危机、欧元危机或能源转型危机等危急情况都需要特殊的决策;破坏信任,破坏契约,利用储蓄金,通过强制性低息政策而使人寿保险金贬值,通过通货膨胀冷酷地剥夺货币资产,这一切都是为了更高的目标而犯下的可接受的罪过。通货紧缩也会剥夺财产,会剥夺财产所有者的财产,这说明,货币的内在价值是多么重要。但是,目标是否可以为使用的手段做辩解呢?特别是在使用了手段后,紧急状态并没有消除,而是不断出现了新的问题。零利率不仅对个人是毒品,对国家也是毒品,总有一天,利率会提高的,一旦利率提高了,那么,这又会给公共预算带来极大压力。这使得必要的整合几乎不可能了。在"如果马不想饮水"(Wenn die Pferde nicht saufen wollen)一文中,克劳斯·多林(Döring, 2016)认为,尽管货币利率很低,但企业的风险利率却几乎没有下降:2007年,企业风险利率为8.1%,欧洲央行基准利率为4.4%;而2016年,企业风险利率为7.1%,欧洲央行基准利率达到历史最低的1.8%。换句话说,如果低利率给未来蒙上阴影,两者的差距会越来越大,且会相互掣肘。

达尼尔·埃克特(Eckert, 2014)的研究问题是:欧元何以使德国人难以入眠?他认为,国债危机已经在集体意识中留下了深刻的印记,超60%的公民担忧,国债危机会使德国纳税人付出高昂的代价,几乎同样多的公民担心通货膨胀。这种恐惧建立在后《凡尔赛和约》时期的原始恐惧之上。当如此多的信任资本遭到破坏、对政治产生如此大的失望时,到底还能做什么呢?仍然是这个老问题:从牙膏筒挤出的牙膏如何再挤回去呢?世人皆知,这绝无可能。第一步或许应该是，为了至高无上的美德，在政治决策之前，要澄清事实，把政治中的道德驱逐出去，正如朝圣山学社社长肯尼思·米诺格（Kenneth Minogue, 2013）所言，要避免对日常建设性道德的破坏。根据德国哲学家阿诺德·盖伦（Arnold Gehlen）的《道德与超道德：多元伦理》（*Moral und Hypermoral: Eine pluralistische Ethik*, 1969: 75），如果人文主义道德观念在一个小团体中逐步成熟，那么，必须首先尝试把这种道德观念转移到匿名领域，他称之为"人道主义化"。他认为，"应把无差别的博爱作为道德义务"，即，它被置于机构的精神之上，而机构的精神葬送了公民社会，因为机构是个人以外的社会信任的载体，这使其功能增加，负担过重，（思想的）强者将侵略作为权力来实施；不再需要有理智的事实澄清和对问题的处理；政治判断和结论是没有事实根据的。[①] 他认为，有四种道德源泉：一、经济生活中的互惠。二、对弱小的本能保护。三、制度的伦理。今天，以上三点都叫作治理良好。四、家庭与家族中的人道主义。如果把第四种道德普遍化，对于其他三种道德领域而言，那简直是恐怖，"超道德"就是如此。在极端情况下，会发展成精神病，即，对真实的妄想，作为对身份威胁的防御。亚历山大·格劳（Alexander Grau）支持这一论点，在《超道德——对气愤的乐趣》（*Hypermoral—die Lust an der Empörung*）一书中，格劳（Grau, 2017: 42-43, 65）写道："不存在没有意识形态的道德基础，即，人们必须模糊道德背后的意识形态。"他说："为了给人一种非意识形态的印象，道德必须自己成为意识形态。于是，从道德中发展出道德主义。"心理分析家沃尔夫冈·施密

---

① 俗话说："好心办坏事！"恺撒（Julius Caesar）则说："所有不好的例子都是从好的开始中涌现出来的！"

特鲍尔（Wolfgang Schmidbauer, 2017）论及"治愈道德"：一个社会要努力找到简单的、可道德化的答案。最后，道德主义具有救赎功能。这正是英格·皮斯（Pies, 2010）呼吁现代伦理的原因。在进行判断时，人们应该询问目标的价值。也许一些目标过于野心勃勃，比如"全民欧元"，要想实现这个目标，必须建立新的机构，自下而上，以欧洲为中心，使议会更具合法性，大幅度缩减欧盟总部的全能要求。最终的结论是，任何道路都无法绕过一点：必须重新考虑许多新的机构，比如，建立新的欧洲央行、新的金融体系。民主不允许成为危机政策的破坏性副产品，立法机构的职权不可因危机而结束，最后，即使发生了一些违法行为，这也并非继续这些违法行为的理由。如图 11.2.1 所示，根据科隆经济研究所（IW-Köln, 2015）的分析，经济信任资本很不稳定。

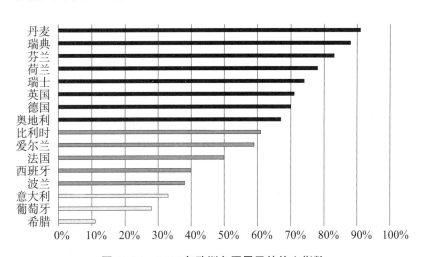

图 11.2.1　2015 年欧洲各国居民的信心指数

资料来源：自制，参见 Börsen-Zeitung（2015a），Institut der Deutschen Wirtschaft（2015）。

20 世纪初,路德维希·冯·米塞斯(Mises, 1932: 461-462)写道:"银行和货币政策的人工干预只能让人看到情况暂时好转的假象,之后,这种假象必然会导致更严重的灾难,因为使用这些手段会损害人民的福祉,因附加贷款所带来的繁荣假象持续的时间越长,造成的损害就会越大。"

自 2016 年春季以来,危险迹象表明,金融业崩溃的风险在持续上升,因为许多银行缺乏抵御危机的能力,低利率导致大量货币被投入高风险金融投资中。影子银行很繁荣,它们的增长超过了实体经济的增长。在某些国家,影子银行与实体经济的比例失衡在成倍发展(Börsen-Zeitung, 2016g),比如,在英国,信贷的增长也超过了实体经济的增长(Ettel, Zschaepitz, 2018b)。这里的重点在门槛国家,2018 年中期,因为美国利率的提高,门槛国家陷入危机。主要的不稳定因素又回来了,如图 11.2.2 所示,在欧洲,尤其在英国,这与旧商业模式的恢复相关。

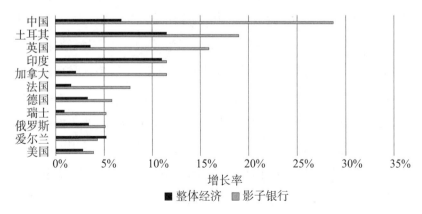

图 11.2.2　2017 年各国影子银行与整体经济增长情况

资料来源:自制,参见 Ettel, Zchaepitz(2018b),Financial Stability Board。

11.3 僵尸化社会的未来

全球化带来的结果是：整个社会都屈服于竞争至上。尽管社会生产力大力发展，创造了巨大的财富，但今天看来，这种财富似乎不再惠及所有人，这会导致社会群体矛盾（至少在思想上）。在所有国家，人们在社会上的绝对地位似乎都有改善，但这并不是衡量收入分配平等和财产分配平等的政治标准，人们会与邻人比较，因此，收入差距和财富差距的拉大会被视为一种威胁。在某些情况下，人们会绝望，人们会认为，在有生之年，自己与家庭的生活水平不会再得到持续改善。

如果声誉是一个自由经济体制的最重要货币，货币的价值在于对经济表现的信心，那么，有两种发展会危害市场经济的未来：对货币的信任遭到侵蚀和欧洲社会共识遭到破坏。

11.3.1 对货币的信任与质疑

国家本应自愿行动，但随着 2008 年金融危机的开始，国家不敢再贯彻经济秩序至上的原则，而金融机构往往采取不正当行为，甚至违法行为，这危害了经济秩序，因此可以说，金融业发起了一场针对民主制度的战争。在这场战争中，民主制度遭到破坏，比如德国联邦宪法法院或《马斯特里赫特条约》，民主决策机制贬值，比如议会，不负责任的行为因纳税人的支付而得到扶持。民主制度在危机处理方面无能为力，而政治行动者缺乏对替代方案的计划。市场成为不受影响的决策者：一开始，市场为一切行为进行融资，现在，市场是各国深陷债务奴役关系的罪魁祸首。国家目前债台高筑，结果，一些国家已经使自己依赖于高昂的国债。对此，大卫·格雷伯（Graeber, 2011）认为，人无债务，才会自由。若想把人变成奴隶，债务就是最好的手段。债务是游离于社会互惠制度之外的一种体系，在很大程度上，债务是通过交换来定义的，所以，在正常经济中债务的动机和后果并不明显。因为债务不是一种提前消费或提前投资的手段，而是一种屈服和奴役的手段，所以，债务会带来道德压制，要求归还债务不符合道德正当性。实际上，在危机时期，归还债务的成功概率更小，这是一场针对合法的金融债权的战争。由于正常的法律主张往往被民主进程过度延长，人们不需要一个拒绝还款的无政府主义方案就可以看到，今天债权人对债务人的依赖程度到底如何。在"上帝与金钱——相似性争论"（Gott und Geld—Ähnlichkeit im Widerstreit）一文中，约尔格·迪尔肯（Jörg Dierken, 2017: 32-33）从神学角度阐明了这一事实：每一个生命都亏欠他人，如亏欠父母，因此，存在大卫·格雷伯所谓的"原始债务"（Graeber, 2011: 66）；由此，"债务经济的人类学和神圣符号化"之间相互结合起来，"银行被比作货币神庙"，迪尔肯的结论是："格雷伯的理论描写了持续的非对称性社会关系，这些关系是它们与相应的神的关系的缩影，与实证十分接近，与交换和市场这些概念相背离，而交换和市场这些概念具有启蒙性和高度规范性。"因此，这与伪神圣使命相关，许多经济战士都有类似的伪神圣使命。

2000年年底，全球债务共计87万亿美元；2007年年底，全球债务超过了142万亿美元；2014年，全球债务升至199万亿美元（Financial Times, 2014）：这些债务几乎平均分摊在私人家庭预算、企业、国家和金融机构中。在"无人理解债务"（Nobody Understands Debt）一文中，保罗·克鲁格曼（Krugmann, 2015）认为，这不必大惊小怪，因为世界经济（即人）只是自己欠自己的债，相关的稳定风险（债务链的断裂）总是与另一场风险相对应，紧缩政策会持续破坏增长的基础。因此，应放弃增长，在最糟糕的情况下，经济可以萎缩，这也会相应地增加债务负担。

这种做法对金融产品持有人有什么后果？占领运动的文化领袖对

此并不感兴趣，正如抗击外国侵略者的游击战一样，他看到了一个为了经济利益而牺牲的世界，这世界有权举行经济起义，这正是威廉·波尔克（Polk, 2007）描述的游击战，这一理论与卡尔·施密特的理论（Schmitt, 1963）一脉相承。与游击队和国家之间的冲突类似，"占领"否认金融业和国家的合法性，反之亦然。在社会市场经济体制中，秩序间的相互依赖性具有道德品质，但它似乎遭到了破坏，因此，有必要回顾监管政策的历史。

凭借其金融系统，金融业置身于民主制度之外，变成了一个无懈可击的垄断世界。金融业的系统性指这种状况：在经济上，一切相互依存，政府一旦干预现有制度，就会导致不可预见的后果。金融圈是金融系统的支持者，他们极有可能阻碍新的规则，比如，通过信贷紧缩、融资问题、重点产业外流和就业机会的外流。关于金融环境污染的系统性，迈克尔·科特（Michael Koetter, 2012）认为，金融业使用的技术具有很高的外部成本，这会把金融环境污染转嫁给公众。

这样一来，科林·克劳奇（Crouch, 2004: 10-22）所谓的"后民主"实现了，"后民主"指一种政治秩序，在这种秩序中，民主制度框架继续存在，但其价值结构却被破坏了，因此，政治沟通减少了，只有那些少数（经济）精英所接受的事物才在公众中进行谈判，或投票表决。竞争性、专业化的公关团队决定着政治议程。尽管政府更迭由选举决定，但政治选票已毫无价值，已经不再具有信号功能。"后民主"的"后"不仅指"在……后"，更主要指"超越民主"（Crouch, 2004: 10-31）。从政治上看，后民主完全符合经济僵尸化，因为在这里，关键的信息系统、价格的信号功能被消除了。在中央银行层面，这些精英要对金融环境污染负责，比如，欧洲央行的本来目标是充当成员国之间的一种付款转账方式，然而，欧洲央行目前已变成风险转移渠道，因此，它能够对那些救助了危机国家并力挺欧元的国家进行敲诈勒索。

11.3.2 欧洲的离心力

实际上，在后民主中，一切都已经预先规定好了，所以，后民主意味着，从技术官僚角度来行动，不以民主选举决策为基础，而是将行动作为别无选择的方案，因此，后民主与僵尸化相得益彰，相互增强。因此，后民主也不必合法。后民主破坏了自由制度国家——国家统一了政治因素和经济因素，从而建立在一个共同价值的基础上。在德国社会市场经济体制中，这种共同价值表现为经济的价值重新绑定，同时也表现为经济体制与政治体制的相互制约。后民主打破了这种共识，这也意味着，出现了政治离心力和经济离心力。是否拥有救援程序，这成为了政治存在是否合法的最大特征之一。

在经济上，稳定性经济政策的规则遭到了破坏，尤其是，领导与责任的统一遭到了破坏，有时，必要的责任也遭到了破坏。于是，就出现了经济风险状况：国家实施救援，以便使危机不再加剧，并维护那些无行动能力的结构；其后果就是僵尸化，这意味着，非创新性经济体能够生存下来，这个经济体在很大程度上是由高负债国家的需求刺激维持的，高负债国家的需求刺激掩盖了经济体的这一系统性疾病，却无法彻底治愈这一疾病。

彼得·高韦勒（Peter Gauweiler, 2012）曾论及一些欧洲国家中的"民主主权"问题，实际上，这是离心发展的另一面，离心发展的最大动力是欧洲中心主义，其座右铭是，在欧洲保持权力，并掌控所有决策过程（这符合政治经济学和官僚主义理论），同时，却没有足够的民主合法化。经济离心力与政治离心力在一个国家垄断资本主义的世界里结合在一起，这个世界融合了专制主义的左倾和右倾的不良特征。今天，在那些危机重重的国家中，主要的经济决策实际上不再由这些国家的议会做出，而是由超国家组织共同制定，即欧洲央行、国际货币基金组织、欧盟组成的三驾马车。[①] 因此，捐助者成为了愠怒的对象，而支持这些政策的国家成了替罪羊。这些资金主要用以拯救其他国家的银行，但很少用于在危机国家进行经济整顿，因此，这一过程在道德上和经济上都值得怀疑，因为它几乎毫无前景。实际上，迄今为止，所有的复苏预测都过于乐观。葡萄牙是个小国，或许是一个成功的例子。但是，即使在行动错误的情况下也能获得拯救，这刺激了各国继续采取错误行动，从而使货币长期不稳定，2018 年以来的意大利就是一例。人们可能会问，如果银行必然会得救，它们是否会对僵尸化感兴趣？至少在 19 世纪美国金融资本主义的早期，这似乎是合理的（Engdahl, 2009: 34-35）。

在这种情况下，德国处于不利状态，德国有其特殊的政治经济实力和地理位置，它要再次面临着它在历史上一再面临的问题：德国的秩序模式遭到了强烈反对，尤其遭到了危机国家的强烈反对。因此，某些进程虽然早已完成，但可能重复发生。在"旧世界的裂心"（Cracked Heart of the Old World）一文中，布兰登·西姆斯（Brendan Simms, 2013）认为：在历史上，德国这个国家总是或者太弱，或者太强，或者是一个将其他欧洲大国分隔开来的缓冲国，或者是一个霸权国家，其霸权要求触及了国际社会公认的底线。欧洲经济和平计划和将来的政治一体化正是从这里起步的，但目前，由于欧洲货币联盟被过早引入，执行趋同规则的权力太小，其结构性分离打破了这一框架；无论是德国做得少，还是做得多，这个问题似乎都无法解决。目前在欧洲，德国是一个霸权国家，但它没有正式的命令权，长期来看，这在政治上会起反作用，尤其是因为德国从欧洲病人的地位中崛起，对于危机国家而言，德国的崛起似乎是一面难以掌控的镜子（Gersemann, 2013）。欧盟把德国的外贸出超问题化，

---

①　弗朗西斯卡·图恩-霍恩斯坦（Franziska Thun-Hohenstein, 2018）指出，"Troika"（俄式三驾马车）这个俄语词也有"惩罚"之意。

2013年秋,欧盟委员会启动正式调查程序,以确定这些外贸出超是否会损害欧洲。这里存在明显的矛盾裂缝。同样很清楚的是,德国政府无法解释德国的立场,未能看到这个必要性:在欧洲伙伴国家变弱,尤其在英国和法国变弱的背景下,德国政府有必要担负起发挥主导作用的角色。法国历史学家、人类学家伊曼纽尔·托德(Emmanuel Todd)也持类似观点,在接受《时代周刊》的采访(Die Zeit, 2014)时,他指出,不同的经济理念和欧元加快了欧洲经济的两极分化过程,这更有利于德国,使德国逐步上升为霸权国家。他警告说,欧洲一体化计划会遭到破坏,尤其是德法和平系统。这些想法在许多地方似乎并不一致,一部分思想甚至是混乱的。但想要使法国的哲学精英们忘掉这些并不相关的烦恼,这似乎并不容易。实际上,这一论点说明,从政治角度来看,以军事力量为基础的对抗很大程度上已经被由经济能力所保障的对抗所代替。德国在欧洲具有主导地位(这是不是德国新的特殊之路?),由于德国的秩序经济学思想,由于德国基于规则的行动,以及在能源转型等政治领域中明显的非理性激进主义,外国人几乎不懂德国。

11.3.3　遭到破坏的可持续性

卡门·莱因哈特和肯尼思·罗格夫(Reinhart, Rogoff, 2009)建立了危机指数,危机指数由两部分组成:人均收入从(危机前)最高点下降到(危机中)最低点和恢复到原收入水平所必需的年数。危机指数的数值通常在上下20点之间波动(Economist, 2013c),最大值是美国1929年的经济危机(38点);其次是2010年代的希腊金融危机(36点);美国和德国显示了最佳数值(11点和8点)。它们说明,与传统实体经济衰退之后的经济复苏相比,金融危机之后的经济复苏要漫长得多。

除了直接债务,欧洲还受到社会福利系统中的间接债务和低投资率的困扰,在许多看似有竞争力且成功的国家中,这是经常项目收支盈余的副作用。图 11.3.1 显示了这种数值不断增加的可持续性差距,这是显性债务和隐性债务的总额。在一些国家中,间接债务呈负数;然后必须将正数债务和负数债务进行平衡。克罗地亚的定位最好,它的负债指数是-136%。相比于国内生产总值,德国的表现相对较好,负债指数为170%,而西班牙的负债指数是德国的四倍,与2012年相比,这个差距略有所缩小。欧盟27国的负债指数从261%降到了142%,其原因主要在于隐性国债。另外还有两种风险:一、"或有负债"导致的风险,比如企业合伙合同、预算担保或担保;二、因拯救欧元而出现的风险,这种风险尤其发生在富裕国家,它们负责欧元区的稳定,这种风险往往很高。这里不包括国家投资的积压,这实际上是以牺牲子孙后代的未来利益为代价进行的贷款。2012年,希腊处于可持续性差距的顶峰(+475%),在减免希腊债务之后,希腊如今高居首位(-105%),这一部分是以牺牲债权国利益为代价,一部分则是通过削减社会福利费用。

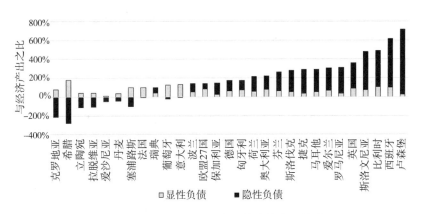

图 11.3.1　2018 年欧洲国家可持续性发展的差距

资料来源:自制,参见Stiftung Marktwirtschaft(2018)。

在经济上,无论显性债务和隐性债务,还是因为其他原因导致的债务,都必须与国有资产相平衡。这显示,公共机构的运作效率相对较低,根据国际货币基金组织的核算,德国公共机构的资产总额甚至是负数。可持续性差距的问题会变大(Wacket, 2018)。

僵尸企业本应退出市场,但国家一次又一次拯救它们,这对国家预算构成了持续的威胁,因此,僵尸企业所带来的是一种无形的负担:这些企业不仅包括金融机构,也有航空公司、建筑企业或运作不佳的工业企业。同时,降低公共债务和私人债务的收缩效果如此强烈,以致它往往是不成功的,在金融业低迷时,这种措施会造成金融抑制的过度伤害。

实际上,再分配效应是显著的。2010—2017年,仅德国公民就要承担2,000亿欧元,包括贷款储蓄(Meyer, 2017)。据理查德·多布斯等学者(Dobbs et al., 2013)的计算,在危机后的低利率期,各国节约了大约13,800亿美元,企业节约了大约7,100亿美元;银行支付了1,100亿美元,保险公司支付了4,600亿美元,国家预算支付了6,300亿美元。如图11.3.2所示,低利率的再分配效应差异很大。很清楚,一些国家受到刺激,它们会继续低利率政策,以利于国家债务的减免,因为好处是很明显的,但这会促进僵尸化;这一点在企业中并不很清楚,因为所进行的投资本来是不存在的,而且,真实的利率水平应该能反映真实的经济运行状况,投资往往并不具有可持续性,因为以投资额为基础所核算的利率,往往低于真实的利率。银行的地位参差不齐;显然,欧洲的银行发展了低效益的交易模式。真正的受害者是保险公司和居民家庭,这两者的负担是双倍的,因为保险业(人寿保险)承受的压力最大。实际上,迄今为止,有许多专家警告过,人寿保险业会崩溃,企业退休金会贬值,建筑储蓄银行会陷入危机。欧洲央行(Europäische Zentralbank, 2017)认为,对于欧元区整体而言,这种不利的再分配效应几乎无法衡量,但是,对储蓄或养老保险而言,这忽视了制度和长期有效的调整问题,尤其是对储蓄行为或长期的养老保险来说。

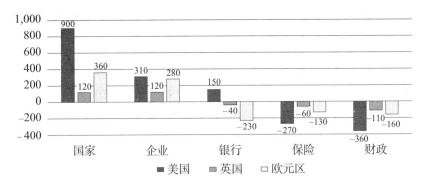

图 11.3.2　2007—2012 年低利率的再分配效应（单位：十亿美元）

资料来源：自制，参见 Dobbs, Lund, Koller, Schwayder（2013）。[①]

在企业养老金方面，低利率发挥了双重效应：一、若投资人寿保险，资本的回报就很差。那么，企业必须抽出的资金越来越多，以实现自己曾经许下的诺言，这剥夺了它们本可用于投资的资金。二、如果资金并不用于支付人寿保险或退休保险，雇主可以以此为目的建立储备金，资金总额甚至是应支付人寿保险金的总额。税法规定，这会计算6% 的税收，贸易法则以过去七年的平均利率为准。这意味着，如果前者利率高于后者利率，大量资金将被认为不能减免税，这将给企业带来额外的负担。

长期来看，低利率会引发资产价值的内爆。一旦利率又恢复到正常水平，那些以最低收益率发放的公共债券的价值会流失。欧洲央行持有许多这类贷款，因为欧洲央行计划，在扩大资产负债表规模的同时，降低利率和欧元汇率。由于实施负利率，2014 年开始的现金囤积

---

① 摘自 "QE and ultra-low interest rates: Distributional effects and risks"，November 2013, McKinsey Global Institute, Copyright（c）2019 McKinsey & Company。

变得越来越有吸引力，因此，应彻底取消现金囤积，并禁止企业增加现金储备。自 2019 年 6 月起，欧洲央行停止流通 500 欧元面值的纸币，而瑞士则重新推出了 1,000 瑞士法郎面值的纸币。欧洲央行不断加强债券收购计划，这消除了资本短缺问题，但带来了基本的分配问题；这也会导致经济行业扭曲问题，受外来资本的影响，各行业的杠杆率差异很大；此外，凯·约翰森（Kai Johannsen, 2016）的"前景堪忧"（Die Aussicht ist beängstigend）一文认为，这还导致了信誉下降。无论如何，利率预期成功了：以 30 年为剩余期限计算，2014 年夏季的利率是 3%—3.5%，2016 年夏季降到了 0.5%（Börsen-Zeitung, 2016b）。特别是，OMT 债券购买计划对欧洲央行是一个威胁，该计划要利用一切手段来稳定欧元联盟，这在德国引起了争议和批评：德国联邦宪法法院将这一申诉提请欧洲法院审理。欧洲法院的判决确认了 OMT 计划的合法性，但德国基督教科研协会认为，这令人忧虑，因为该计划要不惜一切代价保护欧元区，这并不是货币政策的核心（Feld et al., 1916）。在随后的 OMT 判决中，2016 年 7 月，卡尔斯鲁厄的宪法法官（Bundesverfassungsgericht, 2016）声明，利用货币政策管理永久性紧急状态，这符合规则；不过，这份判决也意味着，所有债券计划如果事先宣布，要优先照顾具体的某一债券或某一国家，并与国家融资有直接关联，比如，要持续持有国库券，那么，就会受到限制。作为最后一个实质性障碍，它设立了民主规定，它要求，经济政策必须以民主方式来决定。但法庭会相信民主决定吗？

2016 年年初开始实施的企业债券收购计划，严重干预了企业的融资结构，在不同行业产生了不同的效果。欧洲央行宣布，要直升机撒钱，即，直接把钱发放给民众，以实现通货膨胀的目标，这说明，欧洲央行已经达到了对经济征税的能力的极限。米尔顿·弗里德曼

（Friedmann, 1982）认为："糟糕的货币政策足以破坏健康的经济，但单靠良好的货币政策却不足以治愈病态的经济。"

民主和政治党派体制也不能避免僵尸化，这一点不可低估。多年来，德国的一些党派竞选内容枯竭，一部分党派被选票淘汰，一部分党派仍担任政府成员，仍参与选举，但是，在解决问题时，他们没有新想法，也没有政策创新的可能性。

11.4　僵尸化的原型

除了上文所述的监管失灵之外，金融危机加速的一个因素是，金融部门的交易量增长远高于实体经济（即经济产出和贸易，见图 11.4.1），由此产生了一种新的交易模式理论。金融系统的武器往往是有毒的金融创新，即资产支持证券、抵押贷款支持债券、担保债务凭证和担保贷款凭证。资产支持证券由多种资产支持，包括信用卡债务和汽车贷款等；抵押贷款支持债券由土地债务和抵押贷款来支持，这是次贷危机加速器；担保债务凭证证明，向资产支持证券和抵押贷款支持证券的分期做了投资，这是金融包装的一部分，影响了风险证券市场的透明度；担保贷款凭证是向不良账目债务人提供零碎贷款的凭证。

卡尔·施密特的名言是：统治者是在紧急状态下做决定的人。将这句话用于经济，自金融危机以来，真正的欧洲政府是欧洲央行，它不受民主制度的控制，毫无争议的是，欧洲央行行长马里奥·德拉吉是统治者。欧洲各国政要不愿意实行必要的改革（或因缺乏专业素质），以应对 2008 年以来的金融危机，因此，欧洲央行作为货币联盟的救星，已经发展成为一种不容置疑的权力因素，民主现在也受其摆布。德拉吉是一个俱乐部中具有无限权力的统治者，马库斯·齐德拉（Markus

Zydra, 2016）称他是"一位薪水很高的决策者"，多罗西娅·西姆斯（Dorothea Siems, 2016）认为，他指挥着一种"巫毒经济"。危机传染使欧洲央行变成了超级撒钱机，利率接近零，这是强传染因素之一，这对资产负债表中的资产和负债产生了不对称影响，极端情况是提高了养老金留置率，这会毁灭自有资本。

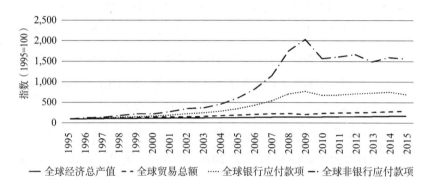

图 11.4.1　全球经济活力：1995—2015 年的经济表现、贸易和金融交易

资料来源：自制，参见 Internationalen Zahlungsausgleich（未注年份），International Monetary Fund（未注年份）。

在德拉吉制度中，在四个层面存在经济战争：

- 在经济体制，尤其是金融体制层面：如果经济体制与金融体制给不参与者带来不能承受的风险，尤其是传递了负担，实际上，因为出现了严重的紧急状态，议会遭到敲诈，那么，这就超出了道德可接受的界限；然后就会出现一场反对民主制度的战争。

- 在国家债务层面：为了拯救金融机构，公共债务迅速攀升到一定高度，只有通过通货膨胀或强制性征税进行大规模的资产毁灭，否则，就不能减少债务，此时，就会爆发针对本国人民的经济战争，尤其是那些金融资产和人寿保险的持有者。如果试图通过建立银行联盟或欧洲债券这种方式,把这种危机的负担推向社会,第三方财产的压力就会增大。自 2015 年春,股票资产的萧条可以说明,欧洲央行确实正在进行一场针对人民的经济战争,人民的资产在减少,这在短期内有利于国家,国家因自己所发放的负利率贷款而受益。

- 在银行风险层面:新规则本来是为了防止纳税人再次为银行承担责任,因此,实行了一条保释规则。马库斯·克尔伯(Kerber, 2016)谈到了所谓的"保释",因为没有解决估值问题,政治环境也不允许进行估值,如果金融不稳定,那么,储户的参与可以完全忽略不计。自 2016 年以来,意大利的银行就深陷贬值的旋涡,为了拯救这些银行而牺牲小储户的利益,这在政治上是行不通的,自 2016 年 7 月起,英国脱欧似乎是应对系统性负面影响的正当借口。对于那些迄今为止尊重欧洲规则的国家及其公民而言,想要再次违反规则,甚至违反欧洲法院确定的法律,这同样是不可行的。

- 在资产价值层面:因为中央银行往往只能在一定程度上控制利率增长的速度,届时固定利率债券的价值将下降,利率增长速度也依赖于其他国家的货币框架,尤其依赖于美国和中国的货币框架,因此,一旦欧洲央行停止那些被禁止的国家融资,利率上升,资产价值必然内爆。全球利率都在上升,原因有三:一、自 2017 年开始,美国中央银行不再执行过度宽松的货币政策;二、美国与其他国家之间发生了经济战争(与中国、伊朗和俄罗斯),这增加了根本性危机;三、希腊和意大利依然处于尚未解决的危机中。不仅如此,欧洲各国利率的差异在增加,而德拉吉主义者希望利率差保持在较低水平。这对这些国家的评级产生了重大影响。图 11.4.2 显示了 2018 年各国的穆迪债务评级和债务动态变化（2012—2017），图中的百分比表示债务的变化，不规则的圆则代表穆迪评级，位于核心的圆代表穆迪评级最高级，以核心圆为中心向外扩展的圆代表穆迪评级依次递减，穆迪评级越来越低。该图说明，只有债务状况发生极度崩溃，才会对国家的评级产生重大影响，关键是，要有一个高质量和中立的评级。众所周知，对不动产贷款的错误估值是世界金融危机的导火索。

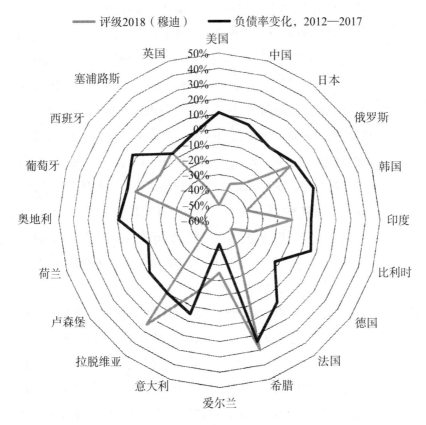

图 11.4.2　2012—2017 年债务动态和有关各国的 2018 年评级

资料来源：自制，参见 Börsen-Zeitung（2015b）和 EZB。

经济战争目的：

- 用货币和金钱取代康德和克劳塞维茨意义上的政治（作为一种社会目的）。

经济战争参与者：

- 中央银行：中央银行是纸币发行银行，它应该确保一个完整的货币经济。根据国民经济学奥地利学派的思想，美联储的宽松货币政策是危机的根源，因为它破坏了货币经济与实体经济的稀缺性关系，以创造经济增长，但随后表现为资产泡沫，并最终破裂。目前，这一货币政策已成为金融投资人最重要的弹药箱，因为在每一次系统性崩溃的威胁下，货币增量的闸门都会打开，而货币增量又是投机活动的主要流动性来源。这里存在一个基本的激励问题，约翰·劳曾指出这个问题，丹尼尔·埃克特和霍尔格·柴皮兹（Eckert, Zschäpitz, 2017）在"混乱的货币监督"（Wirre Währungshüter）中写道：一、中央银行总裁们应该为经济注入润滑油，这会导致更为宽松的货币政策，将有助于国家去杠杆化；二、因此，通货膨胀成为目标，比如，欧洲通胀率最高应为2%；三、这些货币政策大多服务于特殊利益，比如，服务于社会化的金融机构，如被社会化的高盛集团。

- 投资银行家：他们就是现代十字军东征骑士或征服者，他们把中央银行的低息货币当作弹药，要将世界的每一角落置于竞争之下（所谓的股东价值），这是幽灵的隐含使命。幽灵们并不拘于一地，它们更像游牧民族，它们会在那些肥沃的草地上寻找自己的牧场。忠诚只是一个因素，它能加强内部团结，但忠诚与领土和国家之间没有任何联系。尤其在国际金融危机之后，出现了严重经济危机，忠诚问题变得尤为明显，当时，民族国家开始拯救经济危机，以便随后执行与以前类似的恶毒战略。

- 金融机构：它们同时经营交易和存款业务。这样，在销售时，它们可以赢得综合效应，它们还可以利用客户交易的抵押品来补偿自己在交易中的高风险。因此，它们坚决反对，在银行达到一定规模后，按照银行拆分规则对银行进行拆分。

- 评级机构：它们必须对资产种类、资产组合中组合资产的经济质量进行评估，这也是一场道德试炼，它们要为委托方的被分析产品提供一份更好的评估结果证明，这份证明足可说明这些产品在危急状态下是合理的。

- 民族国家：许多年以来，民族国家在建设大型全球金融机构中获得了特殊收益，它们现在面临的问题是：如何在监管体系上达成共识，同时又不以牺牲它们的区位优势为代价？然而，这实际上是短视的，因为，那些摆脱了危机的人将来就会免于这种危机，但只要其他人付出代价，短期收益往往被置于长期稳定之前。

- 债务国：阿道夫·瓦格纳（Adolph Wagner, 1893）认为，国家债务会不断增加，据此，债务国试图通过国债来换取其国民和选民的好感。目前，债务国的政府未能成功地稳固其国家预算，正在陷入欧洲拯救基金或银行的债务奴役关系。

- 财政部长：他们备受其政府的压力，将来不能再为拯救银行而牺牲资金，作为监管机构的监管者，他们必须要防止金融市场被扼杀。

- 金融监管机构：它们负责监督金融市场的稳定；它们认为，风险分散很重要，尤其是，政治和经济都在提出疑问：是否本国交易的交易量真的有利于实体经济？金融监管机构面临的问题是，许多金融产品是极端创新产品，想要控制极度创新产品，几乎是不可能的，监管过多也会扼杀市场。它们尽力保持温和态度，因为它们不想触及问题的核心，即，要求金融投资人对自己的行为负责；尤其是，较少人把自有资本看成好事，因为自有资本过多，利用金融而获得投机收益的可能性会减少，在经济区位竞争中，自有资本或许会带来劣势。国际清算银行（2014）尤其公开批评了这一发展趋势。

经济战争手段：

- 金融创新：在不利条件下或在（故意）错误使用时，金融创新可能导致严重危害。
- 敲诈勒索：建立系统性或假称建立了系统性，以便敲诈勒索，因此，必须施救。
- 金融业的行业道德价值观：它把那些不符合民主国家道德的不道德行为合法化，这些行业道德价值观甚至可以充当武器。
- 债务：国家、政府和中央银行将债务视为防御战的唯一手段。
- 金融整顿和银行结算：以防止企业对金融领域的管理失误承担责任。

经济战争目标：

- 以牺牲其他国家的利益为代价来提高本国竞争力，美国的目标是，稳定美元作为世界参考货币的地位。
- 欧洲央行的目标是，实施 2% 的通货膨胀率，这一条从未在法律意义上正式确定，因此构成了经济上的任意性，并不具有科学基础。
- 投资银行家及其机构的目标是，发挥自己的作用，实施自己的权力,此外,通过建立强制国家救助的系统结构,实现无风险的高收益。

- 民族国家的目标是,防御、拖延和稳定金融机构和国民经济,以防止崩溃,但同时也会出现僵尸化。

经济战争后果:

- 在欧洲,欧洲秩序和经济共识日益遭到破坏,资本管理不善,中产阶级、中小企业的资产受到损害,而它们是民主最重要的稳定支柱。

债务危机的归属、责任及担保这三方面都在于国家或金融机构。债务使个人、群体或机构被迫陷入依赖关系中,这样一来,国家垄断资本主义的假设得到实现,但不必将实体经济置于统一的指挥之下。对于债务国而言,债务危机就像占领国,它掠夺债务国,以支付占领费用。大部分救济金本应利于债务国,但实际上却绕道进入了金融机构,金融机构利用这些资金进行投机,在一些容易投资的国家中,为投资者的索赔提供担保,比如,为人寿保险提供担保。整顿的调整机制具有通货紧缩效应,其作用类似于占领费,因为从生产总值中总会提取一部分,这部分在当地不会刺激需求,因此,它使价格系统因通货紧缩而备受压力。

自 2016 年年初以来,在全球,尤其在欧洲,不稳定性再次上升。在门槛国家中,资金大规模外流,在 2010 年代末期,中国经济发展势头减缓,葡萄牙和西班牙再次出现预算赤字增加的情况,这两个国家与意大利和希腊一样,它们无法利用民主合法程序来制定必要的改革措施。危机过后,意大利未能及时稳定其受损的银行系统,陷入一种恶性循环中,这包括房地产不良贷款、紧急出售、房地产价值下跌和银行抵押品价值下降。意大利的银行拯救措施不符合欧盟协定,意大利也缺乏财政政策原则。人们越来越感觉，货币政策和财政政策是冒险家制定的，国家的经济因不断打破禁忌而遭到毁灭，对此，没有解决方法。

除了资金损失，也应关注人员损失。金融业被认为已经过度银行化，它不得不将从业人员压缩到可以承受的水平，因此，危机使几十万人失业。今天，很多人认为，某些金融机构规模过大，这使它们的效率低下，在危机时期，这种情况很危险，而可能的危险和收益潜力失去了平衡。尽管人类很伟大，但人类仍然不能改变这种难以言喻、充满风险的行为。实际上，对于国民经济而言，如果银行业的规模过大，这会给国民经济带来风险（European Systemic Risk Board, 2014）。如果国家之间发生监管竞争，就会导致缺少标准，从而向本应退出市场的企业提供（僵尸）贷款。如果提高了工资，实际上就会发生行业剥削，因此，这里的薪酬确实需要监管。

有些银行可能比较安全，比较健康，破产可能性较小，但银行系统可能受传染而变得不稳定。尽管一个单独的银行系统不会或不能阻止这场危机，但它可以在未来提高银行业的透明度，而且银行数量减少后，也更容易对银行实施监管。在"德拉吉如何把欧洲经济僵尸化"（Wie Draghi Europas Wirtschaft zombifiziert）一文中，托马斯·梅耶和冈瑟·施纳贝尔（Mayer, Schnabel, 2019）写道：显然，在中央银行行长们的心里，有一个最佳的银行数量，这由"消极产业政策"来决定，其中，设想的银行数量并不确定，弱者之间的合并不会产生强者。这里有一个问题：对银行而言，提高自有资本率为什么可能有害，而对于大部分其他企业，提高自有资本率却很正常？实际上，自有资本率最小化是为了提高赢利能力，间接地也能提高奖金，这在没有高社会成本的情况下就能实现，比如，通过信贷紧缩，或缺乏风险转换，尤其要避免不能控制的监管复杂性。著名的总损失吸收能力（TLAC）整顿方法是，建立责任级联,从普通股一级资本,到附加资本缓冲,再到附属资本,从而根据《银行协议》,提供足够广泛的结算缓冲,其目的是通过提供连续保释来保护纳税人免于不良银行的负担。但是,其中的临时暂停条款可能会带来问题,即,该条款要防止的是,在解除同一批合同时,一种股票的失败不会立即引发连锁反应,但由于这些几乎不能强制执行,因此很容易想象在国际上建立起担保级联的情况,而纳税人必须参与进去。

阿纳特·阿德马蒂和马丁·赫尔维格(Admati, Hellwig, 2013)曾指责金融精英们通过表面上的净化来伪装自己,但实际上,他们通过游说和制造威胁来逃避监管,这些监管使他们无法以牺牲公众利益为代价来获得寻租。他们可以被比喻为"征服者"。[1] 征服者披着传播基督教的外衣,实际上传播了瘟疫、恐怖和苦难,一些人承受了他们扩张欲望的负担,征服者对这些人却几乎没有同情心。因此,有必要教育他们,他们必须诚实。实际上,阿尔贝·加缪的《鼠疫》(*La Peste,* 1947)对这个问题的分析切中要害;伯纳德·里厄医生(Bernard Rieux)认为(Camus, 1947: 54):"如果这种流行病不能自己停止,那么它就永远不会被政府所设想的措施所击败。"他还说(Camus, 1947: 137):"这是一个可以让你发笑的想法,但对抗鼠疫的唯一方法就是诚实。"这符合最近几年的经验;国家并不能消灭这种金融瘟疫,国家只是单纯地需要诚实和真诚,把事实调查清楚,这才是战胜危机的前提。但这恰恰是政府所拒绝的。瘟疫会成为僵尸化的最重要组成部分。

---

① 马库斯·弗里豪夫(Markus Frühauf, 2014b, 2014c)指出,具体案例很难判定是否违规。德意志银行辞退了那些卷入 Libor 和 Euribor 丑闻的员工。劳工法庭以组织不善为由判决这些辞退无效,要求被辞退人员重返岗位,这在金融监管局却又是被禁止的。随后,法兰克福劳工法院才要求德意志银行赔付 17.5 万欧元,2014 年 7 月底,追加了赔款 10 万欧元。

但中央银行也拒绝如此做,这里的问题是,中央银行的政策是否本身就是一部分解决方案?或者政策本身就造成了一部分问题?尤其因为,政策显然可以容忍外围国家或国家央行采取类似的边缘行为。根据《净金融资产协议》项目计划,各国央行利用自有资金收购自己发行的国家债券,但是,经济稳定的国家几乎不使用该项目,经济弱国(如意大利)却大肆利用这一项目,通过欧洲央行的公共担保,产生风险分摊。对此,在"净金融资产协议——国家货币创造是货币联盟的炸弹"(ANFA—Nationale Geldschöpfung als Sprengsatz für die Währungsunion)一文中,迪克·迈耶(Dirk Meyer, 2016)做了分析,他证明,德国央行持有欧洲央行四分之一的股份;[①] 直到2015年年底,这个项目一直对外保密,这进一步损害了欧洲央行的声誉。按照原计划,债券收购总额应为4,900亿欧元,但是,直到2015年年底,实际上只有四个国家收购了债券,即意大利、法国、希腊和西班牙,且债券收购总额也仅为4,000亿欧元(FAZ, 2016b)。比较一下欧洲央行和各国所收购债券的人均额,就会呈现不同的情况,图11.4.3显示的内容有两项:一、到2016年7月,在量化宽松政策背景下,根据《公共部门债券购买计划(PSPP)》,欧洲央行在各国所收购债券的人均额;二、2015年,根据《净金融资产协议(ANFA)》,各国所收购债券的人均额。虽然PSPP在各国的比例以各国在欧洲央行的存款为基础,即不会产生损益扭曲的效应,但是《净金融资产协议》的情况正是如此。因为希腊经济状态比较特殊,不包括在内。很明显,事实上,爱尔兰、马耳他、塞浦路斯等国的中央银行是以牺牲其他国家的利益为代价获得流动性的,德

---

① 丹尼尔·霍夫曼(Daniel Hoffmann, 2015)的博士论文《欧洲央行深陷危机——2007—2012年主要特殊措施之分析》(Die EZB in der Krise. Eine Analyse der wesentlichen Sondermaßnahmen von 2007 bis 2012)涉及"ANFA 丑闻"。

国甚至缩减了流动资金。

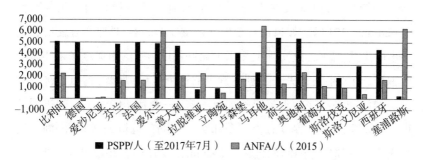

图 11.4.3 欧洲央行的各国债务收购强度（单位：欧元/人）

资料来源：自制，参见 Börsen-Zeitung（2016c，2017c）和 EZB。

2016 年 3 月 10 日，最低利率下调至 0%，到 2020 年代末期，预计未来的利率会降为负数，这每年将剥夺储蓄者上千亿欧元的资产，因为自 2018 年以来，通货膨胀明显加剧，这导致了资本市场引导功能的崩溃，人们对经济体制的信任日益受到破坏。因此，慕尼黑再保险公司已辞职总裁尼古拉斯·冯·博姆哈德（Nikolaus von Bomhard）认为，这是公然的违法行为，他不理解，也很震惊。他谈及对信贷市场的干预，并抨击政治的不作为（Börsen-Zeitung, 2016a）："但政策明显失败了。……问题是，伦理的政治方法是否真的是智慧的最后手段？这要画一个大大的问号。"

人们一再要求，为了防止债务扩张，应该取消商业银行创造货币的金融工具。这一全资金倡议与西尔沃·格塞尔（Silvio Gesell, 1891）的思想相关。1920 年代末和 1930 年代初，全球经济出现萧条，他认为，原因是货币的无节制扩张，到目前为止，这一思想很大程度上被认为是"离奇"的，但实际上，欧文·费雪（Irving Fisher, 1936）和米尔顿·弗里德曼（Friedman, 1960）接受了这一思想，这一思想现在变得可以被广泛接受，并作为所谓的芝加哥计划，成为国际货币基金组织的分析对象（Benes, Kumhof, 2012）。[①] 银行的基本功能可以拆分为两种——储蓄功能和借贷功能，在借贷业务领域，通过庇古税来纠正负外部性（Cochrane, 2014）。如果银行使用其最重要的武器，即难以控制的创造货币的工具，那么，这实际上相当于允许利用国家的担保承诺来实施庞氏骗局，而如果银行失去了创造货币的这个工具，那么，这可以被看作是对经济和平秩序的贡献吗？如此一来，一个始于约翰·劳的进程结束了，尤其是，这中断了债务与货币创造之间的危机关联，或隔断了货币供应量和债务之间的危机关联（Zeddies, 2015）。2018 年夏，瑞士举行全民公决，实施全额货币政策的建议遭到拒绝。实际上，有许多货币替代物可以使用，尤其是电子货币和私有债券等，它们正在灰色领域流通，这很难控制。因此，从经济学角度看，这提出了一个问题：仅仅全额货币是否就能解决中央银行之外的货币创造问题？如此一来，似乎宏观而保守的监督更有成功的可能性（Schlottmann, 2017）。

一直有人要求解散欧洲货币联盟，是否确实应解散欧洲货币联盟呢？解散或许是一种有组织的退出方案（Weder, 2015），或者如上文所述，欧洲货币联盟是否应拆分为北欧元区和南欧元区（Blum, 2010）。因为拯救欧元和拆分欧元区花费相同的资金，这会引起争论（Henkel, 2010），德国财政部经济咨询委员会需要做好核算（FAZ, 2013b）；另外，诺贝尔奖获得者约瑟夫·斯蒂格利茨（Joseph Stiglitz）一再质疑欧元的未来，他也要求欧元的南北拆分，并希望将旧债务以南方欧元计价，这相当于北欧国家实际上的债务削减（Zschäpitz, 2016c）。这将消除内部摩擦，甚至可能消除勒索和经济战争，这些摩擦现在已经很难在政治上来解决，必要时可以通过欧洲自由贸易联盟 2.0 在外围地区加以

---

① 在德语区，玛格丽特·肯尼迪（Margrit Kennedy）的著作《无息存款与通货膨胀》（*Geld ohne Zinsen und Inflation*, 1990）接受并传播了西尔沃·格塞尔（Silvio Gesell）的思想。

补充。事实证明,有关欧元区成为最佳货币区的想法(Mundell, 1963)并未实现,最佳货币区的特点是,经济区对外部突袭会做出对称性反应。不过,在"最佳货币区的复仇"(Revenge of the Optimal Currency Area)一文中,保罗·克鲁格曼(Krugmann, 2016b)写道,任何人都不会想象,银行的稳定会发挥如此重要的作用。如果不能解决上述问题,如果欧元区的经济融合未能得到改善,如果要在中央指挥型工具和市场导向型工具之间进行取舍(Alesina, Perotti, 2004),那么,这些问题就无法解决。

到 2016 年中期,有一点很清楚,欧元区的僵尸化只是走向另一种经济秩序模式的中间步骤,因为,德拉吉无法通过收购债券来增加货币供应,从而通过提高整个欧洲的通货膨胀率来刺激欧洲经济的可持续发展,因此,债券的收购范围后来扩大到了企业债券,而这一市场很快也就枯竭了。然后,股票市场仍将是下一个选择,总有一天,欧洲央行将成为国家、经济、私人家庭的最大股东。资产集中竟然占主导地位,这说明,自由经济秩序出现了一个系统性问题。因此,货币扩张自然持续到了 2018 年年底,并从那时起保持不变。原来一些国家遭受秩序经济的压力,如今这一压力得到缓和,比如意大利,到 2018 年年底,法国和希腊也是如此。最后,这些国家的民粹主义压力最终迫使货币稳定遭到破坏。2019 年,意大利走出了自己的道路:建立一种与欧元平行的货币,即所谓的"迷你国库券",面额在 5—100 欧元,把"迷你国库券"视为等同于货币的国家债券。

并非所有人都感到忧虑。德国人、荷兰人或斯堪的纳维亚半岛上的人往往倾向于秩序经济,所以,只有他们对这种发展感到十分恐惧。实际上,在欧元区,不同的经济文化[①]和政治文化相对而立,且并行不

---

① 　维尔纳·桑巴特(Werner Sombart)称之为"经济思想"。

悖,它们表现为对国家的看法、自我预防、储蓄或工作的意义,这些文化迄今无法统一。

如果有条不紊地实施国家破产,那么,这可能把混乱局面引入有序的轨道。柴皮兹(Zschäpitz, 2017)指出,在 2010 年代末,就有人预见到,委内瑞拉可能陷入国家破产,因此,最近 20 年来,这带来了巨大费用:俄罗斯(1998)727 亿美元,阿根廷(2001)823 亿美元,希腊(2012)2,615 亿美元,阿根廷(2014)290 亿美元,乌克兰(2015)130 亿美元,波多黎各(2015/2017)730 亿美元。其间,局势变得格外紧张,陷入危机的金额高达 700 亿美元,因此,如果委内瑞拉破产,国际金融机构的财力是不足以挽救它的。克里斯托弗·保罗(Christoph Paulus, 2015)提出了一种仲裁程序,它可以平衡债权人与债务人的利益,从而将这种程序与市场分开,并使其置于法律秩序之下。若债务方拒绝这种程序,那就要实施市场机制。但是,这意味着,债券也要服从标准化规则,这可以避免下列情况:债权人本来拥有优先法律地位,但因为强制执行仲裁程序,债权人的协议可能受到侵蚀,比如,2014—2015 年阿根廷发生的情况。博多·赫尔佐克(Bodo Herzog, 2017)主张,在欧洲建立国家破产秩序,将之作为规则性方案,这与财政联盟和担保联盟的另类自愿方案相对立,自愿方案确认了"不救助"条款,因此,不会给予错误的激励措施。南欧国家往往保持着较低的负债比例,并具有较高的不良贷款比例(Seibel, 2018),比如,在希腊,不良贷款在全部贷款中的比例约为 47%,在葡萄牙约为 34%,所以,担保联盟将会在德国、英国、北欧各国剥夺储蓄人的财产。担保联盟的目标是,将 0.8% 的存款转入安全基金。图 11.4.4 显示了按居民人数计算的储蓄保险金额最高的 10 个国家 2017 年法定保险额度及迄今为止实际的入账。

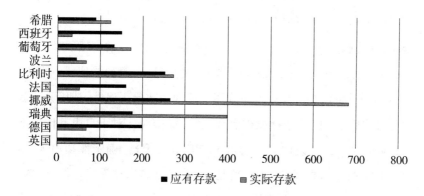

图 11.4.4　2017 年欧洲各国的存款保护（单位：欧元／人）

资料来源：自制，参见 Seibel（2018）、Weltsparen（2017）和 European Banking Authority。

11.5　确定性的终结

　　国家的经济政策有责任防止经济基础遭到短期投机行为的侵蚀，在最近几年，这一点变得非常明显。国家经济政策必须更加注重制度的自我约束能力，以便使制度更可信，从而在经济方面和安全政策方面维持稳定，并释放出强烈的信号。人们一直在讨论，一个国家能负担得起哪一种安全政策？相应的安全区在哪里？尤其是，经济安全区在哪里？这本身会起到不稳定效应。这意味着，经济政策对于世界安全局势负有重大责任，最近几年，很少有人认识到这一点。

　　全球化极大地刺激了世界经济的活力，但也创造了很多失败者，因此，丹尼·罗德里克（Dani Rodrik, 2011）认为，这就是内部矛盾日益明显的原因：实际上，在民族国家、全球化、民主制度这三种制度设置中，只能自由选择其中的两种，目前，全球化的失败者正在尽其所能，在民族国家中以民主方式反对全球化。

为了刺激经济，国家正在开发新项目，最后，国家往往不得不自掏腰包，来支付这些项目，结果，经济陷入困境，对制度的信任下降了，比如，对国家和经济制度的信任下降了，尤其是，对银行的信任下降了，银行的经济价值基础和业绩下降了。或因为政治正确性，或因为执政党派的专制，公民的选择权被剥夺了。另一方面，对于自由制国家而言，确定性具有建设性意义（Blum, 2013b），但是，确定性却消失了。自由权的行使需要经济基础，可是，经济基础越来越深陷危机，因为，后民主国家及其治理方式侵蚀了相关的经济机构，经济机构已经成为毫无价值的空壳：它们本来是价值观的代表，比如中央银行的独立性，但现在，中央银行不可信，且独立性不足。现代国家的突出成就是，具有可信赖的制度，如果没有这些制度，国家所承担的确定性将毁于一旦。这触及了民主的核心。为了在短期内减少僵尸化的后果，中央银行争取了更多的权限，本来，这需要一个民主合法化过程，尤其在财政政策方面和经济政策方面，因为这些政策对国家预算的债务核算和企业的稀缺性核算产生了深远影响，比如，自 2016 年以来，中央银行一直在收购企业债券。因此，经济机构正在用今天的问题与未来更严重的问题进行交换，它们破坏了利益的导向功能和民主的责任原则。

《经济学家》（Economist, 2018b）描述了破坏自由民主制度过程的四个关键阶段：一、一开始，民众对现状以及政治精英对现状的处理表示真正的担忧，担忧会导致金融危机、移民危机或全球化恐慌。二、随之，出现实力派人物，他们指定了应该被指控的一些替罪羊。三、一旦这些实力派人物掌握了权力，他们就把自由媒体认定为反自由组织，他们就会摧毁这些自由媒体，使自由司法备受压力；这是非自由民主阶段。四、最后，自由制度被摧毁，反对党遭到压制，选举被操控，最严重的情况是，议会被阉割。

当然，人的一生中，除了死亡，一切都是不确定的。尽管如此，社会和公民需要"准确定性"，即他们需要方向，他们可以按照这一方向安排自己的生活。目前，由于政治精英缺乏方向，这一方向模糊了。在政治上，只顾眼前是毫无希望的，如果不清楚北方在哪里，仅凭指南针，那就无济于事了。

塞浦路斯政府动用了储蓄金，德国政府支持这一做法，实际上，这破坏了迄今为止的确定性，即储蓄的安全性。如果把储蓄改为股权，那么，这并非没收了储蓄，这可能解决了银行的稳定问题，并为塞浦路斯的金融业转化为可持续性经营模式提供了激励。但这种"准解决方案"给人一种印象——"能者自救"。2019年，国际货币基金组织建议，通过货币的持续贬值和限制现金流通实施极低的负利率（FAZ, 2019a）。但是，实际上，低利率引发了经济僵尸化，使中央银行在下一次危机中没有任何刺激工具。这样一来，作为一种可信赖的商品，货币这一现代社会的核心支柱，将处于彻底崩溃的边缘，然后，经济共识将被破坏，经济稀缺性将被持续地扭曲。系统性的低效是相互影响和强化的，因此，托马斯·麦耶（Thomas Mayer, 2019）认为，这种发展可能会导致国民经济多种部门衰竭的风险。

美丽的朋友，这是终点

我唯一的朋友，这是尽头

这是我们宏伟计划的尾声

这是一切存在事物的终结

这是结束

没有安全，没有惊诧

这是结尾

我再也不会去看你的眼睛

你会描绘将要变化的一切

自由自在　无拘无束

特别是需求，一些人的需求

在另一个国家

需要陌生人的帮助

——吉姆·莫里森（Jim Morrison），《大门》，1967

12　结束语

本书要完成三个主要任务，即

- **范式任务**：本书力图澄清从竞争向经济战争过渡的灰色地带，它们都是对抗的产物。本书表明，一个良好的秩序框架，尤其是保护它免受机会主义政治家和中央银行家侵害的法律框架，其价值怎么高估都不为过。

- 经济战争领导学：要逐步建立适用于经济战争的领导理论。经济战争领导学说要借鉴相关理论——军事战争学、战略管理学、工业经济学和制度经济学，因为经济战士往往是肆无忌惮而冷酷的征服者，经济战争领导学也需要其他学科的帮助。
- 解析经济战争实例：经济战争是真实呈现出来的经济对抗的一部分，对于经济冲突的出现、贸易流程及其巩固而言，主导地位期望起着决定性的作用。借助现代博弈理论，可以理解这些行为，并能对这些行为做出理性分析。

本书中，下列问题贯穿始终，这些问题并不总是能够得到圆满回答，但这里再次提出这些问题，无论如何，它们应是行动纲领的一部分：

- 暴力行为的意义何在？迄今为止，内战和军事冲突（即激烈的物理冲突）是否已经转移到了经济领域和虚拟空间？因此，如果经济战争与军事战争以及其他方式的对抗拥有共同的冲突根源，那么就要寻找共同的系统理论基础。或者经济战争是否类似于军事战争？两种战争的方法是否有相似性？本书证明，在这两种战争中，都存在大规模推动力量，对抗的方法也是相关的，一个好战的企业家可以从军事领导理论中学到很多东西。
- 关于经济和平与经济战争的政治哲学最早始于何人？它如何架构？从中发展出何种社会制度框架？早在 2,500 年前，亚里士多德的政治学就开始描述国家理论，他是否要将对抗引导到社会可控的轨道上？制度经济学对秩序经济框架中的思想做出假设，从德国的角度看，如何归类制度经济学？正如马克思主义辩证法所表明的那样，很明显，这类社会统一模式只是一种可能性。因为，一方面，这使我们可以解决冲突，且不必破坏平台,另一方面,它也容许了冲突模式,这一冲突模式是毁灭性的阶级斗争。但是,关于世界对抗的观点来自于冲突社会学,世界上各种对抗思想的结合会有什么后果呢? 这种冲突形象地表现在意大利圣吉米亚诺贵族的古堡战斗中,也表现在关于病态社会的文字中:"若能奴役某物,就去奴役它——否则他人会奴役它!"

- 这类冲突是否存在人类学根源或文化渊源? 路径绑定在其中扮演什么角色? 是否存在文化上层建筑来对冲突进行分流? 比如,作为世界道德或基本规范的规则,或世界宗教或基督教的摩西十诫所规定的规则? 显然,在市场经济体制与中央计划经济体制之间的矛盾结束之后,在全球范围内,自由经济制度模式越来越可能遭遇文化冲突的威胁,因此,解决这一问题的紧迫性变得显而易见。从经济角度看,更是如此。全球化、民主制度和民族国家似乎是相互排斥的。此外,西方世界的经济僵尸化表现为无增长、无利率、无通货膨胀和无前景,这是数字化革命的证据,但它们似乎并未与坚定的路线相结合。

- 什么定义了经济战争? 从范式角度看,这意味着,就像很难确认有效的竞争一样,也很难划分经济战争的界限。赫拉克利特称战争乃"万物之父",竞争和战争只能根据意图和后果来区分,后果又取决于分析的时间长短。失败往往是力量重组的原因,这同样适用于企业和国家。(皮洛士式的)胜利也很有害,它会导致国家的衰落。历史证明,无限制竞争的思想会成为人文历史的动力,它能变成强大的社会创新能力。尽管如此,如孙子和克劳塞维茨所言,兵法谋略先行,永远应该尝试采取间接的方式,先有谋略,后有辉煌胜利。

- 在经济战争中,是否应该掌握军事战争领导原则? 在工业化时代,只有军队是唯一知道如何管理由大量工人组成的机构,所以,工业化早已证明,经济战争与军事战争之间存在诸多关联,尤其在组织基础上。今天,经济战争经常被比喻为军事战争,人们把许多经济对抗描述为斗争。经济危机大大加剧了语言上的好战主义。要懂得,要想成功,就必须严密侦察事实,了解稀缺情况,语言准确至关重要,清晰的信号也很重要。此外,领导涉及普遍性,乐队指挥就是一个典型实例,乐队指挥必须激励第三方(即管弦乐队),为了自己的想法,利用空间手段、时间手段和信息系统来协调整个乐队。在此过程中,必须具备必要的能力,必须下定决心采取行动,必须持续激发成功的意志。

- 在军事冲突、经济冲突或政治冲突发生时,在战略、作战、战术、战争手段方面,存在哪些一致性和相互影响(对应关系)? 为了在进攻和防御时维护自己的利益,企业和国家应该学习哪些军事战略原则? 是否存在普遍有效的模式? 这方面的认识是否有助于解决冲突,且可以应用到冲突处理中? 迄今为止,技术进步主要改变了战术方向,今天,互联网世界(正如国家的核武器)正在改变传统大国或大企业的地位,所以,未来的发展更多会对战略带来冲击。军事知识(包括历史发展及其系统学)可以提供很多有价值的信息,很多战略适用于经济战争,尤其在指挥经济战役时,要在一个互联网系统中进行谋划。

- 如果是一场消耗战争,它最终会使所有参与者都筋疲力尽,那么,国家和企业可以从中借鉴并获得哪些经验呢? 第三方是否会促进这种消耗战争的发展以实现自己的主导地位呢? 这与经济僵尸化有何关联呢？实际上，国家间和企业间的冲突如今已经达到了一种社会维度，它会威胁到公开社会，因为它不仅限制了经济选择的自由，而且也限制了社会选择的自由。事实证明，民主原则备受压力，即，在经济上，一人一票的成就几乎是荒谬的。

- 存在哪些合作性、均衡的、可改进帕累托效应的理论和模型？存在哪些有活力的革命性系统思想——在这些系统中，对重要条件的破坏已经导致经济战争，但是，不能或不会进行次级干预？如此看来，在理想化的经济方案中，很大一部分实际上极易导致经济崩溃。最简单的例子是，在大卫·李嘉图的理想的贸易世界里，不完全就业会直接导致马克思所说的剥削。今天，人们很少谈及自由市场这个概念的积极因素，人们更多讨论"资本主义"和"全球化"这些概念的负面含义，语言战争的前沿阵地并不轻松，所以，如果从今天或未来的相互依赖性出发，某一方对未来发展有了消极预期，那么，这就会引发经济战争。

- 如何从道德的角度评价经济战争？很明显，在秩序框架中的竞争是世界上最好的竞争之一，但这取决于这种秩序模式是否与社会价值挂钩，经济领袖恰恰喜欢突破这个世界，因此，他们相当于征服者，并且由于病态的人格特征而处于优势地位，他们因而可能也喜欢制造出战场前线的经历，以证明自己。因此，对于民主社会而言，他们是一种威胁。用克劳塞维茨（Clausewitz, 1832: 39）的话来说就是，经济战争是"为实现严肃目的而采用的严肃手段"，如果应该为此而战，那么就必须为此而战。因此，经济战争是对军事战争的补充，经济战争是"经济的继续，但也是利用其他手段继续进行军事战争与政治冲突"，因为在这个只有少数合作岛的对抗世界里，必须使合作渠道保持通畅，因为政治也不能随着战争的开始而保持沉默。

● 今天，尤其在互联网世界里，国家是经济战争的重要主角，因此，国家作为秩序因素的作用变得脆弱。"你无法在椅子的两边落座"，这尤其是美国多年来一直在经历的事实，因为美国政府强调人权，但这仅适用于美国人，尤其是在国外，美国政府却大肆破坏人权。因此，重要的秩序因素消失了，这就提出一个问题：在民族国家，甚至在国家联盟中，民主和全球化是否可以并存？这向新的经济治理提出了明确的要求。现代的权力分配主要是通过高度灵活的资本提供的，而劳动力的流动性很小，但这种优势正在被耗尽。许多人（尤其是来自中产阶级的人）认为，自己已变成了制度的囚徒，而这些制度正是在自己的帮助下建立的，迄今为止，制度保护并不起作用。因此，这一领域可能会爆发经济战争。在接受法国《快报》采访时，尤尔根·哈贝马斯（Habermas, 2014）警告说，2010 年代以来的世界金融危机就像经济战争，它造成了附加损害，一些国家与欧洲机构负责处理危机，但它们对危机的管理比较成问题，"在欧洲，民族主义又回来了"。英国 2016 年实现了脱欧，2017 年，加泰罗尼亚出现了分裂企图，这可以验证哈贝马斯的看法。作为反全球化者，现代民粹主义者正在为维护自己的地位而斗争，在欧洲南部，他们主要是左翼党派，在北欧，他们主要是右翼党派，其原因在于传统和政治体制的开放侧翼。

这一切是否发生过？大约 750 年前，在《神曲》（*La Divina Com-*

media, 1320）中，但丁·阿利吉耶里（Dante Alighieri）描述了经济战争的情景，那时是佛罗伦萨早期资本主义时期,《神曲》的主人公似乎身处地狱之中。他描写了经济战争的一切博弈方式，这完全适用于混合战争，即，我们并不缺乏关于经济战争的经验与知识。以前的经济学关于经济战争这一黑暗面的研究是否不足？实际上，有很多正式的分析工具。也许经济学的跨学科理论基础还不够完善，因此，经济学发展仍很不足。如果想解释现实，那么，纯数学描述不能替代对黑暗面根源的分析，不分析这些黑暗面的根源，也就无助于解释现实。可以推测，在伟大的神学家、法学家和天文学家尼古拉·哥白尼（Nikolaus Koperniku）提倡"哥白尼转向"之前，经济学就已经存在，尽管它可能尚很稚嫩。到了近代，经济思维方式被当作普遍有效的解释方法或意识形态，经济政策的实施造成了巨大的社会冲突，与任何其他事件相比，这些社会冲突都更能使自由经济制度失去其正当性。由于经济学并非纯正的自然科学，而是一门社会科学，所以，借用乌尔夫·施密特（Ulf Schmidt, 2012: 26）在《罪过与表象》（*Schuld und Schein*）中的说法："这是宣告，不是辩护。"一旦忽视了这一根源，或一旦限制了内容和逻辑，经济学将被推向社会相关性和社会可接受性的边缘，自 2018 年金融危机以来，人们对经济学的评价正是如此。

参考文献

Abelshauser, W., 2013, Die EU braucht Regeln, die Einheit in Vielfalt zuzulassen, Die Ordnung der Wirtschaft, *Frankfurter Allgemeine Zeitung*, 13. September: 12.

Abbeglen, C.M.V., 1995, Jomini-Einfluss seines strategischen Denkens, https:// www.military.ch/ abegglen/papers/jomini_fr.htm, Zugriff am 15. 6. 2019.

Abdel-Samad, H., 2010, *Der Untergang der islamischen Welt*, Droemer, München.

Abdel-Samad, H., 2014, *Der islamische Faschismus,* Drömer, München.

Abdel-Samad, H., 2015, *Mohamed-eine Abrechnung*, Droemer, München.

Acemoglu, D., Robinson, J., 2012, *Why Nations Fail, The Origins of Power, Prosperity, and Poverty*, Random House; deutsch: 2012 *Warum Nationen scheitern: Die Ursprünge von Macht, Wohlstand und Armut*, Fischer, Frankfurt.

Admati, A., Hellwig, M., 2013, *The Bankers New Clothes: What's Wrong with Banking and What to Do about It?* Princeton University Press, Princeton-Oxford.

Adorno, Th.A., 1996, Meinung, Wahn, Gesellschaft, in: Adorno, Th.A., *Eingriffe: Neun kritische Modelle*, Suhrkamp, Berlin: 147-172.

Adrom, F., 2009, Ideologie und Entwicklung des symbolischen und ökonomischen Tauschhandels zwischen Ägypten und Kreta in SM I-III, in: Wasmuth, M. (Hrsg.), *Handel als Medium von Kulturkontakt*, Academic Press, Fribourg und Vandenhoek & Rupprecht, Göttingen: 58-91.

Afflerbach, H., 2013, *Die Kunst der Niederlage: Eine Geschichte der Kapitulationen*, C.H.Beck, München.

Aghion, P., Bloom, N., Blundell, R., Griffith, R., 2005, Competition and

Innovation: An Inverted-U Relationship, *The Quarterly Journal of Economics* 120/2: 701-728.

Ajzen, I., 1985, From Intentions to Actions: A Theory of Planned Behavior, in Kuhl, J., Beckmann, J. (Hrsg.), *Action-Control: From Cognition to Behavior*, Springer, Heidelberg: 11-39.

Akerlof, G. A., 1970, The Market for "Lemons": Quality Uncertainty and the Market Mechanism, *Quarterly Journal of Economics* 84: 488-600.

Albaek, S., Mollgaard, P., Overgaars P.B., 1997, Government-Assisted Oligopoly Coordination: A Concrete Case, *Journal of Industrial Economics* 45/1: 129-413.

Albert, H., 1991, *Traktat über kritische Vernunft*, J.C.B Mohr, Tübingen.

Albrecht, M., 1995, Selbstsucht, in Ritter, J., Gründer, K., *Historischen Wörterbuch der Philosophie 9,* Schwabe-Verlag, Basel: 535-539.

Alesina, A., Devleeschauwer, A., Easterly, W., Kurlat, S., Warcziarg, R. 2002, Fractionalization, *NBER Working Paper Series 9411*, Washington DC.

Alesina, A., Perotti, R., 2004, The European Union: a Politically Incorrect View, *Journal of Economic Perspectives* 18/4: 27-48.

Alesina, A., Miano, A., Stantcheva, S., 2018, Immigration and Redistribution, *NBER Working Paper* 24733, Washington DC.

Alighieri, D., 1320, La Divina Commedia; deutsch: 2014, *Die Göttliche Komödie,* Akad. Druck-und Verlagsanstalt, Graz.

Allianz, 2017, Allianz Global Investors RiskMonitor 2017, München.

Allison, G., 2017, *Destined for War: Can America and China Escape the Thucydides's Trap?* Houghton, Mifflin Harcourt, Boston-New York.

Alonso, W., 1964, *Location and Land Use*, Harvard University Press, Cambridge (Mass.).

American Psychiatric Association, 2003, *Diagnostisches und Statistisches Manual psychischer Störungen-Textrevision (DSM-4)*, Göttingen.

American Psychiatric Association, Falkai, P., Wittchen H.-U., (Hrsg.), 2013, *Diagnostic and Statistical Manual of Mental Disorders (DSM-5)*. 5 Auflage, New School Library, Arlington, VA.

Armstrong, K., 2014, *Im Namen Gottes: Religion und Gewalt*, Pattloch-Verlag, München.

Anderson, C., Brion, Moore, D., Kennedy, J., 2012, *A Status-Enhancement Account of Overconfidence*, mimeo.

Anderson, R.W., Johnson, N.D., Koyama, M., 2015, Jewish Persecutions and Weather Shocks: 1100-1800, *The Economic Journal* 927/Juni: 924-958.

Anderton, C., Carter, J., 2009, *Principles of Conflict Analysis*, Cambridge University Press, Cambridge.

Angell, N., 1909 (1933), *The Great Illusion*, 2d ed., G.P. Putnam's Sons, New York.

Angenendt, A., 2014, *Toleranz und Gewalt-Das Christentum zwischen Bibel und Schwert*, Aschendorf-Verlag, Münster.

Ankenbrand, H., 2019, „Wir stehen alle zusammen ", *Frankfurter Allgemeine Zeitung*, 24. Juni: 9.

Apel, K.O., 1988, *Diskurs und Verantwortung. Das Problem des Übergangs zur postkonventionellen Moral*, Suhrkamp, Frankfurt a. M.

Aqueveque, C., Encina, C., 2010, Corporate Behavior, Social Cynicism, and Their Effect on Individuals' Perception of the Company, *Journal of Business Ethics* 91: 311-324.

Aquin, T. v., 1256-1259, *Quaestiones disputatae de veritate*; deutsch: 1986, Von der Wahrheit, (A. Zimmermann Hrsg.), Meiner-Verlag, Hamburg.

Aquin, T. v., 1273 (1933), *Summa Theologica*, deutsch: 1933, Styria-Verlag, Graz.

Aral, S., Walker, D., 2012, Identifying Influential and Susceptible Members of Social Networks, *Science* 337, 337-341.

Aristitoteles, o. D., ἠθικὰΝικομάχει; deutsch: 1986, *Nikomachische Ethik*, Reclam, Ditzingen.

Aron, R., 1976, *Penser la querre*, Band 1: L'âge européen, Gallimard, Paris, deutsch: 1980, *Den Krieg denken*, Band 1: *Das europäische Zeitalter*, Propylaen, Frankfurt a. M.: 15-334.

Aron, R., 1976, *Penser la querre: Clausewitz*, Band 1: *L'âge européen,* Band 2: *L'âge planétaire*, Gallimard, Paris; deutsch: 1986, *Den Krieg denken*, Propylaen, Frankfurt a. M.: 337-777.

ARTE, 2002, Das Gehirn von Ulrike Meinhof, 7. Dezember, https://www.arte.tv/

de/das-gehirnvon-ulrike-meinhof/379760,CmC=379776.html.

Ashelm, M., 2018, Wer am deutschen WM-Trikot verdient, *Frankfurter Allgemeine Zeitung*, 13. Juni: 22.

Ashford, E., 2016, Die Sanktionen gegen Russland sind gescheitert, Internationale Politik und Gesellschaft (IPG) Online-Magazin, https://www.ipg-journal.de/ kommentar/artikel/nichtwirklich-schlau-1337/?type=98&cHash=80af0b8269fe 15055f1f5d6e21b33833, Zugriff am 22. 3. 2016.

Asimov, I., 1981, *Foundation Trilogy*, Book Sales, Minneapolis.

Aßländer, M., 2005, *Von der vita activa zur industriellen Wertschöpfung-Eine Sozial-und Wirtschaftsgeschichte menschlicher Arbeit*, Metropolis-Verlag, Marburg.

Astheimer, S., 2018, *Deutschlands kostbarster Schatz*, Frankfurter Allgemeine Zeitung, 10. August: 15.

Atkins, M., Gilroy, B.M., Seiler, V., 2019, New Dimensions of Service Offshoring on World Trade, *Intereconomics* 54/2: 120-126.

Augustinus von Hippo, 400, *Contra faustum manichaeum*; deutsch: 2020, *Gegen den Manichäischen Faustus*, Schöningh-Verlag, Berlin.

Augustinus von Hippo, 413-426, *De civitate dei*, deutsch: 2007, *Vom Gottesstaat*, dtv, München.

Aust, S., 2017, Geschichte eines Verrats, *Welt am Sonntag*, 13. August: 36-38.

Aust, S., Laabs, D, 2014, Das Menetekel von Köln, *Welt am Sonntag*, 8. Juni: 13-16.

Aust, S., Büchel, H., 2019, Die Schlammschlacht der Jedi-Ritter, Welt am Sonntag, 28. April: 32-33.

Autorenkollektiv, 1967, *Probleme der Militärökonomie*, Deutscher Militärverlag, Berlin.

Awad, E., Dsouza, S., Kim, J., Henrich, J., Shariff, A., Bonnefon, J.-F., Rahwan, I., The Moral Machine Experiment, *Nature* 563: 59-64.

Azar, J., 2012, *A New Look at Oligopoly: Implicit Collusion through Portfolio Diversification*, PhD-Thesis. Princeton, https://citeseerx.ist.psu.edu/viewdoc/ download?doi=10.1.1.441.6810& rep=rep1&type=pdf, Zugriff am 16. 2. 2019.

Baberowski, J., 2015, *Räume der Gewalt,* Fischer, Frankfurt.

Baberowski, J., 2017, Die Bürgergesellschaft ist am Ende, *Neue Züricher*

Zeitung, 15. Juli, https:// www.nzz.ch/feuilleton/elite-und-politik-die-buergergesellschaft-ist-am-ende-ld.1306099, Zugriff am 24. 7. 2017.

Backhouse, M., 2015, *Grüne Landnahme. Palmölexpansion in Amazonien*, Westfälisches Dampfboot, Münster.

Bacon, F., 1620, *Novum Organum*, 1902, P.F. Collier & Son, New York.

Bailey, T., Kaplan, J., Weinberg, A., 2012, Playing War Games to Prepare for Cyber-Attacks, *McKinsey Quarterly* 4: 140-143.

Bain, J. S., 1968, *Industrial Organization*, John Wiley, New York-London-Sydney.

Bajbouj, M., Dziobek, A., Heekeren, H., Heuser, I., Roepke, Renneberg, B., Schulze, L., Vater, A., 2013, Gray Matter Abnormalities in Patients with Narcissistic Personality Disorder, *Journal of Psychiatric Research*, https://s3.amazonaws.com/academia.edu.documents/46907708/Gray_ matter_abnormalities_in_patients_wi20160630-7269-8tevmm. pdf?AWSAccessKeyId=AKI AIWOWYYGZ2Y53UL3A&Expires=1548516831&Signature=qsGsZWIix%2FKfA6chFg 9LuCZgjuA%3D&response-content-disposition=inline%3B%20 filename%3DGray_matter_ abnormalities_in_patients_wi.pdf, Zugriff am 26. 1. 2019.

Balassa, B., 1964, The Purchasing-Power Parity Doctrine: a Reappraisal, *Journal of Political Economy* 72, 584-596.

Baldwin, D., Pape, R., 1998, Evaluating Economic Sanctions, *International Security* 23/2: 189-198.

Baldwin, R., 2016, *The Great Convergence-Information Technology and the New Globalization*, Belknapp Press, Cambridge (Mass.).

Balzer, W., Moulines, C.U., Sneed, J.D., 1987, *An Architectonic for Science: the Structuralist Approach*, Reidel, Dordrecht.

Bank für Internationalen Zahlungsausgleich, 2014, Jahresbericht 2013/14, Basel. Im Netz unter https://www.bis.org/publ/arpdf/ar2014_de.pdf, Zugriff am 1. Oktober 2016.

Bank für Internationalen Zahlungsausgleich (BIZ), o. D., Global Liquidity Indicators, https://www. bis.org/statistics/gli.htm, Zugriff am 7. 3. 2019.

Bank für Internationalen Zahlungsausgleich (BIZ), 2018, *Long Series on Credit to the Non-Financial Sector*, https://www.bis.org/statistics/totcredit/totcredit. xlsx, Zugriff am 16. 2. 2019.

Barass, G., Inkster, N., 2018, Xi Xinping: The Strategist Behind the Dream, *Survival* 60/1: 41-68.

Barber, B., 1995, *Jihad vs. Macworld: How Globalism and Tribalism are Shaping the World*, Times Books-Random House, New York; deutsch: 1998, *Coca Cola und Heiliger Krieg: Der grundlegende Konflikt unserer Zeit*, Scherz, München.

Barber, J., 2000, Economic Sanctions as a Policy Instrument, *International Affairs* 55/3: 367-384.

Barnea, A., Cronqvist, H., Siegel S., 2010 Nature or Nurture: What Determines Investor Behavior? *Journal of Financial Economics* 98: 583-604.

Barkai, A., 1988, *Das Wirtschaftssystem des Nationalsozialismus: Ideologie, Theorie, Politik 1933-1945*, Fischer Taschenbuch, Frankfurt a. M.

Bartel, B., 1989, Acculturation and Etnicity in Roman Moesia Superior, Champion 1989: 177-189.

Bartolomé, B., 2002, Hernan Cortés, Ediciones Temas de Hoy, Barcelona.

Bass, B.M., Avolio, B.J., 1994a, Transformational Leadership and Organizational Culture, *International Journal of Public Administration*, 17:3-4: 541-554.

Bass, B.M., Avolio, B.J., 1994b, Introduction-Executive Summary, in: *Improving Organizational Effectiveness Through Transformational Leadership*, Sage Publications, Thousand Oaks (Ca): 1-9.

Bauer, D. A., Schuster, G., 2016, *Nachhaltigkeit im Bankensektor*, ottoschmidt, Köln.

Baumann, F., 2012, Warum ist Afrika unterentwickelt? *Mut-Forum für Politik, Kultur und Geschichte* 47/533: 22-44.

Baumann, I., 2006, *Dem Verbrechen auf der Spur: Eine Geschichte der Kriminologie und der Kriminalpolitik in Deutschland 1880-1980*, Wallenstein-Verlag, Göttingen.

Bauman, Z., 2000, *Liquid Modernity*, Polity Press, Cambridge, deutsch: 2003, *Flüchtige Moderne*, Suhrkamp, Frankfurt a. M.

Baumeister, R., Tierney, J., 2012, *Willpower: Rediscovering the Greatest Human Strength*, The Penguin Press, London.

Baumgart, L., 2016, *Konfuzianismus vs. Legalismus: Wie sind wirtschaftlich intedierte Rechtsbrüche in der Natur des Menschen verankert*, Halle, mimeo.

Baumol, W. J., Panzar, J. C., Willig, R. D., 1988, *Contestable Markets and the Theory of Industry Structure*, 2. Auflage, Harcourt Brace Jovanovich, San Diego.

Baumol, W. J., 1990, Entrepreneurship: Productive, Unproductive, and Destructive, *Journal of Political Economy* 98/5/1: 893-921.

Bayer, T., Eder, F., 2013, Kriminelle Energie, Die *Welt*, 5. Juli: 9.

Bazigos, M., Desmet, A., Dagnon, C., 2015, Why Agility Pays, *McKinsey Quarterly* 4: 28-35.

Beaver, K., DeLisi, M., Vaughn, M.G., Barnes, J.C., 2009, Monoamine oxidase: A genotype is associated with gang membership and weapon use, *Comprehensive Psychology*, Online-Publikation: https://sipura.pp.fi/Artikkelit/Beaver.pdf.

Beck, U., 1986, *Risikogesellschaft: Auf dem Weg in eine andere Moderne*, Suhrkamp, Frankfurt am Main.

Beck, U., 2008, Jenseits von Klasse und Nation, *Soziale Welt*, Nomos, Baden-Baden.

Becker, G. S., 1968, Crime and Punishment: An Economic Approach, *Journal of Political Economy* 76/2, 169-217.

Becker, G. S., 1976, *The Economic Approach to Human Behavior*, University of Chicago Press, Chicago.

Becker, M., 2017, *Kriegsrecht im frühzeitlichen Protestantismus*, Mohr Siebeck, Tübingen.

Becker, T., 2016, Deutsche Protestantische Republik, Der Spiegel 48: 140-145.

Beckmann, M., Pies, I., 2006, Freiheit durch Bindung-zur ökonomischen Logik von Verhaltenskodizes, *Diskussionspapier Nr. 9*, Lehrstuhl für Wirtschaftsethik der Martin-Luther-Universität Halle-Wittenberg, Halle.

Beckmann, M., Pies, I., 2007, Freiheit durch Bindung-zur ökonomischen Logik von Verhaltenskodizes, *Schmalenbachs Zeitschrift für betriebswirtschaftliche Forschung* 59/5: 615-645.

Beirer, G., 2006, Der Mensch-ratlos vor dem Bösen? Ein psychologisch-spiritueller Bewältigungsversuch, *Der dunkle Gott* (H. Schmitt Hrsg.),

Katholisches Bibelwerk, Stuttgart.

Beirer, G., 2015, Armut-befreit in Christus die Liebe leben, *Bibel und Liturgie* 88: 278-291.

Beirer, G., o. D., *Ohnmacht als Chance*, mimeo.

Beisheim, M., 2013, Der Nexus Wasser-Energie-Nahrung, *SWP-Studie*, Stiftung Wissenschaft und Politik, Berlin.

Bell, D. A., 2006, *Beyond Liberal Democracy: Political Thinking for an East Asian Context*, Princeton University Press, Princeton.

Benedikt XVI, 2009, *Die Liebe in der Wahrheit. Die Sozialenzyklika "Caritas in veritate"*, Herder, Freiburg.

Benes, J., Kumhof, M., 2012, The Chicago Plan Revisited, *IMF Working Papers* 202, Washington DC.

Bender, J., Freidel, M., 2009, Im Informationskrieg, *Frankfurter Allgemeine Zeitung*, 22. Mai: 10.

Benner, T., 1995, Rezension zu Osterhammel, J., Kolonialismus. Geschichte, Formen, Folgen. München: Beck, *Geschichte und Kulturen* 8 (1), 244-246.

Bennets, M., 2015, *Russlands „heiliger Krieg", Wie die russisch-orthodoxe Kirche politische Deutungshoheit beansprucht*, Internationale Politik und Gesellschaft, https://www.ipg-journal. de/schwerpunkt-des-monats/religion-und-politik/artikel/detail/russlands-heiliger-krieg-1197/, Zugriff am 15. 7. 2016.

Benoist, A. de, 2011, *Au bord du gouffre-la faillite annoncée du système de l'argent*, Krisis, Lille, deutsch 2012, *Am Rande des Abgrunds-Eine Kritik der Herrschaft des Geldes*, Edition JF, Berlin.

Benoist, A. de, 2017, *Le moment populiste-droite-gauche, c'est fini*, Pierre-Guillaume de Roux, Paris.

Bentham, J., 1789, Introduction to the Principles of Morals and Legislation, in: Burns J.H., Hart H.L.A., 1996, *The Collected Works of Jeremy Bentham*, 2. Aufl. Oxford University Press, Oxford.

Berentsen, A., 2002, *The Economics of Doping*, MPRA, München.

Bergeijk, P. v., 1989, Success and Failure of Economic Sanctions, *Kyklos* 42/3: 385-404.

Berlin, I., 1958, Two Concepts of Liberty, in Berlin I., 1969, *Four Essays on Li-*

berty. Oxford University Press, Oxford; deutsch: 1958, Zwei Freiheitsbegriffe, in: Berlin, I. 2006, Freiheit: Vier Versuche, Fischer, Frankfurt.

Bermbach, U., 2015, *Houston Stewart Chamberlain: Wagners Schwieger-sohn-Hitlers Vordenker,* J. B. Metzler.

Bernstein, B., Brandis, W., Henderson, D., 1973, *Soziale Schicht, Sprache und Kommunikation,* Schwann, Düsseldorf.

Berthold, N., 2016, Rettet den Kapitalismus vor den Kapitalisten: Thomas Piketty auf den Spuren von Karl Marx, *List Forum für Wirtschafts-und Finanzpolitik* 41/3, 367-375.

Besedes, T., Goldbach, S., Nitsch, V., 2016, You're Banned! The Effect of Sanctions on German Cross-Border Financial Flows, *Deutsche Bundesbank Discussion Paper* 12.

Beutelsbacher, S., Hegmann, G., Vetter, P., 2018, Die Zukunft heißt Musk, *Welt am Sonntag*, 11. Februar: 33.

Beutelsbacher, S., Gersemann, O., Kaiser, T., Seibel, K., 2019, Die Frau, vor der sogar Trump Respekt hat, *Die Welt*, 4. Juli: 9.

Bhagwati, J., 1982, Directly Unproductive, Profit-Seeking (DUP) Activities, *Journal of Political Economy* 90/5, 988-1002.

Bhagwati, J., 1983, DUP Activities and Rent Seeking, *Kyklos* 90/5: 634-637.

Bhagwati, J., 1987, International Trade in Services and its Relevance for Economic Development, *Political Economy and International Economics*, The MIT Press, Cambridge-London 1991.

Bhatia, M. S., 2011, World War III: The Cyber War, *International Journal of Cyber Warfare and Terrorism* 1/3, 59-69.

Bhui, K., Warfa, N., Jones, E., 2014, Is Violent Radicalisation Associated with Poverty, Migration, Poor Self-Reported Health and Common Mental Disorders? *PLoS ONE* 9/3, e90718.

Bialas, W., Moralische Ordnungen des Nationalsozialismus, *Vandehoek & Rupprecht*, Göttingen.

Bibel: https://www.die-bibel.de/online-bibeln/luther-bibel-1984/bibeltext/.https://www.die-bibel. de/online-bibeln/luther-bibel-1984/bibeltext/.

Bild am Sonntag, 2005, Interview mit Franz Müntefering, 17. April.

Binswanger, H. C., 2009, *Geld und Magie. Deutung und Kritik der modernen Wirtschaft anhand von Goethes „Faust"*, 3. Auflage, Murmann Verlag, Hamburg.

Birbaumer, N., 2015, Das so genannte Böse, *Frankfurter Allgemeine Zeitung*, 17. Juni: N2.

Birbaumer, N., Zittlau, J., 2015, *Dein Gehirn weiß mehr, als du denkst: Neueste Erkenntnisse aus der Hirnforschung*, Ullstein, Frankfurt/M-Berlin.

Birkeland, C., 2015, Wie sich Unternehmen gegen Angriffe schützen können, *Frankfurter Allgemeine Zeitung Verlagsbeilage IKT*, 12. März: V6.

Bishop, W., 2014, Digital Teens and the 'Antisocial Network': Prevalence of Troublesome Online Youth Groups and Internet Trolling in Great Britain, *International Journal of E-Politics* 5, 1-15.

Bismarck, O.v., 1870, *Auf Wilhelmshöhe*, Morgenausgabe der Nationalzeitung, 1. September, zitiert nach Bush (1878: 135).

Blackmore, S., 1999, *The Meme Machine*, Oxford University Press, Oxford; deutsch: 2000, *Die Macht der Meme oder die Evolution von Kultur und Geist*, Spektrum Verlag, Heidelberg-Berlin.

Blackmore, S., 2019, Bewusstsein-Das schwierige Problem, *Spektrum der Wissenschaft* 2: 30-35.

Blackwill, R.D., Harris, J.M., 2016, *War by Other Means: Geoeconomics and Statecraft*, Harvard University Press, Cambridge, MA.

Blake, E., 2015, Stark als Paar, *Spektrum der Wissenschaft* 4: 34-39.

Blasberg, A., Kolenberg, K. 2012, Die Klimakrieger *Die Zeit*, 22. November: 17-19.

Blasi, D.E., Moran, S., Moisik, S.R., Widmer, P., Dediu, D., Bickel, B., 2019, Human sound systems are shaped by post-Neolithic changes in bite configuration, Science 3363/6432: ####.

Blattner, L., Farinha, L., Rebelo, F., 2018, *When Losses Turn Into Loans: The Cost of Undercapitalized Banks*, mimeo.

Blaug, M., 1982, *The Methodology of Economics or how Economists Explain*, Cambridge University Press, Cambridge, Kap. 1.

Blaug, M., 1985, *Economic Theory in Retrospect*, Cambridge University Press, Cambridge-London-New Rochelle-Melbourne-Sydney.

Bloomberg, 2016, Goldman Sachs Says It May Be Forced to Fundamentally Question How Capitalism Is Working, https://www.bloomberg.com/news/articles/2016-02-03/goldman-sachssays-it-may-be-forced-to-fundamentally-question-how-capitalism-is-working, Zugriff am 15. 7. 2016.

Blom, Ph., 2017, *Die Welt aus den Angeln*, 5. Auflage, Carl Hanser Verlag, München.

Blum, J., 2017, Defense Burden and the Effect of Democracy: Evidence from a Spatial Panel Analysis, *Defence and Peace Economics* 29/6: 614-641.

Blum, U., 1986, Growth Poles and Regional Evolution, *Jahrbuch für Sozialwissenschaft* 37/3: 325-353.

Blum, U., Foos, G., Gaudry, M., 1988, Aggregate Time Series Gasoline Demand Models: Review of Literature and New Evidence for West Germany. *Transportation Research* 22A: 76-88.

Blum, U., Dudley, L., 1989, A Spatial Approach to Structural Change: The Making of the French Hexagon, *Journal of Economic History* 19/3, 667-676.

Blum, U., Dudley, L., 1991, A Spatial Model of the State, *Zeitschrift für die gesamte Staatswissenschaft, Journal of Institutional and Theoretical Economics* 147/2: 312-336.

Blum, U., Dudley, L., 1996, Culture and Efficiency: Economic Effects of Religion, Nationalism and Ideology, *Current Issues in Public Choice*, Edward Elgar Publishing Ltd., Cheltenham, UK, Brookfield, USA (69-90).

Blum, U., Dudley, L., 1999, The Two Germanys: Information Technology and Economic Divergence, 1949-1989, *Journal of Institutional and Theoretical Economics* 166/4: 710-737.

Blum, U., Dudley, L., 2000, Blood, Sweat, Tears: Rise and Decline of the East German Economy, 1949-1988, *Zeitschrift für Nationalökonomie und Statistik-Journal of Economics and Statistics* 220/4: 438-462.

Blum, U., Dudley, L., 2001, Religion and Economic Growth: Was Weber Right? *Journal of Evolutionary Economics* 11, 207-230.

Blum, U., Gleißner, W., 2001, Trends und Frühaufklärung: das fundierte Orakel, *Entrepreneurship und Unternehmertum* (Blum, U., Leibbrand, F., Hrsg.), Gabler, Wiesbaden: 163-186.

Blum, U., Bahke, T., Eickhoff, G., 2002, *Normen und Wettbewerb*, Beuth Verlag, Berlin.

Blum, U., Dudley, L., 2002, Transport and Economic Development, *European Ministers of Transport 199*, OECD, Paris: 51-79.

Blum, U., Scharfe, S., 2002, Die Transformation in Ostdeutschland als entwicklungsökonomisches Phänomen, *List Forum für Wirtschafts-und Finanzpolitik*, Vol. 28/4, 348-369.

Blum, U., Dudley, L., 2003, Standardized Latin and Medieval Economic Growth, *European Review of Economic History* 7: 213-238.

Blum, U. Leibbrand, F., 2003, Mittelstand und Basel II-Welche Unterstützung braucht der sächsische Mittelstand, *ifo Dresden*, part 1: Nr. 2: 17-28; part 2: Nr. 3: 26-36.

Blum, U., Veltins, M., 2004, Braucht die Economy ein neues Wettbewerbsleitbild? *Jahrbuch für Wirtschaftswissenschaften-Review of Economics*, 55/2: 163-189.

Blum, U., 2004, *Volkswirtschaftslehre*, Oldenbourg, 4. Auflage, München.

Blum, U., Dudley, L., Leibbrand, F., Weiske, A., 2005, *Angewandte Institutionenökonomik: Theorien, Modelle, Evidenz*, Gabler, Wiesbaden.

Blum, U., Müller, S., Weiske, A., 2006, *Angewandte Industrieökonomik: Theorien, Modelle, Anwendung*, Gabler, Wiesbaden.

Blum, U., 2006a, How Standards Make the World Flat, *EURAS-Yearbook, Homo Oeconomicus*, 23/3+4: 347-377.

Blum, U., 2006b, Hirschman, A. O., Exit, Voice and Loyalty, *Lexikon ökonomischer Werke* (D. Herz ed.), Verlag Wirtschaft und Finanzen im Verlag Schäffer-Poeschel, Stuttgart: 201.

Blum, U., 2007a, The East German Cement Cartel: Cartel Efficiency and Cartel Policy after Economic Transformation, *Eastern European Economics* 45/6, 5-28.

Blum, U., 2007b, *Future Landscape of European Standardization*, CEN/CENELEC, Brüssel.

Blum, U. 2008, Institutions and Clusters, in: B. Johansson, C. Karlsson (ed.): *Handbook on Research on Clusters*, Edward Elgar, Cheltenham/Northampton: 361-373.

Blum, U., Steinat, N., Veltins, M., 2008, On the Rationale of Leniency Programs: a Game-Theoretical Analysis, *European Journal of Law and Economics* 25/3: 209-229.

Blum, U., 2009, Cartel Identification in Spatial Markets: An Analysis of the East German Cement Market, *Jahrbuch für Regionalwissenschaft* 29/2: 137-159.

Blum, U., 2012, Zerschlagt das Finanzkartell, *Financial Times Deutschland*. 5. Januar.

Blum, U. 2013a, East Germany's Economic Development Revisited: Path Dependence and East Germany's Pre-and Post-Unification Economic Stagnation, *Journal of Post-Communist Economies*, 25/1, 37-58.

Blum, U. 2013b, Das Ende der Gewissheiten, *Die Welt*, 2. 4. 2013: 2.

Blum, U., 2013c, Unternehmertum, Unternehmerwerte und Wachstum, *Wirtschaftspolitische Blätter der Wirtschaftskammer Österreich* 1, 75-85.

Blum, U., 2014a, Sanktionen-eine glaubhafte Drohung? *Börsen-Zeitung*, 8. Mai: 7.

Blum, U., 2014b, Google gegen des Rest der Welt, *Börsen-Zeitung*, 28. August: 6.

Blum, U., Zhou, B., 2015, Der ewige Krieg im Kopf? Handel als Krieg aus chinesischer Sicht, in: Blum, U. (Hrsg.), *Beijing Humboldt Forum 2014*, Series in Political Economy and Economic Governance 4, Halle: 7-31.

Blum, U., 2016a, Grundlagen der Volkswirtschaftslehre, de Gruyter/Oldenbourg, Berlin/Boston.

Blum, U., 2016b, Games, in: *Encyclopedia of Law and Economics* (Marciano, A., Ramello, G.B. eds.), Springer, Heidelberg-New York.

Blum, U., 2016c, Öl als Waffe, *Süddeutsche Zeitung*, 18. März: 2.

Blum, U., 2017, Spannungszonen in der globalen Tektonik, *Die Börsen Zeitung*, 24. März: 6.

Blum, U., 2018a, Fuxing vs. America First? *China Watch*, https://www.chinawatch. cn/a/201807/10/WS5b445013a3106beef44100a2.html, Zugriff am 16. 7. 2018.

Blum, U., 2018b, Der Kampf um Wertschöpfungsketten-Krieg gegen den Freihandel? *Wirtschaftsdienst* 98/10: 737-743.

Blum, U., Kou, K., 2018, Kommt China an die Weltspitze, *Frankfurter Allgemeine Zeitung*, 16. April: 16.

Blum, U., Wehrspohn, R., 2018, Trumps Strafzölle ergeben strategisch Sinn, *Die Welt*, 19. März: 10.

Blum, U., 2019a, Die neue Geoökonomik der Seidenstraße als globaler Handelsweg, in Blum, U. (Hrsg.), *Handelsstraßen zwischen Kooperation und Konflikt*, Series in Political Economy and Economic Governance, Halle: 7-27.

Blum, U., 2019b, The Eastern German Growth Trap: Structural Limits to Convergence?, *Interecomics* 54/6: 359-368.

Blum, U., Pei, J., Zhong, J., Zhu, X., 2019, How Prepared is West China for the Silk-Road Initiative, forthcoming.

Böckenförde, E.-W., 1976, *Staat, Gesellschaft, Freiheit*, Suhrkamp, Frankfurt.

Böckler Impulse, 2017, *Wenn Chinesen investieren*, Nr. 15: 6.

Böge, F., Kafsack, H., 2018, Von Entspannung keine Spur, *Frankfurter Allgemeine Zeitung*, 7. Dezember: 3.

Bodin, J., 1576, *Les six livres de la République,* mimeo, Paris; deutsch: 1983, 1986, Sechs Bücher über den Staat, Bände I-II und VI-VI. Beck, München.

Bohlin, J., 2010, From Appreciation to Depreciation-the Exchange Rate of the Swedish Krona, 1913-2008, Historical Monetary and Financial Statistics for Sweden, Volume I: Exchange rates, prices, and wages, 1277-2008 (hrsg. von R. Edvinsson, T. Jacobson und D. Waldenström), Sveriges Riksbank and Ekerlids.

Böhm, F., 1948, Das Reichsgericht und die Kartelle, *Ordo* 1, 197-213.

Böhm, F., 1950, *Wirtschaftsordnung und Staatsverfassung.* J.C.B. Mohr, Tübingen.

Böhm-Bawerk, E., 1884, *Kapital und Kapitalzins, Erste Abteilung: Geschichte und Kritik der Kapitalzins-Theorien*, Innsbruck.

Böhmer, D.-D., 2011, Ein explosiver Friedensschluss, *Die Welt*, 29. April: 6.

Böll, H., 1966*, Ende einer Dienstfahrt, Erzählung*, Kiepenheuer & Witsch, Köln.

Börsen-Zeitung, 2013a, *Industrie startet Gemeinschaftsprojekt*, 9. April:11.

Börsen-Zeitung, 2013b, *„Patenttroll" marschiert gegen Google*, 2. November: 9.

Börsen-Zeitung, 2013c, *Apple und Samsung spielen in der gleichen Liga*, 14. November 2013: 13.

Börsen-Zeitung, 2014a, *Schlecht geschützt vor Cyberattacken*, 7. Februar: 4.

Börsen-Zeitung, 2014b, *Cyber-Schaden-und was nun?* 1. März: 24.

Börsen-Zeitung, 2014c, *ESMA prüft Hochfrequenzhandel*, 13. März: 4.

Börsen-Zeitung, 2015a, *Vertrauensindex IW-Köln*, 28. Juli: 7.

Börsen-Zeitung, 2015b, *Finanzkrise noch nicht ausgestanden*, 18. September: 7.

Börsen-Zeitung, 2016a, *Frontalangriff auf die EZB*, 17. März: 6.

Börsen-Zeitung, 2016b, *EZB gönnt sich mehr Zeit*, 22. Juli: 7.

Börsen-Zeitung, 2016c, *EZB legt Anfa-Portfolien offen*, 28. August: 7.

Börsen-Zeitung, 2016d, *Cum-ex-Deals könnten für Depotbanken teuer werden*, 9. September: 5.

Börsen-Zeitung, 2016e, *Hanjin-Pleite trifft Welthandel empfindlich*, 14. September: 9.

Börsen-Zeitung, 2016f, *Stöer düpiert Muddy Waters*, 22. September: 9.

Börsen-Zeitung, 2016g, *Bonitätswächter warnen vor neuer Blasenbildung*, 6. Oktober: 6.

Börsen-Zeitung, 2017a, *China hat es in Deutschland schwerer*, 26. Januar: 9.

Börsen-Zeitung, 2017b, *Deal-Aktivität gutes Zeichen für Deutsche Asset*, 14./15. April: 2.

Börsen-Zeitung, 2017c, *EZB fährt Anleihenkäufe deutlich hoch*, 8. August: 5.

Börsen-Zeitung, 2017d, *Der Hunger auf Chips ist noch längst nicht gestillt*, 11. Oktober: 6.

Börsen-Zeitung, 2017e, *IWF warnt vor zu hoher Verschuldung*, 12. Oktober: 5.

Börsen-Zeitung, 2017f, *Alle drei Tage ein Milliardär*, 27. Oktober: 5.

Börsen-Zeitung, 2018a, *Staatenrating 2018: Überdosis Optimismus*, 6. Januar: 5.

Börsen-Zeitung, 2018b, *In den USA stimmen die Kunden für uns ab*, 27, Februar: 13.

Börsen-Zeitung, 2018c, *Hapag-Lloyd fährt volle Kraft voraus*, 1, März: 10.

Börsen-Zeitung, 2018d, *Chinesen lassen es ruhiger angehen*, 17. Juli: 8.

Börsen-Zeitung, 2018e, *IWF warnt EU vor Brexit-Folgen*, 20. Juli: 6.

Börsen-Zeitung, 2018f, *Sanktionen treffen den Ölmarkt kaum*, 6. November: 17.

Börsen-Zeitung, 2018g, *Société Générale zahlt an US-Behörden*, 11. November: 4.

Börsen-Zeitung, 2018h, *Von Kartoffel-und Computerchips*, 29. Dezember: 44.

Börsen-Zeitung, 2019a, *„Wir habe die Dimension des Problems unterschätzt "*, 26. Februar: 11.

Börsen-Zeitung, 2019b, *Luft nach oben*, 25. April: 1.

Börsen-Zeitung, 2019c, *Hoffnungsschimmer im Handelsstreit*, 25. Mai: 7.

Börsen-Zeitung, 2019d, *Schmutziges Geld in Billionenhöhe gewaschen*, 29. Juni: 2.

Boie, J., 2016, Was heißt hier Hass? Facebook sperrt und löscht beliebig die Seiten seiner Nutzermit der Unterstützung zweifelhafter Partner. So entsteht ein Privatrecht, *Süddeutsche Zeitung*, 22. August:11.

Bohorquez, J. C., Gourly, S., Dixon, A. R., Spagat, M., Johnson, N. F., 2009, Common Ecology Quantifies Human Insurgency, *Nature* 462: 911-914.

Bond, S., Xing, J., 2015, Corporate Taxation and Capital Accumulation: Evidence from Sectoral Panel Date for 14 OECD Countries, *Journal of Public Ecnomics* 130: 15-31.

Bornkessel-Schlesewsky, I., Schlesewsky, M., 2014, Ende der Exklusivität, *Spektrum der Wissenschaft* 5, 60-67.

Boroditsky, L., 2001, Does Language Shape Thought? Mandarin and English Speakers' Conception of Time, *Cognitive Psychology* 43, 1-22.

Boroditsky, L., 2010, Wie prägt Sprache unser Denken? *Süddeutsche Zeitung,* 16. April: 12 4: 30-33.

Boroditsky, L., 2012, Wie die Sprache das Denken formt, *Spektrum der Wissenschaft* 4: 30-33.

Bothe, M., 2013, Wo beginnt der Krieg im Cyberspace? *Süddeutsche Zeitung*, 30. Juli:12.

Botzenhard, T., 2013, In der Schuldenfalle, in: *Die DDR*, GeoEpoche 64: 134-137.

Boudeville, J.R., 1968, L'espace et les pôles de croissance, Paris.

Bourdieu, P., 2012, *Sür l'État: Cours au Collège de France (1989-92)*, hrsg. von R. Lenoir, F. Poupeau und M.C. Rivière; deutsch: 2014, Über den Staat, Suhrkamp, Berlin.

Bracken, P., 2007, Financial Warfare, *Orbis* 51/4: 685-696.

Braun, C. v., 2012, *Der Preis des Geldes*, 3. Aufl., Aufbau-Verlag, Berlin.

Brauer, J., Tuyll, H. v., 2004, *Castles, Battles, and Bombs: How Economics Explains Military History*, Chicago University Press, Chicago.

Brenner, R., 1983, *History-the Human Gamble*, The University of Chicago Press, Chicago-London.

Brenner, R., 1987, *Rivalry: in Business, Science, Among Nations*, Cambridge University Press, Cambridge.

Bresnahan, T.F., 1981, Duopoly Models with Consistent Conjectures, *The American Economic Review* 71/6: 934-943.

Bresnahan, T.F., Trajtenberg, M., 1995, General Purpose Technologies- 'Engines of Growth', *Journal of Econometrics* 65/1: 83-108.

Breton, A., 1930, *Second manifeste du surréalisme*, Éditions Kra, Paris.

Bockwoldt, G., 2010, Das Menschenbild Calvins, in: *Johannes Calvin-Neue Wege der Forschung*, Selderhuis H.J. Hrsg., Wissenschaftliche Buchgesellschaft, Darmstadt: 84-104.

Brodnitz, G., 1920, *Das System des Wirtschaftskrieges*, J.C.B. Mohr (Paul Siebeck), Tübingen.

Brooking, 2018, *Global Manufacturing Scorecard-How the US Compares to 18 Other Nations*, Washington DC; Quelle: https://www-brookings-edu.cdn. ampproject.org/c/s/www.brookings. edu/research/global-manufacturing-scorecard-how-the-us-compares-to-18-other-nations/amp/, Zugriff am 13. 7. 2018.

Brou, D., Ruta M, 2013, Rent-Seeking, Market Structure, and Growth, *The Scandinavian Journal of Economics* 115/3, 878-901.

Brown, K., 2018, *The World according to XI-Everything You Need to Know About the New China*, I.B. Tauris & Co. Ltd, London; deutsch: 2018, *Die Welt des Xi Jinping-Alles, was man über das neue China wissen muss*, Fischer, Frankfurt.

Brill, K., 2014, Brüderliches Teilen, *Süddeutsche Zeitung*, 22. Oktober: 7.

Brinkmann, C., 1944, *Wirtschaftsformen und Lebensformen*, Junker und Dünnenhaupt, Tübingen.

Brunnermeier, M., Braunberger, G., 2013, Geldpolitik im Teufelskreis, *Frankfurter Allgemeine Zeitung*, 18. April: 18.

Buchanan, J. M., 1975, *The Limits of Liberty: Between Anarchy and Leviathan*, University of Chicago Press London.

Buchanan, J.M., Tullock G., 1962, *The Calculus of Consent-Logical Foundations of Constitutional Democracy*, versity of Michigan Press, Ann Arbor.

Buchen, S., Hermann, R., 2016, Die Falle schnappt zu, *Frankfurter Allgemeine*

Zeitung, 1. Dezember: 3.

Buchen, S., Wieduwilt, H., 2017, Über den Atlantik hinweg geächtet, *Frankfurter Allgemeine Zeitung*, 1. Dezember: 26.

Buchter, H., *BlackRock-Eine heimliche Weltmacht greift nach unserem Geld*, Campus, Frankfurt/ Main.

Buckholtz, J. W., Treadway, M. T., Cowan, R. L., Woodward, N. D., Benning, D., Li, R., Ansari, M. S., Baldwin, R. M., Schwartzman, A. N., Shelby, E. S., Smith, C. E., Cole, D., Kessler R. M., Zald, D. H., 2010, Mesolimbic Dopamine Reward System Hypersensitivity in Individuals with Psychopathic Traits, *Nature Neuroscience*; DOI: 10.1038/nn.2510.

Bude, H., 2014, Warum gibt es keine Solidarität 4.0? *Süddeutsche Zeitung*, 18. August: 9.

Bünder, H., Grossarth, J., 2015, Wurstfabrikant Tönnies führt das Kartellamt vor, *Frankfurter Allgemeine Zeitung*, 4. Februar: 22.

Büschmann, K.-H., 2016a, Fairplay, *Süddeutsche Zeitung*, 27./28. August: 24.

Büschmann, K.-H., 2016b, Attacke aus dem hohen Norden, *Süddeutsche Zeitung*, 2. Oktober: 20.

Bundesverfassungsgericht (BVerfG), 2016, Langfassung zum OMT, 26. Juli.

Bundeswehr, o. D., Anforderungen an den Offizier 21, Flyer.

Burns, T., 1961, Micropolitics: Mechanisms of Institutional Change, *Administrative Science Quarterly* 6, 257-281.

Busch, M., 2015, *Graf Bismarck und seine Leute während des Kriegs mit Frankreich*, Nachdruck des Originals von 1878, Europäischer Geschichtsverlag, Paderborn.

Busse, C., Das große Sprit-Rätsel, *Süddeutsche Zeitung*, 31. Dezember: 25.

Bussmann, K.-D., 2015, *Dunkelfeldstudie über den Umfang der Geldwäsche in Deutschland und über die Geldwäscherisiken in einzelnen Wirtschaftssektoren*, Abschlussbericht, Marin-Luther-Universität Halle-Wittenberg, Halle-Wittenberg, mimeo.

Bussmann, K.-D., 2016, *Wirtschaftskriminologie I-Grundlagen-Markt-und Alltagskriminalität*, Verlag Franz Vahlen, München.

Buttkereit, S., Pies, I., 2006, The Economic Ethics of Social Dilemmas, *Diskussi-*

onspapier Nr. 6 des Lehrstuhls für Wirtschaftsethik der Martin-Luther-Universität Halle-Wittenberg, Halle.

Buttlar, H. v., 2012, Der Brandmauern-Bertha-Bazooka-Komplex, *Financial Times Deutschland*, 27. April: 30.

Cahlíková, J., Cingl, L., L9vely, I., 2016, How Stress Affects Performance and Competitiveness across Gender, *CERGE-EI Discussion Paper*, Prag.

Callwell, C.E., 1896, *Small Wars. Their Principles and Practice*, 3. Auflage 1906, Harrison & Sons, London.

Camenisch, C., et al., 2016, The 1430s: a Cold Period of Extraordinary Internal Climate Variability during the Early Spörer Minimum with Social and Economic Impacts in North-Western and Central Europe, *Climate of the Past* 12: 2107-2126.

Camus, A., 1942, *Le Mythe de Sisyphe*, Gallimard, Paris; deutsch: 1995, *Der Mythos von Sisyphos,* Rowohlt, Reinbek bei Hamburg.

Camus, A., 1942, *L'Étranger*, Gallimard, Paris; deutsch: 2000, *Der Fremde*, Rowohlt, Reinbek bei Hamburg.

Camus, A., 1947, *La Peste*, Gallimard, Paris; deutsch: 1998, *Die Pest*, Rowohlt, Reinbek bei Hamburg.

Camus, R., 2011, *Le Grand Remplacement*, David Reinharc, Neuilly-sur-Seine.

Canetti, E., 1960, *Masse und Macht*, Claassen Verlag, Düsseldorf; 1980, Fischer Taschenbuch Verlag.

Capgemini, 2018, *World Wealth Report*, New York.

Capgemini, 2019, *World Wealth Report*, New York.

Cardwell, D.S.L, 1972, *Turning Points in in Western Technology*, Nale Watson, New York.

Carlowitz, H. C. v., 1813, *Sylvicultura oeconomica,* Verlag Braun, Leipzig.

Casimir, M. J., 1994, Die Evolution der Kulturfähigkeit, *Der Mensch in seiner Welt, Band 1: Vom Affen zum Halbgott* (Schiefenhövel, Vogel, Vollmer, Opolka Hrsg.), Trias, Stuttgart: 43-58.

Caspar, J. A., Christensen, J.F., Cleeremans, A., Haggar, P., 2016, Coercion Changes the Sense of Agency in the Human Brain, *Current Biology* 16/5: 585-592.

CBL, o. D., The 36 Stratagems, https://www.cbl-international.com/docs/csu0714/ the-36stratagems.pdf, Zugriff am 5. Juli 2015.

Chamberlain, H. S., 1899 (1907), *Die Grundlagen des neunzehnten Jahrhunderts*, 8. Auflage, 2 Bände, Verlagsanstalt Bruckmann A.-G., München.

Chang, J., 2014, *Kaiserinwitwe Cixi*, Blessing, München.

Chang, R., Velasco, A. 2001, A Model of Financial Crises in Emerging Markets, *Quarterly Journal of Economics*, 116/2: 489-517.

Charlie Hebdo, 2015, Les prédictions du mage Houellebecq, 7. Januar: Titelseite.

Chen, M.-J., 1996, Competitor Analysis and Interfirm Rivalry: Toward a Theoretical Integration, *The Academy of Management Review* 21/1: 100-134.

Chen, M. K., 2013, The Effects of Language on Economic Behavior: Evidence from Savings Rates, Health Behaviors, and Retirement Assets. *The American Economic Review* 103/2, 690-731.

China Daily, 2015, *Greece Grabs Cash as Debt Payments Loom*, 18. März: 18.

China Daily, 2017, *Marx Even More Relevant in Today's Changing World*, 4.-6. Mai: 5.

Christaller, W., 1933 (1968), *Die zentralen Orte in Süddeutschland*, Wissenschaftliche Buchgesellschaft, Darmstadt.

Christensen, C.M., Baumann, H., Ruggles, R., Stadtler, Th., 2006, Disruptive Innovation for Social Change, *Harvard Business Review*, https://i.bnet.com/ pdf/174957-disruptive_innovation_for_ social_change.pdf, Zugriff am 1. Oktober. 2016.

Chui, T., 2013, The Spies at my House, *China Daily*, 21. Juni, https://www. cdeclips.com/en/ hongkong/fullstory.html?id=79184.

Churchill, W., 1940, *Blood, Toil, Tears and Sweat*, https://winstonchurchill.org/ resources/ speeches/1940-the-finest-hour/blood-toil-tears-and-sweat-2/, Zugriff am 28. 1. 2019.

Ch'i Chi-kuang, 1562, Neue Abhandlung über den disziplinierten Dienst, Ch'i Chi-kuang, englisch: 2017, *New Treatise on the Disciplined Service* (Yewen Ge, Trans.), Zhonghua Verlag, Peking. chinesisches Original: 2017.

CIA Factbook, 2010, Washington DC.

Cicero, M. T., 44a v. Chr, *Laelius, De Amicitia*; deutsch: 1986, *Laelius, Über die*

Freundschaft, Reclam, Ditzingen.

Cicero, M. T., 44b v. Chr, *de officiis*; deutsch: 1986, *Vom pflichtgemäßen Handeln*, Reclam, Ditzingen.

Cicero, M. T., 54-51 v.Chr, *de re publica*; deutsche Ausgabe 2013, Vom Staat, Reclam, Ditzingen.

Clark, C., 2012, *The Sleepwalkers, How Europe Went to War in 1914*. Allen Lane-Penguin Books, London.

Clark, G., 2007a, *A Farewell to Alms*, Princeton University Press, Princeton.

Clark, G., 2007b, Das kapitalistische Gen, Interview mit Hubertus Breuer, *Süddeutsche Zeitung*, 12. Oktober: 17.

Clarke, J. J., 1997, *Oriental Enlightenment-The Encounter Between Asian and Western Thought*, Routledge, London/New York.

Clausewitz, C. v., 1832, *Vom Kriege*, Dümmlers Verlag, Berlin; zitiert nach: 1999, *Vom Kriege*, Bände 1-3, Mundus Verlag, Essen.

Clark, J. R., Lee, D.R., 2011, Markets and Morality, *Cato Journal* 31/1.

Clark, J. R., Lee, D.R., 2011, Markets & Morality, Cato Journal 31/2: 1-25.

Cleckley, H. M., 1941, *The Mask of Sanity*, C.V. Mosby Co. St.Louis, 5. Auflage im Internet herunterzuladen unter https://www.cix.co.uk/~klockstone/sanity_1. pdf.

Clemens, J., 2013, An Analysis of Economic Warfare, *American Economic Review: Papers and Proceedings 2013* 1003/3: 523-527.

Cline, E. H., 2014, *1177 B.B., The Year Civilization Collapsed*, Princeton University Press, Princeton & Oxford, deutsch: 2015, 1177 v. Chr.: Der erste Untergang der Zivilisation, Theiss, Darmstadt.

Cline, R. S., 1975, *World Power Assessment-a Calculus of Strategic Drift*, Georgetown University, Washington DC.

CMS, 2019, *CMS Compliance-Barometer 2018*, Berlin.

Coase, R. H., 1937, The Nature of the Firm, *Economica*, 4: 386-406.

Coates, J., 2012, *The Hour Between Dog and Wolf: how risk-taking transforms us, body and mind*, Forth Estate, London.

Cobden, R., 1853, How Wars are Got Up in India, The Origin of the Burmese War, in: 1903, *The Political Writings of Richard Cobden*, Fischer Unwin,

London.

Cohen, B., 1998, *The Geography of Money*, Cornell University Press, Ithaca, NY.

Combaceau, J., 1986, Sanctions, *Encyclopedia of Public International Law* 9, North Holland, Amsterdam: 337-341.

Comte, A., 1854, *Système de de politique positive*, Carilian-Goeury-Dalmont, Paris, deutsch: 1974, *Die Soziologie-Positive Philosophie*, Kröner, Stuttgart.

Cook, C. J., 2014, The Role of Lactase Persistence in Pre-Colonial Development, *Journal of Economic Growth* 19: 369-406.

Copeland, D.C., 1996, Economic Interdependence and War: a Theory of Trade Expectations, *International Security* 20/4: 5-41.

Copeland, D.C., 2015, *Economic Interdependence and War*, Princeton University Press, Princeton und Oxford.

Cochrane, J., 2014, *Towards a Free-Run Financial System*, University of Chicago Booth School of Business, mimeo.

Cohen, L., Gurun, U., Kominers, D., 2014, Patent Trolls. Evidence from Targeted Firms, *NBER Working Paper* 20322.

Cordis, o. D., *Recall: Enhannced Human Memory*, https://cordis.europa.eu/project/rcn/110730_ de.html; Zugriff am 10. August 2018.

Coriando, P.-L., 2003, *Individuation und Einzelnsein Nietzsche-Leibniz-Aristoteles,* Klostermann, Frankfurt/Main.

Cornelis, J., 2007, China's Quest for Market Economy Status and its Impact on the Use of Trade Remedies by the European Communities and the United States, *Global Trade and Customs Journal* 2, 106-116.

Corporate Trust, 2012, *Studie: Industriespionage*, München.

Corsetti, G., Pesenti, P., Roubini, N., 1999, What caused the Asian Currency and Financial Crisis? *Japan and the World Economy*, 11: 305-373.

Cortright, D., Lopez, G.A., 2000, *The Sanctions Decade-Assessing UN Strategies in the 1990s*, Lyenne Rienner, Bouulder (Col).

Cournot, A. A., 1838, *Recherches sur les principes mathématiques de la théorie des richesses,* Paris.

Courtois, S., Werth, N., Panné, J.-L., Paczkowski, A., Bartošek, K., Margolin, J.-L., Kauffer, R., Pierre Rigoulot, P., Fontaine, P., Santamaria, Y., Boulouque, S.,

1997, *Le livre noir du communisme-Crimes, terreur, repression*, Robert Laffont, Paris; deutsch: mit Gauck, J. Neubert, E., 2004, *Das Schwarzbuch des Kommunismus-Unterdrückung, Verbrechen und Terror*, Piper Verlag, München.

Creditreform, 2008, *Insolvenzen, Neugründungen, Löschungen* 2008, Neuss.

Creditreform, 2009, *Insolvenzen, Neugründungen, Löschungen* 2009, Neuss.

Creditreform, 2010, *Insolvenzen, Neugründungen, Löschungen* 2010, Neuss.

Creditreform, 2011, Insolvenzen, *Neugründungen, Löschungen* 2011, Neuss.

Creditreform, 2012, *Insolvenzen, Neugründungen, Löschungen* 2012, Neuss.

Creditreform, 2013, *Insolvenzen in Deutschland* 2013, Neuss.

Creditreform, 2014, *Analyse Insolvenzen Deutschland* 2014, Neuss.

Creditreform, 2015, *Analyse Insolvenzen Deutschland 2015*, Neuss.

Creditreform, 2016, *Analyse Insolvenzen Deutschland 2016*, Neuss

Creveld, M. v., 2011, *Kriegs-Kultur-Warum wir kämpfen: Die tiefen Wurzeln bewaffneter Konflikte*, Ares-Verlag, Graz; engl. Original: 2008, *The Culture of War*, Presidio, New York.

Creveld, M. v., 2013, Eine Droge namens Krieg, *Literarische Welt*, 21. September: 6.

Creveld, M. v., 2017, Der Zusammenbruch des Westens, Interview mit Moritz Schwartz, *Junge Freiheit*, 2. Juni: 3.

Creveld, M. v., 2018, *Gleichheit-das falsche Versprechen*, Edition Sonderwege, Berlin.

Crouch, C. 2004, *Post-Democracy*, Oxford University Press, Oxford 2004; deutsch: 2008, *Postdemokratie*, Suhrkamp, Frankfurt am Main.

Cubitt, T.S., Peréz-García, D., Wolf, M., 2019, Unentscheidbare Aussagen über die Natur, *Spectrum der Wissenschaft* 1, 67-74.

Curry, A., 2014, Die Milchrevolution, *Spectrum der Wissenschaft* 4, 70-74.

Czaja, Z., 2008, Hungersnot-Forschung, *Spektrum der Wissenschaft*, https://www.spektrum.de/ news/hungersnot-forschung/971989, Zugriff am 27. 7. 2018.

Dammler, D., 2016, *Konzern und Moderne*, Klostermann, Frankfurt a. M.

Daniels, D. v., 2019, Die zarten Seelen freier Bürger, *Frankfurter Allgemeine Zeitung*, 13. Mai: 8.

Dapp, Th. F., 2014, Big Data: Die ungezähmte Macht, Deutsche Bank Research.

Darwin, C., 1859, *On the Origin of Species by Means of Natural Selection, or the Preservation of Favoured Races in the Struggle for Life*, John Murray, London.

Darwin, J., 2013, *Unfinished Empire: the Global Expansion of Britain*, Bloomsbury Press, New York.

Dasgupta, P., 1988, *Trust as a Commodity, Trust-Making or Breaking Corporate Relations* (Gambetta D. Hrsg.), Oxford: 49-72.

Dawkins, R., 1976, *The Selfish Gene*, Oxford University Press, New York; deutsch: Das egoistische Gen, Rowohlt, Reinbek bei Hamburg, 2000.

Dawkins, R., 2004, *The Ancestors Tale*, Weidenfels & Nicholson, London; deutsch: 2008, *Geschichten vom Ursprung des Lebens*, Ullstein, Berlin.

Delius, M., 2018, „Wo hört der Kanon auf, wo beginnt die Schmuddelzone ". *Die Welt*, 10. November: 25.

DeLong, Th., DeLong, S., 2011, Managing Yourself: The Paradox of Excellence, *Harvard Business Review*, 119-123.

Der Standard, 2014, *Das digitale Dorf wird 25*, 8./9. März: 30-31.

Desmond, M., 2016, *Evicted-Poverty and Profit in the American City*, Crown Books, Lake Arbor; deutsch: 2018, *Zwangsgeräumt*, Ullstein, Berlin.

Deutsche Bundesbank, 2013, Makroökonomische Ansätze zur Einschätzung der preislichen Wettbewerbsfähigkeit, *Monatsbericht* 10, Frankfurt/Main: 31-46.

Deutsche Bundesbank, 2014, *Finanzstabilitätsbericht 2013*, Frankfurt/Main.

Deutsche Bundesbank, 2016, Bedeutung und Wirkung des Hochfrequenzhandels am deutschen Kapitalmarkt, *Monatsbericht* 10, 13-27.

Deutsche Bundesbank, 2017, Zur Entstehung sogenannter Zombie-Unternehmen in Deutschland im Niedrigzinsumfeld, *Monatsbericht* 12, 37-40.

Deutsche Bundesbank, 2018a, Zu den Auswirkungen der Internationalisierung deutscher Unternehmen auf die inländische Investitionstätigkeit, *Monatsbericht* 1: 13-27.

Deutsche Bundesbank, 2018b, Zu den möglichen weltwirtschaftlichen Folgen des Handelskonflikts zwischen den USA und China, *Monatsbericht* 11: 11-22.

Deutsche Bundesbank, 2019, *Targetsalden*, https://www.bundesbank.de/dynamic/ action/de/ statistiken/zeitreihen-datenbanken/zeitreihen-datenbank/723452/7 23452?tsId=BBFI1.M.N.DE .4F.S121.S1.LE.A.FA.O.F2___T2.S._T.N.N&,

Zugriff am 27. 1. 2019.

Deutscher Bundestag, o. D., *Grundgesetz der Bundesrepublik Deutschland*, https://www.gesetzeim-internet.de/gg/GG.pdf, Zugriff am 28. 1. 2019.

Deutscher Bundestag, 1965, *Protokoll der 156. Sitzung*, Bonn.

Diamond, J., 1997, *Guns, Germs, and Steel: The Fates of Human Societies*, Norton, New York; deutsche Ausgabe 2006, Arm und Reich: Die Schicksale menschlicher Gesellschaften, Fischer, Frankfurt a. M.

Diamond, J., 2005, *Collapse: How Societies Choose to Fail or Succeed*, Penguin Books, New York-Toronto.

Diedrich, O., 2014, Mikrokernel seL4: beweisbar fehlerfrei, *heise-online*, 29. Juli, https://www. heise.de/newsticker/meldung/Microkernel-seL4-beweisbar-fehlerfrei-2277750.html, Zugriff am 31. 10. 2018.

Dierken, J., 2017, *Gott und Geld-Ähnlichkeit im Widerstreit*, Mohr Siebeck, Tübingen.

Dietsch, P., 2018/19, Geldpolitik mit Nebenwirkungen, *Süddeutsche Zeitung*, 31. Dezember/1. Januar: 22.

Die Welt, 2013a, „*Das ist ein digitaler Krieg* ", Interview mit Natalja Kasperskaja, 12. Juni: 20.

Die Welt, 2013b, *Europa bekommt seine Schulden nicht in den Griff*, 29. November: 9.

Die Welt, 2014a, *Bei Korruption sieht niemand mehr weg*, 16. Juni: 9.

Die Welt, 2014b, *Die heimlichen Giganten der Finanzwelt*, 27. Juni: 13.

Die Welt, 2015a, *Großbanken machen weiter, als wäre nichts gewesen*, 9. Juni: 10.

Die Welt, 2015b, *Das Ölpreiskartell wankt*, 5. Dezember: 15.

Die Welt, 2015c, *Geplünderte Staatsfonds*, 16. Dezember: 15.

Die Welt, 2016a, *Utopien auf Halde*, 23. Februar: 10.

Die Welt, 2016b, *Nachzügler der Digitalisierung*, 30. Juni: 23.

Die Welt, 2016c, *Trügerische Ruhe beim Machtkampf um das Öl*, 13. August: 17.

Die Welt, 2017a, *Auch Kapitalvernichter zahlen Dividende*, 23. März: 13.

Die Welt, 2017b, *Raus aus dem Schatten*, 16. Dezember: 17.

Die Welt, 2018a, *Zentralbank für Öl*, 13. November: 13.

Die Welt, 2018b, *Die größten Wertvernichter des Jahres*, 28. Dezember: 27.

Die Welt, 2019a, *Die Liste des Schreckens der Börsianer*, 13. März: 13.

Die Welt, 2019b, *Auf dem Weg in die Abschottung*, 11. Mai: 12.

Die Zeit, 2014, *Der abgeordnete Franziskus*, 27. November: 66.

Die Zeit, 2017, *Der große Steuerraub*, 8. Juni: 19-25.

Die Zeit, 2018, *Der Coup des Jahrhunderts*, 18. Oktober: 21-23.

Didier, L., 2003, La prise de contrôle des marches émergents, composante de la stratégie globale des Etats-Unis: le cas de la Moldavie, *La Revue Française de Géopolitique,* https://www.ege.fr/ Espace-recherche/Publications.html, *Zugriff am 2. 9. 2012.*

Dixit, A., 1980, The Role of Investment in Entry Deterrence, *Economic Journal* 90, 96-106.

Docherty, G., MacGregor, J., 2013, *Hidden History-The Secret Origins of the First World War*, Mainstream Publishing Company, Edinburgh.

Dobelli, R., 2011, Klarer Denken: Warum wir sehr oft nur den Weg und nicht die Gabelungen sehen, *Frankfurter Allgemeine Zeitung*.

Dobbs, R., Lund, S., Koller, T., Schwayder, A., 2013, QE and Ultra-Low Interest Rates: Distributional Effects and Risks, *McKinsey Global Institute Discussion Paper*, New York. Kurzfassung unter https://www.mckinsey.com/featured-insights/employment-and-growth/qeand-ultra-low-interest-rates-distributional-effects-and-risks, Zugriff am 4. 5. 2019.

Dobbs, R., Remes, J., Woetzel, J., 2015, Where to Look for Global Growth, *McKinsey Quarterly* 1: 8-12.

Döring, C., 2016, Wenn die Pferde nicht saufen wollen, *Börsen-Zeitung*, 20 August: 6.

Döring, C., 2018, Huawei-oder der Kamp um die Führung in der Welt, *Börsen-Zeitung*, 8. Dezember: 6.

Dörner, D., 1989, *Die Logik des Mißlingens*, Rororo, Reinbek.

Dörner, D., 2011, Über die Schwierigkeit des Umgangs mit Komplexität, in: Zoche, P., Kaufmann, R., Haverkamp, R. (Hrsg.), *Zivile Sicherheit: Gesellschaftliche Dimensionen gegenwärtiger Sicherheitspolitiken*, transcript Verlag, Bielefeld, 71-90.

Dohmen, C., 2016, Es wird ernst für Kik, *Süddeutsche Zeitung*, 31. August: 17.

Dombrowski, M., 2015, Der normale Krieg, *Süddeutsche Zeitung*, 24./25./26. Dezember, S. 2.

Dosi, G., 1982, Technological paradigms and technological trajectories. A suggested interpretation of the determinants and directions of technical change, *Research Policy*, 11/3, 147-162.

Dostojewski, F., 1869 (2012), *Schuld und Sühne*, Anaconda, Köln.

Dowd, K., Hutchinson, M., 2016, Learning the right Lesson from the Financial Crisis, *Cato Journal* 36/2: 393-413.

Dowideit, A., Naumann, A., 2016, Nepper, Schlepper, Firmenfänger, *Die Welt*, 24. Juli: 34.

Downes, L., Nunes, P. F., 2013, Big Bang Disruption. Harvard Business Manager, *Harvard Business Publishing*, Juni 2013: 64-76.

Downs, A., 1957, *An Economic Theory of Democracy*, Addison Wesley, Reading, Mass.

Duchesne, R., 2011, *The Uniqueness of Western Civilization*, Brill, Leiden-Boston.

Dürrenmatt, F. 1961 (1980), *Die Physiker,* Diogenes Verlag, Zürich.

Dudley, L., 1991, *The Word and the Sword: How the Technologies of Information and Violence Have Shaped Our World,* Basil Blackwell, Cambridge, Mass.

Dudley, L., 2012, *Mothers of Innovation: How Expanding Social Networks Gave Birth to the Industrial Revolution,* Cambridge Scholars Publishing, Cambridge (UK).

Dudley, L., 2017, *The Singularity of Western Innovation: The Language Nexus,* Palgrave McMillan, New York.

Dugin, A., 2012, *The Fourth Political Theory*, Arktos Media, London.

Dugin, A., 2014a, *Martin Heidegger. The Philosophy of another Beginning*, Summit Publishers, Washington.

Dugin, A., 2014b, *Eurasian Mission-an Introduction to Neo-Eurasianism*, Arktos Media, London.

Dugin, A., 2015, T*he Last War oft he World-Island-the Geopolitics of Contemporary Russia*, Arktos Media, London.

Durkheim, E., 1896 (Vorlesungsmanuskript), 1928, *Le socialisme*, Alcan, Paris;

2011, Presses Universitaires de France, Paris.

Dutton, K., 2012, *The Wisdom of Psychopaths: Lessons in Life from Saints, Spies and Serial Killers*, William Heinemann, London; deutsch: 2013, *Psychopathen: Was man von Heiligen, Anwälten und Serienmördern lernen kann*, Deutscher Taschenbuch-Verlag, München.

Dyson, G., 2013, *Turings Cathedral: The Origins of the Digital Universe*, Penguin, London.

D'Acunto, F., Marcel Prokopczuk, M., Weber, M., 2014, Distrust in Finance Lingers: Jewish Persecution and Households' Investments, *Discussion Paper*, Berkely, Chicago, Konstanz.

Ebeling, K., 2014, Vorwort, in: *Das Spielelement der Kultur* (Hrsg. Von K. Ebeling), Matthes & Seitz,, Berlin: 7-17.

Eco, U., 1997, *Cinque Scritti Morali*, Bompiani, Mailand; deutsch: 1998, *Vier moralische Schriften*: Essay, Carl Hanser, München.

Eckert, D., 2014, Der Euro bringt die Deutschen um den Schlaf, *Die Welt*, 5. September: 15.

Eckert, D., 2017, Die totale Erinnerung, *Welt am Sonntag*, 5. Februar: 24.

Eckert, D., 2018, Keine Angst vor offenen Grenzen, *Die Welt*, 8. Juni: 15.

Eckert, D., Zschäpitz, H., 2013, Und Sie wollen alle an unser Geld, *Welt am Sonntag*, 3. November: 37.

Eckert, D., Zschäpitz, H., 2017, Wirre Währungshüter, *Welt am Sonntag*, 16. Juli: 43.

Economist, 2013a, *Browser War: Chrome Rules the Web*, August 10th-16th, 50.

Economist, 2013b, *Special Report: the Gated Globe*, 12. Oktober.

Economist, 2013c, *Europe' other Debt Crisis*, 26. Oktober: 15.

Economist, 2013d, *BlackRock: How the World's Biggest Investor Is Changing the Financial Landscape*, 7. Dezember, 12, 24-26.

Economist, 2014a, *Schumpeter: The English Empire*, 15. Februar: 57.

Economist, 2014b, *Because We're Worth it*, 12. Juli: 48-49.

Economist, 2014c, *The Deepest Cuts*, 20. September: 22-26.

Economist, 2014d, *Charlemagne: Winners and Looser*, 25. Oktober: 55-57.

Economist, 2015a, *The New Nuclear Age: Why the Risks of Conflict are Rising*, 7. März, 9-10: 17-20.

Economist, 2015b, *The Terrorist in the Data*, 28. November: 21-23.

Economist, 2016a, *The March of the Zombies*, 27. Januar: 51-52.

Economist, 2016b, *The Party Winds Down*, 7. Mai: 46-48.

Economist, 2016c, *Schumpeter: Sleepy Giant*, 25. Juni: 54.

Economist, 2016d, *Shedding Light on the Dark Net*, 16. Juli: 47-48.

Economist, 2016e, *Schumpeter: The Great Divergence*, 12. November: 58.

Economist, 2016f, *Schumpeter: Out of this World*, 17. Dezember: 59.

Economist, 2017a, *Schumpeter: Myopium*, 18. Februar: 58.

Economist, 2017b, *In Retreat*, 28. Februar: 7, 14-17.

Economist, 2017c, *The Nucelar Option*, 14. Oktober: 59.

Economist, 2018a, *The Battle for Digital Supremacy*, 17. März: 19-22. 11.

Economist, 2018b, *How Democracies Die*, 16. Juni: 7.

Economist, 2018c, *Schumpeter: French Connection*, 23. Juni: 58.

Economist, 2018d, *Charlemagne: Europe's Trilemma*, 27. Oktober: 28.

Economist, 2018e, *Special Report Competition*, 17. November.

Economist, 2018f, *Chip Wars*, 1. Dezember: 11, 20-22.

Economist, 2018g, *Free Exchange: The Lives of the Parties*, 15. Dezember: 71.

Economist, 2018h, *The Uses of Nostalgia, Making You You*, 22. Dezember: 11, 57-62.

Economist, 2019a, *Red Moon Rising*, 12. Januar: 9, 64-68.

Economist, 2019b, *Uncle Sam's Game*, 19. Januar: 65-67.

Economist, 2019c, *The French Resolution*, 19. Januar: 67-69.

Economist, 2019d, *Slowbalisation*, 26. Januar: 9, 17-20.

Economist, 2019e, *Weapons of Mass Disruption*, 8. Juli: 13.

Economist, 2019f, *Chaguan: a Chained Dragon*, 6. Juli: 47.

Ehrenfeld, W. 2009, Kyoto: Internationale Klimapolitik vor ökonomischen Herausforderungen, *Wirtschaft im Wandel* 15/12, 506-515.

Eichengreen, B., 2011, *Exorbitant Privilege-the Rise and the Fall of the Dollar and the Future of the International Monetary System*, Oxford University Press, Oxford.

Eichhorn, W., 1972, Der Begriff Modell und Theorie in der Wirtschaftswissenschaft, *Wirtschaftswissenschaftliches Studium*, Hefte 7 und 8.

Eibl-Eibesfeldt, I., 1976, Menschenforschung auf neuen Wegen. Die naturwissenschaftliche Betrachtung kultureller Verhaltensweisen, Wien.

Eibl-Eibesfeldt, I., 1984, Die Biologie des menschlichen Verhaltens. Grundriß der Humanethologie. Piper, München.

Eibl-Eibesfeldt, I., 1988, Der Mensch-das riskierte Wesen, Piper, München.

Eibl-Eibesfeldt, I., 1994, Aggression und Krieg. Zur Naturgeschichte der Aggression, *Der Mensch in seiner Welt, Band 2: Zwischen Natur und Kultur* (Schiefenhövel, Vogel, Vollmer, Opolka Hrsg.), Trias, Stuttgart: 189-215.

Eike-Pik 2011, *EIKE-Besuch am PIK-Sammlung von Sachargumenten*, Potsdam, mimeo.

El-Shagi, M., Knedlik, T., Schweinitz, G.v., 2013, Predicting Financial Crises: The Statistical Significance of the Signals Approach, *Journal of International Money and Finance* 35/1, 67-103.

Elias N., 1939, Über den Prozeß der Zivilisation. Soziogenetische und psychogenetische Untersuchungen. Band 1: Wandlungen des Verhaltens in den weltlichen Oberschichten des Abendlandes; Band 2: Wandlungen der Gesellschaft: Entwurf zu einer Theorie der Zivilisation, Verlag Haus zum Falken, Basel.

Eloot, K., Huang, A., Lehnich, M., 2013, *A New Area for Manufacturing in China*, McKinsey Quarterly 3: 80-92.

Emden, R. v., 2013, Meeting the Enemy-The Human Face of the Great War, Bloomsbury, London.

Engdahl, F.W., 2009, Gods of Money-Wall Street and the Death of the American Century, Progressive, Wiesbaden.

Engel, A. K., 2015, Vom Käfer in der Schachtel, den noch keiner gesehen hat, *Frankfurter Allgemeine Zeitung*, 7. Januar: N2.

Engelhardt, J., 2020, Investoren-Staat-Streitschlichtung (ISDS) aus ökonomischer Sicht Notwendigkeit, Probleme, Perspektiven, Series in Political Economics and Governance 13, Halle.

Engelhardt, M., 2014, *Heiliger Krieg*, Heiliger Profit-Afrika als neues Schlachtfeld des internationalen Terrorismus, Ch. Links Verlag, Berlin.

Engels, J. I., 2014, *Die Geschichte der Korruption. Von der Frühen Neuzeit bis ins 20. Jahrhunder*, Fischer, Frankfurt/Main.

Entorf, H., Spengler, H., 2002, *Crime in Europe: Causes and Consequences*, Springer-Verlag, Heidelberg.

Epiktet, o. D., Encheirídion, zusammengestellt von Lucius Flavius Arrianus, deutsch: 2014, Handbüchlein der Moral, Reclam, Stuttgart.

EPS-Data, o. D., Außenhandelsstatistik, https://olap.epsnet.com.cn/data-resource. html?d=6, Zugriff am 31. 5. 2019.

Erhard, L., 1957a, Wirtschaft und Bildung. In: *Der Volkswirt*, 17. August 1957 (wiederabgedruckt in: Erhard Ludwig, 1988, *Gedanken aus fünf Jahrzehnten. Reden und Schriften*. Hrsg. von Karl Hohmann. ECON Verlag, Düsseldorf, Wien New York: 513ff.).

Erhard, L., 1957b, *Wohlstand für Alle*, Econ, Düsseldorf.

Escaith, H., Inomata, S., 2013, *The Evolution of Industrial Networks in East Asia: Stylized Facts and Role of Trade Facilitation Policies*, mimeo.

Esfeld, M., 2017, Wissenschaft, Erkenntnis und ihre Grenzen, *Spektrum der Wissenschaft* 8: 12-18.

European Systemic Risk Board, 2014, *Is Europe Overbanked?*https://www.esrb. europa.eu/pub/pdf/ asc/Reports_ASC_4_1406.pdf, *Zugriff am 5. Juli 2015.*

Ettel, A., Zschäpitz, H., 2017, Zittern vor den „Zombies ", *Die Welt*, 23. November: 17.

Ettel, A., Zschäpitz, H., 2018a, EZB-Falken haben es schwerer gegen Falken, *Die Welt*, 23. Januar: 13.

Ettel, A., Zschäpitz, H., 2018b, Finanzwelt gerät in gefährlichen Schatten, *Die Welt*, 6. März: 13.

Ettel, A., Zschäpitz, H., 2019a, Schlafwandelnd in die Krise, *Die Welt*, 17. Januar: 13.

Ettel, A., Zschäpitz, H., 2019b, Diese Modell bedeutet Ärger für die Sparer, *Die Welt*, 20. Februar: 13.

Ettenson, R., Krogstad, J., Shanteau, J., 1987, Expert Judgment: Is More Information Better? *Psychology Reports* 60, 227-238.

Eucken, W., 1940 (1947), *Die Grundlagen der Nationalökonomie*, 5. veränderte Auflage, Verlag Helmut Küpper, Godesberg.

Eucken, W., 1952 (1962), *Grundsätze der Wirtschaftspolitik*, J.C.B. Mohr, Tübingen-Zürich.

Europäische Union, 2016, *Verordnung (EU) 2016/1036 Des Europäischen Parlaments und des Rates vom 8. Juni 2016 über den Schutz gegen gedumpte Einfuhren aus nicht zur Europäischen Union gehörenden Ländern*, Brüssel.

Europäischer Gerichtshof (EuGH), 2014, *Rechtssache C-131/12*, 13. Mai.

Europäische Zentralbank, 2017, *ECB Economic Bulletin* 5: 33.

Evans, D. S., 2003, The Antitrust Economics of Multi-Sided Platform Markets, *Yale Journal on Regulation* 20/2: 325-382.

Evans, D. S.; Schmalensee, R., 2010, Failure to Launch: Critical Mass in Platform Businesses, *Review of Network Economics* 9/4: 1-26.

Evola, J., 1934, *Rivolta contro il mondo moderno*, Urlico Hoepli Editore, Mailand; deutsch: 1935, Revolte gegen die moderne Welt, Deutsche Verlagsanstalt, Stuttgart.

Fairbrother, B.; Quisthoudt-Rowohl, G. 2009, Europäische Handelspolitik: Von Rom bis Lissabon, *Analysen und Argumente*, Konrad-Adenauer-Stiftung Berlin 73/12.

Falk, A. 2017a, Die Vermessung der Welt, *Frankfurter Allgemeine Zeitung*, 15. Mai: 16.

Falk, A., 2017b, Status Inequality, Moral Disengagement and Violence, *DIW Discussion Paper 1676*, Berlin.

Falk, A., 2018, *Bestimmt Geduld den Wohlstand der Nationen?* https://news.briq-institute. org/2018/04/26/patience-and-the-wealth-of-nations/, Zugriff am 15. 8. 2018.

Farrell, J., Saloner, G., 1986, Standardization and Variety, *Economics Letters* 20: 71-74.

Farrell, J., 1987, Cheap Talk, Co-ordination, and Entry, *Rand Journal of Economics* 18/1, 34-39.

Farrell, J., 1989, Standardization and Intellectual Property, *Jurimetrics Journal*, 30, 35-50.

Farrell, J., Gibbons, R., 1989, Cheap Talk Can Matter in Bargaining, *Journal of Economic Theory* 48, 221-237.

Fattouh, B., Poudineh, R., Sen, A., 2016, The Dynamics of Revenue Maximization-Market-Share Trade-Off: Saudi Arabia's Oil Policy in the 2014-15 Price Fall, *Oxford Review of Economics* 32/2: 223-240.

Fauconnier, G., Turner, M., 2002, *The Way We Think: Conceptual Blending and the Mind's Hidden Complexities*, Basic Books, New York.

Feder, G., 1919, *Das Manifest zur Brechung der Zinsknechtschaft*, Verlag Jos. C. Huber, Diessen vor München.

Fehr, E., Fischbacher, U., 2003, Review, *Nature* 425, 23. Oktober: 785-791.

Feige, E. L., 1990, Defining and Estimating Underground and Informal Economies: The New Institutional Economics Approach, *World Development* 18/7: 989-1002.

Feld, L.P., Fuest, C., Haucap, J., Schweitzer, H., Wieland, V., Wigger, B.U., 2016, Das entgrenzte Mandat der EZB: Das OMT-Urteil des EuGh und seine Folgen, *Kronberger Kreis* 61, Stiftung Marktwirtschaft, Berlin.

Feldstein, M., 2013, Fahrstuhl in den Abgrund, *WirtschaftsWoche* 7: 38.

Feltes, T., 2005, *Buchbesprechung zu Entorf, Spengler (2002) und Albrecht, Entorf (2003)*, Polizei-Newsletter, https://www.polizei-newsletter.de/books/Entorf.pdf.

Feng, X., 1996, *Lao Zi, Zhuang Zi und Nietzsche*, UIBE-Press, Beijing.

Fenske, H., 2013, *Der Anfang vom Ende des alten Europas. Die alliierte Verweigerung von Friedensgesprächen 1914-1919*, Olzog-Verlag, München.

Ferguson, C., 2010, *Inside Job-The Film that Cost Dollar 20,000,000,000,000* to Make, Sony Pictures.

Ferguson, N., 1998, *The Pity of War*, Allen Lane-Penguin Press; deutsch: 1999, *Der falsche Krieg*, Deutsche Verlagsanstalt, Stuttgart.

Ferguson, N., 2011, *Civilization-the West and the Rest*, Penguin, New York.

Ferguson, N., 2017, *The Square and the Tower-Networks, Hierarchies and the Struggle for Global Power*, Pinguin, London; deutsch: 2017, *Türme und Plätze-Netzwerke, Hierarchien und der Kampf um die globale Macht*, Propyläen, Berlin.

Ferguson, R.B., 2019, Kulturanthropologie-Warum wir kämpfen, *Spektrum der Wissenschaft* 6: 83-87.

Ferrero, G., 1908, *Größe und Niedergang Roms, Zweiter Band, Julius Caesar,* Julius Hoffmann Verlag, Stuttgart.

Feuerbach, L., 1841 (2014), *Das Wesen des Christentums,* Wigand, Leipzig; Nachdruck der 3. Auflage, Anaconda, Köln.

Feuerbach, L., 1868, *Zur Moralphilosophie,* in 2000, *Ludwig Feuerbach: Frühe Schriften 1828-1834,* Akademie-Verlag, Berlin.

Fichte, J.G., 2005, *Sämtliche Werke in 8 Bänden,* Veit&Co., Berlin.

Filipović, A., 2019, Wenn Roboter präziser und unermüdlicher agieren können ..., *Salzkörner* 25/1, Februar: 4-5.

Financial Times, 2014, *It's a Rollover and Debt Mountains,* 5. Februar: 1, 24.

Fioole, J., 2016, Interesse und Tugend am Markt, in: Pies, I. (Hrsg), *Der Markt und seine moralischen Grundlagen,* Verlag Karl Alber: 150-160.

Fischer, F., 1961 (2013), *Griff nach der Weltmacht. Die Kriegszielpolitik des kaiserlichen Deutschland 1914/18.* Droste, Düsseldorf.

Fischer, H., 1933: Lenin-Der Machiavell des Ostens, Hanseatische Verlagsanstalt, Hamburg (eingestampft); Neuauflage: 2017, Hrsg. von S. Dietzsch und M. Lauermann, Matthes & Seitz Verlag, Berlin.

Fischer, J., 2017, Kulturkollaps: Ende mit Schrecken, *Spektrum der Wissenschaft* 2: 78-85.

Fisher, I. 1936, 100% Money and the Public Debt, *Economic Forum,* April-June, 406-420.

Fleming, J.M., 1962: Domestic Financial Policies under Fixed and Floating Exchange Rates. *IMF Staff Papers* 9, Washington DC: 369-379.

Flood, R. P., Garber, P. M. 1984, Collapsing Exchange-Rate Regimes-Some linear examples, *Journal of International Economics,* 17: 1-13.

Floridi. L., 2015, Der CEO als Vordenker und Erzähler, *Egon Zehender Focus* 1: 36-39.

Focus, 2015, *Attackieren, standhalten, hoffen,* 48: 38-40.

Førland, T.E., 1990, An Act of Economic Warfare: The Dispute over NATOs Embargo Resolution, 1950-51, *The International History Review* XII/3, 441-660.

Førland, T.E., 1991, Economic Warfare and Strategic Goods: A Conceptual Framework for Analysis of COCOM, *Journal of Peace Research* 28/2: 191-204.

Fogel, R., Engerman, S., 1974, *Time on the Cross-The Economics of American Negro Slavery*, Little Brown & Co, Boston, Toronto.

Folger, T., 2016, Quantencomputer als Kodeknacker, *Spektrum der Wissenschaft* 8: 64-69.

Foot, F., 1967, The Problem of Abortion and the Doctrine of the Double Effect, *Oxford Review* 5: 5-15.

Fontane, Th., 1899, *Der Stechlin*, F. Fontane & Co., Berlin, zitiert nach: 1979, Nymphenburger Verlagsbuchhandlung GmbH, München.

Forbes, S., Ames, E., 2014, *Money, How the Destruction of the Dollar Threatens the Global Economy-and What We Can Do about it*, McGraw Hill, New York; deutsch: 2014, *Geld, die nächsten 5000 Ja*hre, Finanzbuch-Verlag, München.

Forschner, M., 2016, Über Glück und Moral. John Stuart Molls Antwort auf Kant, *zur Debatte* 2: 42-46.

Foschini, G., Tonacci, F., 2017, Der letzte Schatz des IS, *Die Welt*, 4. August: 12.

Foucault, 1966, *Les mots et les choses-une archéologie des sciences humaines*, Éditions Gallimard, Paris, deutsch: 1971, *Die Ordnung der Dinge-eine Archäologie der Humanwissenschaften*, Suhrkamp, Frankfurt a. M.

Foucault, M., 1975, *Surveiller et punir: Naissance de la prison*, Gallimard, Paris; deutsch: 1976, *Überwachen und Strafen: Die Geburt des Gefängnisses*, Suhrkamp, Frankfurt am Main.

Foucault, Michel, 1982: *Le sujet et le pouvoir*, https://1libertaire.free.fr/MFoucault102.html, Zugriff am 9. 9. 2017.

Fourastié, J.; 1950, *Le grand espoir du 20ème siècle*, Gallimard, Paris; deutsch: 1954, *Die große Hoffnung des zwanzigsten Jahrhunderts*, Bund Verlag, Köln-Deutz.

Fränkischer Tag, 2014, *Der Mahner*, 2. 12. 2014: 6.

Frankfurter Allgemeine Zeitung, 2013a, *Das Militär leistet sich den Luxus der Vielfalt*, 26. Juli: 22.

Frankfurter Allgemeine Zeitung, 2013b, *Schäuble streitet sich mit Wissenschafts-berater*, 23. August.

Frankfurter Allgemeine Zeitung, 2013c, Das *Ausland lacht schon lange über dummes deutsches Geld*, 26. September: 18.

Frankfurter Allgemeine Zeitung, 2014a, *Kampf der Giganten*, 11. Februar: T2-T3.

Frankfurter Allgemeine Zeitung, 2014b, *Auslese auf hoher See*, 28. Februar: 24.

Frankfurter Allgemeine Zeitung, 2014c, *Wie Wolfgang Porsche steuerfrei auswandern will*, 19. März: 22.

Frankfurter Allgemeine Zeitung, 2014d, *Computerkriminelle verdienen besser als Drogenhändler*, 31. März: 24.

Frankfurter Allgemeine Zeitung, 2014e, *Deutsche Bank beharrt auf Investmentbanking*, 14. Mai: 15.

Frankfurter Allgemeine Zeitung, 2014f, *„Kein Geschäft ist es wert, den Ruf unserer Bank aufs Spiel zu setzen"*, 7. Juni: 22.

Frankfurter Allgemeine Zeitung, 2014g, *Klimawandel gefährdet Millionen*, 26. September: 22.

Frankfurter Allgemeine Zeitung, 2014h, *Eine Liebeserklärung an Apple & Co*, 9. Oktober: 22.

Frankfurter Allgemeine Zeitung, 2014i, *Das Bundesarbeitsgericht setzt keine Grenzen mehr*, 15. Oktober: 16.

Frankfurter Allgemeine Zeitung, 2015a, *Mit höherer Gewalt zu höheren Preisen*, 23. Mai: 30.

Frankfurter Allgemeine Zeitung, 2015b, *Finanzaufsicht verhängt Rekordstrafe*, 26. Mai: 30.

Frankfurter Allgemeine Zeitung, 2015c, *Die Schlacht im Internet*, 27. Mai: 8.

Frankfurter Allgemeine Zeitung, 2016a, *Nahostkonflikt kann die Wirtschaft treffen*, 5. Januar: 15.

Frankfurter Allgemeine Zeitung, 2016b, *Italien nutzt das EZB-Geheimabkommen am meisten aus*, 29. Juli: 20.

Frankfurter Allgemeine Zeitung, 2016c, *Soziale Verwechselwerke*, 8. August: 24.

Frankfurter Allgemeine Zeitung, 2016c *Gabriel geht mit Deutscher Bank hart ins Gericht*, 4. Oktober: 1.

Frankfurter Allgemeine Zeitung, 2016d, *Der Apfel ist angefressen*, 5. Oktober: 19.

Frankfurter Allgemeine Zeitung, 2017a, *Blutgeld für den Diktator*, 1 Juni: 29.

Frankfurter Allgemeine Zeitung, 2017b, *Banken zahlen 150 Milliarden für die Finanzkrise*, 8 August: 23.

Frankfurter Allgemeine Zeitung, 2017c, *Amazon forscht erstmals mehr als VW*, 24. Oktober: 26.

Frankfurter Allgemeine Zeitung, 2017d, *Weltkarte der CO2-Emissionen*, 3. November: 20.

Frankfurter Allgemeine Zeitung, 2018a, *Trump öffnet die Büchse der Pandora*, 5. März: 14.

Frankfurter Allgemeine Zeitung, 2018b, *Konflikte in Nahen Osten treiben Waffenhandel*, 13. März:19.

Frankfurter Allgemeine Zeitung, 2018c, *Asiaten verblüffen mit ihrem Erfindergeist*, 24. März: 23.

Frankfurter Allgemeine Zeitung, 2018d, *Erdogan stockt Goldvorräte der Türkei erheblich auf*, 5. Mai: 30.

Frankfurter Allgemeine Zeitung, 2018e, *Deutsche Städte sind von Cyberangriffen bedroht*, 9. Juni: 25.

Frankfurter Allgemeine Zeitung, 2018f, *Russland: Amerika hat uns den Wirtschaftskrieg erklärt*, 11. August: 18.

Frankfurter Allgemeine Zeitung, 2018g, *Die Führungsposition des Dollars ist unangefochten*, 14. September: 23.

Frankfurter Allgemeine Zeitung, 2018h, *Europas Waffenindustrie bündelt die Kräfte*, 28. November: 21.

Frankfurter Allgemeine Zeitung, 2018i, *Cyberkriminelle erpressen Kraus Maffei*, 7. Dezember: 26.

Frankfurter Allgemeine Zeitung, 2018j, *Huawei-Affäre setzt Börsen unter Stess*, 7. Dezember: 27.

Frankfurter Allgemeine Zeitung, 2019a, *Wie Notenbanken tiefe Minuszinsen durchsetzen könnten*, 12. Februar: 15.

Frankfurter Allgemeine Zeitung, 2019b, *Die Digitalisierung von Bargeld*, 28 Juni: 25.

Frankfurter Allgemeine Zeitung, 2019c, *Deutschland legt im Ausland sehr schlecht an*, 5. Juli: 25.

Franziskus, 2018, Oeconomicae et pecuniariae Quaestiones, Vatikan, Rom, https://www. vaticanhistory.de/wordpress/?p=15352, Zugriff am 18. 8. 2018.

Freedman, L., 2013, *Strategy: A History*, Oxford University Press, New York.

Freidel, M., 2018, *Pjöngjangs digitale Raubzüge*, Frankfurter Allgemeine Zeitung, 5. Februar: 3.

Freud, S, 1900, *Die Traumdeutung,* Franz Deuticke, Leipzig und Wien; zitiert nach: 2005, Nikol, Hamburg.

Freud, S., 1905, *Drei Abhandlungen zur Sexualtheorie*, Franz Deuticke, Leipzig-Wien; 2010, Reclam Stuttgart.

Freud, S., 1912/13, *Totem und Tabu: Einige Übereinstimmungen im Seelenleben der Wilden und der Neurotiker*, Psychoanalytischer Verlag, Leipzig; zitiert nach: 2012, 11. Auflage, Fischer, Frankfurt a. M.

Freud, S., 1921, *Massenpsychologie und Ich-Analyse*, Internationaler Psychoanalytischer Verlag G.m.b.H., Leipzig, Wien, Zürich; zitiert nach: 1967, *Gesammelte Werke*, 5. Auflage. Bd. 13, Frankfurt am Main.

Freud, S., 1930, *Das Unbehagen der Kultur*, Internationaler Psychoanalytischer Verlag, Wien; zitiert nach: 1994, *Das Unbehagen in der Kultur und andere kulturtheoretische Schriften*, Fischer, Frankfurt a. M.

Frey, C.B., Osborne, M.A., 2013, *The Future of Employment: How Susceptible are Jobs to Computerization*, https://www.oxfordmartin.ox.ac.uk/downloads/academic/The_Future_of_ Employment.pdf, Zugriff am 19. 6. 2019.

Frey, C.B., 2019, *The Technology Trap-Capital, Labor, and Power in the Age of Automation*, Princeton University Press, Princeton.

Freytag v. Loringhoven, B., 2005, *In the Bunker with Hitler-the Last Witness Speaks*, Weidenfeld & Nicolson, London.

Frey, B., Lüchinger, S, 2002, Ist Abschreckung wirksam? Eine ökonomische Analyse des Terrorismus, *List Forum für Wirtschaftspolitik* 28/3, 209-221.

Friedman, M., 1960, *A Program for Monetary Stability*, Fordham University Press, New York.

Friedman, M., 1958, The Quantity Theory of Money-a Restatement, in: *Studies in the Quantity Theory of Money* (M. Friedman Hrsg), University of Chicago Press, Chicago: 3-12.

Friedman, M., 1982, *Defining Monetarism*, Newsweek, 12. Juni: 40.

Friedman, M., 1975, *There Is no Such Thing as a Free Lunch-Essays in Public*

Policy, Open Court Pub. Co., deutsch: 1975, *Es gibt nichts umsonst Warum in einer Marktwirtschaft jeder Pfennig verdient werden muß*, Verlag Moderne Industrie, München.

Friedman, Th., 2001, Time for Globalization Protesters to Get their Act Together, *International Herald Tribune*, July 21-22: 6.

Friedman, Th., 2004, *The World is Flat*, Farrar, Straus and Giroux, New York.

Friedrich, A., 2018, Unterm Rettungsschirm, in: *Wörter aus der Fremde* (hrsg. Von F. Schmieder und G. Töpfer), Kulturverlag Kadmos, Berlin: 199-203.

Friedrich, J., 2014, *14/18-Der Weg nach Versailles*, Propyläen, Berlin.

Fromm, E., 1937, Zum Gefühl der Ohnmacht, Fromm, E., 1980, *Analytische Sozialpsychologie-Gesamtausgabe* Bd. I, Stuttgart: 189-206.

Fromm, E., 1976, *To Have or to Be*, Harper and Row, New York; deutsche Ausgabe 2015, *Haben oder Sein*, dtv, München 42. Auflage.

Frühauf, M., 2014a, Die Aktionäre verlieren die Geduld, *Frankfurter Allgemeine Zeitung*, 23. Mai: 22.

Frühauf, M., 2014b, Gericht gegen Bafin, *Frankfurter Allgemeine Zeitung*, 19. Juli: 24.

Frühauf, M., 2014c, Deutsche Bank will mit Vergleich aus der Zwickmühle, *Frankfurter Allgemeine Zeitung*, 19. Juli: 25.

Fry, D., Soderberg, P., 2013, Latest Skirmish Over Ancestral Violence Strikes Blow for Peace. *Science* 341/6143: 224.

Fuest, B., 2018, Wird Hacken offiziell zur Kriegswaffe? *Die Welt*, 14. Dezember: 16.

Fuest, B., 2019, Was sind meine Daten wert? *Die Welt*, 25. Juni: 11.

Fuest, C., Hugger, F., Wildgruber, S., 2018, Explaining the Corporate Tax Rate-Revenue Puzzle: Firm-Level Evidence from OECD Countries, *ifo Institut mimeo*, München.

Fukuyama, F., 1992, *The End of History and the Last Man*, Free Press, New York; deutsch: 1992, *Das Ende der Geschichte*, Kindler, Reinbek bei Hamburg.

Fukuyama, F., 1995, *Trust: Social Virtues and the Creation of Prosperity*, Free Press, New York; deutsch: 1995, *Konfuzius und Marktwirtschaft: der Konflikt der Kulturen*, Kindler, Reinbek bei Hamburg.

Fukuyama, F., 2015, Warum steht es so schlecht um die Demokratie, *Die Welt*, 8.

Februar: 11.

Fukuyama, F., 2018, *Identity-The Demand for Dignity and the Politics of Resentment,* Profile Books, London.

Fuld, W., *Walter Benjamin-Zwischen den Stühlen-Eine Biographie*, Hanser, München

Gallini, N., 1984, Deterrence through Market Sharing: a Strategic Incentive for Licensing, *The American Economic Review* 74, 931-941.

Galtung, J., 1969, Violence, Peace and Peace Research, *Journal of Peace Research* 1/6/3, 167-191.

Gandal, N., Hamrick, J.T., Moore, T., Oberman, T., 2018, Price Manipulation in the Bitcoin Ecosystem, *Journal of Monetary Economics* 95: 86-96.

Gärtner, M., 2013, Das Ende der Steueroasen, *Wirtschaftsdienst*, 93/6: 370-372.

Galison, P., 2014, Wir werden uns nicht mehr erkennen, *Frankfurter Allgemeine Zeitung*, 8. April: 9.

Galton, F., 1869, *Hereditary Genius*, McMillan London.

Gao, Z.J., Horbach, M., 2017, China ändert Rahmen für Auslandsinvestitionen, *Börsen-Zeitung*, 18. November: 9.

Garicano, L., Gertner, R., 2000, Unterschätzt: Die Dynamik des Preiswettbewerbs, *Financial Times, Mastering: Strategy,* 4, 3-6.

Gartner, o. D., Gartner Hype Cycle, https://www.gartner.com/en/research/methodologies/gartnerhype-cycle, Zugriff am 5. 3. 2019.

Gartner, J., 2005, *The Hypomanic Edge: the Link between Crazyness and Success in America*, Simon & Schuster, New York.

Gartzke, E., Li, Q., Boehmer, C., 2001, Investing in the Peace: Economic Interdependence and International Conflict, *International Organization* 55: 391-438.

Gasset, J. O. Y., 1929/30, La rebelión de las masas, Revista de Occidente, Madrid; deutsch: 2012, Aufstand der Massen, Deutsche Verlagsanstalt, München.

Gassmann, M., 2015, Brand in pakistanischer Fabrik wird Präzedenzfall, *Die Welt*, 7. September: 11.

Gaumer, M.A., 2016, *Augustine's Cyprian-Authority in Roman Africa*, Brill, Leiden & Boston.

Gat, A., 2006, *War in Human Civilization*, Oxford University Press, Oxford.

Gauweiler, P., 2012, Alles so großtuerisch, so herzlos und leer! *Frankfurter Allgemeine Zeitung*, 1 August: 29.

Gavin, B., 2013, China's Growing Conflict with the WTO, *Intereconomics* 4: 254-261.

Gehlen, A., 1969, *Moral und Hypermoral: Eine pluralistische Ethik*, Vittorio Klostermann, Frankfurt/Main.

Geier, M., 2017, *Wittgenstein und Heidegger-die letzten Philosophen*, Rowohlt, Reinbek bei Hamburg.

Gerhardt, T., Riedel, J., 2013, Auf der Suche nach verborgenen Schätzen, *Egon Zehender Focus* 1: 42-45.

Geistlinger, M., 2014, *Der Beitritt der Republik Krim zur Russländischen Föderation aus der Warte des Selbstbestimmungsrechts der Völker*, Salzburg, mimeo.

Gellately, R., 2007 *Lenin, Stalin, and Hitler: The Age of Social Catastrophe*, Alfred A. Knopf, New York.

Genfer Konvention (1864); vgl. hierzu https://de.wikipedia.org/wiki/Genfer_ Konventionen, Zugriff am 27. 12. 2015.

George, K., Ramaswamy, S., Rasey, L., 2014, Next-Shoring: A CEO's Guide, *McKinsey Quarterly* 1: 26-39.

Герасимов, В. (Gerassimow, W.), 2013, *Ценность науки в предвидении* (Der Wert der Wissenschaft ist die Voraussehbarkeit), Военно- промышленный курьер (ВПК), 8 (476), 27 февраля -5 марта (*VPK*, Nr. 8 (476), 27. Februar-5. März): 2-3.

Gersemann, O., 2013, Vom „kranken Mann des Euro " zum „widerwilligen Hegemon Europas ", *Welt am Sonntag*, 16. Juni: 32-33.

Gerste, R. D., 2015, *Wie das Wetter Geschichte macht: Katastrophen und Klimawandel von der Antike bis heute*, Klett-Cotta, Stuttgart.

Gerste, R.D., 2020, *Wie Krankheiten Geschichte machen: Von der Antike bis heute,* Klett-Cotta, Stuttgart.

Gesell, J. S., 1891, *Die Reformation des Münzwesens als Brücke zum sozialen Staat.* Selbstverlag, Buenos Aires.

Ghaemi, N., 2012, *A First-Rate Madness*, Penguin, London-New York.

Gibb, H., 1973, *The Life of Saladin*, Oxford University Press, Oxford.

Giesen, C., Tanriverdi, H., 2018, *Feind auf der Platine*, Süddeutsche Zeitung, 6./7. Oktober: 7.

Giesen, Mascolo, Tanriverdi, 2018, Hört hört, *Süddeutsche Zeitung*, 14. Dezember: 3.

Gillen, E., Yogeshwar, R., 2019, Die Strategie der Konquistadoren, *Frankfurter Allgemeine Zeitung,* 29. Januar: 13.

Girard, R., 1987, Generative Scapegoating, in: Hamerton-Kelly, R. (Hrsg.), *Violent Origins. Walter Burkert, René Girard, and Jonathan Z. Smith on Ritual Killing and Cultural Formation,* Stanford University Press, Stanford, 73-148.

Girard, R., 2007, *Achever Clausewitz*, Carnets Nord, Paris; deutsch: 2014, *Im Angesicht der Apokalypse: Clausewitz zu Ende denken*, Matthes & Seitz, Berlin.

Girard, R., Lefort, G., Oughourlian, J.-M., 1981, *Des choses cachées depuis la fondation du monde*, Grasset & Fasquelle, Paris, deutsch: *Das Ende der Gewalt-Analyse des Menschheitsverhängnisses, Erkundungen zu Mimesis und Gewalt*, Herder, Freiburg i. Brsg.

Gladwell, M., 2000, *The Tipping Point: How Little Things Can Make a Big Difference*, Little Brown, New York; deutsch: 2000, *Der Tipping-Point. Wie kleine Dinge Großes bewirken können.* Berlin-Verlag, Berlin.

Glavinic, Th., 2016, *Der Jonaskomplex*, Fischer, München.

Gleißner, W., 2001, Identifikation, Messung und Aggregation von Risiken, in: Gleißner, W., Meier, G. (Hrsg.), *Wertorientiertes Risikomanagement für Industrie und Handel*, Gabler-Verlag, Wiesbaden, 111-137.

Glick, R., Taylor, A. M., 2010. Collateral damage: Trade disruption and the economic impact of war, *The Review of Economics and Statistics* 92: 102-127.

Global Times, 2016, *Saturation of Smartphone Market, Lack of Innovation Explain Drop: Analyst*, 18. April: 41.

Glucksmann, A., 1967 *Le Discours de la guerre, théorie et stratégie*, l'Herne, Paris.

Glucksmann, A., 1983, *La Force du vertige*, Grasset, Paris; deutsch: 1984, *Philosophie der Abschreckung*, Deutsche Verlagsanstalt, Stuttgart.

Gobineau, A. de, 1853-55, *Essai sur l'inégalité des races humaines*, Edition

Pierre Belford, Paris.

Goddard, B., 1996, *Getting There: The Epic Struggle between Road and Rail in the American Century,* University of Chicago Press Chicago.

Göbbels, J., 1977, *Tagebücher 1945, mit einer Einführung von Rolf Hochhuth*, Hoffmann und Campe, Hamburg.

Goés, C., 2016, Testing Piketty's Hypothesis on the Drivers of Income Inequality: Evidence from Panel VARs with Heterogeneous Dynamics, *IMF Working Paper* 16/160, Washington DC.

Goethe, J. W. v., 1808 (2014), *Faust, eine Tragödie*, J.G. Cotta'sche Buchhandlung Tübingen; Reclam, Stuttgart.

Goethe, J. W. v., 1832 (1986), *Faust, der Tragödie Zweiter Teil*, J.G. Cotta'sche Buchhandlung Tübingen, Reclam, Stuttgart.

Goethe, J. W. v., 1833 (2013), *Maximen und Reflexionen*, CreateSpace Independent Publishing Platform, North Charleston.

Goettler, R. L., Gordon, B.R., 2011, Does AMD Spur Intel to Innovate More? *Journal of Political Economy* 119/6: 1141-1200.

Goetzmann, W. N., 2016, *Money Changes Everything-How Finance Made Civilization Possible*, Princeton University Press, Princeton.

Gohl, C., 2013, Zeit in der Politik, in: *Zwischen Macht und Ohnmacht-Facetten erfolgreicher Politik* (Eckert G., Novy, L., Schwickert, D. Hrsg), Springer VS, Heidelberg-New York: 194-204.

Gorbatschow, M, 1989, https://www.welt.de/geschichte/article132968291/Gorbatschow-hat-denberuehmten-Satz-nie-gesagt.html, Zugriff am 28. 1. 2019.

Gordon, R., 2016, *The Rise and Fall of American Growth: The US Standard of Living since the Civil War*, Princeton University Press, Princeton, NJ.

Grabner-Haider, A., 2016, Zur Kulturgeschichte der Religion, in: Grabner-Haider, A., Wuketits (Hrsg.), F., *Religion als Zeitbomber? Biologische und kulturgeschichtliche Analysen*, Alibri Verlag, Aschaffenburg: 47-126.

Graeber, D., 2011, *Debt, The First 5,000 Years,* Melville House, New York; deutsch: 2012, *Schulden: Die ersten 5.000 Jahre*, Klett-Cotta, Stuttgart.

Graf, F. W., 2014, Mord als Gottesdienst, *Frankfurter Allgemeine Zeitung*, 7. August: 9.

Granitz, E., Klein, B., 1996, Monopolization by "Raising Rivals' Costs" : The Standard Oil Case, *Journal of Law and Economics,* 19/1, 1-47.

Grant, J., Neven, D., 2005, *The attempted merger between General Electric and Honeywell, A case study of transatlantic conflict* mimeo, Genf.

Grau, A., 2017, *Hypermoral-die Lust an der Empörung*, Claudius, München.

Grauwe, P. de, 2012, Stop this Guerilla Campaign against EZB Policy, *Financial Times*, 23. Oktober.

Greenhut, M., Norman, G., Hung, L.-S., 1987, *The Economics of Imperfect Competition: a Spatial Approach*, Cambridge University Press, Cambridge-London-New York.

Greenspan, A, 1966, Gold & Economic Freedom, Ayn Rand Objectivist's Newsletter, https://www. constitution.org/mon/greenspan_gold.htm, Zugriff am 7. 2. 2019.

Greenstein: (Hrsg.) 2004, *Diamonds Are Forever, Computers Are Not: Economic and Strategic Management in Computer Markets*, Imperial College Press, London.

Greenwald, G., 2014, *No Place to Hide*, Metropolitan Books, New York; deutsch: 2014, *Die globale Überwachung*, Droemer-Knaur, München.

Greiner U., 2015, Das Eigene und das Fremde, *Die Zeit*, 24. August: 50.

Greiner U., 2018, Die Lust, an allem schuld zu sein, *Die Zeit*, 18. Oktober: 52.

Grillparzer, F., 1855 (1872), *Die Jüdin von Toledo*, Cotta, Stuttgart.

Grimm, H., 1933, *Volk ohne Raum*, Albert Langen/Georg Müller, München.

Griskevicius, V., Ackerman, J. M., Cantú, M., Delton, A. W., Robertson, T. E., Simpson, J. A., Thompson, M. E., Tybur J. M., 2013, When the Economy Falters, Do People Spend or Save? Responses to Resource Scarcity Depend on Childhood Environments, *Psychology Science*, https://pss.sagepub.com/content/early/2013/01/09/0956797612451471, Zugriff am 16. 1. 2019.

Groenemeyer, M., 1981, Von der Kraft der Ohnmacht, in: *Eigner Haushalt und bewohnter Erdkreis, ökologisches und ökoumenisches Lernen in der 'einen Welt'*, Wuppertal: 94-104.

Grossarth, J., 2016, 1816-ein apokalyptischer Sommer ohne Ernte, *Frankfurter Allgemeine Zeitung*, 27 August: 20.

Grossman, G.; Rossi-Hansberg, E., 2008, Trading Tasks: A Simple Theory of Offshoring, *The American Economic Review* 98/5: 1978-1997.

Grotius, H., 1609, *Mare Liberum*, Ex officina Ludovici Elzevirij.

Grotius, H., 1625, *De jure belli ac pacis libri tres*, Guilielmum Blaeuw, Amsterdam, deutsch: 1950, *Drei Bücher vom Recht des Kriegs und des Friedens*, Mohr (Siebeck), Tübingen.

Grün, A., 2015, *Wider den Terrorismus*, Klett-Cotta, Stuttgart.

Guderian, H., 1937a, *Achtung-Panzer! Die Entwicklung der Panzerwaffe, ihre Kampftaktik und ihre operativen Möglichkeiten.* Union Deutsche Verlagsgesellschaft, Stuttgart.

Guderian, H., 1937b, *Die Panzertruppen und ihr Zusammenwirken mit den anderen Waffen,* Mittler & Sohn, Berlin.

Günther, J., Kristalova, M., Ludwig, U., 2016, Folgen der Sanktionen zwischen der EU und Russland für die deutsche Wirtschaft, *Wirtschaftsdienst* 96/7: 524-526.

Güntürkün, O., 2014, Nicht vergessen, *DFG-Forschung* 4: 17-19.

Güth, W., Schmittberger, R., Schwarze, B., 1982, An Experimental Analysis of Ultimatum Bargaining, *Journal of Economic Behavior and Organization* ¾: 367-388.

Guiso, L., Sapienza, P., Zingales, L., 2013, *The Value of Corporate Culture,* Working Paper, Chicago.

Guiso, L., Sapienza, P., Zingales, L., 2014, *Time Varying Risk Aversion*, Working Paper, Chicago.

Gumiljow, L., 1987, *Searches for an Imaginary Kingdom, The Legend of the Kingdom of Prester John,* Past and Present Publications, Cambridge University Press, Cambridge.

Gumiljow, L., 2005, *Von der Rus zu Russland-Ethnische Geschichte der Russen spannend erzählt*, Großmann, Haselbachtal.

Gumplowicz, L., 1875, *Rasse und Staat*, Habilitationsschrift, Graz, abgedruckt in Der Rassenkampf (1883).

Gumplowicz, L., 1883, *Der Rassenkampf;* 1928, Band III Ludwig Gumplowicz ausgewählte Werke, Universitäts-Verlag, Innsbruck.

Gumplowicz, L., 1885, *Grundriß der Soziologie;* Manz 'sche k. k. Hof-Verlags-u.

Universitätsbuchhandlung, Wien.

Guo, G., Roettger, M.E., Cai, T., 2008, The Integration of Genetic Propensities into Social-Control Models of Delinquency and Violence among Male Youths, *American Sociological Review* 73/4, 543-568.

Gutiérrez, G., Philippon, Th., 2016, Investment-less Growth: An Empirical Investigation, *NBER Working Paper* No. 22897.

Haager Landkriegsordnung, 1899; vgl. hierzu https://de.wikipedia.org/wiki/Haager_Landkriegsordnung, Zugriff am 27. 12. 2015.

Haase, R., 2012, "Kampf der Rassen" : Überlegungen zur NS-Ideologie in Erinnerung an Joseph Wolf, *Tribüne, Zeitschrift zum Verständnis des Judentums* 51/4: 146-155.

Habermas, J., 1973, *Wahrheitstheorien*, in *Wirklichkeit und Reflexion. Walter Schulz zum 60. Geburtstag* (H. Fahrenbach, Hrsg.), Neske, Pfullingen.

Habermas, J., 1976, *Zur Rekonstruktion des historischen Materialismus*. Frankfurt am Main.

Habermas, J., 1981, *Theorie des kommunikativen Handelns*, Suhrkamp, Frankfurt am Main.

Habermas, J., 1988, *Der philosophische Diskurs der Moderne*, Suhrkamp, Frankfurt am Main.

Habermas, J., 2014, En Europe, les nationalismes son de retour, Interview *in L'Express*, 12. November, 14-16.

Hagelüken, A., 2018, Superstars produzieren Lohneinbußen, *Süddeutsche Zeitung*, 12. November: 15.

Hagiu, A., Wright, J., 2011, Multi-Sided Platforms, *Harvard Business School Working Paper* 12-024.

Haidt, J., 2016, *How Capitalism Changes Conscience*, https://www.humansandnature.org/culturehow-capitalism-changes-conscience.

Hajnal, J., 1965, European Marriage Pattern in Perspektive, in: *Population in History: Essays in Historical Demography* (Glass D.V., Eversley D.E., Hrsg.), Aldine Publishing Company, Chicago, Illinois: 101-143.

Ham, C., Lang, M., Seybert, N., Wang, S., 2015, *CFO Narcissism and Financial Reporting Quality*, University of Maryland, College Park, mimeo.

Hamann, B., 1996, *Hitlers Wien. Lehrjahre eines Diktators*. Piper, München.

Hamilton, W. D., 1964, The Genetical Evolution of Social Behaviours, I, II, *Journal of Theoretical Biology* 7. 1-17.

Hancock, B.J., 2010, Memetic Warfare: The Future of Warfare, in: *Military Intelligence Professional Bulletin*, April-June: 41-46.

Handel, S., 2018, Qualcomm verliert gegen Appel, *Süddeutsche Zeitung*, 1. Februar: 20.

Handelsblatt, 2013, *Stahlgewitter-die Ökonomie des Kriegs*, 6./7./8.September: 48-57.

Handelsblatt, 2014a, *Das Ende der Vertraulichkeit*, 10./11./12. Januar 2014: 50-59.

Handelsblatt, 2014b, *Der Hai-Deutschlands härtester Banker*, 11./12./13. April: 40-47.

Handelsblatt, 2015, *„Todes-Bonds": Britische Finanzaufsicht verhängt Rekordstrafe für Einzelperson*, https://www.handelsblatt.com/finanzen/maerkte/anleihen/todes-bonds-britische-finanzaufsichtverhaengt-rekordstrafe-fuer-einzelperson/11828428.html, Zugriff am 1. Oktober 2016.

Handelsblatt, 2017a, *Das große Wettrüsten*, 31. März, 1./2. April: 42-51.

Handelsblatt, 2017b, *Die OPEC und das Öl*, 14. November: 24-25.

Handelsblatt, 2019, *„Ich darf keine Rücksicht mehr nehmen"*, 12./13./14. Juli: 42-517.

Haney, C., Banks, W. C., Zimbardo, P. G., 1973, Study of prisoners and guards in a simulated prison. *Naval Research Reviews* 9:1-17.

Hanushek E. A., Wößmann, L. 2015, *The Knowledge Capital of Nations: Education and the Economics of Growth*, MIT Press, Cambridge, MA.

Harari, Y.N., 2016, *Homo Deus-A Brief History of Tomorrow*, Havil Secker, London; zitiert nach: 2017, *Homo Deus-Eine Geschichte von Morgen*, C.H.Beck, München.

Harberger, A. C., 1950, Currency Depreciation, Income and the Balance of Trade, *Journal of Political Economy*, 58: 47-60.

Harbulot, C., Moinet, N., Lucas, D., 2002, La guerre cognitive : A la recherche de la suprématie stratégique, *école de guerre économique, VIiè Forum intelligence économique*, Menton, https:// www.ege.fr/download/4.guerre_cognitive.pdf,

Zugriff am 31. 5. 2020.

Harbulot, C., 2013, Frankreich tut, was es kann, Interview von Gesche Wüpper, *Welt am Sonntag*, 21. Juli: 31.

Hardin, G., 1968, The Tragedy of the Commons, *Science* 162: 1243-1248.

Hare, R. D., 2003, *Manual for Psychopathy, Checklist Revisited, Multi-Health Systems*, Toronto.

Harper, K., 2017, *The Fate of Rome: Climate, Disease, and the End of an Empire*, Princeton University Press, Princeton.

Harrington, J.E., Hüschelrat, K., Laitenberger, U., Rent Sharing to Control Non-Cartel Supply in the German Cement Market, *ZEW Discussion Paper* 16-025, Mannheim.

Hartmann, C., Vordermeyer, Th., Plöckinger, O., Töppel R., 2015, *Hitler, Mein Kampf: Eine kritische Edition*, 2 Bände, Institut für Zeitgeschichte, München-Berlin.

Hartmann, E., 2016, *Wie viele Sklaven halten Sie?* Campus, Frankfurt/Main.

Hartmann, U., 2015, *Hybrider Krieg als neue Bedrohung von Freiheit und Frieden: Zur Relevanz der Inneren Führung in Politik, Gesellschaft und Streitkräften*, Miles-Verlag, Berlin.

Hasse, R., 1989, *Die Europäische Zentralbank*, Verlag Bertelsmann Stiftung, Gütersloh.

Hassel, F., 2017, Nichts wie weg hier, *Süddeutsche Zeitung*, 16. Juni: 17.

Hassel, F., 2018, Zahlen, bitte, *Süddeutsche Zeitung*, 12./13. Mai: 26.

Hassett, K.A., Hubbard, R.G., Jensen, M.H., 2011, *Rethinking Competitiveness*, American Enterprise Institute, Washington DC.

Haucap, J., Stiebale, J., 2016, How Mergers Affect Innovation: Theory and Evidence from the Pharmaceutical Industry, *Dice Discussion Paper*, Düsseldorf.

Hawkins, S., 1988, *A Short History of Time*, Bantam, London; deutsch: 1991, *Eine kurze Geschichte der Zeit*, Rororo, Reinbek bei Hamburg.

Hayek, F. A. v. 1944, *The Road to Serfdom*, Ark Paperbacks, London; deutsch: 1986 *Der Weg zur Knechtschaft*, Eugen Rentsch, Erlenbach.

Hayek, F. A. v. 1945, The Use of Knowledge in Society, *The American Economic Review* 36: 619-630.

Hayek, F. A. v., 1960, *The Constitution of Liberty*, University of Chicago Press, Chicago.

Hayek, F. A. v., 1968, *Competition as a Discovery Procedure*, translation of the lecture given at the University of Kiel.

Hayek, F. A. v., 1977, *Entnationalisierung des Geldes. Eine Analyse der Theorie und Praxis konkurrierender Umlaufsmittel,* J. C. B. Mohr (Paul Siebeck), Tübingen.

HDv (Heeresdienstvorschrift) 100/100, Bundeswehr.

HDv (Heeresdienstvorschrift) 100/200, Bundeswehr.

HDv (Heeresdienstvorschrift) 100/900, Bundeswehr.

He, J., Huang, J., 2017, Product Market Competition in a World of Cross-Ownership-Evidence from International Blockholdings, *The Review of Financial Studies* 30/8: 2674-2718.

Hebb, D., 1949, *The Organization of Behavior*, Wiley, New York; Zitat nach https://www.holstee. com/blogs/reflections/neurons-that-fire-together-wire-together, Zugriff am 19. 2. 2019.

Hecker, C., 2013, Managergehälter und Banker-Boni: Ein Aufgabenfeld der Ordnungspolitik, *Orientierungen zur Wirtschafts-und Gesellschaftspolitik* 136/2, 46-51.

Heckathorn, D., 1996, Dynamics and Dilemmas of Collective Action, *American Sociological Review* 61/2, 260-277.

Heckell, M., 2016, *Martin Luthers Reformation und das Recht,* Mohr Siebeck, Tübingen.

Heeg, Th. 2018, Breite Risse in der heilen Linux-Welt, *Frankfurter Allgemeine Zeitung*, 6. März: 22.

Hegel, G. W. F., 1806, *Phänomonologie des Geists*, Joseph Anton Gebhardt, Bamberg-Würzburg; 2016, Nikol-Verlag, Hamburg.

Hegel, G. W. F., 1817/1830, *Enzyklopädie der philosophischen Wissenschaften*, Heidelberg.

Hegel, G. W. F., 1821, *Grundlinien der Philosophie des Rechts oder Naturrecht und Staatswissenschaft,* Duncker und Humblot, Berlin.

Heggarty, P., 2014, Das Rätsel der großen Sprachfamilien, *Spektrum der Wissen-*

schaften 8, 70-76.

Heidegger, M., 1927 (2006), *Sein und Zeit*, de Gruyter, Berlin.

Heilbronner, R, 1972, *The Worldly Philosophers*, Simon & Schuster, New York.

Hein, C., 2014, Im Lager unserer Sklavinnen, *Frankfurter Allgemeine Zeitung*, 17. April, 18.

Hein, C., 2018a, Fabrikbrand-Opfer in Pakistan bekommen endlich Geld, *Frankfurter Allgemeine Zeitung*, 18. März: 22.

Hein, C., 2018b, Die Gier der Goldmänner, *Frankfurter Allgemeine Zeitung*, 3. November: 22.

Heine, M., 2018, Wir Marxisten, *Die Welt*, 5. Mai: 25.

Heinemann, F., 2018, Was Draghi verschweigt, *Frankfurter Allgemeine Zeitung*, 5. Februar: 18.

Heinsohn, G., 2003, *Söhne und Weltmacht. Terror im Aufstieg und Fall der Nationen*, Orell Füssli, Zürich.

Hellinger, B., 2001, Familienstellen und Gewissen, *in: Praxis der Systemaufstellung* 2: 5-14.

Hellmann, N., 2016, Chinas Club der toten Milliardäre, *Börsen-Zeitung*, 5. Juli: 8.

Helpman, E., 1998, *General Purpose Technologies and Economic Growth*, MIT-Press, Cambridge, Mass.

Helpman, E., Melitz, M.J., Yeaple, 2004, Export versus FDI with Heterogeneous Firms, *American Economic Review* 94/1: 300-316.

Heng, Z., 2013, Characteristics of Chinese Military Culture: A Historical Perspective, *Institute for Security and Development Policy, Asia Papers* 4, Stockholm.

Henkel, O., 2010, *Rettet unser Geld! Deutschland wird ausverkauft-Wie der Euro-Betrug unseren Wohlstand gefährdet,* Heyne, München.

Herdegen, M., 2018, *Der Kampf um die Weltordnung*, C.H. Beck, München.

Herder, G.J., 1772, *Abhandlung über den Ursprung der Sprache*, Christian Fredrich Voß, Berlin.

Hering, N., Schubert, H. von, 2012, *Cyber Age: Mensch und Cybertechnologie in den Herausforderungen und Konflikten des 21. Jahrhunderts*, Heymanns, Köln: 155-195.

Hernandez, M., Hernandez, M., Eberly, M. B., Avolio, B. J., Johnson, M. D., 2011, The Loci and Mechanisms of Leadership. Exploring a More Comprehensive View of Leadership Theory, *The Leadership Quarterly* 22: 1165-1185.

Herzinger, R., 2016, Faschisten muss man zuhören, *Die Welt*, 21. März: 21.

Herzog, B., 2017, Abwicklungsmechanismus für Mitgliedsstaaten des Euroraums, *Wirtschaftsdienst* 97/10: 881-888.

Hessel, S., 2010, *Indignez-vous!* Indigène, Paris; deutsch: 2011, Empört Euch Ullstein, Berlin.

Hessel, S., 2011, *Engagez-vous! Entretiens avec Gilles Vanderpooten*. Aube, La Tour d'Aigue; deutsch: *Engagiert Euch! Stéphane Hessel im Gespräch mit Gilles Vanderpooten*, Ullstein, Berlin.

Heuss, E., 1965, *Allgemeine Markttheorie*, J.C.B. Mohr, Tübingen.

Heuss, Th., 1950, Rede anläßlich einer Schulfeier, in: Theodor-Heuss-Gymnasium, 1956, *Reden an die Jugend*. R. Wunderlich, Tübingen.

Heym, 1972, *König David Bericht*, Fischer, München.

Hickok, G., 2015, *Warum wir verstehen, was andere fühlen: Der Mythos der Spiegelneuronen*, Carl Hanyser Verlag, München.

Hierholzer, V., Richter, S., 2012, *Goethe und das Geld: Der Dichter und die moderne Wirtschaft*, Frankfurter Goethe-Haus, Frankfurt a. M.

Hilferding, R., 1910, Das Finanzkapital, *Marx-Studien: Blätter zur Theorie und Politik des wissenschaftlichen Sozialismus*, Band 3, V-477: Wien.

Hill, S., 2017, So schützen wir unsere digitalen Grenzen, Süddeutsche Zeitung, 4./5. November: 24.

Hillenbrand, T., 2014, *Drohnenland*, Kiepenheuer & Witsch, Köln.

Hinz, J., 2017, The Cost of Sanctions: Estimating Lost Trade with Gravity, IfW Kiel Working Paper 2093, Kiel.

Hirschi, T., 1969, Causes for Delinquency, Univerity of California Press, Berkeley, Los Angeles, London.

Hirschman, A. O., 1968, *The Strategy of Economic Development*, W.W. Norton Co, New-Haven-London.

Hirschman, A. O., 1970, *Exit, Voice, and Loyalty: Responses to Decline in*

Firms, Organizations, and States, Harvard University Press, Cambridge (Mass.)-London; deutsch: 1974, Abwanderung und Widerspruch, J.C.B. Mohr, Tübingen.

Hirschman, A. O., 1982, Rival Interpretations of Market Society, *Journal of of Economic Literature* 20/12: 1463-1484.

Hirshleifer, D., Low A., Theoh S.H., 2015, Are Overconfident CEOs Better Innovators, *The Journal of Finance* 67/4: 1457-1499.

Hirshleifer, J., 1993, The Dark Side of the Force, *Economic Inquiry 32*: 1-10.

Hirshleifer, J., 2001, T*he Dark Side of the Force: Economic Foundations of Conflict Theory*, Cambridge University Press, Cambridge.

Hitler, A., 1925, *Mein Kampf*; Erster Band: *Eine Abrechnung*; 1926, Zweiter Band: *Die nationalsozialistische Bewegung*; 1939, Zentralverlag der NSDAP Franz Eher Nachfolger, München.

Hobbes, T., 1651, *Leviathan or The Matter, Forme and Power of a Common Wealth Ecclesiasticall and Civil*; Andrew Crooke, London; deutsch: 1976, *Leviathan oder Stoff, Form und Gewalt eines bürgerlichen und kirchlichen Staates*, Ullstein, Frankfurt a. M.

Hochgeschwender, M., 2018, Der Kapitalismus ist doch Farbenblind, *Frankfurter Allgemeine Zeitung*, 1. Juni: 10.

Höffe, O., 2015a, *Kritik der Freiheit*, C.H. Beck, München.

Höffe, O., 2015b, Konfuzius, der Koran und die Gerechtigkeit, *Frankfurter Allgemeine Zeitung*, 17. August: 6.

Höffe, O., 2016, Dürfen Unternehmer Gewinne machen?, *Frankfurter Allgemeine Zeitung*, 12.August: 20.

Hoenderdaal, S.; Espinoza, L. T.; Marscheider-Weidemann, F.; Graus, W., 2013, Can a Dysprosium Shortage Threaten Green Energy Technologies? *Energy* 49: 344-355.

Hoffer, E., 1951, *The True Believer: Thoughts on the Nature of Mass Movements*, Harper & Brothers, New York.

Hoffman, P.T., 2015, *Why did Europe Conquer the World?* Princeton University Press, Princeton, deutsch: 2017, *Wie Europa die Welt eroberte*, Theiss, Darmstadt.

Hofstadter, D., Sander, E., 2013, *Surfaces and Essences: Analogy as the Fuel and the Fire of Thinking*, Basic Books, New York; deutsch: 2014, *Die Analogie: das Herz des Denkens*, Klett-Cotta.

Hofstede, G., Hofstede, G. J., Minkov, M., 2010, *Cultures and Organizations-Software of the Mind: Intercultural Cooperation and Its Importance for Survival*, 3rd ed. McGraw Hill, New York.

Hogrebe, W., 2015, Heidegger und kein Ende? *Rotary Magazin* 6: 60-62.

Hohn, U., 1994, The Bomber's Baedeker: Target Book for Strategic Bombing in the Economic Warfare against German Towns 1943-45, *Geo-Journal* 34/2: 213-230.

Hollmer, K., 2016, Drogenhändler sind auch Händler, *Süddeutsche Zeitung*, 27. Januar: 39.

Hollquist, P., 2019, The Laws of War-from the Lieber Code to the Brussels Conference, *The Berlin Journal 32*, Berlin: 68-70.

Holthaus, S., 2015, *Zwischen Gewissen und Gewinn-Die Wirtschafts-und Sozialordnung der „Freiburger Denkschrift" und die Anfänge der Sozialen Marktwirtschaft*, Lit-Verlag, Berlin.

Homann, K., 2014, S*ollen und Können: Grenzen und Bedingungen der Individualmoral*, Ibera, European University Press, Wien.

Homann, K., Pies, I., 2018, Karl Marx als Klassiker: Freiheitsphilosoph, Systemdenker, ökonomischer Autodidakt, politischer Demagoge, *Wirtschaftsdienst* 98/4: 227-231.

Homann, K., Ungethüm, M., 2007, Ethik des Wettbewerbs, *Frankfurter Allgemeine Zeitung*, 23. Juni: 11.

Hommel, U., Scholich, M., Vollrath, R. (Hrsg.), 2001, *Realoptionen in der Unternehmenspraxis. Wert schaffen durch Flexibilität*, Springer, Heidelberg-New York.

Honegger, A., 1921, *Le roi David*; deutsche Einspielung: 2009, *König David*, Dirgent Ferenc Fricsay, Relief, Chicago (Il).

Honneth, A., 2015, *Die Idee des Sozialismus*, Suhrkamp, Berlin.

Hoppmann, E., 1968, Zum Problem der wirtschaftlich praktikablen Definition des Wettbewerbs. In: *Grundlagen des Wettbewerbs*, Duncker & Humblot-Verlag Berlin: 9-49.

Horkheimer, M., Adorno, Th.W., 1969, Dialektik der Aufklärung, Fischer, Frankfurt a. M.

Hornuff, D., 2016, Dasein als Design, *Deutschlandfunk*, 7. Februar; dowload unter https://www. deutschlandfunk.de/gestaltung-von-lebensglueck-dasein-als-design.1184.de.html?dram:article_ id=340449Lingen, H. (1990): Entdecker, Forscher Abenteurer. Bd. 3, Lingen, Köln.

Hotelling, H. 1929, Stability in Competition, *Economic Journal* 39/153: 41-57.

Hotelling, H., 1931, The Economics of Exhaustible Resources, J*ournal of Political Economy* 39: 137-176.

Houellebecq, M., 1994, *Extension du domaine de la lutte.*, Édition Maurice Nadeau, Paris, deutsch 1994, *Ausweitung der Kampfzone*, Wagenbach, Berlin.

Houellebecq, M., 2015, S*oumission-"je n'aurais rien à regretter."* , Flamarion, Paris, deutsch 2015, *Unterwerfung*, DuMont, Köln.

Houellebecq, M., 2018, *Warum ich trotzdem Optimist bin-gekürzte Dankesrede zur Verleihung des ersten Oswald-Spengler-Preises*, Welt am Sonntag, 21. Oktober: 57.

Hu, J., 2009, *A Concise History of Chinese Economic Thought*, Foreign Language Press, Beijing.

Huan, K., Bai, Z. (Hrsg.), 2012, *YAN TIE LUN ZHU YI*, Verlag der Anhui Universität, Hefei.

Huber, W., 2014, Du sollst nicht töten-und nicht töten lassen, *Frankfurter Allgemeine Zeitung*, 6. Oktober: 13.

Hughes, E., 1993, A Cypherpunk's Manifesto, https://www.activism.net/ cypherpunk/manifesto. html, Zugriff am 30. 10. 2018.

Hüppauf, B., 2013, *Was ist Krieg? Zur Grundlegung einer Kulturgeschichte des Kriegs*, transcript, Verlag, Bielefeld.

Huizinga, J., 1933, Over de grenzen van spel en ernst in de kultur, Rektoratsrede Leiden; deutsch: Das Spielelement der Kultur, in: *Das Spielelement der Kultur* (Hrsg. Von K. Ebeling), Matthes & Seitz,, Berlin (2014): 18-45.

Huizinga, J., 1950, Homo ludens. Proeve eener bepaling van het spel-element der cultuur, in: Huizinga, J., 1950. Verzamelde werken V. Cultuurgeschiedenis III (ed. L. Brummel et al.). H.D. Tjeenk Willink & Zoon N.V., Haarlem: 26-246.

Hulverscheidt, C., 2016a, Kapitalisten zweifeln am Kapitalismus, *Süddeutsche Zeitung*, 5. Februar: 17.

Hulverscheidt, C., 2016b, Grüne Kapitalisten, *Süddeutsche Zeitung*, 26./27./28 März: 1.

Hulverscheidt, C., 2016c, Im Reich der Finsternis, *Süddeutsche Zeitung*, 28. Juli: 21.

Hume, D., 1739-40, *A Treatise of Human Nature: Being an Attempt to Introduce the Experimental Method of Reasoning into Moral Subjects*; deutsch: 2011, *Eine Untersuchung über den menschlichen Verstand*, Suhrkamp Verlag, Berlin.

Huntington, P., 1993, The Clash of Civilizations? *Foreign Affairs 72/3*, Washington DC: 22-28.

Huntington, P., 1996, *The Clash of Civilizations and the Remaking of the World Order*, Simon and Schuster, New York; deutsch: 2002, *Kampf der Kulturen. Die Neugestaltung der Weltpolitik im 21 Jahrhundert*, Goldmann, München.

Hutzschenreuter, Th., 2016, Aktionismus ist der größte Erfolgstöter, *Frankfurter Allgemeine Zeitung*, 18. Juli: 18.

Iljin, I., 1956, *Unsere Aufgaben*, Russkii obshche-voinskii soiuz, Paris.

Imhoff, K., 2011, *Die Krise der Öffentlichkeit. Kommunikation und Medien als Faktoren des sozialen Wandels*, Campus-Verlag, Frankfurt New York.

Innis, H. A., 1950, *Empire and Communications*, Clarendon, Oxford.

Innis, H. A., 1961, *The Bias of Communication*, University of Toronto Press, Toronto.

Inomata, S., 2017, Analytical Frameworks for Global Value Chains: an Overview, in: *Measuring and Analyzing the Impact of GVCs on Economic Development*, Word Bank Group, IDEJETRO, OECD, UIBE, WTO, Washington DC: 15-35.

Institut der deutschen Wirtschaft, 2014, Operation gelungen, https://www.iwd.de/artikel/operationgelungen-150141/, Zugriff am 5. 3. 2019.

Institut der deutschen Wirtschaft, 2015, *IW-Vertrauensindex 2015*, https://www.iwkoeln.de/studien/ iw-policy-papers/beitrag/dominik-h-enste-marie-moeller-iw-vertrauensindex-2015-vertrauenin-deutschland-und-europa-236965, Zugriff am 5. 1. 2016.

International Monetary Fund (IMF), o. D., https://www.imf.org/external/pubs/ft/weo/2013/02/ weodata/weorept.aspx?sy=1980&ey=2018&scsm=1&ssd

=1&sort=country&ds=.&br=1 &pr1.x=57&pr1.y=16&c=001&s=NGDP_
RPCH%2CTRADEPCH&grp=1&a=1, Zugriff am 7. 3. 2019.

International Monetary Fund (IMF), 2013a, Towards a Fiscal Union for the Euro
Area, *IMF Staff Discussion Note*, September, Washington DC.

International Monetary Fund (IMF), 2013b, Taxing Times, *Fiscal Monitor*,
October, Washington DC.

International Monetary Fund (IMF), 2018, International Monetary Fund, World
Economic Outlook Database April 2018, https://www.imf.org/external/pubs/ft/
weo/2018/01/weodata/index.aspx, Zugriff am 15. April 2018.

Intriligator, M., 1975, Strategic Considerations in the Richardson Model of Arms
Races, *Journal of Political Economy*: 339-353.

Intriligator, M.; Brito, D.L., 1983, Can Arms Races Lead to the Outbreak of War,
Peace Science Association Meetings, San Francisco.

Jacques, M., 2012, *When China Rules the World-The End of the Western World
and the Birth of a New Global Order*, Penguin Books, New York.

Jansen, J., 2019, Vorbild aus Fernost, *Frankfurter Allgemeine Zeitung*, 8. Juni: 24.

Jasay, A. de, 1985, *The State*, Blackwell, Oxford, online bei The Liberty Fund,
Indianapolis: https://www.econlib.org/library/LFBooks/Jasay/jsyStt.html.

Jaspers, K., 1913 (2013), *Allgemeine Psychopathologie*, Springer, Berlin-
Heidelberg-New York.

Jaspers, K., 1919 (1969), *Psychologie der Weltanschauungen*, Springer, Berlin-
Heidelberg-New York.

Jaspers, K., 1933 (1971), *Die geistige Situation der Zeit*, de Gruyter, Berlin 1971.

Jaspers, K., 1932, *Philosophie*, 3 Bände, Nachdruck 1973, Springer, Heidelberg.

Jaspers, K., 1947, *Von der Wahrheit*, Piper, München.

Jeanne, O., Zettelmeyer, J. 2002, "Original Sin", Balance Sheet Crises, and the
Roles of International Lending, *IMF Working Paper* 02/234.

Jegorow, I. (Егоров, И.), 2014, Вторая "холодная", Interview mit Nikolaj
Patruschew, *Rossijskaja Gaseta*, 15. Oktober; https://www.rg.ru/2014/10/15/
patrushev.html, Zugriff am 17. 12. 2014.

Joas, H., 1996, Die Sozialwissenschaften und der Erste Weltkrieg: eine
vergleichende Analyse, in: *Kultur und Krieg: Die Rolle der Intellektuel-*

len, Künstler und Schriftsteller im Ersten Weltkrieg, H. Mommsen Hrsg, Oldenbourg, München: 17-39.

Joas, H., 2015, *Sind die Menschenrechte westlich*Kösel-Verlag, München.

Joas, H., 2017, *Die Macht des Heiligen-Eine Alternative zur Geschichte der Entzauberung*, Suhrkamp, Berlin.

Jöhlinger, Otto, 1918, *Der britische Wirtschaftskrieg und seine Methoden*, Verlag Julius Springer, Berlin.

Johannes Paul II, 1991, *Enzyklika Centesimus Annus*, Deutsche Bischofskonferenz, Mainz.

Johannsen, K., 2016, „Die Aussicht ist beängstigend ", *Börsen-Zeitung*, 19. März: 13.

Johnson, G., 2008, A Question of Blame When Societies Fail, *The New York Times*, 7. Januar: 2.

Johnson, N.F., Xu, Z., ZHAO, Z., Duchenaut, N., Yee, N., Tita, G., Hui, P.M., 2009, Human Group Formation in Online Guilds and Offline Gangs Driven by Common Dynamic, *Physical Review* 79/6, https://arxiv.org/pdf/0812.2299.pdf, Zugriff am 26. 5. 2019.

Johnson, S., 1997, Theorizing Language and Masculinity: a Feminist Perspective, in Johnson S., Meinhof, U. H. (Hrsg), *Language and Masculinity*, Basil Blackwell, Oxford, 8-26.

Johnson, S.K., Fitza, M.A., Lerner, D.A., Calhoun, D.M., Beldon, M.A., Chan, E.T., Johnson, P.T.J., 2018, Risky Business: Linking Toxoplasma Gondiiinfection and Entrepreneurship Behaviours across Individuals and Countries, Proceedings of the Royal Society B., https:// royalsocietypublishing. org/doi/full/10.1098/rspb.2018.0822, Zugriff am 2. 2.2019.

Johnston, M., 1998, In Search for Definitions. The Vitality of Politics and the Issue of Corruption, *International Social Science Journal* 48: 321-335.

Jomini, 1836, *Précis de L'art de Guerre ou Nouveau Tableau Analytique*, Anselin, Libraire pour l'Art Militaire, Paris, deutsch: 2009, *Abriss der Kriegskunst*, vdf Hochschulverlag, Zürich.

Jonas, H., 1979, *Das Prinzip Verantwortung. Versuch einer Ethik für die technologische Zivilisation*, Suhrkamp, Frankfurt.

Jonason, P. K., Webster, G. D., 2010, The Dirty Dozen: A Concise Measure of the

Dark Triad, *Psychological Assessment* 22: 420-432.

Jonason, P. K., Slomski, S., Partyka, J., 2012, The Dark Triad at Work: How Toxic Employees Get their Way, *Personality and Individual Differences* 52: 449-453.

Jones, D., 2013, Social Evolution: The Ritual Animal, *Nature* 493, 470-472.

Joos, Th., 2018, Honeypots-so locken Sie Hacker in die Falle, *PC-Welt*, 7. Januar, https:// www.pcwelt.de/ratgeber/Honeypots-so-locken-Sie-Hacker-in-die-Falle-Angreifer-bewusstanlocken-9805621.html, Zugriff am 31. 10. 2018.

Jordà, O., Knoll, K., Kuvshinov, D., Schularick, M., Taylor, A.M., 2017, The Rate of Return on Everything, 1870-2015, *Federal Reserve Bank of San Francisco Working Paper* 25.

Jost, S., Kunz, A., Seibel, K., 2015, Oh, wie schön ist Panama, *Welt am Sonntag*, 1. März: 32.

Judd, K., 1985, Credible Spatial Preemption, *Rand Journal of Economics*, 16/2: 163-166.

Judt, M., 2013, Der Bereich Kommerzielle Koordinierung: Das DDR-Wirtschaftsimperium des Alexander Schalck-Golodkowski-Mythos und Realität, CH. Links, Berlin.

Jünger, E., 1920 (2007), *In Stahlgewittern*, Klett-Cotta, Stuttgart.

Jünger, W., 1940, *Kampf um Kautschuk*, Wilhelm Goldmann Verlag, Leipzig.

Jung, C. G., 1964 (1999), Zugang zum Unbewußten, *Der Mensch und seine Symbole* (C.G. Jung, M.-L. v. Franz, J.L. Henderson, J. Jacobi, A. Jaffé Hrsg.), 15. Auflage, Patmos Verlag, Düsseldorf-Zürich: 20-105.

Jung, B., Kohler, W., 2017, Wie vorteilhaft ist internationaler Handel? *Perspektiven der Wirtschaftspolitik* 18/1: 32-55.

Jussen, B., 2014, *Die Franken-Geschichte, Gesellschaft, Kultur*, C.H.Beck, München.

Kaden, K., 2017, Unheil auf See, *Bilanz* 2: 28-33.

Kafka, F., 1916, *Das Urteil*, Kurt Wolf, Leipzig.

Kafka, F., 1915, *Vor dem Gesetz*, (2010, Fischer Verlag, Berlin).

Kafka, F., 1919, *Die Strafkolonie*, Kurt Wolf, Leipzig.

Kafka, F., 1925, *Der Prozess*, Die Schmiede, Leipzig.

Kagan, R., 2003, *Of Paradise and Power*, Vintage, New York.

Kagan, R., 2018, *The Jungle Grows Back-America and Our Imperiled World*, Alfred A. Knopf, New York.

Kahneman, D., Tversky A. 1979, Prospect Theory: An Analysis of Decision under Risk, *Econometrica* 47/2: 263-291.

Kahneman, D., 2011, *Thinking, Fast and Slow*, Farrar, Straus and Giroux, New York; deutsch: 2012, *Schnelles Denken, langsames Denken*, Siedler, München.

Kaiser, A., Ehlert, N., 2009, Federalism, Decentralization, and Macro-Economic Performance in OECD Countries, in: Ganghof, S., Hönnige, C., Stecker, C. (Hrsg.), *Parlamente, Agendasetzung und Vetospieler*, VS Verlag für Sozialwissenschaften, Wiesbaden.

Kaiser, T., 2016, Globalisierung macht Angst, *Die Welt,* 1. Dez.: 10.

Kakel, C. P., 2013, *The American West and the Nazi East. A Comparative and Interpretative Perspective*, Palgrave Macmillan, Hamshire.

Kaldor, N., 1978, *Further Essays in Applied Economics*, Gerald Duckworth & Co Ltd. London.

Kameryan, L., Shen, D., 2018, Scope External Vulnerability and Resilience Grid, and Trade War Exposure Rankings, *Scope Ratings*, Frankfurt a. M.

Kane, E. J., 1989, *The S&L Insurance Mess: How Did It Happen?* Urban Institute Press, Washington, D.C.

Kane, E. J., 1993, What Lessons Should Japan Learn from the U.S. Deposit-Insurance Mess? *Journal of the Japanese and International Economics* 7/4: 329-355.

Kant, I., 1785, *Grundlage der Metaphysik der Sitten*, Königsberg.

Kant, I., 1787, (1998) *Kritik der reinen Vernunft*, Königsberg; 2. Aufl. Hartknoch, Riga (Meiner Verlag, Hamburg).

Kant, I., 1790, *Kritik der Urteilskraft*, Königsberg.

Kant, I., 1792, *Über das radikale Böse in der Menschlichen Natur*, Königsberg.

Kant, I., 1793, *Die Religion innerhalb der Grenzen der bloßen Vernunft*, Königsberg.

Kant, I., 1795, *Zum ewigen Frieden*, Königsberg.

Kantzenbach, E., 1967, *Die Funktionsfähigkeit des Wettbewerbs*, Vandenhoek und

Rupprecht, Göttingen.

Karabelas, I., 2010, *Freiheit statt Sozialismus: Rezeption und Bedeutung Friedrich August von Hayeks in der Bundesrepublik*, Campus, Frankfurt/New York.

Kartheininger, M., 2013, Bewahrung der menschlichen Natur: Zum Problem von geistiger Freiheit und Demokratie in den Betrachtungen eines Unpolitischen, *Literaturwissenschaftliches Jahrbuch*, Duncker Humblot, Berlin: 227-263.

Katz, M. L., Shapiro, C., 1985, Network Externalities, Competition, and Compatibility, *American Economic Review* 75/3: 424-440.

Kellerhoff, S.V., 2019, *Hitlers politische Karriere begann im Linksextremismus*, Die Welt, 16. April: 8.

Kendi, I.X., 2019, Unterdrückung als Normalfall, Interview mit S. Zekri, *Süddeutsche Zeitung*, 18. Februar: 9.

Kennan, G.F., 1947, The Sources of Soviet Conduct, *Foreign Affairs* 25/4: 566-582; https://www. historyguide.org/europe/kennan.html, Zugriff am 10. August 2018.

Kennan, G.F., 1985, Morality and Foreign Policy, *Foreign Affairs* 64/2: 205-208.

Kennedy, M., 1990, *Geld ohne Zinsen und Inflation*, Permakultur Publikationen, Steyerber; 10. Auflage (2006), Goldmann, München.

Kennedy, P., 1987, *The Rise and the Fall oft the Great Powers*, Vintage Books, Random House, New York; deutsch: *Aufstieg und Fall der großen Mächte: Ökonomischer Wandel und militärische Konflikte von 1500 bis 2000'*, Fischer, Frankfurt.

Kerber, M. V., 2016, Eine Kopfgeburt namens Bail-in*, Börsen-Zeitung*, 2. Juni: 5.

Kerber, M.C., Spethmann, D., Starbatty, J., Stauffenberg, F. L. Graf, 2010, D*er Kampf um den Lissabon-Vertrag: Das Ringen der deutschen Bürgergesellschaft um die europäische Integration*, Lucius & Lucius, Stuttgart.

Kerr, R. A., 2015, Wann wird Kupfer knapp, *Spektrum der Wissenschaft* 1: 14-17.

Keynes, J. M., 1919, *The Economic Consequences of the Peace*, Harcourt Brace, New York; deutsch: 1920, *Die wirtschaftlichen Folgen des Friedensvertrages*, Duncker und Humblot, München.

Keynes, J. M., 1923, *A Tract on Monetary Reform*, Macmillan and Co., London.

Keynes, J. M., 1936, *The General Theory of Employment, Interest and Money,* W. Stahan & T. Cadell, London; deutsch: *Allgemeine Theorie der Beschäftigung, des Zinses und des Geldes*, Duncker & Humblot, München-Leipzig.

Keysers, C., 2011, *The Empathic Brain: How the Discovery of Mirror Neurons Changes our Understanding of Human Nature*, Social Brain Press, deutsch: 2013, *Unser empathisches Gehirn: Warum wir verstehen, was andere fühlen*, C. Bertelsmann, Bielefeld.

Khalatbari, P., 2009, Malthus' Lehre, eine kritische Analyse, in: 200 *Jahre Malthus*, hrsg. von P. Khalatbari, O. Johannes, Bundesinstitut für Bevölkerungsforschung 96, 11-24.

Kick, H. A., 2009, Grenzsituation und Wertebildung-die prozessdynamische Interpretation nach Karl Jaspers, in: Engelhardt, D. von., Gerigk, H.-J., *Karls Jaspers im Schnittpunkt von Zeitgeschichte, Psychopathologie, Literatur und Film*, Mattes Verlag, Heidelberg.

Kick, H. A., 2013, Nachwort: Prozessdynamische Perspektiven-Friede als Prozess und neue Balance, in: Kick, H.A., Dietz, G., *Frieden als Balance in Psychotherapie und politischem Handlungsraum*, LIT-Verlag, Berlin.

Kielinger, Th., 2014, Mysteriöser Tod in London, *Die Welt*, 17. Dezember: 23.

Kierkegaard, S., 1842, *Frygt og Rysten*; deutsch: 1962, *Furcht und Zittern*, Eugen Diederichs-Verlag, München.

Kierkegaard, S., 1844, *Begrebet Angest;* deutsch: 1992, *Der Begriff Angst*, Reclam, Stuttgart.

Kierkegaard, S., 1849, *Sygdommen til Døden*; deutsch: 1997, *Die Krankheit zum Tode,* Reclam, Stuttgart.

Kilian, W., 2014, Vom Recht auf die eigenen Daten, *Frankfurter Allgemeine Zeitung*, 4. Juli: 20.

Kim, W. C., Mauborgne, R. 2005, *Blue Ocean Strategy: How to Create Uncontested Market Space and Make Competition Irrelevant*, Harvard Business Press, Harvard.

Kindleberger, C. P., 1966, Germany's Persistent Balance-of-Payments Disequilibrium, in: Baldwin et al., *Trade, Growth and the Balance of Payments. Eassay in Honor of Gottfried Haberler*, Chicago-Amsterdam: 230-248.

Kindleberger, C. P., 1976, Germany's Persistent Balance-of-Payments Disequilibrium Revisited, *Banca Nazionale del Lavoro Quarterly Review* 29,

118-150.

Kindleberger, C. 1996, *Manias, Panics and Crashes: A History of Financial Crises*, Macmillan London.

Kinkel, S., 2014, Future and Impact of Backshoring—Some Conclusions from 15 Years of Research on German Practices, Journal of Purchasing and Supply Management 20: 63-65.

Kinkel, S., 2015, Setting the Scene: Global Value Chains, Re-Shoring Activities, Global Innovation Networks, and their Impact on Global Innovation Platforms, in: Giessen, A. v.d., Stolwijk, C., Leijten, J., *Can Policy Follow the Dynamics of Global Innovation Platforms 6cp-Conference Proceedings*, Delpht: 15-40.

Kiss, E., 2010, Die Philosophie des Imperialismus macht Revolution-Zur Deutung des Stalin-Phänomens, *Jahrbuch für Historische Kommunismusforschung*, Aufbau Verlag: 295-308; https://kommunismusgeschichte.de/jhk/jhk-2010/article/detail/die-philosophie-desimperialismus-macht-revolution-zur-deutung-des-stalin-phaenomens/ Zugriff am 19. August 2018.

Kissinger, H., 2011, *On China*, Penguin, London; deutsch: 2011, *China-Zwischen Tradition und Herausforderung*, Bertelsmann, Gütersloh.

Kissinger, H., 2014, „Die Diplomatie hatte abgedankt ", *Welt am Sonntag*, 29. Juni: 20.

Kissinger, H., 2018, Warten auf Philosophen, *Die Welt*, 16. Juni: 2.

Kleemeier, U., 2002, Grundfragen einer Philosophischen Theorie des Kriegs-Platon-Hobbes-Clausewitz, Akademie-Verlag, Berlin.

Klein, M.; Engelhardt, J., 2015, Weltwirtschaftssystem, In: *Woyke, Varwick (Hrsg.), Handbuch Internationale Politik*, Verlag Barbara Budrich, Opladen.

Klein, N., 2007, *The Shock Doctrine: The Rise of Disaster Capitalism*; Metropolitan Books/Henry Holt, New York, deutsch: 2007, Die Schock-Strategie, Fischer, Frankfurt.

Kleinschmidt, C., 2017, *Wirtschaftsgeschichte der Neuzeit*, C.H.Beck, München.

Klemperer, V., 1995, *Ich will Zeugnis ablegen bis zum letzten*, Aufbau Verlag, Berlin.

Kloepfer, I., 2015, *Das Öl ist spottbillig, Frankfurter Allgemeine Sonntagszeitung* 4. Oktober: 46.

Klus, A., 2016, Myatezh Voina: The Russian Grandfather of Western Hybrid Warfare, Small Wars Journal, https://smallwarsjournal.com/jrnl/art/myatezh-voina-the-russian-grandfather-ofwestern-hybrid-warfare, Z am 22. 3. 2018.

Knedlik, T., Schweinitz, G.v., 2012, Macroeconomic Imbalances as Indicators for Debt Crisis in Europe, Journal of Common Market Studies 50/5, 726-745.

Knight, F., 1921, *Risk, Uncertainty, and Profit*, Houghton-Mifflin, Boston.

Knop, C., 2015, Wer zweimal lügt, dem glaubt man nicht, *Frankfurter Allgemeine Zeitung*, 20. Januar: 19.

Knoll, J. H., 1957, *Führungsauslese in Liberalismus und Demokratie: Zur politischen Geistesgeschichte der letzten hundert Jahre*, Curt E. Schwab, Stuttgart.

Knüpfer, S., Rantapuska, E., Sarvimäk, M., 2014, Labor Market Experiences and Portfolio Choice: Evidence from the Finnish Great Depression, Aalto University, revised *working paper*.

Koch, A., Brierley, C., Maslin, M.M., Lewis, S.L., 2019, Earth System Impacts of the European Arrival and Great Dying in the Americas after 1492, *Quaternary Science Reviews* 2007: 13-16.

KPMG, 2019, *e.crime in der deutschen Wirtschaft-Computerkriminalität im Blick*, Berlin.

Koehler, B., 2014, *Early Islam and the Birth of Capitalism*, Lexington Books, Lanham ML.

Köhler, P., Landgraf, R., 2017, Angriff der Spekulanten, Handelsblatt, 1./2. April: 1, 6-7.

Köhler, P., Rezmer, A., 2016, Die Macht der Analysten, *Handelsblatt*, 10. Mai: 1, 4-5.

Koenen, G., 2017, *Die Farbe ist Rot-Ursprünge und Geschichte des Kommunismus*, C.H. Beck, München.

Köpf, M., 2019, Mollath kann mit einer Entschädigung rechnen, *Süddeutsche Zeitung*, 21. März: 37.

Koerfer, D., 1998, *Kampf ums Kanzleramt: Erhard und Adenauer*, Ullstein, Berlin.

Koester, P., 1982, *Ökonomen verändern die Welt*, Gruner & Jahr, Hamburg.

Koetter, M., 2012, „*Manche Banken betreiben finanzielle Umweltverschmut-*

zung ", Interview mit P. Plickert, *Frankfurter Allgemeine Zeitung*, 25. September: 22.

Kolev, G., 2019, Potenzielle Auswirkungen einer Zuspitzung des Handelsstreits-simulations-und umfragebasierte Ergebnisse, *Institut der Deutschen Wirtschaft Report* 1/19, Köln.

Koller, V., 2004, *Metaphor and Gender in Business Media Discourse-A Critical Cognitive Study*, Palgrave-MacMillan, Houndsmills-New York.

Kolstø, P., 2005, Assessing the Role of Historical Myths in Modern Society, in Kolstø et al., *Myths and Boundaries in South-Eastern Europe*, Hurst & Co, London: 1-34.

Kombinatsdirektoren, 2014, *Jetzt reden wir: Was heute aus der DDR-Wirtschaft zu lernen ist*, edition berolina, Berlin.

Komlos, J., 2014, Has Creative Destruction Gone too Far, *NBER Working Paper* 20379, Washington DC.

Kondratieff, N., 1926, Die langen Wellen der Konjunktur, *Archiv für Sozialwis-senschaft und Sozialpolitik*, 573-609.

Konfuzius, o. D., (2011). *Gespräche*, Nikol Verlag, Berlin.

Konrad, A., 2014, 50 Jahre Kritik an der deutschen Zahlungsbilanz, *Wirtschafts-dienst* 94/7, 495-499.

Konrad, K., 2009, *Strategy and Dynamics in Contests*, Oxford University Press, Oxford.

Konrad, K., 2013, Reformen zur Stabilisierung der Finanzmärkte, *Orientierungen zur Wirtschafts-und Gesellschaftspolitik* 136/2: 52-58.

Koran, Der, 1998, übersetzt von M. Henning und überarbeitet von M. W. Hofmann, Diederichs-Verlag, München.

Korte, M., 2017, *Wir sind Gedächtnis-Wie unsere Erinnerungen bestimmen, wer wir sind*, Deutsche Verlags-Anstalt, München.

Koselleck, R., 1959, *Kritik und Krise*, Verlag Karl Alber, Freiburg, München (13. Auflage 2017, Suhrkamp, Berlin).

Krämer, H., 2019, Digitalisierung, Monopolbildung und wirtschaftliche Ungleichheit, *Wirtschaftsdienst* 99/1: 47-52.

Krämer, W., 2009, Sprache als Produktionsfaktor, in: *Wie wir sprechen und schreiben: Festschrift für Helmut Glück zum 60. Geburtstag,* Harrassowitz-Verlag, Wiesbaden: 241-250.

Kraus, H.-C., 2016, Dieses Nichts von Fachmensch und Genussmensch, *Frankfurter Allgemeiner Zeitung,* 30. März: N3.

Kreps, D. M., 1990, Corporate Culture and Economic Theory, *Perspectives of Positive Economic Theory* (Alt. J.E., Shepsle K.A. Hrsg.), Cambridge University Press, Cambridge: 90-143.

Kreß, C., Barriga, S. (Hrsg), 2017, *The Crime of Aggression: A Commentary,* Cambridge University Press, Cambridge.

Kriele, M., 2013, *Einführung in die Staatslehre: Die geschichtlichen Legitimitätsgrundlagen des demokratischen Verfassungsstaates,* Studienbücher Rechtswissenschaft, Kohlhammer, Stuttgart.

Krischke, W., 2019, Der Preis der Unschuld, *Frankfurter Allgemeine Zeitung,* 13. Februar: 37.

Kröber, H.-L., 2012, Töten ist menschlich, Zeit-Dossier, *Die Zeit,* 11. Oktober: 17-19.

Kröhnert, S., 2006, *Warum entstehen Kriege?* Berlin-Institut, mimeo.

Kroll, F.-L., 2012, *Rousseau in Preußen und in Russland: Zur Geschichte seiner Wirkung im 18. Jahrhundert,* Duncker und Humblot, Berlin.

Krueger, A. B., Malečková, J., 2003, Education, Poverty and Terrorism: Is There A Causal Connection? *Journal of Economic Perspectives* 17/4: 119-144.

Krugman, P., 1979, A Model of Balance-of-Payments Crises, *Journal of Money, Credit and Banking,* 11/3: 311-325.

Krugman, P., 1987, Is Free Trade Passé? *The Journal of Economic Perspectives* 1/2: 131-144.

Krugman, P., 1990, *Rethinking International Trade,* MIT-Press, Cambridge, Mass.

Krugman. P., 1991, Increasing Returns and Economic Geography, *Journal of Political Economy* 99, 483-499.

Krugman, P., 1993, On the Relationship between Trade Theory and Location Theory, *Review of International Economics* I/2: 110-122.

Krugman, P., 1994, Competitiveness: A Dangerous Obsession. *Foreign Affairs* 73: 28-44.

Krugman, P., 2012a, *End this Depression Now!*, W.W. Norton Co., New York; deutsch: 2012, *Vergesst die Krise: Warum wir jetzt Geld ausgeben müssen*, Campus, Frankfurt a. M.

Krugman, P., 2012b, Revenge of the Optimum Currency Area, *NBER Macroeconomics Annual* 27/1, 439-448.

Krugman, P., 2015, Nobody Understands Debt, *New York Times-Süddeutsche Zeitung*, 13. Februar: 2.

Kucklick, C., 2008, *Das unmoralische Geschlecht, Zur Geburt der Negativen Andrologie*, Suhrkamp, Frankfurt a. M.

Kühl, S., 2014, *Ganz normale Organisationen*, Suhrkamp, Berlin.

Kühl, S., 2017, Das Transparenzparadoxon, *Frankfurter Allgemeine Zeitung*, 9. Mai: 23.

Kühl, S., 2018, Führung allein durch Vertrauen ist naiv, *Frankfurter Allgemeine Zeitung*, 23. April: 16.

Kühn, K.-U., 2001, Fighting Collusion by Regulating Communication between Firms, *Economic Policy:* 169-2014.

Kühn, V., 2012, *Auf die Nüsse*, Financial Times Deutschland 5. Oktober: 26.

Küster, H., 2013, *Am Anfang war das Korn: Eine andere Geschichte der Menschheit*, C.H.Beck, München.

Kuhn, E., 2015, Rivalität als Bedingung für glückendes Menschsein-Chancen und Grenzen aus biblischer Sicht, in: Blum, U. (Hrsg.), *Ist Rivalität ethisch wünschenswert*, Series in Political Economy and Economic Governance 3, Halle: 23-35.

Kuhn, T., 1962, *The Structure of Scientific Revolutions*, University of Chicago Press, Chicago; deutsch, 1967, *Die Struktur wissenschaftlicher Revolutionen*. Suhrkamp, Frankfurt am Main.

Kulessa, M., Starck, D., 1997, Frieden durch Sanktionen: Empfehlungen für die deutsche UN-Politik, *Stiftung Frieden und Entwicklung Policy Paper* 7.

Kulke, U., 2010, Der ewige Winter, *Welt am Sonntag*, 12. Dezember: 16.

Kulke, U., 2018, Angriff mit Hurrikan, *Die Welt*, 26. Februar: 23.

Kunnas, T., 2017, *Faszination eines Trugbildes-Der europäische Intellektuelle und die faschistische Versuchung 1919-1949*, Brienna-Verlag, Achenmühle.

Kupferschmidt, K., 2016, Im Leichengarten, *Süddeutsche Zeitung* 19./20. April: 18.

Kurz, C., 2016a, Wir erklären den Cyberwar für eröffnet, Aus dem Maschinenraum, *Frankfurter Allgemeine Zeitung*, 7. März: 14.

Kurz, C., 2016b, Wer bietet mehr für die heimlichen Hintertüren, *Frankfurter Allgemeine Zeitung*, 22 August: 14.

Kurz, C., 2018, Der Staat als großer Bruder im Internet, *Frankfurter Allgemeine Zeitung*, 20. August: 11.

Kurz, C., 2019a, Halten Sie an der Grenze Ihr Smartphone bereit, *Frankfurter Allgemeine Zeitung*, 21. Januar: 13.

Kurz, C., 2019b, Die Überwachungsindustrie floriert, *Frankfurter Allgemeine Zeitung*, 4. Februar: 14.

Kutsche, K., 2019, Im Geiste bestohlen, *Süddeutsche Zeitung*, 6. Juni: 16.

Kydland, F.E., Prescott, E.C., 1977, Rules rather than Discretion: The Inconsistency of Optimal Plans, *The Journal of Political Economy* 85/3, 473-492.

La Fontaine, J. d., 1668, *Fables choisies, mises en vers par M. de La Fontaine;* deutsch: 1987, *Fabeln.* französisch/deutsch. Ausgewählt, übersetzt und kommentiert von Jürgen Grimm, Reclam, Stuttgart.

Lacy, D., Niou E., 2004, A Theory of Economic Sanctions and Issue Linkage: The Roles of Preferences, Information, and Threats, *The Journal of Politics* 66/1: 25-42.

Lätsch, D., 2017, Vermehrt die initiative und innovative Kampfführung lernen, *Schweizer Soldat*, Juni/August: 28-30.

Lätsch, D., Moccand, D., 2010, Moderne Verteidigung, *Military Power Revue der Schweizer Armee* 2: 4-10.

Laeven, L., Valencia, F., 2013, The Real Effects of Financial Sector Interventions During Crises, *Journal of Money, Credit and Banking* 45/1: 147-177.

Lakoff, G., Johnson, M., 1980, *Metaphors We Live by*, University of Chicago Press, Chicago.

Laland, K., 2019, Kultur-ein einzigartiges Wesen, *Spektrum der Wissenschaft* 1: 12-19.

Lammers, K., Stiller, S., 2000, Regionalpolitische Implikationen der neuen ökonomischen Geographie, *HWWA Discussion Paper* 85, Hamburg.

Landes, D, 1969, *The Unbound Prometheus, Technological Change and Industrial Development in Western Europe from 1750 to the Present*, Cambridge University Press, 2. Auflage 2003, Cambridge.

Landes, D. 1998, *The Wealth and Poverty of Nations*, Norton, New York; deutsch: 1998, *Wohlstand und Armut der Nationen*, Siedler, Berlin.

Landgericht Düsseldorf, 2013, Az.: 37 O 200/09 [Kart] vom 17. Dezember.

Landmann, R., Strahl, A., 2016, Digitalisierung fordert aggressive Führung, *Frankfurter Allgemeine Zeitung*: 8.

Lange, O., 1936, On the Economic Theory of Socialism, Review of *Economic Studies* 4, 53-71: 123-142.

Langewiesche, D., 2019, *Der gewaltsame Lehrer-Europas Krieg in der Moderne*, C.H. Beck, München.

Langhammer, R. J., 2016a, Die Bremser der Globalisierung, *Frankfurter Allgemeine Zeitung*, 20. Mai: 18.

Langhammer, R. J., 2016b, Der Zustrom von Flüchtlingen krempelt unsere Wirtschaft um, *WirtschaftsWoche* 14: 33.

Lanier, J., 2014, Was ist uns unserer Privatsphäre wert? *Spektrum der Wissenschaft* 5: 85-91.

Lanier, J, 2015, Noch erscheint die Diktatoren des Internets milde, *Frankfurter Allgemeine Zeitung*, 2. Juli: 13.

Lao Zi (Lao Tse), o. D. (2013), *Tao Te King: Das Buch vom Sinn und vom Leben*, Nikol Verlag, 2. Aufl., Berlin.

Le Bon, G., 1895, *Psychologie des foules*, Alcan, Paris; deutsch: 2008, *Psychologie der Massen*, Kröner, Stuttgart.

Lee, J.L., Linnér, R.K. et al., 2018, Gene Discovery and Polygenic Prediction from a Genome-Wide Association Study of Educational Attainment in 1.1 Million Individuals, *Nature Genetics*, https://pure.mpg.de/rest/items/item_3015370/component/file_3015371/content, Zugriff am 16. 1. 2019.

Lehmann-Waffenschmidt, C. 2006, *Industrieevolution und die New Economy. Eine evolutorische Analyse der Beziehung zwischen New Economy und Old Economy aus simulationsanalytischer und wirtschaftswissenschaftlicher Pers-*

pektive, metropolis, Weimar.

Leibenstein, H., 1966, Allocative Efficiency v. X-Inefficiency, *American Economic Review* 56, 392-415.

Leibniz, G. W., 1671, *Sozietät und Wirtschaft*.

Leibniz, G. W., 1710, *Versuch der Theodizee über die Güte Gottes, die Freiheit der Menschen und den Ursprung des Übels*, Amsterdam.

Leibniz, G. W., 1715, Akademieausgabe VI 2: 393.

Lenin, W. I., 1916, *Der Imperialismus als höchstes Stadium des Kapitalismus. Gemeinverständlicher Abriss*. 6. Aufl. Dietz Verlag, Berlin 1962.

Leo, P., Steinbeis, M., Zorn, D.P., 2017, *Mit Rechten Reden-ein Leitfaden*, Klett-Cotta, Stuttgart

Leo XIII, 1891, *Rerum Novarum*, https://www.christusrex.org/www1/overkott/rerum.htm, Zugriff am 5. 1. 2017.

Lerch, S., Thorarinsdottir, Th., Ravazzollo, F., Gneiting, T., 2017, Forecaster's Dilemma: Extreme Events and Forecast Evaluation, *Statistical Science* 32/1: 106-127.

Leßmann, C., 2015, Regional Inequality and Internal Conflict, *The German Economic Review* 17/2: 157-191.

Lethen, H., 2018, *Die Staatsräte-Elite im Dritten Reich: Gründgens, Furtwängler, Sauerbruch, Schmitt*, Rowolt, Berlin.

Leuzinger-Bohlberger, M., Weiss, H., 2014, *Psychoanalyse-die Lehre vom Unbewussten*, Kohl-hammer, Wiesbaden.

Levine, A., 2000, *Jewish Business Ethics*, KTAV Publishing House, Yeshiva University Press, New York.

Lewis, B., 2013, Drei Phasen des islamischen Kampfes, *Die Literarische Welt*, 20. April, 1-2.

Lewis, S., 2016, What is the Human Cost of Restructuring China's Steel Industry? *S&P Global Platts*, https://blogs.platts.com/2016/08/05/china-steel-industry-human-cost/, Zugriff am 02. 10. 2018.

Lewontin, R., 1972, The Apportionment of Human Diversity, *Evolutionary Biology* 6, 391-398.

Leyen, U. v. d., 2014, *Rede der Bundesministerin der Verteidigung anlässlich der ersten Lesung des Haushalts 2015*, 10. September, https://www.bmvg.de/ portal/a/bmvg/!ut/p/c4/ NYvBCsIwEET_aDfxZL1ZCiqIBxG03tI2hJVmU9ZN vfjxJgdn4B3mMfjEUnYrBaeU2M3 4wH6k3fCBIa4BXilLWSES01u9UI54r5_ Jw5jYa6V6VioM4jQJLEl0riaLFAM0YW9s1xpr_ rHf5nI7Hs7bZtOd2isuMe5_ CvAF-w!!/, Zugriff am 7. 1. 2016.

Leyen, U. v. d., 2015, *Führung aus der Mitte*, Rede anlässlich der Münchner Sicherheitstagung, 6.Februar, https://www.bmvg.de/portal/a/bmvg/!ut/p/c4/ NYvBCsIwEET_aDfpTW_WgngRE UHrRdJmCQtNUtZtvfjxJofOwIPhMfjC0uR WDk45JzfhE_uR98MXhrgGiJz4oyS8RPAk722D kKeEj3r3BGNOpJVKSbkwiN MsMGfRqZpFpBhgj 72xXWus2WJ_u_vpeLk2je3O7Q3nGA9_ o3h5fQ!!/, Zugriff am 7. 1. 2016.

Lindemann, A., 2010, ‚Decretum horribile ‘. Die Lehre von Gottes Gnadenwohl bei Johannes Calvin und im Römerbrief des Apostels Paulus, in: *Johannes Calvin-Neue Wege der Forschung*, Selderhuis H.J. Hrsg, Wissenschaftliche Buchgesellschaft, Darmstadt:105-124.

List, F., 1841, 1920 *Das nationale System der politischen Ökonomie*, Fischer, Jena Sammlung sozialwissenschaftlicher Meister III, Jena-Verlag von Gustav Fischer.

Lobe, A., 2017, Der Code ist das Problem, *Frankfurter Allgemeine Zeitung*, 2. August: 9.

Locke, J., 1690, *Two Treatises of Government*, Black Swan, London; deutsch: 1960, *Zwei Abhandlungen über die Regierung*, Frankfurt a. M.-Wien.

Locke, S., 2015, Wie ein Blitz aus heiterem Himmel, *Frankfurter Allgemeine Zeitung*, 4. August: 16.

Lockwood, P. L., Apps; M.A.J., Valton, V., Viding, E., Roiser, J.P., 2016, Neurocomputational mechanisms of Prosocial Learning and Links to Empathy *Proceedigs of the National Academy of Science of the United States of America (PNAS)*.

Lösch, A., 1948 (1962), *Die räumliche Ordnung der Wirtschaft*, Gustav Fischer, Stuttgart.

Lohse, T., 2014, T*riggering Economic Crises: Determinants of Real versus Financial Recessions*, Lehrstuhl für Wirtschaftspolitik und Wirtschaftsforschung,

Halle, mimeo.

Lombroso, C., 1876, *L'uomo delinquente. In rapporto all'antropologia, alla giurisprudenza ed alle discipline carcerarie* Bocca, Turin; deutsch: 1876. *Der Verbrecher in anthropologischer, ärztlicher und juristischer Beziehung*, Hamburg.

Long, R. T., 2002, *Rituals of Freedom: Austro-Libertarian Themes in Early Confucianism*, Auburn University, Auburn, mimeo.

Longerich, P., 2015, *Hitler: Biographie*, Siedler, München.

Lorenz, K., 1963, *Das sogenannte Böse*, Dr. G. Borotha-Schoeler Verlag, Wien.

Lorenz, K., 1973, *Die acht Todsünden der zivilisierten Menschheit.* Serie Piper, Bd. 50, München.

Lorz, S., 2014, Die Amerikanisierung der Eurozone, *Die Börsen-Zeitung*, 19. 19.: 7.

Lorz, S., 2015, Varoufakis-der Euro-Shooter aus Athen, *Börsen-Zeitung*, 18. Januar. 16.

Lorz, S., 2018, In der frühkapitalistischen Phase der digitalen Ökonomie, *Börsen-Zeitung*, 4. Mai: 6.

Losos, J.B., 2017, *Improbable Destinies-Fate, Chance and the Future of Evolution*, Riverhead Books, New York; deutsch 2018, *Glücksfall Mensch-Ist Evolution vorhersehbar?*, Hanser Verlag, München.

Lovallo, D., Sibony, O., 2013, Early Research on Decision-Making Styles, *McKinsey Quarterly* 2: 77-79.

Loveluck, CV.P., McCormick, M., Spaulding, N.E., Clifford, H., Handley, M.J., Hartman, L., Hoffmann, H., Korotkikh, E.V., Kurbatov. A.V., More, A.F., Sneed, S.N., Mayewski, P.A., 2018, Alpine Ice-Core Evidence for the Transformation of the European Monetary System, AD 640-670, *Antiquity* 92/366: 1571-1585.

Lowe, V., Tzanakopoulos, A., 2012, Economic Warfare, Max-Planck-Encyclopedia of Public International Law, Oxford University Press: 1-14.

Lucas, R. E., 1975, An Equilibrium Model of the Business Cycle, *Journal of Political Economy* 83: 1113-1144.

Lucas, R. E., 1976, Econometric Policy Evaluation: A Critique, *Carnegie-Rochester Conference Series on Public Policy* 1, 19-46.

Luchner, A., Houston, J., Walker, C., Houston, A., 2011, Exploring the

Relationship between two forms of Narcissism and Competitiveness, *Personality and Individual Differences* 5:1, 779-782.

Luchterhandt, O., 2014, *Der Anschluss der Krim an Russland aus völkerrechtlicher Sicht*, Hamburg, mimeo.

Luchterhandt, O., 2018, Neuauflage der Eindämmungspolitik, Frankfurter Allgemeine Zeitung, 1. März: 7.

Lü, Q., 2015, Rivalität in chinesischen Sprachbildern, Blum, U. (Hrsg.), *Ist Rivalität ethisch wünschenswert?* Series in Political Economy and Economic Governance 3, Halle.

Lü, Q., 2019, Die neue Seidenstraße als Provokation? Ein Vergleich zur Geschichte der Bagdadbahn, in Blum, U. (Hrsg.), *Handelsstraßen zwischen Kooperation und Konflikt,* Series in Political Economy and Economic Governance, Halle: 29-35.

Lütjen, T., 2012, Ende der Ideologien, *Frankfurter Allgemeine Zeitung*, 2. Februar: 7.

Lütsch, K., 2017, Der Geist des Kriegs, Dissertation, BoD Norderstedt.

Luhmann, N., 1969, *Legitimation durch Verfahren*, zitiert nach: 1996, 6. Auflage, Suhrkamp, Frankfurt am Main.

Luhmann, N., 1983, *Soziale Systeme. Grundriß einer allgemeinen Theorie*, zitiert nach: 1996, 6. Aufl. Suhrkamp, Frankfurt a. M.

Lukas, S., 2019, Neue Perspektiven in Nahost-Wie Chinas Initiativen politische Verhältnisse in der Region grundlegend verändern, *Sirius* 3/1: 21-34.

Luo Guanzhong, 1367-1399, *Die drei Reiche*, deutsch: 2017, Verlag S. Fischer, Frankfurt.

Luther, M., 1520, *Von der Freyheith eines Christenmenschen*, https://www.luther2017.de/martinluther/texte-quellen/lutherschrift-von-der-freiheit-eines-christenmenschen/index.html, Zugriff am 14. 3. 2019.

Luther, M., 1524, Von Kauffshandlung und von Wucher, in: *Dr. Martin Luther's sämmtliche Werke, Homiletische und katechetische Schriften* Band 22, Verlag Carl Heyder, Erlangen, 1832: 199-226.

Luther, M., 1526, *Ob Kriegsleute in seligem Stande sein können*, https://www.glaubensstimme.de/ doku.php?id=autoren:l:luther:o:ob_kriegsleute_in_ seligem_stande_sein_koennen, Zugriff am 14. 8. 2017.

Lynch, K., 1960, *The Image of a City*, MIT Press, Cambridge, Mass.

Lyons, J., Inada, M., 2017, The Failure of Japan's Radical Easing, *The Wall Street Journal*, 28. Februar: 1, 8.

Maass, S., 2015, Europa bekämpft die Korruption nur halbherzig, *Die Welt*, 3. Januar: 10.

Maaz, H.-J., 2012, *Die narzisstische Gesellschaft*, dtv, München.

Machiavelli, N., 1710, *Il Principe*; deutsch: 1978, *Der Fürst*, Kröner (6. Aufl.), Stuttgart.

Mackinder, H., 1904, The Geographical Pivot of History, *Geographical Journal* 23: 421-437.

Maddison, A., 2007, *Contours of the World Economy 1-2030 AD*, Oxford University Press, Oxford.

Maddison, A., 2008, *The West and the Rest in the World Economy: 1000-2030*, World Economics 9/4: 75-99; Daten unter: https://www.google.de/#q=Maddison%2C+A.%2C+horizontal+file.

Mallory, C.K. IV, 2019, Domänenübergreifende Abschreckung-eine neue Herausforderung westlicher Sicherheitspolitik, *Sirius* 3/1: 45-64.

Malmendier, U., Tate, G., 2009. Superstar CEOs, *The Quarterly Journal of Economics* 124/4, 1593-1638.

Malmendier, U., Nagel S., 2011, Depression Babies: Do Macroeconomic Experiences Affect Risk-Taking? *Quarterly Journal of Economics* 126/1: 373-416.

Malmgren, P., 2015, *Signals: The Breakdown oft he Social Contract and the Rise of Geopolitics*, Grosvenor House, London.

Malthus, T., 1798, *An Essay on the Principle of Population,* J. Johnson, London; deutsch: 1906, *Eine Abhandlung über das Bevölkerungsgesetz*, Fischer, Jena.

Mandelbrot, B. B., 2005, *(Mis)behaviour of Markets: A Fractal View of Risk, Ruin and Reward*, Profile Books, London.

Mann, Th., 1901, *Buddenbrooks: der Verfall einer Familie*, 10. Auflage 1970: Fischer Verlag, Frankfurt-Hamburg.

Mann, Th., 1918, *Betrachtungen eines Unpolitischen*, Fischer, Berlin; 2012, 5. Auflage, Fischer, Frankfurt/Main.

Mao, Z., 1967, *Worte des Vorsitzenden Mao Zedong*, Verlag für fremdsprachige Literatur, Peking. Marean, C. W., 2016, Der Siegeszug des Homo Sapiens, *Spektrum der Wissenschaft* 6: 48-55.

Marek, P.; Titze, M.; Fuhrmeister, C.; Blum, U., 2016, R&D Collaboration and the Role of Proximity, *Regional Studies*: 1-13.

Markwardt, N., 2018, Kopfüber in die Hölle und zurück, *Frankfurter Allgemeine Zeitung*, 21. November: N3.

Marshall, T., 2015, *Prisoners of Geography*, Scribner, New York; deutsch: 2015, *Die Macht der Geographie*, dtv, München.

Martin, B., 1992, Die Öffnung Japans durch den Westen: Annahme und Abwehr der westlichen Herausforderung (1863-1890), in: Jürgen Elvert (Hrsg.): *Staatenbildung in Übersee: die Staatenwelt Lateinamerikas und Asiens*, Steiner, Stuttgart, 197-220.

Martin, H.P., Schumann, H., 1996, *Die Globalisierungsfalle-Der Angriff auf Demokratie und Wohlstand*, Rowohlt-Verlag, Reinbek.

Martin, I. W. R., Pindyck, R.S., 2015, Averting Catastrophes: The Strange Economics of Scylla and Charybdis, *American Economic Review* 1005/10: 2947-2985.

Martin, R., Côté, S., Woodruff, T., 2016, Growing Up Wealthy Makes Leaders More Narcissistic, *Harvard Business Review*, https://hbr.org/2016/05/growing-up-wealthy-makes-leaders-morenarcissistic#, Zugriff am 16. 7. 2016.

Marx, K., 1844, Zur Kritik der Hegelschen Rechtsphilosophie, Einleitung (veröffentlicht in den Deutsch-Französischen Jahrbüchern, Paris, 71-72); in: Marx, K., Engels, F., 1976, *Werke*, Karl Dietz Verlag, Berlin (Ost): 378-379.

Marx, K., Engels, F., 1848, *Manifest der Kommunistischen Partei*, gedruckt im Office der Bildungs-Gesellschaft für Arbeiter von J. E. Burghard. 46 Liverpool Street, Bishopsgate, London; 1969, Reclam, Stuttgart.

Marx, K., Engels, F., 1855, Zu den Angelegenheiten in der Krim, neue-Oder-Zeitung 435, 18. September, abgedruckt in: Karl Marx, Friedrich Engels, 1978, Werke Band 11, Dietz Verlag, Berlin (Ost): 536-538,

Marx, K., 1867 (1947), *Das Kapital-Kritik der politischen Ökonomie*, (F. Engels Hrsg.). Verlag JHW Dietz Nachfolger, Berlin.

Marx, K., Engels, F., 2009, *Marx & Engels intim, Harry Rowohlt und Gregor Gysi aus dem unzensierten Briefwechsel*, Random House Audio.

Maschek, D., 2018, *Die römischen Bürgerkriege-Archäologie und Geschichte einer Krisenzeit*, Wissenschaftliche Buchgesellschaft-Philipp von Zabern Verlag, Darmstadt.

Mascolo, G., 2015, Die unfeine britische Art, *Süddeutsche Zeitung*, 2. 3. 15: 6.

Mason, E. S., 1939, Price and Production Policies of Large-Scale Enterprises, *American Economic Review*, 29/1, Supplement: 61-74.

Mathieu, C., St-Jean, É., 2013, Entrepreneurial Personality: The Role of Narcissism, *Personality and Individual Differences* 55: 527-531.

Mayer, Th., 2019, Das war's mit dem Aufschwung, *Frankfurter Allgemeine Sonntagszeitung*, 3. Februar, https://www.faz.net/aktuell/wirtschaft/mayers-weltwirtschaft/mayers-weltwirtschaftkonjunktur-16021213.html, Zugriff am 15. April 2019.

Mayer, Th., Schnabel, G., 2019, Wie Mario Draghi Europas Wirtschaft zombifiziert, *Die Welt*, 18. April: 13.

Mayr, S., 2018, Jahr ohne Sommer, *Süddeutsche Zeitung*, 6./7. Oktober: 52.

McClelland, D. C., 1975, *Power: The Inner Experience*, Irvington Publishers, New York; deutsch: 1978, *Macht als Motiv*, Entwicklungswandel und Ausdrucksformen, Klett-Cotta, Stuttgart.

McClelland, D. C.; Burnham, D. H. 1976, Power is the Great Motivator, *Harvard Business Review* 81, 117-176.

McDonald, J., 2011, Der Kampf um Rohstoffe, *Cicero* 1: 100-104.

McCloskey, D., 2006, *Bourgeois Virtues: Ethics for an Age of Commerce*, University of Chicago Press, Chicago.

McCloskey, D., 2010, *Bourgeois Dignity: Why Economics Can't Explain the Modern World*, University of Chicago Press, Chicago.

McCloskey, D., 2016, *Bourgeois Equality: How Ideas, not Capital or Institutions, Enriched the World*, University of Chicago Press, Chicago.

McGowan M.A., Andrews, D., Millot, V., 2017, The-Walking Dead-Zombie Firms and Productivity Performance in OECD Countries, *OECD Working Paper* ECO/WKP 4, Paris.

McMeekin, S., 2011, *Russian Origins of the First World War*, The Belknap Press, of Harvard University Press, Cambridge (Mass.).

Meadows, D., 1972, *Grenzen des Wachstums*, dva informativ, München.

Mearsheimer, J. J., 1990, Back to the Future: Instability in Europe after the Cold War, *International Security* 15/1.

Mearsheimer, J. J., 2014, Why the Ukraine Crisis is the West's Fault, *Foreign Affairs*, September/ October, https://www.foreignaffairs.com/print/138884, Zugriff am 15. 12. 2014.

Mehring, R., 2018, *Vom Umgang mit Carl Schmitt-die Forschungsdynamik der letzten Epoche im Rezensionsspiegel*, Nomos-Verlag, Baden-Baden.

Meissner, P., Sibony, O., Wulf, T., 2015, Are You Ready to Decide?, *McKinsey Quarterly* 2: 18-23.

Meister, M, 2018, Influencer der Neuen Rechten, *Die Welt*, 13. Oktober: 6.

Meller, H., Schefzik, M. (Hrsg.), 2015, *Krieg-eine archäologische Spurensuche*, Landesamt für Denkmalpflege und Archäologie-Landesmuseum für Vorgeschichte Halle (Saale), Theil, Darmstadt.

Meller, H., 2015, Krieg: Eine archäologische Spurensuche, in: Meller, H., Schefzik, M. (Hrsg.), 2015, *Krieg-eine archäologische Spurensuche*, Landesamt für Denkmalpflege und Archäologie-Landesmuseum für Vorgeschichte Halle (Saale), Theil, Darmstadt: 19-24.

Meller, H., Puttkammer, Th., 2017, *Klimagewalten: Treibende Kraft der Evolution*, Landesamt für Denkmalpflege und Archäologie-Landesmuseum für Vorgeschichte Halle (Saale), Theil, Darmstadt.

Menger, C., 1871, *Grundsätze der Volkswirtschaftslehre*, Verlag Wirtschaft und Finanzen, Wien.

Mensch, G., 1975, *Das technologische Patt-Innovationen überwinden die Depression*, Umschau Verlag, Frankfurt.

Mensch, G., Haag, G., Weidlich, W., 1991, The Schumpeter Clock, *Technology and Productivity*, OECD, Paris, 623-643.

Mensch, M., Rettenberger, M., 2015, Die Bedeutung des Psychopathy-Konstrukts für die kriminologische und psychologische Erforschung von Wirtschaftskriminalität und abweichendem Verhalten im Arbeitskontext-eine systematische Literaturübersicht,

Monatsschrift für Kriminologie und Strafrechtsreform 1, 16-34.

Menzel, U., 2015, *Die Ordnung der Welt-Imperium und Hegemonie in der Hierarchie der Staatenwelt*, Suhrkamp, Berlin.

Menzies, G., 2002, *1421: The Year China Discovered the World*, Bantam Press, Transworld Publishers, London; deutsch: 2004, *1421: Als China die Welt entdeckte*, Knaur, München.

Merritt, A. C., Effron, D.A., Monin, B., 2010, Moral Self-Licensing: When Being Good Frees Us to Be Bad, *Social and Personality Psychology Compass* 4/5: 344-357.

Messier, J.-M., 2000, *j6m.com. Faut-il avoir peur de la nouvelle économie* ? Hachette, Paris.

Месснер Е.Э., 1960, Мятеж—имя третьейвсемирной. Южно-Американский Отдел Института для исследования проблемвойны и мира имени генерала проф. Н. Н. Головина. Буэнос-Айрес (Messner, J., 1960, Meuterei oder der Namen des Dritten Weltkriegs.

Meyer, D., 2016, ANFA-Nationale Geldschöpfung als Sprengsatz für die Währungsunion? *Wirtschaftsdienst* 96/6: 413-421.

Meyer, D., 2017, Die deutschen Sparer zahlen die Zeche, *Junge Freiheit* 2. Juni: 10.

Meyerson, R. B., 2009, Learning from Schelling's "Strategy of Conflict", University of Chicago, mimeo.

Michels, R., 1911, *Zur Soziologie des Parteiwesens in der modernen Demokratie. Untersuchungen über die oligarchischen Tendenzen des Gruppenlebens*, Klinkhardt, Leipzig.

Milgram, S., 1963, Behavioral Study of Obedience, *Journal of Abnormal and Social Psychology* 67: 371-378.

Milgram, S., 1974, *Obedience to Authority. An Experimental View*, Harper&Row, New York, deutsch: 1982, *Das Milgram-Experiment. Zur Gehorsamsbereitschaft gegenüber Autorität*, Rowohlt, Reinbek bei Hamburg.

Milgrom, P., Roberts, J., 1982, Limit Pricing and Entry under Incomplete Information: an Equilibrium Analysis, *Econometrica*, 50: 443-459.

Mill, J. S., 1848, *Principles of Political Economy*, John W. Parker, London; deutsch: 1921, 1924, *Grundsätze der politischen Ökonomie*, Fischer, Jena.

Mill, J. S., 1859a, *On Liberty,* John W. Parker, London; deutsch: 2003, *On Liberty and other Writings* Cambridge University Press, Cambridge.

Mill, J. S., 1859b, A Few Words on Non-Intervention, *Fraser's Magazine* LX, https://oll. libertyfund.org/titles/mill-the-collected-works-of-john-stuart-mill-volume-xxi-essays-onequality-law-and-education#lf0223-21_head_040, ab Nr. 111, Zugriff am 14. 8. 2017.

Miller, J., Widiger, T., Campbell, W., 2010, Narcissistic Personality Disorder and the DSM-V, *Journal of Abnormal Psychology* 119/4: 640-649.

Minogue, K., 2013, *The Servile Mind: How Democracy Erodes The Moral Life,* Encounter Books, New York; deutsch: 2013*, Die demokratische Sklavenmentalität-Wie der Überstaat die Alltagsmoral zerstört*, Manuskriptum, Waltrop.

Minsky, H. P., 1982, *Can "It" Happen Again?-Essays on Instability and Finance*, M. E. Sharpe, Armonk/New York.

Minster, C., 2017, *Captain Morgan, Greatest of the Privateers-Privateer for the English Raids Spanish Ships and Towns in the Caribbean*, https://www. thoughtco.com/captain-morgangreatest-of-the-privateers-2136378, Zugriff am 26. 1. 2019.

Minton, N., 2017, Cognitive Biases and Reflexive Control, *University of Mississippi*, Oxford, https://core.ac.uk/download/pdf/148696066.pdf, Zugriff am 25. 11. 2019.

Mischkowski, D., Jennifer Crocker, J. Way, B. M., 2016, From Painkiller to Empathy Killer: Acetaminophen (Paracetamol) Reduces Empathy for Pain, *Social Cognitive and Affective Neuroscience*, forthcoming.

Mises, L.v., 1912, *Theorie des Gelds der und Umlaufsmittel*, Duncker und Humblot, München und Leipzig.

Mises, L. v., 1920, *Die Wirtschaftsrechnung im sozialistischen Gemeinwesen*, Archiv für Sozialwissenschaft und Sozialpolitik 47: 86-121.

Mises, L. v., 1922, *Die Gemeinwirtschaft: Untersuchungen über den Sozialismus*, Gustav Fischer, Jena.

Mises, L. v., 1932, *Die Gemeinwirtschaft: Untersuchungen über den Sozialismus*, umgearbeitete 2. Auflage, Gustav Fischer, Jena.

Mishra, P., 2017, *Age of Anger: A History of the Present*, Farrar, Straus and

Giroux, New York, deutsch: 2017, *Das Zeitalter des Zorns-Eine Geschichte der Gegenwart*, Fischer, München. Mönninger, M., 2003, Krieg der Köpfe, Zeit-Online, 20. Februar, https://www.zeit.de/2003/09/ Kriegsschule_09/ komplettansicht?print, Zugriff am 28. 1. 2019.

Mokyr, J., 1990, *The Levers of Riches-Technological Creativity and Economic Progress*, Oxford University Press, Oxford.

Mokyr, J., 2016, *A Culture of Growth-The Origins of the Modern Economy*, Princeton University Press, Princeton.

Moltke, H.v., 1891, *Geschichte des deutsch-französischen Krieges von 1870-1871*, 2. Auflage, Ernst Siegfried Mittler und Sohn, Berlin.

Moltke, H. v., 1892, *Militärische Werke,* Ernst Siegfried Mittler und Sohn, Berlin.

Mondfeld, W. zu, 1981, *Blut, Gold, Ehre: Die Konquistadoren erobern Amerika*, Thienemann, München.

Monod, J., 1970, *Le hasard et la nécessité-Essai sur la philosophie naturelle de la biologie moderne,* Le Seuil, Paris; deutsch: 1971, *Zufall und Notwendigkeit: Philosophische Fragen der modernen Biologie*, Piper, München.

Monopolkommission, 2016, *Hauptgutachten Wettbewerb 2016*, Nomos, Baden-Baden.

Monopolkommission, 2018, *Hauptgutachten Wettbewerb 2018*, Nomos, Baden-Baden.

Montague, M. J., Li, G., Gandolfi, B., Khan, R., Aken, B. L., Searle, M. J., Minx, P., Hillier, L. W., Koboldt, D. C., Davis, B. W., Driscoll, C. A., Barr, C. S., Blackistone, K., Quilez, J., Lorente-Galdos, B., Marques-Bonet, T., Alkan, C., Thomas, G. W. C., Hahn, M. W., Menotti-Raymond, M., O'Brien, J., Wilson, R. K., Lyons, L. A., Murphy, W. J., Warren, W. C., 2014, Comparative Analysis of the Domestic Cat Genome Reveals Genetic Signatures Underlying Feline Biology and Domestication. *Procedings of the National Academy of Science.* doi: 10.1073/pnas.1410083111.

Montesquieu, C.-L., 1748, *L'esprit des lois*, Barrillot & Fils, Genf; deutsch: 1976, *Vom Geist der Gesetze,* Reclam, Stuttgart.

Montjoye, Y.-A. de, Radaelli, L., Singh, V.K., Pentland A., 2015, Unique in the shopping mall: On the reidentifiability of credit card metadata, *Science* 347:

536-539.

Moody, A., 2019, Nation Takes Giant Strides into New Area, *China Daily*, 20. März: 1-2.

Morenz, S., 1969, "Prestige-Wirtschaft" im alte Ägypten, *Bayerische Akademie der Wissenschaften, Philosophisch-Historische Klasse, Sitzungsberichte* 4, München.

Morgan, C., Schwebach, V., 1997, Fools Suffer Gladly: The Use of Economic Sanctions in International Crises. *International Studies Quarterly* 41: 27-50.

Morone, F., Makse, H. A., 2015, Influence Maximization in Complex Networks through Optimal Percolation, *Nature* 524: 65-68.

Morozov, E., 2016, Die Rückkehr des Feudalismus: Weil sie allen Zugang zu unseren Daten haben, können große Technologiekonzerne jedem ihre Bedingungen diktieren-sogar dem Staat, F*rankfurter Allgemeine Sonntagszeitung*, 18. September: 49.

Morris, I, 2010, *Why the West Rules-for Now*, Farrar, Straus Giroux, New York, deutsch: 2011, *Wer regiert die Welt-Warum Zivilisationen herrschen oder beherrscht werden*, Campus, Frankfurt/Main-New York.

Morris, I., 2013, *War-What it is Good for?* Farrar, Straus and Giroux, New York (Profile Books, London), deutsch: 2013 Krieg-wozu er gut ist, Campus, Frankfurt.

Morris, S.C., 2003, *Life's Solution: Inevitable humans in a Lonely Universe.* Cambridge University Press, Cambridge, deutsch: 2007, *Jenseits des Zufalls: Wir Menschen im einsamen Universum*, Berlin University Press, Berlin.

Morrow, J.D., Siverson R.M., Tabares. T.E., 1998, The Political Determinants of International Trade: THE major Powers, 1907-1990. *American Political Science Review* 92: 941-972.

Mounk, Y., 2018, *The People vs. Democracy-Why Our Freedom is in Danger and How to Save It*, Harvard University Press, Cambridge/Mass.

Muchlinski, E., 2014a, Vertrauen und Modellbildung in der Ökonomie, in: *Modelle und Modellierung*, Balke F., Siegert B., Vogl J., (Hrsg), Archiv für Mediengeschichte, Wilhelm Finck, Paderborn.

Muchlinski, E., 2014b, Why Do Markets React to Words, *On the Horizon* 22/4:

318-327.

Mülherr, S., Wergin, C., 2019, „Deutschland wird im Zentrum des Sturms stehen ", Interview mit Steve Bannon, Die Welt, 18. Mai: 5.

Müller, B. (Hrsg), 2011, Philosophen: Deutschsprachige Denker in Einzelportraits, Zentralen für politische Bildung, Droste Verlag, Düsseldorf.

Mueller, D., 1989, Public Choice II, Cambridge University Press, Cambridge.

Müller-Armack, A., 1947 Wirtschaftslenkung und Marktwirtschaft. Verlag für Wirtschaft und Sozialpolitik, Hamburg.

Münkler, H., 2002, Die neuen Kriege, Rowohlt, Reinbek bei Hamburg.

Münkler, H., 2009, Die Deutschen und ihre Mythen, 2. Auflage, rowohlt, Berlin.

Münkler, H., 2014a, Neoimperiale Träume in Zeiten des Vakuums, Internationale Politik und Gesellschaft, 6. Oktober, verfügbar unter https://www.ipg-journal. de/rubriken/aussen-undsicherheitspolitik/artikel/neoimperiale-traeume-in-zeiten-des-vakuums-611/.

Münkler, H., 2014b, Die Antike im Krieg, Zeitschrift für Ideengeschichte 8/2: 55-70.

Münkler, H., 2015a, Verführer der Deutschen, Die Zeit, 17. September: 49.

Münkler, H., 2015b, „Wir erleben den Abschied von Europa als großer Milchkuh", Die Welt, 27. Juli: 8.

Münkler, H., 2015c, Kriegssplitter: Die Evolution von Gewalt im 20. und 21, Jahrhundert, Rowohlt, Berlin.

Münkler, H., 2016, Weiß er, was er will? Die Zeit 10. März: 42.

Münkler, H., 2017, Ordnung ohne Hüter, Frankfurter Allgemeine Zeitung, 3. Juli: 6.

Mundell, R., 1963, Capital Mobility and Stabilization Policy under Fixed and Flexible Exchange Rates, Canadian Journal of Economic and Political Science 29: 475-485.

Murswieck, D., 2016, Das Befangenheitsproblem der EZB, Der Hauptstadtbrief 134: 36-39.

Muth, J. F., 1961, Rational Expectations and the Theory of Price Movements, Econometrica 29: 315-s335.

Muth, J., 2011, Command Culture-Officer Education in the US Army and the German Armed Forces 1901-1940, and Consequences for World War II, University of North Texas Press, Denton.

Muth, M., 2019, Zweckentfremdet, *Süddeutsche Zeitung*, 18. Mai: 19.

Mykhnenko, V., 2015, Die ökonomische Bedeutung des ukrainischen Donbass, *Ukraine-Analysen* 147: 2-12

Myrdal, G., 1967, *Economic Theory and Under-Developed Regions*, Harper Row, London. Myrdal, G., 1968, *Asian Drama: An Inquiry into the Poverty of Nations*, Penguin, Hammondsworth.

NATO, 2013, *The Tallinn Manual on the International Law Applicable to Cyber Warfare,* NATO Cooperative Cyber Defence Centre of Excellence, Cambridge University Press, Cambridge.

Napoleon, 1812, https://www.lingquotes.com/de/themen/krieg/, Zugriff am 28. 1. 2019.

Naumann, F., 1915, *Mitteleuropa*, Reimer, Berlin; 2013, Hardpress Publishing.

Navarro, J., 2012, *The Truth about Lie Detection*, mimeo; deutsch: 2013, *Der kleine Lügendetektor*, mvg-Verlag, München.

Naylor, R.T., 1999, E*conomic Warfare: Sanctions, Embargo Busting, and their Human Cost*, Northeastern University Press, Boston.

Nefiodow, L. A., 1999, *Der sechste Kondratieff*, Rhein Sieg-Verlag, St. Augustin.

Neitzel, S., 2010, Von Wirtschaftskriegen und der Wirtschaft im Krieg, in: Dornick, W., Gießauf, J., Iber, W. (Hrsg.), *Krieg und Wirtschaft: Von der Antike bis ins 21. Jahrhundert*, Studien Verlag, , Innsbruck, Wien, Bozen: 49-66.

Nelson, R. R., Winter, G., 1982, *An Evolutionary Theory of Economic Change*, The Belknap Press of Harvard University Press, Cambridge, Mass. and London, England.

Nesse, R.M., 2019, *Good Reasons for Bad Feelings*, Dutton-Penguin Random House, New York.

Neubacher, B., 2015, Banker überschätzen sich, *Börsen-Zeitung,* 29. Oktober: 3.

Neubert, M., 2016, *Die Diffusion des Wu Wei* 無 爲 *in das ökonomische Denken Europas*, Halle, mimeo.

Neumann, I., 2009, The Advantage of Social Living: Brain Neuropeptides Mediate the Beneficial Consequences of Sex and Motherhood, *Frontiers in Neuroendocrinology* 30: 483-496

Neumann, H.,D., 2016, *Aufs Korn genommen, Redewendungen aus der Welt des*

Militärs, Theiss, Darmstadts.

Newen, A., 2018, Der perfekte Psychopath, *Frankfurter Allgemeine Zeitung*, 23. August: 11.

Newton, D., 2014, *The Darkest Days. The Truth Behind Britain's Rush to War, 1914*, Verso Publishers, New York.

New York Times, 1971, *Japanese Tie Rise in Yen To Concessions by U.S.*: https://www.nytimes. com/1971/11/11/archives/japanese-tie-rise-in-yen-to-concessions-by-us-connally-told-by.html; Zugriff am 3. 4. 2019.

New York Times, 2012, The Human Costs of an iPad, in: *Süddeutsche Zeitung Supplement*, 6. Februar: 1 und 4.

Neyer, F., Lehnart, J., 2008, Persönlichkeit und Sozialisation, *Handbuch Sozialisationsforschung* (Hurrelmann, K., Grundmann, M., Walper: (Hrsg), Beltz, Basel: 82-91.

Neyer, F., Lehnart, J., 2010, Long-Term Effects of Social Investment: the Case of Partnering in Young Adulthood, *Journal of Personality* 78/2: 639-669.

Nicolai, B., 2017, Deutsche Frachtschiffe verlieren an Wert, *Die Welt*, 23. Januar: 11.

Nicolai, B., 2018, Griechenlands Übermacht, *Die Welt*, 6. Dezember: 13.

Nienhaus, L. (Hrsg.), 2015, *Die Weltverbesserer*, Hanser, München.

Nietzsche, F., 1872, *Die Geburt der Tragödie aus dem Geiste der Musik*. Fritzsch, Leipzig.

Nietzsche, F., 1882 (ergänzt 1887), *Die fröhliche Wissenschaft*, Ernst Schmeitzner Verlag, Chemnitz.

Nietzsche, F., 1883-1885 (1879), *Also sprach Zarathustra. Ein Buch für Alle und Keinen*, Goldman-Verlag, München.

Nietzsche, F., 1889, *Götzendämmerung oder wie man mit dem Hammer philosophiert*, C.G. Naumann, Leipzig; 1988, Insel-Verlag, Frankfurt am Main.

Nietzsche, F., 1887, *Zur Genealogie der Moral*, Verlag von C. G. Naumann, Leipzig.

Nietzsche, F., 1893, *Unzeitgemäße Betrachtungen, erstes Stück: David Strauß. Der Bekenner und Schriftsteller, E.W. Fritzsch*, Leipzig, zitiert nach: 2013, Hanser, München.

Nietzsche, F., 1894, *Der Fall Wagner, Götzendämmerung, Nietzsche contra Wag-*

ner, Der Antichrist, Gedichte, Verlag C.G. Naumann, Leipzig.

Niskanen, W. 2004, *Selected Papers by William Niskanen*, The Locke Institute, Edward Elgar, Washington DC.

Nolte, E., 1986, *Vergangenheit, die nicht vergehen will*, Frankfurter Allgemeine Zeitung, 6. Juni.

Nolte, G., 2018, *Ist die Welt gerecht?* Frankfurter Allgemeine Zeitung, 24. Mai: 7.

Norenzayan, A., 2015, *Big Goods: How Religion Transformed Cooperation and Conflict*, Princeton University Press, Princeton.

Nordhaus, W., Oneal, J.R., Russet, B., 2012, The Effects of the International Security Environment on National Expenditures: a Multicountry Study, *International Organization*, 66/3: 491-513.

North, D. C., 1981, *Structure and Change in Economic History*, Norton, New York.

North, D. C., 1990, *Institutions, Institutional Change and Economic Performance*, Cambridge University Press, New York.

North, D. C., 1992, *Institutionen, Institutioneller Wandel und Wirtschaftsleistung*, J.C.B. Mohr, Tübingen.

North, D. C., Wallis, J.J., Weingast, B.R., 2009, *Violence and Social Orders: A Conceptual Framework for Interpreting Recorded Human History*, Cambridge University Press, New York.

Nozick, R. 1974, *Anarchy, State, and Utopia*, Basic Books, New York; deutsch: 2011, *Anarchie, Staat, Utopia*. Olzog, München.

Nowak, M. A., Highfield, R., 2013, *Kooperative Intelligenz. Das Erfolgsgeheimnis der Evolution*. C.H.Beck, München.

Nunes, P. F., Downes, L., 2015, *Big Bang Disruption: The innovator's disaster*. https://www. accenture.com/us-en/insight-outlook-big-bang-disruption-innovators-disaster.aspx, Zugriff am 09.03.2016.

Nutz, R., 2009, Ägypten: Der Handel im Mittleren Reich, in: Wasmuth, M. (Hrsg.), *Handel als Medium von Kulturkontakt*, Reihe Orbis Biblicus et Orientalis 277, Academic Press, Fribourg und Vandenhoek & Rupprecht, Göttingen: 35-57.

Nutzinger, H.G., 1972, Ökonomie und Ideologie: Bemerkungen zur Rekonstruktion der Politischen Ökonomie, mimeo, Heidelberg.

Nye, J. S., 1990, Soft Power, *Foreign Policy* 80/3: 153-171.

Nye, J. S., 2018, China's Soft and Sharp Power, Project Syndicate, 4. Januar.

Obermaier, F., Obermayer, B., 2019, Steuerfahnder ziehen das Netz enger, *Süddeutsche Zeitung*, 25. April: 6.

Obschonka, M., Andersson, H., Silbereisen, R. K., Sverke, M., 2013, Rulebreaking, crime, and entrepreneurship: A replication and extension study with 37-year longitudinal data, *Journal of Vocational Behavior* 83, 386-396.

Obstfeld, M. 1996, Models of currency crises with self-fulfilling features, *European Economic Review* 40, 1037-1047.

Ockenfels, A., Schmalz, M., 2016, Die stille Gefahr für den Wettbewerb, *Frankfurter Allgemeine Zeitung*, 29.Juli: 18.

OECD, 2011, *An Overview of Growing Income Inequalities in OECD Countries: Main Findings*, Paris.

Oetinger, B. v., Ghyczy, Th.v., Bassford, C., 2003 (2014), *Clausewitz-Strategie denken*, Herausgegeben von der Boston Consulting Group, 9. Auflage, dtv, München.

Oermann, N. O. 2013a, *Tod eines Investment-Bankers-Eine Sittengeschichte der Finanzbranche,* Herder, Freiburg.

Oermann, N. O., 2013b, Der gute Banker von den Jungferninseln, *Rotary-Magazin* 5: 40-43.

Ohashi, H., 2002, Anticipatory Effects of Voluntary Export Restraints: a Study of Home Video Cassette Recorders Market, 1978-1986, *Journal of International Economics* 57: 83-105.

Olson, M., 1982, *The Rise and Decline of Nations: Economic Growth, Stagflation and Social Rigidities*, Yale University Press, New Haven.

Oppenheimer, F., 1908 (2009), *Der Staat: eine soziologische Studie*, Libertad-Verlag Potsdam.

Orwell, G., 1949, *Nineteen Eighty-Four. A Novel*, Secker & Warburg, London.

Osterhammel, J., 1995, *Kolonialismus: Geschichte, Formen, Folgen*, C.H. Beck, München.

Osterhammel, J., 2016a, *Die Verwandlung der Welt*, 2. Auflage, C.H. Beck, München.

Osterhammel, J., 2016b, Großmachtlos, *Süddeutsche Zeitung*, 8. Dez.:11.

Ott, K., 2017, Gierig und dreist, *Süddeutsche Zeitung*, 10. Juli: 20.

Ott, K., Willmroth, J., 2018, Steuerdiebstahl mit Phantom-Aktien, *Süddeutsche Zeitung*, 22. November: 25.

Owen, G., Savage, N., 2016, Empirical Analysis of Tor Hidden Services, *IET Information Security* 10: 113-118.

O' Brien, K. J., 2012, 2012: German Courts at Epicenter of Global Patent Battles among Tech Rivals, *New York Times* 9. April: B3.

Paetsch, M., 2014, Mit Gewehr und Goldwaage, Der Kapitalismus, *GeoEpoche*, Hamburg: 40-55.

Paglia, C., 1990, *Sexual Personae: Art and Decadence from Nefertiti to Emily Dickinson*, Yale University Press, New Haven.

Pape, R., 1997, Why economic sanctions do not work. International Security 22/2: 90-136.

Pareto, V., 1906, *Manuale di economia politica*, Società de Editrice Libraria, Mailand.

Pareto, V., 1916, *Trattato di sociologia generale*, G. Barbèra, Florenz; deutsch: 1955, *Allgemeine Soziologie*, J.C.B. Mohr, Tübingen.

Parkinson, C. N., 1957, *Parkinson's Law*, Houghton Mifflin Co., Boston; deutsch: 1957, *Parkinsons Gesetz und andere Untersuchungen*, Econ, Berlin.

Parzinger, H., 2014, *Die Kinder des Prometheus, eine Geschichte der Menschheit vor der Erfindung der Schrift*, C.H. Beck, München.

Pasteur, L., in: Pasteur V. R. (Hrsg.), 1933, *Œuvres de Pasteur, tome 6: Maladies virulentes, virusvaccins et prophylaxie de la rage,* Masson, Paris.

Patzelt, W., 2011, Evolutionstheorie als Geschichtstheorie-Ein neuer Ansatz der Institutionenforschung, in: Oehler, J., *Der Mensch-Evolution, Natur und Kultur*, Springer, Heidelberg: 175-212.

Patzelt, W., 2015, Welchen Beitrag leistet der Evolutorische Institutionalismus zum Erklären und Einhegen von Rivalität? Blum, U. (Hrsg.), *Ist Rivalität ethisch wünschenswert?*, Series in Political Economy and Economic Governance 3, Halle, 137-154.

Patzelt, W., 2016, Trägerschichten institutioneller Strukturen und die Relevanz von Sprachbildern, in: Blum, U. (Hrsg.), *Soziale Marktwirtschaft und ihre Tiefenstrukturen: Kulturelle Voraussetzungen von Wirtschaftssystemen*, Series in Political Economy and Economic Governance 6, Halle: 7-16.

Pauen, M., Roth, G., 2008, *Freiheit, Schuld und Verantwortung. Grundzüge einer naturalistischen Theorie der Willensfreiheit*, Suhrkamp, Frankfurt.

Paulson, Henry M., 2015, *Dealing with China-an Insider Unmasks the New Economic Power*, Headline, London.

Paul VI, 1967, *Populorum progressio*. Rom, deutsch: Deutsche Bischofskonferenz, 1967, Mainz.

Paulus, C., 2015, Lasst Sie doch pleitegehen!, *Die Zeit*, 1.April: 21.

Peck, M., 2016, Did this Tsarist Officer Invent Russia's Lethal Hybrid Warfare Strategy? The National Interest, https://nationalinterest.org/blog/the-buzz/did-tsarist-officer-invent-russiaslethal-hybrid-warfare-18301, Zugriff am 22. 3. 2018.

Pei, J., 2018, Gaokao Reform and China's Upgrading in GVCs, *CEM-Workshop on Total Design Management and Global Value Chains*, Halle, mimeo.

Penney, J. W., 2016, Chilling Effects: Online Surveillance and Wikipedia Use, *Berkely Technology Law Journal*, forthcoming.

Pentland, A., 2014, Schützt die NSA vor sich selbst, *Spektrum der Wissenschaft* 8: 84-87.

Perroux, F., 1955, Note sur la notion de pôle de croissance, *Économie Appliqué* VII/1-2.

Perry, M. C., 1980, Forward Integration by Alcoa: 1988-1930, *The Journal of Law and Economics* 29/1: 37-53.

Petersen, Th., 2013, Stille Liebe zur Planwirtschaft, *Frankfurter Allgemeine Zeitung,* 27. November: 8.

Peters, B., Roberts, M.J., Vuong, V.A., 2018, Firm R&D Investment and Export Market Exposure, *CREA Discussion Paper* 2018-19, Luxembourg.

Petersdorff v., W. 2017, Sanktionsimperialismus, *Frankfurter Allgemeine Zeitung*, 25. Juli: 15.

Petraeus, D., 2017, Petraeus-Doktrin, *Die Welt*, 6.April: 2.

Petzold, M., 2019, *Persönliche Mitteilung,* Halle.

Phelps, R. H., 1968, Dokumentation: Hitlers „grundlegende " Rede über den

Antisemitismus, *Vierteljahreshefte für Zeitgeschichte* 16/4, 390-393.

Philon von Alexandrien , o. D., *De Vita Contemplativa*; deutsch: Über das kontemplative Leben.

Pies, I., 2003, Korruption: Diagnose und Therapie aus wirtschaftsethischer Sicht, *Diskussionspapier 7*, Wittenberg Zentrum für Globale Ethik/Leucorea, Wittenberg.

Pies, I., 2007, Theoretische Grundlagen demokratischer Wirtschafts-und Gesellschaftspolitik-Der Beitrag von Thomas Schelling, *Diskussionspapier Nr. 7*, Lehrstuhl für Wirtschaftsethik der Martin-Luther-Universität Halle-Wittenberg, Halle.

Pies, I., 2008, Theoretische Grundlagen demokratischer Wirtschafts-und Gesellschaftspolitik-Der Ansatz von Douglass North, *Diskussionspapier Nr. 8*, Lehrstuhl für Wirtschaftsethik der Martin-Luther-Universität Halle-Wittenberg, Halle.

Pies, I., 2009, Das ordonomische Forschungsprogramm, *Moral als Heuristik. Ordonomische Schriften zur Wirtschaftsethik* (hrsg. von I. Pies), Berlin: 2-32.

Pies, I., 2010, Moderne Ethik-Ethik der Moderne: Fünf Thesen aus ordonomischer Sicht, *Diskussionspapier Nr. 2010-8 des Lehrstuhls für Wirtschaftsethik an der Martin-Luther-Universität Halle-Wittenberg*, Halle.

Pies, I. 2012, Kultur der Skandalisierung: Sieben Thesen aus institutionenökonomischer Sicht, *Diskussionspapier Nr. 2012-5 des Lehrstuhls für Wirtschaftsethik an der Martin-Luther-Universität Halle-Wittenberg*, Halle.

Pies, I., 2013,Theoretische Grundlagen demokratischer Wirtschafts-und Gesellschaftspolitik-Der Beitrag von Joseph A. Schumpeter, in Pies, I., Leschke, M. (Hrsg.), *Joseph Schumpeters Theorie der wirtschaftlichen Entwicklung*, Mohr Siebeck, Stuttgart.

Pies, I., 2015, Solidarität unter Fremden-Zur moralischen Leistungsfähigkeit des Marktes, *Diskussionspapier Nr. 2015-5 des Lehrstuhls für Wirtschaftsethik an der Martin-Luther-Universität Halle-Wittenberg*, Halle.

Piketty, Th., 2013, *Le capital au 21ème siècle*, Seuil, Paris; Daten: https://piketty. pse.ens.fr/files/ capital21c/en/xls/.

Piller, T., 2017, Haftstrafe für den griechischen Chefstatistiker, der niemals schummeln wollte, *Frankfurter Allgemeine Zeitung*, 2. August: 20.

Pincione, G., Tesón, F., 2006, *Rational Choice and Democratic Deliberation. A Theory of Discourse Failure*, Cambridge University Press, Cambridge.

Pinel, P., 1809, *Traité medico-philosophique sur l'aliénation mentale*, Brosson, Paris.

Pinker, S., 1994, *The Language Instinct*, Penguin, New York.

Pinker, S., 1997, *How the Mind Works*, W.W. Norton, New York.

Pinker, S., 2007, *The Stuff of Thought: Language as a Window into Human Nature*, Viking, New York; deutsch: 2014, *Der Stoff, aus dem das Denken ist: Was die Sprache über unsere Natur verrät*, Fischer, Frankfurt a. M.

Pinker, S., 2011, *The Better Angels of Our Nature: Why Violence Has Declined*, Viking, New York; deutsch: 2013, Gewalt: *eine neue Geschichte der Menschheit*, Fischer, Frankfurt a. M.

Piper, N., 2014, Geld zurück, *Süddeutsche Zeitung*, 20. Juni: 21.

Piper, N., 2018, Erst der Zoll, dann der Krieg, *Süddeutsche Zeitung*, 14./15. Juli. Juni: 24.

Piper, N., 2019, Wo Hitler Wirtschaft lernte, *Süddeutsche Zeitung*, 2./3. Februar: 27.

Pius XI, 1931, *Quadrigesimo Anno,* Rom.

Platon, 370 v.Chr., *Politeia*; deutsch: 1973, Der Staat, Kröners Taschenbuch 111, Kröners-Verlag, Stuttgart.

Platon, o. D., *Timaios*; deutsch: 2003, *Timaios,* hrsg. von Th. Paulsen und R. Rehn, Reclam, Stuttgart.

Plautus, T.M., o. D., Asinaria, in: Hurka, F. (Hrsg.), *Die Asinaria des Plautus*, C.H. Beck. München.

Pletter, R., 2017, *Die mächtigste Schule der Welt*, Zeit. 18. Mai: 19-21.

Plickert, P., 2014, Mit drei magischen Worten in die neue Eurowelt, Frankfurter Allgemeine Zeitung, 25. Juli, im Internet unter https://www.faz.net/aktuell/wirtschaft/eurokrise/whatever-ittakes-mit-drei-magischen-worten-in-die-neue-eurowelt-13064843.html, Zugriff am 2. 1. 2016.

Plomin, R., 2018, *Blueprint-How DNA Makes Us Who We Are*, Allen Lane, London.

Plumpe, W., 2015, Wirtschaftspolitische Reformen als Staatskunst, *Orientierungen*, LudwigErhard-Stiftung, Bonn: 69-75.

Plumpe. W., 2017a, Wo Wirtschaft gedeiht, übergeht sie Grenzen, *Süddeutsche Zeitung*, 18. April; 9.

Plumpe W., 2017b, Die Globalisierung-eine umkehrbare Geschichte? *Wirtschaftsdienst* 97/5: 333-338.

Plumpe W., 2017c, Krieg und Krisen, *Frankfurter Allgemeine Zeitung*, 8. Mai: 6.

Pöcher, H., 2005, *Economic Warfare-Heavy Damage without Bloodeshed*, im Internet unter: https://www.unob.cz/eam/Documents/Archiv/EaM_1_2015/ Pocher.pdf, Zugriff am 31. 7. 2017.

Pöppe, C., 2014, Freund liest mit, *Spektrum der Wissenschaft* 5: 20-22.

Pöppe, C., 2018, Tor zum Allerheiligsten, *Spektrum der Wissenschaft* 3: 78-80.

Pörksen, U., 2015, Wissenschaftssprache-Umgangssprache-Politikberatung, in: *Sprache der Wissenschaft-Sprache der Politikberatung: Vermittlungsprozesse zwischen Wissenschaft und Politik*, Deutsche Akademie der Naturforscher Leopoldina e. V., Halle.

Poeschke, O., 2003, *Politische Steuerung durch Sanktionen? Effektivität, Humanität, völkerrechtliche Aspekte*, Deutscher Universitäts-Verlag, Wiesbaden.

Polanyi, K, 1944, *The Great Transformation*, Farrar & Reinhart, New York; deutsch: 1977, *The Great Transformation. Politische und ökonomische Ursprünge von Gesellschaften und Wirtschaftssystemen*, Europaverlag, Wien.

Polleit, Th., 2014, *Ludwig von Mises-Leben und Werk für Einsteiger*, Finanzbuch-Verlag, München.

Polk, W., 2007, *Violent Politics; A History of Insurgency, Terrorism Guerilla War, from the American Revolution to Iraq*, HarperCollins, New York; deutsch: 2009, *Aufstand-Widerstand gegen Fremdherrschaft: vom Amerikanischen Unabhängigkeitskrieg bis zum Iraq*, Hamburger Edition HIS Verlagsgesellschaft mbH, Hamburg.

Pomeranz, K., 2000, *The Great Divergence: China, Europe, and the Making of the Modern World Economy*. Princeton University Press, Princeton.

Popper, K., 1935, *Logik der Forschung*, Springer, Wien; 2007, Akademie-Verlag, Berlin.

Popper, K., 1944 (2003), Die offene Gesellschaft und ihre Feinde, Band 1: Der Zauber Platons, 8. Auflage, J. C. B. Mohr, Tübingen.

Porter, M. E., 1998, *The Competitive Advantage of Nations*, The Free Press, New York.

Porter, M.E., 1999, *Wettbewerbsstrategie-Methoden zur Analyse von Branchen und Konkurrenten*, 10. Aufl., Campus, Frankfurt.

Posener, A., 2018, Reich Gottes auf Erden, *Welt am Sonntag*, 20. Mai: 42.

Posner, R. A. 1975, The Social Costs of Monopoly and Regulation, *Journal of Political Economy* 83: 807-827.

Potter, B., 2016, C.E. Callwell, Small Wars: Their Principles and Practice (1896), *Classics of Strategy and Diplomacy*, https://www.classicsofstrategy. com/2016/04/ce-callwell-small-warstheir-principles-and-practice-1896.html, Zugriff am 15. 6. 2019.

Prahalad, C. K., Hamel, G. 1990, The Core Competence of the Corporation, *Harvard Business Review*, May-June.

Prahalad, C.K., Hamel, G., 1994, *Competing for the Future*, Harvard Business School Press, Cambridge (Mass).

Prantl, H., 2013, Fall Mollath-Die ihr hier eintretet, lasst alle Hoffnung fahren, *Süddeutsche Zeitung*, 10. Juni: 6.

Precht, R. D., 2015, Echte Träume, echte Not, *Die Zeit*, 30. Dezember: 39-40.

Professoren, 1998, *Der Euro kommt zu früh*, https://www.d-perspektive.de/wp-content/ uploads/2012/05/155-Profs-Der-Euro-kommt-zu-frueh_980209_ KoBog.pdf, Zugriff am 10. 4. 2015.

Pünchera, D., 2017, Die „Gerassimov-Doktrin " und ihre Umsetzung in der Ukraine, *Allgemeine Schweizerische Militärzeitschrift* 8, 34-35.

Qiao, L., Wang, X., 1999, *Unrestricted Warfare*, PLA Literature and Arts House, Beijing; englische Ausgabe 2017, Shadow Lawn Press, Venice, Ca.

Quesnay, F., 1758, *Tableau économique*, Paris.

Quinney, E. R., 1964, The Study of White Collar Crime: Toward a Reorientation in Theory and Research, *The Journal of Criminal Law, Criminology, and Police Science* 66/2: 208-214.

Quinney, E. R., 1965, Is Criminal Behaviour Deviant Behaviour?, *British Journal of Criminology* 5/2: 132-142.

Radecke, H.-D., Teufel, L., 2013, Die Diktatur der Zukunft, *Cicero* 7: 92-95.

Radlbeck-Ossmann, R., 2015, Lob der Selbstsorge. Ein Essay, *Lebendiges Zeug-*

nis 70/1: 70-75.

Raffaelli, R., 2013, Mechanisms of Technology Re-emergence and Identity Change in a Mature Field: Swiss Watchmaking, 1970-2008, *Working Paper*, *Harvard Business School* 14-048, Boston/Mass.

Ramelsberger, A., 2018, Das Böse unter uns, Süddeutsche Zeitung, 3./4. November: 45.

Rand, A., 1943, *The Fountainhead*, Bobbs-Merrill Company, New York.

Rand, A., 1957, *Atlas Shrugged*, Random House, New York.

Rappeport, A., 2019, In Trade Talks, History's Burden, *New York Times*, 26. März: 6.

Rapp, C., 2016, *Metaphysik-Eine Einführung*, C.H. Beck, München.

Rasmussen, E., 1989, *Games and information: an introduction to game theory*, Blackwell, Oxford.

Ratzinger, J., 2000, Der angezweifelte Wahrheitsanspruch-Die Krise des Christentums am Anfang des dritten Jahrtausends, Bilder und Zeiten, *Frankfurter Allgemeine Zeitung*, 8. Januar: 1-2.

Rauer, C., 2015, Zur Philosophie des Kriegs, in: Meller, H., Schefzik, M. (Hrsg.), 2015, *Krieg-eine archäologische Spurensuche*, Landesamt für Denkmalpflege und Archäologie-Landesmuseum für Vorgeschichte Halle (Saale), Theil, Darmstadt: 25-28.

Rawls, J., 1971 (1999), *A Theory of Justice*, Harvard University Press, Cambridge (Mass.).

Raynal, G.Th.F., 1770, *Histoire philosophique et politique des établissements et du commerce des Européens dans les deux indes*, Amsterdam, deutsch: 1988, Die Geschichte beider Indien, Franz Greno, Nördlingen.

Reay, I., Beatty, P., Scott, D., Miller, J., 2009, Do you Know where your Data is? A Study of the Effect of Enforcement Strategies on Privacy Policies, *International Journal of Information Security and Privacy* 3/4: 68-95.

Reh, S., Tröster, C., van Quaquebeke, N., 2018, Keeping (Future) Rivals Down: Temporal Social Comparison Predicts Coworker Social Undermining via Future Status Threat and Envy, *Journal of Applied Psychology* 103/4: 399-415.

Reich, D., 2018, *Who We Are and How We Got Here-Ancient DNA and the New*

Science of the Past, Pantheon, New York.

Reich, J., 2014, "Das Umfeld der Aktienmärkte wird anstrengender", Interview, *Börsen-Zeitung,* 4. Januar: 13.

Reichel, R., 2002, *Ökonomische Strategie der internationalen Wettbewerbsfähigkeit von Volkswirtschaften,* Dresdner Beiträge zu Wettbewerb und Unternehmensführung, Deutscher Universitätsverlag in Kooperation mit Teubner, Wiesbaden.

Reinhard, W., 2016, *Die Unterwerfung der Welt-Globalgeschichte und europäische Expansion 1415-2015,* C.H. Beck, München.

Reinhart, C., Rogoff, K. S., 2009, *This Time Is Different: Eight Centuries of Financial Folly,* Princeton University Press, Princeton-Oxford.

Reinhart, C. M., Rogoff, K.S., 2010, Growth in a Time of Debt, *The American Economic Review* 100/2: 573-578.

Reinhart, C. M., Rogoff, K.S., 2011, From Financial Crash to Debt Crisis, *American Economic Review* 101/5: 1676-1706.

Renaud, H., 1842, *Solidarité: Vue Synthétique sur la Doctrine de Charles Fourier,* Librairie sociétaire, Paris; deutsch: 2012, Nabu Press, Charleston (SC).

Ricardo, D., 1817, *On the Principles of Political Economy and Taxation,* John Murray, London; deutsch: Ausgabe 1923, *Grundsätze der Volkswirtschaft und Besteuerung,* Fischer, Jena.

Rice, H. G., 1953, Classes of recursively Enumerable Sets and their Decision Problems, *Transactions of the American Mathematical Society* 74: 358-366.

Rich, N., 2019, *Losing Earth,* Rowohlt, Berlin & Hamburg.

Richthofen, F. v., 1877, *China. Ergebnisse eigener Reisen und darauf gegründeter Studien,* Band I, Dietrich Reimer Verlag, Berlin.

Ridley, M., 1997, *The Origins of Virtue: Human Instincts and The Evolution of Cooperation,* Viking, New York; deutsch: 1997, *Die Biologie der Tugend. Warum es sich lohnt, gut zu sein,* Ullstein, Berlin.

Riedl, R. 1975, *Die Ordnung des Lebendigen: Systembedingungen der Evolution,* Parey, Hamburg-Berlin.

Riedl, R. 1976, *Die Strategie der Genesis. Naturgeschichte der realen Welt,* Piper, München.

Riehl, S., 2014, Der lange Weg zu Landwirtschaft, *Spectrum der Wissenschaft* 4: 64-68.

Ries, A., Trout, J., 1986, *Marketing Warfare*, McGraw Hill, New York.

Rilling, R., 2014, Thomas Piketty und das Märchen vom Gleichheitskapitalismus, *Blätter für deutsche und international Politik* 11: 81-91.

Ritter, J., 2017, Damoklesschwert über dem größten Zementwerk der Welt, *Frankfurter Allgemeine Zeitung*, 6. Mai: 27.

Roback, A. A., 1970, *Weltgeschichte der Psychologie und der Psychiatrie*, Walter-Verlag, Olten.

Roberts, M.E., 2018, *Censored-Distractions and Diversions inside China's Great Firewall*, Princeton University Press, Oxford & Princeton.

Robertson, I., 2012, *The Winner Effect: How Power Affects Your Brain*, Bloomsbury, London; deutsch: 2013, *Macht: Wie Erfolge uns verändern*, dtv, München.

Rochet, J. C., Tirole, J., 2003, Platform Competition in Two-sided Markets, Journal of the European Economic Association 1/4: 990-1029.

Roland Berger, 2016, *Overcapacity in China-an Impediment to the Party's Reform Agenda*, European Union Chamber of Commerce in China, Peking.

Röpke, W., 1947, *Das Kulturideal des Liberalismus*, Verlag G. Schulte-Bulmke, Frankfurt/Main.

Röpke, W., 1958 (2009), *Jenseits von Angebot und Nachfrage*, Verlagsanstalt Handwerk GmbH, Düsseldorf.

Rodengen, J. L., 1998, *The Spirit of AMD*, Write Stuff Enterprises, Fort Lauderdale, Fla.

Rodrik, D., 1997, *Has Globalization Gone too Far?* Institute for International Economics, Washington DC.

Rodrik, D., 2011, *The Globalization Paradox: Why Global Markets, States and Democracy Can't Coexist*, Oxford University Press, Oxford.

Roewer, H., 2016, *Unterwegs zur Weltmacht-Warum England des Ersten Weltkrieg auslöste und Amerika ihn gewann*, Scidine Hall Verlag, Zürich.

Rogers, M., Ruppersberger, D., 2012, Investigative Report on the U.S. National Security Issues Posed by Chinese Telecommunications Companies Huawei and ZTE, *U.S. House of Representatives 112th Congress*, 8. Oktober.

Rohmann, G., 2011, Klaus Störtebeker und die Vitalienbrüder, in: Fried, J, Rader, O.B. (Hrsg.), *Die Welt des Mittelalters. Erinnerungsorte eines Jahrtausends*, C.H.Beck, München: 246-260.

Rohrbeck, F., Salewski, C., Schröm, O., 2018, Die Schweizer Kavallerie schlägt zu, *Die Zeit* 13, 22. März: 23-24.

Romer, P. M. 1986, Increasing Returns and Long-Run Growth, *Journal of Political Economy* 94: 2002-2017.

Rosecrance, R., 1986, *The Rise of the Trading State: Commerce and Conquest in the Modern World*, Basic Books, New York.

Rosenau, J., 2003, *Distant Proximities-Dynamics beyond Globalization*, Princeton University Press, Princeton.

Rosenfelder, A., 2018, Das Buch, das uns retten kann, *Die Welt*, 30. Juni: 25.

Rosh, R. M., 1988, Third World Militarization-Security Webs and the States they Ensnare, *Journal of Conflict Resolution* 32/4: 671-698.

Ross, K., 2015, *Young Money: Inside the Hidden World of Wall Street's Post-Crash Recruits*, John Murrey, London.

Ross, M., 2012, *The Oil Curse*, Princeton University Press, Princeton.

Rostow, W. W., 1960, *The Stages of Economic Growth: A Non-Communist Manifesto*, Cambridge University Press, Cambridge; deutsche Ausgabe 1967, *Stadien des wirtschaftlichen Wachstums*, Vandenhoek & Ruprecht, Göttingen.

Roth, G., 1993, Das Verhältnis von Politik und Kriegsführung in der Militärgeschichte-eine Einführung, in: Ottmer, H.-M., Ostertag, H., *Ausgewählte Operationen und ihre militärhistorischen Grundlagen*, Militärgeschichtliches Forschungsamt, Verlag E.S. Mittler & Sohn, Herford und Bonn: 9-50.

Roth, G., 2012, *Persönlichkeit, Entscheidung und Verhalten: Warum es so schwierig ist, sich und andere zu ändern,* Klett-Cotta, Stuttgart.

Roth, G., Strüber, N., 2014, *Wie das Gehirn die Seele macht*, Klett-Cotta, Stuttgart.

Rousseau, J.-J., 1762a, *Du contrat social ou Principe du droit politique*, Amsterdam; 2016, *Der Gesellschaftsvertrag oder die Grundsätze des Staatsrechts,* Nikol-Verlag, Hamburg.

Rousseau, J.-J., 1762b, *Émile ou de l'éducation*, Jean Néaulme, den Haag.

Rubinstein, A., 2013, Die Spieltheorie kann Probleme der Eurozone lösen und das iranische Atomprogramm aufhalten, *Frankfurter Allgemeine Zeitung*, 27. März: 25.

Rudolph, U., 2016, Vorsicht vor dem Mythos, *Süddeutsche Zeitung*, 8. November: 13.

Rügemer, W., 2015, Union Busting: Die Zerschlagung der Gewerkschaften, *Blätter für deutsche und internationale Politik* 5: 57-76.

Rüstow, A., 1950, *Das Versagen des Wirtschaftsliberalismus*. 2. Auflage. H. Küpper vorm. Bondi, Bad Godesberg.

Ruiz, H., 2013, *Slingshot: AMDs Fight to Free an Industry from the Ruthless Grip of Intel*, Greenleef Book Group Press, Austin, Texas.

Rummenhöller, K., 1985, *Vom Kautschukboom zum Goldrausch*, Informationsstelle Lateinamerika, Bonn.

Rumsfeld, D., 2013, Known knowns, https://www.nzherald.co.nz/world/news/article.cfm?c_ id=2&objectid=10409936, Zugriff am 9. 2. 2019.

Rush, B., 1812, *Medical Inquiries and Observations upon the Diseases* of the Mind, Grigg & Elliot, Philadelphia.

Russel, A., 2018, CIA Plot Led to Huge Blast in Siberian Pipeline, The Telegraph, 28. Februar, https://www.telegraph.co.uk/news/worldnews/northamerica/usa/1455559/CIA-plot-led-to-hugeblast-in-Siberian-gas-pipeline.html, Zugriff am 31. 10. 2018.

Rutherford, A., 2017, *A Brief Story of Everyone who has ever Lived*, Ingram International, La Vergne (Tenn.)., deutsch 2018, *Eine kurze Geschichte von jedem,der jemals gelebt hat*, Rowohlt, Reinbek.

Rystad, 2019, Rystad Energy UCube, März.

Sachverständigenrat zur Begutachtung der gesamtwirtschaftlichen Entwicklung, 2007, *Staatsverschuldung wirksam begrenzen*, Statistisches Bundesamt, Wiesbaden.

Sachverständigenrat zur Begutachtung der gesamtwirtschaftlichen Entwicklung, 2012, *Nach dem EU-Gipfel: Zeit für langfristige Lösungen nutzen*, Sondergutachten, Statistisches Bundesamt, Wiesbaden.

Sachverständigenrat zur Begutachtung der gesamtwirtschaftlichen Entwicklung, 2014, *Mehr Vertrauen in Marktprozesse*, Statistisches Bundesamt, Wiesbaden.

Sack, J., 2014, Europas Selbstzerfleischung-Die Gründe für den Ersten Weltkrieg und der Vergleich zweier Friedensverträge, *Mut-Forum für Politik, Kultur und*

Geschichte 49/554: 44-58.

Sacks, J., 2005, *The Dignity of Difference. How to Avoid the Clash of Civilizations*, Continuum, London-New York; deutsch: 2007, *Wie wir den Krieg der Kulturen noch vermeiden können*, Gütersloher Verlagshaus, München.

Salop, S., Scheffman, D. T., 1983, Raising Rivals' Costs. *The American Economic Review* 73/2: 267-271.

Salter, F., 2003, *On Genetic Interest: Family, Ethnicity, and Humanity in an Age of Mass Migration*, Peter Lang, Bern.

Samuelson, P., 1964, Theoretical Notes on Trade Problems, *Review of Economics and Statistics* 46: 145-154.

Sang H., Wang, L. (Hrsg.), 1992, *YAN TIE LUN JIAO ZHU*, Zhonghua Verlag, Beijing.

Sapir, E. W., 1921, *Language: An Introduction to the Study of Speech*, Harcourt Brace, New York; deutsch: 1972, *Die Sprache. Eine Einführung in das Wesen der Sprache*, Max Hueber, München.

Sargent, Th.; Wallace, N. 1976, Rational Expectations and the Theory of Economic Policy, *Journal of Monetary Economics* 2: 169-183.

Sartre, J-.P., 1943 *L'être et le néant* , Gallimard, Paris, deutsch: 1985, *Das Sein und das Nichts*, Rowohlt, Reinbeck bei Hamburg.

Saß, H., Wittchen, H.-U., Zaudig, M., Houben, I., 2003, *Diagnostisches und statistisches Manual Psychischer Störungen-Textrevision-DSM-IV-TR*, Hogrefe, Göttingen, Bern Toronto, Seattle.

Say, J. B., 1803, *Traité d'économie politique*, Crapelet, Paris; Nachdruck der Ausgabe von 1841, Otto Zeller, Osnabrück.

Schacht, H., 1937, Germany's Colonial Demands, *Foreign Affairs* 16/2: 223-234.

Schacter, D., 2001, *The Seven Sins of Memory*, Houghton Mifflin, New York; deutsch: 2005, *Aussetzer: Wie wir vergessen und uns erinnern*, Bastei-Lübbe, Köln-Mülheim.

Schalck-Golodkowski, A., König, H. 1988, *Zur Entwicklung des Kurses der Mark der DDR zu kapitalistischen Währungen seit 1949*, Deutsche Demokratische Republik, Berlin, mimeo.

Schaub, H., 1997, *Sunk Costs, Rationalität und ökonomische Theorie: Eine Quer-*

schnittsanalyse zum Einfluß von Irreversibilität auf Entscheidungen und Institutionen unter Berücksichtigung psychologischer Effekte, Schaeffer Poeschel, Stuttgart.

Scheler, M., 1916, *Der Formalismus in der Ethik und die materiale Wertethik, Teil III: Materiale Ethik und Erfolgsethik*, Niemeyer, Tübingen.

Schefold, B., 2015, Chinas erster Ökonom, *Frankfurter Allgemeine Sonntagszeitung*, 25. Januar: 28.

Scheidel, W., 2017, *The Great Leveller: Violence and the History of Inequality from the Stone Age to the Twenty-First Century*, Princeton University Press, Princeton.

Schelling, Th., 1960 (1981), *The Strategy of Conflict*, Harvard University Press, Boston (Mass).

Schelling, Th., 1984, *Choice and Consequence-Perspectives of an Errant Economist*, Harvard University Press, Boston (Mass).

Schelling, Th., 2006, Should Numbers Determine whom to Save? *Strategies of Commitments and other Essays*, Harvard University Press, Cambridge (Mass.) und London: 140-143.

Schell, O., Delury, J., 2013, *Wealth and Power: China's Long March to the Twenty-First Century*, Random House.

Schelsky, H., 1961, Der Mensch in der Zivilisation, in: Schelsky, H, 1965, *Auf der Suche nach Wirklichkeit*, Reinbeck, Düsseldorf/Köln, 439-480.

Scheufen, M., 2019, Künstliche Intelligenz und Haftungsrecht: die e-Person aus ökonomischer Sicht, *Wirtschaftsdienst* 99/6: 411-414.

Schiefenhövel, W., Vogel, C., Vollmer, G., Opolka, U., 1994, Band 1:*Vom Affen zum Halbgott-Der Weg des Menschen aus der Natur*; Band 2: *Zwischen Natur und Kultur-Der Mensch und seine Beziehungen*, Band 3: *Gemachte und gedachte Welten-Der Mensch und seine Ideen*, Trias-Verlag, Stuttgart.

Schiller, F., 1786, *Resignation*, 2005, Sämtliche Gedichte und Balladen, Insel-Verlag, Frankfurt a. M.

Schirrmacher, F., 2011, Ich beginne zu glauben, dass die Linke recht hat, *Frankfurter Allgemeine Zeitung*, 15. August.

Schirrmacher, F., 2013, Am Lügendetektor, *Frankfurter Allgemeine Zeitung*, 10

Juli: 1.

Schivelbusch, W., 2003, *Die Kultur der Niederlage: Der amerikanische Süden 1865, Frankreich 1871, Deutschland 1918.* Fest, Berlin.

Schivelbusch, W., 2005, *Entfernte Verwandtschaft: Faschismus, Nationalsozialismus, New Deal 1933-1939,* Hanser, München, Wien.

Schleichert, H., Roetz, H., 2009, *Klassische chinesische Philosophie. Eine Einführung,* 3. Aufl., Vittorio Klostermann, Frankfurt/Main.

Schleussner, C. F., Donges, J. F., Donner, R. V., Schellnhuber, H. J., 2016, Armed-Conflict Risks Enhanced by Climate-Related Disasters in Ethnically Fractionalized Countries, *Proceedigs of the National Academy of Science of the United States of America (PNAS)* 113/33: 9216-9221; https://www.pnas.org/content/113/33/9216.full.pdf, Zugriff am 18. 8. 2016.

Schlottmann, O., 2017, Chicago Plan und Vollgeld als Alternative zum Kreditgeld: ein Weg zu stetigem Wachstum? *Wirtschaftsdienst* 97/12: 889-895

Schmid, J., 2013, Wie lange noch Geburtenrückgang-Unterwegs in der demographischen Implosion, *MUT Forum für Kultur, Politik und Geschichte,* 48/542: 20-31.

Schmid, J., 2015, Von Heraklit zu Huntington-Wettkampf und Rivalität in Wirtschafts-und Geistesgeschichte in: Blum. U. (Hrsg.), *Ist Rivalität ethisch wünschenswert?* Series in Political Economy and Economic Governance 3, Halle: 7-21.

Schmid, M., 2018, *Unternehmerische Rohstoffstrategien-zum Umgang mit kritischen Versorgungssituationen Seltener Erden,* Dissertationsschrift, Halle, mimeo.

Schmid, Th., 2017, Ihr Völker der Welt, *Die Welt,* 28. September: 2.

Schmid, W., 1995, Selbstsorge, in Ritter, J., Gründer, K., *Historisches Wörterbuch der Philosophie 9,* Schwabe-Verlag, Basel: 528-535.

Schmidbauer, W., 2017, *Helikoptermoral,* Kursbuch.edition, Verlag Murmann, Hamburg.

Schmidt, G., 2018, *Die Reiter der Apokalypse-Geschichte des Dreißigjährigen Krieges,* C.H.Beck, München.

Schmidt, R.F., 2016, „Revanche pour Sedan "-Frankreich und der Schlieffenplan,

Militärische und Bündnispolitische Vorbereitungen des Ersten Weltkriegs, *Historische Zeitschrift 303/2*: 393-425.

Schmidt, U., 2012, *Schuld und Schein, ein Theaterstück*, herunterzuladen unter https:// schuldundschein.de/wp-content/uploads/2012/11/Schuld-und-Schein_ Ulf-Schmidt.pdf, Zugriff am 22. 2. 2015.

Schmitt, C., 1921, *Die Diktatur: Von den Anfängen des modernen Souveränitätsgedankens bis zum proletarischen Klassenkampf*, Duncker und Humblot, Berlin.

Schmitt, C., 1922, *Politische Theologie-Vier Kapitel zur Lehre von der Souveränität*, 1996, 7. Auflage, Duncker und Humblot, Berlin.

Schmitt, C., 1932, *Der Begriff des Politischen; 2002, Der Begriff des Politischen-Text von 1932 mit einem Vorwort und der Crollarien*, Duncker und Humblot, Berlin.

Schmitt, C., 1963, *Theorie des Partisanen. Zwischenbemerkung zum Begriff des Politischen*, Duncker und Humblot, Berlin.

Schmoller, G. v., 1900/1904, *Grundriß der allgemeinen Volkswirtschaftslehre*, Duncker & Humblot, Leipzig.

Schneider, F., 2015a, Schattenwirtschaft und Schattenarbeitsmarkt: Die Entwicklung der vergangenen 20 Jahre, *Perspektiven der Wirtschaftspolitik* 16/1: 3-25.

Schneider, F., 2015b, Die Bedeutung von Schattenwirtschaft und Korruption, *Börsen-Zeitung*, 29. Oktober: 2.

Schneider, F., 2016, *Der Umfang der Geldwäsche in Deutschland und weltweit: Einige Fakten und eine kritische Auseinandersetzung mit der Dunkelfeldstudie von Kai Bussmann*, FriedrichNaumann-Stiftung, Bonn.

Schneider, G., Troeger, V.E., 2006, War and the World Economy: Stock Market Reactions to International Conflicts, *Journal of Conflict Resolution* 50: 623-645.

Schneider, L., 2007, Mit 55 zum alten Eisen? Eine Analyse des Alterseinflusses auf die Produktivität anhand des LIAB, *Zeitschrift für Arbeitsmarkforschung* 1: 77-97.

Schneider, L., 2011, *Alterung und Arbeitsmarkt. Eine Untersuchung zum Einfluss des Alters von Beschäftigten auf Produktivität, Innovation und Mobilität*, IWH-

Sonderheft 3, Halle.

Schneider, M., Tornell, A. 2004, Balance Sheet Effects, Bailout Guarantees and Financial Crises, *Review of Economic Studies*, 71/3: 883-913.

Schneider, W., 2014, Soldaten: *Eine Weltgeschichte von Helden, Opfern und Bestien-Ein Nachruf,* Rowohlt, Reinbek bei Hamburg.

Schnitzler, A., 1898 (2006), *Der grüne Kakadu*, Reclam, Stuttgart.

Schnitzler, A., 1939, *Über Krieg und Frieden*, Bermann-Fischer Vlg., Stockholm.

Schoar, A., Zuo, L., 2011, Shaped by Booms and Busts: how the Economy Impacts CEO Careers and Management Style, *Discussion Paper MIT Sloan School of Management/NBER/ideas42*, Cambridge/Washington DC.

Schoeck, H., 1966, *Der Neid: Eine Theorie der Gesellschaft*, Verlag Karl Alber, Freiburg/ München; überarbeitet Fassung 1992, *Der Neid und die Gesellschaft*, Ullstein Sachbuch, Frankfurt/M-Berlin.

Schönbohm, J., 2001, Preußisch werden in neun Tagen, Berliner Beilage, *Frankfurter Allgemeine Zeitung*, verschiedene Berlin-Ausgaben im Januar.

Schopenhauer, A., 1819, *Die Welt als Wille und Vorstellung*, Bibliographisches Institut Brockhaus, Berlin; 2009, nach der verbesserten und vermehrten Ausgabe von 1859, Anaconda, Köln.

Schorlemmer, F., 2014, *Die Gier und das Glück. Wir zerstören, wonach wir uns sehnen*, Herder, Freiburg im Breisgau.

Schotten, G., 2007, *Wirtschaftssanktionen der Vereinten Nationen im Umfeld bewaffneter Konflikte. Zur Bindung des Sicherheitsrates an individualschützende Normen.* Berliner Wissenschafts-Verlag, Berlin.

Schrader, C., 2018, Digitaler Bergbau, *Süddeutsche Zeitung*, 14. November: 16.

Schreiber, M., 2019, Ohne Rücksicht auf Verluste, *Süddeutsche Zeitung*, 26. März: 15.

Schreiber, W., 2016, Der neue unsichtbare Krieg? Zum Begriff der "hybriden" Kriegsführung, in: Moderne Kriegsführung, *Aus Politik und Zeitgeschichte*, Bundeszentrale für Politische Bildung, Berlin, 11-15.

Schrödinger, E., 1935, Die gegenwärtige Situation in der Quantenmechanik, *Naturwissenschaften* (Organ der Gesellschaft Deutscher Naturforscher und Ärzte) 23, Springer, Berlin.

Schürmann, L., 2016, Waschmaschinen-Streit zwischen Samsung und LG geht in die nächste Runde, *managermagazing*, 16. Februar, https://www.manager-magazin.de/unternehmen/handel/ waschmaschinen-streit-zwischen-samsung-und-lg-a-1018732.html, Zugriff am 29. 9. 2018.

Schularick, M., Taylor, A. M., 2012 Credit Booms Gone Bust: Monetary Policy, Leverage Cycles, and Financial Crises, 1870-2008, *The American Economic Review* 102/2: 1029-1061.

Schulmeister, S., 2013, Realkapitalismus und Finanzkapitalismus-zwei „Spielanordnungen " und zwei Phasen des „langen Zyklus ", in: Kromphardt, J., (Hg.), *Weiterentwicklung der Keynes'schen Theorie und empirische Analysen*, Schriften der Keynes-Gesellschaft Band 7, Marburg: 115-169.

Schultheiß, O. C., 2006, Needs, *Encyclopedia of Career Development*, Vol. 1, Sage, Thousand Oaks: 532-535.

Schürer, G., Beil, G., Schalck, A., Höfner, E., Donda, A. 1989, *Analyse der öko-nomischen Lage der DDR mit Schlußfolgerungen*, Deutsche Demokratische Republik, Berlin, mimeo.

Schumpeter, J., 1908, *Das Wesen und der Hauptinhalt der theoretischen Ökono-mie*, August Rabe, Berlin.

Schumpeter, J., 1912 (1962), *Theorie der wirtschaftlichen Entwicklung*, August Rabe, Berlin.

Schumpeter, J., 1914, Epochen der Dogmen-und Methodengeschichte, in: *Grundriß der Sozialökonomik I* (Weber, M., Hrsg.), J.C.B. Mohr Paul Siebeck, Tübingen, 19-124.

Schumpeter, J., 1918, *Die Krise des Steuerstaats*, Leuschner & Lubensky, Graz-Leipzig; zitiert nach: 1953, Aufsätze zur Ideologie, Tübingen: 1-71.

Schumpeter, J., 1920/21, Sozialistische Möglichkeiten von heute, *Archiv für Sozi-alwissenschaft und Sozialpolitik*. 48. 305-360.

Schumpeter, J., 1927, Unternehmer, *Handwörterbuch der Staatswissenschaften*. Vierte Auflage, Band VIII, Gustav Fischer, Jena, 476-487.

Schumpeter, J., 1939, *Business Cycles-A Theoretical, Historical, and Statistical Analysis of the Capitalist Process*, McGraw-Hill Book Company New York; deutsch: 1961, *Konjunkturzyklen-eine theoretische, historische und statistische*

Analyse des kapitalistischen Prozesses, Vandehoek & Rupprecht, Göttingen.

Schumpeter, J., 1942, *Capitalism, Socialism and Democracy*, Routledge, New York; zitiert nach: 1946, *Kapitalismus, Sozialismus, Demokratie*, Francke-Verlag, Bern.

Schumpeter, J., 1954, *History of Economic Analysis*, Oxford University Press, London; deutsch: 1954, *Geschichte der ökonomischen Analyse*, Vandehoek & Rupprecht, Göttingen.

Schwartz, S., 2012, An Overview of the Schwartz Theory of Basic Values, *Online Readings in Psychology and Culture*, 2/1, https://scholarworks.gvsu.edu/cgi/viewcontent.cgi?article=1116 &context=orpc, Zugriff am 1. Oktober 2016.

Schweinsberg, K., 2014, *Anständig führen: Acht Erfolgstugenden in Zeiten der Ungewissheit*, Herder, Freiburg.

Schweinitz, G. v., 2013, *Modelling Macroeconomic Risk: the Genesis of the European Debt Crisis*, mimeo, Halle.

Sedláček, Th., 2012, *Die Ökonomie von Gut und Böse*, Carl Hanser, München.

Seewald, B., 2016, Der Faschismus war sein Fach, *Die Welt*: 19. August: 15.

Segbers, K., 2019, Die Rückkehr der Stammesgesellschaften, *Frankfurter Allgemeine Zeitung*, 20. Mai: 6.

Seibel, K., 2014, „Von uns geht keine Gefahr aus ", *Welt am Sonntag*, 15. Juni: 32.

Seibel, K., 2018, Banken sorgen sich um Sparerschutz, *Die Welt*, 14. März: 13.

Selten R., 1965, Spieltheoretische Behandlung eines Oligopolmodells mit Nachfrageträgheit, *Zeitschrift für die Gesamte Staatswissenschaft* 121, 301-324 und 667-689.

Sen, A., 2007, *Identity and Violence. The Illusion of Destiny*: Penguin, Bombay; deutsch: 2010, *Die Identitätsfalle. Warum es keinen Krieg der Kulturen gibt*, dtv, München.

Seneca, L.A., 49, *De brevitate vitae*, deutsch: 2005, Von des Lebens Kürze, dtv-C.H. Beck, München.

Senger, H. v., 2001, *Die Kunst der List*, Beck, München.

Senger, H. v., 2004, *36 Strategeme für Manager*, Carl Hanser Verlag, München.

Sengupta, S., 2016, Youth Bulge Putting Pressure on World, in: *New York Times Süddeutschen Zeitung Supplement*, 11. März: 1, 4.

Shackle, G.L.S., 1949, *Expectations in Economics, Cambridge University Press, Cambridge.*

Sharpe, W., 1964, Capital Asset Prices: A Theory of Market Equilibrium under Conditions of Risk, *Journal of Finance* 19/3: 425-442.

Sharpe, W., 1970, *Portfolio Analysis and Capital Markets*, McGraw Hill, New York.

Shambaugh, J. C., 2012, The Euro's Three Crisis, *Brookings Papers on Economic Activity*, Spring, Washington DC.

Shaver, L., 2012, Illuminating Innovation: From Patent Racing to Patent War, *Wash. & lee l. Rev.* 69, available at https://law.wlu.edu/lawreview/.

Shaw, G. B., 1903, *Mensch und Übermensch*, S. Fischer Verlag, Berlin.

Sherry, M., 2016, *Opening Belle*, Simon & Schuster, New York.

Siegert, B., 2006, *Passagier und Papiere. Schreibakte an der Schwelle zwischen Spanien und Amerika*, Wilhelm Fink Verlag, München-Zürich.

Shapiro, C., Varian, H., 1999, The Arts of Standards War, *California Management Review* 41/2: 8-32.

Shapiro, J., 2013, *The Terrorist's Dilemma: Managing Violent Covert Organizations*, Princeton University Press, Princeton.

Shifrinson, J. R. I., 2014, How the West Broke Its Promise to Moscow, *Foreign Affairs* 11, 29. October.

Shubik, M.; Verkerke, J. H., 1989, Open Questions in Defense Economics and Economic Warfare, *Cowles Foundation Papers* 741 *Journal of Conflict Resolution* 33/3: 480-499.

Siedentop, L., 2015, *The Inventing of the Individual-the Origins of Western Liberalism*, Pinguin Books/Random House, New York usw.

Sieferle, R., 1982 *Der unterirdische Wald-. Energiekrise und industrielle Revolution,* C.H.Beck, München.

Sieferle, R., 1994, *Epochenwechsel. Die Deutschen an der Schwelle zum 21. Jahrhundert.* Propyläen, Berlin.

Sieferle, R., 2017, *Finis Germania,* Verlag Antaios, Schnellroda.

Siemons, M., 2018, Die automatisierte Politik, *Frankfurter Allgemeine Zeitung*, 6. August: 11.

Siems, D., 2016, Voodoo-Ökonomie, *Die Welt*, 18. Februar: 3.

Sigg, M., 2014, *Der Unterführer als Feldherr im Taschenformat: Theorie und Praxis der Auftragstaktik im deutschen Heer,* Verlag Ferdinand Schöningh, Paderborn.

Sima Q., 91 v. Chr, Shiji (*Geschichtliche Aufzeichnungen*), deutsch: 1999, Zhonghua Verlag, beijing.

Singer, P., 2015, *The Most Good You Can Do. How Effective Altruism Is Changing Ideas About Living Ethically,* Yale University Press, New Haven/London; deutsch: 2016. *Effektiver Altruismus. Eine Anleitung zum ethischen Leben,* Suhrkamp, Berlin.

Sinn, H.-W., 2008a, Das grüne Paradoxon: Warum man das Angebot bei der Klimapolitik nicht vergessen darf, *ifo Working Paper* 64.

Sinn, H.-W., 2008b, *Das grüne Paradoxon. Plädoyer für eine illusionsfreie Klimapolitik,* Econ, Berlin.

Sinn, H.-W., 2012, *Die Target-Falle*: Gefahren für unser Geld und unsere Kinder, Carl Hanser, München.

Simms, B., 2013, Cracked Heart of the Old World, *New Statesman,* London, https://www. newstatesman.com/world-affairs/europe/2013/03/cracked-heart-old-world, Zugriff am 13. 4. 2013.

SIPRI, o. D., Military Expenditure Database, https://www.sipri.org/databases/milex, Zugriff am 10. 3. 2019.

Skinner, M. K., 2015, Vererbung der anderen Art, *Spektrum der Wissenschaft* 7: 19-25.

Slater, A., 2015, *Militärsprache: Die Sprachpraxis der Bundeswehr und ihre geschichtliche Entwicklung,* rombach Verlag, Freiburg, Berlin, Wien.

Sloterdijk, P., 2008, *Zorn und Zeit-Politisch-psychologischer Versuch,* Suhrkamp Verlag, Frankfurt a. M.

Sloterdijk, P., 2016a, Das kann nicht gutgehen; Interview, *Capital* 2: 14-23.

Sloterdijk, P., 2016b, Primitive Reflexe, *Die Zeit* 3. März: 39.

Souchon, L., 2012, *Carl von Clausewitz-Strategie im 21. Jahrhundert,* Mittler Verlag, Hamburg.

Small, E. E., Rentsch, J. R., 2010, Shared Leadership in Teams. A Matter of Distribution, *Journal of Personnel Psychology* 9/4: 203-211.

Smith, A., 1759, *The Theory of Moral Sentiments*, A. Millar, London; deutsch: 2004, *Die Theorie ethischer Gefühle*, Meiner Verlag, Hamburg.

Smith, A., 1776 (1976), The *Wealth of Nations: an Inquiry into the Nature and the Causes*, Oxford University Press, Oxford; deutsch: 1974, *Der Wohlstand der Nationen-Eine Untersuchung seiner Natur und seiner Ursachen*, Beck, München.

Smith, F., Lilienfeld, O., 2013, Psychopathy in the Workplace. The Knowns and the Unknowns, *Aggression and Violent Behavior* 18: 204-218.

Smith, G., 2012, *Why I Left Goldman Sachs*, Gran Central Publishing, New York; deutsch: 2014, *Die Unersättlichen-Ein Goldman Sachs-Banker rechnet ab*, Rowolt, Reinbeck.

Smithers, A., Wright, S., 2000, Valuing Wall Street: Protecting Wealth in Turbulant Markets, McGraw Hill, New York.

Smolka, K. M., 2015, Die Trickser der Wirtschaft, *Frankfurter Allgemeine Zeitung*, 21. Oktober.

Sneed, J. D. 1971 (1979), *The Logical Structure of Mathematical Physics*, überarbeitete Auflage, Reidel, Dordrecht.

Snyder, T., 2015a, *Black Earth: The Holocaust as History and Warning*, Tim Duggan Books, New York, deutsch: 2015, *Black Earth, Der Holocaust und warum er sich wiederholen kann*. C. H. Beck, München.

Snyder, T., 2015b, Die deutsche Schuld ist noch viel größer, Interview, *Die Welt*, 24. Oktober: 8.

Snyder, T., 2016, In der Zone der Zerstörung, *Frankfurter Allgemeine Zeitung*, 1. Februar: 6.

Sombart, W., 1913a (1988), *Der Bourgeois: Zur Geistesgeschichte des modernen Wirtschaftsmenschen*, Rowohlt, Reinbek bei Hamburg.

Sombart, W., 1913b, *Krieg und Kapitalismus*, Duncker und Humblot, München und Leipzig.

Soto, D. de, 1547, In causa pauperum deliberatio, Salamanca, https://books.google.de/books/ about/In_causa_pauperum_deliberatio. html?id=L7I7AAAAcAAJ&redir_esc=y, Zugriff am 7. 11. 2018.

Spaemann, R., 2012, *Über Gott und die Welt-eine Autobiographie in Gesprächen*,

Klett-Cotta, Stuttgart.

Spehr, M., 2018, Wenn Spione um die Ecke denken, *Frankfurter Allgemeine Zeitung*, 8. Mai: T1.

Spence, M., 2002, Signaling in Retrospect and the Informational Structures of Markets, Nobel Prize Lecture, *The American Economic Review* 92/3: 434-459.

Spencer, H., 1854, *First Principles of a New Theory of Philosophy*, Appleton & Co., New York.

Spencer, H., 1860, The Social Organism, *The Westminster Review*, https://www.econlib.org/library/ LFBooks/Spencer/spnMvS9.html, Zugriff am 31. 12. 2015.

Spengler, O., 1918, 1922, *Der Untergang des Abendlandes*, Band 1: Wien; Band 2, München; 1963, C. H. Beck, München.

Spengler, T., 2010, 40 Jahre Mao-Bibel, *Süddeutsche Zeitung*, 19. Mai.

Spiegel, 1969, *Operation Brünnhilde*, Nr. 52., 22. Dezember. 92-94.

Spiegel, 2016, *Früher war alles schlechter No. 48: Massentötungen*, Nr. 48:58.

Spiegel Online, 2009, Angriff aufs Schweizer Herz, https://www.spiegel.de/ politik/ausland/ steinbrueck-und-die-eidgenossen-angriff-aufs-schweizer-herz-a-615140.html, Zugriff am 1. Oktober 2016.

Spiegel Spezial, 2006, *Kampf um Rohstoffe-die knappen Schätze der Erde*, Nr. 5.

Spinoza, B., 1670, *Tractatus Theologico-Politicus* (*Theologisch-politischer Traktat*); 1979, Wissenschaftliche Buchgesellschaft, Darmstadt.

Spinoza, B., 1675, *Ethica, ordine geometrico demonstrata* (*Die Ethik nach geometrischer Methode dargestellt*); 2015, Nikol-Verlag Hamburg.

Spolaore, E., Wacziarg, R., 2013, How Deep Are the Roots of Economic Development? *Journal of Economic Literature* 51/2: 325-369.

Sprenger, R.K., 2017a, Unser aller Bruder Kain, *Die Welt*, 23. März: 2.

Sprenger, R.K., 2017b, „Von der Leyen war immer eine Fehlbesetzung ", *Die Welt*, 4. April: 4.

Stadler, C., 2009, *Krieg*, UTB Profile, facultas wuv, Wien.

Stanford Law School, 2019, Largest U.S. Monetary Sanctions by Entity Group, https://fcpa.stanford.edu/statistics-top-ten.html, abgerufen am 16. 7. 2019.

Stango, V., 2004, The Economics of Standards Wars, *Review of Network Economics* 3/1: 1-19.

Starbatty, J., Stark, J., 2016, Schumpeter versus Keynes, *Frankfurter Allgemeine Zeitung*, 20. Dezember: 20.

Starmans, C., Sheskin, M., Bloom, P., 2017, Why People Prefer Unequal Societies, *nature human behavior* 1: 1-7.

Starr, F., 2013, *Lost Enlightenmment: Central Asias Golden Age from Arab Conquest to Tamerlane*, Princeton University Press, Princeton.

Statistisches, 2006, *Bevölkerung Deutschlands bis 2015, 11. koordinierte Bevölkerungsvorausberechnung*, Wiesbaden.

Statistisches Bundesamt, 2007, *Reihe Portland-Zement*, Genesis-Online Reihe 61241BM017.

Statistisches Bundesamt, 2014, *Marktanteile am Export von konventionellen Waffen nach Nationen im Zeitraum von 2009 bis 2013* (kumulierter Wert), https://de.statista.com/statistik/daten/ studie/151877/umfrage/weltweite-marktanteile-am-export-von-konventionellen-waffen-nachnationen/, Zugriff am 20. 4. 2014.

Statistisches Bundesamt, 2016, *Militärausgaben*, https://de.statista.com/statistik/daten/ studie/150664/umfrage/anteil-der-militaerausgaben-am-bip-ausgewaehlter-laender/, Zugriff am 15. 9. 2018.

Statistisches Bundesamt, 2018, *Außenhandel*, https://de.statista.com/themen/563/aussenhandel/, Zugriff am 15. 9. 2018.

Statistisches Bundesamt, 2019a, *Bevölkerungswachstum und Fertilitätsrate*, https://de.statista. com/statistik/daten/studie/169397/umfrage/natuerliche-wachstumsrate-der-bevoelkerungnach-kontinenten/; https://de.statista.com/statistik/daten/studie/1724/umfrage/weltweitefertilitaetsrate-nach-kontinenten/, Zugriff am 3. 3. 2019.

Statistisches Bundesamt 2019b. *Solarmodulhersteller*, https://de.statista.com/statistik/daten/ studie/163986/umfrage/weltweit-groesste-hersteller-von-solarzellen/, Zugriff am 26. 6. 2019.

Staufen, F. von, 1248, *De arte venandi cum avibus;* deutsch: 1964, *Über die Kunst mit Vögeln zu jagen,* Insel Verlag, Frankfurt am Main.

Stauffenberg, F.L. Graf, 2010, Zerbrechender Rechtsstaat, in: *Der Kampf um den Lissabon-Vertrag: Das Ringen der deutschen Bürgergesellschaft um die europäische Integration* (Hrsg. Kerber, M., Spethmann, D., Starbatty, J., Stauffenberg,

F.L. Graf), Lucius & Lucius, Stuttgart.

Staun, H., 2014, Wir Facebook-Ratten, *Frankfurter Allgemeine Sonntagszeitung*, 6. Juli: 37.

Stein, H., 2019, Verkehrung der politischen Fronten, *Die Welt*, 15. Mai 2019: 22.

Stein, T., 2019, Moral in Zeiten der Klimakrise, *Frankfurter Allgemeine Zeitung*, 24. Juni: 6.

Steinbrück, Peer, 2009, *Steueroasen-Streit: Worte wie ein Artillerieangriff*, Spiegel Online, https://www.spiegel.de/fotostrecke/steueroasen-streit-worte-wie-ein-artillerieangriff-fotostrecke-40929.html, Zugriff am 8. 2. 2019.

Steiner, C. 2018, Als der Rubel nicht mehr rollte, *Frankfurter Allgemeine Zeitung*, 17. August: 17.

Steinmann, H.; Löhr, A., (Hrsg), 1991, U*nternehmensethik*, Poeschel, Stuttgart.

Steinmetz, G., 2015, *The Richest Man who Ever Lived: The Life and Times of Jacob Fugger*, Simon and Schuster, New York.

Stiftung Marktwirtschaft, 2018, Ehrbare Staaten? Wie zukunftssicher sind die Staatsfinanzen in Europa, *Blickpunkt Marktwirtschaft* II, Berlin: 5.

Stigler, G., 1971, The Theory of Economic Regulation, *Bell Journal of Economics and Management Science* 3: 3-18.

Stiglitz, J., 2010, A Currency War has no Winners, *The Guardian*, 1. Nov., London.

Stocker, F., Trentmann, N., 2014, Händler der Finsternis, *Welt am Sonntag*, 24. August: 38, 40.

Stocker, F., 2014, Datenklau wird zur Plage, *Die Welt*, 5. Dezember: 13.

Stocker, F., 2015, Die geborenen Sparer, *Welt am Sonntag*, 25. Oktober: 42.

Stocker, F., 2016, Auslaufmodell Globalisierung, *Die Welt*, 24. August: 15.

Stocker, F., 2018, Trumps Handelskrieg kostet die Welt 500 Milliarden Dollar, *Die Welt*, 17. Juli: 9.

Stockman, D. A., 2015, Ein Schlag gegen Europa, *Handelsblatt*, 15./16./17. Mai: 72.

Stoiber, M.; Schäfer, M., 2013, Gewalt ist keine Lösung, aber eine coole Alternative? Was Täter bei Bullying so erfolgreich macht, *Praxis der Kinderpsychologie und Kinderpsychiatrie*, Special Issue Peerbeziehungen, 3, erscheint demnächst.

Stooq, 2019, *Historical data: Crude Oil WTI-NYMEX (CL.F)*, https://stooq.com/ q/d/?s=cl.f, Zugriff am 8. 2. 2019.

Strachan, H., 2013, *The Direction of War*, Cambridge University Press, New York.

Strauß, F.-J. 1989, *Die Erinnerungen*, Siedler, Berlin.

Struebig, M., Kingston, T., Petit, E., Le Comber, S., Zubaid, A., Mohd-Adnan, A., Rossiter, S., 2011, Parallel Declines in Species and Genetic Diversity in Tropical Forest Fragments, *Journal Ecology Letters* 14: 582-590; im Internet verfügbar unter: https://webspace.qmul.ac.uk/ sjrossiter/Assets/Steve/2011%20 Struebig%20et%20al%20Eclogy%20Letters.pdf, Zugriff am 9.8.2017.

Stumpf, R., 1993, *Kriegstheorie und Kriegsgeschichte*, Deutscher Klassiker Verlag, Frankfurt a. M.

Suddendorf, Th., 2019, Kognition-schlaue Köpfe, *Spektrum der Wissenschaft* 1: 20-25.

Süddeutsche Zeitung 2013a, *LIBOR*, 27. März: 26.

Süddeutsche Zeitung 2013b, *Im Schattenreich*, 14. Juni: 18.

Süddeutsche Zeitung 2013c, *Die Boni-Banker müssen sparen*, 25. Juni, S. 18.

Süddeutsche Zeitung 2013d, *Wahrheiten aus dem Kartenhaus*, 29./30. Juni: 18.

Süddeutsche Zeitung 2013e, *Neue Handelsrouten: Asien, Amerika und Südameri-ka holen auf im weltweiten Handelsverkehr*, 20./21. Juli: 30-31.

Süddeutsche Zeitung, 2014a, *Tödlicher Brand*, 4. August: 17.

Süddeutsche Zeitung, 2014b, *Hier sind Drachen*, 6.-7. Dezember: 37-39.

Süddeutsche Zeitung, 2015, *Virtuelle Kriminelle*, 10.-11. Januar: 8.

Süddeutsche Zeitung, 2016a, *Die Panama-Papers*, fortlaufende Berichterstattung ab dem 4. April bis Ende Mai.

Süddeutsche Zeitung, 2016b, *Die Bahamas-Leaks-die geheimen Briefkastenfir-men von Politikern und Superreichen*, 22. April: 6-7.

Süddeutsche Zeitung, 2016c, *Fragwürdiger Druck*, 22./23. Oktober: 8.

Süddeutsche Zeitung, 2017a, *Unverhoffter Erfolg*, 11. April: 16.

Süddeutsche Zeitung, 2017b, *Die Paradise Papers*, fortlaufende Berichterstattung ab dem 6. November.

Süskind, P., 1985, *Das Parfum. Die Geschichte eines Mörders,* Diogenes, Zürich.

Sunde, U., 2016, Vom Anfang und Ende des Wachstums, *Frankfurter Allgemeine*

Zeitung, 15. Juli: 18.

Sun Zi, ca. 500 v.Chr., (2015), *Die Kunst des Kriegs*, Nikol Verlag, 15. Aufl., Berlin.

Surowiecki, J., 2004, *The Wisdom of Crowds*, Anchor Books, New York.

Szigetvari, A., 2017, Wie die Beratungsindustrie vom Crash profitierte, *Der Standard*, 4./5. März: 17.

Taleb, N. N., 2007, The Black Swan: The Impact of the Highly Improbable, Random House, New York; deutsch: 2008, *Der Schwarze Schwan: Die Macht höchst unwahrscheinlicher Ereignisse*, Hanser, München.

Talgam, I., o. D., *The Maestro Program*, https://www.talgam.com/ Zugriff am 13. 5. 2019.

Talhelm, Th., Zhang, X., Oishi, S., Duan, D., Lan, X., Kitayama, S., 2014, Large-Scale Psychological Differences Within China Explained by Rice Versus Wheat Agriculture, *Science* 344: 603-608.

Tarde, G., 1890, *Le lois de l'imitation, Étude sociologique*, Alcan, Paris.

Taylor, A. J. P., 1954, T*he Struggle for Mastery in Europe 1848-1918, Oxford History of Modern Europe*, Oxford University Press.

Taylor, A. J. P., 1961, *The Origins of the Second World War*, Penguin Books, London.

Taylor, J. B., 1993, Discretion Versus Policy Rules in Practice, *Carnegie-Rochester Conference Series on Public Policy* 39, 195-214.

Taylor, M., 2012, Wie ich auf Bob Diamond reinfiel, *Financial Times Deutschland*, 12. Juli: 24.

Taylor, M., Ward, H., 1982, Chickens, Whales and Lumpy Goods: Alternative Models of Public Good Provision, *Political Studies* 30: 350-370.

Thaler, R. H., 1992, *The Winner's Curse: Paradoxes and Anomalies of Economic Life*, Princeton University Press, Princeton.

Thaler, R., Sunstein, C., 2009, *Nudge. Improving Decisions About Health, Wealth, and Happiness*, Penguin, London.

Thatcher, M., 1987, Interview 23. September 1987, as quoted in by Douglas Keay, *Woman's Own*, 31 October: 8-10.

The Saturday Review 1897, *England and Germany*, 11. September: 278-279.

Thissen, H.v., 2009, Korruption und Normenkonkurrenz. in: Engels, J., Fahrmeir, A., Nützenadel (Hrsg.), *Geld-Geschenke-Politik. Korruption im neuzeitlichen Europa.* München, 91-120.

Thomas, Th. L., 2004, Russias Reflexive Control Theory and the Military, *Journal of Slavic Military Studies* 17: 237-256.

Thomas, W. I., 1972, The Definition of the Situation; Manis, J.G., Meltzer, B.N. (Hrsg), *Symbolic Interaction: a Reader in Social Psychology,* Allyn and Bacon Boston.

Thünen, J. H. von, 1826 (1990), *Der isolirte Staat in Beziehung auf Landwirthschaft und Nationalökonomie, oder Untersuchungen über den Einfluß, den die Getreidepreise, der Reichthum des Bodens und die Abgaben auf den Ackerbau ausüben*, Perthes, Hamburg. 1990: Berlin: Akademie-Verlag, Herausgegeben und unter Benutzung unveröffentlichter Manuskripte kommentiert von Hermann Lehmann.

Thukydides, 431-404 v.Chr., *Der Peloponnesische Krieg*, deutsch: 2000, Reclam, Stuttgart.

Thun-Hohenstein, F., 2018, Troika, in: *Wörter aus der Fremde* (hrsg. Von F. Schmieder und G. Töpfer), Kulturverlag Kadmos, Berlin: 245-248.

Thurow, L., 1992, *Head to Head-the Coming Economic battle amoing Japan, Europe and America*, Morrow, New York; deutsch: 1993, *Kopf an Kopf: Wer siegt im Wirtschaftskrieg zwischen Europa, Japan und den USA*, Econ, Düsseldorf.

Tiebout, C.M., 1956, A Pure Theory of Local Expenditures, *Journal of Political Economy* 64: 416-424.

Tietmeyer, H., 2005, *Herausforderung Euro*, Hanser, München.

Tillich, P., 1946, *Probleme der Theologischen Methode,* in: Tillich, P., Ergänzungs-und Nachlaßbände, Bd. IV, Stuttgart: 19-35.

Timothy L. Thomas, "Russias Reflexive Control: Theory and the Military," *Journal ofSlavic Military Studies* 17 (2004), 237256, https://www.rit.edu/~wcmmc/literature/Thomas_2004.pdf, Zugriff am 25. 11. 2019.

Tinbergen, N., 1968, On War and Peace in Animals and Man, *Science* 160/3835: 1411-1418, deutsch: 1969, Von Krieg und Frieden bei Tier und Mensch. In: *Kreatur Mensch* (Altner, G. Hrsg.), Heinz Moos Verlag, München: 163-178.

Tirole, J., 1986, Hierarchies and Bureaucracies: On the Role of Collusion in Organizations, *Journal of Law, Economics and Organization* 2: 181-214.

Tirole, J., 1988, *The Theory of Industrial Organization*, MIT-Press, Cambridge/Mass.

Titze, M., 2005, *Probleme einer strategischen Handelspolitik: Eine Untersuchung am Beispiel der Cargolifter AG*, Deutscher Universitätsverlag, Wiesbaden.

Tollison, R., 1982, Rent Seeking: a Survey, *Kyklos* 35: 575-602.

Tobin, J.A, 1969, General Equilibrium Approach to Monetary Theory, Journal of Money, Credit and Banking.

Tomasello, M., 2008, *Origins of Human Communication*, MIT Press, Cambridge (Mass.); deutsch: 2011, *Die Ursprünge der menschlichen Kommunikation*, Suhrkamp, Berlin.

Tomasello, M., 2011, Wir Menschen sind hilfsbereiter als andere Affen, Interview in der *Süddeutschen Zeitung*, 2. Dezember: 18.

Tomasello, M., 2014, *A Natural Story of Human Thinking*, Harvard University Press, Cambridge (Mass.).

Tomasello, M., 2019, Moral-Die Geburt des „Wir ", *Spektrum der Wissenschaft* 5: 35-39.

Tongfang, o. D. https://www.cnki.net/, Zugriff am 3. 3. 2015.

Tocqueville, A. de, 1835/1840 (1937), *De la démocratie en Amérique*, C. Gosselin, Paris; deutsch: *Über die Demokratie in Amerika,* Manesse, Zürich (2 Bände).

Tocqueville, A. de, 1856, *L'Ancien Régime et la Révolution,* Michel Lévy Frères, Paris; deutsch: 1969, *Der alte Staat und die Revolution*, Rowohlt, Reinbek bei Hamburg.

Tuitel, R., 2016, Defining Cyber Terrorism, *per Concordiam* 7/2: 10-14.

Turgenew, I. S., 1862, *Vater und Söhne*, 2001, Aufbau Verlag, Berlin.

Turing, A., 1937, On Computable Numbers, with an Application to the Entscheidungsproblem, *Proceedings of the London Mathematical Society* 2/42: 230-265.

Tworek, H., 2019, Informationskriege, *Internationale Politik* 74/2: 122-129.

Tyler, E., 1871, *Primitive Culture;* deutsch: 2005, *Die Anfänge der Cultur: Unter-suchungen über die Entwicklung der Mythologie, Philosophie, Religion, Kunst und Sitte*, Reprint Georg Olms, Hildesheim.

Uhlmann, B., 2019, Das allgegenwärtige Fett, *Süddeutsche Zeitung*, 1. August: 14.

Ulfkotte, U., 2001, *So lügen Journalisten: Kampf um Quoten und Auflagen*, Bertelsmann Verlag, München.

Ullrich, D., Diefenbach, S., 2017, *Es war doch gut gemeint-Wie Political Correctness unsere freiheitliche Gesellschaft zerstört*, Riva-Verlag, München.

UNCOMTRADE, o. D., *Seltene Erden (HS-280530) und (HS-2846)*, https:// comtrade.un.org/data/, Zugriff am 19. 6. 2019.

UNCTAD, 2018, *Investment Policy Hub-Investment Dispute Settlement Navigator*. http:// investmentpolicyhub.unctad.org/ISDS,Zugriff am 15.04.2018.

US Army, 2011, Field Manual 3-0 Operations.

Valente, Th., 2012, Network Interventions, *Science* 337: 49-53.

Vásquez, I., Porčnik, T., 2018, *Human Freedom Index 2018 Revised*, Cato Institute, Washington DC.

Veblen, Th., 1899, *The Theory Of The Leisure Class*, The Macmillan Company, New York-London; deutsch: 1958, *Theorie der feinen Leute: eine ökonomische Untersuchung der Institutionen*, Verlag Kiepenheuer & Witsch, Köln und Berlin.

Veblen, Th., 1914, *The Workmanship and the State of the Industrial Arts*, Transaction Publishers, Piscataway.

Veblen, Th., 2015. *Imperial Germany and the Industrial Revolution*, Macmillan, New York.

Veblen Th., 1919, *The Nature of Peace and the Terms of its Perpetuation*, Macmillan, New York.

Veltins, M., 2015, Rivalität der Rechtssysteme: Forum Shopping-ist die Zuständigkeit der Justiz grenzenlos? in: Blum, U., (Hrsg.), *Zweite Tagung Economic Governance und Ordonomik,* Series in Political Economy and Economic Governance 3, Halle: 195-204.

Veltins, M., 2017, Intellektuelle Eigentumsrechte im Spannungsverhältnis von Industrie 4.0: Wem gehört „Big Data"? in: Blum, U., (Hrsg.), *Salzstraße trifft Seidenstraße,* Series in Political Economy and Economic Governance 10, Halle: 212-141.

Vereinte Nationen (o. D.), Charta, im Internet unter https://www.un.org/depts/ german/un_charta/ charta.pdf, gespeichert am 1. 12. 2013.

Verheyen, N., 2018, *Die Erfindung der Leistung*, Carl Hanser, Berlin.

Vernon, R., 1966, International Investment and International Trade in the Product Life Cycle, *Quarterly Journal of Economics* 80, 190-207.

Vertova, G., 1999, Stability in National Patterns of Technological Specialization: Some Historical Evidence from Patent Data, *Economics of Innovation and New Technology* 8/4: 331-354.

Viciano, A., 2018, Neue Angst vor alten Seuchen, *Süddeutsche Zeitung*, 24./25. März: 38-39.

Vidal, O., Goffé, B., Arndt, N., 2013, Metals for a Low-Carbon Society, *Nature Geoscience* 6: 894-896.

Villiers, P. de, 2017, *Servir*, Librairie Arthème Fayard, Paris.

Villiers, P. de, 2018, *Que'est-ce q'un chef?* Librairie Arthème Fayard, Paris.

Viscusi, W. K., Harrington, J. E., Vernon, J. M., 2000, *Economics of Regulation and Antitrust*, MIT Press Books, Cambridge.

Voltaire, 1763, *Traité sur la tolérance*, Genf.

Vogelsang, K., 2018, *Geschichte Chinas*, 5. aktualisierte und erweiterte Auflage, Reclam, Stuttgart.

Vogl, J., 2010/11, *Das Gespenst des Kapitals*, diaphanes, Zürich.

Vogl, J., 2015, *Der Souveränitätseffekt,* diaphanes, Zürich.

Voigt, F., 1973, *Theorie der Verkehrswirtschaft*, Duncker & Humblot, Berlin.

Waal, F. de, 2014, *The Bonobo and the Atheist*, Norton & Company, New York; deutsch: 2015, *Der Mensch, der Bonobo und die Zehn Gebote: Moral ist älter als Religion*, Klett-Cotta, Stuttgart.

Wacket, J., 2018, IWF lenkt Blick auf Staatsvermögen, *Börsen-Zeitung*, 11 Oktober: 4.

Wade, L., 2018, *Nahrung für die Götter*, Süddeutsche Zeitung, 21./22. Juli: 34-35.

Wagner, A., 1893, *Grundlegung der Politischen Ökonomie.* Teil I: Grundlagen der Volkswirtschaft, C.F. Winter' sche Verlagshandlung, Leipzig.

Wagner, A., 2015, *Arrival of the Fittest: how Nature Innovates*, Current, New York; deutsch: 2015, *Arrival oft he Fittest: Wie das Neue in die Welt kommt. Über das größte Rätsel der Evolution,* Fischer, Frankfurt.

Wahl, K., 2015, Aggression und Gewalt-ein Zusammenspiel biotischer, psychischer und sozialer Mechanismen, in: Meller, H., Schefzik, M. (Hrsg.), 2015, *Krieg-eine archäologische Spurensuche*, Landesamt für Denkmalpflege und Archäologie-Landesmuseum für Vorgeschichte Halle (Saale), Theil, Darmstadt: 29-32.

Wall Street Journal, 2012, *Apple Sttlement to Pinch HTC*, 13. November: 22.

Walk Free, o. D., https://www.walkfree.org/ bzw. https://www.globalslaveryindex.org/.

Walsh, T., 2017, *Android Dreams, The Past, Present and Future of Artificial Intelligence*, Hurst and Company, London.

Walther, Ph., Brukner, Č., 2019, Kausalität in der Quantenwelt, *Spektrum der Wissenschaft* 4: 12-19.

Waltz, K., 1979, *Theory of International Politics*, Random House, New York.

Wassermann, F., 2015, *Asymmetrische Kriege: Eine politiktheoretische Untersuchung zur Kriegsführung im 21. Jahrhundert*, Campus, Frankfurt.

Watrin, C., 1962, *Weltwirtschaft und Außenhandelstheorie-zur Theorie ökonomischer Konflikte*, Habilitationsschrift, Köln, mimeo.

Watts, D. J., Strogatz, S. H., 1998, Collective Dynamics of Small-World Networks, *Nature* 393: 440-442.

Watts, J., Sheehan, O., Atkinson, Q. D., Bulbulia, J., Gray, R.D., 2016, Ritual Human Sacrifice Promoted and Sustained the Evolution of Stratified Societies, *Nature* 532: 228-231.

Wawruschka, C., 2009, Güterkontakt und Handel in der Urgeschichte: Zur Interpretation von Gütermobilität, in: Wasmuth, M. (Hrsg.), *Handel als Medium von Kulturkontakt*, Academic Press, Fribourg und Vandenhoek & Rupprecht, Göttingen: 5-34.

We are Social, 2019, *Social Platforms: Active User Accounts*, https://wearesocial.com/globaldigital-report-2019, Folie 81, Zugriff am 21. 6. 2019.

Weber, A., 1909, *Über den Standort der Industrien*, erster Teil: *Theorie des Standortes*, J.C.B. Mohr, Tübingen.

Weber, M., 1895, *Der Nationalstaat und die Volkswirtschaftspolitik*, Antrittsvorlesung an der Universität Freiburg, Max-Weber-Gesamtausgabe, JCB Mohr-Paul Siebeck, Tübingen I/4: 543-574.

Weber, M., 1904/1905 (1981), *Die protestantische Ethik*, Verlagshaus Gerd

Mohn, Gütersloh.

Weber, M., 1919 (1992), *Politik als Beruf*, Vortragsmitschrift mit Nachwort von R. Dahrendorf, Reclam.

Weber, M., 1919, *Politik als Beruf, Freiburger Vorlesung*, https://gutenberg. spiegel.de/buch/politikals-beruf-8139/2, Zugriff am 9. 4. 2019.

Weber, M., 1919, Wissenschaft als Beruf, Münchner Vorlesung, https://www. zeno.org/Sozio-logie/M/Weber,+Max/Schriften+zur+Wissenschaftslehre/ Wissenschaft+als+Beruf, Zugriff am 17. 6. 2019.

Weber, M., 1922, *Wirtschaft und Gesellschaft: Grundriß der verstehenden Soziologie*, J.C.B. Mohr, Tübingen.

Weder, R., 2015, Europa braucht eine Alternative zur EU, *Neue Züricher Zeitung*, 17. September: 23.

Wefers, A., 2018, Eiertanz um Kontrolle von Investitionen aus China, *Börsen-Zeitung*, 1. Juni: 8.

Wegener, A., 1915, *Die Entstehung der Kontinente und Ozeane*, Vieweg, Braunschweig.

Wegner, G., 2017, Die Gefahr einer politisierten Wirtschaft, *Frankfurter Allgemeine Zeitung,* 25. August: 20.

Wehling, E., 2016, *Politisches Framing: Wie eine Nation sich ihr Denken einredet-und daraus Politik macht* (edition medienpraxis), Herbert von Halem Verlag, Köln.

Weicker, H., 1898, *Kiautschou-Das deutsche Schutzgebiet in Ostasien*, Reprint Melchior-Verlag 2016, Wolfenbüttel.

Weisiger, A., 2013, *Logics of War: Explanations of Limited and Unlimited Conflict*, Cornell University Press, Ithaca, NY.

Weißer, U., 2012, *Die Klimakatastrophe-ein Fehlalarm*, Dipolimca-Verlag, Hamburg.

Welchering, P., 2018, Der Spion, der mich siebte, *Frankfurter Allgemeine Zeitung*, 14. August: T4.

Weizman, 1996, Hybridizing Growth Theory, *The American Economic Review* 86/2: 207-212.

Wellmer, F., Gutzmer, J., Kullik, J. Erlach, B.2017, Die Energiewende braucht verlässliche Rahmenbedingungen für den Metallerzbergbau, *GAIA-Ecological Perspectives for Science and Society* 26/3: 233-236.

Weltbank, 2017, *Internationale Patentanmeldungen*, Washington DC, https://data. worldbank.org/ indicator/IP.PAT.RESD, Zugriff am 24. 3. 2018.

Weltbank, 2018, *Doing Business 2018-Reforming to Create Jobs*, Washington DC, https://www. doingbusiness.org/content/dam/doingBusiness/media/ Annual-Reports/English/DB2018-FullReport.pdf, Zugriff am 24. 3. 2018.

Weltsparen, 2017, So gut sind europäische Spareinlagen geschützt, https://www. weltsparen.de/ magazin/spareinlagen-schutz-eu-einlagensicherung/, Zugriff am 5. 5. 2019.

Welt am Sonntag, 2013, *Maggie und die vielen Mythen*, 14. April, 42-43.

Welt am Sonntag, 2016, *Der unheimliche Gigant*, 6. November: 33-35.

Welt am Sonntag, 2017a, *Washington provoziert eine Ölschwemme*, 29. Januar: 46.

Welt am Sonntag, 2017b, *Staatsfonds erobern Deutschland*, 6. August: 44.

Welt am Sonntag, 2017c, *Und den Reibach machen die anderen*, 26. März: 44.

Wendler, E., 2017, Was kann die heutige Wirtschaftswissenschaft von Friedrich List (1789-1846) lernen? Teil II. Die Arbeitswert-und Geldtheorie von Friedrich List, *List Forum* 43: 381-386.

Wendler, E., 2018a, Was kann die heutige Wirtschaftswissenschaft von Friedrich List (1789-1846) lernen? Teil III. Friedrich List als Vordenker der Sozialen Marktwirtschaft, *List Forum* 44: 53-64.

Wendler, E., 2018b, Was kann die heutige Wirtschaftswissenschaft von Friedrich List (1789-1846) lernen? Teil IV. Die sieben Todsünden der Ökonomie aus der Sicht von Friedrich List, *List Forum* 44: 53-64.

Werhahn-Mees, K., *Ch'I Chi-kuang Praxis der chinesischen Kriegsführung*, Bernard & Graefe Verlag, München.

Werin, C., 2018, Der kämpferische Moralist wird dem Westen fehlen, *Die Welt*, 27. August: 8.

Werner, K., 2016, Die wahren Strippenzieher, *Süddeutsche Zeitung*, 21. September: 21.

Wexberg, E., 1930, *Individualpsychologie. Eine systematische Darstellung*. Verlag S. Hirzel, Leipzig.

White, J., 2016, Dismiss, Distort, Distract, and Dismay: Continuity and Change in Russian Disinformation, Policy Brief, Institute for European Studies, https://www.ies.be/files/Policy%20 Brief_Jon%20White.pdf, Zugriff am 25. 11. 2019.

Whitehouse, H., François, P., Savage, P.E., Currie, Th.E., Feeney, K.C., Cioni, E., Purcell, R., Ross, R.M., Larson, J., Baines1, J., Haar., B.t., Covey, A., Turchin, P., 2019, Complex Societies Precede Moralizing Gods Throughout World History, *Nature* 568: 226-244.

Whitten, G. D., Williams, L.K., 2011, Buttery Guns and Welfare Hawks: the Politics of Defense Spending in Advanced Industrial Democracies, *American Journal of Political Science* 55/1: 117-134.

Whorf, B. L., 1956, *Language, Thought and Reality*, Cambridge MA; deutsch: 1963, *Sprache, Denken, Wirklichkeit*, Beiträge zur Metalinguistik und Sprachphilosophie, Rowolt, Reinbek bei Hamburg.

Wicksell, K., 1898 (1968), *Geldzins und Güterpreise*, Scientia-Verlag, Aalen.

Widmann, E., 2017, Das Dorf der Zombies, *Süddeutsche Zeitung,* 10. April: 16.

Wiegand, J., 2019, Destabilizing the Global Monetary System: Germany's Adoption of the Gold Standard in the Early 1870s, *IMF Working Paper* 19/32, Washington DC.

Wijk, R. de., 2018, Die Rolle von Abschreckung im neuen strategischen Umfeld Europas, *Sirius-Zeitschrift für Strategische Analysen* 2/1: 3-20.

Wilde, G. J. S., 1982, The Theory of Risk Homeostasis: Implications for Safety and Health, *Risk Analysis* 2/4: 209-226.

Wilde, G. J. S., 1994, *Target Risk-Dealing with the Danger of Death, Disease and Damage in everyday Decisions*, PDE Publications, Toronto.

Wildt, M., 2014, Tierfreund als Menschenfreund, *Frankfurter Allgemeine Zeitung*, 2. September: 8.

Williamson, O. E., 1985, *The Economic Institutions of Capitalism: Firms, Markets, Relational Contracting,* The Free Press, New York; deutsch: 1990, *Die ökonomischen Institutionen des Kapitalismus: Unternehmen, Märkte, Kooperationen*, Mohr, Tübingen.

Williamson, O. E., 2002., The Theory of the Firm as Governance Structure: From Choice to Contract, *Journal of Economic Perspectives*, 16/3: 171-195.

Williamson, O. E., 2005, *The Economics of Governance*, Berkley, mimeo.

Williamson, O. E., 2010, Transaction Cost Economics: the Natural Progression, *American Economic Review* 100/6: 673-690.

Willisen, K.-F. v., 1919, *Begriff und Wesen des Wirtschaftskrieges*, Verlag Gustav Fischer, Jena.

Wilson, E. O., 1975, *Sociobiology: The New Synthesis*, Harvard University Press, Cambridge (Mass).

Wilson, E. O., 1978, *On Human Nature, Harvard University Press, Cambridge (Mass)*.

Wilson, E. O., 1990, *Success and Dominance in Ecosystems: The Case of Social Insects,* Ecology Institute, Oldendorf/Luhe.

Wilson, E. O., 2012, *The Social Conquest of Earth, Norton & Company;* (2013): *Die soziale Eroberung der Welt,* C.H.Beck, München.

Winkler, H. A, 2015, *Die Geschichte des Westens: Die Zeit der der Gegenwart,* C.H.Beck, München.

Winkler, H. A, 2017, Zur Wiederholung nicht empfohlen, *Frankfurter Allgemeine Zeitung,* 6. November: 13.

Winter, M. M., Arts, B., 2015, Mit den Augen der anderen, *Egon Zehender Focus* 1: 46-48.

WirtschaftsWoche, 2013, *Big Data, Neue Waffe im Wirtschaftskrieg,* 8. Juni: 58-65.

WirtschaftsWoche, 2014a, *Der Jargon der Wirtshaft: „Die meisten Manager reden erschreckend einfallslos",* Interview mit dem Philosophen Jürgen Werner, 15. Dezember, https://www.wiwo. de/erfolg/management/der-jargon-der-wirtschaft-die-meisten-manager-reden-erschreckend-einfallslos/11110622.html, Zugriff am 12. 11. 2017.

WirtschaftsWoche, 2014b, *Tricksereien mit Zahlen,* 30. Juni: 24.

WirtschaftsWoche, 2015a, *Steuerflucht: Versteck ums Eck,* 9. Oktober: 10-11.

WirtschaftsWoche, 2015b, *„Islamischer Staat"-Geldquellen des Kalifats*: 10-11.

WirtschaftsWoche, 2016, *Rückzug aus den Steueroasen,* 9. September: 25-26.

Wittgenstein, L. v., 1921 (1998), *Logisch-philosophische Abhandlungen (Tractatus Logico-Philosophicus),* Kritische Edition, Suhrkamp, Frankfurt am Main.

Wittgenstein, L. v., 1933 (2001), *Philosophische Untersuchungen*, Schulte,

J., (Hrsg.), Kritischgenetische Edition, Wissenschaftliche Buchgesellschaft, Frankfurt.

Wittgenstein, L. v., 1958 (1984), *Das Blaue Buch*, Band 5 der Werksausgabe, Suhrkamp, Frankfurt am Main.

Wittkowski, B., 2014, Karl Otto Pöhl †, *Börsen-Zeitung*, 11. Dezember: 16.

Wolfson, M., 1985, Notes on Economic Warfare, *Conflict Management and Peace Science*: 1-19.

World Economic Forum, 2015, *Global Competitiveness Report 2015-2016*, Genf.

World Economic Forum, 2017, *Global Competitiveness Report 2017-2018*, Genf.

World Economic Forum, 2019, *Global Risk Report 2017-2018*, Genf.

World Steel Association, 2019, *World Steel in Figures*, Brüssel.

World Intellectual Property Organization, 2017, Smartphones: What's Inside the Box? Chapter 4, in: *World Intellectual Property Report 2017-Intangible Capital in Global Value Chains*, World intellectual Property Organization, Genf.

World Trade Organization (WTO), o. D., *Agreement on Implementation of Article VI of the General Agreement on Tariffs and Trade 1994*, https://www.wto.org/english/docs_e/legal_e/19adp.pdf, Zugriff am 16. 2. 1019.

Worpenberg, K., 2017, *Die "Better Cotton Initiative" als Instrument der New Governance: Ana-lyse und Bewertung aus wirtschaftsethischer Sicht*, Lehrstuhl für Wirtschaftsethik, Halle.

Wootton, D., 2016, *The Invention of Science, Pinguin Books/Random House*, New York usw.

Wrangham, R., 2019, *The Goodness Paradox: How Evolution Made Us Both More and Less Violent*, Profile Books, London.

Wübbeke, J., 2013, Rare Earth Elements in China: Policies and Narratives of Reinventing an Industry, *Resources Policy* 38: 384-394.

Wübbeke, J., Conrad, B., 2015, Deutsche Technologie für Chinas industrielle Aufholjagd, *Mercator Institut China Monitor* 23, https://www.merics.org/sites/default/files/2017-09/China_ Monitor_23_Industrie40_DE.pdf, Zugriff am 24. 3. 2018.

Wübbeke, J., Meissner, M., Zenglein, M., Ives, J., Conrad, B., 2016, Made in China 2025, The Making of a High-Tech Superpower and Consequences for

Industrial Countries, *MERICS Papers on China 2*, Mercator Institute for China Studies, Berlin.

Wünsche, H.F., 2016, Zur Ideengeschichte der Sozialen Marktwirtschaft, *Historisch-Politische Mitteilungen*, Böhlau-Verlag, Köln-Weimar-Wien: 39-76.

Wüpper, G. 2016, *Rebellen aus den Weinbergen*, Die Welt, 9. August: 1.

Wuketits, F., 2016, Wurzeln der Religionen-Wurzeln des Übels? in: Grabner-Haider, A., Wuketits (Hrsg.), F., *Religion als Zeitbomber? Biologische und kulturgeschichtliche Analysen*, Alibri, Verlag, Aschaffenburg: 15-46.

Wunschik, T., 2014, *Knastware für den Klassenfeind: Häftlingsarbeit in der DDR, der Ost-West-Handel und die Staatssicherheit (1970-1989)*, Vandenhoek & Rupprecht, Göttingen.

Wygotski, L. S., 1934 (2002). *Denken und Sprechen*, Beltzt, Weinheim und Basel.

Xenophon, 390-355 v.Chr., *Oikonomikus*, deutsche Übersetzung 2012, Nabu-Press, Berlin.

Yao, J., 2011, The Ethical Doctrines of Confucius and Socrates, in: *Confucius and Socrates, Proceedings of Three Conferences on Chinese and Greek Philosophy*, Beijing.

Youn, H., Strumsky, D., Bettencourt L. M. A., Lobo, J., 2015, Invention as a Combinatorial Process: Evidence from US Patents, *Journal of the Roayal Society Interface*, https://rsif. royalsocietypublishing.org/content/ royinterface/12/106/20150272.full.pdf.

Yuan, S., 2017, Intangible Assets Key Components of Value, *China Daily*, 30. November: 17.

Zacharias, L., Schiel, T., 2013, Dreibund Marinekonvention 2013, *Militärgeschichte-Zeitschrift für historische Bildung* 3, 10-13.

Zeddies, L., 2015, Vollgeld und Full Reserve Banking: die Kritik auf dem Prüfstand-eine Replik, *Wirtschaftsdienst* 95/9, 636-639.

Zentrum für Europäische Wirtschaftsforschung, 2019, Patentstarke Unternehmen sehen von M&A untereinander ab, ZEWNEWS, April: 7.

Zhou B., 2015, Kriegsmetaphern in Wirtschaftsnachrichten-*Zeit-Online* als Beispiel, mimeo, Beijing.

Zhou, Y., 2016, Narcissism and the Art Market Performance, *The European*

Journal of Finance, Onlinepublikation https://dx.doi.org/10.1080/135184
7X.2016.1151804.

Zick, T., 2012, Die Menschenjäger, *Süddeutsche Zeitung*, 13./14. 8., V2/6.

Ziegler, J., 2003, *Die neuen Herrscher der Welt: und ihre globalen Widersacher*,
C. Bertelsmann Verlag, Gütersloh.

Zimbardo, P., 2005, *Das Stanford Gefängnis Experiment. Eine Simulationsstudie
über die Sozialpsychologie der Haft*. 3. Auflage, Santiago Verlag, Goch.

Zittlau, J., 2019, Eine neue Darmflora kann wie ein Antidepressivum wirken, *Die
Welt*, 2. April: 20.

Zola, E., 1891, *L'argent*, Bibliotheque-Charpentier, Paris, deutsch: 2016, *Das
Geld*, Insel Verlag, Berlin.

Zschäpitz, H., 2016a, Echter Zaster nur mit Laster, *Die Welt*, 24. Mai: 15.

Zschäpitz, H., 2016b, Das steckt hinter dem Wahnsinn an den Märkten, *Die Welt*,
1. Juli: 13.

Zschäpitz, H., 2016c, Nobelpreisträger sieht keine Zukunft für den Euro, *Die
Welt*, 20. August: 17.

Zschäpitz, H., 2016d, Passive Anleger sind schlimmer als Marx, *Die Welt*, 29.
August: 9.

Zschäpitz, H., 2017, Gewagtes Experiment im sozialistischen Krisenstaat, *Die
Welt*, 5. Dezember: 13.

Zschäpitz, H., 2018a, Alptraum der Banker, *Die Welt*, 17. März: 17.

Zschäpitz, H., 2018b, Zieht China wirklich in den Handelskrieg, *Die Welt*, 5. Juli: 13.

Zuboff, S., 2015, Big Other: Surveillance Capitalism and the proSpects of an
Information civilization, *Journal of Information Technology* 30/1: 75-89.

Zumbühl, P., o. D., *Gefechtsgrundsätze*, https://gefechtsgrundsaetze.ch/, Zugriff
am 9.2.2016.

Zulauf, D., 2012, Zynisch, Kommentar zur UBS, Börsen-Zeitung, *Tagesanzeiger*
19. Dezember.

Zweig, S., 1922 (1952), *Joseph Fouché-Bildnis eines politischen Menschen*,
Insel-Verlag, Leipzig; Fischer, Frankfurt a. M.

Zweig, S., 1927 (1942), *Sternstunden der Menschheit*, Insel-Verlag, Leipzig;
2013, Anaconda-Verlag, Köln.

Zweynert, J., 2014, Was bringen Sanktionen? Polit-ökonomische Anmerkungen, *Wirtschaftsdienst* 94/9: 606-607.

Zydra, M., 2016, Gut bezahlte Jasager, *Süddeutsche Zeitung*, 2. Februar: 20.

Zydra, M., 2019, Schluss mit Oraklen, *Süddeutsche Zeitung*, 25./26. Mai: 26.

人名对照表

（以姓氏首字母排序）

A

Hamed Abdel-Samad　哈默德·阿卜杜勒-萨马德

Christoph Abegglen　克里斯托弗·阿伯格伦

Petrus Abelardus　彼得·阿贝拉尔

Daron Acemoglu　达龙·阿西莫格鲁

Achilles　阿喀琉斯

Josef Ackermann　约瑟夫·阿克曼

Konrad Adenauer　康拉德·阿登纳

Anat Admati　阿纳特·阿德马蒂

Theodor Adorno　西奥多·阿多诺

Holger Afflerbach　霍尔格·阿弗莱巴赫

Agamemnon　阿伽门农

George Akerlof　乔治·阿克洛夫

Baschar al-Assad　巴沙·阿尔·阿萨德

Albertus　阿尔伯特

Alberto Alesina　阿尔贝托·阿勒斯纳

Dante Alighieri　但丁·阿利吉耶里

Salvador Allende　萨尔瓦多·阿连德

Alexander　亚历山大

Graham Allison　格雷厄姆·艾利森

Wilhelm Alonso　威廉·阿隆索

Alquin　阿尔昆

Robert Anderson　罗伯特·安德森

Charles Anderton　查尔斯·安德顿

Norman Angell　诺曼·安吉尔

Arnold Angenendt　阿诺德·安根内特

Hendrik Ankenbrand　亨德里克·安肯布兰德

Karl-Otto Apel　卡尔-奥托·阿佩尔

Claude Aqueveque　克劳德·阿奎韦克

Thomas von Aquin　托马斯·冯·阿奎那

Sinan Aral　司南·阿拉尔

Hannah Arendt　汉娜·阿伦特

Aristoteles　亚里士多德

Karen Armstrong　凯伦·阿姆斯特朗

Raymond Aron　雷蒙·阿隆

Philipp Blom 菲利普·布罗姆

Gebhard von Blücher 格布哈德·冯·布吕歇尔

Ulrich Blum 乌尔利希·布鲁姆

Norbert Blüm 诺伯特·布吕姆

Ernst-Wolfgang Böckenförde 恩斯特-沃尔夫冈·伯肯福德

Jean Bodin 让·博丹

Juan Bohorquez 胡安·博奥克斯

Franz Böhm 弗兰茨·伯姆

Eugen von Böhm-Bawerk 欧根·冯·庞巴维克

Heinrich Böll 亨利希·伯尔

Nikolaus von Bomhard 尼古拉斯·冯·博姆哈德

Napoleon Bonaparte 拿破仑·波拿巴

Dietrich Bonhoeffer 潘霍华

Lera Boroditsky 雷拉·波洛狄特斯基

Michael Bothe 迈克尔·博特

Tilmann Botzenhard 蒂尔曼·博森哈德

Jacques Raoul Boudeville 雅克·劳尔·布代维尔

Pierre Bourdieu 皮埃尔·布尔迪厄

John Bowe 约翰·鲍维

Charles Boycott 查尔斯·杯葛

Christina von Braun 克里斯蒂娜·冯·布劳恩

Jürgen Brauer 尤尔根·布劳尔

Gerald Braunberger 格拉德·布劳恩贝格

Berthold Brecht 贝托尔特·布莱希特

André Breton 安德烈·布勒东

Reuven Brenner 鲁文·布伦纳

Leonid Breschnew 列昂尼德·勃列日涅夫

Rolf Breuer 罗尔夫·布鲁尔

Carl Brinkmann 卡尔·布林克曼

Georg Brodnitz 格奥尔戈·布罗德尼兹

Bill Broeksmit 比尔·布罗克斯密特

Markus Brunnermeier 马库斯·布鲁那迈尔

Heinrich Brüning 海因里希·布吕宁

Siegfried Buback 西格弗里德·布巴克

James Buchanan 詹姆斯·布坎南

Stefan Buchen 史蒂凡·布亨

Heinrich Bullinger 亨利希·布灵格

Sören Buttkereit 索恩·布特克莱特

Hemmar Büchel 赫玛·布歇尔

Edmund Burke 埃德蒙·伯克

Tim Burns 蒂姆·伯恩斯

Karl-Heinz Büschmann 卡尔-海因茨·布什曼

Kai Bussmann 凯·布斯曼

C

Caius Julius Caesar 尤利乌斯·恺撒

Jana Cahlíková 雅娜·卡尔什科娃

Charles Edward Callwell 查尔斯·卡尔韦尔

Jean Calvin 约翰·加尔文

Chantal Camenisch 尚塔尔·卡梅尼施

Albert Camus 阿尔贝·加缪

Bob Diamond　鲍勃·戴蒙德

Jared Diamond　贾雷德·戴蒙德

Bartolomeu Dias　巴托洛缪·迪亚士

Alexander Dibelius　亚历山大·第伯
里斯

Sarah Diefenbach　莎拉·迪芬巴赫

Peter Dictsch　彼得·迪驰

Jörg Dierken　约尔格·迪尔肯

Richard Dobbs　理查德·多布斯

Rolf Dobelli　罗尔夫·多贝利

Gerry Docherty　格瑞·道切提

Claus Döring　克劳斯·多林

Dietrich Dörner　迪特里希·多纳

Giovanni Dosi　乔瓦尼·多西

Fjodor Dostojewski　费奥多尔·陀思
妥耶夫斯基

Anthony Downs　安东尼·唐斯

Mario Draghi　马里奥·德拉吉

David Drumm　戴维·德拉姆

Leonard Dudley　伦纳德·杜德利

William Dudley　威廉·杜德利

Alexander Dugin　亚历山大·杜金

John Boyd Dunlop　约翰·邓禄普

Henry Dunant　亨利·杜南

Friedrich Dürrenmatt　弗里德里希·迪
伦马特

Kevin Dutton　凯文·达顿

George Dyson　乔治·戴森

E

Knut Ebeling　克努特·埃贝林

Daniel Eckert　达尼尔·埃克特

Umberto Eco　翁伯托·艾柯

Irenäus Eibl-Eibesfeldt　伊莱诺斯·埃
伯尔-埃贝斯费尔德

Dwight Eisenhower　德怀特·艾森
豪威尔

Norbert Elias　诺伯特·埃利亚斯

Larry Ellison　拉里·埃里森

Richard van Emden　理查德·范·埃
姆登

Catherine Encina　凯瑟琳·恩西纳

William Engdahl　威廉·恩道尔

Andreas Engel　安德利亚斯·恩格尔

Marc Engelhard　马克·恩格尔哈特

Friedrich Engels　弗里德里希·恩格斯

Jens Ivo Engels　延斯·恩格斯

Stanley Engerman　斯坦利·恩格尔曼

Horst Entorf　霍斯特·恩托夫

Ludwig Erhard　路德维希·艾哈德

Hubert Escaith　胡伯特·艾斯卡斯

Klaus Esser　克劳斯·埃塞尔

Richard Ettenson　理查德·艾登森

Julius Evola　尤利乌斯·埃佛拉

Euripides　欧里庇得斯

F

Fahd　法赫德

Armin Falk　亚明·法尔克

Achim Falk　阿希姆·法尔克

Gilles Fauconnier　吉尔·富高涅

Guy Fawkes　盖伊·福克斯

Gottfried Feder　戈特弗里德·费德尔

Ernst Fehr　恩斯特·费尔

西莫夫

Jean-Louis Gergorin　让-路易·格戈林

Tilmann Gerhardt　蒂尔曼·格哈特

Ronald Gerste　罗纳德·格斯特

Bernhard Gerwert　伯恩哈德·格韦特

Silvio Gesell　西尔沃·格塞尔

Katy George　凯蒂·乔治

Nassir Ghaemi　纳西尔·盖米

Hamilton Gibb　汉密尔顿·吉布

Erny Gillen　恩尼·吉伦

René Girard　勒内·基拉尔

Malcolm Gladwell　麦尔坎·葛拉威尔

Thomas Glavinic　托马斯·格拉维尼奇

Reuven Glick　鲁文·格利克

André Glucksmann　安德烈·格鲁克斯曼

Gneisenau　格奈塞瑙

Arthur de Gobineau　阿瑟·德戈宾诺

Stephen B. Goddard　斯蒂芬·戈达德

Johann Wolfgang von Goethe　约翰·沃尔夫冈·冯·歌德

William N. Goetzmann　威廉·戈兹曼

Carlos Goés　卡洛斯·高厄斯

Ronald Goettler　罗纳德·戈特勒

Charles Goodyear　查尔斯·固特异

Michael Gorbatschow　米哈伊尔·戈尔巴乔夫

Robert Gordon　罗伯特·戈登

Anton Grabner-Haider　安东·格拉布纳-海德

David Graeber　大卫·格雷伯

Friedrich Wilhelm Graf　弗里德里希·格拉夫

Alexander Grau　亚历山大·格劳

Paul de Grauwe　保罗·德·格劳威

Shane Greenstein　谢恩·格林斯坦

Alan Greenspan　艾伦·格林斯潘

Glenn Greenwald　格兰·格林沃德

Gregor VII　格列高利七世

Ulrich Greiner　乌尔利希·格雷纳

Edward Grey　爱德华·格雷

Franz Grillparzer　弗朗茨·格里帕泽

Vladas Griskevicius　弗拉达斯·格里斯克维西斯

Arno Grün　阿尔诺·格林

Marianne Groenemeyer　玛丽安·格罗内迈尔

Jan Grossarth　扬·格罗萨斯

Hugo Grotius　雨果·格劳秀斯

Emmanuel de Grouchy　伊曼纽尔·德·格鲁希

Heinz Guderian　海因茨·古德里安

Luigi Guiso　路易吉·吉索

Ludwig Gumplowicz　路德维希·龚普洛维奇

Lew Gumiljow　列夫·基米尔杰夫

Onur Güntürkün　奥努尔·根蒂尔金

Johannes Gutenberg　约翰内斯·古腾堡

H

Ricarda Haase　里卡达·哈泽

Jürgen Habermas　尤尔根·哈贝马斯

Adolf Hitler　阿道夫·希特勒

Thomas Hobbes　托马斯·霍布斯

Michael Hochgeschwender　米歇尔·霍
　赫施温德

Ho Chi Minh　胡志明

Wolfram Hogrebe　沃尔弗拉姆·霍
　格雷贝

Eric Hoffer　埃里克·霍弗

Otfried Höffe　奥特弗里德·霍夫

Fritz Hoffmann　弗里茨·霍夫曼

Philip Hoffman　菲利普·霍夫曼

Douglas Hofstadter　侯世达

Geert Hofstede　吉尔特·霍夫斯泰德

Uta Hohn　乌塔·洪恩

Peter Hollquist　彼得·霍尔奎斯特

Karl Homann　卡尔·霍曼

Erich Honecker　埃里希·昂纳克

Homer　荷马

Arthur Honegger　亚瑟·霍内格尔

Alexander Honneth　亚历山大·霍内特

Erich Hoppmann　埃里希·霍普曼

Max Horkheimer　马科斯·霍克海默

Harold Hotelling　哈罗德·霍特林

Michel Houellebecq　米歇尔·维勒贝克

Wolfgang Huber　沃尔夫冈·胡伯

Eric Hughes　埃里克·休斯

Johan Huizinga　约翰·赫伊津哈

Stephan Holthaus　史蒂凡·赫尔特豪斯

Alexander von Humboldt　亚历山大·
　冯·洪堡

Wilhelm von Humboldt　威廉·冯·洪堡

Karl Homann　卡尔·霍曼

David Hume　大卫·休谟

Samuel Huntington　塞缪尔·亨廷顿

Bernd Hüppauf　伯恩德·赫普夫

Jan Hus　扬·胡斯

Saddam Husseins　萨达姆·侯赛因

Edmund Husserl　埃德蒙德·胡塞尔

Martin Hutchinson　马丁·哈钦森

I

Miho Inada　米赫·伊纳达

Iwan Iljin　伊万·伊尔金

Iwan　伊万

J

Martin Jacques　马丁·雅克

Anshu Jain　安舒·贾恩

James　詹姆斯

Janukowitsch　亚努科维奇

Anthony de Jasay　安东尼·德·雅赛

Karl Jaspers　卡尔·雅斯贝尔斯

Hans Joas　汉斯·约阿斯

Steve Jobs　史蒂夫·乔布斯

Philon Judaeus　斐洛·尤迪厄斯

Kai Johannsen　凯·约翰森

Boris Johnson　鲍里斯·约翰逊

Mark Johnson　马克·约翰逊

Sally Johnson　萨丽·约翰逊

Stefanie Johnson　史蒂芬妮·约翰逊

Antoine-Henri Jomini　安托万-亨利·
　约米尼

Flavius Josephus　弗拉维奥·约瑟夫斯

Òscar Jordà　奥斯卡·约尔达

Anton Konrad　安东·康拉德

Kai Konrad　凯·康拉德

Nikolaus Kopernikus　尼古拉·哥白尼

Martin Korte　马丁·科尔特

Reinhart Koselleck　莱因哈特·柯塞勒克

Manfred Kulessa　曼弗雷德·库累塞

Martin Kriele　马丁·克里勒

Hans-Ludwig Kröber　汉斯-路德维希·克雷伯

Frank-Lothar Kroll　弗兰克-罗塔·克罗尔

Alan Krueger　艾伦·克鲁格

Paul Krugman　保罗·克鲁格曼

Krösus　克罗伊斯

Christoph Kucklick　克里斯托弗·库克里克

Thomas Kuhn　托马斯·库恩

Stefan Kühl　史蒂凡·屈尔

Kai-Uwe Kühn　凯-乌韦·屈恩

Tarmo Kunnas　塔默·康纳斯

Elmar Kuhn　埃尔玛·库恩

Simon Kuznets　西蒙·库兹涅茨

Constanze Kurz　康斯坦策·库尔茨

Hansjörg Küster　汉斯约格·科斯特

Finn E. Kydland　芬恩·基德兰德

Kyrill　基里尔

L

Susan Blackmore　苏珊·布莱克莫尔

Osama Bin Laden　奥萨马·本·拉登

Jean de La Fontaine　让·德·拉封丹

Adolph Lampe　阿道夫·兰佩

Oskar Lange　奥斯卡·兰格

Dieter Langewiesche　迪特·朗格威舍

Jaron Lanier　杰伦·拉尼尔

Ferdinand Lassalle　斐迪南·拉萨尔

John Law　约翰·劳

Gustave le Bon　古斯塔夫·勒庞

Cornelia Lehmann-Waffenschmidt　克奈拉·莱曼-瓦芬施密特

Judith Lehnart　朱迪思·莱纳特

Ulrich Lehner　乌尔利希·莱纳

Harvey Leibenstein　哈维·莱宾斯坦

Lenin　列宁

Jay Leno　杰伊·莱诺

Peter Leo　彼得·雷欧

Lawrence Lessig　劳伦斯·莱斯格

Helmuth Lethen　赫尔穆特·赖腾

Marianne Leuzinger-Bohlberger　玛丽安·莱辛格-波尔贝格

Aaron Levine　亚伦·莱文

Bernard-Henri Lévy　伯纳德·亨利·莱维

Bernhard Lewis　本哈德·李维斯

Richard Karlsson Linnér　理查德·利奈尔

Friedrich List　弗里德里希·李斯特

Adrian Lobe　阿德里安·洛伯

Robert Lucas　罗伯特·卢卡斯

Simon Lüchinger　西蒙·吕辛格

John Locke　约翰·洛克

Albert Löhr　阿尔伯特·勒尔

Cesare Lombroso　切萨雷·隆布罗索

Madeleine Mensch 玛德琳·门施

Ulrich Menzel 乌尔利希·门策尔

Gavin Menzies 盖文·孟齐斯

Angela Merkel 安格拉·默克尔

Anna C. Merritt 安娜·莫瑞特

Jean-Marie Messier 让-玛丽·梅谢

Jewgenij Messner 叶夫根尼·梅斯纳

Dirk Meyer 迪克·迈耶

Roger Meyerson 罗杰·迈尔森

Robert Michels 罗伯特·米歇尔斯

Erich Mielke 埃里希·米尔克

Stanley Milgram 斯坦利·米尔格拉姆

John Stuart Mill 约翰·斯图亚特·
穆勒

Anton Millner 安东·米尔纳

Slobodan Milošević 斯洛博丹·米洛
舍维奇

Kenneth Minogue 肯尼思·米诺格

Hyman Minsky 海曼·明斯基

Dominik Mischkowski 多米尼克·米
施科夫斯基

Ludwig von Mises 路德维希·冯·
米塞斯

Pankaj Mishra 潘卡杰·米什拉

Edwin Mitchel 埃德温·米切尔

George Mitchel 乔治·米切尔

François Mitterand 弗朗索瓦·密特朗

Joel Mokyr 乔尔·莫基尔

Helmuth von Moltke 赫尔穆特·冯·
毛奇

Jacques Monod 雅克·莫诺

James Monroe 詹姆斯·门罗

Charles-Louis Montesquieu 查理-路
易·孟德斯鸠

Mario Monti 马里奥·蒙蒂

Bernard Law Montgomery 伯纳德·
劳·蒙哥马利

François de Montmorency-Laval 弗朗
索瓦·德·蒙特莫伦西-拉瓦尔

Yves-Alexandre de Montjoye 伊夫-
亚历山大·德·蒙特约耶

Gordon Moore 戈登·摩尔

Siegfried Morenz 西格弗里德·莫
伦茨

Clifton Morgan 克里弗顿·摩根

John Morgan 约翰·摩根

Henry Morgan 亨利·摩根

Flaviano Morone 弗拉维亚诺·莫龙

Ian Morris 伊安·莫里斯

Simon Morris 西蒙·莫里斯

Jim Morriso 吉姆·莫里森

James D. Morrow 詹姆斯·莫罗

Evgeny Morozov 耶夫根尼·莫罗佐夫

Gaetano Mosca 埃塔诺·莫斯卡

Max Mosley 马科斯·莫斯利

Yasha Mounk 亚沙·蒙克

Elke Muchlinski 埃尔克·穆奇林斯基

Silke Mülherr 西尔克·穆尔赫

Alfred Müller-Armack 阿尔弗雷德·
米勒-阿尔马克

Robert Mundell 罗伯特·蒙代尔

Herfried Münkler 赫尔弗里德·明
克勒

Elon Musk 伊隆·马斯克

Steven Pinker　史蒂芬·平克

Thomas Piketty　托马斯·皮凯蒂

Pittakos　庇塔磔斯

Nikolaus Piper　尼古拉斯·皮珀

Francisco Pizarro　弗朗西斯科·皮萨罗

Max Planck　马克斯·普朗克

Karl Polanyi　卡尔·波兰尼

Platon　柏拉图

Roman Pletter　罗曼·普莱特

Robert Plomin　罗伯特·普洛闵

Werner Plumpe　沃纳·普隆佩

Harald Pöcher　哈拉德·佩歇尔

Otto Pöhl　奥托·波尔

Olaf Poeschke　奥拉夫·普什克

Pierre Poivre　皮埃尔·普瓦沃

William Polk　威廉·波尔克

Polybios　波利比乌斯

Charles Ponzi　查尔斯·庞齐

Jürgen Ponto　尤尔根·庞托

Uwe Pörksen　乌韦·帕克森

Karl Popper　卡尔·波普

Michael Porter　迈克尔·波特

Richard Posner　理查德·波斯纳

Christoph Pöppe　克里斯托弗·佩珀

Pol Pot　波尔布特

Bradley Potter　布拉德利·波特

Peter Praet　彼得·普拉特

Coimbatore Krishna Prahalad　科印巴托·普拉哈拉德

Richard David Precht　理查德·大卫·普列斯特

Edward C. Prescott　爱德华·普雷斯科特

Daniel Pünchera　丹尼尔·普恩切拉

Wladimir Putin　弗拉基米尔·普京

Thomas Puttkammer　托马斯·普特卡莫

Pyrrhus　皮洛士

Q

François Quesnay　弗朗索瓦·魁奈

R

Ryan Raffaelli　莱恩·拉斐利

Annette Ramelsberger　安尼特·雷梅尔斯伯格

Ayn Rand　安·兰德

Christof Rapp　克里斯托弗·拉普

Joseph Ratzinger　约瑟夫·拉辛格

Constantin Rauer　康斯坦丁·劳尔

John Rawls　约翰·罗尔斯

Guillaume Thomas François Raynal　纪尧姆·雷纳尔

Ronald Reagan　罗纳德·里根

Ian Reay　伊安·雷

Wolfgang Reinhard　沃尔夫冈·莱因哈特

Johannes Reich　约翰内斯·莱西

Richard Reichel　理查德·雷切尔

Carmen Reinhart　卡门·莱因哈特

Hippolyte Renaud　希波利特·雷诺

Martin Rettenberger　马丁·莱滕贝格

David Ricardo　大卫·李嘉图

David Scheffman 大卫·施富曼

Bertram Schefold 伯特拉姆·史弗尔德

Walter Scheidel 沃尔特·沙伊德尔

Orville Schell 夏伟

Friedrich Schelling 弗里德里希·谢林

Thomas Schelling 托马斯·谢林

Helmut Schelsky 赫尔穆特·谢尔斯基

Rüdiger Schiel 鲁迪格·谢尔

Friedrich Schiller 弗里德里希·席勒

Frank Schirrmacher 弗兰克·施尔玛赫

Wolfgang Schivelbusch 沃尔夫冈·史威布施

Carl-Friedrich Schleussner 卡尔-弗里德里希·施劳易斯纳

Hanns Martin Schleyer 汉斯-马丁·施莱尔

Martin Schmalz 马丁·施马尔兹

Josef Schmid 约瑟夫·施密特

Wilhelm Schmid 威廉·施密特

Wolfgang Schmidbauer 沃尔夫冈·施密特鲍尔

Georg Schmidt 格奥尔戈·施密特

Ulf Schmidt 乌尔夫·施密特

Carl Schmitt 卡尔·施密特

Gustav von Schmoller 古斯塔夫·冯·施穆勒

Gunther Schnabel 冈瑟·施纳贝尔

Gerald Schneider 杰拉尔德·施耐德

Lutz Schneider 卢茨·施耐德

Wolf Schneider 沃尔夫·施耐德

Arthur Schnitzler 阿图尔·施尼茨勒

Antoinette Schoar 安托瓦妮特·朔尔

Helmut Schoeck 赫尔穆特·帅克

Jörg Schönbohm 约尔格·舍恩博姆

Friedrich Schorlemmer 弗里德里希·肖莱默

Arthur Schopenhauer 亚瑟·叔本华

Gerhard Schröder 格哈德·施罗德

Moritz Schularick 莫里茨·舒拉里克

Harald Schumann 哈拉德·舒曼

Joseph Schumpeter 约瑟夫·熊彼特

Gerhard Schürer 格哈德·舒厄尔

Gunnar Schuster 冈纳·舒斯特

Shalom Schwartz 沙洛姆·施瓦茨

Johannes Duns Scotus 约翰·邓斯·司各脱

Norman Schwarzkopf 诺曼·施瓦茨科普夫

Klaus Schweinsberg 克劳斯·史威斯伯格

Martin Scorsese 马丁·斯科塞斯

Thomas Sedláček 托马斯·塞德拉切克

Klaus Segbers 克劳斯·塞格博斯

Reinhard Selten 莱因哈特·塞尔滕

Amartya Sen 阿马蒂亚·森

Lucius Annaeus Seneca 修斯·阿奈乌斯·塞涅卡

Harro von Senger 哈罗·冯·森格

George Shackle 乔治·沙克尔

Baha' al-Din Ibn Shaddad 伊本·沙达德

Carl Shapiro 卡尔·夏皮罗

Cass Sunstein　卡斯·桑斯坦

James Surowiecki　詹姆斯·索罗维基

Patrick Süskind　帕特里克·聚斯金德

Flavius Sylva　弗拉维·席尔瓦

T

Nassim Nicholas Taleb　纳西姆·尼古拉斯·塔勒布

Thomas Talhelm　托马斯·托尔汉姆

Gabriel Tarde　加布里埃尔·塔尔德

Geoff Tate　杰夫·泰特

Alan Taylor　艾伦·泰勒

Martin Taylor　马丁·泰勒

Richard Thaler　理查德·塞勒

Margaret Thatcher　玛格丽特·撒切尔

Hillard von Thissen　希拉德·冯·蒂森

Edward Thorndike　爱德华·桑代克

Thukydides　修昔底德

Johann Heinrich von Thünen　约翰·海因里希·冯·杜能

Lester Thurow　莱斯特·瑟罗

Charles Tiebout　查尔斯·蒂布特

John Tierney　约翰·蒂尔尼

Hans Tietmeyer　汉斯·蒂特迈尔

Paul Tillich　保罗·蒂利希

Nikolaas Tinbergen　尼古拉斯·廷伯根

Jean Tirole　让·梯若尔

Mirko Titze　米尔科·蒂策

Alexis de Tocqueville　阿历克西·德·托克维尔

Emmanuel Todd　伊曼纽尔·托德

Robert Tollison　罗伯特·托利森

Michael Tomasello　迈克尔·托马塞洛

Jean-Claude Trichet　让-克罗德·特里谢

Vera Troeger　维拉·特罗格

Jack Trout　杰克·特劳特

Donald Trump　唐纳德·特朗普

Gordon Tullock　戈登·塔洛克

Mark Turner　马克·特纳

Andrej Tupolew　安德烈·图波列夫

Iwan Turgenjew　伊万·屠格涅夫

Jacques Turgot　雅克·杜阁

Turing　图灵

Hubert van Tuyll　胡伯特·范·图耶尔

Heidi Tworek　海迪·特沃雷克

Edward Tyler　爱德华·泰勒

U

Berit Uhlmann　波利特·乌尔曼

Udo Ulfkotte　乌多·乌尔夫考特

Daniel Ullrich　丹尼尔·乌尔利希

Michael Ungethüm　米歇尔·翁格图姆

Urban　乌尔班

V

Thomas Valente　托马斯·瓦伦特

Hal Varian　哈尔·瓦里安

Sébastien Le Prestre de Vauban　塞巴斯蒂安·勒普雷斯特雷·德·沃邦

Thorstein Bunde Veblen　托斯丹·邦德·凡勃伦

Astrid Viciano　阿斯特里德·维恰诺

Olivier Vidal　奥利维耶·维达尔

Franz Wuketits　弗兰茨·伍克提兹
Bettina Wulf　贝蒂娜·乌尔夫
Tobias Wunschik　托比亚斯·温什
Horst Wünsche　霍斯特·温舍
Lew Wygotski　列夫·维果茨基

X

Xenophon　色诺芬

Y

Ranga Yogeshwar　兰加·约格什瓦尔

Z

Lars Zacharias　拉尔斯·扎克里亚斯

Tobias Zick　托比亚斯·齐克
Jörg Zittlau　约尔克·齐特劳
Émile Zola　爱弥尔·左拉
Holger Zschäpitz　霍尔格·柴皮兹
Daniel Zulauf　丹尼尔·祖劳夫
Stefan Zweig　斯蒂芬·茨威格
Joachim Zweynert　约阿希姆·茨威奈特
Klaus Zwickel　克劳斯·齐威克尔
Huldrych Zwingli　胡尔德里奇·茨温利
Markus Zydra　马库斯·齐德拉

译后记

在对外经济贸易大学与德国马丁·路德哈勒-威腾堡大学校级合作的框架下，笔者有幸于2016年阅读了《经济战争论》的初稿，在乌尔利希·布鲁姆教授为我校学生做"经济战争"的讲座时，我参加了讲座，并与布鲁姆教授就相关问题进行了讨论，因此，我了解这部书的成书过程。这部书在德国出版之后，布鲁姆教授与我商议，决定把这部书译成中文，以便中国读者了解《经济战争论》。

《经济战争论》是一部跨学科学术专著，它以"经济战争"为主题，采用现代科学研究方法，结合了经济学、军事学、历史学、政治学、心理学、博弈学等学科理论，研究了"经济""战争"和"经济战争"。该书所涉及知识之广博、所使用术语之丰富都远远超过了中德语言翻译的通常范围。在这部书中，经济术语、军事术语、政治术语、心理学术语、哲学术语俯拾皆是，因此，这些专业术语的翻译成为重中之重，这部书的翻译对译者而言也意味着巨大的挑战。

《经济战争论》的理论基础结合了中国与西方的哲学、政治学及战争理论，尤其重要的是，这部书也参考了中国哲学和中国战争理论，在"经济战争学"这门学科的理论创建过程中，列举了中国历史和实例，因此，这部书有助于中国读者了解西方视角，并更好地理解中国和世界。

　　经过长达四年的准备、翻译、校正、修改之后,《经济战争论》中译本终于完成。值此之际,译者尤其感谢乌尔利希·布鲁姆教授的信任,他随时准备回答译者的问题;这里我也特别感谢对外经济贸易大学德语系学生对本书翻译的大力支持,尤其感谢马瑞洁、辛雪昕和牛佳琪的帮助。

　　是为译后记。

吕巧平

2022 年 2 月 22 日于北京

图书在版编目(CIP)数据

经济战争论:上下册/(德)乌尔利希·布鲁姆著;
吕巧平译.—北京:商务印书馆,2024(2024.12 重印)

ISBN 978 - 7 - 100 - 22873 - 2

Ⅰ.①经… Ⅱ.①乌… ②吕… Ⅲ.①经济斗争
Ⅳ.①F115

中国国家版本馆 CIP 数据核字(2023)第 165989 号

经济战争论

(上下册)

〔德〕乌尔利希·布鲁姆 著

吕巧平 译

商 务 印 书 馆 出 版
(北京王府井大街 36 号 邮政编码 100710)
商 务 印 书 馆 发 行
北京市白帆印务有限公司印刷
ISBN 978 - 7 - 100 - 22873 - 2

2024 年 6 月第 1 版 开本 880×1230 1/32
2024 年 12 月北京第 2 次印刷 印张 37⅛
定价:198.00 元